LANDMANN/ROHMER, UMWELTRECHT

Anweisung zum Einordnen der 95. Ergänzungslieferung (Stand: Mai 2021)

Herauszunehmen:	Zahl der Blätter	**Einzufügen:**	Zahl der Blätter
	Band I		
Titelblatt (Band I)–**Geleitwort**	2	**Titelblatt** (Band I)–**Geleitwort**	2
Inhaltsübersicht 1/2	1	**Inhaltsübersicht** 1/2	1
Inhalt 1/1a	1	**Inhalt** 1/1a	1
2b/2c	1	2b/2c	1
6/6a	1	6/6a	1
Bearbeiter 1–6	3	**Bearbeiter** 1–6	3
UVPG 1 § 1 1/2	1	**UVPG 1 § 1** 1/2	1
§ 14a 1/2	1	**§ 14a** 1–6	3
§ 27 1/2	1	**§ 27** 1–4	2
§ 67a 1/2	1	**§ 67a** 1–4	2
UIG 3 Vorb 1/2	1	**UIG 3 Vorb** 1/2	1
		nach **§ 7** 4 *einfügen:*	
		§ 7a 1/2	1
§ 10 1/2	1	**§ 10** 1/2	1
UAG 12.1 §§ 1–3 1/2	1	**UAG 12.1 §§ 1–3** 1/2	1
UmwRG 13 Vorb. 1/1a	1	**UmwRG 13 Vorb.** 1/1a	1
§ 2 1/2	1	**§ 2** 1/2	1
	Band II		
Titelblatt (Band II)	1	**Titelblatt** (Band II)	1
Inhaltsübersicht 1/2	1	**Inhaltsübersicht** 1/2	1
Inhalt 1/2	1	**Inhalt** 1/2	1
5/6	1	5/6	1
9/10	1	9/10	1
Bearbeiter 1–6	3	**Bearbeiter** 1–6	3
OGewV 1.2 Vorb. 1/2	1	**OGewV 1.2 Vorb.** 1/2	1
KrWG 6 § 11 1–10	5	**KrWG 6 § 11** 1–10	5
§ 14 1–6	3	**§ 14** 1–12	6
§ 15 1–22	11	**§ 15** 1–32	16
§ 17 1–44	22	**§ 17** 1–62	31
Übertrag:	68	Übertrag:	90

Herauszunehmen:	Zahl der Blätter	**Einzufügen:**	Zahl der Blätter
Übertrag:	68	Übertrag:	90
KrWG 6 § 18 1–16	8	**KrWG 6 § 18** 1–42	21
§ 20 1–22	11	**§ 20** 1–34	17
§ 21 1–6	3	**§ 21** 1–16	8
ElektroG 6.40 Vor 1/2	1	**ElektroG 6.40 Vor** 1/2	1
BattG 6.42 Vorb. 1/2	1	**BattG 6.42 Vorb.** 1/2	1
AbfAEV 6.52 1–60	32	**AbfAEV 6.52** 1–68	34
VerpackG 6.60 § 1 1/2	1	**VerpackG 6.60 § 1** 1/2	1
§ 3 1/2	1	**§ 3** 1/2	1
BBodSchG 9.1 § 1 1/2	1	**BBodSchG 9.1 § 1** 1/2	1
§ 13 1/2	1	**§ 13** 1/2	1
BNatSchG 11 Vorb. 1–**§ 3** 2	12	**BNatSchG 11 § 1** 1–**§ 3** 22	30
PRTR-G 15 Vorb. 1/2	1	**PRTR-G 15 Vorb.** 1/2	1
§ 2 1/2	1	**§ 2** 1/2	1
§ 3 1/2	1	**§ 3** 1/2	1
§ 5 1/2	1	**§ 5** 1–2a	2
§ 6 1–**§ 8** 2	3	**§ 6** 1–**§ 9** 2	4
Band III			
Titelblatt (Band III)	1	**Titelblatt** (Band III)	1
Inhaltsübersicht 1/2	1	**Inhaltsübersicht** 1/2	1
Inhalt 1–4	2	**Inhalt** 1–4	2
Bearbeiter 1–6	3	**Bearbeiter** 1–6	3
BImSchG 1 Text 1–3a	2	**BImSchG 1 Text** 1–3a	2
7/8	1	7/8	1
17/17a	1	17/17a	1
20/20a	1	20/20a	1
39–42	2	39–42	2
§ 31 1/2	1	**§ 31** 1/2	1
§ 37a 1/2	1	**§ 37a** 1/2	1
§ 61 1/2	1	**§ 61** 1/2	1
§§ 63–65 1/2	1	**§§ 63** 1–**§§ 64, 65** 2	2
Band IV			
Titelblatt (Band IV)	1	**Titelblatt** (Band IV)	1
Inhaltsübersicht 1/2	1	**Inhaltsübersicht** 1/2	1
Übertrag:	167	Übertrag:	236

Herauszunehmen:	Zahl der Blätter
Übertrag:	167
Inhalt 1/2	1
Bearbeiter 1–6	3
4. BImSchV 2.4 1/2	1
23/23a	1
111/111a	1
117/118	1
12. BImSchV 2.12 § 18 1–**§ 21** 2	4
Insgesamt herauszunehmen:	179

Einzufügen:	Zahl der Blätter
Übertrag:	236
Inhalt 1/2	1
Bearbeiter 1–6	3
4. BImSchV 2.4 1/2	1
23/23a	1
111–111c	2
117/118	1
12. BImSchV 2.12 § 18 1–**§ 21** 4	11
Insgesamt einzufügen:	256

LANDMANN/ROHMER

UMWELTRECHT

BAND I

KOMMENTAR

Herausgegeben von

Prof. Dr. Martin Beckmann
Rechtsanwalt und Fachanwalt für Verwaltungsrecht,
Honorarprofessor der Universität Münster

Prof. Dr. Dr. Wolfgang Durner LL. M.
Rheinische Friedrich-Wilhelms-Universität Bonn und Direktor des Instituts für das Recht der Wasser- und Entsorgungswirtschaft

Prof. Dr. Thomas Mann
Direktor des Instituts für Öffentliches Recht,
Lehrstuhl für Verwaltungsrecht der Georg-August-Universität Göttingen

Prof. Dr. Marc Röckinghausen
Hochschule für Polizei und öffentliche Verwaltung NRW, Abteilung Gelsenkirchen,
Fachbereich Allgemeine Verwaltung/Rentenversicherung

Stand: 1. Mai 2021
(95. Ergänzungslieferung)

(Zum Bearbeitungsstand im Einzelnen siehe die Datumszeile am unteren Ende jeder Seite)

C.H.BECK

Dieses Titelblatt entstammt der 95. Ergänzungslieferung Mai 2021

(Anschluss an die 94. Ergänzungslieferung Dezember 2020)

ISBN 978 3 406 77919 0

Der Kommentar wurde von der 1. bis zur 50. Ergänzungslieferung von Prof. Dr. Klaus Hansmann und von der 51. bis zur 58. Ergänzungslieferung von Prof. Dr. Martin Beckmann herausgegeben.

Zitiervorschläge:

Beckmann in Landmann/Rohmer UmweltR KrWG § 17 Rn. 1
Landmann/Rohmer UmweltR/*Beckmann* KrWG § 17 Rn. 1

www.beck.de

Grundwerk ISBN 978 3 406 34327 8 ergänzt bis ISBN 978 3 406 77919 0

Wilhelmstraße 9, 80801 München
Satz und Druck: Druckerei C. H. Beck Nördlingen
(Adresse wie Verlag)

chbeck.de/nachhaltig

Gedruckt auf säurefreiem, alterungsbeständigem Papier
(hergestellt aus chlorfrei gebleichtem Zellstoff)

Geleitwort zur 95. Ergänzungslieferung

Die 95. Ergänzungslieferung erscheint zum Ende der laufenden 19. Legislaturperiode mit dem Rechtsstand Mai 2021. Sie enthält eine umfassende Neukommentierung der §§ 1, 2 und 3 BNatSchG, den einleitenden Grundvorschriften zu den Zielen des Naturschutzes und ihrer Verwirklichung sowie zu den Zuständigkeiten, Aufgaben und Befugnissen im Naturschutz von Frau Rechtsanwältin Dr. Franziska Heß und Herrn Justus Wulff, LL.M., die wir Herausgeber als neue Mitglieder des Autorenteams herzlich begrüßen. Die 95. EL aktualisiert außerdem die Erläuterungen zum PRTR-Gesetz unseres Mitherausgebers Prof. Dr. Röckinghausen sowie zur StörfallVO von Dr. König.

Einen Schwerpunkt der 95. EL bildet das Kreislaufwirtschaftsrecht. Herr Dr. Tünnesen-Harmes steuert dazu eine Aktualisierung seiner Kommentierung der AbfAEV bei, einer für die Praxis der Sammler, Beförderer, Händler und Makler in der Kreislaufwirtschaft sehr wichtigen Rechtsverordnung, mit der die Regelungen zur Erlaubnispflicht des § 54 KrWG ergänzt werden. Die 95. EL enthält außerdem anlässlich der umfassenden Novellierung des KrWG Ende 2020 eine Neukommentierung der §§ 11, 14, 15, 17, 18, 29 und 21 durch den Verfasser dieses Geleitworts.

Ausgangspunkt und Anlass der Novelle des Kreislaufwirtschaftsgesetzes ist das EU-Kreislaufwirtschaftspaket, mit dem der Übergang Europas von einer linearen zu einer kreislauforientierten Wirtschaft vorangetrieben werden soll. Aber auch der Ende April veröffentlichte Klimabeschluss des BVerfG hat voraussichtlich erhebliche Auswirkungen für die Kreislaufwirtschaft, weil mit den Instrumenten der Kreislaufwirtschaft erhebliche CO_2-Emissionen eingespart werden können. Die Konsequenzen, die sich auf Grundlage des Klima-Beschlusses des BVerfG für einen beschleunigten Klimaschutz ergeben, betreffen nicht nur das bereits novellierte Klimaschutzgesetz; vielmehr bedarf es eines umfassenden Umbaus der Wirtschaft, des Verkehrs und der Ver- und Entsorgung. Letztlich sind alle CO_2-relevanten Lebensbereiche betroffen. Möglichst bald und möglichst kontinuierlich müssen im Sinne der vom BVerfG geforderten intertemporalen Freiheitssicherung Treibhausgasemissionen in einem Umfang verringert werden, dass jüngeren und nachfolgenden Generationen später keine unzumutbaren Freiheitsbeschränkungen abverlangt werden müssen. Das betrifft auch die Kreislaufwirtschaft und die Abfallentsorgung in besonderer Weise, weil mit den Instrumenten der Kreislaufwirtschaft, mit der Wiederverwendung von Produkten, einer erweiterten Herstellerverantwortung und einem konsequenten Recycling, erhebliche CO_2-Emissionslasten vermieden werden können.

Das Umweltrecht wird sich auch in der 20. Legislaturperiode dynamisch weiterentwickeln. Der Landmann/Rohmer wird diese Entwicklung mit seinen Kommentierungen kontinuierlich begleiten.

Münster, im Juni 2021

Prof. Dr. Martin Beckmann
für die Herausgeber

Inhaltsübersicht

Band I

Band II

Band III

Übersicht

Band IV

D. Umweltrecht Besonderer Teil

2. Verordnungen zum Bundes-Immissionsschutzgesetz (BImSchV)
3. Verwaltungsvorschriften zum Bundes-Immissionsschutzgesetz (TA Luft, TA Lärm)
4. Hinweise und Empfehlungen der Bund/Länder-Arbeitsgemeinschaft für Immissionsschutz
5. Handel mit Emmissionsberechtigungen (TEHG, ZuV 2020)

Inhaltsverzeichnis (Band I)

A. Umweltverfassungsrecht

1. Umweltvölkerrecht

2. Vertrag über die Arbeitsweise der Europäischen Union (AEUV)

Kommentierung

3. Grundgesetz (GG)

Kommentierung

B. Umweltrecht Allgemeiner Teil

1. Gesetz über die Umweltverträglichkeitsprüfung (UVPG)

Kommentierung

Teil 1. Allgemeine Vorschriften für die Umweltprüfungen

Teil 2. Umweltverträglichkeitsprüfung

Abschnitt 1. Voraussetzungen für eine Umweltverträglichkeitsprüfung

Abschnitt 2. Verfahrensschritte der Umweltverträglichkeitsprüfung

Abschnitt 3. Teilzulassungen, Zulassung eines Vorhabens durch mehrere Behörden, verbundene Prüfverfahren

Teil 3. Strategische Umweltprüfung

Abschnitt 1. Voraussetzungen für eine Strategische Umweltprüfung

Abschnitt 2. Verfahrensschritte der Strategischen Umweltprüfung

Kommentierung

Abschnitt 1. Allgemeine Vorschriften

Abschnitt 2. Informationszugang auf Antrag

Abschnitt 3. Ablehungsgründe

Abschnitt 4. Verbreitung von Umweltinformationen

Abschnitt 5. Schlussvorschriften

(Fortsetzung nächstes Blatt)

14. Umweltschadensgesetz (USchadG)

Kommentierung

C. Umweltrecht Besonderer Teil

1. Wasserrecht (WHG)

Kommentierung

Kapitel 1. Allgemeine Bestimmungen

Kapitel 2. Bewirtschaftung von Gewässern

Abschnitt 1. Gemeinsame Bestimmungen

(Fortsetzung nächste Seite)

Bearbeiterverzeichnis (Band I–IV)

Prof. Dr. Martin Beckmann Rechtsanwalt in Münster	Vorb. Abfallrecht, §§ 1–2, 4–39, 41–57, 62–68, 70–72 KrWG § 15 UVPG, Umweltschadensgesetz (mit Wittmann)
Dr. Christian-Dietrich Bracher Rechtsanwalt in Bonn	§§ 41 bis 43 BImSchG, 16. und 24. BImSchV
Prof. Dr. Peter Bruckmann Landesamt für Natur, Umwelt und Verbraucherschutz Nordrhein-Westfalen, Essen	39. BImSchV (mit Strecker und Vogt), 43. BImSchV (mit van Endern und Vogt)
Prof. Dr. Pascale Cancik O. Professorin an der Universität Osnabrück	Vorb. §§ 47a ff. BImSchG, §§ 47a–47f BImSchG (§§ 47a–47c, 47e und 47f mit Hansmann)
Prof. Dr. Johannes Dietlein O. Professor an der Universität Düsseldorf	§§ 1, 2, Vorb. §§ 4–21, 4 bis 8, 9 bis 11, 16a, 19, 23a–23c und 25a BImSchG, 9. BImSchV
Dr. Robert Dix Syndikusrechtsanwalt der EWE AG, Oldenburg	§§ 29–32 UVPG
Prof. Dr. Matthias Dombert Rechtsanwalt in Potsdam	§§ 4–6, 8, 13, 14, 20, 24, 25 BBodSchG
Rolf-Dieter Dörr Ministerialrat a. D.	OberflächengewässerV (mit Walter)
Prof. Dr. Dr. Wolfgang Durner LL. M. O. Professor an der Universität Bonn	Umweltvölkerrecht, Vorb. §§ 27 ff. WHG, §§ 27–31, 34, 35, 82–85 WHG
Benedikt van Endern Ministerium für Umwelt, Landwirtschaft, Natur- und Verbraucherschutz des Landes Nordrhein-Westfalen	43. BImSchV (mit Bruckmann und Vogt)
Prof. Dr. Astrid Epiney LL. M. O. Professorin an der Université de Fribourg	Art. 191–193 AEUV
Prof. Dr. Wolfgang Ewer Rechtsanwalt in Kiel	Vorb. BBodSchG, §§ 9, 15, 16 BBodSchG
Prof. Dr. Kurt Faßbender O. Professor an der Universität Leipzig	§§ 1–5, 33, 36–38 WHG
Dr. Frank Fellenberg LL. M. Rechtsanwalt in Berlin	Fluglärmgesetz (mit Reidt und Schiller), Umweltrechtsbehelfsgesetz (mit Schiller)
Dr. Henrik Flatter Bundesamt für Naturschutz, Bonn	§§ 69–74 BNatSchG

Bearbeiter

Dr. Matthias Ganske Rechtsanwalt in Bonn	§§ 25, 26, 54–61 WHG
Prof. Dr. Klaus Ferdinand Gärditz O. Professor an der Universität Bonn	Art. 20a GG
Prof. Dr. Martin Gellermann Rechtsanwalt, apl. Professor an der Universität Osnabrück	Vorb. BNatSchG, §§ 4, 7–51, §§ 52–56, §§ 57–68 Vorb. §§ 37, 38, §§ 37–40, BNatSchG (§§ 41–43 mit Sanden)
Nela Gies Richterin am Verwaltungsgericht Gelsenkirchen	§§ 41, 42 WHG
Prof. Dr. Christoph Görisch Hochschule für Polizei und öffentliche Verwaltung NRW, Abteilung Münster	§§ 4–14 UAG
Dipl.-Met. Arno Graff Umweltbundesamt, Dessau	Nr. 5.5 TA Luft (mit Hansmann), Vorb. zu Anhang 3 der TA Luft
Moritz Grunow Rechtsanwalt in Düsseldorf	Vorb. AwSV, § 1 AwSV
Prof. Dr. Günter Hager † O. Professor an der Universität Freiburg	§§ 6, 7 UmweltHG (mit Rehbinder)
Prof. Dr. Klaus Hansmann Leitender Ministerialrat a. D.	§§ 17, 18, 20, 21, 26–37, 38–40, 44–47c, 47e, 47f, 52, 52b–58d, 59, 60, 62–72, 74 BImSchG (§§ 17, 18 mit Ohms, Vor § 26, §§ 26–31 mit Pabst, Vor § 38, §§ 38–40 mit Hofmann, §§ 20, 21, Vor 32, §§ 32–37, Vorb. §§ 44–47, §§ 45, 46, 46a, 47, 52, 52b, 62, 66 und 67 mit Röckinghausen, §§ 47a–47c, 47e und 47f mit Cancik), Vor § 53, §§ 53–58d mit Maciejewski, 14., 32. und 34. BImSchV, TA Lärm, TA Luft (ohne Vorb. zu Anhang 3), 4., 11., 20., 21., 25., 27., 28., 30. und 35. BImSchV (mit Röckinghausen), 2. BImSchV (mit Mahrwald und Röckinghausen), 5. BImSchV mit Maciejewski, 12. BImSchV (mit König), BzBlG, 1. DVO BzBlG
Dr. Felix Hardach Bundesministerium für Umwelt, Naturschutz und nukleare Sicherheit	§§ 1, 8, 11–13, 17, 20, 22, 23, 26 31, 32, 35 TEHG
Prof. Dr. Torsten Heilshorn Rechtsanwalt in Freiburg	Vor § 22 BImSchG, §§ 22–25 BImSchG (mit Sparwasser)
Dr. Franziska Heß Rechtsanwältin in Leipzig	§§ 1–3 BNatSchG (mit Wulff)

Michael Heugel Bundesministerium für Umwelt, Naturschutz und nukleare Sicherheit	§§ 5, 6 BNatSchG
Prof. Dr. Ekkehard Hofmann O. Professor an der Universität Trier	Vorb. § 38, §§ 38–40 BImSchG, §§ 16–18 UVPG
Dr. Frank Hofmann Bundesministerium für Umwelt, Naturschutz und nukleare Sicherheit	§ 23 WHG
Dr. Georg Hünnekens Rechtsanwalt in Münster	§§ 50–53 WHG, Vorb. §§ 64–66, §§ 64–66 WHG, Vorb. §§ 72–81 WHG, §§ 72–81 WHG
Georg Kahl † Ministerialrat a. D.	7. BImSchV
Lutz Keppner Bundesministerium für Umwelt, Naturschutz und nukleare Sicherheit	Grundwasserverordnung
Dr. Andreas Kersting Rechtsanwalt in Münster	§§ 58–61 KrWG
Dr. Heike Kieserling Deutsche Bahn AG	§§ 13, 14, 25–38 AwSV
Dr. Jens Martin König Hessisches Ministerium für Umwelt, Klimaschutz, Landwirtschaft und Verbraucherschutz	12. BImSchV (mit Hansmann)
Dr. Olaf Konzak Rechtsanwalt in Köln	§§ 2, 3 und 7 VerpackG (mit Körner)
Dr. Michael Körner, LL.M. Rechtsanwalt in Köln	§§ 2, 3 und 7 VerpackG (mit Konzak)
Dr. Philip Kubitza Richter auf Probe, Rheinland-Pfalz	§§ 100–102 WHG
Prof. Dr. Silke Ruth Laskowski O. Professorin an der Universität Kassel	§ 24 WHG, § 58e BImSchG mit der EMASPrivilegV
Prof. Dr. Joachim Lege O. Professor an der Universität Greifswald	§§ 96–99 WHG
Dr. Rasso Ludwig LL. M. Bayerisches Staatsministerium für Umwelt und Verbraucherschutz	§§ 19, 21–23, 26 BBodSchG
Prof. Dr. Karim Maciejewski Hochschule des Bundes für öffentliche Verwaltung	Vor § 53 BImSchG, §§ 53–58d BImSchG (mit Hansmann), 5. BImSchV (mit Hansmann)
Birgit Mahrwald Bundesministerium für Umwelt, Naturschutz und nukleare Sicherheit	2. BImSchV (mit Hansmann und Röckinghausen)

Prof. Dr. Thomas Mann O. Professor an der Universität Göttingen	§§ 8a, 12 BImSchG, Vorb. ElektroG, §§ 1, 2 ElektroG, §§ 1–14, 16–28, 30–46, 48–74 UVPG
Dr. Cedric Christian Meyer Rechtsanwalt in Köln	§§ 46–49, 62–63 WHG
Dr. Uwe Neuser Bundesministerium für Umwelt, Naturschutz und nukleare Sicherheit	§§ 2, 27, 33, 34 TEHG
Volkmar Nies Landwirtschaftsdirektor bei der Landwirtschaftskammer Rheinland	§§ 1, 2, 7, 17, 18 BBodSchG
Dr. Martin Ohms Rechtsanwalt in Berlin	§§ 17, 18 BImSchG (mit Hansmann), 13. BImSchV, 17. BImSchV (z. T. mit Sahm)
Prof. Dr. Heinz-Joachim Pabst Hochschule des Bundes für öffentliche Verwaltung	Vor § 26, §§ 26–31 BImSchG (mit Hansmann), § 61 BImSchG, 41. BImSchV
Dr. Kay Artur Pape Rechtsanwalt in Bonn	Vorb. WHG, §§ 6–22 WHG
Dr. Malte Petersen LL. M. Ministerium für Umwelt, Landwirtschaft, Natur- und Verbraucherschutz des Landes Nordrhein-Westfalen	§§ 89–95 WHG
Prof. Dr. Alexander Proelß O. Professor an der Universität Trier	§§ 43–45l WHG
Prof. Dr. Eckard Rehbinder Em. Professor an der Universität Frankfurt/Main	§ 14 BImSchG UmweltHG (§§ 6, 7 mit Hager)
Prof. Dr. Olaf Reidt Rechtsanwalt in Berlin	§ 16 BImSchG (mit Schiller), 18. BImSchV (mit Schiller), Fluglärmgesetz (mit Fellenberg und Schiller), Umweltinformationsgesetz (mit Schiller)
Dr. Christoph Riese Rechtsanwalt in Berlin	§§ 67–71, 86 WHG
Prof. Dr. Marc Röckinghausen Hochschule für Polizei und öffentliche Verwaltung NRW, Abteilung Gelsenkirchen	§§ 20, 21, Vor § 32, §§ 32–37, Vorb. §§ 44–47, §§ 45, 46, 46a, 47, 52, 52b, 62, 66, 67 BImSchG (mit Hansmann), §§ 37a bis 37f, 52a, 73 BImSchG, 1., 10., 26., 36., 37., 38., 42. BImSchV, 4., 11., 20., 21., 25., 27., 28., 30. und 35. BImSchV (mit Hansmann), 2. BImSchV (mit Hansmann und Mahrwald), Schadstofffreisetzungs- und Verbringungsregistergesetz
Christoph Sahm LL. M. E.ON Kernkraft GmbH	§§ 23–25, 27 der 17. BImSchV (mit Ohms)

Prof. Dr. Dr. Joachim Sanden †
Behörde für Stadtentwicklung und Umwelt, Freie und Hansestadt Hamburg, zugl. Apl. Prof. an der Universität Lüneburg — §§ 41–43 (mit Gellermann)

Dr. Gernot Schiller
Rechtsanwalt in Berlin — § 16 BImSchG (mit Reidt), 18. BImSchV (mit Reidt), Fluglärmgesetz (mit Reidt und Fellenberg), Umweltinformationsgesetz (mit Reidt) Umweltrechtsbehelfsgesetz (mit Fellenberg), §§ 14a, 15 BImSchG

Prof. Dr. Marcus Schladebach, LL.M.
O. Professor an der Universität Potsdam — § 47 UVPG

Matthias Schleifenbaum, LL.M.
Rechtsanwalt in Köln — Vorb. BattG, §§ 1–14, 16, 19–22 BattG

Prof. Dr. Hendrik Schoen
Hochschule für Polizei und öffentliche Verwaltung NRW, Abteilung Münster — § 50 BImSchG

Prof. Dr. Meinhard Schröder
Em. Professor an der Universität Trier — EG-Abfallverbringungs-VO

Prof. Dr. Max-Jürgen Seibert
Vorsitzender Richter am Oberverwaltungsgericht Münster — § 13 BImSchG

Prof. Dr. Reinhard Sparwasser
Rechtsanwalt in Freiburg — Vor § 22 BImSchG, §§ 22–25 BImSchG (mit Heilshorn)

Prof. Dr. Indra Spiecker genannt Döhmann, LL.M.
O. Professorin an der Universität Frankfurt a. M. — UStatG

Prof. Dr. Peter-Tobias Stoll
O. Professor an der Universität Göttingen — EG-Artenschutzverordnung

Silvia Strecker
Ministerium für Umwelt, Landwirtschaft, Natur- und Verbraucherschutz des Landes Nordrhein-Westfalen — 39. BImSchV (mit Bruckmann und Vogt)

Prof. Dr. Dr. Markus Thiel
Deutsche Hochschule der Polizei, Münster — §§ 3, 48–48b BImSchG

Dr. Christian Tünnesen-Harmes
Rechtsanwalt in Duisburg — AbfAEV

Dr. Klaus Vogt
Landesamt für Natur, Umwelt und Verbraucherschutz Nordrhein-Westfalen — 39. BImSchV (mit Bruckmann und Strecker), 43. BImSchV (mit Bruckmann und van Endern)

Anne-Barbara Walter
Umweltbundesamt — OberflächengewässerV (mit Dörr)

Dr. Dirk Weinreich
Bundesministerium für Umwelt, Naturschutz und nukleare Sicherheit — Vorb. TEHG, §§ 7, 19 TEHG

Dr. Armin von Weschpfennig Akademischer Rat, Universität Bonn	§§ 13a, 13b, 103–107 WHG
Dr. Antje Wittmann Rechtsanwältin in Münster	UmweltschadensG (zusammen mit Beckmann)
Frank Wolke Umweltbundesamt, Deutsche Emissionshandelsstelle	§§ 4, 18, 24 TEHG
Justus Wulff LL.M. Juristischer Mitarbeiter in der Kanzlei Baumann-Rechtsanwälte, Leipzig	§§ 1–3 BNatSchG (mit Heß)

1. Gesetz über die Umweltverträglichkeitsprüfung* (UVPG)[1]

In der Fassung der Bekanntmachung vom 18. März 2021[2]

(BGBl. I S. 540)

Teil 1. Allgemeine Vorschriften für die Umweltprüfungen

§ 1 Anwendungsbereich

(1) **Dieses Gesetz gilt für**

1. die in Anlage 1 aufgeführten Vorhaben,

2. die in Anlage 5 aufgeführten Pläne und Programme,

3. sonstige Pläne und Programme, für die nach den §§ 35 bis 37 eine Strategische Umweltprüfung oder Vorprüfung durchzuführen ist, sowie

4. die grenzüberschreitende Behörden- und Öffentlichkeitsbeteiligung bei UVP-pflichtigen Vorhaben im Ausland nach den §§ 58 und 59 und bei SUP-pflichtigen Plänen und Programmen eines anderen Staates nach den §§ 62 und 63.

(2) **Bei Vorhaben oder Teilen von Vorhaben, die ausschließlich Zwecken der Verteidigung dienen, kann das Bundesministerium der Verteidigung oder eine von ihm benannte Stelle im Einzelfall entscheiden, dieses Gesetz ganz oder teilweise nicht anzuwenden, soweit sich die Anwendung nach Einschätzung des Bundesministeriums der Verteidigung oder der von ihm benannten Stelle nachteilig auf die Erfüllung dieser Zwecke auswirken würde, insbesondere wegen Eilbedürftigkeit des Vorhabens oder aus Gründen der Geheimhaltung. Zwecke der Verteidigung schließen auch zwischenstaatliche Verpflichtungen ein. Bei der Entscheidung ist der Schutz vor erheblichen nachteiligen Umweltauswirkungen zu berücksichtigen. Sonstige Rechtsvorschriften, die das Zulassungsverfahren betreffen, bleiben unberührt. Wird eine Entscheidung nach Satz 1 getroffen, unterrichtet das Bundesministerium der Verteidigung hierüber das für Umwelt zuständige Ministerium des betroffenen Landes unverzüglich sowie das Bundesministerium für Umwelt, Naturschutz, Bau und Reaktorsicherheit spätestens bis zum Ablauf des 31. März des Folgejahres.**

---

* Die Änderungen des UVPG durch VO v. 19.6.2020 (BGBl. I S. 1328), G v. 3.12.2020 (BGBl. I S. 2694) und G v. 25.2.2021 (BGBl. I S. 306) sind in den Vorschriftentexten und Kommentierungen noch nicht vollständig berücksichtigt. Anpassungen erfolgen mit den nächsten Ergänzungslieferungen.

[1] **[Amtl. Anm.:]** Das Gesetz dient der Umsetzung der Richtlinie 85/337/EWG des Rates vom 27. Juni 1985 über die Umweltverträglichkeitsprüfung bei bestimmten öffentlichen und privaten Projekten (ABl. L 175 vom 5.7.1985, S. 40), der Richtlinie 97/11/EG des Rates vom 3. März 1997 zur Änderung der Richtlinie 85/337/EWG über die Umweltverträglichkeitsprüfung bei bestimmten öffentlichen und privaten Projekten (ABl. L 73 vom 14.3.1997, S. 5), der Richtlinie 2001/42/EG des Europäischen Parlaments und des Rates vom 27. Juni 2001 über die Prüfung der Umweltauswirkungen bestimmter Pläne und Programme (ABl. L 197 vom 21.7.2001, S. 30) sowie der Umsetzung von Artikel 3 der Richtlinie 2003/35/EG des Europäischen Parlaments und des Rates vom 26. Mai 2003 über die Beteiligung der Öffentlichkeit bei der Ausarbeitung bestimmter umweltbezogener Pläne und Programme und zur Änderung der Richtlinien 85/337/EWG und 96/61/EG des Rates in Bezug auf die Öffentlichkeitsbeteiligung und den Zugang zu Gerichten (ABl. L 156 vom 25.6.2003, S. 17).

[2] Neubekanntmachung des UVPG idF der Bek. v. 25.6.2005 (BGBl. I S. 1757) in der ab 2.3.2010 geltenden Fassung.

(3) **Bei Vorhaben oder Teilen von Vorhaben, die ausschließlich der Bewältigung von Katastrophenfällen dienen, kann die zuständige Behörde im Einzelfall entscheiden, dieses Gesetz ganz oder teilweise nicht anzuwenden, soweit sich die Anwendung nach Einschätzung der zuständigen Behörde negativ auf die Erfüllung dieses Zwecks auswirken würde. Bei der Entscheidung ist der Schutz vor erheblichen nachteiligen Umweltauswirkungen zu berücksichtigen. Sonstige Rechtsvorschriften, die das Zulassungsverfahren betreffen, bleiben unberührt.**

(4) **Dieses Gesetz findet Anwendung, soweit Rechtsvorschriften des Bundes oder der Länder die Umweltverträglichkeitsprüfung nicht näher bestimmen oder die wesentlichen Anforderungen dieses Gesetzes nicht beachten. Rechtsvorschriften mit weitergehenden Anforderungen bleiben unberührt.**

Literatur: *Peters,* Verkehrswegerechtliche und immissionsschutzrechtliche Zulassungsverfahren mit UVP ohne Erörterungstermin?, NuR 2018, 457.

Rechtsprechung: zu Vorhaben nach Anlage 1 (Absatz 1 Nummer 1): VG Münster (2. Kammer), Urteil vom 12.4.2018 – 2 K 2307/16 (NuR 2018, 644; BeckRS 2018, 8220).

Hinweise auf die Gesetzesmaterialien
(ausführliche Kommentierung folgt)

Übersicht

I. Begründung der Bundesregierung (BT-Drs. 18/11499, S. 73 f.)

1 „Die bisherige Zweckbestimmung entfällt (Handbuch der Rechtsförmlichkeit Rn. 362). Wesentliche Inhalte aus dem bisherigen § 1 werden in § 2 Absatz 10 sowie den §§ 3 und 25 übernommen. § 1 regelt in Anlehnung an den bisherigen § 3 den Anwendungsbereich des Gesetzes.

Absatz 1 Nummer 1 in Verbindung mit Anlage 1 (Liste „UVP-pflichtige Vorhaben") regelt in Übereinstimmung mit der bisherigen Regelung, welche Vorhaben in den Anwendungsbereich des Gesetzes fallen. Bedeutung hat die Vorschrift vor allem für die Frage, welche Vorhaben Gegenstand einer Umweltverträglichkeitsprüfung sein können. Von der erneuten Aufnahme einer Ermächtigung an die Bundesregierung, die Liste „UVP-pflichtige Vorhaben" durch Rechtsverordnung zu ändern, wurde abgesehen. Diese Verordnungsermächtigung hat in der Vergangenheit keine Rolle gespielt und ist daher entbehrlich.

Absatz 1 Nummer 2 und 3 regelt in Übereinstimmung mit der bisherigen Regelung, welche Pläne und Programme in den Anwendungsbereich des Gesetzes fallen und damit Gegenstand einer Strategischen Umweltprüfung sein können. Hierzu verweist die Nummer 2 auf die Liste „SUP-pflichtige Pläne und Programme" in Anlage 5. § 1 Absatz 1 Nummer 3 verweist zusätzlich auf die Bestimmungen, aus denen sich eine SUP-Pflicht für Pläne und Programme ergeben kann, die in der Anlage 5 nicht aufgeführt sind (§§ 35 bis 37). Eine Ermächtigung an die Bundesregierung, die Liste „SUP-pflichtige

§ 14a Besondere Änderungen zur Modernisierung und Digitalisierung von Schienenwegen

(1) Keiner Umweltverträglichkeitsprüfung bedarf die Änderung eines Schienenwegs oder einer sonstigen Bahnbetriebsanlage nach den Nummern 14.7, 14.8 und 14.11 der Anlage UVPG 1, soweit sie lediglich aus den folgenden Einzelmaßnahmen besteht:

1. den im Rahmen der Digitalisierung einer Bahnstrecke erforderlichen Baumaßnahmen, insbesondere der Ausstattung einer Bahnstrecke mit Signal- und Sicherungstechnik des Standards European Rail Traffic Management System (ERTMS),

2. dem barrierefreien Umbau oder der Erhöhung oder Verlängerung eines Bahnsteigs,

3. der technischen Sicherung eines Bahnübergangs,

4. der Erneuerung eines Eisenbahnübergangs,

5. der Erneuerung und Änderung eines Durchlasses sowie

6. der Herstellung von Überleitstellen für Gleiswechselbetriebe.

(2) Eine standortbezogene Vorprüfung entsprechend § UVPG § 7 Absatz UVPG § 7 Absatz 2 wird zur Feststellung der UVP-Pflicht durchgeführt für

1. die Ausstattung einer bestehenden Bahnstrecke mit einer Oberleitung auf einer Länge von weniger als 15 Kilometern einschließlich dafür notwendiger räumlich begrenzter baulicher Anpassungen, insbesondere von Tunneln mit geringer Länge oder von Kreuzungsbauwerken,

2. die Errichtung einer Lärmschutzwand zur Lärmsanierung,

3. die Erweiterung einer Bahnbetriebsanlage mit einer Flächeninanspruchnahme von weniger als 5 000 Quadratmetern.

(3) Eine allgemeine Vorprüfung entsprechend § UVPG § 7 Absatz UVPG § 7 Absatz 1 wird zur Feststellung der UVP-Pflicht durchgeführt für

1. die Ausstattung einer bestehenden Bahnstrecke mit einer Oberleitung, soweit nicht durch Absatz 2 Nummer 1 erfasst,

2. die Erweiterung einer Bahnbetriebsanlage nach Nummer 14.8.3.1 der Anlage UVPG 1 mit einer Flächeninanspruchnahme von 5 000 Quadratmetern oder mehr,

3. die sonstige Änderung eines Schienenwegs oder einer sonstigen Bahnbetriebsanlage nach den Nummern 14.7 und 14.8 der Anlage UVPG 1, soweit nicht von den Absätzen 1 und 2 erfasst.

Hinweise auf die Gesetzesmaterialien
(ausführliche Kommentierung folgt)

Übersicht

1 Die Vorschrift des § 14a UVPG geht zurück auf Art. 4 Nr. 3 des im November 2020 vorgelegten **Gesetzentwurf der Bundesregierung** für ein eines **Gesetzes zur Beschleunigung von Investitionen.** Das Gesetz wurde nach Abschluss des Gesetzgebungsverfahrens am 9.12.2020 im BGBl verkündet (BGBl I S. 2694). Die Einfügung des § 14a UVPG ist damit ab dem 10.12.2020 in Kraft getreten (vgl. Art. 11 Abs. 1 des Gesetzes zur Beschleunigung von Investitionen).

I. Begründung der Bundesregierung (BT-Drs. 19/22139)

2 Als Zweck der Rechtsänderung benennt die Bundesregierung in ihrer **Begründung des Gesetzentwurfs** (BT-Drs. 19/22139) zunächst, dass durch § 14a UVPG (mit flankierenden Änderungen des Allgemeinen Eisenbahngesetzes) „die Elektrifizierung von Schienenstrecken und andere kleinere Vorhaben, zum Beispiel die Ausstattung einer Bahnstrecke mit Signal- und Sicherungstechnik des Standards European Rail Traffic Management System (ERTMS) und die Erhöhung oder Verlängerung von Bahnsteigen, von der Planfeststellungs- und Plangenehmigungspflicht freigestellt werden soll, wenn keine Pflicht zur Durchführung einer Umweltverträglichkeitsprüfung besteht" **(BT-Drs. 19/22139, S. 12).**

3 Sodann führt der Gesetzentwurf weiter aus **(BT-Dr. 19/22139 S. 25 f.):** „Die Vorschrift regelt als Spezialregelung zu § 9 Gesetz über die Umweltverträglichkeitsprüfung besondere Fälle der Änderung von Schienenwegen und sonstigen Bahnbetriebsanlagen, die als Neuvorhaben von den Nummern 14.7 und 14.8 der Anlage 1 Gesetz über die Umweltverträglichkeitsprüfung erfasst werden. Um einen beschleunigten Ausbau der Eisenbahninfrastruktur mit Blick auf die Erreichung der Klimaschutzziele zu ermöglichen, werden mit dieser Regelung die Anforderungen nach dem Gesetz über die Umweltverträglichkeitsprüfung an Maßnahmen der nachträglichen Elektrifizierung und Digitalisierung bestehender Schienenwege und weitere dringliche, aber wenig beeinträchtigende, kleinräumige Änderungsmaßnahmen, wie die Anpassung von Bahnsteigen und die Errichtung von Schallschutzwänden zur Lärmsanierung, präzisiert und teilweise erleichtert.

Absatz 1 bestimmt kleine Änderungen an den Schienenwegen und Betriebsanlagen, deren Umweltauswirkungen aufgrund des geringen Umfangs sowie, für die Phase der baulichen Errichtung der betreffenden Änderung, aufgrund der kurzen Dauer als unerheblich im Sinne des Gesetz über die Umweltverträglichkeitsprüfung eingestuft werden können. Für die in Absatz 1 aufgezählten Änderungsvorhaben ist daher die Durchführung einer Umweltverträglichkeitsprüfung nicht gefordert.

Für die in Absatz 2 aufgeführten Änderungsvorhaben kann nicht generell und für jeden Standort ausgeschlossen werden, dass sie möglicherweise erhebliche Umweltauswirkungen haben. Dies gilt zum Beispiel für die Ausstattung bestehender Bahnstrecken mit Oberleitungen (Elektrifizierung), auch soweit sie lediglich auf einer Länge von weniger als 15 Kilometern erfolgt (Nummer 1). So können die Oberleitungen zum Beispiel, je nach Standort, zu Kollisionen mit geschützten Vogelarten und daraus folgendem Individuenverlust führen. Hingegen ist die baubedingte Flächeninanspruchnahme und Versiegelung, die mit der Errichtung der Leitungsmasten verbunden ist, eher gering, wenn sie im unmittelbaren Streckenbereich erfolgt; ebenso sind die baubedingten Schallemissionen und Erschütterungen für derartige Maßnahmen eher gering.

Bei der Errichtung von Schallschutzwänden zur Lärmsanierung (Nummer 2) ist einerseits zu berücksichtigen, dass es sich um lokal begrenzte Baumaßnahmen handelt. Andererseits stellen solche Schallschutzwände Baukörper dar, die möglicherweise Barrierewirkung für geschützte Tierarten entfalten, sodass an besonders sensiblen Standorten erhebliche Umweltumweltauswirkungen nicht generell ausgeschlossen werden können. Zudem kann je nach Höhe und Länge der Schallschutzwand ein erheblicher nachteiliger Einfluss auf das Landschaftsbild nicht generell ausgeschlossen werden, etwa soweit die Maßnahme zum Beispiel in einem Landschaftsschutzgebiet erfolgt.

Ebenso kann bei der Erweiterung einer Bahnbetriebsanlage, auch wenn die damit verbundene Flächeninanspruchnahme weniger als 5.000 m2 beträgt, nicht unabhängig von der Lage und der konkreten Nutzung ausgeschlossen werden, dass sie zu erheblichen nachteiligen Umweltauswirkungen führt. Daher ist für die in Absatz 2 Nummer 1 bis 3 genannten Vorhaben die Durchführung einer Umweltverträglichkeitsprüfung angeordnet, wenn eine entsprechend § 7 Absatz 2 Gesetz über die Umweltverträglichkeitsprüfung durchgeführte standortbezogene Vorprüfung zu dem Ergebnis kommt, dass sie erhebliche nachteilige Umweltauswirkungen haben können.

Absatz 3 sieht für die dort genannten Vorhaben die Durchführung einer allgemeinen Vorprüfung vor. Bei den in den Nummern 1 bis 3 aufgeführten Vorhaben ist eine Vorprüfung entsprechend § 7 Absatz 1 Gesetz über die Umweltverträglichkeitsprüfung auch dann durchzuführen, wenn keine besonderen örtlichen Gegebenheiten im Sinne von § 7 Absatz 2 Gesetz über die Umweltverträglichkeitsprüfung vorliegen.

II. Behandlung im Bundesrat (BR-Drs. 456/20)

Bei der Behandlung des Gesetzentwurfs im sog. ersten Durchgang im Bundesrat hat zunächst das **Land NRW** einen **Änderungsantrag** eingebracht, der darauf abzielte, wegen vorgeschlagener Änderungen bei § 18 AEG auch redaktionelle Folgeänderungen bei § 14a Abs. 3 Nr. 1 des Regierungsentwurfs vorzunehmen. Zur Begründung wurde vorgebracht: „Eine **Erhöhung der UVP-Schwelle von 15 Kilometer auf 50 Kilometer** bei Oberleitungen würde Elektrifizierungsmaßnahmen bei zukünftigen Projekten deutlich vereinfachen. Eine UVP würde aber nur dann entfallen, wenn es sich ausschließlich um eine Elektrifizierungsmaßnahme handeln würde (das heißt keine Überwerfungsbauwerke, Trassenänderungen oder der Wegfall von Bahnübergängen)" **(BR-Drs. 456/6/20 S. 1 f.).** 4

Weitere redaktionelle Folgeänderungen mit zahlreichen Haupt- und Hilfsempfehlungen schlug die **Ausschussempfehlung für die Stellungnahme des Bundesrates (BR-Drs. 456/1/20, S. 39–43)** vor. Darüber hinaus sah die Ausschussempfehlung auch noch die Erweiterung des Gesetzesentwurfs um einen § 14b vor, der entsprechend „Besondere Änderungen zur Modernisierung von Bundesfernstraßen" ins Auge nehmen sollte. Diese Erweiterung war von folgender Erwägung getragen: „§ 17 Absatz 1 des Bundesfernstraßengesetzes ist durch das Gesetz zur weiteren Beschleunigung von Planungs- und Genehmigungsverfahren im Verkehrsbereich klarstellend dahingehend modifiziert worden, dass eine planfeststellungspflichtige Änderung nur vorliegt wenn eine Bundesfernstraße um einen oder mehrere durchgehende Fahrstreifen für den Kraftfahrzeugverkehr baulich erweitert wird oder in sonstiger Weise erheblich baulich umgestaltet wird. Damit soll die Entbehrlichkeit eines Planfeststellungsverfahrens für bauliche Umgestaltungen, die nicht erheblich sind, für die UVP-Entbehrlichkeit nachgezeichnet und die bezweckte Verfahrensbeschleunigung unterstützt werden. Nach der Gesetzesbegründung (BR-Drs. 582/19) handelt es sich bei den in Bezug genommenen Maßnahmen um Anpassungen der Straße an aktuelle Regelwerke, Standards, Sicherheits- oder Verkehrsbedürfnisse wie zum Beispiel Ersatzneubauten bestehender Brückenbauwerke. Solche Erhaltungsmaßnahmen haben in der Regel auch keine erheblichen nachteiligen Um- 5 weltauswirkungen. Bei der Errichtung von Schallschutzwänden zur Lärmsanierung (§ 14b Absatz 2 UVPG n.F.) ist einerseits zu berücksichtigen, dass es sich um lokal begrenzte Baumaßnahmen handelt. Andererseits stellen solche Schallschutzwände Baukörper dar, die möglicherweise Barrierewirkung für geschützte Tierarten entfalten, so dass an besonders sensiblen Standorten erhebliche Umweltauswirkungen nicht generell ausgeschlossen werden können. Zudem kann je nach Höhe und Länge der Schallschutzwand ein erheblicher nachteiliger Einfluss auf das Landschaftsbild nicht generell ausgeschlossen werden, etwa soweit die Maßnahme zum Beispiel in einem Landschaftsschutzgebiet erfolgt."

6 Die meisten dieser redaktionellen Änderungsvorschläge, aber auch die vorgeschlagene Einfügung eines § 14b fanden Eingang in die abschließende **Stellungnahme des Bundesrates (BR-Drs. 456/20(B) S. 19–23).** Unter anderem plädierte der Bundesrat dafür in § 14a Abs. 1 die Wörter „aus den folgenden Einzelmaßnahmen" durch die Wörter „aus einer der folgenden Einzelmaßnahmen" zu ersetzen. „Begründung: Die Ausgangsformulierung ist missverständlich, da sie ein kumulatives Zusammenfallen der genannten Einzelmaßnahmen als Voraussetzung für das Entfallen eines UVP-Bedarfs vermuten lässt, was jedoch offensichtlich nicht gewollt ist." Außerdem sieht die Stellungnahme des Bundesrates vor, den Katalog des ersten Absatzes um eine neue Nummer, **§ 14a Abs. 1 Nr. 6** zu ergänzen, durch die auch die Einzelmaßnahme „Herstellung von Überleitstellen für Gleiswechselbetriebe" erfasst werden soll. Hierzu führt die Stellungnahme aus: „Überleitstellen für Gleiswechselbetriebe dienen überwiegend der Erlangung eines robusten Netzes. Mit einem robusten Netz soll während der bevorstehenden umfangreichen Baumaßnahmen im Schienennetz in ganz Deutschland durch kleinere Maßnahmen die Leistungsfähigkeit auf der Schiene erhöht werden, zum Beispiel durch Umleitungsstrecken. Hier ist eine schnelle Umsetzung von besonderer Bedeutung zur Erlangung der angestrebten Ziele im Schienensektor." Aufnahme in die Stellungnahme des Bundesrates fand auch der Änderungsantrag des Landes NRW zur **Erhöhung der UVP-Schwelle von 15 Kilometer auf 50 Kilometer** (→ Rn. 3).

III. Gegenäußerung der Bundesregierung (BT-Drs. 19/22778)

7 In Ihrer **Gegenäußerung** zur Stellungnahme des Bundesrates hat die **Bundesregierung** (BT-Drs. 19/22778, S. 21 f.) zu einigen Vorschlägen lediglich eingeräumt, diese prüfen zu wollen. Darüber hinaus hat sie aber auch zu einzelnen Vorschlägen des Bundesrates näher Stellung bezogen. So ist sie dem Vorschlag des Bundesrates zur **Einfügung eines § 14b** knapp, aber dezidiert entgegengetreten: „Die Bundesregierung lehnt den Vorschlag ab. Nach Auffassung der Bundesregierung besteht für die vorgeschlagene Änderung kein Regelungsbedürfnis. Das Erfordernis einer UVP-Pflicht bei der Änderung UVP-pflichtigen Vorhaben ist im geltenden § 9 UVPG grundsätzlich sachgerecht geregelt. Der Gesetzentwurf sieht in § 14a UVPG eine Abweichung von der bestehenden Regelungssystematik vor, um die Modernisierung und Digitalisierung von Schienenwegen aus Gründen des Klimaschutzes zu erleichtern. Vergleichbare Gründe liegen im Falle der Modernisierung von Bundesfernstraßen nicht vor." (BT-Drs. 19/22778, S. 21).

Ablehnend äußerte sich die Bundesregierung auch zu dem Vorschlag des Bundesrates, in **§ 14a Absatz 1 Nummer 1** die Wörter „den im Rahmen der Digitalisierung einer Bahnstrecke" durch die Wörter „den zur Ausstattung der Schienenwege mit Steuerungs- und Sicherungssystemen" zu ersetzen: „Die Bundesregierung befürwortet eine umfassende Streckendigitalisierung. Dabei sollte jedoch auf den neuesten Stand der Technik gesetzt werden. Die Privilegierung des Signal-, Leit- und Sicherungsstandards ergibt sich aufgrund europäischer Vorgaben. Gestützt auf die VO (EU) 1315/2013, VO (EU) 2016/919 sowie die DVO (EU) 2017/6 sind bis 2023 – mit einer maximalen Fristverlängerung um bis zu drei Jahre – die TEN Korridore, bis 2030das Kernnetz sowie bis spätestens 2050 das Gesamtnetz mit dem Standard ERTMS auszurüsten. Dies dient der Verwirklichung des einheitlichen europäischen Eisenbahnraums durch Interoperabilität. Insbesondere bei Neubauten, welche durch die EU gefördert werden, ist dieser Standard verpflichtend. Bestehende, sog. Klasse B Systeme dürfen lediglich noch in begrenztem Umfang erneuert werden. Ein Zeitplan zur Abschaffung dieser Systeme wird derzeit durch die KOM erarbeitet."

Ebenfalls ablehnend äußerte sich die Bundesregierung zum Vorschlag des Bundesrates, durch Änderung in **Abs. 2 Nr. 1 und Abs. 3 Nr. 1** die **UVP-Schwelle** von 15 auf 50 km anzuheben: „Die Bundesregierung lehnt den Vorschlag ab. […] Eine Ausweitung der Grenze zwischen standortbezogener und allgemeiner Vorprüfung auf 50 Kilometer ist mit den Anforderungen der UVP-Richtlinie nicht vereinbar. Bei einer Elektrifizierung auf einer Länge von mehr als 15 Kilometern kann auch an weniger sensiblen Standorten nicht ausgeschlossen werden, dass das Vorhaben erhebliche Umweltauswirkungen haben kann. Daher gilt sowohl bei der Elektrifizierung bestehender Schienenwege als auch bei der Errichtung selbständig geführter Bahnstromleitungen im Sinne von Anlage 1 Nummer 19.13 UVPG, dass bei einer Länge von 15 Kilometern oder mehr zumindest eine allgemeine Vorprüfung durchzuführen ist."

Zustimmung fanden hingegen die Anregungen des Bundesrates zur Konkretisierung der Auflistung in § 14a Abs. 1, insbesondere zur Einfügung einer neuen Nummer Nr. (→ Rn. 6) sowie zur Präzisierung des § 14a Abs. 2 Nr. 2, allerdings mit einer terminologischen Einschränkung: „Derzeit wird in Artikel 2 des Gesetzentwurfs [zum AEG] der Begriff „Schallschutzwand" und in Artikel 4 [zum UVPG] der Begriff „Lärmschutzwand" verwendet. Hier sollte einheitlich der Begriff „Lärmschutzwand" Verwendung finden."

IV. Beschlussempfehlung und Bericht des Verkehrsausschusses (BT-Drs. 19/24040)

Bei der Behandlung im Bundestag sind noch weitere Änderungen am Gesetzentwurf **8**
vorgenommen worden, die auch die Einfügung des § 14a betrafen. Die **Beschlussempfehlung des Ausschusses für Verkehr und Digitale Infrastruktur** (BT-Drs. 19/24040) listet sie auf und begründet sie in seinem Berichtsteil wie folgt **(BT-Drs. 19/24040, S. 23 f.).**

„Die im einleitenden Satzteil des **§ 14a Absatz 1** des Regierungsentwurfs vorgesehe- **9**
ne Freistellung bestimmter Änderungen bei Bahnbetriebsanlagen von der UVP-Pflicht wird auf Änderungen bei Anlagen nach Nummer 14.11 der Anlage 1 UVPG erstreckt. Damit wird beispielsweise auch der barrierefreie Umbau oder die Verlängerung eines Bahnsteigs für Straßenbahnen von einer UVP-Pflicht generell freigestellt."

Speziell zu **Abs. 1 Nr. 6** wird noch angemerkt: „Durch die Änderung werden Überleitstellen für Gleiswechselbetriebe in den Katalog derjenigen Einzelmaßnahmen, die von der UVP-Pflicht freigestellt werden, aufgenommen. Überleitstellen für Gleiswechselbetriebe ermöglichen das Überholen von Zügen und dienen auch der Erlangung eines robusten Netzes. Die Änderung sorgt auch dafür, dass die Leistungsfähigkeit der Schiene erhöht und der Personenverkehr insgesamt attraktiver gestaltet werden kann."

Zur Diskussion um die zwischen Bundesregierung und Bundestat umstrittene Frage der **UVP-Schwelle in Abs. 2 Nr. 1** äußert sich der Bericht des Verkehrsausschusses folgendermaßen: „Die Ergänzung führt dazu, dass sich die Vereinfachung der UVP-Vorprüfung auch auf die mit den Elektrifizierungsmaßnahmen verbundenen baulichen Anpassungen erstreckt. Dies umfasst auch kleinere Änderungen von Tunneln mit geringer Länge oder von Kreuzungsbauwerken. Bei der Anpassung von Kreuzungsbauwerken kann es im Einzelfall erforderlich sein, das alte Bauwerk zu ersetzen. Solche Ersatzneubauten sind nur dann erfasst, wenn sich der Grundriss des Bauwerks nicht wesentlich ändert. Hinsichtlich des Aufrisses sind Änderungen möglich, da der Aufriss bei Elektrifizierungsmaßnahmen typischer-weise geändert werden muss. Die Abgrenzung entspricht damit im Wesentlichen der Definition von Unterhaltungsmaßnahmen in § 18 Absatz 1 Satz 4 AEG. Die Anpassung von Tunneln aufgrund der Ausstattung der bestehenden Betriebsanlage mit einer Oberleitung wird nur für solche mit geringer Länge von dem Erfordernis der Planfeststellung bzw. Plangenehmigung ausgenommen. Ob die Länge des Tunnels gering ist, hängt von den örtlichen Gegebenheiten (z. B. innerorts/außerorts) ab. Bei einer geringen Länge sind i. d. R. auch geringfügigere Auswirkungen der Baumaßnahme zu erwarten, die es rechtfertigen, die bauliche Anpassung des Tunnels im Rahmen der Befreiung der Elektrifizierungsmaßnahmen mitzuerfassen. Von einer geringen Länge ist jedenfalls dann nicht mehr auszugehen, wenn der anzupassende Tunnel eine Länge von mehr als 300 Metern aufweist.

V. Gesetzesbeschluss und Zustimmung des Bundesrates

10 Der Deutsche Bundestag hat in seiner 189. Sitzung am 5.11.2020 den Gesetzentwurf aufgrund der Beschlussempfehlung und des Berichtes des Ausschusses für Verkehr und digitale Infrastruktur angenommen **(BT-Prot. 19/189, S. 23796 (B)).** Der Bundesrat hat in seiner 997. Sitzung am 27.11.2020 beschlossen, dem vom Deutschen Bundestag verabschiedeten Gesetz gemäß Artikel 84 Absatz 1 Satz 5 und 6 des Grundgesetzes zuzustimmen (**BR-Prot. 997/2020 S. 470** zu TOP 17). Zur Verkündung im BGBl → Rn. 1.

(ausführliche Kommentierung folgt)

§ 27 Bekanntmachung der Entscheidung und Auslegung des Bescheids

(1) **Die zuständige Behörde hat in entsprechender Anwendung des § 74 Absatz 5 Satz 2 des Verwaltungsverfahrensgesetzes die Entscheidung zur Zulassung oder Ablehnung des Vorhabens öffentlich bekannt zu machen sowie in entsprechender Anwendung des § 74 Absatz 4 Satz 2 des Verwaltungsverfahrensgesetzes den Bescheid zur Einsicht auszulegen. § 20 gilt hierfür entsprechend. Soweit der Bescheid geheimhaltungsbedürftige Angaben im Sinne von § 23 Absatz 2 enthält, sind die entsprechenden Stellen unkenntlich zu machen.**

(2) **Abweichend von Absatz 1 Satz 1 kann in einem Verfahren nach § 18 Absatz 2 die Öffentlichkeit in einem geeigneten Publikationsorgan über das Ergebnis des Verfahrens unterrichtet werden und das Ergebnis des Verfahrens mit Begründung und einer Information über Rechtsbehelfe kann entsprechend dem in § 19 Absatz 2 Satz 2 geregelten Verfahren öffentlich ausgelegt werden.**

Hinweise auf die Gesetzesmaterialien
(ausführliche Kommentierung folgt)

Übersicht

I. Parlamentaria zu Abs. 1

Die ursprüngliche Fassung des § 27 enthielt nur den heutigen Absatz 1 als alleinige Bestimmung. Erläuternd heißt es hierzu in der **Begründung der Bundesregierung (BT-Drs. 18/11499, S. 96)** zu § 27 Abs. 1: 1

„Die Vorschrift regelt die Bekanntmachung der Entscheidung zur Zulassung oder Ablehnung des Vorhabens und dient damit der Umsetzung von Artikel 9 Absatz 1 der geänderten UVP-Richtlinie. Formal ist die Bekanntmachung zwar ein eigenständiger Verfahrensschritt. Jedoch besteht ein inhaltlicher Zusammenhang zur Öffentlichkeitsbeteiligung und der Zugänglichmachung des Bescheids: der Öffentlichkeit soll die Möglichkeit eröffnet werden nachzuverfolgen, zu welchen Erkenntnissen die UVP geführt hat und wie diese Erkenntnisse bei der Genehmigungsentscheidung berücksichtigt worden sind. Insbesondere soll die Öffentlichkeit erkennen können, wie mit ihren Äußerungen umgegangen wurde. Hierdurch wird die mit der Bekanntmachung des Vorhabens und der Veröffentlichung von Unterlagen nach § 19 Absatz 2 und § 20 geschaffene Transparenz der Umweltverträglichkeitsprüfung fortgeführt und komplettiert. Darüber hinaus hat die in § 27 geregelte Bekanntmachung auch Bedeutung im Hinblick auf den Rechtsschutz gegen die Zulassungsentscheidung. 2

Satz 1 entspricht dem bisherigen § 9 Absatz 2. Insoweit wird auf die Begründung der Bundesregierung im Entwurf für ein Gesetz zur Umsetzung der UVP-Änderungsrichtlinie, der IVU-Richtlinie und weiterer EG-Richtlinien zum Umweltschutz, BR-Drucksache 674/00, S. 93f. Bezug genommen.

Satz 2 ordnet eine entsprechende Anwendung von § 20 an. Danach sind auch die Bekanntmachung der Zulassungsentscheidung sowie der Bescheid auf dem einschlägigen zentralen Internetportal zu ver-öffentlichen. Auf diese Weise werden zugleich Anforderungen nach Artikel 7 Absatz 1, Absatz 2 Buchstabe f und g der Richtlinie 2003/4/EG des Europäischen Parlaments und des Rates vom 28. Januar 2003 über den Zugang der Öffentlichkeit zu Umweltinformationen und zur Aufhebung der Richtlinie 90/313/EWG des Rates umgesetzt. Mit Satz 3 wird gewährleistet, dass der Schutz von Geschäfts- und Betriebsgeheimnissen nicht nur für die Unterlagen gilt, die Gegenstand der Öffentlichkeitsbeteiligung sind, sondern auch für den Zulassungsbescheid. Damit wird eine Regelung, die schon nach dem bisherigen § 10 Absatz 8a Satz 2 BImSchG für immissionsschutzrechtliche Genehmigungsbescheide gilt, auch auf andere Rechtsbereiche im Anwendungsbereich des UVPG übertragen."

II. Parlamentaria zu Abs. 2

3 § 27 Abs. 2 wurde eingefügt durch das Gesetzes zur Beschleunigung von Investitionen vom 3.12.2020 (BGBl. I S. 2694). Allerdings war die Vorschrift im ursprünglichen Gesetzentwurf der Bundesregierung (BT-Drs. 19/22139), wie er auch im ersten Durchlauf dem Bundesrat zugeleitet worden ist (BR-Drs. 456/20), noch nicht enthalten. Die Gesetz gewordene **Fassung geht vielmehr zurück auf einen Änderungsvorschlag des Bundesrates.**

4 Erstmalig erwähnt wurde der Vorschlag zur Anfügung eines Abs. 2 in der **Ausschussempfehlung für die Stellungnahme des Bundesrates.** Dort wurde zur Schließung einer Regelungslücke der Vorschlag gemacht, als Absatz 2 den Satz „Abweichend von Absatz 1 Satz 1 erfolgt im Verfahren nach § 18 Absatz 2 die öffentliche Bekanntmachung des Ergebnisses entsprechend dem in § 19 Absatz 2 Satz 2 geregelten Verfahren" anzufügen. Dazu ist vermerkt **(BR-Drs. 456/1/20, S. 43, 44):**

„Sofern an der Grundentscheidung festgehalten wird, Raumordnungsverfahren den Verfahrensanforderungen des UVPG zu unterwerfen, sollte die Änderung des UVPG zumindest zum Anlass genommen werden, eine 2017 entstandene Regelungslücke zu schließen und – wie vor 2017 – für die Bekanntmachung des Ergebnisses von Raumordnungsverfahren für UVP-pflichtige Vorhaben wieder vereinfachte Regelungen zu schaffen.

Bis 2017 enthielt das UVPG a. F. für Raumordnungsverfahren einige Verfahrensvereinfachungen. Bei Änderung des UVPG 2017 waren diese im Gesetzentwurf zunächst nicht vorgesehen, wurden aber während des parlamentarischen Verfahrens wieder aufgegriffen. Allerdings wurden die Verfahrenserleichterungen nicht entsprechend der alten Rechtslage gebündelt, sondern den jeweiligen Verfahrensschritten zugeordnet und damit auf verschiedene Paragraphen verteilt. So wurden in § 18 Absatz 2, § 19 Absatz 2 Satz 2 UVPG erleichternde Regelungen bei Einleitung des Verfahrens geschaffen. Dass korrespondierend hierzu in § 27 UVPG auch eine vergleichbare Erleichterung für die Information der Öffentlichkeit über das Ergebnis des Verfahrens systematisch erforderlich gewesen wäre, wurde dabei übersehen. Dies führt – sicher ungewollt – zu höherem Verfahrensaufwand und Fehleranfälligkeiten."

5 Dieser Änderungsvorschlag fand dann später auch Eingang in die eigentliche **Stellungnahme des Bundesrates,** wobei auch die vorstehend wiedergegebene Begründung des Ausschusses wörtlich übernommen worden ist **(BR-Drs. 456/20(B), S. 23).**

6 In ihrer **Gegenäußerung hat die Bundesregierung** zu diesem Vorschlag weder positiv noch negativ Stellung bezogen, sondern lediglich vermerkt, „Die Bundesregierung wird den Vorschlag prüfen." **(BT-Drs. 19/22778, S. 22).**

7 In den Beratungen der Ausschüsse des Bundestages hat die vom Bundesrat vorgeschlagene Formulierung schließlich diejenige sprachliche Form gefunden, die später als Gesetzesfassung beschlossen worden ist. Der mit dem Beschlussentwurf verbundene **Bericht**

des Ausschusses für Verkehr und Digitale Infrastruktur sagt dazu (BT-Drs. 19/24040 S. 24): „Der neu eingefügte Absatz 2 sieht für vorgelagerte Verfahren sowie für Planfeststellungsverfahren über einen Wege- und Gewässerplan mit landschaftspflegerischem Begleitplan nach § 41 des Flurbereinigungsgesetzes Erleichterungen bei der Bekanntgabe des Ergebnisses des Verfahrens und bei dessen öffentlicher Auslegung vor. Damit kann die öffentliche Auslegung des Ergebnisses des Verfahrens im gleichen Verfahren stattfinden, in dem auch die Auslegung der Unterlagen für die Öffentlichkeitsbeteiligung erfolgt."

Der Deutsche **Bundestag** hat in seiner 189. Sitzung am 5.11.2020 den Gesetzentwurf **8**
aufgrund der Beschlussempfehlung und des Berichtes des Ausschusses für Verkehr und digitale Infrastruktur angenommen (BT-Prot 19/189, S. 23796 (B)). Der **Bundesrat** hat in seiner 997. Sitzung am 27.11.2020 beschlossen, dem vom Deutschen Bundestag verabschiedeten Gesetz gemäß Artikel 84 Absatz 1 Satz 5 und 6 des Grundgesetzes zuzustimmen (BR-Prot. 997/2020 S. 470 zu TOP 17).

Das Gesetz zur Beschleunigung von Investitionen vom 3.12.2020 wurde am 9.12.2020 **9**
im BGBl verkündet (BGBl I S. 2694). Die Einfügung des § 27 Abs. 2 UVPG durch Art. 4 Ziffer 3a dieses Gesetzes ist damit ab dem 10.12.2020 in Kraft (vgl. Art. 11 Abs. 1 des Gesetzes zur Beschleunigung von Investitionen).

(ausführliche Kommentierung folgt)

§ 67a Zulassung des vorzeitigen Baubeginns

(1) **In einem Planfeststellungs- oder Plangenehmigungsverfahren für ein Vorhaben nach § UVPG § 65 Absatz UVPG § 65 Absatz 1 in Verbindung mit der Anlage UVPG 1 Nummer 19.7 kann die für die Feststellung des Plans oder für die Erteilung der Plangenehmigung zuständige Behörde vorläufig zulassen, dass bereits vor Feststellung des Plans oder der Erteilung der Plangenehmigung in Teilen mit der Errichtung oder Änderung der Rohrleitungsanlage einschließlich der Vorarbeiten begonnen wird, wenn**

1. unter Berücksichtigung der Stellungnahmen der Träger öffentlicher Belange einschließlich der Gebietskörperschaften mit einer Entscheidung im Planfeststellungs- oder Plangenehmigungsverfahren zugunsten des Vorhabenträgers gerechnet werden kann,

2. der Vorhabenträger ein berechtigtes oder ein öffentliches Interesse an der Zulassung des vorzeitigen Baubeginns darlegt,

3. der Vorhabenträger nur Maßnahmen durchführt, die reversibel sind,

4. der Vorhabenträger über die für die Maßnahmen notwendigen privaten Rechte verfügt und

5. der Vorhabenträger sich verpflichtet,

a) alle Schäden zu ersetzen, die bis zur Entscheidung im Planfeststellungs- oder Plangenehmigungsverfahren durch die Maßnahmen verursacht worden sind, und

b) sofern kein Planfeststellungsbeschluss oder keine Plangenehmigung erfolgt, den früheren Zustand wiederherzustellen.

Ausnahmsweise können irreversible Maßnahmen zugelassen werden, wenn sie nur wirtschaftliche Schäden verursachen und für diese Schäden eine Entschädigung in Geld geleistet wird. 3Die Zulassung erfolgt auf Antrag des Vorhabenträgers und unter dem Vorbehalt des Widerrufs.

(2) **Die für die Feststellung des Plans oder für die Erteilung der Plangenehmigung zuständige Behörde kann die Leistung einer Sicherheit verlangen, soweit dies erforderlich ist, um die Erfüllung der Verpflichtungen des Vorhabenträgers nach Absatz 1 Satz 1 Nummer 5 und Satz 2 zu sichern. Soweit die zugelassenen Maßnahmen durch die Planfeststellung oder Plangenehmigung für unzulässig erklärt sind, ordnet die Behörde gegenüber dem Träger des Vorhabens an, den früheren Zustand wiederherzustellen. Dies gilt auch, wenn der Antrag auf Planfeststellung oder Plangenehmigung zurückgenommen wurde.**

(3) **Die Entscheidung über die Zulassung des vorzeitigen Baubeginns ist den anliegenden Gemeinden und den Beteiligten zuzustellen.**

(4) **Widerspruch und Anfechtungsklage gegen die Zulassung des vorzeitigen Baubeginns haben keine aufschiebende Wirkung.**

Hinweise auf die Gesetzesmaterialien
(ausführliche Kommentierung folgt)

Übersicht

1 § 67a UVPG wurde eingefügt durch das Gesetzes zur Beschleunigung von Investitionen vom 3.12.2020 (BGBl. I S. 2694). Allerdings war die Vorschrift im ursprünglichen Gesetzentwurf der Bundesregierung (BT-Drs. 19/22139), wie er auch im ersten Durchlauf dem Bundesrat zugeleitet worden ist (BR-Drs. 456/20), noch nicht enthalten. Die Gesetz gewordene **Fassung geht vielmehr zurück auf einen Änderungsvorschlag des Verkehrsausschusses.**

I. Beschlussempfehlung und Bericht des Verkehrsausschusses (BT-Drs. 19/24040)

2 Der Verkehrsausschuss begründete seinen Vorschlag zur Einfügung eines § 67a wie folgt (BT-Drs. 19/24040, S. 24–26):

„Mit der neuen Regelung wird die Möglichkeit geschaffen, bei kumulativem Vorliegen der Voraussetzungen von Absatz 1 Satz 1 Nummer 1 bis 5 bereits vorzeitig, d.h. bevor der Planfeststellungsbeschluss ergeht, mit Teilen der Errichtung bzw. Änderung eines Vorhabens im Sinne des § 65 Absatz 1 UVPG in Verbindung mit Anlage 1 Nummer 19.7 UVPG einschließlich der dazugehörigen Vorarbeiten zu beginnen. Damit soll der Ausbau des Fernwärmenetzes erleichtert werden. Fernwärme kann einen Beitrag zum Klimaschutz leisten, vor allem wenn sie aus erneuerbaren Energieträgern oder unvermeidbarer Abwärme gewonnen wird, für einen Übergangszeitraum bis zur vollständigen Energieversorgung aufgrund Erneuerbarer Energien, aber auch im Falle der Nutzung der Abwärme aus Verbrennung fossiler Brennstoffe wie z.B. aus Gaskraftwerken als Übergangstechnologie. Zu den Vorarbeiten zählen z.B. auch naturschutzrechtliche Maßnahmen, insbesondere des europäischen Arten- und Gebietsschutzes (Maßnahmen zur Schadensbegrenzung, vorgezogene Ausgleichsmaßnahmen nach § 44 Absatz 5 BNatSchG sowie Maßnahmen zur Kohärenzsicherung nach § 34 Absatz 5 BNatSchG). Es darf sich nicht um eine vorzeitige Zulassung von Teilmaßnahmen handeln, die in ihrer Gesamtheit das vollständige Vorhaben ergeben. Zuständig ist die Behörde, die auch das Planfeststellungs- bzw. Plangenehmigungsverfahren leitet. Nebenbestimmungen (z.B. Auflagen oder Auflagenvorbehalt) sind entsprechend des Verwaltungsverfahrensgesetzes (VwVfG) möglich. Die Möglichkeit besteht unbeschadet privater Rechte Dritter.

Ziel der neuen Regelung ist, dass die Behörde bei engen Bauzeitfenstern (z.B. wegen zu beachtender Brut- oder Vegetationszeiten) oder bei besonders komplexen Bauabschnitten oder notwendigen Sonderbauten (z.B. im Zuge einer Flussquerung) den Druck aus dem Verfahren nehmen und auf Antrag des Vorhabenträgers den vorzeitigen Baubeginn zulassen kann.

Voraussetzung nach Absatz 1 Satz 1 Nummer 1 ist die Prognose durch die Behörde, dass mit einer Entscheidung zu Gunsten des Vorhabenträgers gerechnet werden kann. Grundlage der von der Behörde anzustellenden Prognose sind dabei alle Voraussetzungen nach § 66 Absatz 1 sowie – wegen der Konzentrationswirkung von Plangenehmigung und Planfeststellung – alle sonstigen öffentlich-rechtlichen Vorschriften, die eingehalten werden müssen. Es muss danach eine überwiegende Wahrscheinlichkeit für eine stattgebende Entscheidung sprechen.

Eine Zulassung des vorzeitigen Beginns kommt nur auf Grundlage hierfür ausreichender Informationen in Betracht. Dementsprechend müssen der Behörde neben den vollständigen Antragsunterlagen auch die Stellungnahmen der Träger öffentlicher Belange und die Ergebnisse der Öffentlichkeitsbeteiligung vorliegen. Erst dann wird die Behörde beurteilen können, ob berechtigte Einwendungen gegen das Vorhaben erhoben werden. Wenn eine Umweltverträglichkeitsprüfung durchgeführt werden muss, sind die von den

Teilen des Vorhabens oder der Vorarbeiten ausgehenden Umweltauswirkungen auf Grundlage des UVP-Berichts für das Gesamtvorhaben, der vorliegenden Einwendungen und der behördlichen Stellungnahmen zu bewerten. Erst dann kann beurteilt werden, ob mit einer Entscheidung zugunsten des Vorhabenträgers gerechnet werden kann und können die Ergebnisse der o.g. Bewertung und der weiteren rechtlichen Prüfungen bei der Entscheidung über die Zulässigkeit der Teilmaßnahmen bzw. Vorarbeiten berücksichtigt werden.

Gleiches gilt bei der Durchführung einer FFH-Verträglichkeitsprüfung. Absatz 1 Satz 1 Nummer 2 setzt voraus, dass der Antragsteller ein berechtigtes Interesse oder öffentliches Interesse an der Zulassung des vorzeitigen Beginns darlegt. Ein berechtigtes Interesse oder öffentliches Interesse ist u.a. ausgeschlossen, sofern Zweifel an der Rechtmäßigkeit der Teilmaßnahmen oder der Vorarbeiten bestehen, mit denen vorzeitig begonnen werden soll. Im Übrigen genügt für das berechtigte Interesse jedes verständige, durch die besondere Sachlage gerechtfertigte Interesse. In der Regel reicht hierfür das Interesse des Betreibers an einer zeitlichen Beschleunigung aus. Alternativ zur Darlegung des berechtigten Interesses des Antragstellers kommt die Zulassung des vorzeitigen Beginns auch bei einem öffentlichen Interesse hieran in Betracht. Dieses öffentliche Interesse muss gerade an dem vorzeitigen Beginn und dem mit ihm verbundenen Zeitgewinn bestehen. Es ist – im Rahmen der vorzunehmenden Abwägung – im Ergebnis regelmäßig dann anzunehmen, wenn durch die vorzeitigen Maßnahmen der Umweltschutz verbessert wird. Die Zulassung sowie die Durchführung von Maßnahmen nach § 67a Absatz 1 Satz 1 UVPG ist nur zulässig, wenn die Maßnahmen reversibel sind. Reversibel ist eine Maßnahme, wenn die durch sie hervorgerufenen Beeinträchtigungen sowohl in zeitlicher wie räumlicher Hinsicht eingriffsnah rückgängig zu machen bzw. umkehrbar sind. Hierzu zählen solche Beeinträchtigungen von Natur und Landschaft, die so behoben werden können, dass der ursprüngliche Zustand ohne bleibende Auswirkungen wiederhergestellt ist. Dies ist der Fall, wenn insbesondere die geschädigten natürlichen Ressourcen und/oder beeinträchtigten Funktionen der natürlichen Ressourcen und/oder des Naturhaushaltes in den Ausgangszustand zurückversetzt werden können.

Nach Absatz 1 Satz 1 Nummer 4 muss der Vorhabenträger über die für die konkreten Maßnahmen erforderlichen privaten Rechte verfügen. Nach Absatz 1 Satz 1 Nummer 5 muss sich der Vorhabenträger verpflichten, alle bis zur Entscheidung im Planfeststellungs- oder Plangenehmigungsverfahren durch die Maßnahmen verursachten Schäden zu ersetzen und, falls das Vorhaben nicht planfestgestellt oder genehmigt wird, den früheren Zustand wiederherzustellen. Die Verpflichtung kann seitens des Trägers durch einseitige Erklärung gegenüber der Behörde abgegeben werden.

Die Verpflichtung nach Nummer 5 Buchstabe a ist verschuldensunabhängig und umfasst alle Schäden, die durch die vorzeitige Ausführung adäquat kausal verursacht worden sind. Hierzu gehört auch der entgangene Gewinn für das Ziehen von Früchten auf dem Grundstück. Auch die Verpflichtung nach Nummer 5 Buchstabe b, den früheren Zustand wiederherzustellen, ist verschuldensunabhängig. Die Entscheidung setzt einen Antrag des Vorhabenträgers voraus. Sie ergeht nach Absatz 1 Satz 3 unter dem Vorbehalt des Widerrufs. Nach § 67a Absatz 1 Satz 2 UVPG können zur Vermeidung einer Verzögerung der Baudurchführung irreversible Maßnahmen durchgeführt werden, soweit keine Umweltbeeinträchtigung droht. Sonstige umweltrechtliche Anforderungen etwa nach Bundesnaturschutzgesetz oder Wasserhaushaltsgesetz bleiben unberührt. Umfasst sein kann insbesondere das Beseitigen von Bäumen innerhalb eines wirtschaftlich genutzten Waldes (z.B. Fichtenmonokultur). Die Freimachung einer Schneise in einem Wald zur Errichtung einer Dampf- oder Wasserpipeline kann sich als irreversible Maßnahme darstellen, da das Nachwachsen des Baumbestandes Jahrzehnte in Anspruch nehmen kann.

Es ist gleichzeitig denkbar, dass die irreversible Abholzung selbst nur einen wirtschaftlichen Schaden für den Forstwirt hervorruft und keine ökologische Beeinträchtigung droht. In solchen Fällen können ausnahmsweise auch irreversible Maßnahmen zugelassen werden, wenn für die wirtschaftlichen Schäden eine Entschädigung in Geld geleistet wird. Das Abholzen von Wäldern mit ökologischem Wert wird durch die Ausnahmeregelung gerade nicht ermöglicht. Die Ausnahme trägt einer hohen praktischen Notwendigkeit Rechnung, die daraus resultiert, dass aufgrund der umweltrechtlichen Anforderungen Gehölze grundsätzlich nur in den Wintermonaten beschnitten oder abgeholzt werden dürfen. Wenn ein Planfeststellungsbeschluss im Frühjahr erlassen wird, muss der Vorhabenträger bisweilen über ein halbes Jahr warten, bis er mit den Bauarbeiten beginnen kann. Dies könnte durch die Zulassung des vorzeitigen Baubeginns in den genannten Fällen verhindert werden.

Die Behörde kann vom Vorhabenträger eine Sicherheit verlangen, wenn ansonsten zu befürchten ist, dass der Vorhabenträger die Entschädigung nach Absatz 1 Satz 1 Nummer 5 Buchstabe a bzw. Absatz 1 Satz 2 nicht leistet oder seiner Pflicht zur Wiederherstellung nach Absatze 1 Satz 1 Nummer 5 Buchstabe b nicht nachkommt. Die Sicherheit kann in Form einer Bürgschaft erbracht werden. Die Höhe der Sicherheit richtet sich nach der im Einzelfall zu erwartenden Entschädigung. Die Wiederherstellung des früheren Zustands ist in den Fällen des Absatz 2 Satz 2 und 3 anzuordnen. Das ist dann der Fall, wenn die zugelassene Maßnahme für unzulässig erklärt wird oder der Antrag auf Planfeststellung oder Plangenehmigung zurückgenommen wird. Absatz 3 regelt die Bekanntmachung der Entscheidung. In Absatz 4 wird die sofortige Vollziehung gesetzlich angeordnet, um die Wirksamkeit der Vorschrift zu gewährleisten. Gerade in engen Bauzeitfenstern ist die sofortige Vollziehung nötig, um die Umsetzung der Baumaßnahmen zu gewährleisten. Das Vorverfahren ist nur erforderlich, wenn dies nicht durch ein Bundes- oder nach Landesgesetz ausgeschlossen ist.

II. Weiteres Gesetzgebungsverfahren

3 Der Deutsche Bundestag hat in seiner 189. Sitzung am 5.11.2020 den Gesetzentwurf aufgrund der Beschlussempfehlung und des Berichtes des Ausschusses für Verkehr und digitale Infrastruktur angenommen **(BT-Prot 19/189, S. 23796 (B)).** Der Bundesrat hat in seiner 997. Sitzung am 27.11.2020 beschlossen, dem vom Deutschen Bundestag verabschiedeten Gesetz gemäß Artikel 84 Absatz 1 Satz 5 und 6 des Grundgesetzes zuzustimmen (**BR-Prot. 997/2020 S. 470** zu TOP 17).

4 Das Gesetz zur Beschleunigung von Investitionen vom 3.12.2020 wurde am 9.12.2020 im BGBl verkündet (BGBl I S. 2694). Die Einfügung des § 67a UVPG durch Art. 4 Ziffer 3b dieses Gesetzes ist damit **ab dem 10.12.2020 in Kraft** (vgl. Art. 11 Abs. 1 des Gesetzes zur Beschleunigung von Investitionen).

(ausführliche Kommentierung folgt)

3. Umweltinformationsgesetz (UIG)

In der Fassung der Bekanntmachung v. 27.10.2014 (BGBl. I S. 1643)*, zuletzt geändert durch Art. 2 G v. 25.2.2021 (BGBl. I S. 306)

Vorbemerkung

Schrifttum: *Almeling,* Die Aarhus-Konvention, 2008; *Arzt,* Entwurf eines Umweltinformationsgesetzes vorgelegt, ZRP 1993, 18; *Bachmann,* Zum Behördenbegriff des Umweltinformationsgesetzes, GewArch 1995, 241; *Battis/Ingold,* Der Umweltinformationsanspruch im Planfeststellungsverfahren, DVBl. 2006, 735; *Becker,* Das Urteil des Europäischen Gerichtshofs zum deutschen Umweltinformationsgesetz, NVwZ 1999, 1187; *Berg,* Der Schutz von Betriebs- und Geschäftsgeheimnissen im öffentlichen Recht unter besonderer Berücksichtigung des Umweltinformationsgesetzes, GewArch 1996, 177; *Bidner,* Über den Zugang zu Umweltinformationen in Österreich, UPR 1994, 408; *Bock,* Ein Sieg für die Transparenz? DÖV 2002, 556; *Bracker,* Umweltinformationsgesetz, 1994; *Breuer/Kloepfer/Marburger/Schröder* (Hrsg.), Freier Zugang zu Umweltinformationen, UTR Band 22, 1993; *Brüggen,* Handbuch Sächsisches Umweltinformationsgesetz, 2006; *Bückele/Enöckl,* Umweltinformationsgesetz, 2005; *Burkholz,* Zur Gesetzgebungskompetenz für ein Umweltinformationsgesetz, NVwZ 1994, 124; *Butt,* Die Ausweitung des Rechts auf Umweltinformationen durch die Aarhus-Konvention, 2001; *Butt,* Erweiterter Zugang zu behördlichen Umweltinformationen, NVwZ 2003, 1071; *Caliskan,* Zugang zu (Umwelt-)Informationen im vorläufigen Rechtsschutz, LMV 2013, 257; *Di Fabio,* Zugangs- und Informationsbefugnisse der Umweltbehörden, in: *Barz/Brinkmann/Ewers/Hoppe* (Hrsg.), Vollzugsfragen im Umweltschutz, 1994, 107; *Eifert,* Umweltinformation als Regelungsinstrument, DÖV 1994, 544; *Eilers/Schröer,* Der Schutz der betrieblichen Informationssphäre im Umweltinformationsgesetz, BB 1993, 1025; *Ekardt,* Europarechtliche und praktische Probleme des Umweltinformationsgesetzes, NJ 1997, 175; *el-Barudi,* Zur Durchführung eines In-camera-Verfahrens im Rahmen der Durchsetzung von Umweltinformationsansprüchen, ZUR 2009, 323; *Elfeld,* Pflichten Privater zur Herausgabe von Umweltinformationen aus der Richtlinie 2003/4/EG, 2014; *Engel,* Der freie Zugang zu Umweltinformationen nach der Umweltinformationsrichtlinie der EG und der Schutz von Rechten Dritter, NVwZ 1992, 111; *Erbguth/Stollmann,* Zum Entwurf eines Umweltinformationsgesetzes, UPR 1994, 81; *Erdelt,* Informationszugang und das Recht auf Information, DuD 2003, 465; *Erichsen,* Das Recht auf freien Zugang zu Informationen über die Umwelt, NVwZ 1992, 409; *Erichsen/Scherzberg,* Zur Umsetzung der Richtlinie des Rates über den freien Zugang zu Informationen über die Umwelt, 1992; *Erichsen,* Planung und Umweltinformationen nach europäischem und deutschem Recht, in: Festschrift für Hoppe, 2000, 297; *Faber,* Die Bedeutung des Umweltinformationsgesetzes für die Kommunalverwaltung, DVBl. 1995, 722; *Fluck,* Anmerkung zu VG Saarlouis, Urt. v. 18.10.2002 – 1 K 96/01, AbfallR 2003, 90; *Fluck,* Der Schutz von Unternehmensdaten im Umweltinformationsgesetz, NVwZ 1994, 1048; *Fluck/Fetzer/Fischer,* Informationsfreiheitsrecht, Kommentar, Loseblatt; *Fluck/Merenyi,* Zugang zu behördlichen Informationen, VerwArch 97 (2006), 381; *Fluck/Theuer,* Umweltinformationsgesetz: Welche Privaten sind informationspflichtig? GewArch 1995, 96; *Fluck/Wintterle,* Zugang zu Umweltinformationen, VerwArch. 94 (2003), 437; *Gassner,* Umweltinformationsgesetz, 2006; *Gassner/Pisani,* Umweltinformationsanspruch und Geheimnisschutz – Zukunftsperspektiven, NuR 2001, 506; *Gersdorf/Paal,* BeckOK Informations- und Medienrecht, Stand: Mai 2019; *Gröschner,* Aufklärung der Öffentlichkeit in Umweltfragen – wirtschaftspolitisches Ziel und wirtschaftsverwaltungsrechtliche Aufgabe, in: Wirtschaftsverwaltungs- und Umweltrecht, 1991, 71; *Götze,* Aktuelle Entwicklungen im Umweltinformationsrecht, LKV 2013, 241; *Götze/Engel,* UIG 2017; *Goldhammer,* Geschäftsgeheimnis-Richtlinie und Informationsfreiheit, NVwZ 2017, 1809; *Guckelberger,* Rechtsbehelfe zur Durchsetzung des Umweltinformationsanspruchs, UPR 2006, 89; *Guckelberger,* Umweltinformationen unter europäischem Einfluss, VerwArch 105 (2014), 411; *Guckelberger,* Geschichte des Umweltinformations-

* Das Umweltinformationsgesetz (UIG) ist ursprünglich als Art. 1 des Gesetzes zur Neugestaltung des Umweltinformationsgesetzes und zur Änderung der Rechtsgrundlagen zum Emissionshandel vom 22. Dezember 2004 (BGBl. I S. 3704) am 28. Dezember 2004 veröffentlicht. Das Gesetz enthält folgende amtliche Fußnote: „Das Gesetz dient der Umsetzung der Richtlinie 2003/4/EG des Europäischen Parlaments und des Rates vom 28. Januar 2003 über den Zugang der Öffentlichkeit zu Umweltinformationen und zur Aufhebung der Richtlinie 90/313/EWG des Rates (ABl. EU Nr. L 41 S. 26)."

rechts und allgemeine Anspruchsvoraussetzungen, NuR 2018, 378; *Guckelberger,* Die Ablehnung von Umweltinformationsanträgen zum Schutz öffentlicher Belange, NuR 2018, 436; *Gurlit,* Die Verwaltungsöffentlichkeit im Umweltrecht, 1989; *Gurlit,* Das neue Umweltinformationsrecht: Grenzverschiebungen im Verhältnis von Staat und Gesellschaft, EurUP 2006, 224; *Haller,* Unmittelbare Rechtswirkung der EG-Umweltinformationsrichtlinie im nationalen deutschen Recht, UPR 1994, 88; *Haller,* Umfang des Auskunftsanspruchs gegen Behörden im Umweltrecht, UPR 1995, 338; *Hansmann,* Schwierigkeiten bei der Umsetzung und Durchführung des europäischen Umweltrechts, NVwZ 1995, 320; *Hatje,* Umweltinformationen/freier Zugang, NJ 1999, 99; *Hegele/Röger,* Umweltschutz durch Umweltinformationen, 1993; *Hertwig/Kast,* Die Neufassung des Umweltinformationsgesetzes – Auswirkungen für die betriebliche Praxis, DStR 2002, 409; *Hoibl,* Bayerisches Umweltinformationsgesetz (BayUIG), 2007; *Hyung-Chul,* Der Schutz von Betriebs- und Geschäftsgeheimnissen nach dem Umweltinformationsgesetz, 1999; *Jansen,* Der Schutz von Unternehmensdaten im Verwaltungsrecht der Bundesrepublik Deutschland: eine Untersuchung unter besonderer Berücksichtigung der Rechtslage nach dem Umweltinformationsgesetz, 2002; *Kersandt,* Neue Rechtsprechung zum Umweltinformationsgesetz, I+E 2017, 182; *Kloepfer,* Informationsrecht, 2002; *Kloepfer,* Umweltrecht als Informationsrecht, UPR 2005, 41; *Kloepfer/Rehbinder/Schmidt-Aßmann,* Umweltgesetzbuch – Allgemeiner Teil –, 1990; *Knemeyer,* Die Wahrung von Betriebs- und Geschäftsgeheimnissen bei behördlichen Umweltinformationen, DB 1993, 721; *Koenig,* Das Umweltinformationsgesetz – ein Modell für mehr Aktenöffentlichkeit? DÖV 2000, 45; *Kollmer,* Klage auf Umweltinformationen nach dem neuen Umweltinformationsgesetz (UIG), NVwZ 1995, 858; *Kollmer,* Umweltinformationsgesetz und Gewerbeaufsicht, GewArch 1995, 46; *Kollmer,* Recht des Betriebsinhabers auf Geheimhaltung seiner Betriebs- und Geschäftsverhältnisse durch die Arbeitsschutzbehörden, RdA 1997, 155; *Kothe,* Informationsansprüche nach dem Umweltinformationsgesetz, BWGZ 1998, 242; *Kramer,* Umweltinformationsgesetz, Öko-Audit-Verordnung, Umweltzeichenverordnung, 1994; *Kremer,* Das Umweltinformationsgesetz, LKV 1994, 349; *Kremer,* Umweltschutz durch Umweltinformationen: Zur Umwelt-Informationsrichtlinie des Rates der Europäischen Gemeinschaften, NVwZ 1990, 843; *Kümper,* Zur Frage der Staatshaftung beim Zugang zu Umweltinformationen, ZUR 2012, 395; *Kümper/Wittmann,* Voraussetzungen und Grenzen der aktiven behördlichen Verbreitung von Umweltinformationen gemäß § 10 UIG, NUR 2011, 840; *Kummer,* Umweltinformationsgesetz – Umsetzung in die Praxis und Organisation des betrieblichen Umweltschutzes, 1997; *Kunert/Potje,* Umweltinformationsgesetz Sachsen, 2007; *Lessner/Pitschas,* Verankerung eines Umweltinformationsanspruchs im deutschen Verwaltungsrecht, DVBl. 2000, 332; *Lohmann,* Neuausrichtung des Schutzes von Betriebs- und Geschäftsgeheimnissen im Umweltinformationsrecht (?), NuR 2018, 607; *Louis,* Die deutschen Umweltinformationsgesetze zehn Jahre nach der Umsetzung der Aarhus-Konvention durch die Richtlinie 2003/4/EG, NuR 2013, 77; *Louis/Osterloh,* Das Niedersächsische Umwelt-Informationsgesetz (NUIG), NordÖR 2008, 93; *Lübbe-Wolff,* Rechtsprobleme der behördlichen Umweltberatung, NJW 1987, 2705; *Marsch,* Das Recht auf Zugang zu EU-Dokumenten, DÖV 2005, 639; *Mecklenburg/Verheyen,* Informationen über Exportförderungen als Umweltinformationen, NVwZ 2006, 781; *Merten,* Umweltinformationsgesetz und privatrechtliches Handeln der Verwaltung, NVwZ 2005, 1157; *Meyer-Rutz,* Das neue Umweltinformationsgesetz – UIG, 1995; *Murswiek,* Anmerkung zu BVerwG, Urt. v. 27.3.2000 – 7 C 25/98, JuS 2001, 89; *Näckel/Wasielewski,* Das neue Recht auf Zugang zu Umweltinformationen, DVBl. 2005, 1351; *Neubert/Wollenteit/Gebauer,* Zum Verhältnis von Informationsfreiheit und Betriebsgeheimnisschutz im Gentechnikrecht, ZUR 2005, 424; *Nowak,* Informations- und Dokumentenzugangsfreiheit in der EU, DVBl. 2004, 272; *Ossenbühl,* Umweltpflege durch hoheitliche Produktkennzeichnung, 1995; *Palme,* Umweltinformationsgesetz Baden-Württemberg, 2007; *Pernice,* Gestaltung und Vollzug des Umweltrechts im europäischen Binnenmarkt – Europäische Impulse und Zwänge für das deutsche Umweltrecht, NVwZ 1990, 414; *Pützenbacher/Sailer,* Der Zugang zu Umweltinformationen bei Kommunen und Landesbehörden nach der Neufassung des Umweltinformationsgesetzes (UIG), NVwZ 2006, 1257; *Ramsauer,* Das Urheberrecht und Geschäftsgeheimnisse im UIG und IFG, AnwBl. 2013, 410; *Rat der Sachverständigen für Umweltfragen,* Umweltgutachten 1987; *Rat der Sachverständigen für Umweltfragen,* Umweltgutachten 1994; *Reinhardt,* Umweltinformation als subjektives Recht, Die Verwaltung 1997, 161; *Rehrl,* Umweltinformation nach dem UIG – Indirekte Verhaltenssteuerung und verfahrensunabhängiges Recht auf Akteneinsicht, VA 2001, 173; *Rinke,* Der Zugang der Öffentlichkeit zu Umweltinformationen, Diss. 2009; *Röger,* Zur unmittelbaren Geltung der Umweltinformationsrichtlinie, NuR 1994, 125; *Röger,* Umweltinformationsgesetz, 1995; *Röger,* Regelungsmöglichkeiten und -pflichten der Landesgesetzgeber nach Inkrafttreten des Umweltinformationsgesetzes des Bundes, NuR 1995, 175; *Röger,* Die Problematik der Auslegung des Umweltinformations- und des Behördenbegriffes

§ 7a Bundesbeauftragte für die Informationsfreiheit

§ 12 des Informationsfreiheitsgesetzes findet auf Anträge auf Zugang zu Umweltinformationen nach § 3 entsprechende Anwendung.

(Kommentierung folgt)

Abschnitt 4. Verbreitung von Umweltinformationen

§ 10 Unterrichtung der Öffentlichkeit*

(1) **Die informationspflichtigen Stellen unterrichten die Öffentlichkeit in angemessenem Umfang aktiv und systematisch über die Umwelt. In diesem Rahmen verbreiten sie Umweltinformationen, die für ihre Aufgaben von Bedeutung sind und über die sie verfügen.**

(2) **Zu den zu verbreitenden Umweltinformationen gehören zumindest:**

1. der Wortlaut von völkerrechtlichen Verträgen, das von den Organen der Europäischen Gemeinschaften erlassene Gemeinschaftsrecht sowie Rechtsvorschriften von Bund, Ländern oder Kommunen über die Umwelt oder mit Bezug zur Umwelt;

2. politische Konzepte sowie Pläne und Programme mit Bezug zur Umwelt;

3. Berichte über den Stand der Umsetzung von Rechtsvorschriften sowie Konzepten, Plänen und Programmen nach den Nummern 1 und 2, sofern solche Berichte von den jeweiligen informationspflichtigen Stellen in elektronischer Form ausgearbeitet worden sind oder bereitgehalten werden;

4. Daten oder Zusammenfassungen von Daten aus der Überwachung von Tätigkeiten, die sich auf die Umwelt auswirken oder wahrscheinlich auswirken;

5. Zulassungsentscheidungen, die erhebliche Auswirkungen auf die Umwelt haben, und Umweltvereinbarungen sowie

6. zusammenfassende Darstellung und Bewertung der Umweltauswirkungen nach den §§ 11 und 12 des Gesetzes über die Umweltverträglichkeitsprüfung in der Fassung der Bekanntmachung vom 24. Februar 2010 (BGBl. I S. 94) in der jeweils geltenden Fassung und Risikobewertungen im Hinblick auf Umweltbestandteile nach § 2 Absatz 3 Nummer 1.

In Fällen des Satzes 1 Nr. 5 und 6 genügt zur Verbreitung die Angabe, wo solche Informationen zugänglich sind oder gefunden werden können. Die veröffentlichten Umweltinformationen werden in angemessenen Abständen aktualisiert.

(3) **Die Verbreitung von Umweltinformationen soll in für die Öffentlichkeit verständlicher Darstellung und leicht zugänglichen Formaten erfolgen. Hierzu sollen, soweit vorhanden, elektronische Kommunikationsmittel verwendet werden. Satz 2 gilt nicht für Umweltinformationen, die vor Inkrafttreten dieses Gesetzes angefallen sind, es sei denn, sie liegen bereits in elektronischer Form vor.**

(4) **Die Anforderungen an die Unterrichtung der Öffentlichkeit nach den Absätzen 1 und 2 können auch dadurch erfüllt werden, dass Verknüpfungen zu Internet-Seiten eingerichtet werden, auf denen die zu verbreitenden Umweltinformationen zu finden sind.**

(5) **Im Falle einer unmittelbaren Bedrohung der menschlichen Gesundheit oder der Umwelt haben die informationspflichtigen Stellen sämtliche Informationen, über die sie verfügen und die es der eventuell betroffenen Öffentlichkeit ermöglichen könnten, Maßnahmen zur Abwendung oder Begrenzung von Schäden infolge dieser Bedrohung zu ergreifen, unmittelbar und unverzüglich zu verbreiten; dies gilt unabhängig davon, ob diese Folge menschlicher Tätigkeit oder einer natürlichen Ursache ist. Verfügen mehrere informationspflichtige Stellen über solche Informationen, sollen sie sich bei deren Verbreitung abstimmen.**

---

* Die Änderungen des § 10 UIG durch Art. 2 G v. 25.2.2021 (BGBl. I S. 306) sind im Gesetzestext und in der Kommentierung noch nicht berücksichtigt. Eine Anpassung erfolgt mit einer der nächsten Ergänzungslieferungen.

(6) **§ 7 Abs. 1 und 3 sowie die §§ 8 und 9 finden entsprechende Anwendung.**

(7) **Die Wahrnehmung der Aufgaben des § 10 kann auf bestimmte Stellen der öffentlichen Verwaltung oder private Stellen übertragen werden.**

Übersicht

A. Entstehungsgeschichte und Bedeutung

1 § 10 regelt zusammen mit § 11 den sog. **aktiven Informationszugang.** Im Gegensatz zum Informationszugang auf Antrag nach den §§ 3 ff. (sog. passiver Informationszugang) geht die Initiative nicht vom Bürger aus, sondern von der informationspflichtigen Stelle selbst. Die Stelle informiert und unterrichtet die Öffentlichkeit in regelmäßigen Abständen über den Zustand der Umwelt. Ziel des aktiven Informationszugangs ist die umfassende Information von über den eher engen Kreis der Antragsteller hinausgehender Teile der Bevölkerung. Damit soll die Notwendigkeit des passiven Informationszugangs schrittweise abgebaut werden (OVG Münster, Beschl. v. 30.10.2014 – 8 B 721/14, NVwZ 2015, 304 Rn. 30; Beschl. v. 6.11.2014 – 8 B 1101/14, NVwZ 2015, 996 Rn. 14). Der aktive Informationszugang ist damit ein wichtiger Baustein zur Umsetzung der Ziele des UIG (ebenso *Götze/Engel,* UIG, § 10 Rn. 1). Gegenüber der Altfassung des UIG stellt die aktive Unterrichtungspflicht ein Novum dar. Die Altfassung sah lediglich ein passives Zugangsrecht vor, mit dem keine aktive Verpflichtung zur Verbreitung von Umweltinformationen korrespondierte (s. EGMR, Urt. v. 19.2.1998 – 116/1996/735/932, NVwZ 1999, 57).

2 Die Gesetzesfassung entspricht der Fassung des Gesetzentwurfs der Bundesregierung (BT-Drs. 15/3406). Der Bundesrat hatte in seiner Stellungnahme zum Gesetzentwurf kleinere Änderungen vorgeschlagen. So sollte in § 10 Abs. 2 Nr. 2 der Passus „politische

12. Umweltauditgesetz und Verordnungen

12.1 Gesetz zur Ausführung der Verordnung (EG) Nr. 1221/2009 des Europäischen Parlaments und des Rates vom 25. November 2009 über die freiwillige Teilnahme von Organisationen an einem Gemeinschaftssystem für Umweltmanagement und Umweltbetriebsprüfung und zur Aufhebung der Verordnung (EG) Nr. 761/2001, sowie der Beschlüsse der Kommission 2001/681/EG und 2006/193/EG (Umweltauditgesetz – UAG)*

In der Fassung der Bekanntmachung vom 4. September 2002

(BGBl. I S. 3490, ber. BGBl. 03 I S. 60), zuletzt geändert durch G v. 25.2.2021 (BGBl. I S. 306)

Teil 1. Allgemeine Vorschriften

§ 1 Zweck des Gesetzes

(1) **Zweck dieses Gesetzes ist es, eine wirksame Durchführung der Verordnung (EG) Nr. 1221/2009 des Europäischen Parlaments und des Rates vom 25. November 2009 über die freiwillige Teilnahme von Organisationen an einem Gemeinschaftssystem für Umweltmanagement und Umweltbetriebsprüfung und zur Aufhebung der Verordnung (EG) Nr. 761/2001, sowie der Beschlüsse der Kommission 2001/681/EG und 2006/193/EG (ABl. L 342 vom 22.12.2009, S. 1) in der jeweils geltenden Fassung sicherzustellen, auch in Bezug auf die Umweltdimension der nachhaltigen Entwicklung und die Grundlagen einer nachhaltigen Unternehmensführung, und insbesondere dadurch, dass**

1. **unabhängige, zuverlässige und fachkundige Umweltgutachter und Umweltgutachterorganisationen zugelassen werden,**
2. **eine wirksame Aufsicht über zugelassene Umweltgutachter und Umweltgutachterorganisationen ausgeübt wird und**
3. **Register über die geprüften Organisationen geführt werden.**

(2) **Sofern Ergebnisse der Umweltprüfung freiwillig oder auf Grund einer gesetzlichen Verpflichtung in einen Jahresabschluss, einen Einzelabschluss nach internationalen Rechnungslegungsstandards (§ 325 Abs. 2a des Handelsgesetzbuchs), einen Lagebericht, einen Konzernabschluss oder einen Konzernlagebericht aufgenommen werden, bleibt die Verantwortung des Abschlussprüfers nach den §§ 322, 323 des Handelsgesetzbuchs unberührt.**

(Kommentierung folgt)

---

* Die Änderungen der UAG durch Art. 124 Elfte ZuständigkeitsanpassungsVO v. 19.6.2020 (BGBl. I S. 1328) und G v. 25.2.2021 (BGBl. I S. 306) sind im Gesetzestext und in den Kommentierungen noch nicht berücksichtigt. Eine Anpassung erfolgt mit einer der nächsten Ergänzungslieferungen.

§ 2 Begriffsbestimmungen

(1) **Für Zwecke dieses Gesetzes sind die in Artikel 2 der Verordnung (EG) Nr. 1221/2009 genannten Begriffsbestimmungen anzuwenden. Ergänzend gelten die Begriffsbestimmungen der Absätze 2 bis 4.**

(2) **Umweltgutachter im Sinne dieses Gesetzes sind natürliche Personen, die zur Wahrnehmung der Aufgaben im Sinne der Artikel 4 Absatz 5 sowie Artikel 6 in Verbindung mit Artikel 18, 19 und 25 bis 27 der Verordnung (EG) Nr. 1221/2009 nach diesem Gesetz zugelassen sind oder die in einem anderen Mitgliedstaat der Europäischen Union im Rahmen des Artikels 28 Absätze 1 bis 5 der Verordnung (EG) Nr. 1221/2009 nach dessen innerstaatlichem Recht zugelassen sind.**

(3) **Umweltgutachterorganisationen sind eingetragene Vereine, Aktiengesellschaften, Kommanditgesellschaften auf Aktien, Gesellschaften mit beschränkter Haftung, eingetragene Genossenschaften, offene Handelsgesellschaften, Kommanditgesellschaften und Partnerschaftsgesellschaften, die zur Wahrnehmung der Aufgaben im Sinne der Artikel 4 Absatz 5 sowie Artikel 6 in Verbindung mit Artikel 18, 19 und 25 bis 27 der Verordnung (EG) Nr. 1221/2009 nach diesem Gesetz zugelassen sind, sowie Personenvereinigungen, die in einem anderen Mitgliedstaat der Europäischen Union im Rahmen des Artikels 28 der Verordnung (EG) Nr. 1221/2009 nach dessen innerstaatlichem Recht als Umweltgutachterorganisationen zugelassen sind.**

(4) **Zulassungsbereiche im Sinne dieses Gesetzes sind die gemäß der Verordnung (EWG) Nr. 761/93 der Kommission vom 24. März 1993 zur Änderung der Verordnung (EWG) Nr. 3037/90 des Rates betreffend die statistische Systematik der Wirtschaftszweige in der Europäischen Gemeinschaft (ABl. EG Nr. L 83 S. 1, Nr. L 159 S. 31) in Verbindung mit der deutschen Klassifikation der Wirtschaftszweige des Statistischen Bundesamtes, Ausgabe 1993 (WZ 93) beschriebenen Ebenen und Zwischenstufen der Klassifizierung. NACE Rev. 1 ist die gemäß Artikel 2 der genannten Verordnung in deren Anhang beigefügte gemeinsame Grundlage für statistische Systematiken der Wirtschaftszweige in den Europäischen Gemeinschaften.**

(Kommentierung folgt)

§ 3 (weggefallen)

13. Gesetz über ergänzende Vorschriften zu Rechtsbehelfen in Umweltangelegenheiten nach der EG-Richtlinie 2003/35/EG (Umwelt-Rechtsbehelfsgesetz – UmwRG)[1]

In der Fassung der Bekanntmachung vom 23. August 2017 (BGBl. I S. 3290), zuletzt geändert durch Art. 2 G v. 25.2.2021 (BGBl. I S. 306)

Vorbemerkung

Schrifttum: *Alleweldt,* Verbandsklage und gerichtliche Kontrolle von Verfahrensfehlern: Neue Entwicklungen im Umweltrecht, DÖV 2006, 621; *Appel,* Subjektivierung von UVP-Fehlern durch das Umwelt-Rechtsbehelfsgesetz?, NVwZ 2010, 473; *ders.,* Umweltverbände im Ferrari des deutschen Umweltrechtsschutzes – Anmerkung zur Trianel-Entscheidung des EuGH, Urt. v. 12.5.2011 – C-115/09, NuR 2011, 414; *Balbach/Morfeld,* „Alternativlose" Umweltzonen? – Zum faktischen Anspruch auf konkrete planabhängige Maßnahmen der Luftreinhaltung, NVwZ 2014, 1499; *Beier,* Paukenschlag aus Luxemburg? Die gerichtliche Überprüfung von Zulassungsentscheidungen für UVP-pflichtige Projekte – Anmerkungen zum Urteil des EuGH vom 15. Oktober 2015 (Rs. C-137/14), UPR 2016, 48; *Beckmann,* Rechtsschutz Drittbetroffener bei der Umweltverträglichkeitsprüfung, DVBl. 1991, 358; *ders.,* Funktionswandel der Verwaltungsgerichtsbarkeit unter dem Einfluss des Unionsrechts – Umfang des Verwaltungsrechtsschutzes auf dem Prüfstand, in: Verhandlungen des 71. Deutschen Juristentages, Bd. 2, 2017, N 79–122; *Berkemann,* Umwelt-Rechtsbehelfsgesetz auf dem gemeinschaftsrechtlichen Prüfstand, NordÖR 2009, 336; *ders.,* Die neue Umweltverbandsklage – Angriff und Verteidigung, Umweltverbandsklage, 2010; *ders.,* Gemeinschaftskonformes und gemeinschaftswidriges Überleitungsrecht des Umweltverbandsklagerechts (UmwRG), DVBl. 2010, 1403; *ders.,* Klagebefugnis von Umweltverbänden und vorläufiger Rechtsschutz, NordÖR 2010, 23; *ders.,* Die Umweltverbandsklage nach dem Urteil des EuGH vom 12. Mai 2011 – Die „noch offenen" Fragen, NuR 2011, 780; *ders.,* Die unionsrechtliche Umweltverbandsklage des EuGH – Der deutsche Gesetzgeber ist belehrt „so nicht" und in Bedrängnis, DVBl. 2011, 1253; *ders.,* Kohlekraftwerke und slowakische Braunbären – Wie geht es weiter mit der (deutschen) Umweltverbandsklage?, in: Ziekow (Hrsg.), Aktuelle Probleme des Luftverkehrs-, Planfeststellungs- und Umweltrechts, 2012, 64; *ders.,* Der slowakische Braunbär im deutschen Prozessrecht – Eine Analyse von EuGHE 2011 I-1255, DVBl. 2013, 1137; *ders.,* Rechtsschutz im Naturschutzrecht – Neue Entwicklungen, EurUP 2014, 148; *ders.,* Vollkontrolle der Umweltverbandsklage! – „Empfehlung" des Compliance Committee 2013/2014 der Aarhus-Konvention, DVBl. 2015, 389; *ders.,* Querelle d'Allemand. Deutschland verliert die dritte Runde im Umweltverbandsrecht vor dem EuGH, DVBl. 2016, 205; *ders.,* Der Umbau der Umweltverbandsklage durch den EuGH – Evolution oder Revolution?, in: Hebeler, Hofmann, Proelß, Reiff (Hrsg.), Planungsrecht im Umbruch: Europäische Herausforderungen, Umwelt- und Technikrecht (UTR) 2017 (133), S. 69 ff.; *Berkemann/Halama,* Handbuch zum Recht der Bau- und Umweltrichtlinien der EU, 2. Auflage 2011; *Böhm,* Die ge-

[1] **[Amtl. Anm.:]** Dieses Gesetz dient der Umsetzung von Artikel 11 der Richtlinie 2011/92/EU des Europäischen Parlaments und des Rates vom 13. Dezember 2011 über die Umweltverträglichkeitsprüfung bei bestimmten öffentlichen und privaten Projekten in der Fassung der Richtlinie 2014/52/EU (ABl. L 124 vom 25.4.2014, S. 1), der Umsetzung von Artikel 4 der Richtlinie 2003/35/EG des Europäischen Parlaments und des Rates vom 26. Mai 2003 über die Beteiligung der Öffentlichkeit bei der Ausarbeitung bestimmter umweltbezogener Pläne und Programme und zur Änderung der Richtlinien 85/337/EWG und 96/61/EG des Rates in Bezug auf die Öffentlichkeitsbeteiligung und den Zugang zu Gerichten (ABl. L 156 vom 25.6.2003, S. 17), der Umsetzung von Artikel 25 der Richtlinie 2010/75/EU des Europäischen Parlaments und des Rates vom 24. November 2010 über Industrieemissionen (integrierte Vermeidung und Verminderung der Umweltverschmutzung) (Neufassung) (ABl. L 334 vom 17.12.2010, S. 17), der Umsetzung von Artikel 23 der Richtlinie 2012/18/EU des Europäischen Parlaments und des Rates vom 4. Juli 2012 zur Beherrschung der Gefahren schwerer Unfälle mit gefährlichen Stoffen, zur Änderung und anschließenden Aufhebung der Richtlinie 96/82/EG des Rates (ABl. L 197 vom 24.7.2012, S. 1) sowie der Umsetzung von Artikel 13 der Richtlinie 2004/35/EG des Europäischen Parlaments und des Rates vom 21. April 2004 über Umwelthaftung zur Vermeidung und Sanierung von Umweltschäden (ABl. L 143 vom 30.4.2004, S. 56).

richtliche Kontrolle von UVP-Fehlern, UPR 2014, 201; *Breuer,* Die Klagebefugnis von Umweltverbänden unter Anpassungsdruck des Völker- und Europarechts, Verw 2012, 171; *Bruckert,* Die Ausweitung der Klagebefugnis im Umweltrecht – Anpassungsbedarf der Schutznormlehre in Folge europäischer Integration, NuR 2015, 541; *Brigola/Heß,* Die Fallstricke der unions- und völkerrechtlichen Metamorphose des Umwelt-Rechtsbehelfsgesetzes (UmwRG) im Jahr 2017, NuR 2017, 729; *Bunge,* „Weiter Zugang zu den Gerichten" nach Art. 10a der UVP-Richtlinie, ZUR 2010, 20; *ders.,* Die Klagemöglichkeiten anerkannter Umweltverbände aufgrund des Umwelt-Rechtsbehelfsgesetzes, NuR 2011, 605; *ders.,* UmwRG, Kommentar, 2013; *ders.,* Rechtsfolgen von Verfahrensfehlern bei der Umweltverträglichkeitsprüfung – Zum Urteil des Gerichtshofs der Europäischen Union vom 7. November 2013 (C-72/12, Gemeinde Altrip), NuR 2014, 305; *ders.,* Rechtsbehelfe in Umweltangelegenheiten: Vorgaben der Aarhus-Konvention und deutsches Recht – Die Entscheidung V/9h der fünften Tagung der Aarhus-Vertragsparteien, NuR 2014, 605; *ders.,* Zur Klagebefugnis anerkannter Umweltverbände – Das Urteil des Bundesverwaltungsgerichts vom 5. September 2013, ZUR 2014, 3; *ders.,* Der Rechtsschutz in Umweltangelegenheiten in Deutschland – Stand und offene Fragen, ZUR 2015, 531; *ders.,* Weiter Zugang zu Gerichten nach der UVP- und der Industrieemissions-Richtlinie: Vorgaben für das deutsche Verwaltungsprozessrecht, NuR 2016, 11; *Classen,* Umweltrechtsbehelfe im deutschen Recht – Weitere Defizite EuGH, Urt. v. 7.11.2013 – C-72/12 „Gemeinde Altrip ua", jM 2014, 161; *v. Danwitz,* Aarhus-Konvention: Umweltinformation, Öffentlichkeitsbeteiligung, Zugang zu den Gerichten, NVwZ 2004, 272; *ders.,* Zur Ausgestaltungsfreiheit der Mitgliedsstaaten bei Einführung der Verbandsklage anerkannter Umweltschutzvereine nach den Vorgaben der Richtlinie 2003/35/EG und der sog. Aarhus-Konvention, Rechtsgutachten Oktober 2005; *Dietz/Meyer,* Erweiterte Drittanfechtungsklagen von Kommunen am Maßstab der Aarhus-Konvention und des Artikel 28 Absatz 2 Satz 1 GG, AöR 140 (2015), 198; *Dippel/Niggemeyer,* Europarechtswidrigkeit des § 2 Abs. 1 Nr. 1 UmwRG?, EurUP 2009, 199; *Dünchheim,* Die Europäisierung der Lehre vom subjektiv-öffentlichen Recht und das deutsche Umwelt-Rechtsbehelfsgesetz, in: Sachs ua (Hrsg.), Der grundrechtsgeprägte Rechtsstaat – Festschrift für Klaus Stern zum 80. Geburtstag, S. 683; *Durner,* Direktwirkung europäischer Verbandsklagerechte?, ZUR 2005, 285; *ders.,* Präklusion in Deutschland nach dem Urteil des EuGH in der Rs. C-137/14, in: Hebeler, Hofmann, Proelß, Reiff (Hrsg.), Planungsrecht im Umbruch: Europäische Herausforderungen, Umwelt- und Technikrecht (UTR) 2017 (133), S. 125 ff.; *ders./Paus,* Anmerkung zu EuGH, Urteil v. 12.5.2011 – C-115/09, DVBl. 2011, 759; *ders./ders.,* Die erweiterten Klagerechte der Umweltverbände in der verwaltungsgerichtlichen Praxis – Zugleich eine Anmerkung zu OVG Münster, Urt. v. 1.12.2011 – 8 D 58/08.AK, NuR 2012, 325; *Ekardt,* Das Umweltrechtsbehelfsgesetz vor dem EuGH und dem BVerwG, NVwZ 2012, 530; *ders.,* Das Umweltrechtsbehelfsgesetz vor dem EuGH und dem BVerwG - Ende der reduktionistischen Debatte um Verbandsklage, verwaltungsrechtliche Fehlerlehre und Vorsorgeprinzip?, NVwZ 2012, 530; *ders.,* Nach dem Altrip-Urteil: Von der Klagebefugnis zu Verfahrensfehlern, Abwägungsfehlern und Individualklage, NVwZ 2014, 393; *ders./Pöhlmann,* Europäische Klagebefugnis: Öffentlichkeitsrichtlinie, Klagerechtsrichtlinie und ihre Folge, NVwZ 2005, 532; *Enders,* Subjektiv-rechtliche Fundierung des Umweltschutzes: Das Bundesverwaltungsgericht als Motor der Rechtsaktualisierung im Zeichen des Europarechts, ZUR 2016, 387; *Epiney,* Umweltschutz durch Verfahren, in: Proelß, Internationales Umweltrecht (2017), 105; *dies.,* Rechte Einzelner im EU-Umweltrecht – Eine Bestandsaufnahme aus Anlass von EuGH, Rs. C-243/15 (Lesoochranarski), EurUP 2017, 223; *Ewer,* Ausgewählte Rechtsanwendungsfragen des Entwurfs für ein Umwelt-Rechtsbehelfsgesetz, NVwZ 2007, 267; *Fahrbach,* Klagerecht der Umweltverbände nach dem UmwRG, AbfallR 2011, 180; *Fellenberg,* Weiter frischer Wind aus Luxemburg – Zu den Klagemöglichkeiten im Umweltrecht, NVwZ 2015, 1721; *ders.,* Auf dem Prüfstand der Praxis: Der Umfang des Verwaltungsrechtschutzes – Funktionswandel der Verwaltungsgerichtsbarkeit unter dem Einfluss des Unionsrechts, AnwBl. 2016, 648; *ders./Schiller,* Rechtsbehelfe von Umweltvereinigungen und Naturschutzvereinigungen nach dem „Trianel-Urteil", UPR 2011, 321; *Fischer-Hüftle,* Zur naturschutzrechtlichen Vereinsklage nach dem BNatSchG 2009, NuR 2011, 237; *Franzius,* Möglichkeiten und Grenzen der richterlichen Rechtsfortbildung zur Bestimmung der Klagebefugnis im Umweltrecht, DVBl. 2014, 543; *ders.,* Stärkungen des Verfahrensrechtsschutz im Umweltrecht, EurUP 2014, 283; *ders.,* Modernisierung des subjektiven öffentlichen Rechts – Zum Funktionswandel der Verwaltungsgerichtsbarkeit, UPR 2016, 281; *ders.,* Genügt die Novelle des Umwelt-Rechtsbehelfsgesetzes den unionsrechtlichen Vorgaben?, NVwZ 2018, 219; *Frenz,* Abfallwirtschaftspläne und Umweltverbandsklagen, NuR 2013, 105; *ders.,* Notwendige Unterscheidung von Umweltverbands- und Individualklage – Besprechung des BVerwG-Urteils vom 5.9.2013 (7 C 21.12), UPR 2014, 1; *ders.,* Umweltklagen weiter effektuiert: Subjektive Rechte, Präklusion und Entscheidungserheblichkeit von Verfahrensfehlern – Anmerkung zu EuGH, Urt. v. 15.10.2015

§ 2 Rechtsbehelfe von Vereinigungen*

(1) [1]Eine nach § 3 anerkannte inländische oder ausländische Vereinigung kann, ohne eine Verletzung in eigenen Rechten geltend machen zu müssen, Rechtsbehelfe nach Maßgabe der Verwaltungsgerichtsordnung gegen eine Entscheidung nach § 1 Absatz 1 Satz 1 oder deren Unterlassen einlegen, wenn die Vereinigung

1. geltend macht, dass eine Entscheidung nach § 1 Absatz 1 Satz 1 oder deren Unterlassen Rechtsvorschriften, die für die Entscheidung von Bedeutung sein können, widerspricht,
2. geltend macht, in ihrem satzungsgemäßen Aufgabenbereich der Förderung der Ziele des Umweltschutzes durch die Entscheidung nach § 1 Absatz 1 Satz 1 oder deren Unterlassen berührt zu sein, und
3. im Falle eines Verfahrens nach
   a) § 1 Absatz 1 Satz 1 Nummer 1 bis 2b zur Beteiligung berechtigt war;
   b) § 1 Absatz 1 Satz 1 Nummer 4 zur Beteiligung berechtigt war und sie sich hierbei in der Sache gemäß den geltenden Rechtsvorschriften geäußert hat oder ihr entgegen den geltenden Rechtsvorschriften keine Gelegenheit zur Äußerung gegeben worden ist.

[2]Bei Rechtsbehelfen gegen eine Entscheidung nach § 1 Absatz 1 Satz 1 Nummer 2a bis 6 oder gegen deren Unterlassen muss die Vereinigung zudem die Verletzung umweltbezogener Rechtsvorschriften geltend machen.

(2) [1]Eine Vereinigung, die nicht nach § 3 anerkannt ist, kann einen Rechtsbehelf nach Absatz 1 nur dann einlegen, wenn

1. sie bei Einlegung des Rechtsbehelfs die Voraussetzungen für eine Anerkennung erfüllt,
2. sie einen Antrag auf Anerkennung gestellt hat und
3. über eine Anerkennung aus Gründen, die von der Vereinigung nicht zu vertreten sind, noch nicht entschieden ist.

[2]Bei einer ausländischen Vereinigung gelten die Voraussetzungen der Nummer 3 als erfüllt. [3]Mit der Bestandskraft einer die Anerkennung versagenden Entscheidung wird der Rechtsbehelf unzulässig.

(3) [1]Ist eine Entscheidung nach § 1 Absatz 1 Satz 1 nach den geltenden Rechtsvorschriften weder öffentlich bekannt gemacht noch der Vereinigung bekannt gegeben worden, so müssen Widerspruch oder Klage binnen eines Jahres erhoben werden, nachdem die Vereinigung von der Entscheidung Kenntnis erlangt hat oder hätte erlangen können. [2]Widerspruch oder Klage gegen eine Entscheidung nach § 1 Absatz 1 Satz 1 Nummer 5 oder 6 müssen jedoch spätestens binnen zweier Jahre, nachdem der Verwaltungsakt erteilt wurde, erhoben werden. [3]Satz 1 gilt entsprechend, wenn eine Entscheidung nach § 1 Absatz 1 Satz 1 entgegen geltenden Rechtsvorschriften nicht getroffen worden ist und die Vereinigung von diesem Umstand Kenntnis erlangt hat oder hätte erlangen können.

(4) [1]Rechtsbehelfe nach Absatz 1 sind begründet, soweit

1. die Entscheidung nach § 1 Absatz 1 Satz 1 Nummer 1 und 2 oder deren Unterlassen gegen Rechtsvorschriften verstößt, die für die Entscheidung von Bedeutung sind, oder
2. die Entscheidung nach § 1 Absatz 1 Nummer 2a bis 6 oder deren Unterlassen gegen umweltbezogene Rechtsvorschriften verstößt, die für diese Entscheidung von Bedeutung sind,

---

* Die Änderungen des § 2 UmwRG durch Art. 2 G v. 25.2.2021 (BGBl. I S. 306) sind im Gesetzestext und in der Kommentierung noch nicht berücksichtigt. Eine Anpassung erfolgt mit einer der nächsten Ergänzungslieferungen.

und der Verstoß Belange berührt, die zu den Zielen gehören, die die Vereinigung nach ihrer Satzung fördert. [2]Bei Entscheidungen nach § 1 Absatz 1 Satz 1 Nummer 1 oder 4 muss zudem eine Pflicht zur Durchführung einer Umweltprüfung im Sinne von § 1 Nummer 1 des Gesetzes über die Umweltverträglichkeitsprüfung bestehen.

Übersicht

LANDMANN/ROHMER

UMWELTRECHT

BAND II

KOMMENTAR

Herausgegeben von

Prof. Dr. Martin Beckmann
Rechtsanwalt und Fachanwalt für Verwaltungsrecht,
Honorarprofessor der Universität Münster

Prof. Dr. Dr. Wolfgang Durner LL. M.
Rheinische Friedrich-Wilhelms-Universität Bonn und Direktor des Instituts für das Recht der Wasser- und Entsorgungswirtschaft

Prof. Dr. Thomas Mann
Direktor des Instituts für Öffentliches Recht,
Lehrstuhl für Verwaltungsrecht der Georg-August-Universität Göttingen

Prof. Dr. Marc Röckinghausen
Hochschule für Polizei und öffentliche Verwaltung NRW, Abteilung Gelsenkirchen,
Fachbereich Allgemeine Verwaltung/Rentenversicherung

Stand: 1. Mai 2021
(95. Ergänzungslieferung)

(Zum Bearbeitungsstand im Einzelnen siehe die Datumszeile am unteren Ende jeder Seite)

C.H.BECK

Dieses Titelblatt entstammt der 95. Ergänzungslieferung Mai 2021

(Anschluss an die 94. Ergänzungslieferung Dezember 2020)

ISBN 978 3 406 77919 0

Der Kommentar wurde von der 1. bis zur 50. Ergänzungslieferung von Prof. Dr. Klaus Hansmann und von der 51. bis zur 58. Ergänzungslieferung von Prof. Dr. Martin Beckmann herausgegeben.

Zitiervorschläge:

Beckmann in Landmann/Rohmer UmweltR KrWG § 17 Rn. 1
Landmann/Rohmer UmweltR/*Beckmann* KrWG § 17 Rn. 1

www.beck.de

Grundwerk ISBN 978 3 406 34327 8 ergänzt bis ISBN 978 3 406 77919 0

Wilhelmstraße 9, 80801 München
Satz und Druck: Druckerei C. H. Beck Nördlingen
(Adresse wie Verlag)

CO_2 neutral
chbeck.de/nachhaltig

Gedruckt auf säurefreiem, alterungsbeständigem Papier
(hergestellt aus chlorfrei gebleichtem Zellstoff)

Inhaltsübersicht

Übersicht

Band IV

D. Umweltrecht Besonderer Teil

2. Verordnungen zum Bundes-Immissionsschutzgesetz (BImSchV)
3. Verwaltungsvorschriften zum Bundes-Immissionsschutzgesetz (TA Luft, TA Lärm)
4. Hinweise und Empfehlungen der Bund/Länder-Arbeitsgemeinschaft für Immissionsschutz
5. Handel mit Emmissionsberechtigungen (TEHG, ZuV 2020)

Inhaltsverzeichnis (Band II)

6. Kreislaufwirtschaftsrecht

6. Kreislaufwirtschaftsgesetz (KrWG)

Erster Teil. Allgemeine Vorschriften

Zweiter Teil. Grundsätze und Pflichten der Erzeuger und Besitzer von Abfällen sowie der Entsorgungsträger

1. Abschnitt. Grundsätze der Abfallvermeidung und Abfallbewirtschaftung

2. Abschnitt. Kreislaufwirtschaft

3. Abschnitt. Abfallbeseitigung

4. Abschnitt. Öffentlich-rechtliche Entsorgung und Beauftragung Dritter

9. Bodenschutzrecht (BBodSchG mit Verordnung)

9.1 Bundes-Bodenschutzgesetz (BBodSchG)

Kommentierung

Erster Teil. Allgemeine Vorschriften

Zweiter Teil. Grundsätze und Pflichten

Dritter Teil. Ergänzende Vorschriften für Altlasten

Vierter Teil. Landwirtschaftliche Bodennutzung

Fünfter Teil. Schlußvorschriften

10. *(zur Zeit unbesetzt)*

11. Bundesnaturschutzgesetz (BNatSchG)

Kommentierung

Kapitel 1. Allgemeine Vorschriften

Kapitel 2. Landschaftsplanung

Kapitel 3. Allgemeiner Schutz von Natur und Landschaft

Kapitel 4. Schutz bestimmter Teile von Natur und Landschaft

Abschnitt 1. Biotopverbund und Biotopvernetzung: geschützte Teile von Natur und Landschaft

Kapitel 10. Bußgeld- und Strafvorschriften

Kapitel 11. Übergangs- und Überleitungsvorschrift

12.–14. *(zur Zeit unbesetzt)*

15. Schadstofffreisetzungs- und Verbringungsregistergesetz (PRTR-Gesetz)

Kommentierung

Bearbeiterverzeichnis (Band I–IV)

Prof. Dr. Martin Beckmann Rechtsanwalt in Münster	Vorb. Abfallrecht, §§ 1–2, 4–39, 41–57, 62–68, 70–72 KrWG § 15 UVPG, Umweltschadensgesetz (mit Wittmann)
Dr. Christian-Dietrich Bracher Rechtsanwalt in Bonn	§§ 41 bis 43 BImSchG, 16. und 24. BImSchV
Prof. Dr. Peter Bruckmann Landesamt für Natur, Umwelt und Verbraucherschutz Nordrhein-Westfalen, Essen	39. BImSchV (mit Strecker und Vogt), 43. BImSchV (mit van Endern und Vogt)
Prof. Dr. Pascale Cancik O. Professorin an der Universität Osnabrück	Vorb. §§ 47a ff. BImSchG, §§ 47a–47f BImSchG (§§ 47a–47c, 47e und 47f mit Hansmann)
Prof. Dr. Johannes Dietlein O. Professor an der Universität Düsseldorf	§§ 1, 2, Vorb. §§ 4–21, 4 bis 8, 9 bis 11, 16a, 19, 23a–23c und 25a BImSchG, 9. BImSchV
Dr. Robert Dix Syndikusrechtsanwalt der EWE AG, Oldenburg	§§ 29–32 UVPG
Prof. Dr. Matthias Dombert Rechtsanwalt in Potsdam	§§ 4–6, 8, 13, 14, 20, 24, 25 BBodSchG
Rolf-Dieter Dörr Ministerialrat a. D.	OberflächengewässerV (mit Walter)
Prof. Dr. Dr. Wolfgang Durner LL. M. O. Professor an der Universität Bonn	Umweltvölkerrecht, Vorb. §§ 27 ff. WHG, §§ 27–31, 34, 35, 82–85 WHG
Benedikt van Endern Ministerium für Umwelt, Landwirtschaft, Natur- und Verbraucherschutz des Landes Nordrhein-Westfalen	43. BImSchV (mit Bruckmann und Vogt)
Prof. Dr. Astrid Epiney LL. M. O. Professorin an der Université de Fribourg	Art. 191–193 AEUV
Prof. Dr. Wolfgang Ewer Rechtsanwalt in Kiel	Vorb. BBodSchG, §§ 9, 15, 16 BBodSchG
Prof. Dr. Kurt Faßbender O. Professor an der Universität Leipzig	§§ 1–5, 33, 36–38 WHG
Dr. Frank Fellenberg LL. M. Rechtsanwalt in Berlin	Fluglärmgesetz (mit Reidt und Schiller), Umweltrechtsbehelfsgesetz (mit Schiller)
Dr. Henrik Flatter Bundesamt für Naturschutz, Bonn	§§ 69–74 BNatSchG

Bearbeiter

Dr. Matthias Ganske Rechtsanwalt in Bonn	§§ 25, 26, 54–61 WHG
Prof. Dr. Klaus Ferdinand Gärditz O. Professor an der Universität Bonn	Art. 20a GG
Prof. Dr. Martin Gellermann Rechtsanwalt, apl. Professor an der Universität Osnabrück	Vorb. BNatSchG, §§ 4, 7–51, §§ 52–56, §§ 57–68 Vorb. §§ 37, 38, §§ 37–40, BNatSchG (§§ 41–43 mit Sanden)
Nela Gies Richterin am Verwaltungsgericht Gelsenkirchen	§§ 41, 42 WHG
Prof. Dr. Christoph Görisch Hochschule für Polizei und öffentliche Verwaltung NRW, Abteilung Münster	§§ 4–14 UAG
Dipl.-Met. Arno Graff Umweltbundesamt, Dessau	Nr. 5.5 TA Luft (mit Hansmann), Vorb. zu Anhang 3 der TA Luft
Moritz Grunow Rechtsanwalt in Düsseldorf	Vorb. AwSV, § 1 AwSV
Prof. Dr. Günter Hager † O. Professor an der Universität Freiburg	§§ 6, 7 UmweltHG (mit Rehbinder)
Prof. Dr. Klaus Hansmann Leitender Ministerialrat a. D.	§§ 17, 18, 20, 21, 26–37, 38–40, 44–47c, 47e, 47f, 52, 52b–58d, 59, 60, 62–72, 74 BImSchG (§§ 17, 18 mit Ohms, Vor § 26, §§ 26–31 mit Pabst, Vor § 38, §§ 38–40 mit Hofmann, §§ 20, 21, Vor 32, §§ 32–37, Vorb. §§ 44–47, §§ 45, 46, 46a, 47, 52, 52b, 62, 66 und 67 mit Röckinghausen, §§ 47a–47c, 47e und 47f mit Cancik), Vor § 53, §§ 53–58d mit Maciejewski, 14., 32. und 34. BImSchV, TA Lärm, TA Luft (ohne Vorb. zu Anhang 3), 4., 11., 20., 21., 25., 27., 28., 30. und 35. BImSchV (mit Röckinghausen), 2. BImSchV (mit Mahrwald und Röckinghausen), 5. BImSchV mit Maciejewski, 12. BImSchV (mit König), BzBlG, 1. DVO BzBlG
Dr. Felix Hardach Bundesministerium für Umwelt, Naturschutz und nukleare Sicherheit	§§ 1, 8, 11–13, 17, 20, 22, 23, 26 31, 32, 35 TEHG
Prof. Dr. Torsten Heilshorn Rechtsanwalt in Freiburg	Vor § 22 BImSchG, §§ 22–25 BImSchG (mit Sparwasser)
Dr. Franziska Heß Rechtsanwältin in Leipzig	§§ 1–3 BNatSchG (mit Wulff)

Bearbeiter

Michael Heugel Bundesministerium für Umwelt, Naturschutz und nukleare Sicherheit	§§ 5, 6 BNatSchG
Prof. Dr. Ekkehard Hofmann O. Professor an der Universität Trier	Vorb. § 38, §§ 38–40 BImSchG, §§ 16–18 UVPG
Dr. Frank Hofmann Bundesministerium für Umwelt, Naturschutz und nukleare Sicherheit	§ 23 WHG
Dr. Georg Hünnekens Rechtsanwalt in Münster	§§ 50–53 WHG, Vorb. §§ 64–66, §§ 64–66 WHG, Vorb. §§ 72–81 WHG, §§ 72–81 WHG
Georg Kahl † Ministerialrat a. D.	7. BImSchV
Lutz Keppner Bundesministerium für Umwelt, Naturschutz und nukleare Sicherheit	Grundwasserverordnung
Dr. Andreas Kersting Rechtsanwalt in Münster	§§ 58–61 KrWG
Dr. Heike Kieserling Deutsche Bahn AG	§§ 13, 14, 25–38 AwSV
Dr. Jens Martin König Hessisches Ministerium für Umwelt, Klimaschutz, Landwirtschaft und Verbraucherschutz	12. BImSchV (mit Hansmann)
Dr. Olaf Konzak Rechtsanwalt in Köln	§§ 2, 3 und 7 VerpackG (mit Körner)
Dr. Michael Körner, LL.M. Rechtsanwalt in Köln	§§ 2, 3 und 7 VerpackG (mit Konzak)
Dr. Philip Kubitza Richter auf Probe, Rheinland-Pfalz	§§ 100–102 WHG
Prof. Dr. Silke Ruth Laskowski O. Professorin an der Universität Kassel	§ 24 WHG, § 58e BImSchG mit der EMASPrivilegV
Prof. Dr. Joachim Lege O. Professor an der Universität Greifswald	§§ 96–99 WHG
Dr. Rasso Ludwig LL. M. Bayerisches Staatsministerium für Umwelt und Verbraucherschutz	§§ 19, 21–23, 26 BBodSchG
Prof. Dr. Karim Maciejewski Hochschule des Bundes für öffentliche Verwaltung	Vor § 53 BImSchG, §§ 53–58d BImSchG (mit Hansmann), 5. BImSchV (mit Hansmann)
Birgit Mahrwald Bundesministerium für Umwelt, Naturschutz und nukleare Sicherheit	2. BImSchV (mit Hansmann und Röckinghausen)

Bearbeiter

Prof. Dr. Thomas Mann O. Professor an der Universität Göttingen	§§ 8a, 12 BImSchG, Vorb. ElektroG, §§ 1, 2 ElektroG, §§ 1–14, 16–28, 30–46, 48–74 UVPG
Dr. Cedric Christian Meyer Rechtsanwalt in Köln	§§ 46–49, 62–63 WHG
Dr. Uwe Neuser Bundesministerium für Umwelt, Naturschutz und nukleare Sicherheit	§§ 2, 27, 33, 34 TEHG
Volkmar Nies Landwirtschaftsdirektor bei der Landwirtschaftskammer Rheinland	§§ 1, 2, 7, 17, 18 BBodSchG
Dr. Martin Ohms Rechtsanwalt in Berlin	§§ 17, 18 BImSchG (mit Hansmann), 13. BImSchV, 17. BImSchV (z. T. mit Sahm)
Prof. Dr. Heinz-Joachim Pabst Hochschule des Bundes für öffentliche Verwaltung	Vor § 26, §§ 26–31 BImSchG (mit Hansmann), § 61 BImSchG, 41. BImSchV
Dr. Kay Artur Pape Rechtsanwalt in Bonn	Vorb. WHG, §§ 6–22 WHG
Dr. Malte Petersen LL. M. Ministerium für Umwelt, Landwirtschaft, Natur- und Verbraucherschutz des Landes Nordrhein-Westfalen	§§ 89–95 WHG
Prof. Dr. Alexander Proelß O. Professor an der Universität Trier	§§ 43–45l WHG
Prof. Dr. Eckard Rehbinder Em. Professor an der Universität Frankfurt/Main	§ 14 BImSchG UmweltHG (§§ 6, 7 mit Hager)
Prof. Dr. Olaf Reidt Rechtsanwalt in Berlin	§ 16 BImSchG (mit Schiller), 18. BImSchV (mit Schiller), Fluglärmgesetz (mit Fellenberg und Schiller), Umweltinformationsgesetz (mit Schiller)
Dr. Christoph Riese Rechtsanwalt in Berlin	§§ 67–71, 86 WHG
Prof. Dr. Marc Röckinghausen Hochschule für Polizei und öffentliche Verwaltung NRW, Abteilung Gelsenkirchen	§§ 20, 21, Vor § 32, §§ 32–37, Vorb. §§ 44–47, §§ 45, 46, 46a, 47, 52, 52b, 62, 66, 67 BImSchG (mit Hansmann), §§ 37a bis 37f, 52a, 73 BImSchG, 1., 10., 26., 36., 37., 38., 42. BImSchV, 4., 11., 20., 21., 25., 27., 28., 30. und 35. BImSchV (mit Hansmann), 2. BImSchV (mit Hansmann und Mahrwald), Schadstofffreisetzungs- und Verbringungsregistergesetz
Christoph Sahm LL. M. E.ON Kernkraft GmbH	§§ 23–25, 27 der 17. BImSchV (mit Ohms)

Prof. Dr. Dr. Joachim Sanden † Behörde für Stadtentwicklung und Umwelt, Freie und Hansestadt Hamburg, zugl. Apl. Prof. an der Universität Lüneburg	§§ 41–43 (mit Gellermann)
Dr. Gernot Schiller Rechtsanwalt in Berlin	§ 16 BImSchG (mit Reidt), 18. BImSchV (mit Reidt), Fluglärmgesetz (mit Reidt und Fellenberg), Umweltinformationsgesetz (mit Reidt) Umweltrechtsbehelfsgesetz (mit Fellenberg), §§ 14a, 15 BImSchG
Prof. Dr. Marcus Schladebach, LL.M. O. Professor an der Universität Potsdam	§ 47 UVPG
Matthias Schleifenbaum, LL.M. Rechtsanwalt in Köln	Vorb. BattG, §§ 1–14, 16, 19–22 BattG
Prof. Dr. Hendrik Schoen Hochschule für Polizei und öffentliche Verwaltung NRW, Abteilung Münster	§ 50 BImSchG
Prof. Dr. Meinhard Schröder Em. Professor an der Universität Trier	EG-Abfallverbringungs-VO
Prof. Dr. Max-Jürgen Seibert Vorsitzender Richter am Oberverwaltungsgericht Münster	§ 13 BImSchG
Prof. Dr. Reinhard Sparwasser Rechtsanwalt in Freiburg	Vor § 22 BImSchG, §§ 22–25 BImSchG (mit Heilshorn)
Prof. Dr. Indra Spiecker genannt Döhmann, LL.M. O. Professorin an der Universität Frankfurt a. M.	UStatG
Prof. Dr. Peter-Tobias Stoll O. Professor an der Universität Göttingen	EG-Artenschutzverordnung
Silvia Strecker Ministerium für Umwelt, Landwirtschaft, Natur- und Verbraucherschutz des Landes Nordrhein-Westfalen	39. BImSchV (mit Bruckmann und Vogt)
Prof. Dr. Dr. Markus Thiel Deutsche Hochschule der Polizei, Münster	§§ 3, 48–48b BImSchG
Dr. Christian Tünnesen-Harmes Rechtsanwalt in Duisburg	AbfAEV
Dr. Klaus Vogt Landesamt für Natur, Umwelt und Verbraucherschutz Nordrhein-Westfalen	39. BImSchV (mit Bruckmann und Strecker), 43. BImSchV (mit Bruckmann und van Endern)
Anne-Barbara Walter Umweltbundesamt	OberflächengewässerV (mit Dörr)
Dr. Dirk Weinreich Bundesministerium für Umwelt, Naturschutz und nukleare Sicherheit	Vorb. TEHG, §§ 7, 19 TEHG

Bearbeiter

Dr. Armin von Weschpfennig Akademischer Rat, Universität Bonn	§§ 13a, 13b, 103–107 WHG
Dr. Antje Wittmann Rechtsanwältin in Münster	UmweltschadensG (zusammen mit Beckmann)
Frank Wolke Umweltbundesamt, Deutsche Emissionshandelsstelle	§§ 4, 18, 24 TEHG
Justus Wulff LL.M. Juristischer Mitarbeiter in der Kanzlei Baumann-Rechtsanwälte, Leipzig	§§ 1–3 BNatSchG (mit Heß)

1.2 Verordnung zum Schutz der Oberflächengewässer (Oberflächengewässerverordnung – OGewV)[1,*]

vom 20. Juni 2016 (BGBl. I S. 1373) zuletzt geändert durch Art. 2 G v. 9.12.2020 (BGBl. I S. 2873)

Vorbemerkung

Schrifttum: *Albrecht,* Umweltqualitätsziele im Gewässerschutzrecht, 2007; *Berendes, Frenz, Müggenborg,* Wasserhaushaltsgesetz, 2011; *Dörr,* Verordnung zum Schutz der Oberflächengewässer und zu den prioritären Stoffen, in: Durner (Hrsg.), Wasserrechtlicher Reformbedarf in Bund und Ländern, 2011, S. 47; *Durner,* Rechtsfragen der Anordnung zusätzlicher Reinigungsstufen zur Eliminierung von Mikroschadstoffen, Köln 2014, *Durner,* Wasserbehördliche Einzelfallentscheidungen und wasserwirtschaftliche Planung, W+B 2014, S. 113; *Durner* Urteilsanmerkungen, DVBl 2015, 1049; *Durner,* Probleme und Perspektiven bei der Umsetzung des Weservertiefungsurteils des EuGH insbesondere beim Umgang mit Einleitungen, W+B 2015, 195; *Durner/Trillmich,* Ausstieg aus der Kohlenutzung kraft europäischen Wasserrechts? Auswirkungen der Phasing-Out-Ziele der Union für Quecksilber auf die Nutzung von Kohle, DVBl. 2011, 517; *Ekardt/Steffenhagen,* Kohlekraftwerkbau, wasserrechtliche Bewirtschaftungsziele und das Klimaschutzrecht, NuR 2010, 705; *Faßbender,* Die Umweltziele der Wasserrahmenrichtlinie, EurUP 2015, 173; *Franzius,* Die Mutter aller Wasserrechtsfälle – Das Urteil des EuGH zur Weservertiefung und die Folgen, ZUR 2015, 643; *Ginzky,* Die Pflicht zur Minderung von Schadstoffeinträgen in Oberflächengewässer – Vorgaben der Wasserrahmenrichtlinie und der Richtlinie Prioritäre Stoffe –, ZUR 2009, 242 ff.; *Ginzky,* Die Entscheidung des EuGH zum Verschlechterungsverbot – Alle Fragen geklärt?, NuR 2015, 624; *Giesberts/Reinhardt,* BeckOK Umweltrecht, 2017; *Guillen* et al., Prioritization of chemicals in the aquatic environment based on risk assessment: analytical, modeling and regulatory perspective, in: STE 440, 2012, 236; *Haneklaus,* Statement zum Entwurf der Verordnung zum Schutz der Oberflächengewässer, in: Durner (Hrsg.), Wasserrechtlicher Reformbedarf in Bund und Ländern, 2011, S. 59; *Geiger/Khan/Kotzur,* EUV/AEUV, 2010; *Henning,* Das wasserrechtliche Verschlechterungsverbot und Verbesserungsgebot – Folgen aus dem EuGH-Weservertiefungs-Urteil, NordÖR, 2017, 73; *Heiß,* Die neue Verordnung zum Schutz der Oberflächengewässer, W+B 2016, 131; *Heiß/Küster,* A regulatory perspective on prioritization of emerging pollutants in the context of the Water Framework Directiv, ETC Vol. 34, Nr. 10, 2181; *Hofmann,* Landmann/Rohmer, Umweltrecht, 2016; *Irmer u. a.* Die neue Oberflächengewässerverordnung (OGewV) – Strategien und normative Anforderungen, 2010, 687;

---

[1] **[Amtl. Anm.:]** Ersetzt V 753-13-3 v. 20.7.2011 I 1429 (OGewV)
Diese Verordnung dient der Umsetzung der
– Richtlinie 2000/60/EG des Europäischen Parlaments und des Rates vom 23. Oktober 2000 zur Schaffung eines Ordnungsrahmens für Maßnahmen der Gemeinschaft im Bereich der Wasserpolitik (ABl. L 327 vom 22.12.2000, S. 1), die zuletzt durch die Richtlinie 2014/101/EU (ABl. L 311 vom 31.10.2014, S. 32) geändert worden ist,
– Richtlinie 2008/105/EG des Europäischen Parlaments und des Rates vom 16. Dezember 2008 über Umweltqualitätsnormen im Bereich der Wasserpolitik und zur Änderung und anschließenden Aufhebung der Richtlinien des Rates 82/176/EWG, 83/513/EWG, 84/156/EWG, 84/491/EWG und 86/280/EWG sowie zur Änderung der Richtlinie 2000/60/EG (ABl. L 348 vom 24.12.2008, S. 84), die zuletzt durch die Richtlinie 2013/39/EU (ABl. L 226 vom 24.8.2013, S. 1) geändert worden ist,
– Richtlinie 2009/90/EG der Kommission vom 31. Juli 2009 zur Festlegung technischer Spezifikationen für die chemische Analyse und die Überwachung des Gewässerzustands gemäß der Richtlinie 2000/60/EG des Europäischen Parlaments und des Rates (ABl. L 201 vom 1.8.2009, S. 36),
– Richtlinie 2014/101/EU der Kommission vom 30. Oktober 2014 zur Änderung der Richtlinie 2000/60/EG des Europäischen Parlaments und des Rates zur Schaffung eines Ordnungsrahmens für Maßnahmen der Gemeinschaft im Bereich der Wasserpolitik (ABl. L 311 vom 31.10.2014, S. 32),
– Beschluss 2013/480/EU der Kommission vom 20. September 2013 zur Festlegung der Werte für die Einstufungen des Überwachungssystems des jeweiligen Mitgliedstaats als Ergebnis der Interkalibrierung gemäß der Richtlinie 2000/60/EG des Europäischen Parlaments und des Rates und zur Aufhebung der Entscheidung 2008/915/EG (ABl. L 266 vom 8.10.2013, S. 1, L 102 vom 5.4.2014, S. 22).

[*] Die Änderungen der OGewV durch Art. 255 Elfte ZuständigkeitsanpassungsVO v. 19.6.2020 (BGBl. I S. 1328) und Art. 2 G v. 9.12.2020 (BGBl. I S. 2873) sind im Gesetzestext und in den Kommentierungen noch nicht berücksichtigt. Eine Anpassung erfolgt mit einer der nächsten Ergänzungslieferungen.

Kern, Neue Anforderungen und Instrumente für die europäische Gewässerqualität, NVwZ 2014, 256; *Kloepfer,* Umweltrecht, 4. Aufl., 2016; *Köck/Möckel,* Quecksilber-Einträge in Oberflächengewässern durch Kohlekraftwerke, NVwZ 2010, 1390; *Laskowski,* Das Verschlechterungsverbot im europäischen Wasserrecht nach dem EuGH-Urt. v. 1. Juli 2015, ZUR 2015, 542; *Nisipeanu,* Rechtliche Grenzen weitergehender Anforderungen an Abwassereinleitungen, NuR 2015, S. 449; *Ohms,* Beste verfügbare Techniken versus „Phasing-Out-Verpflichtung", NVwZ 2010, 675; *Reidt/Schiller,* Quecksilbereinträge in oberirdische Gewässer durch Kohlekraftwerke, NuR 2011, 624; *Sieder/Zeitler,* Wasserhaushaltsgesetz Kommentar, 2016; *Spieth/Ipsen,* Verbietet die Wasserrahmenrichtlinie den Bau von Kohlekraftwerken? NVwZ 2011, 536; *Reinhardt,* Grenzwerte – Fluch oder Segen, NuR 2015, 269; *Reinhardt,* Das Verschlechterungsverbot der Wasserrahmenrichtlinie in der Rechtsprechung des Europäischen Gerichtshofs, UPR 2015, 321; *Riese/Dieckmann,* Verbot der Einleitung von Industrieabwässern? Die Reichweite der phasing-out-Verpflichtung der Wasserrahmenrichtlinie, UPR 2011, 212; *Riese/Losert,* Schlussanträge zur Weservertiefung – Verschlechterung als Regelfall, DVBl 2015, 346; *Schütte/Warnke/Wittrock,* Die Ausnahme vom Verschlechterungsverbot: rechtliche und praktische Lösungsvorschläge, ZUR 2016, 215; *Ullrich/Heidemeier,* Bestandsaufnahme Prioritärer Stoffe nach WRRL und OGewV – eine Herausforderung an den Erkenntnisstand der Wasserwirtschaft, in: 27. Hamburger Kolloquium zur Abwasserwirtschaft 2015, Hamburger Berichte zur Siedlungswasserwirtschaft Band Nr. 91; *von der Ohe* et al., A new risk assessment approach for the prioritization of 500 classical and emerging organic microcontaminants as potential river basin specific pollutants under the Water Framework Directive, in: STE 409, 2011, 2064.

Übersicht

A. Ziel der Verordnung

1 Am 23. Juni 2016 wurde die neue Verordnung zum Schutz der Oberflächengewässer (OGewV) im Bundesgesetzblatt veröffentlicht und trat nach Art. 3 der Verordnung am Tag darauf in Kraft. Sie löst die alte OGewV aus dem Jahr 2011 (OGewV 2011) ab.

Die chemische Verschmutzung von Oberflächengewässern stellt eine Gefahr für die aquatische Umwelt dar. Sie kann zu akuter und chronischer Toxizität für Wasserlebewesen, zur Akkumulation von Schadstoffen in den Ökosystemen, zur Zerstörung von Lebensräumen und zur Beeinträchtigung der biologischen Vielfalt führen sowie die menschliche Gesundheit bedrohen (vgl. Erwägungsgrund 1 der Richtlinie 2008/105/EG des Europäischen Parlaments und des Rates über Umweltqualitätsnormen im Bereich der Wasserpolitik vom 16. Dezember 2008, ABl. EG L 348, S. 84, geändert am 12. August 2013, ABl. EU L 226, S. 1, 6 – UQN-Richtlinie).

Ziel der OGewV ist es daher, die Verschmutzungsursachen von Oberflächengewässern zu ermitteln und Emissionen in wirtschaftlicher und ökologischer Hinsicht möglichst wirksam an ihrem Ursprung zu bekämpfen. Dafür ergänzt und konkretisiert sie auf Verordnungsebene die der Umsetzung der Richtlinie 2000/60/EG (Richtlinie 2000/60/EG des Europäischen Parlaments und des Rates vom 23. Oktober 2000 zur Schaffung eines Ordnungsrahmens für Maßnahmen der Gemeinschaft im Bereich der Wasserpolitik, ABl. EG L 327 S. 1, zuletzt geändert am 30. Oktober 2014, ABl. EU L 311 S. 32 – WRRL)

§ 11 Anforderungen an die Kreislaufwirtschaft für Bioabfälle und Klärschlämme

(1) **weggefallen.**

(2) **Die Bundesregierung wird ermächtigt, nach Anhörung der beteiligten Kreise (§ 68) durch Rechtsverordnung mit Zustimmung des Bundesrates zur Förderung der Verwertung von Bioabfällen und Klärschlämmen, soweit es zur Erfüllung der Pflichten nach § 20 Absatz 2 Nummer 1, § 7 Absatz 2 bis 4 und § 8 Absatz 1 erforderlich ist, insbesondere festzulegen,**

1. welche Abfälle als Bioabfälle oder Klärschlämme gelten,

2. welche Anforderungen an die getrennte Sammlung von Bioabfällen zu stellen sind,

3. ob und auf welche Weise Bioabfälle und Klärschlämme zu behandeln, welche Verfahren hierbei anzuwenden und welche anderen Maßnahmen hierbei zu treffen sind,

4. welche Anforderungen an die Art und Beschaffenheit der unbehandelten, der zu behandelnden und der behandelten Bioabfälle und Klärschlämme zu stellen sind sowie

5. dass bestimmte Arten von Bioabfällen und Klärschlämmen nach Ausgangsstoff, Art, Beschaffenheit, Herkunft, Menge, Art oder Zeit der Aufbringung auf den Boden, Beschaffenheit des Bodens, Standortverhältnissen und Nutzungsart nicht, nur in bestimmten Mengen, nur in einer bestimmten Beschaffenheit oder nur für bestimmte Zwecke in Verkehr gebracht oder verwertet werden dürfen.

Durch Rechtsverordnung nach Satz 1 können entsprechend Satz 1 Nummer 3 bis 5 auch Anforderungen für die gemeinsame Verwertung von Bioabfällen und Klärschlämmen mit anderen Abfällen, Stoffen oder Materialien festgelegt werden. Anforderungen nach Satz 1 Nummer 4 und 5, auch in Verbindung mit Satz 2, können nicht festgelegt werden, soweit die ordnungsgemäße und schadlose Verwertung von Bioabfällen und Klärschlämmen durch Regelungen des Düngerechts gewährleistet ist.

(3) **Durch Rechtsverordnung nach Absatz 2 Satz 1 können auch Verfahren zur Überprüfung der dort festgelegten Anforderungen an die Verwertung von Bioabfällen und Klärschlämmen bestimmt werden, insbesondere**

1. Untersuchungspflichten hinsichtlich der Wirksamkeit der Behandlung, der Beschaffenheit der unbehandelten und behandelten Bioabfälle und Klärschlämme, der anzuwendenden Verfahren oder der anderen Maßnahmen,

2. Untersuchungsmethoden, die zur Überprüfung der Maßnahmen nach Nummer 1 erforderlich sind,

3. Untersuchungen des Bodens sowie

4. Verfahren zur Überprüfung der Anforderungen entsprechend § 10 Absatz 2 Nummer 1 bis 9 und Absatz 3.

Durch Rechtsverordnung nach Absatz 2 Satz 1 Nummer 1 kann vorgeschrieben werden, dass derjenige, der bestimmte Bioabfälle oder Klärschlämme, an deren schadlose Verwertung nach Maßgabe des § 7 Absatz 2 und 3, des § 8 Absatz 1 und der §§ 9 und 9a auf Grund ihrer Art, Beschaffenheit oder Menge besondere Anforderungen zu stellen sind, in Verkehr bringt oder verwertet,

1. dies anzuzeigen hat,

2. dazu einer Erlaubnis bedarf,

3. bestimmten Anforderungen an seine Zuverlässigkeit genügen muss oder

4. seine notwendige Sach- oder Fachkunde in einem näher festzulegenden Verfahren nachzuweisen hat.

(4) **Die Landesregierungen können Rechtsverordnungen im Sinne der Absätze 2 und 3 für die Verwertung von Bioabfällen und Klärschlämmen und für die Aufbringung von Bioabfällen und Klärschlämmen auf Böden erlassen, soweit die Bundesregierung von der Ermächtigung keinen Gebrauch macht. Die Landesregierungen können die Ermächtigung nach Satz 1 durch Rechtsverordnung ganz oder teilweise auf andere Behörden übertragen.**

Schrifttum: *Abraham/Denkhaus,* Abwassertransport gleich Klärschlammtransport? – Ein Spagat zwischen Abwasser- und Abfallrecht, ZfW 2020, 153; *Beckmann,* Das deutsche Abfallrecht als Instrument des Klimaschutzes und der Ressourcenschonung, AbfallR 2008, 65; *Beckmann/Wittmann,* Pflichten zur Drittbeauftragung und kommunale Selbstverwaltungsgarantie, AbfallR 2011, 55; *Bergs,* Neues Grenzwertkonzept für Klärschlämme, Bioabfälle und Wirtschaftsdünger, AbfallR 2003, 80; *Bergs/Budewig,* Künftige rechtliche Anforderungen an Qualität und Qualitätssicherung bei der bodenbezogenen Klärschlammverwertung, Müll und Abfall 2011, 104; *Elgeti/Manuel,* Klärschlammentsorgung zwischen Wasser- und Abfallrecht, AbfallR 2019, 300; *Ginzky,* Der Anbau nachwachsender Rohstoffe aus Sicht des Bodenschutzes, Gegenwärtige Rechtslage und Änderungsbedarf, ZUR 2008, 188; *Hahn,* Ausstieg aus der landwirtschaftlichen Klärschlammverwertung – eine notwendige Harmonisierung im vorsorgenden Umweltschutz, Bodenschutz 2000, 72; *Heugel,* Das internationale Jahr der biologischen Vielfalt 2010 – Jahr des Scheiterns oder Jahr des Aufbruchs, ZUR 2010, 113; *Hinsch,* Rechtliche Probleme der Energiegewinnung aus Biomasse, ZUR 2007, 101; *Kopp-Assenmacher,* Aktuelle Rechtsfragen zur Klärschlammverwertung in Zeiten des Übergangs, AbfallR 2019, 242; *Kronawitter,* Die abfallrechtliche und steuerrechtliche Einordnung der Klärschlammverwertung, Gemeindehaushalt 2010, 177; *Linden,* Anforderungen an die Kreislaufwirtschaft im Bereich der landwirtschaftlichen Düngung, AgrarR 2000, 245; *Oehlmann,* Europäische Kreislaufwirtschaft mit Abfallende? Die zukünftige Rolle von Bioabfällen im europäischen Abfall- und Düngemittelrecht, AbfallR 2016, 214; *Oexle/Lammers,* Rechtsfragen der Zulässigkeit der gewerblichen Sammlung von Bioabfällen, AbfallR 2014, 225; *Peine,* Stoffrecht in der Landwirtschaft – seine klimaschützende Bedeutung, StoffR 2012, 96; *Queitsch,* Getrennte Bioabfallerfassung und -verwertung, AbfallR 204, 163; *Queitsch,* Bioabfallerfassung/-verwertung nach dem KrWG und der neuen Bioabfall-Verordnung, AbfallR 2012, 182; *Queitsch,* Kommunale Bioabfallentsorgung und die Novelle der Bioabfall-Verordnung, AbfallR 2009, 70; *Reinhardt,* Anmerkung zu einer Entscheidung des BVerwG, Urt. v. 8.7.2020 (7 C 19/18) – Zum Klärschlamm auf einer Deponie als Abfall, NVwZ 2020, 1838; *Scheier/Mornhinweg,* Verfassungsmäßigkeit des Klärschlammentschädigungsfonds, AbfallR 2005, 68; *Sina,* Die Verwertung von Klärschlamm in Zementwerken, NVwZ 2007, 280; *von Bechtolsheim/Charlier/Wagner,* RE KrWG – Neuorganisation der Bioabfallentsorgung erforderlich?, Müll und Abfall 2011, 114 ff., 180 ff.

Übersicht

A. Überblick

1 § 11 ist durch die **Gesetzesnovelle 2020** geändert worden. Durch die Streichung des Absatzes 1, der eine Getrenntsammlungspflicht für Bioabfälle vorsah, die einer Überlassungspflicht nach § 17 Abs. 1 unterliegen, ist die Vorschrift auf eine reine Verordnungs-

ermächtigung reduziert worden. Da Verordnungsermächtigungen im KrWG stets mit „Anforderungen an …" überschrieben werden, wurde dementsprechend auch der amtliche Titel dieser Bestimmung angepasst. Die bisherige Getrenntsammlungspflicht für die überlassungspflichtigen Bioabfälle ist mit der Gesetzesnovelle 2020 in die allgemeine Regelung des § 20 Abs. 2 aufgenommen worden. Materiellrechtlich hat sich dadurch jedoch an der Getrenntsammlungspflicht für die genannten Bioabfälle nichts geändert (Gesetzesbegründung, BT-Drs. 19/19373, S. 52). In Absatz 2 wird nunmehr anstatt auf die bisherige Getrenntsammlungspflicht in § 11 Abs. 1 auf die Getrenntsammlungspflicht des § 20 Abs. 2 Nr. 1 verwiesen. Eine weitere redaktionelle Folgeänderung erfuhr im Jahre 2020 § 11 Abs. 3 S. 2, die sich daraus ergab, dass die Getrenntsammlungspflichten für gefährliche Abfälle nunmehr in § 9a geregelt werden. Durch Verordnung kann daher die Erfüllung der Pflichten nach § 9 und § 9a konkretisiert werden.

Die stoffliche und energetische Verwertung von Bioabfällen und Klärschlämmen ist **2** von erheblicher ressourcenökologischer Bedeutung (dazu *Beckmann* AbfallR 2008, 65 ff.). Deshalb wird auf der deutschen als auch auf europäischer Ebene eine möglichst weitgehende Verwertung von Bioabfällen und Klärschlämmen beabsichtigt. Dabei dürfen allerdings die damit verbundenen Risiken für die Umwelt, zB durch eine Schadstoffbelastung von Böden und Gewässern bei der Aufbringung von Klärschlamm in der Landwirtschaft, nicht ausgeblendet werden (*Sina* in Jahn/Deifuß-Krus/Brandt Rn. 1).

Nach Angaben des Bundesumweltministeriums hat es in den letzten 30 Jahren einen **3** deutlichen Anstieg von getrennt erfassten Bioabfällen im Rahmen der Siedlungsabfallentsorgung gegeben. Während im Jahre 1990 noch weniger als eine Million Tonnen Bioabfälle gesammelt wurden, stieg die Menge in den Folgejahren stark an. Einige Jahre lang lag die Menge getrennt erfasster Bioabfälle, die der Bioabfallverordnung unterliegen, bei circa zwölf Millionen Tonnen. Im Jahr 2018 fielen etwa 9,7 Mio. t biogene Siedlungsabfälle an. Dazu zählen hauptsächlich Bio- und Grünabfälle aus Haushalten, der kommunalen Grünpflege und aus dem Gewerbe sowie Speiseabfälle. Etwa 1000 Kompostierungs- und 100 reine Bioabfallvergärungsanlagen haben diese Abfälle nach Angaben des Umweltbundesamts verwertet. Mehr als die Hälfte der Bioabfälle wurde dabei kompostiert, wobei die enthaltene Energie nicht genutzt werden kann. Ziel der Umweltpolitik ist es daher, den Anteil der Vergärung mit Biogasgewinnung bei den geeigneten Bioabfällen zu erhöhen.

Klärschlämme aus kommunalen Kläranlagen (rund 1,8 Millionen Tonnen Trocken- **4** masse) werden überwiegende verbrannt (siehe dazu den Bericht des Umweltbundesamts zur Klärschlammentsorgung in der Bundesrepublik Deutschland, Dessau 2018). Seit dem Verbot der Ablagerung unbehandelter organikhaltiger Abfälle ab dem 01.06.2005 werden Klärschlämme zunehmend thermisch behandelt. Das Umweltbundesamt nennt einen Anstieg auf einen Anteil von etwa 64%. Dazu dienen zumeist Klärschlamm-Monoverbrennungsanlagen, Zement- und Kohlekraftwerke sowie Abfallverbrennungsanlagen. Der Anteil der bodenbezogenen Klärschlammverwertung – landwirtschaftliche und landschaftsbauliche Nutzung – nimmt dagegen nach dem Bericht des Umweltbundesamts seit einigen Jahren ab. Während 2012 noch mehr als 45% der Klärschlämme stofflich genutzt wurden, waren es im Jahre 2016 nur noch 35%. Zurückgeführt wird dies vom Umweltbundesamt unter anderem auf steigende Qualitätsanforderungen sowie Ausbringungsbeschränkungen des Düngerechts (zur Klärschlammentsorgung siehe *Elgeti/Brunner* AbfallR 2019, 300; *Kopp-Assenmacher* AbfallR 2019, 242; *Queitsch* AbfallR 2018, 7).

Die Absätze 2–4 enthalten **Verordnungsermächtigungen** zur Förderung der Ver- **5** wertung von Abfällen und Klärschlämmen. Der Begriff des Bioabfalls ist vom Gesetzgeber in § 3 Abs. 7 legaldefiniert, den Begriff des Klärschlamms hat der Verordnungsgeber in § 2 Abs. 2 AbfKlärV bestimmt. Die Ermächtigung des Verordnungsgebers, zu bestimmen, welche Abfälle als Bioabfälle und Klärschlämme gelten (Abs. 2 S. 1 Nr. 1) ist rechtstaatlich nicht unproblematisch, weil der Verordnungsgeber damit den Umfang seiner Ermächtigung in einer Art Eigenzugriff erweitern kann.

6 **Bioabfälle** sind nach § 3 Abs. 7 biologisch abbaubare pflanzliche, tierische oder aus Pilzmaterialien bestehende Garten- und Parkabfälle, Landschaftspflegeabfälle, die Nahrungs- und Küchenabfälle aus Haushaltungen, aus dem Gaststätten- und Cateringgewerbe, aus dem Einzelhandel und vergleichbare Abfälle aus Nahrungsmittelverarbeitungsbetrieben sowie Abfälle aus sonstigen Herkunftsbereichen, die den vorgenannten Abfälle nach Art, Beschaffenheit oder stofflichen Eigenschaften vergleichbar sind.

7 Der Begriff **Klärschlamm** ist im KrWG – wie schon erwähnt – nicht legaldefiniert. Nach § 2 Abs. 2 AbfKlärV ist Klärschlamm der bei der Behandlung von Abwasser in Abwasserbehandlungsanlagen einschließlich zugehöriger Anlagen zur weitergehenden Abwasserreinigung anfallende Schlamm, auch entwässert oder getrocknet oder in sonstiger Form behandelt. In Kleinkläranlagen anfallender Schlamm, Klärschlammkompost und Mischungen aus Klärschlamm mit anderen geeigneten Stoffen gelten ebenfalls als Klärschlamm (siehe dazu *Doumet* in Jarass/Petersen, KrWG, 2014, § 11 Rn. 2).

8 Als **Vorgängervorschrift** sah bereits § 8 Abs. 1 KrW-/AbfG eine Ermächtigung zum Erlass einer Rechtsverordnung vor, mit der zur Sicherung der ordnungsgemäßen und schadlosen Verwertung von Abfällen als Sekundärrohstoffdünger oder Wirtschaftsdünger Anforderungen festgelegt werden konnten. § 8 Abs. 2 KrW-/AbfG ermöglichte den Erlass von Verordnungsregelungen zur Aufbringung auf landwirtschaftlich, forstwirtschaftlich oder gärtnerisch genutzten Flächen. § 8 Abs. 3 KrW-/AbfG sah eine subsidiäre Verordnungsermächtigung für die Länder vor. Diese Ermächtigung war angesichts der europäischen Vorgaben zur Verwertung von Bioabfällen zu eng.

9 Die Getrenntsammlungspflicht, die nunmehr in § 20 Abs. 2 Nr. 1 geregelt ist, dient der Umsetzung von Art. 22 S. 1 lit. a AbfRRL. Danach sind die Mitgliedstaaten verpflichtet, geeignete Maßnahmen zur Förderung der getrennten Sammlung von Bioabfällen zu dem Zweck, diese zu kompostieren und vergären zu lassen, zu treffen. In dem Erwägungsgrund Nr. 35 der Richtlinie heißt es dazu, es sei wichtig, im Einklang mit der Abfallhierarchie und zur Reduzierung der Treibhausgasemissionen, die durch die Abfallbeseitigung auf Abfalldeponien entstehen, die getrennte Sammlung und ordnungsgemäße Behandlung von Bioabfällen zu fördern, um umweltverträgliche Komposte und andere Materialien aus Bioabfällen zu erzeugen. Dementsprechend sind die Mitgliedstaaten nach Art. 22 S. 1 lit. b, c AbfRRL außerdem verpflichtet, geeignete Maßnahmen zu fördern, mit denen die Behandlung von Bioabfällen auf eine Art und Weise, die ein hohes Maß an Umweltschutz gewährleistet, zu fördern sowie geeignete Maßnahmen zur Verwendung von umweltverträglichen Materialien aus Bioabfällen zu fördern.

10 Zur Umsetzung dieser Verpflichtung dient die **Bioabfallverordnung,** die auf der Grundlage der zwischenzeitlich außer Kraft getretenen Ermächtigungsgrundlage des § 8 KrW-/AbfG erlassen worden ist. Eine Novellierung der BioabfV mit dem Ziel einer Reduzierung von Kunststoffeinträgen in die Umwelt ist beabsichtigt. Mit der Verordnungsnovelle soll gewährleistet werden, Fremdstoffe von vornherein aus den Bioabfall-Behandlungsprozessen herauszuhalten, soweit keine entsprechend sortenreinen Bioabfälle bei den Anlagen angeliefert werden. Hierzu sollen Vorgaben und Anforderungen an die Fremdstoffentfrachtung von Bioabfällen vor der Zuführung zur hygienisierenden oder biologisch stabilisierenden Behandlung geregelt werden.

11 Im Jahre 2017 ist eine neue **Klärschlammverordnung** in Kraft getreten. Mit der Verordnung zur Neuordnung der Klärschlammverwertung wurden bis dahin geltende Anforderungen an die bodenbezogene Klärschlammverwertung verschärft und der Anwendungsbereich der Verordnung auf Maßnahmen des Landschaftsbaus ausgedehnt. Die

Verordnung enthält seitdem umfassende Vorgaben zur **Rückgewinnung von Phosphor** aus Klärschlämmen und Klärschlammverbrennungsaschen, die Betreiber von Abwasserbehandlungsanlagen und Klärschlammverbrennungsanlagen spätestens ab dem Jahr 2029 zu beachten haben. Die Pflicht zur Rückgewinnung von Phosphor besteht, wenn der Klärschlamm einen Phosphorgehalt von 20 Gramm oder mehr je Kilogramm Trockenmasse aufweist. Die Verordnung gibt keine bestimmte Technologie zur Phosphorrückgewinnung vor, sondern ermöglicht den Einsatz auch innovativer Rückgewinnungsverfahren. Eine bodenbezogene Verwertung ist ab dem Jahr 2029 nur noch von Klärschlämmen aus Abwasserbehandlungsanlagen mit einer Ausbaugröße von bis zu 100 000 Einwohnerwerten und ab dem Jahr 2032 nur noch von Klärschlämmen aus Anlagen mit einer Ausbaugröße von bis zu 50 000 Einwohnerwerten zulässig.

B. Förderung der Verwertung (Absatz 2)

Die Bundesregierung wird nach Abs. 2 ermächtigt, nach Anhörung der beteiligten Kreise (§ 68) durch Rechtsverordnung mit Zustimmung des Bundesrates zur Förderung der Verwertung von Bioabfällen und Klärschlämmen eine Verordnung zu erlassen, soweit eine solche Verordnung zur Erfüllung der Pflichten nach § 20 Absatz 2 Nr. 1, § 7 Absatz 2 bis 4 und § 8 Abs. 1 erforderlich ist. Ermächtigt wird durch Abs. 2 die gesamte Bundesregierung. Die Federführung für den Erlass einer Verordnung auf der Grundlage dieser Ermächtigungsgrundlage liegt innerhalb der Bundesregierung beim Bundesumweltministerium (*Doumet* in Jarass/Petersen, KrWG, 2014, § 11 Rn. 33). 12

Zwar beschränkt sich die Verordnungsermächtigung auf den Fall, dass der Erlass einer solchen Verordnung zur Erfüllung der Pflichten nach § 11 Abs. 1, § 7 Abs. 2–4 und § 8 Abs. 1 erforderlich ist. Die Beachtung der Erforderlichkeit ist regelmäßig wesentlicher Teil einer Verhältnismäßigkeitsprüfung. Sie erstreckt sich sowohl auf die Frage, ob überhaupt eine Verordnung erforderlich ist, als auch auf die inhaltlichen Grenzen eines Regelungsbedürfnisses. Für die Prüfung und Entscheidung der Frage, ob in diesem Sinne ein Erfordernis für eine Verordnung besteht, dürfte der Bundesregierung allerdings ein gerichtlich nur eingeschränkt überprüfbarer **Entscheidungsspielraum** zustehen. Für den Erlass einer Verordnung steht der Bundesregierung ein weites **Verordnungsermessen** zur Verfügung. 13

Die Vorgängerbestimmung des § 8 KrW-/AbfG ermächtigte den Verordnungsgeber nur zu Regelungen für die Verwertung von Bioabfällen als Sekundärrohstoff- oder Wirtschaftsdünger im Bereich der Landwirtschaft. Zur Umsetzung des Art. 22 AbfRRL, der die Mitgliedstaaten zur Förderung einer weitergehenden Verwertung von Bioabfällen verpflichtet, ist auch die Ermächtigung zum Erlass einer Rechtsverordnung erweitert worden, damit auch über die landwirtschaftliche Düngung hinaus Regelungen zur Nutzung stofflicher Eigenschaften von Bioabfällen und Klärschlämmen getroffen werden können. Das betrifft zB eine Verwendung von Bioabfällen in Biogasanlagen oder eine energetische Nutzung durch Verbrennung (*Doumet* in Jarass/Petersen, KrWG, 2014, § 11 Rn. 34). 14

I. Einzelne Ermächtigungen

Die Auflistung möglicher Inhalte einer Rechtsverordnung ist, was sich regelmäßig aus der Verwendung des die Aufzählung einleitenden Begriffs „insbesondere" ergibt, nicht abschließend, so dass eine auf Abs. 2 gestützte Rechtsverordnung grundsätzlich auch 15 über die Auflistung hinausgehende Inhalte haben könnte. Allerdings wäre im konkreten Fall die Frage aufzuwerfen, ob und inwieweit die Verordnungsermächtigung zum Erlass von Verordnung mit weiteren Inhalten, die in der Ermächtigung selbst nicht aufgezählt sind, hinreichend bestimmt ist.

16 Nach Abs. 2 S. 1 Nr. 1 kann die Bundesregierung durch Rechtsverordnung festlegen, welche Abfälle als Bioabfälle oder Klärschlämme gelten. Da der Begriff der Bioabfälle in § 3 Abs. 7 bereits legaldefiniert ist, muss der Verordnungsgeber diese gesetzliche Definition beachten. **Bioabfälle** im Sinne des KrWG sind nach § 3 Abs. 7 biologisch abbaubare pflanzliche, tierische oder aus Pilzmaterialien bestehende 1. Garten- und Parkabfälle, 2. Landschaftspflegeabfälle, 3. Nahrungsmittel- und Küchenabfälle aus privaten Haushaltungen, aus dem Gaststätten-, Kantinen- und Cateringgewerbe, aus Büros und aus dem Groß- und Einzelhandel sowie mit den genannten Abfällen vergleichbare Abfälle aus Nahrungsmittelverarbeitungsbetrieben und 4. Abfälle aus sonstigen Herkunftsbereichen, die den in den Nummern 1 bis 3 genannten Abfällen nach Art, Beschaffenheit oder stofflichen Eigenschaften vergleichbar sind. Der Verordnungsgeber kann insoweit den gesetzlichen Begriff lediglich weiter konkretisieren. Dies kann zB die Frage betreffen, welche Abfälle aus Nahrungsmittelverarbeitungsbetrieben Nahrungs- und Küchenabfällen aus Haushaltungen, aus dem Gaststätten- unter Cateringgewerbe und aus dem Einzelhandel vergleichbar sind bzw. welche Abfälle aus sonstigen Herkunftsbereichen den in § 3 Abs. 7 Nr. 1–3 genannten Abfällen nach Art, Beschaffenheit oder stofflichen Eigenschaften vergleichbar sind. § 2 Nr. 1 BioAbfV bestimmt ergänzend, dass Bodenmaterial ohne wesentliche Anteile an Bioabfällen nicht zu den Bioabfällen gehört und dass Pflanzenreste, die auf forst- oder landwirtschaftlich genutzten Flächen anfallen und auf diesen Flächen verbleiben, keine Bioabfälle sind.

17 **Klärschlamm** ist nach § 2 Abs. 2 S. 1 AbfKlärV ein Abfall aus der abgeschlossenen Behandlung von Abwasser in Abwasserbehandlungsanlagen, der aus Wasser sowie aus organischen und mineralischen Stoffen, ausgenommen Rechen-, Sieb- und Sandfangrückständen, besteht, auch wenn der Abfall entwässert oder getrocknet sowie in Pflanzenbeeten oder in sonstiger Form behandelt worden ist. Kein Klärschlamm ist gem. § 2 Abs. 2 S. 2 AbfKlärV ein aus Klärschlamm gewonnener Stoff, der durch Behandlungsverfahren so verändert worden ist, dass klärschlammtypische, stoffcharakteristische Merkmale nicht mehr vorhanden sind.

18 Soweit der Gesetzgeber dem Verordnungsgeber die Bestimmung überlässt, welche Abfälle Klärschlämme sind, ohne den Begriff des Klärschlamms selbst zu definieren, könnte sich die Frage stellen, ob die Verordnungsermächtigung hinreichend bestimmt ist. Denn die Ermächtigung soll sich nur auf Bioabfälle und Klärschlamm beziehen. Soll der Verordnungsgeber nicht selbst seine Ermächtigung ausweiten können, muss davon ausgegangen werden, dass der vom Gesetzgeber selbst verwendete Begriff des Klärschlamms durch dessen Auslegung zu bestimmen ist, so dass auch insoweit dem Verordnungsgeber lediglich eine Konkretisierungsbefugnis verbleiben kann.

19 Die Begriffsdefinition des Klärschlamms in § 2 Abs. 2 S. 1 AbfKlärV setzt voraus, dass es sich bei dem Klärschlamm um **Abfall** handelt. Denn die Ermächtigung des § 11 Abs. 2 Nr. 1 bezieht sich nur auf Abfälle, der Verordnungsgeber darf nur festlegen, welche Abfälle als Bioabfälle oder Klärschlamm gelten. Bei Klärschlamm handelt es sich regelmäßig um Abfall. Das sieht auch der EuGH so (EuGH Urt. v. 14.10.2020, NVwZ 2020, 1737). Auch wenn andere Stoffe dem Klärschlamm beigemischt würden, bleibe er aus Sicht des Gerichts weiterhin Abfall. Art. 2 Abs. 2 Buchst. a, Art. 3 Nr. 1 und Art. 6 Abs. 1 der Richtlinie 2008/98/EG des Europäischen Parlaments und des Rates vom 19. November 2008 über Abfälle und zur Aufhebung bestimmter Richtlinien seien aber dahin auszulegen, dass Klärschlamm, der bei der gemeinsamen Behandlung von betriebli-

chem und häuslichem oder kommunalem Abwasser in einer Kläranlage anfalle und in einer Reststoffverbrennungsanlage zur Energierückgewinnung durch Dampferzeugung verbrannt werde, nicht als Abfall einzustufen sei, wenn die Voraussetzungen von Art. 6 Abs. 1 der Richtlinie 2008/98 bereits vor seiner Verbrennung erfüllt seien (EuGH Urt. v. 14.10.2020, NVwZ 2020, 1737 mit Anmerkung von *Böhler,* NVwZ 2020, 1741).

Bei der Klärschlammentsorgung stellt sich außerdem noch die Frage, ob und inwieweit das KrWG und die auf seiner Grundlage ergangenen Verordnungen anwendbar sind. **20** Nach **§ 2 Abs. 2 Nr. 9** gelten die Vorschriften des KrWG nicht für Stoffe, sobald sie in Gewässer oder Abwasseranlagen eingeleitet oder eingebracht werden. Das BVerwG führt dazu aus, § 54 Abs. 2 Satz 1 WHG rechne im Interesse einer erleichterten Grenzziehung zwischen Abwasserbeseitigung und Abfallrecht das Entwässern von Klärschlamm zur Abwasserbeseitigung, sofern es im Zusammenhang mit der Abwasserbeseitigung stehe. Die Klärschlammentwässerung könne daher nur unter qualifizierten Umständen zur Abwasserbeseitigung gerechnet werden. Erforderlich sei ein funktionaler Zusammenhang von Entwässerung des Klärschlamms und Abwasserbeseitigung. Dieser bestehe, wenn die Klärschlammentwässerung Teil des Abwasserbeseitigungsprozesses sei. Dieser umfasse jeden Vorgang, der dazu diene, die Schädlichkeit des Abwassers zu vermindern oder zu beseitigen, namentlich die Schadstofffracht im Abwasser zu reduzieren (BVerwG Urt. v. 8.7.2020, NVwZ 2020, 1833; *Reinhardt* WHG, 12. Aufl. 2019, § 54 Rn. 23, 26; *Ganske* in Landmann/Rohmer, Umweltrecht, Stand Februar 2020, § 54 WHG Rn. 49). Die Klärschlammentwässerung stehe dann mit einem zielgerichteten Entwässerungsvorgang in Zusammenhang. Eine zufällige und ungeplante Entwässerung allein aufgrund der andauernden Lagerung voranschreitenden Austrocknung des Klärschlamms falle aus dem Begriff der Abwasserbeseitigung heraus.

Auf die Entsorgung von Klärschlamm findet das KrWG auch dann keine Anwendung, **21** wenn es sich bei dem Klärschlamm um **Böden** im Sinne von § 2 Abs. 2 Nr. 10 i.V.m. § 2 Abs. 1 BBodSchG handelt. Das könnte z.B. dann der Fall sein, wenn auf einem Grundstück abgelagerter Klärschlamm in einer Weise mit dem Boden verwachsen wäre, wonach der Klärschlamm im Rahmen eines biologischen Prozesses mit dem gewachsenen Boden eine Gesamtmasse bildet (BVerwG Urt. v. 08.07.2020, NVwZ 2020, 1833; siehe dazu auch *Reinhardt* NVwZ 2020, 1838).

Nach Abs. 2 S. 1 Nr. 2 ist der Verordnungsgeber außerdem berechtigt, festzulegen, **22** welche Anforderungen an die getrennte Sammlung von Bioabfällen zu stellen sind. Zu berücksichtigen ist aber, dass der Anschluss- und Benutzungszwang und in diesem Zusammenhang auch die Art und Weise der Erfassung der Abfälle, der Abfuhrrhythmus und die dafür bereitgestellten Abfallbehälter durch die kommunalen Abfallsatzungen auf der Grundlage landesrechtlicher Ermächtigungen bestimmt werden. Das **Satzungsrecht** der Gemeinden dient dem Schutz ihres **Selbstverwaltungsrechts.** Art. 28 Abs. 2 GG sichert den Gemeinden neben einem grundsätzlich alle Angelegenheiten der örtlichen Gemeinschaft umfassenden Aufgabenbereich auch die Befugnis zu eigenverantwortlicher Führung der Geschäfte in diesem Bereich. Zu der Befugnis eigenverantwortlicher Führung der Geschäfte gehört auch die **Organisationshoheit.** Auf ihrer Grundlage legen die Gemeinden für die Wahrnehmung ihrer Aufgaben Abläufe und Entscheidungszuständigkeiten im Einzelnen fest und bestimmen damit auch über Gewichtung, Qualität und Inhalt ihrer Entscheidungen. Die Organisationshoheit dient dazu, die Gemeinden als eigene Selbstverwaltungsträger anzuerkennen und ihnen eine eigenverantwortliche Wahrnehmung ihrer Aufgaben zu garantieren. Damit ist die Gewährleistung eines gewissen organisatorischen Freiraums unmittelbar verbunden: Eine Regelung der gemeindlichen Angelegenheiten „in eigener Verantwortung", wie es Art. 28 Abs. 2 GG vorsieht, ist nach der Rechtsprechung des BVerfG ohne eine gewisse Selbständigkeit auch bei der

Organisation der Aufgabenwahrnehmung kaum vorstellbar. Es ist nach Ansicht des BVerfG nicht anzunehmen, dass die Verfassung den Kommunen einerseits eigene Aufgabenbereiche zur selbständigen Erledigung vorbehält, andererseits aber deren Organisation bis in interne Verfahrensabläufe hinein der umfassenden Steuerung durch den Gesetzgeber oder die staatliche Verwaltung überließe (BVerfG DVBl. 1995, 290 ff.; *Stern* Das Staatsrecht der Bundesrepublik Deutschland Bd. 1, 2. Aufl. 1984, 414).

23 Die Gewährleistung eigenverantwortlicher Aufgabenwahrnehmung besteht aber nur im Rahmen der Gesetze. Dementsprechend sind auch die den Gemeinden zur Hand stehenden Organisationsbefugnisse durch die Vorgaben des Gesetzgebers gebunden. Der Gesetzgeber muss dabei der verfassungsrechtlichen Verbürgung einer mit wirklicher Verantwortlichkeit ausgestatteten Selbstverwaltung, durch die den Bürgern eine wirksame Teilnahme an den Angelegenheiten des Gemeinwesens ermöglicht wird, Rechnung tragen und die Gemeinden zur Wahrnehmung ihrer Aufgaben befähigen. Auch bei dem Erlass einer Rechtsverordnung mit dem Ziel, die Anforderungen an die getrennte Sammlung von Bioabfällen festzulegen, ist dieses verfassungsrechtlich geschützte Organisationsrecht der Gemeinden zu berücksichtigen (siehe dazu *Beckmann/Wittmann* AbfallR 2011, 55 ff.; *Queitsch* AbfallR 2012, 182, 186).

24 Die BioAbfV setzt die gesetzlichen Getrenntsammlungspflichten für Bioabfälle voraus und beschränkt sich im Wesentlichen auf Vorgaben für die Behandlung der Bioabfälle. Dasselbe gilt für die AbfKlärV, die Anforderungen an die Verwertung von Klärschlamm, Klärschlammgemisch und Klärschlammkompost auf und in Böden und die regelmäßige Qualitätssicherung stellt, ebenfalls aber keine spezifischen Anforderungen an eine Getrenntsammlung formuliert.

25 Der Verordnungsgeber ist nach § 11 Abs. 2 S. 1 Nr. 3 außerdem berechtigt, festzulegen, ob und auf welche Weise Bioabfälle und Klärschlämme zu behandeln, welche Verfahren hierbei anzuwenden und welche Maßnahmen hierbei zu treffen sind. Außerdem kann er bestimmen, welche Anforderungen an die Art und Beschaffenheit der unbehandelten, der zu behandelnden und der behandelten Bioabfälle und Klärschlämme zu stellen sind sowie dass bestimmte Arten von Bioabfällen und Klärschlämmen nach Ausgangsstoff, Art, Beschaffenheit, Herkunft, Menge, Art oder Zeit der Aufbringung auf den Boden, Beschaffenheit des Bodens, Standortverhältnissen und Nutzungsart nicht, nur in bestimmten Mengen, nur in einer bestimmten Beschaffenheit oder nur für bestimmte Zwecke in Verkehr gebracht oder verwertet werden dürfen (Abs. 2 S. 1 Nr. 3–5). Von dieser Ermächtigung hat der Verordnungsgeber sowohl in der BioAbfV als auch in der AbfKlärV Gebrauch gemacht.

26 Nach Abs. 2 S. 2 können durch Rechtsverordnung auch Anforderungen für die gemeinsame Verwertung von Bioabfällen und Klärschlamm mit anderen Abfällen, Stoffen oder Materialien festgelegt werden.

II. Vorrang des Düngemittelrechts

27 Anforderungen nach Abs. 2 S. 1 Nr. 4 und 5, auch in Verbindung mit S. 2, können allerdings gemäß Abs. 2 S. 3 nicht festgelegt werden, soweit die ordnungsgemäße und schadlose Verwertung von Bioabfällen und Klärschlamm durch Regelungen des Düngemittelrechts gewährleistet ist. Die Regelung räumt dem Düngemittelrecht **Vorrang** vor einer auf Abs. 2 gestützten Verordnung ein. Zum Düngemittelrecht gehören das Düngemittelgesetz und die Düngemittelverordnung. Es ist nicht ersichtlich, dass dem Verordnungsgeber hinsichtlich des Vorrangs des spezielleren Düngemittelrechts eine **Einschätzungsprärogative** vom Gesetzgeber zur Frage eingeräumt worden ist, ob und inwieweit die ordnungsgemäße und schadlose Verwertung bereits durch Regelungen des Düngemittelrechts gewährleistet ist (in diesem Sinne *Doumet* in Jarass/Petersen, KrWG, 2014, § 11 Rn. 37). Die Antwort auf diese Frage muss durch Auslegung des Düngemittelrechts gewonnen werden.

C. Ergänzende Verordnungsermächtigung zur Überprüfung (Absatz 3)

Durch Rechtsverordnung nach Abs. 2 S. 1 können auch Verfahren zur Überprüfung **28** der dort festgelegten Anforderungen an die Verwertung von Bioabfällen und Klärschlämmen bestimmt werden. Insbesondere kann der Verordnungsgeber Untersuchungspflichten hinsichtlich der Wirksamkeit der Behandlung, der Beschaffenheit der unbehandelten und behandelten Bioabfälle und Klärschlämme, der anzuwendenden Verfahren oder der anderen Maßnahmen sowie Untersuchungsmethoden, die zur Überprüfung der Maßnahmen nach Abs. 3 S. 1 Nr. 1 erforderlich sind, Untersuchungen des Bodens sowie Verfahren zur Überprüfung der Anforderungen entsprechend § 10 Abs. 2 Nr. 1–9 und Abs. 3 festlegen. Durch Rechtsverordnung nach Abs. 2 S. 1 Nr. 1 kann außerdem vorgeschrieben werden, dass derjenige, der bestimmte Bioabfälle oder Klärschlämme, an deren schadlose Verwertung nach Maßgabe des § 7 Abs. 2 und 3, des § 8 Abs. 1 und des § 9 aufgrund ihrer Art, Beschaffenheit oder Menge besondere Anforderungen zu stellen sind, in Verkehr bringt oder verwertet, dies anzuzeigen hat, dazu einer Erlaubnis bedarf, bestimmten Anforderungen an seine Zuverlässigkeit genügen muss oder seine notwendige Sach- oder Fachkunde in einem näher festzulegenden Verfahren nachzuweisen hat (Abs. 3 S. 2).

D. Subsidiäre Verordnungsermächtigung für die Länder

Nach Abs. 4 S. 1 können die Landesregierungen Rechtsverordnungen im Sinne der **29** Abs. 2 und 3 für die Verwertung von Bioabfällen und Klärschlämmen auf Böden erlassen, soweit die Bundesregierung von der Ermächtigung keinen Gebrauch macht. Die Landesregierungen können nach Abs. 4 S. 2 die Ermächtigung durch Rechtsverordnung ganz oder teilweise auf andere Behörden übertragen. In dem Maße, in dem der Bund von seiner Befugnis Gebrauch macht, wie zB durch die Klärschlammverordnung und durch die Bioabfallverordnung, besteht eine Sperrwirkung für landesrechtliche Regelungen.

§ 14 Förderung des Recyclings und der sonstigen stofflichen Verwertung

(1) **Die Vorbereitung zur Wiederverwendung und das Recycling von Siedlungsabfällen sollen betragen:**
1. spätestens ab dem 1. Januar 2020 insgesamt mindestens 50 Gewichtsprozent,
2. spätestens ab dem 1. Januar 2025 insgesamt mindestens 55 Gewichtsprozent,
3. spätestens ab dem 1. Januar 2030 insgesamt mindestens 60 Gewichtsprozent und
4. spätestens ab dem 1. Januar 2035 insgesamt mindestens 65 Gewichtsprozent.

(2) **Die Vorbereitung zur Wiederverwendung, das Recycling und die sonstige stoffliche Verwertung von nicht gefährlichen Bau- und Abbruchabfällen mit Ausnahme von in der Natur vorkommenden Materialien, die in der Anlage zur Abfallverzeichnisverordnung mit dem Abfallschlüssel 17 05 04 gekennzeichnet sind, sollen spätestens ab dem 1. Januar 2020 mindestens 70 Gewichtsprozent betragen.**

Schrifttum: *Beckmann,* Das neue Kreislaufwirtschaftsgesetz, AbfallR 2012, 142; *Beckmann,* Abstimmungspflichten der Verpackungsverordnung bei der Einführung einer kommunalen Wertstofftonne, UPR 2010, 321; *Beckmann/Wittmann,* Pflichten zur Drittbeauftragung und kommunale Selbstverwaltungsgarantie, AbfallR 2011, 55; *Faßbender,* Abfallhierarchie, Vermeidungsprogramme, Recyclingquoten – wirksame Instrumente für Vermeidung und Ressourcenschutz?, AbfallR 2012, 165; *Franßen/Blatt,* Anmerkungen zur Einführung einer Wertstofftonne nach derzeitiger Rechtslage, AbfallR, 2011,106; *Giern,* Der Nationale Asbestdialog und die Frage nach der fachgerechten Entsorgung asbesthaltiger Bau- und Abbruchabfälle, AbfallR 2019, 135; *Grunenberg/Wenzel,* Überlassungspflicht und Wertstofftonne, Abfallrecht 2010, 162; *Karpenstein/Schink,* Europa- und verfassungsrechtliche Grundfragen der Einführung einer einheitlichen Wertstofftonne, AbfallR 2011, 222; *Kropp,* Getrennthaltungsgebote und Vermischungsverbote nach dem neuen KrWG, ZUR 2012, 474 ff, 543 ff.; *Kropp,* Wer ist Erzeuger von Bau- und Abbruchabfällen?, AbfallR 2015, 226; *Pauly/Heidmann,* Die Zulässigkeit der kommunalen Wertstofftonne nach dem Abfallrecht, AbfallR 2010, 171; *Petersen,* Die Novelle der Abfallrahmenrichtlinie, AbfallR 2008, 154; *Petersen/Friedrich,* Die Novellierung des Kreislaufwirtschaftsgesetzes 2020, NVwZ 2021, 1; *Petersen,* Die neue Abfallrahmenrichtlinie – Auswirkungen auf das Kreislaufwirtschafts- und Abfallgesetz, NVwZ 2009, 1063; *Queitsch,* Änderungen in der Kreislauf- und Abfallwirtschaft und aktuelle Rechtsprechung, AbfallR 2021, 16; *Schink,* Der aktuelle Stand der Mantelverordnung, AbfallR 2017, 2; *Siederer/Wenzel,* Die gerichtliche Durchsetzung der Abstimmung und des Anspruchs auf Mitbenutzung, AbfallR 2011, 238; *Thärichen,* Kommunale Eckpunkte für ein Wertstoffgesetz, AbfallR 2014, 168; *Versteyl/Grunow,* Öffentlich-rechtliche und zivilrechtliche Haftung bei der Entsorgung von Bau- und Abbruchabfällen, AbfallR 2018, 71.

Übersicht

A. Überblick

§ 14 ist durch die **Gesetzesnovelle 2020** geändert worden. Der Getrenntsammlungspflicht des bisherigen Absatzes 1 ist aufgehoben worden. Daraus ergibt sich jedoch inhaltlich keine Veränderung, weil die Getrenntsammlungspflicht für die öffentlich-rechtlichen 1

Entsorgungsträger in § 20 Abs. 2 S. 1 umfassend neu geregelt worden ist. Sie gilt für die in den privaten Haushaltungen anfallenden überlassungspflichtigen Abfälle. Die Getrenntsammlungspflicht für Abfälle aus sonstigen Herkunftsbereichen ergibt sich aus der GewAbfV. Nach § 3 Abs. 1 S. 1 GewAbfV haben Erzeuger und Besitzer von gewerblichen Siedlungsabfällen bestimmte Abfallfraktionen jeweils getrennt zu sammeln und zu befördern sowie nach Maßgabe des § 8 Abs. 1 und § 9 Abs. 4 vorrangig der Vorbereitung zur Wiederverwendung oder dem Recycling zuzuführen. Dazu gehören Papier, Pappe und Karton mit Ausnahme von Hygienepapier, Glas, Kunststoffe, Metalle, Holz, Textilien, Bioabfälle nach § 3 Absatz 7 und weitere Abfallfraktionen, die in den in § 2 Nr. 1 Buchst. b GewAbfV genannten Abfällen enthalten sind.

2 § 14 Abs. 1 legt neue Quotenvorgaben für die Vorbereitung zur Wiederverwendung und das Recycling von **Siedlungsabfällen** fest. Was Siedlungsabfälle sind, ergibt sich nunmehr aus § 3 Abs. 5 a. Die Vorbereitung zur Wiederverwendung und das Recycling sind in § 3 Abs. 24, 25 legaldefiniert.

3 Die Quotenvorgaben des § 14 stehen im Zusammenhang mit dem Bemühen, die Vorbereitung zur Wiederverwendung und das Recycling nicht nur gegenüber der Abfallbeseitigung, sondern zuvörderst auch gegenüber nachrangigen Verwertungsarten, der sonstigen stofflichen oder energetischen Verwertung zu stärken. Der Gesetzgeber hat in § 1 Abs. 2 ausdrücklich betont, dass mit dem KrWG das Erreichen der europarechtlichen Zielvorgaben der AbfRRL gefördert werden soll. Der Gesetzgeber bezieht sich in der Zweckbestimmung des Gesetzes ausweislich der Begründung des Gesetzesentwurfs auf die in Art. 11 AbfRRL genannten Ziele für die Vorbereitung zur Wiederverwendung und das Recycling bestimmter Abfallarten.

4 § 14 dient der Umsetzung von Art. 11 Abs. 2 AbfRRL. Nach Art. 11 Abs. 2 Buchst. a AbfRRL beläuft sich die etwas abweichend formulierte Quote für die Vorbereitung zur Wiederverwendung und das Recycling auf 50% für das Jahr 2020. Art. 11 Abs. 2, Buchst. c, d und e heben die Quoten für die Jahre 2025, 2030 und 2035 von 55% auf 60% und schließlich auf 65% an. Außerdem wird durch Art. 11a AbfRRL die Vorgabe für die Erreichung der Zielvorgaben neu gefasst und die Möglichkeit für die Erreichung des Quotenziels aufgrund der Umstellung einer „input-bezogenen" Berechnung in eine „output-bezogene" Berechnungsmethode indirekt verschärft (Gesetzesbegründung, BT-Drs. 19/19373, S. 52; kritisch dazu *Petersen/Friedrich* NVwZ 2021, 1, 6).

5 Nach der Gesetzesbegründung handelt es sich bei den Quotenvorgaben weiterhin um **„Globalquoten"**, die nicht von einzelnen Abfallerzeugern oder -besitzern zu erfüllen sind. Im Hinblick auf die Erreichung der Quoten sind alle für den Verwertungsprozess relevanten Rechtsnormen, wie z. B. das Düngerecht, einzuhalten. Die Berechnungsweise der Globalquoten, die Art. 11a AbfRRL beschrieben ist, wird nicht im KrWG geregelt; die Berechnung der Erreichung der Zielvorgaben aus Artikel 11 Absatz 2 AbfRRL wird vielmehr durch einen Durchführungsbeschluss der EU-Kommission zur Festlegung der Vorschriften für die Berechnung, die Prüfung und die Übermittlung von Daten über Abfälle gemäß der Richtlinie 2008/98/EG, festgelegt. Zuständig für die Übermittlung der Daten ist das **Statistische Bundesamt** (Gesetzesbegründung, BT-Drs. 19/19373, S. 52).

6 Außerdem wurden durch die Novelle des KrWG 2020 die Sätze 2 und 3 des neuen Absatzes 2 gestrichen. Aufgrund der eigenständigen Definitionen für die „stoffliche Verwertung" und die „Verfüllung" (§ 3 Nr. 23a bzw. Nr. 25a) konnte die konkretisierende Regelung des ehemaligen § 14 Abs. 2 S. 2 aufgehoben werden. Der in § 14 Abs. 2 S. 3 enthaltene Prüfauftrag der Bundesregierung zum 31.12.2016 hatte sich erledigt (Gesetzesbegründung, BT-Drs. 19/19373, S. 52).

B. Vorgaben der AbfRRL

Nach den Vorstellungen der EU (siehe Erwägungsgrund 44 der Richtlinie (EU) 2018/851 zur Änderung der AbfRRL) soll durch eine schrittweise Anhebung der Zielvorgaben für die Vorbereitung zur Wiederverwendung und das Recycling von Siedlungsabfällen sichergestellt werden, dass wirtschaftlich wertvolle Abfallstoffe wirksam zur Wiederverwendung vorbereitet oder recycelt werden, wobei für ein hohes Maß an Gesundheits- und Umweltschutz zu sorgen sein soll, und in Abfällen enthaltene wirtschaftlich wertvolle Stoffe der europäischen Wirtschaft wieder zugeführt werden sollen, womit Fortschritte bei der Rohstoffinitiative sowie bei der Schaffung einer Kreislaufwirtschaft erzielt werden können. 7

Die AbfRRL enthält dazu nicht nur **konkrete Zielvorgaben** in Art. 11 Abs. 2 AbfRRL, sondern auch detaillierte Bestimmungen für die **Berechnung der Erreichung der Zielvorgaben.** Die Richtlinie unterscheidet Quoten für die Vorbereitung zur Wiederverwendung sowie für das Recycling von Papier, Metall, Kunststoff und Glas und zusätzlich von Siedlungsabfällen im Übrigen und für Quoten für Bau- und Abbruchabfälle, die jedoch nicht nur durch Wiederverwendung und Recycling, sondern auch durch eine sonstige stoffliche Verwertung, insbesondere auch durch den Bergversatz, erreicht werden können. 8

Nach Art. 11 Abs. 1 S. 1 AbfRRL ergreifen die Mitgliedstaaten Maßnahmen zur Förderung der Vorbereitung zur Wiederverwendung, insbesondere durch Förderung der Errichtung und Unterstützung von Netzwerken für die Vorbereitung zur Wiederverwendung und die Reparatur, durch Erleichterung – sofern dies mit einer ordnungsgemäßen Abfallbewirtschaftung vereinbar ist – des Zugangs solcher Netzwerke zu Abfällen, die sich bei Sammelsystemen oder bei Sammelstellen befinden und die zur Wiederverwendung vorbereitet werden können, von diesen Systemen oder Stellen aber nicht für die Vorbereitung zur Wiederverwendung bestimmt sind, sowie durch Förderung des Einsatzes von wirtschaftlichen Instrumenten, Beschaffungskriterien, quantitativen Zielen oder durch andere Maßnahmen. Die Mitgliedstaaten ergreifen nach Art. 11 Abs. 1 S. 2 AbfRRL außerdem Maßnahmen zur Förderung eines qualitativ hochwertigen Recyclings; hierzu führen sie vorbehaltlich des Artikels 10 Absätze 2 und 3 AbfRRL die getrennte Sammlung von Abfällen ein. Vorbehaltlich des Artikels 10 Absätze 2 und 3 führen die Mitgliedstaaten die getrennte Sammlung von zumindest Papier, Metall, Kunststoffen und Glas sowie, bis zum 1. Januar 2025, von Textilien ein. 9

Die Mitgliedstaaten ergreifen nach Art. 11 Abs. 1 S. 4 AbfRRL außerdem Maßnahmen zur Förderung des selektiven Abbruchs, damit gefährliche Stoffe entfernt und sicher gehandhabt werden können sowie die Wiederverwendung und das hochwertige Recycling durch die selektive Entfernung der Materialien gefördert wird, und zur Einrichtung von Sortiersystemen für Bau- und Abbruchabfälle mindestens für Holz, mineralische Fraktionen (Beton, Back- und Ziegelstein, Fliesen, Keramik und Steine), Metall, Glas, Kunststoffe und Gips. 10

Zur Erfüllung der Ziele dieser Richtlinie und im Interesse der Entwicklung zu einer europäischen Kreislaufwirtschaft mit einem hohen Maß an Ressourceneffizienz ergreifen die Mitgliedstaaten nach Art. 11 Abs. 2 AbfRRL die zur Erreichung der folgenden Zielvorgaben nötigen Maßnahmen: Dazu sollte die Vorbereitung zur Wiederverwendung und das Recycling von Abfallmaterialien wie zumindest Papier, Metall, Kunststoff und Glas aus Haushalten und gegebenenfalls aus anderen Quellen, soweit die betreffenden Abfallströme Haushaltsabfällen ähnlich sind, auf mindestens 50 Gewichtsprozent insge- 11 samt erhöht werden; bis zum Jahr 2020 sollten außerdem die Vorbereitung zur Wiederverwendung, das Recycling und die sonstige stoffliche Verwertung (einschließlich der Verfüllung, bei der Abfälle als Ersatz für andere Materialien genutzt werden) von nicht gefährlichen Bau- und Abbruchabfällen – mit Ausnahme von in der Natur vorkommenden Materialien, die in Kategorie 17 05 04 des Europäischen Abfallkatalogs definiert sind auf mindestens 70 Gewichtsprozent erhöht werden; bis zum Jahre 2025 sollen die Vorbereitung zur Wiederverwendung und das Recycling von Siedlungsabfällen auf mindestens 55 Gewichtsprozent erhöht werden, bis 2030 werden die Vorbereitung zur Wiederverwendung und das Recycling von Siedlungsabfällen auf mindestens 60 Gewichtsprozent erhöht, bis 2035 werden die Vorbereitung zur Wiederverwendung und das Recycling von Siedlungsabfällen auf mindestens 65 Gewichtsprozent erhöht.

12 Die Mitgliedstaaten können die Fristen für die Erreichung der Zielvorgaben gemäß Art. 11 Abs. 2 Buchst. c, d und e um bis zu fünf Jahre verlängern, sofern sie a) den im gemeinsamen Fragebogen von OECD und Eurostat zur Verfügung gestellten Daten zufolge weniger als 20% ihres im Jahr 2013 erzeugten Siedlungsabfalls zur Wiederverwendung vorbereitet und recycelt oder mehr als 60% ihres Siedlungsabfalls auf Deponien abgelagert haben, und b) der Kommission mindestens 24 Monate vor Ablauf der jeweiligen Frist gemäß Absatz 2 Buchst. c, d oder e ihre Absicht mitgeteilt haben die entsprechende Frist zu verlängern, und einen Umsetzungsplan gemäß Anhang IV b vorlegen. Innerhalb von drei Monaten ab dem Eingang des im Einklang mit Art. 11 Abs. 3 Buchst. b AbfRRL vorgelegten Umsetzungsplans kann die Kommission einen Mitgliedstaat nach Art. 11 Abs. 4 AbfRRL auffordern, den Umsetzungsplan zu überarbeiten, falls sie der Ansicht ist, dass der Plan nicht den Anforderungen nach Anhang IV b AbfRRL entspricht. Der betreffende Mitgliedstaat legt innerhalb von drei Monaten ab Eingang der Aufforderung der Kommission einen überarbeiteten Plan vor. Im Falle einer Verlängerung der Frist für die Erreichung der Zielvorgaben gemäß Art. 11 Abs. 3 AbfRRL trifft der betreffende Mitgliedstaat nach Art. 11 Abs. 5 AbfRRL die erforderlichen Maßnahmen, um die Vorbereitung zur Wiederverwendung und das Recycling von Siedlungsabfällen wie folgt zu erhöhen: a) bis 2025 auf mindestens 50%, falls die Frist für die Erreichung der Zielvorgabe nach Absatz 2 Buchstabe c verlängert wird, b) bis 2030 auf mindestens 55%, falls die Frist für die Erreichung der Zielvorgabe nach § 11 Abs. 2 2 Buchst. d AbfRRL verlängert wird, c) bis 2035 auf mindestens 60%, falls die Frist für die Erreichung der Zielvorgabe nach Art. 11 Abs. 2 Buchst. e AbfRRL verlängert wird.

13 Bis zum 31. Dezember 2024 zieht die Kommission nach Art 11 Abs. 6 AbfRRL die Festlegung von Zielvorgaben für die Vorbereitung zur Wiederverwendung und das Recycling für Bau- und Abbruchabfälle und ihre materialspezifischen Fraktionen, Textilabfälle, Gewerbeabfälle, nicht gefährliche Industrieabfälle und weitere Abfallströme sowie die Festlegung von Zielvorgaben für die Vorbereitung zur Wiederverwendung für Siedlungsabfälle und von Zielvorgaben für das Recycling für biologische Siedlungsabfälle in Betracht. Zu diesem Zweck legt die Kommission dem Europäischen Parlament und dem Rat einen Bericht vor, der gegebenenfalls von einem Gesetzgebungsvorschlag begleitet wird.

14 Bis zum 31.12.2028 überprüft die Kommission nach Art. 11 Abs. 7 AbfRRL die Zielvorgabe gemäß Art 11 Abs. 2 Buchst. e AbfRRL. Zu diesem Zweck legt die Kommission dem Europäischen Parlament und dem Rat einen **Bericht** vor, der gegebenenfalls von einem Gesetzgebungsvorschlag begleitet wird. Die Kommission überprüft die Technologie für die gemeinsame Verarbeitung, die die Einbeziehung von mineralischen Stoffen aus der Mitverbrennung von Siedlungsabfällen ermöglicht. Wenn im Rahmen dieser Überprüfung ein zuverlässiges Verfahren gefunden wird, prüft die Kommission, ob solche Minerale auf die Recyclingziele angerechnet werden können.

Art. 11a AbfRRL enthält Bestimmungen für die **Berechnung der Erreichung der Zielvorgaben.** Für die Zwecke der Berechnung, ob die Zielvorgaben gem. Art. 11 Abs. 2 Buchst. c, d und e AbfRRL sowie Art. 11 Abs. 3 AbfRRL erreicht wurden, a) berechnen die Mitgliedstaaten danach das Gewicht der in einem gegebenen Kalenderjahr erzeugten und zur Wiederverwendung vorbereiteten oder recycelten Siedlungsabfälle, b) wird als Gewicht der zur Wiederverwendung vorbereiteten Siedlungsabfälle das Gewicht der Produkte und Produktbestandteile herangezogen, die zu Siedlungsabfällen geworden sind und alle erforderlichen Prüf-, Reinigungs- und Reparaturvorgänge durchlaufen haben, die eine Wiederverwendung ohne weitere Sortierung oder Vorbehandlung ermöglichen, c) wird als Gewicht der recycelten Siedlungsabfälle das Gewicht der Abfälle herangezogen, die dem Recyclingverfahren unterworfen werden, durch das Abfallmaterialien tatsächlich zu Produkten, Materialien oder Stoffen weiterverarbeitet werden, nachdem sie alle erforderlichen Prüf-, Sortier- und sonstige vorbereitende Verfahren durchlaufen haben, die dazu dienen, Abfallmaterialien zu entfernen, die anschließend nicht weiterverarbeitet werden, und für ein hochwertiges Recycling zu sorgen. 15

Nach Art 11a Abs. 2 AbfRRL wird für die Zwecke von § 11 Abs. 1 Buchst c AbfRRL das **Gewicht der recycelten Siedlungsabfälle** bestimmt, wenn die Abfälle dem Recyclingverfahren zugeführt werden. Abweichend davon kann das Gewicht der recycelten Siedlungsabfälle anhand des Outputs eines Abfallsortierverfahrens bestimmt werden, sofern a) dieser Output anschließend recycelt wird, b) das Gewicht der Materialien und Stoffe, die im Rahmen weiterer Verfahren vor dem Recycling entfernt und anschließend nicht recycelt werden, nicht für das Gewicht der als recycelt gemeldeten Abfälle berücksichtigt werden. 16

Die Mitgliedstaaten haben nach Art. 11a Abs. 3 AbfRRL ein wirksames System für die **Qualitätskontrolle** und **Rückverfolgbarkeit** von Siedlungsabfällen zu errichten, um die Einhaltung der Bedingungen gemäß Art. 11a Abs. 1 Buchst. c und Abs. 2 AbfRRL Artikels sicherzustellen. Zur Sicherstellung der Zuverlässigkeit und Genauigkeit der zu recycelten Abfällen erhobenen Daten kann das System gemäß Art. 35 Abs. 4 AbfRRL eingerichtete elektronische Register, technische Spezifikationen für die Qualitätsanforderungen für getrennte Abfälle oder durchschnittliche Verlustquoten für sortierte Abfälle für die einzelnen Abfallarten bzw. Verfahren der Abfallbewirtschaftung umfassen. Die durchschnittlichen Verlustquoten werden nur in Fällen verwendet, in denen auf keinem anderen Wege zuverlässige Daten erhalten werden können, und anhand der Berechnungsmethode berechnet, die in dem gemäß Absatz 10 dieses Artikels erlassenen delegierten Rechtsakt festgelegt ist. 17

Für die Zwecke der Berechnung, ob die Zielvorgaben nach § 11a Abs. 2 Buchst. c, d und e sowie Art. 11 Abs. 3 AbfRRL erreicht wurden, können nach Art. 11a Abs. 4 AbfRRL **biologisch abbaubare Siedlungsabfälle,** die aerob oder anaerob behandelt werden, als recycelte Abfälle angerechnet werden, wenn durch diese Behandlung Kompost, Gärrückstände oder ein anderer Output mit einem im Verhältnis zu dem Input vergleichbaren Recyclinganteil erzeugt werden, die als recycelte Produkte, Materialien oder Stoffe verwendet werden. Wenn der Output auf Flächen aufgebracht wird, können ihn die Mitgliedstaaten als recyceltes Material anrechnen, wenn diese Verwendung Vorteile für die Landwirtschaft oder eine Verbesserung des Umweltzustands bewirkt. 18

Ab dem 101.1.2027 können Mitgliedstaaten **biologische Siedlungsabfälle,** die aerob oder anaerob behandelt werden, als recycelte Abfälle anrechnen, wenn sie im Einklang mit Art. 22 AbfRRL getrennt gesammelt oder an der Anfallstelle getrennt wurden. 19

Für die Zwecke der Berechnung, ob die Zielvorgaben nach Art. 11 Abs. 2 Buchst. c, d und e sowie Art. 11 Abs. 3 AbfRRL erreicht wurden, können nach Art. 11a Abs. 5 AbfRRL Abfälle, die aufgrund einer Vorbereitung für die Weiterverarbeitung nicht mehr 20 als Abfälle anzusehen sind, nur dann als recycelte Abfälle angerechnet werden, wenn diese Materialien für eine anschließende Weiterverarbeitung in Produkte, Materialien oder Stoffe bestimmt sind, die für den ursprünglichen oder einen anderen Zweck verwendet werden. Materialien, die das **Ende der Abfalleigenschaft** erreicht haben und als Brennstoffe oder anderes Mittel der Energieerzeugung verwendet, verbrannt, verfüllt oder auf Deponien abgelagert werden sollen, werden jedoch nicht für die Erreichung der Recyclingziele angerechnet.

21 Für die Zwecke der Berechnung, ob die Zielvorgaben gemäß Art. 11 Abs. 2 Buchst. c, d und e sowie Art. 11 Abs. 3 AbfRRL erreicht wurden, können die Mitgliedstaaten nach Art. 11a Abs. 6 AbfRRL das **Recycling von Metallen** berücksichtigen, die im Anschluss an die Verbrennung von Siedlungsabfällen von den Verbrennungsrückständen getrennt wurden, sofern die recycelten Metalle bestimmten Qualitätsanforderungen entsprechen, die in dem gemäß Absatz 9 dieses Artikels erlassenen Durchführungsrechtsakt festgelegt wurden.

22 Die in Art 11a AbfRRL vorgesehene Berechnungsmethode der Globalquoten wird für das deutsche Recht nicht im KrWG umgesetzt. Vielmehr ist dafür ein die in den Mitgliedstaaten unmittelbar verbindlicher Durchführungsbeschluss der Europäischen Kommission maßgeblich. Die für die Berechnung der Globalquoten notwendigen Daten übermittelt das **Statistische Bundesamt** an die EU (*Petersen/Friedrich* NVwZ 2021, 1, 7).

23 Die AbfRRL in der zuletzt geänderten Fassung lässt die Quoten für gut recyclebare Abfallfraktionen im Wesentlichen unverändert, verschärft sie jedoch für die Siedlungsabfälle insgesamt, zu denen nahezu alle hausmüll- und hausmüllähnlichen Abfälle gehören.

24 Nach Art. 3 Nr. 2b AbfRRL sind Siedlungsabfälle a) gemischte Abfälle und getrennt gesammelte Abfälle aus Haushalten, einschließlich Papier und Karton, Glas, Metall, Kunststoff, Bioabfälle, Holz, Textilien, Verpackungen, Elektro- und Elektronik-Altgeräte, Altbatterien und Altakkumulatoren sowie Sperrmüll, einschließlich Matratzen und Möbel; b) gemischte Abfälle und getrennt gesammelte Abfälle aus anderen Herkunftsbereichen, sofern diese Abfälle in ihrer Beschaffenheit und Zusammensetzung Abfällen aus Haushalten ähnlich sind. Zum Siedlungsabfall gehören hingegen keine Abfälle aus Produktion, Landwirtschaft, Forstwirtschaft, Fischerei, Klärgruben, Kanalisation und Kläranlagen, einschließlich Klärschlämme, Altfahrzeuge und aus Bau- und Abbruch. Die Definition der Siedlungsabfälle gilt nach Art. 3 Nr. 2 AbfRRL unbeschadet der Verteilung der Verantwortlichkeiten für die Abfallbewirtschaftung auf öffentliche und private Akteure.

25 Die sich aus den Quotenvorgaben der EU für die Siedlungsabfälle ergebende Verschärfung beruht darauf, dass die für das Jahr 2020 geltende Quote von 50% für die Jahre 2025, 2030 und 2035 von 55% auf 60% und dann weiter auf 65% angehoben wird. Außerdem ist zur Erfüllung der Quote die bisher auf den Input bezogene Berechnungsmethode jetzt auf den Output ausgerichtet. Angerechnet werden insoweit nur noch hochreine Abfallfraktionen, die ohne wesentliche Vorbehandlung direkt recycelt werden können. Die **Verschärfung der Quotenvorgaben** stößt auf beachtliche Kritik (siehe dazu *Petersen/Friedrich* NVwZ 2021, 1, 6 unter Verweis auf das Umweltgutachten des Rates von Sachverständigen für Umweltfragen 2020 Rn. 226).

26 Kritisiert wird, dass die Globalquoten prinzipiell nur auf die Generierung von „Masse", nicht aber auf die Erhöhung der Qualität der Abfälle zielen. Die reine Massenorientierung werde durch die neue Berechnungsmethode der Richtlinie noch verschärft. Zwar sei die „output-bezogene" Berechnung „ehrlicher" als die bisherige „input-Berechnung". Die Kommission habe jedoch nicht ausreichend evaluiert, ob sich die Quoten von den Mitgliedstaaten überhaupt erfüllen lassen. Häufig fehle es an Absatzmärkten für recycelte Abfälle. Selbst Länder mit hochentwickelter Recyclingstruktur würden dadurch vor hohe Anforderungen gestellt (*Petersen/Friedrich* NVwZ 2021, 1, 6). Dass die Mitgliedstaaten im Sinne dieser Kritik „vor hohe Anforderungen" gestellt werden, ist für sich genommen, noch kein überzeugendes Argument gegen diese „ehrlichere Art" der Berechnung der Quotenerreichung. Zutreffend ist aber, dass die Vorgabe solcher Globalquoten auf einer Prognose der Erreichbarkeit beruhen müssen, weil den Mitgliedstaaten nichts abverlangt werden kann, was sie nicht oder jedenfalls nicht ohne unverhältnismäßigen Eingriff in den Markt zur Schaffung einer Nachfrage für recycelte Abfälle nicht erreichen können.

Der Umweltrat erläutert in seinem Umweltgutachten 2020 (S. 163), Recyclingquoten seien ein Instrument der Abfallwirtschaft, das grundsätzlich zwar geeignet sei, Abfallströme in das Recycling zu lenken. Sie könnten im Rahmen produktspezifischer Regelungen oder im KrWG für definierte Abfallarten verankert werden. Allerding sei das bloße Erhöhen massenbasierter Quoten von begrenzter Lenkungswirkung für ein hochwertiges Recycling und somit kein ausreichendes Instrument. Es bedürfe vielmehr einer kontinuierlichen Weiterentwicklung von Recyclingquoten hin zu einer Mischung verschiedener Maßnahmen und Instrumente. Es geht also vornehmlich auch um die **Hochwertigkeit** des anzustrebenden Recyclings. 27

C. Verwertungsquote für Siedlungsabfälle (Absatz 1)

Die Vorbereitung zur Wiederverwendung und das Recycling von Siedlungsabfällen sollen nach § 14 Abs. 1 betragen: 1. spätestens ab dem 1. Januar 2020 insgesamt mindestens 50 Gewichtsprozent, 2. spätestens ab dem 1. Januar 2025 insgesamt mindestens 55 Gewichtsprozent, 3. spätestens ab dem 1. Januar 2030 insgesamt mindestens 60 Gewichtsprozent und 4. spätestens ab dem 1. Januar 2035 insgesamt mindestens 65 Gewichtsprozent. 28

Die Vorgabe von Verwertungsquoten ist nicht neu: Auf der Grundlage europäischer Vorgaben gab es bereits Quotenanforderungen in § 6 VerpackV in Verbindung mit dem Anhang I Nr. 1 zur VerpackV, § 12 ElektroG, § 5 AltfahrzeugV, § 16 BattG. 29

Die Quoten des § 14 bleiben allerdings für einzelne Abfallerzeuger und Abfallbesitzer nicht unmittelbar verbindlich, sondern als **Zielvorgaben** an die Mitgliedstaaten bzw. an die Abfallwirtschaft in den Mitgliedstaaten adressiert (Gesetzesbegründung, BT-Drs. 19/19373, S. 52; *Beckmann* AbfallR 2012, 142, 146). Sie sind daher kaum geeignet, die für die Verwertung verantwortlichen Abfallbesitzer und Abfallerzeuger zu veranlassen, ihre Recyclinganstrengungen zu erhöhen. Pflichten der Kreislaufwirtschaft zur Verwertung ergeben sich jedoch aus § 7 Abs. 2 und aus einzelnen Verordnungen auf der Grundlage des § 10. 30

Da es sich bei den Quotenvorgaben um **Programmsätze** handelt, bleibt ihre Nichteinhaltung für entsorgungspflichtige Abfallbesitzer und Abfallerzeuger folgenlos. Das KrWG jedenfalls knüpft an die Nichteinhaltung der Quotenvorgaben keine Rechtsfolgen (*Müggenborg* in Schink/Versteyl Rn. 33; *Friedrich* ZUR 2011, 108). Die Kommission erstellt in Zusammenarbeit mit der Europäischen Umweltagentur spätestens drei Jahre vor Ablauf der in Art. 11 Abs. 2 Buchst. c, d und e sowie Art. 11 Abs. 3 AbfRRL genannten Fristen sog. **Frühwarnberichte** über die Fortschritte bei der Erreichung der in diesen Bestimmungen festgesetzten Zielvorgaben. Diese Berichte enthalten nach Art. 11b Abs. 2 AbfRRL a) eine Schätzung, inwieweit die einzelnen Mitgliedstaaten die Zielvorgaben erreicht haben, b) eine Liste der Mitgliedstaaten, bei denen die Gefahr besteht, dass sie diese Zielvorgaben nicht innerhalb der jeweiligen Fristen erreichen werden, so- 31 wie geeignete Empfehlungen für die betreffenden Mitgliedstaaten, und c) Beispiele bewährter Verfahren, die in der gesamten Union Anwendung finden, die eine Orientierungshilfe für Fortschritte bei der Erreichung der Zielvorgaben bieten könnten.

32 Nach § 14 Absatz 1 sollen die Vorbereitung zur Wiederverwendung und das Recycling von Siedlungsabfällen spätestens ab dem 1.1.2020 mindestens 50 **Gewichtsprozent** insgesamt betragen. Gemeint ist damit, dass von der Summe aller statistisch erfassten Siedlungsabfälle, gemessen in einer Gewichtseinheit (Tonnen oder Kilogramm) ein Anteil in Höhe von mindestens 50% wiederverwendet oder reecycelt werden sollen (siehe dazu *Müggenborg* in Schink/Versteyl KrWG, 2016, § 14 Rn. 23). § 2 Nr. 8 GewAbfV definiert den Begriff der **Recyclingquote** als den Quotienten der dem Recycling zugeführten Masse an Abfällen und der Gesamtmasse der durch die Sortierung für eine Verwertung ausgebrachten Abfälle multipliziert mit 100 Prozent. Bei hintereinandergeschaltet betriebenen Anlagen ist nach § 2 Nr. 8 GewAbfV die dem Recycling zugeführte Masse an Abfällen die Summe der aus allen Anlagen dem Recycling zugeführten Massen an Abfällen und ist die Gesamtmasse der durch die Sortierung für eine Verwertung ausgebrachten Abfälle die Summe der in allen Anlagen zur Verwertung aussortierten Massen an Abfällen. Wie die Quoten zu berechnen sind, ergibt sich aus Art. 11a AbfRRL.

33 Nicht entscheidend ist, in welchem Umfang die Quote durch Wiederverwendung oder durch das Recycling von Abfällen erreicht wird. In diesem Zusammenhang spielt der Vorrang der Wiederverwendung nach § 6 gegenüber dem Recycling noch keine Rolle. Beide Verwertungsarten müssen lediglich gemeinsam die geforderte Schwelle übersteigen. Auch die Hochwertigkeit des Recyclings ist für die Erreichung der Quote nicht entscheidend.

34 Der Begriff der **Siedlungsabfälle** ist seit 2020 in § 3 Abs. 5a S. 1 definiert. Das ist zu begrüßen. Zu der Begrifflichkeit gab es in der Vergangenheit einige Meinungsverschiedenheiten (dazu *Müggenborg* in Schink/Versteyl KrWG § 14 Rn. 17 ff.), die aber eher mit Blick auf die Aufgabenverteilung zwischen öffentlich-rechtlichen Entsorgungsträgern und gewerblichen Sammlern geführt wurden bzw. werden. So war umstritten, ob der Begriff der „gemischten Abfälle" in § 17 Abs. 2 Satz 2 im Sinne des Begriffs von „gemischten Siedlungsabfällen" nach AVV Abfallschlüssel 20 03 01 auszulegen ist (dazu BVerwG Urt. v. 23.2.2018 – 7 C 9/16, wonach Sperrmüll im Sinne des AVV-Abfallschlüssels 20 03 07 kein gemischter Abfall aus privaten Haushaltungen iSv § 17 Abs. 2 S. 2 ist; *Queitsch* AbfallR 2015, 75; *Peine* AbfallR 2016, 222). Der Gesetzgeber bezieht seine neue Legaldefinition des Begriffs der Siedlungsabfälle aber ausschließlich auf die Bestimmungen der §§ 14 Abs. 1, 15 Abs. 4 und 30 Abs. 6 und damit auf die Quotenvorgaben zur Förderung des Recyclings und der sonstigen stofflichen Verwertung, zur Beschränkung der Ablagerung von Siedlungsabfällen auf Deponien und auf Mindestangaben in den Abfallwirtschaftsplänen. Für die Bestimmung der Entsorgungsverantwortung ist die Legaldefinition hingegen irrelevant (Gesetzesbegründung, BT-Drs. 19/19373, S. 45; kritisch dazu *Queitsch* AbfallR 2021, 16, 17). Die §§ 17 Abs. 1, 20 Abs. 1 differenzierten hinsichtlich der öffentlich-rechtlichen Entsorgungsverantwortung – anders als die quotenbezogene Definition – zwischen den Herkunftsbereichen der „privaten Haushaltungen" und den „sonstigen", insbesondere gewerblichen Herkunftsbereichen. Relevant sei die Funktionsbeschränkung der neuen Legaldefinition außerdem mit Blick auf die Unzulässigkeit einer gewerblichen Sammlung von „gemischten Abfällen aus privaten Haushaltungen" nach § 17 Absatz 1 S. 2. Anders als von der quotenbezogenen Definition „Siedlungsabfall" vorgegeben, werde nach den Vorgaben des KrWG „Sperrmüll" vom Begriff der „gemischten Abfälle" gerade nicht erfasst (Gesetzesbegründung, BT-Drs. 19/19373, S. 45 unter Verweis auf Urteile des BVerwG v. 23.2.2018 – 7 C 9.16 und 7 C 10.16).

Der Begriff „Siedlungsabfall“ ist nach der Gesetzesbegründung auch nicht deckungsgleich mit der in § 2 Nr. 1 GewAbfV enthaltenen Definition „gewerbliche Siedlungsabfälle“. Die GewAbfV unterwerfe die dort eigenständig definierten gewerblichen Siedlungsabfälle spezifischen ordnungsrechtlichen Anforderungen zur Erfüllung des hochwertigen, hierarchiekonformen Recyclings. Aufgrund der unterschiedlichen Zielsetzung und des funktionalen Zusammenhangs seien die Definitionen eigenständig auszulegen. Dies gelte vor allem für die in § 2 Nr. 1 Buchst. b GewAbfV genannten Abfälle. Für die Bestimmung des Begriffs „Siedlungsabfälle“ seien bisher nach Angaben des Statistischen Bundesamtes die Abfallarten der Gruppe 15 01 (Verpackungen) und des Kapitels 20 Siedlungsabfälle herangezogen worden. Hieran solle sich – so die Gesetzesbegründung – auch zukünftig nichts ändern, allerdings seien von dem Begriff „Siedlungsabfall“ die Abfallarten 200202 (Boden und Steine), 200304 (Fäkalschlamm) und 200306 (Abfälle aus der Kanalreinigung) ausgenommen (Gesetzesbegründung BT-Drs. 19/19373, S. 46). **35**

Siedlungsabfälle im Sinne von § 14 Abs. 1 sind nach § 3 Abs. 5a gemischt und getrennt gesammelte Abfälle 1. aus privaten Haushaltungen, insbesondere Papier und Pappe, Glas, Metall, Kunststoff, Bioabfälle, Holz, Textilien, Verpackungen, Elektro- und Elektronik-Altgeräte, Altbatterien und Altakkumulatoren sowie Sperrmüll, einschließlich Matratzen und Möbel, und 2. aus anderen Herkunftsbereichen, wenn diese Abfälle auf Grund ihrer Beschaffenheit und Zusammensetzung mit Abfällen aus privaten Haushaltungen vergleichbar sind. **36**

Nicht entscheidend für den Begriff ist, ob die Abfälle gemischt oder getrennt gesammelt werden. Siedlungsabfall ist somit nicht nur der in Restabfalltonnen gesammelte Mischabfall. Auch getrennt gesammelter Sperrmüll zählt zum Siedlungsabfall. Ohnehin lassen sich die Quotenvorgaben am besten mit hinreichenden Getrenntsammlungssystemen erreichen. **37**

Für die Einordnung als Siedlungsabfall spielt die **Herkunft** der Abfälle eine wichtige Rolle. Im Ausgangspunkt sind Abfälle aus privaten Haushaltungen insgesamt Siedlungsabfälle. **Abfälle aus privaten Haushalten** sind Abfälle, die in privaten Haushalten im Rahmen der privaten Lebensführung anfallen, insbesondere in Wohnungen und zugehörigen Grundstücks- oder Gebäudeteilen sowie in anderen vergleichbaren Anfallorten, wie Wohnheimen oder Einrichtungen des betreuten Wohnens. Auch Abfälle aus Schrebergärten, Wochenendhäusern, Garagen oder sonst dem privaten Haushalt zuzurechnende Grundstücks- oder Gebäudeteilen gehören dazu. Zu den Abfällen aus privaten Haushaltungen gehören außerdem auch Abfälle, die in Ferienwohnungen, Ferienhäusern und Wochenendhäusern oder z. B. in Studentenwohnheimen, Senioren- und Altenwohnheimen und in Einrichtungen des betreuten Wohnens anfallen, soweit diese nicht als Pflegeheime anzusehen sind. Bei Pflegeheimen und Kliniken stehen demgegenüber die medizinische und pflegerische Versorgung im Vordergrund (siehe dazu die Vollzugshinweise der LAGA, Mitteilung 34 zur GewAbfV v 11.2.2019, S. 17). Die einzelnen Fraktionen (Papier, Pappe, Glas, etc.) werden, wie sich aus dem die Aufzählung einleitenden Begriff „insbesondere“ ohne weiteres ergibt, lediglich beispielhaft aufgelistet. **38**

Zwar können auch **Abfälle aus anderen Herkunftsbereichen** Siedlungsabfall sein. Das aber nur, wenn sie auf Grund ihrer Beschaffenheit und Zusammensetzung mit Abfällen aus privaten Haushaltungen vergleichbar sind. Dies sind z. B. Abfälle aus öffentlich aufgestellten Papierkörben, Marktabfälle, mit Schadstoffen belastete Hölzer, Schornsteinreinigungsabfälle, Nahrungs- und Küchenabfälle aus der Gastronomie, Großküchen, Kantinen usw. (siehe auch dazu die Vollzugshinweise der LAGA, Mitteilung 34 zur GewAbfV v 11.2.2019 zum Begriff der gewerblichen Siedlungsabfälle, S. 15). **39**

Keine Siedlungsabfälle im Sinne des § 3 Abs. 5a S. 1 S. 1 sind nach § 3 Abs. 5a S. 2a) Abfälle aus Produktion, b) Abfälle aus Landwirtschaft, c) Abfälle aus Forstwirtschaft, d) **40**

Abfälle aus Fischerei, e) Abfälle aus Abwasseranlagen, f) Bau- und Abbruchabfälle und g) Altfahrzeuge.

D. Verwertungsquote für Bau- und Abbruchabfälle (Absatz 2)

41 Die Vorbereitung zur Wiederverwendung, das Recycling und die sonstige stoffliche Verwertung von nicht gefährlichen Bau- und Abbruchabfällen mit Ausnahme von in der Natur vorkommenden Materialien, die in der Anlage zur AVV mit dem Abfallschlüssel 17 05 04 gekennzeichnet sind, sollen nach § 14 Abs. 2 spätestens ab dem 1.1.2020 mindestens 70 Gewichtsprozent betragen.

42 Bau- und Abbruchabfälle im Sinne des KrWG sind nach § 3 Abs. 6a Abfälle, die durch Bau- und Abbruchtätigkeiten entstehen. Die Definition dient der Umsetzung von Art. 3 Nr. 2c AbfRRL und ist allein für die präzise Bestimmung der unionsrechtlich vorgegebenen Quotenvorgabe für die stoffliche Verwertung von nicht gefährlichen Bau- und Abbruchabfällen nach § 14 Abs. 2 KrWG relevant (Gesetzesbegründung BT-Drs. 19/19373, S. 46). Aufgeschlüsselt werden Bau- und Abbruchabfälle in Kap. 17 AVV. Nach § 3 Abs. 5a S. 2 gehören Bau- und Abbruchabfälle nicht zu den Siedlungsabfällen.

43 Bauschutt, der beim Abriss eines Hauses anfällt, ist Abfall, weil und soweit der (Haupt-) Zweck der Handlung auf Behandlung einer Sache, nämlich den Abriss gerichtet ist (HessVGH Beschl. v. 1.3.2019, ZUR 2019, 482; OVG SA Beschl. v. 12.8.2016 – 2 M 24/16, juris Rn. 13f.; BayVGH Beschl. v. 3.7.2018 – 22 ZB 18.855, juris Rn. 13). Dass der Abfallbesitzer den Hauptzweck seiner Tätigkeit in der späteren Verwendung des Bauschutts auf dem Abrissgrundstück bzw. zur Errichtung einer Lärmschutzwand sieht, ist für die Begründung der Abfalleigenschaft des Bauschutts unerheblich, weil dies bereits dessen Verwertung betrifft (HessVGH Beschl. v. 1.3.2019, ZUR 2019, 482; zur öffentlich-rechtlichen und zivilrechtlichen Haftung bei der Entsorgung von Bau- und Abbruchabfällen *Versteyl/Grunow* AbfallR 2018, 71).

44 Wenn Bau- und Abbruchabfälle nicht unmittelbar als „sekundärer ungefährlicher Rohstoff" eingesetzt werden können, sondern ihre stofflichen Eigenschaften für andere Zwecke erst als gebrochener und gesiebter Bauschutt, sog. recycelter Bauschutt, genutzt werden können, endet die Anwendbarkeit des Abfallrechts erst, wenn die Schadlosigkeit der Verwertung bis zur abschließenden Verwendung des Abfalls für den anderen Zweck sichergestellt ist (VG Gera Urt. v. 24.8.2017 – 5 K 84/16, juris Rn. 54, 69; BVerwG Urt. v. 14.12.2006, BVerwGE 127, 250).

45 Den Bau- und Abbruchabfällen kommt aus Sicht des Umweltbundesamts eine Schlüsselrolle für das Ziel einer geschlossenen Kreislaufwirtschaft zu. Bauabfälle fallen als Bauschutt, Straßenaufbruch, Boden und Steine sowie als Baustellenabfälle an. Im Jahr 2016 waren nach Angaben des Umweltbundesamts die mineralischen Bauabfälle einschließlich des Bodenaushubs – das sind Böden und Steine – mit 214,6 Mio. t die mengenmäßig wichtigste Abfallgruppe in Deutschland. 25,2 Mio. t davon waren Bodenaushub, Baggergut und Gleisschotter, die zu rund 86% verwertet wurden, zumeist allerdings unmittelbar nur für die Verfüllung übertägiger Abgrabungen oder im Deponiebau. Die restlichen 89,4 Mio. t an Bauabfällen setzten sich aus Bauschutt, Straßenaufbruch, Baustellenabfällen sowie Bauabfällen auf Gipsbasis zusammen.

46 Bau- und Abbruchabfälle werden in weitem Umfang nicht hochwertig verwertet oder sogar recycelt. Der Umweltrat erläutert dazu, dass zwar für diese Abfallart durchaus auch eine hohe Recyclingquote erreicht wird, dass aber der Einsatz von Bau- und Abbruchabfällen aus dem Hochbau in der Regel nicht wieder im Hochbau stattfinde, sondern im Tiefbau. Somit handele es sich nicht um eine hochwertige Verwertung. Die im Vergleich zum Ausgangsstoff bzw. -material minderwertigeren Qualitäten gingen dann in Einsatzbereiche mit geringeren Anforderungen an die Stoff- bzw. Materialqualität und es entstehe zukünftig gegebenenfalls ein Überschuss dieser Sekundärrohstoffe (SRU, Umweltgutachten 2020, S. 139). Von den recycelten Baustoffen wurden nach Angaben des Umweltbundesamts 2016 lediglich 15,2 Mio. t als Gesteinskörnung hochwertig in der Asphalt- und Betonherstellung eingesetzt. Weitere 38,1 Mio. t wurden im Straßenbau genutzt.

Für die Verwertung von Bau- und Abbruchabfällen und insbesondere für die Erreichbarkeit hoher Verwertungsquoten ist die Verabschiedung der sog. **Mantelverordnung** wichtig. Mit ihr, d.h. mit mehreren aufeinander abgestimmten Verordnungen, sollen einheitliche Regelungen dazu getroffen werden, wie mineralische Abfälle – z.B. Bauschutt – bestmöglich zu verwerten sind. Das dient dem Schutz von Boden und Grundwasser und einer möglichst hohen Recyclingquote für mineralische Ersatzbaustoffe, die durch Wiederaufbereitung von Baustoffen und aus Reststoffen gewonnen werden. Zentral ist die Einführung der **Ersatzbaustoffverordnung** und die Neufassung der **Bundes-Bodenschutz- und Altlastenverordnung.** Anforderungen für den Einbau mineralischer Ersatzbaustoffe in technischen Bauwerken wird die Ersatzbaustoffverordnung enthalten. Mit dieser sollen die Ziele der Kreislaufwirtschaft gefördert und die Akzeptanz für den Einsatz von Ersatzbaustoffen verbessert werden. Sie soll bundeseinheitlich und rechtsverbindlich Anforderungen an die Herstellung und den Einbau mineralischer Ersatzbaustoffe festlegen werden. Mineralische Ersatzbaustoffe sind u.a. Recycling-Baustoffe aus Bau- und Abbruchabfällen, Schlacken aus der Metallerzeugung und Aschen aus thermischen Prozessen. Die Herstellung erfolgt dabei durch Anlagen, in denen die mineralischen Stoffe behandelt, insbesondere sortiert, getrennt, zerkleinert, gesiebt, gereinigt oder abgekühlt werden. Einbauseitig sind technische Bauwerke vor allem im Tiefbau, wie Straßen, Schienenverkehrswege, befestigte Flächen, Leitungsgräben, Lärm- und Sichtschutzwälle betroffen. Die Verordnung gibt zum einen für die jeweiligen Ersatzbaustoffe bzw. deren einzelne Klassen Grenzwerte in Bezug auf bestimmte Schadstoffe vor, deren Einhaltung durch den Hersteller im Rahmen einer Güteüberwachung zu gewährleisten ist. Zum anderen sieht sie an diese Grenzwerte angepasste Einbauweisen vor, die vom Verwender beim Einbau in das technische Bauwerk entsprechend den örtlichen Gegebenheiten zu beachten sind. Damit soll der Eintrag von Schadstoffen durch Sickerwasser in den Boden und das Grundwasser begrenzt und Verunreinigungen ausgeschlossen werden. 47

Rechtliche Anforderungen an die Verwertung von Bau- und Abbruchabfällen auf Deponien regelt zudem noch die DepV. Als **Deponieersatzbaustoff** oder als Ausgangsstoff zur Herstellung von Deponieersatzbaustoffen sind nach § 14 Abs. 1 S. 3 DepV, außer für die Rekultivierungsschicht des Oberflächenabdichtungssystems, ausschließlich mineralische Abfälle zugelassen. Deponieersatzbaustoffe dürfen für Einsatzbereiche im Sinne des § 15 DepV auf Deponien der Klasse 0, I, II oder III nur verwendet werden, soweit hierdurch das Wohl der Allgemeinheit nicht beeinträchtigt wird. Insbesondere dürfen Deponieersatzbaustoffe nach § 14 Abs. 1 S. 2 DepV nur in einer Menge eingesetzt werden, die für die Durchführung eines geordneten Deponiebetriebes und die hierfür erforderlichen Baumaßnahmen erforderlich ist. Zur Herstellung von Deponieersatzbaustoff sowie unmittelbar als Deponieersatzbaustoff dürfen bestimmte Abfälle und insbesondere Bau- und Abbruchabfälle nicht verwendet werden, z.B. wenn sie Asbest oder andere gefährliche Mineralfasern enthalten oder wenn sie die in Anlage 1 der **Versatzverordnung** aufgeführten Metallgehalte erreichen, wenn die Gewinnung der Metalle aus den Abfällen technisch möglich und wirtschaftlich zumutbar sowie unter Einhaltung der Anforderungen an die Zulässigkeit einer solchen Verwertung durchführbar ist. Auch Bau- und Ab- 48 bruchabfälle, bei denen infolge der Art, Beschaffenheit oder Beständigkeit nicht gewährleistet ist, dass diese funktional oder bautechnisch geeignet sind, wie insbesondere gipshaltige Abfälle, für deren Verwendung keine Eignung nach Anhang 1 Nummer 2.1.2 Satz 1 nachgewiesen wurde, scheiden als Deponieersatzbaustoff aus.

49 Für die Quote nach § 14 Abs. 3 kommt es ausschließlich auf die nicht gefährlichen **Bau- und Abbruchabfälle** an. Die mit einem * versehenen Abfallschlüssel-Nummern sind dementsprechend für die Quotenvorgabe nicht maßgeblich.

50 Von den nicht gefährlichen Bau- und Abbruchabfällen nimmt der Gesetzgeber außerdem die nicht gefährlichen, **in der Natur vorkommenden Materialien,** die in der AVV mit der Schlüsselnummer 17 05 04 eingeordnet werden, aus. Dabei handelt es sich um Steine, die keine gefährlichen Stoffe enthalten. Auch diese werden von der Mindestverwertungsquote nicht erfasst.

51 Mit der in § 14 Abs. 3 vorgesehenen Quote von mindestens 70 Gewichtsprozent ab dem 1.1.2020 erfüllt der Gesetzgeber die Quotenvorgabe des Art. 11 Abs. 2b AbfRRL.

52 Die zu erreichende Quote bezieht sich auf die Vorbereitung zur Wiederverwendung, das Recycling und auf die **sonstige stoffliche Verwertung.** Das unterscheidet sie von der für die Siedlungsabfälle geltenden Quote, die sich auf die Vorbereitung zur Wiederverwendung und das Recycling beschränkt. Die Quote kann im Unterschied zur Quote nach § 14 Abs. 1 dementsprechend auch durch **Maßnahmen der sonstigen stofflichen Verwertung** erfüllt werden (BT-Drs. 17/6052, 84). § 14 Abs. 3 S. 2 KrWG a. F. stellte deshalb zuvor ausdrücklich klar, dass die sonstige stoffliche Verwertung auch die Verfüllung einschließt, bei der Abfälle als Ersatz für andere Materialien genutzt werden. Bei der Verfüllung könne es sich um einen untertägigen Versatz oder um eine untertägige Verfüllung von zB Tagebauen handeln. Angesichts der eigenständigen Definitionen für die „stoffliche Verwertung" und die „Verfüllung" (§ 3 Nr. 23a bzw. Nr. 25a) konnte die konkretisierende Regelung des vormaligen § 14 Abs. 3 Satzes 2 aufgehoben werden (Gesetzesbegründung, BT-Drs. 19/19373, S. 52).

53 **Stoffliche Verwertung** im Sinne des KrWG ist nach § 3 Abs. 23a S. 1 jedes Verwertungsverfahren mit Ausnahme der energetischen Verwertung und der Aufbereitung zu Materialien, die für die Verwendung als Brennstoff oder als anderes Mittel der Energieerzeugung bestimmt sind. Zur stofflichen Verwertung zählt nach § 3 Abs. 23a S. neben der Vorbereitung zur Wiederverwendung und dem Recycling auch die Verfüllung. Als **Verfüllung** definiert § 3 Abs. 25a S. 1 jedes Verwertungsverfahren, bei dem geeignete nicht gefährliche Abfälle zur Rekultivierung von Abgrabungen oder zu bautechnischen Zwecken bei der Landschaftsgestaltung verwendet werden. Abfälle im Sinne von § 3 Abs. 25a S. 1 sind § 3 Abs. 25a S. 2 solche, die Materialien ersetzen, die keine Abfälle sind, die für die vorstehend genannten Zwecke geeignet sind und auf die für die Erfüllung dieser Zwecke unbedingt erforderlichen Mengen beschränkt werden.

Abschnitt 3 – Abfallbeseitigung

§ 15 Grundpflichten der Abfallbeseitigung

(1) **Die Erzeuger oder Besitzer von Abfällen, die nicht verwertet werden, sind verpflichtet, diese zu beseitigen, soweit in § 17 nichts anderes bestimmt ist. Durch die Behandlung von Abfällen sind deren Menge und Schädlichkeit zu vermindern. Energie oder Abfälle, die bei der Beseitigung anfallen, sind hochwertig zu nutzen; § 8 Absatz 1 Satz 3 gilt entsprechend.**

(2) **Abfälle sind so zu beseitigen, dass das Wohl der Allgemeinheit nicht beeinträchtigt wird. Eine Beeinträchtigung liegt insbesondere dann vor, wenn**

1. **die Gesundheit der Menschen beeinträchtigt wird,**
2. **Tiere oder Pflanzen gefährdet werden,**
3. **Gewässer oder Böden schädlich beeinflusst werden,**
4. **schädliche Umwelteinwirkungen durch Luftverunreinigungen oder Lärm herbeigeführt werden,**
5. **die Ziele oder Grundsätze und sonstigen Erfordernisse der Raumordnung nicht beachtet oder die Belange des Naturschutzes, der Landschaftspflege sowie des Städtebaus nicht berücksichtigt werden oder**
6. **die öffentliche Sicherheit oder Ordnung in sonstiger Weise gefährdet oder gestört wird.**

(3) **Soweit dies zur Erfüllung der Anforderungen nach den Absätzen 1 und 2 erforderlich ist, sind Abfälle zur Beseitigung getrennt zu sammeln und zu behandeln. § 9 Absatz 2 und 3 und § 9a gilt entsprechend.**

(4) **Die Ablagerung von Siedlungsabfällen auf Deponien darf spätestens ab dem 1. Januar 2035 höchstens 10 Gewichtsprozent des gesamten Siedlungsabfallaufkommens betragen.**

Schrifttum: *Bartholmes,* Gewerbeabfallverordnung und Europarecht, AbfallR 2003, 19; *Beckmann,* Das neue Kreislaufwirtschaftsgesetz, Abfallrecht 2012, 142; *Beckmann,* Legalisierungswirkung und Bestandsschutz immissionsschutzrechtlicher Genehmigungen und ihre Bedeutung für das Umweltschadensrecht, EuRUP 2020, 238; *Beckmann,* Das deutsche Abfallrecht als Instrument des Klimaschutzes und der Ressourcenschonung, AbfallR 2008, 65; *Dippel/Schwarzenberg,* „Die Mischung machts" – Neues und Bekanntes zum Vermischungsverbot des § 9a KrWG, AbfallR 2021, 62; *Dippel,* Das gemeindliche Einvernehmen, die Veränderungssperre und die planungsrechtliche Privilegierung in der Zulassungspraxis von Entsorgungsanlagen, AbfallR 2020, 57; *Dippel,* Die Verfüllung von Tagebauen mit ungeeigneten Abfallstoffen – berg- und abfallrechtliche Bewertung und verfahrensrechtliche Konsequenzen, AbfallR 2010, 132; *Franßen,* Aktuelle Rechtsprechung zum Deponierecht, AbfallR 2020, 302; *Franßen/Homann,* Verordnung zur Änderung der Deponieverordnung 2020, AbfallR 2021, 26; *Frenz,* Die neue Abfallhierarchie, UPR 2012, 210; *Frenz,* Abfallrechtliche Trennpflichten – die Gewerbeabfallverordnung auf dem Prüfstand, AbfallR 2003, 33; *Friedrich,* EU erzwingt neues Kreislaufwirtschaftsgesetz, ZRP 2011, 108; *Gassner/Thärichen,* Zur fortdauernden Entsorgungsverantwortung des Abfallbesitzers, AbfallR 2007, 164; *Hahn,* Vom Recht und der Pflicht des öffentlich-rechtlichen Entsorgungsträgers zur Annahme und Entsorgung von Abfällen, AbfallR 2020, 197; *Krahnefeld/Conzelmann,* Abfallgrundpflichten und fünfstufige Abfallhierarchie – Bedeutung für Betreiber genehmigungsbedürftiger BImSchG-Anlagen, I+E 2014, 7; *Kropp,* Getrennthaltungsgebote und Vermischungsverbot nach dem neuen KrWG, ZUR 2012, 474, 543; *Müller-Mitschke,* Die endgültige Stilllegung von Deponien, AbfallR 2019, 254; *Oehlmann,* Die Fortentwicklung des europäischen Deponierechts als Voraussetzung für mehr Umwelt-, Ressourcen- und Klimaschutz, AbfallR 2013, 258; *Petersen,* Die fünfstufige Abfallhierarchie – Funktionen und Probleme, AbfallR 2013, 2; *Petersen/Doumet/Stöhr,* Das neue Kreislaufwirtschaftsgesetz, NVwZ 2012,

521; *Rühl,* Die neue Gewerbeabfallverordnung aus kommunaler Sicht, AbfallR 2002, 14; *Schink,* Vier Jahrzehnte Immissionsschutzrecht, NVwZ 2017, 337; *Schink,* Öffentliche und private Entsorgung, UPR 2002, 401; *Sanden/Schomerus,* Rechtsfolgen des Landfill Mining, AbfallR 2012, 194; *Shirvani/Schröder,* Die Verantwortlichkeit des ehemaligen Abfallbesitzers, UPR 2008, 41; *Versteyl,* Zur Verantwortlichkeit des Abfallerzeugers/-besitzers – Vorläufiges oder Endgültiges?, NVwZ 2007, 1150; *Versteyl/Kersandt,* Novelle der Deponieverordnung, AbfallR 2020, 297.

Übersicht

A. Allgemeines

1 § 15 ist im Rahmen der **Gesetzesnovelle 2020** geändert worden. In § 9 Abs. 3 Satz 1 wurde die Getrennthaltungspflicht in eine Getrenntsammlungspflicht umgeändert, das Vermischungsverbot für gefährliche Abfälle wurde gesondert in § 9a geregelt. Dementsprechend wird nun in § 15 Abs. 3 S. 2 auf § 9 Abs. 2 und 3 sowie § 9a verwiesen. Ergänzt wurde § 15 um Abs. 4, der eine **Quotenvorgabe** regelt, mit der die Ablagerung von Siedlungsabfällen als Art der Abfallbeseitigung begrenzt wird. Die Ablagerung von Siedlungsabfällen auf Deponien darf spätestens ab dem 1.1.2035 höchstens 10 Gewichtsprozent des gesamten Siedlungsabfallaufkommens betragen. Die Regelung ergänzt die Recyclingvorgabe des § 14 Abs. 1 für Siedlungsabfälle. § 15 Abs. 4 dient der Umsetzung von Art. 5 Abs. 5 Deponierichtlinie.

2 Der dritte Abschnitt des KrWG zur Abfallbeseitigung setzt sich zusammen aus § 15, der die Grundpflichten zur Abfallbeseitigung regelt, und § 16, der die Anforderungen an

die Abfallbeseitigung festlegt und dazu Verordnungsermächtigungen zur Konkretisierung dieser Anforderungen regelt. § 15 bestimmt die Grundpflichten der Abfallerzeuger und Abfallbesitzer zur gemeinwohlverträglichen Beseitigung ihrer Abfälle. § 20 Abs. 1 S. 1 sieht vor, dass die öffentlich-rechtlichen Entsorgungsträger die in ihrem Gebiet angefallenen und überlassenen Abfälle aus privaten Haushaltungen und Abfälle zur Beseitigung aus anderen Herkunftsbereichen nach Maßgabe der §§ 6 bis 11 zu verwerten oder nach Maßgabe der §§ 15 und 16 zu beseitigen haben. Die öffentlich-rechtlichen Entsorgungsträger sind insoweit neben den in § 15 Abs. 1 genannten Abfallbesitzern und Abfallerzeugern ebenfalls Adressaten der Beseitigungspflicht. Auch wenn Abfälle zur Beseitigung überlassen werden, weil die Pflicht zur Verwertung aus den in § 7 Abs. 4 genannten Gründen nicht erfüllt werden muss, sind die öffentlich-rechtlichen Entsorgungsträger zur Verwertung verpflichtet, soweit bei ihnen diese Gründe nicht vorliegen. § 15 fügt sich in die neue **fünfstufige Abfallhierarchie** des § 6 ein und regelt Anforderungen an die innerhalb dieser Abfallhierarchie unterste Stufe der Abfallbeseitigung.

Zur Abfallbeseitigung verpflichtet sind die Erzeuger oder Besitzer von Abfällen, die nicht verwertet werden, soweit in § 17 nichts anderes bestimmt ist. Nach § 3 Abs. 1 S. 2 sind Abfälle zur Verwertung Abfälle, die verwertet werden; Abfälle, die nicht verwertet werden, sind Abfälle zur Beseitigung. Der Beseitigungspflicht bzw. der Überlassungspflicht nach § 17 Abs. 1 für Abfälle zur Beseitigung entgeht der Abfallbesitzer nur, wenn er substantiiert darlegen kann, dass eine konkrete Verwertungsmöglichkeit tatsächlich besteht und von ihm genutzt werden soll (*VGH Mannheim* Beschl. v. 19.9.2013 – 10 S 1725/13, juris Rn. 8; *OVG Lüneburg* Beschl. v. 3.6.2010 – 7 LA 36/09, NVwZ 2010, 1111, 1112). Gelingt ihm diese substantiierte Darlegung nicht, handelt es sich um Abfall zur Beseitigung. Abfälle bleiben (nur) so lange Abfälle zur Verwertung, wie die begründete Annahme besteht, dass die Abfälle objektiv für eine Verwertung geeignet sind und der Besitzer in rechtlicher, tatsächlicher, organisatorischer, finanzieller, personeller und unternehmerischer Hinsicht in der Lage ist, die Abfälle auch **zeitnah** einer ordnungsgemäßen Verwertung zuzuführen (*OVG Saarland* Beschl. v. 1.6.2017, NVwZ-RR 2017, 720, 722; *OVG Greifswald* Beschl. v. 16.12.2013, juris Rn. 13; *OVG NRW* Beschl. v. 25.6.1998, NVwZ1998, 1207, 1208; *OVG Lüneburg* Beschl. v. 6.5.1998, NVwZ 1998, 1202, 1203; *OVG Magdeburg* Urt. v. 25.8.2011, juris Rn. 69). Entscheidend für die Einordnung ist insoweit nicht, ob die Abfälle verwertbar sind, sondern ob sie tatsächlich verwertet werden oder nicht. Der Abfall ist nur dann Abfall zur Verwertung, wenn er tatsächlich einer Verwertung zugeführt wird. Weder die Verwertbarkeit noch eine nicht hinreichend konkrete Verwertungsabsicht des Abfallbesitzers führen dazu, dass es sich bei dem Stoff oder Gegenstand um Abfall zur Verwertung handelt (*OVG Saarland* Beschl. v. 1.6.2017, NVwZ-RR 2017, 720). Die schlichte Existenz von abstrakten Verwertungsoptionen genügt hierfür nicht (*Hahn* AbfallR 2020, 197, 198; *BVerwG* Beschl. v. 23.4.2008, NVwZ 2008, 1119, 1121). 3

Was Abfallbeseitigung ist, definiert § 15 nicht. Nach § 3 Abs. 26 S. 1 ist Beseitigung im Sinne des KrWG jedes Verfahren, das keine Verwertung ist, auch wenn das Verfahren zur Nebenfolge hat, dass Stoffe oder Energie zurückgewonnen werden. **Anlage 1** des Gesetzes enthält eine nicht abschließende Liste von Beseitigungsverfahren (§ 3 Abs. 26 S. 2) ohne bestimmte dort aufgeführte Verfahren zu priorisieren oder Anforderungen an diese zu richten. Der Begriff der Abfallbeseitigung kann insoweit nur in Abgrenzung zu dem Begriff der Abfallverwertung definiert werden. Abfallverwertung ist nach § 3 Abs. 23 S. 1 jedes Verfahren, als dessen Hauptergebnis die Abfälle innerhalb der Anlage oder in der weiteren Wirtschaft einem sinnvollen Zweck zugeführt werden, indem sie entweder andere Materialien ersetzen, die sonst zur Erfüllung einer bestimmten Funktion verwendet worden wären, oder indem Abfälle so vorbereitet werden, dass sie diese Funk- 4 tion erfüllen. Entscheidend ist insoweit das **Hauptergebnis** der Entsorgungsmaßnahme. Ist eine stoffliche oder energetische Nutzung nur eine Nebenfolge und nicht das Hauptergebnis der Maßnahme, handelt es sich um Abfallbeseitigung. § 15 Abs. 1 S. 2 schreibt dazu vor, dass durch die Behandlung von Abfällen deren Menge und Schädlichkeit zu vermindern ist. Nach § 15 Abs. 1 S. 3 sind Energie oder Abfälle, die bei der Beseitigung anfallen, sind hochwertig zu nutzen; § 8 Absatz 1 Satz 3 gilt entsprechend. Bei der Ausgestaltung der durchzuführenden Beseitigungsmaßnahme ist daher eine den Schutz von Mensch und Umwelt am besten gewährleistende, hochwertige Beseitigung anzustreben.

5 Die Abfallbeseitigung führt dazu, dass Abfälle, die nicht verwertet werden, dauerhaft zur Wahrung des Wohls der Allgemeinheit von der Kreislaufwirtschaft mit dem Ziel ausgeschlossen werden, nachteilige Auswirkungen auf die Umwelt zu vermeiden. Dementsprechend ist die Abfallbeseitigung nicht Teil der Kreislaufwirtschaft, die sich gem. § 3 Abs. 19 lediglich auf die Vermeidung und Verwertung von Abfällen erstreckt.

6 Absatz 1 bestimmt eine Beseitigungspflicht, die gegenüber der Verwertungspflicht grundsätzlich nachrangig ist. Nach § 7 Abs. 2 S. 2 hat die Verwertung von Abfällen **Vorrang** vor deren Beseitigung. Der Vorrang entfällt jedoch, wenn die Beseitigung der Abfälle den Schutz von Mensch und Umwelt nach Maßgabe des § 6 Abs. 2 S. 2 und 3 am besten gewährleistet (§ 7 Abs. 2 S. 3). Der Vorrang gilt außerdem nicht für Abfälle, die unmittelbar und üblicherweise durch Maßnahmen der **Forschung und Entwicklung** anfallen.

7 Absatz 1 Satz 1 enthält die grundlegende Verpflichtung der Abfallbesitzer und Abfallerzeuger, Abfälle, die nicht verwertet werden, zu beseitigen, sofern nicht § 17 Abs. 1 etwas anderes bestimmt. Wie die Beseitigung stattzufinden hat, ergibt sich auf einem sehr abstraktem Regelungsniveau aus § 15 Abs. 2; konkretisiert werden diese Anforderungen durch Verordnungen, z. B. durch die DepV. Nach § 62 kann die zuständige Behörde im Einzelfall erforderliche Anordnungen treffen, um diese Verpflichtung durchzusetzen (*VG Frankfurt (Oder)* Urt. v. 17.6.2019, juris Rn. 33; *OVG SA* Beschl. v. 12.6.2013, NVwZ-RR 2013, 874).

8 Ob die ordnungsrechtliche Verantwortung des Abfallbesitzers als abstrakte Verhaltenspflicht auch auf einen **Rechtsnachfolger** übergehen kann, ist umstritten (siehe dazu *VG Cottbus* Beschl. v. 12.2.2019 – 3 L 680/18, juris Rn. 24; *Holbert* in Schmehl/Klement, KrWG 2019, § 15 Rn. 23). Zum Teil wird eine Rechtsnachfolge mit der Begründung abgelehnt, dass vor Inanspruchnahme des Störers noch nicht feststünde, ob und in welcher Weise eine Person, die die Störereigenschaft aufweise, tatsächlich zur Beseitigung der Störung in Anspruch genommen werde (*VGH BW* Beschl. v. 11.12.2000, NVwZ-RR 2002, 16; *VG Stuttgart* Urt. v. 14.5.2004 – 19 K 5404/02, juris Rn. 24 ff. m.w.N.). Das BVerwG ist der Ansicht, dass die Übergangsfähigkeit abstrakter Polizeipflichten auf einem allgemeinen Grundsatz des Verwaltungsrechts beruht, wonach die materielle Polizeipflicht eine Pflicht zur Mitwirkung bei der Gefahrenbeseitigung und zur Minimierung des Schadens ist, die bereits unmittelbar mit dem Eintritt der Gefahr entsteht und damit im Gegensatz zur allgemeinen Gefahrenvorsorgepflicht eine konkrete Pflicht ist (*BVerwG* Urt. v. 16.3.2006 - 7 C 3.05, juris Rn. 22; siehe auch *OVG BB* Urt. v. 24.2.2011 - OVG 11 B 10.09, juris Rn. 48, *OVG SH* Urt. v. 23.8.2000 – OVG 2 L 29/99, juris Rn. 34). Das VG Cottbus verweist außerdem auf § 22 S. 2, woraus sich ergebe, dass die Verantwortlichkeit für die Erfüllung der Pflichten zur Verwertung und Beseitigung von Abfall so lange bestehen bleibe, bis die Entsorgung endgültig und ordnungsgemäß abgeschlossen sei. Dies spreche für eine fortdauernde Entsorgungsverantwortung und damit auch für eine Rechtsnachfolgefähigkeit von Entsorgungspflichten bis zum endgültigen Abschluss der Beseitigung (*VG Cottbus* Beschl. v. 12.2.2019 – 3 L 680/18, juris Rn. 24).

Werden Abfälle eines entsorgungspflichtigen Abfallbesitzers bei einem mit der Entsorgung beauftragten Dritten mit Abfällen gleicher Art vermischt, bleibt jeder Pflichtige für die Entsorgung von Abfällen verantwortlich, die mengenmäßig seinem Anteil entspricht (*BVerwG* Urt. v. 28.6.2007 – 7 C 5/07, juris Rn. 22; *VG Cottbus* Beschl. v. 30.9.2019 – 3 L 680/18, juris Rn. 13). Fraglich ist, ob dies nur gilt, wenn Abfälle gleicher Art vermischt, im Übrigen aber unverändert noch vorhanden sind oder auch dann, wenn sich die Zusammensetzung der Abfälle wesentlich verändert, wenn z. B. aus nicht gefährlichen Abfällen durch einen Brand gefährliche Abfälle geworden sind (siehe dazu *Müggenborg* Anmerkung zum Beschluss des VG Cottbus vom 30.9.2019, juris). **9**

Abs. 1 S. 2 schreibt vor, dass durch die Behandlung von Abfällen deren Menge und Schädlichkeit zu vermindern ist. Das entspricht der Vorgängerbestimmung des § 10 Abs. 2 S. 2 KrW-/AbfG. Energie oder Abfälle, die bei der Beseitigung anfallen, sind nach Abs. 1 S. 3 *hochwertig* zu nutzen. Dieser Maßstab ist gegenüber der Vorgängerbestimmung des § 10 Abs. 2 S. 3 KrW-/AbfG verändert worden. Bis zum 1.6.2012 waren bei der Behandlung und Ablagerung anfallende Energie und Abfälle *so weit wie möglich* zu nutzen. Die geltende Regelung überträgt das bis dahin nur für die Verwertung von Abfällen geltende **Hochwertigkeitsgebot** auf den Bereich der Abfallbeseitigung (siehe dazu § 8 Abs. 1 S. 3). Die Notwendigkeit, die Abfälle und die in ihnen enthaltene Energie auch bei der Beseitigung hochwertig zu nutzen, ändert nichts an der Einordnung einer Entsorgungsmaßnahme als Abfallbeseitigung. Abs. 3 regelt eine **Getrenntsammlungspflicht** für Abfälle zur Beseitigung, die im Wesentlichen der Vorgängerbestimmung des § 11 Abs. 2 KrW-/AbfG entspricht. Abs. 3 S. 2 verweist jedoch auf § 9 Abs. 2 und 3 und für **gefährliche Abfälle** auf § 9a und schränkt damit die Möglichkeiten für eine **Vermischung** solcher Abfälle ein. Abs. 4 schließlich sieht ein **Ablagerungsquote** für Siedlungsabfälle auf Deponien vor. **10**

§ 15 fasst die Grundpflicht zur Abfallbeseitigung (Abs. 1) und allgemeine Grundsätze der gemeinwohlverträglichen Abfallbeseitigung (Abs. 2) zusammen. Die Vorschrift steht im systematischen Zusammenhang mit § 7, der parallel die Grundpflichten der Kreislaufwirtschaft regelt. Eine Ermächtigungsgrundlage für eine Konkretisierung der Anforderungen an die Abfallbeseitigung enthält § 16. **11**

Grundsätzlich obliegt es den Abfallerzeugern und Abfallbesitzern, ihre Abfälle, die nicht verwertet werden, den Anforderungen der Absätze 2 und 3 entsprechend zu beseitigen. Die für die Abfallbeseitigung zu beachtenden Anforderungen regelt § 15 aber nur sehr abstrakt. Dies gilt insbesondere für den zu beachtenden Maßstab der Allgemeinwohlverträglichkeit. Allerdings können und sollen diese Anforderungen durch **untergesetzliche Regelwerke** konkretisiert werden. § 16 ermächtigt dazu die Bundesregierung, nach Anhörung der beteiligten Kreise durch Rechtsverordnung mit Zustimmung des Bundesrats zur Erfüllung der Pflichten nach § 15 entsprechend dem Stand der Technik Anforderungen an die Beseitigung von Abfällen nach Herkunftsbereich, Anfallstelle sowie nach Art, Menge und Beschaffenheit festzulegen. Der Verordnungsgeber kann insbesondere Anforderungen an das Getrennthalten und die Behandlung von Abfällen, an das Bereitstellen, Überlassen, Sammeln und Einsammeln, die Beförderung, Lagerung und Ablagerung von Abfällen bestimmen sowie Verfahren zur Überprüfung der Anforderungen entsprechend § 10 Abs. 2 Nr. 1–9 und Abs. 3 vorschreiben. Durch Rechtsverordnung nach § 16 S. 1 Nr. 1 und 2 kann auch vorgeschrieben werden, dass derjenige, der bestimmte Abfälle, an deren Behandlung, Sammlung, Einsammlung, Beförderung, Lagerung und Ablagerung nach Maßgabe des § 15 aufgrund ihrer Art, Beschaffenheit oder Menge besondere Anforderungen zu stellen sind, in Verkehr bringt oder beseitigt, dies anzuzeigen hat, dazu einer Erlaubnis bedarf, bestimmten Anforderungen an seine Zuverlässigkeit genügen muss oder seine notwendige Sach- oder Fachkunde in einem näher **12** festzulegenden Verfahren nachzuweisen hat (§ 16 S. 2). Gestützt auf diese Ermächtigungsgrundlage regelt die DepV Anforderungen an Errichtung, Betrieb, Stilllegung und Nachsorge von Deponien und an die Verwertung von Deponieersatzbaustoffen.

13 Abs. 2 bestimmt den für die Abfallbeseitigung zu beachtenden Maßstab des Wohls der Allgemeinheit, das durch die Beseitigung nicht beeinträchtigt werden darf.

14 Absatz 3 regelt ein **Getrenntsammlungsgebot,** das eine Getrenntsammlung von Abfällen zur Beseitigung für den Abfallbesitzer und den Abfallerzeuger vorsieht, soweit dies zur Erfüllung der gesetzlichen Anforderungen an die Abfallbeseitigung erforderlich ist. Das Getrenntsammlungsgebot entspricht – bis auf einige redaktionelle Anpassungen – der Vorgängerbestimmung des § 11 Abs. 2 KrW-/AbfG, wobei jedoch durch den Verweis auf die §§ 9 Abs. 2, und 9a die Möglichkeiten einer zulässigen Abfallvermischung eingeschränkt werden.

I. Bedeutung der Vorschrift

15 Zwar ist der Anteil der Abfälle zur Beseitigung rückläufig. Von den im Jahre 2018 in Deutschland nach Angaben des Bundesamts für Statistik angefallenen Abfällen wurden 70% recycelt und insgesamt 81% verwertet. Von den Bau- und Abbruchabfällen wurden 88% recycelt, von den haushaltstypischen Siedlungsabfällen 69%. Rund 30% wurden energetisch verwertet, sodass die Verwertungsquote für haushaltstypische Siedlungsabfälle 99% betrug. Einzelne getrennt gesammelte Stoffströme wie Glas oder Elektroaltgeräte werden komplett, andere Abfallströme weitestgehend stofflich verwertet. Die übrigen Abfälle, insbesondere aus Produktion und Gewerbe, wurden 2018 zu 47% recycelt, die Abfälle aus der Gewinnung und Behandlung von Bodenschätzen zu 3% (Datenreport 2021 des Bundesamts für Statistik, Kapitel 13 Umwelt, Energie und Mobilität, S. 448). Gleichwohl sind die Bestimmungen zu den Grundpflichten der Abfallbeseitigung unverzichtbar.

16 § 15 dient der Umsetzung des umweltrechtlichen **Verursacherprinzips** (*Schomerus* in Versteyl/Mann/Schomerus, KrWG, 4. Aufl., 2019, § 15 Rn. 2; *Friedrich* ZRP 2011, 108). Die Vorgängerbestimmung des § 15, nämlich § 11 Abs. 1 KrW-/AbfG, war ursprünglich als Grundregelung einer im Grundsatz neuen Aufgabenverteilung zwischen Abfallbesitzern und Abfallerzeugern, der privaten Entsorgungswirtschaft und den öffentlich-rechtlichen Entsorgungsträgern gedacht (*Petersen/Rid* NJW 1995, 13; *Beckmann/Kersting* BB 1997, 161; *Schomerus* in Versteyl/Mann/Schomerus, KrWG, 4. Aufl., 2019, § 15 Rn. 5; *Hilbert* in Schmehl/Klement, KrWG, 2019, § 15 Rn. 2). Die Vorgängerregelung sollte der Umsetzung des Verursacherprinzips durch eine Verlagerung der Beseitigungspflicht von der öffentlichen Hand zu den Besitzern und Erzeugern der Abfälle dienen. Eine vergleichbare Regelung gab es vor 1996 im AbfG nicht. Nach § 3 Abs. 1 AbfG hatte der Abfallbesitzer seine Abfälle den entsorgungspflichtigen Körperschaften zu überlassen. Nur ausnahmsweise war der Abfallbesitzer nach § 3 Abs. 3 AbfG selbst zur Entsorgung seiner aus der öffentlichen Entsorgung ausgeschlossenen Abfälle verpflichtet. Ein solcher Ausschluss aus der öffentlichen Entsorgung war nur zulässig, soweit die Abfälle nach ihrer Art oder Menge nicht mit den in Haushaltungen anfallenden Abfällen entsorgt werden konnten.

17 Nach dem Recht der Kreislaufwirtschaft soll den Abfallverursacher selbst die Grundpflicht der Abfallbeseitigung treffen, während die öffentlich-rechtlichen Entsorgungsträger nur unter den Voraussetzungen der §§ 17, 20 entsorgungspflichtig sein sollen. Grundmodell soll damit die private Entsorgungsverantwortung sein (*Hölscher* ZUR 1995, 176, 178; *Krahnefeld* NuR 1996, 269, 272; *Schink* DÖV 1995, 881; *Weidemann* GewArch

1997, 312). Die bis dahin, das heißt bis zum Jahre 1996, geltende Aufgabenverteilung einer privaten Produktion und einer öffentlichen Entsorgung sollte insoweit verändert werden.

Mit einer solchen Prinzipienwende war die Mehrheit der Bundesländer allerdings bereits im Gesetzgebungsverfahren 1994 nicht einverstanden. Sie wollte am bisherigen Entsorgungsmodell des AbfG, d. h. an der primären Beseitigungspflicht der öffentlichen Hand festhalten, wohl nicht zuletzt aus Sorge um die mangelnde Auslastung vorhandener und geplanter Beseitigungsanlagen der Kommunen und dem damit im Zusammenhang stehenden Anstieg der Abfallgebühren. Die Forderung dieser Länder setzte sich damals im Vermittlungsausschuss insoweit durch, als das alte Entsorgungsmonopol der öffentlichen Hand für den Bereich der Abfallbeseitigung im Grundsatz fortgeschrieben wurde. Durch die Ausnahmen der Überlassungspflichten wurde der Grundsatz einer verursacherorientierten Beseitigungspflicht praktisch wieder umgekehrt. Für die Abfallbeseitigung blieben danach, abgesehen von der Eigenbeseitigung gewerblicher Abfälle, die öffentlich-rechtlichen Entsorgungsträger zuständig. Selbst eine Eigenbeseitigung gewerblicher Abfälle war bereits nach § 13 Abs. 1 S. 2 KrW-/AbfG unzulässig, wenn überwiegende öffentliche Interessen eine Überlassung dieser Abfälle an den öffentlich-rechtlichen Entsorgungsträger erfordern. Daran hat sich durch das Inkrafttreten des KrWG im Jahre 2012 nichts geändert. **18**

Auch wenn durch die Reichweite der Überlassungspflichten für Abfälle zur Beseitigung aus Haushaltungen und sonstigen Herkunftsbereichen nach § 17 Abs. 1 der Grundsatz der verursacherorientierten Entsorgungsverantwortung der Abfallerzeuger und Abfallbesitzer weitgehend leerzulaufen droht, muss jedoch bedacht werden, dass in der Praxis und vor allem mengenbezogen eine gewichtige Entsorgungsverantwortung bei den Abfallbesitzern und Abfallerzeugern verbleibt, weil die öffentlich-rechtlichen Entsorgungsträger in erheblichem Umfang Abfälle aus der öffentlichen Entsorgung ausschließen (siehe dazu *Hahn* AbfallR 2020, 197 ff.). Nach § 20 Abs. 3 S. 2 können die öffentlich-rechtlichen Entsorgungsträger mit Zustimmung der zuständigen Behörde Abfälle zur Beseitigung aus anderen Herkunftsbereichen als privaten Haushaltungen von der Entsorgung ausschließen, soweit diese nach Art, Menge oder Beschaffenheit nicht mit den in Haushaltungen anfallenden Abfällen entsorgt werden können oder die Sicherheit der umweltverträglichen Beseitigung im Einklang mit den Abfallwirtschaftsplänen der Länder durch einen anderen öffentlich-rechtlichen Entsorgungsträger oder Dritten gewährleistet ist. Soweit Abfälle zur Verwertung aus anderen Herkunftsbereichen keiner Entsorgungspflicht der öffentlich-rechtlichen Entsorgungsträger gemäß § 20 Abs 1 unterliegen, können sie allerdings grundsätzlich auch nicht Gegenstand eines Ausschlusses aus der öffentlichen Entsorgung nach § 20 Abs. 3 S. 2 sein (OVG SA Beschl. v. 16.7.2019, juris Rn. 7). Dabei ist allerdings zu bedenken, dass es für die Unterscheidung von Abfällen zur Verwertung von Abfällen zur Beseitigung nach § 3 Abs. 1 S. 2 nicht darauf ankommt, ob die Abfälle verwertet werden können, sondern ob sie tatsächlich verwertet werden (dazu *Hahn* AbfallR 2020, 197). **19**

II. Entstehungsgeschichte

Die Regelung des § 15 entspricht im Wesentlichen den Vorgängerbestimmungen der § 10 und 11 KrW-/AbfG, die in einer Bestimmung zusammengefasst worden sind. Verzichtet wurde auf die Auflistung einzelner Phasen der Abfallbeseitigung des § 10 Abs. 2 S. 1 KrW-/AbfG, wonach die Abfallbeseitigung das Bereitstellen, Überlassen, Einsammeln, die Beförderung, die Behandlung, die Lagerung und Ablagerung von Abfällen zur **20**

Beseitigung umfasst. Aus der Verordnungsermächtigung des § 16 S. 1 Nr. 2 ergibt sich jedoch, dass der Gesetzgeber weiterhin davon ausgeht, dass die genannten Phasen Teilschritte der Abfallbeseitigung sein können.

21 Ebenfalls verzichtet wurde auf eine Regelung des **Grundsatzes der Inlandsbeseitigung,** den bis Ende 2012 § 10 Abs. 3 S. 1 KrW-/AbfG enthielt. Danach waren Abfälle im Inland zu beseitigen. Diese Regelung war entbehrlich geworden, weil sich der Grundsatz der Autarkie für die Abfallverbringung bereits aus § 2 Abs. S. 1 AbfVerbrG ergibt. Danach sind Abfälle, die aus dem Bundesgebiet verbracht werden sollen und zu Beseitigung bestimmt sind, vorrangig im Inland zu beseitigen. Sofern eine Beseitigung von Abfällen im Ausland nach § 2 Abs. 1 S. 1 AbfVerbrG und nach der EU-AbfVerbrV zulässig ist, hat die Beseitigung in einem Mitgliedstaat der Europäischen Union nach § 2 Abs. 1 S. 2 AbfVerbrG Vorrang vor der Beseitigung in einem anderen Staat.

22 § 11 KrW-/AbfG hatte im AbfG keinen unmittelbaren Vorgänger, weil der Gesetzgeber im AbfG noch von einer umfassenden Aufgabenwahrnehmung durch die entsorgungspflichtigen Körperschaften ausging. Für die aus der öffentlichen Entsorgung ausgeschlossenen Abfälle sah aber bereits § 3 Abs. 4 AbfG eine Entsorgungspflicht der Abfallbesitzer vor. Entsprechende Pflichten trafen nach altem Recht die Abfallerzeuger nicht.

23 Auch eine Getrennthaltungspflicht oder eine Getrenntsammlungspflicht sah das AbfG nicht, jedenfalls nicht unmittelbar vor. Regelungen zu einem **Vermischungsverbot** gab es jedoch bereits in den zwischenzeitlich aufgehobenen Technischen Anleitungen Abfall (Nr. 4.2) und Siedlungsabfall (Nr. 5.2) aus den Jahren 1991 und 1993.

24 § 15 setzt Vorgaben der AbfRRL um, wonach die Mitgliedstaaten verpflichtet sind, die erforderlichen Maßnahmen für eine gesundheits- und umweltverträgliche Abfallverwertung oder -beseitigung sicherzustellen und insbesondere Vorkehrungen zu treffen, dass jeder Abfallbesitzer diese selbst ordnungsgemäß entsorgt, sofern er die Abfälle nicht einem Dritten zur Entsorgung übergibt.

B. Grundpflichten der Abfallbeseitigung (Absatz 1)

25 Nach § 15 Abs. 1 S. 1 obliegt es den Erzeugern und Besitzern von Abfällen, die nicht verwertet werden, diese zu beseitigen, sofern sie nicht nach § 17 Abs. 1 zur Überlassung verpflichtet sind. Die Beseitigungspflicht bezieht sich auf sämtliche Maßnahmen zur Abfallbeseitigung einschließlich von Vorbereitungsmaßnahmen für die Abfallbeseitigung im Sinne von § 3 Abs. 22. Eine Zwischenlagerung von Abfällen zur Beseitigung außerhalb einer dafür zugelassenen Abfallbeseitigungsanlage im Sinne von § 28 verstößt insoweit gegen die Pflicht zur gemeinwohlverträglichen Abfallbeseitigung gemäß § 15 Abs. 1 S. 1 (*VG Düsseldorf* Urt. v. 15.12.2009 – j 17 K 2334/09, juris Rn. 21). Mit § 15 Abs. 1 S. 1 bestimmt der Gesetzgeber den Kreis der Beseitigungspflichtigen und setzt gleichzeitig das **Verursacherprinzip** gegenüber den Erzeugern und Besitzern von zu beseitigenden Abfällen um.

26 Nach § 7 Abs. 2 S. 2 hat die Verwertung von Abfällen Vorrang vor deren Beseitigung. Der Vorrang entfällt allerdings nach § 7 Abs. 2 S. 3, wenn die Beseitigung der Abfälle den Schutz von Mensch und Umwelt nach Maßgabe des § 6 Abs. 2 S. 2 und 3 am besten gewährleistet. Der Beseitigungsinfrastruktur kommt somit grundsätzlich eine bloße **Reservefunktion** gegenüber den Verwertungseinrichtungen zu. Die Beseitigungspflicht ist eine nachrangige Grundpflicht gegenüber der vorrangigen Verwertungspflicht (*Weidemann* NVwZ 1998, 258, 259). Eine Pflicht zur Beseitigung besteht für Abfälle, die nicht verwertet werden können, als auch für Abfälle, die verwertet werden könnten, jedoch nach dem Willen des Abfallbesitzers nicht verwertet werden sollen und auch nicht verwertet werden müssen (vgl. § 7 Abs. 4). Dem Erzeuger und Besitzer von Abfällen aus Haushaltungen steht insoweit ein Wahlrecht zu. Aus § 17 Abs. 1 S. 1 ergibt sich, dass es für den Umfang der Überlassungspflicht, die eine Verwertungspflicht entfallen lässt, unter anderem auf die **Verwertungsabsicht** ankommt. Besteht eine solche Absicht nicht, obwohl der angefallene Abfall verwertet werden könnte, braucht der Besitzer von Abfällen aus Haushaltungen den Abfall nicht zu verwerten; er kann ihn vielmehr dem öffentlich-rechtlichen Entsorgungsträger überlassen. Das gilt grundsätzlich nicht für den Besitzer und Erzeuger von Abfällen aus sonstigen Herkunftsbereichen. Denn diese Abfälle sind nur dann zu überlassen, wenn es sich um Abfälle zur Beseitigung handelt. Allerdings kommt es für die Einordnung der Abfälle als Abfälle zur Verwertung oder als Abfälle zur Beseitigung nach § 3 Abs. 1 S. 2 nicht darauf an, ob die Abfälle verwertbar sind, sondern ob sie tatsächlich verwertet werden (sollen). Das Bundesverwaltungsgericht versteht den dualen Abfallbegriff dynamisch. Entledigt sich der Abfallbesitzer seines Abfalls dadurch, dass er sie dem örtlich zuständigen öffentlich-rechtlichen Entsorgungsträger überlässt, ist nach Auffassung des BVerwG spätestens mit der Bereitstellung zur Verbringung bei ihm Abfall zur Beseitigung angefallen (*BVerwG* Beschl. v. 23.4.2008 – 9 B 4/07, Juris Rn. 12; Urt. v. 17.2.2005 – 7 C 25,03 und 7 C 6.04, Buchholz 451.221 § 12 KrW-/AbfG Nr. 2 und 3). Das ändert allerdings nichts daran, dass sich der Besitzer von Abfällen zur Verwertung aus sonstigen Herkunftsbereichen seiner Verwertungspflicht grundsätzlich nicht entziehen darf, wenn die Grenzen des § 7 Abs. 4 nicht überschritten werden (*Dieckmann* in Jarass/Petersen, KrWG, § 15 Rn. 11). Die zuständige Behörde kann bei fehlender Verwertungsabsicht des Abfallbesitzers eine bestehende Verwertungspflicht mithilfe einer Ordnungsverfügung, gestützt auf § 62, durchsetzen. Solange diese Möglichkeit besteht und die zuständige Behörde im Rahmen ihres Ermessens die Absicht verfolgt, eine solche Ordnungsverfügung zu erlassen, ist auch mit einer Verwertung zu rechnen, sodass weiterhin Abfall zur Verwertung vorliegt (*Klement* in Schmehl/Klement, KrWG, 2019, § 17 Rn. 97). Der Erlass einer solchen Ordnungsverfügung scheidet nicht schon deshalb aus, weil der Abfallbesitzer seine verwertbaren Abfall zur Überlassung bereitstellt und damit bekundet, diese nicht selbst verwerten zu wollen (*Klement* in Schmehl/Klement, KrWG, 2019, § 17 Rn. 97; *Karpenstein/Dingemann* in Jarass/Petersen, 2014, § 17 Rn. 104; siehe aber auch *BVerwG* Beschl. v. 23.4.2008, NVwZ 2008, 1119).

Das BVerwG vertritt hingegen die Ansicht, dass Abfälle, die aufgrund einer Wieder- **27**
verwendung oder einer sonstigen Nutzung als sog. Sekundärrohstoff im Wirtschaftskreislauf verwertbar sind, keine Abfälle zur Verwertung seien. Zur Vermeidung einer Behälterbenutzungspflicht könne ein Abfallerzeuger oder -besitzer sich somit nicht mit Erfolg auf die bloße Möglichkeit einer späteren Verwertung berufen. Eine Verwertungsmöglichkeit, die sich erst einem späteren Abfallbesitzer eröffne und ggf. von ihm auch genutzt werde, erlaube noch nicht den Rückschluss, dass beim Abfallerzeuger oder vorherigen Abfallbesitzer kein Beseitigungsabfall vorhanden gewesen sei. Entledigt sich der Abfallbesitzer der Abfälle dadurch, dass er sie dem örtlich zuständigen öffentlich-rechtlichen Entsorgungsträger überlasse, sei spätestens mit der Bereitstellung zur Verbringung bei ihm Abfall zur Beseitigung angefallen. Der öffentlich-rechtliche Entsorgungsträger habe dann etwaige Verwertungsmöglichkeiten erneut zu prüfen. Damit sei gewährleistet, dass bei verwertbaren Abfällen der Vorrang der Abfallverwertung auch dann beachtet werde, wenn in den Entsorgungsweg öffentlich-rechtliche Entsorgungsträger eingeschaltet seien (BVerwG Beschl. v. 23.4.2008, NVwZ 2008, 1119). Das Gericht verkennt in disem Beschluss, möglicherweise in dem Bemühen eine Behälterbenutzungspflicht zu rechtfertigen, die Verwertungspflicht des Abfallbesitzers und die Möglichkeiten der zuständigen Behörde, diese Verwertungspflicht auch durchzusetzen.

28 Soweit die Pflicht zur Verwertung entfällt, weil die Verwertung nach § 7 Abs. 4 S. 1 wirtschaftlich nicht zumutbar ist, besteht die Verwertungspflicht nicht, so dass der Abfall unstreitig dem öffentlich-rechtlich Entsorgungsträger zu überlassen ist, von dem dann zu prüfen ist, ob für ihn eine Verwertungspflicht besteht, ob insbesondere ihm die Verwertung ebenfalls wirtschaftlich nicht zuzumuten ist (§ 20 Abs. 1 S. 2).

I. Grundpflicht

29 In Absatz 1 S. 1 formuliert der Gesetzgeber Grundpflichten, die Abfallerzeuger und Abfallbesitzer als unmittelbar geltende Pflichten treffen. Grundpflichten sind nicht auf eine Umsetzung durch behördliche Anordnungen angewiesen. Sie gelten daher unabhängig von einer auf § 62 gestützten Ordnungsverfügung. Sie sind dynamisch und verändern sich auf der Grundlage neuer gesetzlicher Anforderungen (dazu *Beckmann* EuRUP 2020, 238, 244; *Schink* NVwZ 2017, 337, 339). Ihre Beachtung kann die zuständige Behörde durch Anordnungen nach § 62 durchsetzen. Schreitet die zuständige Abfallbehörde bei Verstößen gegen die Beseitigungspflicht nicht ein, entfällt dadurch die Beseitigungspflicht nicht. Sie bleibt auf der Grundlage des § 62 durchsetzbar (*Hilbers* in Schmehl/Klement KrWG, 2019, § 15 Rn. 12; *OVG SA* Beschl. v. 12.6.2013, NVwZ-RR 2013, 874, 875).

30 Umstritten ist, ob § 62 auch zu einem **Einschreiten gegen öffentlich-rechtliche Entsorgungsträger** berechtigt, etwa zur Durchsetzung der Pflicht, überlassene Abfälle und die in ihnen enthaltene Energie nach § 15 Abs. 1 S. 3 zu nutzen. Grundsätzlich gilt, dass ein ordnungsbehördliches Einschreiten der zuständigen Behörde gegen einen Hoheitsträger nach allgemeinen verwaltungsrechtlichen Prinzipien nicht zulässig ist (siehe dazu *Dippel* in Schink/Versteyl, KrWG 2016, § 62 Rn. 13; *Lechtermann* in Jahn/Deifuß-Kruse/Brandt, KrWG, § 62 Rn. 36; *Wenzel* in GK-KrWG, 2. Aufl. 2019, § 15 Rn. 12; *BVerwG,* Urt. v. 16.1.1968 – 1 A 1.67, BVerwGE 29, 52; BGH, Urt. v. 27.4.1970 – III ZR 49/69, NJW 1970, 1416; *VGH Kassel,* B. v. 7.3.1996 – 14 TG 3967/95, NVwZ 1997, 304; *OVG Lüneburg,* B. v. 4.9.1992 – 1 M 146/92, OVGE 43, 311; a. A. *Jacobi* in Versteyl/Mann/Schomerus, KrWG, 4. Aufl. 2019, § 62 Rn. 5 unter Verweis auf *BVerwG* Urt. v. 25.7.2002, NVwZ 2003, 346 zu einem Einschreiten nach § 24 BImSchG). Soweit es sich bei den öffentlich-rechtlichen Entsorgungsträgern um kommunale Selbstverwaltungskörperschaften handelt, sind ihnen die Entsorgungsaufgaben zur eigenverantwortlichen Wahrnehmung übertragen. Die Rechtmäßigkeit der kommunalen Aufgabenwahrnehmung wird grundsätzlich über die Instrumente der Kommunalaufsicht gesichert. Dem wird entgegengehalten, dass Hoheitsträger im Rahmen des KrWG nicht nur materiell, sondern auch formell polizeipflichtig seien, so dass auch gegen sie Anordnungen auf der Grundlage des § 62 ergehen könnten; dafür spreche insbesondere ein Umkehrschluss aus § 66 (Vollzug im Bereich der Bundeswehr), der bei genereller Ausnahme von Hoheitsträgern überflüssig wäre (*Jacobi* in Versteyl/Mann/Schomerus, KrWG, 4. Aufl. 2019, § 62 Rn. 5; v. *Komorowski* in Jarass/Petersen, KrWG, 2014, § 62 Rn. 35; siehe auch *VG Gelsenkirchen* Urt. v. 25.9.2018, AbfallR 2018, 118, juris Rn. 99; *Britz* DVBl. 2002, 891).

31 Es muss differenziert werden: Dort wo es um die Art und Weise der Wahrnehmung von Aufgaben der Abfallentsorgung nach § 20 Abs. 1 durch den öffentlich-rechtlichen Entsorgungsträger geht, scheidet ein ordnungsrechtliches Einschreiten der zuständigen Abfallbehörde gegen den öffentlich-rechtlichen Entsorgungsträger aus vorgenannten Gründen aus. Etwas anderes gilt, soweit der öffentlich-rechtliche Entsorgungsträger als Grundstückseigentümer für sein Grundstück und als Besitzer dort befindlicher Abfälle zustandsverant-

wortlich und dementsprechend auch Adressat einer Ordnungsverfügung werden kann, oder wenn der öffentlich-rechtliche Entsorgungsträger als Betreiber einer immissionsschutzrechtlich genehmigten Abfallentsorgungsanlage Adressat von nachträglichen Anordnungen oder als Betreiber einer immissionsschutzrechtlich nicht genehmigungspflichtigen Abfallentsorgungsanlage Adressat einer Anordnung nach § 24 BImSchG wird.

Die Missachtung der Abfallbeseitigungsgrundpflicht kann außerdem **zivilrechtliche** **32**
Haftungsfolgen auslösen und strafrechtlich sanktioniert sein (vgl. § 326 StGB). Sie ist **bußgeldbewehrt,** wenn Abfälle, die nicht verwertet werden, außerhalb einer Anlage nach § 28 Abs. 1 S. 1 behandelt, gelagert oder abgelagert (§ 69 Abs. 1 Nr. 2). Ordnungswidrig handelt auch, wer ohne Erlaubnis nach § 54 Abs. 1 S. 1 gefährliche Abfälle sammelt oder befördert, mit ihnen Handel treibt oder diese makelt (§ 69 Abs. 1 Nr. 7) oder gegen Rechtverordnungen verstößt, die Anforderungen an die Abfallbeseitigung nach § 16 konkretisieren (§ 61 Abs. 1 Nr. 8).

Das KrWG regelt nicht abschließend, in welcher konkreten Art und Weise die Ver- **33**
pflichteten ihre Grundpflicht zur Abfallbeseitigung erfüllen müssen. Soweit das Gesetz bzw. Verordnungen auf der Grundlage des § 16 keine konkreten Anforderungen stellen, bleiben den Betroffenen bei der Erfüllung ihrer Beseitigungspflichten **Wahlrechte** (*BVerfG* Urt. v. 7.5.1998, UPR 1998, 265; *Beckmann* NuR 1999, 28 ff.). Ein Wahlrecht gilt grundsätzlich auch für den **Ort der Beseitigung.** Einschränkungen können sich allerdings gemäß § 30 Abs. 4 i. V. m. Abs. 1 S. 4 aus für verbindlich erklärten **Festlegungen eines Abfallwirtschaftsplans** ergeben. Denn danach können die Beseitigungspflichtigen gezwungen werden, sich einer bestimmten Beseitigungsanlage zu bedienen. Einen vergleichbaren Zwang können auch **landesrechtliche Andienungs- und Überlassungspflichten** für gefährliche Abfälle zur Beseitigung auf der Grundlage des § 17 Abs. 4 auslösen.

Abfallerzeuger und Abfallbesitzer sowie öffentlich-rechtliche Entsorgungsträger kön- **34**
nen **Dritte** mit der Erfüllung ihrer Pflichten nach Maßgabe des § 22 S. 1 betrauen. Diese Möglichkeit erstreckt sich auch auf eine Beauftragung hinsichtlich des (Ein-)Sammelns von Abfällen, auch wenn der Wortlaut nur auf Verwertung und Beseitigung abstellt. Denn damit gemeint und eingeschlossen sind auch sämtliche Vorbereitungshandlungen wie etwa das Einsammeln (*OVG NRW* Urt. v. 15.8.2013 – 20 A 3043/11, juris Rn. 68). Die Verantwortlichkeit von Abfallbesitzern und Abfallerzeugern für die Erfüllung der Pflichten bleibt hiervon allerdings nach § 22 S. 2 unberührt und solange bestehen, bis die Entsorgung endgültig und ordnungsgemäß abgeschlossen ist. Die Anforderungen des Abfallrechts an Deponien enden demensprechend auch nicht mit der Betriebseinstellung einer Deponie. Die Grundpflicht des § 15 Abs. 2, Abfälle ohne Beeinträchtigung des Wohls der Allgemeinheit zu beseitigen, ist erst erfüllt, wenn eine gemeinwohlverträgliche Ablagerung auf Dauer gesichert ist (*Müller-Mitschke* AbfallR 2019, 254).

Werden Abfälle eines entsorgungspflichtigen Abfallbesitzers bei einem mit der Entsor- **35**
gung beauftragten Dritten mit Abfällen gleicher Art anderer Entsorgungspflichtiger vermischt, bleibt jeder Entsorgungspflichtige für einen Anteil an der Gesamtmenge des vermischten Abfalls verantwortlich, der mengenmäßig seinem Beitrag entspricht (*OVG BB* Beschl. v. 14.11.2019, juris Rn. 18; *BVerwG* Urt. v. 28.6.2007, NVwZ 2007, 1185; dazu *Gassner/Thärichen* AbfallR 2007, 164, 172).

§ 22 S. 3 schreibt außerdem vor, dass die beauftragten Dritten über die erforderliche **36**
Zuverlässigkeit verfügen müssen. Eine **pflichtenbefreiende Beauftragung** Dritter, die in der Vergangenheit § 16 Abs. 2 Satz KrW-/AbfG ermöglichte, sieht das Gesetz nicht mehr vor. Allerdings gelten nach § 72 Abs. 1 S. 1 Pflichtenübertragungen nach § 16 Abs. 2, 17 Abs. 3 oder 18 Abs. 2 KrW-/AbfG fort. Die zuständige Behörde kann nach § 72 Abs. 1 S. 2 bestehende Pflichtenübertragungen auch noch verlängern.

37 Die Abfallbeseitigung dient dem dauerhaften Ausschluss des Abfalls aus der Kreislaufwirtschaft. Wann die Beseitigungspflicht des Abfallerzeugers bzw. Abfallbesitzers endet, ist im Gesetz nicht ausdrücklich geregelt. Die Regelung des Zeitpunkts zum **Ende der Abfalleigenschaft** in § 5 gilt nur für Abfälle zur Verwertung. Die Beseitigungspflicht ist nicht bereits dann erfüllt, wenn die Abfälle einem Beseitigungsverfahren zugeführt worden sind. Auch die Weitergabe der Abfälle an ein Unternehmen, das die Abfälle beseitigen soll, beendet noch nicht die Pflichtenstellung des Beseitigungspflichtigen. Sie endet vielmehr erst dann, wenn die Abfallbeseitigung ordnungsgemäß abgeschlossen worden ist. Wann dies der Fall ist, kann für einzelne Beseitigungsmethoden unterschiedlich entschieden werden (*Dieckmann* in Jarass/Petersen, KrWG, 2014, § 15 Rn. 20ff.). Relativ einfach zu beantworten ist die Frage bei der **thermischen Behandlung** von Abfällen zur Beseitigung, soweit die Abfälle durch die Verbrennung ihre Existenz verlieren. Mit dem ordnungsgemäßen Abschluss des Verbrennungsvorgangs endet auch die Beseitigungspflicht. Ähnliches dürfte auch für eine Beseitigung im Wege biologischer oder chemisch-physikalischer Behandlungsverfahren gelten. Schwieriger ist das Ende der Abfallbeseitigungspflicht bei der **Abfallablagerung** zu bestimmen. Denn auch nach einer ordnungsgemäßen Ablagerung auf einer Deponie können sich im Nachgang dazu im Rahmen des Nachsorgeverfahrens oder sogar noch nach Beendigung der Nachsorgephase Beeinträchtigungen des Wohls der Allgemeinheit herausstellen, zu deren Beseitigung der ehemalige Abfallbesitzer/Abfallerzeuger grundsätzlich noch herangezogen werden kann.

II. Adressaten der Beseitigungspflicht

38 Adressaten der Beseitigungspflicht sind Abfallerzeuger, Abfallbesitzer und öffentlich-rechtliche Entsorgungsträger. Hersteller und Vertreiber, die Abfälle auf Grund einer Rechtsverordnung nach § 25 oder freiwillig zurücknehmen, unterliegen nach § 27 ebenfalls den Pflichten eines Besitzers von Abfällen und damit ggfls. auch einer Beseitigungspflicht.

39 Nach § 3 Abs. 8 ist **Erzeuger** des Abfalls jede natürliche oder juristische Person, durch deren Tätigkeit Abfälle angefallen sind (Ersterzeuger), oder jede Person, die Vorbehandlungen, Mischungen oder sonstige Behandlungen vorgenommen hat, die eine Veränderung der Natur oder der Zusammensetzung dieser Abfälle bewirken (Zweiterzeuger). Die Einbeziehung des Abfallerzeugers in die Beseitigungspflicht dient der Durchsetzung des Verursacherprinzips. Die Verpflichtung von Abfallerzeugern und Abfallbesitzern entspricht insoweit der allgemeinen Aufteilung ordnungsrechtlicher Verantwortung zwischen Verhaltensverantwortlichen und Zustandsverantwortlichen. Nach der Rechtsprechung des BVerwG ist Abfallerzeuger grundsätzlich derjenige, der als Inhaber der tatsächlichen Sachherrschaft die letzte Ursache für die Umwandlung einer Sache zu Abfall gesetzt hat. Ausnahmsweise kann eine andere, vorgelagert handelnde Person als Abfallerzeuger zu qualifizieren sein, wenn ihr Verhalten sich aufgrund besonderer Umstände bei *wertender* Betrachtung als wesentliche Ursache für die Abfallentstehung darstellt (*BVerwG* Urt. v. 15.10.2014 – 7 C 1/13, juris Rn. 15). Abfallerzeuger wird z.B. auch derjenige, der durch Vermischung von durch Abbruch neu geschaffener oder auf einem Grundstück lagernder bzw. dorthin verbrachter Abfälle mit Erdreich des Grundstücks und die Errichtung von Erdwällen hieraus an anderer Stelle des Grundstücks veranlasst (*OVG BB* Beschl. v. 19.9.2014 – OVG 11 S 42.14, juris Rn. 5).

40 Die Rechtspflicht zur Abfallbeseitigung trifft neben dem Erzeuger auch den **Besitzer** von Abfällen. Nach § 3 Abs. 9 ist Besitzer von Abfällen jede juristische oder natürliche Person, die die tatsächliche Sachherrschaft über die Abfälle hat. Der Abfallbesitz setzt

keinen Besitzbegründungswillen voraus, so dass ein Abfallbesitz auch an solchen Abfällen entstehen kann, die gegen den Willen des Grundstückseigentümers auf sein Grundstück gelangt sind. Grundstückseigentümer, Mieter, Pächter und andere vergleichbare Nutzer sind daher regelmäßig Abfallbesitzer. Abfallbesitz kann hingegen nicht angenommen werden, wenn nicht einmal ein Mindestmaß an tatsächlicher Sachherrschaft vorhanden ist. Das ist anzunehmen, wenn sich die tatsächliche Herrschaftsbeziehung nicht von derjenigen beliebiger anderer Personen unterscheidet. Dementsprechend sind Grundstückseigentümer und Grundstücksbesitzer keine Abfallbesitzer, wenn die Abfälle auf einem Grundstück lagern, das der Allgemeinheit rechtlich und tatsächlich frei zugänglich ist, zB aufgrund naturschutz- oder waldrechtlicher Betretungsrechte. In einem solchen Fall vermitteln das Eigentum oder der Besitz an dem Grundstück nach der Verkehrsauffassung keinen Herrschaftsbereich, der zugleich auch die tatsächliche Gewalt über die darauf befindlichen Gegenstände begründet (*OVG SA* Beschl. v. 2.10.2019, NVwZ-RR 2020, 482).

Überwiegend wird die Ansicht vertreten, dass der Abfallbesitzer unabhängig vom Andauern seines Besitzes solange entsorgungspflichtig bleibt, bis diese Pflicht abschließend gesetzeskonform erfüllt ist (*Jacobj* in Versteyl/Mann/Schomerus, KrWG, 2019, § 3 Rn. 65; *Hilbert* in Schmehl/Klement, KrWG, 2019, § 15 Rn. 17; *VG Augsburg* Urt. v. 8.2.2021 Au 9 K 20.1387, juris). Etwas anderes soll im Falle der Übernahme des Betriebs einer Anlage iSv § 3 Abs. 5 BImSchG gelten. Bei den genehmigungsbedürftigen Abfallentsorgungsanlagen ist die Abfallbeseitigung eine anlagenbezogene Betreiberpflicht, die den jeweils aktuellen Anlagenbetreiber betrifft (*Hilbert* in Schmehl/Klement, KrWG, 2019, § 15 Rn. 18). **41**

Sind Erzeuger und Besitzer des Abfalls verschiedene Personen, so können beide Adressaten in Anspruch genommen werden. Die Behörde ist bei der Durchsetzung der Beseitigungspflicht nicht an eine Rangfolge gebunden. Die **Auswahl des Pflichtigen** steht in ihrem Ermessen. Es gibt weder einen abstrakten Vorrang der Inanspruchnahme des Abfallerzeugers noch umgekehrt eine solche des Abfallbesitzers (*VGH Kassel* Beschl. v. 9.10.2012, NVwZ-RR 2013, 136, 138; *OVG Lüneburg* Beschl. v. 9.3.2011, NVwZ-RR 2011, 400; *OVG SA* Beschl. v. 22.6.2009 – 2 M 28/13, juris Rn. 13 ff.; *Enders* AbfallR 2008, 56, 61 f.; *Hilbert* in Schmehl/Klement, KrWG 2019, § 15 Rn. 25; a. A. *Krahnefeld* NuR 1996, 269, 272; *Versteyl* NVwZ 2007, 1150 f., der wegen des Verursacherprinzips von einer vorrangigen Inanspruchnahme des Abfallerzeugers ausgeht). **42**

Bei der Ermessensausübung kann die Behörde das Verursacherprinzip berücksichtigen, was für eine Inanspruchnahme des Abfallerzeugers spricht (*Krahnefeld* NuR 1996, 269, 272; *VGH München* Beschl. v. 21.11.1988 – 20 CS 88.2324, NuR 1989, 311). Die gebotene Effizienz des ordnungsbehördlichen Einschreitens kann umgekehrt im Einzelfall aber für eine vorrangige Inanspruchnahme des Abfallbesitzers sprechen (zur Abfallbeseitigungspflicht des **Insolvenzverwalters** siehe *OVG Lüneburg* Beschl. v. 3.12.2009 – 7 ME 55/09, juris Rn. 12; *BVerwG* Beschl. v. 25.1.2010 – 3 B 1/00 juris; *BVerwG* Urt. v. 22.10.1998 – 7 C 38/97, NJW 1999, 1416). **43**

Zutreffend ist es auch, dass bei der Störerauswahl berücksichtigt werden kann, ob der Abfallerzeuger den aktuell leistungsfähigen Abfallbesitzer mit der Entsorgung beauftragt und bereits dafür bezahlt hat (*Hilbert* in Schmehl/Klement, KrWG 2019, § 15 Rn. 25; *Shirvani/Schröder* UPR 2008, 41, 44). Obwohl der Wortlaut des Abs. 1 S. 1 („oder") auf den ersten Blick dagegen zu sprechen scheint, können bei Personenverschiedenheit von Abfallerzeuger und Abfallbesitzer beide auch anteilig in Anspruch genommen. **44**

Auch **Personengesellschaften** können Abfallerzeuger oder Abfallbesitzer sein, auch wenn es sich bei ihnen nicht um natürliche oder juristische Personen handelt (*BVerwG* Urt. v. 1.10.2015 – 7 C 8/14, BVerwGE 153, 99; *Beckmann* AbfallR 2013, 296; *Peter-* **45** *sen/Hermann* AbfallR 2014, 62; a. A. *VGH München* Urt. v. 26.9.2013 – 20 BV 13.428 und 20 BV 13.5126, juris; B. v. 11.3.2014 – 29 ZB 13.1838, juris; *VGH BW* GewArch 2014, 29 und vom 10.10.2013 10 S 1202/13, juris; *OVG NRW* Beschl. v. 9.12.2013 – 20 B 319/13 –, juris; *OVG Lüneburg* Beschl. v. 22.5.2015 – 7 ME 15/15, juris Rn. 5).

46 Neben den Abfallbesitzern und den Abfallerzeugern sind auch die öffentlich-rechtlichen Entsorgungsträger nach § 20 Abs. 1 S. 1 zur Abfallbeseitigung nach Maßgabe der §§ 15, 16 verpflichtet.

III. Ausnahmen der Beseitigungspflicht

47 Nach Absatz 1 S. 1 ist die Beseitigungspflicht durch den Verweis auf § 17 eingeschränkt. Erzeuger und Besitzer von Abfällen aus privaten Haushaltungen sind abweichend von Absatz 1 S. 1 gemäß § 17 Abs. 1 S. 1 verpflichtet, ihre Abfälle den öffentlich-rechtlichen Entsorgungsträgern zu überlassen, soweit sie zu einer Verwertung auf den von ihnen im Rahmen ihrer privaten Lebensführung genutzten Grundstücken nicht in der Lage sind oder diese nicht beabsichtigen. Das Gleiche gilt für Erzeuger und Besitzer von Abfällen zur Beseitigung aus anderen Herkunftsbereichen, soweit sie diese nicht in eigenen Anlagen beseitigen oder überwiegende öffentliche Interessen eine Überlassung trotz der beabsichtigten Eigenbeseitigung erfordern. Die öffentlich-rechtlichen Entsorgungsträger können allerdings nach § 20 Abs. 3 S. 1, 2 mit Zustimmung der zuständigen Behörde Abfälle von der Entsorgung ausschließen. Insoweit bleibt es dann bei der Beseitigungspflicht der Abfallerzeuger und Abfallbesitzer.

48 Die Ausnahmen von der Beseitigungspflicht zugunsten einer Überlassungspflicht verkehren den Grundsatz der Eigenverantwortlichkeit von Abfallbesitzern und Abfallerzeugern, der ursprünglich eine Prinzipienwende gegenüber der alten Rechtslage unter dem AbfG mit dem Ziel einer Aufgabe des öffentlichen Entsorgungsmonopols (dazu *Beckmann* NWVBL 1995, 86; *Beckmann/Kersting* BB 1997, 161, 164) herbeiführen sollte, in das Gegenteil. Die eigenverantwortliche Beseitigung der Abfälle durch Abfallbesitzer und Abfallerzeuger wird zur Ausnahme, die Abfallbeseitigung durch öffentlich-rechtliche Entsorgungsträger zur Regel. Dementsprechend trifft die Beseitigungspflicht nach § 15 Abs. 1 in erster Linie die öffentlich-rechtlichen Entsorgungsträger (*Queitsch* in Beck-OK zum KrWG, Stand 1.1.2021, § 15 Rn. 3).

49 Öffentlich-rechtliche Entsorgungsträger sind regelmäßig die Landkreise und kreisfreien Städte. In den Bundesländern Hessen und Nordrhein-Westfalen sind auch die kreisangehörigen Städte und Gemeinde öffentlich-rechtliche Entsorgungsträger für das Einsammeln und Befördern der Abfälle. Die öffentlich-rechtlichen Entsorgungsträger können jedoch nach § 20 Abs. 3 Abfälle unter den dort genannten Voraussetzungen aus der öffentlichen Entsorgung ausschließen, so dass im praktischen Ergebnis die Beseitigung von Abfällen aus Gewerbe und Industrie in großem Umfang Aufgabe der Abfallbesitzer und Abfallerzeuger und damit auch der von ihnen beauftragten privaten Entsorgungswirtschaft bleibt.

IV. Behandlung der Abfälle (Absatz 1 S. 2)

50 Nach Absatz 1 S. 2 sind durch eine Behandlung der Abfälle deren Menge und Schädlichkeit zu verringern. Damit werden Mengen- und Schadstoffreduzierung als Zweck der Abfallbehandlung vom Gesetzgeber vorgegeben. Gemeint sind damit vorbereitende Behandlungen vor einer Ablagerung oder thermischen Beseitigung. Daneben ist natürlich auch die thermische Behandlung unabhängig davon, ob man sie als vorbereitende Behandlung für die Ablagerung der noch verbleibenden Restabfälle ansieht oder nicht, geeignet, Menge und Schädlichkeit der Abfälle zu reduzieren. Was eine Abfallbehandlung in diesem Sinne ist, definiert der Gesetzgeber nicht. Eine Behandlung der Abfälle liegt in aller Regel dann vor, wenn durch eine Sortierung, Mischung, durch Änderung der Konsistenz, Zerkleinern oder ähnliche Tätigkeiten die Beschaffenheit oder Zusammensetzung der Abfälle verändert wird. Nach § 2 Nr. 5 DepV ist eine Behandlung ein mechanisches, physikalisches, thermisches, chemisches oder biologisches Verfahren oder eine Verfahrenskombination, die das Volumen oder die schädlichen Eigenschaften der Abfälle verringert. Zu den Maßnahmen der Abfallbehandlung zählen insbesondere die Abfallverbrennung und die mechanisch-biologische Vorbehandlung mit dem Ziel, die Abfälle zu inertisieren, um sie ablagerungsfähig zu machen.

Umstritten ist, ob sich aus § 15 Abs. 1 S. 2 eine **Vorbehandlungspflicht** ergibt (bejahend z.B. *Kropp* in v. Lersner/Wendenburg, § 15 KrWG Rn. 26f.; *Schütze* in Kopp-Assenmacher, KrWG, § 15 Rn. 10; ablehnend *Hilberg* in Schmehl/Klement, KrWG 2019, § 15 Rn. 32; *Dieckmann* in Jarass/Petersen, KrWG, 2014, § 15 Rn. 26f.). Zutreffend dürfte § 15 Abs. 1 S. 2 so zu verstehen sein, dass für den Fall, dass die Abfälle behandelt werden, ihre Menge und Schädlichkeit zu reduzieren sind. Eine Abfallbeseitigung ist aber auch ohne Vorbehandlung zulässig, wenn sie für eine thermische Behandlung oder für eine Ablagerung nicht erforderlich ist. Eine Behandlungspflicht kann sich allerdings aus anderen Vorschriften ergeben. **51**

Nach § 6 Abs. 1 S. 1 DepV dürfen Abfälle auf Deponien oder Deponieabschnitten nur abgelagert werden, wenn bestimmte Annahmekriterien bereits bei der Anlieferung der Abfälle eingehalten werden. Soweit es zur Einhaltung dieser Annahmekriterien erforderlich ist, sind die Abfälle nach § 6 Abs. 1 S. 3 DepV vor der Ablagerung zu behandeln. Die Behandlung ist ausreichend, wenn das Behandlungsergebnis irreversibel ist und die Annahmekriterien durch die Behandlung dauerhaft eingehalten werden (§ 6 Abs. 1 S. 4 DepV). **52**

Eine **Verminderung der Schädlichkeit** der Abfälle liegt vor, wenn der Schadstoffgehalt der Abfälle verringert wird. Eine reine Vermischung oder Konditionierung von Abfällen, die den Gesamtgehalt der Schadstoffe nicht reduziert, ist insoweit keine Verminderung der Schädlichkeit (*Dieckmann* in Jarass/Petersen, KrWG, § 15 Rn. 27). Eine **Mengenreduzierung** lässt sich über eine Verringerung des spezifischen Gewichts und des Volumens erreichen. Auch eine **Verdichtung** des Abfalls kann dem Behandlungszweck dienlich sein. Die Pflicht zur Verminderung von Menge und Schädlichkeit kennt keine Ausnahmen. Der auch hier geltende **Verhältnismäßigkeitsgrundsatz** sorgt jedoch dafür, dass die Grenzen des technisch Möglichen und wirtschaftlich Zumutbaren nicht überschritten werden. **53**

Die sich aus Absatz 1 S. 2 ergebende Behandlungspflicht zur Mengen- und Schädlichkeitsreduzierung verpflichtet neben den Besitzern und Erzeugern des Abfalls auch die öffentlich-rechtlichen Entsorgungsträger, die Abfälle vor einer Ablagerung zu behandeln. Die Einzelheiten dazu sind in den **Abfallwirtschaftskonzepten** der öffentlich-rechtlichen Entsorgungsträger im Sinne von § 21 zu regeln. **54**

V. Gebot der stofflichen und energetischen Nutzung (Absatz 1 S. 3)

Bei der Behandlung und Ablagerung anfallende Energie oder Abfälle sind hochwertig zu nutzen. Mit der Verpflichtung auf eine „hochwertige" Nutzung hat der Gesetzgeber die Anforderungen an die Abfallbeseitigung verändert. Denn bis zum Inkrafttreten des KrWG mussten die bei der Behandlung und Ablagerung anfallende Energie und Abfälle **55**

„soweit wie möglich" genutzt werden. Das verwertungsbezogene Hochwertigkeitsgebot des § 8 Abs. 1 S. 3 soll entsprechend auf die Abfallbeseitigung angewendet werden.

56 Zur energetischen Verwertung kann die in den Abfällen vorhandene Energie entweder zur Stromerzeugung genutzt werden; außerdem kann die **Verbrennungswärme** von Müllverbrennungsanlagen zur energetischen Nutzung eingesetzt werden. Energetisch genutzt werden kann häufig auch das bei der Ablagerung entstehende **Deponiegas,** das allerdings bei konsequenter Vorbehandlung durch die thermische oder mechanisch-biologische Vorbehandlung immer weniger anfällt. Neben der Nutzung der bei der Behandlung anfallenden Energie gebietet Satz 3 ferner die Nutzung der beim Behandlungsvorgang anfallenden Abfälle. Dies kann z. B. durch die Nutzung der bei der thermischen Behandlung anfallenden Schlacken im Straßenbau geschehen.

57 Die Behandlung und Ablagerung bleibt auch dann als Abfallbeseitigung anzusehen, wenn dabei anfallende Energie oder Abfälle genutzt werden können und diese Nutzung nur Nebenfolge der Beseitigung ist (§ 3 Abs. 26 S. 1). Ist die Nutzung der Abfälle oder der Energie Hauptergebnis der Maßnahmen, dann handelt es sich unter Beachtung der weiteren Kriterien des § 3 Abs. 23 S. 1 um eine Abfallverwertung.

C. Wohl der Allgemeinheit (Absatz 2)

58 Absatz 2 regelt die Art und Weise der Abfallbeseitigung. Dabei orientiert sich der Gesetzgeber an den Vorgängervorschriften der § 10 Abs. 4 KrW-/AbfG und § 2 Abs. 1 S. 2 AbfG. Zentraler Begriff ist das „Wohl der Allgemeinheit". Dieser Begriff ist aus einer Vielzahl weiterer Gesetze, z. B. aus dem WHG und nicht zuletzt aus Art. 14 Abs. 3 GG bekannt, wo er die Schwelle einer zulässigen Enteignung markiert.

59 Die abfallrechtliche Gemeinwohlklausel stellt Anforderungen, die grundsätzlich für den gesamten Bereich der Abfallbeseitigung beachtlich sind. Umstritten ist allerdings, inwieweit diese Regelung auch bei der **Zulassung von Abfallbeseitigungsanlagen** zu beachten ist, für die eine immissionsschutzrechtliche Genehmigung erteilt werden muss. Unproblematisch ist diese Frage, wenn sich aus der Gemeinwohlklausel keine Anforderungen ergeben, die über das sonstige einschlägige Zulassungsrecht hinausgehen. Regelmäßig dürfte dies so sein, weil Absatz 2 S. 2 mit den aufgelisteten Einzelbelangen seinerseits auf das Fachrecht Bezug nimmt. Im Übrigen aber ist entscheidend, ob es sich bei Absatz 2 um eine anlagenbezogene Regelung handelt, die über § 6 Nr. 2 BImSchG bei der Genehmigungsentscheidung beachtlich ist.

60 Nach der Rechtsprechung des BVerwG gehört die in § 15 Abs. 2 geregelte Pflicht, Abfälle so zu beseitigen, dass das Wohl der Allgemeinheit nicht beeinträchtigt wird, für eine gemäß § 35 Abs. 1 immissionsschutzrechtlich genehmigungsbedürftige Abfallentsorgungsanlage nicht zu den anderen öffentlich-rechtlichen Vorschriften im Sinne des § 6 Abs. 1 Nr. 2 BImSchG (*BVerwG* Beschl. v. 17.6.2014 – 7 B 14/14, juris Rn. 5). Sie verdrängt deshalb mit ihrem Maßstab der Gemeinwohlverträglichkeit auch nicht Vorschriften, die strengere Anforderungen an die Errichtung und den Betrieb der Abfallentsorgungsanlage stellen.

61 Öffentlich-rechtliche Vorschriften werden, dem Charakter der immissionsschutzrechtlichen Genehmigung als Sachgenehmigung folgend, von § 6 Abs. 1 Nr. 2 BImSchG nur erfasst, wenn sie **anlagenbezogen** sind (*Jarass* BImSchG, 13. Aufl. 2020, § 6 Rn. 23a). Das ist bei der in § 15 Abs. 2 geregelten Pflicht, Abfälle ohne Beeinträchtigung des Wohls der Allgemeinheit zu beseitigen, nach Auffassung des BVerwG für sich betrachtet nicht der Fall. Sie ist an alle Erzeuger und Besitzer von Abfällen gerichtet, die nach § 15 Abs. 1 S. 1 beseitigungspflichtig sind, und insoweit handlungsbezogen (*Hilbert* in

Schmehl/Klement, KrWG 2019, § 15 Rn. 37). Nach Ansicht des OVG NRW gehören allerdings bei immissionsschutzrechtlich genehmigungsbedürftigen Abfallbehandlungsanlagen zu den anderen öffentlich-rechtlichen Vorschriften iSv § 6 Abs. 1 Nr. 2 BImSchG auch § 7 Abs. 3 Sätze 1 und 3 (*OVG NRW* Urt. v. 18.12.2019 – 8 D 9/16.AK, BeckRS 2019, 38852). Bei Abfallbehandlungsanlagen, deren Hauptzweck darin bestehe, angelieferte Abfälle zu bearbeiten, betreffe die Verwertung von Abfällen innerhalb der Anlage den Kern des Anlagenbetriebs. Würden angenommene Abfälle in einer solchen Anlage in Erzeugnisse eingebunden, würden die stoff- oder produktbezogenen Anforderungen an solche Erzeugnisse insoweit grundsätzlich auch zu anlagenbezogenen Vorschriften (*OVG NRW* Urt. v. 18.12.2019 – 8 D 9/16.AK, BeckRS 2019, 38852; OVG SA. Urt. v. 11.11.2004 – 2 L 393/01, juris Rn. 25; OVG NRW Urt. v. 10.12.1999 – 21 A 3481/96, juris Rn. 24; *Petersen* in Jarass/Petersen, KrWG, 2014, § 13 Rn. 37; *Mann* in Versteyl/Mann/Schomerus, KrWG, 2019, § 13 Rn. 8). Die Art und Weise der Abfallverwertung in einer immissionsschutzrechtlich genehmigten Anlage sei daher auch von der **Legalisierungswirkung** der Genehmigung erfasst.

Zur Voraussetzung für die Zulassung einer Abfallbeseitigungsanlage oder einer Deponie wird die Erfüllung dieser abfallrechtlichen Grundpflicht nur, wenn die Zulassungsnorm dies ausdrücklich bestimmt. Für die Planfeststellung von Deponien ist das in § 36 Abs. 1 S. 1 geschehen. Für nach dem BImSchG genehmigungsbedürftige Abfallentsorgungsanlagen macht § 6 Abs. 1 Nr. 1 BImSchG die Erteilung der Genehmigung von der Erfüllung der sich aus § 5 BImSchG ergebenden Grundpflichten und der sich aus einer Rechtsverordnung nach § 7 BImSchG ergebenden Pflichten abhängig. Eine entsprechende Vorschrift für die in § 15 Abs. 2 geregelte abfallrechtliche Grundpflicht enthält weder das BImSchG noch das WHG. Eine Regelungslücke ergibt sich daraus nicht. Für immissionsschutzrechtlich genehmigungsbedürftige Abfallentsorgungsanlagen wird das Wohl der Allgemeinheit durch die sich aus § 5 BImSchG und aus Rechtsverordnungen nach § 7 BImSchG ergebenden Pflichten sowie die anderen, gemäß § 6 Abs. 1 Nr. 2 BImSchG von allen immissionsschutzrechtlich genehmigungsbedürftigen Anlagen einzuhaltenden öffentlich-rechtlichen Vorschriften konkretisiert (BVerwG Beschl. v. 17.6.2014 – 7 B 14/14, juris Rn. 5). **62**

Nach überwiegender Ansicht gilt § 5 Abs. 1 Nr. 3 BImSchG im Übrigen nicht für Abfälle, die in eine immissionsschutzrechtliche Anlage zur dortigen Behandlung eingebracht werden, sondern nur für Abfälle, die bei Errichtung oder Betrieb einer immissionsschutzrechtlichen Anlage anfallen oder erzeugt werden (OVG SH Urt. v. 26.5.2009 – 1 LB 38/08, juris Rn. 27; *Dietlein* in Landmann/Rohmer, Umweltrecht, § 5 BImSchG Rn. 171, 174; *Jarass,* BImSchG, 13. Aufl. 2020, § 6 Rn. 26; *Beckmann* I+E 2014, 192, 194; offen gelassen von OVG NRW Urt. v. 18.12.2019 – 8 D 9/16.AK, BeckRS 2019, 38852). **63**

I. Nachvollziehende Abwägung im Einzelfall

Der Allgemeinwohlbegriff bedarf, soweit er nicht durch untergesetzliche Regelungen näher ausgestaltet wird, in hohem Maße der Konkretisierung im Einzelfall. Gleichwohl gelten verfassungsrechtliche Zweifel an seiner hinreichenden Bestimmtheit als unbegründet. Dies hat seinen Grund unter anderem darin, dass der Begriff durch Rechtsprechung und Rechtslehre in den verschiedenen Regelungsbereichen, in denen er vom Gesetzgeber verwendet worden ist, näher konkretisiert worden ist und dass der Allgemeinwohlbegriff schon in der Weimarer Reichsverfassung (Art. 153) seinen Platz hatte. Trotz des hohen Maßes seiner Unbestimmtheit ist der Allgemeinwohlbegriff grundsätzlich voll ge- **64** richtlich überprüfbar. Ein **Beurteilungsspielraum** steht den Behörden insoweit nicht zu (*Dieckmann* in Jarass/Petersen, KrWG, 2014, § 15 Rn. 40; *Schütze* in Kopp-Assenmacher, KrWG, § 15 Rn. 18 a. A. *Garrelmann* in Schink/Versteyl, KrWG, 2016, § 15 Rn. 23).

65 Nach der Auflistung des Absatzes 2 S. 2 ist der Allgemeinwohlbegriff des KrWG nicht auf abfallwirtschaftliche Belange beschränkt. Er erstreckt sich vielmehr insbesondere auf den Schutz der öffentlichen Sicherheit und Ordnung allgemein und damit nicht zuletzt auf die Beachtung anderer öffentlich-rechtlicher Vorschriften. Der Begriff „insbesondere" in Absatz 2 S. 2 macht zudem deutlich, dass es sich lediglich um eine **beispielhafte Aufzählung** des Gesetzgebers handelt, die im Einzelfall ergänzungsfähig und -bedürftig ist (*BVerwG* Urt. v. 27.3.1992, DÖV 1992, 749; *VGH München* Beschl. v. 1.3.1993, BayVBl. 1993, 304, 305). Zusätzlich kommen etwa abfallwirtschaftliche, kommunalwirtschaftliche, wirtschaftspolitische, strukturpolitische oder bodendenkmalpflegerische Belange in Betracht (vgl. zum letzteren *BVerwG* Beschl. v. 26.11.1991 NVwZ 1992, 787 – Grube Messel). Auch Fragen des **Klimaschutzes** können eine Rolle spielen (*Oehlmann* AbfallR 2013, 258; *Beckmann* AbfallR 2008, 65; *Hilbert* in Schmehl/Klement, KrWG 2019, § 15 Rn. 38). Der Schutz des Allgemeinwohls beschränkt sich nicht auf das inländische Gemeinwohl, sondern bezieht auch **grenzüberschreitende** Auswirkungen ein.

66 Die in Absatz 2 S. 2 erwähnten und die unerwähnten, gleichwohl dem Allgemeinwohl zuzurechnenden Schutzgüter stehen grundsätzlich nicht in einer **Hierarchie,** sondern gleichberechtigt nebeneinander (*BVerwG* Beschl. v. 20.7.1979, DÖV 1980, 133, 134). Der Schutz der einzelnen Rechtsgüter des Allgemeinwohls kann zu Beeinträchtigungen eines anderen Schutzgutes führen. So kann die Luftreinhaltung wegen der Ablagerung von Filterstäuben zu Boden- oder Gewässerbeeinträchtigungen führen. Umgekehrt kann die thermische Behandlung von Abfällen zur Vermeidung ihrer Ablagerung Fragen der Luftreinhaltung aufwerfen. Die betroffenen Belange zu gewichten und in das rechte Verhältnis zu setzen, ist Aufgabe der nachvollziehenden **Abwägung** bei der Auslegung des Allgemeinwohlbegriffs im Einzelfall (*BVerwG* Urt. v. 21.2.1992, BVerwGE 90, 42, 47 f.; *BVerwG* Urt. v. 27.3.1992, BVerwGE 90, 96, 100). Allerdings ergibt sich aus verfassungsrechtlichen Gründen ein Vorrang des Schutzes der menschlichen Gesundheit. Aus der Verfassung oder dem einfachen Gesetzesrecht können sich weitere Gewichtungsvorgaben ergeben. Das gilt etwa für den durch Art. 20a GG mit Verfassungsrang ausgestatteten Schutz natürlicher Lebensgrundlagen.

67 Die Beachtung der in Absatz 2 S. 2 aufgelisteten Belange ist somit nicht im Sinne eines strikten Gebots oder Verbots angeordnet. Anlagen zur Beseitigung von Abfällen können nämlich grundsätzlich – mit Ausnahme des strikt gebotenen Gesundheitsschutzes – nicht ohne Beeinträchtigung der genannten Einzelbelange errichtet und betrieben werden. Dies gilt für den Schutz von Tieren und Pflanzen genauso wie für Boden, Gewässer, Luft und Lärm.

II. Kompensation öffentlicher Belange

68 Regelmäßig ist eine Allgemeinwohlunverträglichkeit bereits dann anzunehmen, wenn im Einzelfall ein einzelnes der aufgelisteten Schutzgüter beeinträchtigt wird. Rechtsvorschriften, die Beeinträchtigungen des Gemeinwohls untersagen, sind grundsätzlich so zu verstehen, dass bereits jedes entgegenstehende öffentliche Einzelinteresse die negative Rechtsfolge auslöst, eine Kompensation mit gleichzeitig geförderten öffentlichen Interessen also im Regelfall nicht möglich ist. Ausnahmsweise kann eine Allgemeinwohlklausel jedoch die Berücksichtigung positiv und negativ beeinflusster öffentlicher Interessen im

Sinne einer Kompensation voraussetzen (vgl. *Hoppe/Beckmann* Umweltrecht, § 28 Rn. 31; *Beckmann* DÖV 1987, 944, 951; *BVerwG* Urt. v. 9.11.1984, NWZ 1985, 414; zur Öffnung des wasserrechtlichen Allgemeinwohlbegriffs für nicht wasserwirtschaftliche Belange siehe *BVerwG* Urt. v. 17.3.1989, NVwZ 1989, 1061 C 159 S; *BVerwG* Urt. v. 9.11.1984, NVwZ 1985, 414; *VGH Mannheim* Urt. v. 18.3.1987, NVwZ 1988, 380).

Nach der Rechtsprechung des *BVerwG* verlangt die Bestimmung dessen, was das Wohl der Allgemeinheit als Voraussetzung erfordert, eine Bilanzierung öffentlicher und privater Interessen. Auch im Abfallrecht ist zur Feststellung einer Beeinträchtigung des Wohls der Allgemeinheit eine Abwägung widerstreitender Interessen erforderlich. Absatz 2 S. 2 spricht einzelne Schutzgüter nicht „absolut" an, sondern im Rahmen dessen, was das Wohl der Allgemeinheit jeweils im Einzelfall erfordert. Die wohl überwiegende Auffassung im Abfallrecht geht davon aus, dass die in anderen Gesetzen geregelte Ge- und Verbote im Rahmen des Allgemeinwohlbegriffs relativiert werden können. Ob dies allerdings auch für zwingende Anforderungen gilt, die in Vorschriften außerhalb des KrWG geregelt sind, ist zweifelhaft (*Dieckmann* in Jarass/Petersen, KrWG, 2014, § 15 Rn. 42). **69**

III. Gerichtliche Überprüfbarkeit

Die Frage, ob die behördliche Einschätzung der Abfallbeseitigung als allgemeinwohlverträglich, gerichtlich voll überprüfbar ist oder nicht, ist umstritten. Teilweise wird bei der Auslegung des abfallrechtlichen Allgemeinwohlbegriffs ein gerichtlich nur eingeschränkt überprüfbarer **Beurteilungsspielraum** eingeräumt. Bei Allgemeinwohlbegriffen, bei deren Anwendung eine Kompensation öffentlicher Belange untereinander stattfinden könne oder sogar solle, wolle der Gesetzgeber die Lösung eines in der konkreten Situation auftretenden Zielkonflikts der zur Entscheidung berufenen Stelle überantworten. Eine solche Aufgabe könne nicht im Wege einfacher Rechtsanwendung bewältigt werden. Das Entscheidungsprogramm sei nicht konditional strukturiert und deswegen im eigentlichen Sinne nicht subsumtionsfähig. Es seien deshalb die vom *BVerwG* für die planerischen Abwägungen entwickelten Grundsätze anzuwenden. Demgegenüber vertritt die Gegenansicht die Auffassung, die Auslegung des Allgemeinwohlbegriffs sei gerichtlich voll überprüfbar (*Dieckmann* in Jarass/Petersen, KrWG, 2014, § 15 Rn. 40; *BVerwG* Beschl. v. 20.12.1988 – UPR 1989, 273, 274; Urt. v. 17.1.1986, BVerwGE 72, 365, 367; Urt. v. 19.2.1976, NJW 1976, 1266; *BVerwG* Urt. v. 9.11.1984, DVBl. 1985, 399, 401; *Schink* DVBl. 1986, 161; *VG Köln* Urt. v. 15.4.1982, UPR 1983, 130; siehe auch *BVerwG* Urt. v. 4.8.1983, BVerwGE 67, 321, wonach ein Beurteilungsspielraum hinsichtlich der Verantwortung der Verwaltung für die „zweckmäßige Erfüllung der Beseitigungspflicht" und das „Wohl der Allgemeinheit" bei der Abfallbeseitigung bestehen soll). **70**

Die notwendige Abwägung widerstreitender Interessen bei der Auslegung eines Rechtsbegriffs spricht nicht für einen gerichtlich nur beschränkt überprüfbaren Beurteilungsspielraum. Im Gegenteil dürfte gerade die Unbestimmtheit des Begriffs verfassungsrechtlich nur wegen der uneingeschränkten gerichtlichen Kontrollmöglichkeit akzeptabel sein. Eingeschränkt ist die gerichtliche Kontrolle allerdings insoweit, als der Allgemeinwohlbegriff durch **normenkonkretisierende Verwaltungsvorschriften** vorgeprägt wird. **71**

Absatz 2 S. 2 schützt das Allgemeinwohl. Die Vorschrift ist nicht nachbar- oder drittschützend (*VGH Mannheim* Urt. v. 7.3.1979, DVBl. 1979, 788; *OVG Lüneburg* Beschl. v. 24.1.1986, NuR 1986, 209, 211). Die vom Allgemeinwohlbegriff erfassten Schutzgüter sind teilweise allerdings auch **Individualrechtsgüter** (an erster Stelle z. B. die Gesundheit), so dass eine zu befürchtende Beeinträchtigung dieser Schutzgüter auch Abwehr- **72** rechte von Nachbarn oder Dritten begründen kann. Auch **Abfallsatzungen,** mit denen die Art und Weise geregelt wird, mit der Abfälle dem öffentlich-rechtlichen Entsorgungsträger zu überlassen sind, haben sich an den Regelungen des KrWG auszurichten (*OVG MV* Urt. v. 30.10.2018, juris Rn. 62). Ob und inwieweit bei dem Erlass von Abfallsatzungen auch privaten Interessen, z. B. der Abfallentsorger, zu berücksichtigen sind, ist noch nicht abschließend geklärt (verneinend *OVG MV* Urt. v. 30.10.2018, juris Rn. 62; das BVerwG hat mit Beschl. v. 13.2.2020 die Revision gegen das Urteil des OVG MV zur Klärung der Frage zugelassen, ob beim Erlass einer kommunalen Abfallsatzung nach § 17 Abs. 1 und § 20 Abs. 2 KrWG auch die rechtlichen Interessen eines privaten Abfallentsorgers zu berücksichtigen sind, *BVerwG* Beschl. v. 13.2.2020, AbfallR 2020, 146).

IV. Gefahrenprognose

73 Die Prüfung der Allgemeinwohlverträglichkeit der Abfallbeseitigung setzt eine Prognose der zu erwartenden nachteiligen Auswirkungen voraus. Absatz 2 S. 2 verlangt zwar die Vermeidung einer Beeinträchtigung des Allgemeinwohls, bestimmt jedoch nicht den Wahrscheinlichkeitsgrad, ab dem solche Beeinträchtigungen anzunehmen sind. Ausgehend von dem polizeirechtlich geprägten Gefahrenbegriff sind Beeinträchtigungen des Allgemeinwohls zu erwarten, wenn sie nach allgemeiner Lebenserfahrung und anerkannten fachlichen Regeln wahrscheinlich und ihrer Natur nach annähernd voraussehbar sind. Hinsichtlich des Grades der Wahrscheinlichkeit der zu besorgenden Beeinträchtigungen muss differenziert werden nach dem Rang des bedrohten Rechtsgutes und nach dem Ausmaß des zu befürchtenden Schadens. Je größer und folgenschwerer dieser ist, umso geringer sind die Anforderungen, die an die Wahrscheinlichkeit seines Eintrittes gestellt werden können (*OVG Münster* Urt. v. 7.6.1990, NVwZ 1991, 1200, 1202; *VGH München* Beschl. v. 4.7.1995, BayVBl. 1996, 111, 112). Bei der Gefahrenprognose ist nicht maßgeblich, ob Dritte sich beeinträchtigt fühlen. Entscheidend sind vielmehr objektive Kriterien, nicht aber subjektive Kriterien wie etwa die Belange nachteilig Betroffener oder der Behörde.

74 Umstritten ist, ob eine konkrete Gefahr erforderlich ist oder ob eine abstrakte Gefahr ausreicht, einen Verstoß gegen das Gebot der Gemeinwohlverträglichkeit zu belegen (*Hilbert* in Schmehl/Klement, KrWG 2019, § 15 Rn. 40). Ob man die Frage tatsächlich einzelfallbezogen beantworten kann und dabei auf das Gewicht der betroffenen Belange sowie die zeitliche Überschaubarkeit der Beseitigungsmaßnahme abstellen kann, erscheint zweifelhaft (so aber *Hilbert* in Schmehl/Klement, KrWG 2019, § 15 Rn. 40). Vielmehr dürfte jedenfalls für ein ordnungsbehördliches Einschreiten wegen eines Verstoßes gegen § 15 Abs. 2 eine konkrete Gefahr erforderlich sein.

75 Innerhalb der Aufzählung der einzelnen Belange des Allgemeinwohls spricht der Gesetzgeber von Beeinträchtigung, Gefährdung, schädlicher Beeinflussung, Herbeiführung schädlicher Umwelteinwirkungen, Störungen etc. Das kann Anlass zu einer Differenzierung bezogen auf die Gefahrenschwelle aber auch hinsichtlich des Wahrscheinlichkeitsgrades geben, mit dem eine Allgemeinwohlunverträglichkeit zu befürchten sein muss, um von einer nicht mehr zulässigen Abfallbeseitigung sprechen zu müssen.

V. Gefahrenvorsorge

76 Absatz 4 S. 2 differenziert nicht zwischen der Gefahrenabwehr und der Gefahrenvorsorge. Das bedeutet allerdings nicht, dass die geforderte Allgemeinwohlverträglichkeit der

Abfallbeseitigung den Vorsorgegrundsatz auszublenden hätte (*BVerwG* Urt. v. 1.12.1982, DVBl. 1983, 351, 352f). Vielmehr können Aspekte der Vorsorge, etwa der Ressourcenschonung, der Flächenfreihaltung, etc. berücksichtigt werden.

VI. Einzelne Belange des Allgemeinwohls

1. Menschliche Gesundheit (Nr. 1). Absatz 4 S. 2 Nr. 1 schützt die menschliche Gesundheit. Die besondere Schutzbedürftigkeit dieses Rechtsgutes bedarf keiner Begründung und ergibt sich bereits aus Art. 2 Abs. 2 GG. Insofern ist Absatz 2 S. 2 Nr. 1 eine Konkretisierung der grundrechtlich vorgegebenen staatlichen Schutzpflicht für die körperliche Unversehrtheit. **77**

Gesund ist der Mensch, wenn alle Organe ungestört tätig sind und harmonisch zur Erhaltung der Gesundheit zusammenwirken, sowie die Fortpflanzung gewährleisten. Geschützt wird insoweit die Gesundheit im *biologisch-physiologischen* Sinne (*BVerfG* Beschl. v. 14.1.1981, BVerfGE 56, 54). Nicht geschützt ist demgegenüber das **psychisch-soziale Wohlbefinden.** Geschützt ist die Gesundheit jedes Menschen und nicht nur die der „durchschnittlich gesunden Menschen" (*VG Minden* Urt. v. 10.6.1986, UPR 87, 36). **78**

Ausnahmen bestehen jedoch hinsichtlich außergewöhnlicher Krankheiten und Empfindlichkeiten (z. B. Allergien). In diesen Grenzfällen kann bei Abwägung der widerstreitenden Schutzgüter das Interesse der Allgemeinheit an einer geordneten Abfallbeseitigung auch dem Gesundheitsschutz einzelner vorgehen. Würde man die menschliche Gesundheit als absolutes Schutzgut ansehen, wären derartige Kompromisse zugunsten der Allgemeinheit nicht möglich. Die menschliche Gesundheit muss somit als relatives Schutzgut verstanden werden. Das menschliche Wohlbefinden wird neben der menschlichen Gesundheit in Absatz 2 S. 2 Nr. 1 nicht genannt. **79**

Bloße **Belästigungen,** die nicht gesundheitsgefährdend sind, sondern lediglich subjektives Wohlbefinden beeinträchtigen, etwa eine Geruchsbelästigung oder ein abstoßender Anblick, führen noch nicht zur Allgemeinwohlunverträglichkeit des Vorhabens nach Absatz 2 S. 2 Nr. 1. Das heißt nicht, dass nicht gesundheitsbeeinträchtigende Geruchsbelästigungen bei der Zulassung einer Abfallbeseitigungsanlage unberücksichtigt bleiben müssen. Sie können etwa im Bereich des Immissionsschutzes (Abs. 2 S. 2 Nr. 4) oder bei der planerischen Abwägung im Planfeststellungsverfahren eine Rolle spielen. **80**

Im Unterschied zur früheren Rechtslage nach § 2 Abs. 2 Nr. 1 AbfG, die eine *Gefährdung* der Gesundheit voraussetzte, muss jetzt eine *Beeinträchtigung* der menschlichen Gesundheit vorliegen, um von einer Allgemeinwohlunverträglichkeit sprechen zu können. Ein inhaltlicher Bedeutungswandel ergibt sich aus dieser Änderung der Wortwahl wohl nicht. Eine Beeinträchtigung liegt nämlich auch schon dann vor, wenn eine konkrete Gefährdung gegeben ist (siehe auch *Schomerus* in Versteyl/Mann/Schomerus, KrWG, § 15 Rn. 16; a. A. *Hilbert* in Schmehl/Klement, KrWG 2019, § 15 Rn. 40, der meint, dass die Unterscheidung von Beeinträchtigungen und Gefahren auch im Kreislaufwirtschaftsrecht ihre Gültigkeit behielte, aber einräumt, dass seine Ansicht kaum zu abweichenden Ergebnissen führe, weil Einzelfallanordnungen zur Durchsetzung der Pflichten aus § 15 schon dann auf § 62 gestützt werden könnten, wenn lediglich die Gefahr einer Beeinträchtigung bestehe). Eine nur abstrakte Gefahr kann jedoch nicht als Beeinträchtigung der menschlichen Gesundheit verstanden werden. Jedoch muss auch bei der Beurteilung der Beeinträchtigung die Bedeutung der befürchteten Gesundheitsbeeinträchtigung berücksichtigt werden. Je schwerwiegender diese ist, desto geringere Anforderungen können an die Wahrscheinlichkeit ihres Eintritts gestellt werden. **81**

82 **2. Tiere und Pflanzen.** Absatz 2 S. 2 Nr. 2 schützt Tiere und Pflanzen. Eine Beschränkung des Schutzes auf Nutztiere bzw. -pflanzen gibt es zu Recht nicht mehr. Absatz 2 S. 2 Nr. 2 schützt bereits vor einer Gefährdung der Tier- und Pflanzenwelt. Diese ist zu befürchten, wenn aufgrund naturwissenschaftlicher Erkenntnisse und Erfahrungen, selbst bei ungewöhnlichen Umständen, eine gewisse Wahrscheinlichkeit oder konkrete Anhaltspunkte für die Möglichkeit der Beeinträchtigung bestehen.

83 Absatz S. 2 Nr. 2 dient grundsätzlich nicht dem Schutz einzelner Tiere oder Pflanzen. Bei einem solchermaßen weiten Verständnis des Schutzbereichs der Vorschrift wären Errichtung und Betrieb einer Abfallbeseitigungsanlage nicht denkbar. Andererseits setzt der Schutz selbstverständlich nicht erst bei einer Gefährdung des Bestandes insgesamt ein. Der Eingriff in die Tier- und Pflanzenwelt ist im Sinne der Verhältnismäßigkeit vornehmlich an der Einhaltung eines **biologischen Gleichgewichts** der Tier- und Pflanzenwelt zu orientieren.

84 **3. Gewässer und Boden.** Nach Abs. 2 S. 2 Nr. 3 liegt eine Beeinträchtigung des Allgemeinwohls vor, wenn Gewässer oder Böden schädlich beeinflusst werden.

85 **a) Gewässer.** Als Gewässer sind alle oberirdischen Gewässer einschließlich der Meere und das Grundwasser geschützt. Eine schädliche Beeinflussung des Gewässers ist dann anzunehmen, wenn sein Gebrauchs- und Verbrauchswert für Menschen, Tiere und Pflanzen herabgesetzt oder das Bild und der Erholungswert des Gewässers beeinträchtigt wird. § 3 Nr. 10 WHG definiert als schädliche Gewässerveränderungen Veränderungen von Gewässereigenschaften, die das Wohl der Allgemeinheit, insbesondere die öffentliche Wasserversorgung, beeinträchtigen oder die nicht den Anforderungen entsprechen, die sich aus dem WHG, aus aufgrund des WHG erlassenen oder sonstigen wasserrechtlichen Vorschriften ergeben.

86 Gewässer i. S. d. Gesetzes sind als solche geschützt, nicht etwa nur hinsichtlich ihrer Benutzbarkeit durch die Menschen. Hinsichtlich der Beurteilung einer möglichen nachteiligen Beeinflussung des Gewässers sind neben wasserwirtschaftlichen vor allem ökologische Aspekte von Belang. Die Erheblichkeit einer physikalischen, biologischen, chemischen oder thermischen Veränderung und damit die Beurteilung einer Beeinflussung des Gewässers hängen ab von der Größe und Tiefe des Gewässers, der Fließgeschwindigkeit und anderen Umständen des Einzelfalls.

87 **b) Boden.** Hinsichtlich des Bodenbegriffes kann auf die Legaldefinition des § 2 Abs. 1 BBodSchG verwiesen werden. Boden ist danach die obere Schicht der festen Erdkruste, soweit sie Träger der in § 2 Abs. 2 BBodSchG genannten Bodenfunktionen ist, einschließlich der flüssigen Bestandteile (Bodenlösung) und der gasförmigen Bestandteile (Bodenluft), ohne Grundwasser und Gewässerbetten. Abfallrechtlich geht es beim Schutz des Bodens damit genauso wie im Bodenschutzrecht selbst um alle ökologischen Eigenschaften und Funktionen, nicht nur um die Fruchtbarkeit des Bodens. Das BBodSchG findet im Übrigen nur Anwendung, soweit nicht Vorschriften des KrWG über die Zulassung und den Betrieb von Abfallbeseitigungsanlagen sowie über die Stilllegung von Deponien Einwirkungen auf den Boden regeln (§ 3 Abs. 1 Nr. 2 BBodSchG). Zur Feststellung einer schädlichen Beeinflussung des Bodens kann auf die gesetzliche Definition der schädlichen Bodenveränderung des § 2 Abs. 3 BBodSchG zurückgegriffen werden. Danach sind schädliche Bodenveränderungen Beeinträchtigungen der Bodenfunktionen, die geeignet sind, Gefahren, erhebliche Nachteile oder erhebliche Belästigungen für den Einzelnen oder die Allgemeinheit herbeizuführen.

88 Vorhaben der Abfallbeseitigung, wie die Errichtung von Deponien, Verbrennungsanlagen etc. haben regelmäßig eine Beeinträchtigung des Bodens – schon wegen des Flä-

chenverbrauches und der Versiegelung – zur Folge. Dieses bedeutet nicht, dass ein solches Vorhaben nicht zulässig sei. Auch hier muss eine Abwägung zwischen den für das Vorhaben streitenden Belangen und den Bodenbeeinträchtigung stattfinden, wobei Bodenverbrauch und Bodenbelastungen, soweit wie möglich zu verhindern sind (*Garrelmann* in Schink/Versteyl, KrWG, 2016, § 15 Rn. 32).

4. Luftverunreinigung und Lärm. Absatz 2 S. 2 Nr. 4 schützt die Umwelt vor schädlichen Luftverunreinigungen und Lärm. Nach § 3 BImSchG müssen diese schädlichen Einwirkungen (Immissionen) nach Art, Ausmaß oder Dauer geeignet sein, Gefahren, erhebliche Nachteile oder erhebliche Belästigungen für die Allgemeinheit oder Nachbarschaft herbeizuführen. Dabei kommen neben den Immissionen, die beim jeweiligen Beseitigungsvorgang entstehen auch solche in Betracht, die bei Hilfshandlungen der Abfallbeseitigung entstehen (z. B. Bereitstellung, Beförderung, Lagerung, Ablagerung von Abfällen). **89**

Der Begriff der **Luftverunreinigung** ist in § 3 Abs. 4 BImSchG definiert. Danach sind Luftverunreinigungen Veränderungen der natürlichen Zusammensetzung der Luft, insbesondere durch Rauch, Ruß, Staub, Gase, Aerosole, Dämpfe oder Geruchsstoffe. Dabei macht es keinen Unterschied, dass in Nr. 4 von „Herbeiführung" und in § 5 Abs. 1 Nr. 1 BImSchG von „nicht hervorrufen" gesprochen wird. Entscheidend ist die hinreichende Wahrscheinlichkeit auch künftiger Beeinträchtigungen. **90**

Der Begriff **Lärm** ist im BImSchG nicht definiert. Nr. 2.11 TA Lärm definiert Lärm als Schall (Geräusch), der Nachbarn oder Dritte stören (gefährden, erheblich benachteiligen oder erheblich belästigen) kann oder stören würde. Bei der Beurteilung im Einzelfall muss abgewogen werden, wie hoch und andauernd die Lärmbelästigung ausfällt. Bei dieser Abwägung stellen die Richtwerte der TA Lärm einen Maßstab für die Bestimmung der Erheblichkeitsgrenze dar. **91**

5. Raumordnung, Naturschutz und Städtebau (Nr. 5). a) Raumordnung. Nach Absatz 2 S. 2 Nr. 5 liegt eine Beeinträchtigung des Allgemeinwohls auch dann vor, wenn Ziele, Grundsätze und sonstige Erfordernisse der Raumordnung nicht beachtet oder die Belange des Naturschutzes, der Landschaftspflege sowie des Städtebaus nicht berücksichtigt werden. Raumordnung ist die zusammenfassende und übergeordnete Planung und Ordnung des Raumes des Bundes. Der Grad der Verbindlichkeit raumordnerischer Erfordernisse ist von der Einordnung in die raumordnungsrechtliche Systematik abhängig (vgl. zur unterschiedlichen Bindungswirkung der Erfordernisse der Raumordnung § 4 ROG und *Beckmann* Raumordnungsrecht in Hoppenberg/de Witt, Handbuch des öffentlichen Baurechts, Rn. 106 ff.). Nach § 3 Nr. 1 ROG zählen zu den Erfordernissen der Raumordnung die *Ziele der Raumordnung,* die *Grundsätze der Raumordnung* und die *sonstigen Erfordernisse der Raumordnung.* **92**

Ziele der Raumordnung sind verbindliche Vorgaben in Form von räumlich und sachlich bestimmten und bestimmbaren, vom Träger der Landes- oder Regionalplanung abschließend abgewogenen textlichen oder zeichnerischen Festlegungen in Raumordnungsplänen zur Entwicklung, Ordnung und Sicherung des Raums (vgl. § 3 Nr. 2 ROG). Sie sind von öffentlichen Stellen bei ihren raumbedeutsamen Planungen und Maßnahmen zu beachten. Daraus folgt, dass sich die Behörde bei der Zulassung einer Abfallbeseitigungsanlage nicht über die dem Vorhaben entgegenstehenden Ziele der Raumordnung (z. B. eine regionalplanerische Schutzgebietsausweisung, ein Grundwasserschongebiet etc.) hinwegsetzen darf (§ 4 Abs. S. 2 Nr. 1 und Nr. 2 ROG) Für **private Vorhabenträger** sind Ziele der Raumordnung grundsätzlich nur vermittelt über das Bauplanungsrecht zu beachten (vgl. für den Außenbereich aber § 35 Abs. 3 BauGB). **93**

94 **Grundsätze der Raumordnung** sind allgemeine Aussagen zur Entwicklung, Ordnung und Sicherung des Raumes in oder aufgrund von § 2 ROG als Vorgaben für nachfolgende Abwägungs- oder Ermessensentscheidungen (§ 3 Nr. 3 ROG). **Sonstige Erfordernisse der Raumordnung** sind in Aufstellung befindliche Ziele der Raumordnung, Ergebnisse förmlicher landesplanerischer Verfahren wie des Raumordnungsverfahrens und landesplanerischer Stellungnahmen (§ 3 Nr. 4 ROG). Die Grundsätze und sonstigen Erfordernisse der Raumordnung sind von öffentlichen Stellen bei raumbedeutsamen Planungen und Maßnahmen in der Abwägung oder bei der Ermessensausübung nach Maßgabe der dafür geltenden Vorschriften zu berücksichtigen (§ 4 Abs. 2 ROG).

95 Im Abfallrecht spielen die Belange der Raumordnung vor allem bei der Abfallwirtschaftsplanung und im Planfeststellungsverfahren eine Rolle.

96 **b) Naturschutz und Landschaftspflege.** Nach Absatz 2 S. 2 Nr. 5 liegt eine Beeinträchtigung des Wohls der Allgemeinheit auch dann vor, wenn bei der Beseitigung von Abfällen die Belange des Naturschutzes und der Landschaftspflege nicht gewahrt werden. Naturschutz und Landschaftspflege sind begrifflich nicht strikt voneinander trennbar. Sie dienen dazu, die Pflanzen- und die Tierwelt mit ihren natürlichen Lebensgrundlagen, die Vielfalt, Eigenart und Schönheit von Natur und Landschaft sowie die Leistungsfähigkeit des Naturhaushalts zu bewahren, zu pflegen und zu entwickeln. Die Ziele und Grundsätze des Naturschutzes und der Landschaftspflege sind in §§ 1, 2 BNatSchG formuliert.

97 Konkretisiert werden Belange des Naturschutzes und der Landschaftspflege über die **Landschaftsplanung.** Beachtliche Konsequenzen für Abfallbeseitigungsanlagen ergeben sich aus der **Eingriffsregelung** des BNatSchG und der Landesnaturschutzgesetze. Die Landschaftsplanung setzt zur Verwirklichung der Ziele des Naturschutzes und der Landschaftspflege die notwendigen Schutz-, Pflege- und Entwicklungsmaßnahmen fest und konkretisiert diese für einen bestimmten Raum. Die überörtlichen Erfordernisse und Maßnahmen zur Verwirklichung der Ziele des Naturschutzes und der Landschaftspflege werden in Landschaftsprogrammen und Landschaftsrahmenplänen, die örtlichen Erfordernisse und Maßnahmen in Landschaftsplänen dargestellt. Über die Integration in die Landes- und Regionalpläne auf der überörtlichen Ebene können diese Darstellungen **Ziele der Raumordnung** werden und insoweit an deren Bindungswirkung teilhaben. Landschaftspläne können landesrechtlich verbindlich gemacht werden. Soweit im Rahmen der Landschaftsplanung verbindliche Schutzgebiete ausgewiesen werden, können diese der Errichtung und dem Betrieb von Abfallbeseitigungsanlagen entgegenstehen.

98 Nach den Naturschutzgesetzen der Länder gelten Deponien als **Eingriffe in Natur und Landschaft.** Bei der Aufstellung von Bebauungsplänen ist § 1a Abs. 3 BauGB zu beachten. Die Anwendung der Eingriffsregelung erfolgt im Rahmen der planerischen Abwägung. Im Außenbereich gilt dagegen das dreistufige naturschutzrechtliche Regelungsmodell, wonach vermeidbare Beeinträchtigungen zu vermeiden sind, unvermeidbare Beeinträchtigungen soweit wie möglich auszugleichen und nicht auszugleichende Eingriffe aufgrund einer Abwägung entweder abzulehnen oder unter Anordnung von Ersatzmaßnahmen zuzulassen sind. Bei der Entscheidung über die Zulassung von Abfallbeseitigungsanlagen muss berücksichtigt werden, dass ein Eingriff in Natur und Landschaft mit dem Vorhaben notwendigerweise verbunden und insoweit regelmäßig unvermeidbar ist. Die Beeinträchtigung von Natur und Landschaft ist insoweit kein zwingender Versagungsgrund, sondern im Rahmen der Abwägung zu berücksichtigen (*BVerwG* Urt. v. 10.10.1988, NuR 1989, 85).

99 **c) Städtebau.** Die zu berücksichtigenden Belange des Städtebaus ergeben sich in erster Linie aus dem BauGB, insbesondere aus den §§ 29 ff. BauGB, aber z. B. auch aus Kri-

terien für städtebauliche Missstände des § 136 BauGB. Für die planungsrechtliche Zulässigkeit von Abfallbeseitigungsanlagen sind daher grundsätzlich auch die §§ 29ff. BauGB zu *beachten* bzw., wenn die Anlagen im Sinne von § 38 BauGB privilegiert sind, zu *berücksichtigen*. Der Unterschied zwischen privilegierten und nicht privilegierten Vorhaben liegt darin, dass die genannten Vorschriften bei nicht privilegierten Anlagen zwingend zu beachten sind, bei privilegierten Anlagen dagegen zwar zu berücksichtigen sind, im Rahmen einer planerischen Abwägung aber auch zurückgestellt werden können.

Welche Anlagen als **Abfallbeseitigungsanlagen** nach § 38 BauGB privilegiert sind, **100** soll sich nach den Vorschriften des Abfallrechts richten (*Dippel* AbfallR 2020, 57, 65; *Runkel* in Ernst/Zinkahn/Bielenberg/Krautzberger, BauGB, Stand:9/2019, § 38 BauGB Rn. 42; *Kraft* in BeckOK BauGB, Stand: 11/2019, § 38 Rn. 15f.). Nach § 28 Abs. 1 S. 1 sind Abfallbeseitigungsanlagen solche Anlagen oder Einrichtungen, in denen Abfälle zum Zweck der Beseitigung behandelt, gelagert oder abgelagert werden. Dippel weist zutreffend darauf hin, dass es nach dem eindeutigen Wortlaut dieser Vorschrift nicht auf die Zweckbestimmung des Abfalls, sondern auf die der Entsorgungshandlung ankommt. Insofern folge aus § 28 Abs. 1 S. 1 i. V. m. § 3 Abs. 26 S. 1 und § 3 Abs. 23 S. 1, dass eine Abfallbeseitigungsanlage eine Anlage oder Einrichtung ist, in der ein Behandeln, Lagern oder Ablagern von Abfällen zum Zweck der Beseitigung erfolgt, also nicht mit dem Hauptergebnis innerhalb der Anlage oder in der weiteren Wirtschaft einem sinnvollen Zweck zugeführt würden. Die Verwendung des Begriffs der „Abfallbeseitigungsanlage" in § 38 BauGB führe dazu, dass der Anwendungsbereich des § 38 BauGB erheblich verkürzt sei. Denn in der bis Ende 1997 geltenden Fassung habe § 38 S. 1 BauGB nämlich noch von „Abfallentsorgungsanlagen" gesprochen – ein Begriff, der nach heutigem Verständnis sowohl Abfallverwertungs- als auch Abfallbeseitigungsanlagen erfasse (*Dippel* AbfallR 2020, 57, 65). Dippel zieht daraus den Schluss, dass Müllverbrennungsanlagen, deren Privilegierung der Gesetzgeber ursprünglich im Auge gehabt habe, als er den Anwendungsbereich des § 38 BauGB über Planfeststellungen hinaus auf immissionsschutzrechtlich genehmigungsbedürftige Abfallentsorgungsanlagen erweitert habe, nicht mehr privilegiert seien. In den Genehmigungen solcher Anlagen sei die Festlegung des Anlagenzwecks (Verwertung oder Beseitigung) nicht vorgesehen. Müllverbrennungsanlagen würden heute auch nicht mehr mit dem Hauptzweck betrieben, Abfall zu beseitigen. Im Vordergrund stehe vielmehr die Funktion als (Heiz-)Kraftwerk (*Dippel* AbfallR 2020, 57, 66 unter Verweis auf *OVG SH* Urt. v. 2.2.2010, juris Rn. 47ff.; *OVG NRW* Urt. v. 24.9.2014 – 2A2013/12, juris Rn. 37ff.).

Ob die Schlussfolgerung, dass die Privilegierung des § 38 BauGB auf immissions- **101** schutzrechtlich genehmigungsbedürftige Abfallentsorgungsanlagen so gut wie gar nicht mehr und auf Müllverbrennungsanlagen überhaupt nicht mehr zur Anwendung komme, wirklich zwingend ist, mag man bezweifeln. Der Begriff der Abfallbeseitigungsanlage setzt zwar voraus, dass die Anlage (auch?) für Zwecke der Beseitigung zugelassen ist. Es kommt für die Definition nicht darauf an, ob in der Anlage ausschließlich Abfälle zur Beseitigung oder auch Abfälle zur Verwertung eingesetzt werden. Maßgeblich könnte auch sein, dass der Anlagenzweck nicht ausschließlich auf die Abfallverwertung, sondern auch auf Abfallbeseitigung gerichtet ist. Vor allem bei Vorbehandlungsanlagen kann fraglich sein, ob sie Teil einer funktionell einheitlichen Beseitigungsinfrastruktur oder aber Anlagen sind, die ausschließlich als Verwertungsanlagen errichtet und betrieben werden. Dient die Vorbehandlungseinrichtung der Vorbereitung der Beseitigung, etwa der Herstellung der Ablagerungsfähigkeit von Abfällen im Sinne der DepV, dann handelt es sich um eine Beseitigungsanlage. Dient sie dagegen der Aufbereitung von Abfällen zum Zwecke ihrer Verwertung, dann handelt es sich um eine Anlage, die nicht zum Zwecke der Abfallbeseitigung errichtet und betrieben wird.

102 Ob man Müllverbrennungsanlagen, die sowohl der thermischen Behandlung von Abfällen im Sinne der Beseitigung als auch der energetischen Verwertung von dort eingesetzten Abfällen dienen können, als Abfallbeseitigungsanlage einordnen kann, eben weil sie zumindest auch eine solche Funktion haben, lässt sich erwägen, zumal dies nicht nur der ursprünglichen, auf Müllverbrennungsanlagen abzielenden Privilegierungsabsicht des Gesetzgebers entspricht. Dafür spricht, dass die Änderung des Wortlauts vom Begriff der Abfallentsorgungsanlage zum Begriff der Abfallbeseitigungsanlage durch das BauROG 1998 zu einer Zeit erfolgte, zu der Müllverbrennungsanlagen als Beseitigungsanlagen eingeordnet wurden. In der Gesetzesbegründung heißt es dazu ausdrücklich, um zu verhindern, dass das Privileg des § 38 BauGB über die „klassischen" Abfallbeseitigungsanlagen (z. B. Müllverbrennungsanlagen) hinaus auch für alle immissionsschutzrechtlich genehmigungsbedürftigen Anlagen gelte, in denen mit „Abfällen zur Verwertung" umgegangen werde, sei § 38 BauGB an die neue abfallrechtliche Terminologie anzupassen (BT-Drs. 13/6392, S. 113). Der Gesetzgeber wollte demnach nicht daran rütteln, dass Müllverbrennungsanlagen durch § 38 BauGB privilegiert bleiben. Gegebenenfalls reicht es deshalb aus, dass die Anlagen auch zum Zweck der Abfallbeseitigung zugelassen worden sind. Es kommt insoweit nicht darauf an, ob die Verwertung von Abfällen das Hauptergebnis des Anlagenbetriebs ist; vielmehr ist dieses abfallrechtliche Definitionsmerkmal des § 3 Abs. 23 S. 1 für die Verwertung von Abfällen nur für die Einordnung des Einsatzes bestimmter Abfälle in der Anlage maßgeblich.

103 Die städtebaulichen Anforderungen der §§ 29 ff. BauGB sind bei der Zulassung von Abfallbeseitigungsanlagen nur teilweise unmittelbar anwendbar. Dies ergibt sich aus der **Privilegierung** des § 38 S. 1 BauGB, wonach die §§ 29 bis 37 BauGB bei Planfeststellungsverfahren und sonstigen Verfahren mit den Rechtswirkungen einer Planfeststellung für die Errichtung und den Betrieb von *überörtlich* bedeutsamen und *öffentlich zugänglichen* Abfallbeseitigungsanlagen nicht anzuwenden sind, wenn die Gemeinde beteiligt wird und städtebauliche Belange berücksichtigt werden (siehe zur Notwendigkeit einer Abwägung städtebaulicher Belange *BVerwG* Urt. v. 9.11.1984, BVerwGE 70, 242, 244; *OVG Koblenz* Beschl. v. 13.9.1984, NVwZ 1995, 290; *Beckmann* DVBl. 1994, 236, 240 f.).

104 **Überörtlich** bedeutsam sind Abfallbeseitigungsanlagen, wenn entweder der Standort der Anlage selbst das Gebiet von zwei oder mehr Gemeinden berührt oder – was bei Abfallbeseitigungsanlagen bedeutsamer sein dürfte – das Vorhaben zwar auf das Gebiet einer Gemeinde beschränkt ist, aber einen übergemeindlichen Koordinierungs- oder Planungsbedarf auslöst (*BVerwG* Urt. v. 30.3.2017 – 7 C 17/15, juris; *Dippel* AbfallR 2020, 57, 64). Eine überörtliche Bedeutung soll in der Regel auch dann anzunehmen sein, wenn die betreffende Anlage Bestandteil der Abfallwirtschaftsplanung ist (*Reidt* in Battis/Krautzberger/Löhr, BauGB, 14. Aufl., 2019, § 38 Rn. 17; *Dippel* AbfallR 2020, 57, 64; *OVG Lüneburg* Urt. v. 31.7.2018 – 7 KS 17/16, juris Rn. 210).

105 **Öffentlich zugänglich** sind Abfallbeseitigungsanlagen, wenn der Kreis der Anlieferer nicht von vornherein begrenzt ist (*VGH München* Beschl. v. 4.9.2013, NVwZ-RR 2014, 36; *OVG Lüneburg* Beschl. v. 4.1.2005, NVwZ-RR 2006, 24; *Reidt* in Battis/Krautzberger/Löhr, BauGB, 2019, § 38 Rn. 17). Für die Frage des öffentlichen Zugangs kommt es weder auf die Rechtsform des Anlagenbetriebs noch darauf an, ob es sich um einen Anlagenbetrieb durch oder im Auftrage eines öffentlich-rechtlichen Entsorgungsträgers oder eines privaten Entsorgungsunternehmens handelt. Öffentlich zugänglichen Anlagen stehen **betriebseigene Anlagen** gegenüber, die ganz oder überwiegend der Eigenentsorgung dienen und Abfälle Dritter allenfalls mitentsorgen. Für betriebseigene, nicht öffentliche Abfallbeseitigungsanlagen gilt die Privilegierung des § 38 BauGB nicht. Bei ihrer Zulassung müssen die §§ 29 ff. BauGB nicht nur berücksichtigt, sondern strikt beachtet werden.

Eine Berücksichtigung städtebaulicher Belange ist, wenn die Privilegierung des § 38 BauGB in Anspruch genommen werden soll, auch bei Abfallbeseitigungsanlagen erforderlich, die im Wege einer immissionsschutzrechtlichen Genehmigung zugelassen werden sollen. Die an sich gebundene, planerischen Überlegungen nicht zugängliche **immissionsschutzrechtliche Genehmigung** wird insoweit für privilegierte, öffentlich zugängliche Abfallbeseitigunganlagen für ein planerisches Entscheidungselement mit Abwägungsmöglichkeit und -verpflichtung geöffnet, um auch der Verpflichtung Genüge tun zu können, Abfälle so zu beseitigen, dass die Belange des Städtebaus gewahrt bleiben (*Dippel* AbfallR 2020, 57, 64; *Reidt* in Battis/Krautzberger/Löhr, BauGB, 2019, § 38 Rn. 17; *VGH München* Beschl. v. 4.9.2013, NVwZ-RR 2014, 36; *BVerwG* Beschl. v. 28.6.2007 – 7 B 4/07, juris Rn. 9; *OVG Lüneburg,* Urt. v. 22.1.2009, NVwZ-RR 2009, 556). **106**

Eine Abfallbeseitigungsanlage ist städtebaulich unbedenklich, wenn sie den gesteigerten Anforderungen des Bauplanungsrechts genügt (*VGH Mannheim* Urt. v. 29.3.1985, NuR 1987, 179). Erfüllt sie diese Anforderungen, so kann sie abfallrechtlich nicht unter Hinweis auf § 15 Abs. 2 Nr. 5 versagt werden. Erfüllt sie die Anforderungen dagegen nicht, muss bei privilegierten Abfallbeseitigungsanlagen im Rahmen der planerischen Abwägung von der Systematik der planungsrechtlichen Bestimmungen ausgegangen werden. Danach unterliegt der Außenbereich, also der nicht beplante Bereich, auf dem sich keine zusammenhängende Bebauung i. S. v. § 34 BauGB befindet, gem. § 35 BauGB dem besonderen Schutz vor einer „wesensfremden" Bebauung. Treten diese städtebaulichen Belange mit dem öffentlichen Interesse an einer geordneten Abfallbeseitigung in Konkurrenz, ergibt sich zwar ein geringerer Schutzumfang als nach den Vorschriften des Bauplanungsrechts (vgl. *BVerwG* Urt. v. 9.11.1984, BVerwGE 70, 242, 244; *VGH Mannheim* Urt. v. 26.10.1989, NVwZ 1990, 487, 489). Gleichwohl kann im Rahmen der planerischen Abwägung dieser vom Gesetzgeber gewollte Schutz des Außenbereichs zu einer Ablehnung des Vorhabens aus städtebaulichen Gründen führen. Gleiches gilt für das Heranrücken einer Abfallbeseitigungsanlage an eine störempfindliche bauliche Nutzung, insbesondere an eine Wohnbebauung oder eine Wohnsiedlung. Je näher die beabsichtigte Anlage zu dieser Nutzung geplant ist, desto mehr spricht für eine städtebauliche Unverträglichkeit (vgl. *VGH Mannheim* Urt. v. 5.12.1985, NuR 1988, 264). **107**

6. Schutz der öffentlichen Sicherheit und Ordnung. Der Schutz der öffentlichen Sicherheit und Ordnung bei der Abfallbeseitigung gilt als Auffangnorm für Beeinträchtigungen von nicht genannten Schutzgütern außerhalb des Umweltschutzes. Der Begriff der öffentlichen Sicherheit und Ordnung knüpft dabei an das allgemeine Polizei- und Ordnungsrecht an. Auch hier bezieht sich der Schutzbereich neben der Abfallbeseitigung auf deren Hilfshandlungen. Unter **öffentlicher Sicherheit** versteht man den Schutz der objektiven Rechtsordnung, der subjektiven Rechte und Rechtsgüter des Einzelnen sowie des Bestandes der Einrichtungen und Veranstaltungen des Staates und der sonstigen Träger der Hoheitsgewalt. Im Zusammenhang mit der Beseitigung von Abfall kommt besondere Bedeutung den Belangen des Verkehrs, des Brandschutzes und den damit verbundenen Vorschriften zu. **108**

Unter **öffentlicher Ordnung** wird die Gesamtheit der ungeschriebenen Wertvorstellungen verstanden, deren Befolgung durch den einzelnen nach den jeweils herrschenden sozialen und ethischen Anschauungen als unerlässliche Voraussetzung eines geordneten menschlichen Zusammenlebens innerhalb eines bestimmten Gebiets angesehen wird (*BVerwG* Urt. v. 26.2.1970, DVBl. 1970, 504). Dass die Zulassung eines Beseitigungsvorhabens an einem, nicht der öffentlichen Sicherheit zuzurechnenden, Verstoß gegen die öffentliche Ordnung scheitern könnte, ist kaum denkbar. Als Beispiel für einen sol- **109** chen Verstoß gegen die öffentliche Ordnung wird die Errichtung einer Deponie in der Nähe eines Friedhofes genannt.

D. Getrenntsammlungspflicht (Absatz 3)

110 Abfälle sind nach Abs. 3 S. 1 nur insoweit getrennt zu sammeln und zu behandeln, soweit dies zur Erfüllung der Anforderungen nach den Absätzen 1 und 2 erforderlich ist. Das Getrenntsammlungsgebot dient einerseits dazu, dass Abfälle zur Beseitigung nicht mit Abfällen zur Verwertung vermischt und auf diese Weise entweder Abfälle zur Verwertung innerhalb des entstandenen Gemisches abweichend vom Vorrang der Verwertung beseitigt werden oder aber Abfälle zur Beseitigung, die dauerhaft von der Kreislaufwirtschaft auszuschließen sind, mit dem entstehenden Gemisch verwertet werden. Andererseits erstreckt sich das Getrenntsammlungsgebot auch auf verschiedene Abfälle zur Beseitigung, für die unterschiedliche Beseitigungsmethoden vorzugswürdig sind. Soweit die **Länder** in ihren Landesabfallgesetzen und die öffentlich-rechtlichen Entsorgungsträger in ihren Satzungen Getrenntsammlungspflichten regeln, sind sie mit § 15 Abs. 3 nur vereinbar, wenn sie diese Einschränkung der Getrenntsammlungspflicht beachten. Das gleiche gilt natürlich auch für den **Verordnungsgeber,** wenn er gestützt auf § 16 S. 1 Nr. 1 Anforderungen an die getrennte Sammlung von Abfällen formuliert.

111 Für die Erzeuger und Besitzer von **gewerblichen Siedlungsabfällen** bestimmt die GewAbfV ergänzend zu den Getrenntsammlungsvorgaben des KrWG weitergehende Anforderungen an die Getrenntsammlung. Dazu schreibt § 3 Abs. 1 S. 1 GewAbfV vor, die folgenden Abfallfraktionen jeweils getrennt zu sammeln und zu befördern sowie nach Maßgabe des § 8 Abs. 1 und § 9 Abs. 4 vorrangig der Vorbereitung zur Wiederverwendung oder dem Recycling zuzuführen: 1. Papier, Pappe und Karton mit Ausnahme von Hygienepapier, 2. Glas, 3. Kunststoffe, 4. Metalle, 5. Holz, 6. Textilien, 7. Bioabfälle nach § 3 Abs. 7 und 8. weitere Abfallfraktionen, die in den in § 2 Nr. 1 Buchst. b GewAbfV genannten Abfällen enthalten sind. Erzeuger und Besitzer von gewerblichen Siedlungsabfällen nach § 3 Abs. 1 Satz 1 GewAbfV können eine weitergehende getrennte Sammlung innerhalb der in § 3 Abs. 1 Satz 1 GewAbfV genannten Abfallfraktionen vornehmen (§3 Abs. 1 S. 2 GewAbfV). Das Vermischungsverbot für gefährliche Abfälle des § 9a auch in Verbindung mit § 15 Abs. 3 S. 2 bleibt nach § 3 Abs. 1 S. 3 G nach § 3 Abs. 2 S. 1 GewAbfV unberührt.

112 Nach § 6 Abs. 2 S. 1 GewAbfV entfallen die Getrenntsammlungspflichten nach § 3 Abs. 1 S. 1 GewAbfV, soweit die getrennte Sammlung der jeweiligen Abfallfraktion technisch nicht möglich oder wirtschaftlich nicht zumutbar ist. Technisch nicht möglich ist die getrennte Sammlung nach § 6 Abs. 2 S. 2 GewAbfV insbesondere dann, wenn für eine Aufstellung der Abfallbehälter für die getrennte Sammlung nicht genug Platz zur Verfügung steht oder die Abfallbehälter an öffentlich zugänglichen Anfallstellen von einer Vielzahl von Erzeugern befüllt werden und die getrennte Sammlung aus diesem Grund durch den Besitzer nichtgewährleistet werden kann. Die getrennte Sammlung ist gem. § 6 Abs. 2 S. 3 GewAbfV wirtschaftlich nicht zumutbar, wenn die Kosten für die getrennte Sammlung, insbesondere auf Grund einer sehr geringen Menge der jeweiligen Abfallfraktion, außer Verhältnis zu den Kosten für eine gemischte Sammlung und einer anschließenden Vorbehandlung stehen. Entfallen die Pflichten nach § 3 Abs. 1 S. 1 GewAbfV unter den Voraussetzungen des § 3 Abs. 2 GewAbfV sind Erzeuger und Besitzer der nicht getrennt gehaltenen Abfälle nach § 4 Abs. 1 S. 1 GewAbfV verpflichtet, diese unverzüglich einer Vorbehandlungsanlage zuzuführen. Diese Pflicht wiederum entfällt nach § 4 Abs. 3 S. 1 GewAbfV, t, soweit die Behandlung der Gemische in einer Vorbe-

handlungsanlagetechnisch nicht möglich oder wirtschaftlich nicht zumutbar ist. Entfällt die Pflicht nach § 4 Abs. 1 S. 1 GewAbfV unter den Voraussetzungen des § 4 Abs. 3 GewAbfV, so haben Erzeuger und Besitzer die Gemische gem. § 4 Abs. 4 S. 1 GewAbfV von anderen Abfällen getrennt zu halten und unverzüglich vorrangig einer ordnungsgemäßen, schadlosen und hochwertigen sonstigen, insbesondere energetischen Verwertung zuzuführen.

Für die Erzeuger und Besitzer von gewerblichen Siedlungsabfällen sieht § 7 Abs. 2 **113**
GewAbfV eine **Mindestbehälterbenutzungspflicht** vor. Sie haben für die Überlassung Abfallbehälter des öffentlich-rechtlichen Entsorgungsträgers oder eines von ihm beauftragten Dritten in angemessenem Umfang nach den näheren Festlegungen des öffentlich-rechtlichen Entsorgungsträgers, mindestens aber einen Behälter, zu nutzen.

Für **Bau- und Abbruchbehälter** sieht § 8 GewAbfV eine spezielle Getrenntsamm- **114**
lungspflicht vor. Spezielle Regelung zur getrennten Erfassung sind darüber hinaus in verschiedenen Spezialgesetzen geregelt (siehe z. B. § 10 ElektroG, § 11 BatterieG, § 13 VerpackG).

Adressaten der Getrenntsammlungspflicht sind Abfallerzeuger und Abfallbesitzer, **115**
aber auch öffentlich – rechtliche Entsorgungsträger hinsichtlich der ihnen überlassenen Abfälle. Die Vorschrift steht im systematischen Zusammenhang mit dem Getrenntsammlungsgebot des § 9. Ihre Bedeutung ist allerdings wesentlich geringer als die der Paralellvorschrift im Bereich der Abfallverwertung. Absatz 3 gebietet eine Getrenntsammlung von Abfällen nur, wenn ihre Vermischung mit Abfällen zur Verwertung oder mit anderen Abfällen zur Beseitigung dazu führt, dass eine geordnete Beseitigung nach den Grundsätzen der Absätze 1 und 2 nicht mehr möglich ist. Das dürfte nur selten der Fall sein, weil die Beseitigungsanlagen regelmäßig nicht auf die Beseitigung von Monabfällen, sondern einer Vielzahl von Abfällen, das heißt von Abfallgemischen eingerichtet (z. B. Deponien), zum Teil sogar auf eine Mischung verschiedener Abfälle angewiesen sind. Das gilt zum Beispiel für Abfallverbrennungsanlagen, die zur Vergleichmäßigung der Schadstoffgehalte und Heizwerte Abfallgemische einsetzen.

Absatz 3 S. 1 verpflichtet nicht zu einer getrennten Bereitstellung oder einer getrenn- **116**
ten Erfassung von Abfällen, wenn die Abfälle unter Beachtung der abfallrechtlichen Grundsätze und Grundpflichten nach einer gemischten Erfassung wieder getrennt und sortiert werden können. Teilweise wird weitergehend die Ansicht vertreten, eine Verpflichtung zur getrennten Bereitstellung oder zur getrennten Erfassung könne von vornherein nicht hergeleitet werden, weil erst mit dem Bereitstellen einer Sache, von denen sich ihr Besitzer trennen will, dessen Entledigungswille dokumentiert und die Sache zu Abfall werde. Der Zeitpunkt des Anfalls des Abfalls sei aber der frühestmögliche Zeitpunkt, zu dem eine abfallrechtliche Getrenntsammlungspflicht eingreifen könne. In diesem Zeitpunkt liege jedoch bereits ein **Abfallgemisch** vor. Deshalb sei auch bei der Prüfung, ob solche gemischt angefallenen Abfälle die rechtlichen Anforderungen erfüllen, auf das Gemisch abzustellen. Richtig ist diese Sichtweise, wenn man die Sache in den Blick nimmt, von der sich ihr Besitzer gerade trennen will. Fraglich ist allerdings, ob es aus Sicht der schon bereitgestellten Abfälle, bei denen der Entledigungswille bereits dokumentiert worden ist, zulässig ist, weitere, zu Abfall werdende Sachen hinzuzufügen. Die Getrenntsammlungspflicht könnte insoweit die bereits angefallenen Abfälle betreffen und verlangen, dass diese von weiteren zu Abfällen werdenden Sachen getrennt gehalten werden, wenn dies zur Erfüllung der Anforderungen nach § 15 erforderlich ist.

Aus Abs. 3 S. 1 ergibt sich keine Verpflichtung zur **Sortierung** von Abfallgemischen, **117**
etwa mit dem Ziel, Abfälle zur Verwertung und Abfälle zur Beseitigung zu trennen und die zuletzt genannten Abfälle zur Beseitigung dem öffentlich-rechtlichen Entsorgungsträger zu überlassen.

118 Hinsichtlich der Überlassungspflicht ist das Abfallgemisch maßgeblich. Handelt es sich bei dem Abfallgemisch um einen Abfall zur Verwertung, dann muss er im Falle der beabsichtigten Verwertung nicht überlassen werden. Handelt es sich bei dem Stoffgemisch insgesamt um Abfall zur Beseitigung, dann ist – abgesehen von dem Ausnahmefall der zulässigen Eigenbeseitigung das Gemisch dem zuständigen öffentlich-rechtlichen Entsorgungsträger zu überlassen. Solange ohne eine Getrennthaltung der Abfälle nicht gegen abfallrechtliche Pflichten verstoßen wird, ist der Abfallbesitzer berechtigt, die Entsorgung seiner Abfälle möglichst wirtschaftlich und kostengünstig zu gestalten (*VG Düsseldorf* Beschl. v. 11.3.1997, NVwZ-RR 1997, 347, 348). Das kann dafür sprechen, eine Trennung und Sortierung erst zu einem späteren Zeitpunkt vorzunehmen und die Abfälle zunächst in einer gemeinsamen Logistik zu erfassen.

119 Nach § 7 Abs. 4 S. 1, § 9 wird die Getrenntsammlungspflicht durch die wirtschaftliche **Zumutbarkeit** begrenzt. Zwar sieht Absatz 3 S. 2 eine entsprechende Beschränkung der Getrenntsammlungspflicht nicht ausdrücklich vor. Da die Zumutbarkeit letztlich eine Konkretisierung des schon aus verfassungsrechtlichen Gründen ohnehin allgemein geltenden Verhältnismäßigkeitsgrundsatzes ist, kann auch eine unzumutbare Getrennthaltung von Abfällen zur Beseitigung nicht verlangt werden, wobei sich eine Unzumutbarkeit aus wirtschaftlichen, aber auch aus sonstigen, etwa persönlichen Gründen ergeben kann.

120 Um eine **Überwachung** der Einhaltung der Getrenntsammlungspflicht zu ermöglichen, sind Eigentümer und Besitzer von Grundstücken, auf denen überlassungspflichtige Abfälle anfallen, verpflichtet, das Betreten dieser Grundstücke durch Mitarbeiter der zuständigen Behörden zu dulden.

121 Absatz 3 S. 2 sieht vor, dass **§ 9 Abs. 2, Abs. 3 und § 9a** entsprechend gelten. Nach § 9 Abs. 2 sind im Rahmen der Behandlung unter den in § 9 Abs. 1 genannten Voraussetzungen („soweit dies zur Erfüllung der Anforderungen nach § 7 Abs. 2 bis 4 und § 8 Abs. 1 erforderlich ist") gefährliche Stoffe, Gemische oder Bestandteile aus den Abfällen zu entfernen und nach den Anforderungen dieses Gesetzes zu verwerten oder zu beseitigen. Eine getrennte Sammlung von Abfällen ist nach § 9 Abs. 3 nicht erforderlich, wenn 1. die gemeinsame Sammlung der Abfälle deren Potential zur Vorbereitung zur Wiederverwendung, zum Recycling oder zu sonstigen Verwertungsverfahren unter Beachtung der Vorgaben des § 8 Abs. 1 nicht beeinträchtigt und wenn in diesen Verfahren mit einer gemeinsamen Sammlung verschiedener Abfallarten ein Abfallstrom erreicht wird, dessen Qualität mit dem Abfallstrom vergleichbar ist, der mit einer getrennten Sammlung erreicht wird, 2. die getrennte Sammlung der Abfälle unter Berücksichtigung der von ihrer Bewirtschaftung ausgehenden Umweltauswirkungen den Schutz von Mensch und Umwelt nicht am besten gewährleistet, 3. die getrennte Sammlung unter Berücksichtigung guter Praxis der Abfallsammlung technisch nicht möglich ist oder 4. die getrennte Sammlung im Vergleich zur gemeinsamen Sammlung für den Verpflichteten unverhältnismäßig hohe Kosten verursachen würde; dabei sind zu berücksichtigen: a) die Kosten nachteiliger Auswirkungen auf Mensch und Umwelt, die mit einer gemeinsamen Sammlung und der nachfolgenden Behandlung der Abfälle verbunden sind, b) die Möglichkeit von Effizienzsteigerungen bei der Abfallsammlung und -behandlung und c) die Möglichkeit, aus der Vermarktung der getrennt gesammelten Abfälle Erlöse zu erzielen.

122 § 15 Abs. 3 S. 2 erklärt außerdem § 9a für entsprechend anwendbar. Nach § 9a Abs. 1 ist die Vermischung, einschließlich der Verdünnung, gefährlicher Abfälle mit anderen Kategorien von **gefährlichen Abfällen** oder mit anderen Abfällen, Stoffen oder Materialien unzulässig. Abweichend davon ist eine Vermischung nach § 9a Abs. 2 ausnahmsweise zulässig, wenn 1. sie in einer nach diesem Gesetz oder nach dem Bundes-Immissionsschutzgesetz hierfür zugelassenen Anlage erfolgt, 2. die Anforderungen an eine ord-

nungsgemäße und schadlose Verwertung nach § 7 Abs. 3 eingehalten werden und schädliche Auswirkungen der Abfallbewirtschaftung auf Mensch und Umwelt durch die Vermischung nicht verstärkt werden und 3. das Vermischungsverfahren dem Stand der Technik entspricht.

E. Ablagerungsquote für Siedlungsabfälle (Absatz 4)

Die Ablagerung von Siedlungsabfällen auf Deponien darf gem. § 15 Abs. 4 spätestens **123** ab dem 1. Januar 2035 höchstens 10 Gewichtsprozent des gesamten Siedlungsabfallaufkommens betragen. Der im Jahre 2020 neu eingefügte Absatz ergänzt die Recyclingvorgabe für Siedlungsabfälle des § 14 Absatz 1. Behandlungsreste von Siedlungsabfällen, wie etwa Schlacke oder Asche sind keine Siedlungsabfälle, sondern Abfälle aus Abfallbehandlungsanlagen. Sie werden von der Regelung nicht erfasst. Die Regelung dient der Umsetzung von Artikel 5 Absatz 5 Deponierichtlinie (Gesetzesbegründung, BT-Drs. 19/19373, S. 53).

Der Begriff „Siedlungsabfälle" ist in § 3 Abs. 5a konkret auch mit Blick auf § 15 **124** Abs. 4 legaldefiniert. In der Gesetzesbegründung (BR-Drs. 88/20, S. 41) wird dazu erläutert, dass in Deutschland nur etwa 0, 2% der Siedlungsabfälle direkt auf Deponien abgelagert werden (123 000 t von insgesamt 51 790 000 t). Daher entstehe in Deutschland kein Mehraufwand, da diese Quote bei weitem noch nicht erreicht sei und lediglich aus Gründen der Rechtsklarheit übernommen worden sei (siehe dazu auch *Versteyl/Kersandt* AbfallR 2020, 297, 298).

Deutlich einschneidender für das Deponierecht sind die durch die Verordnung zur **125** Änderung der Abfallverzeichnis-Verordnung und der Deponieverordnung vom 30.6.2020 eingetretenen Änderungen, die zur Umsetzung der im Jahre 2018 geänderten Deponierichtlinie erforderlich geworden sind. Die Deponierichtlinie verpflichtet die Mitgliedstaaten zur schrittweisen Einschränkung der Ablagerung von Abfällen auf Deponien zugunsten der getrennten Sammlung und Sortierung sowie des getrennten Recyclings zu erreichen. Dazu sieht die DepV ein grundsätzliches Ablagerungsverbot für recycelbare und verwertbare Abfälle auf Deponien vor, das am am 1.1.2024 in Kraft treten wird.

Nach dem zu diesem Zeitpunkt in Kraft tretenden § 7 Abs. 3 DepV dürfen folgende **126** Abfälle nicht durch den Abfallerzeuger und Abfallbesitzer einer Deponie der Klasse 0, I, II, III oder IV zur Ablagerung zugeführt werden:1. Abfälle, die zur Vorbereitung zur Wiederverwendung oder zum Recycling getrennt gesammelt werden; ausgenommen hiervon sind diejenigen Abfälle, a) die bei der anschließenden Behandlung getrennt gesammelter Abfälle entstehen und b) bei denen eine Ablagerung auf Deponien den Schutz von Mensch und Umwelt am besten oder in gleichwertiger Weise wie die Vorbereitung zur Wiederverwendung und das Recycling gewährleistet, oder2. Abfälle, die einer Verwertung zugeführt werden können; ausgenommen hiervon sind diejenigen Abfälle, bei denen eine Ablagerung auf Deponien den Schutz von Mensch und Umwelt am besten oder in gleichwertiger Weise wie die Vorbereitung zur Wiederverwendung und das Recycling gewährleistet. Die in § 6 Abs. 2 Satz 2und3 festgelegten Kriterien sind zu berücksichtigen. § 7 Absatz 4 gilt entsprechend.

Abschnitt 4. Öffentlich-rechtliche Entsorgung und Beauftragung Dritter

§ 17 Überlassungspflichten

(1) **Abweichend von § 7 Absatz 2 und § 15 Absatz 1 sind Erzeuger oder Besitzer von Abfällen aus privaten Haushaltungen verpflichtet, diese Abfälle den nach Landesrecht zur Entsorgung verpflichteten juristischen Personen (öffentlich-rechtliche Entsorgungsträger) zu überlassen, soweit sie zu einer Verwertung auf den von ihnen im Rahmen ihrer privaten Lebensführung genutzten Grundstücken nicht in der Lage sind oder diese nicht beabsichtigen. Satz 1 gilt auch für Erzeuger und Besitzer von Abfällen zur Beseitigung aus anderen Herkunftsbereichen, soweit sie diese nicht in eigenen Anlagen beseitigen. Die Befugnis zur Beseitigung der Abfälle in eigenen Anlagen nach Satz 2 besteht nicht, soweit die Überlassung der Abfälle an den öffentlich-rechtlichen Entsorgungsträger auf Grund überwiegender öffentlicher Interessen erforderlich ist.**

(2) **Die Überlassungspflicht besteht nicht für Abfälle,**

1. **die einer Rücknahme- oder Rückgabepflicht auf Grund einer Rechtsverordnung nach § 25 unterliegen, soweit nicht die öffentlich-rechtlichen Entsorgungsträger auf Grund einer Bestimmung nach § 25 Absatz 2 Nummer 4 an der Rücknahme mitwirken; hierfür kann insbesondere eine einheitliche Wertstofftonne oder eine einheitliche Wertstofferfassung in vergleichbarer Qualität vorgesehen werden, durch die werthaltige Abfälle aus privaten Haushaltungen in effizienter Weise erfasst und einer hochwertigen Verwertung zugeführt werden,**
2. **die in Wahrnehmung der Produktverantwortung nach § 26 freiwillig zurückgenommen werden, soweit dem zurücknehmenden Hersteller oder Vertreiber ein Freistellungs- oder Feststellungsbescheid nach § 26 Absatz 3 oder Absatz 6 erteilt worden ist,**
3. **die durch gemeinnützige Sammlung einer ordnungsgemäßen und schadlosen Verwertung zugeführt werden,**
4. **die durch gewerbliche Sammlung einer ordnungsgemäßen und schadlosen Verwertung zugeführt werden, soweit überwiegende öffentliche Interessen dieser Sammlung nicht entgegenstehen.**

Satz 1 Nummer 3 und 4 gilt nicht für gemischte Abfälle aus privaten Haushaltungen und gefährliche Abfälle. Sonderregelungen der Überlassungspflicht durch Rechtsverordnungen nach den §§ 10, 16 und 25 bleiben unberührt.

(3) **Überwiegende öffentliche Interessen nach Absatz 2 Satz 1 Nummer 4 stehen einer gewerblichen Sammlung entgegen, wenn die Sammlung in ihrer konkreten Ausgestaltung, auch im Zusammenwirken mit anderen Sammlungen, die Funktionsfähigkeit des öffentlich-rechtlichen Entsorgungsträgers, des von diesem beauftragten Dritten oder des auf Grund einer Rechtsverordnung nach § 25 eingerichteten Rücknahmesystems gefährdet. Eine Gefährdung der Funktionsfähigkeit des öffentlich-rechtlichen Entsorgungsträgers oder des von diesem beauftragten Dritten ist anzunehmen, wenn die Erfüllung der nach § 20 bestehenden Entsorgungspflichten zu wirtschaftlich ausgewogenen Bedingungen verhindert oder die Planungssicherheit und Organisationsverantwortung wesentlich beeinträchtigt wird. Eine wesentliche Beeinträchtigung der Planungssicherheit und Organisationsverantwortung des öffentlich-rechtlichen Entsorgungsträgers ist insbesondere anzunehmen, wenn durch die gewerbliche Sammlung**

1. Abfälle erfasst werden, für die der öffentlich-rechtliche Entsorgungsträger oder der von diesem beauftragte Dritte eine haushaltsnahe oder sonstige hochwertige getrennte Erfassung und Verwertung der Abfälle durchführt,

2. die Stabilität der Gebühren gefährdet wird oder

3. die diskriminierungsfreie und transparente Vergabe von Entsorgungsleistungen im Wettbewerb erheblich erschwert oder unterlaufen wird.

Satz 3 Nummer 1 und 2 gilt nicht, wenn die vom gewerblichen Sammler angebotene Sammlung und Verwertung der Abfälle wesentlich leistungsfähiger ist als die von dem öffentlich-rechtlichen Entsorgungsträger oder dem von ihm beauftragten Dritten bereits angebotene oder konkret geplante Leistung. Bei der Beurteilung der Leistungsfähigkeit sind sowohl die in Bezug auf die Ziele der Kreislaufwirtschaft zu beurteilenden Kriterien der Qualität und der Effizienz, des Umfangs und der Dauer der Erfassung und Verwertung der Abfälle als auch die aus Sicht aller privaten Haushalte im Gebiet des öffentlich-rechtlichen Entsorgungsträgers zu beurteilende gemeinwohlorientierte Servicegerechtigkeit der Leistung zugrunde zu legen. Leistungen, die über die unmittelbare Sammel- und Verwertungsleistung hinausgehen, insbesondere Entgeltzahlungen, sind bei der Beurteilung der Leistungsfähigkeit nicht zu berücksichtigen.

(4) **Die Länder können zur Sicherstellung der umweltverträglichen Beseitigung Andienungs- und Überlassungspflichten für gefährliche Abfälle zur Beseitigung bestimmen. Andienungspflichten für gefährliche Abfälle zur Verwertung, die die Länder bis zum 7. Oktober 1996 bestimmt haben, bleiben unberührt.**

Schrifttum: *Arndt/Walter,* Zur Verteilung der Abfallentsorgung zwischen Verursacher, öffentlich-rechtlichem Entsorgungsträger, privatem Dritten und Verbänden, WiVerw 1997, 183; *Baars,* Zulässigkeit der Verwertung von Abfällen in Hausmüllverbrennungsanlagen, UPR 1997, 229; *Bartram/Schade,* Andienungs- und Überlassungspflichten kontra Eigenverantwortung, UPR 1995, 253 ff.; *Beckmann,* Kreislaufwirtschafts- und Abfallrecht. Einführung in das Abfallrecht. Lexxion-Verlag Berlin, 2007; *Beckmann,* Brauchen wir eine kommunale Entsorgungsautarkie für gemischte Siedlungsabfälle?, AbfallR 2006, 263; *Beckmann,* Keine gewerbliche Sammlung von Abfällen durch Personenhandelsgesellschaften?, AbfallR 2013, 296; *Beckmann,* Zur Rechtsstellung öffentlich-rechtlicher Entsorgungsträger im Anfechtungsprozess gewerblicher Sammler, AbfallR 2014, 151; *Beckmann/Wübbenhorst,* Rechtliche Rahmenbedingungen für gewerbliche und gemeinnützige Sammlungen nach dem neuen KrWG, DVBl 2012, 1403; *Beckmann,* Zur Unvereinbarkeit landesrechtlicher Andienungs- und Überlassungspflichten für Sonderabfälle mit dem Bundesrecht, in: Andienungs- und Überlassungspflichten bei der Sonderabfallentsorgung, Köln 1996, 21 ff.; *Beckmann,* Abfallhierarchie und gesetzliche Überlassungspflichten im Arbeitsentwurf des Kreislaufwirtschaftsgesetzes – Erste Anmerkungen zum Arbeitsentwurf der Bundesregierung mit Stand vom 23.2.2010, AbfallR 2010, 54; *Beckmann/Krekeler,* Andienungspflichten für Abfälle zur Verwertung unter dem Kreislaufwirtschafts- und Abfallgesetz, UPR 1997, 223; *Beckmann/Kersting,* Von der öffentlichen Daseinsvorsorgen zur privaten Kreislaufwirtschaft – Zur Ausgestaltung der Überlassungspflichten in § 13 KrW-/AbfG, BB 1997, 161 ff.; *Beckmann/Wittmann,* Pflichten zur Drittbeauftragung und kommunale Selbstverwaltungsgarantie, AbfallR 2011, 55; *Beckmann/Wittmann,* Zur Zulässigkeit gewerblicher Sammlungen und der Beauftragung Dritter bei der Verwertung von Haushaltsabfällen, AbfR 2009, 235; *Bruckschen,* Vom Wertstoffgesetz zum Verpackungsgesetz, AbfallR 2017, 44; *Bönning,* Der Begriff der eigenen Anlage im Sinne von § 13 Abs. 1 Satz 2 KrW-/AbfG, UPR 1998, 371; *Bühs,* Die Altkleidersammlung, das Kreislaufwirtschafts- und Straßenrecht, LKV 2018, 49; *Buhck/Loschwitz,* Vollzug der Gewerbabfallverordnung durch Kontrolle bei Müllverbrennungsanlagen?, AbfallR 2021, 72; *Dieckmann,* Europarechtliche Spielräume für Andienungs- und Überlassungspflichten, AbfallR 2009, 270; *Dageförde/Thärichen,* Die Untersagung gewerblicher Sammlungen von Alttextilien, AbfallR 2013, 125; *Dageförde/Thärichen,* Aktuelle obergerichtliche Rechtsprechung zur gewerblichen Sammlung, AbfallR 2013, 276; *Dieckmann,* Der Arbeitsentwurf für das neue Kreislaufwirtschaftsgesetz, AbfallR 2010, 64; *Dieckmann,* Entsorgungszuständigkeiten nach dem neuen Kreislaufwirtschaftsgesetz, AbfallR 2010, 301; *Dippel/Ottensmeier,* Die Entscheidungen des BVerwG vom 30.6.2016 zum Recht der gewerblichen Abfallsammlungen – was ist geklärt, was ist noch offen?, AbfallR 2017, 13;

Dolde/Vetter, Der Referentenentwurf des Kreislaufwirtschaftsgesetzes aus kommunaler Sicht, AbfallR 2011, 22; *Figgen/Schäffer,* Gewerbliche Sammlung von Sperrmüll – BVerwG schafft Rechtsklarheit. Anmerkung zu den Urteilen des BVerwG vom 23.2.2018 – 7 C 9.16 und 7 C 10.16, AbfallR 2018, 198; *Franßen/Blatt,* Gemischte Abfälle aus privaten Haushaltungen. Verbot der Erfassung durch gewerbliche und gemeinnützige Sammler, AbfallR 2014, 142; *Frenz,* Erforderlichkeit der Überlassung und Andienung gefährlicher Abfälle nach § 17 Abs. 4 KrWG im Spiegel aktueller Judikatur, AbfallR 2017, 163; *Frenz,* Kommunale Organisationseinheit vs. Unionsrecht, DÖV 2017, 943; *Frenz,* Widerlegliche Vermutung für KrWG-Überlassung, NuR 2017, 311; *Frenz,* Übertragung des BVerwG-Urteils vom 30.6.2016 auf andere Bestimmungen – Regelbeispiele nach § 17 Abs. 3 S. 3 Nr. 2, 3 KrWG, gewerbliche und gefährliche Abfälle, UPR 2018, 131; *Frenz,* Erforderlichkeit der Überlassung und Andienung gefährlicher Abfälle nach § 17 Abs. 4 KrWG im Spiegel aktueller Judikatur, AbfallR 2017, 163; *Gaßner/Thärichen,* in: Wiemer/Kern/Raussen, Bio- und Sekundärrohstoffverwertung VII, 2012, Rechtsrahmen für die gewerbliche Sammlung und die Wertstofftonne – aus Sicht der kommunalen Entsorgungswirtschaft, S. 307 ff.; *Gruneberg/Wenzel,* Überlassungspflichten und Wertstofftonne – Der Entwurf des KrWG aus kommunalwirtschaftlicher Sicht, AbfallR 2010, 162; *Hahn,* Vom Recht und der Pflicht des öffentlich-rechtlichen Entsorgungsträgers zur Annahme und Entsorgung von Abfällen. Anmerkung zum Beschluss des OVG Sachsen-Anhalt vom 16.7.2019 – 2 M 43/19, AbfallR 2020, 197; *Herbst,* Grenzen der Privilegierung öffentlich-rechtlicher Entsorgungsträger – Rechtliche Einordnung der Höherwertigkeit gewerblicher Sammlungsunternehmen, DVBl. 2015, 886; *Hurst,* Altpapiersammlung – Endstation Bundesverwaltungsgericht, NuR 2010, 180; *Karpenstein,* Gewerbliche Verwertung von Haushaltsabfällen am Ende?, AbfallR 2009, 247; *Kersting,* Rechtsrahmen für die gewerbliche Sammlung und die Wertstofftonne aus Sicht der privaten Entsorgungswirtschaft, in: Wiemer/Kern/Raussen, Bio- und Sekundärrohstoffverwertung VII, 2012, S. 315; *Klement,* Ein neuer Kampf um das Abfallrecht – Zur teilweisen Unionsrechtswidrigkeit der Überlassungspflichten im neuen Kreislaufwirtschaftsgesetz, VerwArch 2012, 218; *Klement,* Konsistenz und Kohärenz der Entsorgungsordnung. Perspektiven und Kreislaufwirtschaft zwischen Privatisierung und Verstaatlichung, EuRUP 2019, 327; *Koch/Meyer-Ziegenfuß,* Verpackungsgesetz: Abstimmungsvereinbarung, Zuständigkeiten beim Verwerten von Altpapier, NuR 2019, 587; *Kopp-Assenmacher/Hahn,* Gewerbliche Sammlung: Es bleibt schwierig, ZUR 2017, 80; *Jungnickel/Bree,* Wann ist eine Anlage „eigen" im Sinne des § 13 Abs. 1 S. 2 KrW-/AbfG?, UPR 1996, 297; *Koch/Reese,* Hausmüllentsorgung zwischen kommunaler Trägerschaft und gewerblichem Sammelsystem, AbfallR 2009, 58; *Mann,* Die Rechtsprechungsentwicklung zu gewerblichen Abfallsammlungen nach §§ 17, 18 KrWG, KommJur 2014, 321; *Michler/Funk,* Großveranstaltungen und Abfallrecht, GewArch 2020, 208; *Oexle,* Rechtsfragen der Vor-Ort-Korrektur von Fehlbefüllungen, NVwZ 2007, 1125; *Oexle,* Rechtsfragen der Zulässigkeit der gewerblichen Sammlung von Bioabfällen, AbfallR 2014, 225; *Oexle/Lammers,* Freiwillige Produktverantwortung: Zur Rücknahme von Altkleidung durch den Einzelhandel, NVwZ 2015, 1490; *Ossenbühl,* Zur Kompetenz der Länder für ergänzende abfallrechtliche Regelungen, DVBl. 1996, 19; *Pauly/Heidmann,* Die Zulässigkeit einer Wertstofftonne nach Europarecht, AbfallR 2010, 291; *Petersen/Doumet/Stöhr,* Das neue Kreislaufwirtschaftsgesetz, NVwZ 2012, 521; *Queitsch,* Das Kreislaufwirtschaftsgesetz 2020 und seine Auswirkungen auf die Abfallgebühr, KStZ 2021, 1; *Queitsch,* Rechtssicherheit bei der Abfallüberlassungspflicht und den gewerblichen Abfallsammlungen, AbfallR 2009, 249; *Queitsch,* Straßenrechtliche Gesichtspunkte bei gemeinnützigen und gewerblichen Abfallsammlungen, UPR 2013, 222; *Queitsch,* Das Kreislaufwirtschaftsgesetz (KrWG) aus kommunaler Sicht, UPR 2012, 221; *Schink,* Überlassungspflicht von Abfällen zur Verwertung aus Privathaushalten aus kommunaler Sicht, AbfallPrax 1999, 130; *Schink,* Auswirkungen des Kreislaufwirtschafts- und Abfallgesetzes auf die Entsorgungsstrukturen, DÖV 1995, 881; *Schink,* Öffentliche und Private Entsorgung, NVwZ 1997, 435; *Schwind,* Kampf ums Altpapier, DVBl. 2009, 1246 ff.; *Siederer/Wenzel/Schütze,* Unzulässigkeit gewerblicher Sammlungen bei bestehenden Erfassungssystemen des öffentlich-rechtlichen Entsorgungsträgers, AbfallR 2014, 79; *Spannagel,* Kommunale Handlungsoptionen gegen gewerbliche Altpapiersammlungen vor der Entscheidung des Bundesverwaltungsgerichts, AbfallR 2008, 232; *Thärichen/Ameskamp,* Straßenrechtliche Bewertung gewerblicher und gemeinnütziger Alttextilsammlungen, AbfallR 2013, 176; *Unruh,* Die Zulässigkeit landesrechtlicher Andienungspflichten für Sonderabfälle, 1997; *Wasielewski,* Die gewerbliche und die gemeinnützige Sammlung im behördlichen Vollzug, NuR 2015, 173; *Webersinn,* Das Verpackungsgesetz – Aufbruch in die Wertstoffwirtschaft?, UPR 2018, 96; *Weidemann,* Private Entsorgungszuständigkeit nach dem neuen Kreislaufwirtschaftsgesetz, AbfallR 2012, 96 ff.; *Wenzel,* Überlassungspflichten für Verwertungsabfälle aus privaten Haushaltungen, ZUR 2008, 411; *Wenzel,* Gewerbliche und gemeinnützige Sammlungen vor Gericht, ZUR 2014, 579; *Wenzel,* Über die Irrelevanzschwelle auf den Verwertungsweg, AbfallR

2017, 57; *Wolf,* Von der Müllabfuhr zum Ressourcenschutz – Entwicklungslinien des Abfallrechts, ZUR 2017, 579.; *Zandonella/Thärichen,* Bioabfälle zwischen öffentlicher und privater Entsorgung: Zum Begriff der „überwiegenden öffentlichen Interessen in § 13 Abs. 3 Nr. 3 KrW-/AbfG, NVwZ 1998, 1160.

Übersicht

A. Einführung

1 § 17 regelt eine der zentralen Weichenstellungen des Gesetzes, nämlich inwieweit abweichend von den §§ 7, 8 und 15 Erzeuger und Besitzer von Abfällen aus privaten Haushaltungen und aus anderen Herkunftsbereichen ihre Abfälle nicht eigenverantwortlich zu entsorgen, sondern öffentlich-rechtlichen Entsorgungsträgern zu überlassen haben. Die Berechtigung der öffentlich-rechtlichen Entsorgungsträger, sich der Pflicht, die

ihnen überlassenen Abfälle zu entsorgen, durch Ausschluss von Abfällen aus der öffentlichen Entsorgung zu entziehen, ergibt sich aus § 20 Abs. 3. Die in der Vergangenheit bestehende Möglichkeit, die Pflichten der öffentlich-rechtlichen Entsorgungsträger auf einen Dritten zu übertragen (§ 16 Abs. 2 KrW-/AbfG), wurden vom Gesetzgeber mit dem Inkrafttreten des KrWG 2012 gestrichen. Für bestehende Pflichtenübertragungen gilt allerdings die Übergangsvorschrift des § 72 Abs. 1.

Abs. 1 bestimmt den Umfang der Überlassungspflichten für Haushaltsabfälle (Satz 1) **2** und für Abfälle aus sonstigen Herkunftsbereichen (Sätze 2 und 3). Abs. 2 bestimmt Ausnahmen von der Überlassungspflicht im Bereich von Rücknahme- und Rückgabepflichten und für gemeinnützige und gewerbliche Sammlungen. In Abs. 3 wurde nach langwierigen Verhandlungen im Gesetzgebungsverfahren eine komplexe Regelung zur Zulässigkeit gewerblicher Sammlungen aufgenommen, deren Klarstellungsfunktion für Abs. 2 Satz 1 Nr. 4 in Zweifel zu ziehen ist. In Abs. 4 schließlich werden die Länder ermächtigt, Andienungs- und Überlassungspflichten für gefährliche Abfälle zur Beseitigung nach Maßgabe der dort genannten Voraussetzungen anzuordnen. Die Möglichkeit, Andienungs- und Überlassungspflichten für gefährliche Abfälle zur Verwertung landesrechtlich einzuführen, gibt es seit dem Inkrafttreten des KrWG im Jahre 2012 nicht mehr.

Die Ausnahme von den Überlassungspflichten für gemeinnützige und gewerbliche **3** Sammlungen in § 17 und die dazu gehörende Anzeigepflicht nach § 18 waren in den vergangenen Jahren die umstrittensten Regelungen des KrWG. Über die Zulässigkeit vor allem gewerblicher Sammlungen wurde in den vergangenen Jahren heftig gestritten. Es sind dazu mittlerweile zahllose Entscheidungen der Verwaltungsgerichte ergangen. Vor allem Altpapier- und Altkleidersammlungen standen im Fokus der Auseinandersetzungen.

Grundkonzept des Kreislaufwirtschaftsrechts ist nicht die Abfallentsorgung als öffent- **4** liche Daseinsvorsorge. Vielmehr besteht primär eine Pflicht der Abfallbesitzer und Abfallerzeuger, die Abfälle zu verwerten (§ 7 Abs. 2) und Abfälle, die nicht verwertet werden, gemeinwohlverträglich zu beseitigen (§ 15 Abs. 1 Satz 1, Abs. 2 Satz 1). Die Überlassungspflichten gegenüber öffentlich-rechtlichen Entsorgungsträgern sind eine **Ausnahme zu den Grundpflichten** der Abfallbesitzer und Abfallerzeuger, die in § 7 Satz 2 und § 15 geregelt sind (*Schomerus* in Versteyl/Mann/Schomerus, KrWG, 2019, § 17 Rn. 2). Die Auffassung des BVerwG, der Gesetzgeber habe eine Grundentscheidung zugunsten der öffentlich-rechtlichen Entsorgung getroffen, trifft insoweit nicht zu (*Klement* in Schmehl/Klement, KrWG 2019, § 17 Rn. 2 zu BVerwGE 134, 154 Rn. 20). In der Begründung des Gesetzentwurfs weist die Bundesregierung ausdrücklich darauf hin, dass das Gesetz ausweislich seiner Grundpflichtenkonzeption dem **Verursacherprinzip** folgt und dementsprechend die in § 17 geregelten Überlassungspflichten sich als eine – dem Prinzip der **Daseinsvorsorge** folgende – Ausnahme von diesem Grundkonzept darstellen (BT-Drs. 176052, S. 85). Im Rahmen der Daseinsvorsorge stellen die kommunalen öffentlich-rechtlichen Entsorgungsträger sicher, dass die ihnen überlassenen, von den Abfallbesitzern und Abfallerzeugern nicht entsorgten Abfälle, ordnungsgemäß, schadlos und hochwertig verwertet oder, soweit eine Verwertung ausscheidet, allgemeinwohlverträglich beseitigt werden (*Schmehl* NVwZ 2009, 1262). Die Ausgestaltung der Überlassungspflichten nach § 17 dient nicht dazu, einen Wettbewerb im Bereich der Abfallbewirtschaftung gegenüber den öffentlich-rechtlichen Entsorgungsträgern gänzlich zu unterbinden (*Dippel* in Schink/Versteyl, KrWG, 2016, § 17 Rn. 3; *Schomerus* in Versteyl/Mann/Schomerus, KrWG, 2019, § 17 Rn. 4). Zutreffend weist Klement allerdings darauf hin, dass es in § 17 Abs. 1 kein Regel-Ausnahme-Verhältnis gibt, das in ergebnisrelevanter Weise zur Auslegung des Gesetzes mit dem Ziel herangezogen werden kann, im Regelfall oder im Zweifel eine Zuständigkeit öffentlich-rechtlicher Entsorgungsträger anzunehmen (*Klement* in Schmehl/Klement, KrWG, 2019, § 17 Rn. 5).

5 Die Pflicht zur Verwertung entfällt, wenn die Verwertung technisch nicht möglich oder wirtschaftlich nicht zumutbar ist (§ 7 Abs. 4). Unter welchen Voraussetzungen der **Vorrang der Verwertung** gegenüber der Beseitigung entfällt, ergibt sich aus verschiedenen Regelungen. Nach § 6 Abs. 1 i. V. m. Abs. 2 soll diejenige Maßnahme Vorrang haben, die den Schutz von Mensch und Umwelt bei der Erzeugung und Bewirtschaftung von Abfällen unter Berücksichtigung des Vorsorge- und Nachhaltigkeitsprinzips am besten gewährleistet. Daraus folgt, dass der grundsätzlich gem. § 6 Abs. 1 vorgesehene Vorrang der Abfallverwertung gegenüber der Abfallbeseitigung entfällt, sofern die Abfallbeseitigung den Schutz von Mensch und Umwelt bei der Erzeugung und Bewirtschaftung von Abfällen unter Berücksichtigung des Vorsorge- und Nachhaltigkeitsprinzips am besten gewährleistet. Dies hat der Gesetzgeber in der Grundpflichtenregelung des § 7 Abs. 2 Satz 3 aufgegriffen und in Anlehnung an die Vorgängerregelung des § 5 Abs. 5 KrW-/AbfG herausgestellt, dass der Vorrang der Abfallverwertung entfällt, wenn die Abfallbeseitigung den Schutz von Mensch und Umwelt nach Maßgabe des § 6 Abs. 2 Sätze 2 und 3 am besten gewährleistet. Entfällt der Vorrang der Verwertung vor der Beseitigung, bedeutet dies nicht, dass Abfallbesitzer und Abfallerzeuger verpflichtet wären, die Abfälle zu beseitigen; ihnen steht dann vielmehr ein **Wahlrecht** zu (*Schomerus* in Versteyl/Mann/Schomerus, KrWG, 2019, § 17 Rn. 22). Abfälle, die nicht verwertet werden, sind grundsätzlich durch den Erzeuger oder Besitzer zu beseitigen (§ 15 Abs. 1 Satz 1). Es besteht auch die Möglichkeit, von dem Wahlrecht nur teilweise, also für bestimmte Abfallarten Gebrauch zu machen (*Schomerus* in Versteyl/Mann/Schomerus, KrWG, 2019, § 17 Rn. 22; *Karpenstein/Dingemann* in Jarass/Petersen, KrWG 2014, § 17 Rn. 92).

6 Der Gesetzgeber geht somit davon aus, dass Abfallerzeuger und Abfallbesitzer grundsätzlich selbst zur Verwertung und – nachrangig – zur Beseitigung verpflichtet sind. An der bereits mit dem Inkrafttreten des KrW-/AbfG im Jahre 1996 festgelegten Abkehr von einem Staatsmonopol für die Abfallentsorgung (§ 3 AbfG) hält der Gesetzgeber fest. In der Gesetzesbegründung der Bundesregierung wird in diesem Zusammenhang darauf hingewiesen, dass die Reichweite der Überlassungspflichten gegenüber der bisherigen Rechtslage nicht verändert werden sollte (BT-Drs. 17/6052, S. 85).

7 Die Neuformulierung der materiell-rechtlichen Voraussetzungen und verfahrensrechtlichen Anforderungen für gemeinnützige und gewerbliche **Sammlungen** in den §§ 17, 18 waren im Gesetzgebungsverfahren besonders umstritten. Entgegen der Ankündigung der Bundesregierung, die Reichweite der Überlassungspflichten nicht ändern und die Ausnahmebestimmungen lediglich präzisieren zu wollen, schränken die Regelungen zu den Sammlungen die Tätigkeit privater Sammelunternehmen im Bereich der gewerblichen Sammlung deutlich ein. Den Kommunen wird dadurch ein Vorrang eingeräumt, der mit der Warenverkehrsfreiheit und der Wettbewerbsfreiheit der Europäischen Union nur schwer in Einklang zu bringen ist. Nach einer Protokollerklärung der Bundesregierung zur gewerblichen Sammlung sollen die Regelungen zur gewerblichen Sammlung eine unionsrechtlich gebotene Stärkung des Wettbewerbs und eine Verbesserung der Qualität und Quantität des Recyclings bezwecken. Sie bezieht sich dabei auf den in § 17 Abs. 3 Satz 4 vorgesehenen **Leistungsvergleich** zwischen kommunalen und gewerblichen Sammlungen. Zutreffend ist insoweit, dass die Möglichkeiten, eine gewerbliche Sammlung einzuschränken oder zu untersagen, eingeschränkt sind, wenn der öffentlich-rechtliche Entsorgungsträger eine wesentlich weniger leistungsfähige Sammlung durchführt oder konkret plant. Das mag die Rahmenbedingungen für ein flächendeckendes Recycling verbessern, weil die Kommunen in der Vergangenheit häufig keine besonderen Anstrengungen bei der getrennten Erfassung von verwertungsfähigen Fraktionen des

Hausmülls unternommen haben. Mehr Wettbewerb ergibt sich jedoch – entgegen der Protokollerklärung der Bundesregierung – aus der Neuregelung nicht. Denn mit Hilfe der zuständigen, bei den Kommunen eingerichteten Behörden, haben zahlreiche Kommunen gewerbliche Sammler verdrängt, um die von diesen bislang erzielten Verwertungserlöse zu vereinnahmen. Die Bundesregierung kündigte in der erwähnten Protokollerklärung an, binnen eines Jahres nach Inkrafttreten dieser Regelung prüfen zu wollen, ob die Ziele einer Stärkung des Wettbewerbs und einer Verbesserung der Qualität und Quantität des Recyclings erreicht worden sind. Für den Fall, dass die Ziele nicht erreicht werden, stellte die Bundesregierung unverzügliche gesetzliche Maßnahmen zur Zielerreichung in Aussicht. Geändert oder ergänzt wurden die §§ 17, 18 seit 2012 jedoch nicht. Lediglich ein Anspruch der öffentlich-rechtlichen Entsorgungsträger in § 18 Abs. 8 ist hinzu gekommen, der es den gewerblichen Sammlern weiter erschwert, sich auf dem Sammelmarkt zu behaupten.

Die gesetzlichen Überlassungspflichten des § 17 können und müssen durch landes- **8**
rechtliche Vorschriften konkretisiert werden. Insbesondere ist zu bestimmen, in welcher Weise, an welchem Ort und zu welcher Zeit dem Entsorgungsträger die Abfälle zu überlassen sind (*OVG Bautzen* Urt. v. 29.3.2011, AbfallR 2011, 184; *VGH Kassel* Urt. v. 5.4.2011, AbfallR 2011, 183). Durch die Rechtsprechung des *BVerwG* ist jedoch geklärt, dass nur die Überlassungspflicht als solche, also das „Ob“ der Überlassung von Abfällen abschließend im Bundesrecht geregelt ist. Die Normen des Bundesrechts begründen dagegen **keine Sperrwirkung** für landes- und kommunalrechtliche Regelungen, die in Anknüpfung an die jeweiligen örtlichen Verhältnisse Anforderungen an Ort, Zeit sowie Art und Weise der Überlassung regeln (*BVerwG* Beschl. v. 20.12.2011, AbfallR 2012, 87; Urt. v. 17.2.2005, NVwZ 2005, 695).

Bundesrechtliche Grenzen für die landesrechtliche Ausgestaltung von Bereitstellungs- **9**
und Überlassungspflichten bestehen nur insoweit, als für das gewählte System sachbezogene Gründe bestehen müssen und die konkrete Ausgestaltung der Überlassungspflicht nicht das Ziel einer ordnungsgemäßen und gemeinwohlverträglichen Abfallverwertung oder -beseitigung gefährden darf (*BVerwG* Beschl. v. 20.12.2011 AbfallR 2012, 87; Urt. v. 27.8.2009, NVwZ 2010, 121). Weitere Konkretisierungen sind auf der Grundlage von § 25 Abs. 2 Nr. 3, § 7 Abs. 1 Nr. 2 und 3 sowie § 16 Abs. 1 Nr. 1 und 2 auch bundesrechtlich möglich. Außerdem bestimmen die Landesgesetze, welche juristischen Personen die Funktion des öffentlich-rechtlichen Entsorgungsträgers übernehmen. Regelungen zum **Anschluss- und Benutzungszwang** der Entsorgungseinrichtungen des öffentlich-rechtlichen Entsorgungsträgers enthalten die Abfallsatzungen der Kommunen, die zu öffentlich-rechtlichen Entsorgungsträgern landesgesetzlich bestimmt worden sind.

Der öffentlich-rechtliche Entsorgungsträger muss nicht nur solche Abfälle entsorgen, **10**
die in seinem Gebiet angefallen und ihm überlassen worden sind. Es gibt nämlich auch Abfälle ohne überlassungspflichtige Abfallbesitzer, die der öffentlich-rechtliche Entsorgungsträger selbst einsammeln und weiter entsorgen muss. Dies gilt z. B. für „wilde Abfälle“, die auf Privatgrundstücken abgelagert worden sind, die kraft gesetzlicher Verpflichtung frei zugänglich sind (*BVerwG* Urt. v. 27.8.2009, NVwZ 2010, 121; Urt. v. 11.12.1997, BVerwGE 106, 43; Urt. v. 19.1.1989, NJW 1989, 1295; siehe dazu auch *Michler/Funk* GewArch 2020, 208; *Frenz/Bönning* JZ 1998, 905).

B. Grundbegriffe

Für den Umfang der Überlassungspflichten sind einige Grundbegriffe des KrWG und **11**
ihre Abgrenzung zu anderen Begriffen wesentlich. Neben den in § 3 bereits legaldefi-

nierten Begriffen des Abfalls (§ 3 Abs. 1–4), des Abfallerzeugers (§ 3 Abs. 8) und des Abfallbesitzers (§ 3 Abs. 9) kommt es für die Reichweite der Überlassungspflichten besonders auf die Abgrenzung von Abfällen zur Beseitigung und Abfällen zur Verwertung an (vgl. § 3 Abs. 23–25 und 26). Zur Kommentierung dieser Bestimmungen wird insoweit verwiesen. Hinzuweisen ist an dieser Stelle jedoch, dass § 17 Abs. 1 Satz 2 der zuständigen Abfallbehörde nicht die Befugnis gibt, im Einzelfall zu bestimmen, welche Abfälle als Abfälle zur Verwertung bzw. als Abfälle zur Beseitigung anzusehen sind. Die Vorschrift legt lediglich die Rechtsfolge für die Überlassungspflicht fest, wenn es sich um Abfälle zur Beseitigung oder um solche zur Verwertung handelt (vgl. *VG Berlin* Beschl. v. 4.6.1997, NVwZ 1997, 1032f.; *Weidemann* NVwZ 1997, 973; a. A. *VG Frankfurt* Beschl. v. 23.5.1997, NVwZ-RR 1998, 167). Eine spezielle Regelung, wonach die Feststellung des Bestehens einer Überlassungspflicht oder eines satzungsrechtlichen Anschluss- und Benutzungszwangs an die öffentliche Abfallentsorgung im Wege eines **Feststellungsbescheids** zu erfolgen habe, existiert weder in Bundes- oder Landesgesetzen (VG Cottbus Urt. v. 22.3.2018, AbfallR 2018, 253; VG Cottbus, Urt. v. 18.8.2017 – 4 K 1027/13, juris Rn. 16) Der Behörde steht insoweit nicht das Recht zu, durch feststellenden Verwaltungsakt zu bestimmen, wo die Grenzlinie zwischen Abfällen zur Beseitigung und solchen zur Verwertung verläuft (*Schomerus* in Versteyl/Mann/Schomerus, KrWG 2019, § 17 Rn. 27).

12 Besteht zwischen der zuständigen Behörde, dem öffentlichen Entsorgungsträger und dem Abfallbesitzer eine Meinungsverschiedenheit über die Frage, ob die anfallenden Abfälle überlassungspflichtig sind, kann der Abfallbesitzer eine Klärung im Wege einer **Feststellungsklage** erreichen. Unter einem nach § 43 Abs. 1 VwGO feststellungsfähigen Rechtsverhältnis sind die rechtlichen Beziehungen zu verstehen, die sich aus einem konkreten Sachverhalt auf Grund einer öffentlich-rechtlichen Norm für das Verhältnis von natürlichen oder juristischen Personen untereinander oder einer Person zu einer Sache ergeben (BVerwG Urt. v. 28.1.2010, BVerwGE 136, 54, 57 Rn 24). Gegenstand der Feststellungsklage muss ein streitiges konkretes Rechtsverhältnis sein, für abstrakte, gutachtliche Klärungen einer Rechtsfrage steht die Feststellungsklage nicht zur Verfügung (BVerwG Urt. v. 25.3.2009, NVwZ 2009, 1170). Mit der Frage, ob bestimmte Abfälle überlassungspflichtig sind oder ob für ein Grundstück ein Anschluss- und Benutzungszwang an die öffentliche Abfallentsorgung besteht, ist ein feststellungsfähiges Rechtsverhältnis im Sinne des § 43 Abs. 1 VwGO gegeben (VG Cottbus Urt. v. 22.3.2018 – 6 K 1975/15, juris; VG Cottbus, Urt. v. 18.8.2017 – 4 K 1027/13, juris Rn. 16; VG Halle (Saale), Urt. v. 30.4.2012 – 3 A 865/10, juris Rn. 20).

13 Obwohl der Gesetzgeber den Kanon der Legaldefinitionen in § 3 deutlich ausgeweitet hat und insbesondere die Begriffe der Sammlung und der gewerblichen und gemeinnützigen Sammlung – abweichend von der restriktiveren Rechtsprechung des *BVerwG* (vgl. Urt. v. 18.6.2009, NVwZ 2009, 1292) – definiert, müssen weitere Schlüsselbegriffe des § 17 durch Auslegung bestimmt werden. Klärungsbedürftig sind insbesondere der Begriff der „Überlassungspflichten" und die Begriffe „Abfälle aus privaten Haushaltungen" und „Abfälle zur Beseitigung aus anderen Herkunftsbereichen".

I. Begriff der „Überlassungspflichten"

14 Die Überlassung der Abfälle markiert die Schnittstelle zwischen dem abfallrechtlichen Verantwortungsbereich von Abfallerzeugern und Abfallesitzern einerseits und des öffentlich-rechtlichen Entsorgungsträgers andererseits (*VGH Mannheim* Urt. v. 27.3.2007, AbfallR 2007, 143).

Zur Überlassung verpflichtet sind sowohl Abfallbesitzer als auch Abfallerzeuger. Ist der Abfallerzeuger nicht zugleich auch Abfallbesitzer und kann er ohne Zustimmung bzw. Duldung des Abfallbesitzers auf den Abfall nicht zugreifen, entfällt deshalb seine Überlassungspflicht nicht wegen einer Unmöglichkeit der Pflichterfüllung (so aber *Klement* in Schmehl/Klement, KrWG 2019, § 17 Rn. 60). Der Abfallerzeuger kann deshalb auch in einem solchen Fall von der zuständigen Behörde, gestützt auf § 62 zur Erfüllung seiner Überlassungspflicht gezwungen werden. Eine zivilrechtliche Rechtsposition Dritter, die der Befolgung einer Ordnungsverfügung entgegensteht, berührt nicht die Rechtmäßigkeit der Ordnungsverfügung, sondern stellt lediglich ein Vollzugshindernis dar, welches durch eine gegen diesen Dritten gerichtete **Duldungsverfügung** ausgeräumt werden kann (VG Düsseldorf Beschl. v. 14.12.2020 – 9 L 2067/20, juris Rn. 45; BVerwG Urt. v. 28.4.1972 – IV C 42.69 –, juris Rn. 31; BVerwG Beschl. v. 24.7.1998 – 4 B 69.98, juris, Rn. 3; OVG NRW, Urt. v. 9.12.1994 – 10 A 1753/91, juris, Rn. 18; OVG MV Urt. 4.9.2013 – 3 L 108/11, juris, Rn. 68). Wollte die zuständige Behörde dem besitzlosen Abfallerzeuger gegenüber eine Überlassungspflicht durchsetzen, müsste sie ihm bei einer Weigerung des Abfallbesitzers, die Abfälle zur Abholung bereitzustellen, gegebenenfalls über eine Duldungsverfügung den Zugriff ermöglichen. **15**

Die Überlassungspflichten gelten zwar unmittelbar kraft Gesetzes; erforderlich sind jedoch konkretisierende Regelungen zum Anschluss- und Benutzungszwang in der Abfallsatzung. Satzungen, mit denen die Art und Weise geregelt wird, mit der der Körperschaft die Abfälle zu überlassen sind, sind Maßnahmen auf dem Gebiet der Abfallwirtschaft und haben sich daher an deren Grundsätzen, insbesondere an den Regelungen des Kreislaufwirtschaftsgesetzes auszurichten (OVG MV Urt. v. 30.10.2018, AbfallR 2020, 163). **16**

Die Überlassungspflichten können, für den Fall dass sich die Verpflichteten weigern, ihre Pflicht zu erfüllen, mit Hilfe von Ordnungsverfügungen, gestützt auf § 62, durchgesetzt werden. Das Recht zum Erlass einer solchen Ordnungsverfügung steht aber nicht dem öffentlich-rechtlichen Entsorgungsträger, sondern der zuständigen Behörde zu. Eine gegen den Abfallbesitzer bzw. Abfallerzeuger gerichtete **Leistungsklage** des öffentlich-rechtlichen Entsorgungsträgers ist unzulässig; dem öffentlich-rechtlichen Entsorgungsträger fehlt es für eine solche Leistungsklage an einer Klagebefugnis, da ihm kein subjektives Recht auf Überlassung der Abfälle gegenüber dem Abfallbesitzer zusteht (OVG SA Urt. v. 17.3.2016, AbfallR 2016, 198; OVG NRW Beschl. v. 8.4.2014 – 20 I 547/13, juris Rn. 4 ff.; VGH München Beschl. v. 11.1.2018 – 20 Z B 17.1091, juris Rn. 17 f.; *Klement* in Klement/Schmehl, KrWG, 2019, § 17 Rn. 73; a. A. *Wenzel* AbfallR 2017, 57, 63). Daran hat auch das den öffentlich-rechtlichen Entsorgungsträgern in § 18 Abs. 8 eingeräumte subjektive Recht zum Anzeigeverfahren nach § 18 nichts geändert, siehe dazu *Beckmann* AbfallR 2021, 126. **17**

Abzulehnen ist auch die Ansicht, wonach der öffentlich-rechtliche Entsorgungsträger gegenüber dem Rechtsträger der Abfallbehörde einen **Anspruch auf ermessensfehlerfreie Entscheidung** über den Antrag auf Erlass einer Ordnungsverfügung zur Durchsetzung der Überlassungspflicht hat (so *Klement* in Klement/Schmehl, KrWG, 2019, § 17 Rn. 73). Ein in diesem Sinne gerichtlich durchsetzbares subjektives Recht existiert nicht, weil sich der öffentlich-rechtliche Entsorgungsträger, soweit die zuständige Behörde denselben Rechtsträger hat, an den gemeinsamen Vorgesetzten wenden kann oder, wenn die Rechtsträger unterschiedlich sind, die Aufsichtsbehörde auffordern kann, aufsichtlich einzuschreiten. Der Schutz der Funktionsfähigkeit des öffentlich-rechtlichen Entsorgungsträgers ist auch insoweit allein der zuständigen Abfallbehörde aufgegeben. Zutreffend hat das BVerwG erläutert, dass eine Verletzung subjektiver Rechte nur vorliegt, wenn der Verstoß gegen eine Schutznorm, d. h. eine Vorschrift geltend gemacht wird, die den von ihrem Regelungsgehalt Betroffenen nach dem in ihr enthaltenen Entschei- **18** dungsprogramm zu schützen bestimmt ist und ihm die Rechtsmacht verleiht, eine Verletzung der Norm insbesondere vor Gericht geltend zu machen. Aufgabenzuweisungen an und Zuständigkeiten von Hoheitsträgern seien keine Rechte im Sinne von Art. 19 Abs. 4 GG, so dass deren gerichtliche Durchsetzung verfassungsrechtlich nicht gewährleistet sei. Sie könnten deshalb Rechte im Sinne von § 42 Abs. 2 VwGO nur dann sein, wenn und soweit die Rechtsordnung einzelnen Rechtsträgern oder deren Organen verselbständigte Rechtspositionen im „organschaftlichen Rechtskreis" einräumt, die im Konfliktfall auch gegenüber anderen Hoheitsträgern durchsetzbar sein sollen (BVerwG Urt. v. 27.9.2018 – 7 C 23/16, juris Rn. 20). Dass der Gesetzgeber den öffentlich-rechtlichen Entsorgungsträgern insoweit gegenüber den Abfallbehörden eine klagefähige Rechtsposition einräumen wollte, ist nicht ersichtlich.

19 Ist ein verpflichteter Abfallbesitzer oder Abfallerzeuger vorhanden, muss er die Abfälle zusammentragen und entsprechend den satzungsrechtlichen Bestimmungen so **bereitstellen,** dass der Entsorgungsträger sie ohne weiteren Aufwand einsammeln kann (*BVerwG* Urt. v. 27.8.2009, NVwZ 2010, 121). In der Abfallsatzung kann bestimmt werden, dass Abfallbehälter von den Verpflichteten am Abfuhrtag so bereitzustellen sind, dass das Sammelfahrzeug auf öffentlichen oder dem öffentlichen Verkehr dienenden privaten Straßen an die Aufstellplätze heranfahren kann und das Verladen sowie der Abtransport ohne Schwierigkeiten und Zeitverlust möglich sind. Im Einzelfall kann es zur Bereitstellung ausreichend sein, dass die Behälter so auf dem Grundstück des Verpflichteten aufgestellt werden, dass diese vom öffentlichen Raum aus zugänglich sind und der Abtransport ohne Schwierigkeiten und Zeitverlust möglich ist. Dies ist aber nach Ansicht des VG Lüneburg nicht mehr der Fall, wenn am Abholtag die Behälter zugeparkt sind und dadurch ein Rangieren der Behälter mit einem erhöhten Aufwand erforderlich wird (VG Lüneburg Beschl. v. 15.3.2021 – 3 B 1/21, juris Rn. 13).

20 Kann ein Abfallbesitzer nicht ausfindig gemacht werden, muss der öffentlich-rechtliche Entsorgungsträger den Abfall zusammentragen und einsammeln. Der Grundstückseigentümer ist neben seinen Mietern, Pächtern oder ähnlichen Nutzern als Zustandsverantwortlicher öffentlich-rechtlicher Abfallbesitzer und insoweit überlassungspflichtig; er darf deshalb auch zu **Abfallgebühren** herangezogen werden (*OVG Bautzen* Urt. v. 27.2.2012, AbfallR 2012, 137). Nach der Rechtsprechung des BVerwG (Urt. v. 8.5.2003 – 7 C 15/02, juris) ist für den Abfallbesitz ein Mindestmaß an tatsächlicher Sachherrschaft kennzeichnend. Dieses Mindestmaß ist bei dem Eigentümer eines Grundstücks, auf dem sich Abfälle befinden, nur dann ausgeschlossen, wenn er die Fläche nicht dem Zugriff oder Zutritt Dritter entziehen kann, d. h. wenn er mit seinem Grundstück durch Betretungsrechte der Allgemeinheit in die Pflicht genommen wird (OVG SA Urt. v. 2.12.2009 – 4 L 321/07, juris).

21 Der Abfallbesitzer überlässt die bei ihm angefallenen Abfälle, wenn er dem öffentlich-rechtlichen Entsorgungsträger die Übernahme der tatsächlichen Sachherrschaft an den Abfällen und damit zivilrechtlich auch die Besitzverschaffung und den Eigentumsübergang ermöglicht (zur Abgrenzung der Überlassung von der Abfallentsorgung siehe *BVerwG* Beschl. v. 27.7.1995, NVwZ 1996, 63; *Klement* in Schmehl/Klement, KrWG 2019, § 17 Rn. 65). Gemeint ist damit die physische Übergabe an den öffentlich-rechtlichen Entsorgungsträger durch den Abfallerzeuger/-besitzer zur Abholung nach Maßgabe des einschlägigen kommunalen Satzungsrechts. Die Abfälle können denklogisch nicht vor deren Anfall i. d. S. überlassen werden (*VGH Mannheim* Urt. v. 27.3.2007, AbfallR 2007, 143). Ausreichend für die Erfüllung der Überlassungspflicht ist eine Bereitstellung der Abfälle entsprechend den Vorgaben zum Anschluss- und Benutzungszwang der Abfallsatzung, so dass der öffentlich-rechtliche Entsorgungsträger oder das von ihm beauftragte Entsorgungsunternehmen die Abfälle abholen kann.

Zwischen dem Zeitpunkt des Anfalls eines Abfalls und seinem Überlassen an den öffentlich-rechtlichen Entsorgungsträger liegt regelmäßig ein Zeitraum, der wesentlich von dem Abfuhrrhythmus abhängt, den der öffentlich-rechtliche Entsorgungsträger in seiner Abfallsatzung festlegt. Abfall kann selbstverständlich nicht überlassen werden bevor er angefallen ist, weil erst mit dem Anfall der Abfall entsteht. Abfall fällt in dem Zeitpunkt an, in dem ein Stoff oder Gegenstand erstmals die Abfalleigenschaft gemäß § 3 Abs. 1 bis 4 erlangt. Ist einer der dort aufgeführten Tatbestände erfüllt, so ist der entsprechende Abfall angefallen (BVerwG Urt. v. 13.12.2007, BVerwGE 130, 127; OVG Koblenz Urt. v 11.3.2015 – 8 A 11003/14, juris). Die Überlassungspflicht wird aber nicht sofort mit der Entstehung des Abfalls wirksam (so *Klement* in Schmehl/Klement, KrWG 2019, § 17 Rn. 59), sondern erst zu dem Zeitpunkt, zu dem die Abfallsatzung eine Überlassung entsprechend dem für den Abfall vorgesehenen Abholzeitpunkt fordert. **22**

Nach dem KrWG ist die Abfallüberlassung eine von mehreren Entsorgungshandlungen. Sie ist nach der Rechtsprechung des *BVerwG* vom Bereitstellen, Einsammeln und Befördern zu unterscheiden. Das *BVerwG* hat sich mit den verschiedenen Phasen der Entsorgung bis zur Überlassung im Zusammenhang mit der Frage nach der Zulässigkeit des **Nachsortierens von Abfällen,** die bereits in den von der Kommune bereit gestellten Abfallbehältern eingefüllt sind, auseinandergesetzt. Der Überlassungsvorgang geht dem Einsammeln und Befördern voraus (*BVerwG* Urt. v. 13.12.2007, NVwZ 2008, 429; Urt. v. 11.2.1983, BVerwGE 67, 8, 1)). Wenn beide Entsorgungshandlungen nicht ausnahmsweise zusammenfallen, folgt die Überlassung dem Bereitstellen der Abfälle zeitlich nach. Das ergibt sich aus der Unterscheidung des Bereitstellens und des Überlassens in § 10 Abs. 1 Nr. 2, § 16 Satz 1 Nr. 2. Von einem Bereitstellen ist auszugehen, wenn Abfallerzeuger und Abfallbesitzer Sachen in Entledigungsabsicht absondern, für eine Abholung kennzeichnen oder in zur Abholung bestimmte Abfallbehälter werfen (*BVerwG* Urt. v. 13.12.2007, NVwZ 2008, 429). Überlassen wird der Abfall aber erst mit der Abholung, d. h. zum Zeitpunkt des Wechsels der Sachherrschaft. **23**

Das Überlassen von Abfällen an den öffentlich-rechtlichen Entsorgungsträger ist nach der Rechtsprechung des *BVerwG* Bestandteil der Kreislaufwirtschaft und löst dessen Entsorgungspflicht aus. Der öffentlich-rechtliche Entsorgungsträger kann seiner Entsorgungspflicht aber erst nachkommen, wenn er die tatsächliche Sachherrschaft über die Abfälle hat. Diese erlangt er regelmäßig bei der Entleerung der Abfallbehälter. Bis dahin bleibt der Abfallbesitzer überlassungspflichtig. Das entspricht dem Zweck der gesetzlichen Regelung, ein Auseinanderfallen von Überlassen und Entsorgungspflicht zu vermeiden, was eine Lücke in der Entsorgungsverantwortlichkeit zur Folge hätte. Die Überlassung erfolgt somit regelmäßig nicht bereits mit dem Einwurf der Abfälle in den auf einem Privatgrundstück bereitgestellten Restabfallbehälter, sondern erst mit dessen Abholung zur Entleerung in das Sammelfahrzeug (BVerwG Urt. v. 1.12.2005, NVwZ 2006, 589). **24**

Vor Abholung der Abfallbehälter zur Entleerung, d. h. vor der Überlassung, darf der Grundstückseigentümer als Abfallbesitzer in den Abfallbehältern geworfene und damit schon bereitgestellte Abfälle bei Beachtung des Gebots der gemeinwohlverträglichen Entsorgung wieder entnehmen, um sie einer ordnungsgemäßen Entsorgung zuzuführen. Das **Aussortieren werthaltiger Abfälle** aus dem Restabfallbehälter durch den Abfallbesitzer oder durch einen von ihm beauftragten Dritten vor der Abholung, verstößt nicht gegen die Überlassungspflicht, weil die Abfälle noch nicht überlassen worden sind. Ein Nachsortieren kann sogar einer satzungsrechtlichen Pflicht des Abfallbesitzers entsprechen, bestimmte Abfälle zur Verwertung getrennt von anderen Abfällen zu überlassen. Es findet noch während des Bereitstellens der Abfälle statt, deren Qualität durch die Sortiermaßnahmen verbessert wird (*BVerwG* Urt. v. 13.12.2007, NVwZ 2008, 249; OVG NRW Beschl. v. 8.7.2009, NVwZ 2009, 1505). **25**

26 Ein **Nachsortieren** der Abfälle zum Zweck ihrer verbesserten Bereitstellung ist nach der Rechtsprechung des *BVerwG* auch keine unzulässige Abfallbehandlung. Sortiermaßnahmen vor Überlassung der Abfälle sind Vorbereitungshandlungen, die der Phase des Bereitstellens zuzuordnen sind. Mit dieser Funktion lösen sie regelmäßig nicht den **Anlagenbenutzungszwang** für die Beseitigung von Abfällen aus (*BVerwG* Urt. v. 13.12.2007, NVwZ 2008, 249). Das Nachsortieren des Inhalts von Restmüllbehältern führt – vorbehaltlich besserer Erkenntnisse – auch nicht zu konkreten Gefahren für die Gesundheit, insbesondere durch Bioaerosole, und auch nicht zu erheblichen Geruchsbeeinträchtigungen (*OVG Münster* Beschl. v. 8.7.2009, NVwZ 2009, 1505).

27 Zulässig ist grundsätzlich auch das **Nachverdichten** des Behälterinhalts durch Verpressen. Allerdings dürfen die öffentlich-rechtlichen Entsorgungsträger die Verdichtung der Abfälle in den Sammelbehältern satzungsrechtlich einschränken, weil eine Verdichtung u. a. die Entleerung der Sammelbehälter und damit die Abläufe der Entsorgung nachteilig beeinflussen kann. Sie lässt sich daher im Ausgangspunkt den Modalitäten zuordnen, unter denen die Abfälle dem öffentlich-rechtlichen Entsorgungsträger zu überlassen sind (*OVG Münster* Urt. v. 11.9.2008, AbfallR 2008, 305). Jedoch ist die **Regelungsbefugnis** des Satzungsgebers inhaltlich nicht schrankenlos; für ihre Ausübung sind abfallrechtliche Grundsätze maßgeblich. Soweit ein Nachverdichten die ordnungsgemäße, schadlose und hochwertige Verwertung der Abfälle bzw. einer gemeinwohlverträglichen Beseitigung nicht beeinträchtigt und auch den Abfallbehälter nicht beschädigt, dürften satzungsrechtliche Einschränkungen unzulässig sein.

28 Eine Abfallsatzung, die eine Überlassung von Abfällen anordnet, die nach § 17 Abs. 1 nicht überlassungspflichtig sind, ist rechtswidrig und nichtig (*Klement* in Schmehl/Klement, KrWG 2019, § 17 Rn. 58; VGH BW Urt. v. 22.3.2001, NVwZ 2002, 211, 214). Neben der Sperrwirkung und dem Vorrang spezieller bundes- und landesrechtlicher Vorgaben ist insbesondere der allgemeine Grundsatz der Verhältnismäßigkeit zu beachten. Die Erfüllung der dem Abfallbesitzer bundesrechtlich obliegenden Überlassungspflicht, der ein Anspruch auf Übernahme der der Überlassungspflicht unterliegenden Abfälle entspricht, darf nicht von sachlich nicht erforderlichen Bedingungen abhängig gemacht werden (*OVG Münster* Urt. v. 11.9.2008, AbfallR 2008, 305).

29 Der Bundesgesetzgeber ermächtigt den Verordnungsgeber in § 25 Abs. 2 Nr. 3 zum Erlass von Regelungen, auf welche Art und Weise die Abfälle zu überlassen sind und welche Maßnahmen zum Bereitstellen, Sammeln und Befördern einschließlich von Bringpflichten nach § 25 Abs. 2 Nr. 2 zu treffen sind. In dem Maße, in dem der Verordnungsgeber die Modalitäten der Überlassung regelt, ist eine weitere Konkretisierung durch die Länder und damit auch durch die kommunalen Abfallsatzungen unzulässig. Allerdings hat der Verordnungsgeber auf die verfassungsrechtlich garantierte **kommunale Selbstverwaltung** bei der Konkretisierung Rücksicht zu nehmen. Das bedeutet auch, dass den Kommunen, soweit sie öffentlich-rechtliche Entsorgungsträger sind, hinreichender Regelungsraum verbleiben muss, der ihnen eine eigenverantwortliche Aufgabenwahrnehmung unter besonderer Berücksichtigung der örtlichen Verhältnisse ermöglicht.

30 Art. 28 Abs. 2 GG sichert den Gemeinden neben einem grundsätzlich alle Angelegenheiten der örtlichen Gemeinschaft umfassenden Aufgabenbereich auch die Befugnis zu eigenverantwortlicher Führung der Geschäfte in diesem Bereich. Zu der Befugnis eigenverantwortlicher Führung der Geschäfte gehört die **Organisationshoheit.** Auf ihrer Grundlage legen die Gemeinden für die Wahrnehmung ihrer Aufgaben Abläufe und Entscheidungszuständigkeiten im Einzelnen fest und bestimmen damit auch über Gewichtung, Qualität und Inhalt ihrer Entscheidungen. Die Organisationshoheit dient dazu, die Gemeinden als eigene Selbstverwaltungsträger anzuerkennen und ihnen eine

eigenverantwortliche Wahrnehmung ihrer Aufgaben zu garantieren. Damit ist die Gewährleistung eines gewissen organisatorischen Freiraums unmittelbar verbunden. Es ist nach Ansicht des BVerfG nicht anzunehmen, dass die Verfassung den Kommunen einerseits eigene Aufgabenbereiche zur selbständigen Erledigung vorbehält, andererseits aber deren Organisation bis in interne Verfahrensabläufe hinein der umfassenden Steuerung durch den Gesetzgeber oder die staatliche Verwaltung überließe (BVerfG Beschl. v. 26.10.1994 – 2 BvR 445/91, DVBl. 1995, 290 ff.; *Beckmann/Wittmann* AbfallR 2011, 55). Die Gewährleistung eigenverantwortlicher Aufgabenwahrnehmung besteht aber nur im Rahmen der Gesetze. Dementsprechend sind auch die den Gemeinden zur Hand stehenden Organisationsbefugnisse durch die Vorgaben des Gesetzgebers gebunden.

Durch **Satzung** des öffentlich-rechtlichen Entsorgungsträgers kann insbesondere geregelt werden, in welcher Weise, an welchem Ort und zu welcher Zeit dem öffentlich-rechtlichen Entsorgungsträger die Abfälle zu überlassen sind und unter welchen Voraussetzungen die zu entsorgenden Abfälle als in ihrem Gebiet angefallen (vgl. § 20 Abs. 1 Satz 1) und überlassen gelten (zum Abholrhythmus siehe *VGH München* Beschl. v. 17.6.1994, BayVBl. 1995, 595; zu Behälterkapazitäten siehe *OVG Münster* Urt. v. 10.11.1994, NWVBl. 1995, 309). **31**

Durch Satzung des öffentlich-rechtlichen Entsorgungsträgers können unter anderem auch in begrenztem Umfang **Bringpflichten** geregelt werden (*BVerwG* Beschl. v. 27.7.1995, DVBl. 1996, 44; Urt. v. 25.8.1999 – 7 C 27/98, Rn. 19 f., 30; *VGH Mannheim* Beschl. v. 15.11.1994, UPR 1995, 155). Die satzungsrechtliche Festlegung eines geeigneten Ortes für die Bereitstellung der Abfallbehältnisse, der nicht – wie im Regelfall – auf oder nahe bei dem jeweiligen Grundstück gelegen ist, ist grundsätzlich mit höherrangigem Recht vereinbar. Aus der gesetzlichen Aufgabenverteilung folgt, dass den Erzeugern oder Besitzern überlassungspflichtiger Abfälle aus privaten Haushaltungen keine Tätigkeiten abverlangt werden dürfen, die ihrem Wesen nach zu den vom öffentlich-rechtlichen Entsorgungsträger vorzunehmenden Entsorgungshandlungen zu rechnen sind, insbesondere darf dem überlassungspflichtigen Abfallbesitzer keine generelle Bringpflicht auferlegt werden (VG Lüneburg Beschl. v. 15.3.2021 – 3 B 1/21, juris Rn. 13; *VG Köln* Urt. v. 6.4.2011 – 14 K 693/10, Rn. 22 ff.; *VG Frankfurt* Beschl. v. 1.4.2010 – 5 L 315/09, Rn. 24; *VGH München* Beschl. v. 28.7.2006 23 ZB 06.1310, Rn. 9; OVG Sachsen Urt. v. 29.3.2011 – 4 C 31/09, juris Rn. 61). Dabei ist eine generalisierende Bestimmung der dem Überlassungspflichtigen noch zumutbaren Mitwirkung nach der Rechtsprechung des BVerwG nicht möglich. Entscheidend ist vielmehr stets die konkrete örtliche Situation unter Berücksichtigung des Grundsatzes der Verhältnismäßigkeit (*BVerwG* Beschl. v. 17.3.2011 – 7 B 4/11 juris). Zu den Voraussetzungen, die eine Mitwirkung des Überlassungspflichtigen durch Verbringen der Abfallbehältnisse an einen grundstücksfernen Ort erforderlich machen können, gehören tatsächliche und/oder rechtliche Hindernisse, die einem unmittelbaren Anfahren des Grundstücks entgegenstehen. Rechtliche Hindernisse folgen dabei insbesondere aus straßenverkehrsrechtlichen und arbeitsschutzrechtlichen Bestimmungen. Nach den konkreten Örtlichkeiten kann es im Einzelfall zur Bereitstellung ausreichend sein, dass die Behälter so auf dem Grundstück aufgestellt werden, dass sie von der Straße aus zugänglich sind und der Abtransport ohne Schwierigkeiten und Zeitverlust möglich ist. Dies soll aber nach Ansicht des VG Lüneburg dann nicht mehr der Fall sein, wenn am Abholtag die Behälter zugeparkt sind und dadurch ein Rangieren der Behälter mit einem erhöhten Aufwand erforderlich wird (VG Lüneburg Beschl. v. 15.3.2021 – 3 B 1/21, juris Rn. 15). **32**

Mit der Anordnung zum Verbringen der Abfallbehältnisse an einen grundstücksfernen Aufstellungsort wird kein generelles Bringsystem eingeführt, sondern lediglich im Rahmen des bestehenden Holsystems eine Rechtsgrundlage dafür geschaffen, den Überlas- **33** sungspflichtigen in Einzelfällen aufgrund örtlicher Besonderheiten eine individuelle Bringpflicht aufzuerlegen. Solche Regelungen sind Ausdruck einer angemessenen **Lastenverteilung** zwischen den Erzeugern und Besitzern der Abfälle und den öffentlich-rechtlichen Entsorgungsträgern. Verursacht die besondere Lage eines Grundstücks einen zusätzlichen Aufwand für die für die Abholung der dort anfallenden Abfälle, so ist dies grundsätzlich der Sphäre der überlassungspflichtigen Erzeuger und Besitzer zuzurechnen (*VG Köln* Urt. v. 6.4.2011, AbfallR 2011, 190; *VG Frankfurt* Beschl. v. 1.4.2010 – 5 L 315/09, juris Rn. 24). Alter und Gesundheitszustand der Abfallbesitzer spielen bei dem Umfang der Überlassungspflicht grundsätzlich keine Rolle, weil sonst in einer Vielzahl von vergleichbaren Fällen (z. B. Personen mit Behinderungen, die nicht einmal kurze Wegstrecken zu Fuß zurücklegen können) der Abfall unmittelbar an der Haustür entsorgt werden müsste, was einen nicht mehr zumutbaren Aufwand für den öffentlich-rechtlichen Entsorgungsträger mit sich brächte. Der Abfallbesitzer muss deshalb im Falle körperlicher Gebrechen Vorsorge dafür treffen, dass sein Müllgefäß bis zur Straße gebracht wird (*VG Münster* Urt. v. 19.2.2010 – 7 K 963/06, juris Rn. 34). Eine generelle Bringpflicht darf dem überlassungspflichtigen Abfallbesitzer nicht auferlegt werden (*OVG Bautzen* Urt. v. 29.3.2011, AbfallR 2011, 184).

34 Soweit darin ein Teilausschluss aus der öffentlichen Entsorgung zu sehen ist, müssen dabei die Voraussetzungen des § 20 Abs. 3 berücksichtigt werden. Geregelt werden können auch Anforderungen an die Getrenntsammlung von Abfällen, wiederum allerdings nur unter Beachtung der gesetzlichen Getrenntsammlungsbestimmungen. Das *BVerwG* hat die landesgesetzliche bzw. satzungsrechtliche Konkretisierungsbefugnis begrenzt. Die Grundentscheidung des Gesetzgebers für eine Entsorgungspflicht der öffentlichen Hand unter Geltung des Kreislaufwirtschaftsrechts darf nicht missachtet werden. Das bedeute, dass die Ausgestaltung eines Bringsystems im Ergebnis nicht einem teilweisen Ausschluss der Entsorgungspflicht, nämlich hinsichtlich der Phasen des Einsammelns und Beförderns, gleichkommen darf (*BVerwG* Urt. v. 27.7.1995, DVBl. 1996, 44, 45; siehe auch *OVG Münster* Urt. v. 10.8.1998, NWVBl. 1998, 482, 484; *VG Düsseldorf* Urt. v. 14.3.2012 – 16 K 5762/11, Rn. 13; *OVG Saarlouis* Beschl. v. 24.4.2006 – 3 Q 55/05, juris Rn. 22).

35 Noch nicht höchstrichterlich geklärt ist die Frage, ob bei Erlass der Abfallsatzung die privaten Belange von Abfallbesitzern bzw. privaten Entsorgungsunternehmen in eine Abwägung einzustellen sind (verneinend *OVG Greifswald* Urt. v. 30.10.2018 – 1 K 562/16, BeckRS 2018, 40259 Rn. 58; das BVerwG hat gegen das Urteil des OVG Greifswald die Revision zugelassen, um die Möglichkeit zur Klärung dieser Frage zu geben: *BVerwG* Beschl. v. 13.2.2020 – 7 B 1.19). Das OVG Greifswald ist der Ansicht, Satzungen, mit denen die Art und Weise geregelt wird, mit der der Körperschaft die Abfälle zu überlassen sind, seien Maßnahmen auf dem Gebiet der Abfallwirtschaft und hätten sich daher an deren Grundsätzen, insbesondere an den Regelungen des KrWG auszurichten – aber nur an diesen. Sie hätten die Anforderungen des Umweltschutzes und den Vorrang von Abfallvermeidung und Abfallverwertung zu beachten, aber nicht darüber hinaus auch die Interessen der Entsorgungsunternehmen zu berücksichtigen. Überzeugend ist das nicht. Zwar müssen die Anforderungen des KrWG bei Erlass der Abfallsatzung beachtet werden; aber dort, wo dem Satzungsgeber ein Entscheidungsspielraum verbleibt, darf er zum Schutz von Grundrechten betroffener Abfallbesitzer und Entsorgungsunternehmen und zur Wahrung des Grundsatzes der Verhältnismäßigkeit deren privaten Belange bei seiner abwägenden Entscheidung nicht einfach unberücksichtigt lassen.

36 Der Überlassungspflicht von Abfallbesitzern und Abfallerzeugern korrespondiert eine **Übernahmepflicht** des öffentlich-rechtlichen Entsorgungsträgers, nicht jedoch ein Übernahmeanspruch des öffentlich-rechtlichen Entsorgungsträgers im Sinne eines eigenständig gerichtlich durchsetzbaren subjektiven Rechts (*BayVGH* Beschl. v. 2.5.2017 – 20 B 14.848, juris; *OVG Magdeburg* Beschl. v. 1.6.2016, LKV 2017, 42; *Schomerus* in Versteyl/Mann/Schomerus, KrWG, 2019, § 17 Rn. 11); der Abfallbesitzer hat einen Anspruch auf Übernahme der bei ihm angefallenen und überlassungspflichtigen Abfälle (OVG NRW Urt. v. 11.9.2008, AbfallR 2008, 305; *Petersen/Rid* NJW 1995, 7, 14; *Beckmann* DVBl. 1993, 9, 10; *Schomerus* in Versteyl/Mann/Schomerus, KrWG, 2019, § 17 Rn. 10). Dieser Anspruch besteht aber nur gegenüber dem öffentlich-rechtlichen Entsorgungsträger und nicht gegenüber dem Rechtsträger der zuständigen Behörde, wenn dieser nicht mit dem des öffentlich-rechtlichen Entsorgungsträgers identisch ist (a. A. *Klement* in Schmehl/Klement 2019, § 17 Rn. 75).

Der Umfang der Überlassungspflicht und des Überlassungsrechts ist nicht identisch. **37** Vielmehr hat der Besitzer von Haushaltsabfällen zur Verwertung ein **Wahlrecht,** ob er diese Abfälle selbst verwerten will oder ob er sie dem öffentlich-rechtlichen Entsorgungsträger überlässt. Dieses Wahlrecht bezieht sich aber nur noch auf die Verwertung von Abfällen auf den von dem Abfallbesitzer im Rahmen der privaten Lebensführung selbst genutzten Grundstücken (§ 17 Abs. 1 Satz 1) und damit im Wesentlichen auf kompostierbare Abfälle. Unzutreffend ist insoweit allerdings die Ansicht, ohne Überlassungspflicht bestünde auch kein Recht zur Überlassung, da eine eigene Entsorgungspflicht eingreife (*Klement* in Schmehl/Klement 2019, § 17 Rn. 115). Soweit der Abfallbesitzer ein Wahlrecht hat, ist er nicht zur Verwertung verpflichtet. Entscheidet er sich für die Überlassung, hat er auch einen Anspruch auf diese Überlassung. Das gilt im Übrigen auch dort, wo eine Rücknahmepflicht von Herstellern und Vertreibern, nicht jedoch eine Rückgabepflicht des Abfallbesitzers besteht. Bei einer solchen isolierten Rücknahmepflicht kann der Abfallbesitzer seine Abfälle an den Hersteller bzw. an das von diesem beauftragte System zurückgeben; verpflichtet dazu ist er aber nicht. Er kann dementsprechend den Abfall auch dem öffentlich-rechtlich Entsorgungsträger überlassen und hat insoweit auch einen Überlassungsanspruch.

Das Überlassungsrecht führt dazu, dass der öffentlich-rechtliche Entsorgungsträger, **38** dem die Abfälle überlassen werden, diese auch entsorgen muss. Insoweit korrespondiert mit der Überlassungspflicht des Abfallbesitzers nicht nur die Übernahmepflicht des öffentlich-rechtlichen Entsorgungsträgers, sondern darüber hinausgehend ein **Übernahmeanspruch** des Überlassungspflichtigen gegenüber dem Entsorgungsträger (*VG Arnsberg* Urt. v. 3.4.2006 – 14 K 2327/05, juris Rn. 36). Der Übernahmeanspruch bezieht sich auch auf diejenigen Abfälle, für die keine Überlassungspflicht besteht. § 20 Abs. 1 erstreckt die Entsorgungspflicht für die Entsorgungsträger auf die überlassenen, nicht lediglich auf die aufgrund einer Überlassungspflicht überlassenen Abfälle. Der öffentlich-rechtliche Entsorgungsträger kann allerdings nach Maßgabe des § 20 Abs. 3 Abfälle aus der öffentlichen Entsorgung ausschließen.

II. Begriff des öffentlich-rechtlichen Entsorgungsträgers

Öffentlich-rechtliche Entsorgungsträger sind nach § 17 Abs. 1 Satz 1 die nach Landes- **39** recht zur Entsorgung verpflichteten juristischen Personen. Der Begriff des öffentlich-rechtlichen Entsorgungsträgers ersetzt den früher verwendeten Begriff der entsorgungspflichtigen Körperschaft. Der Begriffswechsel trägt dem Umstand Rechnung, dass die Länder nicht nur Körperschaften des öffentlichen Rechts, sondern auch andere juristische Personen des öffentlichen Rechts mit der Abfallentsorgung betrauen können. So wird in Hamburg die Müllabfuhr von einer Anstalt des öffentlichen Rechts durchgeführt. Nach den Landesabfallgesetzen sind regelmäßig die Kreise und kreisfreien Städte zur Abfallentsorgung verpflichtet. Teilweise sind für das Einsammeln und Befördern die kreisangehörigen Gemeinden verpflichtet.

40 Das KrWG beschränkt die Landesgesetzgeber grundsätzlich nicht auf eine Verpflichtung von kommunalen Gebietskörperschaften. Dementsprechend können auch andere juristische Personen mit Entsorgungsaufgaben betraut werden. Allerdings wäre der vollständige **Entzug der Entsorgungsaufgaben** eine unzulässige Einschränkung der kommunalen Selbstverwaltung. Das *BVerfG* und das *BVerwG* haben lediglich die Hochzonung von Aufgaben der Abfallentsorgung von den kreisangehörigen Gemeinden hin zu den kreisfreien Städten und Kreise, nicht jedoch den vollständigen Entzug dieser Aufgabe aus dem kommunalen Bereich akzeptiert (*BVerfG* Beschl. v. 23.11.1988, BVerfGE 79, 127; *BVerwG* Urt. v. 4.8.1983, BVerwGE 67, 321; *Beckmann/Wittmann* AbfallR 2011, 59 ff.). Zu den örtlichen Angelegenheiten gehören auch das die Abfallentsorgung vorbereitende Einsammeln und Befördern von Abfällen (*Karpenstein/Dingemann* in Jarass/Petersen KrWG, 2014, § 17 Rn. 75; *Schomerus* in Versteyl/Mann/Schomerus, KrWG 2019, § 17 Rn. 11).

41 Art. 28 Abs. 2 GG sichert den Gemeinden neben einem bestimmten **Aufgabenbestand** insbesondere auch die Befugnis zu eigenverantwortlicher Führung ihrer Geschäfte im Rahmen ihrer **Organisationshoheit.** Dem entspricht es, dass die Kommunen als öffentlich-rechtliche Entsorgungsträger im Rahmen ihrer Abfallsatzung Einzelheiten ihrer Abfallentsorgung festlegen. Allerdings besteht die Organisationshoheit nicht uneingeschränkt. Der Gesetz- und Verordnungsgeber darf auch hinsichtlich der Art und Weise der Aufgabenerfüllung Regelungen vorgeben. Dementsprechend ermächtigt der Gesetzgeber die Bundesregierung auch zum Erlass einer Rechtsverordnung, mit der Anforderungen an das Bereitstellen, Überlassen, Sammeln und Einsammeln von Abfällen durch Hol- und Bringsysteme, jeweils auch in einer einheitlichen Wertstofftonne oder durch eine einheitliche Wertstofferfassung geregelt werden können (§ 10 Abs. 1 Nr. 3 KrWG). Zulässig wäre es insbesondere auch, Gemeinden zur **Ausschreibung** bestimmter Entsorgungsdienstleistungen zu verpflichten (*Beckmann/Wittmann* AbfallR 2011, 55 ff.).

III. Abfälle aus privaten Haushaltungen

42 Abfälle aus privaten Haushaltungen sind alle Abfälle, die in privaten Haushalten im Rahmen der privaten Lebensführung anfallen (*OVG Koblenz* Urt. v. 21.4.2005 – 12 A 11963/04, juris Rn. 21). Zwar definiert der Gesetzgeber den Begriff nicht selbst, aber es ist davon auszugehen, dass sich die Definition der Abfälle aus privaten Haushaltungen mit derjenigen in § 2 Nr. 2 GewAbfV deckt (*BVerwG* Urt. v. 7.8.2008 – 7 C 51/07, juris Rn. 10). Die Beurteilung, ob Abfälle aus privaten Haushaltungen stammen, richtet sich nach der Verkehrsanschauung. Von dem Begriff der Abfälle aus privaten Haushalten ist der Begriff der **Siedlungsabfälle** iSv § 3 Abs. 5a zu unterscheiden. Siedlungsabfälle stammen zwar aus privaten Haushaltungen bzw. aus anderen Herkunftsbereichen, wenn diese Abfälle aufgrund ihrer Beschaffenheit und Zusammensetzung mit Abfällen aus privaten Haushaltungen vergleichbar sind. Was jedoch private Haushaltungen in diesem Sinne sind, ergibt sich auch aus § 3 Abs. 5a nicht.

43 Fraglich bleibt dementsprechend, was private Haushaltungen im Sinne der Regelung sind. Haushaltungen sind Gemeinschaften von Personen, die zusammen wohnen und wirtschaften, aber auch Einzelpersonen, die einen eigenen Haushalt führen, sowie Ferienwohnungen und Personengemeinschaften oder Einzelpersonen, die eine vollständig bewirtschaftete oder in sich geschlossene Wohneinheit mit eingerichteter Küche bzw. Kochnische innehaben (*BVerwG* Urt. v. 7.8.2008 – 7 C 51/07, juris Rn. 10).

44 Ein privater Haushalt dient dem persönlichen Lebenskreis von Privatpersonen und setzt deshalb grundsätzlich eine abgeschlossene Wohneinheit von Einzelpersonen oder mehreren Personen voraus. Auch Abfälle aus **vermieteten Wohnungen** sind deshalb stets Abfälle aus privaten Haushaltungen (*BVerwG* Urt. v. 7.8.2008 – 7 C 51/07, juris Rn. 10), unabhängig davon, ob sich die Wohnung in einem Gebäudekomplex befindet, der zu gewerblichen Zwecken vermietet wird. Ähnliches gilt auch für **Schwestern- oder Studentenwohnheime** oder für **Altenwohnheime,** die über Einzelwohnungen oder Appartements zur eigenständigen Lebensführung verfügen (*OVG Koblenz* Urt. v. 21.4.2005 – 12 A 11963/04, juris Rn. 21; *BVerwG* Urt. v. 27.4.2006 – 7 C 10/05, juris Rn. 15), nicht aber für **Krankenhäuser, Altenpflegeheime, Kinderwohnheime** etc. Auch **Mannschaftsunterkünfte** sind private Haushaltungen, sofern sie mit eigenen (Gemeinschafts-)Küchen ausgestattet sind (*VGH Mannheim* Beschl. v. 26.7.2011 – 10 S 1368/10, juris Rn. 7). Ausschlaggebend für die Unterscheidung ist die nur zeitlich begrenzte Inanspruchnahme der Räume und des in weiten Teilen fehlenden privaten Hausrats in den vorgenannten Räumen. Insofern zählt Abfall aus **Pensionen** und **Hotels** anders als aus **Wochenendhäusern** und **Ferienwohnungen** nicht zu den überlassungspflichtigen Abfällen aus privaten Haushaltungen (vgl. *BVerwG* Urt. v. 27.4.2006 – 7 C 10/05, juris Rn. 18 bzw. *BVerwG* Urt. v. 7.8.2008 – 7 C 51/07, juris Rn. 10).

45 Abfälle von **Campingplatznutzern** sind – anders als die Abfälle von auf dem Campingplatz befindlichen Imbissbetrieben sowie der Campingplatzverwaltung – Abfälle aus privaten Haushaltungen; für sie besteht daher grundsätzlich eine Überlassungspflicht (*OVG BB* Beschl. v. 12.4.2006 – OVG 12 S 1.06, juris Rn. 5, 8).

46 Keine Abfälle aus privaten Haushaltungen sind **hausmüllähnliche Gewerbeabfälle.** Hierbei handelt es sich um Abfälle, die in Gewerbebetrieben, auch Geschäften, Dienstleistungsbetrieben, öffentlichen Einrichtungen und in der Industrie anfallen und von ihrer Art und Zusammensetzung den Haushaltsabfällen ähneln. Zu den Abfällen aus privaten Haushaltungen zählt dagegen **Sperrmüll** aus privaten Haushaltungen, d. h. der Abfall, der wegen seiner Sperrigkeit nicht in die im Entsorgungsgebiet vorgeschriebenen Behälter eingefüllt werden kann und getrennt vom Hausmüll gesammelt und transportiert wird. Nicht zum Hausmüll gehören wiederum **Autowracks.** Auch **Bauabfälle,** die beim Abbruch oder Umbau eines privaten Hauses anfallen, sollen nicht zu den Abfällen aus privaten Haushaltungen zählen, Das ist konsequent, wenn man auf die übliche private Lebensführung abstellt und den Abriss oder Umbau eines Hauses nicht dieser üblichen privaten Lebensführung, bei der bestimmte Abfälle typischerweise und regelmäßig wiederkehrend anfallen, sondern dem handwerklichen und damit eher gewerblichen Bereich zurechnet (siehe dazu *Giesberts* in BeckOK Umweltrecht, Stand: 1.10.2020, § 17 KrWG Rn. 10; *Karpenstein/Dingemann* in Jarass/Petersen, KrWG, 2014; *BVerwG* Urt. v. 30.6.2016, NVwZ 2017, 75; *VGH München* Urt. v. 29.1.2015 – 20 B 14.666, BeckRS 2015, 42272 zu landwirtschaftlichen Maschinen). Als Beispiel wird der demontierte Heizkörper genannt. Abfälle aus geringfügigen Renovierungsarbeiten – wie z. B. Tapetenreste bei der Hausrenovierung – sollen hingegen Abfälle aus privaten Haushaltungen sein, soweit sich die Abfallmenge im Rahmen der Heimwerkerbeschäftigung bewegt.

47 Die Beschränkung auf die „übliche" private Lebensführung ist allerdings nicht zwingend (so zu Recht *Klement* in Schmehl/Klement, KrWG 2019, § 17 Rn. 84). Aus dem Wortlaut des Gesetzes jedenfalls ergibt sich für eine solche Einschränkung nichts. Es ist im Übrigen auch nicht einleuchtend, warum die Demontage eines defekten Heizkörpers oder die Beseitigung eines abgenutzten Teppichbodens oder die Entfernung alter Tapeten – die Beispielliste ließe sich mühelos verlängern – nicht zur üblichen privaten Lebensführung zählen soll. Teilweise wird deshalb nicht nur auf die Tätigkeit, sondern – was von dem Wortlaut der Vorschrift (vgl. „auf den von ihnen im Rahmen ihrer privaten Lebensführung genutzten Grundstücken") näher liegt – auf den Herkunftsort abgestellt. Abfall aus privaten Haushaltungen können danach auch Abfälle aus gewerblicher Tätigkeit sein, wenn sie in einem privaten Haushalt anfallen (z. B. Buchführung eines selbständigen Handwerkers). Es bleibt eine Grauzone vor allem dort, wo Handwerksbetriebe, Dienstleister etc. in privaten Haushaltungen tätig werden und dabei Abfälle erzeugt werden. Nimmt etwa anlässlich der Verlegung eines neuen Teppichbodens der Handwerker den alten Teppich heraus und entsorgt diesen, dann handelt es sich nicht um einen Abfall aus privaten Haushaltungen, auch wenn sein Herkunftsort ein privater Haushalt ist. Ist der Handwerker lediglich mit dem Ausbau etwa der Heizung oder eines Fensterteils etc. beauftragt und entsorgt der private Abfallbesitzer die Heizung oder das Fensterteil selbst, dann handelt es sich um Abfälle aus privaten Haushaltungen. In der Gesetzesbegründung wird darauf hingewiesen, dass Abfälle, die durch die Tätigkeit gewerblicher Abfallerzeuger auf dem Grundstück anfallen, wie etwa Baumschnitt oder Rasenschnitt gewerblicher Gartenbaubetriebe, in aller Regel den Gewerbebetrieben zuzurechnen sind und deshalb nach wie vor auch außerhalb des Grundstücks verwertet werden können (Gesetzesbegründung, BT-Drs. 17/6052, S. 85). Letztlich ist damit die privatrechtliche Vertragsgestaltung dafür maßgeblich, wer Abfallerzeuger im Sinne von § 3 Abs. 8 ist und ob es sich dementsprechend um Abfall aus privaten Haushaltungen oder aus anderen Herkunftsbereichen handelt.

IV. Abfälle aus anderen Herkunftsbereichen

48 Abfälle aus anderen Herkunftsbereichen sind alle Abfälle, die nicht in privaten Haushaltungen angefallen sind (*VG Düsseldorf* Beschl. v. 11.3.1997, NVwZ-RR 1997, 347, 347). Dazu gehören alle Abfälle aus den Bereichen des Gewerbes, der Wirtschaft, des Handels, öffentlicher Einrichtungen und selbstverständlich auch aus dem Bereich der freien Berufe (Rechtsanwälte, Ärzte, Steuerberater, Architekten etc.). Der herkömmliche Begriff des Gewerbeabfalls erfasst insoweit nicht alle anderen Herkunftsbereiche, wird aber häufig synonym verwendet. § 17 Abs. 1 Satz 2 sieht vor, dass die Überlassungspflicht auch für Erzeuger und Besitzer von Abfällen zur Beseitigung aus anderen Herkunftsbereichen gilt, soweit sie diese nicht in eigenen Anlagen beseitigen. Abfälle zur Verwertung aus anderen Herkunftsbereichen müssen nicht überlassen werden.

C. Überlassungspflichten für Haushaltsabfälle

49 Die Abfallentsorgung zu Zeiten des Abfallgesetzes war durch ein Nebeneinander von öffentlicher und privater Entsorgung geprägt. Ein deutliches Übergewicht hatte allerdings das öffentliche, von den Gebietskörperschaften betriebene System. Dies hatte sich bereits mit dem Inkrafttreten des KrW-/AbfG im Jahre 1996 grundsätzlich geändert. Ziel des Gesetzgebers war es, die Aufgabenverteilung zwischen öffentlichen und privaten Entsorgungsträgern neu zu ordnen. Die Verpflichtung der öffentlichen Hand zur Abfallentsorgung sollte eingeschränkt werden, um dem Verursacherprinzip stärker Rechnung tragen zu können (dazu *Töpfer* Von der Abfallbeseitigung zur Kreislaufwirtschaft, Landkreis 1994, 349, 350; *Beckmann* NWVBL 1995, 81, 82; *Schink* Der Gemeindehaushalt 1994, 241, 242; *Schink* DÖV 1995, 881; *Versteyl/Wendenburg* NVwZ 1995, 7, 13). Die frühere Regelung des § 3 Abs. 3 und 4 AbfG, wonach Abfallbesitzer nur ausnahmsweise zur Beseitigung ihrer Abfälle verpflichtet werden konnten, ist durch die §§ 5 ff. sowie 10 ff. KrW-/AbfG bzw. §§ 7 ff. und 15 ff. KrWG abgelöst worden. Nach deren Systematik ist nicht die öffentliche Entsorgung vorrangig. Grundmodell ist vielmehr die Verwertung und Beseitigung des Abfalls durch den Abfallbesitzer bzw. -erzeuger. Primär besteht eine

Pflicht der Abfallerzeuger und -besitzer, die Abfälle zu verwerten (§ 7 Abs. 2 Satz 1). Die Überlassungspflichten an öffentlich-rechtliche Entsorgungsträger sind nur noch eine Ausnahme zu den Grundpflichten der Abfallerzeuger und -besitzer, wie sie in § 7 Abs. 2 und 15 geregelt sind. Die Pflicht zur Verwertung entfällt nur, wenn die Verwertung technisch nicht möglich oder wirtschaftlich nicht zumutbar ist (§ 7 Abs. 4) oder den Schutz von Mensch und Umwelt nach Maßgabe des § 6 Abs. 2 Sätze 2 und 3 am besten gewährleistet (§ 7 Abs. 2 Satz 3). Abfälle, die nicht verwertet werden, sind grundsätzlich durch die Abfallerzeuger oder -besitzer zu beseitigen (§ 15 Abs. 1 Satz 1).

Das Gesetz geht somit im Grundsatz davon aus, dass Abfallerzeuger und Abfallbesitzer **50** selbst zur Verwertung und Beseitigung verpflichtet sind. Der Gesetzgeber hat an der Abkehr von dem im früheren Recht verankerten Grundsatz des Staatsmonopols für die Abfallentsorgung festgehalten (Gesetzesbegründung, BT-Drs. 17/6052, S. 85).

I. Abfälle aus privaten Haushaltungen (Abs. 1 Satz 1)

Die wichtigste Ausnahme von dem Grundsatz, dass Abfallerzeuger und Abfallbesitzer **51** selbst zur Verwertung bzw. zur Beseitigung ihrer Abfälle verpflichtet sind, ist in § 17 Abs. 1 Satz 1 geregelt, wonach abweichend von § 7 Abs. 2 und § 15 Abs. 1 die Erzeuger oder Besitzer von Abfällen aus privaten Haushaltungen verpflichtet sind, diese Abfälle den nach Landesrecht zur Entsorgung verpflichteten juristischen Personen (öffentlich-rechtliche Entsorgungsträger) zu überlassen, soweit sie zu einer Verwertung auf den von ihnen im Rahmen ihrer privaten Lebensführung genutzten Grundstücken nicht in der Lage sind oder diese nicht beabsichtigen.

Ob der Abfallbesitzer selbst zur Verwertung in der Lage ist, bestimmt sich nach den **52** Anforderungen des § 7 Abs. 3, wonach die Verwertung ordnungsgemäß und schadlos sein muss. Sie darf dementsprechend nicht zu einer Verbreitung von Schadstoffen in der Nachbarschaft führen. Eine solche Beeinträchtigung kann bei der Eigenkompostierung in Betracht kommen, wenn die Kompostierung Ungeziefer, Ratten, etc. anzieht oder unzumutbare Geruchsbeeinträchtigungen auslöst (*Giesberts* in BeckOK Umweltrecht, § 17 KrWG Rn. 12).

Die Überlassungspflicht nach § 17 Abs. 1 Satz 1 besteht nur, soweit die Abfallerzeuger **53** oder Abfallbesitzer zu einer Verwertung auf den von ihnen im Rahmen ihrer privaten Lebensführung genutzten Grundstücken nicht in der Lage sind oder diese nicht beabsichtigen. Der Gesetzgeber überlässt es der Entscheidung der Erzeuger und Besitzer von Abfällen aus privaten Haushaltungen, ob sie ihre Abfälle überlassen möchten oder nicht. Denn sie entscheiden, ob sie eine Verwertung beabsichtigen oder nicht. Ein ausnahmsloser Anschluss- und Benutzungszwang zu den Abfallentsorgungssatzungen der öffentlich-rechtlichen Entsorgungsträger ist insoweit nicht möglich. Die Überlassungspflicht entfällt allerdings nur, wenn der Abfallerzeuger oder -besitzer tatsächlich auch Willens und in der Lage zur Verwertung auf dem im Rahmen seiner privaten Lebensführung genutzten Grundstück ist. Die Regelung „oder diese nicht beabsichtigen" bedeutet nicht, dass eine bloße Verwertungsabsicht ausreicht. Vielmehr sollte mit der Formulierung klargestellt werden, dass die Besitzer von Abfällen aus privaten Haushaltungen, sofern sie die Abfälle verwerten können, abweichend von § 7 Abs. 2 nicht verpflichtet sind (*OVG Münster* Urt. v. 10.8.1998, NWVBl. 1998, 482, 483).

Nach § 17 Abs. 1 Satz 1 besteht die Überlassungspflicht, soweit die Abfallerzeuger **54** oder -besitzer zu einer Verwertung auf den von ihnen im Rahmen ihrer privaten Lebensführung genutzten Grundstücken nicht in der Lage sind. Es kommt nicht darauf an, ob die Verwertung objektiv unmöglich oder nur dem Verpflichteten nicht möglich ist. Ist die Verwertung objektiv nicht möglich, dann muss der Abfall überlassen werden. Ist die Verwertung zwar objektiv möglich, der Abfallbesitzer jedoch aus subjektiven Gründen nicht zur Verwertung auf dem von ihm im Rahmen seiner privaten Lebensführung genutzten Grundstück in der Lage oder gewillt, dann muss der Abfall ebenfalls überlassen werden. Bei der Verwertung auf eigenem Grundstück darf sich der Abfallbesitzer der Hilfe eines Dritten (z.B. Hauswirtschafter oder Gärtnerin) bedienen (*Beckmann* AbfallR 2010, 54, 60). Im Übrigen aber ist eine Drittbeauftragung zur Verwertung anderenorts nicht zulässig (*Petersen/Doumet/Stöhr* NVwZ 2012, 521, 525; *BVerwG* Urt. v. 18.6.2009, NVwZ 2009, 1292, Rn. 18 ff. zur Rechtslage unter dem KrW-/AbfG, an der sich insoweit jedoch durch das KrWG nichts geändert hat).

55 Hauptanwendungsfall ist die **Eigenkompostierung** von Bioabfällen. Die Verwertung erfordert nicht die Weiternutzung der durch die Kompostierung auf dem eigenen Grundstück hergestellten Stoffe. Entscheidend ist nur, dass die Kompostierung als solche auf den im Rahmen der privaten Lebensführung genutzten Grundstücken erfolgt. Insofern können private Haushaltungen die bei ihnen anfallenden Abfälle nicht auf eigens dazu erworbenen oder angepachteten Grundstücken verwerten (Gesetzesbegründung, BT-Drs. 17/6052, S. 86).

56 Behauptet der Abfallerzeuger oder -besitzer, eine Verwertungsmöglichkeit zu haben und bestreitet damit seine Überlassungspflicht, dann kann der öffentlich-rechtliche Entsorgungsträger bzw. die zuständige Überwachungsbehörde im Rahmen der abfallrechtlichen Überwachung diese Behauptung nachprüfen, etwa auf der Grundlage der **Betretungsrechte** nach § 19. Die Abfallerzeuger bzw. -besitzer brauchen über die durchgeführte Verwertung keinen Nachweis zu führen oder eine Verwertungsabsicht glaubhaft machen. Ein entsprechender Vorschlag des Bundesrates zur Vorgängerregelung des § 17 ist nicht Gesetz geworden. Allerdings reicht auch die bloße Behauptung einer Verwertungsmöglichkeit nicht aus (*BVerwG* Beschl. v. 23.4.2008, NVwZ 2008, 1119, 1121; *OVG Lüneburg* Beschl. v. 6.5.1998, NVwZ 1998, 1202, 1205; *VG Bremen* Beschl. v. 22.11.1996, GewArch 1997, 172 f.; siehe dazu auch *Hahn* AbfallR 2020, 197). Vielmehr ist es im Zweifelsfalle erforderlich, aber auch ausreichend, die Verwertungsmöglichkeit durch Benennung konkreter Verwertungsmaßnahmen plausibel zu machen (*VGH Mannheim* Beschl. v. 31.5.1999, NVwZ 1999, 1243). Bestehen aus technischen oder wirtschaftlichen Gründen vorübergehend Hinderungsgründe für eine zeitnahe, aber weiterhin mögliche und den Anforderungen des KrW-/AbfG entsprechende Verwertung der Abfälle, muss er auch dies nachvollziehbar darlegen und erforderlichenfalls belegen (*OVG Magdeburg* Urt. v. 25.8.2011, AbfallR 2011, 290, Rn. 79).

57 Nicht entscheidend ist, ob der Abfall vollständig verwertet werden kann oder ob nach dem Verwertungsvorgang wiederum Abfälle zur Beseitigung anfallen.

58 Ist die Verwertung zwar möglich, beabsichtigt der Abfallbesitzer eine Verwertung jedoch nicht, dann muss der Abfall überlassen werden. Der Abfallbesitzer ist nicht verpflichtet, den Abfall zu verwerten. Er hat insoweit ein **Wahlrecht,** ob er den Abfall verwerten oder dem öffentlich-rechtlichen Entsorgungsträger überlassen will. Die Verwertungspflicht trifft dann den öffentlich-rechtlichen Entsorgungsträger gem. § 20 Abs. 1. Die Abfallsatzungen der öffentlich-rechtlichen Entsorgungsträger müssen hinsichtlich des von ihnen geregelten Anschluss- und Benutzungszwangs auf das Verwertungsrecht des Abfallbesitzers Rücksicht nehmen (*Schink* NVwZ 1997, 435, 437; *OVG Bautzen* Urt. v. 28.11.1995, DÖV 1996, 609) und für die zulässige Eigenverwertung Ausnahmen vorsehen.

59 Selbstverständlich ist der Abfallbesitzer berechtigt, seine Verwertungsabsicht auch auf einen Teil seiner Abfälle zu beschränken und den übrigen Teil dem öffentlich-rechtlichen Entsorgungsträger zu überlassen. „Rosinenpickerei" ist insoweit erlaubt.

II. Abfälle aus anderen Herkunftsbereichen (Abs. 1 Sätze 2 und 3)

Nach § 17 Abs. 1 Satz 2 besteht eine Überlassungspflicht auch für Erzeuger und Besitzer von Abfällen zur Beseitigung aus anderen Herkunftsbereichen, soweit sie diese nicht in eigenen Anlagen beseitigen. Die Befugnis zur Beseitigung der Abfälle in eigenen Anlagen nach Abs. 1 Satz 2 besteht nicht, soweit die Überlassung der Abfälle an den öffentlich-rechtlichen Entsorgungsträger auf Grund überwiegender öffentlicher Interessen erforderlich ist (Abs. 1 Satz 3). Abfälle aus anderen Herkunftsbereichen sind alle Abfälle, die ihrer Herkunft nach nicht aus privaten Haushaltungen stammen (*VG Düsseldorf* Beschl. v. 11.3.1997, NVwZ-RR 1997, 347). Der Behörde steht nicht das Recht zu, durch feststellenden Verwaltungsakt zu bestimmen, wo die Grenzlinie zwischen Abfällen zur Beseitigung und solchen zur Verwertung verläuft (*Schomerus* in Versteyl/Mann/Schomerus, KrWG 2019, § 17 Rn. 27). **60**

1. Abfälle zur Verwertung aus anderen Herkunftsbereichen. Für Abfälle zur Verwertung aus „anderen Herkunftsbereichen" wird die Grundpflicht zur eigenverantwortlichen Verwertung nicht aufgehoben. § 17 Abs. 1 Satz 2 unterwirft ausdrücklich nur Abfälle zur Beseitigung der Überlassungspflicht. Abfälle zur Verwertung aus dem gewerblichen Bereich können und müssen von den Gewerbetreibenden, sonstigen wirtschaftlichen Unternehmen oder auch öffentlichen Einrichtungen in eigener Verantwortung verwertet werden. **61**

Da grundsätzlich der Abfallerzeuger bzw. -besitzer zur Verwertung verpflichtet ist, besteht auch kein Anspruch auf Überlassung gegenüber dem öffentlich-rechtlichen Entsorgungsträger. Ist der öffentlich-rechtliche Entsorgungsträger zur Verwertung der Abfälle freiwillig bereit, können diesem trotz der Verwertungspflicht des Abfallerzeugers bzw. -besitzers die Abfälle überlassen werden. **62**

Für den öffentlich-rechtlichen Entsorgungsträger können sich allerdings Fragen der **Zulässigkeit der wirtschaftlichen Betätigung** stellen, soweit er zur Verwertung dieser Abfälle nicht verpflichtet ist (*OVG Münster* Beschl. v. 1.4.2008, NVwZ 2008, 1031, Rn. 36; Beschl. v. 12.10.2004, NWVBl. 2005, 113). Die Wahrnehmung von Pflichtaufgaben im Bereich der Abfallwirtschaft durch die Kommunen wird in den Kommunalverfassungen der Länder als nicht wirtschaftliche Betätigung privilegiert (VG Frankfurt (Oder) Urt. v. 29.6.1991 – 7 K 914/05, juris Rn. 20). Die Übernahme von freiwilligen Aufgaben im Bereich der Abfallverwertung kann demgegenüber – je nach landesrechtlicher Regelung – an mehr oder weniger strengen Voraussetzungen für eine wirtschaftliche Betätigung zu messen sein. Das KrWG regelt nur den Umfang der Entsorgungspflichten der öffentlich-rechtlichen Entsorgungsträger, nicht aber rechtliche Grenzen für eine freiwillige Aufgabenwahrnehmung durch die Kommunen (*Beckmann* AbfallR 2006, 263, 264; a. A. *Frenz* AbfallR 2006, 123, 124; *Weidemann* VerwArch 1999, 533, 47). **63**

Abfälle aus anderen Herkunftsbereichen fallen in nicht unerheblichen Mengen als **Abfallgemisch** an. Hausmüllähnliche Gewerbeabfälle summieren sich, getrennt vom Hausmüll angeliefert oder eingesammelt, auf ca. 3,7 Mio. t/a. (dazu *Buhck/Loschwitz* AbfallR 2021, 72). Allerdings sorgen die neuen Getrenntsammlungspflichten mit steigenden Trennquoten dafür, dass der Anteil der Abfallgemische zurückgeht. Die Novelle der GewAbfV im Jahr 2017 hatte ebenfalls das Ziel, die Getrennterfassung von Abfällen bei den Gewerbebetrieben zu steigern. Allerdings kommt derzeit offenbar der flächendeckende Ausbau einer Getrennterfassung noch nicht recht in Gang. Beklagt wird, eine „selektive Kontrolle" der Vollzugsbehörden. Betreiber einer Vorbehandlungsanlage müssten Quoten melden, innerbetriebliche Stoffströme getrennt halten und mit großem Auf- **64** wand verwiegen. Bei anderen Anlagen werde hingegen gar nicht kontrolliert und große Mengen gemischter Abfälle würden auf direktem Wege in die Müllverbrennung verbracht (*Buhck/Loschwitz* AbfallR 2021, 72). Nach § 9 Abs. 1 sind Abfälle, soweit dies zur Erfüllung der Anforderungen nach § 7 Abs. 2–4 und § 8 Abs. 1 erforderlich ist, getrennt zu sammeln und zu behandeln. § 20 Abs. 2 S. 1 schreibt den öffentlich-rechtlichen Entsorgungsträgern vor, bestimmte, in ihrem Gebiet in privaten Haushaltungen angefallene und ihnen überlassene Abfälle getrennt zu sammeln.

65 Bei Abfallgemischen richtet sich der Umfang der Überlassungspflicht danach, ob es sich bei dem Abfallgemisch um Abfall zur Verwertung oder um Abfall zur Beseitigung handelt. Bei bereits gemischt angefallenen Abfällen ist das Abfallgemisch entweder als Abfall zur Verwertung oder als Abfall zur Beseitigung im Sinne von § 3 Abs. 1 Satz 2 einzuordnen. Das *BVerwG* hat in seinem Mischabfall-Urteil vom 15.6.2000 entschieden, dass das KrW-AbfG kein generelles Vermischungsverbot enthalte, so dass auch Abfallgemische, die durch das Vermischen bereits angefallener Abfälle entstünden, der Verwertung zugänglich seien. Abfälle, die ohne Verstoß gegen Trennungsgebot vermischt worden sein, seien jedenfalls dann keine Abfälle zur Beseitigung, wenn sie überwiegend verwertbar seien und einer Verwertung zugeführt würden (*BVerwG* Urt. v. 15.6.2000, DVBl. 2000, 1356). Selbst wenn die Abfälle unter Verstoß gegen ein Getrennthaltungsgebot vermischt worden sind, kann es sich bei dem Abfallgemisch insgesamt noch um Abfall zur Verwertung handeln. Das OVG NRW hat allerdings entschieden, dass ein Abfallgemisch insgesamt zu überlassen sei, wenn ein qualitativ und quantitativ nicht zu vernachlässigender Anteil überlassungspflichtig sei. Zur Vermeidung einer Umgehung oder jedenfalls eines partiellen Leerlaufens der Überlassungspflicht dürfte – so das OVG NRW – in diesem Fall allein eine einheitliche rechtliche Behandlung als überlassungspflichtiger Abfall aus privaten Haushaltungen in Betracht kommen (*OVG NRW* Urt. v. 26.1.2016 20 A 319/14, juris; *VGH BW* Beschl. v. 26.7.2011 – 10 S 1368/10 –, juris). Nach Ansicht des OVG Koblenz gilt für den Fall, dass Abfälle zur Verwertung mit gemischten gewerblichen Siedlungsabfällen vermischt werden, für die vermischten Abfälle die widerlegliche Vermutung, dass es sich um Abfälle zur Beseitigung handelt, die dem öffentlich-rechtlichen Entsorgungsträger zu überlassen sind (*OVG Koblenz* Urt. v. 11.3.2015 – 8 A 11003/14, juris Rn. 32), auch wenn, wie im entschiedenen Fall, 80% der in Rede stehenden Krankenhausabfälle als Abfall zur Verwertung einzuordnen waren, weil sie energetisch genutzt werden können. Für die mit gemischten Siedlungsabfällen aus dem gewerblichen Bereich vermischten Abfälle ergebe sich aus der GewAbfV (§ 7 S. 4 a.F = § 7 Abs. 2 GwAbfV) die widerlegliche Vermutung des Vorliegens von Abfällen zur Beseitigung, wenn das Gemisch unter Missachtung einer Getrenntsammlungsvorgabe entstanden ist. Ob eine derart weitreichende Vermutung, abgeleitet aus der GewAbfV tatsächlich mit dem gesetzlichen Vorrang der Verwertung übereinstimmt, ist zweifelhaft.

66 Unabhängig von den Getrenntsammlungsgeboten und dem Umfang der Überlassungspflicht bei Abfallgemischen ist die Frage zu beantworten, was Abfallgemische im Sinne von § 17 Abs. 2 S. 2 sind. Eine Legaldefinition dazu gibt es nicht. Das BVerwG hat in seinem Sperrmüll-Urteil für ein restriktive Auslegung dieser Vorschrift plädiert (BVerwG Urt. v. 23.2.2018, NVwZ-RR 2018, 928).

67 Als Reaktion auf das Mischabfall-Urteil des *BVerwG* vom 15.6.2000 erließ die Bundesregierung die **Gewerbeabfallverordnung.** Ein wesentliches Kernstück dieser Verordnung ist die **Behälterbenutzungspflicht** nach § 7 Abs. 2 GewAbfV. Danach haben Erzeuger und Besitzer von Abfällen Abfallbehälter des öffentlich-rechtlichen Entsorgungsträgers oder eines von ihm beauftragten Dritten in angemessenem Umfang nach den näheren Festlegungen der Abfallsatzung, mindestens aber ein Behälter, zu nutzen.

Das *BVerwG* hat die Vereinbarkeit dieser Regelung mit höherrangigem Recht festgestellt. Wegen des bundes- und europarechtlichen Vorrangs der Abfallverwertung betreffe die Behälterbenutzungspflicht zwar nur die Erzeuger und Besitzer von Abfällen, die nicht verwertet, sondern beseitigt werden sollten. Der Verordnungsgeber sei jedoch vertretbar davonausgegangen, dass bei jedem Erzeuger und Besitzer von gewerblichen Siedlungsabfällen auch Abfälle zur Beseitigung anfallen. Demgemäß seien auch alle diese Erzeuger und Besitzer von Abfällen Adressaten der Behälterbenutzungspflicht. Sie könnten allerdings im Einzelfall nachweisen, dass bei Ihnen keine Beseitigungsabfälle anfielen und sie daher keiner Behälterbenutzungspflicht unterlägen (*BVerwG* Urt. v. 17.2.2005, DÖV 2005, 743; bestätigt durch *BVerfG* Kammerbeschluss v. 19.6.2007, NVwZ 2007, 1172, Rn. 30; siehe auch OVG NRW Beschl. v. 16.4.2009 – 14 A 3731/06, juris). Angesichts der Schwierigkeiten des geforderten Nachweises, dass keine Abfälle zur Beseitigung anfallen, können die Kommunen Gewerbebetriebe über die Pflichtrestmülltonne zwingen, einen Teil der bei ihnen anfallenden Abfälle zu beseitigen. Überzeugend ist das nicht (siehe dazu *Beckmann* Kreislaufwirtschafts und Abfallgesetz, 2007, Rn. 131). Es wäre vielmehr Aufgabe der für die Abfallüberwachung zuständigen Behörde, für den Fall, dass sie gegen einen Besitzer von Abfällen aus anderen Herkunftsbereichen wegen einer Missachtung von Überlassungspflicht einschreiten will, die Voraussetzungen für ein solches ordnungsbehördliches Eingreifen nachzuweisen (*OVG Magdeburg* Urt. v. 25.8.2011, AbfallR 2011, 290, Rn. 79; *VG Gelsenkirchen* Beschl. v. 30.7.2010 – 15 L 372/10, juris Rn. 40). Eine Pflichtrestmülltonne ist außerdem mit dem Vorrang der Verwertung schwer zu vereinbaren, wenn der Inhalt dieser Restmülltonne tatsächlich beseitigt wird, obwohl er verwertet werden kann.

Nach Ansicht des *BVerwG* muss der Abfallbesitzer bereits bei der Bereitstellung des **68** Abfalls für die Entsorgung konkrete Vorstellungen über den Verwertungsweg entwickelt haben, wenn er die Abfälle nicht als Abfall zur Beseitigung dem öffentlich-rechtlichen Entsorgungsträger überlassen möchte (*BVerwG* Urt. v. 11.12.2005, NVwZ 2006, 589, 592). Seiner abfallwirtschaftlichen Verantwortung, die ihm mit dem Vorrang der Verwertung auferlegt ist, genügt der Abfallerzeuger danach nicht, wenn er seinen gewerblichen Siedlungsabfall einem privaten Entsorgungsunternehmen überlässt, ohne dass ein bestimmter Weg zur Verwertung sichergestellt ist. Spätestens mit der Bereitstellung zur Verbringung aus der Betriebstätte fällt insoweit nach Ansicht des *BVerwG* Abfall zur Beseitigung mit der Folge an, dass den Abfallerzeuger gegenüber dem kommunalen Entsorgungsunternehmen eine Überlassungspflicht trifft (*BVerwG* Urt. v. 11.12.2005, NVwZ 2006, 589, 592). Überzeugend ist diese Rechtsprechung nicht. Denn entscheidend ist nach § 3 Abs. 1 Satz 2 nicht, ob bereits im Zeitpunkt der Übergabe der Abfälle ein ganz konkreter Verwertungsweg von dem Abfallbesitzer geplant oder beabsichtigt ist. Maßgeblich ist vielmehr, ob die Abfälle verwertet oder beseitigt werden. Das vom *BVerwG* gesehene Problem, dass die Einordnung des Abfalls nicht möglich ist, wenn die Verwendungsabsicht nicht signifikant ist, kann nicht zu Gunsten eines Grundsatzes „im Zweifel Abfall zur Beseitigung" oder im Sinne einer Darlegungslast oder Nachweispflicht des Abfallerzeugers gelöst werden. Vielmehr ist entscheidend, ob der Abfall objektiv verwertet werden kann. Wenn das zu bejahen ist und wenn eine entsprechende Verwertungsabsicht jedenfalls abstrakt, wenn auch noch ohne einen konkret benannten Verwertungsweg vom Abfallbesitzer bejaht wird, kann nicht unterstellt werden, dass der Abfall entgegen der erklärten Absicht beseitigt werden soll. Es muss vielmehr von einer entsprechenden Verwertungsabsicht ausgegangen werden, die dazu führt, dass es sich um nicht überlassungspflichtige Abfälle zur Verwertung handelt (*Beckmann* Kreislaufwirtschafts- und Abfallrecht, 2007, Rn. 127 f.; a. A. *Klement* in Schmehl/Klement, KrWG 2019, § 17 Rn. 96).

69 Eine Verwertungsmöglichkeit, die sich erst einem späteren Abfallbesitzer eröffnet und ggf. von ihm auch genutzt wird, erlaubt nach Ansicht des *BVerwG* noch nicht den Rückschluss, dass beim Abfallerzeuger oder vorherigen Abfallbesitzer kein Beseitigungsabfall vorhanden war. Was insbesondere Papier, Pappen, Bioabfälle und Sperrmüll angeht, die in einer Betriebstätte als Abfall angefallen sind, entscheidet sich die Frage, ob diese Stoffe Abfall zur Verwertung sind, erst dann, wenn der Abfallerzeuger/-besitzer für sie einen konkreten Verwertungsweg sichergestellt hat. Entledigt er sich der genannten Abfallfraktionen dadurch, dass er sie dem örtlich zuständigen öffentlich-rechtlichen Entsorgungsträger überlässt, ist spätestens mit der Bereitstellung zur Verbringung bei ihm Abfall zur Beseitigung angefallen. Der öffentlich-rechtliche Entsorgungsträger hat etwaige Verwertungsmöglichkeiten erneut zu prüfen (*BVerwG* Beschl. v. 23.4.2008, NVwZ 2008, Rn. 12).

70 **2. Abfälle zur Beseitigung aus anderen Herkunftsbereichen.** Nach § 17 Abs. 1 Satz 2 sind Abfälle zur Beseitigung grundsätzlich zu überlassen. Jedoch gilt diese Überlassungspflicht nicht uneingeschränkt. Denn bei einer Beseitigung in eigenen Anlagen sind Besitzer und Erzeuger der Abfälle nicht überlassungspflichtig. Die Befugnis zur Beseitigung der Abfälle in eigenen Anlagen besteht jedoch nach § 17 Abs. 1 Satz 3 nicht, soweit die Überlassung auf Grund überwiegender öffentlicher Interessen erforderlich ist (Abs. 1 Satz 3).

71 **a) Beseitigung in eigenen Anlagen.** Von der Überlassungspflicht ist derjenige Abfallerzeuger oder -besitzer befreit, der den Abfall in eigenen Anlagen beseitigt. Fraglich ist, was unter eigenen Anlagen zu verstehen ist (dazu *Bartram/Schade* UPR 1995, 253, 254 *Bönning* UPR 1998, 371). Eine Legaldefinition gibt es nicht.

72 Nach § 28 Abs. 1 S. 1 dürfen Abfälle zum Zweck der Beseitigung nur in den dafür zugelassenen **Anlagen** oder Einrichtungen behandelt, gelagert oder abgelagert werden. Abweichend davon ist die Behandlung von Abfällen zur Beseitigung auch in solchen Anlagen zulässig, die überwiegend einem anderen Zweck als der Abfallbeseitigung dienen und die einer Genehmigung nach § 4 BImSchG bedürfen. Als eigene Anlage im Sinne von § 17 Abs. 1 S. 3 kommen deshalb **Abfallbeseitigungsanlagen** im Sinne von § 28 Abs. 1 S. 1 oder **immissionsschutzrechtlich genehmigte Anlagen** im Sinne von § 28 Abs. 1 S. 2 in Betracht. Nach § 3 Abs. 5 Nr. 3 BImSchG kann eine Anlage grundsätzlich zwar auch ein einfaches Grundstück sein. Dort dürfte allerdings eine (vollständige) Beseitigung des Abfalls nicht zulässig sein, weil es für eine Ablagerung von Abfällen auf einem Grundstück einer abfallrechtlichen Planfeststellung oder Plangenehmigung nach § 35 bedarf.

73 Fraglich ist außerdem, was eine **eigene Anlage** ist. Überwiegend wird angenommen, dass das Eigentum an der Anlage diese zur eigenen Anlage im Sinne dieser Bestimmung macht (*Dippel* in Schink/Versteyl, KrWG, 2016, § 17 Rn. 28; a. A. *Klement* in Schmehl/Klement, KrWG 2019, § 17 Rn. 103, wonach die zivilrechtliche Einordnung nicht oder jedenfalls nicht unmittelbar maßgeblich ist). Entscheidend dürfte jedenfalls nicht auf das **Alleineigentum** abzustellen sein (so aber *Queitsch* UPR 1995, 412, 416; *Arndt/Walter* WiVerw 1997, 33, 41). Ausreichend ist vielmehr ein **Miteigentum,** das dem Miteigentümer das Recht einräumt, die Anlage auch zu eigenen Zwecken zu nutzen. Letztlich dürfte es auch nicht einmal (ausschließlich) auf die Eigentumslage ankommen. Selbstverständlich kann auch ein **Erbbaurecht** oder ein **Pachtvertrag** oder auch eine **gesellschaftsrechtliche Beteiligung** in einer Personengesellschaft ausreichend sein, das dem Abfallerzeuger/-besitzer ein Weisungsrecht einräumt (*Schink* NVwZ 1997, 435, 440). Gemeint sind Anlagen, an denen dem Erzeuger oder Besitzer auf Grund einer zivilrecht-

lich begründeten Rechtsposition die Befugnis zur eigenen Beseitigung seinem Verantwortungskreis unterfallender Abfälle zusteht. Auch **„Konzernanlagen"** sind eigene Anlagen in diesem Sinne, auch wenn das zivilrechtliche Eigentum an der Anlage einer anderen Konzerngesellschaft zusteht (*Dippel* in Schink/Versteyl, KrWG 2016, § 17 Rn. 28).

Zweifelhaft ist dagegen, ob auch ein lediglich vertraglich zugesichertes **Kontingent** in einer Abfallbeseitigungsanlage, die einem Dritten gehört und von diesem betrieben wird, ausreichend sein kann (bejahend *Giesberts* in Beck OK Umweltrecht, § 17 KrWG Rn. 22; *Bartram/Schade* UPR 1995, 253, 255). Ob man insoweit noch weiter differenzieren kann zwischen Nutzungskonzepten, die auf Zeit übertragen werden und die zu einem eigenen Anlagenbetrieb führen sollen, und dem Ankauf von Kontingenten in Anlagen Dritter, die nicht genügen sollen (siehe dazu *Klement* in Schmehl/Klement, KrWG 2019, § 17 Rn. 104) erscheint ebenfalls zweifelhaft. **74**

Von einer eigenen Anlage kann im Übrigen auch ausgegangen werden, wenn der Abfallbesitzer die **öffentlich-rechtliche Zulassung** für die Anlage besitzt (*Jungnickel/Bree* UPR 1996, 297; *Versteyl/Wendenburg* NVwZ 1996, 937, 43; *Schink* NVwZ 1997, 435, 440; a. A. *Klement* in Schmehl/Klement, KrWG 2019, § 17 Rn. 104). Inhaber der öffentlich-rechtlichen Zulassung ist der Betreiber der Anlage. Das ist nach der Rechtsprechung grundsätzlich derjenige, der die Anlage eigenverantwortlich und für eigene Rechnung betreibt (*BVerwG* Beschl. v. 22.7.2010, NVwZ-RR 2010, 759, Rn. 14; *OVG NRW* Urt. v. 1.12.2011 – 8 D 58/08, juris Rn. 327; *VGH Mannheim* Urt. v. 15.12.1987, NVwZ 1988, 562; *VG Düsseldorf* Urt. v. 03.12.2019 -28 K 984/17, juris). Insoweit ist es gerechtfertigt, auch von einer eigenen Anlage im Sinne des § 17 Abs. 1 Satz 2 zu sprechen. Nach Ansicht von Klement kann auch derjenige über eine eigene Anlage verfügen, der zwar Anlagenbetreiber, nicht aber Inhaber der Zulassung ist (*Klement* in Schmehl/Klement, KrWG, 2019, § 17 Rn. 104). Das dürfte nicht richtig sein, weil eine Anlage von einem Anlagenbetreiber ohne entsprechende Zulassung nicht betrieben werden darf. Eine Ausnahme von der Überlassungspflicht für eine Eigenbeseitigung durch einen illegalen Anlagenbetrieb dürfte vom Gesetzgeber nicht eingeräumt worden sein. **75**

Fraglich ist, ob die Anlage in einem engen **räumlichen und betrieblichen Zusammenhang** mit dem Erzeuger stehen muss. Für eine solche Nähebeziehung lässt sich der Norm nichts entnehmen (*Giesberts* in Beck OK Umweltrecht, § 17 KrWG Rn. 23; *Klement* in Schmehl/Klement, KrWG, 2019, § 17 Rn. 106). Die Entfernung zwischen dem Ort des Abfallanfalls und der eigenen Beseitigungsanlage kann allenfalls für die Frage beachtlich sein, ob überwiegende öffentlichen Interessen eine Überlassungspflicht erforderlich machen. Die eigene Anlage kann sogar außerhalb des Geltungsbereichs des KrWG liegen. In einem solchen Fall müssen allerdings die Anforderungen für eine grenzüberschreitende Verbringung beachtet werden (*Dippel* in Schink/Versteyl, KrWG 2016, § 17 Rn. 29). **76**

b) Überwiegende öffentliche Interessen. Die Ausnahme von der grundsätzlichen Überlassungspflicht nach § 17 Abs. 1 Satz 2 für die Beseitigung von Abfällen in eigenen Anlagen steht unter dem wenig klaren Vorbehalt, dass die Überlassung der Abfälle an den öffentlich-rechtlichen Entsorgungsträger nicht auf Grund überwiegender öffentlicher Interessen erforderlich ist (Satz 3). **77**

Aus Abs. 1 Sätze 2 und 3 ergibt sich nicht, welche öffentlichen Interessen in die Abwägung eingestellt werden können. Auch aus Abs. 3 kann nichts für Abs. 1 Satz 3 geschlossen werden, da Abs. 3 ausweislich seines Wortlauts nur für überwiegende öffentliche Interessen nach Abs. 2 Satz 1 Nr. 4 und nicht auch für Abs. 1 Satz 3 gilt. Die dort getroffenen Regelungen wären auch nicht auf Abs. 1 Satz 3 übertragbar (*Schomerus* in **78**

Versteyl/Mann/Schomerus, KrWG, 2019, § 17 Rn. 29; *Dippel* in Schink/Versteyl, KrWG, 2016, § 17 Rn. 31).

79 Die fehlende Eingrenzung könnte dafür sprechen, dass sämtliche öffentlichen Interessen berücksichtigungsfähig sind. Grundsätzlich dürften allerdings nur öffentliche Interessen des öffentlich-rechtlichen Entsorgungsträgers, nicht jedoch alle denkbaren sonstigen öffentlichen Interessen eine Überlassungspflicht rechtfertigen können. Zu bedenken ist außerdem, dass über die Geltendmachung überwiegender öffentlicher Interessen nicht das Regel-Ausnahmeprinzip des Gesetzes außer Kraft gesetzt werden darf. Der Gesetzgeber geht davon aus, dass regelmäßig im Falle der Eigenbeseitigung keine Überlassungspflicht besteht. Die Verpflichtung zur Überlassung der Abfälle, für deren Beseitigung dem Abfallbesitzer eine eigene Beseitigungsanlage zur Verfügung steht, ist eine schwerwiegende Beeinträchtigung des Eigentumsgrundrechts. Nur im Ausnahmefall überwiegender öffentlicher Interessen sollen deshalb die Abfälle trotz der Eigenbeseitigungsmöglichkeit überlassen werden müssen. Die mangelnde **Auslastung öffentlicher Anlagen** aufgrund zurückgehender Abfallmengen zur Beseitigung oder aufgrund von vornherein überdimensionierter Kapazitäten begründen insoweit kein überwiegendes öffentliches Interesse (*Giesberts* in BeckOK UmweltR KrWG § 17 Rn. 26; *Karpenstein/Dingemann* in Jarass/Petersen KrWG, 2014, § 17 Rn. 118; *Dippel* in Schink/Versteyl, KrWG 2016, § 17 Rn. 34; a. A. *Schomerus* in Versteyl/Mann/Schomerus, KrWG, 2019, § 17 Rn. 29; *VG Frankfurt* Beschl. v. 23. 5. 1997, NVwZ-RR 1998, 167, 168; *VG Sigmaringen* Beschl. v. 26. 1. 1998, NVwZ 1998, 429, 431).

80 Da eine Überlassungspflicht für Abfälle, die der Abfallbesitzer in einer eigenen Anlage beseitigen kann, auch zu einer Beeinträchtigung der Wettbewerbsfreiheit führt, kann auch in diesem Zusammenhang auf die Rechtsprechung des *EuGH* zurückgegriffen werden. Eine Beeinträchtigung der genannten Freiheiten kann zum Schutz überwiegender öffentlicher Interessen gerechtfertigt sein, wenn die Funktionsfähigkeit des öffentlich-rechtlichen Entsorgungsträgers gefährdet wird. Dazu bedarf es nach der Rechtsprechung des *EuGH* nicht zwingend einer Existenzgefährdung. Vielmehr genügt es, dass die Erfüllung der übertragenen Entsorgungsaufgaben gefährdet wäre oder dass die Beibehaltung der Überlassungspflicht erforderlich ist, um dem Entsorgungsträger die Erfüllung seiner im allgemeinen wirtschaftlichen Interesse liegenden Aufgaben zu wirtschaftlich annehmbaren Bedingungen zu ermöglichen (*EuGH* Urt. v. 15.11.2007 – C-162/06, Rn. 34). Diese Konsequenzen dürfte eine Eigenbeseitigung in eigenen Anlagen für den öffentlich-rechtlichen Entsorgungsträger kaum jemals haben.

81 Eine Konkretisierung der überwiegenden öffentlichen Interessen durch die **Landesgesetzgeber** ist nicht zulässig (*Wulfhorst* NVwZ 1997, 975, 76; *Beckmann* NuR 1999, 24, 29; a. A. *Queitsch* UPR 1995, 412, 416). Sie würde im Zweifel dazu führen, dass der Begriff des überwiegenden öffentlichen Interesses in den einzelnen Bundesländern unterschiedlich anzuwenden wäre. Das ist bundesrechtlich nicht gewollt. Außerdem setzt die Entscheidung der Frage, ob im konkreten Fall überwiegende öffentliche Interessen trotz der Eigenbeseitigungsmöglichkeit eine Überlassung erfordern, eine **einzelfallbezogene Abwägung** voraus (*Karpenstein/Dingemann* in Jarass/Petersen KrWG, 2014, § 17 Rn. 123; *Schomerus* in Versteyl/Mann/Schomerus, KrWG, 2019, § 17 Rn. 30), die der Landesgesetzgeber nicht abstrakt-generell vorwegnehmen darf.

III. Keine Überlassungspflicht bei fortdauernder Pflichtenübertragung

82 Eine Überlassungspflicht gegenüber den öffentlich-rechtlichen Entsorgungsträgern bestand nach § 13 Abs. 2 KrW-/AbfG nicht, soweit Dritten oder privaten Entsorgungsträgern Pflichten zur Verwertung und Beseitigung nach §§ 16, 17 oder 18 KrW-/AbfG übertragen worden waren. Die Überlassungspflicht entfiel nur, wenn es sich um eine **befreiende Pflichtenübertragung** an den Dritten handelte, wenn also der Dritte nicht nur mit der Erfüllung von Aufgaben des öffentlich-rechtlichen Entsorgungsträgers beauftragt wurde, sondern die Aufgabe selbst mit pflichtbefreiender Wirkung für den öffentlich-rechtlichen Entsorgungsträger übernahm. Eine solche schlichte Übertragung ist nicht mehr möglich. Allerdings gelten Pflichtenübertragungen nach dem alten Recht gemäß § 72 Abs. 1 Satz 1 fort. Diese Übergangsregelung ist bei der Novelle des KrWG 2020 unverändert geblieben. Die zuständige Behörde kann bestehende Pflichtenübertragungen gemäß § 72 Abs. 1 Satz 2 sogar noch verlängern. Für diese fortbestehenden Pflichtenübertragungen gilt die Ausnahme von der Überlassungspflicht nach § 13 Abs. 2 KrW-/AbfG weiter. Ob diese Übergangsregelung überhaupt noch von praktischer Relevanz ist, erscheint zweifelhaft.

Liegt eine **fortdauernde Pflichtenübertragung** nach § 16 Abs. 2 Satz 1 KrW-/ **83**
AbfG vor, dann ist der Dritte im Grundsatz in gleicher Weise für die Entsorgung verantwortlich wie zuvor der öffentlich-rechtliche Entsorgungsträger. Gleichwohl besitzen diese Dritten nicht das Recht, von den Abfallbesitzern und Abfallerzeugern die Überlassung der Abfälle an sie zu verlangen. Denn mit der Übertragung der Entsorgungsaufgaben gehen grundsätzlich weder die Überlassungspflicht noch die sonstigen hoheitlichen Befugnisse auf den Dritten über. § 13 Abs. 2 KrW-/AbfG bezieht sich nur auf die Überlassungspflicht gegenüber dem öffentlich-rechtlichen Entsorgungsträger. Da dieser mit der Pflichtenübertragung nicht mehr zur Aufgabenwahrnehmung verpflichtet ist, ist es konsequent, dass ihm gegenüber auch keine Überlassungspflicht mehr besteht (siehe dazu auch *OVG Schleswig* Urt. v. 14.6.2006 NVwZ-RR 2007, 547, Rn. 22).

Davon zu trennen ist die Frage, ob und inwieweit Überlassungspflichten gegenüber **84**
dem Dritten bzw. gegenüber den Verbänden und Selbstverwaltungskörperschaften der Wirtschaft bestehen, die entsprechende Verpflichtungen übernommen haben. Es ist umstritten, ob bei einer Pflichtenübertragung nach § 16 Abs. 2 Satz 1 KrW-/AbfG der Übernahme der öffentlich-rechtlichen Verantwortung für die Abfallentsorgung mit dem Übergang der Überlassungspflicht gegenüber dem Pflichtenübernehmer einhergeht. Hiergegen kann zunächst der Vergleich mit § 17 KrW-/AbfG angeführt werden. Anders als bei den Verbänden und den Selbstverwaltungskörperschaften der Wirtschaft fehlt es für den Fall der Pflichtenübertragung nach § 16 Abs. 2 KrW-/AbfG an einer gesetzlichen Regelung. Demgegenüber sieht § 17 Abs. 6 Satz 2 KrW-/AbfG für die Wahrnehmung von Aufgaben durch Verbände vor, dass, soweit es zur Erfüllung der übertragenen Pflichten erforderlich ist, Überlassungs- und Duldungspflichten auch gegenüber den Verbänden bestehen. Eine entsprechende Anwendung dieser Regelung ist in § 18 Abs. 2 Satz 2 KrW-/AbfG für die Wahrnehmung von Aufgaben durch Selbstverwaltungskörperschaften der Wirtschaft vorgesehen. Andererseits kann aus Sinn und Zweck der Pflichtenübertragung gefolgert werden, die Überlassungspflicht gehe auf den neuen Pflichtenträger über.

IV. Ausnahmen von der Überlassungspflicht (Abs. 2)

Abs. 2 sieht Ausnahmen von der Überlassungspflicht vor. Diese betreffen **Rücknah-** **85**
me- und Rückgabepflichten aufgrund einer Rechtsverordnung nach § 25, soweit nicht die öffentlich-rechtlichen Entsorgungsträger auf Grund einer Bestimmung nach § 25 Abs. 2 Nr. 4 an der Rücknahme mitwirken. Hierfür kann insbesondere eine einheitliche **Wertstofftonne** oder eine einheitliche Wertstofferfassung in vergleichbarer

Qualität vorgesehen werden, durch die werthaltige Abfälle aus privaten Haushaltungen in effizienter Weise erfasst und einer hochwertigen Verwertung zugeführt werden (Abs. 2 Satz 1 Nr. 1 Halbs. 2).

86 Werden Abfälle in Wahrnehmung der Produktverantwortung nach § 26 **freiwillig zurückgenommen,** soweit dem zurücknehmenden Hersteller oder Vertreiber ein Freistellungs- oder Feststellungsbescheid nach § 26 Abs. 3 oder Abs. 6 erteilt worden ist, besteht die Überlassungspflicht nicht für diese Abfälle (Abs. 2 Satz 1 Nr. 2).

87 Eine Überlassungspflicht besteht ferner nicht für Abfälle, die durch **gemeinnützige Sammlung** einer ordnungsgemäßen und schadlosen Verwertung zugeführt werden (Abs. 2 Satz 1 Nr. 3). Schließlich gilt die Überlassungspflicht auch nicht für Abfälle, die durch **gewerbliche Sammlung** einer ordnungsgemäßen und schadlosen Verwertung zugeführt werden, soweit dies den öffentlich-rechtlichen Entsorgungsträgern nachgewiesen wird und nicht überwiegende öffentliche Interessen entgegenstehen (Abs. 2 Satz 1 Nr. 4).

88 Die Überlassungspflicht des § 17 bezieht sich nur auf Abfälle. Auf Stoffe oder Gegenstände, die keine Abfälle sind, ist das Gesetz nach § 2 Abs. 1 nicht anzuwenden. Für die Sammlung von Stoffen oder Gegenständen, die keine Abfälle sind, gelten insoweit auch die einschränkenden Regelungen der §§ 17, 18 zu den gewerblichen Sammlungen nicht. Solche Sammlungen können weder beschränkt noch untersagt werden.

89 Abfälle sind gemäß § 3 Abs. 1 Satz 1 alle Stoffe oder Gegenstände, derer sich ihr Besitzer entledigt, entledigen will oder entledigen muss. Eine Entledigung ist nach § 3 Abs. 2 Satz 1 anzunehmen, wenn der Besitzer Stoffe oder Gegenstände einer Verwertung im Sinne der Anlage 2 des Gesetzes oder einer Beseitigung im Sinne der Anlage 1 des Gesetzes zuführt oder die tatsächliche Sachherrschaft über sie unter Wegfall jeder weiteren Zweckbestimmung aufgibt. Gebrauchte, vom bisherigen Besitzer nicht mehr verwendete und an eine Sammelorganisation abgegebene Stoffe oder Gegenstände konnten nach dem bisherigen Recht unter die Abfallgruppe Q 14 des Anhangs I des KrW-/AbfG („Produkte, die vom Besitzer nicht oder nicht mehr verwendet werden") fallen (*BVerwG* Urt. v. 19.11.1998, NVwZ 1999, 1111, Rn. 10). Einen vergleichbaren Anhang zu den Abfallgruppen sieht das KrWG nicht mehr vor. Auf die Indizwirkung einer Zugehörigkeit zu einer bestimmten Abfallgruppe des Anhangs zum Gesetz kann deshalb nicht abgestellt werden. Entscheidend ist vielmehr, ob ein Entledigungstatbestand des § 3 Abs. 1 Satz 1 vorliegt.

90 Erhält der Besitzer für den Verkauf gebrauchter Gegenstände oder Stoffe einen Kaufpreis, kann nicht ohne weiteres von einer Entledigung ausgegangen werden. Mit der Entledigung ist die Aufgabe der Sachherrschaft an einem Gegenstand wegen seiner Wertlosigkeit gemeint. Die Aufgabe der Sachherrschaft wegen der Wertlosigkeit von Sachen begründet spezielle Gefahren, die es rechtfertigen, diese Gegenstände als Abfall der abfallrechtlichen Überwachung und Entsorgung zu unterwerfen. Der Verkauf gebrauchter Waren stellt dagegen sicher, dass bei der Besitzverschaffung für den Käufer eine Zweckbestimmung im Sinne von § 3 Abs. 2 vorliegt, so dass die Sachherrschaft an den Gegenständen nicht ohne jede weitere Zweckbestimmung aufgegeben wird. Denn der Käufer zahlt nur bei entsprechender Zweckverfolgung einen Kaufpreis. Beim Verkauf gebrauchter Waren oder Gegenstände handelt es sich dementsprechend in aller Regel nicht um eine abfallrechtliche Entledigung.

91 Allerdings schließt nach der Rechtsprechung des *BVerwG* der bloße Umstand, dass Stoffe Gegenstand eines Rechtsgeschäfts sein können, deren Abfalleigenschaft nicht aus. Sowohl das europäische als auch das deutsche Kreislaufwirtschaftsrecht wollen – so das *BVerwG* – im Interesse der Schonung der natürlichen Ressourcen die Gewinnung von Sekundärrohstoffen oder von Energie aus dafür geeigneten Abfällen befördern. Um dies sicherzustellen, soll der betreffende Stoff solange den spezifischen Anforderungen des Kreislaufwirtschaftsrechts an eine ordnungsgemäße und schadlose, möglichst ressourcenschonende Verwertung unterliegen, bis der Verwertungserfolg eingetreten ist. Ob auf dem Weg zu diesem Verwertungserfolg Veräußerungsgeschäfte stattfinden, ist insoweit nach Ansicht des BverwG grundsätzlich ohne Belang (*BVerwG* Urt. v. 19.11.1998, NVwZ 1999, 1111, Rn. 13; siehe auch *EuGH* Urt. v. 25.6.1997, ZUR 1997, 267).

Zutreffend ist, dass die Werthaltigkeit eines Stoffes oder Gegenstandes noch kein zwin- **92** gender Grund ist, den Stoff oder Gegenstand nicht als Abfall einzuordnen. Das gilt schon deshalb, weil der bisherige Besitzer die Sachherrschaft an solchen Stoffen oder Gegenständen trotz ihres Wertes ohne jede weitere Zweckbestimmung und ohne Wahrung von Erlöschancen aufgeben kann, weil er nicht daran interessiert ist oder aus sonstigen Gründen darauf verzichtet, den Wert durch die Vereinbarung eines Kaufpreises zu realisieren. Auch die Möglichkeit einer späteren Veräußerung des als Abfall bereits angefallenen Stoffes oder Gegenstands durch einen zukünftigen Eigentümer und Besitzer sowie die Erzielung eines Kaufpreises in diesem Zusammenhang vor seiner abschließenden Verwertung sprechen nicht unbedingt gegen die Einordnung des Stoffes oder Gegenstandes als Abfall. Das ändert allerdings nichts daran, dass der gewinnbringende Verkauf gebrauchter Gegenstände oder Waren sich regelmäßig nicht als Entledigungstatbestand im Sinne des § 3 Abs. 1 darstellt.

Die Inzahlungnahme eines gebrauchten PKW bei dem Kauf eines Neuwagens führt in **93** diesem Sinne nicht zu einem Entledigungstatbestand. Dasselbe gilt, wenn der Einzelhandel Preisnachlässe für Kunden anbietet, die beim Kauf von Neuware gebrauchte Produkte (z. B. Essbestecke oder Tafelgeschirre oder Pfannen) abgeben. Auch der Verkauf von Zahngold an einen Juwelier oder der Verkauf einer Kupfer-Grableuchte an einen Altmetallhändler in der Erkenntnis, dass die Gefahr eines Diebstahls bei Verbleib der Leuchte auf dem Friedhof angesichts ihres Wertes bei steigenden Buntmetallpreisen auf den Friedhof zu groß ist, sind selbstverständlich keine abfallrechtliche Entledigung. Die Annahme einer Entledigung in derartigen Fällen würde bedeuten, dass der Eigentümer nicht mehr berechtigt wäre, sein Eigentum zu verkaufen. Mit dem Eigentumsgrundrecht ist eine solche Sichtweise unvereinbar. Berechtigt könnte eine solche Einschränkung des Eigentumsgrundrechts allenfalls dann sein, wenn die Sache wegen ihres gemeinwohl- oder umweltgefährdenden Zustands als Zwangsabfall entsorgt und nichtmehr zu anderweitigen Zwecken veräußert werden darf. Das ist jedoch bei den meisten Gebrauchtwaren und Wertstoffen gerade nicht der Fall.

Dieser Ansicht steht auch § 17 Abs. 3 Satz 6 nicht entgegen. Danach sind Entgeltzah- **94** lungen bei der Beurteilung der Leistungsfähigkeit der gewerblichen Sammlung nicht zu berücksichtigen. Aus dieser Vorschrift könnte man die Auffassung des Gesetzgebers ableiten, dass Entgeltzahlungen nichts daran ändern, dass es sich bei den eingesammelten Gegenständen um Abfälle handelt. Zwingend ist dies allerdings nicht. Denn dass die Entgeltzahlungen nicht berücksichtigt werden können, ist auch dann zutreffend, wenn man bei solchen Entgeltzahlungen auf der Grundlage von Kaufverträgen schon die Abfalleigenschaft der verkauften Gegenstände verneint. Hinzu kommt, dass sich der Abfallbegriff allein aus § 3 ergibt, einer Vorschrift, die ausschließlich den Abfallbegriff der Abfallrahmenrichtlinie umsetzt. § 17 Abs. 3 Satz 6 kann und soll diesen europäischen Abfallbegriff nicht verändern.

Dass der weitere Umgang mit den Stoffen oder Gegenständen einem Verwertungsver- **95** fahren nach Anlage 2 des Gesetzes zugeordnet werden kann, bedeutet nicht, dass tatsächlich eine Entledigung stattfindet. Der Entledigungstatbestand wird dadurch geprägt, dass der Besitz aufgegeben wird, weil der Gegenstand oder Stoff für den bisherigen Besitzer wertlos geworden ist oder er jedenfalls den Wert dieser Gegenstände nicht durch Abschluss eines Kaufvertrags realisieren will. Verkauft der Besitzer Gegenstände seines Vermögens, realisiert er deren Vermögenswerte. Das hat mit einer Entledigung im abfallrechtlichen Sinne nichts zu tun. Gebrauchte Stoffe und Gegenstände, die im Rahmen eines Verkaufs weitergegeben werden, sind mangels Entledigung grundsätzlich keine Abfälle.

96 Der Ankauf von Altpapier, Altmetall oder sonstigen, von Abfällen aus Haushaltungen getrennt gehaltenen Wertstoffen verstößt deshalb nicht gegen gesetzliche Überlassungspflichten; es handelt sich auch nicht um gewerbliche oder gemeinnützige Sammlungen. Sie dürfen deshalb von den zuständigen Behörden nicht untersagt oder eingeschränkt werden.

97 **1. Rücknahme oder Rückgabepflichten (Abs. 2 Satz 1 Nr. 1).** Wird durch eine Rechtsverordnung nach § 25 Abs. 1 Nr. 1-3, Abs. 2 Nr. 2 der Abfallbesitzer bzw. der Abfallerzeuger zur **Rückgabe** an den Hersteller oder Vertreiber verpflichtet, so muss notwendigerweise die Überlassungspflicht an den öffentlich-rechtlichen Entsorgungsträger nach § 17 Abs. 1 entfallen. Beschränkt sich die Verordnung allerdings auf die Regelung einer **Rücknahmepflicht,** dann hat der Abfallbesitzer ein **Wahlrecht,** ob er den Abfall an den Rücknahmepflichtigen zurückgibt oder ob er den Abfall dem öffentlich-rechtlichen Entsorgungsträger überlässt, soweit dieser wiederum die Entsorgungspflicht nicht nach § 20 Abs. 2 Satz 1 ausgeschlossen hat (*Klement* in Schmehl/Klement, KrWG 2019, § 17 Rn. 122; *Franßen/Blatt* AbfallR 2011, 106, 110). Nach der genannten Vorschrift können öffentlich-rechtliche Entsorgungsträger mit Zustimmung der zuständigen Behörde Abfälle von der Entsorgung ausschließen, soweit diese der Rücknahmepflicht auf Grund einer nach § 25 erlassenen Rechtsverordnung unterliegen und entsprechende Rücknahmeeinrichtungen tatsächlich auch zur Verfügung stehen. Ist zusätzlich eine **Rückgabepflicht** angeordnet, entfällt das Wahlrecht. Die Abfälle müssen dann dem Rücknahmepflichtigen überlassen werden (*Dippel* in Schink/Versteyl, KrWG 2016, § 17 Rn. 37; *Giesberts* in BeckOK Umweltrecht, § 17 KrWG Rn. 28).

98 Die Ausnahme von der Überlassungspflicht nach § 17 Abs. 2 Satz 1 Nr. 1 gilt allerdings nicht, wenn in der Rechtsverordnung geregelt ist, dass der zuständige öffentlich-rechtliche Entsorgungsträger durch die Erfassung der Abfälle bei der Rücknahme mitwirkt (vgl. § 25 Abs. 2 Nr. 4). In diesem Fall bleibt der Abfallbesitzer gegenüber dem öffentlich-rechtlichen Entsorgungsträger zur Überlassung verpflichtet. § 25 Abs. 2 Nr. 4 schafft die Grundlage für die Einbindung von öffentlich-rechtlichen Entsorgungsträgern in die Erfassung im Rahmen privater Rücknahmesysteme. Die in diese Systeme integrierten öffentlich-rechtlichen Entsorgungsträger haben dann ihrerseits die ihnen überlassenen Abfälle den rücknahmepflichtigen Herstellern oder Vertreibern zu überlassen.

99 Auf dieser Grundlage kann unter anderem auch eine **Wertstofftonne** eingeführt werden. § 10 Abs. 1 Nr. 3 sieht eine Ermächtigungsgrundlage für die Einführung einer Wertstofftonne vor. § 17 Abs. 2 S. 1 Nr. 1 bestimmt, dass die Mitwirkung der öffentlich-rechtlichen Entsorgungsträger insbesondere durch die Einführung einer einheitlichen Wertstofftonne oder einer einheitlichen Wertstofferfassung in vergleichbarer Qualität vorgesehen werden kann, durch die werthaltige Abfälle aus privaten Haushaltungen in effizienter Weise erfasst und einer hochwertigen Verwertung zugeführt werden. Eine Wertstofftonne hat genau diese Funktion, nämlich werthaltige Abfälle aus privaten Haushaltungen in effizienter zu erfassen und hochwertig zu verwerten (BT-Drs. 17/6052, 86). Welche Abfälle in der einheitlichen Wertstofftonne erfasst werden sollen, ergibt sich aus dem KrWG nicht. Das kann vielmehr in Rechtsverordnungen oder ggf. auch in einem speziellen Wertstoffgesetz geregelt werden (BT-Drs. 17/6052, 86). Allerdings haben sich

Hoffnungen auf den Erlass eines Wertstoffgesetzes bislang nicht erfüllt; auch das Verpackungsgesetz hat auf die flächendeckende Einführung einer Wertstofftonne verzichtet (siehe dazu *Webersinn* UPR 2018, 96; *Bruckschen* AbfallR 2017, 44; *Koch/Meyer-Ziegenfuß* NuR 2019, 587). § 22 Abs. 5 S. 1 VerpackG sieht aber vor, dass öffentlich-rechtliche Entsorgungsträger mit den Systemen im Rahmen der Abstimmung vereinbaren können, dass Nichtverpackungsabfälle aus Kunststoffen oder Metallen, die bei privaten Endverbrauchern anfallen, gemeinsam mit den stoffgleichen Verpackungsabfällen durch eine einheitliche Wertstoffsammlung erfasst werden. Damit sind verschiedene, regional angepasste Organisationsmodelle, einschließlich der Einführung einer Wertstofftonne, möglich.

Die Ausnahme von der Überlassungspflicht nach Abs. 2 S. 1 Nr. 1 betrifft nur Rückgabepflichten auf Grund von Rechtsverordnungen. **Gesetzliche Rückgabepflichten** fallen nicht darunter (*Schomerus* in Versteyl/Schink/Schomerus, KrWG 2019, § 17 Rn. 13; *Gruneberg* in Jahn/Deifuß-Kruse/Brandt KrWG § 17 Rn. 19). Bei gesetzlich geregelten Rückgabepflichten folgt die Ausnahme von der Überlassungspflicht gegenüber öffentlich-rechtlichen Entsorgungsträgern nicht nach Abs. 2 S. 1 Nr. 1, sondern unmittelbar durch das jeweilige Gesetz als lex specialis (*Karpenstein/Dingemann* in Jarass/Petersen KrWG, 2014, § 17 Rn. 128; *Schomerus* in Versteyl/Schink/Schomerus, KrWG, 2019, § 17 Rn. 13). Das gilt z.B. für die Regelung der getrennten Sammlung nach § 13 VerpackG (dazu *Roth* AbfallR 2017, 55; *Bruckschen* AbfallR 2017, 44; *Klement* in Schmehl Klement, KrWG, 2019, § 17 Rn. 3). § 13 VerpackG schreibt vor, dass restentleerte Verpackungsabfälle einer vom übrigen gemischten Siedlungsabfall getrennten Erfassung zuzuführen sind. Nach dem Wortlaut der Regelung könnte das bislang bestehende Wahlrecht des Abfallbesitzers entfallen sein, er also zu einer Rückgabe an das Getrennterfassungssystem verpflichtet sein. In der Gesetzesbegründung der Bundesregierung (BT-Drs. 18/11274, S. 95) heißt es jedoch dazu, in § 13 VerpackG werde erstmals eine Pflicht der privaten Endverbraucher zur getrennten Sammlung der bei ihnen als Abfall anfallenden restentleerten Verpackungen normiert. Damit konkretisiere § 13 VerpackG für den Bereich der Verpackungsabfälle die auf Art. 11 Abs. 1 Unterabsatz 3 AbfRRL beruhende und in § 14 Abs. 1 in das nationale Recht umgesetzte grundsätzlich Pflicht zur getrennten Sammlung zum Zwecke eines ordnungsgemäßen, schadlosen und hochwertigen Recyclings. Dabei werde davon ausgegangen, dass den privaten Endverbrauchern eine getrennte Sammlung der bei ihnen anfallenden Verpackungsabfälle technisch möglich und wirtschaftlich zumutbar sei. Diese Voraussetzung dürfte – so die Gesetzesbegründung – bereits deshalb gegeben sein, weil die Systeme gemäß § 14 Abs. 1 VerpackG verpflichtet seien, den privaten Endverbrauchern eine haushaltsnahe und ausreichende Sammelstruktur zur Verfügung zu stellen. Damit sei es den privaten Endverbrauchern zukünftig nicht mehr gestattet, ihre Verpackungsabfälle zusammen mitdem gemischten Siedlungsabfall (Abfallschlüssel 20 03 01 AVV) zu erfassen. Allerdings werde durch § 13 VerpackG keine Überlassungspflicht an die Systeme begründet, so dass grundsätzlich auch eine getrennte Sammlung auf andere Weise, zum Beispiel über gewerbliche Sammler, zulässig bleibe (BT-Drs. 18/11274, S. 95; siehe dazu auch *Klement* in Schmehl/Klement, KrWG, 2019, § 17 Rn. 123). **100**

Ein weiteres Beispiel für eine Verpflichtung, Abfälle einer getrennten Erfassung zuzuführen, ergibt sich aus § 10 Abs. 1S. 1 ElektroG. Besitzer von Altgeräten haben danach diese einer vom unsortierten Siedlungsabfall getrennten Erfassung zuzuführen. Sie haben nach § 10 Abs. 1 S. 2 ElektroG Altbatterien und Altakkumulatoren, die nicht vom Altgerät umschlossen sind, vor der Abgabe an einer Erfassungsstelle von diesem zu trennen. Das gilt gem. 3 10 Abs. 1 S. 3 ElektroG nicht, soweit nach § 14 Absatz 5 Satz 2 und 3 Altgeräte separiert werden, um sie für die Wiederverwendung vorzubereiten. **101**

102 **2. Rücknahme zur Wahrnehmung der Produktverantwortung (Abs. 2 Satz 1 Nr. 2).** Ausgeschlossen ist nach Abs. 2 Satz 1 Nr. 2 die Überlassungspflicht auch dann, wenn die Abfälle in Wahrnehmung der Produktverantwortung nach § 26 freiwillig zurückgenommen werden, soweit dem zurücknehmenden Hersteller oder Vertreiber ein **Freistellungs**- oder **Feststellungsbescheid** nach § 26 Abs. 3 oder Abs. 6 erteilt worden ist. Da der Hersteller oder Vertreiber diese Freistellung nach § 26 Abs. 3 Satz 1 nur erhält, wenn durch die Rücknahme die Kreislaufwirtschaft gefördert wird und, wenn die umweltverträgliche Verwertung oder Beseitigung der Abfälle gewährleistet bleibt, werden die Anforderungen des § 15 Abs. 2 auch weitestgehend (vgl. § 16 Abs. 2 Nr. 2–4) eingehalten, so dass ein Festhalten an der Überlassungspflicht in aller Regel zu keinem besseren Ergebnis führen wird (*Karpenstein/Dingemann* in Jarass/Petersen KrWG § 17 Rn. 130d; *Oexle/Lammers* NVwZ 2015, 1490). Die Ausnahme von der Überlassungspflicht nach Abs. 2 S. 1 Nr. 2 kann auch für Abfälle gelten, die nach dem Gebrauch von Produkten anderer Handelsunternehmen anfallen; eine freiwillige Rücknahme auch solcher Abfälle kann in Wahrnehmung der Produktverantwortung stattfinden (ausführlich dazu *Oexle/Lammers* NVwZ 2015, 1490; *Schomerus* in Versteyl/Mann/Schomerus, KrWG 2019, § 17 Rn. 37; *VG Würzburg* Urt. v. 10.2.2015 – W 4 K 13.1015, juris Rn. 54; *Dippel* in Schink/Versteyl KrWG, 2016, § 17 Rn. 40; siehe aber auch *Gruneberg* EurUP 2015, 229; *Wenzel* AbfallR 2015, 187).

103 **3. Gemeinnützige Sammlungen (Abs. 2 Satz 1 Nr. 3).** Nach Abs. 2 Satz 1 Nr. 3 besteht die Überlassungspflicht auch nicht für Abfälle, die durch gemeinnützige Sammlung einer ordnungsgemäßen und schadlosen Verwertung zugeführt werden. Gemeinnützige Sammlungen müssen zwar – wie die gewerblichen Sammlungen auch – gegenüber der zuständigen Behörde nach § 18 angezeigt werden. Ihnen können jedoch keine überwiegenden öffentlichen Interessen entgegengehalten werden. Sie können deshalb auch nicht durch Bedingungen, Befristungen oder Auflagen eingeschränkt werden, wenn die Abfälle einer ordnungsgemäßen und schadlosen Verwertung zugeführt werden. Selbstverständlich können gemeinnützige Sammlungen in diesen Fällen auch nicht untersagt werden. Für gemeinnützige Sammlungen kann die zuständige Behörde auch nicht eine bestimmte Mindestlaufzeit vorschreiben. Den Trägern der gemeinnützigen Sammlung kann auch keine Sicherheitsleistung auferlegt werden.

104 **Sammlung** im Sinne des Gesetzes ist nach § 3 Abs. 15 das Einsammeln von Abfällen, einschließlich deren vorläufiger Sortierung und vorläufiger Lagerung zum Zweck der Beförderung zu einer Abfallbehandlungsanlage. Was unter dem Begriff des Einsammelns zu verstehen ist, definiert der Gesetzgeber nicht. In der Gesetzesbegründung heißt es dazu, die Sammlung werde EU-rechtskonform als das „Zusammentragen" der Abfälle einschließlich der logistischen Vorbereitungshandlungen definiert (BT-Drs. 17/6052, S. 73; näher dazu Kommentierung zu § 3 Abs. 15). Keine Sammlung im Sinne von § 17 Abs. 2 S. 1 Nr. 3 ist die Sammlung eines von dem öffentlich-rechtlichen Entsorgungsträger auf Grundlage des § 22 beauftragten Entsorgungsunternehmens. Bei einer solchen Sammlung bleibt die Überlassungspflicht gegenüber dem öffentlich-rechtlichen Entsorgungsträger bestehen (*OVG NRW* Urt. v. 15.8.2013, NWVBl 2014, 16, 18).

105 Eine Sammlung kann hingegen durchaus auch dann vorliegen, wenn das Sammelunternehmen in eine dauerhafte, gegebenenfalls auch vertragliche Beziehung zu dem Abfallbesitzer bzw. der Abfallerzeuger tritt (§ 3 Abs. 18 S. 2 für die gewerbliche Sammlung). Die Sammeltätigkeit muss insoweit sich auch nicht – wie früher vom BVerwG angenommen – von der Tätigkeit eines Sammlers im Rahmen einer Drittbeauftragung nach § 22 unterscheiden (zur früheren Rechtslage siehe *BVerwG* Urt. v. 18.6.2009, NVwZ 2009, 1292).

Unstreitig ist, dass eine Sammlung sowohl in einem **Holsystem** als auch in einem **Bringsystem** durchgeführt werden kann (*Giesberts* in BeckOK Umweltrecht, § 17 KrWG Rn. 42). Sowohl bei einem Holsystem, bei dem in bei den privaten Haushaltungen aufgestellten Behältern gesammelt wird, als auch bei einem Bringsystem, in dem Abfälle mit Hilfe zentral aufgestellter Depotcontainer gesammelt werden, kann von einem Zusammentragen im Sinne der Gesetzesbegründung durch den Sammler gesprochen werden. **106**

Beschränkt sich das System oder Unternehmen jedoch darauf, getrennt erfasste, wertstoffhaltige Abfälle an einem Betriebsstandort entgegenzunehmen, kann m. E. nicht von einer Sammlung des annehmenden Unternehmens gesprochen werden. Nicht das Unternehmen trägt die Abfälle zusammen; vielmehr werden die Abfälle von den Abfallbesitzern zusammengetragen, die jedoch nicht Sammler im Sinne des Gesetzes sind. Denn Sammler von Abfällen sind nach § 3 Abs. 10 nur natürliche oder juristische Personen, die gewerbsmäßig oder im Rahmen wirtschaftlicher Unternehmen, das heißt, aus Anlass einer anderweitigen gewerblichen oder wirtschaftlichen Tätigkeit, die nicht auf die Sammlung von Abfällen gerichtet ist, Abfälle. Die Annahme von Abfällen an einem festen Betriebsstandort ist deshalb keine gewerbliche Sammlung von Abfällen. Sie kann deshalb nicht als eine den Voraussetzungen des § 17 Abs. 3 nicht entsprechende Sammlung untersagt oder eingeschränkt werden. Sie muss dementsprechend auch nicht angezeigt werden sammeln (a. A. *Giesberts* in BeckOK Umweltrecht, § 17 KrWG Rn. 42; *Delfs* in Schmehl/Klement, KrWG, 2019, § 3 Rn. 84; *Schink/Krappel* in Schink/Versteyl, KrWG, 2016, § 3 Rn. 96; *Hurst* in Jaras/Petersen, KrWG, 2014, § 3 Rn. 261). Nach h. M. kann auch immer dann, wenn Abfälle zu einem zentralen Sammelpunkt gebracht werden, damit der Sammler sie von dort aus zu einer Abfallbehandlungsanlage befördern kann, von einem Einsammeln gesprochen werden. **107**

Die Begriffe der „ordnungsgemäßen" und der „schadlosen" Verwertung werden in § 7 Abs. 3 Satz 2 und 3 definiert. Demnach erfolgt die Verwertung **ordnungsgemäß,** wenn sie im Einklang mit den Vorschriften dieses Gesetzes und anderen öffentlich-rechtlichen Vorschriften steht. Sie erfolgt **schadlos,** wenn nach der Beschaffenheit der Abfälle, dem Ausmaß der Verunreinigungen und der Art der Verwertung Beeinträchtigungen des Wohls der Allgemeinheit nicht zu erwarten sind, insbesondere keine Schadstoffanreicherung im Wertstoffkreislauf erfolgt. Nach § 18 Abs. 2 Nr. 5 ist darzulegen, wie diese Anforderungen gewährleistet werden. Diese Darlegung muss vor Beginn der gewerblichen Sammlung vorliegen (*VGH Mannheim* Beschl. v. 11.2.2008, NVwZ 2008, 919; *VG München* Urt. v. 3.4.2008 – M 17 K 07.5730, juris Rn. 33 zur früheren Rechtslage). Sie ist beispielsweise erbracht, sofern der Sammler über einen längeren Zeitraum für den öffentlich-rechtlichen Entsorgungsträger unbeanstandet Abfälle eingesammelt und einer ordnungsgemäßen sowie schadlosen Verwertung zugeführt hat und keine Anhaltspunkte dafür vorliegen, dass die Verwertung nicht weiterhin diesen Anforderungen genügt. Die Vorlage eines Vertrages über den Weiterverkauf der Stoffe reicht ebenfalls aus (dazu *VGH Mannheim* Beschl. v. 11.2.2008, NVwZ 2008, 919). Ein konkreter Nachweis ist insoweit nicht erforderlich. Vielmehr ist eine Benennung konkreter Verwertungsmöglichkeiten i. S. einer Plausibilitätskontrolle ausreichend (*Dippel* in Schink/Versteyl, KrWG, 2016, § 17 Rn. 43). **108**

Das BVerwG hat sich mit Blick auf die erforderlichen Angaben zu dem Verbleib der zu verwertenden Abfälle und zu den darzulegenden Entsorgungswegen zu Recht gegen eine übertrieben strenge Auslegung der Darlegungsanforderungen des anzeigenden Sammlers ausgesprochen (*BVerwG* Urt. v. 30.6.2016, NVwZ 2017, 75 unter Verweis auf BT-Drs. 17/6052 S. 64; zustimmend *Dippel* in Schink/Versteyl, KrWG, 2016, § 18 Rn. 15; *Denz-Hedlund* AbfallR 2016, 178, 182 f.). Die gebotene Kontrolle müsse nicht in der Weise abschließend sein, wie es erforderlich wäre, wenn die behördliche Entschei- **109** dung mit einer Legalisierungswirkung verbunden wäre. Sie habe vielmehr eine angemessene Kontrollmöglichkeit zu eröffnen, die zunächst eine allgemeine Prüfung und gegebenenfalls eine anschließende detaillierte Überwachung auch auf den nachfolgenden Verwertungsstufen ermögliche. Das Ausmaß der vom Sammler einzufordernden Darlegung müsse dieser Funktion entsprechen. Den Besonderheiten verschiedener Abfallmärkte und insbesondere den spezifischen Möglichkeiten typischer Sammlergruppen müsse zur Wahrung der Verhältnismäßigkeit Rechnung getragen werden, soweit dies die Überwachungsbedürfnisse nicht leerlaufen lasse (BVerwG Urt. v. 30.6.2017, NVwZ 2017, 75; *Gruneberg* EurUP 2015, 229, 236).

110 Bei den in gemeinnützigen Sammlungen gesammelten Sachen handelt es sich um Abfälle, regelmäßig um Abfälle im subjektiven Sinne nach § 3 Abs. 2 Alt. 1, Abs. 3 Satz 1 Nr. 2. Damit trägt der Gesetzgeber der Rechtsprechung des *EuGH* Rechnung, wonach die früheren Regelungen des § 1 Abs. 3 Nrn. 6 und 7 AbfG, nach denen die gemeinnützige und gewerbliche Sammlung mit dem Ziel der Verwertung der gesammelten Stoffe nicht dem Abfallrecht unterlagen, für unvereinbar mit den Regelungen des europäischen Abfallrechts angesehen worden sind (*EuGH* Urt. v. 10.5.1995, EuZW 1995, 614 ff.). Selbstverständlich können gemeinnützige Träger auch Sachen sammeln, bei denen es sich nicht um Abfälle handelt. Solche Sammlungen unterfallen nicht dem Anwendungsbereich des KrWG; auf sie sind insbesondere die Vorschriften der §§ 17, 18 nicht anzuwenden. Um eine gemeinnützige Sammlung, auf die Bestimmungen des KrWG nicht anzuwenden sind, kann es sich z. B. bei Second-Hand-Läden handeln, in denen gebrauchter Altkleider angenommen und zur Erzielung von Erlösen für einen gemeinnützigen Zweck weiterveräußert werden.

111 **Gemeinnützig** ist eine Sammlung, die durch eine nach § 5 Abs. 1 Nr. 9 KStG steuerbefreite Körperschaft, Personenvereinigung oder Vermögensmasse getragen wird und der Beschaffung von Mitteln zur Verwirklichung ihrer gemeinnützigen, mildtätigen oder kirchlichen Zwecken im Sinne der §§ 52–54 AO dient. Nach § 52 Abs. 1 Satz 1 AO verfolgt eine Körperschaft gemeinnützige Zwecke, wenn ihre Tätigkeit darauf gerichtet ist, die Allgemeinheit auf materiellem, geistigem oder sittlichem Gebiet selbstlos zu fördern. Auch mildtätige oder kirchliche Zwecke im Sinne der §§ 53 und 54 AO sind abfallrechtlich als gemeinnützig anzuerkennen. Diese Klarstellung sah der Referentenentwurf in seinem Abs. 2 Satz 2 noch ausdrücklich vor. Demnach sollte Abs. 2 Satz 1 Nr. 3 auch für Sammlungen zu mildtätigen Zwecken nach § 53 AO und kirchlichen Zwecken nach § 54 AO entsprechend gelten. Im Regierungsentwurf wurde dieser Hinweis wieder entfernt. Die Klarstellung folgt unmittelbar aus der Legaldefinition des § 3 Abs. 17, der auf die §§ 52–54 AO Bezug nimmt.

112 Befreit nach § 5 Abs. 1 Nr. 9 KStG sind Körperschaften, Personenvereinigungen und Vermögensmassen, die nach der Satzung, dem Stiftungsgeschäft oder der sonstigen Verfassung und nach der tatsächlichen Geschäftsführung ausschließlich und unmittelbar gemeinnützigen, mildtätigen oder kirchlichen Zwecken dienen (§§ 51–68 AO). Die Unterhaltung eines wirtschaftlichen Geschäftsbetriebs ist insoweit ausgeschlossen, sofern es sich nicht um einen selbstbewirtschafteten Forstbetrieb handelt (§ 5 Abs. 1 Nr. 9 Sätze 2 und 3 KStG). Insofern würden beispielsweise Holzabfälle eines selbstbewirtschafteten Forstbetriebs eines Kirchenträgers nicht zwingend der Überlassungspflicht des Abs. 1 unterliegen. § 3 Abs. 17 verweist lediglich auf die §§ 52–54 AO, der Verweis in § 5 Abs. 1 Nr. 9 Satz 1 KStG bezieht hingegen auch die §§ 55–68 ein. Dieser Unterschied ist darauf zurückzuführen, dass die §§ 52–54 AO die in § 3 Abs. 17 in Bezug genommenen Begriffe „gemeinnützige", „mildtätige" oder „kirchliche Zwecke" erläutern und die darüberhinausgehenden §§ 55–68 AO lediglich für die steuerbefreite Körperschaft, Personenvereinigung oder Vermögensmasse unmittelbar von Bedeutung sind.

113 Um eine gemeinnützige Sammlung von Abfällen handelt es sich auch dann, wenn die Körperschaft, Personenvereinigung oder Vermögensmasse nach Satz 1 einen gewerblichen Sammler mit der Sammlung beauftragt und dieser den Veräußerungserlös nach Abzug seiner Kosten und eines angemessenen Gewinns vollständig an die Körperschaft, Personenvereinigung oder Vermögensmasse auskehrt (§ 3 Abs. 17 Satz 2).

114 Diese Klarstellung des Gesetzgebers geht auf die Rechtsprechung zurück (Gesetzesbegründung der Bundesregierung, BT-Drs. 17/6052, S. 74). Sie eröffnet den gewerblichen Sammlern die Möglichkeit, mit steuerbefreiten Körperschaften, Personenvereinigungen oder Vermögensmassen zu kooperieren und in ihrem Auftrag die Sammlung durchzuführen und dabei einen angemessenen Gewinn einzubehalten.

115 Nicht schon die Durchführung der Sammlung selbst, sondern erst die Verwendung der aus dieser Sammlung beschafften Mittel zur Verwirklichung der steuerprivilegierten Zwecke eröffnet den Anwendungsbereich (Gesetzesbegründung des Bundestags, BT-Drs. 17/7505, S. 31). Insoweit steht es der Anwendung dieser Norm nicht entgegen, dass die Sammlung steuerrechtlich im Rahmen des wirtschaftlichen Geschäftsbetriebs der Körperschaft etc. anfällt (siehe § 5 Abs. 1 Nr. 9 Satz 2 KStG). Maßgeblich ist insoweit nur, dass die Sammlung der „Beschaffung von Mitteln zur Verwirklichung" der gemeinnützigen, mildtätigen oder kirchlichen Zwecken dient (siehe hierzu auch die Stellungnahme der Bundesarbeitsgemeinschaft der Freien Wohlfahrtspflege e. V. zum Regierungsentwurf, Ausschuss-Drs. 17(16)351-A, S. 3).

116 Der Gesetzgeber definiert den Begriff des **angemessenen Gewinns** im KrWG nicht. Auch aus der Begründung des Gesetzentwurfs ergibt sich zu diesem Begriff keine weitere Erkenntnis. Die Angemessenheit des Gewinns spielt in unterschiedlichem Zusammenhang, z. B. im öffentlichen Preisrecht, im Wettbewerbsrecht, im Gesellschafts- und Handelsrecht und im Zollrecht eine Rolle. Was ein angemessener Gewinn ist, hängt von den Umständen des Einzelfalls ab.

117 Das öffentliche Preisrecht unterscheidet in diesem Zusammenhang zwischen marktgängigen Leistungen und Selbstkostenaufträgen. Bei marktgängigen Leistungen entsteht der Gewinn unter dem Einfluss von Angebot und Nachfrage. Ist die Marktlage für ein Unternehmen günstig, so erzielt es gute Gewinne. Im umgekehrten Fall muss es unter Umständen ganz oder teilweise auf einen Gewinn verzichten oder sogar einen Verlust in Kauf nehmen (*Ebisch/Gottschalk* Preise und Preisprüfungen bei öffentlichen Aufträgen, 8 Aufl., Nr. 51 LSP Rn. 4). Bei Selbstkostenaufträgen, die nur zulässig sind, wenn ein funktionsfähiger Markt nicht besteht, entfällt der Markt als unmittelbarer Regulator des Gewinns. In solchen Fällen soll eine Bestimmung des angemessenen Gewinns das allgemeine Unternehmerwagnis abgegolten werden. Das öffentliche Preisrecht ist allerdings mangels eines öffentlichen Auftrags nicht anzuwenden (*Dippel* in Schink/Versteyl, KrWG 2016, § 17 Rn. 42).

118 Steht die Sammlung im Wettbewerb zu anderen Sammlungen, dann hängt die Angemessenheit des Gewinns nicht vom Umfang des mit der Sammlung verbundenen Unternehmensergebnisses ab. Es ist vielmehr davon auszugehen, dass eine sich im Wettbewerb bildende Gewinnmöglichkeit auch angemessen ist.

119 Besteht im konkreten Fall kein funktionsfähiger Markt, so dass sich die Gewinnmöglichkeit nicht als Ergebnis des Wettbewerbs ergibt, kann zur Bewertung der Angemessenheit eines Gewinns auf die mit der Sammlung verbundenen Wagnisse abgestellt werden. Risiken ergeben sich für einen beauftragten gewerblichen Sammler insbesondere, wenn die Gefahr besteht, dass die Kosten der Sammlung durch die Veräußerungserlöse nicht gedeckt werden können. Das ist bei den in der Vergangenheit festgestellten Schwankungen des Papierpreises möglich. Bei der Berechnung der Angemessenheit des Gewinns dürfte auch das Verhältnis zu dem ausgekehrten Veräußerungserlös mitentschei-

dend sein. Je höher dieser Veräußerungserlös ausfällt, umso größer kann auch die Beteiligung des gewerblichen Unternehmers an dem Veräußerungserlös sein.

120 Von einer gemeinnützigen Sammlung wird man bei der Beauftragung eines gewerblichen Sammlers allerdings nur dann ausgehen können, wenn nach Abzug der Kosten und des angemessenen Gewinns mittel- oder langfristig noch mit einem relevanten Veräußerungserlös zu rechnen ist, der an den Träger der gemeinnützigen Sammlung abgeführt werden kann. Eine Sammlung, die dauerhaft nicht zur Auskehr eines Erlöses an den gemeinnützigen Träger führt, dürfte keine gemeinnützige Sammlung sein. Ob allerdings das ökonomische Potenzial des Abfalls überwiegend dem gemeinnützigen Zweck zukommen muss (so *Klement* in Schmehl/Klement, KrWG, 2019, § 17 Rn. 133; *Schomerus* in Versteyl/Mann/Schomerus, KrWG, 2019, § 17 Rn. 38), ist zweifelhaft (*Beckmann/Wübbenhorst* DVBl. 2012, 1403, 1406 f.). Aus dem Gesetz ergibt sich für ein solches Überwiegenskriteriums nichts.

121 Eine Ausnahme von der Überlassungspflicht nach Abs. 2 Satz 1 Nr. 3 setzt neben der Gemeinnützigkeit des Weiteren voraus, dass die Abfälle auch einer **ordnungsgemäßen und schadlosen Verwertung** zugeführt werden. Die Ordnungsgemäßheit und Schadlosigkeit der Verwertung richten sich nach § 7 Abs. 3 Satz 2. Als Beleg reicht es aus, wenn konkrete Verwertungsmöglichkeiten im Sinne einer Plausibilitätskontrolle benannt werden. Ein konkreter Nachweis ist nicht erforderlich (*Dippel* in Schink/Versteyl, KrWG, 2016, § 17 Rn. 43). Stellt sich allerdings gleichwohl heraus, dass die gemeinnützige Sammlung nicht zu einer ordnungsgemäßen und schadlosen Verwertung führt, so bleibt die Überlassungspflicht bestehen, d. h. sie lebt auch für den ursprünglichen Abfallbesitzer bzw. Abfallerzeuger wieder auf (*Schomerus* in Versteyl/Mann/Schomerus, KrWG, 2019, § 17 Rn. 38; *OVG NRW* Beschl. v. 19.7.2013, GewArch 2013, 503).

122 Weder **gemischte Abfälle** aus privaten Haushaltungen noch **gefährliche Abfälle** dürfen durch eine gemeinnützige Sammlung einer ordnungsgemäßen und schadlosen Verwertung zugeführt werden (Abs. 2 Satz 2).

123 Die Erstreckung des Verbots einer gemeinnützigen oder gewerblichen Sammlung auf gemischte Abfälle nahm die Bundesregierung in ihrem ersten Gesetzesentwurf in Ergänzung zum Referentenentwurf vor. Der Bundesrat sprach sich dafür aus, den Begriff der „gemischten Abfälle" auch auf „Wertstoffgemische" auszuweiten und damit den Zugriff der gewerblichen Sammler weiter zu beschränken. Er ging davon aus, dass gewerbliche Sammlungen nur bei separierten Reinfraktionen zulässig seien. Dem folgte die Bundesregierung nicht. Der Ausschluss der Sammlungen in Abs. 2 Satz 2 dient dazu, den Kernbereich der kommunalen Entsorgung, der sich auch auf gemischte Siedlungsabfälle (Abfallschlüssel 20 03 01) bezieht, zu schützen. Hierzu zählen aber nicht Wertstoffgemische wie beispielsweise Papier und Verpackungen. Eine gewerbliche Sammlung ist somit nicht auf Reinfraktionen beschränkt, sondern kann mit Ausnahme der gemischten Abfälle sämtliche Abfälle zur Verwertung erfassen (Gegenäußerung der Bundesregierung zur Stellungnahme des Bundesrates, BT-Drs. 17/6645, S. 6).

124 Gemischte Abfälle aus privaten Haushaltungen gehören in die Restmülltonne bzw. graue Tonne, und sind dem öffentlich-rechtlichen Entsorgungsträger zu überlassen. Das KrWG enthält allerdings keine Legaldefinition des Begriffs „gemischte Abfälle". Das BVerwG hat den Begriff zu Recht restriktiv ausgelegt, so dass er sich nur auf gemischte Siedlungsabfälle i. S. v. Art 16 Abs. 1 AbfRRL und auf Abfälle der des Abfallschlüssels 200301 AVV bezieht (BVerwG Urt. v. 23.2.2018, NVwZ-RR 2018, 928).

125 Bei **Sperrmüll** im Sinne des Abfallschlüssels 20 03 07 nach der Anlage zu § 2 Abs. 1 AVV handelt es sich nicht um gemischten Abfall aus privaten Haushaltungen im Sinne von § 17 Abs. 2 Satz 2, sodass er nicht zwingend der Überlassungspflicht nach § 17 Abs. 1 unterfällt (*BVerwG* Urt. v. 23.2.2018, NVwZ-RR 2018, 928; zustimmend *Wasie-*

lewski NuR 2015, 173 f.; *Wenzel* ZUR 2014, 589, 581; *Wenzel* AbfallR 2017, 57, 64; aA *Gruneberg* in Jahn/Deifuß-Kruse/Brandt KrWG § 17 Rn. 41). Das BVerwG erläutert dazu, dass die Entstehungsgeschichte der Regelung als auch das aus gesetzessystematischen Gründen maßgebliche Unionsrecht für eine restriktive Auslegung und damit gegen eine Einordnung des Sperrmülls als „gemischter Abfall" sprechen. Eine ausnahmslose Überlassungspflicht für Sperrmüll wäre mit der Warenverkehrsfreiheit unvereinbar. Eine zwingende Überlassungspflicht für Sperrmüll würde die Grenzen des Art. 16 AbfRRL für eine ausnahmslose Überlassungspflicht überschreiten. Dass der Kernbereich der Daseinsvorsorge – hier die Entsorgung der Abfälle durch den öffentlich-rechtlichen Entsorgungsträger – zu wirtschaftlich ausgewogenen Verhältnissen immer gefährdet wäre, wenn der Abfallsammlung durch den öffentlich-rechtlichen Entsorgungsträger Sperrmüll entzogen wird, sei mit Blick auf den Schutzmechanismus für das System des öffentlich-rechtlichen Entsorgungsträgers nach § 17 Abs. 3 KrWG nicht erkennbar (BVerwG Urt. v. 23.2.2018, NVwZ-RR 2018, 928).

Die Ausnahme von der Zulässigkeit gewerblicher und gemeinnütziger Sammlungen 126
nach § 17 Abs. 2 S. 2 gilt aber auch dann nicht, wenn die gemischten Abfälle in einer **Wertstofftonne,** getrennt vom Restabfall, eingesammelt werden (*Ernst* in Kopp-Assenmacher KrWG § 17 Rn. 61; *Schomerus* in Versteyl/Mann/Schomerus, KrWG, 2019, § 17 Rn. 42; a.A *Franßen/Blatt* AbfallR 2011, 105, 108 f.)

Für **gefährliche Abfälle** gelten in einigen Bundesländern (z. B. Bayern, Baden- 127
Wüstenberg, Rheinland-Pfalz, Niedersachsen, Brandenburg) auf der Grundlage des § 17 Abs. 4 landesrechtliche Andienungs- und Überlassungspflichten. In Hessen ist die Andienungspflicht im Jahre 2014 aufgehoben worden. In den Bundesländern Bremen, Mecklenburg-Vorpommern, Nordrhein-Westfalen, Saarland, Sachsen, Sachsen-Anhalt und Thüringen sind weder Andienungs- noch Überlassungspflichten oder Ähnliches vorgesehen. Gefährliche Abfälle fallen in privaten Haushaltungen nur in Kleinmengen an, so dass diese Rückausnahme sich in erster Linie auf Abfälle aus anderen Herkunftsbereichen bezieht (*Klement* in Schmehl/Klement, KrWG, 2019, § 17 Rn. 129). Für Abfälle zur Verwertung aus anderen Herkunftsbereichen besteht ohnehin keine Überlassungspflicht nach Abs. 1, so dass Abs. 2 S. 2 auch insoweit nicht relevant ist.

4. Gewerbliche Sammlungen (Abs. 2 Satz 1 Nr. 4, Abs. 3). Die Überlassungs- 128
pflicht besteht schließlich auch nicht für Abfälle, die durch gewerbliche Sammlung einer ordnungsgemäßen und schadlosen Verwertung zugeführt werden, soweit überwiegende öffentlichen Interessen dieser Sammlung nicht entgegenstehen. Auch diese Ausnahme von der Überlassungspflicht erstreckt sich weder auf die **gemischten Abfälle** aus privaten Haushaltungen noch auf **gefährliche Abfälle** (Abs. 2 Satz 2).

a) Gesetzgebungsverfahren. § 17 war wegen seiner Regelungen zur gewerblichen 129
Sammlung die umstrittenste Norm im Gesetzgebungsverfahren des KrWG im Jahr 2012. Die Differenzen führten schließlich zur Anrufung des Vermittlungsausschusses, auf den die Gesetz gewordene Fassung zurückgeht.

Der Bundesrat vertrat im Gesetzgebungsverfahren Interessen der Kommunen, die Ein- 130
nahmeeinbußen durch gewerbliche Sammlungen fürchteten. Seine Änderungsvorschläge zielten auf ein weitgehendes Verbot gewerblicher Sammlungen ab. Die Bundesregierung lehnte jedoch eine derart weitgehende Beschränkung der gewerblichen Sammlungen ab (siehe die Gegenäußerung der Bundesregierung zur Stellungnahme des Bundesrates, BT-Drs. 17/6645, S. 4 ff.).

Der Bundesrat plädierte unter anderem für die Aufnahme einer Regelung, wonach 131
Abfälle, die dem öffentlich-rechtlichen Entsorgungsträger im Rahmen einer von ihm

angekündigten Sammlung von Sperrmüll oder anderen Abfallfraktionen bereitgestellt würden, nur durch den öffentlich-rechtlichen Entsorgungsträger oder den von ihm beauftragten Dritten eingesammelt werden dürften. Abfälle, die bis zu zwei Tage vor der Sammlung des öffentlich-rechtlichen Entsorgungsträgers bereitgestellt würden, sollten als dem öffentlich-rechtlichen Entsorgungsträger bereitgestellt gelten. Der Bundesrat wollte mit dieser Vorschrift der sog. **„Beraubung"** insbesondere von Sperrmüll- und Elektroaltgerätesammlungen entgegenwirken (BR-Drs. 216/11, S. 17). Die Bundesregierung folgte diesem Vorschlag des Bundesrats nicht. Nach Ansicht der Bundesregierung unterfallen am Straßenrand bereitgestellte Abfälle bis zur Erlangung der tatsächlichen Sachherrschaft, also der Abholung durch den öffentlich-rechtlichen Entsorgungsträger oder den von ihm beauftragten Dritten, noch der Verantwortung und Dispositionsbefugnis des Abfallbesitzers bzw. -eigentümers (siehe auch *BVerwG* Urt. v. 13.12.2007, NVwZ 2008, 429). Außerdem hätte eine vorzeitige Verlagerung der Verantwortung auf den öffentlich-rechtlichen Entsorgungsträger nach Ansicht der Bundesregierung dazu führen können, dass dieser für die Abfälle zwar bereits verantwortlich ist, er die Verantwortung aber mangels tatsächlicher Kenntnis nicht ausüben und damit ein Verantwortungsvakuum entstehen würde (Gegenäußerung der Bundesregierung zur Stellungnahme des Bundesrates, BT-Drs. 17/6645, S. 6).

132 Die Fraktionen der Regierungskoalition unterbreiteten ebenfalls Änderungsvorschläge zum Regierungsentwurf. Sie schlugen vor, dass überwiegende öffentliche Interessen nach Abs. 2 Satz 1 Nr. 4 einer gewerblichen Sammlung nicht nur dann entgegenstehen, wenn die jeweilige Sammlung in ihrer konkreten Ausgestaltung die Funktionsfähigkeit des öffentlich-rechtlichen Entsorgungsträgers, des von diesem beauftragten Dritten oder des auf Grund einer Rechtsverordnung nach § 25 eingerichteten Rücknahmesystems gefährdet, sondern dass die Auswirkung der Sammlung auch im Zusammenwirken mit anderen Sammlungen zu berücksichtigen seien (siehe die Begründung, BT-Drs. 17/7505, S. 43). Der Koalitionsvorschlag veränderte den Abs. 3 nicht nur durch eine Änderung der Sätze 2 und 3, sondern auch durch die Ergänzung des Absatzes durch zwei neue Sätze 3 und 4.

133 Im Vermittlungsausschuss blieb es dabei, dass Ausgangspunkt einer Unzulässigkeit der gewerblichen Sammlung die Gefährdung der Funktionsfähigkeit des öffentlich-rechtlichen Entsorgungsträgers ist. Wann eine solche Gefährdung vorliegt, bestimmt Satz 3 mit den beiden darin enthaltenen Schutzgütern „Erfüllung der nach § 20 bestehenden Entsorgungspflichten zu wirtschaftlich ausgewogenen Bedingungen" und „Planungssicherheit und Organisationsverantwortung. Lediglich hinsichtlich des letztgenannten Schutzguts präzisiert Satz 3 weiterhin, wann dessen wesentliche Beeinträchtigung vorliegt, die Satz 2 voraussetzt.

134 Die Änderungen im Vermittlungsausschuss konzentrierten sich auf den **Gleichwertigkeitsaspekt.** Die auf dem Vermittlungsausschuss zurückgehende Gesetzesfassung beschränkt sich darauf, § 17 Abs. 3 Satz 3 Nr. 1 und 2 für unanwendbar zu erklären, wenn die gewerbliche Sammlung wesentlich leistungsfähiger ist als die Sammlung des öffentlich-rechtlichen Entsorgungsträgers. Hinsichtlich der Anforderungen wurde die Darlegungslast auf den gewerblichen Sammler verlagert und intensiviert, da nicht die Gleichwertigkeit darzulegen ist, sondern der gewerbliche Sammler wesentlich leistungsfähiger sein muss. Außerdem wurden weitere Aspekte zur Beurteilung der Leistungsfähigkeit in Satz 5 aufgenommen.

135 **b) Begriff der „gewerblichen Sammlung".** Das *BVerwG* hatte den Begriff der gewerblichen Sammlung des KrW-/AbfG entgegen der bis zu diesem Urteil herrschenden Meinung sehr restriktiv ausgelegt und damit die Durchführung gewerblicher Sammlungen sehr erschwert, wenn nicht gar unmöglich gemacht. Das *BVerwG* vertrat dazu die Ansicht, gewerbliche Sammlungen müssten sich von der Tätigkeit eines öffentlich-rechtlichen Entsorgungsträgers deutlich unterscheiden (*BVerwG* Urt. v. 18.6.2009 – 7 C 16/08, Rn. 31). Die Tätigkeit der öffentlich-rechtlichen Entsorgungsträger war nach Ansicht des *BVerwG* nach altem Recht dadurch gekennzeichnet, dass sie wiederkehrende Entsorgungsleistungen auf vertraglichen Grundlagen und in regelmäßig dauerhaften Strukturen erbringen. Gewerbliche Sammlungen seien dagegen typischerweise ein allgemeines, auf freiwilliger Basis beruhendes Angebot gerichtet auf die unentgeltliche Überlassung verwertbarer Abfälle. Aufgrund dieser Kriterien sei im Wege einer Gesamtwürdigung ein Vergleich mit dem Bild des öffentlichen Entsorgungsträgers unter Einbeziehung der vorgenannten Kriterien vorzunehmen. Gegen eine Qualifizierung als gewerbliche Sammlung sprächen Entgeltvereinbarungen oder verbindliche Einzelaufträge sowie dauerhafte und in festen Strukturen erfolgende Sammeltätigkeiten, die sich von den Entsorgungstätigkeiten der öffentlich-rechtlichen Entsorgungsträger nicht wesentlich unterscheiden. Dabei sei unbeachtlich, wenn sich eine dauerhaft durchgeführte gewerbliche Sammlung auf bestimmte Abfallfraktionen beschränke. Demnach würde der Begriff der „gewerblichen Sammlung" i. S. d. KrW-/AbfG Tätigkeiten ausschließen, die nach Art eines Entsorgungsträgers auf der Grundlage vertraglicher Bindungen zwischen den sammelnden Unternehmen und den privaten Haushalten, in dauerhaften festen Strukturen abgewickelt werden (*BVerwG* Urt. v. 18.6.2009 – 7 C 16/08, juris Rn. 31).

Das Urteil des *BVerwG* wurde aus kommunaler Sicht begrüßt, stieß aber in der Litera- **136**
tur auch auf Kritik (*Beckmann/Wittmann* AbfallR 2009, 235; *Dieckmann* AbfallR 2009, 270; *Weidemann* AbfallR 2009, 153). Nicht zuletzt zeigten sich verschiedene Oberverwaltungsgerichte nicht von der Vereinbarkeit der Rechtsprechung des BVerwG mit der Abfallrahmenrichtlinie überzeugt (*OVG Hamburg* Beschl. v. 18.2.2011 – 5 Bs 196/10, juris Rn. 20; *OVG Münster* Beschl. v. 30.5.2011 – 20 B 1502/10, juris Rn. 10; *OVG Berlin-Brandenburg* Beschl. v. 13.10.2011 – OVG 11 S 67.10, juris Rn. 16).

Auch die Europäische Kommission machte Zweifel hinsichtlich der Vereinbarkeit der **137**
Rechtsprechung des *BVerwG* mit geltendem Unionsrecht und insbesondere mit der Rechtsprechung des *EuGH* geltend (Mitteilung der Kommission, SG (2011) D/51 545, S. 7). Und schließlich hielt die Bundesregierung eine Korrektur des Begriffsverständnisses des *BVerwG* aus Gründen der erforderlichen Vereinbarkeit mit der Abfallrahmenrichtlinie für erforderlich (Gesetzesbegründung, BT-Drs. 17/6052, S. 74). Das *BVerwG* hielt jedoch an seiner Rechtsprechung fest. Es beabsichtige insbesondere nicht, seine unionsrechtliche Beurteilung zu ändern (*BVerwG* Beschl. v. 4.7.2011 – 7 B 26/11, juris Rn. 9).

Der Gesetzgeber hat den Begriff der gewerblichen Sammlung in § 3 Abs. 18 abwei- **138**
chend vom vormaligen Begriffsverständnis des *BVerwG* definiert. Nach § 3 Abs. 18 ist eine gewerbliche Sammlung von Abfällen i. S. d. Gesetzes eine Sammlung, die zum **Zweck der Einnahmeerzielung** erfolgt. Die Durchführung der Sammeltätigkeit auf der Grundlage vertraglicher Bindungen zwischen dem Sammler und der privaten Haushaltung **in dauerhaften Strukturen** steht einer gewerblichen Sammlung nicht entgegen (§ 3 Abs. 18 Satz 2). Die Größe, der Organisationsgrad und die wirtschaftliche Leistungsfähigkeit, die Intensität oder das Marktverhalten der gewerblichen Sammlung sind für die Definition der gewerblichen Sammlung unbeachtlich und können allenfalls für die entgegenstehenden überwiegenden Interessen von Bedeutung sein (Gesetzesbegründung der Bundesregierung, BT-Drs. 17/6052, S. 74, 87; *Petersen/Doumet/Stöhr* NVwZ 2012, 521, 526).

Träger einer gewerblichen Sammlung können neben natürlichen und juristischen Per- **139**
sonen auch **Personengesellschaften** sein (BVerwG Urt. v. 1.10.2015, NVwZ 2016,

316; *Beckmann* AbfallR 2013, 296; *Klement* in Schmehl/Klement, KrWG 2019, § 17 Rn. 135).

140 Der Bundesrat plädierte dafür, die Definition in § 3 Abs. 18 dahingehend zu ergänzen, dass es sich bei der gewerblichen Sammlung um eine Sammlung zum Zweck der Einnahmeerzielung geht, „bei der es sich um ein allgemeines, auf freiwilliger Basis beruhendes Angebot der unentgeltlichen Überlassung verwertbarer Abfälle aus privaten Haushaltungen ohne dauerhafte Strukturen handelt". Die Klarstellung in Satz 2, wonach die Durchführung der Sammeltätigkeit auf der Grundlage vertraglicher Bindungen zwischen dem Sammler und der privaten Haushaltung in dauerhaften Strukturen einer gewerblichen Sammlung nicht entgegensteht, sollte – so der Wunsch des Bundesrats – gestrichen werden (vgl. BR-Drs. 216/11 B, S. 5). Der Bundesrat war der Auffassung, dass die Reichweite der Überlassungspflichten gegenüber der bisherigen Rechtslage nicht verändert werden sollte. Eine vertragliche Bindung zwischen dem gewerblichen Sammler und dem Privathaushalt würde, auch wenn die Initiative von Seiten des Sammlers ausgehe, im Ergebnis auf eine Drittbeauftragung durch den privaten Haushalt hinauslaufen. Es bestünde überdies die Gefahr, dass die Überlassungspflichten an die öffentlich-rechtlichen Entsorgungsträger nahezu vollständig ausgehöhlt werden könnten (vgl. BR-Drs. 216/11 B, S. 6).

141 Die Bundesregierung lehnte die Änderungsvorschläge ab. Leistungsstarke Unternehmen wären, wenn dem Vorschlag des Bundesrats gefolgt würde, schon aufgrund dieser Definition von der Möglichkeit einer Sammlung verwertbarer Haushaltsabfälle ausgeschlossen und es würde den Bürgern ein wichtiges Serviceangebot vorenthalten. Nicht zuletzt würde mit dem Vorschlag des Bundesrats ein bewährtes Instrument für die ressourceneffiziente Verwertung von Haushaltsabfällen aufgegeben (Gegenäußerung der Bundesregierung zur Stellungnahme des Bundesrates, BT-Drs. 17/6645, S. 2). Außerdem erhob die Bundesregierung verfassungsrechtliche Bedenken gegen die vom Bundesrat vorgeschlagene Einschränkung des Sammlungsbegriffs, soweit damit in den Bestand bereits praktizierter Sammlungssysteme eingegriffen würde. Anders als der Bundesrat (vgl. BR-Drs. 216/11 B, S. 6 f.) hielt die Bundesregierung ihre europarechtlichen Bedenken gegen eine weitere Einschränkung des Sammlungsbegriffs aufrecht. Durch die mit der gewerblichen Sammlung eingeräumte Betätigungsmöglichkeit werde der Warenverkehrs- und Wettbewerbsfreiheit im Bereich der Hausmüllentsorgung der notwendige Raum gegeben. Vor diesem Hintergrund sei der Begriff der gewerblichen Sammlung in unionsrechtskonformer Weise weit auszulegen und entsprechend zu definieren. Die vom Bundesrat geforderte Beschränkung der Definition der gewerblichen Sammlung würde aufgrund ihres kategorischen Ausschlusses selbst dann gewerbliche Sammlungen verhindern, wenn der öffentlich-rechtliche Entsorgungsträger diese Leistungen nicht erbringen wolle (Gegenäußerung der Bundesregierung zur Stellungnahme des Bundesrates, BT-Drs. 17/6645, S. 3). Aspekte wie die Größe der Sammlung, ihr Organisationsgrad etc. seien für die Definition der gewerblichen Sammlung unbeachtlich und spielten allenfalls für die Frage eine Rolle, ob der gewerblichen Sammlung überwiegende öffentliche Interessen entgegenstünden (Gegenäußerung der Bundesregierung zur Stellungnahme des Bundesrates, BT-Drs. 17/6645, S. 2 f.; so bereits die Gesetzesbegründung der Bundesregierung, BT-Drs. 17/6052, S. 74, 87).

142 **c) Überwiegende öffentliche Interessen.** Anders als bei gemeinnützigen Sammlungen setzt die Ausnahme von der Überlassungspflicht bei gewerblichen Sammlungen voraus, dass ihr keine überwiegenden öffentlichen Interessen einer gewerblichen Sammlung entgegenstehen. Das BVerwG war zur früheren Rechtslage davon ausgegangen, dass der gewerblichen Sammlung überwiegende öffentliche Interessen bereits dann entgegenstehen, wenn die Sammlung nach ihrer konkreten Ausgestaltung mehr als nur geringfügige Auswirkungen auf die Organisation und Planungssicherheit des öffentlich-rechtlichen Entsorgungsträgers nach sich zieht (*BVerwG* Urt. v. 18.6.2009 – 7 C 16/08, juris Rn. 34). Nach § 17 Abs. 3 Satz 1 reichen mehr als nur geringfügige Auswirkungen im vorgenannten Sinne nicht mehr aus, die Zulässigkeit der gewerblichen Sammlung in Zweifel zu stellen (siehe dazu die Gegenäußerung der Bundesregierung, BT-Drs. 17/6645, S. 5). Es bedarf vielmehr einer Gefährdung der Funktionsfähigkeit des öffentlich-rechtlichen Entsorgungsträgers, des von ihm beauftragten Unternehmens oder eines Rücknahmesystems.

In der Gesetzesbegründung wird darauf hingewiesen, dass für die Auslegung dieser Vorschrift primär die Rechtsprechung des *EuGH* zu Art. 106 Abs. 2 AEUV heranzuziehen ist. Mit Hilfe der Kollisionsklausel sollen – so ausdrücklich die Gesetzesbegründung – die einer gewerblichen Sammlung im Einzelfall entgegenstehenden öffentlichen Interessen bestimmt und im Einklang mit der Rechtsprechung des *EuGH* abgewogen werden (Gesetzesbegründung BT-Drs. 17/6042, S. 87). Um sicherzustellen, dass im Sinne der Rechtsprechung des *EuGH* die Warenverkehrs- und Wettbewerbsfreiheit nur eingeschränkt wird, soweit dies erforderlich ist, um die Erfüllung der Entsorgungsaufgaben der öffentlichen Hand zu wirtschaftlich annehmbaren Bedingungen zu sichern, bedarf es deshalb einer **europarechtskonformen, restriktiven Auslegung** der Vorschrift. Öffentliche Interessen, die einer gewerblichen Sammlung entgegenstehen können, müssen sich auf den öffentlich-rechtlichen Entsorgungsträger beziehen; andere öffentliche Interessen sind in die Abwägung nicht einzustellen. Es muss sich um abfallwirtschaftliche Interessen der öffentlich-rechtlichen Entsorgungsträger handeln (*Schomerus* in Versteyl/Mann/Schomerus, KrWG, 2019, § 17 Rn. 48). **143**

Aus dem Wort „überwiegend“ in Abs. 2 S. 1 Nr. 4 ergibt sich, dass eine Abwägung zwischen den öffentlichen und privaten Interessen vorzunehmen ist (*Schomerus* in Versteyl/Mann/Schomerus, KrWG, 2019, § 17 Rn. 48; *Karpenstein/Dingemann* in Jarass/Petersen KrWG, 2014, § 17 Rn. 156; *VGH Mannheim* Beschl. v. 4.3.2014, ZUR 2014, 698) und dass im Rahmen dieser Abwägung die öffentlichen Interessen, die gegen die Sammlung sprechen, die öffentlichen und privaten Interessen und Belange, die für eine solche Sammlung sprechen, gewichtiger sind. Zu den zuletzt genannten Belangen zählen das öffentliche Interesse an der Verwertung der Abfälle über den Weg der gewerblichen Sammlung, die Grundrechte der privaten Sammler und die Warenverkehrs- und Wettbewerbsfreiheit. **144**

aa) Gefährdung der Funktionsfähigkeit (Abs. 3 Satz 1). Ausgangspunkt ist Satz 1, wonach überwiegende öffentliche Interessen einer gewerblichen Sammlung entgegenstehen, wenn die Sammlung in ihrer konkreten Ausgestaltung, auch im Zusammenwirken mit anderen Sammlungen, die Funktionsfähigkeit des öffentlich-rechtlichen Entsorgungsträgers, des von diesem beauftragten Dritten oder des auf Grund einer Rechtsverordnung nach § 25 eingerichteten Rücknahmesystems gefährdet. **145**

Der Gesetzgeber setzt nicht eine Beeinträchtigung der Funktionsfähigkeit voraus; vielmehr reicht bereits deren **Gefährdung.** Es muss dementsprechend eine Gefahr für die Funktionsfähigkeit vorliegen; das ist mit einer hinreichenden Wahrscheinlichkeit zu prognostizieren (*Klement* in Schmehl/Klement, KrWG, 2019, § 17 Rn. 146). **146**

Es handelt sich bei dieser Eingangsbestimmung nicht lediglich um eine gesetzliche Vermutung; sie ist vielmehr nicht widerleglich und ausnahmslos anzuwenden. Öffentlich-rechtliche Entsorgungsträger, Drittbeauftragte und Rücknahmesysteme haben Beeinträchtigungen hinzunehmen, ihre Funktionsfähigkeit muss jedoch in jedem Fall gewahrt bleiben (Begründung des Gesetzentwurfs, BT-Drs. 17/6052, S. 87). Damit trägt **147** der Gesetzgeber der Tatsache Rechnung, dass öffentlich-rechtliche Entsorgungsträger i. S. v. Art. 106 Abs. 2 AEUV mit Dienstleistungen von allgemeinem wirtschaftlichem Interesse betraut sind (*Karpenstein/Schink* AbfallR 2011, 222, 229; *Reese/Koch* DVBl. 2010, 1393, 1396 f.; *Schomerus* in Versteyl/Mann/Schomerus, KrWG, 2019, § 17 Rn. 50). Art. 106 Abs. 2 AEUV rechtfertigt mögliche Eingriffe in die Warenverkehrsfreiheit, die durch den Schutz der öffentlich-rechtlichen Entsorgungsträger gegenüber Gefährdungen ihrer Funktionsfähigkeit durch gewerbliche Sammlungen entstehen können (*Giesberts* in BeckOK UmweltR KrWG § 17 Rn. 47; *Suhl* AbfallR 2012, 201). Der Verzicht auf die Ausgestaltung als Regelbeispiele bedeutet, dass es sich um eine abschließende Regelung handelt.

148 Die **Darlegungslast** für die im Einzelfall erforderlichen konkreten und nachprüfbaren Tatsachen liegt beim öffentlich-rechtlichen Entsorgungsträger und im Falle einer Untersagungsverfügung bei der zuständigen Behörde (*VGH Mannheim* Beschl. v. 9.9.2013, NVwZ-RR 2014, 385; *Schomerus* in Versteyl/Mann/Schomerus, KrWG, 2019, § 17 Rn. 50). Eine Funktionsgefährdung muss auf konkrete, nachprüfbare Tatsachen im Einzelfall gestützt werden können.

149 Nach Ansicht des BVerwG unterliegt die Feststellung einer Gefährdung der Aufgabenerfüllung einer nur **eingeschränkten gerichtlichen Kontrolle.** Das Unionsrecht in der Fassung des Vertrags von Lissabon erkenne ausdrücklich als gemeinsamen Wert der Union einen weiten Ermessensspielraum der nationalen, regionalen und lokalen Behörden bei der Frage an, wie die Dienste von allgemeinem wirtschaftlichem Interesse auf eine den Bedürfnissen der Nutzer so gut wie möglich entsprechende Weise zur Verfügung zu stellen, in Auftrag zu geben und zu organisieren seien. Ein solcher Spielraum sei insbesondere deshalb anzunehmen, weil die Bewertung einer Gefährdung notwendig eine Prognose über die Entwicklung der Marktverhältnisse im Falle einer Anwendung aller Vertragsbestimmungen erfordert. Bestehe danach aufgrund von Prognoseunsicherheiten ein Einschätzungsspielraum der Mitgliedstaaten, so sei der durch Art. 106 Abs. 2 AEUV unionsrechtlich eröffnete Prüfungsumfang der mitgliedstaatlichen Gerichte gegenüber Maßnahmen des nationalen Gesetzgebers auf eine Kontrolle offenkundiger Fehler beschränkt. Maßgeblich sei, ob die mitgliedstaatliche Regelung offenkundig ungeeignet sei, den ihr zugrunde liegenden Zweck zu erfüllen (*BVerwG* Urt. v. 30.6.2016, juris Rn 43 mit Anmerkung von *Dippel* AbfallR 2017, 13; kritisch dazu auch *Dippel* in Schink/Versteyl, KrWG, 2016, § 17 Rn. 49).

150 Maßgeblich ist die Funktionsfähigkeit des öffentlich-rechtlichen Entsorgungsträgers, des Dritten oder des auf Grund einer Rechtsverordnung nach § 25 eingerichteten Rücknahmesystems als solche, nicht die Beeinträchtigung eines von ihnen durchgeführten oder geplanten Entsorgungssystems für eine bestimmte Abfallfraktion. Die Bezugnahme auf die Funktionsfähigkeit des öffentlich-rechtlichen Entsorgungsträgers ist wenig glücklich. Denn die Funktionsfähigkeit des öffentlich-rechtlichen Entsorgungsträgers bzw. des von diesem beauftragten Privatunternehmens, d. h. die Fähigkeit die ihr vom Gesetzgeber zugewiesenen Aufgaben zu erfüllen, kann durch eine gewerbliche Sammlung nicht ernstlich gefährdet werden. Es hat auch in der Vergangenheit keinen Fall gegeben, in dem die Erfüllung der Entsorgungsaufgaben einer Kommune durch eine gewerbliche Sammlung tatsächlich gefährdet worden wäre (*Gruneberg/Wenzel* AbfallR 2010, 162, 165 f.).

151 Der Ausschluss der gewerblichen Sammlung und damit des Wettbewerbs auf kommunaler Ebene im Bereich der nicht gemischten Abfälle aus privaten Haushaltungen hängt maßgeblich von dem äußerst vagen Begriffsverständnis der „überwiegenden öffentlichen Interessen“ ab. Ob es dem Gesetzgeber gelungen ist, die „überwiegenden öffentlichen Interessen“ hinreichend konkret und auf das erforderliche Maß beschränkt zu definieren, ist unionsrechtlich für die Frage von Bedeutung, ob der Wettbewerbsausschluss den Anforderungen an die Beeinträchtigung der europäischen Grundfreiheiten genügt (*Karpenstein* Stellungnahme zur öffentlichen Anhörung des Umweltausschusses des Deutschen Bundestags, Ausschuss-Drs. 17(16)350-F, S. 7).

Der Gesetzgeber geht offenbar davon aus, dass durch die Formulierung „auch im Zusammenwirken mit anderen Sammlungen" lediglich die bereits bestehenden gewerblichen Sammlungen in die Überprüfung einbezogen werden sollen (vgl. BT-Drs. 17/7505, S. 43 und BR-Drs. 682/11 B, S. 1). Insofern kann in die Prüfung nicht einbezogen werden, dass weitere gewerbliche Sammlungen einer bereits angezeigten Sammlung hinzutreten könnten. Der Gesetzestext enthält keine dem Satz 4 vergleichbare Bezugnahme auf die konkrete Planung einer gewerblichen Sammlung. **152**

Der öffentlich-rechtliche Entsorgungsträger kann sich auch nicht darauf berufen, dass er ein Rücknahmesystem nach § 25 plant oder konzipiert. Ausweislich des eindeutigen Wortlauts erfordert die Bezugnahme auf ein solches Rücknahmesystem, dass dieses bereits eingerichtet ist. **153**

bb) Wirtschaftlich ausgewogene Bedingungen (Abs. 3 Satz 2). Wann eine Gefährdung der Funktionsfähigkeit vorliegt, bestimmt Satz 2. Dieser nennt mit der Verhinderung der Erfüllung der nach § 20 bestehenden Entsorgungspflichten zu wirtschaftlich ausgewogenen Bedingungen und der wesentlichen Beeinträchtigung der Planungssicherheit und der Organisationsverantwortung zwei Aspekte, die für die Gefährdung der Funktionsfähigkeit des öffentlich-rechtlichen Entsorgungsträgers etc. sprechen. Beide Begriffe gehen auf das Altpapierurteil des *BVerwG* (Urt v. 18.6.2009 – 7 C 16/08, Rn. 34, 40) und hinsichtlich der „wirtschaftlich ausgewogenen Bedingungen" auch auf die Rechtsprechung des *EuGH* zurück (*Petersen/Doumet/Stöhr* NVwZ 2012, 521, 527). **154**

Eine Gefährdung der Funktionsfähigkeit des öffentlich-rechtlichen Entsorgungsträgers oder des von diesem beauftragten Dritten ist nach § 17 Abs. 3 Satz 2 anzunehmen, wenn die Erfüllung der nach § 20 bestehenden Entsorgungspflichten zu wirtschaftlich ausgewogenen Bedingungen verhindert wird. Bei dieser Regelung handelt es sich nicht um eine verbindliche, unabänderliche Vorgabe des Gesetzgebers, sondern – wie sich aus der Verwendung der Begriffe „ist anzunehmen" ergibt – um eine **widerlegliche Vermutung** (*Schomerus* in Versteyl/Mann/Schomerus, KrWG 2019, § 17 Rn. 50; *Frenz* AbfallR 2012, 168, 170; a. A. *Dageförde/Thärichen* AbfallR 2013, 125, 134). Beide Varianten einer Gefährdung der Funktionsfähigkeit stehen selbständig nebeneinander. **155**

Bei einer Entscheidung der zuständigen Behörde, ob eine angezeigte gewerbliche Sammlung eingeschränkt werden kann oder untersagt werden muss, ist es Aufgabe der Behörde, zu prüfen, ob abweichend von dem gesetzlich vermuteten Regelfall im konkreten Einzelfall trotz einer festgestellten wirtschaftlichen Unausgewogenheit davon ausgegangen werden kann, dass die Funktionsfähigkeit nicht gefährdet ist. Die **Darlegungslast** kann nicht dem gewerblichen Sammler zugewiesen werden (a. A. *BayVGH* Beschl. v. 11.3.2014 – 20 ZB 13.2510, juris Rn. 6; Beschl. v. 16.6.2014 – 20 ZB 14.885, juris; *Schomerus* in Versteyl/Mann/Schomerus, KrWG, 2019, § 17 Rn. 40). Die Behörde ist dafür verantwortlich, auch den für eine Widerlegung der gesetzlichen Vermutung sprechenden Sachverhalt zu ermitteln (§ 26 VwVfG). Unterbleibt die Aufklärung des Sachverhalts oder werden die wirtschaftlichen Bedingungen unzutreffend bewertet, kann dies zur Rechtswidrigkeit und Anfechtbarkeit der Behördenentscheidung führen. **156**

Was unter **wirtschaftlich ausgewogenen Bedingungen** zu verstehen ist, ergibt sich aus dem Wortlaut des Gesetzes nicht. Auch die Gesetzesbegründung erläutert diese Anforderung nicht weiter und verweist stattdessen auf die Rechtsprechung des *EuGH*, die aber ebenfalls nicht konkret definiert, was unter wirtschaftlich ausgewogenen Bedingungen zu verstehen ist (Gesetzesbegründung, BT-Drs. 17/6052, S. 87 f.). Die Formulierung **157** ist deshalb zu unbestimmt (*Queitsch* AbfallR 2010, 188, 191; *Beckmann* AbfallR 2010, 54, 62). Die Erfüllung der Entsorgungspflichten zu wirtschaftlich ausgewogenen Bedingungen wird nicht schon dann verhindert, wenn gewerbliche Sammlungen mit dem öffentlich-rechtlichen Entsorgungsträger oder einem von diesem beauftragten Dritten um Abfälle konkurrieren. Eine systematische Unvereinbarkeit zwischen öffentlich-rechtlicher und privater Abfallentsorgung im Hausmüllbereich besteht von Gesetzes wegen nicht; ob der öffentlich-rechtliche Entsorgungsträger oder der beauftragte Dritte durch private Konkurrenz daran gehindert wird, die Entsorgungspflichten zu wirtschaftlich ausgewogenen Bedingungen zu erfüllen, kann nur auf der Grundlage konkreter Zahlen und Fakten beurteilt werden (*VGH BW* Beschl. v. 9.9.2013 – 10 S 1116/13, ZUR 2014, 112). Nicht der Erwartung des öffentlich-rechtlichen Entsorgungsträgers entsprechende Mehreinnahmen oder Einbußen allein reichen insoweit nicht aus (*VG Oldenburg* BeckRS 2014, 58085 LS 5; *Frenz* AbfallR 2012, 168, 170; *Schomerus* in Versteyl/Mann/Schomerus, KrWG, 2019, § 17 Rn. 50).

158 Für die Auslegung des Begriffs der wirtschaftlich ausgewogenen Bedingungen ist zu bedenken, dass öffentlich-rechtliche Entsorgungsträger für die von ihnen erbrachten Entsorgungsdienstleistungen den Bürgern und Unternehmen kostendeckende Abfallgebühren abverlangen (*Dippel* in Schink/Versteyl, KrWG 2016, § 17 Rn. 58). Im Sinne des Erhalts der Funktionsfähigkeit des öffentlich-rechtlichen Entsorgungsträgers sind angesichts dieses kostendeckenden Gebührenerhebungsrechts Verwertungserlöse einzelner Abfallfraktionen nicht erforderlich, um eine Aufgabenwahrnehmung durch den öffentlich-rechtlichen Entsorgungsträger zu wirtschaftlich ausgewogenen Bedingungen zu ermöglichen (*Beckmann/Wübbenhorst* DVBL 2012, 1403, 1404; siehe auch *Klement* in Schmehl/Klement, KrWG, 2019, § 17 Rn. 157).

159 Dabei ist auch zu berücksichtigen, dass die Kommunen grundsätzlich für die Wahrnehmung von Entsorgungsaufgaben weitgehend einheitliche **Abfallgebühren** erheben. Bei der Kalkulation der insoweit insgesamt für die Abfallentsorgung anfallenden Kosten spielen Verwertungserlöse für einzelne, getrennt erfasste Fraktionen, wie z. B. für das Altpapier, eine untergeordnete Rolle. Der Verzicht auf solche Verwertungserlöse zu Gunsten einer durchgeführten gewerblichen Sammlung kann deshalb kaum dazu führen, dass die Aufgaben nicht mehr wirtschaftlich ausgewogen erfüllt werden können. Unter dem Gesichtspunkt der wirtschaftlich ausgewogenen Bedingungen kann nicht auf gebührenrechtliche Aspekte abgestellt werden. Dementsprechend kann sich der öffentlich-rechtliche Entsorgungsträger nicht darauf berufen, dass er die ihm obliegenden Verpflichtungen nicht zu möglichst niedrigen, sozialverträglichen Gebühren erbringen kann (*OVG NRW* Urt. v. 15.8.2013 – 20 A 3043/11, BeckRS 2013, 54288).

160 Hinzu kommt, dass es sich bei der Wahrnehmung von Pflichtaufgaben der Abfallentsorgung nach dem Kommunalverfassungsrecht der Länder nicht um eine wirtschaftliche Betätigung handelt. Für **nicht wirtschaftliche Betätigungen** gilt ein Verbot der Gewinnerzielung. Gesetzlich vorgesehen ist eine Gewinnerzielung nur für wirtschaftliche Unternehmen der Kommunen. Für die Wahrnehmung von nicht wirtschaftlichen Aufgaben gilt das Prinzip der Steuer- bzw. Abgabenstaatlichkeit. Der Staat – zu dem auch die Kommunen als öffentlich-rechtliche Entsorgungsträger zählen – deckt danach seine Ausgaben durch Steuern, Beiträge und Gebühren, nicht jedoch durch Gewinne aus privaten Geschäften (*OVG Münster* Beschl. v. 22.11.2005, NWVBl. 2006, 231). Dass für die Wahrnehmung von Aufgaben der Abfallentsorgung keine kostendeckenden Erlöse erzielt werden, bedeutet deshalb nicht, dass die Aufgabenerfüllung des Staates unter wirtschaftlich unausgewogenen Bedingungen stattfindet.

161 Nicht zuletzt ist zu berücksichtigen, dass die öffentlich-rechtlichen Entsorgungsträger gemäß § 20 Abs. 1 Satz 2 zur Verwertung der ihnen überlassenen Abfälle nur verpflichtet sind, soweit bei ihnen nicht die Gründe des § 7 Abs. 4 KrWG vorliegen. Nach § 7 Abs. 4 Satz 1 besteht die Pflicht zur Verwertung nur, soweit sie **wirtschaftlich zumutbar** ist. Ist die Verwertung jedoch in diesem Sinne dem öffentlich-rechtlichen Entsorgungsträger zuzumuten, dann dürfte eine gleichwohl noch bestehende wirtschaftliche Unausgewogenheit eher von geringerer Bedeutung sein, so dass sie kaum im Sinne der Rechtsprechung des *EuGH* zum Schutz des Wettbewerbs und der Warenverkehrsfreiheit als zur Erhaltung der Funktionsfähigkeit erforderliche Einschränkung gerechtfertigt werden kann.

Dass die Durchführung einer gewerblichen Sammlung dazu führen könnte, dass ein **162** von der Kommune beauftragtes Unternehmen seine Pflichten zu wirtschaftlich nicht ausgewogenen Bedingungen durchführen muss, ist ebenfalls kaum vorstellbar. Die wirtschaftlichen Bedingungen für das beauftragte Unternehmen ergeben sich aus dem erteilten Auftrag, der grundsätzlich auf der Grundlage einer öffentlichen Ausschreibung erteilt wird. Zwar gilt das früher grundsätzliche Verbot einer Aufbürdung ungewöhnlicher Wagnisse für Umstände und Ereignisse, auf die der Bieter keinen Einfluss hat und deren Einwirkung auf die Preise und Fristen er nicht im Voraus schätzen kann nicht mehr (OLG Düsseldorf, Beschl. v. 19.10.2011 – VII-Verg 54/11, NZBau 2011, 762). Die Ausschreibungsbedingungen können aber weiterhin unter dem Gesichtspunkt der Unzumutbarkeit zu beanstanden sein, was generell noch nicht der Fall ist, wenn Bieter gewisse Preis- und Kalkulationsrisiken, namentlich solche, die ihm typischerweise ohnehin obliegen, tragen (OLG Düsseldorf, Vergabesenat, Beschl. v. 20.2.2013, NZBau 2013, 392). In aller Regel kann deshalb nicht angenommen werden, dass eine gewerbliche Sammlung ursächlich dafür ist, dass die Durchführung eines ausgeschriebenen Auftrags für das beauftragte Unternehmen nicht zu wirtschaftlich ausgewogenen Bedingungen stattfinden kann. Dass dem beauftragten Unternehmen nachträglich durch das Hinzutreten einer gewerblichen Sammlung ein Wettbewerb entsteht, bedeutet nicht, dass der Auftrag nicht mehr zu wirtschaftlich ausgewogenen Bedingungen durchgeführt werden kann. Vielmehr liegt es in einer wettbewerbsorientierte Wirtschaft in der Natur der Sache, dass sich aus dem Wettbewerb entstehende Risiken ergeben. Diese müssen bei der Kalkulation des Angebots berücksichtigt werden.

Eine Gefährdung der Funktionsfähigkeit eines Rücknahmesystems kann sich im Ein- **163** zelfall daraus ergeben, dass durch die gewerbliche Sammlung einer Erfüllung der dem System vorgegebenen Erfassungs- und Verwertungsquoten unmöglich gemacht oder zumindest wesentlich erschwert wird (*OVG Hamburg* Beschl. v. 8.7.2008 – 1 Bs 91/08, juris Rn. 21; *BVerwG* Urt. v. 16.3.2006, NVwZ 2006, 688).

Der sich aus der Beschränkung der gewerblichen Sammlungen ergebenden Eingriff in **164** die Warenverkehrsfreiheit wird als gerechtfertigt angesehen. Die Gesetzgeber habe ein funktionierendes öffentliches Entsorgungssystem als Voraussetzung für eine den inhaltlichen Anforderungen an die Wertstoffe Entsorgung übende Aufgabenerfüllung ansehen dürfen (*Klement* VerwArch 103 (2012), 218, 241). Ein Konzessionsmodell, dass der privaten Wirtschaft die Möglichkeit einräume, sich im Rahmen einer öffentlichen Ausschreibung der Entsorgungsdienstleistungen des öffentlich-rechtlichen Entsorgungsträgers um eine Drittbeauftragung zu bemühen, es sei kein milderer Eingriff (a. A. *Beckmann/Wittmann* AbfallR 2011, 55, 62; *Beckmann/Gesterkamp* AbfallR 2016, 66, 74).

cc) Planungssicherheit und der Organisationsverantwortung (Abs. 3 Satz 2). **165** Eine Gefährdung der Funktionsfähigkeit des öffentlich-rechtlichen Entsorgungsträgers oder des von diesem beauftragten Dritten ist nach § 17 Abs. 3 Satz 2 außerdem anzunehmen, wenn die Planungssicherheit und Organisationsverantwortung wesentlich beeinträchtigt wird. Ein bestehendes hochwertiges Erfassungssystem des öffentlich-rechtlichen Entsorgungsträgers oder dessen Drittbeauftragten rechtfertigt nicht unbedingt den Schluss, dass die Planungssicherheit und Organisationsverantwortung des öffentlich-rechtlichen Entsorgungsträgers bzw. des Drittbeauftragten wesentlich durch eine angezeigte gewerbliche Sammlung beeinträchtigt sein wird. Es bleibt vielmehr stets zu prüfen, ob bei der Betrachtung des konkreten Einzelfalles Umstände zu erkennen sind, die – im Sinne einer Widerlegung der Vermutung bzw. einer Ausnahme von dem Regelfall – zu einem anderen Ergebnis führen (*OVG NRW* Urt. v. 21.9.2015, ZUR 2016, 312). Aufgrund von § 17 Abs. 3 Satz 1 ist dabei nicht allein auf die konkrete angezeigte gewerbliche Sammlung abzustellen, sondern auch das Zusammenwirken mit anderen Sammlungen einzubeziehen.

166 Wann von einer wesentlichen Beeinträchtigung der Planungssicherheit und Organisationsverantwortung auszugehen ist, regelt der Gesetzgeber nicht abschließend (*Schomerus* in Versteyl/Mann/Schomerus, KrWG, 2019, § 17 Rn. 52; *VG Würzburg* Beschl. v. 28.1.2013, AbfallR 2013, 90). Stattdessen nennt der Gesetzgeber in § 17 Abs. 3 Satz 3 drei Beispielsfälle, bei deren Vorliegen eine wesentliche Beeinträchtigung widerleglich vermutet wird. Selbst wenn die genannten Voraussetzungen vorliegen, kann im Einzelfall demnach die gewerbliche Sammlung zulässig sein. § 17 Abs. 3 S. 3 normiert nach der Rechtsprechung bei unionsrechtskonformer Auslegung eine **widerlegliche Vermutung** einer wesentlichen Beeinträchtigung der Planungssicherheit und Organisationsverantwortung des öffentlich-rechtlichen Entsorgungsträgers (*VGH München* Beschl. v. 15.6.2020 – 12 B 17.1792, juris Rn. 60; BVerwG Urt. v. 30.6.2016 – 7 C 4.15, BVerwGE 155, 336, 344, Rn. 31 ff.). Es gilt auch insoweit der **Untersuchungsgrundsatz** des § 24 VwVfG. Die für Anordnungen nach § 18 Abs. 5 zuständige Behörde hat die entscheidungserheblichen Tatsachen von Amts wegen zu ermitteln (*Frenz* NuR 2017, 311, 313). Den öffentlich-rechtlichen Entsorgungsträger trifft dazu eine Mitwirkungslast; er hat an der Tatsachenermittlung durch die zuständige Behörde mitzuwirken. Eine fehlende oder unvollständige Mitwirkung geht zu seinen Lasten.

167 Nach **§ 17 Abs. 3 S. 3 Nr. 1** ist eine wesentliche Beeinträchtigung der Planungssicherheit und Organisationsverantwortung anzunehmen, wenn Abfälle erfasst werden, für die der öffentlich-rechtliche Entsorgungsträger oder der von diesem beauftragte Dritte eine haushaltsnahe oder sonstige hochwertige getrennte Erfassung und Verwertung der Abfälle durchführt. Die Ausnahmesituation, in der die Regelvermutung nicht mehr gilt, ist nach der Rechtsprechung des BVerwG ausgehend von einem Vergleich der Sammelmengen anhand einer **Irrelevanzschwelle** zu bestimmen (*BVerwG* Urt. v. 8.7.2020, UPR 2020, 525; Urt. 30.6.2016, NVwZ 2016, 1559; *VGH München* Beschl. v. 30.1.2017 – 20 CS 16.1416, BeckRS 101810; *Kopp-Assenmacher/Hahn* ZUR 2017, 80; *Frenz* NuR 2017, 311, 313; a.A *Wenzel* AbfallR 2017, 57, 59; *Frank/Schwarz* AbfallR 2017, 321, 322). Wird die Irrelevanzschwelle unterschritten, sind wesentliche Änderungen der Entsorgungsstrukturen des öffentlich-rechtlichen Entsorgungsträgers typischerweise nicht zu erwarten und ist die Vermutung des § 17 Abs. 3 Satz 3 Nr. 1 vorbehaltlich außergewöhnlicher Umstände widerlegt. Wird die Irrelevanzschwelle dagegen überschritten, bleibt es bei der Vermutung, dass die Planungssicherheit und Organisationsverantwortung des öffentlich-rechtlichen Entsorgungsträgers wesentlich beeinträchtigt wird.

168 Ob die Regelvermutung des § 17 Abs. 3 Satz 3 Nr. 1 im Einzelfall widerlegt ist, bestimmt sich nach der Rechtsprechung des BVerwG danach, ob durch den Marktzugang eines gewerblichen Sammlers im Zusammenwirken mit anderen Sammlungen die Grundstrukturen der Entsorgung, die der öffentlich-rechtliche Entsorgungsträger zur Gewährleistung einer sachgerechten Aufgabenerfüllung nach Maßgabe seiner organisatorischen Grundentscheidungen ins Werk gesetzt hat, wesentlich umgestaltet werden müssten. Dazu sind die Auswirkungen auf die vom öffentlich-rechtlichen Entsorgungsträger zu erzielende Sammelmenge zu bestimmen. Hierfür ist unter anderem der Anteil des öffentlich-rechtlichen Entsorgungsträgers am Gesamtaufkommen der Sammlungen zu ermitteln. Bei der Bewertung der Auswirkungen des Marktzutritts eines gewerblichen Sammlers ist dessen Sammlung im Zusammenwirken mit anderen Sammlungen zu betrachten. In erster Linie von Bedeutung sind insoweit weitere angezeigte, aber insbesondere wegen einer sofort vollziehbaren Untersagungsverfügung noch nicht durchgeführte Sammlungen. Dabei sind die gemeinnützigen Sammlungen ebenfalls einzustellen (a. A. *Dippel* in Schink/Versteyl KrWG § 17 Rn. 57). Für diese Beurteilung ist grundsätzlich die Sachlage im Zeitpunkt der letzten mündlichen Verhandlung vor dem Tatsachengericht maßgeblich (*BVerwG* Urt. v. 13.9.2017, ZUR 2018, 103).

Die so ermittelten zusätzlichen Sammelmengen auf Seiten der privaten Sammler sind **169** nach der Rechtsprechung des BVerwG den tatsächlichen bzw. auf der Grundlage konkreter Planungen erwarteten Sammelmengen des öffentlichen Entsorgungsträgers gegenüberzustellen und hiernach die Rückgänge bzw. die verminderten Steigerungspotenziale auf Seiten des Entsorgungsträgers zu prognostizieren und zu bewerten. Im Interesse der Praktikabilität der Regelung sei – so das BVerwG – in generalisierender Weise eine Irrelevanzschwelle von 10 bis 15% zu berücksichtigen, unterhalb derer wesentliche Änderungen der Entsorgungsstruktur typischerweise nicht zu erwarten seien und von der nach unten oder nach oben nur bei Vorliegen außergewöhnlicher Umstände abgewichen werden könne. Sei diese Irrelevanzschwelle – gegebenenfalls nach deren Modifikation bei ganz außergewöhnlichen Konstellationen – überschritten, bleibe es bei der Regelvermutung. Einer Auffassung, wonach bei Überschreiten der Irrelevanzschwelle in einer weiteren Verfahrensstufe wiederum in eine einzelfallbezogene Prüfung einzutreten sei, sei nicht zu folgen (*BVerwG* Urt. v. 13.9.2017, ZUR 2018, 103; Urt. v. 30.6.2016, BVerwGE 155, 336 Rn 51 ff.; *OVG Münster* Urt. v. 21.9.2015, NWVBl. 2016, 107, 117; *BayVGH* Beschl. v. 11.1.2018 – 20 ZB 17.1916, juris Rn. 20; *OVG Lüneburg* Urt. v. 15.2.2018 7 LB 71/17, juris Rn. 103; *Frenz* NuR 2017, 311, 313; *Dippel/Ottensmeier* AbfallR 2017, 13; *Dageförde/Thärichen* AbfallR 2013, 276). Die für eine Sammlung von Altpapier genannte Irrelevanzschwelle von 10–15% soll auch auf **andere Monofraktionen** übertragbar sein (*Frenz* NuR 2017, 311, 313; *Dippel/Ottensmeier* AbfallR 2017, 1316; *Dageförde/Thärichen* AbfallR 2013, 276, 278).

Bei der Bewertung der Auswirkungen einer gewerblichen Sammlung auf die Sam- **170** melmenge des öffentlich-rechtlichen Entsorgungsträgers ist das BVerwG in der Vergangenheit davon ausgegangen, dass eine neu hinzutretende gewerbliche bzw. gemeinnützige Sammlung immer (nur) zu Lasten des öffentlich-rechtlichen Entsorgungsträgers geht (*BVerwG* Urt. v. 11.7.2017, NVwZ 2018, 1073). Diese Rechtsprechung hat das Gericht zwischenzeitlich mit guten Gründen aufgegeben. Neue Sammlungen treten – so das BVerwG jetzt- in aller Regel in Konkurrenz zu allen bereits bestehenden Sammlungen. Dies gelte sowohl für Sammlungen, die auf die gleiche Art durchgeführt würden, wenn die Konkurrenten z. B. jeweils Container- oder Straßensammlungen anbieten würden, als auch Sammlungsart übergreifend. Ein gewerblicher Sammler, der einen neuen Container aufstelle, erhalte damit teilweise auch Sammelgut, das ansonsten in einen Container eines anderen gewerblichen oder gemeinnützigen Sammlers geworfen worden wäre. Es gebe keine Anhaltspunkte dafür, dass das neue Angebot sich allein zum Nachteil des öffentlich-rechtlichen Entsorgungsträgers auswirke, weil etwa die Entsorgungspflichtigen diesen nunmehr ganz bewusst umgehen wollten. Deswegen sei es geboten, diese naheliegende Verteilung auf alle bereits vorhandenen Sammler typisierend und generalisierend an ihren jeweiligen Anteilen an der Gesamtsammelmenge festzumachen. Ob ausnahmsweise anders zu verfahren sei, wenn es belastbare Hinweise darauf gebe, dass der gewerbliche Sammler etwa eine Straßensammlung immer kurz vor der Sammlung des öffentlich-rechtlichen Entsorgungsträgers durchzuführen beabsichtige mit der Folge eines dann dort zu verzeichnenden überdurchschnittlichen Rückgangs der Sammelmenge, hat das Gericht offengelassen (siehe *BVerwG* Urt. v. 8.7.2020, UPR 2020, 525).

171 Eine Sammlung, die vor längerer Zeit angezeigt worden ist, aber weder untersagt noch durchgeführt wurde, ist nach Ansicht des BVerwG bei der Prüfung, ob eine angezeigte Sammlung im Zusammenwirken mit anderen Sammlungen die Grundstrukturen der Entsorgung eines öffentlich-rechtlichen Entsorgungsträgers beeinträchtigt, nicht zu berücksichtigen (*BVerwG* Urt. v. 8.7.2020, UPR 2020, 525; Urt. v. 30.6.2016, BVerwGE 155, 336 Rn. 54).

172 Sammlungen, die wegen einer sofort vollziehbaren Untersagungsverfügung aktuell nicht durchgeführt werden dürften, seien grundsätzlich allerdings so lange zu berücksichtigen, bis die Untersagung, gegebenenfalls durch ein rechtskräftiges Urteil, bestandskräftig werde (*BVerwG* Urt. v. 30.6.2016, BVerwGE 155, 336 Rn. 54). Damit solle der Möglichkeit Rechnung getragen werden, dass auch einem solchen Sammlungswunsch von Rechts wegen zu entsprechen sei; dies müsse dann bei der Bewertung und Verteilung der beschränkten Sammelressourcen in den Blick genommen werden. Daraus folge aber nicht, dass jegliche angezeigte Sammlung, die nicht untersagt worden sei, aber gleichwohl nicht durchgeführt werde, auf unabsehbare Zeit zu berücksichtigen sei. Vielmehr liege in einer Situation jahrelanger, rechtlich nicht erzwungener Untätigkeit die Annahme nahe, dass der Sammler von seinem Vorhaben Abstand genommen habe. Vorbehaltlich besonderer Umstände des Einzelfalls könne dann von einem Zusammenwirken keine Rede mehr sein. Die bloße vermeintlich rechtswahrende Bekundung, die Aufnahme der Sammlung weiterhin zu planen, sei, wenn ihr keine Schritte zur Umsetzung folgten, unbeachtlich. Dann sei es aber nicht mehr gerechtfertigt, auf eine solche lediglich potenzielle Sammlung zum Nachteil eines anderen Sammlers abzustellen (*BVerwG* Urt. v. 8.7.2020, UPR 2020, 525).

173 Ob die sachgerechte Aufgabenerfüllung eines öffentlich-rechtlichen Entsorgungsträgers durch Sammlungen anderer Sammler beeinträchtigt wird, beurteilt sich – so das BVerwG – anhand der konkreten Ausgestaltung der Entsorgungsstruktur des öffentlich-rechtlichen Entsorgungsträgers und der voraussichtlichen Einbuße an Sammelgut und nicht nach dem prozentualen Marktanteil des Entsorgungsträgers an der Gesamtsammelmenge (*BVerwG* Urt. v. 8.7.2020, UPR 2020, 525; Urt. v. 30.6.2016, BVerwGE 155, 336 Rn. 58).

174 Bei der Anwendung der Irrelevanzschwelle bleiben die Auswirkungen bereits rechtmäßig durchgeführter gewerblicher Sammlungen unberücksichtigt (*VGH München* Beschl. v. 15.6.2020 – 12 B 17.1792, juris Rn. 62; *BVerwG* Urt. v. 28.11.2019 – 7 C 10.18 – juris, Rn. 13 u. 24; Urt. v. 23.2.2018, NVwZ-RR 2018, 928). Sie prägen nämlich den status quo und tragen als „Vorbelastung“ zu dem Rahmen bei, innerhalb dessen sich die Sammlung des öffentlich-rechtlichen Entsorgungsträgers bislang durchgesetzt hat, und beeinflussen insoweit den Anteil des öffentlich-rechtlichen Entsorgungsträgers am Gesamtaufkommen der Sammlungen (*OVG NRW* Urt. v. 7.7.2020, NVwZ 2020, 319).Das Überschreiten der Irrelevanzschwelle kann nach Auffassung des OVG NRW nicht danach beurteilt werden, ob bezogen auf den maßgeblichen Beurteilungszeitpunkt die gesamte Sammelmenge der schon rechtmäßig durchgeführten und der noch anstehenden gemeinnützigen und gewerblichen Sammlungen den Schwellenwert von mindestens 10% erreicht wird (*OVG NRW* Urt. v. 22.2.2018, NVwZ-RR 2018, 567).

175 Unter einer „haushaltsnahen“ getrennten Erfassung von Abfällen ist in erster Linie ein **Holsystem** zu verstehen, mit denen die Abfälle bei den privaten Haushaltungen abgeholt werden. Über das Tatbestandsmerkmal der „sonstigen hochwertigen getrennten Erfassung“ werden nach der Rechtsprechung aber auch sonstige Erfassungssysteme einbezogen, soweit sie nach ihrer räumlichen Ausgestaltung, ihrer Beschaffenheit und ihrem konkreten Betrieb die werthaltigen Abfälle aus den privaten Haushalten in gleichem Umfang, gleicher Qualität und gleicher Effizienz erfassen können und somit das Ressourcenpotential der werthaltigen Abfälle effizient nutzen. Dies schließt ein **Bringsystem** mit flächendeckend aufgestellten Sammelcontainern ein, soweit für sämtliche Einwohner des Entsorgungsgebiets eine mit zumutbarem Aufwand erreichbare Möglichkeit der Abgabe der Abfälle besteht (*OVG NRW* Urt. v. 20.11.2018, NWVBL 2019, 194; Urt. v. 7.2.2020, NVwZ 2020, 1206; *VGH München* Beschl. v. 30.1.2017 – 20 CS 16.1416, BeckRS 2017, 101810, Rn. 20; *OVG NRW* Urt. v. 21.9.2015 – 20 A 2120/14, juris Rn. 66f.; *Klement* in Schmehl/Klement, KrWG, 2019, § 17 Rn. 165).

Da mit der Vermutungsregelung das Vorliegen einer **wesentlichen** Beeinträchtigung der Planungssicherheit und der Organisationsverantwortung festgestellt werden soll, kann nicht jeder noch so geringe Abfallentzug berücksichtigt werden. Werden durch die gewerbliche Sammlung dem öffentlich-rechtlichen Entsorgungsträger lediglich **geringfügige Mengen** entzogen, kann von einer wesentlichen Beeinträchtigung der Planungssicherheit und Organisationsverantwortung nicht gesprochen werden (siehe dazu auch *OVG Hamburg* Beschl. v. 18.2.2011, AbfallR 2011, 141, 146; *Weidemann/Siever* AbfallR 2011, 138; siehe auch *Dippel* in Schink/Versteyl, KrWG, 2016, § 17 Rn. 50; *BVerwG* Urt. v. 30.6.2016 – 7 C 4/15, juris Rn. 43; *VGH Mannheim* Beschl. v. 4.3.2014 – 10 S 1127/13, juris Rn. 34). **176**

Bei der Frage nach der Widerleglichkeit der Vermutungsregelung ist – wie in der Gesetzesbegründung ausdrücklich angesprochen – die Rechtsprechung des *EuGH* primär heranzuziehen. Von einer wesentlichen Beeinträchtigung der Planungssicherheit und Organisationsverantwortung kann deshalb nur dann gesprochen werden, wenn dem öffentlich-rechtlichen Entsorgungsträger Abfälle in einer Größenordnung entzogen werden, die eine Getrennterfassung und Verwertung der in Rede stehenden Abfallfraktion so behindert, dass eine Aufgabenwahrnehmung des öffentlich-rechtlichen Entsorgungsträgers zu wirtschaftlich ausgewogenen Bedingungen insgesamt nicht mehr möglich macht. Es ist deshalb nicht entscheidend, dass der Gewinn des öffentlich-rechtlichen Entsorgungsträgers durch die Veräußerung der getrennt gesammelten Abfälle geschmälert wird. Maßgeblich ist vielmehr, ob durch gewerbliche Sammlungen dem öffentlich-rechtlichen Entsorgungsträger Abfälle in einer Größenordnung entzogen werden, dass unter Berücksichtigung der Erlöserwartungen und der Absicherung des öffentlich-rechtlichen Entsorgungsträgers durch die Gebührenpflicht der anschluss- und benutzungspflichtigen Abfallbesitzer eine Aufgabenerfüllung zu wirtschaftlich ausgewogenen Bedingungen nicht mehr möglich ist. Das ist jedoch kaum denkbar. **177**

Nach **§ 17 Abs. 3 Satz 3 Nr. 2** ist eine wesentliche Beeinträchtigung der Planungssicherheit und Organisationsverantwortung auch dann anzunehmen, wenn durch die gewerbliche Sammlung die **Stabilität der Gebühren** gefährdet wird. Wann von einer Gefährdung der Gebührenstabilität auszugehen ist, bestimmt der Gesetzgeber nicht. Auch aus der Gesetzesbegründung ergibt sich dazu kein konkreter Maßstab. **178**

Eine Gefährdung der Gebührenstabilität liegt nicht bereits dann vor, wenn sich durch die Aufnahme einer gewerblichen Sammlung oder durch ihre Einstellung die Höhe der Abfallgebühren verändert. Schwankungen der Gebührenhöhe ergeben sich bei jeder neuen Gebührenkalkulation für einen neuen Kalkulationszeitraum. Sie sind angesichts gebührenrechtlicher Prinzipien, wie dem Kostendeckungsprinzip, dem Kostenüberschreitungsverbot und dem Gebot der periodengerechten Abrechnung, unvermeidbar (*VG Düsseldorf* Urt. v. 6.3.2015 – 17 K 8213/13, juris Rn. 153; *OVG NRW* Beschl v. 19.7.2013, AbfallR 2013, 242; *Klement* in Schmehl/Klement, KrWG, 2019, § 17 Rn. 173; *Karpenstein/Dingemann* in Jarass/Petersen, KrWG, 2014, § 17 Rn. 183). **179**

180 Der nach Abzug der Kosten u. a. für das Einsammeln des Altpapiers verbleibende Überschuss aus der Vermarktung des Altpapiers erreicht in aller Regel keine Größenordnung, die zu einer wesentlichen Veränderung der Abfallgebühren führt. Die Rechtsprechung hat es deshalb in der Vergangenheit zu Recht abgelehnt, überwiegende öffentliche Interessen, die gegen eine gewerbliche Sammlung sprechen, aus einer (geringfügigen) Erhöhung der Abfallgebühren abzuleiten (*OVG Münster* Beschl. v. 30.5.2011, DVBl 2011, 964; *OVG Weimar* Beschl. v. 1.12.2008, AbfallR 2009, 43; *VGH Mannheim* Beschl. v. 11.2.2008, NVwZ 2008, 919).

181 Mit der gesetzlich vorgesehenen Ausnahme von der Überlassungspflicht zu Gunsten gewerblicher Sammlungen ist denknotwendig die Möglichkeit verbunden, dass der gewerbliche Sammler Erlöse für die gesammelten Abfälle erzielt, die, soweit sie dem gewerblichen Sammler zustehen, nicht gebührenmindernd vom öffentlich-rechtlichen Entsorgungsträger eingesetzt werden können. Daher ist es der Norm immanent, dass Einnahmeverluste des öffentlich-rechtlichen Entsorgungsträgers eintreten. Könnte jeglicher Einnahmeverlust beim öffentlich-rechtlichen Entsorgungsträger ein entgegenstehendes überwiegendes öffentliches Interesse begründen, würde die Ausnahme von der Überlassungspflicht für gewerbliche Sammlungen leerlaufen (*VG München* Urt. v. 3.4.2008 – M 17 K 07.5447, juris Rn. 49). Insoweit ist der Begriff der „Gefährdung der Gebührenstabilität" angesichts ihrer Bedeutung für die *wesentlichen* Beeinträchtigungen der Planungssicherheit und aufgrund der unionsrechtlichen Vorgaben (dazu *Klement* VerwArch 2012, 218, 245) dahingehend auszulegen, dass lediglich geringfügige Gebührensteigerungen hiervon nicht erfasst werden.

182 Ausreichend solle sein, dass die gewerbliche Sammlung im Ergebnis dazu führt, dass zwar nicht die Gebühr für die gesammelte Abfallart, sondern für eine andere Abfallart steigt, deren Entsorgung mit den Einnahmen aus der Sammlung der Abfälle, die auch von dem gewerblichen Sammler gesammelt werden, quersubventioniert wird. Eine **Quersubventionierung** ist unter Beachtung gebührenrechtlicher Anforderungen grundsätzlich zulässig. Wenn der öffentlich-rechtliche Entsorgungsträger den Nachweis führt, dass die Erlösverluste durch die gewerbliche Sammlung dazu führen, dass die Abfallgebühren in erheblichem Umfang steigen, dann kommt eine Beeinträchtigung der Planungssicherheit und Organisationsverantwortung im Sinne von § 17 Abs. 3 S. 3 Nr. 2 in Betracht.

183 Zutreffend wird darauf hingewiesen, dass auch in Fällen einer qualifizierten Gebührenerhebung überwiegende öffentliche Interessen nur dann der gewerblichen Sammlung entgegenstehen, wenn über die bloße Kausalität hinaus auch ein **Zurechnungszusammenhang** zwischen dem durch die gewerbliche Sammlung verursachten Gebührenanstieg und der Pflichtenstellung des öffentlich-rechtlichen Entsorgungsträgers besteht. Das soll nur dann der Fall sein, wenn sich der Erfolg der gewerblichen Sammlung als Wettbewerbsnachteil für den öffentlich-rechtlichen Entsorgungsträger auswirkt, den dieser hinnehmen muss, weil er zur flächendeckenden Entsorgung aller ihm überlassenen Abfälle nach § 20 Abs. 1 verpflichtet ist. Ist der Erfolg des gewerblichen Sammlers aber Konsequenz einer erkennbaren Ineffizienz der Sammelstrukturen des öffentlich-rechtlichen Entsorgungsträgers oder einer minderen Qualität seiner Leistungserbringung, so fehlt es an einem schützenswerten öffentlichen Interesse (*Klement* in Schmehl/Klement, KrWG, 2019, § 17 Rn. 176).

184 Nach § 17 Abs. 3 Satz 3 Nr. 3 ist eine wesentliche Beeinträchtigung der Planungssicherheit und Organisationsverantwortung auch dann anzunehmen, wenn die diskriminierungsfreie und transparente **Vergabe** von Entsorgungsleistungen im Wettbewerb *erheblich erschwert* oder *unterlaufen* wird.

185 Die Regelung soll die wettbewerbskonforme Einbindung der privaten Entsorgungswirtschaft in die kommunale Aufgabenwahrnehmung schützen und so die duale Entsor-

gungsverantwortung im Bereich der Entsorgung von Haushaltsabfällen absichern. Sie soll damit einen fairen Interessenausgleich zwischen öffentlich-rechtlicher und privater Entsorgungswirtschaft gewährleisten (BT-Drs. 17/7505 S. 44; dazu *VGH München* Urt. v. 12.10.2017, AbfallR 2018, 93; *Karpenstein/Dingemann* in Jarass/Petersen, KrWG, 2014, § 17 Rn. 184). Erforderlich ist eine deutlich fühlbare Erschwerung oder gar Ausschaltung der diskriminierungsfreien und transparenten Vergabe (*VGH München* Beschl. v. 30.1.2017, AbfallR 2017, 237; *VGH München* Urt. v. 12.10.2017, AbfallR 2018, 93).

Das dürfte allerdings kaum jemals der Fall sein. Denn der öffentlich-rechtliche Entsor- **186**
gungsträger ist in der Lage, bei der Formulierung der Ausschreibungsbedingungen die Möglichkeit oder das tatsächliche Vorhandensein gewerblicher Sammlungen angemessen und hinreichend zu berücksichtigen. Der öffentliche Auftraggeber kann insbesondere mögliche Mengenschwankungen bei der Ausschreibung durch Differenzierungen im Sinne einer Mengenstaffel berücksichtigen und sich auch im Übrigen durch entsprechende Regelungen vor Schadensersatzansprüchen schützen (*OVG Bautzen* Beschl. v. 10.6.2011 – 4 B 355/10, juris Rn. 17; *OVG Hamburg* Beschl. v. 18.2.2011, AbfallR 2011, 141).

Die Vorstellung, die Existenz einer gewerblichen Sammlung mache eine diskriminie- **187**
rungsfreie und transparente Auftragsvergabe unmöglich, unterstellt, dass die in der Vergangenheit in Kenntnis vorhandener gewerblicher Sammlungen durchgeführten Ausschreibungsverfahren intransparent oder diskriminierend gewesen seien. Ein solcher Pauschalvorwurf ist jedoch unberechtigt. Für ein diskriminierungsfreies und transparentes Vergabeverfahren kommt es darauf an, dass die Verdingungsunterlagen eine vergaberechtgemäße Kalkulation des einzelnen Bieters ermöglichen. Die Wagnisse, die sich für die Mengenkalkulation durch die Möglichkeit paralleler gewerblicher Sammlungen ergeben, dürfen nicht verschwiegen werden; die damit verbundenen Risiken dürfen durch die ausgeschriebene Vertragsgestaltung nicht einseitig auf die Bieter verschoben werden. Bei Beachtung vergaberechtlicher Anforderungen steht nicht zu befürchten, dass die diskriminierungsfreie und transparente Vergabe von Entsorgungsleistungen im Wettbewerb durch gewerbliche Sammlungen erheblich erschwert oder unterlaufen wird. Eine den Anforderungen der Rechtsprechung des *EuGH* Rechnung tragende Beschränkung des Wettbewerbs und der Warenverkehrsfreiheit durch die Untersagung einer gewerblichen Sammlung lässt sich deshalb kaum mit Gefahren für die Auftragsvergabe rechtfertigen.

Eine erhebliche Erschwerung einer diskriminierungsfreien und transparenten Auftrags- **188**
vergabe ergibt sich nicht daraus, dass für einzelne Entsorgungsunternehmen die sich an einer öffentlichen Ausschreibung beteiligen, Mengenrisiken dadurch entstehen, dass sie im Wettbewerb zu gewerblichen Sammlern stehen. Zutreffend ist darauf hingewiesen worden, dass eine Vergabe nicht deshalb erschwert oder gar unmöglich gemacht wird, dass private Entsorger damit zu rechnen haben, nicht in ein hoheitliches Monopol eintreten zu können, sondern sich im Wettbewerb behaupten zu müssen. Entscheidend sei vielmehr, zu welchen Konditionen der private Entsorger im Rahmen einer öffentlichen Ausschreibung anbieten könne, wenn er derartige Mengenrisiken berücksichtigen müsse. Daraus kann sich die Notwendigkeit ergeben, dem Bieter ein höheres Entgelt für die zu erbringende Leistung zahlen zu müssen. Das ist jedoch kein Grund, davon auszugehen, dass eine diskriminierungsfreie und transparente Auftragsvergabe nicht möglich ist (siehe dazu *Klement* VerwArch 2012, 218, 245).

Eine diskriminierungsfreie und transparente Vergabe von Entsorgungsleistungen im **189**
Wettbewerb im Sinne des § 17 Abs. 3 Satz 3 Nr. 3 setzt nach der Rechtsprechung des BVerwG nicht voraus, dass die in einem Entsorgungsgebiet anfallende Gesamtmenge einer Abfallfraktion zur Grundlage der Ausschreibung gemacht wird. Vielmehr kommt auch eine Ausschreibung von Teilmengen einer Abfallfraktion in Betracht (*BVerwG* Urt.

v. 28.11.2019, NVwZ 2020, 1597: *VGH Mannheim* Urt. v. 19.6.2018 – 10 S 1449/17, juris Rn. 52). Zur Vorbereitung einer Vergabeentscheidung über Teilmengen einer Abfallfraktion sei es dem öffentlich-rechtlichen Entsorgungsträger zuzumuten, im Wege der **Marktanalyse** (z. B. durch Haushaltsbefragungen) vor der Durchführung des Vergabeverfahrens zu ermitteln, mit welchen Sammelmengen mit Rücksicht auf eine konkurrierende Bestandssammlung gerechnet werden könne (*BVerwG* Urt v. 28.11.2019, NVwZ 2020, 1597; *OVG Saarland* Urt. v. 12.1.2017, AbfallR 2017, 125).

190 Das BVerwG erläutert weiter, die diskriminierungsfreie und transparente Vergabe von Entsorgungsleistungen werde durch die **Fortsetzung einer Bestandssammlung** weder im Vorfeld der Vergabeentscheidung erheblich erschwert noch nach der Erteilung des Entsorgungsauftrages an einen Dritten im Sinne des § 17 Abs. 3 Satz 3 Nr. 3 KrWG unterlaufen. Anders als bei neu hinzutretenden gewerblichen Sammlungen habe sich der öffentlich-rechtliche Entsorgungsträger auf Bestandssammlungen eingestellt, so dass dessen Planungssicherheit und Organisationsverantwortung durch die Fortsetzung einer Bestandssammlung im bisherigen Umfang nicht wesentlich beeinträchtigt werden könne (*BVerwG* Urt. v. 28.11.2019, NVwZ 2020, 1597; *OVG NRW* Urt. v. 26.1.2016 – 20 A 319/14, juris Rn. 231).

191 Für eine Erschwerung der Vergabe muss jedenfalls ein entsprechendes Vergabeverfahren konkret in Aussicht stehen. Eine rein **prophylaktische Verdrängung** gewerblicher Sammler kann damit nämlich nicht gerechtfertigt werden (*VGH München* Beschl. v. 12.10.2017, AbfallR 2018, 93; *VGH München* Beschl. v. 30.1.2017, AbfallR 2017, 237; *OVG Saarland* Urt. v. 12.1.2017, AbfallR 2017, 125; *VGH BW* Beschl. v. 9.9.2013, DVBl 2013, 1537). Eine gewerbliche Abfallsammlung darf nicht zu dem Zweck untersagt werden, dem öffentlich-rechtlichen Entsorgungsträger den Zugriff auf diese Abfallmenge allein mit dem Blick auf eine beabsichtigte Vergabe zu erlauben (*BVerwG* Urt. v. 28.11.2019, NVwZ 2020, 1597).

192 Nach Auffassung des VGH München dürfen aber insoweit die Anforderungen wiederum nicht überspannt werden, um den Spielraum des öffentlichen Entsorgungsträgers bei der Ausschreibung und Vergabe nicht unnötig einzuengen. Ausreichend sei es grundsätzlich, dass das zuständige Organ des öffentlich-rechtlichen Entsorgungsträgers einen konkreten Beschluss über die Ausschreibung und Vergabe getroffen habe, der von der Verwaltung ohne weitere Beschlussfassung unter Beachtung der vergaberechtlichen Vorschriften umgesetzt werden könne (*VGH München* Beschl. v. 30.1.2017, AbfallR 2017, 237).

193 Nach § 17 Abs. 3 Satz 3 Nr. 3 ist eine wesentliche Beeinträchtigung der Planungssicherheit und Organisationsverantwortung auch dann anzunehmen, wenn die diskriminierungsfreie und transparente Vergabe von Entsorgungsleistungen im Wettbewerb nicht nur erheblich erschwert, sondern sogar unterlaufen wird.

194 Ob diese zweite Variante tatsächlich eigene rechtlich relevante Bedeutung gewinnt, ist zweifelhaft. Das BVerwG geht insoweit möglicherweise von einem einheitlichen Tatbestand aus, wenn es formuliert, dass eine Vergabeentscheidung zwar in ihrer praktischen Umsetzung und Wirksamkeit beeinträchtigt und insoweit im Sinne des § 17 Abs. 3 S. 3 Nr. 3 unterlaufen werden könne, wenn ein gewerblicher Sammler im vergebenen Segment eine Sammlung durchführe (*BVerwG* Urt. v. 23.2.2018, NVwZ-RR 2018, 928). Andere bemühen sich jedoch um eine Differenzierung: Bei der zweiten Variante , nämlich der des Unterlaufens, soll es nicht um den Schutz eines laufenden oder noch beabsichtigten Vergabeverfahrens, sondern um den Schutz des Ergebnisses eines bereits durchgeführten Vergabeverfahrens gehen (*Klement* in Schmehl/Klement, KrWG, 2019, § 17 Rn. 181). Geschützt werden soll das Unternehmen, das den Zuschlag erhalten hat, indem es nicht befürchten soll, dass sich die wirtschaftlichen Rahmenbedingungen für die ausgeschriebene Leistung nachträglich durch den Hinzutritt gewerblicher Sammler so verschlechtern, dass die ausgeschriebene Leistung nicht mehr mit demselben wirtschaftlichen Erfolg durchgeführt werden kann. Verhindert werden soll, dass Unternehmen, die im Rahmen der Ausschreibung nicht zum Zuge gekommen sind, dem besten Anbieter, der den Zuschlag bekommen hat, mit einer gewerblichen Sammlung Konkurrenz machen. Das führt zu einem relativen Monopol des siegreichen Unternehmens in der Ausschreibung (kritisch zu Recht dazu *Klement* in Schmehl/Klement, KrWG, 2019, § 17 Rn. 181; *Karpenstein/Dingemann* in Jarass/Petersen, KrWG, 2014, § 17 Rn. 188). Kritisiert wird, dass der die Ausschreibung gewinnende Unternehmer damit bessergestellt werde, als der öffentlich-rechtlich Entsorgungsträger selbst, der sich bei eigenhändiger Aufgabenerfüllung durchaus einer privaten Konkurrenz aussetzen müsse (*Klement* in Schmehl/Klement, KrWG, 2019, § 17 Rn. 181; *Karpenstein/Dingemann* in Jarass/Petersen, KrWG, 2014, § 17 Rn. 188). Das BVerwG hält dem allerdings entgegen, dass die Bestimmung keinen Konkurrenzschutz dahingehend vermittele, dass der vom Entsorgungsträger beauftragte Dritte eine monopolartige Stellung erlange, die durch Untersagungsverfügungen gegen andere gewerbliche Sammler gesichert werde (*BVerwG* Urt. v. 23.2.2018, NVwZ-RR 2018, 928 unter Verweis auf *Karpenstein/Dingemann* in Jarass/Petersen, KrWG, 2014, § 17 Rn. 189 ff). Dies gelte jedenfalls so lange, wie dem beauftragten Dritten die Aufgabenerfüllung durch weitere Sammlungen nicht unmöglich gemacht werde. Wirklich ausgeräumt sind damit die Bedenken zwar nicht. Immerhin spricht die Rechtsprechung des BVerwG für eine zu Recht restriktive Auslegung der Bestimmung insoweit.

dd) Leistungsvergleich öffentlicher und privater Sammlungen (Abs. 3 Sätze 4–6). Die Sätze 4–6 regeln den Anwendungsbereich von Satz 3 Nr. 1 und 2, deren Anwendung einer Leistungsfähigkeitsprüfung unterliegen. 195

Nach **Satz 4** gelten Satz 3 Nr. 1 und 2 nicht, wenn die vom gewerblichen Sammler angebotene Sammlung und Verwertung der Abfälle wesentlich leistungsfähiger ist als die von dem öffentlich-rechtlichen Entsorgungsträger oder dem von ihm beauftragten Dritten bereits angebotene oder konkret geplante Leistung. Bei dem Leistungsvergleich ist die Leistungsfähigkeit der einzelnen gewerblichen Sammlung und nicht die Leistungsfähigkeit sämtlicher gewerblicher Sammlungen gemeinsam maßgeblich. (*OVG Saarland* Urt. v. 12.1.2017 – 2 A 147/15, juris Rn. 47). Die **Darlegungslast** für die wesentliche Leistungsfähigkeit soll beim Sammler liegen (*Petersen/Doumet/Stöhr* NVwZ 2012, 521, 527; *Klement* in Schmehl/Klement, KrWG, 2019, § 17 Rn. 182). 196

Die bloße Gleichwertigkeit der gewerblichen Sammlung, wie sie noch nach dem Gesetzesentwurf der Bundesregierung und des Bundestages ausreichte (vgl. Gesetzesbegründungen, BT-Drs. 17/6052, S. 17 bzw. BT-Drs. 17/7505, S. 4) ist nach der Gesetzesfassung nicht mehr hinreichend. Hier hat sich der Bundesrat mit seiner Forderung zur Einschränkung der gewerblichen Sammlungen durchgesetzt. Seine Kritik an der Gleichwertigkeitsprüfung, wonach diese Prüfung erhebliche Rechtsunsicherheit beinhalte, muss freilich erst recht für die nun getroffene Regelung gelten. Die Sätze 5 und 6 konkretisieren zwar den Leistungsbegriff, sie definieren allerdings nicht, wann die gewerbliche Sammlung *wesentlich* leistungsfähiger ist als die vom öffentlich-rechtlichen Entsorgungsträger oder die von ihm nach § 22 beauftragten Dritten erbrachte Leistung. Nach der Begründung im Vermittlungsausschuss müssten „künftig messbare und gewichtige Leistungsvorteile vorliegen". Dass sich hierdurch die Prüfung auf die ökologische Effizienz konzentriert (so *Gaßner/Thärichen* in Wiemer/Kern/Raussen, Bio- und Sekundärrohstoffverwertung VII, 307, 311), überzeugt nicht. Denn im Sinne der ökologischen Effizienz müssten auch kleinere ökologische Leistungsvorteile, welche eine gewerbliche Sammlung mit sich bringen würde, für sie sprechen. Stattdessen stellt dieser im Vermitt- 197 lungsausschuss gefundene Kompromiss ein weiteres Entgegenkommen gegenüber den Kommunen auf Kosten der ökologischen Effizienz dar, um ihnen die Auseinandersetzung mit der Konkurrenz durch die gewerblichen Sammler zu erleichtern und hierdurch die Einnahmen zu sichern. Denn der öffentlich-rechtliche Entsorgungsträger muss nach § 17 Abs. 3 Satz 3 Nr. 1 eine hochwertige Erfassung und Verwertung der Abfälle durchführen. Wird nun von den gewerblichen Sammlern verlangt, dass ihre Sammlung nicht nur ebenso hochwertig ist, sondern wesentlich leistungsfähiger, werden die Anforderungen unverhältnismäßig hoch angesetzt (i. d. S. auch *Klement* VerwArch 2012, 218, 244).

198 Eine wesentlich höhere Leistungsfähigkeit soll allerdings nicht hinsichtlich jedes einzelnen Merkmals im Sinne von § 17 Abs. 3 S. 5 vorliegen müssen. Verlangt wird vielmehr eine Gegenüberstellung der Gesamtleistungen der gewerblichen Sammlung und der des öffentlich-rechtlichen Entsorgungsträger (*Karpenstein/Dingemann* in Jarass/Petersen, KrWG, 2014, § 17 Rn. 197; *Klement* in Schmehl/Klement, KrWG, 2019, § 17 Rn. 190). Die gewerbliche Sammlung muss im Rahmen einer **wertenden Gesamtsaldierung** leistungsfähiger sein.

199 Zwar bedarf es im Sinne einer solchen Gesamtsaldierung einer Abwägung unter Berücksichtigung der unterschiedlichen Kriterien. Gleichwohl handelt es sich bei der Frage nach der wesentlich höheren Leistungsfähigkeit um einen unbestimmten Rechtsbegriff, der verbindlich durch Gerichte auszulegen ist; der zuständigen Behörde steht insoweit **kein Beurteilungsspielraum** zu (*Schomerus* in Versteyl/Mann/Schomerus, KrWG, 2019, § 17 Rn. 52; *Klement* in Schmehl/Klement, KrWG, 2019, § 17 Rn. 190; *Karpenstein/Dingemann* in Jarass/Petersen, KrWG, 2014, § 17 Rn. 197).

200 Maßstäbe des Leistungsvergleichs sind die in § 17 Abs. 3 S. 5 genannten Kriterien der Qualität der Effizienz, des Umfangs und der Dauer der Erfassung und Verwertung der Abfälle als auch die aus Sicht aller privaten Haushalte im Gebiet des öffentlich-rechtlich Entsorgungsträger zu beurteilende gemeinwohlorientierte Servicegerechtigkeit der Leistung.

201 Maßgeblich ist für den Leistungsvergleich der **Zeitpunkt der Anzeige** der gewerblichen Sammlung. Existiert zu diesem Zeitpunkt noch keine Sammlung des öffentlich-rechtlichen Entsorgungsträgers oder ist zu diesem Zeitpunkt eine solche Sammlung noch nicht konkret geplant, dann kann sich die zuständige Behörde bei möglichen Einschränkungen der Sammlung auch nicht auf die genannten Einwände berufen. Es ist insoweit nicht möglich, dass der öffentlich-rechtliche Entsorgungsträger im Rahmen seiner Stellungnahme zur Anzeige nach § 18 Abs. 6 Satz 1 die Anzeige zum Anlass nimmt, um mitzuteilen, er plane jetzt eine vergleichbare oder sogar noch leistungsfähigere Sammlung.

202 Von einer konkreten Planung kann im Übrigen auch nur dann gesprochen werden, wenn das maßgebliche **Abfallwirtschaftskonzept** des öffentlich-rechtlichen Entsorgungsträgers gem. § 21 zum Zeitpunkt der Anzeige der gewerblichen Sammlung konkrete Aussagen zur entsprechenden Sammlung des öffentlich-rechtlichen Entsorgungsträgers enthält. Denn das Abfallwirtschaftskonzept enthält die Darstellung der erforderlichen und geplanten Maßnahmen zur Vermeidung und Verwertung (siehe z. B. § 5a Abs. 2 Satz 2 Nr. 2 LAbfG NRW). Solange eine Getrenntsammlung in dem von dem zuständigen Kommunalverfassungsorgan beschlossenen Abfallwirtschaftskonzept nicht vorgesehen ist, kann nicht von einer konkreten Planung gesprochen werden. Denn für den öffentlich-rechtlichen Entsorgungsträger ist das eigene Konzept verbindlich, solange es nicht geändert wird.

203 **d) Europarechtliche Bedenken.** Die Überlassungspflichten des § 17 schränken nach allgemeiner Ansicht die europäische Warenverkehrs- und Wettbewerbsfreiheit ein (siehe dazu die Gesetzesbegründung, BT-Drs. 17/6052, S. 85; *Petersen/Doumet/Stöhr* NVwZ 2012, 521, 525; *Hurst* AbfallR 2010, 180ff; *Hurst* NuR 2010, 180ff.; *Dieckmann* AbfallR 2009, 270ff.; *Petersen* NVwZ 2009, 1063, 1067; *Klement* VerwArch 2012, 218, 227; *Pauly/Heidmann* AbfallR 2010, 291ff.; *Dolde/Vetter* AbfallR 2011, 22ff.). Gerechtfertigt sind nach Art. 16 AbfRRL und Art 3 AbfVerbrV nur Eingriffe für Abfälle zur Beseitigung bzw. für gemischte Abfälle aus Haushaltungen. Für getrennt bereit gestellte Haushaltsabfälle zur Verwertung, wie z.B. Altpapier, Altglas, Bioabfall, Metall und Kunststoff, kommt es deshalb darauf an, ob Art. 106 Abs. 2 AEUV eine Einschränkung der Warenverkehrs- und Wettbewerbsfreiheit rechtfertigt. Danach sind die Wettbewerbsvorschriften der EU-Verträge für Unternehmen, die mit Dienstleistungen von allgemeinem wirtschaftlichem Interesse betraut sind, nur dann anzuwenden, wenn hierdurch nicht die Erfüllung der ihnen übertragenen Aufgabe rechtlich oder tatsächlich verhindert wird. Voraussetzung für eine Rechtfertigung der Beschränkung der Wettbewerbs- und Warenverkehrsfreiheit auf der Grundlage des Art. 106 Abs. 2 AEUV ist es jedoch, dass die Erfüllung der kommunalen Entsorgungsfunktion andernfalls rechtlich oder tatsächlich verhindert würde. Ausreichend aber auch erforderlich ist es nach der Rechtsprechung des *EuGH,* dass die Entsorgungsaufgabe ohne die wettbewerbsbeschränkenden Maßnahmen oder Regelungen nicht zu wirtschaftlich annehmbaren Bedingungen erfüllt werden kann (*EuGH* Urt. v. 15.11.2007 – C-162/06, Rn. 34).

Es ist nicht ersichtlich, dass die Einschränkungen gewerblicher Sammlungen über das **204** bisherige Maß hinaus durch die gesetzliche Neuregelung für eine Erfüllung der Entsorgungsaufgaben der Kommunen zu wirtschaftlich annehmbaren Bedingungen erforderlich wären. Zur Rechtfertigung dieser Ansicht müsste behauptet werden, auf der Grundlage des bisherigen Rechts sei den Kommunen eine Erfüllung ihrer Entsorgungsaufgaben zu wirtschaftlich annehmbaren Bedingungen nicht mehr möglich gewesen. Das ist jedoch offensichtlich nicht der Fall.

Nach dem bisherigen Recht hatte der Gesetzgeber der öffentlichen Hand lediglich **205** eine Reservefunktion für eine nicht von der privaten Entsorgungswirtschaft ordnungsgemäß im Rahmen von gewerblichen Sammlungen durchgeführte Verwertung eingeräumt (*OVG Münster* Beschl. v. 17.2.2009 – 20 B 1179/08, juris Rn. 10). Dass es angesichts eines zunehmend besser funktionierenden Recyclingmarkts erforderlich sein könnte, diese Reservefunktion der öffentlichen Hand zugunsten eines Vorrangs der öffentlichen Hand aufzugeben, um eine Erfüllung der Entsorgungsaufgaben zu wirtschaftlich annehmbaren Bedingungen zu ermöglichen, ist ebenfalls nicht ersichtlich.

Zutreffend weist bereits die Gesetzesbegründung darauf hin, dass für die Auslegung **206** dieser Vorschrift primär die Rechtsprechung des *EuGH* zu Art. 106 Abs. 2 AEUV heranzuziehen ist. Mit Hilfe der Kollisionsklausel sollen – so ausdrücklich die Gesetzesbegründung – die einer gewerblichen Sammlung im Einzelfall entgegenstehenden öffentlichen Interessen bestimmt und im Einklang mit der Rechtsprechung des *EuGH* abgewogen werden (Gesetzesbegründung, BT-Drs. 17/6042, S. 87). Um sicherzustellen, dass im Sinne der Rechtsprechung des *EuGH* die Warenverkehrs- und Wettbewerbsfreiheit nur eingeschränkt wird, soweit dies erforderlich ist, um die Erfüllung der Entsorgungsaufgaben der öffentlichen Hand zu wirtschaftlich annehmbaren Bedingungen zu sichern, bedarf es einer europarechtskonformen, restriktiven Auslegung der Vorschrift (zu den europarechtlichen Bedenken siehe auch *Dippel* in Schink/Versteyl, KrWG, § 17 Rn. 60ff.).

5. Weitere Ausnahmen (Abs. 2 Satz 3). Gem. Abs. 2 Satz 3 bleiben Sonderrege- **207** lungen der Überlassungspflicht durch Rechtsverordnung nach den §§ 10, 16 und 25 unberührt. In diesen Fällen soll sich die Überlassungspflicht nach den spezielleren Bestimmungen und eben nicht nach Abs. 1 richten, so dass auch die Ausnahmen von der Überlassungspflicht nach Abs. 1 in Abs. 2 nicht gelten sollen. Eine Sonderregelung der Überlassungspflicht kann insbesondere durch Rechtsverordnung auf der Grundlage des § 25 Abs. 2 Nr. 2 und 3 geregelt werden.

208 Eine weitere – in § 17 nicht ausdrücklich erwähnte – Ausnahme von der Überlassungspflicht ergibt sich mittelbar aus § 20 Abs. 3 Satz 1. Nach dieser Vorschrift kann der öffentlich-rechtliche Entsorgungsträger mit Zustimmung der zuständigen Behörde Abfälle von der Entsorgung ausschließen. Dem **Ausschluss aus der öffentlichen Entsorgung** entspricht selbstverständlich auch eine Beschränkung der entsprechenden Überlassungspflicht. Allerdings gilt dies nach § 20 Abs. 3 Satz 1 nur soweit diese der Rücknahmepflicht auf Grund einer nach § 25 erlassenen Rechtsverordnung unterliegen und entsprechende Rücknahmeeinrichtungen tatsächlich zur Verfügung stehen.

D. Landesrechtliche Andienungs- und Überlassungspflichten (Abs. 4)

I. Einführung

209 Gefährliche Abfälle zur Verwertung aus sonstigen Herkunftsbereichen sind von den Abfallbesitzern und Abfallerzeuger zu entsorgen. Eine bundesrechtliche Überlassungspflicht besteht für diese Abfälle nicht. Gefährliche Abfälle zur Beseitigung aus anderen Herkunftsbereichen sind, soweit nicht die Beseitigung in einer eigenen Anlage möglich ist, den öffentlich-rechtlichen Entsorgungsträgern zu überlassen. Sie können jedoch gemäß § 20 Abs. 2 Satz 2 aus der öffentlichen Entsorgung ausgeschlossen werden, soweit sie nach Art, Menge oder Beschaffenheit nicht mit den in Haushaltungen anfallenden Abfällen entsorgt werden können oder die Sicherheit der umweltverträglichen Beseitigung im Einklang mit den Abfallwirtschaftsplänen der Länder durch einen anderen öffentlich-rechtlichen Entsorgungsträger oder Dritten gewährleistet ist. Der Bundesgesetzgeber ermöglicht es den Bundesländern gemäß § 17 Abs. 4 Satz 1, für solche aus der öffentlichen Entsorgung ausgeschlossenen, gefährlichen Abfälle zur Beseitigung landesrechtliche Überlassungs- und Andienungspflichten einzuführen, die nicht mit den bundesgesetzlichen Überlassungspflichten des Abs. 1 zu verwechseln sind. Landesrechtliche Andienungs- oder Überlassungspflicht führen dazu, dass Zentrale Stellen der Bundesländer die gefährlichen Abfälle, die einer solchen Andienungs- oder Überlassungspflicht unterfallen, in bestimmte Anlagen lenken können. Als Zentrale Stellen haben einige Bundesländer privatrechtlich organisierte Gesellschaften gegründet, an denen zumeist mehrheitlich das jeweilige Land, daneben zum Teil aber auch Unternehmen der Abfallerzeuger und der Abfallentsorgungswirtschaft beteiligt sind. Einer solchen Gesellschaft können grundsätzlich auch Aufgaben der Abfallentsorgung übertragen werden (*BVerwG* Beschl. v. 29.9.2005, DVBl. 2006, 840).

210 Verfassungsrechtlich zweifelhaft ist es jedoch, wenn das jeweilige Bundesland – wie das Land Hessen bis zum Jahre 2014 im Falle der hessischen Andienungsgesellschaft „HIM" – an der Gesellschaft überhaupt nicht mehr beteiligt ist, sondern die Gesellschaftsanteile vollständig einem privaten Wettbewerbsunternehmen der Entsorgungswirtschaft verkauft. Das *BVerfG* geht davon aus, dass Art. 33 Abs. 4 GG auch für die Wahrnehmung hoheitlicher Aufgaben privatrechtlicher Organisationsformen gilt (*BVerfG* Urt. v. 18.1.2012, NJW 2012, 1563). Abweichungen vom Grundsatz des Funktionsvorbehalts bedürfen der Rechtfertigung durch einen spezifischen, dem Sinn der Ausnahmemöglichkeit entsprechenden Ausnahmegrund. Das *BVerfG* räumt dem Gesetzgeber bei der Zulassung von

Ausnahmen von diesem Fusionsvorbehalt zwar einen Einschätzungsspielraum ein, der allerdings zu dem Gesichtspunkt der Verhältnismäßigkeit begrenzt wird. Dafür kann maßgeblich sein, dass es sich bei der Aufgabenübertragung lediglich um eine formelle Privatisierung handelt, weil das Unternehmen vollständig in der Hand eines öffentlichen Trägers bleibt. Bei einer solchen formellen Privatisierung kann sichergestellt werden, dass die Aufgaben losgelöst von erwerbswirtschaftlichen Motiven und Zwängen erledigt werden. Handelt es sich dagegen um eine materielle Vollprivatisierung besteht die Gefahr, dass die hoheitlichen Aufgaben – bei landesrechtlichen Andienungsgesellschaften im Zusammenhang mit der Lenkung von Abfallströmen und der Überwachung von Entsorgungsvorgängen – mit erwerbswirtschaftlichen Interessen verquickt werden.

§ 17 Abs. 4 Satz 1 ermächtigt zum Erlass von Andienungs- und Überlassungspflichten der Länder ausschließlich für **gefährliche Abfälle zur Beseitigung.** Satz 2 sieht eine Bestandsschutzregelung für landesrechtliche Andienungspflichten – nicht für Überlassungspflichten – für gefährliche Abfälle zur Verwertung vor, die die einzelnen Bundesländer bereits bis zum 7.10.1996 bestimmt haben. **211**

Die Vorgängerregelung des § 13 Abs. 4 Sätze 2 und 3 KrW-/AbfG ermächtigte die Länder noch zur Einführung von Andienungs- und Unterlassungspflichten auch für gefährliche Abfälle zur Verwertung, soweit eine ordnungsgemäße Verwertung nicht anderweitig gewährleistet werden konnte. Die genannten Abfälle zur Verwertung, die einer solchen landesrechtlichen Andienungs- oder Überlassungspflicht unterworfen werden konnten, mussten zuvor jedoch von der Bundesregierung durch Rechtsverordnung mit Zustimmung des Bundesrates bestimmt werden. Von einer solchen Rechtsverordnung hatte die Bundesregierung jedoch in der Vergangenheit abgesehen, nicht zuletzt wegen der europarechtlichen Zweifel an einer Rechtfertigung der damit verbundenen Beschränkungen der Warenverkehrsfreiheit für Abfälle zur Verwertung. Das neue Gesetz sieht die Einführung von Andienungs- und Überlassungspflichten der Länder für gefährliche Abfälle zur Verwertung nicht mehr vor. **212**

Die Zulässigkeit landesrechtlicher Andienungs- und Überlassungspflichten war in Rechtsprechung und Rechtslehre bereits vor Inkrafttreten des KrW-/AbfG umstritten. Das *BVerwG* (Beschl. v. 15.6.1994, NVwZ 1995, 270) vertrat für den Bereich der Altölverwertung die Ansicht, dass der Bundesgesetzgeber durch die § 5a Abs. 2, § 11 Abs. 2 AbfG und durch die Abfall- und Reststoffüberwachungsverordnung vom 3.4.1990 die Überwachung der Altölverwertung abschließend geregelt und insoweit seine konkurrierende Gesetzgebung für die Abfallentsorgung ausgeschöpft habe. Deshalb seien die landesrechtlichen Andienungspflichten für Altöle zur Verwertung, die der Überwachung dienen, mit Bundesrecht unvereinbar. Mit Normenkontrollurteil vom 29.7.1999 hat das *BVerwG* außerdem die Verordnung des Landes Niedersachsen über die Andienung von Sonderabfällen vom 14.9.1995 in der geänderten Fassung vom 28.9.1998 für nichtig erklärt, soweit die Verordnung Abfälle zu Verwertung betraf. **213**

Abs. 4 geht auf **Forderungen der Bundesländer** zurück. Mit der Bestimmung sollten die bereits gesetzlich eingeführten landesrechtlichen Andienungs- und Überlassungspflichten angesichts der rechtlichen Auseinandersetzungen im Wege eines Kompromisses unterschiedlicher „Entsorgungsphilosophien" zwischen Bund und Ländermehrheit abgesichert werden (*Ossenbühl* DVBl. 1996, 19, 21). Landesrechtliche Andienungs- und Überlassungspflichten sind in diesem Sinne eine Ausnahme von der bundesrechtlich bevorzugten Eigenverantwortung der Abfallerzeuger und -besitzer. Bei der Auslegung der Bestimmungen des Abs. 4 ist dieser Ausnahmecharakter zu berücksichtigen. **214**

Verschiedene Bundesländer haben in ihren Abfallgesetzen landesrechtliche Andienungs- bzw. Überlassungspflichten eingeführt. Die konkrete Ausgestaltung ist allerdings durchaus unterschiedlich. So lassen sich insbesondere ein **Überlassungsmodell** und ein **215**

Andienungsmodell unterscheiden. Das Land Hessen hat die Andienungspflichten für gefährliche Abfälle zur Beseitigung im Jahr 2014 abgeschafft.

216 **1. Andienungspflicht.** Unter einer Andienungspflicht wird die Verpflichtung des Abfallerzeugers oder -besitzers verstanden, den Abfall einem Dritten anzubieten, der dann entscheidet, durch wen, wo und in welchem Verfahren der Abfall zu entsorgen ist (*Breuer* Die Zulässigkeit landesrechtlicher Andienungs- und Überlassungspflichten, S. 5; *Bartram/Schade* UPR 1995, 253; *Ossenbühl* DVBl. 1996, 19, 22). Der andienungspflichtige Abfallerzeuger oder -besitzer bleibt weiterhin entsorgungspflichtig. Er ist jedoch nicht berechtigt, über den Entsorgungsweg zu entscheiden. Fraglich ist, ob die Andienungspflicht mit einem **Zuweisungsrecht** der Zentralen Stelle korrespondieren muss, der die Abfälle anzudienen sind (dazu *OVG Frankfurt (Oder)* Urt. v. 21.11.1996, NVwZ 1997, 604, 607; *Peine* UPR 1997, 221, 223). Nach Auffassung des *OVG Frankfurt (Oder)* zu den brandenburgischen Andienungspflichten setzt ein Zuweisungsrecht voraus, dass die Abfälle auch überlassen werden müssen, wobei die Abfälle allerdings nicht unbedingt der Zentralen Stelle selbst, sondern einem von der Zentralen Stelle benannten Unternehmen überlassen werden müssen. Die Andienungspflicht ist nach dieser Ansicht nicht mehr als die Anzeige einer beabsichtigten Entsorgung und insoweit ein Instrument im Zusammenhang mit der Abfallberatung (*OVG Frankfurt (Oder)* Urt. v. 21.11.1996, NVwZ 1997, 604, 607).

217 **2. Überlassungspflicht.** Demgegenüber bedeutet die Überlassungspflicht, dass der Abfallerzeuger oder -besitzer die betreffenden Abfälle den vom Gesetz- oder Verordnungsgeber genannten Zentralen Stellen, den Besitz an den Abfällen bzw. die tatsächliche Sachherrschaft, zur Verfügung stellen muss. Die Überlassung ist auf die Besitz- und Eigentumsübertragung des Abfalls gerichtet, während sich die Andienung lediglich auf den Antrag an die zuständige Stelle beschränkt, über die Entsorgung des Abfalls in einem bestimmten Entsorgungsweg und in einer bestimmten Entsorgungsanlage zu entscheiden.

218 **3. Überblick.** Die Bundesländer, die eine landesrechtliche Andienungs- oder Überlassungspflicht bestimmen, entscheiden auch, welche Stelle für die Andienung bzw. Überlassung zuständig ist. Sie können mit dieser Aufgabe eine Landesbehörde betrauen; sie können aber auch eine staatliche Gesellschaft zur Zentralen Stelle bestimmen. Zweifelhaft ist es allerdings, wenn zur Zentralen Stelle privater Gesellschaften bestimmt werden, an denen mehrheitlich Unternehmen beteiligt sind, die an dem Wettbewerb um die Entsorgung gefährlicher Abfälle teilnehmen (*Klement* in Schmehl/Klement, KrWG 2019, § 17 Rn. 218).

219 Ob und inwieweit die Zentralen Stellen für die Andienung bzw. die Überlassung **Beliehene** sind, hängt davon ab, ob das jeweilige Landesrecht sie mit hoheitlichen Aufgaben betraut und dementsprechend beliehen hat. Von einer Beleihung ist insbesondere dann auszugehen, wenn der Zentralen Stelle das Recht eingeräumt wird, die Andienungspflicht bzw. Überlassungspflicht durch Verwaltungsakt ordnungsrechtlich gegenüber den Andienungs- oder Überlassungspflichtigen durchzusetzen und/oder das Recht erhält, für die Verwaltungstätigkeiten bei der Andienung/Überlassung Verwaltungsgebühren zu erheben.

220 Bayern sieht eine Überlassungspflicht an die GSB-Sonderabfall-Entsorgung Bayern GmbH (GSB) vor (Art. 10 Abs. 1 Satz 1 BayAbfG). In Berlin wurde eine bis dahin bestehende Andienungspflicht für gefährliche Abfälle zur Verwertung im Jahre 2011 aufgehoben; bestehen blieb aber die Andienungspflicht für gefährliche Abfälle zur Beseitigung.

In Baden-Württemberg sind gefährliche Abfälle zur Beseitigung der Sonderabfallagentur Baden-Württemberg anzudienen. In Brandenburg besteht eine Andienungspflicht für gefährliche Abfälle zur Beseitigung zugunsten der Sonderabfallgesellschaft Berlin-Brandenburg. In Niedersachsen müssen gefährliche Abfälle zur Beseitigung der Niedersächsischen Gesellschaft für Sonderabfälle angedient werden. In Hessen ist die Andienungspflicht im Jahre 2014 aufgehoben worden. In den Bundesländern Bremen, Mecklenburg-Vorpommern, Nordrhein-Westfalen, Saarland, Sachsen, Sachsen-Anhalt und Thüringen sind weder Andienungs- noch Überlassungspflichten oder Ähnliches vorgesehen.

Die Andienungs- und Überlassungspflichten werden je nach landesrechtlicher Rege- **221**
lung eingeschränkt, etwa bei Kleinstmengen oder wenn der Abfallerzeuger selbst über die Möglichkeiten verfügt, die gefährlichen Abfälle in seiner Anlage selbst ordnungsgemäß zu entsorgen.

4. Funktionen der Andienungs- und Überlassungspflichten. Auch die Funktion **222**
von Andienungs- und Überlassungspflichten kann je nach der landesrechtlichen Ausgestaltung unterschiedlich sein. Unterschieden werden regelmäßig eine **Lenkungs-** und eine **Überwachungsfunktion.** Nach § 17 Abs. 4 S. 1 sind Andienungspflichten und Überlassungspflichten für Abfälle zur Beseitigung zur Sicherstellung der umweltverträglichen Beseitigung zulässig. Für das niedersächsische Landesrecht kam das *OVG Lüneburg* zu dem Ergebnis, die Andienungspflichten für zu verwertende Altöle seien als reine Überwachungsmaßnahmen ausgestaltet (vgl. *OVG Lüneburg* Urt. v. 3.5.1993, NVwZ 1994, 508 ff.). Demgegenüber ist der *VGH Mannheim* für die Andienungspflichten des Landes Baden-Württemberg der Meinung, sie dienten primär der Lenkung von Abfallströmen (*VGH Mannheim* Beschl. v. 24.11.1997, NVwZ-RR 1998, 744, 745). Eine Steuerung und Lenkung von Abfallströmen über landesrechtliche Andienungspflichten, die über eine reine Überwachung hinausgingen, hielt das *OVG Lüneburg* für unzulässig. Neben der Überwachungsfunktion können Andienungs- und Überlassungspflichten aber auch der Lenkung und Steuerung von Abfallströmen dienen. Sie sollen eine ordnungsgemäße und umweltverträgliche Beseitigung bzw. Verwertung von Abfällen in dafür zugelassenen speziellen Anlagen sicherstellen und die besonders überwachungsbedürftigen Abfälle in eine dafür bereitgestellte Entsorgungsinfrastruktur lenken.

Wird die Andienungs- oder Überlassungspflicht mit dieser Lenkungs- und Steuerungs- **223**
funktion auch auf gefährliche Abfälle zur Verwertung erstreckt, gerät sie in ein Spannungsverhältnis zur Grundstruktur des KrWG, das auf eine verursacherorientierte Eigenverantwortung der Abfallerzeuger und -besitzer setzt und deshalb gerade im Bereich der Abfallverwertung ihnen die Verantwortung für die Entsorgung seiner Abfälle auferlegt. Ähnliches gilt für das Verhältnis zum Unionsrecht, das im Bereich der Verwertung ebenfalls auf den Wettbewerb und die private Verantwortung und nicht auf eine staatliche Lenkung setzt.

5. Rechtfertigung der Andienungs- und Überlassungspflichten. Andienungs- **224**
und Überlassungspflichten für gefährliche Abfälle sind insoweit eine Ausnahme von der gesetzlichen Verpflichtung der Abfallerzeuger und -besitzer, ihre Abfälle selbst zu verwerten und zu beseitigen. Ihre Anordnung bedarf daher stets einer besonderen Rechtfertigung (*Breuer,* Die Zulässigkeit landesrechtlicher Andienungs- und Überlassungspflichten, S. 44 ff.; *Beckmann* in Weidemann/Beckmann, Organisation der Sonderabfallentsorgung, S. 116; *BVerwG* Beschl. v. 9.11.1989, NVwZ 1990, 467, 468, für die Rechtslage nach dem AbfG, wonach für den Ausschluss nach § 3 Abs. 3 AbfG als Abweichung von dem Grundsatz der öffentlichen Entsorgungspflicht ebenfalls eine besondere Rechtfertigung gefordert wurde. Einer solchen Rechtfertigung bedarf es auch für die Aufrechter-

haltung der Andienungs- und Überlassungspflichten in den Bundesländern, die bereits bis zum 7.10.1996 solche Regelungen eingeführt hatten.

225 Der Notwendigkeit einer besonderen Rechtfertigung trägt der Bundesgesetzgeber in Abs. 4 Satz 1 Rechnung. Denn für gefährliche Abfälle zur Beseitigung dürfen die Länder Andienungs- und Überlassungspflichten nur zur **Sicherstellung der umweltverträglichen Beseitigung** bestimmen.

226 Andienungs- und Überlassungspflichten der Länder können nur für **gefährliche Abfälle** eingeführt bzw. aufrechterhalten werden. Nach § 3 Abs. 5 Satz 1 sind diejenigen Abfälle gefährlich, die durch eine Rechtsverordnung nach § 48 Satz 2 oder auf Grund einer solchen Rechtsverordnung bestimmt worden sind.

227 Anhang III der AbfRRL nennt für die Bestimmung von gefährlichen Abfällen Stoffmerkmale wie beispielsweise „entzündbar", „reizend" oder „explosiv". Hierauf nimmt § 3 Abs. 2 AVV Bezug. In der Anlage zum AVV werden die gefährlichen Abfälle mit einem „*" markiert (§ 3 Abs. 1 AVV).

II. Kompetenzrechtliche Zweifel

228 Mit Urteil vom 29.7.1999 (NVwZ 1999, 1225) hat das *BVerwG* die Andienungsverordnung des Landes Niedersachsen für nichtig erklärt, soweit die Verordnung Abfälle zur Verwertung betraf. Nach Vorlage an den *EuGH* entschied das *BVerwG* andererseits hinsichtlich der baden-württembergischen Andienungspflicht für gefährliche Abfälle zur Beseitigung, die langfristig Entsorgungssicherheit gewährleisten solle und dem Vorrang der Verwertung entspreche, dass sie mit Art. 4 Abs. 3 lit. a Nr. i der EG- Abfallverbringungsverordnung vereinbar sei. Aus unionsrechtlicher Sicht stelle sich diese Regelung als Maßnahme dar, die eine Verbringung ins Ausland untersagt. Diese auf Gründen des Umweltschutzes beruhende Ausfuhrbeschränkung entspreche dem Prinzip der Nähe, dem Vorrang der Verwertung und dem Grundsatz der Entsorgungsautarkie gemäß der (damaligen) Abfallrahmenrichtlinie. Sie verletze darum kein Unionsrecht (*BVerwG* Urt. v. 11.4.2002 – 7 CN 1/02, juris Rn. 18).

229 Nach Auffassung des *EuGH* sind Verbringungsverbote für Abfälle zur Verwertung unzulässig, soweit sie mit Grundsätzen der Entsorgungsautarkie und der Nähe gerechtfertigt werden. Art. 34 AEuV verbietet mengenmäßige Ausfuhrbeschränkungen sowie alle Maßnahmen gleicher Wirkung und bezieht sich nach ständiger Rechtsprechung des *EuGH* auch auf nationale Maßnahmen, die spezifische Beschränkungen der Ausfuhrströme bezwecken und bewirken und damit zu einer Ungleichbehandlung des Binnenhandels und des Außenhandels eines Mitgliedsstaates führen, so dass die inländische Produktion oder der Binnenmarkt des betreffenden Staates einen besonderen Vorteil erlangt. Nach Ansicht des *EuGH* können wirtschaftliche Ziele eine Beschränkung des elementaren Grundsatzes freien Warenverkehrs nicht rechtfertigen. Die aus wirtschaftlichen Gründen notwendige Auslastung einer Abfallverwertungsanlage ist deshalb kein Grund, den freien Warenverkehr zu beschränken. Die Grundsätze der Entsorgungsautarkie und der Nähe können nach Ansicht des *EuGH* nicht auf die Verbringung von zur Verwertung bestimmten Abfällen angewendet werden. Art. 130t EGV bzw. Art. 193 AEUV gestattet es den Mitgliedstaaten nicht, diese Grundsätze auf solche Abfälle zu erstrecken, wenn sie sich als Ausfuhrbeschränkung erweisen, die weder durch eine zwingende Maßnahme des Umweltschutzes noch durch eine nach Art. 36 AEUV vorgesehenen Ausnahmen gerechtfertigt ist. Nach Auffassung des *EuGH* verstößt eine Regelung, durch die ein Mitgliedstaat die Unternehmen verpflichtet, ihre zur Verwertung bestimmten Abfälle – sofern deren Verwertung in einem anderen Mitgliedstaat nicht hochwertiger ist als die Verwertung durch ein inländisches Unternehmen – dem der Mitgliedstaat das ausschließliche Recht eingeräumt hat, gefährliche Abfälle zu verbrennen – diesem inländischen Unternehmen zu überlassen, gegen Art. 90 EGV i. V. m. Art. 86 EGV bzw. Art. 106 i. V. m. Art. 102 AEUV, wenn sie – ohne objektiven Grund und ohne dass es zur Erfüllung einer im allgemeinen Interesse liegenden Aufgabe erforderlich wäre – eine Begünstigung des inländischen Unternehmens und den Ausbau seiner beherrschenden Stellung zur Folge hat *(EuGH* am 25.6.1998 verkündet (C-203/96, ZUR 1998, 311 m. Anm. von *Graner*).

§ 18 Anzeigeverfahren für Sammlungen

(1) **Gemeinnützige Sammlungen im Sinne des § 17 Absatz 2 Satz 1 Nummer 3 und gewerbliche Sammlungen im Sinne des § 17 Absatz 2 Satz 1 Nummer 4 sind spätestens drei Monate vor ihrer beabsichtigten Aufnahme durch ihren Träger der zuständigen Behörde nach Maßgabe der Absätze 2 und 3 anzuzeigen.**

(2) **Der Anzeige einer gewerblichen Sammlung sind beizufügen**

1. Angaben über die Größe und Organisation des Sammlungsunternehmens,

2. Angaben über Art, Ausmaß und Dauer, insbesondere über den größtmöglichen Umfang und die Mindestdauer der Sammlung,

3. Angaben über Art, Menge und Verbleib der zu verwertenden Abfälle,

4. eine Darlegung der innerhalb des angezeigten Zeitraums vorgesehenen Verwertungswege einschließlich der erforderlichen Maßnahmen zur Sicherstellung ihrer Kapazitäten sowie

5. eine Darlegung, wie die ordnungsgemäße und schadlose Verwertung der gesammelten Abfälle im Rahmen der Verwertungswege nach Nummer 4 gewährleistet wird.

(3) **Der Anzeige der gemeinnützigen Sammlung sind beizufügen**

1. Angaben über die Größe und Organisation des Trägers der gemeinnützigen Sammlung sowie gegebenenfalls des Dritten, der mit der Sammlung beauftragt wird, sowie

2. Angaben über Art, Ausmaß und Dauer der Sammlung.

Die Behörde kann verlangen, dass der Anzeige der gemeinnützigen Sammlung Unterlagen entsprechend Absatz 2 Nummer 3 bis 5 beizufügen sind.

(4) **Die zuständige Behörde fordert den von der gewerblichen oder gemeinnützigen Sammlung betroffenen öffentlich-rechtlichen Entsorgungsträger auf, für seinen Zuständigkeitsbereich eine Stellungnahme innerhalb einer Frist von zwei Monaten abzugeben. Hat der öffentlich-rechtliche Entsorgungsträger bis zum Ablauf dieser Frist keine Stellungnahme abgegeben, ist davon auszugehen, dass sich dieser nicht äußern will.**

(5) **Die zuständige Behörde kann die angezeigte Sammlung von Bedingungen abhängig machen, sie zeitlich befristen oder Auflagen für sie vorsehen, soweit dies erforderlich ist, um die Erfüllung der Voraussetzungen nach § 17 Absatz 2 Satz 1 Nummer 3 oder Nummer 4 sicherzustellen. Die zuständige Behörde hat die Durchführung der angezeigten Sammlung zu untersagen, wenn Tatsachen bekannt sind, aus denen sich Bedenken gegen die Zuverlässigkeit des Anzeigenden oder der für die Leitung und Beaufsichtigung der Sammlung verantwortlichen Personen ergeben, oder die Einhaltung der in § 17 Absatz 2 Satz 1 Nummer 3 oder Nummer 4 genannten Voraussetzungen anders nicht zu gewährleisten ist.**

(6) **Die zuständige Behörde kann bestimmen, dass eine gewerbliche Sammlung mindestens für einen bestimmten Zeitraum durchzuführen ist; dieser Zeitraum darf drei Jahre nicht überschreiten. Wird die gewerbliche Sammlung vor Ablauf des nach Satz 1 bestimmten Mindestzeitraums eingestellt oder innerhalb dieses Zeitraums in ihrer Art und ihrem Ausmaß in Abweichung von den von der Behörde nach Absatz 5 Satz 1 festgelegten Bedingungen oder Auflagen wesentlich eingeschränkt, ist der Träger der gewerblichen Sammlung dem betroffenen öffentlich-rechtlichen Entsorgungsträger gegenüber zum Ersatz der Mehraufwendungen verpflichtet, die für die Sammlung und Verwertung der bislang von der gewerblichen Sammlung erfassten Abfälle erforderlich sind. Zur Absicherung des Ersatzan-**

spruchs kann die zuständige Behörde dem Träger der gewerblichen Sammlung eine Sicherheitsleistung auferlegen.

(7) **Soweit eine gewerbliche Sammlung, die zum Zeitpunkt des Inkrafttretens dieses Gesetzes bereits durchgeführt wurde, die Funktionsfähigkeit des öffentlich-rechtlichen Entsorgungsträgers, des von diesem beauftragten Dritten oder des auf Grund einer Rechtsverordnung nach § 25 eingerichteten Rücknahmesystems bislang nicht gefährdet hat, ist bei Anordnungen nach Absatz 5 oder 6 der Grundsatz der Verhältnismäßigkeit, insbesondere ein schutzwürdiges Vertrauen des Trägers der Sammlung auf ihre weitere Durchführung, zu beachten.**

(8) **Der von der gewerblichen Sammlung betroffene öffentlich-rechtliche Entsorgungsträger hat einen Anspruch darauf, dass die für gewerbliche Sammlungen geltenden Bestimmungen des Anzeigeverfahrens eingehalten werden.**

Schrifttum: *Ameskamp,* Gewerbliche Sammlungen von Alttextilien, KommJur 2013, 372; *Bach/Philipp,* Die Entsorgung von Abfall aus privaten Haushalten durch gewerbliche Entsorgungsunternehmen – zugleich Anmerkung zu BVerwG, Urt. v. 18.6.2009 – 7 C 16/08 („Kampf ums Altpapier"), SächsVBl. 2009, 252; *Beckmann,* Öffentlich-rechtliche Entsorgungsträger und ihr Anspruch nach § 18 Abs. 8 KrWG, AbfallR 2021, 126; *Beckmann,* Brauchen wir eine kommunale Entsorgungsautarkie für gemischte Siedlungsabfälle?, AbfallR 2006, 263; *Beckmann,* Keine gewerbliche Sammlung von Abfällen durch Personenhandelsgesellschaften?, AbfallR 2013, 296; *Beckmann,* Zur Rechtsstellung öffentlich-rechtlicher Entsorgungsträger im Anfechtungsprozess gewerblicher Sammler, AbfallR 2014, 151; *Beckmann/Wübbenhorst,* Rechtliche Rahmenbedingungen für gewerbliche und gemeinnützige Sammlungen nach dem neuen KrWG DVBl 2012, 1403; *Breuer,* Die Zulässigkeit landesrechtlicher Andienungs- und Überlassungspflichten, 1999; *Bühs,* Zur Klagebefugnis und notwendigen Beiladung des öffentlich-rechtlichen Entsorgungsträgers bei Streitigkeiten nach des §§ 17, 18 KrWG, LKV 2017, 536; *Bühs,* Die Altkleidersammlung, das Kreislaufwirtschafts- und das Straßenrecht, LKV 2018, 49; *Cosson,* Blaue Tonnen: Gewerbefreiheit versus überwiegendes öffentliches Interesse, AbfallR 2008, 83; *Dageförde/Thärichen,* Die Untersagung gewerblicher Sammlungen von Alttextilien, AbfallR 2013, 125; *Dieckmann,* Entsorgungszuständigkeiten nach dem neuen Kreislaufwirtschaftsgesetz, AbfallR 2010, 301; *Dieckmann,* Zur Rechtsstellung öffentlich-rechtlicher Entsorgungsträger im Anfechtungsprozess gewerblicher Sammler, AbfallR 2014, 151; *Dippel,* Behördenzuständigkeit und materielles Entscheidungsprogramm für die Anzeige gewerblicher Sammlungen, AbfallR 2013, 186 ff.; *Dippel/Ottensmeier,* Die Entscheidungen des BVerwG vom 30.6.2016 zum Recht der gewerblichen Abfallsammlungen – was ist geklärt, was ist noch offen?, AbfallR 2017, 13; *Flanderka/Stroetmann,* Von der Verpackungsverordnung zum Wertstoffgesetz, AbfallR 2012, 2; *Franßen/Blatt,* Gemischte Abfälle aus privaten Haushaltungen Verbot der Erfassung durch gewerbliche und gemeinnützige Sammler, AbfallR 2014, 142; *Frenz,* Überwiegende öffentliche Interessen nach § 17 Abs. 3 KrWG, AbfallR 2012, 168; *Frenz,* Erforderlichkeit der Überlassung und Andienung gefährlicher Abfälle nach § 17 Abs. 4 KrWG im Spiegel aktueller Judikatur, AbfallR 2017, 163; *Frenz,* Kommunale Organisationseinheit vs. Unionsrecht, DÖV 2017, 943; *Frenz,* Widerlegliche Vermutung für KrWG-Überlassung, NuR 2017, 311; *Gaßner,* Bewertung von Überlassungspflichten vor dem Hintergrund aktueller Diskussionen, AbfallR 2006, 13; *Gruneberg/Pieck,* Die Rechtsstellung des öffentlich-rechtlichen Entsorgungsträgers im Anzeigeverfahren für gewerbliche und gemeinnützige Sammlungen, AbfallR 2013, 163; *Gruneberg/Wenzel,* Überlassungspflichten und Wertstofftonne, AbfallR 2010, 162; *Herbst,* Grenzen der Privilegierung öffentlich-rechtlicher Entsorgungsträger – Rechtliche Einordnung der Höherwertigkeit gewerblicher Sammlungsunternehmen, DVBl. 2015, 886; *Hossenfelder,* Wettbewerb in der Entsorgungswirtschaft aus Sicht des Bundeskartellamtes, AbfallR 2010, 300; *Hufen* Verwaltungsprozessrecht: Klagebefugnis von juristischen Personen des öffentlichen Rechts, JuS 2019, 606; *Hurst,* Entsorgungszuständigkeiten und Überlassungspflichten aus Sicht der privaten Entsorger, AbfallR 2010, 180; *Karpenstein,* Gewerbliche Verwertung von Haushaltsabfällen am Ende?, AbfallR 2009, 247; *Karpenstein/Schink,* Europa- und verfassungsrechtliche Grundfragen der Einführung einer einheitlichen Wertstofftonne, AbfallR 2011, 222; *Koch/Reese,* Hausmüllentsorgung zwischen kommunaler Trägerschaft und gewerblichen Sammelsystemen, AbfallR 2009, 58; *Kopp-Assenmacher/Hahn,* Gewerbliche Sammlung: Es bleibt schwierig, ZUR 2017, 80; *Kropp,* Erzeuger und Besitzer von Bauabfällen, ZUR 2010, 461; *Oexle,* Rechtsfragen der Zulässigkeit er gewerblichen Sammlung von Bioabfällen, AbfallR 2014, 225; *Oexle/Lammers,* Freiwillige Produktverantwortung: Zur Rücknahme von Altkleidung durch den Einzelhandel, NVwZ 2015, 1490; *Petersen/Friedrich,* Die Novellierung des Kreislaufwirtschaftsgesetzes 2020, NVwZ 2021, 1; *Petersen/Doumet/Stöhr,* Das neue Kreislaufwirtschaftsgesetz, NVwZ 2012, 521; *Queitsch,* Gewerbliche Abfallsammlungen als Ausnahmetatbestand, AbfallR 2008, 78; *Petersen/Hermanns,* Personengesellschaften als Träger gewerblicher Sammlungen, AbfallR 2014, 62; *Queitsch,* Rechtssicherheit bei der Abfallüberlassungspflicht und den gewerblichen Abfallsammlungen, AbfallR 2009, 249; *Queitsch,* Straßenrechtliche Gesichtspunkte bei gemeinnützigen und gewerblichen Abfallsammlungen, UPR 2013, 222; *Reese,* Anmerkung zu einer BVerwG-Entscheidung, Urteil vom 27.9.2018 (7 C 23/16) – Zur Frage der Klagebefugnis der öffentlich-rechtlichen Entsorgungsträger auf behördliches Einschreiten gegen gewerbliche Hausmüllsammlungen, ZUR 2019, 90; *Schwind,* Zur Abgrenzung zwischen der Tätigkeit nach Art eines Entsorgungsträgers und der gewerblichen Sammlung, NdsVBl. 2010, 191; *Siederer/Wenzel/Schütze,* Unzulässigkeit gewerblicher Sammlungen bei bestehenden Erfassungssystemen des öffentlich-rechtlichen Entsorgungsträgers, AbfallR 2014, 79; *Spannagel,* Kommunale Handlungsoptionen gegen gewerbliche Altpapiersammlungen vor der Entscheidung des Bundesverwaltungsgerichts, AbfallR 2008, 232; *Suhl,* Die Europarechtswidrigkeit des KrWG, AbfallR 2012, 201; *Thärichen,* Europarechtliche Bewertung der Neuregelung des Rechts der gewerblichen Sammlung durch das Kreislaufwirtschaftsgesetz, AbfallR 2012, 150; *Thärichen/Ameskamp,* Straßenrechtliche Bewertung gewerblicher und gemeinnütziger Alttextilsammlungen, AbfallR 2013, 176; *Thärichen/Prelle,* Der Begriff der Haushaltsabfälle im allgemeinen und besonderen Abfallrecht, AbfallR 2006, 198; *Wasielewski,* Die gewerbliche und die gemeinnützige Sammlung im behördlichen Vollzug, NuR 2015, 173; *Weidemann,* Altpapierentsorgung durch gewerbliche Sammlung – Wende der verwaltungsgerichtlichen Rechtsprechung zum KrW-/AbfG im Sinne der Liberalisierung?, AbfallR 2008, 169; *Wenzel,* Überlassungspflichten für Verwertungsabfälle aus privaten Haushaltungen – Regel oder Ausnahme?, ZUR 2008, 411; *Wenzel,* Gewerbliche und gemeinnützige Sammlungen vor Gericht, ZUR 2014, 579; *Wenzel,* Über die Irrelevanzschwelle auf den Verwertungsweg, AbfallR 2017, 57; *Wolf,* Von der Müllabfuhr zum Ressourcenschutz – Entwicklungslinien des Abfallrechts, ZUR 2017, 579.

Übersicht

A. Einführung

1 § 18 ist durch die **Novelle des KrWG 2020** um einen Absatz 8 ergänzt, im Übrigen aber unverändert geblieben. Nach dem neuen Absatz 8 hat der von der gewerblichen Sammlung betroffene öffentlich-rechtliche Entsorgungsträger einen Anspruch darauf, dass die für gewerbliche Sammlungen geltenden Bestimmungen des Anzeigeverfahrens eingehalten werden (dazu *Beckmann* AbfallR 2021, 126).

2 Mit § 18 wurde die gesetzliche Grundlage für eine umfassende Bestandsaufnahme und einheitliche Informationsgrundlage (Gesetzesbegründung, BT-Drs. 17/6052, S. 107) der gewerblichen und gemeinnützigen Sammlungen geschaffen, um diese zu kontrollieren und gegebenenfalls einschränken oder gar untersagen zu können. In diesem Umfang mussten bis dahin weder gewerbliche noch gemeinnützige Sammlungen ihre Tätigkeiten den Behörden anzeigen. Zwar bestand nach § 13 Abs. 3 Nr. 3 KrW-/AbfG eine Nachweispflicht für gewerbliche, nicht aber für gemeinnützige Sammlungen. Diese erreichte auch nicht das in § 18 Abs. 2 und 3 geforderte Ausmaß. Es musste nachgewiesen werden, dass die durch gewerbliche – nicht auch gemeinnützige – Sammlung erfassten Abfälle einer ordnungsgemäßen und schadlosen Verwertung zugeführt werden. Die Nachweisregelung des früheren Rechts kam in der Sache einer Anzeigepflicht nahe. Im Wesentlichen handelt es sich aber um eine Neuregelung mit dem Inkrafttreten des KrWG im Jahre 2012 (*Schomerus* in Versteyl/Mann/Schomerus, KrWG, 2019, § 18 Rn. 1; *Giesberts* in Beck OK Umweltrecht, vor § 18). Die unterschiedlichen Anforderungen an gewerbliche und gemeinnützige Sammlungen, werden u. a. damit begründet, dass diese sich gewöhnlich nur auf ein räumlich eng begrenztes Gebiet beziehen und die Arbeit gemeinnütziger Organisationen nicht unnötig durch bürokratische Hindernisse erschwert werden soll (Gesetzesbegründung, BT-Drs. 17/6052, S. 64). Unionsrechtlich wäre die Einführung eines Anzeigeverfahrens nicht erforderlich gewesen (*Dippel* in Schink/Versteyl, KrWG 2016, § 18 Rn. 3).

3 Jährlich gab es vor der Einführung der Anzeigepflicht nach Angaben des Statistischen Bundesamtes ca. 500 Nachweisfälle nach § 13 Abs. 3 Nr. 3 KrW-/AbfG. Insgesamt wurde bei Einführung der Neuregelung die Anzahl der auch für bestehende Sammlungen geltenden Anzeigepflichten auf mehr als 35 000 Fälle geschätzt (Gesetzesbegründung der Bundesregierung, BT-Drs. 17/6052, S. 63 f.).

4 § 18 steht in engem Regelungszusammenhang zu § 17 und der dort angeordneten Überlassungspflicht mit ihren Ausnahmen für gewerbliche und gemeinnützige Sammlungen. Mit der Überlassungspflicht des § 17 Abs. 1 werden die überlassungspflichtigen Abfälle den öffentlich-rechtlichen Entsorgungsträgern zugeordnet, um ihre Entsorgung si-

cherzustellen. Allerdings sind die öffentlich-rechtlichen Entsorgungsträger nach § 20 Abs. 3 S. 2 berechtigt, Abfälle aus der öffentlichen Entsorgung auszuschließen, soweit diese nach Art, Menge oder Beschaffenheit nicht mit den in Haushaltungen anfallenden Abfällen entsorgt werden können oder die Sicherheit der umweltverträglichen Beseitigung im Einklang mit den Abfallwirtschaftsplänen der Länder durch einen anderen öffentlich-rechtlichen Entsorgungsträger oder Dritten gewährleistet ist. Damit bleiben vor allem gewerbliche und industrielle Abfälle, auch wenn sie beseitigt werden müssen, in privater Entsorgungsverantwortung. Außerdem können die öffentlich-rechtlichen Entsorgungsträger mit Zustimmung der zuständigen Behörde Abfälle von der Entsorgung ausschließen, soweit diese der Rücknahmepflicht auf Grund einer nach 25 erlassenen Rechtsverordnung oder auf Grund eines Gesetzes unterliegen und entsprechende Rücknahmeeinrichtungen tatsächlich zur Verfügung stehen.

Die Überlassungspflicht gegenüber öffentlich-rechtlichen Entsorgungsträgern dient **5** vorrangig einer sicheren Entsorgung der Haushaltsabfälle und mittelbar auch dem Selbstverwaltungsrecht der als öffentlich-rechtliche Entsorgungsträger tätigen Kommunen, das sich darauf erstreckt, die Abfallentsorgung im Rahmen der kommunalen Daseinsvorsorge übernehmen zu können (dazu *Beckmann/Wittmann* AbfallR 2013, 55).

Mit dem Anzeigeverfahren wird der Zweck verfolgt, der zuständigen Behörde die **6** Möglichkeit zu geben, zu prüfen, ob die Voraussetzungen für die Zulässigkeit gemeinnütziger und gewerblicher Sammlungen und damit die Ausnahme von der Überlassungspflicht vorliegen und gegebenenfalls durch behördliche Anordnungen die Einhaltung dieser Voraussetzungen sicherzustellen (Gesetzesbegründung, BT-Drs. 17/6052, 88; vgl. auch *Gruneberg* in Jahn/Deifuß-Kruse/Brandt, KrWG, § 18 Rn. 4). Dadurch, dass nicht die öffentlich-rechtlichen Entsorgungsträger die Prüfung durchführen, sondern die zuständigen Länderbehörden, sollen zugleich Interessenkonflikte vermieden werden (BReg. in BT-Drs. 17/6052, 88).

B. Verfahren

I. Anzeige

Nach § 18 Abs. 1 sind gemeinnützige Sammlungen i. S. d. § 17 Abs. 2 Satz 1 Nr. 3 **7** und gewerbliche Sammlungen i. S. d. § 17 Abs. 2 Satz 1 Nr. 4 spätestens drei Monate vor ihrer beabsichtigten Aufnahme durch ihren Träger der zuständigen Behörde und damit nicht dem öffentlich-rechtlichen Entsorgungsträger, der aber bei der Überprüfung zu beteiligen ist, anzuzeigen. Bei der Anzeige handelt es sich nicht um einen an die zuständige Behörde zu richtenden Antrag, sondern um die Mitteilung eines Sachverhalts bzw. um die Ankündigung einer beabsichtigten Sammlung. Der Anzeigepflicht entfällt nicht, wenn der zuständigen Behörde die Absicht, die Sammlung durchzuführen, bereits bekannt ist. Nicht anzeigebedürftig ist die Beendigung einer Sammlung (*Klement* in Schmehl/Klement, KrWG, 2019, § 18 Rn. 8). Auch eine Verpflichtung, die angezeigte Sammlung tatsächlich durchzuführen, besteht nicht.

Was gemeinnützige und gewerbliche Sammlungen sind, ergibt sich aus § 3 Abs. 17, **8** 18. Eine **gemeinnützige Sammlung** von Abfällen ist nach § 3 Abs. 17 S. 1 eine Sammlung, die durch eine nach § 5 Abs. 1 Nr. 9 des Körperschaftsteuergesetzes in der jeweils geltenden Fassung steuerbefreite Körperschaft, Personenvereinigung oder Vermögensmasse getragen wird und der Beschaffung von Mitteln zur Verwirklichung ihrer gemeinnützigen, mildtätigen oder kirchlichen Zwecke im Sinne der §§ 52 bis 54 der Abgabenordnung dient. Um eine gemeinnützige Sammlung von Abfällen handelt es sich nach § 3 Abs. 17 S. 2 auch dann, wenn die Körperschaft, Personenvereinigung oder Vermögensmasse nach § 3 Abs. 17 Satz 1 einen gewerblichen Sammler mit der Sammlung beauftragt und dieser den Veräußerungserlös nach Abzug seiner Kosten und eines angemessenen Gewinns vollständig an die Körperschaft, Personenvereinigung oder Vermögensmasse auskehrt (*BVerwG* Urt. v. 1.10.2015 – 7 C 8/14, juris Rn. 22).

9 Eine **gewerbliche Sammlung** von Abfällen ist nach § 3 Abs. 18 S. 1 eine Sammlung, die zum Zweck der Einnahmeerzielung erfolgt. Die Durchführung der Sammeltätigkeit auf der Grundlage vertraglicher Bindungen zwischen dem Sammler und der privaten Haushaltung in dauerhaften Strukturen steht einer gewerblichen Sammlung nach § 3 Abs. 18 S. 2 nicht entgegen.

10 Anzeigepflichtig sind die **Träger** einer gemeinnützigen oder gewerblichen Sammlung. Der Begriff des „Trägers" ist im KrWG nicht definiert. Träger einer Sammlung ist jede natürliche oder juristische Person oder auch eine Personengesellschaft (*BVerwG* Urt. v. 1.10.2015 – 7 C 8/14, juris), die Sammlung eigenverantwortlich durchführt oder durchführen lässt, sie tatsächlich maßgeblich steuert und kontrolliert und der die Einnahmen zufließen (*OVG NRW* Beschl. v. 24.3.2015 – 20 B 962/14; *Dippel* in Schink/Versteyl, KrWG 2016, § 18 Rn. 5; *Wenzel* AbfallR 2013, 231).

11 Nach Ablauf der **Wartefrist** von drei Monaten kann mit der Sammlung auch ohne eine behördliche Zulassung begonnen werden. Die Sammlungen sind nicht erlaubnispflichtig (*BVerwG* Urt. v. 1.10.2015, ZUR 2016, 289; *Schomerus* in Versteyl/Mann/Schomerus, KrWG, 2019, § 18 Rn. 9). Die Anzeige soll der Behörde eine umfassende Prüfung der gesetzlichen Voraussetzungen des § 17 Abs. 2 Satz 1 Nr. 3, 4 ermöglichen und als Grundlage für die Beurteilung dienen, ob dieser überwiegende öffentliche Interessen entgegenstehen. Wenn und soweit die Behörde nicht von ihren Befugnissen zur Beschränkung oder Untersagung § 18 Abs. 5 Gebrauch macht, ergeht auf die Anzeige hin kein Zulassungsbescheid (*BVerwG* Urt. v. 1.10.2015, ZUR 2016, 289; *Karpenstein/Dingemann* in Jarass/Petersen, KrWG, 2014, § 18 Rn. 18).

12 Mit Zustimmung der Behörde kann der Sammler seine Sammlung auch früher beginnen. Das setzt nicht voraus, dass alle erforderlichen Unterlagen beigefügt, alle Verfahrensschritte durchgeführt und die inhaltliche Prüfung für den Sammler positiv entschieden wurde (a. A. *Schomerus* in Versteyl/Mann/Schomerus, KrWG, 2019, § 18 Rn. 11). Die Zustimmung der Behörde mag, wenn die genannten Verfahrensschritte noch nicht durchgeführt worden sind bzw. die Prüfung nicht ordnungsgemäß stattgefunden hat, rechtswidrig sein. Das spricht aber nicht gegen die Wirksamkeit einer in der Form eines Verwaltungsaktes erteilten Zustimmung.

13 Durch die Wartefrist soll gewährleistet werden, dass den Anforderungen nach § 17 Abs. 2 Satz 1 Nr. 3 und 4 sowie insbesondere nach Abs. 3 genüge getan wird und dies auch von der zuständigen Behörde präventiv überwacht werden kann. Dieser wird eine angemessene Prüfungszeit eingeräumt (*Petersen/Doumet/Stöhr* NVwZ 2012, 521, 527).

14 Fraglich ist, ob die Anzeige lediglich eine bestimmte **Geltungsdauer** hat, wenn die Behörde keine bestimmte Mindestdauer nach § 18 Abs. 5 S. 1 und keine Befristung nach § 18 Abs. 5 S 1 verfügt hat. In einer Bußgeldsache vertritt das OLG Celle dazu die Ansicht, die Geltungsdauer der Anzeige einer beabsichtigten gewerblichen Sammlung ende in zeitlicher Hinsicht jedenfalls mit der Bestandskraft einer behördlichen Untersagungsverfügung. Solle im Anschluss dennoch eine Sammlung durchgeführt werden, sei eine neue Sammelanzeige nach § 18 Abs. 1 erforderlich. Dies gelte auch dann, wenn die Sammlung in den Zeitraum falle, der in der ursprünglichen Sammelanzeige angegebenen worden sei (OLG Celle Beschl. v. 4.3.2019, BeckRS 2019, 3841). Ob man tatsächlich von einer Geltungsdauer der Anzeige sprechen kann, wie das OLG Celle annimmt, erscheint zweifelhaft. Bei der Anzeige handelt es sich nicht um eine behördliche Zulassung, deren zeitliche Wirksamkeit beschränkt sein kann. Fraglich ist eher, ob der Anzeige beizufügende Angaben über die Dauer und die Mindestdauer der Sammlung dazu führen, dass die Sammlung auch nur in dem angegebenen Zeitraum durchgeführt werden darf, weil es für eine darüber hinausgehende Sammlung an der Anzeige fehlt. Einen unmittelbaren Zusammenhang zwischen der Bestandskraft einer Untersagung und einer Geltungsdauer der Anzeige ist nicht ersichtlich. Eine gewerbliche Sammlung darf trotz ihrer Anzeige nicht durchgeführt werden, wenn eine dagegen gerichtete Untersagungsanordnung rechtswirksam ist, d. h. sofort vollziehbar ist. Auf die Bestandskraft der Untersagungsanordnung kommt es nicht an. Die Unzulässigkeit einer Fortsetzung der Sammlung im Falle der Bestandskraft einer Untersagungsverfügung ist auch nicht die Konsequenz einer begrenzten Geltungsdauer der Anzeige, sondern der Regelungswirkung des Verwaltungsakts. Ob und inwieweit der gewerbliche Sammler weiterhin trotz einer Untersagungsverfügung Abfälle sammeln kann, hängt von dem Regelungsumfang der Untersagungsanordnung ab, ob sie sich auf bestimmte Abfälle, ein bestimmtes Sammelgebiet oder eine bestimmte Art und Weise der Sammlung oder aber auf die Unzuverlässigkeit des Sammlers bezieht. Gegebenenfalls muss der Sammler eine neue Sammlung anzeigen und die zuständige Behörde muss entscheiden, ob diese neue Sammlung mit der Reichweite der wirksamen Untersagungsverfügung vereinbar ist.

Eine bestimmte Form, insbesondere eine **Schriftform,** ist im Gesetz für die Anzeige nicht ausdrücklich vorgesehen. Jedoch ergibt sich unmittelbar aus der Pflicht, bestimmte Unterlagen beizufügen, die Notwendigkeit der Schriftform (*Schomerus* in Versteyl/Mann/Schomerus, KrWG, 2019, § 18 Rn. 9; *Klement* in Schmehl/Klement, KrWG, 2019, § 18 Rn. 13; *Dippel* in Schink/Versteyl, KrWG 2016, § 18 Rn. 8; *Karpenstein/Dingemann* in Jarass/Petersen, KrWG, 2014, § 18 Rn. 22; a. A. *Giesberts* in BeckOK Umweltrecht, § 18 KrWG Rn. 2). Das KrWG sieht auch nicht vor, dass die Behörde den Umfang einer solchen Anzeige zu bestätigen hätte. Es wird jedoch angenommen, dass der Sammler eine solche Bestätigung verlangen kann; sie gibt dem Sammler die Gewissheit, dass seine Anzeige auch eingegangen ist, dient als Nachweis für die Anzeigeerstattung und -sicherheit den Sammler vor der Gefahr, in den Verdacht der Verwirklichung eines Bußgeldtatbestandes zu geraten (*Klement* in Schmehl/Klement, KrWG, 2019, § 18 Rn. 13; *Karpenstein/Dingemann* in Jarass/Petersen, KrWG, 2014, § 18 Rn. 33; *VGH BW* Urt. v. 6.6.2007, VBlBW 2007, 471). **15**

Anzeigepflichtig ist der Träger der Sammlung. Wer Träger einer Sammlung ist, bestimmt der Gesetzgeber nicht ausdrücklich. **Träger der Sammlung** ist nicht zwingend das Unternehmen, das die Sammlung durchführt. Vielmehr kann sich der Träger der Sammlung eines Unternehmens bedienen, das in seinem Auftrag die Abfälle einsammelt. Deshalb kann die Sammlung eines gemeinnützigen Trägers auch von einem gewerblichen Sammler durchgeführt werden, ohne den Charakter der Gemeinnützigkeit zu verlieren (§ 3 Abs. 17). Träger einer Sammlung ist derjenige, der die Sammlung im eigenen Namen, für eigene Rechnung und unter eigener Verantwortung durchführt oder von einem Beauftragten durchführen lässt. Fallen der Träger der Sammlung und das durchführende Unternehmen auseinander, ist die Sammlung von ihrem Träger und nicht von dem beauftragten Unternehmen anzuzeigen. **16**

II. Warte- und Entscheidungsfrist

Die Anzeige ist drei Monate vor der beabsichtigten Aufnahme der Sammlung zu erstatten. Die zuständige Behörde ist mangels Ermächtigungsgrundlage nicht berechtigt, diese Frist zu verlängern (*Dippel* in Schink/Versteyl, KrWG 2016, § 18 Rn. 7). Die Frist **17** beginnt allerdings erst dann zu laufen, wenn auch eine vollständige Anzeige vorliegt, der die nach § 18 Abs. 2 notwendigen Angaben beigefügt sind. Sind die Angaben nicht vollständig, dann ist die zuständige Behörde verpflichtet, den Sammler zur Ergänzung seiner Angaben aufzufordern. Eine entsprechende Beratungspflicht ergibt sich aus § 25 VwVfG.

18 Wann von einer Aufnahme der Sammlung auszugehen ist, definiert der Gesetzgeber nicht. Fraglich ist deshalb, ob der Zeitpunkt der erstmaligen Aufstellung von Sammelbehältern oder die erste Einsammlung gemeint ist, die in der Praxis zwei bis vier Wochen nach Aufstellung der Behälter stattfinden dürfte. Da die gemeinnützige und gewerbliche Sammlung als Einsammlung definiert werden (§ 3 Abs. 15), kann nur der **Zeitpunkt der erstmaligen Entleerung** der Behälter gemeint sein. Dementsprechend können die Behälter bereits vor Ablauf der Dreimonatsfrist aufgestellt werden. Entscheidend ist, dass mit der Entleerung dieser Behälter und der Einsammlung der Abfälle nicht vor Fristablauf begonnen wird.

19 Die zuständige Behörde ist gehalten, innerhalb der Dreimonatsfrist nach Eingang der Anzeige zu entscheiden, ob und inwieweit die Voraussetzungen für die Sammlung vorliegen oder Einschränkungen nach Abs. 5 oder 6 angeordnet werden müssen. Der Träger der Sammlung kann diese – wie angezeigt – und unter Beachtung eventueller einschränkender Anordnungen der zuständigen Behörde durchführen.

20 Ob eine Änderung der Sammlung wiederum anzeigepflichtig ist, ergibt sich unmittelbar aus dem Gesetz nicht. Gegen eine solche Anzeigepflicht spricht, dass es an einer entsprechenden Regelung im Gesetz fehlt und dass die Anzeige vor Aufnahme der Sammlungstätigkeit einzureichen ist. Nicht jede Änderung der Sammlung führt jedoch zu einer neuen Aufnahme dieser Sammlungstätigkeit. Für eine Anzeigepflicht bei wesentlichen Änderungen spricht hingegen der Sinn und Zweck der Anzeigeerfordernis, der darin besteht, der zuständigen Behörde hinreichend Gelegenheit zur Überwachung der Sammlung zu geben (siehe dazu *Giesberts* in BeckOK Umweltrecht, § 18 KrWG Rn. 6). Bejaht man das Anzeigeerfordernis, kann jedoch nicht von einer Pflicht zur Beachtung einer bestimmten Frist vor Beginn der Änderung ausgegangen werden.

21 Da die zuständige Behörde dazu die innerhalb von zwei Monaten abzugebende Stellungnahme des öffentlich-rechtlichen Entsorgungsträgers berücksichtigen muss, bleibt für eine einschränkende Anordnung nur wenig Zeit. Die zuständige Behörde muss nach Eingang der Anzeige **unverzüglich** entscheiden. Eine Einschränkung oder Untersagung der Sammlung erst unmittelbar vor oder gar nach deren angekündigtem Beginn könnte zu einem erheblichen Vermögensschaden des gewerblichen Sammlers führen, für den – je nach landesrechtlicher Ausgangslage – ein verschuldensunabhängiger **Entschädigungsanspruch** oder **Amtshaftungsanspruch** entstehen kann, wenn die Einschränkung oder Untersagung rechtswidrig ist oder zur Unzeit beschieden wird. Liegen der zuständigen Behörde bereits zeitlich vor Ablauf der Frist Erkenntnisse vor, die Veranlassung zu einer Einschränkung der gewerblichen Sammlung oder sogar zu ihrer Untersagung geben, darf die Frist nicht abgewartet werden. Vielmehr muss der anzeigende gewerbliche Sammler unverzüglich auf diese Bedenken hingewiesen werden.

22 Der ursprüngliche Gesetzesentwurf der Bundesregierung sah lediglich eine einmonatige Wartefrist vor (vgl. BT-Drs. 17/6052, S. 17). Eine Anhörung des öffentlich-rechtlichen Entsorgungsträgers war nicht vorgesehen. In der Gesetz gewordenen Fassung wurde die Wartefrist um zwei Monate verlängert, einem Zeitraum, der den öffentlich-rechtlichen Entsorgungsträgern für die Abgabe einer Stellungnahme eingeräumt wurde. Hierdurch sollte eine angemessene Verfahrensbeteiligung der betroffenen öffentlich-rechtlichen Entsorgungsträger und ein ausreichender Zeitraum zur Überprüfung der Zulässigkeit der Sammlung eingeräumt werden. Außerdem sähe das VwVfG ohnehin die

Beteiligung der öffentlich- rechtlichen Entsorgungsträger vor (Beschlussempfehlung und Bericht des zuständigen Ausschusses des Bundestages, BT-Drs. 17/7505, S. 47).

III. Zuständige Behörde

Welche Behörde für die Entgegennahme der Anzeige zuständig ist, richtet sich nach dem jeweiligen Landesrecht, also dem jeweiligen Landesabfallgesetz bzw. einer in zahlreichen Ländern erlassenen Zuständigkeitsverordnung. Regeln die Länder keine spezielle Zuständigkeit für die Entgegennahme und Prüfung der Anzeige, dann dürften die unteren Abfallbehörden im Rahmen ihrer Auffangzuständigkeit auch für die Aufgaben im Rahmen des Anzeigeverfahrens verantwortlich sein. **23**

Der ursprüngliche Gesetzesentwurf der Bundesregierung sah vor, dass die von der obersten Landesbehörde bestimmte Behörde oder ihr Träger nicht mit den Aufgaben eines öffentlich-rechtlichen Entsorgungsträgers betraut sein durfte. Die Bundesregierung hielt eine solche Bestimmung einer **neutralen Behörde** für notwendig, um Interessenkonflikte zu vermeiden. In der Gesetzesbegründung heißt es dazu, die gesetzliche Festlegung der Behördenzuständigkeit gewährleiste, dass die Zulässigkeit der Sammlung ohne **Interessenkonflikt** geprüft und sichergestellt werde. Die explizit verankerte Neutralitätspflicht der Behörde sei bereits nach den Vorgaben des Europäischen Wettbewerbsrechts geboten. Die Länder seien gehalten, durch geeignete organisatorische Maßnahmen, wie etwa durch Aufgabendelegation an andere Landesbehörden, interne Trennung von Zuständigkeiten, Transparenz der Entscheidungsabläufe oder spezifische Kontrollvorbehalte umzusetzen (BT-Drs. 17/6052, S. 88). **24**

Auf Drängen der Bundesländer ist jedoch dieses **Neutralitätsgebot** wieder gestrichen worden (kritisch dazu zu Recht *Weidemann* AbfallR 2012, 96, 100). Nach ihrer Auffassung wäre der Bundesgesetzgeber nicht befugt gewesen, eine solche Vorgabe für die Bestimmung der zuständigen Landesbehörde zu machen. Der Bundesrat sah für die Zuordnung der Zuständigkeit an „die oberste Landesbehörde oder die von ihr bestimmte Behörde" keine inhaltliche Rechtfertigung und lehnte sie daher als sachwidrig ab. Die Länder würden in ihren landesrechtlichen Regelungen ohnehin abweichende Zuständigkeiten regeln (Stellungnahme des Bundesrates, BR-Drs. 216/11, S. 13). Dass die Behörden der mit dem öffentlich-rechtlichen Entsorgungsträger identischen Kommune über die Untersagung und Einschränkung der gewerblichen Sammlungen und damit über den Entzug von Verwertungserlösen zugunsten der Kommune entscheiden, verstärkt die Zweifel an der Vereinbarkeit dieser Regelungen mit dem europäischen Wettbewerbsrecht. Die erwähnten diesbezüglichen Bedenken der Bundesregierung sind berechtigt. **25**

Die Rechtsprechung hat jedoch keine durchgreifenden Zweifel wegen einer unzureichenden Neutralität der zuständigen Behörde bei Identität des Trägers dieser Behörde mit dem des öffentlich-rechtlichen Entsorgungsträgers (kritisch dazu zu Recht *Dippel* in Schink/Versteyl, KrWG, 2016, § 18 Rn. 11). **26**

Eine mangelnde Distanz zum öffentlich-rechtlichen Entsorgungsträger und dessen Sonderinteressen könne zwar Anlass zu der Prüfung geben, ob rechtsstaatliche Gebote für die Gestaltung eines fairen Verfahrens zur Gewährleistung einer unparteiischen Aufgabenerfüllung (*BVerwG* Urt. v. 5.12.1986, BVerwGE 75, 214, 230 f. und vom 18.3.2009, BVerwGE 133, 239 Rn. 24) oder der wettbewerbsrechtliche Missbrauchstatbestand nach Art. 106 Abs. 1, Art. 102 AEUV dem Handeln des Beklagten als zuständige Behörde entgegenstünden (*VGH München* Beschl. v. 2.7.2020 – 12 B 16.2412, juris Rn. 34; *BVerwG* Urt. v. 11.7.2017, NVwZ 2018, 1073 Rn. 15). **27**

IV. Beizubringende Unterlagen

28 Der Anzeige der Sammlungen sind nach Abs. 2 und 3 diverse Unterlagen beizufügen. Der Umfang der beizubringenden Unterlagen ist bei den gewerblichen Sammlungen nach Abs. 2 grundsätzlich deutlich größer als bei den gemeinnützigen Sammlungen nach Abs. 3. Allerdings kann die Behörde gemäß § 18 Abs. 2 Satz 2 auch von dem Träger der gemeinnützigen Sammlung ergänzende Unterlagen verlangen, wie sie von dem Träger einer gewerblichen Sammlung gefordert werden.

29 Die Unterlagen sollen es der zuständigen Behörde ermöglichen, die gesetzlichen Voraussetzungen für die Sammlungen zu prüfen; sie dienen insbesondere als Grundlage für die Beurteilung, ob einer gewerblichen Sammlung überwiegende öffentliche Interessen entgegenstehen (*BVerwG* Urt. v. 30.6.2016 – 7 C 5/15, juris Rn. 26). Nicht zuletzt können die mit der Anzeige beizubringenden Unterlagen für den **Leistungsvergleich** nach § 17 Abs. 3 Satz 4 von Bedeutung sein. Die zuständige Behörde darf ihre Darlegungsanforderungen aber nicht dazu missbrauchen, unerwünschte gewerbliche Sammlungen abzuwehren (*BVerwG* Urt. v. 30.6.2016 – 7 C 5/15, juris Rn. 26; *Dippel* in Schink/Versteyl, KrWG, 2016, § 18 Rn. 14).

30 Dass die Träger der Sammlung der Anzeige Angaben beizufügen haben, die auch für den nach § 18 Abs. 3 Satz 4 erforderlichen Leistungsvergleich relevant sind, bedeutet nicht, dass die Träger der Sammlung insoweit **nachweispflichtig** sind (*Dippel* in Schink/Versteyl, KrWG, 2016, § 18 Rn. 14; *OVG Lüneburg* Beschl. v. 15.8.2013 – 7 ME 62/13, juris Rn. 6). Die zuständige Behörde hat nach § 26 VwVfG den Sachverhalt von Amts wegen aufzuklären (a. A. *Petersen/Doumet/Stöhr* NVwZ 2012, 521, 527; *Schomerus* in Versteyl/Mann/Schomerus, KrWG, 2019, § 18 Rn. 16; *VGH München* Beschl. v. 31.3.2014 – 20 ZB 13.2607).

31 Der VGH München meint dazu, verwiese man die zuständige Abfallbehörde auf die sie treffende Amtsermittlungspflicht und die Möglichkeit, die qualifizierte gesetzliche Anzeigepflicht des gewerblichen Sammlers mit Mitteln des Verwaltungszwangs und mittelbar durch die Verfolgung nach dem Ordnungswidrigkeitenrecht durchzusetzen, so wäre bis zur Durchsetzung dieser den Antragsteller treffenden Verpflichtung die ordnungsgemäße und schadlose Verwertung der in der Zwischenzeit eingesammelten Abfälle offen und damit nicht gewährleistet. Das sei vom Gesetzgeber angesichts der von ihm eingeführten Anzeigepflicht ersichtlich nicht gewollt. Überzeugend ist dieser Pauschalverweis auf einen (vermeintlichen) gesetzgeberischen Willen nicht. Denn gerade weil sich der Gesetzgeber für ein Anzeige- und nicht für ein Genehmigungsverfahren entschieden hat, signalisiert er, dass er die Gefahren, die von einer gewerblichen Sammlung ausgehen können, als vergleichbar gering ansieht. Deshalb kann er die Tätigkeit nach Ablauf der Wartefrist aufnehmen, wenn die Behörde gegen die angezeigte Sammlung nicht einschreitet.

32 Die Behörde kann nach der Rechtsprechung des BVerwG auch noch nach Ablauf der Wartefrist einschreiten. Dass bei einem (verspäteten) Einschreiten der Behörde erst nach Ablauf der Wartefrist möglicherweise eine Sammlung begonnen worden ist, die den gesetzlichen Anforderungen nicht oder nicht ganz entspricht, wird insoweit hingenommen. Der Gesetzgeber hat aber die Erwartung, dass die zuständige Behörde in aller Regel sich auch bemüht und auch in der Lage ist, innerhalb der ihr gesetzten Frist zu entscheiden, ob ein Einschreiten geboten ist. Dabei hat sie neben den Angaben des Trägers der Sammlung auch die Stellungnahme der betroffenen öffentlich-rechtlichen Entsorgungsträger und – soweit diese Angaben noch nicht ausreichen – eigene Ermittlungen anzu-

stellen und zu berücksichtigen. Hat die zuständige Behörde das angezeigte Vorhaben nicht beanstandet, so darf es ausgeführt werden. Hält sie es dagegen für rechtswidrig, so muss sie seine Ausführung vor Ablauf der Frist untersagen

Welche Anforderungen im Einzelnen an die Detaillierung der Angaben zu stellen ist, 33 ergibt sich aus dem Gesetz nicht. Die Frage muss letztlich im jeweiligen Einzelfall vor dem Hintergrund des Sinn und Zwecks der Anzeige einschließlich der beizubringenden Unterlagen, der zuständigen Behörde die notwendige Prüfung zu ermöglichen, beantwortet werden. Allerdings dürfen die Anforderungen zur Wahrung der **Verhältnismäßigkeit** nicht überspannt werden, zumal der zuständigen Behörde ohnehin ein nur enger Zeitrahmen für die Prüfung dieser Unterlagen bleibt. Nicht angezeigt ist es, unter Verweis auf die Erforderlichkeit einer ordnungsgemäßen und schadlosen Verwertung die für angegebene Verwertungsanlagen erteilten baurechtlichen oder immissionsschutzrechtlichen Genehmigungen zu hinterfragen oder straßenrechtliche Sondernutzungserlaubnisse zu prüfen. Das gilt jedenfalls solange, wie es keinen konkreten Anhaltspunkt dafür gibt, dass die beabsichtigte Verwertung nicht den geltenden Gesetzen entspricht. In der Vergangenheit war insbesondere die Ordnungsgemäßheit und Schadlosigkeit der Altpapierverwertung nie ernsthaft in Zweifel. Dasselbe gilt für die Verwertung von anderen getrennt gesammelten Fraktionen, wie etwa Altglas oder Altmetall.

Zu berücksichtigen ist außerdem, dass bestimmte Angaben nur auf **Prognosen** beru- 34 hen können. Das gilt etwa für die geforderten Angaben über Art, Menge und Verbleib der zu verwertenden Abfälle. Soweit die vorgesehenen Verwertungswege darzulegen sind, bedeutet dies nicht, dass für den gesamten, geplanten Sammelzeitraum verbindliche Verträge abzuschließen und der zuständigen Behörde vorzulegen sind. Es genügt vielmehr, die geplanten Verwertungswege zu beschreiben und plausibel zu machen. Es kommt nicht darauf an, konkrete Einzelanlagen zu bezeichnen. Ausreichend ist es, verschiedene konkrete Verwertungswege aufzuzeigen. Dabei kann auch auf eine in der Vergangenheit unbeanstandet praktizierte Zusammenarbeit mit Verwertungsunternehmen verwiesen werden. Zu bedenken ist in diesem Zusammenhang, dass das Unternehmen eine Mindestdauer der Sammlung angeben soll und dass es im Rahmen der Bewertung der entgegenstehenden öffentlichen Interessen von Bedeutung sein kann, eine möglichst dauerhafte Sammlung zu installieren. Dementsprechend kann es dem Unternehmen jedoch nicht abverlangt werden, für eine mittel- und langfristig angelegte Sammlung bereits die definitiven und unabänderlichen Verwertungswege zu benennen. Etwas Ähnliches könnte auch dem öffentlich-rechtlichen Entsorgungsträger nicht abverlangt werden, der – wie im Übrigen auch die dualen Systeme – die Verwertungsleistungen regelmäßig und zwar in überschaubaren Zeiträumen ausschreibt.

Der Gesetzgeber taxiert den Aufwand für eine solche Anzeige nach § 18 Abs. 1 auf ca. 35 drei Euro. Wie diese Zahl zustande kommt, erschließt sich nicht. Die Personalkosten können hierbei kaum berücksichtigt worden sein. Gleichwohl spricht dieser vom Gesetzgeber veranschlagte Kostenfaktor dafür, dass die Anforderungen an die Anzeige nicht allzu hoch angesetzt werden dürfen.

Nach § 18 Abs. 2 S. 1 sind der Anzeige einer gewerblichen Sammlung beizufügen 36 1. Angaben über die Größe und Organisation des Sammlungsunternehmens, 2. Angaben über Art, Ausmaß und Dauer, insbesondere über den größtmöglichen Umfang und die Mindestdauer der Sammlung, 3. Angaben über Art, Menge und Verbleib der zu verwertenden Abfälle, 4.eine Darlegung der innerhalb des angezeigten Zeitraums vorgesehenen Verwertungswege einschließlich der erforderlichen Maßnahmen zur Sicherstellung ihrer Kapazitäten sowie 5. eine Darlegung, wie die ordnungsgemäße und schadlose Verwertung der gesammelten Abfälle im Rahmen der Verwertungswege nach Nummer 4 gewährleistet wird.

37 Es handelt sich bei dieser Aufzählung nicht um einen durch ein „insbesondere" eingeleiteten Mindestkatalog von beizufügenden Angaben, sondern um eine **abschließende Auflistung** (*Dippel* in Schink/Versteyl, KrWG 2016, § 18 Rn. 14; *OVG Lüneburg* Beschl. v. 15.8.2013 – 7 ME 62/13, juris Rn. 6). Zusätzliche Nachweise, die über die Anforderungen nach Abs. 2 hinausgehen, können von der zuständigen Behörde nicht verlangt werden (*Dippel* in Schink/Versteyl, KrWG, 2016, § 17 Rn. 14; *Karpenstein/Dingemann* in Jarass/Petersen, KrWG, 2014, § 18 Rn. 42; *Schomerus* in Versteyl/Mann/Schomerus, KrWG, 2019, § 18 Rn. 16).

38 Das Anzeigeverfahren dient dementsprechend keiner präventiven Prüfung der Zuverlässigkeit, hierzu sind auch keine Unterlagen beizufügen (*VGH München* Beschl. v. 15.6.2020, BeckRS 2020, 15018). Es ermöglicht nach Ansicht des VGH München der zuständigen Behörde lediglich, vorhandene Erkenntnisse aus der Vergangenheit über eine mögliche Unzuverlässigkeit des Sammlers im Rahmen des Untersagungsverfahrens nutzbar zu machen (dazu auch *BVerwG* Urt. v. 1.10.2015, BVerwGE 153, 99; *Schomerus* in Versteyl/Mann/Schomerus, KrWG, 2019, § 18 Rn. 16), soweit die im Anzeigeverfahren zu prüfenden sammlungsbezogenen Voraussetzungen reichen.

39 Der Umfang der beizufügenden Angaben erfährt eine Begrenzung auch durch die **Zuständigkeit der Abfallbehörde,** bei der die Anzeige einzureichen ist. Da es es nicht die Zuständigkeit der Abfallbehörde ist, Aufgaben wahrzunehmen oder auch nur zu erleichtern, die in die Kompetenz der Straßen- bzw. der Straßenverkehrsbehörde fallen, oder gar private Rechtsverhältnisse auszuleuchten, habe der Sammler seiner Anzeige auch keine **Angaben zu den Containerstandorten** und zu deren Absicherung, beispielsweise durch eine straßenrechtliche Sondernutzungserlaubnis oder privatrechtliche Gestattung des Grundstückseigentümers, beizufügen (*VGH München* Beschl. v. 15.6.2020, BeckRS 2020, 15018; *OVG Lüneburg* Beschl. v. 15.8.2013, NVwZ-RR 2013, 957; *VGH BW* Beschl. v. 5.5.2014, NVwZ 2014, 1253, 1254). Zu den von der Behörde im Rahmen des Anzeigeverfahrens zu prüfenden sammlungsbezogenen Voraussetzungen gehören ausschließlich solche Verstöße, die das Schutzgut des Abfallrechts, namentlich eine ordnungsgemäße und schadlose Verwertung der gesammelten Abfälle betreffen, nicht aber zugleich auch straßenrechtliche Normen und zivilrechtliche Abwehrrechte aus Eigentum und Besitz.

40 **1. Größe und Organisation des Sammlungsunternehmens (Abs. 2 Nr. 1).** Nach § 18 Abs. 2 Nr. 1 sind Angaben zu Größe und Organisation des Sammlungsunternehmens zu machen. Angaben zur Größe des Unternehmens können sich auf die Zahl seiner Mitarbeiter, seiner Sammelfahrzeuge bzw. auf die Anzahl sonstiger Maschinen und seiner unternehmerischen Aktivitäten, insbes. zu seiner Sammelsystematik beziehen. Angaben zur Organisation des Sammlungsunternehmens betreffen seine rechtliche Verfassung (Gesellschaftsform, Beteiligungsverhältnisse) und die gesetzliche Vertretung.

41 Der **Jahresumsatz** zählt nach Ansicht des BVerwG nicht zu den organisatorischen Merkmalen des Unternehmens, wie etwa seine Rechtsform und die Beteiligungsverhältnisse. Als eine für die Größe des Unternehmens relevante Angabe könne eine Angabe zum Jahresumsatz jedenfalls nicht gleichsam automatisch gefordert werden (*BVerwG* Urt. v. 24.1.2019, NVwZ-RR 2019, 679). Die Größe des Sammelunternehmens könne nicht nur durch die sächliche und personelle Ausstattung des Unternehmens – wie etwa Maschinenpark und Mitarbeiterzahl – sondern grundsätzlich auch mittels Finanzkennzahlen umschrieben werden. Dieses weite Verständnis des Begriffs der Größe des Sammlungsunternehmens sei jedoch – so das BVerwG – nach dem Regelungszusammenhang und dem Sinn und Zweck der Norm zu beschränken. Die Angaben nach § 18 Abs. 2 sollten die Prüfung der Voraussetzungen des § 17 Abs. 2 Nr. 4 und Abs. 3 ermöglichen. Sie müssten

sich folglich durch einen abfallwirtschaftlichen Bezug ausweisen. Das unterscheide sie von der handelsrechtlichen Vorschrift des § 267 HGB, die neben der Mitarbeiterzahl und der Bilanzsumme ausdrücklich auch die Umsatzerlöse zur Bildung bilanzrechtlich relevanter Größenklassen von Unternehmen heranziehe. Die abfallwirtschaftliche Leistungsfähigkeit bemesse sich danach, ob davon auszugehen sei, dass das Sammlungsunternehmen die Abfälle wie angestrebt qualitativ ausreichend, effizient und dauerhaft zu erfassen und zu verwerten in der Lage sei. Das wiederum richte sich in erster Linie nach den hierfür eingesetzten betrieblichen Mitteln, nämlich der Anzahl der Mitarbeiter und der Sammellogistik. Für eine längerfristige prognostische Bewertung ist auch von Belang, ob zu erwarten sei, dass das Unternehmen „Durststrecken" mit schwankenden bzw. niederen Rohstoffpreisen und Vermarktungserlösen überstehen könne. Ein Bezug zum Umsatz sei auch insoweit jedenfalls nicht ohne Weiteres gegeben. Denn allein diese Finanzkennzahl lasse verlässliche Schlüsse auf eine Gewinnmarge oder finanzielle Reserven, die solche schwierigen Phasen abfedern können, nicht zu. (*BVerwG* Urt. v. 24.1.2019, NVwZ-RR 2019, 679; aA *Karpenstein/Dingemann* in Jarass/Petersen, KrWG, 2014, § 18 Rn. 46; *Dippel* in Schink/Versteyl, KrWG, 2. Aufl. 2016, § 18 Rn. 15; *Gruneberg* in Jahn/Deifuß-Kruse/Brandt, KrWG, 2014, § 18 Rn. 30).

2. Art, Ausmaß, Dauer, Umfang und Mindestdauer (Abs. 2 Nr. 2). Bei den Angaben über Art, Ausmaß und Dauer der Sammlung bedarf es der Information über das *Gebiet,* in dem der Abfall gesammelt werden soll, über das *Sammelsystem* (Hol- oder Bringsystem) und über die beabsichtigte *Sammelfrequenz*. Bei Bringsystemen ist zu berichten, welche Sammelbehälter/Container in welcher Zahl und an welchem Ort aufgestellt werden sollen (*Klement* in Schmehl/Klement, KrWG 2019, § 18 Rn. 23; *OVG NRW* Urt. v. 12.3.2014 – 20 B 703/13, juris Rn. 30; *VGH BW* Beschl. v. 26.9.2013, UPR 2014, 33, 36). **42**

Ob der Sammler angeben muss, dass er die Sammlung selbst oder mit Hilfe eines beauftragten Unternehmens durchführen will, ist umstritten (bejahend *VGH BW* Beschl. v. 26.9.2013, UPR 2014, 33; ablehnend *Klement* in Schmehl/Klement, KrWG, 2019, § 18 Rn. 24). Die entsprechende Information könnte mit Verweis darauf, dass nach § 18 Abs. 2 Nr. 1 auch Angaben über die Organisation Sammelunternehmens gemacht werden müssen, geboten sein. Zur Organisation des Sammlungsunternehmens dürfte nämlich auch die Frage gehören, ob und inwieweit man sich bei der Sammeltätigkeit der Unterstützung durch Drittunternehmen bedient. Für die gemeinnützigen Sammlungen sieht § 18 Abs. 3 S. 1 Nr. 3 ausdrücklich vor, dass gegebenenfalls auch Angaben über den Dritten, der mit der Sammlung beauftragt wird, zu machen sind. **43**

Eine abschließende **Liste der Standorte,** an denen bei einem Bringsystem Container oder Sammelbehälter aufgestellt werden sollen, muss der Anzeige nicht beigefügt werden. Eine solche Angabe ist nicht erforderlich, um prüfen zu können, ob der Sammlung öffentliche Interessen entgegenstehen können. Ausreichend ist eine Angabe der Anzahl der Container, die in einem bestimmten Sammelgebiet aufgestellt werden sollen, um die Auswirkungen einer solchen Sammlung auf die Funktionsfähigkeit des öffentlich-rechtlichen Entsorgungsträgers prüfen zu können (*Dippel* in Schink/Versteyl, KrWG, 2016, § 18 Rn. 16; *OVG Magdeburg* Urt. v. 17.3.2016 – 2 L 45/14, juris Rn. 104). Auch zivilrechtliche Berechtigungen für die Aufstellung eines Sammelcontainers müssen dementsprechend nicht vorgelegt werden. Dasselbe gilt für straßenrechtliche Sondernutzungserlaubnisse (*Dippel* in Schink/Versteyl, KrWG 2016, § 18 Rn. 16; *VGH Mannheim* Beschl. v. 26.9.2013 – Z 10 S 1345/13, juris Rn. 29). **44**

Die verpflichtende Angabe zum größtmöglichen Umfang der Sammlung bezieht sich räumlich auf ein Sammelgebiet und organisatorisch auf die Sammellogistik (Zahl der **45**

Container) und den Sammelrhythmus, nicht jedoch auf die Menge der gesammelten Abfälle, die ohnehin nur prognostiziert werden muss. Der Sammler ist dementsprechend bei Erreichen einer entsprechenden Menge, die er prognostiziert hat, nicht verpflichtet, seine Sammeltätigkeit einzustellen oder eine erneute Anzeige einzureichen (siehe dazu *Dippel* in Schink/Versteyl, KrWG 2016, § 18 Rn. 1/; *Wenzel* AbfallR 2012, 231, 235; *Karpenstein/Dingemann* in Jarass/Petersen, KrWG, 2014, § 18 Rn. 43).

46 **3. Art, Menge und Verbleib der zu verwertenden Abfälle (Abs. 2 Nr. 3).** Weiter verlangt der Gesetzgeber Angaben zu Art, Menge und Verbleib der zu verwertenden Abfälle. Solche Angaben können mithilfe von Abfallschlüsseln gemacht werden. Zumeist dürften Informationen darüber, ob z. B. Altkleider, alte Schuhe oder Altmetall, etc. gesammelt werden sollen und mit welcher Menge gerechnet wird. Hinsichtlich der Menge handelt es sich allerdings um eine letztlich unverbindliche Prognose. Was den Verbleib der zu verwertenden Abfälle angeht, besteht ein enger Zusammenhang zu der ebenfalls notwendigen Darlegung der vorgesehenen Verwertungswege (Abs. 2 Nr. 4) und zur Darlegung der Gewährleistung einer ordnungsgemäßen und schadlosen Verwertung (Abs. 2 Nr. 5).

47 **4. Darlegung der Verwertungswege (Abs. 2 Nr. 4).** Das BVerwG hat sich mit Blick auf die erforderlichen Angaben zu dem Verbleib der zu verwertenden Abfälle und zu den darzulegenden Entsorgungswegen zu Recht gegen eine übertrieben strenge Auslegung der Darlegungsanforderungen des anzeigenden Sammlers ausgesprochen. Die Entstehungsgeschichte der Vorschrift spräche gegen eine zu strenge Auslegung. Der Gesetzgeber habe an die zuvor geltende Nachweispflicht anknüpfen und diese durch eine Anzeigepflicht ersetzen wollen, wobei die vom gewerblichen Sammler zu übermittelnden Informationen „nur unwesentlich" über die bisherige Vorschrift hinausgehen sollten (*BVerwG* Urt. v. 30.6.2016, NVwZ 2017, 75 unter Verweis auf BT-Drs. 17/6052 S. 64). Dies spreche dafür, dass der Gesetzgeber an die dem gewerblichen Sammler mit der Neuregelung auferlegte Darlegungspflicht keine Detaillierungsanforderungen habe stellen wollen, die die entsprechenden Anforderungen an die Pflicht zur Nachweisführung nach der bisherigen Vorschrift übersteigen würden. Die Rechtsprechung habe mit der Begründung, die Nachweisführung dürfe nicht in ein Zulassungsverfahren umschlagen, keine hohen Anforderungen an den zu führenden Nachweis gestellt und es nicht für erforderlich gehalten, den Verwertungsweg im Einzelnen aufzuzeigen. Vielmehr habe sie schon die Vorlage eines Vertrages über den Weiterverkauf der Abfälle genügen lassen. Wenn in der Begründung zum Gesetzentwurf – abschwächend – davon die Rede sei, dass „lediglich" eine Darlegung der vorgesehenen Verwertungswege gefordert werde, spreche auch dies dafür, dass der Gesetzgeber von eher geringen Anforderungen an die Anzeigepflicht ausgegangen sei (*BVerwG* Urt. v. 30.6.2016, NVwZ 2017, 75; zustimmend *Dippel* in Schink/Versteyl, KrWG 2016, § 18 Rn. 15; *Denz-Hedlund* AbfallR 2016, 178, 182 f.).

48 Sinn und Zweck der Vorschrift rechtfertigten ebenso wenig generalisierende hohe Anforderungen. Die vom gewerblichen Sammler geforderten Angaben sollten gerade als Korrelat zum fehlenden allgemeinen Erlaubnisvorbehalt der Behörde die Klärung der Frage ermöglichen, ob die Voraussetzungen des § 17 Abs. 2 Nr. 4 vorliegen (BT-Drs. 17/6052 S. 88, 106). Die hiernach gebotene Kontrolle müsse demnach nicht in der Weise abschließend sein, wie es erforderlich wäre, wenn die behördliche Entscheidung mit einer Legalisierungswirkung verbunden wäre. Sie habe vielmehr eine angemessene Kontrollmöglichkeit zu eröffnen, die zunächst eine allgemeine Prüfung und gegebenenfalls eine anschließende detaillierte Überwachung auch auf den nachfolgenden Verwer-

tungsstufen ermögliche. Das Ausmaß der vom Sammler zu fordernden Darlegung müsse dieser Funktion entsprechen. Den Besonderheiten verschiedener Abfallmärkte und insbesondere den spezifischen Möglichkeiten typischer Sammlergruppen müsse zur Wahrung der Verhältnismäßigkeit Rechnung getragen werden, soweit dies die Überwachungsbedürfnisse nicht leerlaufen lasse. Die Darlegungsanforderungen dürften nicht dazu genutzt werden, vermeintliche Lücken bei der Abwehr gewerblicher Sammlungen zu schließen (*BVerwG* Urt. v. 30.6.2017, NVwZ 2017, 75; *Gruneberg* EurUP 2015, 229, 236).

Das BVerwG hält es deshalb für geboten, bei der Bestimmung des Umfangs der Darlegungspflicht nicht generalisierend, sondern im Hinblick auf die konkreten Entsorgungsstrukturen differenzierend vorzugehen (kritisch dazu *Klement* in Schmehl/Klement, KrWG, 2019, § 18 Rn. 19). So könne von Bedeutung sein, ob für eine Abfallfraktion etablierte Verwertungswege bestünden. Der aktuelle Marktpreis könne ein bestehendes ökonomisches Interesse an der Verwertung indizieren. Des Weiteren sei zu berücksichtigen, ob der gewerbliche Sammler die Verwertung selbst durchführe oder die gesammelten Abfälle – im Rahmen einer langjährigen (funktionierenden) Geschäftsbeziehung – an ein oder mehrere (bekannte und bewährte) Entsorgungsunternehmen weiterveräußere und ob diese Unternehmen ihren Sitz im In- oder Ausland hätten. Dieser restriktiven Rechtsprechung des BVerwG wird entgegengehalten, ihr methodischer Ausgangspunkt sei verfehlt. Mit einer adressatenbezogenen Ausdifferenzierung der von Gesetzes wegen für alle Normadressaten einheitlichen Verpflichtung zur Darlegung der Verwertungswege und der Verwertung, werde das Gericht als Gesetzgeber tätig und überschreite insoweit seine Kompetenzen (*Klement* in Schmehl/Klement, KrWG, 2019, § 18 Rn. 19). Diese Kritik überzeugt nicht. Denn eine in diesem Sinne adressatenbezogene Ausdifferenzierung der Verpflichtung kann sich durchaus aus einer Auslegung der Regelung nach ihrem Sinn und Zweck und auf der Grundlage des auch in diesem Zusammenhang geltenden Verhältnismäßigkeitsgrundsatzes ableiten lassen. **49**

Im Anschluss an das Urteil des BVerwG vom 30.6.2017 hat der VGH München entschieden, dass die Mindestanforderungen an die Darlegungspflicht aus § 18 Abs. 2 Nr. 4 regelmäßig erfüllt sind, wenn aufgezeigt wird, dass der gesamte Abfall – hinsichtlich Sammelmenge und -zeitraum – von einem oder mehreren Entsorgungsunternehmen abgenommen wird. Hierfür genüge in Anlehnung an die Regelungen der Nachweisverordnung und unabhängig vom Status des jeweiligen Sammlers eine schriftliche Erklärung des abnehmenden Unternehmens, aus der sich ergebe, dass die Annahme der Abfälle sowohl hinsichtlich ihres Umfangs als auch des Zeitraums der Sammlung gewährleistet sei (*VGH München* Beschl. v. 15.6.2020, BeckRS 2020, 15018). Hiernach seien die Mindestanforderungen aus § 18 Abs. 2 Nr. 4 erfüllt, wenn aufgezeigt werde, dass der gesamte Abfall – hinsichtlich Sammelmenge und -zeitraum – von einem oder mehreren Entsorgungsunternehmen abgenommen werde. Durchläuft die Verwertung mehrere Stufen, muss bei der Festlegung weiterer Darlegungsanforderungen insbesondere die Situation der Kleinsammler Berücksichtigung finden. **50**

Ob bei der grenzüberschreitenden Verbringung gesammelter Abfälle zur Erfüllung der Darlegungspflicht auch Formblätter gemäß Anhang VII der EG-AbfVerbrV vorgelegt werden müssen, ist noch nicht abschließend geklärt. Der VGH München (Urt. v. 25.6.2018 – 20 B 17.2431 – juris Rn. 23ff.) nimmt an, dass das ausgefüllte Formblatt vorzulegen ist. Das OVG NRW ist hingegen der zutreffenden Ansicht, dass für eine ordnungsgemäße Darlegung der Verwertungswege bei der grenzüberschreitenden Verbringung in andere EU-Mitgliedstaaten die Vorlage des Formblatts nicht erforderlich ist (Urt. v. 20.11.2018 – 20 A 953/17, juris Rn. 33ff.). Da das Formblatt gemäß Art. 18 Abs. 1 EG-AbfVerbrV erst bei dem konkreten Vorgang der grenzüberschreitenden Verbringung **51** von Abfällen von Versender und Empfänger auszufüllen sei, könne es vor einer Aufnahme der Sammlungstätigkeit und vor erstmaliger Verbringung der gesammelten Abfälle in den anderen Mitgliedstaat nicht vorgelegt werden (dem folgend *VG Würzburg* Urt. v. 16.10.2020 – W 10 K 18.1146, juris Rn. 32).

52 **5. Gewährleistung einer ordnungsgemäßen und schadlosen Verwertung.** Der Gesetzgeber fordert schließlich noch eine Darlegung, wie die ordnungsgemäße und schadlose Verwertung der gesammelten Abfälle im Rahmen der Verwertungswege nach Nr. 4 gewährleistet wird. Diese Angabe schließt an die Darlegung der Verwertungswege an und kann ergänzend dazu Ausführungen enthalten, die sich auf die Ordnungsgemäßheit und Staatenlosigkeit der angestrebten Verwertung auf den vorgesehenen Entsorgungswegen beziehen. Erforderlich dürften solche ergänzenden Angaben grundsätzlich nur dann sein, wenn sich die Ordnungsgemäßheit und Schadlosigkeit der Verwertung nicht schon daraus ableiten lässt, dass auf den vorgesehenen Verwertungswegen eine herkömmliche und anerkannte Verwertung etwa in dafür speziell zugelassenen Verwertungsanlagen stattfindet.

V. Angaben zur gemeinnützigen Sammlung (Abs. 3)

53 Hinsichtlich der Pflichtangaben, die der Anzeige einer gemeinnützigen Sammlung beizufügen sind, ist der Gesetzgeber großzügiger. Der Anzeige einer gemeinnützigen Sammlung sind lediglich beizufügen 1. Angaben über die Größe und Organisation des Trägers der gemeinnützigen Sammlung sowie gegebenenfalls des Dritten, der mit der Sammlung beauftragt wird, sowie 2. Angaben über Art, Ausmaß und Dauer der Sammlung. Angaben zur Art, Menge und Verbleib der zur Verwertungsabfälle, zu den vorgesehenen Verwertung wegen und zur Gewährleistung einer ordnungsgemäßen und schadlosen Verwertung der gesammelten Abfälle sind regelmäßig nicht erforderlich. Die Behörde kann aber nach Abs. 3 S. 2 verlangen, dass der Anzeige der gemeinnützigen Sammlung auch Unterlagen entsprechend Abs. 2 Nr. 3 bis 5 beizufügen sind. Diese Differenzierung der Pflichtangaben für die Träger gewerblicher und gemeinnütziger Sammlungen verdeutlicht ein Misstrauen des Gesetzgebers gegenüber den Trägern gewerblicher Sammlungen, denen eine Darlegung der Verwertungswege und der Art und Weise, wie sie sicherstellen wollen, dass die Abfälle auch ordnungsgemäß und schadlos verwertet werden, abverlangt wird, während die Träger der gemeinnützigen Sammlung, die sich allzu häufig ebenfalls privater Sammelunternehmen bedienen, von solchen Pflichtangaben verschont bleiben. Mit Blick auf das Ziel, eine ordnungsgemäße und schadlose Verwertung auch der durch solche Sammlungen eingesammelten Abfälle sicherzustellen, macht die Differenzierung weniger Sinn. Begründet werden die geringeren Anforderungen damit, dass die Intensität der gemeinnützigen Sammlungen regelmäßig geringer sei und diese sich auch zumeist auf ein räumlich enger begrenztes Gebiet erstreckten. Der Gesetzgeber wollte im Sinne des gemeinnützigen Zwecks an dieser Stelle bürokratische Hindernisse, die dem gewerblichen Sammler entgegengestellt werden, vermeiden (dazu *Schomerus* in Versteyl/Mann Schomerus, KrWG 2019, § 18 Rn. 17; Gesetzesbegründung, BT-Drs. 17/6052, S. 64).

VI. Stellungnahme des öffentlich-rechtlichen Entsorgungsträgers

54 Nach § 18 Abs. 4 Satz 1 fordert die zuständige Behörde den von der gewerblichen oder gemeinnützigen Sammlung betroffenen öffentlich-rechtlichen Entsorgungsträger

auf, für seinen Zuständigkeitsbereich eine Stellungnahme innerhalb einer **Frist von zwei Monaten** abzugeben. In den Bundesländern, in denen die Zuständigkeit für die Einsammlung und Entsorgung aufgeteilt ist, müssen dementsprechend beide öffentlich-rechtlichen Entsorgungsträger beteiligt werden.

Die zuständige Behörde muss dem öffentlich-rechtlichen Entsorgungsträger bzw. den öffentlich-rechtlichen Entsorgungsträgern kein vollständiges Exemplar der Anzeige nebst sämtlichen beigefügten Unterlagen überlassen. Es reicht vielmehr aus, den oder die öffentlich-rechtlichen Entsorgungsträger soweit zu informieren, dass er zu einer möglichen Beeinträchtigung seiner Funktionsfähigkeit durch die angezeigte Sammlung qualifiziert Stellung nehmen kann (*Dippel* in Schink/Versteyl, KrWG, 2016, § 18 Rn. 21). Die zuständige Behörde muss außerdem bei der Information der öffentlich-rechtlichen Entsorgungsträger sicherstellen, dass Geschäfts- und Betriebsgeheimnisse des Trägers der Sammlung gewahrt bleiben (*OVG NRW* Beschl. v. 22.12.2015 – 20 A 2077/14, juris Rn. 4; *Dippel* in Schink/Versteyl, KrWG, 2016, § 18 Rn. 21). 55

Die zuständige Behörde berücksichtigt die Stellungnahme bei ihrer Entscheidung, ob die angezeigte Sammlung von Bedingungen abhängig gemacht, zeitlich befristet oder mit Auflagen versehen werden muss. Da dies davon abhängt, ob und inwieweit solche Einschränkungen notwendig sind, um die Voraussetzungen für die Zulässigkeit einer Sammlung sicherzustellen, fließen die Stellungnahmen der öffentlich-rechtlichen Entsorgungsträger insbesondere bei der Prüfung der Frage ein, ob überwiegende öffentliche Interessen einer gewerblichen Sammlung entgegenstehen. 56

Die zuständige Behörde fordert die öffentlich-rechtlichen Entsorgungsträger nach § 18 Abs. 4 Satz 1 lediglich auf, eine Stellungnahme für ihren Zuständigkeitsbereich abzugeben. Daraus folgt, dass von den öffentlich-rechtlichen Entsorgungsträgern nicht zu der Frage Stellung genommen werden soll, ob die gesammelten Abfälle ordnungsgemäß und schadlos verwertet werden. Diese Rechtsprüfung ist durch die zuständige Behörde vorzunehmen und liegt außerhalb des Zuständigkeitsbereichs der öffentlich-rechtlichen Entsorgungsträger. 57

Hat der öffentlich-rechtliche Entsorgungsträger bis zum Ablauf dieser Frist keine Stellungnahme abgegeben, ist davon auszugehen, dass er sich nicht äußern will (§ 18 Abs. 4 Satz 2). Eine Pflicht zur Stellungnahme besteht nicht. Äußert sich der öffentlich-rechtliche Entsorgungsträger verspätet, muss die zuständige Behörde diese Stellungnahme nicht mehr berücksichtigen. 58

Fraglich ist, ob und inwieweit die öffentlich-rechtlichen Entsorgungsträger berechtigt sind, Informationen, die sie im Rahmen ihrer Anhörung über die Anzeige des Trägers der Sammlung bekommen haben, für eigene Planungen zu nutzen, insbesondere ob sie die Frist von drei Monaten, innerhalb derer die zuständige Behörde entscheiden muss, nutzen dürfen, um eigene Systeme zur Verhinderung einer gewerblichen Sammlung zu installieren. 59

Grundsätzlich ist es der öffentlichen Hand aus wettbewerbsrechtlichen Gründen versagt, amtliche Beziehungen auszunutzen, um sich oder einem Dritten auf diese Weise Vorteile im **Wettbewerb** zu verschaffen. In einem solchen Vorgehen kann – je nach den Umständen des Einzelfalls – ein **Missbrauch** der amtlichen Stellung und der Einrichtungen der Verwaltung liegen, der gegen das Verbot unlauteren Wettbewerbs im Sinne des § 3 UWG verstoßen kann. Eine andere Beurteilung kann aber dann geboten sein, wenn ein enger Zusammenhang zwischen der hoheitlichen Tätigkeit und der Teilnahme am Wirtschaftsleben besteht und die Handlung der Erfüllung amtlicher Aufgaben in der Weise dient, dass sie nur als eine Art Hilfstätigkeit der öffentlichen Verwaltung erscheint. Unter solchen Umständen kann die gebotene Interessenabwägung dazu führen, dass wettbewerbsrechtliche Bedenken zurückzutreten haben. Allerdings muss in 60 solchen Fällen das jeweils schonendste Mittel gewählt werden, das einerseits den zu wahrenden öffentlichen Interessen genügt, andererseits aber auch die Belange des privaten Gewerbes so wenig wie möglich beeinträchtigt (*BGH* Urt. v. 26.9.2002 – I ZR 293/99, Rn. 35).

C. Unterlassung und Mängel der Anzeige

61 Fraglich ist, welche Konsequenzen eine unterbliebene oder fehlerhafte Anzeige hat. Nach § 69 Abs. 2 Nr. 1 handelt ordnungswidrig, wer vorsätzlich oder fahrlässig entgegen § 18 Abs. 1 Satz 1 eine Anzeige nicht, nicht richtig, nicht vollständig oder nicht rechtzeitig erstattet. Die Sammlungstätigkeit sollte daher nicht vor Ablauf von drei Monaten nach Einreichung der Anzeige aufgenommen werden.

62 Werden bei der Anzeige einer gewerblichen oder gemeinnützigen Sammlung die Anforderungen des § 18 nicht vollständig beachtet, ist dies für sich genommen noch kein Grund, die Sammlung zu untersagen. Die zuständige Behörde kann und muss ggfls. auch das anzeigende Unternehmen auffordern, die fehlenden Angaben zu ergänzen. Dem Unternehmen muss eine angemessene **Frist zur Nachbesserung** der Anzeige gesetzt werden.

63 Eine **Ordnungswidrigkeit** kann nach §§ 69 Abs. 3, 17 Abs. 1 OWiG mit einer Geldbuße von 5–10 000 Euro geahndet werden. Der sog. Bußgeldkatalog „Umweltschutz" (Gemeinsame Bekanntmachung der Staatsministerien des Innern, für Wirtschaft, Infrastruktur, Verkehr und Technologie und für Umwelt und Gesundheit v. 11.11.2011) nennt keinen Bußgeldrahmen für Anzeigeverstöße. Sollte der Verstoß mit einem Bußgeld über 200 Euro geahndet werden, würde dies zu einem Eintrag in das Gewerbezentralregister nach § 149 Abs. 2 Nr. 3 GewO führen. Ein solcher Eintrag könnte eine Untersagungsverfügung nach § 18 Abs. 5 Satz 2 begünstigen. Insoweit ist der Träger der gewerblichen Sammlung gut beraten, den Anforderungen nach § 18 Abs. 1 und 2 nachzukommen, will er nicht riskieren, dass ihm alleine aufgrund der fehlenden Anzeige die gewerbliche Sammlung von der zuständigen Behörde untersagt wird.

D. Behördenmaßnahmen

64 § 18 Abs. 5 und 6 ermächtigt die zuständige Behörde zur Anordnung von Bedingungen, Befristungen, Auflagen und eines Mindestzeitraums der Sammlung und auch zur Untersagung der Sammlung, wenn dies erforderlich ist, um die Einhaltung der Voraussetzungen für eine solche Sammlung sicherzustellen. Diese Ermächtigungsgrundlage geht der Generalermächtigung des § 62 als lex speziales vor, soweit die Sammlung angezeigt worden ist (*Giesberts* in Beck OK Umweltrecht, § 18 Rn. 13). Wird eine Sammlung bei der zuständigen Behörde nicht angezeigt, kann die Behörde nach § 62 die erforderlichen Anordnungen zur Durchführung des Anzeigeverfahrens treffen. In einem solchen Fall wird § 62 als Eingriffsnorm nicht durch die speziellere Vorschrift des § 18 Abs. 5 Satz 2 verdrängt (*BVerwG* Urt. v. 24.1.2019 – 7 C 14/17, NVwZ-RR 2019, 679; *OVG Lüneburg* Urt. v. 21.11.2018 – 7 LB 96/16, BeckRS 2018, 34789; *OVG SA* Urt. v. 17.3.2016 – 2 L 45/14, juris Rn. 95).

65 Weitergehend wird § 62 als Ermächtigungsgrundlage für ein behördliches Einschreiten nach Ansicht des BVerwG auch dann nicht durch § 18 Abs. 5 S. 2 verdrängt, wenn die Anzeige so unvollständig ist, dass das Vorliegen der Voraussetzungen für eine zulässige Sammlung nicht geprüft werden kann (*BVerwG* Urt. v. 24.1.2019 – 7 C 14/17,

NVwZ-RR 2019, 679). Die Anzeige der Sammlung ist danach Voraussetzung eines Einschreitens nach § 18 Abs. 5 Satz 2. Daraus folgt nach dem Urteil des BVerwG vom 24.1.2019 aber nicht, dass jegliche Anzeige die Sammlung der Sondervorschrift des § 18 Abs. 5 S. 2 unterstellt. Die Prüfung der Ausnahmen von der Überlassungspflicht nach § 17 setze die Vollständigkeit der einer Anzeige nach § 18 Abs. 2 beizufügenden Angaben voraus. Bei fehlenden oder nur unvollständigen Angaben lasse sich nicht feststellen, ob die gesammelten Abfälle einer ordnungsgemäßen und schadlosen Verwertung zugeführt werden und ob der Sammlung überwiegende öffentliche Interessen entgegenstehen. Solle diese abschließende Prüfung durch Maßnahmen erst ermöglicht werden, die letztlich auf die Ermittlung der erforderlichen Tatsachen für die gebotene prognostische Beurteilung abzielten, sei der Anwendungsbereich des § 18 Abs. 5 Satz 2 noch nicht eröffnet, so dass es bei der Ermächtigungsgrundlage des § 62 bleibe (*BVerwG* Urt. v. 24.1.2019, NVwZ-RR 2019, 679; *OVG Münster* Beschl. v. 19.7.2013 – 20 B 476/13 juris Rn. 5f. und v. 5.8.2015 – 20 A 1188/14 juris Rn. 4; *VGH Mannheim* Beschl. v. 16.1.2014, UPR 2014, 235 Rn. 8).

Die Sammlungsuntersagung als Unterlassungsgebot ist dem Grunde nach von § 62 gedeckt. Diese Rechtsfolge ist nicht ausschließlich dem § 18 Abs. 5 Satz 2 vorbehalten. Dem soll nach Ansicht des BVerwG nicht entgegenstehen, dass das Verfahren nach § 18 Abs. 1 nicht als Erlaubnisverfahren ausgestaltet ist. Daraus folge nicht, dass es bei unterbliebener oder unvollständiger Anzeige an der formellen Illegalität und damit an einer zwingenden Voraussetzung für die Untersagung der Sammlung fehle (*BVerwG* Urt. v. 24.1.2019 – 7 C 14/17, NVwZ-RR 2019, 679; a. A. *Klement* in Schmehl/Klement, GK-KrWG, 2019, § 18 Rn. 38; *Dieckmann* in Jarass/Petersen, KrWG, 2014, § 72 Rn. 24). **66**

I. Maßnahmenauswahl

1. Bedingungen, Befristungen, Auflagen. Nach Abs. 5 Satz 1 kann die zuständige Behörde die angezeigte Sammlung von Bedingungen abhängig machen, sie zeitlich befristen oder Auflagen für sie vorsehen. **67**

Bei den Bedingungen, Befristungen und Auflagen nach § 18 Abs. 5 S. 1 handelt es sich nicht um Nebenbestimmungen im Sinne von § 36 VwVfG, sondern um eigenständige Verwaltungsakte (*VG Potsdam* Urt. v. 8.3.2018 – 1K 459/15, juris Rn. 44; *Karpenstein/Dingemann* in Jarass/Petersen, KrWG, 2014, § 18 Rn. 68 m. w. N.). Die Maßnahmen entsprechen aber inhaltlich den Nebenbestimmungen des § 36 Abs. 2 VwVfG. Eine **Bedingung** ist nach § 36 Abs. 2 Nr. 2 VwVfG eine Bestimmung, nach der der Eintritt oder der Wegfall einer Vergünstigung oder einer Belastung von dem ungewissen Eintritt eines zukünftigen Ereignisses abhängt. Eine **Befristung** ist nach § 36 Abs. 2 Nr. 1 VwVfG eine Bestimmung, nach der eine Vergünstigung oder Belastung zu einem bestimmten Zeitpunkt beginnt, endet oder für einen bestimmten Zeitraum gilt. Eine **Auflage** schließlich ist nach § 36 Abs. 2 Nr. 4 VwVfG eine Bestimmung, durch die dem Begünstigten ein Tun, Dulden oder Unterlassen vorgeschrieben wird. Nebenbestimmungen in diesem Sinne setzen einen Hauptverwaltungsakt voraus. Daran fehlt es hier. Insbesondere bedarf es für die Aufnahme der Sammlungen keiner Genehmigung durch die Behörde. Da insofern kein Hauptverwaltungsakt ergeht, stellen diese Maßnahmen daher auch keine Nebenbestimmungen i. d. S. dar. Die Regelungstechnik ist insoweit missverständlich, weil der Eindruck entstehen könnte, dass die Träger der Sammlungen einer Erlaubnis bedürfen, die durch die genannten Nebenbestimmungen eingeschränkt werden kann. Das ist jedoch nicht der Fall. **68**

69 Ohnehin stellt sich die Frage, ob es einer solchen Ermächtigung für die Einschränkung einer gewerblichen Sammlung bedurft hätte. § 62 sieht eine zentrale Ermächtigungsgrundlage für behördliche Anordnungen vor. Danach kann die zuständige Behörde im Einzelfall die erforderlichen Anordnungen zur Durchführung des Gesetzes und der aufgrund des Gesetzes erlassenen Rechtsverordnungen treffen. Ist eine gewerbliche Sammlung mit überwiegenden öffentlichen Interessen nicht zu vereinbaren oder werden die Abfälle, die im Wege der gewerblichen Sammlung eingesammelt werden, nicht ordnungsgemäß und schadlos verwertet, könnte die zuständige Behörde auch auf der Grundlage der allgemeinen Ermächtigungsgrundlage eingreifen.

70 Grundsätzlich steht die Anordnung einer Befristung, einer Bedingung oder eine Auflage nach § 18 Abs. 5 Satz 1 im **Ermessen** der zuständigen Behörde. Allerdings ist dieses Ermessen nur eröffnet, wenn eine solche Einschränkung notwendig ist, um die Voraussetzungen für die Sammlung sicherzustellen (*Dippel* in Schink/Versteyl, KrWG 2016, § 18 Rn. 22). Hinzu kommt, dass § 18 Abs. 5 Satz 2 die zuständige Behörde verpflichtet, die Durchführung der angezeigten Sammlung zu untersagen, wenn Tatsachen bekannt sind, aus denen sich Bedenken gegen die Zuverlässigkeit der Anzeigenden oder der für die Leitung und Beaufsichtigung der Sammlung verantwortlichen Personen ergeben, oder die Einhaltung der Voraussetzungen der Sammlung anders nicht zu gewährleisten ist. Im Sinne der **Verhältnismäßigkeit** muss zur Vermeidung einer Untersagung eine Befristung, Bedingung oder Auflage angeordnet werden, wenn damit die Voraussetzungen für die Sammlungen erreicht werden können. Ein Ermessen ist der zuständigen Behörde aber jedenfalls dann eingeräumt, wenn zur Vermeidung einer Untersagung der Sammlung verschiedene Maßnahmen, etwa eine Bedingung oder eine Auflage in Betracht kommen. In einem solchen Fall hat die zuständige Behörde ermessensfehlerfrei auszuwählen. Dabei hat sie in erster Linie den Verhältnismäßigkeitsgrundsatz zu beachten. Sie darf die Sammlung nicht mehr als notwendig einschränken.

71 Die zuständige Behörde muss zur Vermeidung von rechtlichen Risiken einer gerichtlichen Auseinandersetzung deshalb sowohl darauf achten, dass sie die Voraussetzungen für das Einschreiten nicht verkennt, dass sie mit den von ihr angeordneten Einschränkungen nicht über das notwendige Maß hinausgeht und dass sie, soweit ihr ein Ermessensspielraum verbleibt, diesen ordnungsgemäß ausübt. Die zuständige Behörde ist außerdem verpflichtet, die tatsächlichen Voraussetzungen eines ordnungsbehördlichen Einschreitens zu prüfen. Sie trägt daher im Rahmen eines Verwaltungsrechtsstreits gegen beschränkende Maßnahmen oder gar eine Untersagungsverfügung die **materielle Beweislast** für den Sachverhalt, aus dem sich die überwiegenden Interessen ergeben, die eine Einschränkung oder Untersagung der Sammlung rechtfertigen sollen (*VG Gelsenkirchen* Beschl. v. 30.7.2010 – 14 L 372/10, juris Rn. 40).

72 **2. Untersagung.** Die zuständige Behörde hat nach § 18 Abs. 5 Satz 2 die Durchführung der angezeigten Sammlung zu untersagen, wenn Tatsachen bekannt sind, aus denen sich Bedenken gegen die **Zuverlässigkeit** des Anzeigenden ergeben, Tatsachen bekannt sind, aus denen sich Bedenken gegen die Zuverlässigkeit der für die Leitung und Beaufsichtigung der Sammlung verantwortlichen Personen ergeben, oder die Einhaltung der in § 17 Abs. 2 Satz 1 Nr. 3 oder Nr. 4 genannten Voraussetzungen anders nicht zu gewährleisten ist.

73 Die Untersagungsverfügung ist ein sog. **Dauerverwaltungsakt** (*BVerwG* Urt. v. 1.10.2015 – 7 C 8147 C 8.14, juris). Für die gerichtliche Beurteilung einer gegen einen Dauerverwaltungsakt gerichteten Klage kommt es regelmäßig auf die Sach- und Rechtslage zum Zeitpunkt der letzten tatsachengerichtlichen Entscheidung an (*OVG Lüneburg*

Urt. v. 21.11.2018 – 7 LB 96/16, BeckRS 2018, 34789; Urt. v. 15.2.2018 – 7 LB 71/17, juris).

Ermessen steht der zuständigen Behörde hinsichtlich dieser Entscheidung nicht zu (*Giesberts* in BeckOK Umweltrecht, § 18 KrWG Rn 13; *VG Münster* Urt. v. 24.10.2014 – 7 K 3111/13, BeckRS 2014, 57965). Auch ein **Beurteilungsspielraum** ist der zuständigen Behörde bei der Anwendung der Voraussetzungen einer Untersagung nicht eingeräumt (a. A. *Dippel* in Schink/Versteyl, KrWG 2016, § 18 Rn. 22). Etwas anderes gilt für eine Untersagung der Sammlung, die auf § 62 gestützt wird, weil es an einer Anzeige fehlt oder die Anzeige so unvollständig war, dass die Voraussetzungen für die Zulässigkeit der Sammlung nicht hinreichend geprüft werden konnten. Der Erlaß einer Untersagungsverfügung, gestützt auf § 62, steht im Ermessen der zuständigen Behörde. **74**

a) Untersagung wegen Unzuverlässigkeit. Unzuverlässig im Sinne von § 18 Abs. 5 Satz 2 Alt. 1 ist, wer nach dem Gesamteindruck seines Verhaltens prognostisch nicht die Gewähr dafür bietet, dass er die in Rede stehende Sammlung zukünftig ordnungsgemäß durchführen wird. (*OVG NRW* Urt. v. 7.2.2020, NVwZ 2020, 1206). War jemand in der Vergangenheit unzuverlässig, kommt es nach Ansicht des OVG NRW darauf an, ob die Ursachen hierfür fortbestehen oder sich die Einstellung des Betreffenden zur Rechtsordnung oder sein Verhalten dahingehend geändert haben, dass er zukünftig die Vorschriften beachten wird. Entscheidend soll sein, ob das Verhalten, das früher zur Unzuverlässigkeit geführt hat, diese Schlussfolgerung vor dem Hintergrund des Übermaßverbots noch rechtfertigt, oder ob sonstige Umstände hinzugetreten sind, die auf einen Mangel an Zuverlässigkeit schließen lassen (*OVG NRW* Urt. v. 7.2.2020, NVwZ 2020, 1206). **75**

Bei der Sammlung von Abfällen gehört nach der Rechtsprechung zu den Zuverlässigkeitsanforderungen nicht allein die Beachtung der unmittelbar dem Schutz von Menschen oder der Umwelt bei der Bewirtschaftung von Abfällen dienenden Vorschriften, sondern auch sonstige abfallrechtliche Vorschriften von Belang, z. B. diejenigen über das Anzeigeverfahren, sowie Vorschriften anderer Rechtsgebiete, die bei der Sammlung von Abfällen zu beachten sind. **76**

Das BVerwG hat dazu erläutert, dass auch sonstige Vorschriften von Belang, die den rechtlichen Rahmen der Abfallsammlung bilden. Hierzu zählen insbesondere straßen- oder privatrechtliche Bestimmungen über die Nutzung von Flächen zum Aufstellen von Sammelcontainern. Nur bei Beachtung auch dieser rechtlichen Vorgaben kann die Sammlung störungsfrei und verlässlich erfolgen. Der Berücksichtigung auch solcher Vorschriften stehe nicht entgegen, dass darauf bezogene Angaben bei der Anzeige nach § 18 Abs. 2 nicht gefordert werden könnten. Zwar habe das Anzeigeverfahren einen primär sammlungs- und nicht personenbezogenen Normzweck; das schlage jedoch nicht auf das Untersagungsverfahren nach § 18 Abs. 5 durch (*BVerwG* Urt. v. 8.7.2020, DÖV 2020, 1041) Auch wiederholte, jeweils für sich genommen nicht wesentlich ins Gewicht fallende Verstöße können die Zuverlässigkeit in Frage stellen. **77**

Die Rechtsverstöße müssen mit Blick auf die schwerwiegenden Konsequenzen der Unzuverlässigkeit auf grundrechtlich geschützte Freiheiten in der Summe und Gesamtbetrachtung so gewichtig sein, dass sie den Schluss rechtfertigen, dass der Sammler nicht willens oder in der Lage ist, die Sammlung gesetzeskonform durchzuführen (*OVG NRW* Urt. v. 7.2.2020, NVwZ 2020, 1206; *BVerwG* Urt. v. 24.1.2019, NVwZ-RR 2019, 679 Rn. 31; *OVG NRW* Urt. v. 7.5.2015 -20 A 2670/13, juris; Nds. OVG Beschl. v. 23.4.2018, NVwZ-RR 2019, 97; Hess VGH Beschl. v. 6.12.2016 – 2 B 1935/16, juris). Eine Untersagung kommt in der Regel erst dann in Betracht, wenn eine förmliche und **78** zwangsmittelbewehrte Anordnung zur Erfüllung der Pflicht erfolglos geblieben ist (*OVG NRW* Beschl. v. 23.8.2019, NWVBl. 2020, 28). Es ist jedoch stets vor Erlass einer Untersagungsverfügung von der Behörde zu prüfen, ob nicht als milderes Mittel durch Maßnahmen nach § 17 Abs. 2 S. 1 Nr. 4 sichergestellt werden können.

79 Eine Untersagung wegen einer Unzuverlässigkeit soll auch dann zulässig sein, wenn Sammelcontainer systematisch wild abgestellt werden (*OVG Lüneburg* Beschl. v. 14.1.2015, NordÖR 2015, 234). Eine Inanspruchnahme als Zustandsstörer wegen gestohlener oder durch einen eigenmächtig handelnden Mitarbeiter ohne Sondernutzungserlaubnis auf öffentlichem Grund abgestellter Sammelcontainer soll den Vorwurf der Unzuverlässigkeit aber nur dann rechtfertigen, wenn der Unternehmer vom unzulässigen Abstellen der Container Kenntnis hatte oder haben musste (*OVG BB* Beschl. v. 8.11.2019 – OVG 11 N 34.19, BeckRS 2019, 28202).

80 **b) Verhältnismäßigkeit der Untersagung.** Eine Untersagung nach § 18 Abs. 5 S. 2 2. Alt. Kommt nur in Betracht, wenn die Voraussetzungen für die Sammlungen nicht anderweitig sicherzustellen sind. Die Behörde muss deshalb versuchen, ihre Bedenken hinsichtlich der Unvereinbarkeit der Sammlung mit den gesetzlichen Anforderungen durch die in § 18 Abs. 5 und 6 genannten Beschränkungsmöglichkeiten auszuräumen. Es bedarf insoweit einer Beachtung des Verhältnismäßigkeitsgrundsatzes, weil die Untersagung in die Berufsfreiheit des gewerblichen Sammlers eingreift. Die Einhaltung der in § 17 Abs. 2 Nr. 4 genannten Voraussetzungen ist i. S. des § 18 Abs. 5 S. 2 nur dann „anders nicht zu gewährleisten", wenn im Vergleich zu einer Untersagungsverfügung weniger belastende Maßnahmen gemäß § 18 Abs. 5 Satz 1 ausscheiden. Der vom Gesetz angeordneten zweistufigen Prüfung kann sich die zuständige Behörde nicht dadurch entziehen, dass sie mildere administrative Maßnahmen von vornherein für aussichtslos erklärt (*Schomerus* in Versteyl/Mann/Schomerus, KrWG, 2019, § 18 Rn. 20; *Ernst* in Kopp-Assenmacher, KrWG, 2014, § 18 Rn. 71; *VGH München* Beschl. v. 3.6.2020 – 12 BV 15.777, BeckRS 2020, 12005; *VGH Mannheim* Beschl. v. 9.9.2013, NVwZ-RR 2014, 385).

81 Aus dem Grundsatz der Verhältnismäßigkeit lässt sich auch ableiten, dass die **Unvollständigkeit einer Anzeige** regelmäßig jedenfalls keine Sammlungsuntersagung rechtfertigt (*OVG NRW* Beschl. v. 19.7.2013, GewArch 2013, 503). Etwas anderes mag gelten, wenn es Erkenntnisse dazu gibt, dass der Sammler in bewusst täuschender Absicht die beizufügenden Unterlagen um die notwendigen Angaben nicht ergänzt, um einer Untersagung zu entgehen. Bei hinreichender Schwere und Häufigkeit mag eine Untersagung auch bei einzelnen Verstößen und einer Vielzahl kleinerer Gesetzesverletzungen in Betracht kommen, die für sich jeweils nicht ausreichend wären.

82 Fraglich ist allerdings, ob und inwieweit die Behörde berechtigt oder sogar verpflichtet ist, mit Hilfe von (Teil-)untersagungen, Auflagen etc. die Systematik und die beabsichtigte Art und Weise der angezeigten Sammlung vollständig zu verändern. Ist die Sammlung wegen ihrer Flächendeckung mit überwiegenden öffentlichen Interessen nicht zu vereinbaren, kommt eine **räumliche Beschränkung** in Betracht. Ob allerdings die zuständige Behörde verpflichtet ist, die Teilräume festzulegen, in denen noch ohne Beeinträchtigung überwiegender öffentlicher Interessen gewerblich gesammelt werden kann, ist zweifelhaft. Möglicherweise bietet es sich an oder ist es sogar erforderlich, dem gewerblichen Sammler die rechtlichen Bedenken der Behörde gegen die Zulässigkeit der Sammlung konkret aufzuzeigen und ihm Gelegenheit zu geben, die von ihm angezeigte Sammlung so abzuändern, dass die Bedenken ausgeräumt werden können. *Dippel* weist in diesem Zusammenhang zutreffend auf die Beratungspflicht nach § 25 VwVfG hin (*Dippel* in Schink/Versteyl, KrWG, 2016, § 18 Rn. 6).

Eine vollständige Untersagung einer angezeigten Sammlung dürfte nur in Ausnahmefällen zulässig sein. Denn es ist kaum vorstellbar, dass eine angezeigte Sammlung unter Berücksichtigung der Einschränkungsmöglichkeiten (Befristung, Bedingungen, Auflagen, Verpflichtung zu einem Mindestzeitraum, Sicherheitsleistung etc.) nicht gesetzeskonform und oder überwiegenden öffentlichen Interessen entgegenzustehen, zu organisieren ist. **83**

3. Mindestzeitraum. Nach § 18 Abs. 6 Satz 1 Halbs. 1 kann die zuständige Behörde bestimmen, dass eine gewerbliche Sammlung mindestens für einen bestimmten Zeitraum durchzuführen ist. Das gilt allerdings nur für gewerbliche Sammlungen. Der Gesetzgeber schränkt die Anwendbarkeit dieser Auflage auf gewerbliche Sammlungen ein. Für gemeinnützige Sammlungen ist eine solche Mindestlaufzeit nicht vorgesehen. Die Verpflichtung auf einen Mindestzeitraum steht im **Ermessen** der zuständigen Behörde. **84**

a) Vertrauens- und Bestandsschutz. Der von der Behörde vorgegebene Mindestzeitraum darf drei Jahre nicht überschreiten (§ 18 Abs. 6 Satz 1 Halbs. 2). Der ursprüngliche Gesetzesentwurf der Bundesregierung sah eine Mindestlaufzeit von nur einem Jahr vor. Der Bundestag dehnte diesen Zeitraum im Interesse der Planungssicherheit der öffentlich-rechtlichen Entsorgungsträger auf drei Jahre aus (Gesetzesbegründung des Bundestags, BT-Drs. 17/7505, S. 47). Mit einer solchen Mindestdurchführungszeit will der Gesetzgeber die gewerblichen Sammler dazu anhalten, sich langfristig zur Erbringung der Leistungen zu verpflichten. Die gewerblichen Sammler sollen ihre Tätigkeit nicht kurzfristig einstellen und die öffentlich-rechtlichen Entsorgungsträger durch diese Einstellung kurzfristig verpflichten, ihrerseits Leistungen zu erbringen oder erbringen zu lassen, was mit einem erhöhten Aufwand verbunden sein könnte. Die Anordnung eines Mindestzeitraums dient insoweit dem Vertrauensschutz des öffentlich-rechtlichen Entsorgungsträgers. **85**

Verpflichtet die zuständige Behörde den anzeigenden Träger der gewerblichen Sammlung zu einer bestimmten Mindestdauer der gewerblichen Sammlung, dann kommt dies einer behördlichen Genehmigung gleich. Denn ein Einschreiten oder auch nur eine Beschränkung der gewerblichen Sammlung, die auf der Grundlage einer eingereichten Anzeige und eines Bescheides mit einer Mindestlaufzeit der Sammlung kommt solange nicht in Betracht, wie sich der Träger der Sammlung an die von ihm seiner Anzeige beigefügten Angaben und möglicherweise zusätzlich behördlich angeordneten Beschränkungen hält. **86**

Aus der Anordnung einer Mindestlaufzeit ergibt sich für den gewerblichen Sammler insoweit ein **gesteigerter Bestandsschutz** (abschwächend *Petersen/Doumet/Stöhr* NVwZ 2012, 521, 528: „gewisser“ Bestandsschutz; vgl. auch Beschlussempfehlung des zuständigen Ausschusses des Bundestags, BT-Drs. 17/7505, S. 47), der über den Vertrauensschutz bzw. Bestandschutz hinausgeht, den der Träger einer gewerblichen Sammlung auch dann genießt, wenn die zuständige Behörde innerhalb der dafür gesetzlich vorgesehenen Frist keine Einschränkungen der von ihm angezeigten Sammlungen anordnet. **87**

Während die Behörde nicht berechtigt ist, dem Träger der gewerblichen Sammlung entgegen seinem Willen eine Mindestlaufzeit von mehr als drei Jahren aufzuerlegen, ist der Träger der Sammlung durchaus berechtigt, seiner Anzeige eine Angabe über eine deutlich längere Mindestdauer der Sammlung beizufügen. Da die Dauer der Sammlung für die Bewertung der entgegenstehenden öffentlichen Interessen vom Bedeutung sein kann, kann es durchaus sinnvoll sein, im Sinne der Kalkulierbarkeit für den Träger der Sammlung als auch für den öffentlich-rechtlichen Entsorgungsträger eine Mindestdauer **88** anzuzeigen, die über drei Jahren deutlich hinausgeht. Wird eine solche Laufzeit von der zuständigen Behörde innerhalb der Frist nicht beanstandet, entsteht auch dadurch Vertrauensschutz.

89 **b) Aufwendungsersatzanspruch.** Wird die gewerbliche Sammlung vor Ablauf des nach § 18 Abs. 6 S. 1 bestimmten Mindestzeitraums von dem Träger der Sammlung eingestellt oder innerhalb dieses Zeitraums in ihrer Art und ihrem Ausmaß in Abweichung von den von der Behörde nach § 18 Abs. 5 Satz 1 festgelegten Bedingungen oder Auflagen wesentlich eingeschränkt, ist der Träger der gewerblichen Sammlung dem betroffenen öffentlich-rechtlichen Entsorgungsträger gegenüber zum Ersatz der Mehraufwendungen verpflichtet, die für die Sammlung und Verwertung der bislang von der gewerblichen Sammlung erfassten Abfälle erforderlich sind.

90 Fraglich ist, wann von einer wesentlichen Einschränkung der Sammlung die Rede sein kann, die einen Aufwendungsersatzanspruch rechtfertigt. Da der Aufwendungsersatzanspruch den Interessen des öffentlich-rechtlichen Entsorgungsträger dient, kommt es darauf an, ob und inwieweit die Abweichung so gewichtig ist, dass der öffentlich-rechtliche Entsorgungsträger zu einer Veränderung seines Systems gezwungen ist, mit der ein Mehraufwand verbunden ist. Nicht jede Mengenschwankung dürfte in diesem Sinne wesentlich sein und einen Entschädigungsanspruch rechtfertigen. Der Ersatzanspruch soll die Funktionsfähigkeit des öffentlich-rechtlichen Entsorgungsträger sichern sowie zusätzliche Belastungen der Gebührenzahler vermeiden. Die Einschätzung, dass Abweichungen von bis zu zehn Prozent der Abfallmenge durch eine Einschränkung der gewerblichen Sammlung in aller Regel nicht als wesentlich im vorgenannten Sinne anzusehen sind, ist durchaus nachvollziehbar (siehe dazu *Dippel* in Schink/Versteyl, KrWG, 2016, § 18 Rn. 35). Der öffentlich-rechtliche Entsorgungsträger soll mit dem Ersatzanspruch wirtschaftlich so gestellt werden, wie er bei einer ordnungsgemäßen Durchführung der gewerblichen Sammlung gestanden hätte. Löst die Einschränkung der gewerblichen Sammlung keinen zusätzlichen Aufwand im öffentlich-rechtlichen System aus, kommt auch ein Aufwendungsersatzanspruch nicht in Betracht.

91 **c) Sicherheitsleistung.** Zur Absicherung des Ersatzanspruchs kann die zuständige Behörde dem Träger der gewerblichen Sammlung eine Sicherheitsleistung auferlegen. Welche Anforderungen an Art und Höhe dieser Sicherheitsleistung zu stellen sind, ergibt sich aus der Norm nicht. In Betracht kommen alle Arten von Sicherheiten im Sinne von § 232 BGB und Sicherheiten, die den in § 232 BGB gleichwertig sind. Anhaltspunkte können sich aus § 36 Abs. 3 ergeben. Zur Höhe des Sicherungsmittels finden sich im KrWG keine Hinweise.

92 Um dem Sinn und Zweck dieser Sicherheitsleistung Rechnung zu tragen, muss die **Höhe** einer solchen Sicherheitsleistung dem finanziellen Aufwand entsprechen, der für den öffentlich-rechtlichen Entsorgungsträger dadurch entsteht, dass er die Abfälle nunmehr einsammeln und verwerten muss. Hierbei dürfen nicht lediglich die Kosten für die Schaffung einer solchen Infrastruktur berücksichtigt werden, sondern es sind zumindest die zu erwartenden Erlöse in Abzug zu bringen. Auch ist zu berücksichtigen, dass die zuständige Behörde nicht sämtliche Aufwendungen, die sich aus der Übernahme der Leistungserbringung durch den öffentlich-rechtlichen Entsorgungsträger ergibt, bei der Berechnung der Höhe der Sicherheitsleistung einbeziehen darf. § 18 Abs. 6 Satz 2 und 3 ermöglichen lediglich die Auferlegung bzw. Sicherheitsleistung für die **Mehraufwendungen.** Die zuständige Behörde muss daher bei der Auferlegung einer Sicherheitsleistung darlegen können, dass sich hieraus Mehraufwendungen ergeben, die über die Ausgaben hinausgehen, die der öffentlich-rechtlichen Entsorgungsträger bei Erfüllung der ihm zugewiesenen Entsorgungsaufgaben ohnehin gehabt hätte.

II. Erlasszeitpunkt

Das BVerwG hat mit Urteil vom 11.7.2017 entschieden, dass die Frist des § 18 Abs. 1 keine Entscheidungsfrist für die Abfallbehörde darstellt (*BVerwG* Urt. v. 11.7.2017, NVwZ 2018, 1073). Ob und inwieweit Einschränkungen der gewerblichen Sammlung auch noch **nach Ablauf der Dreimonatsfrist** zulässig sind, ist aber durchaus fraglich. Dazu wird die Ansicht vertreten, die Behörde könne auch nach Ablauf dieser Frist noch die erforderlichen Anordnungen treffen. Sie könne damit auch auf eine nachträgliche Veränderung der relevanten Umstände, wie etwa das Hinzutreten weiterer Sammler, reagieren (*Petersen/Doumet/Stöhr* NVwZ 2012, 521, 527). Dieser Ansicht kann nur mit Abstrichen gefolgt werden. Aus dem Wortlaut des § 18 Abs. 5 und 6 ergibt sich zu der Möglichkeit nachträglicher Einschränkungen nichts. In der Gesetzesbegründung heißt es, das Anzeigeverfahren stelle sicher, dass die Behörde die gesetzlichen Voraussetzungen für die Sammelsysteme rechtzeitig prüfen und gegebenenfalls durch Verwaltungsakt sicherstellen könne (BT-Drs. 17/6052, S. 88). Das spricht dafür, dass mögliche Einschränkungen auch im Zusammenhang mit dem Anzeigeverfahren, d. h. innerhalb der Dreimonatsfrist, anzuordnen sind. Regelmäßig unterscheidet der Gesetzgeber bei Zulassungsentscheidungen zwischen Bedingungen, Befristungen oder Auflagen, die dem Zulassungsbescheid hinzugefügt werden, und nachträglichen Anordnungen oder Auflagen. Damit wird dem **Bestandsschutz** Rechnung getragen, der von einer bestandskräftigen Zulassung ausgeht. Eine behördliche Zulassung wird für die gemeinnützige und gewerbliche Sammlung nicht erteilt. Insoweit kann sich der Träger einer solchen Sammlung nicht auf einen Bestandschutz auf der Grundlage eines solchen Bescheids berufen. Gleichwohl ergibt sich aus der Systematik der Regelung, insbesondere aus der vom Gesetzgeber vorgesehenen Frist zur Einreichung der Anzeige drei Monate vor ihrem Beginn, und der bereits erwähnten Begründung, dass Einschränkungen innerhalb dieser Frist angeordnet werden sollen. **93**

Unterbleiben solche Einschränkungen, entsteht durch das Anzeigeverfahren ein **Vertrauensschutz,** der nicht bestünde, wenn die Sammlungstätigkeiten ohne Anzeige aufgenommen werden dürften. Dieser Vertrauensschutz muss es nicht ausschließen, auf nachträglich bekanntwerdende Tatsachen, die gegen eine zulässige gewerbliche Sammlung sprechen, noch zu reagieren. Sachverhalte, die auf der Grundlage der Anzeige aber der zuständigen Behörde bekannt sind, können aber nicht nach Ablauf der Dreimonatsfrist noch zum Anlass für eine Einschränkung der gewerblichen Sammlung genommen werden. Es wäre deshalb auch nicht zulässig, nach Ablauf der Frist noch einen bestimmten Mindestzeitraum anzuordnen oder aber die gewerbliche Sammlung im Nachhinein zu befristen oder die Sicherheitsleistung zu erhöhen. Nachträgliche Einschränkungen führen nämlich zu unkalkulierbaren Investitionsrisiken des Trägers der Sammlung. **94**

Das BVerwG hat jedoch – wie bereits erwähnt – entschieden, dass die Frist des § 18 Abs. 1 keine Entscheidungsfrist für die Abfallbehörde darstellt (*BVerwG* Urt. v. 11.7.2017, NVwZ 2018, 1073) Sie könne auch nach Ablauf der Frist Anordnungen nach § 18 Abs. 5 treffen. Die hier vertretene Auffassung, es handele sich um eine Entscheidungsfrist, werde nicht durch den Wortlaut der Vorschrift gestützt, wonach die Frist nur den Zeitpunkt der zulässigerweise frühestmöglichen Aufnahme der Sammeltätigkeit regele. Der durch die Gesetzeshistorie belegte Gesetzeszweck sei nicht eindeutig. Der Regierungsentwurf (BT-Drs. 17/6052 S. 17) habe nur eine einmonatige Wartefrist vorgesehen. Um eine angemessene Beteiligung der betroffenen öffentlich-rechtlichen Entsorgungsträger – innerhalb einer zweimonatigen Frist (§ 18 Absatz 4 KrWG) – und einen ausreichenden Zeitraum zur Überprüfung der Zulässigkeit der Sammlung zu gewährleisten, sei die Gesetz gewordene dreimonatige Frist eingeführt worden (vgl. Beschlussempfehlung und Bericht des **95** zuständigen Ausschusses des Bundestages, BT-Drs. 17/7505 S. 47). Ohne ausdrücklich eine Entscheidungsfrist festzulegen, gehe der Gesetzgeber von einer angemessenen Frist für den regelmäßigen Abschluss der Prüfung aus (vgl. BT-Drs. 17/6052 S. 88; siehe auch *BVerwG* Urt. v. 1.10.2015, BVerwGE 153, 99). Systematisch spreche gegen die Annahme einer Entscheidungsfrist die gesetzliche Ausgestaltung des Verfahrens als eines reinen Anzeigeverfahrens, während es keiner Genehmigung der Sammlung bedürfe. Ordnungsrechtliches Korrektiv für die Wahrung der Rechtmäßigkeit von Sammlungen seien die Befugnisse der zuständigen Behörde nach § 18 Abs. 5. Diese müsse auch nach Ablauf der Wartefrist auf Umstände reagieren können, die – wie zum Beispiel Bedenken gegen die Zuverlässigkeit des Anzeigenden – erst nach Fristablauf eintreten. Seien gemäß § 18 Abs. 7 Anordnungen nach Absatz 5 und 6 gegen bereits vor Inkrafttreten des Gesetzes durchgeführte Sammlungen möglich, gelte dies auch für danach angezeigte Sammlungen, soweit (auch) bei nachträglichen Anordnungen dem Verhältnismäßigkeitsgrundsatz durch eine Abwägung des öffentlichen Anordnungs- oder Untersagungsinteresses mit dem schutzwürdigen Vertrauen des Trägers der Sammlung in die weitere Durchführung Rechnung getragen werde (*BVerwG* Urt. v. 11.7.2017, NVwZ 2018, 1073; *Karpenstein/Dingemann* in Jarass/Petersen, KrWG, 2014, § 18 Rn. 80 m. w. N.).

E. Altbestand

96 Der Gesetzgeber legt den bestehenden Sammlungen in § 18 Abs. 7 und in § 72 Abs. 2 Anzeigepflichten auf. § 72 Abs. 2 betrifft sowohl die gemeinnützigen als auch die gewerblichen Sammlungen. Hingegen erfasst die Anzeigepflicht nach § 18 Abs. 7 – ebenso wie die Bestimmungen des Abs. 6 – nur die gewerblichen Sammlungen.

I. Anzeigepflicht

97 Nach § 72 Abs. 2 Satz 1 war die Anzeige nach § 18 Abs. 1 innerhalb von drei Monaten nach Inkrafttreten des KrWG für gewerbliche und gemeinnützige Sammlungen zu erstatten, die zum Zeitpunkt des Inkrafttretens dieses Gesetzes bereits durchgeführt wurden. Hierdurch soll gewährleistet werden, dass die zuständigen Behörden nicht nur über die neuen Sammlungen, sondern auch über die bereits bestehenden Sammlungen einen umfassenden Überblick erhalten. Da nach § 72 Abs. 2 Satz 2 die Vorgaben über die beizubringenden Informationen nach § 18 Abs. 2 und 3 entsprechend gelten, erhalten die Behörden auch insoweit umfangreiche Einblicke in die bestehende Struktur der gewerblichen und gemeinnützigen Sammlungen. Sie verfügen in ihrer Funktion als öffentlich-rechtliche Entsorgungsträger hierdurch über umfangreiche Marktkenntnisse, welche sie zu detaillierten Analysen befähigen. Unterbleibt die Anzeige innerhalb der gesetzlichen Frist, kann die gewerbliche Sammlung nicht fortgesetzt werden. Die Anzeige kann allerdings nach Fristablauf nachgeholt werden. Der vom Gesetzgeber für Altsammlungen eingeräumte Vertrauensschutz geht dadurch nicht verloren.

98 Z. T. wird vertreten, dass die Ordnungswidrigkeit gemäß § 69 Abs. 2 Nr. 1 wegen unterlassener oder fehlerhafter Anzeige nach § 18 Abs. 1 Satz 1 auf diese Fälle keine Anwendung finde. Für bestehende Sammlungen gelte eine formell-rechtliche Sonderregelung, die den Tatbestand des § 69 Abs. 2 Nr. 1 nicht erfülle (*Weidemann* AbfallR 2012, 96, 101, Fn. 46). Dies bedarf der näheren Erläuterung. Mit § 72 Abs. 2 Satz 1 besteht eine Sonderpflicht für bestehende Sammlungen, die Anzeige nach § 18 Abs. 1 binnen drei Monaten seit Inkrafttreten des KrWG vorzunehmen. § 18 Abs. 1 findet keine entsprechende Anwendung, sondern es wird klargestellt, dass § 18 Abs. 1 unmittelbar auch für bestehende Sammlungen gilt. Unabhängig von den verfassungsrechtlichen Bedenken, die gegen diese Regelung angeführt werden (dazu *Weidemann* AbfallR 2012, 96, 101), findet § 18 Abs. 1 auf die Altbestände Anwendung. Insoweit spräche nichts dagegen, § 69 Abs. 2 Nr. 1 auch auf die Altbestände anzuwenden, da diese ebenso wie die neu aufzunehmenden Sammlungen anzuzeigen sind. Bei genauer Betrachtung ergibt sich allerdings, dass § 72 Abs. 2 Satz 1 § 18 Abs. 1 Satz 1 modifiziert, denn naturgemäß können die bestehenden Sammlungen nicht mehr vor ihrer beabsichtigten Aufnahme angezeigt werden. § 72 Abs. 2 Satz 1 ordnet daher auch an, dass statt der Aufnahme der Sammlung das Inkrafttreten des KrWG der maßgebliche Zeitpunkt sei. § 18 Abs. 1 findet somit – ebenso wie nach § 72 Abs. 2 Satz 2 für § 18 Abs. 2 und 3 angeordnet – nur entsprechende Anwendung. § 69 Abs. 2 Nr. 1 ist somit auf die Anzeigepflicht für Altbestände nicht anwendbar.

II. Vertrauensschutz

Soweit eine gewerbliche Sammlung, die zum Zeitpunkt des Inkrafttretens des KrWG **99** bereits durchgeführt wurde, die Funktionsfähigkeit des öffentlich-rechtlichen Entsorgungsträgers, des von diesem beauftragten Dritten oder des aufgrund einer Rechtsverordnung nach § 24 eingerichteten Rücknahmesystems bislang nicht gefährdet hat, ist bei Anordnungen nach § 17 Abs. 5 oder 6 der Grundsatz der Verhältnismäßigkeit, insbesondere ein schutzwürdiges Vertrauen des Trägers der Sammlung auf ihre weitere Durchführung, zu beachten.

Der Aussagegehalt von Abs. 7 erschließt sich nicht ohne Weiteres (so die berechtigte **100** Kritik von *Weidemann* AbfallR 2012, 96, 100). Es soll sich um eine materiell-rechtliche Privilegierung handeln (*Petersen/Doumet/Stöhr* NVwZ 2012, 521, 527, Fn. 87). In der Gesetzesbegründung heißt es dazu, die Sammlungen unterlägen mit dem Inkrafttreten des neuen Gesetzes zwar unmittelbar der neuen Rechtslage, seien aber unter dem Aspekt der Verhältnismäßigkeit, insbesondere unter dem Aspekt des Vertrauensschutzes, die auch für die Schutzgüter des Art. 14 GG relevant sei, „schonend an die neue Rechtslage" heranzuführen. Dieser Grundsatz sei im Rahmen der behördlichen Anordnungsbefugnis nach § 18 Abs. 5 und 6 sowohl bei der Ausübung des Entschließungsermessens als auch des Auswahlermessens zu beachten. (Gesetzesbegründung, BT-Drs. 17/6052, S. 89).

Unter Berücksichtigung dieser Gesetzesbegründung kann davon ausgegangen werden, **101** dass eine Verpflichtung der zuständigen Behörde, eine angezeigte Sammlung nach § 18 Abs. 5 Satz 2 zu untersagen, weil die dort genannten Voraussetzungen für eine **Untersagung** erfüllt sind, nicht besteht. Denn der Vertrauensschutz des Trägers der bereits vor Inkrafttreten des Gesetzes durchgeführten Sammlung soll im Rahmen eines Entschließungsermessens berücksichtigt werden. Die zuständige Behörde ist deshalb, auch wenn nach § 18 Abs. 5 Satz 2 die Voraussetzungen für eine Untersagung vorliegen, nicht verpflichtet und unter Beachtung des Verhältnismäßigkeitsgrundsatzes je nach den Umständen des Einzelfalls auch nicht berechtigt, die gewerbliche Sammlung zu untersagen.

Der Verhältnismäßigkeitsgrundsatz gilt allerdings auch zum Schutz der Träger von ge- **102** werblichen Sammlungen, die zum Zeitpunkt des Inkrafttretens des Gesetzes noch nicht durchgeführt wurden. Denn der Verhältnismäßigkeitsgrundsatz ist unabhängig von einer Vertrauensschutzbestimmung im Sinne von § 18 Abs. 7 bei jedem ordnungsbehördlichen Einschreiten schon aus verfassungsrechtlichen Gründen beachtlich. Gegenüber diesem Vertrauensschutz, den alle Träger gewerblicher Sammlungen genießen, sollen offenbar nach dem Willen des Gesetzgebers die Träger solcher Sammlungen privilegiert werden, die bereits vor Inkrafttreten des Gesetzes durchgeführt wurden. In dem der Gesetzgeber ausdrücklich auf das schutzwürdige Vertrauen des Trägers der Sammlung auf ihre weitere Durchführung hinweist, schränkt der Gesetzgeber das Entschließungsermessen der zuständigen Behörde bezüglich einer Untersagung ein. Regelmäßig wird deshalb eine Untersagung einer bereits vor Inkrafttreten des Gesetzes durchgeführten Sammlung nicht in Betracht kommen. Zu berücksichtigen ist in diesem Zusammenhang, dass es sich nach § 18 Abs. 7 Satz 1 um gewerbliche Sammlungen handelt, die in der Vergangenheit die Funktionsfähigkeit des öffentlich-rechtlichen Entsorgungsträgers, des von diesem beauftragten Dritten oder des Rücknahmesystems nicht gefährdet haben. Bei einer vom Gesetzgeber geforderten hinreichenden Berücksichtigung des schutzwürdigen Vertrauens des Trägers der Sammlung auf ihre weitere Durchführung kommt angesichts der Tatsache, dass die Sammlung die Funktionsfähigkeit des öffentlich-rechtlichen Entsorgungsträgers, des von diesem beauftragten Dritten oder des Rücknahmesystems in der Vergangenheit nicht gefährdet haben, eine Untersagung in aller Regel nicht in Betracht.

103 Auch eine Entscheidung der zuständigen Behörde über mögliche Einschränkungen im Sinne von § 18 Abs. 5 Satz 1 ist der nach § 18 Abs. 7 vom Gesetzgeber geforderte Vertrauensschutz zu beachten. Ein schutzwürdiges Vertrauen des Trägers der Sammlung auf ihre weitere Durchführung ist mit einer nachträglichen Befristung, mit Anordnung nachträglicher Bedingungen oder einschränkende Auflagen grundsätzlich nicht zu vereinbaren. Ausschließliche Erlösinteressen des öffentlich-rechtlichen Entsorgungsträgers rechtfertigen weder eine Untersagung noch einer Einschränkung gewerblicher Sammlungen, die den Vertrauensschutz des § 18 Abs. 7 genießen.

104 Hinsichtlich der Gefährdung der Funktionsfähigkeit ist bei bestandsgeschützten gewerblichen Sammlungen auf die Rechtslage vor Inkrafttreten des KrWG 2012 abzustellen. Allerdings kann in diesem Zusammenhang nicht auf die Auslegung des Begriffs der überwiegenden öffentlichen Interessen durch das BVerwG im Altpapier-Urteil abgestellt werden. Der Gesetzgeber hat in der Begründung des neuen Gesetzes keinen Zweifel daran gelassen, dass die Auffassung des BVerwG, überwiegende öffentliche Interessen stünden der gewerblichen Sammlung bereits dann entgegen, wenn die Sammlung nach ihrer konkreten Ausgestaltung mehr als nur geringfügige Auswirkungen auf die Organisation und Planungssicherheit des öffentlich-rechtlichen Entsorgungsträgers nach sich zieht, mit der europäischen Wettbewerbs- und Warenverkehrsfreiheit unvereinbar war. Bestandsgeschützte gewerbliche Sammlungen können deshalb nicht eingeschränkt werden, wenn eine Gefährdung der Funktionsfähigkeit des öffentlich-rechtlichen Entsorgungsträgers, des von ihm beauftragten Unternehmens oder eines Rücknahmesystems durch die zuständige Behörde nicht nachgewiesen werden kann. Dass eine solche Gefährdung der Funktionsfähigkeit bei gewerblichen Sammlungen, die in der Vergangenheit nicht untersagt worden sind oder deren Untersagung verwaltungsgerichtlich ausgesetzt oder aufgehoben worden ist, vorgelegen hat, wird man kaum annehmen können. Denn natürlich haben die öffentlich-rechtlichen Entsorgungsträger ihre Funktion und Aufgaben auch neben einer praktizierten gewerblichen Sammlung ordnungsgemäß ausgeübt.

105 Ob der Vertrauensschutz einer schon vor Inkrafttreten der Regelung durchgeführten Sammlung davon abhängt, dass diese bereits zum damaligen Zeitpunkt rechtmäßig durchgeführt wurde, ob insbesondere der nach der alten Rechtslage erforderliche Nachweis der ordnungsgemäßen und schadlosen Verwertung nachträglich gefordert werden kann, hat das BVerwG offengelassen (Urt. v. 30.6.2016, BVerwGE 155, 336, bejahend *Karpenstein/Dingemann* in Jarass/Petersen, KrWG, 2014, § 18 Rn. 106).

106 Die zuständige Behörde hat bei der Einschränkung gewerblicher Sammlungen nach Abs. 7 eine Abwägung vorzunehmen, in welche die Belange des Trägers der Sammlung mit dem ihnen gebührenden Gewicht einzustellen sind (*VGH München* Urt. v. 12.10.2017 – 20 BV 16.6, juris Rn. 38; *BVerwG* Urt. v. 30.6.2016 – 7 C 4.15 – juris Rn. 63). Es handele sich – so der VGH München – insoweit nicht um einen Bestandsschutz als einfach-rechtliche Konkretisierung der Eigentumsgarantie nach Art. 14 Abs. 1 GG. Denn eine Genehmigung, die jedenfalls bei Ausnutzung im Rahmen der Gesetze einen solchen Bestandsschutz vermitteln könnte, werde im Anzeigeverfahren für private Sammlungen nach § 18 gerade nicht erteilt. Vielmehr konkretisiere § 18 Abs. 7 lediglich den rechtsstaatlichen Grundsatz des Vertrauensschutzes als Bestandteil des Verhältnismäßigkeitsgebotes. Insoweit sei das Vertrauen des Trägers der Sammlung auf weitere Durchführung seiner rechtmäßigen Sammlung schutzwürdig. Das betroffene Schutzgut sei die Berufsfreiheit gemäß Art. 12 Abs. 1 GG. In dieses Schutzgut werde durch eine zeitlich aufgeschobene Untersagung im Wege einer Berufsausübungsregelung eingegriffen.

F. Rechtsschutz

107 Bei den Maßnahmen nach Abs. 5 und 6 handelt es sich um Verwaltungsakte i. S. d. § 35 VwVfG. Als belastende Verwaltungsakte sind die hiervon betroffenen Beteiligten vor ihrem Erlass nach § 28 Abs. 1 VwVfG anzuhören. Die Mitteilung der Daten nach Abs. 2 oder 3 ersetzt die Anhörung nicht. Gegen Verwaltungsakte der zuständigen Behörde nach § 18 Abs. 5, Abs. 6 können die Träger der Sammlung (insoweit nach Landesrecht statthaft) Widerspruch und im Falle des erfolglosem Widerspruch Anfechtungsklage erheben. Anfechtbare Verwaltungsakte sind auch die als Bedingungen, Befristungen oder Auflagen bezeichneten Anordnungen, da es keine Zulassungsentscheidung für die angezeigten Sammlungen gibt. Auch der öffentlich-rechtlich Entsorgungsträger hat seit der Gesetzesnovelle 2020 einen gerichtlich verfolgbaren Anspruch nach § 18 Abs. 8. Daraus ergeben sich sowohl im Verwaltungsprozess des Trägers einer Sammlung als auch in einem Verwaltungsprozess des öffentlich-rechtlichen Entsorgungsträger zur Verfolgung seines Anspruchs aus § 18 Abs. 8 Beiladungserfordernisse.

G. Anspruch des öffentlich-rechtlichen Entsorgungsträgers (Absatz 8)

108 Nach § 18 Abs. 8 hat der von der gewerblichen Sammlung betroffene öffentlich-rechtliche Entsorgungsträger einen Anspruch darauf, dass die für die gewerblichen Sammlungen geltenden Bestimmungen des Anzeigeverfahrens eingehalten werden. Dieser Anspruch betrifft aber lediglich die Einhaltung der gesetzlichen Bestimmungen des Anzeigeverfahrens nach § 18 Abs. 8; auf die Rechtsstellung des öffentlich-rechtlichen Entsorgungsträgers im Übrigen wirkt sich dieser Anspruch nicht aus.

109 Das betrifft z. B. die Frage, ob und inwieweit ein öffentlich-rechtlicher Entsorgungsträger einen (subjektiv-rechtlichen) Anspruch darauf hat, dass die Besitzer und Erzeuger von überlassungspflichtigen Abfällen ihrer Überlassungspflicht nachkommen und die Abfälle entsprechend der Abfallsatzung des öffentlich-rechtlichen Entsorgungsträgers bereitstellen. Der öffentlich-rechtliche Entsorgungsträger hat weiterhin keinen insoweit unmittelbar gegenüber den Abfallbesitzern gerichtlich durchsetzbaren Anspruch. Er ist vielmehr darauf angewiesen, die zuständige Behörde zu einem ordnungsbehördlichen Einschreiten zu veranlassen, wenn die Überlassungspflichten nicht beachtet werden.

110 Auch für die Klagemöglichkeiten der öffentlich-rechtlichen Entsorgungsträger gegen Bescheide, mit denen nach § 26 Abs. 6 das Vorliegen einer freiwilligen Rücknahme im

Rahmen der Produktverantwortung festgestellt wird, ist die Einräumung des Anspruchs nach § 18 Abs. 8 bedeutungslos (siehe dazu *Oexle* NVwZ 2019, 302, 303).

111 Die Rechtsstellung der öffentlich-rechtlichen Entsorgungsträger wird dementsprechend nur sehr begrenzt, nämlich mit Blick auf das Anzeigeverfahren, für gewerbliche Sammlungen durch § 18 Abs. 8 erweitert. Umgekehrt gilt weiterhin aber auch, dass § 62 grundsätzlich nicht zu einem Einschreiten gegen öffentlich-rechtliche Entsorgungsträger ermächtigt, weil ein ordnungsbehördliches Einschreiten der zuständigen Behörde gegen einen Hoheitsträger nach allgemeinen verwaltungsrechtlichen Grundsätzen unzulässig ist. Etwas anderes kann jedoch hinsichtlich der Inanspruchnahme eines öffentlich-rechtlichen Entsorgungsträgers als zustandsverantwortlichem Grundstückseigentümer oder als Betreiber einer immissionsschutzrechtlich genehmigten Abfallentsorgungsanlage gelten, weil der öffentlich-rechtliche Entsorgungsträger – wie andere Anlagenbetreiber auch – als Adressat einer nachträglichen Anordnung der Genehmigungsbehörde in Frage kommt.

I. Begründung des Gesetzgebers

112 In der Gesetzesbegründung (BT-Drs. 19/22612, S. 21) wird zur Einführung des Anspruchs nach § 18 Abs. 8 erläutert, dieser sei öffentlich-rechtlicher Natur und richte sich gegen die für die Durchführung des Anzeigeverfahrens zuständige Behörde. Das Anzeigeverfahren bewirke, dass die Behörde die gesetzlichen Voraussetzungen für die Sammlungssysteme rechtzeitig prüfen und gegebenenfalls durch Verwaltungsakt sicherstellen könne (BT-Drs. 19/22612, S. 21 unter Verweis auf Gesetzesbegründung BReg BT-Drs. 17/6052, S. 88).

113 Der Anspruch beziehe sich sowohl auf die verfahrensrechtlichen Bestimmungen der Anzeigepflicht, wie etwa die Anforderung der notwendigen Angaben vom Träger der Sammlung, als auch auf die von der Behörde zu treffenden bzw. in ihrem Ermessen stehenden Anordnungen nach § 18 Abs. 5, 6 und 7. Der Anspruch könne sich somit insbesondere auf den Erlass eines Verwaltungsakts richten, den die zuständige Behörde an den Träger der gewerblichen Sammlung richten könne. In prozessualer Hinsicht gewähre die Regelung dem betroffenen öffentlich-rechtlichen Entsorgungsträger damit die erforderliche Klagebefugnis nach § 42 Abs. 2 VwGO, um etwa eine Verpflichtungsklage erheben zu können. Die materiell-rechtliche Position des gewerblichen Sammlers werde durch den Anspruch des öffentlich-rechtlichen Entsorgungsträgers auf Erlass von Anordnungen hingegen nicht beschränkt, da nur ein Verwaltungshandeln eingefordert werden könne, zu dem die zuständige Behörde gemäß § 18 ohnehin rechtlich verpflichtet sei. Die zuständige Behörde könne und dürfe insbesondere die Anordnungen nach § 18 Abs. 5, 6 und 7 nur treffen, wenn die dort festgelegten Voraussetzungen vorlägen. Bedingungen, Befristungen oder Auflagen könnten etwa nach § 18 Abs. 5 nur angeordnet werden, soweit sie erforderlich sind, um die Erfüllung der Voraussetzungen nach § 17 Abs. 2 S. 1 Nr. 3 oder Nr. 4 sicherzustellen. Gegen diese Maßnahmen könnten die Betroffenen Anfechtungsklage nach § 42 Abs. 1 VwGO und, sofern das Landesrecht dies vorsehe, zuvor Widerspruch gegen ihren Erlass erheben. Im Rahmen der stets vorzunehmenden Verhältnismäßigkeitsüberprüfung spiele der Eingriff in die Grundrechte auf Berufsfreiheit und Eigentum der Träger der Sammlungen oder der sie durchführenden Personen aus Art. 12 und 14 GG eine besondere Rolle.

114 Bei der Regelung des Abs. 8 handele es sich im Übrigen (lediglich) um eine Klarstellung der vom Gesetzgeber bereits bei Erlass des KrWG 2012 verfolgten Absicht. Ziel sei es, den öffentlich-rechtlichen Entsorgungsträger in Konkurrenzsituationen mit gewerblichen Sammlungen mit gleichwertigen prozessualen Rechten wie den Träger einer gewerblichen Sammlung auszustatten.

II. Urteil des BVerwG vom 27.9.2018

Die Einführung eines materiell-rechtlichen Anspruchs und dementsprechenden Klagerechts für den öffentlich-rechtlichen Entsorgungsträger ist eine Reaktion auf das Urteil des BVerwG vom 27.9.2018 (NVwZ 2019, 163; siehe dazu *Petersen/Friedrich* NVwZ 2021, 1, 9; *Oexle* AbfallR 2018, 302; *Reese* ZUR 2019, 90). Das BVerwG hatte dort die ursprüngliche gesetzgeberische Absicht des Gesetzgebers bei Einführung des Anzeigeverfahrens auf der Grundlage der Gesetzesbegründung deutlich anders verstanden. In dem vom BVerwG entschiedenen Fall hatte ein öffentlich-rechtlicher Entsorgungsträger gegen die zuständige Abfallbehörde eine Verpflichtungsklage mit dem Ziel erhoben, die zuständige Behörde zu verpflichten, eine gewerbliche Sammlung zu untersagen. Das BVerwG hielt die Klage bereits für unzulässig, weil es dem öffentlich-rechtlichen Entsorgungsträger an einer Klagebefugnis fehle. Der öffentlich-rechtliche Entsorgungsträger habe nämlich keinen Anspruch auf ein ordnungsbehördliches Einschreiten der zuständigen Abfallbehörde gegen einen gewerblichen Sammler. Ein solcher Anspruch könne nur dann bestehen, wenn der öffentlich-rechtliche Entsorgungsträger durch einen von ihm beklagten objektiv rechtswidrigen Zustand in seinen subjektiven Rechten verletzt werde und er folglich die Abwehr der Beeinträchtigung verlangen könne. **115**

Eine Verletzung von subjektiven Rechten liege – so das BVerwG – vor, wenn der Verstoß gegen eine Schutznorm, d. h. eine Vorschrift geltend gemacht werde, die den von ihrem Regelungsgehalt Betroffenen nach dem in ihr enthaltenen Entscheidungsprogramm zu schützen bestimmt sei und ihm die Rechtsmacht verleihe, eine Verletzung der Norm insbesondere vor Gericht auch geltend zu machen. Fehle es an einer ausdrücklichen gesetzlichen Regelung, setze dies, soweit es um ein subjektiv-öffentliches Recht im Verhältnis Bürger-Staat gehe, bei dem die Klagbarkeit durch Art. 19 Abs. 4 GG sichergestellt werde, voraus, dass sich aus individualisierenden Tatbestandsmerkmalen der Norm ein Personenkreis entnehmen lasse, der sich von der Allgemeinheit hinreichend unterscheide. Aus dem Schutzzweck der Norm müsse sich außerdem ergeben, dass sie unmittelbar (auch) dem rechtlichen Interesse dieses Personenkreises zu dienen bestimmt sei und nicht nur tatsächlich, reflexartig, seine Rechte berühre. Entsprechendes gelte auch, wenn Rechte im staatlichen Binnenbereich in Rede stünden. Aufgabenzuweisungen an und Zuständigkeiten von Hoheitsträgern seien zwar – vorbehaltlich einer ausnahmsweise begründeten Grundrechtsträgerschaft – keine Rechte i. S.v Art. 19 Abs. 4 GG, so dass deren gerichtliche Durchsetzung verfassungsrechtlich nicht gewährleistet sei. Sie könnten gleichwohl Rechte i. S. v. § 42 Abs. 2 VwGO sein, sofern die Rechtsordnung einzelnen Rechtsträgern oder deren Organen verselbstständigte Rechtspositionen im organschaftlichen Rechtskreis einräume, die im Konfliktfall auch gegenüber anderen Hoheitsträgern durchsetzbar sein sollten. Solche Rechtspositionen seien nicht beschränkt auf die Sicherung von Mitwirkungs- und Verfahrensrechten zur Optimierung von Entscheidungen, sondern können sich auch auf das von der Verwaltungseinheit wahrgenommene Sachinteresse beziehen. Diese wehrfähigen Rechtspositionen unterschieden sich insoweit von den sonstigen subjektiv-öffentlichen Rechten, die Ausdruck von Individualität und Personalität sind, als sie durch ihre Gemeinwohlorientierung gekennzeichnet seien (*BVerwG* Urt. v. 27.9.2018, NVwZ 2019, 163, 164). **116**

Eine solche Rechtsposition stehe einem öffentlich-rechtlichen Entsorgungsträger nicht zu. Mit der Funktionsfähigkeit des öffentlich-rechtlichen Entsorgungsträgers werde ein dessen Rechtskreis betreffendes Schutzgut vom Gesetz ausdrücklich benannt, dem bei **117** der Entscheidung über die Zulässigkeit gewerblicher Sammlungen Rechnung zu tragen sei. Als normativer Ansatzpunkt für eine subjektive Rechtsposition sei dies zwar nicht deswegen untauglich, weil der in § 17 Abs. 2 Nr. 4 aufgeführte Begriff des öffentlichen Interesses abschließend konkretisiert werde, was wiederum nur das Interesse der Allgemeinheit an einer funktionierenden öffentlich-rechtlichen Abfallentsorgung, nicht aber ein Interesse am Schutz des öffentlich-rechtlichen Entsorgungsträgers „um seiner selbst willen" erfasse. Denn der öffentlich-rechtliche Entsorgungsträger verfolge keine eigennützigen und insoweit privaten Interessen, die dem durch das öffentliche Interesse umschriebenen Gemeinwohl gegenüberzustellen seien. Vielmehr seien das öffentliche Interesse und das Interesse des öffentlich-rechtlichen Entsorgungsträgers an der Gewährleistung der Voraussetzungen einer effektiven Aufgabenerfüllung aufgrund der dann gegebenen Orientierung am aufgabenbezogenen Gemeinwohl gleichgerichtet. Daran ändere auch der Umstand nichts, dass die Funktionsfähigkeit auch betriebswirtschaftliche Aspekte umfasse. Den Vorschriften des KrWG sei jedoch eine Subjektivierung der Rechtsposition nicht zu entnehmen. Von entscheidender Bedeutung sei, dass § 17 Abs. 3 nicht die Abgrenzung von unmittelbar auf die Bewältigung einer Verwaltungsaufgabe bezogener Zuständigkeiten zweier Hoheitsträger bzw. Verwaltungseinheiten regele, sondern die Trennlinie zwischen den Zugriffsmöglichkeiten des gewerblichen Sammlers und der verbleibenden (Auffang-)Zuständigkeit des öffentlich-rechtlichen Entsorgungsträgers ziehe. Nach Maßgabe dieser Bestimmung sei dem gewerblichen Sammler eine grundrechtlich geschützte Rechtsposition zugewiesen, über deren Reichweite (zunächst) die Abfallbehörde entscheide. Die reale Ausnutzung dieser materiellen Rechtsposition könne beeinträchtigt werden, wenn dem öffentlich-rechtlichen Entsorgungsträger hiergegen ein Klagerecht eingeräumt und der gewerbliche Sammler einem gegebenenfalls mit zeitlichen Verzögerungen und sonstigen Unwägbarkeiten verbundenen Prozessrisiko ausgesetzt werde. Der hierin liegende Grundrechtseingriff fordere, sofern das konkurrierende Interesse des Dritten nicht seinerseits grundrechtlich geschützt und schon deswegen gem. Art. 19 Abs. 4 GG prozessual bewehrt sei, wegen des Vorbehalts des Gesetzes eine hinreichend deutliche normative Entscheidung gerade für die Möglichkeit einer gerichtlichen Geltendmachung des Gegenrechts. Daran fehle es.

118 Der Schutz der Funktionsfähigkeit des öffentlich-rechtlichen Entsorgungsträgers sei der für die Entscheidung nach § 18 Abs. 5 zuständigen Abfallbehörde aufgegeben. Der Bedeutung der damit bezweckten institutionellen Sicherung der dem öffentlich-rechtlichen Entsorgungsträger zugewiesenen Verwaltungsaufgabe werde durch das Recht zur Stellungnahme nach § 18 Abs. 4 S. 1 KrWG Rechnung getragen, das zur Aufbereitung der Entscheidungsgrundlage beitrage. Soweit der sachliche Gegenstand dieses Schutzauftrags in den Gesetzesmaterialien als Rechtsposition bezeichnet worden sei, beziehe sich das nur auf das Verhältnis zur Abfallbehörde; zu prozessualen Folgen verhielten sie sich nicht. Eine ausdrückliche Aussage, wonach der öffentlich-rechtliche Entsorgungsträger die Beachtung der gesetzlichen Vorgaben einklagen und folglich ein Vorgehen gegen den gewerblichen Sammler verlangen könne, enthalte das Gesetz nicht. Dieser Befund werde nicht durch hinreichend deutliche, bei der Auslegung zu beachtende Anhaltspunkte ausgeglichen, die für die Gewährung eines solchen Klagerechts streiten könnten. Vielmehr belege nicht zuletzt die Entstehungsgeschichte der Neuregelung des Abfallrechts, dass der Einfluss des öffentlich-rechtlichen Entsorgungsträgers auf die Bewertung der und die Entscheidung über die Zulässigkeit gewerblicher Sammlungen vor dem Hintergrund unionsrechtlicher Vorgaben zurückgedrängt werden sollte. Diese geböten in einer solchen durch wettbewerbliche Elemente gekennzeichneten Situation die Neutralität der entscheidenden Behörde. Auf eine bundesrechtliche Normierung zur Sicherung einer neutralen Entscheidung sei im Laufe des Gesetzgebungsverfahrens zwar verzichtet worden, am Regelungsziel sei aber festgehalten und dessen Verwirklichung organisationsrechtlichen Vorkehrungen auf Landesebene überlassen worden. Der Wechsel hin zur Entscheidung durch die zur Neutralität verpflichtete Abfallbehörde bliebe unvollkommen, wenn sich der gewerbliche Sammler nicht nur mit der zur Entscheidung berufenen Abfallbehörde, sondern auch mit dem in der Sache betroffenen öffentlich-rechtlichen Entsorgungsträger gerichtlich auseinandersetzen müsste. Ein abweichender Regelungswille hätte einen nachvollziehbaren Niederschlag finden müssen. Eine nicht dokumentierte allgemeine Übereinstimmung der am Gesetzgebungsverfahren Beteiligten über die Klagebefugnis des öffentlich-rechtlichen Entsorgungsträgers, auf die der Vertreter des Bundesinteresses verweise, sei hierfür unzureichend. Im Übrigen könne auch keine Rede davon sein, dass der öffentlich-rechtliche Entsorgungsträger ohne ein Klagerecht schutzlos gestellt würde; dieser Einwand verkenne die Gesetzesbindung der Abfallbehörde (*BVerwG* Urt. v. 27.9.2018, NVwZ 2019, 163, 165; siehe dazu auch *Beckmann* AbfallR 2014, 151; *Loschwitz* AbfallR 2016, 131; *Gruneberg/Pieck* AbfallR 2013, 163).

Die Einführung eines Klagerechts in § 18 Abs. 8 als Reaktion auf das ausführlich wiedergegebene Urteil des BVerwG ist zu bedauern. Das Urteil des BVerwG vom 27.9.2018, von der privaten Entsorgungswirtschaft begrüßt, von den kommunalen Spitzenverbänden hingegen bekämpft (siehe dazu *Petersen/Friedrich* NVwZ 2021, 1, 9), ist zu Unrecht kritisiert worden (siehe zur Kritik *Kment,* Urteilsanmerkung, NVwZ 2019, 166; *Hufen* JuS 2019, 606). Es behält auch nach Einführung des Anspruchs in § 18 Abs. 8 hinaus Bedeutung für die Bestimmung der Rechtsstellung eines öffentlich-rechtlichen Entsorgungsträgers. Für die Einführung des Klagerechts in § 18 Abs. 8 spricht insoweit jedenfalls nicht, dass die Kritik an der Rechtsprechung des BVerwG und des OVG NRW als Vorinstanz berechtigt wäre. Vielmehr beruht sie auf einem erfolgreichen kommunalen Lobbying für die weitere Beschränkung und auch Verdrängung privatwirtschaftlicher Sammeltätigkeiten. **119**

Kment kritisiert das BVerwG mit der Bemerkung, der Hinweis auf die Gesetzesbindung der Abfallbehörde als Kompensation für versagten Rechtsschutz sei kein rechter Trost für den zurückgelassenen öffentlich-rechtlichen Entsorgungsträger. Denke man dieses Argument zu Ende, wäre wohl das Herzstück des gesamten verwaltungsprozessualen Rechtsschutzes obsolet und das BVerwG würde in den meisten Fällen mit behördlicher Beteiligung nicht mehr gebraucht, da die Behörden an Recht und Gesetz gebunden seien; in Zeiten, in denen selbst verwaltungsgerichtliche Urteile von der im Prozess unterlegenen Verwaltung nicht umgesetzt würden und offen über eine Zwangshaft von Ministerpräsidenten nachgedacht werde, sei dies eine gewagte These. Diese Kritik ist überzogen, sie verkennt, dass der Rechtsträger des öffentlich-rechtlichen Entsorgungsträgers und der zuständigen Abfallbehörde in den allermeisten Fällen nach dem jeweiligen Landesrecht identisch sind, sodass das Klagerecht des öffentlich-rechtlichen Entsorgungsträgers einen In-Sich-Prozess eröffnet, für den es keinen überzeugenden Grund gibt. Das Gebot der „Waffengleichheit", das in diesem Zusammenhang beschworen wird, taugt dafür jedenfalls nicht. Denn von einer solchen Waffengleichheit kann zum Nachteil des gewerblichen Sammlers angesichts der erwähnten Trägeridentität trotz Neutralitätsverpflichtung der zuständigen Behörde nicht die Rede sein (zur Neutralitätspflicht *BVerwG* Urt. v. 11.7.2017 – 7 C 36/15, juris Rn. 18; *VGH München* Beschl. v. 2.7.2020 – 12 B 16.2412, juris Rn 34; *VGH München* Beschl. v. 3.6.2020 – 12 BV 15.777, juris Rn. 36; *VGH BW* Beschl. v. 19.6.2018, NVwZ-RR 2018, 800, 801). **120**

Auch der pauschale Vorwurf, staatliche Behörden würden sich nicht an Recht und Gesetz halten, deshalb sei es notwendig, dass sich kommunale öffentlich-rechtliche Entsorgungsträger gegen kommunale Abfallbehörden gerichtlich zur Wehr setzen müssten, ist nicht berechtigt. Auch wenn die Gesetzesbindung der Verwaltung nicht durchgängig beachtet wird (siehe dazu *Beckmann* DVBl 2019, 1172, 1179), kann man nicht pauschal die Gesetzestreue der Verwaltung in Zweifel stellen. Es ist allenfalls umgekehrt so, dass **121** die wirtschaftlichen Interessen des identischen Trägers der zuständigen Behörde und des öffentlich-rechtlichen Entsorgungsträgers eher eine Interessenkollision zu Lasten der privaten Sammlungsunternehmen als eine Missachtung gesetzlicher Vorgaben zu Lasten der öffentlich-rechtlichen Entsorgungsträger befürchten lassen, Hinzu kommt, dass sich der öffentlich-rechtliche Entsorgungsträger an den gemeinsamen Behördenleiter oder an die Aufsichtsbehörde wenden kann.

122 Die Einführung eines solchen Anspruchs und Klagerechts in § 18 Abs. 8 ist gleichwohl verfassungsrechtlich nicht zu beanstanden. Grundrechte der gewerblichen Sammler werden dadurch nicht verletzt, auch wenn ihre Rechtsschutzmöglichkeiten erheblich erschwert werden. Das ändert aber nichts an dem zutreffenden Befund des BVerwG, dass eine solche Anspruchsberechtigung und eine ihr entsprechende Klagebefugnis das involvierte private Entsorgungsunternehmen einem mit „zeitlichen Verzögerungen und sonstigen Unwägbarkeiten verbundenen Prozessrisiko" aussetzen. Insoweit schafft die Neuregelung auch nicht, wie *Petersen/Friedrich* (NVwZ 2021, 1, 9) meinen, „Waffengleichheit" zwischen gewerblichen Sammlern und öffentlich-rechtlichen Entsorgungsträgern, sondern verschlechtert die Rechtsposition der privaten Unternehmen weiter, die sich im Regelfall ohnehin schon einer „Einheitsfront" von kommunaler Abfallbehörde und kommunalem Entsorgungsträger gegenüber sehen, was auch durch die immer wieder beschworene „Neutralitätspflicht" der Abfallbehörden nicht wirklich in Abrede gestellt werden kann, sondern mit Blick auf das Gebot eines fairen Verfahrens gerechtfertigt werden muss. Es dürfte unbestreitbar sein, dass es unter dem Gesichtspunkt des Neutralitätsgebotes des Staates, das aus dem Rechtsstaatsprinzip folgt, problematisch ist, wenn bei einem Rechtsträger unterschiedliche Aufgaben zusammenfallen, bei deren Wahrnehmung es zu einem Interessenkonflikt kommen kann (siehe dazu *VG Gelsenkirchen* Urt. v. 21.1.2020 – 9 K 3346/13, juris Rn. 36).

123 Eine neutrale Aufgabenwahrnehmung, die den rechtsstaatlichen Anforderungen Rechnung trägt, kann nur dann noch gesichert werden, wenn behördenintern für eine organisatorische und personelle Trennung beider Aufgabenbereiche gesorgt ist (*BVerwG* Urt. v. 18.3.2009 – 9 A 39.07, juris Rn 24, *OVG NRW* Beschl. v. 9.12.2013 – 20 B 205/13, juris Rn 11; *VG Düsseldorf* Urt. v. 9.4.2019 – 17 K 5994/18, juris Rn. 23). In Nordrhein-Westfalen ist deshalb z. B. verwaltungsintern durch Erlass ausdrücklich bestimmt, dass die Kreise und kreisfreien Städte eine organisatorische und personelle Trennung der Aufgabenbereiche einerseits der unteren Umweltschutzbehörde und andererseits des öffentlich-rechtlichen Entsorgungsträgers zu gewährleisten haben (Erlass des Ministeriums für Klimaschutz, Umwelt, Landwirtschaft, Natur- und Verbraucherschutz des Landes Nordrhein-Westfalen vom 13. März 2013, Au. IV-2–408.10.02).

124 Auch der beschwichtigende Hinweis, die materiell-rechtliche Position des gewerblichen Sammlungsträgers werde durch den Anspruch des öffentlich-rechtlichen Entsorgungsträgers auf Erlass von Anordnungen nicht eingeschränkt, da nur ein Verwaltungshandeln eingefordert werden könne, dem die zuständige Behörde ohnehin rechtlich verpflichtet sei (*Petersen/Friedrich* NVwZ 2021, 1, 9) ist geeignet, die Rechtsunsicherheit zu verharmlosen, die den gewerblichen Sammlern durch langjährige Verwaltungsprozesse des öffentlich-rechtlichen Entsorgungsträgers drohen können. Das wird nicht zuletzt durch das **Beiladungserfordernis** deutlich (siehe dazu weiter unten) und ist umso bedauerlicher, weil sich die gewerblichen Sammler ohnehin bereits spätestens seit dem Jahre 2012 intensiven Verdrängungsbemühungen von Kommunen ausgesetzt sehen, denen es mit ihrer Expansion in den Bereich der gewerblichen Sammlung offenbar nicht darum geht, eine hochwertigere Verwertung der gesammelten Abfälle zu organisieren, sondern den zumeist kleinen und mittleren Sammelunternehmen Verdienstmöglichkeiten mit Blick auf eigene Erlösabsichten nehmen wollen.

Hinzu kommt, worauf das BVerwG in seinem Grundsatzurteil vom 27.9.2018 ebenfalls hingewiesen hat, dass es einen guten Grund gab, den Einfluss des öffentlich-rechtlichen Entsorgungsträgers auf die Bewertung der und die Entscheidung über die Zulässigkeit gewerblicher Sammlungen vor dem Hintergrund unionsrechtlicher Vorgaben zum Schutz der privaten Entsorgungswirtschaft zurückzudrängen. **125**

Als öffentlich-rechtliche Entsorgungsträger hat der Gesetzgeber die nach Landesrecht zur Entsorgung der ihnen überlassenen Abfälle verpflichteten juristischen Personen bestimmt (§ 17 Abs. 1 S. 1 KrWG). Die Rechts- und Pflichtenstellung eines öffentlichen-rechtlichen Entsorgungsträgers beschränkt sich dementsprechend auf eine Entsorgungspflicht; weder das Bundesrecht noch das Landesrecht räumen dem öffentlich-rechtlichen Entsorgungsträger einen Überlassungsanspruch im Sinne eines subjektiven Rechts ein, den der öffentlich-rechtliche Entsorgungsträger gegenüber dem Abfallbesitzer eigenständig geltend machen könnte und der durch eine Aufhebung der Untersagung einer gewerblichen Sammlung verletzt werden könnte. Der Überlassungspflicht des Abfallbesitzers korrespondiert insoweit zwar ein Überlassungsanspruch gegenüber dem öffentlich-rechtlichen Entsorgungsträger, umgekehrt hat der öffentlich-rechtliche Entsorgungsträger jedoch seinerseits keinen der Überlassungspflicht korrespondierenden Rechtsanspruch auf Überlassung von Abfällen, den er gegenüber dem Abfallbesitzer klageweise geltend machen könnte (*Beckmann* AbfallR 2014, 151). Das ist der Grund dafür, dass er sich für den Fall einer Missachtung von Überlassungspflichten an die für die Abfallüberwachung zuständige Behörde wenden und sie um ein ordnungsbehördliches Einschreiten bitten muss. Die Auferlegung von Pflichten sowie die Absicherung der Erfüllung dieser Pflichten bedeuten nicht, dass dem öffentlich-rechtlichen Entsorgungsträger im Zusammenhang damit eigenständige (subjektive) Rechte eingeräumt werden. **126**

Einen Anspruch darauf, dass den öffentlich-rechtlichen Entsorgungsträgern bestimmte Abfälle in einer bestimmten Größenordnung überlassen werden müssen und dass dementsprechend die zuständige Behörde eine gewerbliche Sammlung zu untersagen hätte, sieht auch das jeweilige Landesrecht nicht vor. Es könnte insoweit ohnehin keine vom Bundesrecht abweichende Regelung treffen. Das den öffentlich-rechtlichen Entsorgungsträgern eingeräumte Satzungsrecht, das den öffentlich-rechtlichen Entsorgungsträger insbesondere dazu berechtigt, einen Anschluss- und Benutzungszwang vorzuschreiben, führt auch nicht zu im Wege zivilgerichtlicher oder verwaltungsgerichtlicher Verfahren durchzusetzenden Ansprüche auf einen bestimmten Umfang der zu überlassenden Abfälle. Vielmehr beschränkt sich das Satzungsrecht auf die Möglichkeit, für die Abfälle, die nach Bundesrecht zu überlassen sind, einen solchen Anschluss- und Benutzungszwang vorzuschreiben. Die Vorfrage, ob und inwieweit überhaupt überlassungspflichtiger Abfall vorliegt, bleibt von diesem Satzungsrecht gänzlich unberührt. **127**

Auch aus § 17 Abs. 2 S. 1 Nr. 4 KrWG ergibt sich kein eigenständiges Recht des öffentlich-rechtlichen Entsorgungsträgers gegenüber der zuständigen Behörde, eine Untersagung einer gewerblichen Sammlung zu verlangen. Zwar dient die gesetzliche Voraussetzung einer gewerblichen Sammlung, dass ihr keine überwiegenden öffentlichen Interessen entgegenstehen, dem Schutz der Funktionsfähigkeit des öffentlich-rechtlichen Entsorgungsträgers. Das ergibt sich aus § 17 Abs. 3 S. 1 KrWG. Bei dieser Funktionsfähigkeit handelt es sich jedoch nicht um ein dem Funktionsträger zugewiesenes Recht, das er eigenständig wahrnehmen und im Verwaltungsprozess gegenüber der zuständigen Behörde bzw. einem gewerblichen Sammler geltend machen könnte. Vielmehr dient der Schutz dieser Funktionsfähigkeit lediglich dem öffentlichen Interesse daran, dass der öffentlich-rechtliche Entsorgungsträger die ihm zugewiesene Funktion auch wahrnehmen kann. Würde man die Wahrung der Funktionsfähigkeit des öffentlich-rechtlichen Entsorgungsträgers als ein eigenständiges Recht dieses Funktionsträgers anerkennen, wäre dieser **128** auf ein Einschreiten der zuständigen Behörde gegenüber der angezeigten gewerblichen Sammlung nicht angewiesen und könnte gegebenenfalls eigenständig gegenüber gewerblichen Sammlern und Abfallbesitzer im Klagewege vorgehen.

129 Der öffentlich-rechtliche Entsorgungsträger kann sich auch nicht auf eine Beeinträchtigung seines verfassungsrechtlich geschützten Selbstverwaltungsrechts berufen. Denn das Selbstverwaltungsrecht wird durch den Entzug von gewerblich gesammelten Abfällen nicht beeinträchtigt. Die Entsorgungspflicht der öffentlich-rechtlichen Entsorgungsträger erstreckt sich nach § 20 Abs. 1 S. 1 nur auf die in ihrem Gebiet angefallenen und ihnen überlassenen Abfälle aus privaten Haushaltungen und ihnen überlassene Abfälle zur Beseitigung aus anderen Herkunftsbereichen. Die von dem Träger der gewerblichen Sammlung angefochtene Untersagungsverfügung betrifft nicht den gesetzlichen Umfang der Entsorgungspflicht des öffentlich-rechtlichen Entsorgungsträgers, sondern lediglich die Vorfrage, ob und inwieweit Abfälle als Ausnahme von der gesetzlichen Überlassungspflicht gewerblich gesammelt werden dürfen.

130 Entgegen der Ansicht von Kment ist ein Klagerecht der öffentlich-rechtlichen Entsorgungsträger auch insoweit nicht verfassungsrechtlich geboten als es sich bei ihnen zumeist um Kommunen handelt. Das Selbstverwaltungsrecht der Gemeinden, die Aufgaben einer öffentlich-rechtlichen Entsorgungsträgerin wahrnehmen, erstreckt sich nicht auf einen bestimmten Umfang zu überlassender Abfälle. Dementsprechend beeinträchtigt es das Selbstverwaltungsrecht der Gemeinden nicht, wenn der Gesetzgeber den Kreis der überlassungspflichtigen Abfälle vergrößert oder verringert. Das KrWG ist mit seiner fünfstufigen Abfallhierarchie (§§ 6–8 KrWG) auf eine vorrangige Vermeidung und Verwertung von Abfällen und damit auf eine Verringerung der den öffentlich-rechtlichen Entsorgungsträgern zu überlassenden Abfälle angelegt. Eine Beeinträchtigung des Selbstverwaltungsrechts kann sich daraus nicht ergeben. Dasselbe gilt für Ordnungsverfügungen, die durch eine Untersagung oder Einschränkung gewerblicher Sammlungen den Umfang der überlassungspflichtigen Abfälle mittelbar beeinflussen. Die den öffentlich-rechtlichen Entsorgungsträgern nach Landesrecht eingeräumte Befugnis, durch Satzung Anschluss- und Benutzungszwang anzuordnen, ermöglicht ihnen lediglich, die bundesrechtlich geregelte Überlassungspflicht zu konkretisieren, hat aber auf den konkreten Umfang dieser Überlassungspflicht keine Auswirkung. Denn weder der Landesgesetzgeber noch der Satzungsgeber ist berechtigt, den bundesrechtlich abschließend geregelten Umfang der Überlassungspflicht zu verändern. Der Überlassungspflicht der Abfallbesitzer und Abfallerzeuger korrespondiert ein Anspruch auf Übernahme der überlassungspflichtigen Abfälle der Abfallbesitzer und Abfallerzeuger gegenüber dem öffentlich-rechtlichen Entsorgungsträger; dieser hat jedoch umgekehrt keinen Überlassungsanspruch im Sinne eines subjektiv-öffentlichen Rechts gegenüber den Abfallbesitzern und Abfallerzeugern. Dementsprechend greift die von dem Träger der gewerblichen Sammlung begehrte Aufhebung einer Untersagung oder Beschränkung der gewerblichen Sammlung nicht unmittelbar und zwangsläufig in ihre Rechte ein. Auch eine Funktionsbeeinträchtigung, die sich daraus ergeben könnte, dass durch die gewerbliche Sammlung Abfälle erfasst werden, für die der öffentlich-rechtliche Entsorgungsträger eine hochwertige getrennte Erfassung und Verwertung der Abfälle durchführt, ist nicht mit einer Beeinträchtigung und schon gar nicht mit einer Verletzung des Selbstverwaltungsrechts gleichzusetzen.

III. Klagerechte der öffentlich-rechtlichen Entsorgungsträger

131 § 18 Abs. 8 räumt einen materiell-rechtlichen Anspruch des öffentlich-rechtlich Entsorgungsträger darauf ein, dass die für die gewerblichen Sammlungen geltenden Bestim-

mungen des Anzeigeverfahrens eingehalten werden. Der Anspruch beschränkt sich auf die Beachtung der Bestimmungen des Anzeigeverfahrens für gewerbliche Sammlungen, gemeinnützige Sammlungen sind davon nicht betroffen. Schon daraus wird ersichtlich, dass es dem Gesetzgeber nicht darum geht, öffentlich-rechtlichen Entsorgungsträgern zu einer Rechtsstellung zu verhelfen, die dazu beiträgt, die zuständigen Behörden zur Einhaltung der Vorschriften über das Anzeigeverfahren anzuhalten; vielmehr soll den öffentlich-rechtlichen Entsorgungsträger in einem Wettbewerb um die bei gewerblichen Sammlungen eingesammelten Abfälle eine bessere Rechtsposition eingeräumt werden.

1. Begriff des öffentlich-rechtlichen Entsorgungsträgers. Wer öffentlich-rechtlicher Entsorgungsträger ist, dem gegebenenfalls Ansprüche nach § 18 Abs. 8 zustehen, ergibt sich aus dem jeweiligen Landesrecht. Nach § 17 Abs. 1 S. 1 sind öffentlich-rechtlich Entsorgungsträger die nach Landesrecht zur Entsorgung verpflichteten juristischen Personen. Regelmäßig sind für die Entsorgung einschließlich der Einsammlung und Beförderung kommunale Gebietskörperschaften (Kreise und kreisfreie Städte) zuständig; es können aber auch z. B. Anstalten des öffentlichen Rechts oder regionale Zweckverbände sein, die als Anstalten oder Körperschaften des öffentlichen Rechts über eine eigene, von der Kommune getrennte Rechtspersönlichkeit verfügen, die die Funktion des öffentlich-rechtlichen Entsorgungsträgers ganz oder aber auch nur teilweise übernehmen. 132

Der Landesgesetzgeber kann dazu z. B. die oberste Abfallbehörde ermächtigen, durch Rechtsverordnung zu bestimmen, dass anderen Gebietskörperschaften des öffentlichen Rechts für bestimmte Entsorgungsaufgaben die Pflichten eines öffentlich-rechtlichen Entsorgungsträgers obliegen. In Nordrhein-Westfalen und Niedersachsen sind allerdings neben den Kreisen und kreisfreien Städten, die für die Entsorgung der ihnen überlassenen Abfälle zuständig sind, auch kreisangehörige Gemeinden für die Einsammlung zuständig. Auch sie sind dementsprechend öffentlich-rechtlich Entsorgungsträger. Sie können nach § 18 Abs. 8 gegebenenfalls eine Missachtung der für die gewerblichen Sammlungen geltenden Bestimmungen des Anzeigeverfahrens geltend machen. 133

2. Betroffenheit von einer gewerblichen Sammlung. Die Erfolg versprechende Erhebung eines Anspruchs auf Einhaltung der für die gewerbliche Sammlungen geltenden Bestimmungen des Anzeigeverfahrens setzt nach § 18 Abs. 8 voraus, dass der öffentlich-rechtliche Entsorgungsträger von der gewerblichen Sammlung betroffen ist. Fraglich ist dementsprechend, wann eine solche Betroffenheit vorliegt. In aller Regel dürfte eine Betroffenheit nur dann infrage kommen, wenn die gewerbliche Sammlung auf einem Gebiet stattfindet, indem der öffentlich-rechtlich Entsorgungsträger seine Entsorgungsaufgaben wahrnimmt. Anspruchsberechtigt kann danach nur der öffentlich-rechtliche Entsorgungsträger sein, der im Anzeigeverfahren nach § 18 Abs. 4 zu beteiligen ist. 134

Ob darüber hinaus in Ausnahmefällen auch eine Betroffenheit des öffentlich-rechtlichen Entsorgungsträgers von einer Sammlung denkbar ist, die in der (unmittelbaren) Nachbarschaft des Gebiets des öffentlich-rechtlich Entsorgungsträgers stattfindet, ist zweifelhaft und eher zu verneinen. Zwar mögen solche Sammlungen in der Nachbarschaft auch nachteilige Folgen für den öffentlich-rechtlichen Entsorgungsträger haben, weil sie ihm möglicherweise Abfälle entziehen, die ihm ohne eine solche gewerbliche Sammlung in der Nachbarschaft überlassen würden. Allerdings bezieht sich die Anzeige des gewerblichen Sammlers auf Abfälle, für die an sich eine Überlassungspflicht nach § 17 Abs. 1 besteht und die nur ausnahmsweise deshalb entfällt, weil ein gewerblicher Sammler eine Sammlung ordnungsgemäß angezeigt hat und deshalb eine Ausnahme von der Überlassungspflicht nach § 17 Abs. 2 S. 1 Nr. 3 besteht. 135

136 Allerdings wird man die Betroffenheit auch nicht allein davon abhängig machen können, dass die angezeigte gewerbliche Sammlung sich ausschließlich auf Abfälle bezieht, die ohne die angezeigte Sammlung dem öffentlich-rechtlichen Entsorgungsträger zu überlassen wären. Denn es gibt öffentlich-rechtliche Entsorgungsträger, denen gegenüber eine Überlassungspflicht nach § 17 gar nicht besteht. Das gilt z. B. in den Bundesländern, in denen die Funktion des öffentlich-rechtlichen Entsorgungsträgers zwischen den Kreisen und kreisfreien Städten, die für die Entsorgung der Abfälle zuständig sind, und den kreisangehörigen Gemeinden, die für die Einsammlung zuständig sind, aufgeteilt sind. Die Überlassungspflicht des § 17 Abs. 1 besteht in diesen Fällen nur gegenüber den für die Einsammlung zuständigen kreisangehörigen Gemeinden, nicht jedoch gegenüber den für die Entsorgung der Abfälle zuständigem Kreisen. Das Landesrecht sieht in solchen Fällen einer Verteilung der Entsorgungsaufgaben und eine gesonderte Verpflichtung zur Beförderung der von den kreisangehörigen Gemeinden eingesammelten Abfälle zu den Abfallentsorgungsanlagen des Kreises vor. So bestimmt z. B. § 5 Abs. 6 S. LAbfG NRW, dass die kreisangehörigen Gemeinden als öffentlich-rechtliche Entsorgungsträger im Sinne des § 17 Abs. 1 S. 1 die in ihrem Gebiet anfallenden und ihnen zu überlassenden Abfälle einzusammeln und zu den Abfallentsorgungsanlagen oder zu den Müllumschlagstationen zu befördern haben, soweit diese von Kreisen oder in deren Auftrag betrieben werden.

137 Unabdingbar dürfte aber jedenfalls eine gesetzliche Zuständigkeit für die Entsorgung einschließlich der Einsammlung der Abfälle sein, die Gegenstand der angezeigten Sammlung sind.

138 Ob die Betroffenheit von einer gewerblichen Sammlung darüber hinaus eine gewisse Relevanz im Sinne einer Erheblichkeit für die Aufgabenwahrnehmung voraussetzt, ob man dementsprechend von einer Betroffenheit des öffentlich-rechtlichen Entsorgungsträgers von einer gewerblichen Sammlung auch dann sprechen kann, wenn die Auswirkungen auf seine Aufgabenwahrnehmung marginal, kaum spürbar oder nur geringfügig sind, ergibt sich aus dem Wortlaut der Regelung jedenfalls nicht. Das spricht im Ausgangspunkt gegen ein solches Kriterium. Der im öffentlichen Recht umfassend zur Anwendung kommende Verhältnismäßigkeitsgrundsatz könnte allerdings auch in diesem Zusammenhang der Geltendmachung eines Anspruchs nach § 18 Abs. 8 im Einzelfall Grenzen setzen.

139 **3. Klagearten.** Aus dem materiell-rechtlichen Anspruch darauf, dass die für gewerbliche Sammlungen geltenden Bestimmungen des Anzeigeverfahrens eingehalten werden, kann verfahrensrechtlich eine Klagebefugnis zur Erhebung einer **Verpflichtungsklage** folgen, mit der die zuständige Behörde verpflichtet werden soll, von der Ermächtigungsgrundlage des § 18 Abs. 5 S. 1 Gebrauch zu machen und die angezeigte Sammlung von Bedingungen abhängig zu machen, sie zeitlich zu befristen oder Auflagen für sie vorsehen, soweit dies erforderlich ist, um die Erfüllung der Voraussetzungen nach § 17 Abs. 2 S. 1 Nr. 3 oder Nr. 4 sicherzustellen.

140 § 18 Abs. 5 S. 1 räumt der zuständigen Behörde hinsichtlich der Anordnung von Bedingungen, Auflagen oder Befristungen **Ermessen** ein. Dementsprechend kann der öffentlich-rechtlich Entsorgungsträger regelmäßig auch nur eine **Bescheidungsurteil** beantragen, mit dem die zuständige Behörde verpflichtet wird, erneut über die Anordnung von Bedingungen, Befristungen oder Auflagen zu der angezeigten Sammlung ermessensfehlerfrei ggfls. nach Maßgaben des Gerichts zu entscheiden (siehe dazu *Gärditz* in Gärditz, VwGO, 2018, § 42 Rn. 79).

141 § 42 Abs. 2 VwGO setzt für die Zulässigkeit einer solchen Klage voraus, dass der öffentlich-rechtliche Entsorgungsträger geltend macht, durch den Verwaltungsakt oder sei-

ne Ablehnung oder Unterlassung in seinen Rechten verletzt zu sein. Das bedeutet, dass der öffentlich-rechtliche Entsorgungsträger zur Begründung seiner Klage darzulegen hat, dass eine Verletzung seiner Rechte möglich ist. Es darf auf der Grundlage der Darlegung des öffentlich-rechtlichen Entsorgungsträgers nicht offensichtlich und eindeutig nach jeder Betrachtungsweise ausgeschlossen sein, dass die vom Kläger behaupteten Rechte bestehen oder ihm zustehen können für den Fall, dass die zuständige Abfallbehörde die begehrte Anordnung unterlässt. Es muss dementsprechend dargelegt werden, dass ohne die begehrte Anordnung die Bestimmungen des Anzeigeverfahrens nach § 18 nicht eingehalten werden. Außerdem muss sich aus dem Vortrag die Betroffenheit des öffentlich-rechtlichen Entsorgungsträgers von der gewerblichen Sammlung ergeben.

Nach § 18 Abs. 5 S. 2 hat die zuständige Behörde die Durchführung der angezeigten **142** Sammlung zu untersagen, wenn Tatsachen bekannt sind, aus denen sich Bedenken gegen die Zuverlässigkeit des Anzeigenden oder der für die Leitung und Beaufsichtigung der Sammlung verantwortlichen Personen ergeben, oder die Einhaltung der in § 17 Abs. 2 S. 1 Nr. 3 oder Nr. 4 genannten Voraussetzungen anders nicht zu gewährleisten ist. Dementsprechend setzt die Klagebefugnis des öffentlich-rechtlichen Entsorgungsträgers zur Geltendmachung seines Anspruchs mit Blick auf diese Ermächtigungsgrundlage voraus, dass er nachvollziehbare Gründe darlegt, aus denen sich ergibt, dass nur eine Untersagung der Sammlung den Bedenken gegen die Zuverlässigkeit hinreichend Rechnung trägt bzw. unerlässlich ist, um die Einhaltung der in § 17 Abs. 2 S. 1 Nr. 3 oder Nr. 4 genannten Voraussetzungen sicherzustellen und dass er von der angezeigten Sammlung tatsächlich auch betroffen ist. Hinsichtlich der Untersagung nach § 18 Abs. 5 S. 2 steht der zuständigen Behörde kein Ermessen zu. Dementsprechend ergeht im Fall der Zulässigkeit und Begründetheit der Klage des öffentlich-rechtlichen Entsorgungsträger kein Bescheidungsurteil, sondern ein **Verpflichtungsurteil.**

Neben einer Verpflichtungsklage kommt grundsätzlich auch eine **Anfechtungsklage** **143** in Betracht, wenn der öffentlich-rechtliche Entsorgungsträger geltend machen kann, dass die für die gewerbliche Sammlungen geltenden Bestimmungen des Anzeigeverfahrens nicht eingehalten werden. Denkbar ist eine solche Anfechtungsklage z. B. dann, wenn die zuständige Behörde, was von Gesetzes wegen nicht erforderlich ist, in der Praxis aber gleichwohl immer wieder geschieht, die gewerbliche Sammlung eines Trägers durch einen Verwaltungsakt ausdrücklich zulässt, obwohl die Voraussetzungen für die Zulässigkeit der Sammlung nicht vorliegen.

Fraglich ist, ob eine (isolierte) Anfechtungsklage auch dann in Betracht kommt, wenn **144** die zuständige Behörde die angezeigte Sammlung zeitlich befristet. Mit der Anordnung einer zeitlichen Befristung wird die Sammlung zumindest konkludent für den befristeten Zeitraum zugelassen. Ob eine isolierte Anfechtung dieser Fristanordnung aus Sicht des öffentlich-rechtlichen Entsorgungsträgers zur Wahrung seiner Rechte hinreichend ist, hängt davon ab, ob bei einer Aufhebung dieser Befristung die Sammlung unbefristet fortgesetzt werden kann. Da die Sammlung nach § 18 Abs. 1 nur angezeigt, nicht aber genehmigt werden muss, dürfte dies, allerdings abhängig von der konkreten Formulierung des Bescheids, im Regelfall jedenfalls der Fall sein. Insoweit müsste der öffentlich-rechtlich Entsorgungsträger eine unbefristete Untersagung im Wege einer Verpflichtungsklage anstreben, wenn er meint, dass die Voraussetzungen für eine unbefristete Sammlung nicht vorliegen.

IV. Beiladung zum Verwaltungsprozess

Fraglich ist, welche Konsequenzen sich aus der Einräumung eines Anspruchs des öf- **145** fentlich-rechtlich Entsorgungsträgers in § 18 Abs. 8 auf Beachtung der Bestimmungen über das Anzeigeverfahren für den Verwaltungsprozess eines gewerblichen Sammlers ergeben, der im Wege einer Anfechtungsklage eine Untersagung oder aber Anordnung von Bedingungen, Befristungen oder Auflagen angreift. Da § 18 Abs. 8 einen öffentlich-rechtlichen Anspruch einräumt, handelt es sich bei einer gerichtlichen Geltendmachung dieses Anspruchs um eine öffentlich-rechtliche Streitigkeit nach § 40 Abs. 1 S. 1 VwGO, für die der Verwaltungsrechtsweg eröffnet ist.

146 Nach § 65 Abs. 1 VwGO kann ein Gericht, solange das Verfahren noch nicht rechtskräftig abgeschlossen oder in höherer Instanz anhängig gemacht worden ist, von Amts wegen oder auf Antrag andere, deren rechtliche Interessen durch die Entscheidung berührt werden, zu dem Prozess beiladen. Diese (einfache) Beiladung steht im Ermessen des Gerichts. Sind an dem streitigen Rechtsverhältnis Dritte derart beteiligt, dass die Entscheidung auch ihnen gegenüber nur einheitlich ergehen kann, müssen sie nach § 65 Abs. 2 VwGO beigeladen werden (notwendige Beiladung).

147 Die Beiladung ist das prozessual institutionalisierte Mittel, eine Nichtpartei an einem zwischen anderen Personen bereits anhängigen Rechtsstreit durch Gerichtsbeschluss zu beteiligen, wenn deren berechtigte Interessen durch die Entscheidung be-rührt werden können. Die Beiladung dient der Wahrung der Interessen dieser Nichtpartei am Ausgang des Rechtsstreits, der umfassenden Untersuchung und Aufklärung des Streitverhältnisses durch das Gericht und der Prozessökonomie, soweit verschiedene Streitkomplexe in einer einheitlichen Entscheidung erledigt und durch die Rechtskrafterstreckung divergierende Urteile über denselben Gegenstand mit nur unterschiedlichen Beteiligten vermieden werden können.

148 Klagt der Träger einer gewerblichen Sammlung gegen die Untersagung einer von ihm nach § 18 Abs. 1 angezeigten Sammlung oder gegen eine Einschränkung der von ihm angezeigten gewerblichen Sammlung durch Bedingungen, Befristungen oder Auflagen im Sinne von § 18 Abs. 5 S. 1, 2, dann richtet sich seine Anfechtungsklage gegen die den Bescheid erlassende Behörde bzw. gegen den Rechtsträger dieser Behörde.

149 Der öffentlich-rechtliche Entsorgungsträger wäre im Sinne von § 65 Abs. 2 VwGO zu dem Anfechtungsprozess des Trägers der gewerblichen Sammlung notwendigerweise beizuladen, wenn er an dem streitigen Rechtsverhältnis zwischen dem Kläger und der beklagten Behörde derart beteiligt wäre, dass die Entscheidung auch ihm gegenüber nur einheitlich ergehen kann. Soweit der Träger der Sammlung die Untersagung der von ihm angezeigten Sammlung angefochten hat, käme eine notwendige Beiladung nur infrage, wenn die begehrte Aufhebung des Untersagungsbescheids unmittelbar Rechte des öffentlich-rechtlichen Entsorgungsträgers gestalten, bestätigen, feststellen, verändern oder aufheben würde. Nur dann könnte aus Rechtsgründen eine Entscheidung den Prozessbeteiligten und dem öffentlich-rechtlichen Entsorgungsträger gegenüber nur einheitlich ergehen.

150 Dass die in dem Anfechtungsprozess begehrte Aufhebung einer Untersagung in diesem Sinne unmittelbar und zwangsläufig Rechte des öffentlich-rechtlichen Entsorgungsträgers gestalten, bestätigen, feststellen, verändern oder aufheben könnte, war nach der früheren Rechtslage nicht ersichtlich. Eine notwendige Beiladung war insoweit nicht erforderlich, weil das Anfechtungsurteil dem öffentlich-rechtlichen Entsorgungsträger gegenüber keine rechtsgestaltende Wirkung entfaltet. An einer in diesem Sinne rechtsgestaltenden Wirkung fehlte es, weil der öffentlich-rechtliche Entsorgungsträger lediglich, ohne selbst Adressat des angefochtenen Verwaltungsakts zu sein, ein Interesse am Ausgang des Verfahrens hatte.

151 Dazu wurde allerdings auch in der Vergangenheit schon die Auffassung vertreten, der öffentlich-rechtliche Entsorgungsträger sei aufgrund seiner zentralen Rechtsstellung und aufgrund der Tatsache, dass seine Rechtsposition als öffentlich-rechtlicher Entsorgungsträger sowie das kommunale Sammelsystem durch die Durchführung einer gewerblichen Sammlung erheblich betroffen sein könnten, in dem Anfechtungsprozess des Trägers der gewerblichen Sammlung notwendig beizuladen (*VG Stuttgart* Beschl. v. 30.4.2013 – 2 K 775/13, juris Rn. 15; *Grunenberg/Pieck* AbfallR 2013, 163, 166; *Wenzel* AbfallR 2013, 231, 236).

Das Verwaltungsgericht Stuttgart begründete die Notwendigkeit der Beiladung des öf- **152** fentlich-rechtlichen Entsorgungsträgers schon zur früheren Rechtslage mit dem Argument, der Anfechtungsantrag des Klägers und damit das Antragsziel beträfen den öffentlich-rechtlichen Entsorgungsträger als Dritten in negativer Weise (sog. negative Drittbetroffenheit), da die Überlassungspflicht für Abfälle gegenüber dem öffentlich-rechtlichen Entsorgungsträger nach § 17 Abs. 2 Nr. 4 entfalle, wenn der gewerblichen Sammlung keine öffentlichen Interessen entgegenstünden. Diese Auffassung war unzutreffend. Das BVerwG hatte ihr mit seinem Urteil vom 27.9.2018 (NVwZ 2019, 163) den Boden entzogen.

Die Rechtslage dürfte sich allerdings durch die Einräumung eines Anspruchs nach **153** § 18 Abs. 8 geändert haben. Nunmehr dürfte der öffentlich-rechtliche Entsorgungsträger bei hinreichender Betroffenheit geltend mach können, durch die Entscheidung des Gerichts über den Anfechtungsantrag des gewerblichen Sammlers unmittelbar und in einer Weise in seinen Rechten betroffen zu sein, dass die Entscheidung auch ihm gegenüber nur einheitlich ergehen kann. Daraus ergeben sich unerfreuliche Konsequenzen vor allem in den Bundesländern, in denen die kreisangehörigen Gemeinden für die Einsammlung der überlassungspflichtigen Abfälle zuständig sind.

In Nordrhein-Westfalen z. B. sind zwar nach § 5 Abs. 1 S. 1 LAbfG NRW die Kreise **154** und kreisfreien Städte grundsätzlich öffentlich-rechtliche Entsorgungsträger. Nach § 5 Abs. 6 S. 1 LAbfG NRW haben jedoch die kreisangehörigen Gemeinden als öffentlich-rechtliche Entsorgungsträger die in ihrem Gebiet anfallenden und ihnen zu überlassenen Abfälle einzusammeln und zu den Abfallentsorgungsanlagen oder zu den Müllumschlagstationen zu befördern, soweit diese von Kreisen oder in deren Auftrag betrieben werden. Die Notwendigkeit einer Beiladung der öffentlich-rechtlichen Entsorgungsträger hat deshalb im Falle der Untersagung einer für ein Kreisgebiet angezeigten gewerblichen Sammlung zur Folge, dass nicht nur der Kreis selbst als öffentlich-rechtlicher Entsorgungsträger, sondern auch die zumeist 10–15 kreisangehörigen Gemeinden in ihrer Funktion als öffentlich-rechtliche Entsorgungsträger beizuladen sind. Aber auch darüber hinaus können mehrere öffentlich-rechtliche Entsorgungsträger betroffen sein, wenn z. B. Teilaufgaben auf einen Zweckverband oder aber nach den Gesetzen über die kommunale Zusammenarbeit auf kreisangehörige Gemeinden übertragen worden sind. Der klagende Träger der gewerblichen Sammlung sieht sich schlimmstenfalls einer Phalanx von bis zu 15 oder 16, möglicherweise anwaltlich vertretenen Kommunen gegenüber. Der Verwaltungsprozess kann wegen der damit verbundenen Prozess- und Anwaltskosten zu einem erheblichen, manchen mittelständischen Sammler deutlich überfordernden Risiko werden. Immerhin orientiert sich der Streitwert nach der Rechtsprechung bei dem Streit um die Zulässigkeit einer gewerblichen Sammlung von Altkleidern und Altschuhen an dem Jahresgewinn, der nach einem geschätzten erzielbaren Erlös von 400 €/t berechnet wird, so dass bei einer prognostizierten Sammelmenge von 250 t, ein Streitwert in Höhe von 100 000 € festgesetzt werden kann (siehe dazu auch *Oexle* AbfallR 2018, 302, 303). Wie man deshalb im Zusammenhang mit der Einführung dieses Anspruchs davon sprechen kann, dass mit ihr „Waffengleichheit" hergestellt werde, bleibt unerfindlich.

Den gewerblichen Sammler dürfte es mit Blick auf den Verfahrens- und ggfls. auch **155** Kostenaufwand nicht trösten, dass er in Verfahren, in denen der öffentlich-rechtliche Entsorgungsträger einen Anspruch nach § 18 Abs. 8 geltend macht, ebenfalls beizuladen ist, weil die Entscheidung in einem solchen Verfahren auch ihm gegenüber nur einheitlich ergehen kann.

§ 20 Pflichten der öffentlich-rechtlichen Entsorgungsträger

(1) **Die öffentlich-rechtlichen Entsorgungsträger haben die in ihrem Gebiet angefallenen und überlassenen Abfälle aus privaten Haushaltungen und Abfälle zur Beseitigung aus anderen Herkunftsbereichen nach Maßgabe der §§ 6 bis 11 zu verwerten oder nach Maßgabe der §§ 15 und 16 zu beseitigen. Werden Abfälle zur Beseitigung überlassen, weil die Pflicht zur Verwertung aus den in § 7 Absatz 4 genannten Gründen nicht erfüllt werden muss, sind die öffentlich-rechtlichen Entsorgungsträger zur Verwertung verpflichtet, soweit bei ihnen diese Gründe nicht vorliegen.**

(2) **Die öffentlich-rechtlichen Entsorgungsträger sind verpflichtet, folgende in ihrem Gebiet in privaten Haushaltungen angefallenen und überlassenen Abfälle getrennt zu sammeln:**

1. Bioabfälle; § 9 Absatz 1 und 3 Nummer 3 und 4 sowie Absatz 4 gilt entsprechend,

2. Kunststoffabfälle; § 9 gilt entsprechend,

3. Metallabfälle; § 9 gilt entsprechend,

4. Papierabfälle; § 9 gilt entsprechend,

5. Glas; § 9 Absatz 1 und 3 Nummer 3 und 4 sowie Absatz 4 gilt entsprechend,

6. Textilabfälle; § 9 gilt entsprechend,

7. Sperrmüll; die öffentlich-rechtlichen Entsorgungsträger sammeln Sperrmüll in einer Weise, welche die Vorbereitung zur Wiederverwendung und das Recycling der einzelnen Bestandteile ermöglicht und

8. gefährliche Abfälle; die öffentlich-rechtlichen Entsorgungsträger stellen sicher, dass sich die gefährlichen Abfälle bei der Sammlung nicht mit anderen Abfällen vermischen.

Die Verpflichtung zur getrennten Sammlung von Textilabfällen nach Satz 1 Nummer 6 gilt ab dem 1. Januar 2025.

(3) **Die öffentlich-rechtlichen Entsorgungsträger können mit Zustimmung der zuständigen Behörde Abfälle von der Entsorgung ausschließen, soweit diese der Rücknahmepflicht auf Grund einer nach § 25 erlassenen Rechtsverordnung oder aufgrund eines Gesetzes unterliegen und entsprechende Rücknahmeeinrichtungen tatsächlich zur Verfügung stehen. Satz 1 gilt auch für Abfälle zur Beseitigung aus anderen Herkunftsbereichen als privaten Haushaltungen, soweit diese nach Art, Menge oder Beschaffenheit nicht mit den in Haushaltungen anfallenden Abfällen entsorgt werden können oder die Sicherheit der umweltverträglichen Beseitigung im Einklang mit den Abfallwirtschaftsplänen der Länder durch einen anderen öffentlich-rechtlichen Entsorgungsträger oder Dritten gewährleistet ist. Die öffentlich-rechtlichen Entsorgungsträger können den Ausschluss von der Entsorgung nach den Sätzen 1 und 2 mit Zustimmung der zuständigen Behörde widerrufen, soweit die dort genannten Voraussetzungen für einen Ausschluss nicht mehr vorliegen.**

(4) **Die Pflichten nach Absatz 1 gelten auch für Kraftfahrzeuge oder Anhänger ohne gültige amtliche Kennzeichen, wenn diese**

1. auf öffentlichen Flächen oder außerhalb im Zusammenhang bebauter Ortsteile abgestellt sind,

2. keine Anhaltspunkte für deren Entwendung oder bestimmungsgemäße Nutzung bestehen sowie

3. nicht innerhalb eines Monats nach einer am Fahrzeug angebrachten, deutlich sichtbaren Aufforderung entfernt worden sind.

Schrifttum: *Arndt,* Kreislaufwirtschaft und kommunale Entsorgung. Zur Rechtsstellung der Kommunen und ihrer Wirtschaftsunternehmen im System des Kreislaufwirtschafts- und Abfallgesetzes, Köln 1996; *Beckmann,* In-house-Geschäfte und de-facto-Vergaben – EuGH schließt Lücken des Vergaberechts – Anmerkungen zum Beschluss des EuGH vom 11. Januar 2005, AbfallR 2005, 37 ff.; *Beckmann/David,* Kommunale Abfallwirtschaft als unlauterer Wettbewerb, DVBl. 1998, 1041; *Beckmann/Wittmann,* Pflichten zur Drittbeauftragung und kommunale Selbstverwaltungsgarantie, AbfallR 2011, 55; *Beckmann/Wübbenhorst,* Rechtliche Rahmenbedingungen für gewerbliche und gemeinnützige Sammlungen nach dem neuen KrWG, DVBl 2012; *Beckmann,* Öffentlich-rechtliche Entsorgungsträger und ihr Anspruch nach § 18 Abs. 8 KrWG, AbfallR 2021, 126; *Bickenbach,* Die Subsidiarität gewerblicher Sammlungen im Kreislaufwirtschaftsgesetz im Lichte des Europarechts, LKRZ 2012, 222; *Blanke,* Kommunale Selbstverwaltung und Daseinsvorsorge nach dem Unionsvertrag von Lissabon, DVBl. 2010, 1333; *Brüning,* (Re-)Kommunalisierung von Aufgaben aus privater Hand – Maßstäbe und Grenzen, VerwArch 100 (2009), 453; *Dieckmann,* Entsorgungszuständigkeiten nach dem neuen Kreislaufwirtschaftsgesetz, AbfallR 2010, 301; *Dieckmann,* Entsorgungsautarkie der Mitgliedstaaten nach der Novelle der EG-Abfallrahmenrichtlinie, ZUR 2008, 505; *de Vivie,* Ist die Übertragung von Entsorgungspflichten durch § 15 Abs. 2 KrW-/AbfG für Hausmüll eingeschränkt?, NuR 1997, 174; *Franßen/Blatt,* Anmerkungen zur Einführung einer Wertstofftonne nach derzeitiger Rechtslage, AbfallR 2011, 222; *Gaßner/Thärichen,* Die Zukunft der kommunalen Hausmüllentsorgung im Spannungsfeld zwischen gewerblicher Sammlung und der Novelle der Abfallrahmenrichtlinie, AbfallR 2009, 18; *Hahn,* Vom Recht und der Pflicht des öffentlich-rechtlichen Entsorgungsträgers zur Annahme und Entsorgung von Abfällen, AbfallR 2020, 197; *Hölscher,* Öffentliche und private Abfallentsorgung, ZUR 1995, 176; *Hurst,* Entsorgungszuständigkeiten und Überlassungspflichten aus Sicht der privaten Entsorger, AbfallR 2010, 180; *Jung,* Kreislaufwirtschaft als Wirtschaftsmodell, AbfallR 2020, 2; *Karpenstein,* Gewerbliche Verwertung von Haushaltsabfällen am Ende?, AbfallR 2009, 247; *Karpenstein/Schink,* Europa- und verfassungsrechtliche Grundlagen der Einführung einer einheitlichen Wertstofftonne, AbfallR 2011, 222; *Knopp/Piroch,* Neues Kreislaufwirtschaftsgesetz – Europarechtswidrigkeit der Überlassungspflichten in nach § 17 KrWG?, UPR 2012, 343; *Koch/Reese,* Abfallwirtschaftliche Daseinsvorsorge im europäischen Binnenmarkt, DVBl. 2010, 1325; *Leinius/Wiemken,* Duale Entsorgungsverantwortung aus Sicht eines kommunalen Entsorgungsunternehmens, AbfallR 2011, 15; *Loschwitz,* Klimaschutz und Nachhaltigkeit: Die öffentliche Hand hat den Schlüssel zur Rohstoffwende, AbfallR 2019, 285; *Pauly/Heidmann,* Die Zulässigkeit einer Wertstofftonne nach Europarecht, AbfallR 2010, 291; *Schink,* Kommunale Daseinsvorsorge in Europa, DVBl. 2005, 681; *ders.,* Kommunalverfassungsrechtliche Grenzen und Möglichkeiten für die Teilnahme der kommunalen Gebietskörperschaften an der Kreislaufwirtschaft, UPR 1997, 201; *Petersen/Friedrich,* Die Novellierung des Kreislaufwirtschaftsgesetzes 2020; NVwZ 2021, 1; *Queitsch,* Das Kreislaufwirtschaftsgesetz 2020 und seine Auswirkungen auf die Abfallgebühr, KStZ 2021, 1; *Suhl,* Die Europarechtswidrigkeit des KrWG, AbfallR 2012, 201; *Stollenwerk,* Der Umgang mit Autowracks, abgemeldeten und betriebsunfähigen Kraftfahrzeugen im Ordnungsrecht, UPR 2019, 501; *Thärichen/Prelle,* Ausschlussmöglichkeiten für Gewerbeabfälle von der öffentlich-rechtlichen Entsorgungsverantwortung, AbfallR 2005, 249; *Vetter,* Entsorgung von Haushaltsabfällen nach dem KrW-/AbfG – Entsorgungsmonopol oder Auffangzuständigkeit der öffentlich-rechtlichen Entsorgungsträger, VBlBW 2010, 93; *Wenzel,* Überlassungspflichten für Verwertungsabfälle aus privaten Haushalten – Regel und Ausnahme?, ZUR 2008, 411.

Übersicht

A. Einführung

§ 20 ist durch die **Gesetzesnovelle 2020** geändert worden. Eingefügt wurde der neue Absatz 2. Der bisherige Absatz 2 wurde dementsprechend zu Absatz 3 und der bisherige Absatz 3 zu Absatz 4. Der neue Absatz 2 legt die Verpflichtung der öffentlich-rechtlichen Entsorgungsträger fest, eine getrennte Sammlung für bestimmte, in privaten Haushaltungen angefallenen und überlassenen Abfallarten durchzuführen. Eine Änderung der geltenden Überlassungspflicht ergibt sich hieraus nicht. Im neuen Absatz 3 erweitert Satz 1 die Möglichkeit der öffentlich-rechtlichen Entsorgungsträger, bestimmte Abfälle von ihrer Entsorgungsverantwortung auszuschließen, auf solche, die einer Rücknahmepflicht aufgrund eines Gesetzes unterliegen. Damit trägt der Gesetzgeber der Rechtsentwicklung Rechnung, nach der derartige Pflichten zunehmend auf gesetzlicher Grundlage (so z. B. durch das VerpackG) statuiert werden. 1

§ 20 regelt die Pflichten der öffentlich-rechtlichen Entsorgungsträger zur Entsorgung der in ihrem Gebiet angefallenen und ihnen überlassenen Abfälle. Die Vorschrift orientiert sich im Wesentlichen an der Vorgängerregelung des § 15 KrW-/AbfG. In § 20 KrWG wurde allerdings die Möglichkeit zur pflichtenbefreienden Wirkung einer Aufgabenübertragung (früher § 15 Abs. 2 KrW-/AbfG) gestrichen, weil auch die Ermächtigung zu einer solchen Aufgabenübertragung im Sinne des ehemaligen § 16 Abs. 2 KrW-/AbfG weggefallen ist. 2

Öffentlich-rechtliche Entsorgungsträger sind nach § 17 Abs. 1 Satz 1 die nach Landesrecht zur Entsorgung verpflichteten juristischen Personen. § 20 ist die notwendige Ergänzung des § 17 und stellt sicher, dass die Abfälle, die im Gebiet des öffentlich-rechtlichen Entsorgungsträgers angefallen und diesem von den Abfallerzeugern oder Abfallbesitzern überlassen worden sind, nach Maßgabe der §§ 6–11 verwertet oder der §§ 15 und 16 beseitigt werden. 3

4 **Abs. 1** Satz 1 begründet dementsprechend die Pflicht zur Übernahme der in dem Gebiet des öffentlich-rechtlichen Entsorgungsträgers angefallenen und überlassenen Abfälle sowie deren Verwertung und Beseitigung. Abs. 1 Satz 2 verpflichtet die öffentlich-rechtlichen Entsorgungsträger zur Verwertung von Abfällen, die ihnen aus den in § 7 Abs. 4 genannten Gründen zur Beseitigung überlassen werden, wenn diese Gründe bei ihnen nicht vorliegen. Aus Abfällen zur Beseitigung werden insoweit in der Hand des öffentlich-rechtlichen Entsorgungsträgers Abfälle zur Verwertung.

5 **Abs. 2** sieht ergänzend zu den Getrenntsammlungspflichten des § 9 Abs. 1 für alle Abfallerzeuger und Abfallbesitzer Pflichten zur getrennten Sammlung für die öffentlich-rechtlichen Entsorgungsträger vor.

6 **Abs. 3** räumt den öffentlich-rechtlichen Entsorgungsträgern die Möglichkeit ein, bestimmte Abfälle aus der öffentlichen Entsorgung auszuschließen. Die Ausschlussmöglichkeiten sind im Jahre 2012 gegenüber dem früheren Recht erweitert worden. Neben der bisherigen Möglichkeit, Abfälle aus anderen Herkunftsbereichen als privaten Haushaltungen auszuschließen, die wegen ihrer *Art* oder *Menge* nicht mit den in Haushaltungen anfallenden Abfällen beseitigt werden können, verschafft Abs. 2 Satz 2 die Ausschlussmöglichkeit auch für den Fall, dass die Entsorgung von Abfällen gemeinsam mit den in Haushaltungen anfallenden Abfällen wegen ihrer *Beschaffenheit* nicht möglich ist. Ein Ausschluss aus der öffentlichen Entsorgung ist außerdem möglich, wenn die Sicherheit der umweltverträglichen Beseitigung im Einklang mit den **Abfallwirtschaftsplänen** der Länder durch einen anderen privaten oder öffentlich-rechtlichen Entsorgungsträger oder Dritten gewährleistet ist. Außerdem können die öffentlich-rechtlichen Entsorgungsträger nach Abs. 2 Satz 1 Abfälle aus der öffentlichen Entsorgung ausschließen, soweit diese einer **Rücknahmepflicht** aufgrund einer nach § 25 erlassenen Rechtsverordnung oder einer gesetzlichen Regelung unterliegen und Rücknahmeeinrichtungen tatsächlich zur Verfügung stehen. Auf das Vorhandensein einer Rückgabepflicht kommt es insoweit nicht an. Diese Regelung steht im systematischen Zusammenhang zu § 17 Abs. 2.

7 Schließlich erstreckt **Abs. 4** die Entsorgungspflichten der öffentlich-rechtlichen Entsorgungsträger auch auf **Kraftfahrzeuge** oder Anhänger ohne gültige amtliche Kennzeichen, wenn diese auf öffentlichen Flächen oder außerhalb im Zusammenhang bebauter Ortsteile abgestellt sind, keine Anhaltspunkte für deren Entwendung oder bestimmungsgemäßer Nutzung bestehen sowie sie nicht innerhalb eines Monats nach einer am Fahrzeug angebrachten, deutlich sichtbaren Aufforderung entfernt worden sind.

8 Die Tätigkeit der öffentlich-rechtlichen Entsorgungsträger nach § 20 hat rechtliche Konsequenzen auch außerhalb des KrWG. So richtet sich die Zulässigkeit der Anbringung eines sog. Rundumlichts (Kennleuchte für gelbes Blinklicht) danach, ob das Fahrzeug von einem nach § 20 zur Verwertung bzw. Beseitigung von Abfällen verpflichteten öffentlich-rechtlichen Entsorgungsträger oder einem Dritten, dem die Abfallentsorgungsverpflichtung des öffentlich-rechtlichen Entsorgungsträgers nach § 22 übertragen worden ist, im Rahmen der Erfüllung der öffentlichen Aufgabe Abfallentsorgung in der Weise betrieben wird, dass „müllabfuhrtypische" Gefahren entstehen (*OVG Lüneburg* Urt. v. 8.12.2011 – 12 LC 91/09, juris Rn. 25). Außerdem sind öffentliche Abfallentsorgungseinrichtungen, soweit der öffentlich-rechtliche Entsorgungsträger sie zur Erfüllung seiner Aufgaben nach § 20 betreibt, keine wirtschaftlichen Unternehmen i. S. d. KAG oder der Gemeindeordnungen (*VGH Mannheim* Urt. v. 22.10.1998 – 2 S 399/97, juris Rn. 106; *OLG Düsseldorf* Beschl. v. 12.1.2000 – Verg 3/99, juris Rn. 25). Die Tätigkeit der öffentlich-rechtlichen Entsorgungsträger ist als Hoheitsbetrieb i. S. d. § 4 Abs. 5 Satz 1 KStG und somit nicht als Betrieb gewerblicher Art i. d. S. einzuordnen (*BFH* Beschl. v. 6.11.2007 – I R 72/06, juris Rn. 8; Urt. v. 3.4.2012 – I R 22/11, juris Rn. 9).

B. Entsorgungspflicht und Entsorgungsanspruch (Abs. 1)

§ 20 Abs. 1 Satz 1 begründet die Entsorgungspflicht der öffentlich-rechtlichen Entsorgungsträger. Dieser Entsorgungspflicht entspricht ein **Entsorgungsanspruch** der überlassungspflichtigen Abfallbesitzer und Abfallerzeuger (*VG Cottbus* Urt. v. 15.8.2018 – VG 6 K 831/16, BeckRS 2018, 22607; *VGH München* Beschl. v. 2.5.2017 – 20 B 14.848, BeckRS 2017, 114457 Rn. 23; BVerwG Urt. v. 13.12.2007, BVerwGE 130, 127, 129; *Schink* in Schink/Versteyl, KrWG, 2016, § 20 Rn. 6; *Schomerus* in Versteyl/Mann/Schomerus, KrWG, 2019, § 20 Rn. 6; *Dippel* in BeckOK Umweltrecht, § 20 Rn. 8; kritisch dazu *VG Arnsberg* Urt. v. 3.4.2006 – 14 K 2327/05, juris Rn. 28 ff.; a. A. *Schoch* in Jarass/Petersen, KrWG, 2014, § 20 Rn. 29). Dieser Entsorgungsanspruch ist öffentlichrechtlicher Natur und kann dementsprechend vor den Verwaltungsgerichten mit Hilfe einer Leistungsklage durchgesetzt werden. **9**

Der Abfallbesitzer hat allerdings keinen Anspruch auf die Errichtung und den Betrieb bestimmter Entsorgungseinrichtungen an bestimmter Stelle. Die Organisation der Abfallentsorgung liegt in der Planungs- und Organisationshoheit des öffentlich-rechtlichen Entsorgungsträgers. **10**

Ausnahmsweise treffen Abfallbesitzer und Abfallerzeuger im Rahmen ihrer Überlassungspflicht eine **Mitwirkungspflicht** bei der Bereitstellung der Abfälle für die Überlassung. Dies gilt z. B. dann, wenn aufgrund der besonderen Lage eines Grundstücks eine Abholung der Abfälle nicht unmittelbar vor dem Grundstück unmöglich oder nur mit einem für den öffentlich-rechtlichen Entsorgungsträger unverhältnismäßig hohen Aufwand möglich ist (*VG München* Urt. v. 28.11.2019 – M 17 K 17.5282, BeckRS 2019, 40568 Rn. 39; VGH München Beschl. v. 8.5.2019 – 20 ZB 17.579, juris Rn. 4; *VGH München* Beschl. v. 29.10.2018 – 20 ZB 18.957, juris Rn. 14; *BVerwG* Urt. v. 25.8.1999, NVwZ 2000, 71, OVG BB BeckRS 2016, 43404 Rn. 20; *BVerwG* Beschl. v. 17.3.2011 – 7 B 4.11, juris Rn. 8; *Frankfurt (Oder)* BeckRS 2017, 117460; *VG Weimar* BeckRS 2016, 41975; *Dippel* in BeckOK Umweltrecht, § 20 KrWG Rn. 1; *Queitsch* in Schmehl/Klement, KrWG, 2019, § 20 Rn. 33). Eine satzungsrechtliche Ausgestaltung der Überlassungspflicht, die den Abfallbesitzer verpflichtet, bestimmte zu verwertende Abfälle zu zentralen Sammelbehältern oder Wertstoffhöfen zu bringen, ist rechtlich grundsätzlich unbedenklich (*VG München* Urt. v. 28.11.2019 – M 17 K 17.5282, BeckRS 2019, 40568 Rn. 39). **11**

Der öffentlich-rechtliche Entsorgungsträger braucht grundsätzlich auch keine **kleineren Müllfahrzeuge** einzusetzen, um eine Entleerung der Mülltonnen unmittelbar an der Grundstücksgrenze zu ermöglichen (*Queitsch* in Schmehl/Klement, KrWG, 2019, § 20 Rn. 35). Die noch **zumutbare Entfernung** zwischen dem Grundstück und dem Entleerungsort muss im Zweifel im Einzelfall ermittelt werden. Im Außenbereich dürften grundsätzlich größere Entfernungen zumutbar sein als im beplanten und unbeplanten Innenbereich. **12**

Auch hinsichtlich des **Abfuhrrhythmus** können sich Fragen der Zumutbarkeit stellen. Ob eine Abfuhr von Restmüllgefäßen in einem mehr als 14-täglichen Abfallturnus noch zumutbar sein kann, ist zweifelhaft (*Queitsch* in Schmehl/Klement, KrWG, 2019, § 20 Rn. 37). Ähnliches gilt auch für die Abfuhr von Bioabfällen. **13**

Aus der gesetzlichen Aufgabenzuweisung nach § 20 Abs. 1 folgt kein **subjektives Recht** des öffentlich-rechtlichen Entsorgungsträgers (BayVGH Beschl. v. 20.12.2016, NVwZ-RR 2017, 371; OVG Magdeburg Urt. v. 17.3.2016, LKV 2017, 42; *Schomerus* in Versteyl/Mann/Schomerus, KrWG, 2019, § 20 Rn. 6). **14**

Die Entsorgungspflicht der öffentlich-rechtlichen Entsorgungsträger ist eine **Einschränkung des Verursacherprinzips,** wonach die Verpflichtung zur Entsorgung **15** nicht dem Staat, sondern den Erzeugern und Beisitzern von Abfällen obliegen soll, die diese Abfälle entweder nach § 7 Abs. 2 verwerten oder aber nach § 15 Abs. 1 beseitigen sollen. Überlassungs- und Entsorgungsansprüche der Abfallerzeuger und Abfallbesitzer bestehen als Ausnahme von dieser Grundpflicht nur dann, wenn dies gesetzlich ausdrücklich geregelt ist. § 17 Abs. 1 ist die Grundregel für derartige Ausnahmen von der Pflicht zur Eigenverwertung und Beseitigung der Abfallerzeuger und -besitzer. Danach sind Abfallerzeuger und Abfallbesitzer von Abfällen aus Haushaltungen grundsätzlich zur Überlassung ihrer Abfälle an die öffentlich-rechtlichen Entsorgungsträger verpflichtet, es sei denn, sie verwerten diese Abfälle oder beabsichtigen eine solche Verwertung, auf den von ihnen im Rahmen ihrer privaten Lebensführung genutzten Grundstücken. Überlassungs- und Entsorgungsanspruch der Abfallbesitzer und Abfallerzeuger sowie die damit korrespondierende Entsorgungspflicht der öffentlich-rechtlichen Entsorgungsträger sollen dem Umstand Rechnung tragen, dass die meisten Privathaushalte, daneben aber auch viele Industrie-, Gewerbe- und Handwerksbetriebe ihre Abfälle nicht selbst allgemeinwohl- und umweltverträglich entsorgen können. Die Abfallentsorgung der öffentlich-rechtlichen Entsorgungsträger bleibt damit auch unter Geltung des KrWG ein Teil der **öffentlichen Daseinsvorsorge** (BT-Drs. 12/7284, S. 17; *BVerwG* Urt. v. 18.6.2009 – 7 C 16/08 – juris Rn. 40; *Schink* in Schink/Versteyl, KrWG, 2016, § 20 Rn. 28; *Schomerus* in Versteyl/Mann/Schomerus, KrWG, 2019, § 20 Rn. 1 zur früheren Rechtslage *BGH,* Urt. v. 17.2.1983, DVBl. 1983, 1061). Sie ist bezogen auf die Restmüllentsorgung aus Haushaltungen, **nicht** jedoch bezogen auf die Entsorgung von Abfällen aus sonstigen Herkunftsbereichen und der Entsorgung von getrennt erfassten Abfällen zur Verwertung aus privaten Haushalten auch eine **Dienstleistung von allgemeinem wirtschaftlichen Interesse** im Sinne von Art. 106 Abs. 2 AEUV (BVerwG Urt. v. 18.6.2009 – 7 C 16/08, juris Rn. 40; *Queitsch* in Schmehl/Klment, KrWG, 2019, § 20 Rn. 4; *Schomerus* in Versteyl/Mann/Schomerus, KrWG, 2019, § 20 Rn. 5; *Schink* in Schink/Versteyl, KrWG, 2016, § 20 Rn. 19; *VG Ansbach* Urt. v. 23.1.2013 – 11 K 12.01588, juris Rn. 71; *VG Hamburg* Urt. v. 9.8.2012 – 4 K 1905/10, juris, Rn. 51; *Dieckmann* AbfallR 2009, 270, 272f.; *Karpenstein* AbfallR 2009, 247, 248f.; *Knopp/Piroch* UPR 2012, 343, 345; *Thärichen* AbfallR 2012, 150, 154; *Suhl* AbfallR 2012, 201, 207). Insoweit können Einschränkungen der Warenverkehrsfreiheit für Abfälle durch die gesetzlichen Überlassungspflichten für die nicht getrennt erfassten Fraktionen des Hausmülls gerechtfertigt sein. Denn auf Unternehmen, die mit Dienstleistungen von allgemeinem wirtschaftlichem Interesse betraut sind, finden die Regeln des AEUV und insbesondere die Wettbewerbsregeln nur Anwendung, soweit die Anwendung dieser Vorschriften nicht die Erfüllung der ihnen übertragenen Aufgaben rechtlich oder tatsächlich verhindert.

16 § 20 Abs. 1 Satz 1 regelt nur die grundsätzliche Verpflichtung der öffentlich-rechtlichen Entsorgungsträger, lässt jedoch wesentliche Fragen offen. So bestimmt die Regelung nicht, welche Körperschaften oder sonstigen juristischen Personen im Einzelnen zu den öffentlich-rechtlichen Entsorgungsträgern zählen, welche juristischen Personen also Adressaten dieser Verpflichtung sind. Dies bestimmen die Kreislaufwirtschaftsgesetze der Länder. Ebenfalls nicht geregelt ist in § 20 Abs. 1, in welcher Weise die öffentlich-rechtlichen Entsorgungsträger ihre Entsorgungspflichten erfüllen müssen. Dazu verweist die Regelung auf die §§ 6–11 hinsichtlich der Verwertung und auf die §§ 15 und 16 hinsichtlich der Beseitigung von Abfällen.

I. Öffentlich-rechtliche Entsorgungsträger

17 Die Bestimmung der öffentlich-rechtlichen Entsorgungsträger obliegt den Ländern. In den Landeskreislaufwirtschaftsgesetzen werden die öffentlich-rechtlichen Entsorgungsträger benannt und ihnen Entsorgungsaufgaben zugeteilt. Dabei gilt in den Flächenländern zumeist eine Arbeitsteilung zwischen den (Land-)Kreisen und kreisfreien Städten einerseits sowie den kreisangehörigen Gemeinden andererseits. So sind z.B. in Nordrhein-Westfalen grundsätzlich die Kreise und die kreisfreien Städte für die Entsorgung, die kreisangehörigen Gemeinden für die Einsammlung der Abfälle verantwortlich (§ 5 LAbfG NRW). Diese Aufgabenverteilung ist sinnvoll, weil kleinere Kommunen in aller Regel nicht über die notwendige Finanzkraft verfügen, um kostenintensive Entsorgungsanlagen zu errichten und zu betreiben und weil die anfallenden Mengen in kleineren Gemeinden nicht ausreichen, um die erforderlichen Anlagen auszulasten und zu angemessenen Kosten zu betreiben.

Darüber hinaus sehen die Landesgesetze zumeist vor, dass sich die Kommunen zu **18** Zweckverbänden zusammenschließen, kommunale Arbeitsgemeinschaften bilden oder gemeinsam mit Privaten gemischtwirtschaftliche Kooperationen eingehen können (*Queitsch* in Schmehl/Klement, KrWG, 2019, § 20 Rn. 8). Schließlich können die öffentlich-rechtlichen Entsorgungsträger Dritte mit der Erfüllung von Entsorgungsaufgaben nach § 22 beauftragen. Eine solche Beauftragung kann gem. §§ 97 ff. GWB eine **öffentliche Ausschreibung** erfordern. Entsorgungsverträge sind regelmäßig Dienstleistungsaufträge im Sinne von § 99 Abs. 1, Abs. 4 GWB, die bei Überschreitung der in den § 127d GWB, § 2 Nr. 2 VgV genannten Schwellenwerte (200 000 € für Dienstleistungsaufträge) grundsätzlich ausschreibungspflichtig sind. Eine **pflichtenbefreiende Aufgabenübertragung,** die nach früherem Recht (§ 16 Abs. 2 KrW-/AbfG) bis zum 1.6. 2012 zulässig war, ist nicht mehr vorgesehen. Nach § 72 Abs. 1 S. 1 KrWG gelten jedoch bestehende Pflichtenübertragungen fort. Die zuständige Behörde kann nach § 72 Abs. 1 S. 2 KrWG bestehende Pflichtenübertragungen nach Maßgabe des § 13 Abs. 2 und der §§ 16–18 KrW-/AbfG verlängern.

II. Umfang der Entsorgungspflicht

Bei der Erfüllung der Entsorgungspflicht haben die öffentlich-rechtlichen Entsor- **19** gungsträger insbesondere die Regelungen des KrWG, der auf das Gesetz gestützten Verordnungen, des Kreislaufwirtschaftsrechts des jeweiligen Bundeslands sowie zusätzliche Anforderungen des Kommunalrechts, des Wettbewerbsrechts und des Vergaberechts zu beachten. Der Bundesgesetzgeber hat neben § 20 Abs. 1 weitere spezielle Vorschriften eingeführt, die für Einzelbereiche Aufgaben der öffentlich-rechtlichen Entsorgungsträger näher bestimmen. So richten die öffentlich-rechtlichen Entsorgungsträger nach § 13 Abs. 1 S. 1 ElektroG im Rahmen ihrer Pflichten nach § 20 Sammelstellen ein, an denen Altgeräte aus privaten Haushalten ihres Gebietes angeliefert werden können, und stellen gem. § 14 Abs. 1 S. 1 ElektroG die von den Herstellern oder im Fall der Bevollmächtigung nach § 8 ElektroG von deren Bevollmächtigten abzuholenden Altgeräte an von ihnen eingerichteten Übergabestellen in Gruppen in geeigneten Behältnissen unentgeltlich bereit. Die Sammlung von Verpackungsabfällen der Systeme ist nach § 22 Abs. 1 S. 1 VerpackG auf die vorhandenen Sammelstrukturen der öffentlich-rechtlichen Entsorgungsträger, in deren Gebiet sie eingerichtet wird, abzustimmen. Ein öffentlich-rechtlicher Entsorgungsträger kann gem. § 22 Abs. 4 S. 1 VerpackG im Rahmen der Abstimmung von den Systemen die Mitbenutzung seiner Sammelstruktur, die für die getrennte Erfassung von Papier, Pappe und Karton eingerichtet ist., gegen ein angemessenes Entgelt verlangen. Nach § 13 Abs. 1 S. 1 BattG sind die öffentlich-rechtlichen Entsorgungsträger verpflichtet, Geräte-Altbatterien, die gem. § 10 Abs. 1 Satz 2 des ElektroG durch den Endnutzer vom Elektro- oder Elektronikgerät zu trennen sind, unentgeltlich zurückzunehmen. Sie können sich gem. § 13 Abs. 2 S. 1 BattG auch an der Rücknahme von Fahrzeug-Altbatterien beteiligen. Sofern eine Beteiligung erfolgt, sind sie gem. § 13 Abs. 2 S. 2 BattG verpflichtet, die erfassten Fahrzeug-Altbatterien nach § 14 BattG zu verwerten.

20 Die Entsorgungspflicht der öffentlich-rechtlichen Entsorgungsträger bezieht sich auf die in ihrem Gebiet angefallenen und überlassenen Abfälle, die entweder aus privaten Haushaltungen oder aus anderen Herkunftsbereichen stammen und Abfälle zur Beseitigung sind. Bei Abfällen aus privaten Haushaltungen erstreckt sich die Entsorgungspflicht sowohl auf Abfälle zur Verwertung als auch auf solche zur Beseitigung, bei Abfällen aus anderen Herkunftsbereichen dagegen lediglich auf solche zur Beseitigung. Die Entsorgungspflicht besteht unabhängig davon, ob der Abfallbesitzer bzw. der Abfallerzeuger zu einer Überlassung seiner Abfälle verpflichtet war oder diese ohne eine solche Überlassungspflicht freiwillig überlassen hat (*Schomerus* in Versteyl/Mann/Schomerus, KrWG, 2019, § 20 Rn. 7). Dem Abfallerzeuger und -besitzer von Abfällen aus Haushaltungen, der nicht überlassungspflichtig ist, ist insoweit vom Gesetzgeber eine **Wahlmöglichkeit** eingeräumt worden, ob er selbst für die Entsorgung seiner Abfälle verantwortlich sein will oder diese dem öffentlich-rechtlichen Entsorgungsträger überlassen möchte. Damit behält der öffentlich-rechtliche Entsorgungsträger in weiten Teilen eine Reserve- oder Vorhaltefunktion.

21 **1. Im Gebiet angefallen.** Voraussetzung für das Entstehen der Entsorgungspflicht des öffentlich-rechtlichen Entsorgungsträgers ist es, dass der Abfall in seinem Entsorgungsgebiet *angefallen* und ihm dort auch *überlassen* worden ist.

22 Wann Abfälle angefallen sind, ist in § 20 Abs. 1 Satz 1 nicht geregelt. Auf der Grundlage des vor Inkrafttreten des KrWG und des KrW-/AbfG geltenden Rechts ging das *BVerwG* früher davon aus, dass Abfälle anfielen, wenn diese den entsorgungspflichtigen Körperschaften überlassen wurden (*BVerwG* Beschl. v. 27.7.1995, DVBl. 1996, 44,45). Danach fielen früher die Überlassung und der Anfall des Abfalls zeitlich zusammen. Nach geltendem Recht fallen jedoch die Abfälle nicht erst dann an, wenn sie dem öffentlich-rechtlichen Entsorgungsträger überlassen werden. Vielmehr ist der Abfall angefallen, sobald er erzeugt worden ist, sobald also die Voraussetzungen für das Entstehen des Abfalls im Sinne von § 3 Abs. 1 erfüllt worden sind (*BVerwG* Urt. v. 1.12.2005 – 10 C 4/04, juris Rn. 37; *Schomerus* in Versteyl/Mann/Schomerus, KrWG, 2019, § 20 Rn. 8). Der Zeitpunkt des Anfalls von Abfällen liegt nicht nur regelmäßig (so *Dippel* in BeckOK Umweltrecht § 20 KrWG Rn. 4), sondern denknotwendig stets vor dem Zeitpunkt der Überlassung. Die Weitergabe von Stoffen oder Gegenständen, die noch kein Abfall sind, ist keine Überlassung im abfallrechtlichen Sinne.

23 Da die Entstehung des Abfalls in § 3 Abs. 1 abschließend bundesrechtlich geregelt ist, können weder die Länder in ihren Abfallgesetzen noch Abfallsatzungen der entsorgungspflichtigen Körperschaften den Zeitpunkt des Anfalls von Abfällen abweichend davon bestimmen. Soweit in landesrechtlichen Bestimmungen vorgesehen ist, dass die Abfallsatzungen Vorschriften darüber enthalten müssen, unter welchen Voraussetzungen Abfälle als angefallen gelten (siehe z. B. § 9 Abs. 1 S. 2 LAbfG NRW), können solche Regelungen allenfalls der Klarstellung für den Abfallbesitzer dienen; eine eigenständige Regelungskompetenz oder Definitionsmacht ergibt sich daraus nicht. Sieht eine Abfallsatzung Voraussetzungen für den Anfall eines Abfalls vor, die nicht mit § 3 Abs. 1 übereinstimmen, sind sie unwirksam.

24 Näheres zur Art und Weise der Überlassung können allerdings auf Grundlage entsprechender landesgesetzlicher Regelungen die jeweiligen **Abfallsatzungen** der öffentlich-rechtlichen Entsorgungsträger bestimmen (vgl. *BVerwG* Urt. v. 13.12.2007 – 7 C 42/07, juris Rn. 11ff.; *VGH Mannheim* Urt. v. 27.3.2007 – 10 S 1684/06, juris Rn. 34; *VGH Kassel* Urt. v. 5.4.2011 – 2 C 3138/09.N, juris Rn. 21). Das BVerwG hat darauf hingewiesen, dass nur die Überlassungspflicht als solche, also das „Ob“ der Überlassung von Abfällen abschließend geregelt ist. Das Bundesrecht begründet keine Sperrwirkung für landes- und kommunalrechtliche Regelungen, die in Anknüpfung an die jeweiligen örtlichen Verhältnisse Anforderungen an Ort, Zeit sowie Art und Weise der Überlassung regeln (*BVerwG* Beschl. v. 20.12.2011 – 7 BN 5/11, juris Rn. 5; Urt. v. 17.2.2005 – 7 CN 6.04 – Buchholz 451.221 § 12 KrW-/AbfG Nr. 3 Rn. 21). Bundesrechtliche Grenzen für die landesrechtliche Ausgestaltung von Bereitstellungs- und Überlassungspflichten bestehen nur insoweit, als für das gewählte System sachbezogene Gründe bestehen müssen und die konkrete Ausgestaltung der Überlassungspflicht nicht das Ziel einer ordnungsgemäßen und schadlosen Abfallverwertung bzw. gemeinwohlverträglichen Beseitigung gefährden darf (*BVerwG,* B. v. 20.12.2011 –7 BN 5/11, juris Rn. 5; Urt. v. 27.8.2009 – 7 CN 2.08 – Buchholz 451.221 § 13 KrW-/AbfG Nr. 15 Rn. 12).

Bestimmungen einer Abfallsatzung, die vorsehen, dass die Überlassungspflichtigen die Abfallbehältnisse unter bestimmten Voraussetzungen an einen grundstücksfernen Aufstellort verbringen müssen, sind rechtlich grundsätzlich unbedenklich. Dabei ist eine generalisierende Bestimmung der dem Überlassungspflichtigen noch zumutbaren Mitwirkung nicht möglich. Entscheidend ist vielmehr stets die konkrete örtliche Situation unter Berücksichtigung des Grundsatzes der Verhältnismäßigkeit. Zu den Voraussetzungen, die eine Mitwirkung des Überlassungspflichtigen durch Verbringen der Abfallbehältnisse an einen grundstücksfernen Ort erforderlich machen können, gehören tatsächliche und/oder rechtliche Hindernisse, die einem unmittelbaren Anfahren des Grundstücks entgegenstehen. Rechtliche Hindernisse folgen dabei insbesondere aus straßenverkehrsrechtlichen und arbeitsschutzrechtlichen Bestimmungen (*BVerwG* Beschl. v. 17.3.2011 – 7 B 4/11, juris Rn. 8f.). 25

Die Entsorgungspflichten der öffentlich-rechtlichen Entsorgungsträger sind **gebietsbezogen.** Sie erstrecken sich nur auf Abfälle, die im Zuständigkeitsbereich der jeweiligen Körperschaft angefallen und ihr dort überlassen worden sind. Für Abfälle, die außerhalb des Gebietes des öffentlich-rechtlichen Entsorgungsträgers angefallen sind, besteht keine Entsorgungsverpflichtung (*BVerwG* Urt. v. 9.7.1992, NVwZ 1993, 581, 582; *Schomerus* in Versteyl/Mann/Schomerus, KrWG, 2019, § 20 Rn. 9; *Dippel* in BeckOK Umweltrecht, § 20 KrWG Rn. 5). Bei der Verweigerung einer Annahme von Abfällen aus anderen Gebieten handelt es sich nicht um einen Entsorgungsausschluss im Sinne von § 20 Abs. 3, der einer Zustimmung durch die zuständige Behörde bedürfte (*Schomerus* in Versteyl/Mann/Schomerus, KrWG, 2019, § 20 Rn. 9). 26

Die **Sortierung** oder **Vorbehandlung** (z.B. Vermischen) von Abfällen kann dazu führen, dass am Standort der Sortier- oder Vorbehandlungsanlage ein neuer Abfall entsteht. Nach § 3 Abs. 8 Nr. 2 werden Abfälle auch durch eine Vorbehandlung, Mischung oder sonstige Behandlung erzeugt, die eine Verhinderung der Beschaffenheit oder der Zusammensetzung dieser Abfälle bewirken. Demenentsprechend ist der öffentlich-rechtliche Entsorgungsträger, in dessen Zuständigkeitsbereich sich die Sortieranlage befindet, zur Übernahme von Sortierresten verpflichtet, auch wenn die unsortierten Abfälle ursprünglich außerhalb des Gebiets des Entsorgungsträgers angefallen sind (a.A. *VG Arnsberg* Urt. v. 3.4.2006 – 14 K 2327/05). 27

Die Gebietsbezogenheit der Entsorgung soll einen der allgemeinwohlverträglichen Entsorgung abträglichen Abfallexport („Mülltourismus“) verhindern (*BVerwG* Urt. v. 9.7.1992, BVerwGE 90, 296, 301) und vor allem Planungssicherheit für die öffentlich-rechtlichen Entsorgungsträger schaffen, um damit nicht zuletzt die Kosten und die Gebühren verlässlich kalkulieren zu können. 28

29 Für die gewerblichen Abfälle zur Verwertung besteht nach § 17 keine Überlassungspflicht. Daher können beispielsweise Handwerker, welche die kommunalen Grenzen des öffentlich-rechtlichen Entsorgungsträgers überschreiten, vom öffentlich-rechtlichen Entsorgungsträger des Tätigkeitsortes bzw. von der zuständigen unteren Abfallbehörde nicht daran gehindert werden, derartige Abfälle zu ihren Betriebsstandorten mitzunehmen und sie dort zu verwerten oder verwerten zu lassen.

30 Ob und inwieweit die öffentlich-rechtlichen Entsorgungsträger *berechtigt* sind, Abfälle, die außerhalb ihres Hoheitsgebietes angefallen sind, anzunehmen, ergibt sich aus § 20 Abs. 1 Satz 1 nicht. Das hängt vielmehr davon ab, ob und inwieweit diese andernorts angefallenen Abfälle dem dort zuständigen öffentlich-rechtlichen Entsorgungsträger überlassen werden müssen und inwieweit es sich bei einer solchen Entsorgung von Abfällen, die außerhalb des Hoheitsgebiets angefallen sind, um eine wirtschaftliche Betätigung handelt, die kommunalrechtlichen und wettbewerbsrechtlichen Grenzen unterliegt (*OVG NRW* Beschl. v. 12.10.2004, NWVBl 2005, 133; *OLG Düsseldorf* Beschl. v. 17.6.2002, NZBau 2002, 626; *OLG Düsseldorf* Beschl. v. 12.1.2000, NZBau 2000, 391; *OLG Düsseldorf* Urt. v. 28.10.1999, NZBau 2000, 391NVwZ 2000, 111; *OVG Koblenz* Urt. v. 21.3.2006, ZUR 2006, 320; *Jungkamp* NVwZ 2010, 546; *Weidemann* VerwArch 1999, 533; *Schink* in Schink/Versteyl, KrWG, 2016, § 20 Rn. 68).

31 Aus dem Kreislaufwirtschaftsrecht ergeben sich nur Art und Umfang der Entsorgungspflichten der öffentlich-rechtlichen Entsorgungsträger, nicht aber rechtliche Grenzen für eine **freiwillige Aufgabenwahrnehmung** durch die Kommunen (*Beckmann* AbfallR 2006, 263, 264; a. A. *Frenz* AbfallR 2006, 123, 124; *Weidemann* VerwArch 1999, 533, 547). Ob und inwieweit die Zulässigkeit einer überörtlichen Wahrnehmung von Aufgaben der Abfallentsorgung durch die Kommunen von einem **fördernden Zusammenhang** mit der örtlichen Aufgabenwahrnehmung abhängt, ist umstritten und nicht zuletzt von der Auslegung der jeweiligen Gemeindeordnung abhängig. Das *OVG Münster* hat – anders als das *OLG Düsseldorf* – die Erforderlichkeit eines solchen fördernden Zusammenhang für den Bereich der §§ 107 ff. GO NRW abgelehnt (*OVG Münster* Beschl. v. 12.10.2004, NWVBl. 2005, 133; *OLG Düsseldorf* Beschl. v. 17.6.2002, NZBau 2002, 626; dazu auch *OVG Koblenz* Urt. v. 21.3.2006, ZUR 2006, 320; zu den Anforderungen des § 107 GO NRW an eine gemeindegebietsübergreifende Abfallentsorgung siehe im einzelnen *OVG Münster* Beschl. v. 1.4.2008, NWVBl. 2008, 418).

32 Das OVG Münster hat außerdem entschieden, dass eine Kommune mit einer Eigengesellschaft, die Aufgaben der Abfallwirtschaft wahrnimmt, kein Entgelt vereinbaren darf, das auf eine **Gewinnerzielungsabsicht** gerichtet ist. Das Verbot einer Gewinnerzielung für eine nicht wirtschaftliche Betätigung ergebe sich aus dem allgemeinen Prinzip der Steuer- bzw. Abgabenstaatlichkeit. Gesetzlich vorgesehen sei eine Gewinnerzielung nur für wirtschaftliche Unternehmen, die nicht als nicht wirtschaftliche Einrichtungen privilegiert seien. Aus dieser Rechtsprechung können sich nicht nur gebührenrechtliche Konsequenzen ergeben. Fraglich ist darüber hinaus, inwieweit dadurch die kommunale Betätigung in abfallwirtschaftlichen Bereichen eingeschränkt wird, in denen gewinnbringende Verwertungserlöse erzielt werden (siehe dazu *OVG Münster* Beschl. v. 22.11.2005, DVBl. 2006, 163).

33 Die Weigerung, gebietsfremde Abfälle zu entsorgen, ist kein Ausschluss aus der öffentlichen Entsorgung im Sinne von § 20 Abs. 3 Satz 1 und bedarf deshalb keiner behördlichen Zustimmung. Vertragliche Vereinbarungen über die **Mitbenutzung von Anlagen** zwischen öffentlich-rechtlichen Entsorgungsträgern sind selbstverständlich möglich, solange nicht die Zulassung der jeweiligen Anlage Beschränkungen des Einzugsgebiets vorsieht (dazu *OVG Münster* Urt. v. 18.8.1994, NWVBl. 1995, 97, 98).

Die Entsorgungspflicht der öffentlich-rechtlichen Entsorgungsträger setzt nicht voraus, dass diese Abfallbesitzer werden. Beauftragt der öffentlich-rechtliche Entsorgungsträger einen Dritten mit der Einsammlung und Beförderung und wird dieser im Rahmen der Auftragserfüllung Abfallbesitzer, ändert dies an der Entsorgungspflicht des öffentlich-rechtlichen Entsorgungsträgers grundsätzlich nichts. Nach § 22 S. 2 bleibt bei der Beauftragung eines Dritten mit der Erfüllung von Entsorgungsaufgaben die Verantwortlichkeit des öffentlich-rechtlichen Entsorgungsträgers für die Erfüllung der Pflichten unberührt. **34**

2. (Flug-)Häfen und Wasserstraßen. Legen Schiffe im Gebiet der öffentlich-rechtlichen Entsorgungsträger in einem Hafen an bzw. landen Flugzeuge auf einem Flughafen, sind die dort anfallenden Abfälle zur Beseitigung dem öffentlich-rechtlichen Entsorgungsträger zu überlassen. Die Tätigkeit der Bilgenentöler unterliegt – anders als die Ölverschmutzung auf Gewässern, welche der Wasserpolizei obliegt – der Entsorgungspflicht öffentlich-rechtlicher Entsorgungsträger. Auch insoweit können die Länder abweichende Regelungen treffen. Die Richtlinie 2000/59/EG des Europäischen Parlaments und des Rates v. 27.11.2000 über Hafenauffangeinrichtungen für Schiffsabfälle und Ladungsrückstände (ABl. 2000 L 332, S. 81) enthielt spezielle Vorschriften im Bereich der Schiffsabfallentsorgung. Sie ist durch Art. 22 der Richtlinie (EU) 2019/883 aufgehoben worden. Die Richtlinie (EU) 2019/883 des Europäischen Parlaments und des Rates vom 17. April 2019 über Hafenauffangeinrichtungen für die Entladung von Abfällen von Schiffen, zur Änderung der Richtlinie 2010/65/EU und zur Aufhebung der Richtlinie 2000/59/EG zielt darauf ab, die Meeresumwelt vor den negativen Auswirkungen des Einbringens von Abfällen durch Schiffe zu schützen, die Häfen in der Union anlaufen, und gleichzeitig das reibungslose Funktionieren des Seeverkehrs zu gewährleisten, indem die Verfügbarkeit und die Nutzung geeigneter Hafenauffangeinrichtungen und die Entladung von Abfällen in diesen Einrichtungen verbessert werden. Nach Art. 4 Abs. 1 der Richtlinie gewährleisten die Mitgliedstaaten die Verfügbarkeit von Hafenauffangeinrichtungen, die den Bedürfnissen der Schiffe entsprechen, die normalerweise den Hafen anlaufen, ohne dass es zu unnötigen Verzögerungen für die Schiffe kommt. Nach Art. 5 Abs. 1 S. 1 der Richtlinie (EU) 2019/883 stellen die Mitgliedstaaten sicher, dass für jeden Hafen ein geeigneter Abfallbewirtschaftungsplan vorhanden ist, der nach Konsultationen mit den beteiligten Parteien, einschließlich insbesondere den Hafennutzern oder deren Vertretern und gegebenenfalls den örtlichen zuständigen Behörden, den Betreibern der Hafenauffangeinrichtungen, den Organisationen, die die Pflichten im Rahmen der erweiterten Herstellerverantwortung umsetzen, und Vertretern der Zivilgesellschaft, durchgeführt wurde. **35**

3. Überlassung. Weitere Voraussetzung für die Entsorgungspflicht der öffentlich-rechtlichen Entsorgungsträger ist nach § 20 Abs. 1, dass die Abfälle dem öffentlich-rechtlichen Entsorgungsträger überlassen werden. Der Abfallbesitzer ist unabhängig vom Andauern seines Besitzes solange entsorgungspflichtig, bis diese Pflicht abschließend gesetzeskonform erfüllt ist (*VG Augsburg* Urt. v. 8.2.2021 – AU 9 K 20.1387, juris; *Jacobj* in Versteyl/Mann/Schomerus, KrWG, 2019, § 3 Rn. 65). Die Überlassungspflicht besteht daher bis zur Inbesitznahme des öffentlich-rechtlichen Entsorgungsträgers (*Schomerus,* in Versteyl/Mann/Schomerus, KrWG, 2019, § 17 Rn. 12). **36**

Abfälle werden dadurch überlassen, dass der bisherige Abfallbesitzer sie dem öffentlich-rechtlichen Entsorgungsträger zur Übernahme des Abfallbesitzes tatsächlich zur Verfügung stellt (*BVerwG* Urt. v. 13.12.2007 – 7 C 42/07, juris Rn. 8; Urt. v. 25.8.1999, NVwZ 2000, 71). Das Überlassen setzt voraus, dass der Abfallbesitzer die Abfälle zusammentragen und entsprechend den maßgebenden satzungsrechtlichen Bestimmungen **37** so zur Verfügung stellen muss, dass der öffentlich-rechtliche Entsorgungsträger sie ohne weiteren Aufwand einsammeln kann (*BVerwG* Urt. v. 13.12.2007 – 7 C 42/07, juris Rn. 8; Urt. v. 19.1.1989, DVBl 1989, 522). Die Überlassung wird mit der Inbesitznahme der Abfälle durch den öffentlich-rechtlichen Entsorgungsträger bewirkt (*BVerwG* Urt. v. 1.12.2005, NVwZ 2006, 589). Die Inbesitznahme setzt den Verlust der Sachherrschaft des Abfallbesitzers voraus. Der Vorgang des Überlassens von Abfällen ist nach der Rechtsprechung des BVerwG eine von mehreren Entsorgungshandlungen, die insbesondere vom Bereitstellen, Einsammeln und Befördern zu unterscheiden ist. Der Überlassungsvorgang folgt dem Bereitstellen der Abfälle nach. Bereitgestellt wird ein Abfall, wenn der Abfallerzeuger oder Abfallbesitzer bewegliche Sachen in Entledigungsabsicht absondert, für eine Abholung kennzeichnet oder in zur Abholung bestimmte Behältnisse eingibt (*BVerwG* Urt. v. 13.12.2007 – 7 C 42/07, juris Rn. 9).

38 Das Überlassen von Abfällen an den öffentlich-rechtlichen Entsorgungsträger ist nach der Rechtsprechung des BVerwG anders als nach dem früheren Recht Bestandteil der Kreislaufwirtschaft und löst die Entsorgungspflicht des öffentlich-rechtlichen Entsorgungsträgers aus. Der öffentlich-rechtliche Entsorgungsträger kann seiner Entsorgungspflicht erst nachkommen, wenn er die **tatsächliche Sachherrschaft** über die Abfälle hat. Das ist regelmäßig bei der Abholung der Abfallbehälter zur Abfuhr der Fall. Bis zu diesem Zeitpunkt besteht die Überlassungspflicht des Abfallbesitzers. Das entspricht dem Zweck der gesetzlichen Regelung, ein Auseinanderfallen von Überlassen und Entsorgungspflicht zu vermeiden, das eine Lücke in der Entsorgungsverantwortlichkeit zur Folge hätte. Der bundesrechtliche Begriff des Überlassens schließt eine landesrechtliche Regelung aus, die das Bereitstellen als Überlassen fingiert (*BVerwG* Urt. v. 13.12.2007 – 7 C 42/07, juris Rn. 10). Daraus folgt, dass der Abfallbesitzer auch nach der Bereitstellung des Abfalls durch den Einwurf in den dazu auf seinem Grundstück aufgestellten Abfallbehälter den Behälterinhalt noch nicht dem öffentlich-rechtlichen Entsorgungsträger überlassen hat. Das hat die weitere Folge, dass der Abfallbesitzer berechtigt ist, den Behälterinhalt nachzusortieren oder zu verdichten.

39 Selbst wenn der Abfallbesitzer seine Abfälle bereits an der Straße zur Abholung durch den öffentlich-rechtlichen Entsorgungsträger bereitgestellt und sich hierbei über den Abholtermin geirrt hat oder sie sie irrtümlich an die Straße stellt, obwohl die Abfälle nicht von der Übernahme- und Entsorgungspflicht erfasst werden, hat er dem öffentlich-rechtlichen Entsorgungsträger die Gegenstände (noch) nicht überlassen (*OVG Magdeburg* Urt. v. 24.4.2008 – 2 K 160/07, juris Rn. 42). Die Überlassung wird durch die Inbesitznahme der Abfälle seitens des öffentlich-rechtlichen Entsorgungsträgers bewirkt (*BVerwG* Urt. v. 1.12.2005 – 10 C 4/04, juris Rn. 32; Urt. v. 13.12.2007 – 7 C 42/07, juris Rn. 8). Dies wiederum setzt – wie schon erwähnt – den Verlust der **Sachherrschaft** des Abfallbesitzers voraus (*BVerwG* Urt. v. 13.12.2007 – 7 C 42/07, juris Rn. 8). Unter Sachherrschaft wird die konkrete Möglichkeit verstanden, auf die Abfälle einzuwirken. Auf einen **Besitzbegründungswillen** kommt es nicht an (*VG Darmstadt* Beschl. v. 18.7.2012 – 6 L 819/12.DA, juris Rn. 13).

40 **4. Entsorgung wilden Mülls.** Die öffentlich-rechtlichen Entsorgungsträger sind nach § 20 Abs. 1 Satz 1 auch zur Entsorgung von Abfällen verpflichtet, die auf jedermann zugänglichen Grundstücken im Außenbereich abgelagert und als sog. „wilder Müll" bezeichnet werden (*BVerwG* Urt. v. 11.2.1983, NVwZ 1984, 40).

41 Gegen eine Verpflichtung des öffentlich-rechtlichen Entsorgungsträgers zur Entsorgung des wilden Mülls aus § 20 kann eingewandt werden, dass sich die Entsorgungspflicht ausdrücklich nur auf die dem öffentlich-rechtlichen Entsorgungsträger überlassenen Abfälle bezieht. Eine Überlassung der Abfälle setzt aber voraus, dass dem öffentlich-rechtlichen Entsorgungsträger oder den vom ihm Beauftragten Besitz an den Abfällen verschafft wird. Dem lässt sich jedoch entgegengehalten, dass zur Entsorgungspflicht auch das Einsammeln von Abfällen zählt mit der Folge, dass der öffentlich-rechtliche Entsorgungsträger zur Inbesitznahme solcher Abfälle nicht nur berechtigt, sondern danach auch als Abfallbesitzer zur Verwertung bzw. zur Beseitigung dieser Abfälle verpflichtet sein sollte (*Schomerus* in Versteyl/Mann/Schomerus, KrWG, 2019, § 20 Rn. 10).

Nach der Rechtsprechung des *BVerwG* tritt die Entsorgungspflicht unabhängig davon ein, ob die Abfälle überlassen worden sind und dass der öffentlich-rechtliche Entsorgungsträger notfalls selbst die Abfälle einsammeln muss (*BVerwG* Urt. v. 27.8.2009 – 7 CN 2/08, juris Rn. 15, 17; siehe aber auch Urt. v. 1.12.2005 – 10 C 4/04, juris Rn. 32). **42**

Eine Entsorgungspflicht für wilden Müll kann sich auch aus dem **Landesrecht** ergeben. So regelt beispielsweise § 5 Abs. 6 Satz 2 LAbfG NRW, dass die Pflicht zur Einsammlung auch das Einsammeln der im Gemeindegebiet fortgeworfenen und verbotswidrig abgelagerten Abfälle einschließlich der Auto-, Motorrad- und anderer Zweiradwracks von den der Allgemeinheit zugänglichen Grundstücken umfasst, wenn Maßnahmen gegen den Verursacher nicht möglich oder nicht vertretbar sind und kein anderer verpflichtet ist. Die Entsorgungspflicht erfasst alle Phasen der Beseitigung, mithin in dieser Situation auch das Einsammeln. Die öffentlich-rechtlichen Entsorgungsträger können den Grundstückseigentümer daher grundsätzlich nicht dazu verpflichten, auf seinem Grundstück wild abgelagerte Abfälle zusammenzutragen und diese dem Entsorgungsträger zu übergeben, sofern der Grundstückseigentümer nicht Besitz an diesen Abfällen erlangt hat (*OVG Münster* Urt. v. 21.12.1995 – 20 A 5004/94, juris Rn. 8). Die Kosten für die Entsorgung „wilden Mülls" in öffentlichen Anlagen können bei einer entsprechenden Regelung im Landesrecht bei der Kalkulation der Abfallgebühren berücksichtigt werden (*Dippel* in BeckOK Umweltrecht, § 20 KrWG Rn. 7a). **43**

Gemeinden sind als Träger der **Straßenbaulast** überlassungspflichtige Besitzer der Abfälle, die nach Durchführung der Sperrmüllabfuhr am Rand der Ortsstraße oder auf dem Gehweg verbotswidrig abgelagert zurückbleiben (BVerwG Urt. v. 27.8.2009, NVwZ 2010, 121). Der daraus resultierende Abfallbesitz setzt keinen Besitzbegründungswillen voraus. Es ist deshalb unerheblich, ob der Abfall von Dritten unerlaubt weggeworfen oder verbotswidrig als Sperrmüll am Straßenrand oder am Gehweg abgestellt worden ist. (BVerwG Urt. v. 27.8.2009, NVwZ 2010, 121). **44**

Es ist dem Satzungsgeber nicht verwehrt, ein **Behältervolumen** vorzuschreiben, das einen Anreiz für das Entstehen „wilder Müllkippen" schon dadurch unterbindet, dass anfallender Müll durch die bereitstehenden Müllbehälter schneller und bequemer beseitigt werden kann (*VGH Kassel* Beschl. v. 7.3.2012 – 5 C 206/10.N, juris Rn. 68). Die **Kosten** für die Entsorgung des wilden Mülls aus öffentlichen Anlagen können in die Kalkulation der **Abfallgebühren** eingestellt werden (*VG Düsseldorf* Urt. v. 2.3.2004 – 17 K 1170/01, juris Rn. 126). **45**

Eine Entsorgungspflicht besteht außerdem nach § 20 Abs. 3 für Kraftfahrzeuge und Anhänger unter den dort genannten Voraussetzungen. **46**

III. Verwertungspflicht

Nach § 20 Abs. 1 Satz 2 sind die öffentlich-rechtlichen Entsorgungsträger zur Verwertung auch dann verpflichtet, wenn Abfälle aus den in § 7 Abs. 4 genannten Gründen zur Beseitigung überlassen werden, soweit bei ihnen diese Gründe nicht vorliegen. Der öffentlich-rechtliche Entsorgungsträger übernimmt insoweit nicht eine Verwertungspflicht des Abfallbesitzers, sondern erfüllt eine eigenständige, originäre Verpflichtung (*Dippel* in **47**

BeckOK Umweltrecht, § 20 KrWG Rn. 9; *Schomerus* in Versteyl/Mann/Schomerus, KrWG, 2019, § 20 Rn. 11; *Schoch* in Jarass/Petersen, KrWG, 2014, § 20 Rn. 54).

48 Nach § 7 Abs. 4 Satz 1 ist die Pflicht zur Verwertung von Abfällen zu erfüllen, soweit dies technisch möglich und wirtschaftlich zumutbar ist, insbesondere für einen gewonnenen Stoff oder gewonnene Energie ein Markt vorhanden ist oder geschaffen werden kann. Die Frage, ob die genannten Voraussetzungen für eine Verwertungspflicht vorliegen, muss bei den öffentlich-rechtlichen Entsorgungsträgern neu geprüft werden. Sie können sich nicht auf die Gründe berufen, die beim überlassungspflichtigen Abfallerzeuger oder Abfallbesitzer zum Wegfall der Verwertungspflicht geführt haben.

49 Ob eine Verwertung **technisch möglich** ist oder für einen gewonnenen Stoff oder gewonnene Energie ein Markt vorhanden ist oder geschaffen werden kann, kann nicht allein nach objektiven Kriterien beurteilt werden, sondern muss in einem individuell-praxisorientierten Sinne entschieden werden (*Beckmann* DVBl. 1995, 313, 321; *Mann* in Versteyl/Mann/Schomerus, KrWG, 2019, § 5 Rn. 22). In der Begründung des Gesetzes wird ausdrücklich darauf hingewiesen, dass die öffentlich-rechtlichen Entsorgungsträger regelmäßig auch in den Fällen noch zu einer hochrangigen und hochwertigen Verwertung in der Lage sein können, in denen die privaten Abfallerzeuger und Abfallbesitzer bereits an die Grenze der technischen Machbarkeit und wirtschaftlichen Zumutbarkeit nach § 7 Abs. 4 stoßen. Überlasse ein Erzeuger oder Besitzer seine Abfälle dem öffentlich-rechtlichen Entsorgungsträger als Abfälle zur Beseitigung, weil er die Verwertungspflicht aus den in § 7 Abs. 4 genannten Gründen nicht erfüllen könne, könne der öffentlich-rechtliche Entsorgungsträger gleichwohl zur Verwertung verpflichtet sein, wenn bei ihm diese Gründe nicht vorlegen. Dies werde durch die neue Formulierung des § 20 Abs. 2 S. 2 klargestellt (BT-DRs. 17/6052, S. 89 f.). Gleichwohl dürften regelmäßig keine großen Unterschiede zwischen privaten Abfallerzeugern und -besitzern und den öffentlich-rechtlichen Entsorgungsträgern hinsichtlich der technischen Möglichkeit der Verwertung und der Vermarktungsfähigkeit bestehen. Unter Beachtung des § 20 Abs. 1 Satz 2 ist jedoch zu prüfen, ob eine Verwertung von Abfällen, die den Abfallerzeugern und Abfallbesitzern wegen zu geringer Mengen oder zu hoher Kosten wirtschaftlich unzumutbar ist, für die öffentlich-rechtlichen Entsorgungsträger noch zumutbar sind, weil sie über größere Mengen verfügen und deshalb auch zu kostengünstigeren Preisen verwerten können.

50 Die Kriterien für die **wirtschaftliche Zumutbarkeit** ergeben sich auch für die öffentlich-rechtlichen Entsorgungsträger aus § 7 Abs. 4 Satz 3. Danach kommt es auch für sie darauf an, ob die mit der Verwertung verbundenen Kosten nicht außer Verhältnis zu den Kosten einer Abfallbeseitigung stehen. Gewisse Mehrkosten für die Verwertung sind dabei allerdings wegen des gesetzlichen Vorrangs der Verwertung unbeachtlich.

51 Fraglich ist, ob zur Bewertung der wirtschaftlichen Zumutbarkeit der Verwertung durch die öffentlich-rechtlichen Entsorgungsträger berücksichtigt werden kann, dass diese die Kosten der Verwertung im Wege der Abgabenerhebung auf Gebührenschuldner abwälzen können und ob auch berücksichtigt werden darf, ob die Abfallverwertung eindeutig umweltverträglicher als die Beseitigung ist. Gegen solche Überlegungen spricht, dass § 7 Abs. 4 Satz 3 die wirtschaftliche Zumutbarkeit der Verwertung vorrangig unter Anwendung eines betriebswirtschaftlichen Kostenbegriffs beurteilt. Entscheidend ist das Verhältnis zwischen Verwertungs- und Beseitigungskosten. Letztlich kommt es wegen der Abwälzung der Kosten der Verwertung im Wege der Gebührenerhebung auf den Gebührenschuldner darauf an, ob diesen die **Mehrkosten** der Verwertung zugemutet werden können. Insoweit können die rechtlichen Grenzen einer Verwertungspflicht unter dem Gesichtspunkt der wirtschaftlichen Zumutbarkeit für private Abfallbesitzer und Abfallerzeuger sowie öffentlich-rechtliche Entsorgungsträger unterschiedlich sein.

Die Möglichkeit der **Gebührenerhebung** zur Deckung der Verwertungskosten kann bei der Bemessung der wirtschaftlichen Zumutbarkeit berücksichtigt werden. Allein der Verweis auf eine solche Kostenerstattung kann jedoch die wirtschaftliche Zumutbarkeit nicht begründen (so auch *Dippel* in BeckOK Umweltrecht, § 20 KrWG Rn. 10; *Schomerus* in Versteyl/Mann/Schomerus, KrWG, 2019, § 20 Rn. 11). Umgekehrt kann aber eine wirtschaftliche Unzumutbarkeit auch nicht schon allein deshalb gegeben sein, weil die Mehrkosten für die getrennte Sammlung gebührenrechtlich nicht oder nicht vollständig in die Abfallgebühren eingerechnet werden dürfen. Maßstab der wirtschaftlichen Zumutbarkeit ist die wirtschaftliche Leistungsfähigkeit des öffentlich-rechtlichen Entsorgungsträgers. Nicht über die Gebühr umlegbare Mehrkosten können ggf. zu einer Einsparungspflicht an anderer Stelle führen und sind deshalb nicht zwingend unzumutbar (*VG München* Urt. v. 28.11.2019 – M 17 K 17.5282, BeckRS 2019, 40568 Rn. 54). **52**

C. Getrenntsammlungspflicht (Abs. 2)

Absatz 2 ist im Rahmen der **Gesetzesnovelle 2020** eingefügt worden und legt die Verpflichtung der öffentlich-rechtlichen Entsorgungsträger fest, eine getrennte Sammlung für bestimmte, in privaten Haushaltungen angefallenen und überlassenen Abfallarten durchzuführen. Eine Änderung der bislang geltenden Überlassungspflicht ergibt sich hieraus nicht (Gesetzesbegründung, BT-Drs. 19/19273, S. 54). Während sich die getrennte Sammlungspflicht des § 9 Abs. 1 an Abfallerzeuger und Abfallbesitzer richtet, verpflichtet Abs. 2 ergänzend die öffentlich-rechtlichen Entsorgungsträger, soweit sie Abfälle aus privaten Haushaltungen zu entsorgen haben. **53**

Die neuen Vorgaben zur Getrenntsammlungspflicht der öffentlich-rechtlichen Entsorgungsträger dienen dem Ziel einer europäischen Recyclinggesellschaft mit einem hohen Maß an Effizienz der Ressourcennutzung (siehe Erwägungsgrund 41 der Richtlinie 2008/98/EG). Danach sollen die Mitgliedstaaten Zielvorgaben für die Vorbereitung von Abfällen zur Wiederverwendung und zum Recycling aufstellen. Da die Mitgliedstaaten unterschiedliche Ansätze für die Einsammlung von Haushaltsabfällen und Abfällen ähnlicher Art und Zusammensetzung verfolgen, sollen bei der Festlegung dieser Zielvorgaben die unterschiedlichen Sammlungssysteme in den einzelnen Mitgliedstaaten berücksichtigt werden. **54**

Die öffentlich-rechtlichen Entsorgungsträger sind nicht anders als die Abfallbesitzer und Abfallerzeuger an die Grundpflichten der Kreislaufwirtschaft der §§ 6 ff. gebunden. Sie müssen deshalb die ihnen überlassenen Abfälle vorrangig verwerten und sie, soweit möglich, der Vorbereitung zur Wiederverwendung und dem Recycling zuführen (*Petersen/Friedrich* NVwZ 2021, 1, 7). Dazu haben sie nach § 20 Abs. 2 bestimmte Abfallarten, nämlich Bioabfälle, Kunststoffabfälle, Metallabfälle, Papierabfälle, Glas, Textilabfälle, Sperrmüll und gefährliche Abfälle getrennt zu sammeln. Soweit sie diese Abfallarten aus sonstigen Herkunftsbereiche stammen, müssen die Abfallbesitzer und Abfallerzeuger für die Vorbereitung zur Wiederverwendung und für das Recycling sorgen. Sie haben insbesondere die Pflichten der GewAbfV zu beachten, die einen gleichwertigen Verwertungserfolg sichern sollen (*Petersen/Friedrich* NVwZ 2021, 1, 7). § 3 Abs. 1 S. 1 GewAbfV schreibt insoweit parallel und inhaltlich übereinstimmend vor, dass Erzeuger und Besitzer von gewerblichen Siedlungsabfällen dieselben Abfallfraktionen jeweils getrennt zu sammeln und zu befördern sowie nach Maßgabe des § 8 Abs. 1 und § 9 Abs. vorrangig der Vorbereitung zur Wiederverwendung oder dem Recycling zuzuführen haben. **55**

Zur Erläuterung heißt es in der Gesetzesbegründung, die privaten Haushalte seien im Rahmen ihrer Überlassungspflicht zur Nutzung der angebotenen Sammelsysteme ver- **56** pflichtet. Die Möglichkeit der umweltverträglichen Eigenverwertung durch den privaten Haushalt nach § 17 Abs. 1 Satz 2, die praktisch nur für Bioabfälle in Betracht komme, werde durch § 20 Abs. 2 nicht berührt. Ebenso werde die Möglichkeit einer Erfassung bestimmter Abfälle durch Systeme der Produktverantwortung und durch ordnungsgemäß betriebene gewerbliche und gemeinnützige Sammlungen nicht ausgeschlossen (§ 17 Abs. 2). Die der Getrenntsammlungspflicht der öffentlich-rechtlichen Entsorgungsträger unterliegenden Abfallarten seien im Einzelnen aufgezählt. Dabei werde die spezifische Getrenntsammlungspflicht entsprechend der Vorgabe des § 9 in unterschiedlicher Stringenz festgelegt. Die auf Bio-, Kunststoff-, Glas-, Metall-, Textil- und Papierabfälle bezogene Pflicht der öffentlich-rechtlichen Entsorgungsträger zeichne insofern die bereits durch § 20 Abs. 2 sowie durch die GewAbfV bestehende Pflicht zur Getrenntsammlung nach. Dabei gebe § 20 Abs. 2 lediglich einen Mindeststandard vor. Es bleibe dem öffentlich-rechtlichen Entsorgungsträger unbenommen, auch weitere Getrenntsammlungssysteme einzuführen (BT-Drs. 19/19373, S. 54 f.).

57 Für die überlassungspflichtigen Abfälle wird die Art und Weise der getrennten Bereitstellung durch die Abfallsatzungen der öffentlich-rechtlichen Entsorgungsträger vorgeschrieben. Die Organisationshoheit der Kommunen als öffentlich-rechtliche Entsorgungsträger wird durch die Verpflichtung zur Getrenntsammlung zwar eingeschränkt. Das ist jedoch mit dem durch Art. 28 Abs. 2 GG gewährleisteten Selbstverwaltungsrecht vereinbar. Die öffentlich-rechtlichen Entsorgungsträger bestimmen grundsätzlich aber auch weiterhin, ob die ihnen zu überlassenden Abfälle – getrennt oder gemeinsam – in einem Hol- oder einem Bringsystem gesammelt werden.

58 **Sammlung** im Sinne des KrWG ist das Einsammeln von Abfällen, einschließlich deren vorläufiger Sortierung und vorläufiger Lagerung zum Zweck der Beförderung zu einer Abfallbehandlungsanlage (§ 3 Abs. 15). **Getrennte Sammlung** im Sinne des Gesetzes ist eine Sammlung, bei der ein Abfallstrom nach Art und Beschaffenheit des Abfalls getrennt gehalten wird, um eine bestimmte Behandlung zu erleichtern oder zu ermöglichen (§ 3 Abs. 16). Eine Getrenntsammlung nach Art und Beschaffenheit des Abfalls ist sowohl im Hol- als auch im Bringsystem möglich. Über die konkrete Umsetzung vor Ort entscheiden die öffentlich-rechtlichen Entsorgungsträger (VG München Urt. v. 28.11.2019 – M 17 K 17.5282, BeckRS 2019, 40568 Rn. 36).

59 Die Pflicht zur getrennten Sammlung bedeutet nicht für alle der In § 20 Abs. 2 S. 1 genannten Abfallarten zwingend, dass auch jede Fraktion einzeln gesammelt werden muss. Für die einzelnen Abfallarten ist in § 20 Abs. 2 S. 1 in differenzierender Weise eine entsprechende Geltung des § 9 oder aber von einzelnen Regelungen des § 9 vorgesehen. Soweit danach § 9 entsprechend anzuwenden ist, gelten die Anforderungen an eine getrennte Sammlung nach § 9 Abs. 1 nur, soweit dies zur Erfüllung der Anforderungen nach § 7 Abs. 2–4 und § 8 Abs. 1 erforderlich ist. Eine getrennte Sammlung von Abfällen ist nach § 9 Abs. 3 nicht erforderlich, wenn 1. die gemeinsame Sammlung der Abfälle deren Potential zur Vorbereitung zur Wiederverwendung, zum Recycling oder zu sonstigen Verwertungsverfahren unter Beachtung der Vorgaben des § 8 Abs. 1 nicht beeinträchtigt und wenn in diesen Verfahren mit einer gemeinsamen Sammlung verschiedener Abfallarten ein Abfallstrom erreicht wird, dessen Qualität mit dem Abfallstrom vergleichbar ist, der mit einer getrennten Sammlung erreicht wird, 2. die getrennte Sammlung der Abfälle unter Berücksichtigung der von ihrer Bewirtschaftung ausgehenden Umweltauswirkungen den Schutz von Mensch und Umwelt nicht am besten gewährleistet, 3. die getrennte Sammlung unter Berücksichtigung guter Praxis der Abfallsammlung technisch nicht möglich ist oder 4. die getrennte Sammlung im Vergleich zur gemeinsamen Sammlung für den Verpflichteten unverhältnismäßig hohe Kosten verursachen würde. Dabei sind nach § 9 Abs. 3 Nr. 4 zu berücksichtigen: a) die Kosten nachteiliger Auswirkungen auf Mensch und Umwelt, die mit einer gemeinsamen Sammlung und der nachfolgenden Behandlung der Abfälle verbunden sind, b) die Möglichkeit von Effizienzsteigerungen bei der Abfallsammlung und -behandlung und c) die Möglichkeit, aus der Vermarktung der getrennt gesammelten Abfälle Erlöse zu erzielen.

Bestimmte Einzelfraktionen können, wenn dies aus Gründen der wirtschaftlichen Zumutbarkeit erforderlich ist und durch eine spätere Trennung die Verwertung nicht beeinträchtigt wird, zusammen, jedoch getrennt vom Restabfall in einer einheitlichen **Wertstofftonne** gesammelt werden. Insoweit spielt der Stand der Sortiertechnik eine wesentliche Rolle. Die Bundesregierung kann nach § 10 Abs. 1 Nr. 3 Anforderungen an eine einheitliche Wertstofferfassung auch in einer einheitlichen Wertstofftonne formulieren. **60**

Entscheidend ist regelmäßig die Trennung vom nicht zu recycelnden Restabfall. Getrennthaltungsvorgaben gab es bereits im KrW-/AbfG. Wenn das Vermischen von Abfällen gegen die Grundpflichten einer ordnungsgemäßen und schadlosen Verwertung bzw. einer gemeinwohlverträglichen Beseitigung verstieß, konnte eine Getrennthaltung der Abfälle verlangt werden. Insoweit gab es in der Vergangenheit weder eine allgemeine Pflicht zur Getrenntsammlung noch eine umfassende Pflicht zur Getrennthaltung. Die Getrennthaltung konnte vielmehr nur verlangt werden, wenn das Vermischen von Abfällen im konkreten Fall gegen die Grundpflichten der Abfallerzeuger und Abfallbesitzer zur Entsorgung verstießen. **61**

Spezielle Vermischungsverbote enthalten z. B. die §§ 3, 4, 8 GewAbfV, § 3 POP-Abf-ÜberwV, und § 4 AltölV (siehe auch *Dippel/Schwarzenberg,* AbfallR 2021, 62). Die getrennte Erfassung von Elektro- und Elektronikaltgeräten ist im ElektroG geregelt. Öffentlich-rechtliche Entsorgungsträger haben nach den §§ 13, 14 ElektroG die Altgeräte zurückzunehmen und nach Sammelgruppen geordnet in Containern bereitzustellen, die von den Herstellern an Übergabestellen kostenfrei zur Verfügung gestellt werden (§ 15 ElektroG). Die getrennte Erfassung von Einweg-Verpackungen aus Glas, Metall, Kunststoffen und Verbundstoffen ist im VerpackG geregelt. Sie erfolgt über die dualen Systeme (*Queitsch* AbfallR 2021, 16, 20). **62**

Im Rahmen des Anschluss- und Benutzungszwangs konnten außerdem auch in der Vergangenheit schon die Abfallsatzungen der öffentlich-rechtlichen Entsorgungsträger eine getrennte Bereitstellung von Abfällen vorschreiben. Die Eigentümer und Besitzer von Grundstücken, auf denen überlassungspflichtige Abfälle anfallen, sind nach § 19 Abs. 1 verpflichtet, das Aufstellen von zur Erfassung notwendigen Behältnissen sowie das Betreten des Grundstücks zum Zweck des Einsammelns und zur Überwachung des Getrennthaltens und der Verwertung von Abfällen zu dulden. Die Bediensteten und Beauftragten der zuständigen Behörde dürfen gem. § 19 Abs. 1 S. 2 Geschäfts- und Betriebsgrundstücke und Geschäfts- und Betriebsräume außerhalb der üblichen Geschäftszeiten sowie Wohnräume ohne Einverständnis des Inhabers nur zur Verhütung dringender Gefahren für die öffentliche Sicherheit und Ordnung betreten. **63**

I. Bioabfälle

§ 20 Abs. 2 S. 1 Nr. 1 schreibt die Getrenntsammlung von **Bioabfällen** aus privaten Haushaltungen vor. Die Regelung dient der Umsetzung des Art. 22 Abs. 1 AbfRRL. Sie war bisher in § 11 Abs. 1 enthalten und wurde ausweislich der Gesetzesbegründung aus systematischen Gründen gemeinsam mit den für andere Abfallarten geltenden Getrenntsammlungspflichten in § 20 Abs. 2 aufgenommen. In der Vergangenheit ist bemängelt worden, dass die öffentlich-rechtlichen Entsorgungsträger die bereits bestehende Ver- **64** pflichtung zur getrennten Sammlung von Bioabfälle nur unzureichend erfüllt haben (*Dippel* in Beck OK Umweltrecht, § 20 KrWG Rn. 15e; siehe dazu auch *Queitsch* AbfallR 2021, 16, 20).

65 Der Begriff der Bioabfälle ist in § 3 Abs. 7 definiert. Danach sind Bioabfälle im Sinne des KrWG biologisch abbaubare pflanzliche, tierische oder aus Pilzmaterialien bestehende Garten- und Parkabfälle, Landschaftspflegeabfälle, Nahrungsmittel- und Küchenabfälle aus privaten Haushaltungen, aus dem Gaststätten-, Kantinen- und Cateringgewerbe, aus Büros und aus dem Groß- und Einzelhandel sowie mit den genannten Abfällen vergleichbare Abfälle aus Nahrungsmittelverarbeitungsbetrieben und Abfälle aus sonstigen Herkunftsbereichen, die den in Nr. 1–3 genannten Abfällen nach Art, Beschaffenheit oder stofflichen Eigenschaften vergleichbar sind.

66 Die Pflicht zur getrennten Sammlung von Bioabfällen unterliegt den Schranken der allgemeinen Regelung des § 9. Allerdings kann sich der öffentlich-rechtliche Entsorgungsträger ausweislich der Gesetzesbegründung kaum darauf berufen, dass von der Getrenntsammlung aus ökologischen Gründen zugunsten einer gemeinsamen Sammlung mit anderen Abfallarten abgesehen werden kann. Für die stoffliche Nutzung von Bioabfällen sei – so die Gesetzesbegründung – immer eine hohe Sortenreinheit erforderlich, die mit einer gemeinsamen Sammlung mit anderen Haushaltsabfällen nicht gewährleistet sei. Aufgrund der Beschaffenheit von Bioabfällen könne die gemeinsame Erfassung von Bioabfällen mit anderen Abfällen das (nachträgliche) Aussortieren von Fremdstoffen wie Kunststoff, Glas, Papier und Metall aus einem Bioabfallgemisch, keine vergleichbaren Ergebnisse erzielen. Ebenso sei aus Hierarchiegesichtspunkten die getrennte Sammlung immer die bessere Option, weil sich Gemische von Bioabfällen mit anderen Abfällen nicht stofflich verwerten liessen. Es fänden daher nur die Fallgruppen des § 9 Abs. 1 sowie Abs. 3 Nr. 3 (fehlende technische Möglichkeit) und 4 (fehlende Verhältnismäßigkeit) Anwendung. Durch den Verweis auf § 9 Abs. 4 werde zudem die energetische Verwertung getrennt gesammelter Bioabfälle begrenzt. Soweit Abfälle zur Vorbereitung zur Wiederverwendung oder zum Recycling getrennt gesammelt worden sind, ist nach § 9 Abs. 4 S. 1 eine energetische Verwertung nur zulässig für die Abfallfraktionen, die bei der nachgelagerten Behandlung der getrennt gesammelten Abfälle angefallen sind, und nur soweit die energetische Verwertung dieser Abfallfraktionen den Schutz von Mensch und Umwelt unter Berücksichtigung der in § 6 Absatz 2 Satz 2 und 3 festgelegten Kriterien am besten oder in gleichwertiger Weise wie die Vorbereitung zur Wiederverwendung oder das Recycling gewährleistet.

67 Eine Vergärung von Bioabfällen als kombiniertes Verfahren bleibe damit aber ebenso möglich wie die energetische Verwertung von im Rahmen der Bioabfallbehandlung ausgeschleusten und für die Kompostierung bzw. Vergärung ungeeigneten Abfällen (Gesetzesbegründung, BT-Drs. 19/19373, S. 55).

68 Der Gesetzgeber ist bei der Normierung der Getrenntsammlungspflicht für Bioabfälle im Grundsatz davon ausgegangen, dass die Erfüllung der Pflicht regelmäßig auch wirtschaftlich zumutbar ist. Ob der Ausnahmefall einer wirtschaftlichen Unzumutbarkeit vorliegt, ist unter Berücksichtigung aller konkreten Umstände des Einzelfalls und unter Beachtung der ressourcenökonomischen und ökologischen Ziele des KrWG zu bestimmen (*VG München* Urt. v. 28.11.2019 – M 17 K 17.5282, BeckRS 2019, 40568 Rn. 52).

69 Bei der Frage, ob eine Getrenntsammlung für den öffentlich-rechtlichen Entsorgungsträger wirtschaftlich zumutbar bzw. unzumutbar ist, ist nicht auf die Kosten für die Verwertung im Verhältnis zur Beseitigung abzustellen, sondern auf die Kosten für die getrennte Sammlung und Verwertung von Bioabfällen im Verhältnis zu den Kosten für eine gemeinsame Erfassung und Verwertung von Bioabfällen mit dem übrigen Haushaltsabfall. Es geht insoweit um die Mehrbelastung durch die getrennte Sammlung und Verwertung der Bioabfälle. Für die Unzumutbarkeit reicht es nicht aus, dass die Getrenntsammlung Mehrkosten verursacht; vielmehr müssen die Mehrkosten für die getrennte Sammlung müssen „außer Verhältnis" zu den Kosten für eine gemeinsame Erfassung sein (*VG München* Urt. v. 28.11.2019 – M 17 K 17.5282, BeckRS 2019, 40568 Rn. 53). Mehrkosten müssen dabei im Hinblick auf die Gesamtkostenbelastung des öffentlich-rechtlichen Entsorgungsträgers für das gesamte Spektrum seiner Aufgaben nach § 20 Abs. 1 gewürdigt werden (*VG München* Urt. v. 28.11.2019 – M 17 K 17.5282, BeckRS 2019, 40568 Rn. 53).

II. Kunststoffabfälle

§ 20 Abs. 2 S. 1 Nr. 2 bestimmt eine Getrenntsammlungspflicht auch für Kunststoffabfälle. § 9 gilt wiederum entsprechend; Abweichungen von der Pflicht durch eine umweltverträgliche und hochwertige Co-Erfassung verschiedener Abfallströme sind nach der Gesetzesbegründung (BT-Drs. 19/19373, S. 55) unter den Bedingungen des § 9 zulässig. Das gleiche gelte für die energetische Verwertung getrennt gesammelter Kunststoff-, Metall- und Papierabfälle. Die Regelung dient der Umsetzung des Art. 11 Abs. 1 Unterabsatz 2 AbfRRL. Danach ist zunächst eine getrennte Sammlung von Kunststoffen einzuführen, wobei Abweichungen in Abhängigkeit von der technischen, ökologischen und ökonomischen Durchführbarkeit möglich sind (Art. 11 Abs. 3 AbfRRL). Im Rahmen des Aktionsplans für die Kreislaufwirtschaft soll das Recycling und die Wiederverwendung von Produkten, u. a. auch von Kunststoffen, in all ihren Lebensphasen gefördert werden. Die Europäische Kommission hat dazu 2018 dem Europäischen Parlament und dem Rat der Europäischen Union eine europäische Strategie für Kunststoffe in der Kreislaufwirtschaft vorgeschlagen, bei der ein kunststoffspezifischer Lebenszyklus im Vordergrund steht. Maßnahmen zur kreislauforientierten Produktgestaltung, zur Verwendung und Wiederverwendung von Materialien sowie das Recycling am Ende der Nutzungsphase sollen dazu in die Kunststoffwertschöpfungskette integriert werden (*Garske/Stubenrauch/Ekardt/Weisse/Lorenz* ZUR 2020, 215, 218; zur Verbringung von Kunststoffabfällen in Europa siehe *Zaroffe* AbfallR 2021, 39; *Kropp* AbfallR 2021, 81; zur neuen Einwegkunststoffverbotsverordnung siehe *Franßen/Homann* AbfallR 2021, 98). **70**

Kunststoffabfälle sind Abfälle aus Kunststoff. Als Kunststoff bezeichnet man Festkörper, deren Grundbestandteil synthetisch oder halbsynthetisch erzeugte Polymere mit organischen Gruppen sind. Für Kunststoffabfälle sieht die AVV herkunftsbezogen verschiedene Abfallschlüssel vor (AVV siehe z. B. 15 01 02, 16 01 19, 17 02 03, 19 12 04, 20 01 39). **71**

Nach Angaben des Umweltbundesamts fielen im Jahr 2019 in Deutschland 6,28 Mio. t Kunststoffabfälle an. Etwa 85,2 % dieser Abfälle seien nach dem Gebrauch der Kunststoffe entstanden. Die restlichen 14,8 % seien bei der Herstellung und vor allem bei der Verarbeitung von Kunststoffen angefallen. Gesammelte Kunststoffabfälle würden nahezu vollständig verwertet. Im Jahr 2019 seien 46 % aller gesammelten Kunststoffabfälle werkstofflich und weniger als 1 % rohstofflich, 53 % der Abfälle energetisch verwertet worden. Aus Klima- und Umweltschutzsicht sei es wichtig, noch mehr Kunststoffabfälle werkstofflich zu verwerten (siehe dazu auch das vom Umweltbundesamt herausgegeben Gutachten „Steigerung des Kunststoffrecyclings und des Rezyklateinsatzes" Oktober 2016; *Garske/Stubenrauch/Ekardt/Weisse/Lorenz*, ZUR 2020, 215). **72**

Die Getrenntsammlungspflicht für Kunststoffabfälle in § 20 Abs. 2 S. 1 Nr. 2 steht im sachlichen Zusammenhang mit Verpflichtungen aus dem VerpackG und der GewAbfV. Nach § 16 Abs. 2 S. 2 VerpackG sind Kunststoffe zu mindestens 90 Masseprozent einer Verwertung zuzuführen. Dabei sind mindestens 65 Prozent nach § 16 Abs. 2 S. 3 Ver- **73** packG ab dem 1.1.2022 70 Prozent dieser Verwertungsquoten durch werkstoffliche Verwertung sicherzustellen. Nach § 3 Abs. 1 S. 1 Nr. 3 GewAbfV sind Kunststoffe vorrangig der Vorbereitung zur Wiederverwendung oder dem Recycling zuzuführen.

III. Metallabfälle, Papierabfälle, Glasabfälle und Textilabfälle

74 Nr. 3 legt die Getrenntsammlungspflicht für **Metallabfälle** fest; § 9 gilt entsprechend. Für Metallabfälle kommen insbesondere auch eine gemeinsame Erfassung in einer Wirtschaft von oder aber ein Bringsystem in Betracht, das eine Anlieferung von Metallabfällen zu einem Wertstoffhof ermöglicht.

75 Nr. 4 legt die Getrenntsammlungspflicht für **Papierabfälle** fest; § 9 gilt entsprechend. Altpapier wird von den öffentlich-rechtlichen Entsorgungsträgern schon seit langem getrennt gesammelt. Die Entsorgungspflicht der öffentlich-rechtlichen Entsorgungsträger beschränkt sich allerdings auf das Altpapier, das keine Einweg-Verpackung ist (siehe dazu *Queitsch* AbfallR 2021, 16, 21). Allerdings ist auch eine Miterfassung von Einweg-Verpackungen aus Papier/Pappe/Karton möglich. Nach § 22 Abs. 4 S. 1 VerpackG kann ein öffentlich-rechtlicher Entsorgungsträger im Rahmen der Abstimmung von den Systemen die Mitbenutzung seiner Sammelstruktur, die für die getrennte Erfassung von Papier, Pappe und Karton eingerichtet ist, gegen ein angemessenes Entgelt verlangen. Die Systeme können nach § 22 Abs. 4 S. 2 VerpackG umgekehrt im Rahmen der Abstimmung von einem öffentlich-rechtlichen Entsorgungsträger verlangen, ihnen die Mitbenutzung dieser Sammelstruktur gegen ein angemessenes Entgelt zu gestatten. Ein öffentlich-rechtlicher Entsorgungsträger kann im Rahmen der Abstimmung gem. § 24 Abs. 1 S. 3 VerpackG wiederum von den Systemen verlangen, dass sie Nichtverpackungsabfälle aus Papier, Pappe und Karton gegen ein angemessenes Entgelt mit sammeln.

76 Nr. 5 erfasst **Glasabfälle.** Die Regelung dient der Umsetzung des Art. 11 Abs. 1 Unterabs. 2 AbfRRL. Die Gesetzesbegründung weist darauf hin, genau wie bei den Bioabfällen könne sich der öffentlich-rechtliche Entsorgungsträger in der Regel nur auf die Ausnahmemöglichkeit des § 9 Abs. 1 sowie 3 Nr 3 und 4 berufen. Durch den Verweis auf § 9 Abs. 4 werde die energetische Verwertung getrennt gesammelter Glasabfälle begrenzt. Demnach kann sich der öffentlich-rechtliche Entsorgungsträger nicht darauf berufen, dass von der Getrenntsammlung von Glasabfällen aus ökologischen Gründen zugunsten einer gemeinsamen Sammlung mit anderen Abfallarten abgesehen werden kann. Grund dafür ist, dass für die stoffliche Nutzung von Glasabfällen eine hohe Sortenreinheit erforderlich ist, die durch eine gemeinsame Sammlung mit anderen Haushaltsabfällen nach Ansicht des Gesetzgebers grundsätzlich nicht gewährleistet ist (*Dippel* in BeckOK Umweltrecht, § 20 Rn. 15k).

77 Nr. 6 legt die Getrenntsammlungspflicht für **Textilabfälle** fest; § 9 gilt entsprechend. Die Regelung dient der Umsetzung von Art. 11 Abs. 1 Unterabs. 3 AbfRRL. Altkleider sind nicht per se Abfälle. Sie können im Second-Hand-Markt gehandelt werden, ohne dass sie zu Abfällen werden. Dementsprechend ergibt sich aus dem Urteil des BVerwG vom 11.7.2018 nicht, dass Alttextilien Abfälle aus privaten Haushaltungen sind (so aber *Queitsch* AbfallR 2021, 16, 21). Nach der Rechtsprechung des BVerwG handelt es sich bei Altkleidern, die in einen Sammelcontainer geworfen werden, um Abfall. Nichts anderes gilt natürlich auch, wenn Altkleider in eine Restmülltonne geworfen werden. Bereits mit dem Einwurf in einen Sammelcontainer gebe der Besitzer die tatsächliche Sachherrschaft über die Altkleider und -schuhe auf und übertrage sie zum Zwecke der Verwertung oder gegebenenfalls Beseitigung an den Inhaber der Sachherrschaft über den Sammelcontainer. Der Besitzer habe keine Einflussmöglichkeiten auf die weitere Behandlung der Gegenstände und wolle sie offensichtlich nicht mehr zum bisherigen Zweck gebrauchen oder anderweitig über sie verfügen. Würden Alttextilien und -schuhe in einen öffentlich zugänglichen Sammelcontainer eingeworfen, bestehe daher regelmäßig kein Zweifel an einem Entledigungswillen, so dass es eines Rückgriffs auf die gesetzliche Vermutung in § 3 Abs. 3 Satz 1 Nr. 2 KrWG nicht bedürfe. Die faktische Entledigung indiziere den Entledigungswillen (*BVerwG* Urt. v. 11.7.2017, NVwZ 2018, 1073).

§ 20 Abs. 2 Satz 2 enthält eine **Fristenbestimmung,** die den öffentlich-rechtlichen Entsorgungsträgern den notwendigen Anpassungszeitraum gewährt. Danach gilt die Verpflichtung zur getrennten Sammlung von **Textilabfällen** nach Nr. 6 genau wie die EU-Vorgabe ab dem 1. Januar 2025. Die Getrenntsammlungspflicht für die öffentlich-rechtlichen Entsorgungsträger führt dazu, dass diese eigene Behälter aufstellen und/oder ein Hol- oder Bringsystem (Anlieferung an Wertstoffhöfen) einrichten müssen. Dabei ist zu berücksichtigen, dass Altkleider und Alttextilien auch über gewerbliche und gemeinnützige Sammlungen gtrennt gesammelt werden können. **78**

IV. Sperrmüll

Nr 7 legt die Getrenntsammlungspflicht für Sperrmüll fest. Eine getrennte Sammlung von Sperrmüll ist seit langem üblich (*Queitsch* AbfallR 2021, 16, 21). Die öffentlich-rechtlichen Entsorgungsträger haben jedoch nunmehr Sperrmüll in einer Weise zu sammeln, welche die Vorbereitung zur Wiederverwendung und das Recycling der einzelnen Bestandteile ermöglicht. Diese Verpflichtung trägt ausweislich der Gesetzesbegründung in besonderer Weise dem Umstand Rechnung, dass die öffentlich-rechtlichen Entsorgungsträger bereits nach der bis 2020 geltender Rechtslage (§ 20 Abs. 1) zur Einhaltung der Abfallhierarchie nach § 6 verpflichtet seien. Dies erfordere gerade bei diesem hochwertigen Abfallstrom eine möglichst ressourcenschonende Sammlung. Hierauf seien im Rahmen der Abfallberatung auch die Bürger hinzuweisen (s. § 46 Absatz 3). Bei der Entsorgung von Sperrmüll muss insoweit separiert werden. Insbesondere sind auch die Anforderungen der Altholz-Verordnung zu beachten. **79**

Was Sperrmüll ist, definiert der Gesetzgeber nicht. Die AVV sieht für den Sperrmüll einen eigenen Abfallschlüssel (20 03 07) vor. Die Abfallsatzungen der öffentlich-rechtlichen Entsorgungsträger enthalten in aller Regel eine Definition des Abfalls. Danach sind Sperrmüll sperrige Abfälle, die in privaten Haushaltungen anfallen und die wegen ihres Umfangs, ihres Gewichtes oder ihrer Beschaffenheit auch nach zumutbarer Zerkleinerung nicht in den bereitgestellten Abfallbehältern untergebracht werden können, insbesondere Haushaltsgegenstände und Möbel (*Queitsch* AbfallR 2021, 16, 21). Zum Sperrmüll gehören nach den Satzungsbestimmungen zumeist nicht Bauteile wie Fensterrahmen, Türen, Badewannen u.ä., ferner nicht Mopeds und Motorräder u.ä., Autoreifen, etc. **80**

Abfallsatzungen enthalten zusätzlich gelegentlich auch noch den Vorbehalt, dass der öffentlich-rechtliche Entsorgungsträger im Zweifelsfall entscheidet, ob und ggfls. welche Gegenstände als Sperrmüll entsorgt werden. Die Bestimmung dessen, was Sperrmüll ist, durch die Abfallsatzungen der öffentlich-rechtlichen Entsorgungsträger ist grundsätzlich nicht zu beanstanden, weil es dabei letztlich um die Art und Weise der Überlassung und der Einsammlung der überlassungspflichtigen Abfälle geht, die davon abhängt, in welchem System die Überlassung von Sperrmüll organisiert wird (als Holsystem oder als Bringsystem) und welche Abfallbehälter mit welcher Größenordnung für die Abholung im Holsystem bereitstehen. **81**

82 Die Art und Weise der Pflichterfüllung, bei der auch regionale Besonderheiten und sonstige Spezifika des Einzugsgebietes zu berücksichtigen sind, bleibt den öffentlich-rechtlichen Entsorgungsträgern überlassen, soweit das gesetzliche Ziel zuverlässig erreicht wird. Die Verpflichtung zur ressourcenschonenden Getrenntsammlung von Sperrmüll steht auch im inhaltlichen Zusammenhang mit Abfallvermeidungsmaßnahmen, die von den öffentlich-rechtlichen Entsorgungsträgern getroffen werden. So ist bei der Abfallberatung auch darauf hinzuweisen, dass die noch gebrauchsfähigen Erzeugnisse nicht in den Sperrmüll gehören, sondern möglichst Einrichtungen zu überlassen sind, die die Erzeugnisse einer Wiederverwendung zuführen.

83 Soweit Sperrmüll im Rahmen eines Holsystems mit sog. **Pressmüllfahrzeugen** abgeholt wird, in denen der Sperrmüll zerkleinert wird, ist eine Vorbereitung der Wiederverwendung ausgeschlossen. Deshalb kann es z. B. notwendig sein, in einer ersten Tour zunächst wiederverwendbare Sperrmüllabfälle und danach mit einem Pressmüllfahrzeug die dafür nicht mehr geeigneten Abfälle abzuholen (*Dippel* in BeckOK Umweltrecht § 20 Rn. 15o; BT-Drs. 19/19373, 81). Zwingend ist der Einsatz von mehreren Fahrzeugen bei der Einsammlung des Sperrmülls aber nicht, wenn alternative Möglichkeiten der Separierung genutzt werden, z. B. durch eine Kombination von Hol- und Bringsystemen (*Queitsch* AbfallR 2021, 16, 21). Außerdem kann es angezeigt sein, bei der Abfallberatung nach § 46 Abs. 2 darauf hinzuweisen, dass noch gebrauchsfähige Möbel nicht in den Sperrmüll gegeben, sondern Einrichtungen überlassen werden sollten, die diese der Wiederverwendung zuführen (*Dippel* in BeckOK Umweltrecht § 20 Rn. 15r).

84 Sperrmüll ist nach der Rechtsprechung des BVerwG **kein gemischter Abfall** aus privaten Haushaltungen iSd § 17 Abs. 2 S. 2 und kann damit gemeinnützig oder gewerblich außerhalb der öffentlichen Entsorgung gesammelt werden (*BVerwG* Urt. v. 23.2.2018, NVwZ-RR 2018, 928). Gemeinnützige und gewerbliche Sammler sind an die aus § 20 Abs. 2 folgende Getrenntsammlungspflicht der öffentlich-rechtlichen Entsorgungsträger nicht gebunden. Sie sind aber zur ordnungsgemäßen und schadlosen Verwertung verpflichtet und nach § 9 Abs. 1 zur Getrenntsammlung verpflichtet, wobei sie die Getrenntsammlung schon als Folge der auf bestimmte Abfälle beschränkten Ausnahme von der Überlassungspflicht ergibt.

V. Gefährliche Abfälle

85 Nr. 8 legt die Getrenntsammlungspflicht für gefährliche Abfälle fest. Dabei ist sicherzustellen, dass die Abfälle nicht mit Abfällen anderer Kategorien vermischt werden. Die Regelung dient der Umsetzung von Art. 20 Abs. 1 AbfRRL. Sie wird allerdings nicht erst ab dem 1. Januar 2025 eingeführt, sondern ist mit Blick auf die in Deutschland seit langem praktizierten ausdifferenzierten Erfassungssysteme und Behandlungsstrukturen der öffentlich-rechtlichen Entsorgungsträger (z. B. Sammlung von so genannten „Problemabfällen“ im Bringsystem oder haushaltsnahe Schadstoffmobile) bereits mit Inkrafttreten des Gesetzes wirksam geworden.

86 Die Abfallerzeuger und -besitzer der Abfälle aus privaten Haushaltungen haben diese Abfälle dem öffentlich-rechtlichen Entsorgungsträger nach § 17 Abs. 1 S. 1 zu überlassen. Die Möglichkeit einer „Eigenverwertung“, die bei nicht gefährlichen Abfällen, wie etwa Bioabfällen, zu einer Freistellung von der Überlassungspflicht führen könne (§ 17 Absatz 1 S. 1 2. Halbsatz), kommt – so die Gesetzesbegründung – für gefährliche Abfälle nicht Betracht.

87 Gefährliche Abfälle seien auch weder einer gemeinnützigen noch einer gewerblichen Sammlung zugänglich (§ 17 Abs. 2 Satz 2). Die privaten Haushaltungen seien ihrerseits verpflichtet, die gefährlichen Abfälle getrennt zu sammeln. Die faktische Umsetzung erfordere allerdings, dass die Getrenntsammlungssysteme vom öffentlich-rechtlichen Entsorgungsträger konkret zur Verfügung gestellt würden.

Besondere Pflichten gelten für die einzelnen Fraktionen gefährlicher Abfälle aus privaten Haushaltungen erst für den öffentlich-rechtlichen Entsorgungsträger oder die von ihm beauftragten Dritten. Nach der Überlassung der gefährlichen Abfälle an den öffentlich-rechtlichen Entsorgungsträger oder die von ihm beauftragten Dritten ist dieser nach § 20 Abs. 1 in vollem Umfang zur ordnungsgemäßen und schadlosen Verwertung oder gemeinwohlverträglichen Beseitigung der Abfälle verpflichtet. Er unterliegt daher auch in vollem Umfang dem Vermischungsverbot, den weiteren Anforderungen des § 9a sowie den Nachweispflichten nach § 50 KrWG. 88

D. Entsorgungsausschluss (Abs. 3)

Nach § 20 Abs. 3 Satz 1 können die öffentlich-rechtlichen Entsorgungsträger mit Zustimmung der zuständigen Behörde bestimmte Abfälle von der öffentlichen Entsorgung ausschließen. Die Möglichkeit eines Entsorgungsausschlusses dient abfallpolitischen und abfallwirtschaftlichen Zielen, insbesondere aber der organisatorischen Entlastung der öffentlich-rechtlichen Entsorgungsträger. Sie sollen nicht verpflichtet sein, für alle denkbaren Abfälle Anlagen und Einrichtungen zu errichten und zu unterhalten, sondern sich auf die Entsorgung der Abfälle aus privaten Haushaltungen und solchen Abfällen konzentrieren dürfen, die gemeinsam mit den Abfällen aus Haushaltungen entsorgt werden können (*Schink* in Schink/Versteyl, KrWG, 2016, § 20 Rn. 10). Der Ausschluss bestimmter Abfälle aus der öffentlichen Entsorgung kann außerdem dazu dienen, Abfallerzeuger und Abfallbesitzer zu Maßnahmen der Abfallvermeidung oder -verwertung zu veranlassen (*BVerwG* Beschl. v. 9.11.1989, NVwZ 1990, 467, 468; *VGH Mannheim* Urt. v. 10.11.1988, NVwZ 1989, 174, 176). Der Entsorgungsausschluss lässt die Verwertungs- und Beseitigungspflichten der Abfallerzeuger und Abfallbesitzer gemäß § 7 Abs. 2 Satz 1 und § 15 Abs. 1 wieder aufleben. Die abfallwirtschaftlich intendierte Entlastung der öffentlich-rechtlichen Entsorgungsträger gilt insbesondere für Abfälle zur Beseitigung aus anderen Herkunftsbereichen, soweit diese nach Art, Menge oder Beschaffenheit nicht mit den in Haushaltungen anfallenden Abfällen beseitigt werden können. Die öffentlich-rechtlichen Entsorgungsträger sollen für die Entsorgung dieser Abfälle keinen besonderen, ihnen unzumutbaren Aufwand treffen müssen (*BVerwG* Beschl. v. 9.11.1989, NVwZ 1990, 467, 468; *Daubner* NVwZ 1995, 33, 34). Soweit Abfälle zur Verwertung aus anderen *Herkunftsbereichen* nicht überlassungspflichtig sind, können sie auch aus der öffentlichen Entsorgung ausgeschlossen werden (*OVG Magdeburg* Beschl. v. 16.7.2019 – 2 M 43/19, BeckRS 2019, 17874 Rn. 6; *Dippel* in BeckOK Umweltrecht, § 20 KrWG Rn. 16). 89

Die Frage, ob für bestimmte Abfälle eines Abfallbesitzers ein Entsorgungsausschluss besteht, kann Gegenstand eines feststellungsfähigen Rechtsverhältnisses sein und insoweit durch eine beim Verwaltungsgericht einzureichende **Feststellungsklage** geklärt werden (*VG Cottbus* Urt. v. 22.3.2018 – VG 6 K 1975/15, BeckRS 2018, 9669; *VG Cottbus* Urt. v. 18.8.2017 – 4 K 1027/13, juris Rn. 16; *VG Halle (Saale)* Urt. v. 30.4.2012 – 3 A 865/10, juris Rn. 20). 90

I. Entscheidung über Ausschluss

§ 20 Abs. 3 regelt nicht, in welcher Weise über den Entsorgungsausschluss entschieden wird. 91

92 **1. Ausschlussformen.** Regelmäßig erfolgt der Ausschluss in der **Abfallsatzung** des öffentlich-rechtlichen Entsorgungsträgers. Daneben kommt aber auch eine **Allgemeinverfügung** im Sinne von § 35 Satz 2 VwVfG bzw. ein **Einzelverwaltungsakt** in Betracht. Nicht zuletzt kann ein Entsorgungsausschluss auch in einem öffentlich-rechtlichen **Vertrag** vereinbart werden (*VGH Mannheim* Urt. v. 7.8.1984, UPR 1985, 245). In welcher Weise der Entsorgungsausschluss festgelegt wird, ist eine Frage der Zweckmäßigkeit. Sollen Regelungen für bestimmte Personenkreise getroffen werden, eignet sich eine Allgemeinverfügung nach § 35 Satz 2 VwVfG. In Betracht kommen auch Ausschlüsse, die sich auf einzelne Phasen der Entsorgung wie das Sammeln, Befördern oder Vorsortieren der Abfälle beziehen oder die Entsorgung bei bestimmten Schadstoffkonzentrationen ausschließen.

93 Zweifelhaft ist, ob ein Ausschluss aus der öffentlichen Entsorgung auch in den Landeskreislaufwirtschaftsgesetzen geregelt werden kann, z. B. wenn bestimmte Abfälle generell nicht in den Anlagen der öffentlich-rechtlichen Entsorgungsträger entsorgt werden können. Dagegen spricht, dass § 20 Abs. 3 Satz 1 hinsichtlich der rücknahmepflichtigen Abfälle auf einen konkreten Sachverhalt abstellt, nämlich ob entsprechende Rücknahmeeinrichtungen tatsächlich zur Verfügung stehen. Das setzt eine flexible Entscheidung voraus, die auf einen konkreten Sachverhalt Rücksicht nimmt und spricht gegen eine gesetzliche Regelung (siehe dazu *Beckmann* NuR 1999, 24, 27; *Dippel* in BeckOK Umweltrecht, § 20 KrWG Rn. 18; *Schomerus* in Versteyl/Mann/Schomerus, KrWG, 2019, § 20 Rn. 12). Im Übrigen sieht § 20 Abs. 3 lediglich einen Ausschluss aus der öffentlichen Entsorgung durch die öffentlich-rechtlichen Entsorgungsträger vor, die insoweit nur der Zustimmung der zuständigen Behörde bedürfen. Bei den Bundesländern handelt es sich dagegen nicht um öffentlich-rechtliche Entsorgungsträger. Nicht zuletzt sieht § 20 Abs. 3 Satz 3 vor, dass die öffentlich-rechtlichen Entsorgungsträger den Ausschluss von der Entsorgung mit Zustimmung der zuständigen Behörde widerrufen können, soweit die dort genannten Voraussetzungen für einen Ausschluss nicht mehr vorliegen. Eine solche Widerrufsmöglichkeit spricht ebenfalls gegen eine landesgesetzliche Regelung.

94 **2. Ausschlüsse in Abfallsatzungen.** Der Ausschluss bestimmter Abfälle aus der öffentlichen Entsorgung durch die Abfallsatzung des öffentlich-rechtlichen Entsorgungsträgers ist nur dann rechtswirksam, wenn der Kreis der ausgeschlossenen Abfälle hinreichend bestimmt ist. Dazu können die ausgeschlossenen Abfälle im Rahmen eines Negativkatalogs im Einzelnen aufgelistet werden. Umgekehrt ist aber auch – soweit Landesrecht nichts anderes bestimmt – die Regelung eines Positivkatalogs möglich, in dem die Abfälle bestimmt werden, die durch den öffentlich-rechtlichen Entsorgungsträger entsorgt werden. Zulässig ist im Übrigen auch die Aufnahme eines präventiven Entsorgungsausschlusses mit Zulassungsvorbehalt in der Abfallsatzung. Damit werden Abfälle zwar grundsätzlich von der Entsorgungspflicht ausgeschlossen. Sie können jedoch nach Prüfung im Einzelfall wiederum zur Entsorgung zugelassen werden. Mit einer solchen Regelung erreicht der öffentlich-rechtliche Entsorgungsträger ein höheres Maß an Flexibilität und ermöglicht dem Abfallerzeuger und Abfallbesitzer, der im konkreten Einzelfall für die Entsorgung seiner Abfälle keine Möglichkeit sieht, einen Weg in die öffentliche Entsorgung.

95 **3. Teilweiser Ausschluss.** Zulässig ist schließlich auch ein teilweiser Ausschluss von der Entsorgungsverpflichtung. So können die öffentlich-rechtlichen Entsorgungsträger z. B. das Einsammeln und Befördern der von § 20 Abs. 3 Satz 2 erfassten Abfälle mit der Folge ausschließen, dass Abfallerzeuger und Abfallbesitzer hierzu selbst verpflichtet sind und damit die Abfälle zu der in der Abfallsatzung bezeichneten Entsorgungsanlage brin-

gen müssen. Ein solcher Teilausschluss hinsichtlich des Einsammelns und des Beförderns kommt insbesondere dann in Betracht, wenn die öffentlich-rechtlichen Entsorgungsträger für das Einsammeln und Befördern bestimmter Abfälle, etwa von Massenabfällen oder von Abfällen, bei denen an die Vorgänge des Einsammelns und Beförderns wegen der Gefährlichkeit des Stoffes besondere Anforderungen zu stellen sind, selbst nicht in der Lage sind, entsprechende Sammel- und Transportkapazitäten vorzuhalten.

Der Ausschluss von Abfällen aus der öffentlichen Entsorgung steht im **Ermessen** des öffentlich-rechtlichen Entsorgungsträgers. Da die Ausschlussmöglichkeit abfallpolitischen und abfallwirtschaftlichen Zielen und nicht Interessen der Abfallerzeuger und Abfallbesitzer an einer Eigenentsorgung dient, haben diese keinen Anspruch auf Ausschluss ihrer Abfälle. Abfallbesitzer und Abfallerzeuger müssen, wenn die Entsorgung ihrer Abfälle vom öffentlichen-rechtlichen Entsorgungsträger ausgeschlossen worden ist, die Abfälle entweder selbst entsorgen oder ein privates Entsorgungsunternehmen damit beauftragen. 96

Umstritten ist, ob zumindest ein **Anspruch auf ermessensfehlerfreie Entscheidung** über einen entsprechenden Antrag auf den Ausschluss der Entsorgung bestimmter Abfälle besteht. Nach Ansicht des VG Cottbus räumt § 20 Abs. 3 den von der Entscheidung über den Entsorgungsausschluss Betroffenen in begrenzten Ausnahmefällen einen Anspruch auf ermessensfehlerfreie Entscheidung ein (*VG Cottbus* Urt. v. 22.3.2018 – VG 6 K 1975/15, BeckRS 2018, 9669). Ein solcher Anspruch auf eine ermessensfehlerfreie Entscheidung über den Entsorgungsausschluss kann nach Ansicht des VG Cottbus nicht mit dem Argument verneint werden, die Ermessensentscheidung diene allein dazu, dass sich der öffentlich-rechtliche Entsorgungsträger von Entsorgungspflichten entlaste, und dass es folglich nur um die Wahrung öffentlicher Interessen gehe (*VG Cottbus* Urt. v. 22.3.2018 – VG 6 K 1975/15, BeckRS 2018, 9669; a. A. *Schomerus* in Versteyl/Mann/Schomerus, KrWG, 2019, § 20 Rn 13). Durch die Entscheidung des öffentlich-rechtlichen Entsorgungsträgers, zu Lasten der Abfallbesitzer und -erzeuger sich von den ihnen treffenden Entsorgungspflichten zu befreien, könnten die Interessen der gewerblichen Abfallerzeuger und -besitzer berührt werden, da diese in ihrem Überlassungsstatus betroffen sind (*VG Cottbus* Urt. v. 22.3.2018 – VG 6 K 1975/15, BeckRS 2018, 9669; *Schoch* in Jarass/Petersen, KrwG, 2014, § 20 Rn. 87; *Dippel* in BeckOK Umweltrecht, § 20 Rn. 22). Dies spreche dafür, dass sich ein Abfallbesitzer oder -erzeuger in der Situation eines Entsorgungsausschlusses zu seinen Lasten mit der Begründung zur Wehr setzen könne, dass seine Interessen bei der Ausschlussentscheidung ermessensfehlerhaft unberücksichtigt geblieben seien. Das VG Cottbus meint aber weiter, daraus folge nicht, dass sich ein Anspruch auf zumindest ermessensfehlerfreie Entscheidung über den Entsorgungsausschluss sowohl als Abwehranspruch als auch als Vornahmeanspruch äußern könne. In der Konstellation des Vornahmeanspruchs könne der Entsorgungsausschluss von vornherein keine Vorteile gegenüber den Abfallerzeugern und -besitzern entfalten. Soweit möglicherweise Abfallbesitzer oder -erzeuger nach einem erfolgten Entsorgungsausschluss zu Maßnahmen der Abfallvermeidung oder -verwertung veranlasst werden, sei dies lediglich die mittelbare Folge eines erfolgten Ausschlusses, die zudem allein im öffentlichen Interesse liegt, der Entscheidung über den Ausschluss aber keine subjektivrechtliche Komponente verleihe (*VG Cottbus* Urt. v. 22.3.2018 – VG 6 K 1975/15, BeckRS 2018, 9669). 97

Das OVG MV hat dazu entschieden, dass Abfallsatzungen Maßnahmen auf dem Gebiet der Abfallwirtschaft seien und sich daher an deren Grundsätzen auszurichten hätten, insbesondere an den Regelungen des KrWG – aber nur an diesen. Sie hätten z. B. Anforderungen des Umweltschutzes und den Vorrang von Abfallvermeidung und Abfallverwertung zu beachten, aber nicht darüber hinaus auch die Interessen von Unterneh- 98 men zu berücksichtigen, die als Zulieferer oder Entsorger tätig würden. Auch das praktische Interesse an einem wirksamen Gesetzesvollzug spreche für diese Sichtweise. Die Abfallwirtschaft nach Maßgaben des KrWG und die in ihr zu berücksichtigenden Belange seien schon komplex genug; müssten bei satzungsmäßigen Regelungen daneben noch Interessen der als Zulieferer oder Entsorger tätigen Unternehmen berücksichtigt werden, nähme die Schwerfälligkeit übermäßig zu und der Gestaltungsspielraum übermäßig ab. Das wäre allerdings anders zu beurteilen, wenn in einem Abfallwirtschaftsplan die Andienung zu einer bestimmten Deponie bestimmt und der Abfallwirtschaftsplan für verbindlich erklärt würde (*OVG MV* Urt. v. 30.10.2018, AbfallR 2019, 163).

99 Das BVerwG hat dieses Urteil des OVG MV bestätigt. Der Widerruf eines Entsorgungsausschlusses sei eine rein ordnungsrechtliche Entscheidung. Weder dem Wortlaut des § 20 Abs. 3 noch dem Gesetzeszweck lasse sich entnehmen, dass über die Gewährleistung von Entsorgungssicherheit hinaus auch die Interessen privater Abfallentsorger geschützt werden sollten. Auf Grundrechte bzw. den grundgesetzlichen Vertrauensschutzgedanken könne sich ein privates Entsorgungsunternehmen ebenso wenig berufen, wenn es mit Investitionen lediglich Marktchancen ergreifen wolle (*BVerwG* Urt. v. 18.3.2021; so auch *Schomerus* in Versteyl/Mann/Schomerus, KrWG, 2019, § 20 Rn. 13; a. A. *Dippel* in BeckOK Umweltrecht, § 20 KrWG Rn. 22; *Schoch* in Jarass/Petersen, KrWG, 2014, § 20 Rn. 87).

100 **4. Anforderungen an die Ausschlussbetätigung.** Ob bei der Ermessensausübung bzw. bei der Auslegung der Ausnahmevoraussetzungen von dem Ausnahmecharakter des Entsorgungsausschlusses auszugehen ist mit der Folge, dass die gesetzlichen Voraussetzungen für einen solchen Entsorgungsausschluss restriktiv auszulegen sind bzw. im Rahmen der Ermessensausübung von der Möglichkeit des Entsorgungsausschlusses nur zurückhaltend Gebrauch gemacht werden kann, war in der Vergangenheit umstritten. Weiterführend war die Diskussion nicht. Denn rechtliche Vorgaben für die Ermessensbetätigung lassen sich aus der Einordnung der Entscheidung über den Entsorgungsausschluss als Ausnahmeentscheidung nicht wirklich ableiten.

101 **5. Zustimmungserfordernis.** Der Entsorgungsausschluss durch den öffentlich-rechtlichen Entsorgungsträger ist nur zulässig, wenn die zuständige Behörde diesem Entsorgungsausschluss *ausdrücklich* zustimmt (*Schomerus* in Versteyl/Mann/Schomerus, KrWG, 2019, § 20 Rn. 14; *Schoch* in Jarass/Petersen, KrWG, 2014, § 20 Rn. 78). Einer Zustimmung der zuständigen Behörde bedarf es unabhängig davon, auf welche Weise im Einzelfall der Entsorgungsausschluss erfolgt.

102 Unterschiedlich sind allerdings die **Folgen einer fehlenden Zustimmung** für die Wirksamkeit des Ausschlusses. Werden Abfälle aus der öffentlichen Entsorgung durch Satzung ausgeschlossen, ist diese bei fehlender Zustimmung (teil-)nichtig. Erfolgt der Ausschluss dagegen durch einen Verwaltungsakt, ist dieser zwar rechtswidrig, bleibt regelmäßig aber wirksam, weil nach § 44 Abs. 3 Nr. 4 VwVfG das Unterbleiben einer erforderlichen Mitwirkung einer anderen Behörde nicht zur Nichtigkeit führt. Wird der Entsorgungsausschluss in einem Vertrag ohne Zustimmung der zuständigen Behörde vereinbart, bleibt dieser Vertrag nach § 58 Abs. 2 VwVfG bis zur Erteilung der Zustimmung unwirksam (*Dippel* in BeckOK Umweltrecht, § 20 KrWG Rn. 19).

103 Umstritten ist, ob der Zustimmungsvorbehalt lediglich eine **Rechtmäßigkeitskontrolle** oder aber darüberhinausgehend eine **Zweckmäßigkeitskontrolle** ermöglicht. Für die Zulässigkeit von Zweckmäßigkeitserwägungen soll sprechen, dass die Interessen des öffentlich-rechtlichen Entsorgungsträgers und die berührten staatlichen Interessen sachgerecht ausgeglichen werden sollen (*Schomerus* in Versteyl/Mann/Schomerus,

KrWG, 2019, § 20 Rn. 15). Dem wird zu Recht entgegengehalten, Standort abfallpolitischer Zweckmäßigkeitserwägungen seien die Abfallwirtschaftspläne, in denen die zur Sicherung der Entsorgung erforderlichen Abfallentsorgungsanlagen darzustellen seien. Dem Selbstverwaltungscharakter der Verpflichtung der öffentlich-rechtlichen Entsorgungsträger, Abfallentsorgungsanlagen zu errichten und zu betreiben, die für die Erfüllung der Entsorgungsaufgabe der öffentlich-rechtlichen Entsorgungsträger erforderlich seien, würde ein Zustimmungsvorbehalt, der die Zustimmung von Zweckmäßigkeitserwägungen abhängig machen würde, nicht gerecht. Art. 28 Abs. 2 GG verlange insoweit eine ausdrückliche gesetzliche Regelung (*Schoch* in Jarass/Petersen, KrWG, 2014, § 20 Rn. 81; zur Bedeutung von Art. 28 Abs. 2 GG für kommunale Entsorgungsträger *Beckmann/Wittmann* AbfallR 2011, 55; *Schink* in Schink/Versteyl, KrWG, 2016, § 20 Rn. 28 ff.; a. A. *Dippel* in BeckOK Umweltrecht, § 20 KrWG Rn. 20).

Ob der öffentlich-rechtliche Entsorgungsträger einen Anspruch auf Erteilung der Zustimmung oder zumindest einen Anspruch auf ermessensfehlerfreie Entscheidung hat, wenn die Voraussetzungen für den Entsorgungsausschluss vorliegen, ist ebenfalls umstritten (bejahend *Schink* in Jarass/Petersen/Weidemann, KrW-/AbfG, § 15 Rn. 145; für einen Anspruch auf ermessensfehlerfreie Entscheidung *Schomerus* in Versteyl/Mann/Schomerus, KrWG, 2019, § 20 Rn. 15; *Dippel* in BeckOK Umweltrecht, § 20 KrWG Rn. 21). **104**

II. Ausschluss rücknahmepflichtiger Abfälle (Abs. 3 Satz 1)

Nach § 20 Abs. 3 Satz 1 können Abfälle von der öffentlichen Entsorgung ausgeschlossen werden, soweit diese der Rücknahmepflicht aufgrund einer nach § 25 erlassenen Rechtsverordnung oder aufgrund eines Gesetzes unterliegen und entsprechende Rücknahmeeinrichtungen tatsächlich zur Verfügung stellen. Da entsprechende Rücknahmeeinrichtungen auch zur Verfügung stehen müssen, lässt der Wegfall der Überlassungspflicht gemäß § 17 Abs. 3 Satz 1 Nr. 1 die Entsorgungspflicht nicht zugleich entfallen. Ein Ausschluss aus der öffentlichen Entsorgung soll nicht zulässig sein, solange ohne das Vorhandensein entsprechender Rücknahmeeinrichtungen eine ordnungsgemäße und schadlose Verwertung der Abfälle bzw. eine allgemeinwohlverträgliche Beseitigung nicht ausreichend gesichert ist. Die für die Zustimmung zuständige Behörde hat bei ihrer Entscheidung über die Zustimmung daher zu prüfen, ob das vorhandene Rücknahmesystem für einen Ersatz der Entsorgung geeignet sind (*Kloepfer* Umweltrecht, 2016, § 21 Rn. 437; *Dippel* in BeckOK Umweltrecht, § 20 KrWG Rn. 25). **105**

Der Wortlaut des § 20 Abs. 3 Satz 1 beschränkt die Möglichkeit eines Entsorgungsausschlusses nicht auf Abfälle aus Haushaltungen. Aus dem systematischen Zusammenhang des § 20 Abs. 3 S. 1 zu S. 2 wird allerdings wohl zutreffend geschlossen, dass die Ausschlussmöglichkeit nach § 20 Abs. 3 S. 1 sich nur auf Abfälle aus privaten Haushalten bezieht (vgl. *Kloepfer* Umweltrecht, 2016, § 21 Rn. 437; *Dippel* in BeckOK Umweltrecht, § 20 KrWG Rn. 23; *Schomerus* in Versteyl/Mann/Schomerus, KrWG, 2019, § 20 Rn. 16). Nach § 20 Abs. 3 S. 2 gilt Satz 1 auch für Abfälle zur Beseitigung aus anderen Herkunftsbereichen als privaten Haushaltungen, soweit diese nach Art, Menge oder Beschaffenheit nicht mit den in Haushaltungen anfallenden Abfällen entsorgt werden können oder die Sicherheit der umweltverträglichen Beseitigung im Einklang mit den Abfallwirtschaftsplänen der Länder durch einen anderen öffentlich-rechtlichen Entsorgungsträger oder Dritten gewährleistet ist. **106**

Die Gesetzesnovelle 2020 hat die Möglichkeit öffentlich-rechtlicher Entsorgungsträger, bestimmte Abfälle von ihrer Entsorgungsverantwortung auszuschließen, auf solche Abfäl- **107** le erweitert, die einer Rücknahmepflicht **aufgrund eines Gesetzes** unterliegen. Damit trägt der Gesetzgeber der Tatsache Rechnung, dass derartige Pflichten zunehmend vom Gesetzgeber selbst geregelt werden, so z. B. im VerpackG. Das ElektroG enthält allerdings für Elektrogeräte speziellere Regelungen für ein in sich geschlossenes System der Sammlung, Rücknahme und der Behandlungs- und Verwertungspflichten, in das die öffentlich-rechtlichen Entsorgungsträger integriert sind (*Dippel* in BeckOK Umweltrecht, § 20 KrWG Rn. 23; *Schomerus* in Versteyl/Mann/Schomerus, KrWG, 2019, § 20 Rn. 16; *Pauly/Peine/Janke* ZUR 2016, 67; *Pauly/Oexle* AbfallR 2005, 98, 103).

108 Fraglich ist, ob und inwieweit ein Ausschluss von der Entsorgungspflicht zulässig ist, wenn eine Überlassungspflicht gem. § 17 Abs. 2 Nr. 1 bestehen bleibt, weil die öffentlich-rechtlichen Entsorgungsträger aufgrund einer Bestimmung nach § 25 Abs. 2 Nr. 4 an der **Rücknahme mitwirken.** Da die Integration der öffentlich-rechtlichen Entsorgungsträger nach § 25 Abs. 2 Nr. 4 in das Rücknahmesystem die Phasen des Einsammelns und Beförderns betrifft, kann insoweit auch ein Ausschluss aus der öffentlichen Entsorgung nicht zulässig sein. Für die Phasen des Sortierens und Verwertens kommt dagegen ein Ausschluss aus der öffentlichen Entsorgung mit der Folge in Betracht, dass die Rücknahmepflichtigen für diese Aufgaben verantwortlich sind.

109 § 20 Abs. 3 Satz 1 sieht einen Ausschluss aus der öffentlichen Entsorgung nur bei Rücknahmepflichten aufgrund einer nach § 25 erlassenen Rechtsverordnung, nicht jedoch bei **Rückgabepflichten** vor. Das ist unschädlich, weil die Anordnung von Rückgabepflichten stets mit entsprechenden Rücknahmepflichten korrespondiert. Denn eine Rückgabeverpflichtung ohne eine solche entsprechende Rücknahmeverpflichtung macht keinen Sinn.

III. Ausschluss von Abfällen zur Beseitigung aus anderen Herkunftsbereichen (Abs. 3 Satz 2)

110 Nach § 20 Abs. 3 Satz 2 können aus der Entsorgung auch Abfälle zur Beseitigung aus anderen Herkunftsbereichen als privaten Haushaltungen ausgeschlossen werden, soweit diese nach Art, Menge oder Beschaffenheit nicht mit den in den Haushaltungen anfallenden Abfällen entsorgt werden können oder die Sicherheit der umweltverträglichen Beseitigung im Einklang mit den Abfallwirtschaftsplänen der Länder durch einen anderen Entsorgungsträger oder Dritten gewährleistet ist.

111 Die Ausschlussmöglichkeiten des § 20 Abs. 3 Satz 2 beschränken sich auf Abfälle aus anderen Herkunftsbereichen als privaten Haushaltungen. Daraus folgt, dass ein Ausschluss von Haushaltsabfällen – abgesehen von dem Fall des § 20 Abs. 3 Satz 1 – nicht zulässig ist. Damit haben die öffentlich-rechtlichen Entsorgungsträger alle Fraktionen des Hausmülls, auch die schadstoffbelasteten Anteile, insgesamt zu entsorgen und die dafür notwendigen Einrichtungen bereit zu stellen. Selbstverständlich können sie sich dabei der Hilfe Dritter auf der Grundlage des § 22 bedienen oder die Aufgabe in Kooperation mit anderen öffentlich-rechtlichen Entsorgungsträgern erledigen (*Schink* in Schink/Versteyl, KrWG, 2016, § 20 Rn. 72).

112 Da § 20 Abs. 1 Satz 1 die Entsorgungspflicht für Abfälle aus anderen Herkunftsbereichen auf solche zur Beseitigung beschränkt, besteht für Abfälle zur Verwertung aus anderen Herkunftsbereichen keine Ausschlussmöglichkeit (a. A. *Schomerus* in Versteyl/Mann/Schomerus, KrWG, 2019, § 20 Rn. 18). Das ist auch nicht erforderlich, weil es sich bei Abfällen, die dem öffentlich-rechtlichen Entsorgungsträger überlassen werden, nach der – insoweit allerdings hinterfragungsbedürftigen Rechtsprechung des Bundesverwaltungsgerichts – stets um Abfälle zur Beseitigung handelt. Überlässt der Abfallbesitzer verwertbare Abfälle aus sonstigen Herkunftsbereichen dem öffentlich-rechtlichen Entsorgungsträger, handelt es sich im Zeitpunkt der Überlassung auch bei Verwertbarkeit dieser Abfälle nach dieser Rechtsprechung um Abfälle zur Beseitigung. Eine Verwertungsmöglichkeit, die sich erst einem späteren Abfallbesitzer eröffnet und ggf. von ihm auch genutzt wird, erlaubt noch nicht den Rückschluss, dass beim Abfallerzeuger oder vorherigen Abfallbesitzer kein Beseitigungsabfall vorhanden war. Entledigt sich der Abfallbesitzer seines Abfalls dadurch, dass er ihn dem örtlich zuständigen öffentlich-rechtlichen Entsorgungsträger überlässt, ist spätestens mit der Bereitstellung zur Verbringung bei ihm Abfall zur Beseitigung angefallen (*BVerwG* Beschl. v. 23.4.2008 – 9 BN 4/07, juris Rn. 12). Der öffentlich-rechtliche Entsorgungsträger kann insoweit die Annahme des Abfalls nicht unter Verweis auf eine bestehende Verwertungsmöglichkeit ablehnen (a. A. *Schomerus* in: Versteyl/Mann/Schomerus, KrWG, 2019, § 20 Rn. 18).

Eine andere Frage ist es allerdings, ob die zuständige Überwachungsbehörde den Besitzer von Abfällen aus sonstigen Herkunftsbereichen verpflichten kann, seiner Verwertungspflicht nach § 7 Abs. 2 S. 1 nachzukommen. Das hängt davon ab, ob der Abfallbesitzer ein Wahlrecht zwischen der Möglichkeit einer Verwertung und der Beseitigung seines Abfalls hat. Für die Besitzer von Haushaltsabfällen, deren Abfälle allerdings aus der öffentlichen Entsorgung nicht nach § 20 Abs. 3 S. 2 ausgeschlossen werden können, ergibt sich ein solches Wahlrecht aus § 17 Abs. 1 S. 1. Denn danach kommt es unter anderem hinsichtlich des Umfangs der Überlassungspflicht darauf an, ob er eine Verwertung seiner Abfälle auf den von ihm im Rahmen seiner privaten Lebensführung genutzten Grundstücken beabsichtigt. Da die Überlassungspflicht unter anderem von der Verwertungsabsicht des Abfallbesitzers abhängt, hat der Abfallbesitzer insoweit die Wahl zwischen der Überlassung und – unter Beachtung der gesetzlichen Voraussetzungen dafür – der Eigenverwertung. Ein solches Wahlrecht besteht allerdings für den Besitzer von Abfällen aus sonstigen Herkunftsbereichen nicht. Der Gesetzgeber hat für die Besitzer von Abfällen aus sonstigen Herkunftsbereichen keinen Grundsatz freiwilliger Inanspruchnahme kommunaler Entsorgungseinrichtungen aufgestellt und dem Abfallerzeuger die Überlassung der Abfälle bis zum Erlass einer Ordnungsverfügung nicht freigestellt (*BVerwG* Urt. v. 1.12.2005 – 10 C 4/04, juris Rn. 15). Besteht keine Verwertungspflicht, haben die Abfallbesitzer jedoch einen Überlassungsanspruch. Der öffentlich-rechtliche Entsorgungsträger ist zur Entsorgung verpflichtet. In der Hand der Abfallbesitzer handelt es sich bei einer fehlenden Verwertungsabsicht und Verwertungspflicht um Abfälle zur Beseitigung, für die die Ausschlussmöglichkeiten des § 20 Abs. 3 gelten. **113**

Auch ein Ausschluss des sog. **„wilden Mülls“,** der auf allgemein zugänglichen Grundstücken abgelagert wird und insoweit keinen Besitzer hat, ist nicht zulässig. Zweck des Ausschlusses ist es nämlich, dem Abfallerzeuger oder Abfallbesitzer das Überlassungsrecht zu nehmen und seine Entsorgungspflicht zu aktualisieren. Das ist jedoch für den wilden Müll gerade nicht möglich, da es insoweit keinen Abfallbesitzer gibt. Im Übrigen obliegt die Entsorgung dieses wilden Mülls den öffentlich-rechtlichen Entsorgungsträgern kraft Landesrechts (siehe dazu im Einzelnen *Schink* in Schink/Versteyl, KrWG, 2016, § 20 Rn. 59). **114**

§ 20 Absatz 3 S. 2 eröffnet zwei verschiedene Ausschlussmöglichkeiten. Ein Ausschluss ist zulässig, wenn Abfälle nach Art, Menge oder Beschaffenheit nicht mit Haushaltsabfällen beseitigt werden können oder wenn eine sichere, umweltverträgliche Beseitigung durch einen anderen Entsorgungsträger oder Dritten gewährleistet ist (siehe dazu *Dippel* in BeckOK Umweltrecht § 20 KrWG Rn. 27; *Schomerus* in Versteyl/Mann/Schomerus, KrWG, 2019, § 20 Rn. 19; a.A *Kloepfer* Umweltrecht, 2016, Rn. 444, wonach die genannten Tatbestandsmerkmale nur kumulativ zu einer einzigen Ausschlussmöglichkeit verhelfen sollen). **115**

116 **1. Ausschluss wegen Art, Menge und Beschaffenheit der Abfälle (1. Alt.).** Für den Ausschluss nach § 20 Abs. 3 Satz 2 1. Alt. reicht es aus, wenn eines der dort genannten Kriterien – Art, Menge oder Beschaffenheit – erfüllt ist. Die Frage, ob bestimmte Abfälle nach Art, Menge oder Beschaffenheit nicht mit den in Haushaltungen anfallenden Abfällen beseitigt werden können, lässt sich kaum abstrakt auf der Grundlage allgemeiner Aussagen beantworten. Vielmehr ist eine Entscheidung unter Berücksichtigung der Verhältnisse in dem Einzelfall vor Ort notwendig. Es kommt insoweit auf konkrete örtliche Entsorgungsstrukturen, auf vorhandene Deponie- oder Verbrennungskapazitäten etc. an. Zu berücksichtigen ist dabei insbesondere, für welche Abfälle die Entsorgungsanlagen des öffentlich-rechtlichen Entsorgungsträgers zugelassen sind. Da der öffentlich-rechtliche Entsorgungsträger verpflichtet ist, die notwendigen **Entsorgungskapazitäten** entweder durch eigene Anlagen oder in Kooperation mit anderen öffentlich-rechtlichen Entsorgungsträgern oder durch beauftragte Dritte bereitzustellen, können reine Praktikabilitäts- und Rentabilitätserwägungen einen Ausschluss nicht rechtfertigen. Nicht zuletzt ist auch insoweit zu bedenken, dass die öffentlich-rechtlichen Entsorgungsträger ihre notwendigen Entsorgungseinrichtungen durch **Abfallgebühren** finanzieren können. Für die Frage nach der Zulässigkeit eines Ausschlusses sind daneben auch die **Abfallwirtschaftspläne** von Bedeutung, wenn sie den öffentlich-rechtlichen Entsorgungsträgern vorschreiben, dass sie bestimmte Anlagen für bestimmte Abfälle zu errichten und zu betreiben haben. In dem Maße, in dem sie auf der Grundlage verbindlicher Abfallwirtschaftspläne zur Errichtung und zum Betrieb bestimmter Anlagen verpflichtet sind, kommt ein Ausschluss der dafür vorgesehenen Abfälle nicht in Betracht.

117 Ein Ausschluss von Abfällen wegen ihrer **Menge** ist z. B. dann möglich, wenn bestimmte Abfallerzeuger dem öffentlich-rechtlichen Entsorgungsträger derart große Mengen überlassen wollen, dass die vorhandenen und geplanten Deponie- oder Verbrennungskapazitäten in kurzer Zeit erschöpft wären. Auch insoweit ist allerdings die mangelnde Behandlungskapazität generell noch kein Grund für einen Entsorgungsausschluss. Denn der öffentlich-rechtliche Entsorgungsträger ist verpflichtet, sich die notwendigen Kapazitäten zu schaffen. Den Ausschluss von unbehandeltem **Bauschutt** aus der öffentlichen Entsorgung hat das *BVerwG* wegen der besonderen Menge dieser Abfälle für die Phasen des Einsammelns und Beförderns für zulässig gehalten, weil es sich aus Sicht der öffentlich-rechtlichen Entsorgungsträger geradezu aufdränge, den Transport von Bauschutt von der Hausmüllabfuhr zu trennen. Die Einrichtungen, die der Hausmüllabfuhr dienten, könnten nämlich für Bauschutt gerade nicht genutzt werden. Dieser Abfall falle zumeist punktuell und dann auch noch in großen Mengen an. Demgegenüber seien die Sammelsysteme für private Haushaltungen auf die regelmäßige Abfuhr begrenzter Mengen von Abfällen aus Haushaltungen eingerichtet (*BVerwG* Beschl. v. 13.9.1989, UPR 1990, 63, 64). Ob dagegen auch ein Ausschluss des Bauschutts aus der öffentlichen Entsorgung hinsichtlich der Beseitigung dieser Abfälle zulässig ist, ist fraglich. Denn regelmäßig jedenfalls kann Bauschutt auch mit aus Haushaltungen stammenden Abfällen gemeinsam beseitigt werden. Etwas anderes kann für den bereits erwähnten Fall gelten, dass angesichts besonders großer Mengen einzelner Abfallerzeuger Entsorgungsengpässe drohen.

118 Wegen ihrer **Beschaffenheit** können Abfälle von der öffentlichen Entsorgung ausgeschlossen werden, wenn sie etwa wegen ihrer besonderen Form oder ihres Aggregatzustandes oder ihrer Vermischung mit anderen Stoffen nicht gemeinsam mit in Haushaltungen anfallenden Abfällen entsorgt werden können. Dass die Abfälle vor ihrer Ablagerung einer **Vorbehandlung** bedürfen, ist für sich genommen kein Grund, diese Abfälle aus der öffentlichen Entsorgung auszuschließen, zumal eine solche Vorbehandlung grundsätzlich für alle Abfälle vor ihrer Ablagerung notwendig ist. Allerdings kann sich

aus der besonderen Beschaffenheit bestimmter Abfälle ergeben, dass diese einer spezifischen Vorbehandlung unterzogen werden müssen, die von dem öffentlich-rechtlichen Entsorgungsträger nicht geleistet werden kann. Insoweit kommt wiederum auch ein Teilausschluss aus der öffentlichen Entsorgung in Betracht, der sich entweder auf die entsprechende Vorbehandlung bezieht oder aber auch nur die Phasen des Einsammelns und Beförderns erfasst.

2. Ausschluss bei Beseitigung durch private Entsorgungsträger oder Dritte (2. Alt.). Nach § 20 Abs. 3 Satz 2 2. Alt. können Abfälle zur Beseitigung aus anderen Herkunftsbereichen als privaten Haushaltungen auch dann ausgeschlossen werden, wenn die Sicherheit der umweltverträglichen Beseitigung im Einklang mit den **Abfallwirtschaftsplänen** der Länder durch einen anderen Entsorgungsträger oder Dritten gewährleistet ist. Die Regelung dient dazu, bereits vorhandene Entsorgungsinfrastrukturen von privaten Entsorgungsträgern oder Dritten möglichst optimal zu nutzen und auszulasten und damit zugleich dem öffentlich-rechtlichen Entsorgungsträger die Möglichkeit einzuräumen, angesichts dieser bereits vorhandenen Entsorgungsinfrastrukturen von der Schaffung eigener Kapazitäten und Anlagen abzusehen. Ein solcher Ausschluss kommt z. B. in Betracht, wenn von den Ländern auf der Grundlage des § 17 Abs. 4 Satz 1 in zulässiger Weise eine **Andienungs**- oder Überlassungspflicht für gefährliche Abfälle zur Beseitigung zu einer zentralen Einrichtung bestimmt worden ist. Eine solche Andienungspflicht ist aber nicht Voraussetzung für einen Ausschluss aus der Entsorgung der öffentlichen Entsorgungsträger, weil auch leistungsfähige Entsorgungsunternehmen der Privatwirtschaft als Dritte im Sinne dieser Regelung in Betracht kommen. **119**

Der Ausschluss nach § 20 Abs. 3 Satz 2 2. Alt. setzt im Übrigen voraus, dass die Sicherheit der umweltverträglichen Abfallbeseitigung im Einklang mit den Abfallwirtschaftsplänen der Länder gewährleistet ist. Entscheidend ist insoweit nicht, ob ein solcher Abfallwirtschaftsplan dem beabsichtigten Ausschluss entgegensteht. Vielmehr muss die anderweitige Entsorgung, die mit dem Ausschluss aus der Entsorgung inhaltlich mit dem Abfallentsorgungsplan übereinstimmen. Das ist natürlich insbesondere dann der Fall, wenn der Abfallwirtschaftsplan die Entsorgung auf der Grundlage der anderweitigen Entsorgungsmöglichkeit ausdrücklich vorsieht. Nicht entscheidend ist im Übrigen, ob der Abfallwirtschaftsplan nach § 30 Abs. 4 für verbindlich erklärt worden ist. **120**

IV. Widerruf des Entsorgungsausschlusses (Abs. 3 Satz 3)

Nach § 20 Abs. 3 Satz 3 können die öffentlich-rechtlichen Entsorgungsträger den Ausschluss von der Entsorgung nach § 20 Abs. 3 Satz 1 und 2 mit Zustimmung der zuständigen Behörde widerrufen, soweit die dort genannten Voraussetzungen für einen Ausschluss nicht mehr vorliegen. Der Ausschluss entfällt nicht automatisch mit Wegfall seiner Voraussetzungen (*Schomerus* in Versteyl/Mann/Schomerus, KrWG, 2019, § 20 Rn. 21). § 20 Abs. 3 Satz 2 regelt einen gegenüber § 49 Abs. 2 Nr. 1 und 3 VwVfG spezielleren Widerrufsgrund. Das bedeutet aber auch, dass die Behörde nicht gehindert ist, nach § 49 Abs. 2 Nr. 2 VwVfG bei Missachtung von Auflagen den Widerruf zu erklären. Die Form des Widerrufs richtet sich grundsätzlich nach der für den Ausschluss gewählten Form (*Schomerus* in Versteyl/Mann/Schomerus, KrWG, 2019, § 20 Rn. 21). **121**

Ob und inwieweit daneben ein Widerruf nach den anderen Bestimmungen des § 49 VwVfG zulässig ist, ist fraglich. Unstreitig ist, dass die Rücknahme nach § 48 VwVfG neben der Widerrufsmöglichkeit nach § 20 Abs. 2 Satz 3 möglich bleibt, wenn der Ausschluss von Anfang an rechtswidrig war. **122**

123 Der Widerruf nach § 20 Abs. 3 Satz 3 steht, wenn die entsprechenden Voraussetzungen vorliegen, im **Ermessen** des öffentlich-rechtlichen Entsorgungsträgers. Dabei sind auch die Belange der Abfallerzeuger und Abfallbesitzer zu berücksichtigen, die gerade wegen des Ausschlusses auch zur öffentlichen Entsorgung Investitionen für eigene Entsorgungsanlagen treffen mussten. Allerdings steht dem Widerruf des Entsorgungsausschlusses nicht entgegen, dass die Beseitigung damit für Abfallerzeuger und Abfallbesitzer teurer werden kann. Im Übrigen ist der Entscheidungsfreiraum für Ermessenserwägungen beim Widerruf begrenzt. Denn wenn etwa die Sicherheit der umweltverträglichen Beseitigung durch einen anderen Entsorgungsträger oder Dritten nicht mehr gewährleistet ist, dann muss der öffentlich-rechtliche Entsorgungsträger aktiv werden. Etwas anderes mag dann gelten, wenn sich die Situation insoweit geändert hat, als dem öffentlichrechtlichen Entsorgungsträger nunmehr eigene Anlagenkapazitäten und Entsorgungstechniken zur Verfügung stehen. Dann mag er im Rahmen seines Ermessens darüber entscheiden, wann und zu welchem Zeitpunkt er diese Anlagenkapazitäten auch für die bislang ausgeschlossenen Abfälle nutzt.

E. Entsorgungspflicht für Kraftfahrzeuge (Abs. 4)

124 Nach § 20 Abs. 4 gelten die Entsorgungspflichten nach § 20 Abs. 1 auch für Kraftfahrzeuge oder Anhänger ohne gültige amtliche Kennzeichen, wenn diese auf öffentlichen Flächen oder außerhalb im Zusammenhang bebauter Ortsteile abgestellt sind, keine Anhaltspunkte für deren Entwendung oder bestimmungsgemäße Nutzung bestehen sowie sie nicht innerhalb eines Monats nach einer am Fahrzeug angebrachten, deutlich sichtbaren Aufforderung entfernt worden sind (ausführlicher dazu *Stollenwerk* UPR 2019, 501).

125 Form und Inhalt der Beseitigungsaufforderung sind in § 20 Abs. 4 nicht geregelt. Die Aufforderung muss, damit die Monatsfrist in Lauf gesetzt werden kann, den Zeitpunkt der Anbringung angeben. Sie muss auch dauerhaft angebracht sein. Fällt sie vor Ablauf des Monats ab oder wird sie von einem Dritten entfernt, muss die Frist durch einen neuen Aufkleber wieder in Gang gesetzt werden. Wird der Aufkleber dagegen durch den Besitzer des Fahrzeugs entfernt, läuft die Frist weiter. Meldet sich der Besitzer innerhalb der Monatsfrist oder wird seine Person der Behörde innerhalb der Frist bekannt, treten die Rechtsfolgen des § 20 Abs. 3 nicht ein. Vielmehr muss dann eine Beseitigungsverfügung nach allgemeinem, Recht ergehen.

126 Bei der Aufforderung zum Entfernen des Fahrzeugs handelt es sich um eine Vollzugsvoraussetzung; der Vollzug der Entsorgungspflicht ist daher bis zum Ablauf der Monatsfrist ausgesetzt. Die Aufforderung zum Entfernen soll auch eine „gewisse indizielle Bedeutung" für die strafrechtliche Bewertung des Abstellens fahruntüchtiger kennzeichenloser Kraftfahrzeuge oder Anhänger auf öffentlichen Flächen nach § 326 StGB haben (*Dippel* in BeckOK Umweltrecht, § 20 KrWG Rn. 37).

127 Die Regelung enthält eine gesetzliche Vermutung dafür, dass die Voraussetzungen des Abfallbegriffs bei derart abgestellten Kraftfahrzeugen oder Anhängern vorliegen. Die Vorschrift schafft einen Vermutungstatbestand, der entkräftet werden kann. Außerdem hat die Behörde einen sichtbaren Hinweis am Kfz anzubringen. Liegen die Voraussetzungen des § 20 nicht vor, tritt daher auch kein abweichend von § 5 geregeltes Ende der Abfalleigenschaft ein, sondern die in § 20 Abs. 3 angeordnete Vollzugsaussetzung (*Schomerus* in Versteyl/Mann/Schomerus, KrWG, 2019, § 20 Rn. 23) wird aufgehoben.

128 Mit den strengen Voraussetzungen für die Entsorgungsverpflichtung nach § 20 Abs. 4 stellt der Gesetzgeber sicher, dass es sich bei abgestellten Fahrzeugen um Abfall handelt, so dass die gesetzliche Vermutung auch gerechtfertigt ist. Das bedeutet allerdings nicht, dass abgestellte Fahrzeuge, die diese Anforderungen nicht erfüllen, im Einzelfall nicht ebenfalls als Abfall zu entsorgen sind. Vielmehr kann sich im Einzelfall erweisen, dass je nach Zustand des Fahrzeuges, seinem Standort und dem Gefährdungspotential seine Einordnung als Abfall im Sinne von § 3 Abs. 3 Satz 1 Nr. 2, Abs. 4 gerechtfertigt ist, ohne dass alle Voraussetzungen des § 20 Abs. 4 vorliegen.

Entscheidet sich die Behörde zum Einschreiten gestützt auf § 20 kann sie nicht während des Verfahrens auf den Abfallbegriff des § 3 zurückgreifen, da sie sich insoweit in Widerspruch zu ihrem eigenen Verhalten setzen würde. Die Behörde muss im Vorfeld abschätzen, ob sie auf die Vermutungsregel des § 20 Abs. 4 zurückgreift oder ob die Voraussetzungen des Abfallbegriffs nach § 3 unzweideutig vorliegen. **129**

Der Begriff „Kraftfahrzeug" ist in § 1 Abs. 2 StVG definiert. Kraftfahrzeuge sind danach mit Maschinenkraft bewegte, nicht schienengebundene Landfahrzeuge. Der Begriff „Anhänger" ist nicht legaldefiniert. Nach der insoweit einschlägigen DIN 70010 (Abschnitt 1 Nr. 21q) sind Anhänger Anhängerfahrzeuge, bei denen nach ihrer Bauart kein wesentlicher Teil ihres Gewichts und ihrer Last auf dem ziehenden Fahrzeug liegt. § 2 Nr. 2 der Verordnung über die Zulassung von Fahrzeugen zum Straßenverkehr (FZV) definiert Anhänger als zum Anhängen an ein Kraftfahrzeug bestimmte und geeignete Fahrzeuge. **130**

Nicht anwendbar ist § 20 Abs. 4, wenn das Kraftfahrzeug oder der Anhänger erkennbar zu einer Gerätehütte, Wohnung, Taubenschlag, Spielgerät etc. umfunktioniert worden ist (*Schomerus* in Versteyl/Mann/Schomerus, KrWG, 2019, § 20 Rn. 28). In diesen Fällen fehlt es an der bestimmungsgemäßen Nutzung als Transportmittel im Straßenverkehr. Ebenso wenig anwendbar ist die Regelung, wenn Anhaltspunkte für eine Entwendung vorliegen wie beispielsweise zerstörte Schlösser, Fenster, Zündkabeln etc. Die Gesamtwertung ist ausschlaggebend. **131**

Die Möglichkeit, nach anderen Vorschriften, etwa solchen des Straßenrechts, des Straßenverkehrsrechts oder des allgemeinen Polizei- und Ordnungsrechts vorzugehen, insbesondere nach § 3f der AltfahrzeugV, bleiben durch § 20 Abs. 3 unberührt. Diese Vorschriften ermächtigen grundsätzlich allerdings nur zur Entfernung und Sicherstellung, nicht jedoch zur Entsorgung des Fahrzeugs. Soweit im Straßenrecht von einer Verwertung die Rede ist, ist damit keine Abfallverwertung gemeint, sondern die Versteigerung oder freihändige Verkauf des Fahrzeugs. **132**

Wird ein Fahrzeug unter Missachtung der Voraussetzungen des § 20 Abs. 3 entsorgt, kann sich daraus ein **Amtshaftungsanspruch** ergeben. **133**

F. Fortgeltung der Befreiung bei Pflichtenübertragung

Nach § 72 Abs. 1 Satz 2 kann die zuständige Behörde bestehende Pflichtenübertragungen nach Maßgabe des § 13 Abs. 2 und der §§ 16–18 KrW-/AbfG verlängern. Gelten diese Pflichtenübertragungen fort, erlangt auch die Befreiung der öffentlich-rechtlichen Entsorgungsträger nach § 15 Abs. 2 KrW-/AbfG weiterhin ihre Geltung. Demnach sind die öffentlich-rechtlichen Entsorgungsträger von ihren Pflichten zur Entsorgung von Abfällen aus anderen Herkunftsbereichen als privaten Haushaltungen befreit, soweit Dritten oder privaten Entsorgungsträgern Pflichten zur Entsorgung nach § 16, 17 oder 18 KrW-/AbfG übertragen worden sind. **134**

Diese Pflichtenbefreiung des öffentlich-rechtlichen Entsorgungsträgers bei der Übertragung von Entsorgungspflichten auf die genannten Dritten oder privaten Entsorgungsträgern entspricht der Ausnahme von der Überlassungspflicht nach § 13 Abs. 2 KrW- **135**

AbfG, wonach die Überlassungspflicht gegenüber den öffentlich-rechtlichen Entsorgungsträgern ebenfalls nicht besteht, soweit Dritten oder privaten Entsorgungsträgern Pflichten zur Verwertung und Beseitigung nach §§ 16, 17 und 18 KrW-/AbfG übertragen worden sind.

136 Die Befreiung von den Entsorgungspflichten setzt eine Pflichtenübertragung nach §§ 16 Abs. 2, 17 Abs. 3 oder 18 Abs. 2 Satz 1 KrW-/AbfG voraus. Die Beauftragung eines Dritten nach § 16 Abs. 1 KrW-/AbfG, von Verbänden nach § 17 Abs. 1 KrW-/AbfG oder die Beauftragung von Einrichtungen der Selbstverwaltungskörperschaften der Wirtschaft führt dagegen nicht zu einer Pflichtenbefreiung.

137 Nach dem Wortlaut des § 15 Abs. 2 KrW-/AbfG kommt eine Pflichtenbefreiung der öffentlich-rechtlichen Entsorgungsträger nur für den Bereich der Abfälle aus anderen Herkunftsbereichen als privaten Haushaltungen in Betracht.

§ 21 Abfallwirtschaftskonzepte und Abfallbilanzen

Die öffentlich-rechtlichen Entsorgungsträger im Sinne des § 20 haben Abfallwirtschaftskonzepte und Abfallbilanzen über die Verwertung, insbesondere die Vorbereitung zur Wiederverwendung und das Recycling, und die Beseitigung der in ihrem Gebiet anfallenden und ihnen zu überlassenden Abfälle zu erstellen; dabei werden die betriebenen und geplanten Systeme zur Getrenntsammlung, insbesondere der in § 20 Absatz 2 genannten Abfallarten, gesondert dargestellt. In den Abfallwirtschaftskonzepten und Abfallbilanzen sind zudem die getroffenen Maßnahmen zur Abfallvermeidung darzustellen. Bei der Fortentwicklung von Abfallvermeidungsmaßnahmen sind die Maßnahmen des Abfallvermeidungsprogramms nach § 33 zu berücksichtigen. Die Anforderungen an Abfallwirtschaftskonzepte und Abfallbilanzen richten sich nach Landesrecht.

Schrifttum: *Appold/Beckmann,* Ziele und rechtliche Instrumente der integrierten Abfallwirtschaft, VerwArch. 1990, 305 ff.; *Beckmann,* Umweltverträglichkeitsprüfung im Abfallrecht, in: Die Umweltverträglichkeitsprüfung. Neuregelung, Entwicklungstendenzen (Erbguth, Hrsg.), Tagungsband, 2003, S. 121 ff.; *Beckmann,* Abfallwirtschaftsplanung als Instrument zur Umsetzung der TA Siedlungsabfall, DVBl. 1997, 216 ff.; *Frenz,* Abfallwirtschaftspläne und Umweltverbandsklagen, NuR 2013, 105 *Kersting,* Die Wechselwirkungen zwischen Abfallwirtschaftsplan und Abfallwirtschaftskonzept, NWVB. 1999, 161; *Klein,* Betriebliche Abfallwirtschaftskonzepte und Abfallbilanzen nach der Reform, AbfallR 2005, 257; *Krüger,* Abfallwirtschaftskonzepte und -bilanzen, in: 4. Kölner Abfalltage, KrW-/AbfG, Materialien zur Veranstaltung in Köln am 14./15.11.1995, S. 233 ff.; *Schink.* Kommunale Abfallwirtschaftskonzepte, WuR 1990, S. 142 ff.; *Schink/Schmeken/Schwade,* Kommentar zum Abfallgesetz NW, 2. Aufl. 1996, §§ 5a–b; *Schomerus/Herrmann-Reichold/Stropahl,* Abfallvermeidungsprogramme im neuen Kreislaufwirtschaftsgesetz – ein Beitrag zum Ressourcenschutz?, ZUR 2011, 507; *Spoerr,* Abfallwirtschaftskonzepte und Abfallbilanzen, in: Auswirkungen des Kreislaufwirtschafts- und Abfallgesetzes auf die öffentlichen Entsorgungsträger (Hrsg.: *Hoppe/Bauer/Faber/Schink*), Köln 1996, S. 143 ff.

Übersicht

A. Allgemeines

1 § 21 regelt die Pflichten öffentlich-rechtlicher Entsorgungsträger zur Erstellung von Abfallwirtschaftskonzepten und Abfallbilanzen. Die Vorschrift entspricht im Wesentlichen der Vorgängerbestimmung des § 19 KrW-/AbfG. Satz 1 betont, dass die Abfallwirt-

schaftskonzepte und Abfallbilanzen sich entsprechend der neuen Abfallhierarchie des § 6 insbesondere auch auf Maßnahmen zur Vorbereitung zur Wiederverwendung und des Recyclings beziehen sollen.

2 § 21 wurde im Rahmen der **Gesetzesnovelle 2020** geändert. Die bisherige Regelung wurde dahingehend ergänzt, dass auch die betriebenen und geplanten Systeme zur Getrenntsammlung, insbesondere der in § 20 Abs. 2 genannten Abfallarten, gesondert darzustellen sind. In der Gesetzesbegründung (BT-Drs. 19/19373, S. 55) wird dazu erläutert, da die Getrenntsammlungssysteme für die Vorbereitung zur Wiederverwendung und das Recycling eine dienende Funktion hätten; die Neuregelung sei klarstellender Natur und schaffe eine höhere Transparenz für den Stand und die Perspektiven der kommunalen Abfallentsorgung. Ganz überwiegend würden die getrennt gesammelten Abfälle bei den kommunalen Abfallbilanzen bereits gesondert dargestellt. Im Rahmen der Abfallwirtschaftskonzepte werde es künftig notwendig, gerade die Fälle, in denen ganz oder teilweise von Ausnahmen von der Getrenntsammlungspflicht Gebrauch gemacht werde, besonders darzustellen. Zudem hätten die öffentlich-rechtlichen Entsorgungsträger in den Abfallwirtschaftskonzepten und Abfallbilanzen künftig auch die getroffenen Abfallvermeidungsmaßnahmen darzustellen. Bei der Weiterentwicklung der Abfallvermeidungsmaßnahmen hätten sie die im Abfallvermeidungsprogramm nach § 33 festgelegten Abfallvermeidungsmaßnahmen zu berücksichtigen. Hinsichtlich der genauen Anforderungen bleibe es aber dabei, dass diese durch Landesrecht festgelegt würden. Dabei korrespondiere § 21 mit der für die Länder geltenden Pflicht zur Aufstellung für Abfallwirtschaftskonzepte und unterstütze diese. Nach § 30 Abs. 6 Nr. 5a) hätten die Länder eine Beurteilung der bestehenden Abfallsammelsysteme, einschließlich der Abfälle, die getrennt gesammelt werden, der geografischen Gebiete, in denen die getrennte Sammlung erfolge, und der Maßnahmen zur Verbesserung der getrennten Sammlung zu erstellen; sofern keine getrennte Sammlung stattfinde, seien die Voraussetzungen des § 9 Abs. 3 darzulegen (BT-Drs. 19/19373, S. 55).

3 Mit den Gesetzesänderungen im Rahmen der Gesetzesnovelle 2020 nimmt der Bundesgesetzgeber einen konkreteren Einfluss auf den **Mindestinhalt** der Abfallwirtschaftskonzepte und Abfallbilanzen. Bislang hatte er sich im Wesentlichen darauf beschränkt, eine Pflicht der öffentlich-rechtlichen Entsorgungsträger, Abfallwirtschaftskonzepte und Abfallbilanzen zu erstellen, zu regeln, die inhaltliche Ausgestaltung hatte er in der Vergangenheit den Ländern überlassen und sich auf die lediglich „grobe Vorgabe" beschränkt, dass die Abfallwirtschaftskonzepte und Abfallbilanzen die Verwertung, insbesondere die Vorbereitung zur Wiederverwertung und des Recyclings und die Beseitigung von den Abfällen, die in ihrem Gebiet angefallenen und ihnen zu überlassen sind, zum Gegenstand haben müssen (*Kahle* in Schmehl/Klement, KrWG, 2019, § 21 Rn. 10; *Schink* in Schink/Versteyl, KrWG, 2016, § 21 Rn. 14).

I. Zweck der Vorschrift

4 Die Verpflichtung zur Erstellung von Abfallwirtschaftskonzepten und Abfallbilanzen dient entsprechend der Zielsetzung des Gesetzes dazu, die Kreislaufwirtschaft zur Schonung der natürlichen Ressourcen zu fördern und den Schutz von Mensch und Umwelt weniger bei der Erzeugung, mehr aber bei der Bewirtschaftung von Abfällen sicherzustellen. Auf der Basis bundeseinheitlicher Rahmenvorgaben sollen ausweislich der Gesetzesbegründung positive Veränderungen hin zur weiteren Vermeidung von Abfällen ausgelöst sowie die notwendigen Vorarbeiten zur Sicherung der Entsorgung gewährleistet werden (vgl. Gesetzesbegründung zu § 17 KrW-/AbfG, BT-Drs. 12/5672, S. 46).

Ob und inwieweit mit der Aufstellung von Abfallwirtschaftskonzepten der öffentlich-rechtlichen Entsorgungsträger tatsächlich effektive Schritte zu einer stärkeren Vermeidung von Abfällen gegangen werden können, erscheint jedoch zweifelhaft. Denn Aufgabe der öffentlich-rechtlichen Entsorgungsträger ist nach § 20 Abs. 1 die Entsorgung der in ihrem Gebiet (bereits) angefallenen und ihnen überlassenen Abfälle. Ihre Zuständigkeit setzt also erst ein, wenn und soweit der Abfallanfall nicht vermieden worden ist. **5**

Eine Vermeidungsmöglichkeit haben grundsätzlich allenfalls die Besitzer von Stoffen und Gegenständen bevor aufgrund eines Entledigungstatbestands des § 3 Abs. 1 Abfall anfällt. Für öffentlich-rechtliche Entsorgungsträger, denen Abfälle überlassen worden sind, stellt sich die Frage nach einer Abfallvermeidung am ehesten mit Blick darauf, dass nach § 3 Abs. 8 Nr. 2 auch durch eine Vorbehandlung, eine Mischung oder eine sonstige Behandlung, die eine Veränderung der Beschaffenheit oder der Zusammensetzung der Abfälle bewirken, ein neuer Abfall entstehen kann. Eine **Zweiterzeugung von Abfällen** aus der Behandlung von Abfällen, die dem öffentlich-rechtlichen Entsorgungsträger überlassen worden sind, kann von diesem möglicherweise vermieden werden. Ob das anstrebenswert ist, muss im Einzelfall geprüft werden. Soweit die Vorbehandlung, Mischung oder sonstige Behandlung durch den oder im Auftrage des öffentlichen Entsorgungsträgers dazu dient, die Abfälle möglichst hochwertig, schadlos und ordnungsgemäß zu verwerten, dürfte eine Vermeidung einer solchen Zweiterzeugung von Abfällen keinen Sinn machen. **6**

Das Abfallwirtschaftskonzept dient als **internes Planungsinstrument** des öffentlich-rechtlichen Entsorgungsträgers, die Abfallbilanz berichtet über die tatsächlich angefallenen Abfälle und deren Entsorgung. Die Abfallwirtschaftskonzepte und die Abfallbilanzen der öffentlich-rechtlichen Entsorgungsträger schaffen außerdem eine Grundlage für die Abfallwirtschaftsplanung der Länder (vgl. § 30 f.) und liefern somit einen wichtigen Beitrag zur Entsorgungssicherheit und für die Abfallwirtschaftsplanung (*Kahle* in Schmehl/Klement, KrWG, 2019, § 21 Rn. 1; *Schink* in Schink/Versteyl, KrWG, 2016, § 21 Rn. 18). **7**

Es dürfte auch nicht zu beanstanden sein, wenn ein Abfallwirtschaftskonzept, wie z. B. in Hamburg, nicht erstellt werden muss, wenn die notwendigen Angaben bereits im Abfallwirtschaftsplan enthalten sind, wenn also die Funktion des Abfallwirtschaftskonzepts von dem Abfallwirtschaftsplan unmittelbar mit übernommen wird. **8**

Abfallvermeidungsprogramme des Bundes und ggfls. der Länder, Abfallwirtschaftspläne der Länder und Abfallwirtschaftskonzepte der öffentlich-rechtlichen Entsorgungsträger sind Teil eines gestuften Planungsprozesses und insoweit aufeinander abzustimmen (*Kahle* in Schmehl/Klement, KrWG, 2019, § 21 Rn. 3). **9**

Bei der Beauftragung Dritter mit der Erfüllung von Entsorgungspflichten gem. § 22 bleibt die Pflicht zur Erstellung von Abfallwirtschaftskonzepten und Abfallbilanzen beim öffentlich-rechtlichen Entsorgungsträger (*Spoerr* in Jarass/Petersen, KrWG, 2014, § 21 Rn. 3). Natürlich kann sich der öffentlich-rechtliche Entsorgungsträger auch bei der Erstellung der Konzepte und der Bilanzen der Hilfe eines Dritten,insbesondere eines Entsorgungsunternehmens bedienen. **10**

II. Entstehungsgeschichte

Bundesrechtlich war die Erstellung von Abfallwirtschaftskonzepten vor Inkrafttreten des KrW-/AbfG im Jahre 1996 nicht vorgeschrieben. In den Landesabfallgesetzen waren Verpflichtungen zur Aufstellung von Abfallwirtschaftskonzepten der entsorgungspflichtigen Körperschaften und der Abfallerzeuger teilweise geregelt. Da sich diese landesrechtlichen Regelungen in der Vergangenheit bewährt hatten – insbesondere wurden das Kostenbewusstsein und der Vorsorgegedanke durch die Pflicht zur Erstellung von Abfallwirt- **11** schaftskonzepten gestärkt – hat der Bundesgesetzgeber zur Wahrung der Rechts- und Wirtschaftseinheit eine bundeseinheitliche Regelung verabschiedet und sich bei der Fassung des § 19 KrW-AbfG im Wesentlichen an den bestehenden landesrechtlichen Regelungen über Abfallwirtschaftskonzepte orientiert. Vorbildfunktion hatte insoweit wohl vor allem die nordrhein-westfälische Regelung. Die Verpflichtung zur Aufstellung von Abfallwirtschaftskonzepten, die sich bis zum Jahr 2006 ursprünglich auch an bestimmte private Abfallerzeuger und nicht nur an öffentlich-rechtliche Entsorgungsträger richtete, sollte nicht an eine immissionsschutzrechtliche Genehmigungsbedürftigkeit der Anlage geknüpft werden, sondern an das tatsächliche Abfallaufkommen, da diese Anknüpfung den Erfahrungen des Ländervollzugs entsprach (Gesetzesbegründung, BT-Drs. 12/5672, S. 70).

12 Der Gesetzgeber strich die Verpflichtung der Abfallerzeuger und Abfallbesitzer im Zusammenhang mit Überlegungen zum **Bürokratieabbau,** weil sich die erhofften Informationen durch die z. T. sehr unterschiedlich ausgestalteten Dokumente der Abfallerzeuger nicht einstellten und die gesetzlichen Vorgaben überdies zu starr gewesen waren (siehe auch *Schomerus* in Versteyl/Mann/Schomerus, KrWG, 2019, § 21 Rn. 2; *Queitsch* in BeckOK Umweltrecht, § 21 KrWG Rn. 1). Nunmehr unterstützen die Abfallbehörden, Kammern und Verbände die Unternehmen, die solche Konzepte und Bilanzen aufstellen, indem sie aufklären und diverse Hilfestellungen anbieten (vgl. die Gesetzesbegründung, BT-Drs. 16/400, S. 16).

13 Aus der AbfRRL ergibt sich keine unmittelbare Verpflichtung zur Erstellung von Abfallwirtschaftskonzepten und Abfallbilanzen. Nach Art. 28 Abs. 1 AbfRRL stellen die Mitgliedstaaten sicher, dass die zuständigen Behörden Abfallbewirtschaftungspläne aufstellen, die sich auf das gesamte Gebiet des Mitgliedstaats erstrecken. Zur Umsetzung dieser Planungsverpflichtung dient § 30. Es spricht viel dafür, dass die Umsetzung dieser Planungspflicht allein durch § 30 und nicht auf durch eine Verpflichtung zur Aufstellung von Abfallwirtschaftskonzepten geschieht (*Kahle* in Schmehl/Klement, KrWG, 2019, § 21 Rn. 4).

14 Ob Abfallwirtschaftskonzepte außerdem zur Abfallvermeidung und insbesondere bei der Aufstellung von Abfallvermeidungsprogrammen wirkungsvoll beitragen können (siehe dazu *Schomerus* in Versteyl/Mann/Schomerus, KrWG, 2019, § 21 Rn. 3), kann man trotz der Verpflichtung, in den Abfallwirtschaftskonzepten die getroffenen Maßnahmen zur Abfallvermeidung darzustellen und bei der Fortentwicklung von Abfallvermeidungsmaßnahmen die Maßnahmen des Abfallvermeidungsprogramms nach § 33 zu berücksichtigen, bezweifeln, weil die Abfallwirtschaftskonzepte sich auf die Verwertung und Beseitigung bereits angefallener, den öffentlich-rechtlichen Entsorgungsträgern zu überlassenden Abfälle beziehen, die insoweit nicht mehr zu vermeiden sind.

15 Zwar wird darauf hingewiesen, dass Abfallwirtschaftskonzepte und Abfallbilanzen inhaltlich nur für die Verwertung und Beseitigung von Abfällen gelten. Die Abfallvermeidung sei unmittelbar nicht deren Gegenstand, jedoch seien die Konzepte auch auf die Erfordernisse der Vermeidung als oberster Stufe der Abfallhierarchie nach § 6 Abs. 1 auszurichten (*Schomerus* in Versteyl/Mann/Schomerus, KrWG, 2019, § 21 Rn. 6). Wie allerdings öffentlich-rechtliche Entsorgungsträger, abgesehen von ihrer Beratungspflicht nach § 46, mit ihren Abfallwirtschaftskonzepten die Abfallvermeidung befördern sollen, bleibt noch unklar.

B. Überblick über den Regelungsinhalt

16 Zur Erstellung der Abfallwirtschaftskonzepte und Abfallbilanzen sind ausschließlich die öffentlich-rechtlichen Entsorgungsträger i. S. d. § 17 Abs. 1 S. 1 verpflichtet. Das sind die nach Landesrecht zur Entsorgung verpflichteten juristischen Personen (siehe zum Begriff der öffentlich-rechtlichen Entsorgungsträger die Kommentierung zu §§ 17, 20). Das Landesrecht sieht grundsätzlich vor, dass die Abfallwirtschaftskonzepte und die Abfallbilanzen öffentlich zugänglich gemacht werden. Während das Abfallwirtschaftskonzept einen Soll-Zustand beschreibt und dazu Planungsvorstellungen entwickelt, berichtet die Abfallbilanz über den aktuellen Ist-Zustand, d. h. über die Abfallströme nach Art, Menge und Verbleib der entsorgten Abfälle einschließlich deren Verwertung (*Queitsch* in BeckOK Umweltrecht, § 20 KrWG Rn. 4) und ist damit nicht zuletzt informatorische Grundlage für die regelmäßig notwendig werdende Fortentwicklung des Abfallwirtschaftskonzepts und der Abfallwirtschaftspläne.

I. Abfallwirtschaftskonzepte

1. Abfallwirtschaftskonzepte als Planungsentscheidungen. Bei den Abfallwirt- **17**
schaftskonzepten der öffentlich-rechtlichen Entsorgungsträger handelt es sich um kommunale Planungsentscheidungen. In ihnen werden Stand, Ziele und Entwicklung der öffentlichen Abfallentsorgung dargelegt. Nach der Rechtsprechung des *OVG Münster* sind die Abfallwirtschaftskonzepte des Landesrechts NRW ein eigenes **Planungsinstrument** der öffentlich-rechtlichen Entsorgungsträger, das als der Kern einer langfristigen, transparenten, bürgernahen und verantwortlichen kommunalen Daseinsvorsorge auf dem Gebiet der Abfallentsorgung anzusehen ist (*OVG Münster* Beschl. v. 16.3.1995, UPR 1995, 452 ff.; *Beckmann* DVBl. 1997, 216; *Spoerr* in Jarass/Petersen, KrWG, 2014, § 21 Rn 4). In den Landesgesetzen werden Abfallwirtschaftskonzepte zum Teil ausdrücklich als interne Planungsinstrumente bezeichnet (siehe z. B. § 16 Abs. 1 S. 1 LKreiWiG BW).

Dieser Einordnung als eigenverantwortliches Planungsinstrument entspricht es, dass die **18**
öffentlich-rechtlichen Entsorgungsträger bei der Aufstellung ihrer Abfallwirtschaftskonzepte an **Weisungen** der Aufsichtsbehörden nicht gebunden sind (*OVG NRW* Beschl. v. 16.3.1995, NVwZ-RR 1995, 502; *Schink* in Schink/Versteyl, KrWG, 2016, § 21 Rn. 27). Das gilt jedenfalls für öffentlich-rechtliche Entsorgungsträger, die sich auf das kommunale Selbstverwaltungsrecht berufen können. Denn Weisungen bei der Wahrnehmung von Selbstverwaltungsaufgaben durch die staatlichen Aufsichtsbehörden setzen eine gesetzliche Ermächtigung voraus. Sie wären aber auch auf der Grundlage einer solchen gesetzlichen Ermächtigung nur zulässig, wenn sie dazu dienen, eine rechtmäßige Aufgabenerfüllung einzufordern. Weisungen zur Zweckmäßigkeit, insbesondere zum Inhalt des Planungskonzepts, sind hingegen nicht zulässig bei der Wahrnehmung von Selbstverwaltungsaufgaben (*Schink* in Schink/Versteyl, KrWG, 2016, § 20 Rn. 23). Etwas anderes kann insoweit gelten, wenn der Landesgesetzgeber Aufgaben der Abfallentsorgung auf juristische Personen überträgt, bei denen es sich nicht um kommunale Selbstverwaltungskörperschaften handelt. Ein Teilentzug der Entsorgungsaufgaben ist mit dem Selbstverwaltungsrecht der Kommunen vereinbar.

Abfallwirtschaftskonzepte enthalten keine außenverbindlichen, für Abfallbesitzer und **19**
Abfallerzeuger zwingend zu beachtende Festsetzungen. Rechtliche Bedeutung erlangen die Abfallwirtschaftskonzepte nach der Rechtsprechung des *OVG Münster* aber nicht nur durch eine sich aus ihnen für die öffentlich-rechtlichen Entsorgungsträger ergebenden **Selbstbindung,** sondern vor allem dadurch, dass sie bei der Aufstellung der Abfallwirtschaftspläne zu berücksichtigen sind. Dadurch können sie mittelbar zu Bestandteilen der bundesrechtlich den Ländern auferlegten Abfallwirtschaftsplanung werden (siehe dazu *Schink* in Schink/Versteyl, KrWG, 2016, § 20 Rn. 5).

20 Bedeutung haben die Abfallwirtschaftskonzepte auch im Rahmen des **Leistungsvergleichs** nach § 17 Abs. 3 S. 4. Danach gelten die in § 17 Abs. 3 S. 3 Nr. 1 und 2 geregelten Fälle der Vermutung, dass eine wesentliche Beeinträchtigung der Planungssicherheit und Organisationsverantwortung des öffentlich-rechtlichen Entsorgungsträgers durch eine gewerbliche Sammlung von Abfällen zu befürchten ist, nicht, wenn die vom gewerblichen Sammler angebotene Sammlung und Verwertung der Abfälle wesentlich leistungsfähiger ist als die von dem öffentlich-rechtlichen Entsorgungsträger oder dem von ihm beauftragten Dritten bereits angebotene oder konkret geplante Leistung. Von einer konkreten Planung in diesem Sinne kann nur dann gesprochen werden, wenn das maßgebliche Abfallwirtschaftskonzept des öffentlich-rechtlichen Entsorgungsträgers zum Zeitpunkt der Anzeige der gewerblichen Sammlung konkrete Aussagen zur entsprechenden Sammlung des öffentlich-rechtlichen Entsorgungsträgers enthält. Denn das Abfallwirtschaftskonzept enthält die Darstellung der erforderlichen und geplanten Maßnahmen zur Vermeidung und Verwertung. Solange eine Getrenntsammlung in dem von dem zuständigen Kommunalverfassungsorgan beschlossenen Abfallwirtschaftskonzept nicht vorgesehen ist, kann nicht von einer konkreten Planung gesprochen werden. Für den öffentlich-rechtlichen Entsorgungsträger ist das eigene Konzept verbindlich, solange es nicht geändert wird.

21 Nicht zuletzt müssen Abfallwirtschaftskonzepte und Abfallbilanzen Maßnahmen der Abfallvermeidung darstellen und sind insoweit grundsätzlich auch für die Erstellung von **Abfallvermeidungsprogrammen** im Sinne von § 33 erheblich. Allerdings dürften die Möglichkeiten der öffentlich-rechtlichen Entsorgungsträger, Maßnahmen der Abfallvermeidung in ihren Abfallwirtschaftskonzepten zu planen, sehr begrenzt sein, weil sie definitionsgemäß nur für die Entsorgung der in ihrem Gebiet angefallenen und ihnen zu überlassenden Abfälle zuständig sind und daher auf den Abfallanfall im Sinne einer Vermeidung kaum Einfluss nehmen können. Ob und inwieweit öffentlich-rechtlichen Entsorgungsträgern über die in den §§ 17 Abs. 1, 20 Abs. 1 genannten Entsorgungspflichten hinaus Aufgaben im Rahmen der Kreislaufwirtschaft übertragen worden sind, ergibt sich aus dem jeweiligen Landesrecht, Soweit den öffentlich-rechtlichen Entsorgungsträgern dort z.B. Aufgaben im Zusammenhang mit der Vermeidung von Abfällen gesetzlich zugewiesen werden, handelt es sich allerdings funktionell nicht mehr um solche von öffentlich-rechtlichen Entsorgungsträgern, weil diese vom Bundesgesetzgeber als diejenigen juristischen Personen definiert werden, die zur Entsorgung der ihnen zu überlassenden Abfälle verpflichtet sind. Zur Abfallentsorgung im Sinne des Kreislaufwirtschaftsgesetzes gehören nach § 3 Abs. 22 aber nur Verwertungs- und Beseitigungsverfahren, einschließlich der Vorbereitung vor der Verwertung oder Beseitigung, nicht jedoch Maßnahmen der Abfallvermeidung. Das wird rechtssystematisch übersehen, wenn landesrechtlich (siehe z.B. § 5 Abs. 2 LAbfG NRW) bestimmt wird, dass die Entsorgungspflicht der öffentlich-rechtlichen Entsorgungsträger neben dem Einsammeln und Befördern der in ihrem Gebiet angefallenen und ihnen zu überlassenden Abfälle sich auch auf Maßnahmen zur Vermeidung von Abfällen erstreckt. Abfallvermeidung ist keine Abfallentsorgung. Aufgaben jenseits einer Entsorgungspflicht können den Kommunen landesrechtlich zugewiesen werden; es handelt sich insoweit aber nicht mehr um die Aufgabe eines öffentlich-rechtlichen Entsorgungsträgers. Nichts anderes gilt z.B. auch für die Aufgabenzuweisung des Art. 3 Abs. 4 S. 1 BayAbfG. Die entsorgungspflichtigen Körperschaften wirken danach in ihrem Zuständigkeitsbereich darauf hin, dass möglichst wenig Abfall entsteht. Nach Art 3 Abs. 4 S. 2 BayAbfG beraten sie Insbesondere die Abfallbesitzer über die Möglichkeiten zur Vermeidung und Verwertung von Abfällen. Damit beschreibt der Landesgesetzgeber Aufgaben einer entsorgungspflichtigen Körperschaft nach Landesrecht, nicht jedoch Aufgaben eines öffentlich-rechtlichen Entsorgungsträgers im Sinne von § 17 Abs. 1 S. 1.

Abfallwirtschaftskonzepte sind die untere Stufe der Abfallplanung der Länder, die allerdings einem eigenständigen und eigenverantwortlichen Planungsträger mit eigener Organisationshoheit, Planungshoheit, Gebietshoheit und Satzungsautonomie vorbehalten ist (*Spoerr* in Jarass/Petersen, KrWG, 2014, § 21 Rn. 4; *Schink* in Schink/Versteyl, KrWG, 2016, § 21 Rn. 6). Damit wird dem **Gegenstromprinzip** Rechnung getragen, das bei überörtlichen Fachplänen mit Raumbezug, wie sie Abfallwirtschaftspläne darstellen, gebietet, einerseits eine Ordnung des Gesamtraumes zu entwerfen und dabei andererseits die Gegebenheiten und Erfordernisse der Einzelräume und damit im vorliegenden Zusammenhang der öffentlich-rechtlichen Entsorgungsträger zu berücksichtigen. Über die Einbindung der öffentlich-rechtlichen Entsorgungsträger werden so die kommunalen Interessen und Belange bei der Aufstellung der staatlichen Abfallwirtschaftspläne berücksichtigt. § 30 Abs. 2 S. 2 schreibt dazu vor, dass bei der Aufstellung von Abfallwirtschaftsplänen – soweit dies zur Darstellung des Bedarfs erforderlich ist – die Abfallwirtschaftskonzepte und Abfallbilanzen der öffentlich-rechtlichen Entsorgungsträger auszuwerten sind. Nach § 31 Abs. 3 haben die öffentlich-rechtlichen Entsorgungsträger die von ihnen zu erstellenden und fortzuschreibenden Abfallwirtschaftskonzepte und Abfallbilanzen auf Verlangen der zuständigen Behörde zur Auswertung für die Abfallwirtschaftsplanung vorzulegen. **22**

Verlangt die Planaufstellungsbehörde die Vorlage des Abfallwirtschaftskonzepts oder der Abfallbilanzen nicht, kann der öffentlich-rechtliche Entsorgungsträger, der bei der Aufstellung und Fortschreibung des Abfallwirtschaftsplanung zu beteiligen ist, selbstverständlich auch unaufgefordert sein Abfallwirtschaftskonzept und seine Abfallbilanz mit der Forderung, diese bei der Planung zu berücksichtigen, vorlegen. **23**

Bei der Aufstellung eines Abfallwirtschaftskonzepts steht den öffentlichen Entsorgungsträgern nach der Rechtsprechung des *OVG Münster* wie bei jeder anderen Planung eine **planerische Gestaltungsfreiheit** zu, die nur in eingeschränktem Umfang rechtlichen Bindungen unterliegt, die sich entweder aus den besonderen gesetzlichen Planungsvorgaben oder aus allgemeinen Planungsanforderungen, namentlich den Erfordernissen des rechtsstaatlichen Abwägungsgebots ergeben können (*OVG Münster* Beschl. v. 16.3.1995, UPR 1995, 452, 453) unter Verweis auf *BVerwG* Beschl. v. 7.12.1988, UPR 1989, 184; allgemein zu den Anforderungen an eine abfallrechtliche Planung, *Dammert* Abfallentsorgungsplanung. Aufstellung, Inhalt und verwaltungsgerichtliche Kontrolle von Abfallentsorgungsplänen, 1991, S. 70 ff.). **24**

Natürlich wird diese planerische Gestaltungsfreiheit durch gesetzliche Vorgaben begrenzt, materiell-rechtlich insbesondere durch die §§ 6–8, 15, 16, aber auch durch untergesetzliche Regelungen, etwa den aufgrund des KrWG erlassenen Rechtsverordnungen und nicht zuletzt durch Vorgaben des § 21. Verfahrensrechtliche Anforderungen und auch materiell-rechtliche Anforderungen ergeben sich ergänzend aus dem Landesrecht. Bei der Aufstellung von Abfallwirtschaftskonzepten sind schließlich auch die staatlichen Abfallwirtschaftspläne zu berücksichtigen; soweit Ausweisungen dieser Pläne nach § 30 Abs. 4 für verbindlich erklärt werden, sind diese verbindlichen Ausweisungen nicht nur zu berücksichtigen, sondern im Maß ihrer Verbindlichkeit zu beachten (*Schink* in Schink/Versteyl, KrWG, 2016, § 21 Rn. 28). Zum Teil ist eine Pflicht zur Beachtung von Festsetzungen eines Abfallwirtschaftsplans landesrechtlich ausdrücklich vorgeschrieben (siehe z. B. § 16 Abs. 1 S. 2 LKreiWiG BW). **25**

Verfahrensrechtlich ist zu beachten, dass Abfallwirtschaftskonzepte nach Nr. 2.3 der Anlage 5 zum UVPG SUP-pflichtige Pläne sind. Bei der Fortschreibung der Abfallwirtschaftskonzepte ist daher nach § 35 Abs. 1 Nr. 2 UVPG eine **strategische Umweltprüfung** durchzuführen, wenn sie für Entscheidungen über die Zulässigkeit von in der Anl. 1 zum UVPG aufgeführten Vorhaben oder von Vorhaben, die nach Landesrecht **26** einer Umweltverträglichkeitsprüfung oder Vorprüfung des Einzelfalls bedürfen, einen Rahmen setzen.

27 **2. Inhalt der Abfallwirtschaftskonzepte.** § 21 regelt einige Mindestinhalte der Abfallwirtschaftskonzepte. Ergänzt und konkretisiert werden Vorgaben für den Inhalt eines Abfallwirtschaftskonzepts in den Landesabfallgesetzen.

28 Nach dem insoweit unmissverständlichen Wortlaut des § 21 S. 1 beziehen sich das Abfallwirtschaftskonzept und die Abfallbilanzen auf die ihm Gebiet des öffentlich-rechtlichen Entsorgungsträgers anfallenden und ihnen zu überlassenden Abfälle. Daraus folgt, dass das Abfallwirtschaftskonzept und auch die Abfallbilanz sich nicht auf sämtliche Abfälle zu beziehen haben, die in ihrem Gebiet anfallen. Der Gesetzgeber setzt vielmehr für die Einbeziehung von Abfällen in das Abfallwirtschaftskonzept zweierlei kumulativ voraus: Den Anfall der Abfälle im Gebiet des öffentlich-rechtlichen Entsorgungsträgers und eine Pflicht zur Überlassung dieser Abfälle an den öffentlich-rechtlichen Entsorgungsträger (a. A. *Schink* in Schink/Versteyl, KrWG, 2016, § 21 Rn. 25). Soweit die Ansicht vertreten wird, die Abfallwirtschaftskonzepte müssten sämtliche im Entsorgungsgebiet anfallenden Abfälle berücksichtigen, unabhängig davon, ob sie entsorgungspflichtig sind, überzeugt dies nicht. Besteht keine Überlassungspflicht, etwa weil die Abfälle aus der öffentlichen Entsorgung ausgeschlossen worden sind oder weil sie schon nach der gesetzlichen Regelung des § 17 Abs. 1 S. 2 nicht überlassungspflichtig sind, gibt es auch keine Verpflichtung zur Berücksichtigung solcher Abfälle im Abfallwirtschaftskonzept des öffentlich-rechtlichen Entsorgungsträgers. Das unterscheidet das Abfallwirtschaftskonzept von den Abfallwirtschaftsplänen, bei deren Aufstellung Abfälle unabhängig davon zu berücksichtigen sind, ob für sie eine Überlassungspflicht besteht.

29 Fraglich ist aber, ob eine Einbeziehung solcher Abfälle in das Abfallwirtschaftskonzept notwendig ist, für die zwar keine Überlassungspflicht, jedoch ein Überlassungsrecht der Abfallbesitzer besteht. Das betrifft für Abfälle, für die eine gesonderte Rücknahmepflicht, aber keine Rückgabepflicht besteht. Soweit Abfallbesitzer dementsprechend ein Wahlrecht besitzen, ob sie den Abfall an einen Hersteller oder Vertreiber im Rahmen der Produktverantwortung oder an einem Rücknahmesystemen zurückgeben oder aber dem öffentlich-rechtlich Entsorgungsträger überlassen, muss der öffentlich-rechtliche Entsorgungsträger nicht zuletzt auf Grundlage seiner Abfallbilanzen damit rechnen, dass ein Anteil dieser Abfälle nicht dem Rücknahmepflichtigen, sondern dem öffentlich-rechtlichen Entsorgungsträger überlassen wird. Insoweit muss sich auch das Abfallwirtschaftskonzept auf diese Abfälle erstrecken. Nichts anderes gilt für gewerbliche und gemeinnützige Sammlungen, soweit für diese Überlassungspflichten nach § 17 Abs. 2 S. 1 Nr. 3, 4 ausgeschlossen werden. Das Nichtbestehen der Überlassungspflicht für Abfälle, für die eine gewerbliche oder gemeinnützige Sammlung angezeigt worden ist, bedeutet nicht, dass die entstandenen Abfälle tatsächlich auch den gemeinnützigen oder gewerblichen Sammlungen überlassen werden. Dementsprechend muss auch insoweit das Abfallwirtschaftskonzept Abfälle berücksichtigen, die zwar nicht dem öffentlich-rechtlichen Entsorgungsträger überlassen werden müssen, die jedoch gleichwohl tatsächlich überlassen werden.

30 Schließlich sind auch Abfälle aus sonstigen Herkunftsbereiche zu berücksichtigen, die, weil sie verwertbar sind, nicht überlassen werden müssen, die jedoch, wenn es an einer konkreten Verwertungsabsicht fehlt, als Abfälle zur Beseitigung überlassungspflichtig sind.

31 **a) Vorbereitung der Wiederverwendung und Recycling.** Die Abfallwirtschaftskonzepte der öffentlich-rechtlichen Entsorgungsträger müssen sich auf sämtliche geplanten Maßnahmen der Verwertung und der Beseitigung der in ihrem Gebiet anfallenden und ihnen zu überlassenden Abfälle beziehen. Abfälle, die nicht in die Entsorgungspflicht

der öffentlich-rechtlichen Entsorgungsträger fallen, sind hingegen nicht Gegenstand der Abfallwirtschaftskonzepte (*Kahle* in Schmehl/Klement, KrWG, 2019, § 21 Rn. 10).

Es bedarf einer umfassenden, sich auf die gesamte Entsorgungspflicht nach § 20 Abs. 1 **32** erstreckenden Planung. Der Gesetzgeber hat jedoch Maßnahmen zur Vorbereitung der Wiederverwendung und zum Recycling besonders hervorgehoben. Sie müssen „insbesondere" Gegenstand der Abfallwirtschaftskonzepte sein. Diese Hervorhebung dürfte ihren Grund haben: Zwar ist ganz unstreitig, dass die öffentlich-rechtlichen Entsorgungsträger eine eigenständige Entsorgungspflicht haben und insoweit auch die §§ 6–8 umfassend beachten müssen. Werden Abfälle mangels konkreter Verwertungspflicht oder wegen einer wirtschaftlichen Unzumutbarkeit der Verwertung den öffentlich-rechtlichen Entsorgungsträgern zur Entsorgung überlassen, müssen diese für eine ordnungsgemäße, schadlose und möglichst hochwertige Verwertung sorgen. In der Vergangenheit haben sie sich allerdings bei dem Recycling von Abfällen und insbesondere bei der Vorbereitung von Abfällen zur Wiederverwendung nicht besonders hervorgetan. Dies gilt jedenfalls für die Abfälle, die bislang nicht getrennt erfasst worden sind und in die allgemeine Restabfallbehandlung geraten sind. Auch für Sperrmüll gab es in der Vergangenheit kaum Anstrengungen der öffentlich-rechtlichen Entsorgungsträger zur Vorbereitung einer Wiederverwendung.

Die Möglichkeiten der öffentlich-rechtlichen Entsorgungsträger, eine Vorbereitung zur **33** Wiederverwendung zu befördern, dürften allerdings auch zukünftig begrenzt sein.

Vorbereitung zur Wiederverwendung im Sinne des KrWG ist nach § 3 Abs. 24 **34** jedes Verwertungsverfahren der Prüfung, Reinigung oder Reparatur, bei dem Erzeugnisse oder Bestandteile von Erzeugnissen, die zu Abfällen geworden sind, so vorbereitet werden, dass sie ohne weitere Vorbehandlung wieder für denselben Zweck verwendet werden können, für den sie ursprünglich bestimmt waren. Die öffentlich-rechtlichen Entsorgungsträger haben bislang jedenfalls selbst kaum Verfahren zur Vorbereitung der Wiederverwendung von Abfällen, die ihnen zur Entsorgung überlassen worden sind, entwickelt und betrieben. Sie können sie sich insoweit nach § 22 S. 1 selbstverständlich der Hilfe von Entsorgungsunternehmen bedienen. Sie müssen allerdings dafür sorgen, dass die Abfälle, die für eine Vorbereitung zur Wiederverwendung auch geeignet sind, getrennt gesammelt gehalten werden. Eine Vorbereitung zur Wiederverwendung dürfte für den Restabfall der grauen Tonne von vornherein ausscheiden. Auch für die nach § 20 Abs. 2 getrennt gesammelten Fraktion, etwa Papierabfälle, Glasabfälle oder Bioabfälle ist eher an Recycling als an eine Vorbereitung zur Wiederverwendung zu denken. In Betracht kommt eine Vorbereitung zur Wiederverwendung bei Textilabfällen, d. h. insbesondere bei Altkleidern, und bei Sperrmüll.

Als Beispiel für eine im Abfallwirtschaftskonzept darstellbare Maßnahme zur Vorberei- **35** tung der Wiederverwendung wird erwähnt, bei Sachen, die einer Reparatur zugänglich seien, könnten im Abfallwirtschaftskonzept Maßnahmen dargestellt werden, die eine Reparatur und die anschließende Wiederverwendung vorsehen. Hierzu könne z. B. gehören, dass ein defekter Türdichtungsring in einer Waschmaschine in einer Fachwerkstatt repariert und im Anschluss daran in einem „Second-Hand-Kaufhaus" verkauft werde (*Queitsch* in BeckOK Umweltrecht, § 21 KrWG Rn. 7). Was solche Empfehlungen allerdings in einem Abfallwirtschaftskonzept zu suchen haben, das sich mit der Entsorgung überlassungspflichtiger und tatsächlich auch den öffentlich-rechtlichen Entsorgungsträgern überlassener Abfälle befasst, erschließt sich nicht ohne weiteres. Zutreffend wird nämlich eingeräumt, dass sich die Konzept- und Bilanzpflicht für die öffentlich-rechtlichen Entsorgungsträger zwangsläufig auf diejenigen Abfälle beschränkt, die auf dem Gebiet des öffentlich-rechtlichen Entsorgungsträgers anfallen und die der Abfallüberlassungspflicht nach § 17 unterliegen (*Queitsch* in BeckOK Umweltrecht, § 21

KrWG Rn. 9). Die Möglichkeit, ein Gerät zu reparieren und danach als Gebrauchtgerät zu verkaufen, ist bei Überlassung an den öffentlich-rechtlichen Entsorgungsträger von ihrem bisherigen Besitzer nicht genutzt worden. Sinn machen könnte die Empfehlung also nur, wenn die öffentlich-rechtlichen Entsorgungsträger die ihnen überlassenen Abfälle in stärkerem Umfang auf ihre Reparierbarkeit untersuchen und bejahendenfalls eine solche Reparatur in Auftrag geben würden, um die reparierte Maschine danach auf dem Gebrauchtmarkt zu veräußern. In diesem Zusammenhang sind im Übrigen die speziellen Regelung der Produktverantwortung, z. B. des ElektroG, zu beachten.

36 Ähnliches gilt auch für das **Recycling.** Dabei handelt es sich nach § 3 Abs. 25 um ein Verwertungsverfahren, durch das Abfälle zu Erzeugnissen, Materialien oder Stoffen entweder für den ursprünglichen Zweck oder für andere Zwecke aufbereitet werden; es schließt die Aufbereitung organischer Materialien ein, nicht aber die energetische Verwertung und die Aufbereitung zu Materialien, die für die Verwendung als Brennstoff oder zur Verfüllung bestimmt sind. Über eigene Anlagen, in denen überlassungspflichtigen Abfälle recycelt werden, verfügen die öffentlich-rechtlich Entsorgungsträger zumeist nicht. Auch insoweit können sie aber Dritte mit der Erfüllung der ihnen obliegenden Recyclingaufgaben beauftragen. Das ist bei den nach § 20 Abs. 2 getrennt gesammelten Abfällen weitgehend sichergestellt. Fraglich könnte sein, ob durch eine Vorbehandlung und/oder Sortierung aus dem Restabfall noch recyclingfähige Fraktionen separiert werden können. Hoch dürfte das Recyclingpotential insoweit nicht sein.

37 **b) Darstellung der Systeme zur Getrenntsammlung.** Nach § 21 S. 1 Halbs. 2 müssen die betriebenen und geplanten Systeme zur Getrenntsammlung, insbesondere der in § 20 Absatz 2 genannten Abfallarten, gesondert dargestellt werden. Auch der Hinweis des Gesetzgebers, dass insbesondere die betriebenen und geplanten Systeme zur getrennten Sammlung dargestellt werden müssen, zeigt die besondere Bedeutung, die der Gesetzgeber diesen Systemen für die Erreichung des Gesetzeszwecks nach § 1 Abs. 1, nämlich die Kreislaufwirtschaft zur Schonung der natürlichen Ressourcen zu fördern und den Schutz von Mensch und Umwelt bei der Erzeugung und Bewirtschaftung von Abfällen sicherzustellen, sowie bei der Verfolgung und Erreichung der europarechtlichen Zielvorgaben im Sinne von § 1 Abs. 2 beimisst.

38 Bei der Aufstellung und Fortschreibung der Abfallwirtschaftskonzepte kommt es im Rahmen der gebotenen planerischen Abwägung zum Schwur, was die Möglichkeiten angeht, die der Gesetzgeber in § 20 Abs. 2 S. 1 den öffentlich-rechtlichen Entsorgungsträger durch einen Verweis auf § 9 oder auch nur auf bestimmte Regelungen des § 9 für einen Verzicht oder auch nur einen Teilverzicht auf eine getrennte Sammlung und Behandlung von Abfällen einräumt. Der den öffentlich-rechtlichen Entsorgungsträgern zustehende planerischen Gestaltungsspielraum bezieht sich grundsätzlich allerdings nicht auf gesetzliche Anforderungen an die getrennte Sammlung, etwa die in § 9 Abs. 1 in Bezug genommenen Regelungen des § 7 Abs. 2–4. Ob und inwieweit z. B. der Vorrang für die Verwertung nach § 7 Abs. 2 S. 3 entfällt, ist keine Frage einer planerischen Abwägung, sondern einer nachvollziehenden Abwägung im Rahmen der Auslegung der genannten Vorschrift. Ob und inwieweit eine Pflicht zur Verwertung von Abfällen bzw. zur getrennten Sammlung wirtschaftlich zumutbar ist, kann bei der Aufstellung und Fortschreibung des Abfallwirtschaftskonzepts ebenfalls nicht im Rahmen der planerischen Abwägung entschieden werden, sondern muss durch eine nachvollziehende Abwägung im Rahmen der Auslegung des in § 7 Abs. 4 S. 3 definierten Begriffs der wirtschaftlichen Zumutbarkeit ermittelt werden. Nach § 7 Abs. 4 S. 3 ist die wirtschaftliche Zumutbarkeit gegeben, wenn die mit der Verwertung verbundenen Kosten nicht außer Verhältnis zu den Kosten stehen, die für eine Abfallbeseitigung tragen wären. Dies muss mit Blick auf die getrennte Sammlung auf den Kostenvergleich der Entsorgung mit einer getrennten Sammlung oder ohne eine solche bewertet werden.

c) Darstellung der Maßnahmen zur Abfallvermeidung. In den Abfallwirtschaftskonzepten sind außerdem nach § 21 S. 2 die getroffenen Maßnahmen zur Abfallvermeidung darzustellen. Bei der Fortentwicklung von Abfallvermeidungsmaßnahmen sind nach § 21 S. 3 die Maßnahmen des Abfallvermeidungsprogramms nach § 33 zu berücksichtigen. Fraglich ist, welche Maßnahmen zur Abfallvermeidung in diesem Zusammenhang in den Abfallwirtschaftskonzepten dargestellt werden können. Da Abfallwirtschaftskonzepte der öffentlich-rechtlichen Entsorgungsträger sich auf die Verwertung und Beseitigung der in ihrem Gebiet anfallenden und ihnen zu überlassenden Abfälle beziehen, dürften damit nicht Maßnahmen der Abfallvermeidung gemeint sein, die ein öffentlich-rechtlicher Entsorgungsträger in seinen Betriebsabläufen zur Vermeidung dort anfallender Abfälle ergreifen kann. Auch dürften damit nicht Maßnahmen der Abfallvermeidung gemeint sein, die Kommunen, die die Funktion eines öffentlich-rechtlichen Entsorgungsträgers haben, ansonsten bei der Wahrnehmung ihrer Aufgaben, sei es die Trägerschaft für Schulen, sei es die Straßenbaulast, etc., ergreifen können. Mit Blick auf die in ihrem Gebiet angefallenen und ihnen überlassenen Abfälle kann man jedoch kaum über Maßnahmen der Abfallvermeidung sprechen, weil die Abfälle denklogisch bereits angefallen sind, bevor sie den öffentlich-rechtlichen Entsorgungsträgern überlassen werden können. 39

Anl. 4 des KrWG listet beispielhaft Abfallvermeidungsmaßnahmen nach § 33 auf und differenziert insoweit Maßnahmen, die sich auf die Rahmenbedingungen im Zusammenhang mit der Abfallerzeugung auswirken können, Maßnahmen, die sich auf die Konzeptions-, Produktions- und Vertriebsphase auswirken können und Maßnahmen, die sich auf die Verbrauchs- und Nutzungsphase auswirken können. Auf die so vom Gesetzgeber umschriebenen Phasen der Produktgestaltung, der Nutzung und des Verbrauchs von Gütern sowie des Anfalls von Abfällen, haben öffentlich-rechtlich Entsorgungsträger keinen wesentlichen Einfluss. 40

Sie können mittelbar allerdings im Rahmen ihre Abfallberatungspflicht, die sich nach § 46 Abs. 2 auch auf die Möglichkeiten Abfallvermeidung erstreckt, dafür sorgen, dass Abfälle vermieden werden. In gewisser Weise setzt dies allerdings auch eine Veränderung der Blickrichtung öffentlich-rechtlicher Entsorgungsträger voraus, die jedenfalls in der Vergangenheit sich mit großem Engagement dafür eingesetzt haben, dass die Menge der ihnen überlassenen Abfälle nicht geringer wird. Die Pflichtrestmülltonne beispielsweise verhindert zwar keine Abfallvermeidung; sie zwingt allerdings Abfälle auf den Beseitigungsweg, auch wenn sie verwertet werden können. 41

II. Abfallbilanzen

Die Abfallbilanzen weisen das Abfallaufkommen und die Entsorgung aus. Sie enthalten eine Gegenüberstellung von Input und Output vergleichsweise der Aktiva und Passiva eines Unternehmens. 42

Anders als bei den Abfallwirtschaftskonzepten, die über einen längeren Zeitraum angelegt sind und grundsätzlich nur nach Ablauf einiger Jahre oder bei wesentlichen Änderungen abzuändern sind, werden die Abfallbilanzen grundsätzlich jährlich erstellt. So sieht z. B. Art. 12 Abs. 1 S. 1 BayAbfG vor, dass die entsorgungspflichtigen Körperschaften jeweils zum 31. März für das abgelaufene Jahr eine Bilanz über Art, Herkunft und Menge der angefallenen Abfälle sowie deren Verwertung, insbesondere durch Vorbereitung zur Wiederverwendung und Recycling, und deren Beseitigung. Soweit Abfälle 43 nicht verwertet wurden, ist dies nach Art. 12 Abs. 1 S, 2 BayAbfG zu begründen. Mit der Bilanz nach Art. 12 Abs. 1 S. 1 BayAbfG erstellen die entsorgungspflichtigen Körperschaften nach Art. 12 Abs. 1 S. 3 BayAbfG eine Übersicht über die Kosten für die Abfallablagerung nach und die dafür erhobenen Gebühren und Beiträge. Das Abfallwirtschaftskonzept als mittel- oder langfristiges Planungsinstrument wird insofern durch die kurzfristige, jährlich zu erstellende Abfallbilanz ergänzt.

44 Zu den wesentlichen Inhalten der Abfallbilanzen zählen:
– Art, Menge, Herkunft und Verbleib der Abfälle,
– Ergebnisse der Abfallvermeidungsmaßnahmen,
– Begründungen für die Nichtverwertung von Abfällen.

45 Auch werden landesrechtlich z. T. Vergleiche mit den in dem Abfallwirtschaftskonzept festgelegten Zielen sowie mit den Angaben der Abfallbilanz des Vorjahres verlangt (etwa § 21 Satz 2 SAWG).

D. Landesrecht

46 Landesrechtliche Regelungen über Abfallwirtschaftskonzepte wurden bereits mit Inkrafttreten des § 19 KrW-/AbfG am 7.10.1996 gemäß Art. 31 GG verdrängt, soweit sie mit dieser Bestimmung oder sonstigem Bundesrecht nicht übereinstimmen. Insoweit gilt der Grundsatz „Bundesrecht bricht Landesrecht". Die Länder regeln nach § 21 Satz 4 jedoch die Anforderungen an die Abfallwirtschaftskonzepte der öffentlich-rechtlichen Entsorgungsträger. Die näheren Anforderungen an diese von den öffentlich-rechtlichen Entsorgungsträgern zu erstellenden Abfallwirtschaftskonzepte richten sich gemäß Satz 4 nach Landesrecht. Aus dem jeweiligen Landesrecht ergeben sich zusätzliche Anforderungen an den Inhalt der Abfallwirtschaftskonzepte und Abfallbilanzen und verfahrensrechtliche Regelungen für die Erstellung und Fortschreibung der Abfallwirtschaftskonzepte und Abfallbilanzen. Nähere Anforderungen zu den Abfallwirtschaftskonzepten und den Abfallbilanzen regeln die Länder in den nachfolgend aufgeführten Bestimmungen:

Baden-Württemberg: § 16 LKreiWiG BW
Bayern Art. 12, 13: BayAbfG
Brandenburg: §§ 6, 7 BbgAbfBodG
Bremen: § 6 BremAGKrW-/AbfG
Hamburg: § 5 HmbAbfG
Hessen: § 8 HAKrWG
Mecklenburg-Vorpommern: §§, 9 10 AbfWG M-V
Niedersachsen: §§ 4, 5 NAbfG
Nordrhein-Westfalen: §§ 5a, 5c LAbfG NRW
Rheinland-Pfalz: §§ 6, 7 LAbfWG RLP
Saarland: §§ 20, 21, 22 SAWG
Sachsen: § 6 SächsABG
Sachsen-Anhalt: §§ 8, 9 AbfG LSA
Schleswig-Holstein: § 4 LAbfWG SH
Thüringen: § 9 ThürAbfG

I. Inhaltliche Vorgaben der Länder

47 Die Bundesländer machen unterschiedliche Vorgaben an den Inhalt der Abfallwirtschaftskonzepte; im Kern sind jedoch die Mindestinhalte vergleichbar. Teilweise wird es den zuständigen Behörden überlassen, die Anforderungen an die Abfallwirtschaftskonzepte zu konkretisieren oder zu ergänzen. So kann in Hamburg nach § 5 Abs. 1 S. 3 HmbAbfG die zuständige Behörde nähere Anforderungen an die Form und den Inhalt des Abfallwirtschaftskonzepts bestimmen. In NRW z.B. bestimmt das zuständige Ministerium durch Verwaltungsvorschrift, in welchem Umfang und in welcher Form Angaben in das Abfallwirtschaftskonzept aufzunehmen und darzustellen sind (siehe § 5a Abs. 3 LAbfG NRW).

Das Abfallwirtschaftskonzept gibt eine Übersicht über den Stand der öffentlichen Abfallentsorgung (§ 5a Abs. 2 Satz 1 LAbfG NRW), wobei der Fokus anders als bei den Abfallbilanzen nicht auf das bisherige, sondern auf das zukünftige Abfallaufkommen gerichtet ist (*Schomerus* in Versteyl/Mann/Schomerus, KrWG, 2019, § 21 Rn. 7). Mit den Abfallwirtschaftskonzepten sollen Planungen entworfen werden, die Entsorgungsinfrastruktur auch zukünftig unter den Gesichtspunkten der Abfallvermeidung und der Kreislaufwirtschaft effizient und umweltgerecht zu gestalten (*Schink* in Schink/Versteyl, KrWG, 2016, § 21 Rn. 9, 14). **48**

U.a. enthalten die Abfallwirtschaftskonzepte z.B. nach § 5a Abs. 2 Satz 2 LAbfG NRW (ähnlich aber auch die Regelungen anderer Bundesländer) Angaben über Art, Menge und Verbleib sowohl der in dem Entsorgungsgebiet anfallenden als auch der dem öffentlich-rechtlichen Entsorgungsträger zu überlassenden Abfälle, Darstellungen der getroffenen und geplanten Vermeidungs- und Verwertungsmaßnahmen, begründete Ausschlüsse nach § 20 Abs. 3, den Nachweis einer Entsorgungssicherheit, Angaben zu den geschätzten Bau- und Betriebskosten für Abfallentsorgungsanlagen, Kooperationen und eine zusammenfassende Darstellung der vorgenannten Informationen. **49**

Die öffentlich-rechtlichen Entsorgungsträger sind hierbei befugt, bei der Aufstellung von Abfallwirtschaftskonzepten Daten zu benutzen, die sie im Rahmen der Überwachung und bei statistischen Erhebungen erfahren (§ 4 Abs. 5 Satz 1 LAbfG NRW). **50**

Die Abfallwirtschaftskonzepte haben je nach den landesrechtlichen Vorgaben unterschiedliche Inhalte. Zu den Angaben, die in Abfallwirtschaftskonzept erforderlich werden, zählen u.a.: **51**
- Ziele und Maßnahmen der Abfallvermeidung und Abfallverwertung,
- Maßnahmen der Abfallvermeidung,
- Methoden, Anlagen und Einrichtungen der Abfallverwertung und der Abfallbeseitigung,
- Art, Menge, Herkunft sowie Verwertung oder Beseitigung der voraussichtlich anfallenden Abfälle,
- Ausschlüsse von der Entsorgungspflicht,
- Nachweis einer langjährigen Entsorgungssicherheit für die Abfallbeseitigung,
- Angaben zu Planung, Bau und Betrieb von Abfallentsorgungsanlagen,
- Darlegung der vorgesehenen Entsorgungswege,
- Kostenschätzungen für geplante Maßnahmen,
- Darstellung der Zusammenarbeit mit anderen öffentlich-rechtlichen Entsorgungsträgern,
- Darstellung der voraussichtlichen Gebührenentwicklung,
- Angaben zur voraussichtlichen Laufzeit der vorhandenen Abfallentsorgungsanlagen.

Zum Teil wird vorgeschrieben, dass das Abfallwirtschaftskonzept eine **Entsorgungssicherheit** für einen **Mindestzeitraum,** z.B. von zehn Jahren im Voraus nachweisen muss (siehe z.B. § 9 Abs. 1 S. 3 AbfWG M-V). **52**

II. Verfahrensrechtliche Anforderungen des Landesrechts

Bundesrechtlich ist für die Erstellung von Abfallwirtschaftskonzepten kein bestimmtes **Verfahren** vorgesehen. Der Bundesgesetzgeber **Form** regelt auch nicht eine bestimmte **53**

Form, in der das Abfallwirtschaftskonzept zu fassen ist (*Schink* in Schink/Versteyl, KrWG, 2016, § 21 Rn. 29).

54 Nach § 14b Abs. 1 Nr. 2 i. V. m. Nr. 2.3 der Anlage 3 UVPG ist für Abfallwirtschaftskonzepte i. S. d. § 21 allerdings eine **strategische Umweltprüfung** (SUP) durchzuführen, soweit diese Konzepte für Entscheidungen über die Zulässigkeit von in Anlage 1 UVPG aufgeführte Vorhaben oder von Vorhaben, die nach Landesrecht einer Umweltverträglichkeitsprüfung (UVP) oder Vorprüfung des Einzelfalls bedürfen, einen Rahmen setzen. Ob ein Abfallwirtschaftskonzept in diesem Sinne rahmensetzend für die zukünftige Zulassung eines Vorhabens im vorgenannten Sinne ist, hängt vom jeweiligen Inhalt des Abfallwirtschaftskonzepts ab. Von einer Rahmensetzung kann z. B. ausgegangen werden, wenn das Abfallwirtschaftskonzept Vorgaben zu neuen Anlagen oder zu Entsorgungswegen enthält, die bei einer künftigen Genehmigung zu berücksichtigen sind (*Schink* in Schink/Versteyl, KrWG, 2016, § 21 Rn. 26). Ausreichend ist es, wenn die Inhalte des Abfallwirtschaftskonzepts für spätere Zulassungsentscheidungen entweder auf der Ebene der Prüfung von Zulassungsvoraussetzungen beachtlich oder aber auch im Rahmen von Abwägungs- oder Ermessensentscheidungen zu berücksichtigen sind.

55 Das Verfahren zur Erstellung von Abfallwirtschaftskonzepten und Abfallbilanzen ist in den Bundesländern unterschiedlich geregelt. So schreibt z. B. Art. 13 Abs. 1 S. 2 BayAbfG vor, dass die Betroffenen und berührte Verbände vor der erstmaligen Erstellung und bei Fortschreibungen des Abfallwirtschaftskonzepts mit wesentlichen Änderungen zu hören sind.

56 Teilweise wird eine **Beteiligung der Öffentlichkeit** verlangt. So schreibt § 6 Abs. 3 S. 2 KrW-/AbfG Berlin vor, dass bei der Aufstellung des Abfallwirtschaftskonzepts neben denjenigen Behörden und Einrichtungen, deren öffentliche Belange berührt sind, die Öffentlichkeit zu beteiligen ist. Zur Öffentlichkeitsbeteiligung ist nach § 6 Abs. 3 S. 3 KrW-/AbfG Berlin der Entwurf für die Dauer eines Monats öffentlich auszulegen. Ort und Dauer der Auslegung sind mindestens eine Woche zuvor mit dem Hinweis öffentlich bekannt zu machen, dass Einwendungen und Stellungnahmen während der Auslegungsfrist vorgebracht werden können (§ 6 Abs. 3 S. 4 KrW-/AbfG Berlin; siehe auch § 6 Abs. 3 BbgAbfBodG).

57 In Berlin ist nach § 6 Abs. 4 KrW-/AbfG z. B. für das Wirksamwerden des Abfallwirtschaftskonzepts die Zustimmung des Abgeordnetenhauses erforderlich. In Brandenburg bedarf das Abfallwirtschaftskonzept zu seiner Wirksamkeit eines Beschlusses des Vertretungsorgans des öffentlich-rechtlichen Entsorgungsträgers (§ 6 Abs. 4 BbgAbfBodG).
Eine generelle Behörden- und Öffentlichkeit Beteiligung ist nach Bundesrecht dann erforderlich, wenn für Abfallwirtschaftskonzepte gem. der §§ 30 Abs. 1 Nr. 2 UVPG i. V. m. Anl. 5 Nr. 2.3 UVPG eine strategische Umweltprüfung durchzuführen ist.

58 Besonderheiten können nach dem jeweiligen Landesrecht dann gelten, wenn einzelne Entsorgungsaufgaben von dem öffentlich-rechtlichen Entsorgungsträger auf Gemeinden übertragen worden sind. § 6 Abs. 5 S. 1 BbgAbfBodG sieht dazu vor, dass, sofern ein öffentlich-rechtlicher Entsorgungsträger Entsorgungsaufgaben auf Gemeinden übertragen hat, die erforderlichen Festlegungen zur Umsetzung des Abfallwirtschaftskonzeptes durch die Gemeinde in das Abfallwirtschaftskonzept aufgenommen werden können. Diese Festlegungen sind dann in Form einer Satzung zu erlassen; die betreffenden Gemeinden sind vor Erlass des Abfallwirtschaftskonzeptes zu hören (§ 6 Abs. 5 S. 2 und 3 BbgAbfBodG).

59 Abfallwirtschaftskonzepte und Abfallbilanzen werden für einen befristeten Zeitraum erstellt. Überwiegend verlangen die Landesgesetze eine **Fortschreibung** der Abfallwirtschaftskonzepte nach fünf Jahren. Nach Art. 13 Abs. 2 BayAbFG ist das Abfallwirtschaftskonzept alle sieben Jahre oder bei wesentlichen Änderungen fortzuschreiben und der zuständigen Behörde vorzulegen. In Hamburg, Hessen und Sachsen-Anhalt müssen

Abfallwirtschaftskonzepte dagegen alle sechs Jahre fortgeschrieben werden. Abfallbilanzen müssen nach den Landesabfallgesetzen dagegen regelmäßig jährlich erstellt werden.

Die öffentlich-rechtlichen Entsorgungsträger haben zumeist ihre Abfallwirtschaftskon- **60**
zept und Abfallbilanzen den jeweils übergeordneten Behörden vorzulegen, um ihnen die Möglichkeit zu geben, diese bei Abfallwirtschaftsplan Planungen und bei übergeordneten Abfallbilanzen zu können (siehe z. B. § 16 Abs. 1 S. 4 LKreiWiG BW).

In Hamburg kann die zuständige Behörde den öffentlich-rechtlichen Entsorgungs- **61**
träger von den Pflichten zur Erstellung eines Abfallwirtschaftskonzepts befreien, wenn die zu erstellenden Abfallwirtschaftspläne zugleich die Anforderungen an ein Abfallwirtschaftskonzept des öffentlich-rechtlichen Entsorgungsträgers erfüllen. (§ 6 Abs. 2 HmbAbfG).

6.40 Gesetz über das Inverkehrbringen, die Rücknahme und die umweltverträgliche Entsorgung von Elektro- und Elektronikgeräten (Elektro- und Elektronikgerätegesetz – ElektroG)

v. 20.10.2015 (BGBl. I S. 1739), zuletzt geändert durch G v. 3.11.2020 (BGBl. I S. 2280)

Allgemeines Schrifttum: *Bullinger/Lückefett,* Das neue Elektrogesetz, 2005; *Bullinger/Fehling* (Hrsg.), ElektroG, 2005; *Ellinghaus,* ElektroG, in: Schmehl (Hrsg.), GK-KrWG, 2013; *Florian,* Herstellerverantwortung für Elektro-Schrott, 2009; *Giesberts/Hilf,* Elektronikschrott – Quo vadis?, CR 2000, 624 ff.; *Giesberts/Hilf,* ElektroG, 3. Aufl. 2018; *Gruneberg,* Die Umsetzung der Elektroschrottrichtlinie durch das ElektroG, AbfallR 2004, 225 ff.; *Kloepfer,* Produktverantwortung für Elektroaltgeräte, 2001; *Lier,* Die Gemeinsame Stelle nach dem ElektroG, 2016; *Ossenbühl,* Entsorgung von Elektronikgeräten: Verfassungsrechtliche Zulässigkeit von Rücknahmepflichten, 2000; *Pauly,* Elektro- und Elektronikgerätegesetz, 2005; *Prelle/Thärichen/Versteyl,* Elektro- und Elektronikgerätegesetz, 2008; *Pschera/Enderle,* ElektroG, in: Fluck/Frenz/Fischer/Franßen (Hrsg.), Kreislaufwirtschaftsrecht, Abfallrecht und Bodenschutzrecht, Bearbeitungsstand: 2007; *Scholz,* Auswirkungen der Elektroverordnung auf Kommunen und Gebührenzahler, UPR 2004, 258 ff.; *Schütte/Siebel-Huffmann,* Die Elektroschrottrichtlinie, ZUR 2003, 211 ff.
Besonderes Schrifttum: vgl. die Nachweise zu den einzelnen Paragraphen.

Vorbemerkung

Übersicht

A. Überblick

1 Die Herstellung von Elektro- und Elektronikgeräten ist einer der am schnellsten wachsenden Sektoren der herstellenden Industrie in der westlichen Welt. Es gibt kaum noch Lebensbereiche, in die solche Geräte nicht Einzug gehalten haben. Diese Entwicklung führt zwangsläufig auch zu einer beträchtlichen Zunahme der ausgedienten Elektro- und Elektronik-Altgeräte. Deren Zahl wächst dreimal schneller als die Menge der sonstigen kommunalen Abfälle (vgl. bereits die Prognose der *Kommission,* ABl. EG Nr. C 365 vom 19.12.2000, S. 184). Dabei bestehen diese Altgeräte aus einer komplexen Mischung von Werkstoffen und Bauteilen, die fortlaufend um immer neue umweltbelastende Werkstoffe und Chemikalien erweitert wird. Dies verursachte in der Vergangenheit Probleme auf der Entsorgungsseite: Noch im Jahre 2003 wurden etwa 90% der Altgeräte auf Deponien ohne Vorbehandlung abgelagert oder verbrannt (vgl. *Schütte/Siebel-Huffmann,* ZUR 2003, 211, 212), obwohl angesichts der in einzelnen Bauteilen vorhandenen **gefährlichen Substanzen,** wie z.B. Cadmium, Quecksilber oder Blei, eine gesonderte Entsorgung erforderlich gewesen wäre (vgl. *Giesberts/Hilf,* CR 2000, 624). Mangels fehlender oder falscher ökonomischer Anreize fand eine Verwertung nur bei wenigen wirtschaftlich interessanten Teilen wie Edelmetallen statt. Die sowohl zum Zweck einer schadlosen Beseitigung als auch mit Blick auf eine bessere Verwertung erforderliche strategische Veränderung des Produktdesigns der Elektrogeräte wurde nur von wenigen Herstellern in Angriff genommen. Darüber hinaus ist der Bereich der Elektronikgeräte von einer rasanten technischen Fortentwicklung geprägt, die zu ständigen Produktinnovationen und einem **kurzen Produktzyklus** mit vergleichsweise geringer Nutzungsdauer durch den Verbraucher führt. So ist etwa die durchschnittliche Nutzungsdauer von Computern bis zur Jahrtausendwende von ca. 10 Jahren auf einen Wert zwischen 2 und 4,3 Jahren zurückgegangen (vgl. die *Kommission,* Richtlinienvorschlag, ABl. EG Nr. C 365 vom 19.12.2000, S. 184).

2 Zur Lösung dieser Entsorgungsprobleme sollte das im Jahr 2005 ergangene „Gesetz über das Inverkehrbringen, die Rücknahme und die umweltverträgliche Entsorgung von Elektro- und Elektronikgeräten" (ElektroG vom 16. März 2005, BGBl. I S. 762 **[ElektroG 2005]**) beitragen. Das in der damaligen Diskussion auch als „Elektroschrottgesetz" titulierte Gesetz konkretisierte die Produktverantwortung für eine umweltgerechte

6.42 Gesetz über das Inverkehrbringen, die Rücknahme und die umweltverträgliche Entsorgung von Batterien und Akkumulatoren (Batteriegesetz – BattG)

Vom 25.6.2009

(BGBl. I S. 1582), zuletzt geändert durch Art. 1 G v. 3.11.2020 (BGBl. I S. 2280)

Schrifttum: *Ahlhaus/Waggershauser,* Das neue Batteriegesetz, 2011; *Alt,* Ökodesign und Kreislaufwirtschaft – Kohärenz von Steuerungsansätzen zur Abfallvermeidung und zum ‚recyclinggerechten Design' im Abfall- und Produktrecht am Beispiel von energieverbrauchsrelevanten Produkten, 2018; *Dieckmann,* Wechsel des Rücknahmesystems als Mittel zur Reduzierung der Rücknahme- und Verwertungsverpflichtungen nach dem Batteriegesetz?, AbfallR 2019, 156 ff.; *Fischer,* Strategien im Kreislaufwirtschafts- und Abfallrecht – Unter besonderer Berücksichtigung der Produktverantwortung der Wirtschaft, 2001; *Giesberts/Hilf,* ElektroG, 3. Aufl. 2018; *Schell,* Instrumente des produktbezogenen Umweltschutzes – Das Beispiel Gerätebatterien, IÖW/VÖW-Informationsdienst 2/95, 11 ff.; *Schmitz,* Wie REACH, RoHS, WEEE und BattG das Inverkehrbringen gefährden, MPJ 2016, 107 ff.; *Wendenburg/Seitel,* Altbatterieentsorgung nach dem neuen Batteriegesetz, AbfallR 2009, 206 ff.

Übersicht

A. Überblick

Das BattG legt Anforderungen an die **Produktverantwortung** nach § 23 KrWG für Batterien und Akkumulatoren fest und dient der Umsetzung von entsprechendem Unionsrecht. 1

Die Regelungen zur **umweltgerechten Entsorgung** von Altbatterien gewinnen zunehmend an Bedeutung, nicht zuletzt durch den vermehrten Einsatz von zB Lithiumbatterien in diversen elektrischen oder elektronischen Geräten einschl. E-Bikes und Elektrofahrzeugen. Der Umsatz der Batterieindustrie am Standort Deutschland betrug 2 nach Angaben des Zentralverbands Elektrotechnik- und Elektronikindustrie e. V. (ZVEI) im Jahr 2016 2,4 Mrd. EUR bei rund 8000 Beschäftigten zum 31.12.2016. Zwischen 2011 und 2016 wuchs der deutsche Batteriemarkt demnach um eine Mrd. EUR („Faktenblatt Wachstumsmarkt Batterien", https://www.zvei.org/presse-medien/publikationen/wachstumsmarkt-batterien/, Stand 14.2.2018, letzter Zugriff 29.1.2020).

3 Das BattG richtet sich an alle **Hersteller, Vertreiber und Endverbraucher** von Batterien, **öffentlich-rechtliche Entsorgungsträger und Erstbehandlungsanlagen.** Nach Angaben des Umweltbundesamts sind derzeit ca. 5500 Batteriehersteller gemeldet und aktiv, davon ca. 82 Prozent Gerätebatteriehersteller, 13 Prozent Industriebatteriehersteller und sechs Prozent Fahrzeugbatteriehersteller (https://www.umweltbundesamt.de/themen/abfall-ressourcen/produktverantwortung-in-der-abfallwirtschaft/batterien/battg-melderegister, letzter Zugriff 29.1.2020).

B. Entstehung, Entwicklung, unionsrechtlicher Rahmen

I. Vorgehende Regelungen

4 Das BattG war bei seiner Einführung im Jahr 2009 nicht die erste Regelung dieses produktspezifischen Abfallstroms. Vorgehend galt die Verordnung über die Rücknahme und Entsorgung gebrauchter Batterien und Akkumulatoren vom 27.3.1998 (**Batterieverordnung** – BattV, BGBl. I S. 658).

5 Die BattV zielte nach der Begründung der Bundesregierung zunächst auf diejenigen Batterien und Akkumulatoren, die insbesondere wegen ihres Gehaltes an Schwermetallen wie Quecksilber, Cadmium oder Blei als **„schadstoffhaltige Batterien"** bezeichnet wurden (Verkaufsmenge ohne Starterbatterien 1994: 3500 t). Sie reichten von der Knopfzelle über Nickel-Cadmium-Akkumulatoren bis zu den Starterbatterien und speziellen Akkumulatoren für Industrie und Gewerbe sowie für Einrichtungen wie Bahnen und Bundeswehr. Dabei war auch EG-Recht umzusetzen. Unter den schadstoffhaltigen Batterien waren Starterbatterien für den Fahrzeugbereich besonders zu beachten, die zwar nach der Stückzahl (rd. 12 bis 14 Mio. Stück pro Jahr) gegenüber den anderen Batteriesystemen zurücktraten, aber ein erhebliches Schadstoffpotential aufwiesen (rd. 180 000 t Blei pro Jahr). Obwohl gerade bei diesen Batterien ein hoher Rücknahme- und Verwertungsgrad erreicht worden war, befürchtete die Bundesregierung, dass schon geringe Mengen nicht in den Wirtschaftskreislauf zurückgeführter Starterbatterien zu Umweltbelastungen führen könnten.

6 Aber auch auf die **„sonstigen Batterien"** war das für die schadstoffhaltigen Batterien vorgesehene Rücknahme-, Verwertungs- und Entsorgungssystem anzuwenden. Denn damals machten diese Batterien fast 50 Prozent aller vom Verbraucher beim Handel abgegebenen Batterien aus. 1996 wurden 23 130 t „sonstige Batterien" verkauft, von denen Zink-Kohle-Batterien mit 370 Mio. und Alkali-Mangan-Batterien mit 310 Mio. Stück eine Spitzenposition einnahmen.

7 Der Handel wurde daher verpflichtet, von ihm vertriebene Batterien nach Gebrauch vom Verbraucher unentgeltlich zurückzunehmen und den Herstellern zur Verwertung oder Beseitigung zu überlassen. Wegen der besonderen Struktur des Batteriemarktes hatten die Batteriehersteller ihre Rücknahme-, Verwertungs- und Beseitigungspflichten grundsätzlich in einem gemeinsam betriebenen Rücknahmesystem zu erfüllen. Einzelne Hersteller konnten auch ein eigenes Rücknahmesystem betreiben, soweit dieses densel-

6.52. Verordnung über das Anzeige- und Erlaubnisverfahren für Sammler, Beförderer, Händler und Makler von Abfällen (Anzeige- und Erlaubnisverordnung – AbfAEV)

Vom 5. Dezember 2013

(BGBl. I S. 4043), zuletzt geändert durch Art. 2 VO v. 3.7.2018 (BGBl. I S. 1084), gültig ab 1.12.2019

Vorbemerkung

Schrifttum: *Schemmer,* Prüfung der Irrelevanzschwelle und der Zuverlässigkeit bei der Untersagung einer Altkleidersammlung, jurisPR-BVerwG 22/2020; *Lückefett/Hieronymi,* Der neue Anhang VI zur WEE-Richtlinie 2012, AbfallR 2015, 94 ff.; *Petersen/Hermanns,* Personengesellschaften als Träger gewerblicher Sammlungen im Sinne des § 3 Abs. 18 KrWG, AbfallR 2014, 62 ff.; Bundesministerium für Umwelt, Naturschutz, Bau und Reaktorsicherheit, Vollzugshilfe – Anzeige- und Erlaubnisverfahren nach §§ 53 und 54 KrWG und AbfAEV, Stand 29.1.2014; *Kropp,* Anzeige- und Erlaubnisverordnung, Praxiskommentar 2014; *Hurst,* Anzeige- und Erlaubnispflichten nach dem Kreislaufwirtschaftsgesetz, AbfallR 2012, 176 ff.; *Tünnesen-Harmes,* Verordnung zur Transportgenehmigung, in Jarass/Petersen/Weidemann, Kreislaufwirtschafts- und Abfallgesetz, Band 3, B190; *Tünnesen-Harmes,* Beauftragung von Subunternehmen im Anwendungsbereich der Entsorgungsfachbetriebe- und der Transportgenehmigungsverordnung, VA 2001, 28 ff.; *Tünnesen-Harmes,* in Himmelmann/Pohl/Tünnesen-Harmes, Handbuch des Umweltrechts 2000, B 3.7 und B 3.8; *Kropp,* Durchführung genehmigungspflichtiger Abfalltransporte mit fremdem Personal und fremden Fahrzeugen, UPR 2006, 101 ff.; *Locher,* Transportgenehmigung und Genehmigung für Vermittlungsgeschäfte nach dem Kreislaufwirtschafts- und Abfallgesetz, DVBl. 1997, 145 ff.; *Tünnesen-Harmes,* Vorschriften zur Abfallverbringung, in Tünnesen-Harmes (Hrsg.), Entsorgungs-Wegweiser 3/21.1.

Übersicht

A. Bedeutung der Verordnung

Sammler, Beförderer, Händler und Makler von gefährlichen Abfällen bedürfen gemäß § 54 Abs. 1 Satz 1 KrWG der Erlaubnis. Sammler, Beförderer, Händler und Makler von Abfällen, deren Betrieb nicht über eine Erlaubnis nach § 54 Abs. 1 KrWG verfügt, haben die Tätigkeit ihres Betriebes vor Aufnahme der Tätigkeit gemäß § 53 Abs. 1 Satz 1 KrWG der zuständigen Behörde anzuzeigen. 1

Der Gesetzgeber hat bereits auf der Ebene des Kreislaufwirtschaftsgesetzes Regelungen zur Konkretisierung der Anzeige- und der Erlaubnispflicht sowie zur näheren Ausgestal- 2 tung des Anzeige- und des Erlaubnisverfahrens getroffen. Neben den übrigen Bestimmungen der §§ 53 und 54 KrWG sind hier insbesondere die Definitionen der Begriffe „Sammler", „Beförderer", „Händler" und „Makler" in § 3 Abs. 10 bis 13 KrWG zu nennen. Weitere Einzelheiten sollten nach dem Willen des Gesetzgebers dagegen erst auf Verordnungsebene geregelt werden. Um dies zu ermöglichen hat er die Bundesregierung in den §§ 53 Abs. 6 und 54 Abs. 7 KrWG ermächtigt – nach Anhörung der beteiligten Kreise (vgl. § 68 KrWG) und mit Zustimmung des Bundesrates – entsprechende Verordnungsregelungen zu treffen. Die Bundesregierung hat von den genannten (und anderen) Ermächtigungsgrundlagen des KrWG Gebrauch gemacht und am 5.12.2013 die Verordnung über das Anzeige- und Erlaubnisverfahren für Sammler, Beförderer, Händler und Makler von Abfällen (Anzeige- und Erlaubnisverordnung, AbfAEV, BGBl. I S. 4043) erlassen, die am 1.6.2014 in Kraft getreten ist.

3 Die Anzeige- und Erlaubnisverordnung ist in fünf Abschnitte gegliedert. Im ersten Abschnitt („Allgemeine Vorschriften", §§ 1 und 2) finden sich Regelungen über den Anwendungsbereich und Begriffsbestimmungen. Im zweiten Abschnitt („Anforderungen an Sammler, Beförderer, Händler und Makler von Abfällen", §§ 3 bis 6) werden sodann die verschiedenen Zuverlässigkeits-, Fachkunde- und Sachkundekriterien konkretisiert. Der dritte Abschnitt („Anzeige durch Sammler, Beförderer, Händler und Makler von Abfällen", §§ 7 und 8) dient der näheren Ausgestaltung des Anzeigeverfahrens, der vierte Abschnitt („Erlaubnis für Sammler, Beförderer, Händler und Makler von gefährlichen Abfällen", §§ 9 bis 12) der näheren Ausgestaltung des Erlaubnisverfahrens. Im fünften Abschnitt („Gemeinsame Vorschriften", §§ 13 bis 16) hat der Verordnungsgeber schließlich eine Mitführungspflicht, Ausnahmen von der Kennzeichnungspflicht des § 55 Abs. 1 Satz 1 KrWG, ein bundesweit einheitliches, elektronisches Behördenregister, Ordnungswidrigkeitentatbestände und den Übergang zur neuen Rechtslage geregelt. Als Anlagen sind der Verordnung neben einer Aufzählung von Lehrgangsinhalten (Anlage 1) drei verschiedene Vordrucke (Anlagen 2 – Anzeige, 3 – Antrag auf Erlaubnis und 4 – Erlaubnis) beigefügt.

B. Abgrenzung zu anderen Vorschriften

4 Abgrenzungsfragen im Zusammenhang mit anderen Vorschriften wirft zunächst die Bestimmung des § 1 Abs. 2 AbfAEV auf, nach der die Anzeige- und Erlaubnisverordnung auch für solche anzeige- und erlaubnispflichtige Tätigkeiten gilt, die auf dem Gebiet der Bundesrepublik Deutschland im Rahmen einer Verbringung von Abfällen im Sinne der Verordnung (EG) Nr. 1013/2006 in der jeweils geltenden Fassung (Verordnung [EG] Nr. 1013/2006 des Europäischen Parlaments und des Rates vom 14.6.2006 über die Verbringung von Abfällen, ABl. EG 2006 L 190, 1; zuletzt geändert durch Verordnung [EU] Nr. 2015/2002 der Kommission vom 10.11.2015, ABl. EU 2015 L 294/1) durchgeführt werden.

5 Weiterhin ist die Abgrenzung zur **Anzeigepflicht des § 18 Abs. 1 KrWG** zu beachten. Nach der v. g. Vorschrift sind nicht nur gemeinnützige Sammlungen im Sinne des § 17 Abs. 2 Satz 1 Nr. 3 KrWG, sondern auch **gewerbliche Sammlungen im Sinne des § 17 Abs. 2 Satz 1 Nr. 4 KrWG** durch ihren Träger bei der zuständigen Behörde spätestens drei Monate vor ihrer beabsichtigten Aufnahme anzuzeigen. Die Anzeigepflicht des § 18 Abs. 1 KrWG besteht neben der Anzeigepflicht des § 53 Abs. 1 Satz 1 KrWG bzw. neben der Erlaubnispflicht des § 54 Abs. 1 Satz 1 KrWG (vgl. *Karpenstein/Dingemann* in Jarass/Petersen KrWG, 2014, § 18 Rn. 6).

C. Rechtsentwicklung

I. Gesetzesebene

Bereits das Gesetz über die Beseitigung von Abfällen vom 7.6.1972 (**Abfallbeseitigungsgesetz,** BGBl. I S. 873), das am 10.6.1972 in Kraft trat, enthielt in § 12 Abs. 1 Satz 1 eine Regelung, nach der Abfälle gewerbsmäßig oder im Rahmen wirtschaftlicher Unternehmen nur mit Genehmigung der zuständigen Behörde eingesammelt oder befördert werden durften („Einsammlungs- und Beförderungsgenehmigung"). § 12 des Abfallbeseitigungsgesetzes wurde in den folgenden Jahren zweimal geändert (durch Art. 1 des Gesetzes vom 21.6.1976, BGBl. I S. 1601 und durch Art. 1 des Gesetzes vom 4.3.1982, BGBl. I S. 281). Mit Wirkung zum 1.11.1986 wurde das Abfallbeseitigungsgesetz von dem Gesetz über die Vermeidung und Entsorgung von Abfällen vom 27.8.1986 (**Abfallgesetz,** BGBl. I S. 1410) abgelöst. Das Erfordernis der Einsammlungs- und Beförderungsgenehmigung fand sich weiterhin in § 12 und blieb in den folgenden Jahren unverändert. Eine wesentliche Neuerung brachte allerdings das Ausführungsgesetz zu dem Basler Übereinkommen vom 22.3.1989 über die Kontrolle der grenzüberschreitenden Verbringung gefährlicher Abfälle und ihrer Entsorgung vom 30.9.1994 (BGBl. I S. 2771): Der Gesetzgeber schuf erstmals eine Genehmigungspflicht für Vermittlungsgeschäfte (Einfügung des § 12a in das Abfallgesetz durch Art. 2 Nr. 1), die für diejenigen galt, die ohne im Besitz der Abfälle oder der Stoffe im Sinne des § 2 Abs. 3 des Abfallgesetzes zu sein, für Dritte Verbringungen gewerbsmäßig vermittelten. Im Gesetz zur Förderung der Kreislaufwirtschaft und Sicherung der umweltverträglichen Beseitigung von Abfällen vom 27.9.1994 (**Kreislaufwirtschafts- und Abfallgesetz,** KrW-/AbfG, BGBl. I S. 2705) wurden die v.g. Regelungsinhalte systematisch dem siebten Teil („Überwachung") zugeordnet. Ab dem Inkrafttreten des Kreislaufwirtschafts- und Abfallgesetzes am 7.10.1996 fand sich das zentrale Genehmigungserfordernis – nun unter der Bezeichnung „Transportgenehmigung" – in § 49 KrW-/AbfG. Die „Genehmigung für Vermittlungsgeschäfte und in sonstigen Fällen" wurde in § 50 KrW-/AbfG geregelt. Ergänzt wurden die §§ 49 und 50 KrW-/AbfG durch § 51 KrW-/AbfG, der in bestimmten Fällen einen Verzicht auf die Transportgenehmigung und die Genehmigung für Vermittlungsgeschäfte vorsah. § 49 KrW-/AbfG wurde in den folgenden Jahren zweimal geändert (durch Art. 4 des Gesetzes vom 9.9.2001, BGBl. I S. 2331 und durch Art. 8 des Gesetzes vom 11.8.2010, BGBl. I S. 1163); § 50 KrW-/AbfG wurde einmal geändert (durch Art. 1 Nr. 17 und Nr. 19 des Gesetzes vom 15.7.2006, BGBl. I S. 1619); § 51 KrW-/AbfG blieb unverändert. Heute finden sich die maßgeblichen Regelungen in § 3 Abs. 10 bis 13 und in §§ 53 und 54 des Gesetzes zur Förderung der Kreislaufwirtschaft und Sicherung der umweltverträglichen Bewirtschaftung von Abfällen vom 24.2.2012 (**Kreislaufwirtschaftsgesetz,** KrWG, BGBl. I S. 212; zuletzt geändert durch Art. 2 des Gesetzes vom 9. Juni 2021 (BGBl. I S. 1699). Die in § 53 Abs. 6 und § 54 Abs. 7 KrWG vorgesehenen Verordnungsermächtigungen sind vorab am 1.3.2012 in Kraft getreten. Im Übrigen gelten die §§ 53 und 54 KrWG seit dem 1.6.2012, § 53 in der Fassung vom 20.10.2015, § 54 unverändert. § 53 Abs. 6 in der Fassung vom 20.10.2015 wurde um Ziff. 5 ergänzt, wonach sich die Verordnungsermächtigung nunmehr auch auf die Anordnungsbefugnis bezieht, dass bei der Beförderung von Abfällen geeignete Unterlagen zum Zwecke der Überwachung mitzuführen sind. 6

II. Verordnungsebene

7 Bereits § 12 Abs. 3 des Abfallbeseitigungsgesetzes ermöglichte es der Bundesregierung, durch Rechtsverordnung mit Zustimmung des Bundesrates Vorschriften über die Antragsunterlagen und die Form der Genehmigung sowie über die Festlegung der gebührenpflichtigen Tatbestände im Einzelnen, die Gebührensätze und die Auslagenerstattung zu schaffen. Die Bundesregierung erließ auf dieser Grundlage zunächst die Verordnung über das Einsammeln und Befördern von Abfällen vom 29.7.1974 (**Abfallbeförderungs-Verordnung,** AbfBefV, BGBl. I S. 1581), die am 1.9.1974 in Kraft trat und die während ihrer Geltungsdauer einmal novelliert und einmal geändert wurde (Verordnung vom 24.8.1983, BGBl. I S. 1130 bzw. § 19 der Verordnung vom 18.11.1988, BGBl. I S. 2126).

8 Die Abfallbeförderungs-Verordnung ging mit Wirkung zum 1.10.1990 in der Verordnung über das Einsammeln und Befördern sowie über die Überwachung von Abfällen und Reststoffen vom 3.4.1990 (**Abfall- und Reststoffüberwachungs-Verordnung,** AbfRestÜberwV, BGBl. I S. 648) auf. Der zweite Abschnitt der Abfall- und Reststoffüberwachungs-Verordnung („Einsammeln und Befördern von Abfällen"), in den die wesentlichen Regelungsinhalte überführt worden waren, wurde in den folgenden Jahren einmal geändert (durch Art. 5 Nr. 1 des Gesetzes vom 30.9.1994, BGBl. I S. 2771).

9 Die Abfall- und Reststoffüberwachungs- Verordnung wurde – im Zusammenhang mit dem Übergang vom Abfallgesetz zum Kreislaufwirtschafts- und Abfallgesetz (→ Rn. 6) – durch die Verordnung zur Transportgenehmigung vom 10.9.1996 (**Transportgenehmigungsverordnung,** TgV, BGBl. I S. 1411) ersetzt, die gemäß § 13 TgV am 7.10.1996 in Kraft trat. Abweichendes galt allein für § 1 Abs. 1 TgV, der gemäß § 13 TgV erst am 1.1.1999 wirksam wurde. Die Verordnung wurde in den Jahren 2001 bis 2007 insgesamt sechsmal geändert (Art. 5 des Gesetzes vom 9.9.2001, BGBl. I S. 2331; Art. 6 der Verordnung vom 10.12.2001, BGBl. I S. 3379; Art. 4b der Verordnung vom 25.4.2002, BGBl. I S. 1488; Art. 3a des Gesetzes vom 21.6.2002, BGBl. I S. 2199; Art. 8 Nr. 1 des Gesetzes vom 15.7.2006, BGBl. I S. 1619; Art. 5 des Gesetzes vom 19.7.2007, BGBl. I S. 1462).

10 Mit Wirkung zum 1.6.2012 wurde aus der Transportgenehmigungsverordnung die „Verordnung zur Beförderungserlaubnis" (**Beförderungserlaubnisverordnung,** BefErlV; Art. 5 Abs. 16 des Gesetzes vom 24.2.2012, BGBl. I S. 212). Die Beförderungserlaubnisverordnung war eine Übergangsregelung, die in der Zeit vom 1.6.2012 bis zum 1.6.2014 für die in § 54 Abs. 1 Satz 1 KrWG vorgesehenen Erlaubnisse von Sammlern und Beförderern gefährlicher Abfälle galt (§ 1 Abs. 1 BefErlV). Der Wortlaut der Transportgenehmigungsverordnung wurde zwar an Terminologie und Systematik der §§ 3 Abs. 10 bis 13 und 53 bis 55 KrWG angepasst, im Übrigen aber weitgehend beibehalten.

11 Seit dem 1.6.2014 gilt die Verordnung über das Anzeige- und Erlaubnisverfahren für Sammler, Beförderer, Händler und Makler von Abfällen (**Anzeige- und Erlaubnisverordnung,** AbfAEV, BGBl. I S. 4043). Der Verordnungsgeber hat bei ihrem Aufbau und bei zahlreichen Einzelregelungen unmittelbar an die Beförderungserlaubnis- bzw. die Transportgenehmigungsverordnung angeknüpft. Neu sind demgegenüber insbesondere die konkretisierende Vorschrift zur Zuverlässigkeit von Personen der ersten und zweiten Verantwortungsebene (→ § 2 Rn. 12 und 13) in § 3 AbfAEV und die Regelungen in Abschnitt 3 („Anzeige durch Sammler, Beförderer, Händler und Makler von Abfällen", §§ 7 und 8), die sich auf die neu geschaffene Anzeigepflicht des § 53 Abs. 1 Satz 1 KrWG beziehen.

D. EU-Recht

12 Eine bedeutsame unionsrechtliche Vorgabe enthält Art. 26 Satz 1 der Richtlinie 2008/98/EG des Europäischen Parlaments und des Rates vom 19.11.2008 über Abfälle und zur Aufhebung bestimmter Richtlinien (ABl. EG L 312, 3; berichtigt am 26.5.2009, ABl. EU L 127, 24). Danach haben die Mitgliedstaaten – soweit in den nachfolgend aufgeführten Fällen keine Genehmigungspflicht nach Art. 23 Abs. 1 besteht – sicherzustellen, dass die zuständige Behörde ein Register führt über: a) Anlagen oder Unternehmen, die gewerbsmäßig Abfälle sammeln oder befördern; b) Händler oder Makler; und c) Anlagen oder Unternehmen, die gemäß Art. 24 von der Genehmigungspflicht befreit wurden.

13 Des Weiteren berühren die Regelungen in den §§ 3 Abs. 10 bis 13 und 53 und 54 KrWG sowie die Regelungen der Anzeige- und Erlaubnisverordnung den Anwendungsbereich der Verordnung (EG) Nr. 1013/2006 des Europäischen Parlaments und des Rates vom 14.6.2006 über die Verbringung von Abfällen (ABl. EG 2006 L 190, 1; zuletzt geändert durch Verordnung [EU] Nr. 255/2013 der Kommission vom 20.3.2013, ABl. EU 2013 L 79, 19; → Rn. 4 und → § 1 Rn. 3 und 4).

Abschnitt 1. Allgemeine Vorschriften

§ 1 Anwendungsbereich

(1) **Diese Verordnung gilt für**

1. **Anzeigen der Aufnahme der betrieblichen Tätigkeit durch Sammler, Beförderer, Händler und Makler von Abfällen nach § 53 Absatz 1 Satz 1 des Kreislaufwirtschaftsgesetzes und**
2. **Erlaubnisse für Sammler, Beförderer, Händler und Makler von gefährlichen Abfällen nach § 54 Absatz 1 Satz 1 des Kreislaufwirtschaftsgesetzes.**

(2) **Diese Verordnung gilt auch für anzeige- und erlaubnispflichtige Tätigkeiten, die auf dem Gebiet der Bundesrepublik Deutschland durchgeführt werden im Rahmen einer Verbringung von Abfällen im Sinne der Verordnung (EG) Nr. 1013/2006 des Europäischen Parlaments und des Rates vom 14. Juni 2006 über die Verbringung von Abfällen (ABl. L 190 vom 12.7.2006, S. 1, L 318 vom 28.11.2008, S. 15), die zuletzt durch die Verordnung (EU) Nr. 255/2013 (ABl. L 79 vom 21.3.2013, S. 19) geändert worden ist, in der jeweils geltenden Fassung.**

1 **§ 1 Abs. 1 AbfAEV** hat lediglich eine klarstellende Funktion (zu den in § 3 Abs. 10, 11, 12 und 13 KrWG definierten Begriffen „Sammler", „Beförderer", „Händler" und „Makler" → § 2 Rn. 2 bis 11; zur Reichweite der Anzeigepflicht des § 53 Abs. 1 Satz 1 KrWG → § 7 Rn. 1 und 2; zur Reichweite der Erlaubnispflicht des § 54 Abs. 1 Satz 1 KrWG → § 12 Rn. 1 bis 3). Die Regelung soll nach der Verordnungsbegründung den Bezug zu der Anzeigepflicht des § 53 Abs. 1 Satz 1 KrWG und der Erlaubnispflicht des § 54 Abs. 1 Satz 1 KrWG herstellen, deren Konkretisierung die gesamte Anzeige- und Erlaubnisverordnung dient (BR-Drs. 665/13, S. 50; → Vorb Rn. 1 bis 3).

2 **§ 1 Abs. 2 AbfAEV** knüpft an den bis zum Inkrafttreten der Anzeige- und Erlaubnisverordnung am 1.6.2014 geltenden § 1 Abs. 3 BefErlV (→ Vorb Rn. 10) und den davor geltenden § 1 Abs. 3 TgV (→ Vorb Rn. 9) an. Nach der Regelung sind die Vor-

schriften der Abfallverbringungsverordnung (EG) Nr. 1013/2006 (→ Vorb Rn. 13) einerseits und die Vorschriften der Anzeige- und Erlaubnisverordnung andererseits nebeneinander anzuwenden (BR-Drs. 665/13, S. 50; BMUB-Vollzugshilfe, Rn. 36). In der BMUB-Vollzugshilfe (Rn. 37 und 38) heißt es zu § 1 Abs. 2 AbfAEV: „Das Kreislaufwirtschaftsgesetz und die Anzeige- und Erlaubnisverordnung knüpfen an die Tätigkeit des Sammelns, Beförderns, Handelns und Makelns von Abfällen an. Aus diesem Grund kommt es für die Anwendung der Verordnung nicht darauf an, ob der Sammler, Beförderer, Händler oder Makler einen Sitz im Inland hat, sondern allein darauf, ob die Handlung des Sammelns, Beförderns, Handelns oder Makelns von Abfällen im Inland stattfindet. Dies ist der Fall, wenn die gesamte oder zumindest ein Teil der tatbestandlichen Handlung im Inland erfolgt. Für ausländische Sammler und Beförderer bedeutet dies, dass sie dann unter die Anzeige- und Erlaubnispflicht fallen, wenn die Sammlung oder Beförderung im Inland stattfindet (z.B. Einfuhr, Ausfuhr oder Transit). Die Handlung von ausländischen Maklern, die aus dem Ausland heraus in Deutschland entsprechende Rechtsgeschäfte vermitteln, hat zwar einen rechtlichen und tatsächlichen Bezug zum Gebiet der Bundesrepublik Deutschland, findet aber de facto im Ausland statt. Deshalb unterliegt z.B. ein Makler, der seinen Sitz im Ausland hat und von dort aus per Telefon, Fax oder E-Mail den Abschluss von Verträgen vermittelt dann nicht den Anzeige- und Erlaubnispflichten, wenn alle Maklerhandlungen im Ausland vorgenommen werden."

§ 2 Begriffsbestimmungen

(1) **Inhaber im Sinne dieser Verordnung ist diejenige natürliche oder juristische Person oder Personenvereinigung, die den die Sammler-, Beförderer-, Händler- oder Maklertätigkeit ausübenden Betrieb betreibt. Sofern es sich bei dem Inhaber um eine juristische Person oder Personenvereinigung handelt, kommt es für die Erfüllung der personenbezogenen Anforderungen dieser Verordnung an den Inhaber auf die nach Gesetz, Satzung oder Gesellschaftsvertrag zur Vertretung oder Geschäftsführung des Betriebes berechtigten Personen an.**

(2) **Für die Leitung und Beaufsichtigung des Betriebes verantwortliche Personen im Sinne dieser Verordnung sind diejenigen natürlichen Personen, die vom Inhaber mit der fachlichen Leitung, Überwachung und Kontrolle der vom Betrieb durchgeführten Tätigkeiten insbesondere im Hinblick auf die Beachtung der hierfür geltenden Vorschriften und Anordnungen beauftragt worden sind. Die Beauftragung setzt die Übertragung der für die in Satz 1 beschriebenen Aufgaben erforderlichen Entscheidungs- und Mitwirkungsbefugnisse voraus.**

(3) **Sonstiges Personal im Sinne dieser Verordnung sind diejenigen Arbeitnehmerinnen und Arbeitnehmer und anderen im Betrieb des Sammlers, Beförderers, Händlers oder Maklers von Abfällen beschäftigten Personen, die bei der Ausübung dieser betrieblichen Tätigkeiten mitwirken.**

Übersicht

A. Vorbemerkung

§ 2 Abs. 3 AbfAEV wurde durch die Verordnung vom 2.12.2016 (BGBl. I S. 2770) redaktionell angepasst. Inhaltlich ist die Vorschrift seit ihrem Inkrafttreten unverändert geblieben. **1**

I. Die Begriffe „Sammler“, „Beförderer“, „Händler“ und „Makler“, § 3 Abs. 10 bis 13 KrWG

„Sammler von Abfällen“ ist gemäß § 3 Abs. 10 KrWG jede natürliche oder juristische Person, die gewerbsmäßig oder im Rahmen wirtschaftlicher Unternehmen, d. h. aus Anlass einer anderweitigen gewerblichen oder wirtschaftlichen Tätigkeit, die nicht auf die Sammlung von Abfällen gerichtet ist, Abfälle sammelt. Die Formulierung **„natürliche oder juristische Person“** ist (unionsrechtskonform, Art. 26 Abfallrichtlinie 2008/98/EG [→ Vorb Rn. 12], „Anlagen oder Unternehmen“) dahingehend auszulegen, dass sie nicht nur natürliche Personen und juristische Personen des Privatrechts und des öffentlichen Rechts, sondern auch Personenvereinigungen erfasst. Die Begriffsbestimmungen des § 3 Abs. 12 und 13 KrWG („Händler“ und „Makler“) erfassen ausdrücklich auch Tätigkeiten **im Rahmen öffentlicher Einrichtungen.** In § 3 Abs. 10 und 11 KrWG („Sammler“ und „Beförderer“) wird auf Tätigkeiten im Rahmen öffentliche Einrichtungen jedoch kein Bezug genommen. Angesichts dessen fallen Tätigkeiten im Rahmen dieser Einrichtungen nicht unter § 3 Abs. 10 und 11 KrWG (näher *Hurst* in Jarass/Petersen, 2014, § 3 Rn. 206). Zu den öffentlichen Einrichtungen gehören in erster Linie die **öffentlich-rechtlichen Entsorgungsträger,** d. h. gemäß § 17 Abs. 1 Satz 1 KrWG die nach Landesrecht zur Entsorgung verpflichteten juristischen Personen (z. B. § 5 Abs. 1 LAbfG NRW: Kreise und kreisfreie Städte). Die Einordnung einer bestimmten Tätigkeit als gewerbsmäßige Tätigkeit bzw. als Tätigkeit im Rahmen wirtschaftlicher Unternehmen einerseits oder als Tätigkeit im Rahmen öffentlicher Einrichtungen andererseits kann – etwa bei der Beauftragung Dritter gemäß § 22 KrWG (vgl. *Hurst* in Jarass/Petersen KrWG, 2014, § 22 sowie *Versteyl* in Versteyl/Mann/Schomerus KrWG, 4. Aufl. 2019, § 22) – schwierige Abgrenzungsfragen aufwerfen. Tätigkeiten gemischt-wirtschaftlicher Unternehmen oder Tätigkeiten, die nicht im Zusammenhang mit der Erfüllung gesetzlicher Pflichten des öffentlich-rechtlichen Entsorgungsträgers stehen, können durchaus als gewerbsmäßige Tätigkeit einzuordnen und als solche von den Begriffsbestimmungen des § 3 Abs. 10 und 11 KrWG erfasst sein. Unter dem in § 3 Abs. 10 KrWG verwendeten Begriff des **Sammelns** bzw. der **Sammlung** ist gemäß § 3 Abs. 15 KrWG (vgl. auch Art. 3 Nr. 10 der Abfallrichtlinie 2008/98/EG) das Einsammeln von Abfällen, einschließlich deren vorläufiger Sortierung und vorläufiger Lagerung zum Zweck der Beförderung zu einer Abfallbehandlungsanlage, zu verstehen. Die BMUB-Vollzugshilfe **2**

(Rn. 2) stellt auf das mit der Erlangung der tatsächlichen Sachherrschaft verbundene Abholen bzw. Entgegennehmen von Abfällen von verschiedenen Abfallerzeugern oder von Abfällen eines Abfallerzeugers an verschiedenen Standorten ab (vgl. auch die dortigen Ausführungen bei Rn. 3 und 4).

3 **„Beförderer von Abfällen"** ist gemäß § 3 Abs. 11 KrWG jede natürliche oder juristische Person, die gewerbsmäßig oder im Rahmen wirtschaftlicher Unternehmen, d. h. aus Anlass einer anderweitigen gewerblichen oder wirtschaftlichen Tätigkeit, die nicht auf die Beförderung von Abfällen gerichtet ist, Abfälle befördert. Im Hinblick auf die Formulierung **„natürliche oder juristische Person"** sowie im Hinblick auf die **öffentlichen Einrichtungen** gelten die Ausführungen bei → Rn. 2 entsprechend. Da der Begriff der **„Beförderung"** im Kreislaufwirtschaftsgesetz nicht näher bestimmt wird, bietet es sich an, insoweit auf Teile des § 2 Abs. 2 Satz 1 GGBefG (Gesetz über die Beförderung gefährlicher Güter vom 6.8.1975, BGBl. I S. 2121; zuletzt geändert durch Art. 2 des Gesetzes vom 7.8.2013, BGBl. I S. 3154) zurückzugreifen (*Hurst* in Jarass/Petersen KrWG, 2014, § 3 Rn. 219). Der Begriff umfasst danach nicht nur den Vorgang der Ortsveränderung, sondern auch die Übernahme und die Ablieferung des Gutes sowie zeitweilige Aufenthalte im Verlauf der Beförderung, Vorbereitungs- und Abschlusshandlungen (Verpacken und Auspacken der Güter, Be- und Entladen).

4 **„Händler von Abfällen"** ist gemäß § 3 Abs. 12 KrWG jede natürliche oder juristische Person, die gewerbsmäßig oder im Rahmen wirtschaftlicher Unternehmen, d. h. aus Anlass einer anderweitigen gewerblichen oder wirtschaftlichen Tätigkeit, die nicht auf das Handeln mit Abfällen gerichtet ist, oder öffentlicher Einrichtungen in eigener Verantwortung Abfälle erwirbt und weiterveräußert; die Erlangung der tatsächlichen Sachherrschaft über die Abfälle ist hierfür nicht erforderlich. Der **unionsrechtliche „Händler"-Begriff** aus Art. 3 Nr. 7 der Abfallrichtlinie 2008/98/EG (→ Vorb Rn. 12) erfasst jedes Unternehmen, das in eigener Verantwortung handelt, wenn es Abfälle kauft und anschließend verkauft, einschließlich solcher Händler, die die Abfälle nicht physisch in Besitz nehmen. Im Hinblick auf die Formulierung **„natürliche oder juristische Person"** gilt wiederum das bei → Rn. 2 Gesagte; **öffentliche Einrichtungen** werden von der Definition ausdrücklich erfasst. Die Händlertätigkeit verlangt den Erwerb und die Weiterveräußerung von Abfällen, d. h. **die Erlangung und den Verlust des Eigentums nach Maßgabe der §§ 929 ff. BGB** (vgl. *Hurst* in Jarass/Petersen KrWG, 2014, § 3 Rn. 234 sowie *Versteyl* in Versteyl/Mann/Schomerus KrWG, 4. Aufl. 2019, § 3 Rn. 52). Unmittelbarer Besitz (§ 854 BGB) ist zwar nicht erforderlich, die Eigentumsübertragung selbst setzt jedoch eine Übergabe voraus (§ 929 Satz 1 BGB). Soweit diese nicht durch Übertragung des unmittelbaren Besitzes erfolgt, kommen die Übergabesurrogate der §§ 930, 931 BGB in Betracht. Ob der Abfall einen **positiven oder einen negativen Marktwert** hat, ist für den „Händler"-Begriff nicht von Bedeutung. Relevant ist dagegen, ob vor der Weiterveräußerung **Vorbehandlungen, Mischungen oder sonstige Behandlungen** vorgenommen werden, die eine Veränderung der Beschaffenheit oder Zusammensetzung der Abfälle bewirken. Werden derartige Tätigkeiten durchgeführt, so ist der jeweilige Akteur nicht „Händler", sondern „Zweiterzeuger" im Sinne von § 3 Abs. 8 KrWG (BMUB-Vollzugshilfe, Rn. 14).

5 **„Makler von Abfällen"** ist gemäß § 3 Abs. 13 KrWG jede natürliche oder juristische Person, die gewerbsmäßig oder im Rahmen wirtschaftlicher Unternehmen, d. h. aus Anlass einer anderweitigen gewerblichen oder wirtschaftlichen Tätigkeit, die nicht auf das Makeln von Abfällen gerichtet ist, oder öffentlicher Einrichtungen für die Bewirtschaftung von Abfällen für Dritte sorgt; die Erlangung der tatsächlichen Sachherrschaft ist hierfür nicht erforderlich. Der **unionsrechtliche „Makler"-Begriff** aus Art. 3 Nr. 8 der Abfallrichtlinie 2008/98/EG (→ Vorb Rn. 12) erfasst jedes Unternehmen, das für

die Verwertung oder die Beseitigung von Abfällen für andere sorgt, einschließlich solcher Makler, die Abfälle nicht physisch in Besitz nehmen. Im Hinblick auf die Formulierung **„natürliche oder juristische Person"** gilt einmal mehr das bei → Rn. 2 Gesagte; **öffentliche Einrichtungen** werden auch von dieser Definition ausdrücklich erfasst. Mit Blick auf die Formulierung **„für Dritte sorgt"** erscheint zweifelhaft, ob eine Maklertätigkeit im Sinne des § 3 Abs. 13 KrWG nur dort vorliegt, wo auch ein **Vertrag zu Stande kommt.** Die Bundesregierung hatte im Rahmen der Abfallrechtsnovelle der Jahre 2011/2012 (→ Vorb Rn. 6) bereits in ihrem Gesetzentwurf (BT-Drs. 17/6052) bei der Bestimmung des Begriffs „Makler von Abfällen" nicht mehr die Formulierung „vermitteln" (so der damals maßgebliche § 50 Abs. 1 Satz 1 KrW-/AbfG), sondern – in Anlehnung an den Wortlaut des Art. 3 Nr. 8 der Abfallrichtlinie 2008/98/EG – die Formulierung „sorgen für" gewählt. Der Bundesrat hatte dies in seiner Stellungnahme kritisiert (BT-Drs. 17/6052, S. 113, Ziff. 6) und sich für die Beibehaltung des bisherigen Wortlautes ausgesprochen. Die Bundesregierung hat den Vorschlag des Bundesrates in ihrer Gegenäußerung (BT-Drs. 17/6645, S. 2) allerdings abgelehnt. Letztlich blieb es dann bei der Formulierung „für Dritte sorgt". Der Begriff „vermitteln" im Sinne von § 50 Abs. 1 Satz 1 KrW-/AbfG wurde in der Rechtsprechung in einem weiten Sinne verstanden; ihm unterfielen entsprechend der Schutzrichtung der Norm, die mit der Maklertätigkeit im weitesten Sinne verbundenen Gefahren der Unseriösität der Entsorgung zu unterbinden, sämtliche Handlungen, die darauf gerichtet waren, eine Geschäftsbeziehung zwischen einem Besitzer von Abfällen und einem Anbieter von Verbringungen herzustellen (VG Düsseldorf, AbfallR 2003, 153, JURIS-Rn. 17; vgl. auch *Hurst* in Jarass/Petersen KrWG, 2014, § 3 Rn. 248 und die dort aufgeführten Nachweise). Die BMUB-Vollzugshilfe (Rn. 19) hebt einerseits hervor, dass die Begriffe „sorgen für" und „vermitteln" gleichbedeutend sind. Andererseits soll „Makler" aber nur derjenige sein, der Nachfrager und Anbieter von Abfallbewirtschaftungsmaßnahmen zu einem nur „zwischen diesen Personen abgeschlossenen Vertrag" zusammenführt. Vorzugswürdig erscheint es allerdings, auch den Begriff „sorgen für" in einem weiten Sinne zu verstehen und keinen Vertragsschluss zu fordern (ebenso *Hurst* in Jarass/Petersen, KrWG, § 3 Rn. 248).

II. Die Differenzierung zwischen „gewerbsmäßigen" Tätigkeiten und Tätigkeiten „im Rahmen wirtschaftlicher Unternehmen"

Die Differenzierung zwischen „gewerbsmäßigen" Tätigkeiten einerseits und Tätigkeiten „im Rahmen wirtschaftlicher Unternehmen" andererseits ist in allen vier Begriffsbestimmungen des § 3 Abs. 10 bis 13 KrWG angelegt. Sie war in Deutschland im Geltungsbereich der Einsammlungs- und Beförderungsgenehmigungspflicht lange Zeit geltendes Recht (§ 12 Abs. 1 Satz 1 des Abfallbeseitigungsgesetzes und § 12 Abs. 1 Satz 1 des Abfallgesetzes; zur Rechtsentwicklung auf Gesetzes- und Verordnungsebene → Vorb Rn. 6ff.), wurde aber mit dem Inkrafttreten von § 49 Abs. 1 Satz 1 KrW-/AbfG und § 1 Abs. 1 Satz 1 TgV zunächst aufgegeben (die v. g. Vorschriften erfassten nur noch die „gewerbsmäßigen" Tätigkeiten). Im Jahr 2005 äußerte sich dann der Europäische Gerichtshof (Urt. v. 9.6.2005, Kommission ./. Italienische Republik, Rs. C-270/03) zu dem Gewerbsmäßigkeitskriterium. Er erachtete den Ausdruck „gewerbsmäßig" einerseits zwar nicht als bedeutungsgleich mit den Ausdrücken „im Rahmen ihrer gewerblichen Tätigkeiten" oder „aus Anlass ihrer gewerblichen Tätigkeiten" (Rn. 26), verlangte andererseits aber auch nicht, dass die Tätigkeit die ausschließliche oder auch nur hauptsächliche Tätigkeit des betroffenen Unternehmens darstellt (Rn. 28). Entscheidend ist nach 6 dem v. g. Urteil stattdessen, ob es sich um eine „gewöhnliche und regelmäßige Tätigkeit" des Unternehmens handelt (Rn. 28). Aufgrund dieses Urteils (vgl. hierzu auch BT-Drs. 17/6052, S. 72f.) wurde die Formulierung „im Rahmen wirtschaftlicher Unternehmen" in Deutschland nicht nur im Bereich der Sammlungs- und Beförderungstätigkeiten (§ 3 Abs. 10 und 11 KrWG) erneut gebraucht; sie findet nun auch erstmals im Bereich der Handels- und Makeltätigkeiten (§ 3 Abs. 12 und 13 KrWG) Verwendung.

7 Eine **„gewerbsmäßige" Tätigkeit** setzt eine auf Dauer angelegte, selbstständige Tätigkeit voraus, die auf Erzielung von Einnahmen gerade durch das Sammeln, Befördern, Handeln oder Makeln von Abfällen gerichtet ist (vgl. § 3 Abs. 18 KrWG sowie die BMUB-Vollzugshilfe, Rn. 23). Hierunter sind sowohl Unternehmen zu subsumieren, deren Unternehmenszweck ganz im entgeltlichen Sammeln, Befördern, Handeln oder Makeln von Abfällen besteht, als auch solche, bei denen das Sammeln, Befördern, Handeln oder Makeln von Abfällen zwar nicht den alleinigen Unternehmenszweck, aber einen wichtigen Zweck ausmacht, d. h. bei denen es einen unverzichtbaren oder zumindest wesentlichen Bestandteil der angebotenen Leistungspalette darstellt (vgl. BMUB-Vollzugshilfe, Rn. 24 und 25).

8 Eine **Tätigkeit „im Rahmen wirtschaftlicher Unternehmen"** liegt gemäß § 3 Abs. 10 bis 13 KrWG dort vor, wo das Sammeln, Befördern, Handeln oder Makeln von Abfällen aus Anlass einer anderweitigen gewerblichen oder wirtschaftlichen Tätigkeit erfolgt, die nicht auf das Sammeln, Befördern, Handeln oder Makeln von Abfällen gerichtet ist. Der Unterschied zu „gewerbsmäßigen" Tätigkeiten liegt also darin, dass der Hauptzweck des wirtschaftlichen Unternehmens hier – anders als dort – nicht das Sammeln, Befördern, Handeln oder Makeln von Abfällen, sondern eine andere Dienstleistung ist (vgl. BMUB-Vollzugshilfe, Rn. 26). Der Gesetzgeber wollte mit der Formulierung „im Rahmen wirtschaftlicher Unternehmen" ausweislich der Gesetzesbegründung (BT-Drs. 17/6052, S. 73) der Reichweite des EU-rechtlichen Gewerbsmäßigkeitsbegriffs gerecht werden. Der Europäische Gerichtshof hat in seinem Urteil vom 6.9.2005 allerdings ausdrücklich hervorgehoben, dass dieser sich „nicht auf alle Unternehmen" bezieht, „die im Rahmen ihrer gewerblichen Tätigkeit die von ihnen erzeugten Abfälle befördern" (Rn. 25). Hierzu führt der Europäische Gerichtshof aus: „Zunächst ist der in diesem Artikel enthaltene Ausdruck ‚gewerbsmäßig' nicht bedeutungsgleich mit den Ausdrücken „im Rahmen ihrer gewerblichen Tätigkeiten" oder ‚aus Anlass ihrer gewerblichen Tätigkeiten', die der Gemeinschaftsgesetzgeber wahrscheinlich verwendet hätte, wenn er alle Unternehmen hätte erfassen wollen, die im Rahmen ihrer gewerblichen Tätigkeiten die von ihnen erzeugten Abfälle befördern". Entscheidend ist nach dem v. g. Urteil vielmehr, ob es sich um „eine gewöhnliche und regelmäßige Tätigkeit dieser Unternehmen" handelt. Um den vom Gesetzgeber angestrebten Gleichlauf mit der unionsrechtlichen Vorgabe zu erreichen, läge es nahe, den Begriff „im Rahmen wirtschaftlicher Unternehmen" dahingehend auszulegen, dass er nur „gewöhnliche und regelmäßige Tätigkeiten" erfasst. Der Verordnungsgeber hat allerdings in § 7 Abs. 9 Satz 1 AbfAEV Sammler und Beförderer, die Abfälle im Rahmen wirtschaftlicher Unternehmen, aber nicht gewöhnlich und nicht regelmäßig sammeln oder befördern, von der Anzeigepflicht ausgenommen und damit ersichtlich an die Formulierung des Europäischen Gerichtshofs angeknüpft. Im Umkehrschluss müssen daher auch Tätigkeiten, die nicht gewöhnlich und nicht regelmäßig durchgeführt werden, Tätigkeiten „im Rahmen wirtschaftlicher Unternehmen" im Sinne der deutschen Regelung sein. § 3 Abs. 10 bis 13 KrWG geht insoweit also über die unionsrechtliche Vorgabe hinaus.

9 Im Geltungsbereich der Anzeige- und Erlaubnisverordnung sind mit Sammlungs-, Beförderungs-, Handels- und Makeltätigkeiten – entsprechend den Begriffsbestimmungen des § 3 Abs. 10 bis 13 KrWG – grundsätzlich sowohl „gewerbsmäßige" Tätigkeiten als

auch Tätigkeiten „im Rahmen wirtschaftlicher Unternehmen" gemeint. Einzelne Regelungen betreffen allerdings ausschließlich „gewerbsmäßige" Tätigkeiten (§ 4 Abs. 1 und 2, § 16 AbfAEV) oder ausschließlich Tätigkeiten „im Rahmen wirtschaftlicher Unternehmen" (§ 4 Abs. 4, § 7 Abs. 8 und 9, § 12 Abs. 1 Nr. 1 AbfAEV).

III. Die Adressaten der Erlaubnispflicht des § 54 Abs. 1 Satz 1 KrWG und der Anzeigepflicht des § 53 Abs. 1 Satz 1 KrWG

Sowohl die Erlaubnispflicht des § 54 Abs. 1 Satz 1 KrWG als auch die Anzeigepflicht 10
des § 53 Abs. 1 Satz 1 KrWG knüpfen bei der Beschreibung ihres Adressatenkreises an die neuen, in § 3 Abs. 10 bis 13 KrWG definierten Begriffe Sammler, Beförderer, Händler und Makler an. Diese erfassen ihrerseits „jede natürliche oder juristische Person" (vgl. zur unionsrechtskonformen, weiten Auslegung letzteren Begriffes → Rn. 2), die die jeweilige Tätigkeit ausübt, d. h. Abfälle sammelt, befördert, erwirbt und weiterveräußert oder für deren Bewirtschaftung für Dritte sorgt. Die Frage, ob eine bestimmte „natürliche oder juristische Person" zum **Adressatenkreis der v. g. Pflichten** gehört, ist also bei heutiger Rechtslage systematisch auf der Ebene der Begriffsbestimmungen des § 3 Abs. 10 bis 13 KrWG zu verorten. (Eine andere Frage ist es, auf welche Personen es im Einzelfall bei der **Erfüllung der personenbezogenen Anforderungen** ankommt, → Rn. 12 f.)

Soweit es um Tätigkeiten geht, die von **einzelnen natürlichen Personen oder einzelnen Kapital- oder Personengesellschaften** ausgeübt werden, ergeben sich bei der Klärung der Frage, ob diese zum Adressatenkreis der Erlaubnis- bzw. der Anzeigepflicht gehören, keine besonderen Schwierigkeiten; in diesen Fällen kann allein zweifelhaft sein, ob es sich bei den jeweiligen Tätigkeiten überhaupt um Tätigkeiten im Sinne von § 3 Abs. 10 bis 13 KrWG handelt (→ Rn. 2 bis 5). Im Rahmen von **Konzernstrukturen,** in Fällen, in denen **mehrere natürliche Personen, Kapital- und/oder Personengesellschaften** bei einer Tätigkeit zusammenwirken oder bei der Einschaltung von **Subunternehmen,** kann darüber hinaus allerdings fraglich sein, welche Akteure unter die Begriffsbestimmungen des § 3 Abs. 10 bis 13 KrWG fallen und welche nicht. Nach dem Wortlaut des § 3 Abs. 10 bis 13 KrWG ist jeweils „**jede** natürliche oder juristische Person" erfasst; in § 3 Abs. 12 und 13 KrWG findet sich außerdem der Ausdruck „in eigener Verantwortung". Des Weiteren ist zu berücksichtigen, dass eine **Beauftragung Dritter** (d. h. solcher Akteure, die keiner Erlaubnis bedürfen), wie sie früher in § 5 BefErlV und § 5 TgV geregelt war, in der heutigen Anzeige- und Erlaubnisverordnung nicht mehr vorgesehen ist. Schließlich wird in § 2 Abs. 1 Satz 1 AbfAEV von „Ausüben" und „Betreiben" gesprochen. Vor diesem Hintergrund dürfte bei der Bestimmung des Adressatenkreises der Erlaubnis- und der Anzeigepflicht in Zweifelsfällen entscheidend sein, ob die einzelnen Akteure jeweils **in eigenem Namen, auf eigene Rechnung und in eigener Verantwortung** eine der in § 3 Abs. 10 bis 13 KrWG genannten Tätigkeiten ausüben. Wird beispielsweise ein Subunternehmen mit einer dieser Tätigkeiten beauftragt, die es sodann eigenverantwortlich durchführt und dem Auftraggeber in Rechnung stellt, ist insoweit allein das Subunternehmen Sammler/Beförderer/Händler/Makler; der Auftraggeber ist in diesem Fall nur dann Adressat der Pflichten, wenn (auch) er in eigenem Namen, auf eigene Rechnung und in eigener Verantwortung (irgend)eine Tätigkeit im Sinne von § 3 Abs. 10 bis 13 KrWG ausübt (vgl. *Kropp,* Anzeige- und Erlaubnisverordnung, 2014, § 2 Rn. 20). Wird dagegen beispielsweise von einem Unternehmen gegen Entgelt Ausrüstung oder Personal zur Verfügung gestellt, das anschließend im Verantwortungsbereich eines anderen Unternehmens für eine der in § 3 Abs. 10 bis 11

13 KrWG genannten Tätigkeiten eingesetzt wird, ist insoweit allein das zweite Unternehmen Sammler/Beförderer/Händler/Makler, es sei denn, (auch) das erste Unternehmen übt (irgend)eine Tätigkeit im Sinne von § 3 Abs. 10 bis 13 KrWG aus. Zur früheren Regelung der Transportgenehmigungsverordnung und Möglichkeiten der Vertragsgestaltung s. *Tünnesen-Harmes* in Jarass/Petersen/Weidemann, KrW-/AbfG, § 5 TgV Rn. 22 ff.)

B. Die Begriffsbestimmungen des § 2 AbfAEV

I. Erste Verantwortungsebene: „Inhaber"/Betriebsinhaber, § 2 Abs. 1 AbfAEV

12 Der Verordnungsgeber hat in § 2 Abs. 1 Satz 1 AbfAEV im Wesentlichen an dem „Betriebsinhaber"-Begriff aus § 2 Abs. 1 BefErlV und § 2 Abs. 1 TgV festgehalten (zu § 2 TgV vgl. *Tünnesen-Harmes* in Jarass/Petersen/Weidemann, KrW-/AbfG § 2 Rn. 1 ff. Dies hat zur Folge, dass sich in § 2 Abs. 1 AbfAEV zwei voneinander zu unterscheidende Problemkreise überlagern. Der **erste Problemkreis,** d. h. die Klärung der Frage, ob eine bestimmte natürliche oder juristische Person zum Adressatenkreis der Erlaubnis- bzw. der Anzeigepflicht gehört, ist systematisch auf der Ebene der Begriffsbestimmungen des § 3 Abs. 10 bis 13 KrWG angesiedelt (→ Rn. 10 und 11). Hier liefert § 2 Abs. 1 AbfAEV lediglich einzelne ergänzende Anhaltspunkte. Ungleich bedeutsamer sind die Regelungen des § 2 Abs. 1 AbfAEV demgegenüber im Bereich des **zweiten Problemkreises,** d. h. bei der Klärung der Frage, auf welche Personen es im Einzelfall bei der **Erfüllung der personenbezogenen Anforderungen (Zuverlässigkeit, Fachkunde und Sachkunde)** ankommt. Die §§ 53 und 54 KrWG unterscheiden insgesamt drei Verantwortungsebenen (Inhaber eines Betriebes, für die Leitung und Beaufsichtigung des Betriebes verantwortlichen Personen und sonstiges Personal); § 2 Abs. 1 AbfAEV **bestimmt die Personen, die zur ersten Verantwortungsebene gehören.** Im Einzelnen gilt Folgendes: Ist der Sammler/Beförderer/Händler/Makler eine natürliche Person, so kommt es für die Erfüllung der personenbezogenen Anforderungen auf die natürliche Person an. Ist der Sammler/Beförderer/Händler/Makler eine „juristische Person" im Sinne von § 3 Abs. 10 bis 13 AbfAEV (vgl. zu der unionsrechtskonformen, weiten Auslegung dieses Begriffes → Rn. 2) bzw. eine „juristische Person oder Personenvereinigung" im Sinne von § 2 Abs. 1 AbfAEV, so kommt es für die Erfüllung der personenbezogenen Anforderungen allein auf die nach Gesetz, Satzung oder Gesellschaftsvertrag zur Vertretung oder Geschäftsführung des Betriebes berechtigten Personen an. Wer die **„nach Gesetz, Satzung oder Gesellschaftsvertrag zur Vertretung oder Geschäftsführung des Betriebes berechtigten Personen"** sind, ist eine Frage des Einzelfalls. In Betracht kommen beispielsweise GmbH-Geschäftsführer (vgl. § 35 Abs. 1 Satz 1 und Abs. 2 Satz 1 GmbHG), geschäftsführende Gesellschafter (vgl. beispielsweise §§ 709 Abs. 1, 710, 714 BGB, §§ 125 Abs. 1 und 2, 126 Abs. 1, 164 Satz 1 HGB) und AG-Vorstände (vgl. §§ 77 Abs. 1, 78 Abs. 1 Satz 1 AktG), nicht aber Prokuristen und sonstige rechtsgeschäftlich bevollmächtigte Personen. Ob eine einzelne Person die juristische Person oder Personenvereinigung allein oder nur gemeinsam mit anderen Personen vertreten kann, ist für ihre Zugehörigkeit zur ersten Verantwortungsebene nicht von Bedeutung. So kann es zwar bei der Erfüllung der personenbezogenen Anforderungen (auch) auf der ersten Verantwortungsebene auf mehrere Personen ankommen. Jeder Sammler-, Beförderer-, Händler- oder Maklerbetrieb hat aber nur einen Betriebsinhaber,

nämlich diejenige natürliche oder juristische Person oder Personenvereinigung, die ihn betreibt. Sammelt beispielsweise eine von zwei Geschäftsführern geführte GmbH gewerbsmäßig gefährliche Abfälle, so ist sie Sammlerin im Sinne von § 3 Abs. 10 KrWG und fällt als solche unter die Erlaubnispflicht des § 54 Abs. 1 Satz 1 KrWG. Betriebsinhaberin ist gemäß § 2 Abs. 1 Satz 1 AbfAEV zwar ebenfalls die GmbH. Für die Erfüllung der personenbezogen Anforderungen kommt es (auf der ersten Verantwortungsebene) aber auf die beiden Geschäftsführer an (unabhängig davon, ob diese die GmbH jeweils allein oder nur gemeinsam vertreten dürfen).

II. Zweite Verantwortungsebene: „für die Leitung und Beaufsichtigung des Betriebes verantwortliche Personen"/Leitungspersonal, § 2 Abs. 2 AbfAEV

13 Der Begriff „für die Leitung und Beaufsichtigung des Betriebes verantwortliche Personen"/Leitungspersonal wird in den §§ 53 und 54 KrWG im Zusammenhang mit **personenbezogenen Anforderungen auf der zweiten Verantwortungsebene** verwendet. Zu dem Leitungspersonal gehören gemäß § 2 Abs. 2 Satz 1 AbfAEV diejenigen natürlichen Personen, die vom Inhaber mit der fachlichen Leitung, Überwachung und Kontrolle der vom Betrieb durchgeführten Tätigkeiten insbesondere im Hinblick auf die Beachtung der hierfür geltenden Vorschriften und Anordnungen beauftragt sind. Der entscheidende **Unterschied zwischen der ersten und der zweiten Verantwortungsebene** liegt darin, dass die Personen der ersten Verantwortungsebene ihre Befugnisse aus Gesetz, Satzung oder Gesellschaftsvertrag ableiten, während die Personen der zweiten Verantwortungsebene von Personen der ersten Verantwortungsebene delegierte Aufgaben wahrnehmen. Eine besondere Form ist für die **rechtsgeschäftliche Delegation** nicht vorgeschrieben. Mit „Leitung und Beaufsichtigung" ist die fachliche Leitung, Überwachung und Kontrolle gerade der anzeige- oder erlaubnispflichtigen abfallwirtschaftlichen Tätigkeit gemeint (BMUB-Vollzugshilfe, Rn. 30). Personen mit entsprechenden Leitungs- und Kontrollfunktionen können in erster Linie Betriebsleiter, Abteilungsleiter oder Prokuristen sein. Nicht unter § 2 Abs. 2 AbfAEV fallen dagegen insbesondere solche Führungskräfte, die allein mit kaufmännischen Aufgaben betraut sind.

III. Dritte Verantwortungsebene: „sonstiges Personal", § 2 Abs. 3 AbfAEV

14 Der Begriff „sonstiges Personal" wird in den §§ 53 und 54 KrWG im Zusammenhang mit **personenbezogenen Anforderungen auf der dritten Verantwortungsebene** verwendet. Zum sonstigen Personal gehören gemäß § 2 Abs. 3 AbfAEV diejenigen Arbeitnehmerinnen und Arbeitnehmer und andere im Betrieb des Sammlers, Beförderers, Händlers oder Maklers von Abfällen beschäftigte Personen, die bei der Ausübung dieser betrieblichen Tätigkeit mitwirken. **Fremdpersonal** (etwa Leiharbeitnehmer), das in einem Sammler-, Beförderer-, Handels- oder Maklerbetrieb zum Einsatz kommt und bei der Ausübung der Sammel-, Beförderungs-, Handels- oder Makeltätigkeit mitwirkt, gehört ebenfalls zum sonstigen Personal. **An der betrieblichen Tätigkeit wirken** nach der BMUB-Vollzugshilfe (Rn. 33) beispielsweise der LKW-Fahrer, der die Sammlung oder Beförderung von Abfällen nach Weisung eines Disponenten durchführt, und der Disponent selbst **mit,** der den LKW- und Fahrereinsatz plant. Nicht zum sonstigen Personal gehören dagegen beispielsweise Reinigungskräfte für die Büroräume des Betriebes (BMUB-Vollzugshilfe, Rn. 33).

Abschnitt 2. Anforderungen an Sammler, Beförderer, Händler und Makler von Abfällen

§ 3 Zuverlässigkeit

(1) **Die nach § 53 Absatz 2 Satz 1 und § 54 Absatz 1 Satz 2 Nummer 1 des Kreislaufwirtschaftsgesetzes erforderliche Zuverlässigkeit ist gegeben, wenn der Inhaber des Betriebes und die für die Leitung und Beaufsichtigung des Betriebes verantwortlichen Personen auf Grund ihrer persönlichen Eigenschaften, ihres Verhaltens und ihrer Fähigkeiten zur ordnungsgemäßen Erfüllung der ihnen obliegenden Aufgaben geeignet sind.**

(2) **Die erforderliche Zuverlässigkeit ist in der Regel nicht gegeben, wenn eine der in Absatz 1 genannten Personen**

1. wegen Verletzung von Vorschriften
  a) des Strafrechts über gemeingefährliche Delikte oder Delikte gegen die Umwelt,
  b) des Immissionsschutz-, Abfall-, Wasser-, Natur- und Landschaftsschutz-, Chemikalien-, Gentechnik- oder Atom- und Strahlenschutzrechts,
  c) des Lebensmittel-, Arzneimittel-, Pflanzenschutz- oder Infektionsschutzrechts,
  d) des Gewerbe-, Arbeitsschutz- Transport- oder Gefahrgutrechts oder
  e) des Betäubungsmittel-, Waffen- oder Sprengstoffrechts

innerhalb der letzten fünf Jahre vor Anzeige der Aufnahme der betrieblichen Tätigkeit oder der Beantragung der Erlaubnis mit einer Geldbuße in Höhe von mehr als zweitausendfünfhundert Euro belegt oder zu einer Strafe verurteilt worden ist oder

2. wiederholt oder grob pflichtwidrig gegen die in Nummer 1 genannten Vorschriften verstoßen hat.

Übersicht

A. Bedeutung der Vorschrift

1 Gemäß § 54 Abs. 1 Satz 2 Nr. 1 KrWG hat die zuständige Behörde die in § 54 Abs. 1 Satz 1 KrWG vorgesehene Erlaubnis zu erteilen, wenn keine Tatsachen bekannt sind, aus denen sich Bedenken gegen die Zuverlässigkeit des Inhabers oder der für die Leitung und Beaufsichtigung des Betriebes verantwortlichen Personen ergeben. Auch der Inhaber

eines Betriebes, der unter die Anzeigepflicht des § 53 Abs. 1 Satz 1 KrWG fällt, sowie die für die Leitung und Beaufsichtigung des Betriebes verantwortlichen Personen müssen gemäß § 53 Abs. 2 Satz 1 KrWG zuverlässig sein. Gemäß § 53 Abs. 3 Satz 3 KrWG hat die zuständige Behörde die angezeigte Tätigkeit u. a. dann zu untersagen, wenn Tatsachen bekannt sind, aus denen sich Bedenken gegen die Zuverlässigkeit des Inhabers oder der für die Leitung und Beaufsichtigung des Betriebes verantwortlichen Personen ergeben. **§ 3 AbfAEV dient der inhaltlichen Konkretisierung des in den v. g. Regelungen verwendeten Zuverlässigkeitskriteriums.** Bei der Zuverlässigkeit handelt es sich um eine personenbezogene Anforderung im Sinne von § 2 Abs. 1 Satz 2 AbfAEV.

B. Rechtsentwicklung

Bereits die Erteilung der in § 12 Abs. 1 Satz 1 des Abfallbeseitigungsgesetzes (→ Vorb Rn. 6) vorgesehenen Einsammlungs- und Beförderungsgenehmigung hing gemäß § 12 Abs. 1 Satz 2 des Abfallbeseitigungsgesetzes von der Zuverlässigkeit des Antragstellers und der für die Leitung und Beaufsichtigung des Betriebes verantwortlichen Personen ab. Das Zuverlässigkeitskriterium selbst ist also bereits seit dem Beginn der 1970er Jahre eine entscheidende Genehmigungs- bzw. Erlaubnisvoraussetzung. Die Vorschrift ist im Wesentlichen § 8 Abs. 2 der Entsorgungsfachbetriebeverordnung – EfbV (vgl. hierzu in Einzelnen *Tünnesen-Harmes* in Tünnesen-Harmes (Hrsg.) Entsorgungs-Wegweiser 3/24, Stand Dez. 2009, S. 20 ff.) nachgebildet, in dem die inhaltliche Konkretisierung dieses Kriteriums bereits enthalten war (vgl. hierzu aber VG Düsseldorf, AbfallR 2004, 139 JURIS-Rn. 23 ff, worin gesetzessystematische Bedenken gegen die Übertragung der Anforderungen aus der Entsorgungsfachbetriebeverordnung auf den Anwendungsbereich der Transportgenehmigungsverordnung aufgezeigt worden sind). 2

Die neuen konkretisierenden Regelungen des § 3 AbfAEV sollen ausweislich der Verordnungsbegründung für alle Beteiligten Rechtssicherheit schaffen (BR-Drs. 665/13, S. 51). Sie entsprechen weitgehend § 8 Abs. 1 und 2 EfbV, der bereits vor dem Inkrafttreten der Anzeige- und Erlaubnisverordnung zumindest Anhaltspunkte für die Zuverlässigkeitsprüfung bot (vgl. VG Düsseldorf, AbfallR 2004, 139, JURIS-Rn. 28; *Schomerus* in Versteyl/Mann/Schomerus, KrWG, 4. Aufl. 2019, § 53 Rn. 30; *Hurst* in Jarass/Petersen, KrWG, 2014, § 53 Rn. 24; *Kropp,* Anzeige- und Erlaubnisverordnung 2014, § 3 Rn. 4 ff.). Es ergeben sich allerdings zwei wesentliche Abweichungen: Einerseits wird in § 3 Abs. 2 Nr. 1 lit. d AbfAEV – anders als in § 8 Abs. 2 Nr. 1 lit. d EfbV – auch auf das Gefahrgutrecht Bezug genommen. Der Kreis der zuverlässigkeitsrelevanten Rechtsvorschriften ist im Geltungsbereich des § 3 AbfAEV also weiter gefasst. Andererseits bezieht sich § 3 Abs. 2 Nr. 1 AbfAEV ausdrücklich nur auf die „letzten fünf Jahre vor Anzeige der Aufnahme der betrieblichen Tätigkeit oder der Beantragung der Erlaubnis"; der insoweit strengere § 8 Abs. 2 Nr. 1 EfbV enthält demgegenüber keine zeitliche Beschränkung. 3

§ 3 Abs. 2 Nr. 1 lit. d AbfAEV wurde durch G v. 2.12.2016 (BGBl. I S. 2770) um die Verletzung von Vorschriften des Transportrechts ergänzt. Die Änderung trat mit Wirkung zum 1.12.2019 in Kraft. 4

C. Anwendungsbereich

Wie bereits bei → Rn. 1 dargelegt wurde, hat der Gesetzgeber die Erteilung der in § 54 Abs. 1 Satz 1 KrWG vorgesehenen Erlaubnis durch die zuständige Behörde u. a. davon abhängig gemacht, ob Tatsachen bekannt sind, aus denen sich Bedenken gegen die 5

Zuverlässigkeit des Inhabers oder der für die Leitung und Beaufsichtigung des Betriebes verantwortlichen Personen ergeben (§ 54 Abs. 1 Satz 2 KrWG). Das Zuverlässigkeitskriterium kann demnach zunächst im unmittelbaren Zusammenhang mit einem Erlaubnisantrag eines Sammlers, Beförderers, Händlers oder Maklers (→ § 2 Rn. 1 bis 5, 10 und 11) relevant werden (**Zuverlässigkeit als Erlaubnisvoraussetzung**). Lehnt die Behörde einen Erlaubnisantrag ab, weil es an der erforderlichen Zuverlässigkeit fehlt, so handelt es sich bei dem Ablehnungsbescheid um einen belastenden Verwaltungsakt; der Antragsteller kann – soweit dies landesrechtlich noch vorgesehen ist – Widerspruch einlegen (§ 68 Abs. 1 VwGO) und Versagungsgegenklage erheben (§ 42 Abs. 1 VwGO). Bei der Erlaubnis selbst handelt es sich dagegen um einen begünstigenden Verwaltungsakt. Werden **nachträglich Tatsachen bekannt,** wegen derer es bereits zum Zeitpunkt der Erlaubniserteilung an der erforderlichen Zuverlässigkeit gefehlt hat, ist die Behörde also zum Zeitpunkt der Erlaubniserteilung von einem Sachverhalt ausgegangen, der sich nachträglich als unrichtig erweist, so ist die Erlaubnis rechtswidrig zu Stande gekommen (vgl. BVerwGE 31, 122, JURIS-Rn. 14). Eine rechtswidrige Erlaubnis kann von der zuständigen Behörde nach Maßgabe des Verwaltungsverfahrensgesetzes des jeweiligen Bundeslandes (beispielsweise § 48 Abs. 1 Satz 1, Satz 2 in Verbindung mit Abs. 2 bis 4 LVwVfG NRW) zurückgenommen werden (zur Wirkung der Rücknahme für die Vergangenheit oder für die Zukunft vgl. *Ramsauer* in Kopp/Ramsauer VwVfG, 21. Aufl. 2020, § 48 Rn. 75 f.). **Treten** hingegen **nachträglich Tatsachen ein,** nach denen es an der erforderlichen Zuverlässigkeit fehlt, so führt dies nicht zur Rechtswidrigkeit der Erlaubnis (vgl. *Kopp/Ramsauer* VwVfG, § 48 Rn. 59). In diesen Fällen kommt allein ein Widerruf der Erlaubnis nach Maßgabe des Verwaltungsverfahrensgesetzes des jeweiligen Bundeslandes (z. B. § 49 Abs. 2 Satz 1 Nr. 3 LVwVfG NRW) mit Wirkung für die Zukunft in Betracht.

6 Auch im Geltungsbereich der Anzeigepflicht des § 53 Abs. 1 Satz 1 KrWG hat der Gesetzgeber bestimmt, dass der Inhaber des Betriebes und die für die Leitung und Beaufsichtigung des Betriebes verantwortlichen Personen zuverlässig sein müssen (§ 53 Abs. 2 Satz 1 KrWG). Sind Tatsachen bekannt, aus denen sich Bedenken gegen die Zuverlässigkeit des Inhabers oder der für die Leitung und Beaufsichtigung des Betriebes verantwortlichen Personen ergeben, hat die zuständige Behörde gemäß § 53 Abs. 3 Satz 3 Alt. 2 KrWG die angezeigte Tätigkeit zu untersagen (**Zuverlässigkeit als Untersagungsgrund**). Die Untersagung einer angezeigten Tätigkeit gemäß § 53 Abs. 3 Satz 3 KrWG ist ein belastender Verwaltungsakt (→ § 7 Rn. 9 und 10). Entscheidend ist insoweit, ob die erforderliche Zuverlässigkeit zum Zeitpunkt der Untersagungsentscheidung gegeben ist oder nicht.

7 Vor diesem Hintergrund gilt für den Anwendungsbereich des § 3 AbfAEV Folgendes: § 3 AbfAEV konkretisiert das Zuverlässigkeitskriterium sowohl im Geltungsbereich der Erlaubnispflicht des § 54 Abs. 1 Satz 1 KrWG als auch im Geltungsbereich der Anzeigepflicht des § 53 Abs. 1 Satz 1 KrWG (so ausdrücklich die BMUB-Vollzugshilfe, Rn. 42). Die Vorschrift gilt demnach für Zuverlässigkeitsprüfungen in unmittelbarem Zusammenhang mit einem Erlaubnisantrag und im unmittelbaren Zusammenhang mit einer Anzeige (im Hinblick auf eine sofortige Untersagung gemäß § 53 Abs. 3 Satz 3 KrWG). Auch bei der Prüfung der Rechtmäßigkeit einer bereits erteilten Erlaubnis in Ansehung **nachträglich bekanntgewordener Tatsachen** und im Hinblick auf eine mögliche Rücknahme der Erlaubnis ist die Vorschrift heranzuziehen, da insoweit ebenfalls der Zeitpunkt der Erlaubniserteilung entscheidend ist (vgl. *Ramsauer* in Kopp/Ramsauer VwVfG, 21 Aufl. 2020, § 48 Rn. 57; vgl. zu der Differenzierung zwischen nachträglich bekannt gewordenen Tatsachen einerseits und nachträglich eingetretenen Tatsachen andererseits auch → Rn. 5). Zweifelhaft erscheint allerdings ob bzw. inwieweit die Vorschrift auch bei Zuverlässigkeitsprüfungen aufgrund **nachträglich eingetretener Tatsachen** – sei es im Hinblick auf den Widerruf einer Erlaubnis oder sei es im Hinblick auf eine (nachträgliche) Untersagung gemäß § 53 Abs. 3 Satz 3 KrWG – Anwendung findet. In der Verordnungsbegründung (BR-Drs. 665/13, S. 51) und der BMUB-Vollzugshilfe (Rn. 43) heißt es hierzu übereinstimmend: „Die Vorschrift bestimmt die Zuverlässigkeitsanforderungen, die zum Zeitpunkt der Erstattung der Anzeige oder der Erteilung der Erlaubnis vorliegen müssen." § 3 Abs. 2 Nr. 1 AbfAEV stellt ausdrücklich auf die „letzten fünf Jahre vor Anzeige der Aufnahme der betrieblichen Tätigkeit oder der Beantragung der Erlaubnis" ab. Angesichts dessen könnte man annehmen, § 3 AbfAEV gelte ausschließlich für Zuverlässigkeitsprüfungen in unmittelbarem Zusammenhang mit einem Erlaubnisantrag oder einer Anzeige sowie für Zuverlässigkeitsprüfungen in Ansehung nachträglich bekanntgewordener Tatsachen, nicht dagegen für Zuverlässigkeitsprüfungen aufgrund nachträglich eingetretener Tatsachen. Diese Rechtsauffassung erscheint indes unzutreffend. Weder die positive Begriffsbestimmung des § 3 Abs. 1 AbfAEV noch die negativen Regelbeispiele des § 3 Abs. 2 Nr. 2 Alt. 1 und 2 AbfAEV beschränken sich ihrem Wortlaut nach auf bestimmte Zuverlässigkeitsprüfungen. Hinzu kommt, dass nichts gegen eine Heranziehung der Begriffsbestimmung und der beiden v.g. Regelbeispiele auch bei Zuverlässigkeitsprüfungen aufgrund nachträglich eingetretener Tatsachen spricht. § 3 AbfAEV findet demnach grundsätzlich bei allen Zuverlässigkeitsprüfungen Anwendung. Gegenteiliges könnte allerdings für das Regelbeispiel des § 3 Abs. 2 Nr. 1 AbfAEV gelten. Hierfür spricht neben dem Wortlaut des § 3 Abs. 2 Nr. 1 AbfAEV, der dezidiert auf den Zeitpunkt der Anzeige bzw. des Erlaubnisantrags abstellt, folgende Erwägung: Würde man dieses Regelbeispiel auch bei Zuverlässigkeitsprüfungen aufgrund nachträglich eingetretener Tatsachen anwenden, könnten sich Rechtsunsicherheiten bei der Ermittlung des Fünf-Jahres-Zeitraums ergeben, da der Eingang der Anzeige bzw. des Erlaubnisantrags bei der zuständigen Behörde dann nicht mehr als Referenzzeitpunkt in Betracht käme. Eine Anknüpfung an nachträglich eingetretene Tatsachen, deren Zeitpunkt bestimmt werden kann, so dass gesichert davon auszugehen ist, dass diese innerhalb eines Zeitraums der letzten fünf Jahre vor Prüfung der Zuverlässigkeit und eines darauf gestützten (belastenden) Verwaltungsakts eingetreten sind, dürfte demgegenüber für die Anwendung auch der Regelbeispiele des § 3 Abs. 1 Nr. 1 AbfAEV in Betracht kommen.

D. Das Zuverlässigkeitskriterium

Gemäß § 3 Abs. 1 AbfAEV ist die „erforderliche Zuverlässigkeit" nach § 53 Abs. 2 **8**
Satz 1 und § 54 Abs. 1 Satz 2 Nr. 1 KrWG gegeben, wenn der Inhaber des Betriebes, d.h. die Personen der ersten Verantwortungsebene (vgl. § 2 Abs. 1 Satz 2 AbfAEV, → § 2 Rn. 12), und die für die Leitung und Beaufsichtigung des Betriebes verantwortlichen Personen, d.h. die Personen der zweiten Verantwortungsebene (→ § 2 Rn. 13), aufgrund ihrer persönlichen Eigenschaften, ihres Verhaltens und ihrer Fähigkeiten zur ordnungsgemäßen Erfüllung der ihnen obliegenden Aufgaben geeignet sind. Die „erforderliche Zuverlässigkeit" bezieht sich demnach grundsätzlich – soweit nicht ausnahmsweise bei kleinen Betrieben nur eine einzige Person der ersten und keine Person der zweiten Verantwortungsebene zuzuordnen ist – auf eine Gruppe von natürlichen Personen. Gemäß § 3 Abs. 2 AbfAEV ist die „erforderliche Zuverlässigkeit" in der Regel dann nicht gegeben, wenn eine Person der ersten oder zweiten Verantwortungsebene unter eines der Regelbeispiele des § 3 Abs. 2 AbfAEV fällt. In einem ersten Schritt ist deshalb zu klären, ob eine der Personen der ersten oder zweiten Verantwortungsebene (→ § 2 Rn. 12 und 13) eines der negativen Regelbeispiele des § 3 Abs. 2 AbfAEV verwirklicht

(→ Rn. 9ff.). Sodann ist in einem zweiten Schritt im Wege einer Gesamtbetrachtung zu klären, ob die „erforderliche Zuverlässigkeit" im Einzelfall – trotz des Vorliegens eines oder mehrerer Regelbeispiele – ausnahmsweise zu bejahen oder ob sie im Einzelfall – trotz des Nichtvorliegens eines Regelbeispiels – ausnahmsweise zu verneinen ist (→ Rn. 13f.).

9 Ob die behördliche Handhabung des Zuverlässigkeitskriteriums der vollumfänglichen gerichtlichen Kontrolle unterliegt oder ob ein **behördlicher Beurteilungsspielraum** besteht, ist umstritten (für einen behördlichen Beurteilungsspielraum: VG München Urt. v. 26.1.2012 – M 17 K 11.3422, JURIS-Rn. 17; VG Koblenz, AbfallR 2010, 110, JURIS-Rn. 22; *Schomerus* in Versteyl/Mann/Schomerus KrWG, 4. Aufl. 2019, § 53 Rn. 29; gegen einen behördlichen Beurteilungsspielraum: VG Berlin NVwZ 2006, 1325, JURIS-Rn. 25 [bzgl. § 8 EfbV]; VG Düsseldorf AbfallR 2004, 139, JURIS-Rn. 31; *Hurst* in Jarass/Petersen KrWG, 2014, § 53 Rn. 22). Vorzugswürdig erscheint letztere Auffassung. Das Bundesverfassungsgericht hat in einem Beschluss aus dem Jahre 1991 (BVerfGE 84, 34) klargestellt, dass die Gerichte grundsätzlich die Pflicht haben, angefochtene Verwaltungsakte in rechtlicher und tatsächlicher Hinsicht vollständig nachzuprüfen; dies schließe eine Bindung an die im Verwaltungsverfahren getroffenen Feststellungen und Wertungen im Grundsatz aus. Einer Behörde könne daher ein begrenzter Entscheidungsfreiraum nur dort zuzubilligen sein, wo ein unbestimmter Rechtsbegriff wegen hoher Komplexität oder besonderer Dynamik der geregelten Materie so vage und seine Konkretisierung im Nachvollzug der Verwaltungsentscheidung so schwierig ist, dass die gerichtliche Kontrolle an die Funktionsgrenzen der Rechtsprechung stößt. Bei der Beurteilung der Zuverlässigkeit einer Person nach Maßgabe des § 3 AbfAEV sind diese Voraussetzungen nicht erfüllt, so dass folglich auch kein behördlicher Beurteilungsspielraum anzuerkennen ist.

I. Prüfung der negativen Regelbeispiele des § 3 Abs. 2 AbfAEV (Betrachtung einer, ggf. mehrerer Einzelpersonen der ersten und/oder zweiten Verantwortungsebene)

10 Das **erste negative Regelbeispiel (§ 3 Abs. 2 Nr. 1 AbfAEV)** ist einschlägig, wenn die betrachtete Person innerhalb der letzten fünf Jahre vor der Anzeige der Aufnahme der betrieblichen Tätigkeit oder der Beantragung der Erlaubnis wegen Verletzung der in § 3 Abs. 1 Nr. 1 lit. a bis e AbfAEV genannten Vorschriften mit einer Geldbuße in Höhe von mehr als 2500 EUR belegt oder zu einer Strafe verurteilt worden ist. Wird ein Strafverfahren – beispielsweise nach § 153a StPO – gegen Auflagen oder Weisungen eingestellt, ist weder eine Belegung mit einer Geldbuße noch eine Verurteilung zu einer Strafe im Sinne von § 3 Abs. 2 Nr. 1 AbfAEV gegeben; bei den Auflagen und Weisungen handelt es sich nicht um strafähnliche Sanktionen (vgl. *Schmitt* in Meyer-Goßner/Schmitt, StPO, 63. Aufl. 2020, § 153a Rn. 12 sowie BGHSt 28, 174, JURIS-Rn. 9). In Fällen, in denen die Geldbuße nicht mehr als 2.500 EUR im Einzelfall betragen hat, kann aber ein Verstoß im Sinne von § 3 Abs. 2 Nr. 2 Alt. 1 oder 2 AbfAEV, → Rn. 10f. vorliegen. Wird ein Strafverfahren nach § 153a StPO eingestellt und keine Geldbuße verhängt, scheidet eine Einbeziehung des Verfahrensgegenstandes in die Betrachtung wiederholten Verhaltens wegen der im Falle des § 153a StPO fortbestehenden Unschuldsvermutung aus. Bei der **Bestimmung des im Einzelfall maßgeblichen Fünf-Jahres-Zeitraums** ist der Eingang der Anzeige bzw. des Erlaubnisantrags bei der zuständigen Behörde entscheidend; hiervon ausgehend beginnt der Fünf-Jahres-Zeitraum (in entsprechender Anwendung der §§ 187 Abs. 1, 188 Abs. 2 Alt. 1 BGB) mit dem Beginn desjenigen Tages des ersten

Monats, welcher durch seine Zahl dem Tag des Eingangs der Anzeige bzw. des Erlaubnisantrags entspricht. Eine Belegung mit einer Geldbuße bzw. eine Verurteilung zu einer Strafe im Sinne des § 3 Abs. 2 Nr. 1 AbfAEV fällt in den Fünf-Jahres-Zeitraum, wenn die Entscheidung bzw. das Urteil nach dem Beginn des Fünf-Jahres-Zeitraums und vor dem Eingang der Anzeige bzw. des Erlaubnisantrags bestandskräftig bzw. rechtskräftig wird. Liegen Bestandskraft oder Rechtskraft länger als fünf Jahre vor Eingang der Anzeige bzw. des Erlaubnisantrags zurück, ist die Sanktion für die Beurteilung der Zuverlässigkeit unbeachtlich. Für **Einträge in das Gewerbe- und Bundeszentralregister** gilt Folgendes: Der Bußgeld-Schwellenwert des § 149 Abs. 2 Satz 1 Nr. 3 GewO für die Eintragung rechtskräftiger Bußgeldentscheidungen in das **Gewerbezentralregister** liegt bei 200 EUR. Eintragungen nach § 149 Abs. 2 Satz 1 Nr. 3 GewO, die Geldbußen in Höhe von mehr als 2500 EUR betreffen, sind gemäß § 153 Abs. 1 Nr. 2 GewO nach Ablauf einer Frist von fünf Jahren zu tilgen. Der Lauf der Frist beginnt gemäß § 153 Abs. 3 Satz 1 GewO mit der Rechtskraft der Entscheidung. Die Frage, ob im Rahmen der Prüfung des § 3 Abs. 2 Nr. 1 AbfAEV auch Eintragungen zu berücksichtigen sind, die unter das Verwertungsverbot des § 153 Abs. 6 Satz 1 GewO fallen, dürfte sich also praktisch nicht stellen (etwas anders gilt im Geltungsbereich des § 8 Abs. 2 Nr. 1 EfbV, dessen Wortlaut nicht auf einen Fünf-Jahres-Zeitraum Bezug nimmt [→ Rn. 5]; vgl. VG Berlin NVwZ 2006, 1325, JURIS-Rn. 27). Mit Blick auf die fünfjährige Tilgungsfrist des § 46 Abs. 1 Nr. 1 BZRG dürfte sich die v. g. Frage auch bei Eintragungen von Verurteilungen im **Bundeszentralregister** in aller Regel nicht stellen. Dem Verwertungsverbot des § 51 Abs. 1 BZRG kann hier allerdings in Ausnahmefällen eine Bedeutung zukommen, beispielsweise weil die Tilgungsfrist gemäß § 47 Abs. 1 in Verbindung mit § 36 Satz 1 BZRG nicht mit der Rechtskraft der Entscheidung, sondern bereits mit dem Tag des ersten Urteils beginnt und weil gemäß § 49 Abs. 1 Satz 1 BZRG unter bestimmten Voraussetzung eine Tilgung durch Anordnung der Registerbehörde erfolgen kann. Wenn eine Eintragung in einem derartigen Ausnahmefall innerhalb des Fünf-Jahres-Zeitraums des § 3 Abs. 2 Nr. 1 AbfAEV getilgt worden oder zu tilgen ist, so gilt das Verwertungsverbot des § 51 Abs. 1 BZRG; der Ausnahmetatbestand des § 52 Abs. 1 Nr. 4 BZRG greift nicht (auch das VG Berlin [NVwZ 2006, 1325] hat den vergleichbaren Ausnahmetatbestand des § 153 Abs. 6 Satz 2 GewO im Geltungsbereich des § 8 Abs. 2 Nr. 1 EfbV nicht für anwendbar gehalten [JURIS-Rn. 27]).

Das **zweite negative Regelbeispiel (§ 3 Abs. 2 Nr. 2 Alt. 1 AbfAEV),** das bei **11**
allen Zuverlässigkeitsprüfungen Anwendung findet, ist einschlägig, wenn die betreffende Person wiederholt gegen die in § 3 Abs. 2 Nr. 1 lit. a bis e AbfAEV genannten Vorschriften verstoßen hat. **Wiederholte Verstöße** können nach der Verordnungsbegründung (BR-Drs. 665/13, S. 52) bereits „bei einer zweimaligen Begehung gleichartiger Verfehlungen" vorliegen. Auch nach der Vollzugshilfe des BMUB (Rn. 47) kann eine zweimalige Begehung ausreichen; die Vollzugshilfe spricht aber nicht von „gleichartigen Verfehlungen", sondern von „Verfehlungen gegen die Vorschriften nach § 3 Absatz 2 Nummer 1 AbfAEV". Die in der Gesetzesbegründung anklingende, im Wortlaut der Regelung aber nicht angelegte Anknüpfung an die Gleichartigkeit von Verstößen erscheint wenig zweckmäßig. Sie würde zu Rechtsunsicherheit führen, da unklar bliebe, welche Verstöße als gleichartig zu behandeln wären. Außerdem müssen auch Fälle von § 3 Abs. 2 Nr. 2 Alt. 1 AbfAEV erfasst werden, in denen die Verstöße gerade nicht gleichartig sind, etwa solche, in denen die betrachtete Person zwar mehrfach gegen Vorschriften im Sinne von § 3 Abs. 2 Nr. 1 AbfAEV verstoßen hat, die Vorschriften aber verschiedenen Rechtsgebieten zuzuordnen sind (etwa dem Immissionsschutz-, Wasser- und Abfallrecht). Die **erhebliche Reichweite des negativen Regelbeispiels des § 3 Abs. 2 Nr. 2 Alt. 1 AbfAEV,** das bereits bei zwei Verstößen, d. h. nicht erst bei Bele-

gung mit einer Geldbuße von mehr als 2500 EUR oder bei strafrechtlicher Verurteilung, einschlägig sein kann, muss in Ansehung der drohenden Konsequenzen für den Betrieb allerdings auf anderem Wege eine verhältnismäßige Begrenzung finden. Zum einen kann ein „Verstoß" im Sinne von § 3 Abs. 2 Nr. 2 Alt. 1 AbfAEV von vornherein nur dann gegeben sein, wenn hierfür durch Tatsachen belegte Anhaltspunkte sprechen („nachvollziehbare Tatsachengrundlage", vgl. VG Berlin, NVwZ 2006, 1325, JURIS-Rn. 30ff. [bzgl. § 8 EfbV]). Zum anderen ist bei Bejahung des negativen Regelbeispiels des § 3 Abs. 2 Nr. 2 Alt. 1 AbfAEV im zweiten Prüfungsschritt (→ Rn. 13f.) die Anzahl und das Gewicht der Verstöße sowie die Art ihres Zustandekommens zu berücksichtigen (vgl. auch *Tünnesen-Harmes* in: Tünnesen-Harmes (Hrsg.) Entsorgungs-Wegweiser Bd. 1 3/24 S. 20f.). Sind einer Person etwa nur zwei geringfügige Verstöße anzulasten, liegt die Annahme nahe, dass die Person auch bei Vorliegen des Regelbeispiels noch zur ordnungsgemäßen Erfüllung der ihr obliegenden Aufgaben geeignet ist. Soweit für **Eintragungen im Gewerbe- bzw. Bundeszentralregister** das Verwertungsverbot des § 153 Abs. 6 Satz 1 GewO bzw. das Verwertungsverbot des § 52 Abs. 1 Nr. 4 BZRG gilt, führen die entsprechenden Verstöße gegen die in § 3 Abs. 2 Nr. 1 lit. a bis e AbfAEV genannten Vorschriften nicht (mehr) zur Verwirklichung des Regelbeispiels des § 3 Abs. 2 Nr. 2 Alt. 1 AbfAEV. Bei nicht im Gewerbezentralregister eintragungspflichtigen (geringfügigen) Verstößen, dürfte zudem eine Vermutung dafür sprechen, dass auch bei mehreren Verstößen das Regelbeispiel des § 3 Abs. 1 Nr. 2 1. Alt. AbfAEV nicht erfüllt ist. Näher zur Begrenzung des Regelbeispiels wiederholter Verstöße vgl. auch *Tünnesen-Harmes* in Himmelmann/Pohl/Tünnesen-Harmes, Handbuch des Umweltrechts B 3.8 EfbV Rn. 45ff.).

12 Das **dritte negative Regelbeispiel (§ 3 Abs. 2 Nr. 2 Alt. 2 AbfAEV),** das ebenfalls bei allen Zuverlässigkeitsprüfungen Anwendung findet, ist einschlägig, wenn die betreffende Person grob pflichtwidrig gegen die in § 3 Abs. 2 Nr. 1 lit. a bis e AbfAEV genannten Vorschriften verstoßen hat. Aus dem systematischen Zusammenhang mit § 3 Abs. 2 Nr. 2 Alt. 1 AbfAEV ergibt sich, dass das Regelbeispiel bereits bei einem einzigen grob pflichtwidrigen Verstoß einschlägig sein kann (wären mehrere Verstöße erforderlich, wäre immer auch § 3 Abs. 2 Nr. 2 Alt. 1 AbfAEV einschlägig). **Grob pflichtwidrig** handelt nach der Verordnungsbegründung (BR-Drs. 665/13, S. 52) und der BMUB-Vollzugshilfe (Rn. 47), wer die sich aus einem Rechtssatz ergebenden Pflichten zu einem bestimmten Tun oder Unterlassen in besonders schwerem Maße verletzt oder wer gegen besonders gewichtige Pflichten verstößt. Die grobe Pflichtwidrigkeit des Verstoßes kann also entweder darin liegen, dass die Person sich mit ihrem Tun oder Unterlassen besonders weit von dem geltenden Recht entfernt hat oder darin, dass sich der Verstoß auf eine ihrer Funktion nach besonders bedeutsame Regelung bezieht. (vgl. auch *Tünnesen-Harmes* in: Himmelmann/Pohl/Tünnesen-Harmes, Handbuch des Umweltrechts, B 3.8 EfbV Rn. 45ff.) Auch bei § 3 Abs. 2 Nr. 2 Alt. 2 AbfAEV kann ein „Verstoß" von vornherein nur dann gegeben sein, wenn hierfür durch Tatsachen belegte Anhaltspunkte sprechen (→ Rn. 10).

II. Prüfung der „erforderlichen Zuverlässigkeit" anhand der positiven Begriffsbestimmung des § 3 Abs. 1 AbfAEV Gesamtbetrachtung

13 Im zweiten Prüfungsschritt ist zu klären, ob die erforderliche Zuverlässigkeit im Einzelfall – trotz des Vorliegens eines oder mehrerer Regelbeispiele bei einer oder bei mehreren Personen der ersten oder zweiten Verantwortungsebene – ausnahmsweise zu bejahen ist (erste Konstellation) oder ob sie im Einzelfall – trotz des Nichtvorliegens eines Regelbeispiels – ausnahmsweise zu verneinen ist (zweite Konstellation). In beiden Konstellationen ist eine Gesamtbetrachtung anhand der positiven Begriffsbestimmung des § 3 Abs. 1 AbfAEV geboten. Die zuständige Behörde muss anhand der ihr bekannten Tatsachen bewerten, ob die Personen der ersten und zweiten Verantwortungsebene aufgrund ihrer persönlichen Eigenschaften, ihres Verhaltens und ihrer Fähigkeiten zur ordnungsgemäßen Erfüllung der ihnen obliegenden Aufgaben geeignet sind. Grundsätzlich sind an die „erforderliche Zuverlässigkeit" zwar hohe Anforderungen zu stellen, da die typische Konfliktsituation darin besteht, dass das wirtschaftliche Interesse des Unternehmers darauf gerichtet ist, den Abfall möglichst einfach und billig zu entsorgen, während eine ordnungsgemäße Abfallentsorgung hohe Aufwendungen, besondere Sorgfalt und den Betriebsablauf erschwerende Vorkehrungen erfordern kann (VG Düsseldorf, AbfallR 2004, 139, JURIS-Rn. 34; VGH Kassel, NJW 1987, 393, JURIS-Rn. 11). In Ansehung der weit gefassten Regelbeispiele muss aber – nicht zuletzt im Hinblick auf die drohenden Konsequenzen – in jedem Einzelfall stets sorgfältig abgewogen werden, ob die in Rede stehenden Verfehlungen auf die Unzuverlässigkeit der betreffenden Personen schließen lassen.

Hierbei ist in der **ersten Konstellation** zunächst relevant, ob im Einzelfall ein negati- **14**
ves Regelbeispiel oder sogar mehrere Regelbeispiele gegeben sind. Sodann ist zu berücksichtigen aus wie vielen Personen sich die erste und zweite Verantwortungsebene eines Betriebes zusammensetzt. Handelt es sich um eine größere sich gegenseitig kontrollierende Anzahl von Personen, können Verfehlungen eines Einzelnen weniger stark ins Gewicht fallen. Ist dagegen bei kleinen Betrieben beispielsweise nur eine Person der ersten Verantwortungsebene und keine Person der zweiten Verantwortungsebene zuzuordnen, fallen Verfehlungen dieses alleinigen Verantwortungsträgers besonders stark ins Gewicht. Des Weiteren sind Art, Schwere und Häufigkeit etwaiger Verstöße und etwaige mildernde Umstände zu berücksichtigen. Schließlich ist auch dem Umstand Rechnung zu tragen, ob der jeweilige Betrieb lediglich eine anzeigepflichtige oder aber eine erlaubnispflichtige Tätigkeit ausübt.

Für die **zweite Konstellation** bleibt angesichts der Reichweite der Regelbeispiele des **15**
§ 3 Abs. 2 AbfAEV praktisch kein großer Anwendungsbereich. Insoweit kommen etwa Fälle der mangelnden wirtschaftlichen Leistungsfähigkeit (vgl. hierzu *Hurst* in Jarass/Petersen, KrWG, 2014, § 53 Rn. 27) oder Fälle in Betracht, in denen unternehmensbezogene Eintragungen im Gewerbezentralregister vorliegen und sich daraus im Einzelfall Rückschlüsse auf die erste oder zweite Verantwortungsebene ziehen lassen. Das Bundesverwaltungsgericht hat im Urteil vom 8.7.2020, 7 C 30/18, JURIS Rn. 27, die wiederholte und grob pflichtwidrige Verletzung straßenrechtlicher Vorschriften als hinreichend angesehen, von der Unzuverlässigkeit der verantwortlichen Personen auszugehen. Die Klägerin hatte sich demgegenüber auf den Standpunkt gestellt, dass es mit der Gesetzessystematik des § 3 Abs. 2 AbfAEV nicht vereinbar sei, auf Verstöße gegen straßenrechtliche und privatrechtliche Vorschriften über die Aufstellung von Containern zur Altkleidersammlung Bedenken gegen die Zuverlässigkeit des Sammlers im Sinne von § 18 Abs. 5 S. 2 KrWG zu stützen. Hierzu hat das Bundesverwaltungsgericht ausgeführt: „§ 53 Abs. 2 KrWG wird durch die Verordnung über das Anzeige- und Erlaubnisverfahren für Sammler, Beförderer, Händler und Makler von Abfällen … konkretisiert. Danach ist gemäß § 3 Abs. 1 AbfAEV die nach § 53 Abs. 2 Satz 1 KrWG erforderliche Zuverlässigkeit gegeben, wenn der Inhaber des Betriebes und die für die Leitung und Beaufsichtigung des Betriebes verantwortlichen Personen aufgrund ihrer persönlichen Eigenschaften, ihres Verhaltens und ihrer Fähigkeit zur ordnungsgemäßen Erfüllung der ihnen obliegenden Aufgaben geeignet sind. § 3 Abs. 2 AbfAEV führt unter den dort genannten

Rechtsverstößen, nach denen in der Regel die erforderliche Zuverlässigkeit nicht gegeben ist, die wiederholte oder grob pflichtwidrige Verletzung straßenrechtlicher Vorschriften – im Gegensatz etwa zu denen des Immissionsschutz-, Abfall-, Wasser- oder Natur- und Landschaftsschutzrechts (Nr. 2 i. V. m. Nr. 1 Buchst. B) und des Gewerbe-, Arbeitsschutz- oder Gefahrgutrechts (Nr. 2 i. V. m. Nr. 1 Buchst. d) – nicht auf. Darauf kann deren Unbeachtlichkeit indessen nicht gestützt werden; denn es handelt sich nicht um eine abschließende Aufzählung, sondern um Regelbeispiele (vgl. VGH Kassel, Beschluss vom 6. Dezember 2016 – 2 B 1935/16 – juris Rn. 9ff. und OVG Lüneburg, Urteil vom 15. Februar 2018 – 7 B LB 71/17 – GewArch 2018, 310 = juris Rn. 67)." Damit wurde der Kreis der Rechtsverstöße, die gegen die Zuverlässigkeit verantwortlicher Personen im Sinne der AbfAEV in Bezug genommen werden können weiter konkretisiert und einer restriktiven Auslegung entgegengetreten (vgl. hierzu auch *Schemmer,* jurisPR-BVerwG 22/2020 Anm. 1 lit C.). Der Verordnungsgeber hat außerdem mit der Fassung des § 3 vom 2.12.2016 auch die Regelbeispiele des § 3 Abs. 2 bei lit. d noch um das Transportrecht erweitert. Damit sollte klargestellt werden, dass neben dem Gefahrgutrecht bei der Zuverlässigkeitsprognose auch das gesamte Transportrecht, insbesondere Verstöße gegen das Güterkraftverkehrsgesetz, zu berücksichtigen sind (Regierungsentwurf zur Zweiten Verordnung zur Fortentwicklung der abfallrechtlichen Überwachung vom 24.08.2016, S. 152).

III. Weitere Prüfung

16 Ergeben sich nach erteilter Erlaubnis Zweifel an der Zuverlässigkeit, können – je nach behördlicher Entscheidungssituation (→ Rn. 5 und 6) – weitere rechtliche Gesichtspunkte zu prüfen sein. So ist bei der Rücknahme einer rechtswidrigen Erlaubnis (Fall der nachträglich bekannt gewordenen Tatsachen) und dem Widerruf einer rechtmäßigen Erlaubnis (Fall der nachträglich eingetretenen Tatsachen) eine Rücknahme- bzw. eine Widerrufsfrist zu beachten (vgl. etwa § 48 Abs. 1 Satz 1, Satz 2 in Verbindung mit Abs. 4 oder § 49 Abs. 2 Satz 1, Satz 2 in Verbindung mit § 48 Abs. 4 LVwVfG NRW). Der Widerruf einer Erlaubnis setzt außerdem voraus, dass ohne ihn das öffentliche Interesse gefährdet würde (§ 49 Abs. 2 Satz 1 Nr. 3 LVwVfG NRW; zur Gefährdung des öffentlichen Interesses vgl. *Ramsauer* in Kopp/Ramsauer, VwVfG, 21. Aufl. 2020, § 49 Rn. 48).

§ 4 Fachkunde von Anzeigepflichtigen

(1) **Im Falle einer gewerbsmäßigen Tätigkeit des anzeigenden Sammlers, Beförderers, Händlers oder Maklers von Abfällen setzt die nach § 53 Absatz 2 Satz 2 des Kreislaufwirtschaftsgesetzes notwendige Fachkunde des Inhabers, soweit er für die Leitung des Betriebes verantwortlich ist, und der für die Leitung und Beaufsichtigung des Betriebes verantwortlichen Personen während einer zweijährigen praktischen Tätigkeit erworbene Kenntnisse über die vom Betrieb angezeigte Tätigkeit voraus. Abweichend von Satz 1 reichen während einer einjährigen praktischen Tätigkeit erworbene Kenntnisse über die vom Betrieb angezeigte Tätigkeit aus, wenn die betroffene Person auf einem Fachgebiet, dem der Betrieb hinsichtlich seiner Betriebsvorgänge zuzuordnen ist,**

1. **ein Hochschul- oder Fachhochschulstudium abgeschlossen hat,**
2. **eine kaufmännische oder technische Fachschul- oder Berufsausbildung besitzt oder**
3. **eine Qualifikation als Meister vorweisen kann.**

(2) **Die Voraussetzung des Absatzes 1 Satz 1 ist auch erfüllt, wenn sich im Falle der Anzeige einer gewerbsmäßigen Tätigkeit**

1. des Sammelns oder Beförderns von Abfällen die erworbenen Kenntnisse des Betroffenen nicht auf die angezeigte, sondern auf die jeweils andere Tätigkeit beziehen,

2. des Handelns mit Abfällen die erworbenen Kenntnisse des Betroffenen nicht auf die angezeigte, sondern auf die Tätigkeit des Sammelns oder Beförderns beziehen oder

3. des Makelns von Abfällen die erworbenen Kenntnisse des Betroffenen nicht auf die angezeigte, sondern auf die Tätigkeit des Sammelns, Beförderns oder Handelns von Abfällen beziehen.

(3) **Liegen die Voraussetzungen der Absätze 1 und 2 nicht vor, kann die nach § 53 Absatz 2 Satz 2 des Kreislaufwirtschaftsgesetzes notwendige Fachkunde auch durch den Besuch eines Lehrgangs, in dem Kenntnisse entsprechend der Anlage 1 vermittelt werden, erworben werden. Der Lehrgang nach Satz 1 muss vor Aufnahme der Tätigkeit abgeschlossen sein.**

(4) **Im Falle von im Rahmen wirtschaftlicher Unternehmen tätigen Sammlern, Beförderern, Händlern und Maklern von Abfällen setzt die nach § 53 Absatz 2 Satz 2 des Kreislaufwirtschaftsgesetzes notwendige Fachkunde des Inhabers, soweit er für die Leitung des Betriebes verantwortlich ist, und der für die Leitung und Beaufsichtigung des Betriebes verantwortlichen Personen voraus, dass die betroffene Person über die für die vom Unternehmen im Hauptzweck ausgeübte Tätigkeit erforderliche berufliche Qualifikation verfügt.**

(5) **Soweit es zur Wahrung des Wohls der Allgemeinheit erforderlich ist, kann die zuständige Behörde zusätzlich in den Fällen der Absätze 1 bis 4 die Teilnahme an einem von der zuständigen Behörde anerkannten Lehrgang, in dem Kenntnisse entsprechend der Anlage 1 vermittelt werden, und eine regelmäßige entsprechende Fortbildung anordnen.**

Übersicht

A. Das Regelungssystem der §§ 4, 5 und 6 AbfAEV

I. Bedeutung der Vorschriften

Gemäß § 54 Abs. 1 Satz 2 Nr. 2 KrWG hat die zuständige Behörde die in § 54 Abs. 1 Satz 1 KrWG vorgesehene Erlaubnis zu erteilen, wenn der Inhaber, soweit er für die Lei- 1 tung des Betriebes verantwortlich ist, die für die Leitung und Beaufsichtigung des Betriebes verantwortlichen Personen und das sonstige Personal über die für ihre Tätigkeit notwendige Fach- und Sachkunde verfügen. Auch im Geltungsbereich der Anzeigepflicht des § 53 Abs. 1 Satz 1 AbfAEV müssen bestimmte Personen der ersten, zweiten und dritten Verantwortungsebene (Betriebsinhaber, Leitungspersonal und sonstiges Personal, → § 2 Rn. 12, 13 und 14) nach § 53 Abs. 2 Satz 2 KrWG über die für ihre Tätigkeit notwendige Fach- und Sachkunde verfügen. Wurde diese nicht nachgewiesen, hat die zuständige Behörde die angezeigte Tätigkeit gemäß § 53 Abs. 3 Satz 3 KrWG zu untersagen. **Die §§ 4, 5 und 6 AbfAEV dienen der inhaltlichen Konkretisierung des in den v. g. Regelungen verwendeten Fach- und Sachkundekriteriums.** Die Fach- bzw. Sachkunde ist – wie die Zuverlässigkeit – eine personenbezogene Anforderung im Sinne von § 2 Abs. 1 Satz 2 AbfAEV.

II. Anwendungsbereich

2 Das Fach- und Sachkundekriterium kann – wie das Zuverlässigkeitskriterium – in verschiedenen Entscheidungssituationen relevant werden (vgl. hierzu die Ausführungen in Bezug auf das Zuverlässigkeitskriterium bei → § 3 Rn. 5 und 6). Die Fachkunde bestimmter (→ Rn. 5) Personen der ersten Verantwortungsebene und sämtlicher Personen der zweiten Verantwortungsebene, sowie die Sachkunde der Personen der dritten Verantwortungsebene ist – neben der Zuverlässigkeit – **Erlaubnisvoraussetzung** (§ 54 Abs. 1 Satz 2 Nr. 2 KrWG). Wird **nachträglich bekannt,** dass es zum Zeitpunkt der Erlaubniserteilung bei einer der maßgeblichen Personen an der erforderlichen Fach- bzw. Sachkunde gefehlt hat, ist die Behörde also zum Zeitpunkt der Erlaubniserteilung von einem Sachverhalt ausgegangen, der sich nachträglich als unrichtig erweist, so hat dies die Rechtswidrigkeit der Erlaubnis zur Folge. Die Erlaubnis kann auch in diesen Fällen von der zuständigen Behörde grundsätzlich nach Maßgabe des Verwaltungsverfahrensgesetzes des jeweiligen Bundeslandes zurückgenommen werden. Ein derartiges Vorgehen ist allerdings nicht erforderlich, wenn der Sammler-, Beförderer-, Händler- oder Maklerbetrieb – ggf. nach einem entsprechenden behördlichen Hinweis oder nach einer auf § 62 KrWG gestützten behördlichen Anordnung – nachträglich für die Fachkunde der jeweiligen Person(en) der ersten und/oder zweiten Verantwortungsebene sorgt. Hat es auf der dritten Verantwortungsebene an der Sachkunde gefehlt, wird eine Rücknahme allenfalls in Ausnahmefällen in Betracht kommen (beispielsweise wenn eine Vielzahl von Personen der dritten Verantwortungsebene nicht eingearbeitet war oder eine Einarbeitung des sonstigen Personals überhaupt nicht erfolgt ist), zumal ein Nachweis über die Sachkunde der Personen der dritten Verantwortungsebene im Erlaubnisverfahren nicht geführt werden muss (vgl. § 9 Abs. 3 AbfAEV) und die Behörde gemäß § 6 Satz 3 AbfAEV die schriftliche Erstellung und Vorlage des Einarbeitungsplanes verlangen kann. Ein **nachträglicher Wegfall** der Fach- oder Sachkunde erscheint zwar auf den ersten Blick ausgeschlossen. Beispielsweise kann sich die Tatsache, dass während einer zweijährigen praktischen Tätigkeit bestimmte Kenntnisse erworben wurden, oder die Tatsache, dass ein Hochschul- oder Fachhochschulstudium abgeschlossen wurde, zwar nachträglich als falsch erweisen. Sie kann aber nicht nachträglich wegfallen. Bei genauerer Betrachtung kann es jedoch auf anderem Wege zu einem nachträglichen Wegfall der Fach- und Sachkunde kommen, nämlich beispielsweise dann, wenn es nach der Erlaubniserteilung zu **Veränderungen des Kreises der Personen der ersten, zweiten und/oder dritten Verantwortungsebene** kommt oder wenn Personen der dritten Verantwortungsebene zwar eingearbeitet wurden, aber nicht über den aktuellen Wissensstand verfügen. Kommt es zu einem entsprechenden nachträglichen Wegfall der

Fachkunde, so kommt ein Widerruf der Erlaubnis nach Maßgabe des Verwaltungsverfahrensgesetzes des jeweiligen Bundeslandes mit Wirkung für die Zukunft in Betracht. Auch ein derartiges Vorgehen ist allerdings nicht erforderlich, wenn der Sammler-, Beförderer-, Händler- oder Maklerbetrieb – ggf. nach einem entsprechenden behördlichen Hinweis oder nach einer auf § 62 KrWG gestützten behördlichen Anordnung – nachträglich für die Fachkunde der jeweiligen Person(en) sorgt.

Ist auf der dritten Verantwortungsebene die Sachkunde nachträglich weggefallen, wird auch ein Widerruf allenfalls in schwerwiegenden Ausnahmefällen in Betracht kommen. Auch hier kann die Behörde in erster Linie nach § 6 Satz 3 AbfAEV die schriftliche Erstellung und Vorlage des Einarbeitungsplanes verlangen. Bei **anzeigepflichtigen Tätigkeiten** führt der Nichtnachweis der Fach- und Sachkunde zur Untersagung der Tätigkeit (§ 53 Abs. 3 Satz 3 KrWG, **fehlender Nachweis der Fach- und Sachkunde als Untersagungsgrund,** → § 7 Rn. 9 und 10). Die Formulierung „wenn die erforderliche Fach- oder Sachkunde [...] nicht nachgewiesen wurde" ist missverständlich, da ein Nachweis der Fach- und Sachkunde bei anzeigepflichtigen Tätigkeiten nur auf ein Verlangen der Behörde nach § 53 Abs. 3 Satz 2 KrWG hin und nicht bereits bei der erstmaligen Anzeige oder einer erneuten Anzeige gemäß § 7 Abs. 7 Satz 1 AbfAEV geführt werden muss (vgl. auch den Anzeigevordruck [Anlage 2 zur Anzeige- und Erlaubnisverordnung] sowie *Hurst* in Jarass/Petersen KrWG, 2014, § 53 Rn. 33). Aus der Formulierung ist aber zu ersehen, dass eine Untersagungsanordnung grundsätzlich erst im Anschluss an ein Nachweisverlangen nach § 53 Abs. 3 Satz 2 KrWG in Betracht kommt. Ob der nachträgliche Wegfall der Fach- und Sachkunde im Zusammenhang mit der Einreichung einer Anzeige oder erst später nach einer Veränderung des Kreises der Personen der ersten, zweiten und/oder dritten Verantwortungsebene festgestellt wird (ggf. Änderungsanzeige gemäß § 7 Abs. 7 Satz 1 AbfAEV, → § 7 Rn. 11), ist insoweit ohne Bedeutung. Auch eine Untersagungsanordnung ist aber nicht erforderlich, wenn der Sammler-, Beförderer-, Händler- oder Maklerbetrieb nachträglich für die Fachkunde der jeweiligen Person(en) sorgt. Für den nachträglichen Wegfall der Sachkunde gelten auch hier die vorstehenden Ausführungen (→ Rn. 2) entsprechend. 3

III. Systematik der Vorschriften

Die §§ 4, 5 und 6 AbfAEV bilden ein einheitliches Regelungssystem. Die beiden ersten Vorschriften regeln die **Fachkunde,** über die bestimmte (→ Rn. 5) Personen der ersten und sämtliche Personen der zweiten Verantwortungsebene (Betriebsinhaber bzw. Leitungspersonal, → § 2 Rn. 12 und 13) verfügen müssen. § 6 AbfAEV regelt die **Sachkunde,** über die sämtliche Personen der dritten Verantwortungsebene (sonstiges Personal, → § 2 Rn. 14) verfügen müssen. Hinsichtlich der Fachkunde hat der Verordnungsgeber wie folgt differenziert: § 5 AbfAEV regelt die Fachkunde bei erlaubnispflichtigen Tätigkeiten. § 4 AbfAEV regelt die Fachkunde bei anzeigepflichtigen Tätigkeiten. 4

B. Fachkunde bestimmter Personen der ersten und sämtlicher Personen der zweiten Verantwortungsebene bei anzeigepflichtigen Tätigkeiten, § 4 Abs. 1 bis 4 AbfAEV

Gemäß § 53 Abs. 2 Satz 2 KrWG müssen der Inhaber, soweit er für die Leitung des Betriebes verantwortlich ist, die für die Leitung und Beaufsichtigung des Betriebes verantwortlichen Personen und das sonstige Personal über die für ihre Tätigkeit notwendige 5

Fach- und Sachkunde verfügen. Das Fachkundekriterium des § 53 Abs. 2 Satz 2 KrWG gilt demnach im Ausgangspunkt für alle Personen der ersten und zweiten Verantwortungsebene (Betriebsinhaber bzw. Leitungspersonal, → § 2 Rn. 12 und 13). Für Personen der ersten Verantwortungsebene hat der Gesetzgeber jedoch eine einschränkende Regelung getroffen. Mit der Formulierung „der Inhaber, soweit er für die Leitung des Betriebes verantwortlich ist" ist gemeint, dass Personen der ersten Verantwortungsebene nur dann fachkundig sein müssen, wenn sie tatsächlich betriebliche Leitungsaufgaben übernehmen. Bei der Bestimmung der für die „Leitung des Betriebes" verantwortlichen Betriebsinhaber können dieselben Maßstäbe herangezogen werden wie im Bereich der Begriffsbestimmung des § 2 Abs. 2 AbfAEV (→ § 2 Rn. 13). Danach ist mit „Leitung und Beaufsichtigung" die fachliche Leitung, Überwachung und Kontrolle gerade der anzeige- oder erlaubnispflichtigen abfallwirtschaftlichen Tätigkeit gemeint (vgl. BMUB-Vollzugshilfe, Rn. 30). Hieran fehlt es insbesondere bei rechtsgeschäftlicher Verantwortungsdelegation (vgl. BMUB-Vollzugshilfe, Rn. 50). Eine entsprechende Einschränkung auf der zweiten Verantwortungsebene ist nicht erforderlich, da Personen, die nicht für die Leitung (und Beaufsichtigung) des Betriebes verantwortlich sind, nicht unter die Begriffsbestimmung des § 2 Abs. 2 AbfAEV fallen, also von vornherein nicht zum Kreis der Personen der zweiten Verantwortungsebene gehören.

6 Gemäß § 53 Abs. 2 Satz 2 KrWG müssen die maßgeblichen Personen der ersten und zweiten Verantwortungsebene (→ Rn. 5) jeweils nur „über die für ihre Tätigkeit notwendige Fachkunde" verfügen. Welche Kenntnisse notwendig sind, konkretisiert § 4 AbfAEV in den Absätzen 1 bis 4 für anzeigepflichtige Tätigkeiten. Dabei gelten die Absätze 1 bis 3 für die gewerbsmäßigen Sammler, Beförderer, Händler und Makler und Absatz 4 für die im Rahmen wirtschaftlicher Unternehmen tätigen Sammler, Beförderer, Händler und Makler (zu den Begriffen Sammler, Beförderer, Händler und Makler → § 2 Rn. 2 bis 5, zu der Unterscheidung von gewerbsmäßigen Tätigkeiten und Tätigkeiten im Rahmen wirtschaftlicher Unternehmen → § 2 Rn. 6 bis 7). Spezialregelungen für die Überprüfung der Fach- und Sachkunde eines Anzeigenden aus einem anderen Mitgliedstaat der Europäischen Union oder einem anderen Vertragsstaat des Abkommens über den Europäischen Wirtschaftsraum finden sich für anzeigepflichtige Tätigkeiten in § 53 Abs. 5 KrWG (vgl. BMUB-Vollzugshilfe, Rn. 76ff.).

I. Gewerbsmäßig tätige Sammler, Beförderer, Händler und Makler, § 4 Abs. 1 bis 3 AbfAEV

7 Bei gewerbsmäßig tätigen Sammlern, Beförderern, Händlern und Maklern ist die jeweils betrachtete Person der ersten oder zweiten Verantwortungsebene gemäß **§ 4 Abs. 1 Satz 1 AbfAEV** fachkundig, wenn sie während einer zweijährigen praktischen Tätigkeit Kenntnisse über die von dem jeweiligen Betrieb angezeigte Tätigkeit erworben hat. Grundsätzlich müssen also die fachlichen Vorkenntnisse genau die Tätigkeit umfassen, die der Betrieb angezeigt hat (BR-Drs. 665/13, S. 53). Die Möglichkeit des Fachkundenachweises wird aber in **§ 4 Abs. 2 AbfAEV** erweitert: Wird eine Sammeltätigkeit angezeigt, genügen auch Kenntnisse, die sich auf eine Beförderungstätigkeit beziehen und umgekehrt (Nr. 1). Wird eine Handelstätigkeit angezeigt, genügen auch Kenntnisse, die sich auf eine Sammel- oder Beförderungstätigkeit beziehen (Nr. 2). Wird eine Makeltätigkeit angezeigt, genügen auch Kenntnisse, die sich auf eine Sammel-, Beförderungs- oder Handelstätigkeit beziehen (Nr. 3). Die während der zweijährigen praktischen Tätigkeit erworbenen Kenntnisse müssen nicht in einer Position der ersten oder zweiten Verantwortungsebene erlangt worden sein.

Gemäß **§ 4 Abs. 1 Satz 2 AbfAEV** ist die jeweils betrachtete Person der ersten oder zweiten Verantwortungsebene – unabhängig von § 4 Abs. 1 Satz 1 AbfAEV – auch dann fachkundig, wenn sie erstens während einer einjährigen praktischen Tätigkeit Kenntnisse über die von dem jeweiligen Betrieb angezeigte Tätigkeit erworben hat und zweitens auf einem Fachgebiet, dem der Betrieb hinsichtlich seiner Betriebsvorgänge zuzuordnen ist, ein Hoch- oder Fachhochschulstudium abgeschlossen hat, eine kaufmännische oder technische Fachschul- oder Berufsausbildung besitzt oder eine Qualifikation als Meister vorweisen kann. Angesichts des klaren Wortlauts („die Voraussetzung des Absatzes 1 Satz 1") läge die Annahme nahe, dass die Erleichterung des § 4 Abs. 2 AbfAEV im Bereich des § 4 Abs. 1 Satz 2 AbfAEV keine Anwendung findet. Sowohl die Verordnungsbegründung (BR-Drs. 665/13, S. 53) als auch die BMUB-Vollzugshilfe (Rn. 54) gehen allerdings von einer kumulativen Anwendung aus. 8

Gemäß **§ 4 Abs. 3 Satz 1 AbfAEV** ist die jeweils betrachtete Person der ersten oder zweiten Verantwortungsebene – unabhängig von § 4 Abs. 1 Satz 1 und 2 AbfAEV – auch dann fachkundig, wenn sie Kenntnisse entsprechend der Anlage 1 zur Anzeige- und Erlaubnisverordnung, in der die Lehrgangsinhalte aufgeführt sind, durch den Besuch eines Lehrgangs erworben hat. Die Regelung ist ausweislich der Gesetzesbegründung auf Berufseinsteiger zugeschnitten (BR-Drs. 665/13, S. 54). Der Lehrgang muss gemäß § 4 Abs. 3 Satz 2 AbfAEV vor Aufnahme der Tätigkeit abgeschlossen sein. Bis zum 31. 5. 2014 besuchte Lehrgänge nach § 3 Abs. 1 Satz 2 Nr. 2 BefErlV (→ Vorb Rn. 10) kann die Behörde als Lehrgänge im Sinne von § 4 Abs. 3 Satz 1 AbfAEV gelten lassen. Die BMUB-Vollzugshilfe stellt klar, dass die Lehrgänge nach § 4 Abs. 3 AbfAEV behördlich anerkannt sein müssen; dass dies im Wortlaut des § 16 Abs. 2 AbfAEV und nicht auch in § 4 Abs. 3 AbfAEV zum Ausdruck komme, sei ein redaktionelles Versehen (BMUB – Vollzugshilfe Rn. 55). Die **behördliche Anerkennung von Lehrgängen** erfolgt auf Antrag bei der zuständigen Behörde durch einen Verwaltungsakt. Bei Anerkennung eines Lehrgangs durch die zuständige Behörde kann mit der Teilnahme an diesem Lehrgang in allen Bundesländern die Fachkunde nachgewiesen werden. Die Bund/Länder-Arbeitsgemeinschaft Abfall (LAGA, www.laga-online.de) hat am 14.3.1997 (überarbeitete Fassung vom 3.7.1997) die Vollzugshilfe „Anerkennung von Fachkundelehrgängen" herausgegeben, die sich derzeit allerdings noch auf die Vorschriften der außer Kraft getretenen Transportgenehmigungsverordnung (→ Vorb Rn. 9) bezieht (Stand: 3.7.2007). Die behördliche Anerkennung eines Lehrgangs nach § 3 Abs. 1 Satz 2 Nr. 2 BefErlV gilt gemäß § 16 Abs. 5 AbfAEV als Anerkennung eines Lehrgangs nach § 5 Abs. 1 Satz 1 Nr. 2 AbfAEV fort, sofern der Lehrgangsträger die Lehrgangsinhalte an die in der Anlage 1 zur Anzeige- und Erlaubnisverordnung genannten Inhalte anpasst und bis zum 30.9.2014 der zuständigen Behörde das überarbeitete Lehrgangsprogramm vorgelegt hat. Dass § 16 Abs. 5 AbfAEV allein auf § 5 Abs. 1 Satz 1 Nr. 2 AbfAEV und nicht auch auf § 4 Abs. 3 Satz 1, Abs. 5 und § 5 Abs. 3 Satz 2 AbfAEV verweist, ist ein redaktionelles Versehen. § 16 Abs. 5 AbfAEV ist insoweit analog anzuwenden (BMUB-Vollzugshilfe, Rn. 184). 9

Für gewerbsmäßig tätige Sammler, Beförderer, Händler und Makler galt schließlich die **Übergangsregelung des § 16 Abs. 2 AbfAEV.** Hatten eine oder mehrere der maßgeblichen Personen der ersten und zweiten Verantwortungsebene (→ Rn. 5) zum 1.6.2014 die in § 4 Abs. 1 bis 3 AbfAEV geregelten Anforderungen an die Fachkunde nicht erfüllt, so hatte der jeweilige Sammler-, Beförderer-, Händler- oder Maklerbetrieb sicherzustellen, dass die betroffenen Personen bis zum 31.12.2014 an einem oder mehreren von der zuständigen Behörde anerkannten Lehrgängen, in denen Kenntnisse entsprechend Anlage 1 zur Anzeige- und Erlaubnisverordnung vermittelt werden, teilgenommen haben. Die Teilnahme war der zuständigen Behörde nachzuweisen. 10

II. Im Rahmen wirtschaftlicher Unternehmen tätige Sammler, Beförderer, Händler und Makler, § 4 Abs. 4 AbfAEV

11 Bei im Rahmen wirtschaftlicher Unternehmen tätigen Sammlern, Beförderern, Händlern und Maklern ist die jeweils betrachtete Person der ersten oder zweiten Verantwortungsebene gemäß § 4 Abs. 4 AbfAEV fachkundig, wenn sie über die für die vom Unternehmen im Hauptzweck ausgeübte Tätigkeit erforderliche berufliche Qualifikation verfügt. Es handelt sich um eine Sonderregelung für anzeigepflichtige Sammler, Beförderer, Händler und Makler von Abfällen, die im Rahmen wirtschaftlicher Unternehmen tätig werden. Die Fachkundeanforderungen für diesen Personenkreis richtet sich nicht nach den Vorgaben der Abs. 1 bis 3, sondern ausschließlich nach Abs. 4. Hierzu heißt es in der BMUB-Vollzugshilfe bei Rn. 58 und 59: „Das Abfallrecht stellt insoweit keine weitergehenden Anforderungen an die Fachkunde als diejenigen, die das jeweilige Fachrecht für die im Hauptzweck ausgeübte Tätigkeit vorsieht. Wenn also zum Beispiel ein Handwerker ein nach § 1 Absatz 2 der Handwerksordnung (HwO) in Verbindung mit Anlage A HwO (Verzeichnis der Gewerbe, die als zulassungspflichtige Handwerke betrieben werden können) zulassungspflichtiges Handwerk betreibt und die in der Handwerksordnung genannten Voraussetzungen (zum Beispiel Gesellen- oder Meisterprüfung) erfüllt, ist er auch als fachkundig im Hinblick auf die Beförderung der bei der handwerklichen Tätigkeit anfallenden Abfälle anzusehen. Wenn das Handwerk gemäß § 18 Absatz 2 HwO in Verbindung mit Anlage B HwO (Verzeichnis der Gewerbe, die als zulassungsfreie Handwerke oder handwerksähnliche Gewerbe betrieben werden können) zulassungsfrei ist, dann stellt auch das Abfallrecht keine weiteren Anforderungen an die Fachkunde. Gleiches gilt in den Fällen, in denen die Tätigkeit andere Qualifikationen voraussetzt, beispielsweise berufliche Fortbildungsprüfungen, wie im bauwirtschaftlichen Bereich die des geprüften Poliers nach der Verordnung über die Prüfung zum anerkannten Fortbildungsabschluss „Geprüfte Polierin" und „Geprüfter Polier". Mit umfasst von der beruflichen Qualifikation sind abfallrechtliche bzw. auch arbeitsschutzbezogene Sonderregelungen, die im Umgang mit gefährlichen Abfällen beachtet werden müssen. Zu nennen sind in diesem Zusammenhang insbesondere die Technischen Regeln für Gefahrstoffe (TRGS), zum Beispiel die TRGS 519 „Abbruch-, Sanierungs- oder Instandhaltungsarbeiten" oder die TRGS 521 „Abbruch-, Sanierungs- und Instandhaltungsarbeiten mit alter Mineralwolle". Allerdings werden solche besonderen Kenntnisse oftmals nicht im Rahmen der allgemeinen handwerklichen Berufsausbildung vermittelt, sondern erst durch Zusatzqualifikationen erworben. Soweit die verantwortlichen Personen eines Betriebes nicht über die im Einzelfall für den Umgang mit den jeweiligen Abfällen notwendige Zusatzqualifikationen verfügen, sind sie nicht fachkundig."

C. Fortbildungsanordnungen im Einzelfall, § 4 Abs. 5 AbfAEV

12 Gemäß § 4 Abs. 5 AbfAEV kann die zuständige Behörde zusätzlich in den Fällen des § 4 Abs. 1 bis 4 AbfAEV die Teilnahme an einem von der zuständigen Behörde anerkannten Lehrgang, in dem Kenntnisse entsprechend der Anlage 1 zur Anzeige- und Erlaubnisverordnung vermittelt werden, und eine regelmäßige entsprechende Fortbildung anordnen, soweit es zur Wahrung des Wohls der Allgemeinheit erforderlich ist. Bei einer entsprechenden Fortbildungsanordnung handelt es sich um einen **belastenden Verwaltungsakt,** dessen Erlass (d. h. das „Ob") und Ausgestaltung (d. h. das „Wie") im **Ermessen** der zuständigen Behörde liegen. Im Hinblick auf die Zweckbestimmung des § 1

Abs. 1 KrWG sowie den Anwendungsbereich der §§ 53 und 54 KrWG und der Anzeige- und Erlaubnisverordnung ist der Erlass einer Fortbildungsanordnung „zur Wahrung des Wohls der Allgemeinheit erforderlich", wenn und soweit er notwendig ist, um den Schutz von Mensch und Umwelt beim Sammeln, Befördern, Handeln und Makeln von Abfällen sicherzustellen (das Erfordernis wird in der BMUB-Vollzugshilfe noch weiter konkretisiert, vgl. dort Rn. 61 und 6). Die Anordnung einer regelmäßigen Fortbildung ist ein schwerwiegenderer Eingriff als die Anordnung einer einmaligen Lehrgangsteilnahme. Dem ist bei der Verhältnismäßigkeitsprüfung im Einzelfall Rechnung zu tragen. Hierbei sind besondere Risiken, die sich im Zusammenhang mit Tätigkeiten in Bezug auf besonders große Mengen von Abfällen oder besonders gefährliche Abfälle beziehen, zu berücksichtigen (vgl. *Kropp,* Anzeige- und Erlaubnisverordnung 2014, § 4 Rn. 42). Gegen Fortbildungsanordnungen kann – soweit dies landesrechtlich noch vorgesehen ist – Widerspruch einlegt (§ 68 Abs. 1 VwGO) und Anfechtungsklage erhoben werden (§ 42 Abs. 1 VwGO). Bei Verstößen gegen Fortbildungsanordnungen kommt der **Ordnungswidrigkeitstatbestand des § 15 AbfAEV in Verbindung mit § 69 Abs. 2 Nr. 15 KrWG** in Betracht (→ § 15 Rn. 1).

§ 5 Fachkunde von Erlaubnispflichtigen

(1) **Die nach § 54 Absatz 1 Satz 2 Nummer 2 des Kreislaufwirtschaftsgesetzes notwendige Fachkunde des Inhabers, soweit er für die Leitung des Betriebes verantwortlich ist, und der für die Leitung und Beaufsichtigung des Betriebes verantwortlichen Personen setzt Folgendes voraus:**

1. während einer zweijährigen praktischen Tätigkeit erworbene Kenntnisse über die Tätigkeit, für die der Betrieb die Erlaubnis beantragt, sowie

2. die Teilnahme an einem oder mehreren von der zuständigen Behörde anerkannten Lehrgängen, in denen Kenntnisse entsprechend der Anlage 1 vermittelt werden.

Abweichend von Satz 1 Nummer 1 reichen während einer einjährigen praktischen Tätigkeit erworbene Kenntnisse über die vom Betrieb beantragte Tätigkeit aus, sofern die betroffene Person auf einem Fachgebiet, dem der Betrieb hinsichtlich seiner Betriebsvorgänge zuzuordnen ist,

1. ein Hochschul- oder Fachhochschulstudium abgeschlossen hat,

2. eine kaufmännische oder technische Fachschul- oder Berufsausbildung besitzt oder

3. eine Qualifikation als Meister vorweisen kann.

(2) **Die Voraussetzung des Absatzes 1 Satz 1 Nummer 1 ist auch erfüllt, wenn sich im Falle der Beantragung einer Erlaubnis für die Tätigkeit**

1. des Sammelns oder Beförderns von gefährlichen Abfällen die erworbenen Kenntnisse des Betroffenen nicht auf die beantragte, sondern auf die jeweils andere Tätigkeit beziehen,

2. des Handelns mit gefährlichen Abfällen die erworbenen Kenntnisse des Betroffenen nicht auf die beantragte, sondern auf die Tätigkeit des Sammelns oder Beförderns von gefährlichen Abfällen beziehen oder

3. des Makelns von gefährlichen Abfällen die erworbenen Kenntnisse des Betroffenen nicht auf die beantragte, sondern auf die Tätigkeit des Sammelns, Beförderns oder Handelns von gefährlichen Abfällen beziehen.

(3) **Der Inhaber, soweit er für die Leitung des Betriebes verantwortlich ist, und die für die Leitung und Beaufsichtigung des Betriebes verantwortlichen Personen**

müssen durch geeignete Fortbildung über den für ihre Tätigkeit notwendigen aktuellen Wissensstand verfügen. Dazu haben sie regelmäßig, mindestens alle drei Jahre, an von der zuständigen Behörde anerkannten Lehrgängen, in denen Kenntnisse entsprechend der Anlage 1 vermittelt werden, teilzunehmen und dies der zuständigen Behörde unaufgefordert nachzuweisen.

Übersicht

A. Fachkunde bestimmter Personen der ersten und sämtlicher Personen der zweiten Verantwortungsebene bei erlaubnispflichtigen Tätigkeiten, § 5 Abs. 1 und 2 AbfAEV

1 Zu Bedeutung, Anwendungsbereich und Systematik der §§ 4, 5 und 6 AbfAEV → § 4 Rn. 1 ff.

2 Gemäß § 54 Abs. 1 Satz 2 Nr. 2 KrWG hat die zuständige Behörde die Erlaubnis zu erteilen, wenn der Inhaber, soweit er für die Leitung des Betriebes verantwortlich ist, die für die Leitung und Beaufsichtigung des Betriebes verantwortlichen Personen und das sonstige Personal über die für ihre Tätigkeit notwendige Fach- und Sachkunde verfügen. Diese Regelung bezieht sich – ebenso wie § 53 Abs. 2 Satz 2 KrWG – auf diejenigen Personen der ersten Verantwortungsebene (Betriebsinhaber, → § 2 Rn. 12), die „für die Leitung des Betriebes verantwortlich" sind, sowie auf sämtliche Personen der zweiten Verantwortungsebene (Leitungspersonal, → § 2 Rn. 13). Es gelten die Ausführungen bei → § 4 Rn. 5 entsprechend. Auch im Bereich des § 54 Abs. 1 Satz 2 Nr. 2 KrWG müssen die v. g. maßgeblichen Personen der ersten und zweiten Verantwortungsebene jeweils nur „über die für ihre Tätigkeit notwendige Fachkunde" verfügen. Welche Kenntnisse notwendig sind, konkretisiert § 5 AbfAEV in den Absätzen 1 und 2 für erlaubnispflichtige Tätigkeiten. Dabei wird – anders als in § 4 AbfAEV – nicht zwischen gewerbsmäßigen Tätigkeiten und Tätigkeiten im Rahmen wirtschaftlicher Unternehmen unterschieden, weil die im Rahmen wirtschaftlicher Unternehmen tätigen Sammler, Beförderer, Händler und Makler gemäß § 12 Abs. 1 Nr. 1 AbfAEV von vornherein nicht unter die Erlaubnispflicht fallen (BR-Drs. 665/13, S. 56; zu den Begriffen Sammler, Beförderer, Händler und Makler → § 2 Rn. 2 bis 5, zu der Unterscheidung von gewerbsmäßigen Tätigkeiten und Tätigkeiten im Rahmen wirtschaftlicher Unternehmen → § 2 Rn. 6 bis 7). Spezialregelungen für die Überprüfung der Fach- und Sachkunde eines Antragstellers aus einem anderen Mitgliedstaat der Europäischen Union oder einem anderen Vertragsstaat des Abkommens über den Europäischen Wirtschaftsraum finden sich für erlaubnispflichtige Tätigkeiten in § 54 Abs. 5 KrWG (vgl. BMUB-Vollzugshilfe, Rn. 76 ff.).

3 Gemäß **§ 5 Abs. 1 Satz 1 Nr. 1 AbfAEV** ist die jeweils betrachtete Person der ersten oder zweiten Verantwortungsebene fachkundig, wenn sie während einer zweijährigen praktischen Tätigkeit Kenntnisse über die Tätigkeit erworben hat, für die der Betrieb die Erlaubnis beantragt (bzw. beantragt hat, → § 4 Rn. 2). Grundsätzlich müssen die fachlichen Vorkenntnisse also – ebenso wie bei anzeigepflichtigen Tätigkeiten – genau die Tä-

tigkeit umfassen, für die der Betrieb die Erlaubnis beantragt (bzw. beantragt hat). Die Möglichkeit des Fachkundenachweises wird aber auch bei erlaubnispflichtigen Tätigkeiten durch **§ 5 Abs. 2 AbfAEV** erweitert, der inhaltlich § 4 Abs. 2 AbfAEV entspricht. Die Ausführungen bei → § 4 Rn. 7 geltend (auch im Übrigen) entsprechend. Durch die zusätzliche Forderung der Teilnahme an einem oder mehreren von der zuständigen Behörde anerkannten Lehrgängen, in denen Kenntnisse entsprechend Anlage 1 zur Anzeige- und Erlaubnisverordnung vermittelt werden **(§ 5 Abs. 1 Satz 1 Nr. 2 AbfAEV),** hebt sich das Fachkundekriterium bei erlaubnispflichtigen Tätigkeiten von demjenigen bei anzeigepflichtigen Tätigkeiten ab, das einen Lehrgangsbesuch in § 4 Abs. 3 Satz 1 AbfAEV als selbstständige Nachweismöglichkeit vorsieht (→ § 4 Rn. 9). Der Lehrgang muss grundsätzlich vor Aufnahme der Tätigkeit abgeschlossen sein (BMUB-Vollzugshilfe, Rn. 64). Nach der **Übergangsregelung des § 16 Abs. 3 Satz 1 AbfAEV** durften bis zum 30.9.2014 gestellte Anträge von Händlern und Maklern von gefährlichen Abfällen auf Erteilung einer Erlaubnis von der zuständigen Behörde nicht deshalb abgelehnt werden, weil die maßgeblichen Personen der ersten und zweiten Verantwortungsebene nicht an den nach § 5 Abs. 1 Satz 1 Nr. 2 AbfAEV erforderlichen Lehrgängen teilgenommen hatten. Die zuständige Behörde hatte die Erlaubnis in diesen Fällen gemäß **§ 16 Abs. 3 Satz 2 AbfAEV** unter der auflösenden Bedingung zu erteilen, dass die betroffenen Personen bis zu einem von der Behörde festgelegten Zeitpunkt an den entsprechenden Lehrgängen teilgenommen haben mussten. Bis zum 31.5.2014 besuchte Lehrgänge nach § 3 Abs. 1 Satz 2 Nr. 2 BefErlV (→ Vorb Rn. 10) konnte die Behörde gemäß **§ 16 Abs. 4 AbfAEV** als Lehrgänge im Sinne des § 5 Abs. 1 Satz 1 Nr. 2 gelten lassen. Für die Anerkennung von Lehrgängen durch die zuständige Behörde siehe → § 4 Rn. 9.

Gemäß **§ 5 Abs. 1 Satz 2 AbfAEV** ist die jeweils betrachtete Person der ersten oder **4**
zweiten Verantwortungsebene – unabhängig von § 5 Abs. 1 Satz 1 AbfAEV – auch dann fachkundig, wenn sie auf einem Fachgebiet, dem der Betrieb hinsichtlich seiner Betriebsvorgänge zuzuordnen ist, ein Hochschul- oder Fachhochschulstudium abgeschlossen hat, eine kaufmännische oder technische Fachschul- oder Berufsausbildung besitzt oder eine Qualifikation als Meister vorweisen kann. Angesichts des klaren Wortlauts („die Voraussetzung des Absatzes 1 Satz 1 Nummer 1") läge auch hier die Annahme nahe, dass die Erleichterung des § 5 Abs. 2 AbfAEV im Bereich des § 5 Abs. 1 Satz 2 AbfAEV keine Anwendung findet. Sowohl die Verordnungsbegründung (BR-Drs. 665/13, S. 56) als auch die BMUB-Vollzugshilfe (Rn. 64 in Verbindung mit Rn. 54) gehen allerdings auch hier vom Gegenteil aus.

B. Allgemeine Fortbildungspflicht, § 5 Abs. 3 AbfAEV

Gemäß § 5 Abs. 3 Satz 1 AbfAEV müssen der Inhaber, soweit er für die Leitung des **5**
Betriebes verantwortlich ist, und die für die Leitung und Beaufsichtigung des Betriebes verantwortlichen Personen durch geeignete Fortbildung über den für ihre Tätigkeit notwendigen aktuellen Wissensstand verfügen. Die maßgeblichen Personen der ersten und zweiten Verantwortungsebene (Betriebsinhaber bzw. Leitungspersonal, → Rn. 2, § 4 Rn. 5) unterliegen folglich einer allgemeinen Fortbildungspflicht. Gemäß § 5 Abs. 3 Satz 2 AbfAEV haben sie regelmäßig, mindestens alle drei Jahre, an von der zuständigen Behörde anerkannten Lehrgängen (→ § 4 Rn. 9), in denen Kenntnisse entsprechend der Anlage 1 zur Anzeige- und Erlaubnisverordnung vermittelt werden, teilzunehmen und dies der zuständigen Behörde unaufgefordert nachzuweisen. Für den Nachweis genügt die formlose Übersendung eines Teilnahmezertifikates. Ob bzw. wie die Fortbildungs-

pflicht des § 5 Abs. 3 AbfAEV durchzusetzen ist, hat der Verordnungsgeber nicht klar geregelt. Die Absätze 1 und 2 des § 5 AbfAEV verstehen sich nach ihrem Wortlaut als abschließende Regelung der „notwendigen Fachkunde" („Die nach § 54 Absatz 1 Satz 2 Nummer 2 des Kreislaufwirtschaftsgesetzes notwendige Fachkunde […] setzt Folgendes voraus: […]."). Hier wird nicht wie in § 6 S. 1 AbfAEV auf den „notwendigen aktuellen Wissensstand" verwiesen. Soweit die Anforderungen des § 5 Abs. 1 und 2 AbfAEV zum Entscheidungszeitpunkt bei allen maßgeblichen Personen der ersten und zweiten Verantwortungsebene vorliegen, erscheint deshalb zumindest zweifelhaft, ob ein Widerruf der Erlaubnis mangels der „notwendigen Fachkunde" in Betracht kommt, wenn es an dem notwendigen aktuellen Wissensstand fehlt. Die Anordnungsbefugnisse des § 53 Abs. 3 Satz 1 KrWG und des § 4 Abs. 5 AbfAEV helfen insoweit nicht weiter; erstere bezieht sich ausdrücklich nur auf „angezeigte Tätigkeiten", letztere bezieht sich ausdrücklich auf die „Absätze 1 bis 4" (des § 4 AbfAEV). Auch ein Ordnungswidrigkeitstatbestand ist nicht einschlägig. Angesichts dessen dürfte es sich in der Praxis anbieten, die allgemeine Fortbildungspflicht des § 5 Abs. 3 AbfAEV in der Erlaubnis in Form einer Nebenbestimmung (§ 54 Abs. 2 KrWG) rechtssicher zu konkretisieren. Bezüglich der Zulässigkeit einer solchen Nebenbestimmung sind in der Literatur Zweifel im Hinblick auf die Begrenzung von zulässigen Nebenbestimmungen auf solche, die zur Wahrung des Wohls der Allgemeinheit erforderlich sind (§ 54 Abs. 2 KrWG) angemeldet worden, die jedoch im Ergebnis nicht durchgreifen dürften, nachdem die Sicherung der Fortbildungsverpflichtung durch eine entsprechende Nebenbestimmung im Vergleich zum Widerruf der Erlaubnis als das mildere Mittel erscheint (näher hierzu *Pfaff* in FFFF § 5 AbfAEV Rn. 29).

6 Eine Verletzung der Vorgaben des § 5 AbfAEV stellt weder eine Straftat noch eine Ordnungswidrigkeit dar. Als Ordnungswidrigkeit kann lediglich die Verletzung der Pflicht zur Vorlage einer Fortbildungsbescheinigung in Betracht kommen, wenn diese Pflicht als Nebenbestimmung im Erlaubnisbescheid angeordnet ist (§ 69 Abs. 1 Nr. 4 KrWG).

§ 6 Sachkunde des sonstigen Personals

Die Sachkunde des sonstigen Personals nach § 53 Absatz 2 Satz 2 und § 54 Absatz 1 Satz 2 Nummer 2 des Kreislaufwirtschaftsgesetzes erfordert, dass das sonstige Personal auf der Grundlage eines Einarbeitungsplanes betrieblich eingearbeitet wird und über den für die jeweilige Tätigkeit notwendigen aktuellen Wissensstand verfügt. Den Fortbildungsbedarf des sonstigen Personals ermitteln der Inhaber, soweit er für die Leitung des Betriebes verantwortlich ist, oder die für die Leitung und Beaufsichtigung des Betriebes verantwortlichen Personen. Soweit es zur Wahrung des Wohls der Allgemeinheit erforderlich ist, kann die zuständige Behörde anordnen, dass der Einarbeitungsplan schriftlich erstellt und ihr vorgelegt wird.

Übersicht

A. Sachkunde sämtlicher Personen der dritten Verantwortungsebene bei erlaubnispflichtigen und bei anzeigepflichtigen Tätigkeiten, § 6 Satz 1 und 2 AbfAEV

Zu Bedeutung, Anwendungsbereich und Systematik der §§ 4, 5 und 6 AbfAEV → § 4 Rn. 1 ff. 1

Die Personen der dritten Verantwortungsebene (sonstiges Personal, → § 2 Rn. 14, hierzu gehören gemäß § 2 Abs. 3 AbfAEV nur die Personen, die bei der Ausübung der Sammel-, Beförderungs-, Handels- oder Makeltätigkeit mitwirken!) müssen – wie § 6 AbfAEV klarstellt – lediglich sachkundig und nicht auch fachkundig sein (bereits vor Erlass der Anzeige- und Erlaubnisverordnung im Ergebnis ebenso *Tünnesen-Harmes* in Jarass/Petersen/Weidemann KrW-/AbfG, § 4 TgV Rn. 3; *Hurst* in Jarass/Petersen KrWG, 2014, § 53 Rn. 30). Die Sachkunde erfordert gemäß § 6 Satz 1 AbfAEV zum einen, dass die Personen der dritten Verantwortungsebene auf der Grundlage eines Einarbeitungsplanes betrieblich eingearbeitet werden. Zum anderen müssen sie über den für die jeweilige Tätigkeit notwendigen aktuellen Wissensstand verfügen. Den Fortbildungsbedarf ermitteln entweder die Personen der ersten Verantwortungsebene (Betriebsinhaber, → § 2 Rn. 12), wenn sie für die Leitung des Betriebes verantwortlich sind (→ § 4 Rn. 5), oder die Personen der zweiten Verantwortungsebene (Leitungspersonal, → § 2 Rn. 13). Damit liegt die Schulung des Personals letztlich in der betrieblichen Eigenverantwortung (vgl. BMUB-Vollzugshilfe, Rn. 68). 2

B. Anordnung der Erstellung und Vorlage eines Einarbeitungsplanes, § 6 Satz 3 AbfAEV

Gemäß § 6 Satz 3 AbfAEV kann die zuständige Behörde anordnen, dass der in § 6 Satz 2 AbfAEV vorgesehene Einarbeitungsplan schriftlich erstellt und ihr vorgelegt wird, soweit es zur Wahrung des Wohls der Allgemeinheit erforderlich ist. Bei einer entsprechenden Anordnung handelt es sich um einen **belastenden Verwaltungsakt,** dessen Erlass (d. h. das „Ob“) und Ausgestaltung (d. h. das „Wie“) im **Ermessen** der zuständigen Behörde liegen („kann […] anordnen“). Im Hinblick auf die Zweckbestimmung des § 1 Abs. 1 KrWG sowie den Anwendungsbereich der §§ 53 und 54 KrWG und der Anzeige- und Erlaubnisverordnung ist der Erlass einer Anordnung „zur Wahrung des Wohls der Allgemeinheit erforderlich“, wenn und soweit er notwendig ist, um den Schutz von Mensch und Umwelt beim Sammeln, Befördern, Handeln und Makeln von Abfällen sicherzustellen. Gegen Anordnungen nach § 6 Satz 3 AbfAEV kann – soweit dies landesrechtlich noch vorgesehen ist – Widerspruch einlegt (§ 68 Abs. 1 VwGO) und Anfechtungsklage erhoben werden (§ 42 Abs. 1 VwGO). Verstöße gegen vollziehbare Anordnungen nach § 6 Satz 3 AbfAEV sind nicht bußgeldbewehrt. Die Anordnungen können aber mit den Mitteln des Verwaltungszwangs durchgesetzt werden. 3

Abschnitt 3. Anzeige durch Sammler, Beförderer, Händler und Makler von Abfällen

§ 7 Anzeigeverfahren

(1) **Die Anzeige der Aufnahme der betrieblichen Tätigkeit durch Sammler, Beförderer, Händler und Makler von Abfällen nach § 53 Absatz 1 Satz 1 des Kreis-**

laufwirtschaftsgesetzes ist bei der zuständigen Behörde zu erstatten; dabei ist der Vordruck nach Anlage 2 zu verwenden. Entsorgungsfachbetriebe, die nach § 54 Absatz 3 Nummer 2 des Kreislaufwirtschaftsgesetzes von der Erlaubnispflicht nach § 54 Absatz 1 Satz 1 des Kreislaufwirtschaftsgesetzes ausgenommen sind, haben der Anzeige das aktuell gültige Zertifikat nach § 56 Absatz 3 des Kreislaufwirtschaftsgesetzes beizufügen. Sammler, Beförderer, Händler und Makler von gefährlichen Abfällen, die einen Standort des Gemeinschaftssystems für das Umweltmanagement und die Umweltbetriebsprüfung (EMAS) betreiben, der nach § 32 Absatz 1 Satz 1 des Umweltauditgesetzes in der Fassung der Bekanntmachung vom 4. September 2002 (BGBl. I S. 3490), das zuletzt durch Artikel 2 Absatz 43 des Gesetzes vom 7. August 2013 (BGBl. I S. 3154) geändert worden ist, in der jeweils geltenden Fassung, in das EMAS-Register eingetragen ist, und die nach § 12 Absatz 1 Nummer 4 von der Erlaubnispflicht nach § 54 Absatz 1 Satz 1 des Kreislaufwirtschaftsgesetzes ausgenommen sind, haben der Anzeige die aktuell gültige Registrierungsurkunde beizufügen. Folgeregistrierungsurkunden sind der zuständigen Behörde unaufgefordert vorzulegen.

(2) **Hat der Anzeigende seinen Hauptsitz nicht im Inland, ist diejenige Behörde des Landes zuständig, in dessen Bezirk das Sammeln, Befördern, Handeln oder Makeln von Abfällen erstmals vorgenommen wird.**

(3) **Nach Eingang der Anzeige überprüft die zuständige Behörde deren Vollständigkeit. Die zuständige Behörde vergibt eine Kennnummer entsprechend § 28 der Nachweisverordnung, soweit eine solche Kennnummer noch nicht zugewiesen wurde. Außerdem vergibt die zuständige Behörde jeweils eine nicht personenbezogene Vorgangsnummer. Das Nähere über die bundesweit einheitliche Vergabe der Kennnummern entsprechend § 28 der Nachweisverordnung und der Vorgangsnummern regeln die Länder durch Vereinbarung.**

(4) **Sofern die Anzeige unvollständig ist, fordert die zuständige Behörde den Anzeigenden unverzüglich nach Eingang der unvollständigen Anzeige auf, die Angaben zu ergänzen.**

(5) **Die Bestätigung des Eingangs der vollständigen Anzeige durch die zuständige Behörde erfolgt durch Übersendung des ausgefüllten und unterschriebenen Anzeigevordrucks nach Anlage 2 an den Anzeigenden.**

(6) **Im Rahmen des Anzeigeverfahrens von der zuständigen Behörde gespeicherte Daten sind unverzüglich zu löschen, wenn sie zur Durchführung des Anzeigeverfahrens nicht mehr erforderlich sind. § 14 bleibt unberührt.**

(7) **Ändern sich wesentliche Angaben, so ist die Anzeige erneut zu erstatten. Die Vorlage der Folgeregistrierungsurkunden nach Absatz 1 Satz 4 ist hiervon nicht betroffen.**

(8) **Soweit Hersteller oder Vertreiber auf Grund einer Rechtsverordnung nach § 25 des Kreislaufwirtschaftsgesetzes nicht gefährliche Abfälle als im Rahmen wirtschaftlicher Unternehmen tätige Sammler, Beförderer, Händler und Makler von Abfällen zurücknehmen, sind sie von der Anzeigepflicht ausgenommen.**

(9) **Sammler und Beförderer, die Abfälle im Rahmen wirtschaftlicher Unternehmen, aber nicht gewöhnlich und nicht regelmäßig sammeln oder befördern, sind von der Anzeigepflicht ausgenommen. Es ist anzunehmen, dass das Sammeln oder Befördern gewöhnlich und regelmäßig erfolgt, wenn die Summe der während eines Kalenderjahres gesammelten oder beförderten Abfallmengen bei nicht gefährlichen Abfällen 20 Tonnen oder bei gefährlichen Abfällen zwei Tonnen übersteigt.**

Übersicht

A. Reichweite der Anzeigepflicht

Gemäß § 53 Abs. 1 Satz 1 KrWG haben Sammler, Beförderer, Händler und Makler von Abfällen die Tätigkeit ihres Betriebes vor Aufnahme der Tätigkeit der zuständigen Behörde anzuzeigen, es sei denn, der Betrieb verfügt über eine Erlaubnis nach § 54 Abs. 1 KrWG. Die in § 54 Abs. 1 Satz 1 KrWG geregelte Erlaubnispflicht gilt ihrerseits für Sammler, Beförderer, Händler von Makler von gefährlichen Abfällen. Sowohl die Anzeige- als auch die Erlaubnispflicht richten sich demnach an Sammler, Beförderer, Händler und Makler. Definitionen dieser Begriffe finden sich in § 3 Abs. 10, 11, 12 und 13 KrWG (→ § 2 Rn. 2 bis 5). Während die Erlaubnispflicht aber allein den Bereich der gefährlichen Abfälle (§ 3 Abs. 5 Satz 1 KrWG, vgl. hierzu *Petersen/Doumet* in Jarass/Petersen KrWG, 2014, § 3 Rn. 117 f.; *Versteyl* in Versteyl/Mann/Schomerus KrWG, 4. Aufl. 2019, § 3 Rn. 31 f.) betrifft, bezieht sich die Anzeigepflicht auf alle Abfälle im Sinne von § 3 Abs. 1 KrWG (vgl. zum Abfallbegriff *Petersen* in Jarass/Petersen KrWG, § 3 Rn. 7 ff. sowie *Versteyl* in Versteyl/Mann/Schomerus KrWG, § 3 Rn. 7 ff.). Infolgedessen fallen auch solche Tätigkeiten unter die Anzeigepflicht, für die die Erlaubnispflicht des § 54 Abs. 1 Satz 1 KrWG gilt, die aber aufgrund einer Ausnahmeregelung von der Erlaubnispflicht befreit sind (zur Reichweite der Erlaubnispflicht → § 12 Rn. 1 bis 3). Die Anzeigepflicht dient der Umsetzung der Registrierungspflichten gemäß Art. 26 lit. a) und b) der AbfRL (2008/98/EG). Die Erfassung der Daten erfolgt in Deutschland in der bundesweiten ASYS-Datenbank (Abfallüberwachungssystem aller Abfallbehörden Deutschlands, näher hierzu www.asysnet.de). 1

Der Verordnungsgeber hat in § 7 Abs. 8 und Abs. 9 Satz 1 AbfAEV **zwei Ausnahmen von der Anzeigepflicht** geregelt. Die **erste Ausnahmeregelung (§ 7 Abs. 8 AbfAEV)** greift, soweit Hersteller und Vertreiber aufgrund einer Rechtsverordnung nach § 25 KrWG nicht gefährliche Abfälle als im Rahmen wirtschaftlicher Unternehmen tätige Sammler, Beförderer, Händler und Makler von Abfällen zurücknehmen. Sie gilt lediglich für den Bereich der nicht gefährlichen Abfälle (§ 3 Abs. 5 Satz 2 KrWG) und lediglich für im Rahmen wirtschaftlicher Unternehmen tätige Sammler, Beförderer, Händler und Makler, d. h. nicht für gewerbsmäßige Tätigkeiten (zu der Unterscheidung zwischen gewerbsmäßigen Tätigkeiten und Tätigkeiten im Rahmen wirtschaftlicher Unternehmen → § 2 Rn. 6 bis 9). Ein Vergleich mit § 12 Abs. 1 Nr. 2 AbfAEV ergibt, dass die Ausnahmeregelung zudem nur die Rücknahme aufgrund einer Rechtsverordnung nach § 25 KrWG, nicht aber die freiwillige Rücknahme im Sinne von § 26 Abs. 2 KrWG erfasst (so auch die BMUB-Vollzugshilfe, Rn. 101, und die Verordnungsbegrün- 2 dung, BR-Drs. 665/13, S. 60; zu den Regelungen der §§ 23ff. KrWG zur Produktverantwortung *Tünnesen-Harmes* in Jarass/Petersen KrWG, 2014, §§ 23ff.). Die **zweite Ausnahmeregelung (§ 7 Abs. 9 Satz 1 AbfAEV)** gilt für Sammler und Beförderer, die Abfälle zwar im Rahmen wirtschaftlicher Unternehmen, nicht aber gewöhnlich und regelmäßig sammeln oder befördern. Sie war nicht im ursprünglichen Verordnungsentwurf der Bundesregierung enthalten, sondern geht auf einen Änderungsvorschlag des Wirtschaftsausschusses des Bundesrates (BR-Drs. 665/1/13, S. 9) zurück, und soll ausweislich der Begründung des Änderungsvorschlages insbesondere zu einer deutlichen Entlastung von Freiberuflern und Kleingewerbetreibenden bei der Beförderung von eigenen haushaltsähnlichen Abfällen (z. B. zum Wertstoffhof eines öffentlich-rechtlichen Entsorgungsträgers) führen. Vom Wortlaut der Ausnahmeregelung sind – anders als gemäß § 7 Abs. 8 AbfAEV – keine Händler und Makler erfasst (vgl. hierzu auch BMUB-Vollzugshilfe, Rn. 102). Die Ausnahmeregelung kann des Weiteren von vornherein nur für im Rahmen wirtschaftlicher Unternehmen tätige Sammler und Beförderer gelten (BR-Drs. 665/1/13, S. 10), d. h. nicht für gewerbsmäßige Tätigkeiten (→ § 2 Rn. 6 bis 9). Sie ist allerdings nicht auf den Bereich der nicht gefährlichen Abfälle (§ 3 Abs. 5 Satz 2 KrWG) beschränkt, sondern gilt für alle Abfälle im Sinne von § 3 Abs. 1 KrWG. Auch Sammler und Beförderer, die etwa gemäß § 12 Abs. 1 Nr. 1 AbfAEV nicht unter die Erlaubnispflicht des § 54 Abs. 1 Satz 1 KrWG fallen und nicht gewöhnlich und regelmäßig gefährliche Abfälle im Sinne von § 3 Abs. 5 Satz 1 KrWG sammeln oder befördern, sind also gemäß § 7 Abs. 9 Satz 1 AbfAEV von der Anzeigepflicht des § 53 Abs. 1 Satz 1 KrWG befreit. Der Ausdruck „gewöhnlich und regelmäßig" geht auf eine Entscheidung des Europäischen Gerichtshofs zurück (Urt. v. 9.6.2005, Kommission ./. Republik Italien, Rs. C-270/03, Rn. 28; → § 2 Rn. 6 und 9). Wann im Einzelfall anzunehmen ist, dass das Sammeln oder Befördern gewöhnlich und regelmäßig erfolgt, regelt **§ 7 Abs. 9 Satz 2 AbfAEV.** Danach ist eine gewöhnliche und regelmäßige Tätigkeit anzunehmen, wenn die gesammelte oder beförderte Abfallmenge bei nicht gefährlichen Abfällen (§ 3 Abs. 5 Satz 2 KrWG) 20 t/Kalenderjahr oder bei gefährlichen Abfällen (§ 3 Abs. 5 Satz 1 KrWG) 2 t/Kalenderjahr übersteigt. Durch die Verwendung der Formulierung „gesammelte oder beförderte Abfallmenge" hat der Verordnungsgeber klargestellt, dass es insoweit nicht auf die bei dem Sammler oder Beförderer insgesamt anfallende Abfallmenge ankommt (vgl. BMUB-Vollzugshilfe, Rn. 104). Bei der Regelung des § 7 Abs. 9 Satz 2 AbfAEV handelt es sich um eine widerlegliche Vermutung. Im Einzelfall kann also einerseits ausnahmsweise auch unterhalb der genannten Abfallmengen eine gewöhnliche oder regelmäßige Tätigkeit zu bejahen, und andererseits ausnahmsweise auch oberhalb der genannten Abfallmengen eine gewöhnliche und regelmäßige Tätigkeit zu verneinen sein (vgl. BMUB-Vollzugshilfe, Rn. 103).

B. Allgemeines zu Anzeigeverfahren und Anzeigepflicht

3 Das Anzeigeverfahren kann – anders als das Erlaubnisverfahren (vgl. § 54 Abs. 6 Satz 1 KrWG, → § 9 Rn. 3) – nicht über eine einheitliche Stelle (§§ 71a bis 71e VwVfG), sondern nur über die zuständige Behörde abgewickelt werden. Der Anzeigende (d. h. der Sammler, Beförderer, Händler oder Makler) kann aber zwischen **zwei Verfahrensmodalitäten** wählen: Er kann die Anzeige bei der Behörde (§ 7 AbfAEV) oder elektronisch über ein von den Ländern bereitgestelltes, bundesweit einheitliches informationstechnisches System (§ 8 AbfAEV, www.eaev-formulare.de) erstatten.

4 Zu beachten ist, dass derjenige, der vorsätzlich oder fahrlässig entgegen § 53 Abs. 1 Satz 1 KrWG eine Anzeige nicht, nicht richtig, nicht vollständig oder nicht rechtzeitig

erstattet, den **Ordnungswidrigkeitstatbestand des § 69 Abs. 2 Nr. 1 KrWG** verwirklicht. Die **Ordnungswidrigkeit** kann gemäß § 69 Abs. 3 KrWG mit einer **Geldbuße bis zu 10 000 EUR** geahndet werden.

Außerdem ist die **Anzeigepflicht des § 18 Abs. 1 KrWG** zu beachten. Nach dieser Vorschrift sind nicht nur gemeinnützige Sammlungen im Sinne des § 17 Abs. 2 Satz 1 Nr. 3 KrWG, sondern auch **gewerbliche Sammlungen im Sinne des § 17 Abs. 2 Satz 1 Nr. 4 KrWG** durch ihren Träger bei der zuständigen Behörde spätestens drei Monate vor ihrer beabsichtigten Aufnahme anzuzeigen. Die Anzeigepflicht des § 18 Abs. 1 KrWG besteht neben der Anzeigepflicht des § 53 Abs. 1 Satz 1 KrWG (vgl. *Karpenstein/Dingemann* in Jarass/Petersen KrWG, 2014, § 18 Rn. 6 sowie *Schomerus* in Versteyl/Mann/Schomerus KrWG, 4. Aufl. 2019, § 53 Rn. 20). 5

C. Zuständige Behörde, § 53 Abs. 1 Satz 3 KrWG, § 7 Abs. 2 AbfAEV

Das Kreislaufwirtschaftsgesetz und die Anzeige- und Erlaubnisverordnung verteilen die **Zuständigkeit für die Durchführung des Anzeigeverfahrens** lediglich unter den einzelnen Bundesländern. Gemäß § 53 Abs. 1 Satz 3 KrWG ist die Behörde des Landes zuständig, in dem der Anzeigende seinen Hauptsitz hat. Diese Regelung wird ergänzt durch § 7 Abs. 2 AbfAEV. Hat der Anzeigende seinen Hauptsatz nicht im Inland, ist danach diejenige Behörde des Landes zuständig, in dessen Bezirk das Sammeln, Befördern, Handeln oder Makeln von Abfällen erstmals vorgenommen wird. Ausgehend hiervon bestimmt sich die konkrete sachliche und örtliche Zuständigkeit nach Landesrecht. 6

D. Das schriftliche Anzeigeverfahren, § 7 AbfAEV

I. Einleitung des schriftlichen Anzeigeverfahrens

Das schriftliche Anzeigeverfahren wird gemäß § 7 Abs. 1 Satz 1 AbfAEV durch Übersendung des ausgefüllten Vordrucks (Anlage 2 zur Anzeige- und Erlaubnisverordnung) eingeleitet. Der **Vordruck** kann im PDF-Format heruntergeladen werden (beispielsweise über eine Internetseite des Bundesanzeiger Verlages, www.bgbl.de, dort: BGBl. I 2013, Nr. 69, S. 4043 [S. 4051 bis 4054]). In dem Vordruck ist zu Beginn anzugeben, ob es sich um eine erstmalige Anzeige oder um eine erneute Anzeige gemäß § 7 Abs. 7 Satz 1 AbfAEV (→ Rn. 10) handelt. Bei **Ziffer 1** sind die abgefragten Daten über den Anzeigenden (d. h. den Sammler, Beförderer, Händler oder Makler) einzutragen. Die Angaben bei **Ziffer 2 und 3** sollten vor der Einreichung der Anzeige sorgfältig geprüft werden, da sowohl die Einstufung als Sammler, Beförderer, Händler und/oder Makler als auch die Einstufung als gewerbsmäßige Tätigkeit oder als Tätigkeit im Rahmen wirtschaftlicher Unternehmen rechtliche Folgewirkungen nach sich zieht (beispielsweise unterscheiden sich je nach Tätigkeit die Anforderungen an die Fachkunde, vgl. § 4 Abs. 1 bis 3 AbfAEV einerseits und § 4 Abs. 4 AbfAEV andererseits, → § 4 Rn. 5 bis 11). Bei **Ziffer 4.1** wird abgefragt, ob die Tätigkeit deshalb anzeigepflichtig ist, weil sie sich auf den Bereich der nicht gefährlichen Abfälle (§ 3 Abs. 5 Satz 2 KrWG) beschränkt und deshalb von vornherein nicht unter die Erlaubnispflicht des § 54 Abs. 1 Satz 1 KrWG fällt, oder ob es sich um eine grundsätzlich erlaubnispflichtige Tätigkeit handelt, die erst aufgrund einer Ausnahmeregelung (→ § 12 Rn. 2 und 3) anzeigepflichtig ist. In letzterem Fall ist bei **Ziffer 4.2** die jeweilige Ausnahmeregelung anzugeben. Beruft sich der Anzeigende 7 auf die Ausnahmeregelung des § 54 Abs. 3 Nr. 2 KrWG (Entsorgungsfachbetrieb) oder auf die Ausnahmeregelung des § 12 Abs. 1 Nr. 4 AbfAEV (EMAS-Betrieb), ist der Anzeige das Zertifikat nach § 56 Abs. 3 KrWG bzw. die Registrierungsurkunde beizufügen. Entsprechende Vorlagepflichten finden sich in § 7 Abs. 1 Satz 2 und Satz 3 AbfAEV. **Folgeregistrierungsurkunden** sind der Behörde gemäß **§ 7 Abs. 1 Satz 4 AbfAEV** unaufgefordert (formlos) vorzulegen. Nach der bis zum 30.11.2019 gültigen Fassung der AbfAEV waren auch Folgezertifikate der Behörde unaufgefordert vorzulegen. Diese Pflicht ist im Zuge der Anpassung der AbfAEV an die in Art. 8 der Verordnung v. 2.12.2016 (BGBl. I S. 2770), die mit Wirkung vom 1.12.2019 in Kraft getreten ist, enthaltene neue Entsorgungsfachbetriebeverordnung entfallen. Eine Pflicht zur Übermittlung der Folgezertifikate durch Entsorgungsfachbetriebe konnte wegen der Erstellung des bundesweit einheitlichen Entsorgungsfachbetrieberegisters entfallen (Regierungsentwurf zur Zweiten Verordnung zur Fortentwicklung der abfallrechtlichen Überwachung vom 24.8.2016, S. 152). Die Vorlage der Folgeregistrierungsurkunden ist gemäß § 7 Abs. 7 Satz 2 AbfAEV keine Anzeige gemäß § 53 KrWG, mithin keine Änderung wesentlicher Angaben im Sinne von § 7 Abs. 7 Satz 1 AbfAEV, so dass auch keine erneute Eingangsbestätigung gemäß § 7 Abs. 5 AbfAEV zu erteilen ist. Bei **Ziffer 5** des Vordrucks sind – erforderlichenfalls auf einem Beiblatt – sämtliche Personen der ersten Verantwortungsebene (Betriebsinhaber, → § 2 Rn. 12) aufzuführen; da das Zuverlässigkeitskriterium für alle Personen der ersten Verantwortungsebene gilt, sind hier ggf. auch Personen der ersten Verantwortungsebene zu nennen, die nicht für die Leitung des Betriebes verantwortlich sind (→ § 4 Rn. 4). Bei **Ziffer 6** sind – erforderlichenfalls auf einem Beiblatt – sämtliche Personen der zweiten Verantwortungsebene (Leitungspersonal, → § 2 Rn. 13) aufzuführen, sofern solche neben Personen der ersten Verantwortungsebene vorhanden sind. Auch die Angaben bei Ziffer 5 und 6 sollten vor der Einreichung der Anzeige sorgfältig geprüft werden, da es bei Zuverlässigkeit und Fachkunde auf jede einzelne dieser Personen ankommt (→ § 3 Rn. 8 und § 4 Rn. 4). Bei **Ziffer 7** verbleibt Raum für freiwillige Angaben. Die bei **Ziffer 8** vorgesehene Unterschrift ist optional, § 7 Abs. 1 Satz 1 AbfAEV enthält – anders als § 9 Abs. 1 AbfAEV („ist schriftlich […] zu stellen") – keine Schriftformvorgabe (vgl. BMUB-Vollzugshilfe, Rn. 84; von einem „schriftlichen Anzeigeverfahren" wurde und wird hier lediglich untechnisch in Abgrenzung zu dem elektronischen Anzeigeverfahren nach § 8 AbfAEV gesprochen). Abgesehen von den oben erwähnten Zertifikaten und Registrierungsurkunden (Entsorgungsfachbetriebe und EMAS-Betriebe) müssen der Anzeige keine weiteren Nachweise beigefügt werden. Insbesondere muss der Anzeigende grundsätzlich keinen Nachweis über die Zuverlässigkeit oder die Fach- und Sachkunde führen (vgl. BMUB-Vollzugshilfe, Rn. 84). Die Behörde kann zwar gemäß § 53 Abs. 3 Satz 2 KrWG Unterlagen über den Nachweis der Zuverlässigkeit und der Fach- und Sachkunde von dem Anzeigenden verlangen (→ Rn. 9). Ein derartiges Verlangen kommt aber nur in Betracht, wenn sich im Einzelfall konkrete Anhaltspunkte dafür ergeben, dass es an der erforderlichen Zuverlässigkeit, der Fachkunde oder Sachkunde fehlt, oder wenn aufgrund der großen Abfallmengen oder der besonderen Gefährlichkeit der Abfälle eine Prüfung entsprechender Nachweise geboten erscheint. Das bereits auf der Ebene des Kreislaufwirtschaftsgesetzes vorgegebene Regel-Ausnahme-Verhältnis (im Regelfall kein Nachweis von Zuverlässigkeit und Fach- und Sachkunde) darf nicht umgangen werden.

II. Verlauf des schriftlichen Anzeigeverfahrens

8 Nach Eingang der Anzeige überprüft die Behörde deren Vollständigkeit (§ 7 Abs. 3 Satz 1 AbfAEV), und vergibt eine Vorgangsnummer (§ 7 Abs. 3 Satz 3 AbfAEV) sowie eine Kennnummer entsprechend § 28 NachwV, soweit eine solche noch nicht zugewiesen wurde (§ 7 Abs. 3 Satz 2 AbfAEV). Die Behörde hat dem Anzeigenden den Eingang der Anzeige gemäß § 53 Abs. 1 Satz 2 KrWG unverzüglich schriftlich zu bestätigen. Diese **Empfangsbestätigung nach § 53 Abs. 1 Satz 2 KrWG** ist von der **Anzeigebestätigung nach § 7 Abs. 5 AbfAEV** zu unterscheiden. Ergibt die Prüfung der Behörde kurzfristig, dass die Anzeige vollständig ist und keine weiteren Maßnahmen zu treffen sind, so ist eine gesonderte Empfangsbestätigung nach § 53 Abs. 1 Satz 2 KrWG zwar entbehrlich. Die Behörde kann dann unmittelbar die in § 7 Abs. 5 AbfAEV vorgesehene Anzeigebestätigung (d. h. den nun auch behördlicherseits weiter ausgefüllten und unterzeichneten Anzeigevordruck nach Anlage 2 zur Anzeige- und Erlaubnisverordnung) an den Anzeigenden übersenden und das Verfahren abschließen. Ergibt die Prüfung der Behörde hingegen, dass die Anzeige unvollständig ist, hat die Behörde unverzüglich (d. h. ohne schuldhaftes Zögern, § 121 Abs. 1 Satz 1 BGB) eine Empfangsbestätigung nach § 53 Abs. 1 Satz 2 KrWG zu versenden. Es bietet sich an, die Empfangsbestätigung in diesen Fällen mit der (ebenfalls unverzüglich zu übermittelnden) Aufforderung nach § 7 Abs. 4 AbfAEV zur Ergänzung der Angaben zu verbinden. Die Empfangsbestätigung nach § 53 Abs. 1 Satz 2 KrWG und die Aufforderung nach § 7 Abs. 4 AbfAEV sind unselbstständige Verfahrenshandlungen ohne Verwaltungsaktqualität (vgl. *Ramsauer* in Kopp/Ramsauer VwVfG, 21. Aufl. 2020, § 35 Rn. 92b und 109). Vervollständigt der Anzeigende daraufhin seine Angaben, wird eine Anzeigebestätigung nach § 7 Abs. 5 AbfAEV versandt und das Verfahren abgeschlossen. Die Anzeigebestätigung ist ebenfalls eine unselbstständige Verfahrenshandlung ohne Verwaltungsaktqualität. Wie sich insbesondere aus § 13 Abs. 1 Satz 2 und 3 AbfAEV ersehen lässt, darf die angezeigte Tätigkeit bereits nach dem Versand des Vordrucks an die zuständige Behörde aufgenommen werden; eine Anzeigebestätigung nach § 7 Abs. 5 AbfAEV muss nicht abgewartet werden (ebenso die BMUB-Vollzugshilfe, Rn. 86).

E. Die Anordnungsbefugnisse des § 53 Abs. 3 Satz 1, 2 und 3 KrWG

Erscheint im Einzelfall nach dem Eingang der Anzeige eine Prüfung von Zuverlässigkeits-, Fach- und Sachkundenachweisen geboten (→ Rn. 7), so richtet die Behörde ein entsprechendes Verlangen an den Anzeigenden **(§ 53 Abs. 3 Satz 2 KrWG).** Ein derartiges Verlangen kann sowohl im unmittelbaren Zusammenhang mit einer erstmaligen Anzeige oder einer erneuten Anzeige nach § 7 Abs. 7 Satz 1 AbfAEV als auch unabhängig hiervon an den Sammler, Beförderer, Händler oder Makler gerichtet werden. Es handelt sich um einen belastenden Verwaltungsakt, dessen Erlass und Ausgestaltung (d. h. das „Ob" und das „Wie") im Ermessen der Behörde liegt (vgl. BMUB-Vollzugshilfe, Rn. 98; ebenso im Zusammenhang mit der immissionsschutzrechtlichen Änderungsanzeige *Schaller* in LR, BImSchG, § 15 Rn. 63 mit weiteren Nachweisen). Die Behörde wird aber (maximal) diejenigen Unterlagen anfordern können, die in § 9 Abs. 3 AbfAEV aufgeführt sind: Wenn mit den dort genannten Unterlagen sogar in Erlaubnisverfahren Zuverlässigkeit, Fach- und Sachkunde nachgewiesen werden können, müssen diese erst recht zum Nachweis der personenbezogenen Anforderungen im Bereich der anzeigepflichtigen Tätigkeiten ausreichen. Nachweise aus einem anderen Mitgliedstaat der Europäischen Union oder einem anderen Vertragsstaat des Abkommens über den Europäischen Wirtschaftsraum stehen gemäß § 53 Abs. 4 Satz 1 KrWG inländischen Nachweisen gleich, wenn aus ihnen hervorgeht, dass die betreffenden Anforderungen oder die aufgrund ihrer Zielsetzung im Wesentlichen vergleichbaren Anforderungen des Ausstellungsstaates erfüllt sind. Gleichwertige Nachweise nach § 53 Abs. 4 Satz 1 KrWG sind 9 gemäß **§ 53 Abs. 4 Satz 2 KrWG** auf Verlangen der zuständigen Behörde im Original oder in Kopie vorzulegen; gemäß **§ 53 Abs. 4 Satz 3 KrWG** können eine Beglaubigung der Kopie sowie eine beglaubigte deutsche Übersetzung verlangt werden. Die Regelungen des § 53 Abs. 4 Satz 2 und 3 KrWG bilden das Pendant zu § 53 Abs. 3 Satz 2 KrWG für Fälle mit Auslandsbezug. Der Sammler, Beförderer, Händler oder Makler ist vor dem Verlangen nach § 53 Abs. 3 Satz 2 KrWG oder nach § 53 Abs. 4 Satz 2 und/oder 3 KrWG anzuhören (zB gemäß § 28 Abs. 1 LVwVfG NRW). Gleiches gilt, wenn die Behörde erwägt, die angezeigte Tätigkeit gemäß **§ 53 Abs. 3 Satz 1 KrWG** von Bedingungen abhängig zu machen, sie zeitlich zu befristen oder Auflagen für sie vorzusehen oder wenn sie erwägt, die angezeigte Tätigkeit gemäß **§ 53 Abs. 3 Satz 3 KrWG** (mit Wirkung für die Zukunft) zu untersagen. Solche Verwaltungsakte können sowohl im Zusammenhang mit einer erstmaligen Anzeige oder einer erneuten Anzeige nach § 7 Abs. 7 Satz 1 AbfAEV als auch unabhängig hiervon ergehen. Erlass und Ausgestaltung (das „Ob" und das „Wie") eines Bescheides nach § 53 Abs. 3 Satz 1 KrWG liegen im Ermessen der Behörde. Bei dem Erlass eines Untersagungs-bescheides gemäß § 53 Abs. 3 Satz 3 KrWG handelt es sich hingegen um eine gebundene Entscheidung („hat […] zu untersagen"). Gegen die Bescheide nach § 53 Abs. 3 Satz 1, 2 oder 3 KrWG kann jeweils – soweit dies landesrechtlich noch vorgesehen ist – Widerspruch einlegt (§ 68 Abs. 1 VwGO) und Anfechtungsklage erhoben werden (§ 42 Abs. 1 VwGO).

10 Zu beachten ist, dass derjenige, der vorsätzlich oder fahrlässig einer vollziehbaren Untersagung nach § 53 Abs. 3 Satz 3 KrWG zuwiderhandelt, den **Ordnungswidrigkeitstatbestand des § 69 Abs. 1 Nr. 6 KrWG** verwirklicht. Die Ordnungswidrigkeit kann gemäß § 69 Abs. 3 KrWG mit einer **Geldbuße bis zu 100 000 EUR** geahndet werden. Der **Ordnungswidrigkeitstatbestand des § 69 Abs. 1 Nr. 4 KrWG** soll vorsätzliche oder fahrlässige Zuwiderhandlungen gegen eine „vollziehbare Auflage nach […] § 53 Absatz 3 Satz 2" sanktionieren. § 53 Abs. 3 Satz 2 KrWG regelt allerdings keine behördlichen Auflagen, sondern behördliche Nachweisverlangen (→ Rn. 9). Hierin liegt ein redaktionelles Versehen (vgl. BT-Drs. 17/6052, S. 104). Verstöße gegen Auflagen nach § 53 Abs. 3 Satz 1 KrWG können derzeit nicht geahndet werden (vgl. *Kraft* in Jarass/Petersen KrWG, 2014, § 69 Rn. 46).

F. Erneute Anzeige bei Änderung wesentlicher Angaben, § 7 Abs. 7 Satz 1 AbfAEV

11 Ändern sich wesentliche Angaben, so ist die Anzeige gemäß § 7 Abs. 7 Satz 1 AbfAEV erneut zu erstatten. In der Vorlage von Folgeregistrierungsurkunden nach § 7 Abs. 1 Satz 4 AbfAEV liegt gemäß § 7 Abs. 7 Satz 2 AbfAEV keine Änderung wesentlicher Angaben. Wesentliche Angaben sind nach der BMUB-Vollzugshilfe (Rn. 96) vielmehr die Angaben bei den Ziffern 1.1 bis 1.4, 2 bis 6 des Vordrucks (Anlage 2 zur Anzeige- und Erlaubnisverordnung), d. h.: eine Verlagerung des Hauptsitzes, eine Änderung der Tätigkeit oder der Art der Tätigkeit, Änderungen im Zusammenhang mit der Befreiung von der Erlaubnispflicht sowie Änderungen des Kreises der Personen der ersten und/oder zweiten Verantwortungsebene (→ § 2 Rn. 12 und 13).

G. Die Übergangsregelung des § 16 Abs. 1 AbfAEV

12 Der Verordnungsgeber hat in § 16 Abs. 1 AbfAEV eine Übergangsregelung für Anzeigeverfahren getroffen, die am 1.6.2014 bereits begonnen waren. Diese sind nach den

Vorschriften der Anzeige- und Erlaubnisverordnung zu Ende zu führen. Die Verfahren können ohne Verwendung der in Anlage 2 zur Anzeige- und Erlaubnisverordnung enthaltenen Vordrucke durchgeführt werden.

§ 8 Elektronisches Anzeigeverfahren

(1) **Zur elektronischen Erstattung der Anzeige stellen die Länder ein bundesweit einheitliches informationstechnisches System bereit, in dem**

1. der Vordruck nach Anlage 2 in elektronischer Form vorgehalten wird; das Feld „*Unterschrift*" im Vordruck nach Anlage 2 entfällt; und

2. die Möglichkeit geschaffen wird

a) für Entsorgungsfachbetriebe, der Anzeige das Zertifikat nach § 56 Absatz 3 des Kreislaufwirtschaftsgesetzes beizufügen und

b) für Sammler, Beförderer, Händler und Makler von gefährlichen Abfällen, die einen EMAS-Standort betreiben, der Anzeige die Registrierungsurkunde beizufügen.

Die Länder sind befugt, Daten zu erheben, zu speichern und zu nutzen, die zur Durchführung des Anzeigeverfahrens erforderlich sind. Im Rahmen des elektronischen Anzeigeverfahrens von den Ländern gespeicherte Daten sind unverzüglich zu löschen, wenn sie zur Durchführung des Anzeigeverfahrens nicht mehr erforderlich sind. § 14 bleibt unberührt.

(2) **Für das elektronische Anzeigeverfahren gilt § 7 Absatz 1 Satz 2 bis 4, Absatz 2 bis 5 und Absatz 7 entsprechend, § 7 Absatz 5 jedoch mit der Maßgabe, dass die Bestätigung des Eingangs der vollständigen elektronischen Anzeige durch die zuständige Behörde, sofern sie auf elektronischem Wege erfolgt, den Vorgaben an die elektronische Form nach § 3a Absatz 2 des Verwaltungsverfahrensgesetzes zu entsprechen hat.**

(3) **Die Länder stellen sicher, dass**

1. jederzeit Anzeigen nach Absatz 1 Satz 1 über das informationstechnische System erstattet werden können und

2. nach den Artikeln 24, 25 und 32 der Verordnung (EU) 2016/679 des Europäischen Parlaments und des Rates vom 27. April 2016 zum Schutz natürlicher Personen bei der Verarbeitung personenbezogener Daten, zum freien Datenverkehr und zur Aufhebung der Richtlinie 95/46/EG (Datenschutz-Grundverordnung) (ABl. L 119 vom 4.5.2016, S. 1) entsprechende technische und organisatorische Sicherungsmaßnahmen ergriffen werden.

(4) **Das Nähere über die Einrichtung und die Nutzungsbedingungen des informationstechnischen Systems regeln die Länder durch Vereinbarung.**

Übersicht

A. Bedeutung der Vorschrift

1 Mit § 8 wird neben dem in § 7 geregelten Ablauf des Anzeigeverfahrens in Papierform die Bereitstellung eines elektronischen Verfahren zur Erstattung von Anzeigen zur Aufnahme der betrieblichen Tätigkeit durch Sammler, Beförderer, Händler und Makler von Abfällen nach § 53 Abs. 1 S. 1 KrWG geregelt. Für den Anzeigepflichtigen besteht ein Wahlrecht, ob er die Anzeige in Papierform oder elektronisch erstattet (*Kropp,* Anzeige- und Erlaubnisverordnung § 8 Rn. 4; BR-Drs. 665/13, S. 39). Erfolgt die Anzeigenerstattung elektronisch, bleiben Sammler und Beförderer gemäß § 13 verpflichtet, einen Ausdruck der von der Behörde bestätigten Anzeige mitzuführen.

2 Mit der Möglichkeit einer elektronischen Anzeige ist beabsichtigt, das Anzeigeverfahren unbürokratisch und kostensparend abzuwickeln sowie auch auf Seiten der Behörden eine Effizienzsteigerung herbeizuführen (im Einzelnen zum Aufwand für die Wirtschaft sowie zur Vorbereitung der technischen Umsetzung s. *Kropp,* Anzeige- und Erlaubnisverordnung, § 8 Rn. 5 ff.; kritisch zur Effizienzsteigerung *Pfaff,* in FFFF, § 8 Rn. 13 ff.; → Rn. 4).

Inzwischen haben einige Länder Regelungen zur Auswertung von Nachweisen erlassen, wodurch der praktische Nutzen des bundesweiten abfalltechnischen elektronischen Datensystems ASYS gestärkt wird. So sieht etwa § 20 des Gesetzes des Landes Baden-Württemberg zur Förderung der Kreislaufwirtschaft und Gewährleistung der umweltverträglichen Abfallbewirtschaftung (LKreiWiG) vom 17.12.2020 vor, dass die Sonderabfallagentur die nach dem KrWG vorgeschriebenen Nachweise über die Entsorgung gefährlicher Abfälle und vorgeschriebene Notifizierungs- und Begleitformulare für die abfallrechtliche Überwachung und die Abfallwirtschaftsplanung auswertet. Die Sonderabfallagentur ist bezogen auf ASYS die Kontrollstelle für Baden-Württemberg. Auch die Verwaltungsvorschrift des Landes Sachsen-Anhalt, Vollzug bei der abfallrechtlichen Überwachung der Entsorgung von Abfällen i. d. F. vom 1.3.2018 (gültig ab dem 24.7.2018) regelt unter Ziff. 3.1.3 die Nutzung von Datenverarbeitungssystemen und schreibt u. a. die Nutzung des ASYS für die Überwachungsbehörden des Landes vor.

B. Rechtsentwicklung

3 Bis zum 31.5.2014 war keine elektronische Erstattung von Anzeigen zur Aufnahme der betrieblichen Tätigkeit durch Sammler, Beförderer, Händler und Makler von Abfällen nach § 53 Abs. 1 S. 1 KrWG geregelt. Insofern stellen die §§ 8, 11 und 14 eine Anpassung der bis dahin geltenden Regelungen zugunsten eines modernen, der Digitalisierung zugewandten Anzeige- und Erlaubnisverfahrens, analog zur NachwV, dar. Die Vorschrift in ihrer ursprünglichen Fassung vom 3.12.2013 wurde durch die ab dem 13.7.2018 gültige Fassung vom 3.7.2018 (BGBl. I 1084) in Abs. 3 geändert. Der bis dahin bestehende Verweis auf § 9 des Bundesdatenschutzgesetzes wurde durch den Verweis auf die Art. 24, 25 und 32 der Verordnung (EU) 2016/679 des Europäischen Parlaments und des Rates vom 27.4.2016 zum Schutz natürlicher Personen bei der Verarbeitung personenbezogener Daten, zum freien Datenverkehr und zur Aufhebung der

Richtlinie 95/46/EG (Datenschutz-Grundverordnung, ABl. L 119 vom 4.5.2016, S. 1) ersetzt.

C. Bundesweit einheitliches informationstechnisches System zur elektronischen Erstattung der Anzeige

I. Regelungen zur Bereitstellung eines einheitlichen informationstechnischen Systems (Abs. 1 S. 1)

§ 8 Abs. 1 AbfAEV sieht vor, dass die Länder ein bundesweit einheitliches informationstechnisches System zur elektronischen Erstattung einer Anzeige nach § 53 KrWG, § 7 AbfAEV bereitstellen. Die Regelung wurde mit der AbfAEV neu geschaffen und stellt eine IT-basierte Struktur zur Umsetzung der bereits seit dem 1.6.2012 durch das KrWG geschaffenen und durch die AbfAEV ausgestalteten Anzeigepflicht dar. Ob die Regelung das seinerzeit durch das Bundesministerium für Umwelt, Naturschutz und Reaktorsicherheit gesetzte Ziel der Entbürokratisierung (vgl. BR-Drs. 665/13, S. 62ff.; BMU, „Arbeitsentwurf einer Verordnung zur Fortentwicklung der abfallrechtlichen Überwachung – Stellungnahme der Länder zum Arbeitsentwurf", Bonn, 28.11.2012) erfüllt, wird in Zweifel gezogen (vgl. *Pfaff,* in FFFF, § 8 Rn. 13). Beabsichtigt ist, dass sowohl die betroffenen Sammler, Beförderer, Händler und Makler von Abfällen das Anzeigeverfahren „schneller und kostengünstiger" durchlaufen können, als auch, dass eine behördenseitige Effizienzsteigerung eintritt (BR-Drs. 665/13, S. 62ff.). Das dürfte aber kaum etwas am Zeitaufwand für die Prüfung ändern, zumal es einer Bestätigung der Anzeige durch eine elektronische Signatur und der Datenpflege des ASYS durch die Behörde bedarf (*Pfaff,* in FFFF, § 8 Rn. 13). **4**

Das elektronische Anzeigeverfahren wurde technisch durch die Zentrale Koordinierungsstelle Abfall der Länder (ZKS-Abfall) umgesetzt, die auf der Verwaltungsvereinbarung für die Gemeinsamen Abfall Datenverarbeitungs-Systeme (GADSYS), einer Erweiterung der Verwaltungsvereinbarung über das Abfallüberwachungssystem (ASYS), beruht. Über das Internetportal der ZKS-Abfall können das elektronische Anzeige- und Erlaubnisverfahren (eAEV) gestartet und ein entsprechendes Formular aufgerufen werden. Dabei werden die Gewerbeanmeldung (soweit eine Pflicht zur Gewerbeanmeldung besteht) sowie ein Auszug aus dem Handels-, Vereins- oder Genossenschaftsregister (soweit ein Eintrag erfolgt ist), die abfallrechtliche Betriebsnummer als Sammler, Beförderer, Makler bzw. Händler von Abfällen (soweit diese erteilt wurde), das Entsorgungsfachbetriebszertifikat bzw. die Registrierungsurkunde als zertifizierter EMAS-Betrieb (soweit der Betrieb eine entsprechende Zertifizierung besitzt) und ggf. die Vorgangsnummer der erstmaligen Anzeige benötigt (vgl. GADSYS, https://einreichen.eaev-formulare.de/intelliform/forms/AbfAEV/AbfAEV/Antrag_54/index). Das Formular wird elektronisch ausgefüllt und eingereicht. **5**

Das elektronische Anzeige- und Erlaubnisverfahren hält den Vordruck nach Anzeige 2 AbfAEV ohne das Feld „Unterschrift" vor (vgl. § 8 Abs. 1 S. 1 Nr. 1 AbfAEV). Ferner werden entsprechend Nr. 2 die Möglichkeiten vorgehalten, das Zertifikat nach § 56 Abs. 3 KrWG und die EMAS-Registrierungsurkunde beizufügen. Die GADSYS stellt mit der eAEVwiki Online-Hilfe eine detaillierte Handreichung zur Verfügung. Zweck der Nr. 1 ist zu verhindern, dass im Papierverfahren und im elektronischen Verfahren unterschiedliche Daten abgefragt werden (BR-Drs. 665/13, S. 62ff.). **6**

II. Befugnis zur Speicherung und Nutzung von Daten (Abs. 1 S. 2–4)

7 § 8 Abs. 1 S. 2–4 ermächtigt die Länder, die Daten zu erheben, zu speichern und im Rahmen der Durchführung des Anzeigeverfahrens zu nutzen. Sobald die Erforderlichkeit dieser Daten zur Durchführung des Anzeigeverfahrens entfällt, sind sie unverzüglich zu löschen (S. 3). S. 4 stellt klar, dass das in § 14 geregelte Behördenregister hiervon unabhängig ist. S. 3 entspricht § 7 Abs. 6 S. 1 und S. 4 entspricht § 7 Abs. 6 S. 2. Die Regelung dient der datenschutzrechtlichen Absicherung des Behördenregisters gem. § 14 (*Kropp,* Anzeige- und Erlaubnisverordnung, 2014, § 8, Rn. 17).

D. Entsprechende Anwendung von § 7 (Abs. 2)

8 § 8 Abs. 2 verweist auf die Regelungen in § 7, die sinngemäß auf das elektronische Anzeigeverfahren anwendbar sind. Ausgenommen sind folgerichtig nur § 7 Abs. 1 S. 1 und Abs. 6 (§ 7 Abs. 6 wird ersetzt durch § 8 Abs. 1 S. 2f., s. Rn. 3). § 7 Abs. 5 findet mit der Maßgabe Anwendung, dass die elektronische Eingangsbestätigung den Vorgaben des § 3a Abs. 2 VwVfG zu entsprechen hat. Das hat zur Folge, dass die händische Unterschrift durch eine qualifizierte elektronische Signatur i. S. d. eIDAS-Verordnung ersetzt wird. Aus dem Wortlaut des Abs. 2 („[…] sofern sie [Anm.: die Anzeige] auf elektronischem Wege erfolgt […]“) ist zu schließen, dass die Anzeige auch auf analogem Wege möglich sein muss. → Rn. 1.

E. Sicherstellung der Funktionalität und Anforderungen der DSGVO (Abs. 3)

9 Gem. § 8 Abs. 3 Nr. 1 haben die Länder sicherzustellen, dass jederzeit Anzeigen nach Abs. 1 S. 1 über das informationstechnische System erstattet werden können. Der Begriff „jederzeit“ ist im Lichte der mit der Bereitstellung von ebensolchen Systemen verbundenen Unwägbarkeiten auszulegen. Beispielsweise können erforderliche Wartungsarbeiten dazu führen, dass das System für eine kurze Zeit nicht zu erreichen ist. Umgekehrt muss vor dem Hintergrund der strengen Formulierung für die Arbeiten ein Zeitraum gewählt werden, der die Nutzer möglichst geringfügig beeinträchtigt. Keinesfalls zulässig ist der Ausfall des Systems für einen längeren Zeitraum, z. B. für mehrere Tage.

10 § 8 Abs. 3 Nr. 2 nimmt auf das Regelungsregime der Datenschutz-Grundverordnung (DSGVO) Bezug. Ausweislich der online-abrufbaren Datenschutzerklärung sind Behörden der 16 Bundesländer gemeinsam Verantwortliche i. S. d. Art. 26 DSGVO. Das erscheint zunächst unproblematisch, obwohl § 8 Abs. 3 Nr. 2 auf Art. 24, 25 und 32 DSGVO, nicht aber auf Art. 26 DSGVO verweist. Ist nämlich die Voraussetzung von Art. 26 Abs. 1 S. 1 DSGVO erfüllt, legen also mehrere Verantwortliche i. S. d. Art. 4 Nr. 7 DSGVO gemeinsam die Zwecke der und die Mittel zur Verarbeitung fest, so ordnet Art. 26 DSGVO von Rechts wegen ihre gemeinsame Verantwortlichkeit an („[…] so sind sie gemeinsam Verantwortliche.“). Wünschenswert wäre es jedoch, wenn die gem. Art. 26 Abs. 1 S. 2f., Abs. 2 DSGVO erforderliche *transparente* Vereinbarung zwischen den Verantwortlichen in der Datenschutzerklärung veröffentlicht würde. Als Anlaufstelle i. S. d. Art. 26 Abs. 1 S. 3 DSGVO dient die InformationsKoordinierende Stelle Abfall DV-Systeme (IKA) in Neumünster.

E. Vereinbarung der Länder (Abs. 4)

Nach § 8 Abs. 4 ist den Ländern die nähere Ausgestaltung der Einrichtung und der Nutzungsbedingungen des informationstechnischen Systems überlassen. Die hierzu erforderliche Vereinbarung setzt keinen Staatsvertrag voraus. Ausreichend ist eine Verwaltungsvereinbarung, die die rechtlichen, organisatorischen und finanziellen Grundlagen des Systems regelt (*Kropp,* Anzeige- und Erlaubnisverordnung, 2014, § 8 Rn. 27). Das elektronische Anzeigeverfahren unterfällt der Verwaltungsvereinbarung GADSYS, die die Vorgängerregelung der Verwaltungsvereinbarung über ASYS erweitert hat (→ Rn. 5). **11**

Abschnitt 4. Erlaubnis für Sammler, Beförderer, Händler und Makler von gefährlichen Abfällen

§ 9 Antrag und beizufügende Unterlagen

(1) **Der Antrag auf Erteilung einer Erlaubnis zum Sammeln, Befördern, Handeln und Makeln von gefährlichen Abfällen nach § 54 Absatz 1 Satz 1 des Kreislaufwirtschaftsgesetzes ist schriftlich bei der zuständigen Behörde zu stellen; dabei ist der Vordruck nach Anlage 3 zu verwenden.**

(2) **Hat der Antragsteller seinen Hauptsitz nicht im Inland, ist diejenige Behörde des Landes zuständig, in dessen Bezirk das Sammeln, Befördern, Handeln oder Makeln von gefährlichen Abfällen erstmals vorgenommen wird.**

(3) **Dem Antrag sind folgende Unterlagen beizufügen:**

1. die Gewerbeanmeldung,

2. ein Auszug aus dem Handels-, Vereins- oder Genossenschaftsregister, sofern eine Eintragung erfolgt ist,

3. eine firmenbezogene Auskunft, Belegart 9, aus dem Gewerbezentralregister, sofern es sich bei dem Unternehmen um eine juristische Person oder Personenvereinigung handelt,

4. eine personenbezogene Auskunft, Belegart 9, aus dem Gewerbezentralregister für
   a) den Inhaber und
   b) die für die Leitung und Beaufsichtigung des Betriebes verantwortlichen Personen, sofern solche vorhanden sind,

5. ein Führungszeugnis, Belegart OG,
   a) des Inhabers und
   b) der für die Leitung und Beaufsichtigung des Betriebes verantwortlichen Personen, sofern solche vorhanden sind,

6. ein Nachweis über die Fachkunde
   a) des Inhabers, soweit er für die Leitung des Betriebes verantwortlich ist, und
   b) der für die Leitung und Beaufsichtigung des Betriebes verantwortlichen Personen, sofern solche vorhanden sind,

7. der Nachweis einer Betriebshaftpflichtversicherung und einer auf die jeweilige Tätigkeit bezogenen Umwelthaftpflichtversicherung, sofern solche Versicherungen vorhanden sind, sowie

8. der Nachweis der Kraftfahrzeug-Haftpflichtversicherung bei Sammlern und Beförderern von Abfällen, die gefährliche Abfälle auf öffentlichen Straßen befördern.

Die Pflicht zur Beifügung von Unterlagen nach Satz 1 entfällt, wenn die jeweiligen Unterlagen auf Veranlassung des Antragstellers von einem Dritten an die zuständige Behörde übersendet werden.

(4) **Die dem Antrag beizufügenden Unterlagen nach Absatz 3 Satz 1 Nummer 1, 2, 6, 7 und 8 können als Kopie eingereicht werden. Bestehen Zweifel an der Echtheit der eingereichten Unterlagen, kann die zuständige Behörde die Einreichung von Originalen verlangen.**

Übersicht

A. Allgemeines zu Erlaubnisverfahren und Erlaubnispflicht

1 Zur Reichweite der Erlaubnispflicht → § 12 Rn. 1 bis 3.

2 Gemäß § 54 Abs. 1 Satz 1 KrWG bedürfen alle Sammler, Beförderer, Händler und Makler von gefährlichen Abfällen der Erlaubnis. Definitionen der Begriffe „Sammler", „Beförderer", „Händler" und „Makler" finden sich in § 3 Abs. 10, 11, 12 und 13 KrWG (→ § 2 Rn. 2 bis 5). Zwischen „gefährlichen" und „nicht gefährlichen" Abfällen wird in § 3 Abs. 5 Satz 1 KrWG einerseits und § 4 Abs. 5 Satz 2 KrWG andererseits unterschieden (vgl. hierzu *Petersen/Doumet* in Jarass/Petersen KrWG, 2014, § 3 Rn. 117 f.; *Versteyl* in Versteyl/Mann/Schomerus KrWG, 4. Aufl. 2019, § 3 Rn. 31 f.).

3 Das Verfahren, das auf die Erteilung einer Erlaubnis nach § 54 Abs. 1 Satz 1 KrWG zielt, ist zunächst von dem **Vorlageverfahren des § 54 Abs. 4 Satz 3 KrWG** abzugrenzen. Erlaubnisse aus einem anderen Mitgliedstaat der Europäischen Union oder einem anderen Vertragsstaat des Abkommens über den Europäischen Wirtschaftsraum stehen gemäß § 54 Abs. 4 Satz 1 KrWG Erlaubnissen nach § 54 Abs. 1 Satz 1 KrWG gleich. Die Inhaber einer **gleichwertigen Erlaubnis** bedürfen also keiner (zweiten) Erlaubnis nach § 54 Abs. 1 Satz 1 KrWG (vgl. *Hurst* in Jarass/Petersen KrWG, 2014, § 54 Rn. 32). Gemäß § 54 Abs. 4 Satz 3 KrWG haben sie allerdings der zuständigen Behörde vor Aufnahme der Tätigkeit Unterlagen über die gleichwertige Erlaubnis nach § 54 Abs. 4 Satz 1 KrWG im Original oder in Kopie vorzulegen. Die zuständige Behörde kann gemäß § 54 Abs. 4 Satz 4 KrWG eine Beglaubigung der Kopie sowie eine beglaubigte deutsche Übersetzung verlangen.

4 Ist der erlaubnispflichtige Sammler, Beförderer, Händler oder Makler nicht Inhaber einer gleichwertigen Erlaubnis aus einem anderen Mitgliedstaat der Europäischen Union oder einem anderen Vertragsstaat des Abkommens über den Europäischen Wirtschaftsraum, ist ein **Erlaubnisverfahren** durchzuführen. Zu unterscheiden sind verschiedene Verfahrensmodalitäten: Das Verfahren kann wie bei deutschen Betrieben gemäß § 54 Abs. 6 Satz 1 KrWG schriftlich oder elektronisch (§ 71e VwVfG, § 11 Abs. 2 Satz 3 AbfAEV) über eine **einheitliche Stelle** (§§ 71a bis 71e VwVfG) abgewickelt werden. Die einheitliche Stelle nimmt Erlaubnisanträge entgegen und leitet sie unverzüglich an die zuständige Behörde weiter (vgl. § 71b Abs. 1 VwVfG). Mitteilungen der zuständigen Behörde an den Antragsteller werden grundsätzlich über sie weitergegeben (vgl. § 71b Abs. 5 Satz 1 VwVfG). Der Erlaubnisantrag kann allerdings auch unmittelbar bei der **zu-**

ständigen Behörde gestellt werden. Dies kann schriftlich (§§ 9 und 10 AbfAEV) oder über ein von den Ländern bereitgestelltes, bundesweit einheitliches informationstechnisches System (§ 11 AbfAEV, www.eaev-formulare.de) erfolgen.

Zu beachten ist, dass derjenige, der vorsätzlich oder fahrlässig ohne Erlaubnis nach § 54 Abs. 1 Satz 1 KrWG gefährliche Abfälle sammelt, befördert, mit ihnen Handel treibt oder diese makelt, den **Ordnungswidrigkeitstatbestand des § 69 Abs. 1 Nr. 7 KrWG** verwirklicht. Ein weiterer relevanter **Ordnungswidrigkeitstatbestand findet sich in § 69 Abs. 1 Nr. 4 KrWG.** Diesen verwirklicht derjenige, der einer vollziehbaren Auflage nach § 54 Abs. 2 KrWG zuwiderhandelt. Beide Ordnungswidrigkeiten können gemäß § 69 Abs. 3 KrWG mit einer **Geldbuße bis zu 100 000 EUR** geahndet werden. **5**

Außerdem ist die **Anzeigepflicht des § 18 Abs. 1 KrWG** zu beachten. Hiernach sind nicht nur gemeinnützige Sammlungen im Sinne des § 17 Abs. 2 Satz 1 Nr. 3 KrWG, sondern auch **gewerbliche Sammlungen im Sinne des § 17 Abs. 2 Satz 1 Nr. 4 KrWG** durch ihren Träger bei der zuständigen Behörde spätestens drei Monate vor ihrer beabsichtigten Aufnahme anzuzeigen. Die Anzeigepflicht des § 18 Abs. 1 KrWG besteht neben der Erlaubnispflicht des § 54 Abs. 1 Satz 1 KrWG (vgl. *Karpenstein/Dingemann* in Jarass/Petersen KrWG, 2014, § 18 Rn. 6). **6**

B. Zuständige Behörde, § 54 Abs. 1 Satz 3 KrWG, § 9 Abs. 2 AbfAEV

Das Kreislaufwirtschaftsgesetz und die Anzeige- und Erlaubnisverordnung regeln welches Bundesland für die Erteilung der Erlaubnis zuständig ist. Gemäß § 54 Abs. 1 Satz 3 KrWG ist die Behörde des Landes zuständig, in dem der Antragsteller seinen Hauptsitz hat. Diese Regelung wird ergänzt durch § 9 Abs. 2 AbfAEV. Hat der Antragsteller seinen Hauptsitz nicht im Inland, ist danach diejenige Behörde des Landes zuständig, in dessen Bezirk das Sammeln, Befördern, Handeln oder Makeln von gefährlichen Abfällen erstmals vorgenommen wird. Ausgehend hiervon bestimmt sich die konkrete sachliche und örtliche Zuständigkeit nach dem Landesrecht. **7**

C. Das schriftliche Erlaubnisverfahren, §§ 9 und 10 AbfAEV – Einleitung des schriftlichen Erlaubnisverfahrens

Das schriftliche Erlaubnisverfahren wird gemäß § 9 Abs. 1 AbfAEV durch Übersendung des ausgefüllten Vordrucks (Anlage 3 zur Anzeige- und Erlaubnisverordnung) an die zuständige Behörde eingeleitet (zu der nach § 54 Abs. 6 Satz 1 KrWG möglichen Abwicklung über eine einheitliche Stelle → § 10 Rn. 6). Der **Vordruck** kann im PDF-Format heruntergeladen werden (beispielsweise über eine Internetseite des Bundesanzeiger Verlages, www.bgbl.de, dort: BGBl. I 2013, Nr. 69, S. 4043 [S. 4055 bis 4057]). In dem Vordruck ist zu Beginn anzugeben, ob es sich um einen erstmaligen Antrag oder um einen Änderungserlaubnisantrag gemäß § 10 Abs. 6 Satz 1 AbfAEV (→ § 10 Rn. 7) handelt. Bei **Ziffer 1** sind die abgefragten Daten über den Antragsteller (d. h. den Sammler, Beförderer, Händler oder Makler) einzutragen. Die Angaben bei **Ziffer 2 betreffen** die Einstufung als Sammler, Beförderer, Händler und/oder Makler und sind wegen ihrer rechtlichen Folgewirkungen (→ § 5 Rn. 2 bis 4) sorgfältig voneinander abzugrenzen. Die bei **Ziffer 3** aufgeführten Unterlagen sind **betriebsbezogen;** die entsprechenden Vorlagepflichten finden sich in § 9 Abs. 3 Satz 1 Nr. 1, 2, 3, 7 und 8 AbfAEV. **8**

Die nach § 9 Abs. 3 Satz 1 Nr. 8 AbfAEV erforderliche Kfz-Haftpflicht-Versicherung betrifft nur Sammler und Beförderer, die gefährliche Abfälle auf öffentlichen Straßen befördern (BMUB-Vollzugshilfe, Rn. 114). Bei **Ziffer 4** des Vordrucks sind sämtliche Personen der ersten Verantwortungsebene (Betriebsinhaber, → § 2 Rn. 12) aufzuführen; da das Zuverlässigkeitskriterium für alle Personen der ersten Verantwortungsebene gilt, sind hier ggf. auch Personen der ersten Verantwortungsebene zu nennen, die nicht für die Leitung des Betriebes verantwortlich sind (→ § 4 Rn. 5). Bei **Ziffer 5** sind sämtliche Personen der zweiten Verantwortungsebene (Leitungspersonal, → § 2 Rn. 13) aufzuführen. Zu beachten ist, dass für jede einzelne Person der ersten und zweiten Verantwortungsebene ein Führungszeugnis (Belegart OG) und eine personenbezogene Auskunft aus dem Gewerbezentralregister (Belegart 9) vorzulegen ist. Für diejenigen Personen der ersten Verantwortungsebene, die für die Leitung des Betriebes verantwortlich sind, sowie für sämtliche Personen der zweiten Verantwortungsebene ist außerdem jeweils ein Fachkundenachweis beizufügen. Die auf diese **personenbezogenen Unterlagen** gerichteten Vorlagepflichten finden sich in § 9 Abs. 3 Satz 1 Nr. 4, 5 und 6 AbfAEV. Zu den Angaben bei Ziffer 4 und 5 bezüglich Zuverlässigkeit und Fachkunde → § 3 Rn. 8 und § 4 Rn. 3. Bei **Ziffer 6** verbleibt Raum für freiwillige Angaben (die Nennung des „Anzeigenden" in der Überschrift ist ein redaktionelles Versehen, vgl. BMUB-Vollzugshilfe, Rn. 111). Die bei **Ziffer 8** vorgesehene Unterschrift ist – anders als bei § 7 Abs. 1 Satz 1 AbfAEV – nicht optional, da § 9 Abs. 1 AbfAEV eine Schriftformvorgabe enthält (vgl. § 126 Abs. 1 BGB). Wer das Formular zu unterzeichnen hat, ist weder in dem Formular selbst noch in der Anzeige- und Erlaubnisverordnung vorgegeben. § 126 Abs. 1 BGB fordert allerdings eine eigenhändige Unterzeichnung durch den Aussteller der Urkunde. Zur Vermeidung von Problemen im Erlaubnisverfahren dürfte sich angesichts dessen die Unterzeichnung durch eine alleinvertretungsberechtigte Person der ersten Verantwortungsebene oder durch mehrere Personen der ersten Verantwortungsebene, die gemeinsam zur Vertretung des Unternehmens berechtigt sind, anbieten.

9 Die dem Erlaubnisantrag beizufügenden Unterlagen nach § 9 Abs. 3 Satz 1 Nr. 1, 2, 6, 7 und 8 AbfAEV können in Kopie eingereicht werden **(§ 9 Abs. 4 Satz 1 AbfAEV).** Bestehen Zweifel an der Echtheit der eingereichten Unterlagen, kann die zuständige Behörde gemäß **§ 9 Abs. 4 Satz 2 AbfAEV** die Einreichung von Originalen verlangen. Eine derartige Forderung ist als unselbstständige Verfahrenshandlung zu qualifizieren (vgl. hierzu *Ramsauer* in Kopp/Ramsauer VwVfG, 21. Aufl. 2020, § 35 Rn. 109). Die firmenbezogene Auskunft aus dem Gewerbezentralregister (Belegart 9), personenbezogene Auskünfte aus dem Gewerbezentralregister (Belegart 9) sowie Führungszeugnisse (Belegart OG) müssen hingegen vom Antragsteller bei der zuständigen Stelle beantragt werden; diese kann die Unterlagen dann unmittelbar an die zuständige Behörde übersenden **(§ 9 Abs. 3 Satz 2 AbfAEV).** Informationen zu der Anforderung von Auskünften aus dem Gewerbezentralregister und von Führungszeugnissen finden sich auf der Internetseite des Bundesamtes für Justiz (www.bundesjustizamt.de, dort unter Themen/Bürgerdienste/Gewerbezentralregister bzw. Führungszeugnis). Nachweise einer Betriebshaftpflichtversicherung und einer Umwelthaftpflichtversicherung gemäß § 9 Abs. 3 Nr. 7 AbfAEV müssen nur vorgelegt werden, wenn solche Versicherungen vorhanden sind. Aus der AbfAEV ergibt sich keine Pflicht zum Abschluss der Versicherungen. Aus anderen Rechtsvorschriften, insbesondere bei genehmigungsbedürftigen Anlagen nach dem Bundes-Immissionsschutzgesetz kommen aber entsprechende Versicherungspflichten in Betracht. Sammler und Beförderer von gefährlichen Abfällen auf öffentlichen Straßen haben eine KfZ-Haftpflichtversicherung vorzulegen. Eine nähere Prüfung ist hier nicht mehr erforderlich, nachdem seit 1991 europaweit einheitlich die Vergabe des polizeilichen KfZ-Kennzeichens zwingend an den Nachweis einer KfZ-

Haftpflichtversicherung gebunden ist (näher *Pfaff* in FFFF § 9 AbfAEV Rn. 24 ff.) Bei der Neuanschaffung von Fahrzeugen ist nicht jeweils ein erneuter Versicherungsnachweis erforderlich. Im Hinblick auf einen veränderten Fahrzeugbestand kann die zuständige Behörde jedoch die Erlaubnis mit der Auflage verbinden, wonach diesbezügliche Versicherungsnachweise im Einzelfall vorzulegen sind. Schienen-, Luft- und Schiffstransport unterfallen nicht der Nachweispflicht gemäß § 9 Abs. 3 Nr. 8.

Bei der Prüfung des Antrags auf Erlaubnis stehen Nachweise aus einem anderen Mitgliedstaat der Europäischen Union oder einem anderen Vertragsstaat des Abkommens über den Europäischen Wirtschaftsraum gemäß § 54 Abs. 4 Satz 2 KrWG inländischen Nachweisen gleich, wenn aus ihnen hervorgeht, dass der Antragsteller (d. h. der Sammler, Beförderer, Händler oder Makler) die betreffenden Anforderungen des § 54 Abs. 1 Satz 2 KrWG (Zuverlässigkeit, Fach- und Sachkunde) oder die aufgrund ihrer Zielsetzung im Wesentlichen vergleichbaren Anforderungen des Ausstellungsstaates erfüllt. Die v. g. Regelung betrifft Fälle, in denen eine natürliche oder juristische Person aus einem anderen Mitgliedstaat der Europäischen Union oder einem anderen Vertragsstaat des Abkommens über den Europäischen Wirtschaftsraum eine Erlaubnis nach § 54 Abs. 1 Satz 1 KrWG beantragt, nicht dagegen das Vorlageverfahren nach § 54 Abs. 4 Satz 3 KrWG (→ Rn. 3), das auf den Nachweis der Gleichwertigkeit einer Erlaubnis aus einem anderen Mitgliedstaat der Europäischen Union oder einem anderen Vertragsstaat des Abkommens über den Europäischen Wirtschaftsraum gerichtet ist. Für die Überprüfung der Fach- und Sachkunde nach § 54 Abs. 1 Satz 2 Nr. 2 KrWG eines Antragstellers aus einem anderen Mitgliedstaat der Europäischen Union oder einem anderen Vertragsstaat des Abkommens über den Europäischen Wirtschaftsraum ordnet § 54 Abs. 5 KrWG die entsprechende Geltung des § 36a Abs. 1 Satz 2, Abs. 2 und Abs. 4 Satz 4 der Gewerbeordnung (GewO) an; bei vorübergehender und nur gelegentlicher Tätigkeit eines in einem anderen Mitgliedstaat der Europäischen Union oder in einem anderen Vertragsstaat des Abkommens über den Europäischen Wirtschaftsraum niedergelassenen Dienstleistungserbringers gilt hinsichtlich der erforderlichen Fach- und Sachkunde § 13a Abs. 2 Satz 2 bis 5 und Abs. 3 GewO entsprechend. 10

§ 10 Erlaubnisverfahren und -erteilung

(1) **Nach Eingang des Antrages überprüft die zuständige Behörde die Vollständigkeit des Antrages. Sie stellt dem Antragsteller im Falle der Vollständigkeit unverzüglich nach Eingang des Antrages gemäß § 71b Absatz 3 Satz 1 des Verwaltungsverfahrensgesetzes eine Empfangsbestätigung aus. Die Empfangsbestätigung hat den Vorgaben des § 71b Absatz 3 Satz 2 des Verwaltungsverfahrensgesetzes zu entsprechen und insoweit folgende Angaben zu enthalten:**

1. **das Datum des Eingangs des vollständigen Antrages,**
2. **einen Hinweis auf die Genehmigungsfiktion nach § 54 Absatz 6 Satz 2 des Kreislaufwirtschaftsgesetzes in Verbindung mit § 42a des Verwaltungsverfahrensgesetzes,**
3. **das Datum des Beginns und des Endes der Frist für die Genehmigungsfiktion sowie**
4. **einen Hinweis auf mögliche Rechtsbehelfe im Zusammenhang mit der Erlaubnis.**

(2) **Sofern der Antrag unvollständig ist, teilt die zuständige Behörde dem Antragsteller nach § 71b Absatz 4 Satz 1 des Verwaltungsverfahrensgesetzes unverzüglich mit, welche Unterlagen nachzureichen sind. Nach § 71b Absatz 4 Satz 2 des Verwaltungsverfahrensgesetzes hat die Mitteilung nach Satz 1 den Hinweis zu ent-**

halten, dass die Frist für die Genehmigungsfiktion nach § 54 Absatz 6 Satz 2 des Kreislaufwirtschaftsgesetzes in Verbindung mit § 42a des Verwaltungsverfahrensgesetzes erst mit Übersendung des vollständigen Antrages beginnt. Nach Übersendung des vollständigen Antrages ist Absatz 1 entsprechend anzuwenden mit der Maßgabe, dass nach § 71b Absatz 4 Satz 3 des Verwaltungsverfahrensgesetzes dem Antragsteller das Datum des Eingangs der nachgereichten Unterlagen mitzuteilen ist.

(3) **Die Erlaubnis nach § 54 Absatz 1 Satz 1 des Kreislaufwirtschaftsgesetzes wird schriftlich unter Verwendung des Vordrucks nach Anlage 4 und unter Vergabe einer Kennnummer entsprechend § 28 der Nachweisverordnung, soweit eine solche Kennnummer noch nicht zugewiesen wurde, erteilt. Außerdem vergibt die zuständige Behörde jeweils eine nicht personenbezogene Vorgangsnummer. Das Nähere über die bundesweit einheitliche Vergabe der Kennnummern entsprechend § 28 der Nachweisverordnung und der Vorgangsnummern regeln die Länder durch Vereinbarung. Für die Bekanntgabe der Erlaubnis gilt § 71b Absatz 6 des Verwaltungsverfahrensgesetzes.**

(4) **Im Rahmen des Erlaubnisverfahrens von der zuständigen Behörde gespeicherte Daten sind unverzüglich zu löschen, wenn sie zur Durchführung des Erlaubnisverfahrens nicht mehr erforderlich sind. § 14 bleibt unberührt.**

(5) **Für die Erteilung von Auskünften gilt § 71c Absatz 2 des Verwaltungsverfahrensgesetzes.**

(6) **Ändern sich wesentliche Umstände, die der Erlaubnis zu Grunde liegen, so ist insoweit eine neue Erlaubnis erforderlich. Ändern sich die im Antrag angegebenen mit der Leitung und Beaufsichtigung des Betriebes beauftragten Personen, so ist dies der zuständigen Behörde anzuzeigen.**

(7) **Erfolgt die Verfahrensabwicklung gemäß § 54 Absatz 6 Satz 1 des Kreislaufwirtschaftsgesetzes über die einheitliche Stelle, gelten zusätzlich zu den Absätzen 1 bis 6 § 71b Absatz 1, 2 und 5, § 71c Absatz 1 und § 71d des Verwaltungsverfahrensgesetzes.**

(8) **Absatz 1 Satz 2 und 3 sowie Absatz 2 Satz 2 und 3 finden keine Anwendung, sofern der Antragsteller nicht Staatsangehöriger eines Mitgliedstaates der Europäischen Union oder eines anderen Vertragsstaates des Abkommens über den Europäischen Wirtschaftsraum ist oder als juristische Person in einem dieser Staaten seinen Sitz hat.**

Übersicht

A. Das schriftliche Erlaubnisverfahren, §§ 9 und 10 AbfAEV – Verlauf des schriftlichen Erlaubnisverfahrens

1 Zur Erlaubnispflicht → § 9 Rn. 2 bis 5, zur zuständigen Behörde → § 9 Rn. 6, zur Reichweite der Erlaubnispflicht → § 12 Rn. 1 bis 3.

Nach Eingang des Erlaubnisantrags vergibt die zuständige Behörde zunächst eine Vorgangsnummer (§ 10 Abs. 3 Satz 2 AbfAEV) und überprüft die Vollständigkeit des Erlaubnisantrags (§ 10 Abs. 1 Satz 1 AbfAEV). Darin, dass die Vorgangsnummer nicht in § 10 Abs. 1 Satz 1 AbfAEV, sondern erst in § 10 Abs. 3 Satz 2 AbfAEV erwähnt wird, liegt ein redaktionelles Versehen (BMUB-Vollzugshilfe, Rn. 127). Erweist sich der Antrag als **vollständig,** hat sie dem Antragsteller gemäß § 10 Abs. 1 Satz 2 AbfAEV unverzüglich (d. h. ohne schuldhaftes Zögern, § 121 Abs. 1 Satz 1 BGB) eine **Empfangsbestätigung** auszustellen und zu übersenden. Die behördliche Empfangsbestätigung muss gemäß § 10 Abs. 1 Satz 3 Nr. 1 AbfAEV einen Hinweis auf die Genehmigungsfiktion des § 54 Abs. 6 Satz 2 KrWG in Verbindung mit § 42a VwVfG (vgl. hierzu → Rn. 4) enthalten. Des Weiteren ist gemäß § 10 Abs. 1 Satz 3 Nr. 2 AbfAEV das Datum des Eingangs des vollständigen Erlaubnisantrags bei der zuständigen Behörde (zu Abweichungen im Falle der nach § 54 Abs. 6 Satz 1 KrWG möglichen Abwicklung des Erlaubnisverfahrens über eine einheitliche Stelle → Rn. 6) anzugeben, das gemäß § 42a Abs. 2 Satz 2 VwVfG den Beginn der Frist des § 42a Abs. 2 Satz 1 VwVfG markiert. Auch der Tag, an dem die reguläre Drei-Monats-Frist des § 42a Abs. 2 Satz 1 VwVfG abläuft, ist in der Empfangsbestätigung anzugeben (§ 10 Abs. 1 Satz 3 Nr. 3 AbfAEV). Schließlich ist der Antragsteller in der Empfangsbestätigung auf mögliche Rechtsbehelfe im Zusammenhang mit der Erlaubnis hinzuweisen (§ 10 Abs. 1 Satz 3 Nr. 4 AbfAEV). Erweist sich der Antrag hingegen als **unvollständig,** hat die zuständige Behörde dem Antragsteller gemäß § 10 Abs. 2 Satz 1 AbfAEV unverzüglich mitzuteilen, welche Unterlagen nachzureichen sind. Ein unvollständiger Antrag liegt auch dann vor, wenn die Angaben und/oder die eingereichten Unterlagen in sich widersprüchlich sind (vgl. BMUB-Vollzugshilfe, Rn. 118). Die Mitteilung nach § 10 Abs. 2 Satz 1 AbfAEV hat den Hinweis zu enthalten, dass die Frist für die Genehmigungsfiktion des § 54 Abs. 6 Satz 2 KrWG in Verbindung mit § 42a VwVfG erst mit der Übersendung des vollständigen Antrags beginnt. Übersendet der Antragsteller daraufhin die fehlenden Unterlagen und erweist sich der Antrag als vollständig, ist eine Empfangsbestätigung nach Maßgabe des § 10 Abs. 1 AbfAEV an ihn zu richten, wobei an Stelle des Datums des Eingangs des Erlaubnisantrages das Datum des Eingangs der nachgereichten Unterlagen mitzuteilen ist (§ 10 Abs. 2 Satz 3 AbfAEV). Anderenfalls ist eine weitere Nachforderung nach Maßgabe des § 10 Abs. 2 Satz 1 AbfAEV geboten. Zu beachten ist, dass die soeben behandelten Regelungen (§ 10 Abs. 1 Satz 2 und 3 sowie Abs. 2 Satz 2 und 3 AbfAEV) keine Anwendung finden, wenn der Antragsteller nicht Staatsangehöriger eines Mitgliedstaates der Europäischen Union oder eines anderen Vertragsstaates der Abkommens über den Europäischen Wirtschaftsraum ist oder als juristische Person in keinem dieser Staaten seinen Sitz hat (§ 10 Abs. 8 AbfAEV). 2

Ab der Vollständigkeit des Erlaubnisantrages hat die Behörde grundsätzlich drei Monate Zeit, entweder eine Erlaubnis zu erteilen oder den Erlaubnisantrag abschlägig zu bescheiden. Die Frist des § 42a Abs. 2 Satz 1 VwVfG kann allerdings gemäß § 42a Abs. 2 Satz 2 VwVfG einmal angemessen verlängert werden, wenn dies wegen der Schwierigkeit der Angelegenheit gerechtfertigt ist. Die Fristverlängerung ist gemäß § 42a Abs. 2 Satz 3 VwVfG zu begründen und dem Antragsteller rechtzeitig mitzuteilen. Die Mitteilung ist rechtzeitig erfolgt, wenn sie dem Antragsteller vor Ablauf der Frist zugegangen ist (*Baer* in Schoch/Schneider, VwVfG, Stand Juli 2020, § 42a Rn. 44). Die Mitteilung nach § 42a Abs. 2 Satz 3 VwVfG ist kein Verwaltungsakt sondern eine unselbstständige Verfahrenshandlung (vgl. *Stelkens* in Stelkens/Bonk/Sachs VwVfG, § 42a Rn. 84; *Baer* in Schoch/Schneider, VwVfG, Stand Juli 2020, § 42a Rn. 44). Die Frage, ob die Mitteilung auch (fern-)mündlich erfolgen kann, oder schriftlich oder elektronisch erfolgen muss, wird inzwischen überwiegend zugunsten der letzteren Auffassung beantwortet (vgl. *Baer* in Schoch/Schneider VwVfG, Stand Juli 2020, § 42a Rn. 44 m. w. N.; *Ramsau-* 3 *er* in Kopp/Ramsauer VwVfG, 21. Aufl. 2020, § 42a Rn. 29 und 29a, die jedenfalls eine unverzügliche Nachholung der begründeten Mitteilung für erforderlich halten). In der Praxis empfiehlt sich eine schriftliche oder elektronische Mitteilung, um Unklarheiten über den Eintritt der Genehmigungsfiktion (→ Rn. 4) vorzubeugen. Während des gesamten Erlaubnisverfahrens – d. h. auch schon vor Vollständigkeit des Erlaubnisantrages – trifft die Behörde die Informationspflicht des § 71c Abs. 2 VwVfG (§ 10 Abs. 5 AbfAEV). Die Behörde hat also u. a. unverzüglich Auskunft über die maßgeblichen Vorschriften und deren gewöhnliche Auslegung zu erteilen. Die Erlaubnis wird schriftlich unter Verwendung eines Vordrucks (Anlage 4 zur Anzeige- und Erlaubnisverordnung) und unter Vergabe einer Kennnummer entsprechend § 28 der Nachweisverordnung erteilt, soweit eine solche noch nicht zugewiesen wurde (§ 10 Abs. 3 Satz 1 und 2 AbfAEV). Sie ist zu erteilen, wenn keine Tatsachen bekannt sind, aus denen sich Bedenken gegen die Zuverlässigkeit des Inhabers oder der für die Leitung und Beaufsichtigung des Betriebes verantwortlichen Personen ergeben, sowie der Inhaber, soweit er für die Leitung des Betriebes verantwortlich ist, die für die Leitung und Beaufsichtigung des Betriebes verantwortlichen Personen und das sonstige Personal über die für ihre Tätigkeit notwendige Fach- und Sachkunde verfügen (§ 54 Abs. 1 Satz 2 KrWG). Die Erlaubnis ist ein begünstigender Verwaltungsakt. Ihre Erteilung liegt nicht im Ermessen der zuständigen Behörde. Für die Bekanntgabe gelten gemäß § 10 Abs. 3 Satz 3 AbfAEV die Regelungen des § 71b Abs. 6 VwVfG. Die Erlaubnis kann gemäß § 54 Abs. 2 KrWG mit Nebenbestimmungen versehen werden, soweit dies zur Wahrung des Wohls der Allgemeinheit erforderlich ist. In § 54 Abs. 1 Satz 4 KrWG ist allerdings ausdrücklich geregelt, dass die Erlaubnis für die Bundesrepublik Deutschland, also das gesamte Bundesgebiet gilt; sie kann daher nicht auf bestimmte Gebiete begrenzt werden (vgl. BMUB-Vollzugshilfe, Rn. 128). Erlässt die Behörde einen Versagungsbescheid, handelt es sich bei diesem um einen belastenden Verwaltungsakt. Der Antragsteller kann – soweit dies landesrechtlich noch vorgesehen ist – Widerspruch einlegen (§ 68 Abs. 1 VwGO) und Versagungsgegenklage erheben (§ 42 Abs. 1 VwGO). Zu Rücknahme und Widerruf der Erlaubnis → § 3 Rn. 5 und § 4 Rn. 2.

4 Bleibt die Behörde untätig, tritt mit dem Ablauf der Drei-Monats-Frist des § 42a Abs. 2 Satz 1 VwVfG – bzw. mit dem Ablauf der einmal angemessen verlängerten Frist (§ 42a Abs. 2 Satz 3 und 4 VwVfG) – die **Genehmigungsfiktion nach § 54 Abs. 6 Satz 2 KrWG in Verbindung mit § 42a VwVfG** ein. Die Frist des § 42a Abs. 2 Satz 1 VwVfG beginnt an dem Tag, an dem ein vollständiger Erlaubnisantrag bei der Behörde vorliegt. Für die Berechnung der Frist gelten gemäß § 31 Abs. 1 VwVfG die §§ 187 bis 193 BGB, soweit nicht durch § 31 Abs. 2 bis 5 VwVfG etwas anderes bestimmt ist. Tritt die Genehmigungsfiktion ein, gelten gemäß § 42a Abs. 1 Satz 2 VwVfG die Vorschriften über die Bestandskraft von Verwaltungsakten und über Rechtsbehelfsverfahren entsprechend. Zu **Bescheiden, die nach dem Ablauf der Frist des § 42a Abs. 2 VwVfG ergehen,** gilt Folgendes: Da sie den Antragsteller erst nach Eintritt der Genehmigungsfiktion erreichen, sind sie bedeutungslos. Wird hierin die gewünschte Genehmigung erteilt, liegt eine wiederholende Verfügung vor, die keine Rechtswirkung entfaltet. Im Falle einer Ablehnung ist diese ebenfalls bedeutungslos, da die zwischenzeitlich eingetretene Genehmigungsfiktion eingreift. Die Ablehnung kann auch nicht in eine konkludente Rücknahme der fingierten Genehmigung umgedeutet werden (*Ramsauer* in Kopp/Ramsauer VwVfG, 21. Aufl. 2020, § 42a Rn. 14). Rücknahme und Widerruf sind aber möglich; es gelten die landesrechtlichen Anforderungen (beispielsweise §§ 48, 49 LVwVfG NRW). Der Verhältnismäßigkeitsgrundsatz kann es allerdings gebieten, die fiktive Erlaubnis nachträglich mit einschränkenden Nebenbestimmungen zu versehen (§ 54 Abs. 2 KrWG), statt sie aufzuheben (BMUB-Vollzugshilfe, Rn. 132). Der Eintritt der Genehmigungsfiktion ist dem Antragsteller gemäß § 42a Abs. 3 VwVfG auf Verlangen schriftlich zu bescheinigen. Zur Erfüllung der Mitführungspflicht des § 13 Abs. 2 Satz 2 AbfAEV ist eine derartige Bestätigung allerdings nicht erforderlich (→ § 13 Rn. 3).

Die erlaubnispflichtige Tätigkeit darf erst nach Erteilung der Erlaubnis bzw. nach dem Eintritt der Genehmigungsfiktion aufgenommen werden. 5

B. Abwicklung des Erlaubnisverfahrens über eine einheitliche Stelle, § 54 Abs. 6 Satz 1 KrWG

§ 54 Abs. 6 Satz 1 KrWG eröffnet – sowohl inländischen als auch ausländischen Antragstellern (vgl. BMUB-Vollzugshilfe, Rn. 106) – die Möglichkeit, das Erlaubnisverfahren über eine einheitliche Stelle (§§ 71a bis 71e VwVfG) abzuwickeln. Erfolgt die Verfahrensabwicklung über die einheitliche Stelle, so gilt grundsätzlich das bei → § 9 Rn. 1 bis 9 und bei → Rn. 2 bis 5 Gesagte. Gemäß § 10 Abs. 7 AbfAEV finden allerdings zusätzlich zu § 10 Abs. 1 bis 6 AbfAEV die §§ 71b Abs. 1, 2 und 5, 71c Abs. 1 und 71d VwVfG Anwendung. Dies bedeutet im Wesentlichen Folgendes: Statt der zuständigen Behörde nimmt die einheitliche Stelle den Erlaubnisantrag entgegen. Die einheitliche Stelle leitet ihn unverzüglich (d. h. ohne schuldhaftes Zögern, § 121 Abs. 1 Satz 1 BGB) an die zuständige Behörde weiter. Der Erlaubnisantrag gilt am dritten Tag nach Eingang bei der einheitlichen Stelle als bei der zuständigen Behörde eingegangen (§ 71b Abs. 2 Satz 1 VwVfG). Die zuständige Behörde hat in ihrer Empfangsbestätigung das Datum des Eingangs des Erlaubnisantrags bei der einheitlichen Stelle anzugeben; dieses Datum ist auch für den Beginn der Frist des § 42a Abs. 2 Satz 1 VwVfG maßgeblich (§ 10 Abs. 1 Satz 3 AbfAEV in Verbindung mit § 71b Abs. 3 Satz 2 VwVfG). Mitteilungen der zuständigen Behörde an den Antragsteller sind grundsätzlich über die einheitliche Stelle weiterzugeben (§ 71b Abs. 5 Satz 1 VwVfG). Die Erlaubnis oder der Ablehnungsbescheid werden auf Verlangen des Antragstellers von der zuständigen Behörde unmittelbar diesem bekanntgegeben (§ 71b Abs. 5 Satz 2 VwVfG). Die einheitliche Stelle trifft die Informationspflicht des § 71c Abs. 1 VwVfG. 6

C. Antrag auf Erteilung einer Änderungserlaubnis, § 10 Abs. 6 Satz 1 AbfAEV

Ändern sich wesentliche Umstände, die der Erlaubnis zu Grunde liegen, so ist gemäß § 10 Abs. 6 Satz 1 AbfAEV insoweit eine neue Erlaubnis erforderlich. Wesentliche Umstände sind nach der BMUB-Vollzugshilfe (Rn. 135) und dem Erlaubnisvordruck (Anlage 4 zur Anzeige- und Erlaubnisverordnung) die Inhalte der Felder 1.1 bis 1.4, 2, 4.1, 4.2, 4.6 und 4.7 des Antragsvordrucks (Anlage 3 zur Anzeige- und Erlaubnisverordnung), dh: eine Verlagerung des Hauptsitzes, eine Änderung der Tätigkeit oder eine Änderung des Kreises der Personen der ersten Verantwortungsebene (Betriebsinhaber, → § 2 Rn. 12). Sowohl in der BMUB-Vollzugshilfe (Rn. 135) als auch in der Verordnungsbegründung (BR-Drs. 665/13, S. 67) wird darauf hingewiesen, dass in diesen Fällen eine neue Erlaubnis zu beantragen sei. Angesichts des Wortlauts des § 10 Abs. 6 Satz 1 AbfAEV („insoweit") dürfte allerdings kaum eine vollumfängliche Wiederholung des Erlaubnisverfahrens geboten sein. Zwar hat der Antragsteller unter Verwendung des Antragsvordrucks (Anlage 3 zur Anzeige- und Erlaubnisverordnung) bei der Behörde schriftlich eine Änderungserlaubnis zu beantragen für deren Erteilung grundsätzlich die vorstehenden Ausführungen zum Erlaubnisverfahren gelten. Dem Änderungserlaubnis- 7 antrag sind allerdings nur die zu ändernde Erlaubnis sowie diejenigen Nachweise (§ 9 Abs. 3 AbfAEV) beizufügen, die von der Veränderung betroffen sind. Tritt beispielsweise eine Person zu dem Kreis der Personen der ersten Verantwortungsebene hinzu, so müssen lediglich die personenbezogenen Unterlagen (§ 9 Abs. 3 Nr. 4, 5 und 6 AbfAEV) in Bezug auf die hinzutretende Person vorgelegt werden. Die Behörde erteilt sodann unter Verwendung des Vordrucks (Anlage 4 zur Anzeige- und Erlaubnisverordnung) eine Änderungserlaubnis. Diese tritt an die Stelle der bisherigen Erlaubnis.

D. Änderungsanzeige, § 10 Abs. 6 Satz 2 AbfAEV

8 Ergeben sich Änderungen bei dem Kreis der Personen der zweiten Verantwortungsebene (Leitungspersonal, → § 2 Rn. 13), so ist dies der zuständigen Behörde formlos anzuzeigen (§ 10 Abs. 6 Satz 2 AbfAEV). In der BMUB-Vollzugshilfe (Rn. 135) heißt es, die Anzeige „sollte […] die erforderlichen Nachweise zur Zuverlässigkeit des neuen Leitungspersonals enthalten". Die Vorlage entsprechender Unterlagen ist in der Anzeige- und Erlaubnisverordnung zwar nicht vorgesehen. Es erscheint aber zweckmäßig, der Empfehlung zu folgen, da auf diesem Wege Rückfragen der Behörde vermieden werden können. Außerdem stehen die personenbezogenen Unterlagen in der Regel ohnehin zur Verfügung bzw. sind kurzfristig und kostengünstig zu beschaffen.

E. Übergangsregelung des § 16 Abs. 1 AbfAEV

9 Der Verordnungsgeber hat in § 16 Abs. 1 AbfAEV eine Übergangsregelung für Erlaubnisverfahren getroffen, die am 1.6.2014 bereits begonnen hatten. Diese sind nach den Vorschriften der Anzeige- und Erlaubnisverordnung zu Ende zu führen. Die Verfahren können ohne Verwendung der in Anlage 3 zur Anzeige- und Erlaubnisverordnung enthaltenen Vordrucke durchgeführt werden.

§ 11 Elektronisches Verfahren zur Erlaubniserteilung

(1) **Zur elektronischen Stellung des Erlaubnisantrages stellen die Länder ein bundesweit einheitliches informationstechnisches System bereit, in dem**

1. der Vordruck nach Anlage 3 in elektronischer Form vorgehalten wird und

2. für den Antragsteller die Möglichkeit geschaffen wird, die Unterlagen nach § 9 Absatz 3 Satz 1 beizufügen.

Die Länder sind befugt, Daten zu erheben, zu speichern und zu nutzen, die zur Durchführung des Erlaubnisverfahrens erforderlich sind. Im Rahmen des Erlaubnisverfahrens von den Ländern gespeicherte Daten sind unverzüglich zu löschen, wenn sie zur Durchführung des Erlaubnisverfahrens nicht mehr erforderlich sind. § 14 bleibt unberührt.

(2) **Der Erlaubnisantrag hat den Vorgaben an die elektronische Form nach § 3a Absatz 2 des Verwaltungsverfahrensgesetzes zu entsprechen. Für das elektronische Erlaubnisverfahren gelten § 9 Absatz 2 bis 4 sowie § 10 Absatz 1 bis 3 und Absatz 5 bis 8 entsprechend, § 10 Absatz 3 Satz 1 jedoch mit der Maßgabe, dass die Entscheidung über die Erlaubniserteilung, sofern sie auf elektronischem Wege erfolgt, den Vorgaben an die elektronische Form nach § 3a Absatz 2 des Verwaltungsverfahrensgesetzes zu entsprechen hat. § 71e des Verwaltungsverfahrensgesetzes bleibt unberührt.**

(3) **Die Länder stellen sicher, dass**

1. jederzeit Erlaubnisse nach Absatz 1 Satz 1 über das informationstechnische System beantragt werden können und

2. nach den Artikeln 24, 25 und 32 der Verordnung (EU) 2016/679 entsprechende organisatorische und technische Sicherungsmaßnahmen ergriffen werden.

(4) **Das Nähere über die Einrichtung und Nutzung des informationstechnischen Systems regeln die Länder durch Vereinbarung.**

Übersicht

A. Regelungen zur Bereitstellung eines einheitlichen informationstechnischen Systems (Abs. 1 S. 1)

§ 11 Abs. 1 S. 1 enthält für die elektronische Stellung des Erlaubnisantrags eine im Wesentlichen entsprechende Regelung zu § 8 Abs. 1 S. 1, wonach ein bundesweit einheitliches informationstechnisches System für die Erstattung der dort geregelten Anzeige vorgegeben ist, sodass ergänzend auf die dortigen Ausführungen verwiesen wird. Die technische Umsetzung erfolgt ebenfalls über das Internetportal der ZKS-Abfall bzw. die Webanwendung eAEV (vgl. § 8 Rn. 1). Die Norm sieht vor, dass die Länder ein bundesweit einheitliches informationstechnisches System zur elektronischen Stellung eines Erlaubnisantrags nach § 54 KrWG, § 10 AbfAEV bereitstellen, in dem der Vordruck nach Anlage 3 in elektronischer Form vorgehalten wird (Nr. 1) und für den Antragsteller die Möglichkeit geschaffen wird, die Unterlagen nach § 9 Absatz 3 Satz 1 beizufügen (Nr. 2). 1

B. Befugnis zur Speicherung und Nutzung von Daten (Abs. 1 S. 2–4)

Wie auch § 8 Abs. 1 S. 2–4 dient die Regelung in erster Linie der datenschutzrechtlichen Absicherung des Behördenregisters gem. § 14 (*Kropp,* Anzeige- und Erlaubnisverordnung, § 11, Rn. 13). Die Regelung sieht vor, dass die Länder befugt sind, die zur Durchführung des Erlaubnisverfahrens erforderlichen Daten zu erheben, zu speichern und zu nutzen. Demgegenüber sind sie zu deren unverzüglicher Löschung verpflichtet, wenn sie nicht mehr erforderlich sind. Die Norm entspricht § 8 Abs. 1 S. 2–4. Auf die dortigen Ausführungen wird verwiesen. 2

C. Elektronischer Erlaubnisantrag, weiteres Verfahren und Entscheidung

§ 11 Abs. 2 enthält für das elektronische Verfahren zur Erlaubniserteilung eine Parallelregelung zu der des § 8 Abs. 2 bezüglich des elektronischen Anzeigeverfahrens gemäß 3

§ 8 Abs. 2, indem die entsprechende Geltung von Verfahrensvorschriften (§§ 9, 10) angeordnet und auf § 3a Abs. 2 VwVfG Bezug genommen wird. Die Ausführungen zu § 8 Abs. 2 gelten deshalb entsprechend. Da das Erlaubnisverfahren für den Erlaubnisantrag – anders als dies für die Anzeige nach §§ 7, 8 erforderlich ist – Schriftform vorsieht, ist § 3a Abs. 2 VwVfG bereits für die Antragstellung zu beachten. Darüber hinaus kommt § 3a Abs. 2 VwVfG bei der Entscheidung über die Erlaubniserteilung zur Anwendung.

4 § 11 Abs. 2 S. 3 regelt für Verfahren, die über eine einheitliche Stelle gemäß Abschnitt 1a des VwVfG abgewickelt werden, dass § 71e VwVfG unberührt bleibt. Gemäß § 54 Abs. 6 S. 1 KrWG können Erlaubnisverfahren für Sammler, Beförderer, Händler und Makler von gefährlichen Abfällen über eine einheitliche Stelle abgewickelt werden. Betroffene haben hiernach ein Wahlrecht, ob sie ihren Erlaubnisantrag bei der zuständigen Behörde oder bei einer einheitlichen Stelle einreichen. Auch für den Fall, dass Betroffene ihren Antrag bei der zuständigen Behörde stellen, hat diese gemäß § 71a Abs. 2 VwVfG die Pflichten aus § 71b Abs. 3, 4 und 6, § 71c Abs. 2 und § 71e VwVfG zu beachten.

D. Sicherstellung der Funktionalität und Anforderungen der DSGVO (Abs. 3) und Vereinbarung der Länder (Abs. 4)

5 Im Hinblick auf die Abs. 3 und 4 wird ebenfalls auf die Ausführungen zu § 8 Abs. 3 bzw. Abs. 4 verwiesen.

§ 12 Ausnahmen von der Erlaubnispflicht

(1) **Ungeachtet des § 54 Absatz 3 des Kreislaufwirtschaftsgesetzes, des § 2 Absatz 2 Satz 1 des Verpackungsgesetzes, des § 2 Absatz 3 Satz 1 des Elektro- und Elektronikgerätegesetzes und des § 1 Absatz 3 Satz 1 des Batteriegesetzes sind von der Erlaubnispflicht nach § 54 Absatz 1 Satz 1 des Kreislaufwirtschaftsgesetzes auch ausgenommen:**

1. **Sammler, Beförderer, Händler und Makler von gefährlichen Abfällen, die im Rahmen wirtschaftlicher Unternehmen tätig sind,**
2. **Sammler, Beförderer, Händler und Makler von gefährlichen Abfällen, die solche Abfälle sammeln, befördern, mit diesen handeln oder diese makeln, die von einem Hersteller oder Vertreiber freiwillig oder auf Grund einer Rechtsverordnung zurückgenommen werden,**
3. **Sammler, Beförderer, Händler und Makler von gefährlichen Abfällen, die Altfahrzeuge im Rahmen ihrer Überlassung nach § 4 Absatz 1 bis 3 der Altfahrzeug-Verordnung in der Fassung der Bekanntmachung vom 21. Juni 2002 (BGBl. I S. 2214), die zuletzt durch Artikel 3 der Verordnung vom 5. Dezember 2013 (BGBl. I S. 4043) geändert worden ist, in der jeweils geltenden Fassung, sammeln, befördern, mit diesen handeln oder diese makeln,**
4. **Sammler, Beförderer, Händler und Makler von gefährlichen Abfällen, die einen EMAS-Standort betreiben und bei denen der EMAS-registrierte Tätigkeitsbereich in Klasse 38.12 (Sammlung gefährlicher Abfälle), Klasse 38.22 (Behandlung und Beseitigung gefährlicher Abfälle) oder Klasse 46.77 (Großhandel mit Altmaterialien und Reststoffen) des Anhangs I der Verordnung (EG) Nr. 1893/2006 des Europäischen Parlaments und des Rates vom 20. Dezember 2006 zur Aufstellung der statistischen Systematik der Wirtschaftszweige NACE Revision 2 und zur Änderung der Verordnung (EWG) Nr. 3037/90 des Rates sowie einiger Ver-**

ordnungen der EG über bestimmte Bereiche der Statistik (ABl. L 393 vom 30.12.2006, S. 1), die durch die Verordnung (EG) Nr. 295/2008 (ABl. L 97 vom 9.4.2008, S. 13) geändert worden ist, in der jeweils geltenden Fassung, eingeordnet ist, wobei die Ausnahme jeweils nur für den Tätigkeitsbereich gilt, für den die EMAS-Registrierung vorliegt,

5. **Sammler und Beförderer von gefährlichen Abfällen, die Abfälle mit Seeschiffen sammeln oder befördern, sowie**
6. **Sammler und Beförderer von gefährlichen Abfällen, die Abfälle im Rahmen von Paket-, Express- und Kurierdiensten sammeln oder befördern, soweit diese in ihren Beförderungsbedingungen Rechtsvorschriften berücksichtigen, die aus Gründen der Sicherheit im Zusammenhang mit der Beförderung gefährlicher Güter erlassen sind.**

(2) **Soweit es zur Wahrung des Wohls der Allgemeinheit erforderlich ist, kann die zuständige Behörde abweichend von Absatz 1 die Durchführung eines Erlaubnisverfahrens nach § 54 des Kreislaufwirtschaftsgesetzes anordnen.**

Übersicht

A. Reichweite der Erlaubnispflicht

1 Gemäß § 54 Abs. 1 Satz 1 KrWG bedürfen grundsätzlich alle Sammler, Beförderer, Händler und Makler von gefährlichen Abfällen der Erlaubnis, soweit keine Ausnahmeregelungen eingreifen. Die Begriffe „Sammler", „Beförderer", „Händler" und „Makler" hat der Gesetzgeber in § 3 Abs. 10, 11, 12 und 13 KrWG definiert (→ § 2 Rn. 2ff.). Zwischen „gefährlichen" und „nicht gefährlichen Abfällen" wird in § 3 Abs. 5 Satz 1 und 2 KrWG unterschieden (vgl. hierzu *Petersen/Doumet* in Jarass/Petersen KrWG, 2014, § 3 Rn. 117f.; *Versteyl* in Versteyl/Mann/Schomerus KrWG, 4. Aufl. 2019, § 3 Rn. 31f.).

2 Mehrere **Ausnahmen von der Erlaubnispflicht** finden sich bereits **auf Gesetzesebene.** Eine erste gesetzliche Ausnahmeregelung (§ 54 Abs. 3 Nr. 1 KrWG) erfasst die öffentlich-rechtlichen Entsorgungsträger, also die nach Landesrecht zur Entsorgung verpflichteten juristischen Personen (§ 17 Abs. 1 Satz 1 KrWG). Soweit Tätigkeiten gemischt-wirtschaftlicher Unternehmen oder Tätigkeiten, die nicht im Zusammenhang mit der Erfüllung gesetzlicher Pflichten des öffentlich-rechtlichen Entsorgungsträgers stehen, als gewerbsmäßige Tätigkeit oder als Tätigkeiten im Rahmen wirtschaftlicher Unternehmen einzuordnen und als solche von den Begriffsbestimmungen des § 3 Abs. 10 und 11 KrWG erfasst sind (→ § 2 Rn. 2), findet die Ausnahmeregelung des § 54 Abs. 3 Nr. 1 KrWG zwar keine Anwendung (vgl. BMUB-Vollzugshilfe, Rn. 138 a.E.). Die Ausnahmeregelung ist aber bei Handels- und Makeltätigkeiten im Rahmen öffentlicher Einrichtungen (→ § 2 Rn. 2, 4 und 5) bedeutsam. Eine zweite gesetzliche Ausnahmeregelung (§ 54 Abs. 3 Nr. 2 KrWG) betrifft Entsorgungsfachbetriebe im Sinne von § 56 KrWG, soweit sie für die erlaubnispflichtige Tätigkeit zertifiziert sind. Sodann gilt die Erlaubnispflicht gemäß § 1 Abs. 3 Satz 1 des Batteriegesetzes und gemäß § 2 Abs. 3 Satz 1 des Elektro- und Elektronikgerätegesetzes nicht im Anwendungsbereich dieser beiden Gesetze. Mit Wirkung vom 1.1.2019 ist auch ein Verweis auf § 2 Abs. 1 S. 1 Verpackungsgesetz eingefügt worden.

3 In § 12 Abs. 1 Nr. 1 bis 6 AbfAEV hat der Verordnungsgeber nunmehr weitere **Ausnahmen von der Erlaubnispflicht auf Verordnungsebene** geregelt. Zu beachten ist, dass die Ausnahmeregelungen des § 12 Abs. 1 Nr. 1 bis 4 AbfAEV jeweils für Sammler, Beförderer, Händler und Makler gelten, während sich § 12 Abs. 1 Nr. 5 und 6 AbfAEV ausschließlich auf Sammler und Beförderer beziehen. Die Ausnahmeregelung des **§ 12 Abs. 1 Nr. 1 AbfAEV** gilt für alle Sammler, Beförderer, Händler und Makler von gefährlichen Abfällen, die im Rahmen wirtschaftlicher Unternehmen tätig sind (zu der Unterscheidung von gewerbsmäßigen Tätigkeiten einerseits und Tätigkeiten im Rahmen wirtschaftlicher Unternehmen andererseits → § 2 Rn. 6 ff.). Die Ausnahmeregelung des **§ 12 Abs. 1 Nr. 2 AbfAEV** (vormals § 1 Abs. 2 Satz 1 BefErlV bzw. § 1 Abs. 2 Satz 1 TgV, → Vorb Rn. 10 bzw. 9) gilt einerseits für Abfälle, die von Herstellern oder Vertreibern im Sinne von § 26 Abs. 2 KrWG freiwillig zurückgenommen werden und andererseits für Abfälle, die von Herstellern oder Vertreibern aufgrund einer Rechtsverordnung (§ 25 Abs. 1 KrWG) zurückgenommen werden (zu den Regelungen der §§ 22 ff. KrWG über die Produktverantwortung *Tünnesen-Harmes* in Jarass/Petersen KrWG, 2014, §§ 22 ff.). Nach § 26a KrWG soll die zuständige Behörde Hersteller und Vertreiber von gefährlichen Abfällen im Falle der freiwilligen Rücknahme auf Antrag von der Nachweispflicht des § 50 KrWG bis zum Abschluss der Rücknahme der Abfälle freistellen. Einer eigenständigen Freistellung von der Erlaubnispflicht nach § 54 bedurfte es insoweit nicht mehr, da § 12 Absatz 1 Nr. 2 AbfAEV bereits eine entsprechende verordnungsrechtliche Befreiung vorsieht.

4 Die Ausnahmeregelung des **§ 12 Abs. 1 Nr. 3 AbfAEV** (vormals § 1 Abs. 2 Satz 3 BefErlV bzw. § 1 Abs. 2 Satz 3 TgV) gilt für Sammler-, Beförderer-, Händler- und Maklertätigkeiten im Rahmen der Überlassung von Altfahrzeugen nach § 4 Abs. 1 bis 3 der Altfahrzeug-Verordnung (AltfahrzeugV). Altfahrzeuge dürfen gemäß § 4 Abs. 1 AltfahrzeugV nur anerkannten Annahmestellen (§ 2 Abs. 1 Nr. 14 in Verbindung mit § 2 Abs. 2 AltfahrzeugV), anerkannten Rücknahmestellen (§ 2 Abs. 1 Nr. 15 in Verbindung mit § 2 Abs. 2 AltfahrzeugV) oder anerkannten Demontagebetrieben (§ 2 Abs. 2 Nr. 16 in Verbindung mit § 2 Abs. 2 AltfahrzeugV) überlassen werden. Die Betreiber von Annahmestellen und Rücknahmestellen sind ihrerseits gemäß § 4 Abs. 3 AltfahrzeugV verpflichtet, Altfahrzeuge nur anerkannten Demontagebetrieben zu überlassen. Die Ausnahmeregelung des **§ 12 Abs. 1 Nr. 4 AbfAEV** gilt für bestimmte Sammler, Beförderer, Händler und Makler von gefährlichen Abfällen, die als EMAS-Betriebe (Betriebe, die nach dem Gemeinschaftssystem für das freiwillige Umweltmanagement und die Umweltbetriebsprüfung – Eco-Management and Audit Scheme, Verordnung (EG) Nr. 1221/2009) zertifiziert sind (BR-Drs. 665/13, S. 71). Sie erfasst nach ihrem Wortlaut nur diejenigen Tätigkeitsbereiche, für die die jeweilige EMAS-Registrierung erfolgt ist. Die Reichweite der EMAS-Registrierung kann mit Hilfe der Angaben aus der Registrierungsurkunde im EMAS-Register nachvollzogen werden, die gemäß § 7 Abs. 1 Satz 3 AbfAEV der Anzeige beizufügen ist; die Übersendung von Folgeregistrierungsurkunden richtet sich nach § 7 Abs. 1 Satz 4 AbfAEV und erfolgt formlos (§ 7 Abs. 7 Satz 2 AbfAEV, BMUB-Vollzugshilfe, Rn. 148). Die Ausnahmeregelung des **§ 12 Abs. 1 Nr. 5 AbfAEV** soll den Besonderheiten des (See-)Transportweges Rechnung tragen (vgl. BR-Drs. 665/13, S. 71). Nach dem Verordnungsentwurf sollte die Ausnahmeregelung ursprünglich auch für Binnenschiffe gelten. In der Begründung des Verordnungsentwurfs wurde insoweit zum einen darauf verwiesen, dass Binnenschiffe an das Wasserstraßennetz gebunden sind, welches einer besonderen Überwachung unterliegt; zum anderen sei das Löschen der Ladung nur an bestimmten Punkten möglich, so dass illegale Abfalltransporte weitgehend ausgeschlossen werden könnten (BR-Drs. 665/13, S. 71). Der Umweltausschuss des Bundesrates hat jedoch einen gegenläufigen Änderungsvorschlag unterbreitet und sich

damit durchgesetzt (BR-Drs. 665/1/13, S. 15). § 12 Abs. 1 Nr. 5 AbfAEV gilt also nach dem erklärten Willen des Verordnungsgebers nicht für Binnenschiffe (BMUB-Vollzugshilfe, Rn. 149). Zu der Ausnahmeregelung des **§ 12 Abs. 1 Nr. 6 AbfAEV** heißt es in der BMUB-Vollzugshilfe: „Ein Kurierdienst befördert die Sendung persönlich und direkt vom Absender zum Empfänger. Der Unterschied zu einer Spedition ist, dass Kuriere nicht linienmäßig verkehren und auf Schnelligkeit ausgerichtet sind. Expresssendungen werden in der Regel nicht direkt, sondern über ein Umschlagzentrum zum Empfänger befördert. Wesentliches Merkmal der Expresstransporte ist die garantierte Laufzeit. Paketdienste sind Systemdienstleister, die mit einer hohen Standardisierung arbeiten. Die Laufzeit der Sendungen ist durch die festgelegte Arbeitsweise meist etwas höher als bei Expressdiensten, aber nicht garantiert. Außerdem gibt es üblicherweise Beschränkungen der zum Transport übernommenen Sendungen mit geringem Volumen und Gewicht (nicht mehr als 30 kg) und mit Fahrzeugen bis zu 7,5t Gesamtgewicht. Aus Gründen der Sicherheit im Zusammenhang mit der Beförderung gefährlicher Güter erlassene Rechtsvorschriften sind vor allem das Gesetz zur Beförderung gefährlicher Güter, die Gefahrgutverordnung Straße, Eisenbahn und Binnenschifffahrt sowie das Europäische Übereinkommen über die internationale Beförderung gefährlicher Güter auf der Straße."

B. Anordnung der Durchführung eines Erlaubnisverfahrens, § 12 Abs. 2 AbfAEV

Gemäß § 12 Abs. 2 AbfAEV kann die zuständige Behörde, soweit es zur Wahrung des Wohls der Allgemeinheit erforderlich ist, die Durchführung eines Erlaubnisverfahrens nach § 54 KrWG anordnen. Der Ausdruck „abweichend von Absatz 1" stellt klar, dass eine entsprechende Anordnung nur in den Fällen in Betracht kommt, in denen die Erlaubnispflicht des § 54 Abs. 1 Satz 1 KrWG gemäß § 12 Abs. 1 AbfAEV ausnahmsweise nicht gilt (BMUB-Vollzugshilfe, Rn. 154). § 12 Abs. 2 AbfAEV findet also weder in Fällen Anwendung, in denen die Erlaubnispflicht des § 54 Abs. 1 Satz 1 KrWG von vornherein nicht besteht und lediglich die Anzeigepflicht des § 53 Abs. 1 Satz 1 KrWG gilt, noch in Fällen, in denen die Erlaubnispflicht zwar grundsätzlich besteht, dann aber bereits kraft Gesetzes entfällt (→ Rn. 2). Diese Einschränkung war zwingend geboten, da § 54 Abs. 7 Nr. 3 KrWG lediglich dazu ermächtigt, bestimmte Tätigkeiten von der Erlaubnispflicht nach Absatz 1 auszunehmen, soweit eine Erlaubnis aus Gründen des Wohls der Allgemeinheit nicht erforderlich ist. Bei einer Anordnung nach § 12 Abs. 2 AbfAEV handelt es sich um einen **belastenden Verwaltungsakt,** der auf die Einreichung eines Erlaubnisantrages gerichtet ist und dessen Erlass und Ausgestaltung (d. h. das „Ob" und das „Wie") im **Ermessen** der zuständigen Behörde liegen. Im Hinblick auf die Zweckbestimmung des § 1 Abs. 1 KrWG sowie den Anwendungsbereich der §§ 53 und 54 KrWG und der Anzeige- und Erlaubnisverordnung ist der Erlass einer Anordnung auch hier „zur Wahrung des Wohls der Allgemeinheit erforderlich", wenn und soweit er notwendig ist, um den Schutz von Mensch und Umwelt beim Sammeln, Befördern, Handeln und Makeln von Abfällen sicherzustellen. Dies soll beispielsweise dann der Fall sein, wenn ein Unternehmen Abfälle in besonders großem Umfang oder besonders gefährliche Abfälle sammelt, befördert, handelt oder makelt (BMUB-Vollzugshilfe, Rn. 153). Im Übrigen enthält § 15 Abs. 2 S. 2 KrWG Beispiele für im vorliegenden Zusammenhang einschlägige Beeinträchtigungen des Wohls der Allgemeinheit (vgl. hierzu im Einzelnen *Dieckmann,* in Jarass/Petersen KrWG 2014, § 15 Rn. 45 ff.). Gegen Anordnungen nach § 6 Satz 3 AbfAEV kann – soweit dies landesrechtlich noch vorgesehen ist – Widerspruch einlegt (§ 68 Abs. 1 VwGO) und Anfechtungsklage erhoben werden (§ 42 Abs. 1 5

VwGO). Verstöße gegen vollziehbare Anordnungen nach § 12 Abs. 2 AbfAEV sind nicht bußgeldbewehrt. Die Anordnungen können aber mit den Mitteln des Verwaltungszwangs durchgesetzt werden.

Abschnitt 5. Gemeinsame Vorschriften

§ 13 Mitführungspflicht

(1) **Soweit die Tätigkeit anzeigepflichtig ist, haben Sammler und Beförderer von Abfällen bei Ausübung ihrer Tätigkeit eine Kopie und im Falle einer elektronischen Anzeige einen Ausdruck der von der Behörde bestätigten Anzeige mitzuführen. Sofern die Behörde die Anzeige noch nicht bestätigt hat, ist dies von dem Anzeigenden auf der Kopie oder dem Ausdruck der Anzeige zu vermerken. In diesem Fall ist die mit dem Vermerk versehene Kopie oder der mit dem Vermerk versehene Ausdruck der Anzeige mitzuführen. Als Entsorgungsfachbetriebe zertifizierte Sammler und Beförderer von gefährlichen Abfällen, die nach § 54 Absatz 3 Nummer 2 von der Erlaubnispflicht nach § 54 Absatz 1 Satz 1 des Kreislaufwirtschaftsgesetzes ausgenommen sind, haben zudem eine Kopie des aktuell gültigen Zertifikats nach § 56 Absatz 3 des Kreislaufwirtschaftsgesetzes mitzuführen. Sammler und Beförderer von gefährlichen Abfällen, die einen EMAS-Standort betreiben und nach § 12 Absatz 1 Nummer 4 von der Erlaubnispflicht nach § 54 Absatz 1 Satz 1 des Kreislaufwirtschaftsgesetzes ausgenommen sind, haben zudem eine Kopie der aktuell gültigen Registrierungsurkunde mitzuführen.**

(2) **Soweit die Tätigkeit erlaubnispflichtig ist, haben Sammler und Beförderer von gefährlichen Abfällen eine Kopie oder einen Ausdruck der Erlaubnis mitzuführen. Im Falle des Eintritts der Genehmigungsfiktion nach § 54 Absatz 6 Satz 2 des Kreislaufwirtschaftsgesetzes in Verbindung mit § 42a des Verwaltungsverfahrensgesetzes ist eine Kopie des Antrags nach § 9 Absatz 1 oder ein Ausdruck des Antrags nach § 11 Absatz 1 und sofern die Behörde eine Bestätigung nach § 10 Absatz 1 Satz 2, auch in Verbindung mit § 11 Absatz 2 Satz 2, ausgestellt hat, auch diese als Kopie oder Ausdruck mitzuführen.**

(3) **Die Pflicht, Unterlagen nach den Absätzen 1 und 2 mitzuführen, entfällt, wenn Abfälle mittels schienengebundener Fahrzeuge gesammelt oder befördert werden.**

(4) **Die Pflicht, Unterlagen nach Absatz 1 mitzuführen, entfällt für den Landwirt, der Gülle von seinem landwirtschaftlichen Betrieb zu einer Biogasanlage befördert.**

1 Der Verordnungsgeber hat in § 13 AbfAEV zunächst Sammlern und Beförderern (§ 3 Abs. 10 und 11 KrWG, → § 2 Rn. 2 und 3) die Mitführung bestimmter Dokumente vorgeschrieben, wobei sich Absatz 1 auf die anzeigepflichtigen und Absatz 2 auf die erlaubnispflichtigen Tätigkeiten bezieht. Makler und Händler sind von der Vorschrift nicht erfasst. § 13 Abs. 3 und 4 AbfAEV sehen sodann zwei Ausnahmetatbestände von der Mitführungspflicht vor.

2 Die **Mitführungspflichten des § 13 Abs. 1 AbfAEV** lassen sich wie folgt zusammenfassen: Grundsätzlich ist eine Kopie bzw. ein Ausdruck der Bestätigung nach § 7 Abs. 5 AbfAEV mitzuführen. Liegt eine solche noch nicht vor, genügt einstweilen eine Kopie bzw. ein Ausdruck der Anzeige mit einem entsprechenden Vermerk. Bei nicht erlaubnispflichtigen Entsorgungsfachbetrieben bzw. EMAS-Standorten → § 12 Rn. 3 muss zusätzlich das aktuell gültige Zertifikat nach § 56 Abs. 3 KrWG bzw. die aktuell gültige Registrierungsurkunde mitgeführt werden. **Zweifelhaft erscheint, ob die**

Mitführungspflichten des § 13 Abs. 1 AbfAEV vollumfänglich rechtmäßig sind. § 54 Abs. 7 Nr. 5 KrWG ermächtigt dazu, „für die Erlaubnispflicht und Tätigkeit der Sammler, Beförderer, Händler und Makler von gefährlichen Abfällen […] anzuordnen, dass bei der Beförderung von Abfällen geeignete Unterlagen zum Zweck der Überwachung mitzuführen sind". Für „die Anzeige und Tätigkeiten der Sammler, Beförderer, Händler und Makler" findet sich in § 53 Abs. 6 KrWG hingegen keine entsprechende Ermächtigungsgrundlage. § 54 Abs. 7 Nr. 5 KrWG lässt sich zwar zum einen dahingehend auslegen, dass bei erlaubnispflichtigen Tätigkeiten auch noch für die Fälle Mitführungspflichten normiert werden dürfen, in denen gerade einmal nicht gefährliche Abfälle gesammelt oder befördert werden („einfache" Transporte erlaubnispflichtiger Sammler und Beförderer). Zum anderen kann man die Regelung so verstehen, dass sie zu der Normierung von Mitführungspflichten in dem gesamten, in § 54 Abs. 1 Satz 1 KrWG beschriebenen Geltungsbereich der Erlaubnispflicht ermächtigt, also auch nach § 54 Abs. 3 KrWG oder § 12 Abs. 1 AbfAEV von der Erlaubnispflicht ausgenommene, anzeigepflichtige Tätigkeiten betreffen kann. Für alle übrigen anzeigepflichtigen Tätigkeiten fehlt es für die Normierung von Mitführungspflichten aber an einer gesetzlichen Ermächtigung. Der Sammler oder Beförderer wird die jeweiligen Unterlagen in der Praxis zwar schon im eigenen Interesse mitführen, um Probleme bei Kontrollen zu vermeiden. Die in der BMUB-Vollzugshilfe (Rn. 155) vorgeschlagenen Anordnungen gemäß § 62 KrWG, verbunden mit der Androhung eines Zwangsgeldes, kommen aber insoweit nicht in Betracht (a. A. *Pfaff* in FFFF, § 13 AbfAEV Rn. 12 ff.).

Die **Mitführungspflichten des § 13 Abs. 2 AbfAEV** lassen sich wie folgt zusammenfassen: Grundsätzlich ist eine Kopie bzw. ein Ausdruck der Erlaubnis mitzuführen. 3
Wo eine solche nicht vorliegt, aber die Genehmigungsfiktion des § 54 Abs. 6 Satz 2 KrWG in Verbindung mit § 42a VwVfG eingetreten ist, genügt eine Kopie bzw. ein Ausdruck des Antrags nach § 9 Abs. 1 bzw. § 11 Abs. 1 AbfAEV sowie – soweit vorhanden – der Empfangsbestätigung nach § 10 Abs. 1 Satz 2 AbfAEV.

Die **Ausnahmeregelung des § 13 Abs. 3 AbfAEV** ist dem Umstand geschuldet, 4
dass im Schienenverkehr – anders als im Straßenverkehr – keine Spontankontrollen durchgeführt werden (BMUB-Vollzugshilfe, Rn. 161). Sie gilt sowohl für anzeigepflichtige als auch für erlaubnispflichtige Tätigkeiten. Die **Ausnahmeregelung des § 13 Abs. 4 AbfAEV** gilt hingegen ausschließlich für anzeigepflichtige Tätigkeiten. In der BMUB-Vollzugshilfe heißt es hierzu bei Rn. 162: „Die Ausnahmeregelung greift nur dann ein, wenn die vom Landwirt zur Biogasanlage beförderte Gülle tatsächlich Abfall im Sinne von § 3 Absatz 1 KrWG und kein Nebenprodukt im Sinne von § 4 Absatz 1 KrWG ist. Sie gilt nur für den Landwirt, bei dem die Gülle angefallen ist. Beauftragte Dritte, wie zum Beispiel Lohnunternehmer, können sich nicht auf die Ausnahme berufen. Die Ausnahme gilt auch nur für die Pflicht zur Mitführung der Anzeige. Sollte Gülle ausnahmsweise gefährlicher Abfall sein, ist die Beförderung erlaubnispflichtig und der Beförderer muss eine Beförderungserlaubnis beantragen."

Die Mitführungspflichten des § 13 Abs. 1 und 2 AbfAEV sind **nicht bußgeldbe-** 5
wehrt, können aber erforderlichenfalls – soweit sie rechtmäßig sind → § 13 Rn. 2 – über eine **Anordnung gemäß § 62 KrWG** durchgesetzt werden (vgl. BMUB-Vollzugshilfe, Rn. 155). Bei erlaubnispflichtigen Tätigkeiten kann die Mitführung im Wege einer **Nebenbestimmung** geregelt werden (§ 54 Abs. 2 KrWG).

§ 13a Ausnahmen von der Kennzeichnungspflicht

Die zuständige Behörde kann Sammler und Beförderer von der Pflicht nach § 55 Absatz 1 des Kreislaufwirtschaftsgesetzes und § 10 Absatz 1 des Abfallverbrin-

gungsgesetzes, Fahrzeuge vor Antritt der Fahrt mit Warntafeln zu versehen, ganz oder teilweise freistellen, wenn

1. **eine Anbringung der Warntafeln technisch nicht möglich ist oder**
2. **eine Kennzeichnung aus Gründen des Wohls der Allgemeinheit nicht erforderlich ist.**

Die zuständige Behörde kann eine andere geeignete Kennzeichnung der Fahrzeuge verlangen.

1 Gemäß § 10 Abs. 1 Satz 1 des Abfallverbringungsgesetzes (AbfVerbrG) haben Beförderer und den Transport unmittelbar durchführende Personen Fahrzeuge, mit denen sie Abfälle auf öffentlichen Straßen befördern, vor Antritt der Fahrt mit zwei rechteckigen, rückstrahlenden, weißen Warntafeln (sog. „A-Schildern") von mindestens 40 Zentimetern Breite und mindestens 30 Zentimetern Höhe zu versehen. Weitere Einzelheiten zu Beschaffenheit und Anbringung der Warntafeln sind in § 10 Abs. 1 Satz 2 und 3 AbfVerbrG geregelt. Eine entsprechende Kennzeichnungspflicht für Fahrzeuge, mit denen Sammler und Beförderer (im Sinne von § 3 Abs. 10 und 11 KrWG, → § 2 Rn. 2 und 3) Abfälle in Ausübung ihrer Tätigkeit auf öffentlichen Straßen befördern, findet sich in § 55 Abs. 1 Satz 1 KrWG. Beide **Kennzeichnungspflichten** gelten nicht für Tätigkeiten im Rahmen wirtschaftlicher Unternehmen (§§ 10 Abs. 2 AbfVerbrG und 55 Abs. 1 Satz 2 KrWG; zu der Unterscheidung zwischen gewerbsmäßigen Tätigkeiten und Tätigkeiten im Rahmen wirtschaftlicher Unternehmen → § 2 Rn. 8).

2 Der Gesetzgeber hat die Bundesregierung in den §§ 10 Abs. 3 AbfVerbrG und 55 Abs. 2 KrWG ermächtigt, **Ausnahmen von den beiden Kennzeichnungspflichten** vorzusehen. Die auf die v. g. Ermächtigungsgrundlagen gestützte Regelung des § 13a AbfAEV geht auf einen Vorschlag des Umweltausschusses des Bundesrates zurück (BR-Drs. 665/1/13, S. 17 f.) und soll ausweislich der Begründung des Änderungsvorschlages einem Bedürfnis aus der Praxis Rechnung tragen (Rechtssicherheit durch formale Bescheidlage vor Ort, Entlastung der Überwachung). Bei der **Freistellung nach § 13a Satz 1 AbfAEV** handelt es sich um einen **begünstigenden Verwaltungsakt,** dessen Erlass und Ausgestaltung (d. h. das „Ob" und das „Wie") im **Ermessen** der zuständigen Behörde liegen („kann […] ganz oder teilweise freistellen"). Ein Freistellungsbescheid kann sowohl auf Antrag als auch von Amts wegen erlassen werden (BMUB-Vollzugshilfe, Rn. 164). Dies kann auch – in Form einer personenbezogenen Allgemeinverfügung (beispielsweise § 35 Satz 2 LVwVfG NRW) – für eine Vielzahl gleichgelagerter Fälle geschehen (BMUB-Vollzugshilfe, Rn. 164). Die in der BMUB-Vollzugshilfe bei Rn. 168 empfohlene Aufnahme einer **Nebenbestimmung, nach der der Freistellungsbescheid mitzuführen ist,** ist allerdings **nicht zulässig:** Da der Freistellungsbescheid ein begünstigender Ermessensverwaltungsakt ist (s. o.), hat der jeweilige Sammler bzw. Beförderer einen Anspruch auf ermessensfehlerfreie Entscheidung. Ein Verwaltungsakt, auf den ein derartiger Anspruch besteht (vgl. *Ramsauer* in Kopp/Ramsauer VwVfG, 21. Aufl. 2020, § 36 Rn. 3), darf mit einer Nebenbestimmung nur versehen werden, wenn sie durch Rechtsvorschrift zugelassen ist oder wenn sie sicherstellen soll, dass die gesetzlichen Voraussetzungen des Verwaltungsaktes erfüllt werden (vgl. etwa § 36 Abs. 1 LVwVfG NRW). Die Aufnahme der vorgeschlagenen Nebenbestimmung ist aber weder in § 13a AbfAEV vorgesehen noch dient sie der Sicherstellung der Freistellungsvoraussetzungen.

3 Gemäß **§ 13a Satz 2 AbfAEV** kann die Behörde eine andere geeignete Kennzeichnung der Fahrzeuge verlangen. **Der Anwendungsbereich dieser Regelung ist in zweifacher Hinsicht beschränkt.** Zum einen darf eine abweichende Kennzeichnung **nur im Zusammenhang mit einer Freistellung nach § 13a Satz 1 AbfAEV,** d. h.

in dem jeweiligen Freistellungsbescheid, verlangt werden. Der insoweit offene Wortlaut der Regelung bietet auf den ersten Blick zwar durchaus Spielraum für die Annahme eines weiteren Anwendungsbereiches. Es ist aber zu berücksichtigen, dass sich die Ermächtigungsgrundlagen der §§ 10 Abs. 3 AbfVerbrG und 55 Abs. 2 KrWG allein auf Ausnahmen von der Kennzeichnungspflicht erstrecken. Das Verlangen einer abweichenden Kennzeichnung ist hiervon nur gedeckt, soweit es im Zusammenhang mit einer entsprechenden Ausnahme steht. Außerdem kann eine abweichende Kennzeichnung **nur im Falle des § 13a Satz 1 Nr. 1 AbfAEV** verlangt werden. Wo eine Kennzeichnung aus Gründen des Wohls der Allgemeinheit nicht erforderlich ist, kann auch keine andere geeignete Kennzeichnung verlangt werden (BMUB-Vollzugshilfe, Rn. 167).

§ 14 Behördenregister

(1) **Die Länder führen ein bundesweit einheitliches elektronisches Register über die nach § 53 Absatz 1 Satz 1 des Kreislaufwirtschaftsgesetzes angezeigten Tätigkeiten und die nach § 54 Absatz 1 Satz 1 des Kreislaufwirtschaftsgesetzes erteilten Erlaubnisse für Sammler, Beförderer, Händler und Makler von Abfällen. Das Nähere über die Einrichtung und Führung des Registers regeln die Länder durch Vereinbarung.**

(2) **Die Länder sind befugt, Daten nach Absatz 1 zu erheben, zu speichern und zu nutzen, soweit dies zur Registerführung erforderlich ist. Im Register gespeicherte Daten sind unverzüglich zu löschen, wenn sie zur Registerführung nicht mehr erforderlich sind.**

Übersicht

A. Hintergrund und Regelungszweck

1 Die Vorgabe für die Länder, ein bundesweit einheitliches elektronisches Register über die in § 14 Abs. 1 genannten Daten zu führen, war bislang nicht gesetzlich verpflichtend vorgegeben, insbesondere hatte sie in der Transportgenehmigungsverordnung sowie der Beförderungserlaubnisverordnung keine Vorgängerregelung. Die durch § 14 verordnungsrechtlich statuierte Verpflichtung der Länder zur Registerführung dient der Umsetzung des Art. 26 AbfRL 2008/98/EG („[…] so stellen die Mitgliedsstaaten sicher, dass die zuständige Behörde ein Register führt […]"). Nicht hingegen unmittelbar aus europäischen Vorgaben ergibt sich die Umsetzung des Registers als *bundesweit einheitlich*. Der Regierungsentwurf äußert sich insoweit zur Motivlage der Bundesregierung: „Mit dem neuen Register wird in Ergänzung zu den Instrumenten der Nachweisverordnung die Datenlage über Sammler, Beförderer, Händler und Makler von Abfällen verbessert und dem Vollzug praxisgerecht zur Verfügung gestellt. […] Der Vorteil zu einem von jeder Behörde selbstständig geführten Register ist, dass eine Abfrage auch bezirksfremder Sammler, Beförderer, Händler und Makler möglich ist. Dazu ist es erforderlich, ein bundesweit einheitliches Register einzurichten […]" (BR-Drs. 665/13, S. 73f.).

2 Das Register soll es durch seine Vereinheitlichung den Behörden leichter machen, in der Praxis an relevante Daten zu gelangen. *Kropp* erkennt in diesem Zusammenhang die Notwendigkeit, in dem Register auch noch nicht bestätigte und abgelehnte Erlaubnisse zu erfassen (*Kropp,* Anzeige- und Erlaubnisverordnung, 2014, § 14, Rn. 9).

3 Eine Ermächtigung, das Register der Öffentlichkeit zugänglich zu machen, ist nicht vorgesehen. In der Begründung des Regierungsentwurfs heißt es hierzu „Es handelt sich also nicht um ein öffentliches Register, in welches Dritte Einsicht nehmen können" (BR-Drs. 665/13, S. 73 f.). Das Register dient danach ausschließlich der praxisgerechten Bereitstellung von Daten für die Vollzugsbehörden der Länder. Soweit es um Umweltinformationen geht, die in Behördenregistern hinterlegt werden, erscheint dies allerdings im Hinblick auf § 3 UIG im Ergebnis zweifelhaft. Umweltinformationen sind gem. § 2 Abs. 3 Nr. 3 UIG auch Daten über Maßnahmen oder Tätigkeiten, die sich auf Umweltbestandteile auswirken oder den Schutz von Umweltbestandteilen bezwecken. Die Tätigkeiten eines Betriebes, der Abfälle sammelt, befördert, mit Abfällen handelt oder diese makelt können sich auf Umweltbestandteile auswirken, ebenso wie sie den Schutz von Umweltbestandteilen bezwecken können (vgl. zu Informationsansprüchen auf Daten zu Abfallbegleitscheinen bzw. aus diesen erzeugten Daten der ASYS-Datenbank VG Gelsenkirchen, Beschl. v. 29.11.2010, 17 L 1228/10 JURIS Rn. 7 und 13 ff.).

B. Umsetzung

4 Ursprünglich war vorgesehen, eine gemeinsame Einrichtung der Länder zur Registerführung zu begründen. Dem widersprach der Bundesrat mit der naheliegenden Begründung, die Umsetzung könne genauso gut auf Basis der bestehenden Verwaltungsvereinbarung Abfall-DV-Systeme (GADSYS) erfolgen (s. o.; BR-Drs. 665/13, S. 9 f., Nr. 7.). Dieser Vorschlag korrespondiert mit der beabsichtigten Verknüpfung zwischen dem elektronischem Register und der elektronischen Anzeige bzw. dem elektronischen Erlaubnisverfahren. Somit obliegt die Errichtung und der Betrieb des Registers nunmehr der GADSYS.

C. Datenschutz

5 Die datenschutzrechtliche Erlaubnisnorm in Abs. 2 S. 1 wird durch Abs. 2 S. 2 insoweit flankiert, als dass S. 2 vorsieht, dass die Daten unverzüglich zu löschen sind, wenn sie nicht mehr zur Registerführung erforderlich sind. Insoweit kann auf die Anmerkungen zu §§ 7 Abs. 6 S. 1, 8 Abs. 1 S. 3, 10 Abs. 4 S. 1 und 11 Abs. 1 S. 3 verwiesen werden.

§ 15 Ordnungswidrigkeiten

Ordnungswidrig im Sinne des § 69 Absatz 2 Nummer 15 des Kreislaufwirtschaftsgesetzes handelt, wer vorsätzlich oder fahrlässig

1. einer vollziehbaren Anordnung nach § 4 Absatz 5 zuwiderhandelt oder

2. entgegen § 13 Absatz 1 Satz 1, 3, 4 oder 5 oder Absatz 2 eine dort genannte Kopie oder einen dort genannten Ausdruck nicht mitführt.

1 Den in **§ 15 AbfAEV in Verbindung mit § 69 Abs. 2 Nr. 15 KrWG** vorgesehenen **Ordnungswidrigkeitstatbestand** verwirklicht, wer vorsätzlich oder fahrlässig einer

vollziehbaren Fortbildungsanordnung nach § 4 Abs. 5 AbfAEV (→ § 4 Rn. 12) zuwiderhandelt. Behördliche Fortbildungsanordnungen nach § 4 Abs. 5 AbfAEV sind belastende Verwaltungsakte, die auf die Vornahme einer Handlung bzw. auf die Vornahme mehrerer Handlungen durch den Adressaten gerichtet sind. Als solche sind sie im Sinne von § 15 AbfAEV „vollziehbar", wenn sie nach dem Verwaltungsvollstreckungsrecht des jeweiligen Bundeslandes mit Zwangsmitteln durchgesetzt werden können (beispielsweise § 55 Abs. 1 LVwVG NRW: „Der Verwaltungsakt, der auf die Vornahme einer Handlung oder auf Duldung oder Unterlassung gerichtet ist, kann mit Zwangsmitteln durchgesetzt werden, wenn er unanfechtbar ist oder wenn ein Rechtsmittel keine aufschiebende Wirkung hat."). Die Ordnungswidrigkeit kann gemäß § 69 Abs. 3 KrWG mit einer Geldbuße bis zu 10 000 EUR geahndet werden.

Weitere bedeutsame **Ordnungswidrigkeitstatbestände** finden sich in § 69 Abs. 1 Nr. 4 KrWG („wer vorsätzlich oder fahrlässig [...] einer vollziehbaren Auflage nach [...] § 53 Absatz 3 Satz 2 oder § 54 Absatz 2 zuwiderhandelt"), § 63 Abs. 1 Nr. 6 KrWG („wer vorsätzlich oder fahrlässig [...] einer vollziehbaren Untersagung nach § 53 Absatz 3 Satz 3 zuwiderhandelt") und § 69 Abs. 1 Nr. 7 KrWG („wer vorsätzlich oder fahrlässig [...] ohne Erlaubnis nach § 54 Absatz 1 Satz 1 gefährliche Abfälle sammelt, befördert, mit ihnen Handel treibt oder diese makelt"). Die v. g. Ordnungswidrigkeiten können gemäß § 69 Abs. 3 KrWG mit einer Geldbuße bis zu 100 000 EUR geahndet werden. Ordnungswidrig handelt gemäß § 69 Abs. 2 Nr. 1 KrWG auch derjenige, der vorsätzlich oder fahrlässig entgegen § 53 Abs. 1 Satz 1 KrWG eine Anzeige nicht, nicht richtig, nicht vollständig oder nicht rechtzeitig erstattet. Diese Ordnungswidrigkeit kann gemäß § 69 Abs. 3 KrWG mit einer Geldbuße bis zu 10 000 EUR geahndet werden. 2

Für die Bestimmung der sachlich zuständigen Behörde gilt grundsätzlich mangels Sonderregelungen im Kreislaufwirtschaftsgesetz und der AbfAEV § 36 Abs. 1 OWiG. Danach ist sachlich zuständige Behörde diejenige, die hierfür durch Bundes- oder Landesgesetz bestimmt worden ist. Gemäß Art. 30 GG sind grundsätzlich die Länder für den Verwaltungsvollzug zuständig. Nach der **Zuständigkeitsregelung in § 69 Abs. 4 KrWG in Verbindung mit § 36 Abs. 1 Nr. 1 OWiG** ist für die Verfolgung der Ordnungswidrigkeiten nach § 15 AbfAEV in Verbindung mit § 69 Abs. 2 Nr. 15 KrWG sowie nach § 69 Abs. 1 Nr. 6, Nr. 7 und Abs. 2 Nr. 1 KrWG ausnahmsweise das Bundesamt für Güterverkehr sachlich zuständig, wenn die Zuwiderhandlung im Zusammenhang mit der Beförderung von Abfällen durch Fahrzeuge zur Güterbeförderung auf der Straße in einem Unternehmen begangen wird, das im Inland weder seinen Sitz noch eine geschäftliche Niederlassung hat, und soweit die betroffene Person im Inland keinen Wohnsitz hat. 3

§ 16 Übergangsvorschriften

(1) **Am 1. Juni 2014 bereits begonnene Verfahren zur Erstattung einer Anzeige nach § 53 Absatz 1 Satz 1 des Kreislaufwirtschaftsgesetzes oder auf Erteilung einer Erlaubnis nach § 54 Absatz 1 Satz 1 des Kreislaufwirtschaftsgesetzes sind nach den Vorschriften dieser Verordnung zu Ende zu führen. Die Verfahren können ohne Verwendung der in den Anlagen 2 und 3 enthaltenen Vordrucke durchgeführt werden.**

(2) **Sammler, Beförderer, Händler und Makler von Abfällen, die gewerbsmäßig tätig sind, und bei denen der Inhaber, soweit er für die Leitung des Betriebes verantwortlich ist, oder die für die Leitung und Beaufsichtigung des Betriebes verantwortlichen Personen zum 1. Juni 2014 die Anforderungen an die Fachkunde nach § 4 Absatz 1 bis 3 nicht erfüllen, haben sicherzustellen, dass die betroffenen**

Personen bis zum 31. Dezember 2014 an einem oder mehreren von der zuständigen Behörde anerkannten Lehrgängen, in denen Kenntnisse entsprechend der Anlage 1 vermittelt werden, teilnehmen und die Teilnahme der zuständigen Behörde nachzuweisen.

(3) **Bis zum 30. September 2014 gestellte Anträge von Händlern und Maklern von gefährlichen Abfällen auf Erteilung einer Erlaubnis nach § 54 Absatz 1 Satz 1 des Kreislaufwirtschaftsgesetzes, darf die zuständige Behörde nicht deshalb ablehnen, weil der Inhaber, soweit er für die Leitung des Betriebes verantwortlich ist, oder die für die Leitung und Beaufsichtigung des Betriebes verantwortlichen Personen nicht an den nach § 5 Absatz 1 Satz 1 Nummer 2 erforderlichen Lehrgängen teilgenommen haben. Die zuständige Behörde hat die Erlaubnis in diesem Fall unter der auflösenden Bedingung zu erteilen, dass die betroffenen Personen bis zu einem von der Behörde festgelegten Zeitpunkt an den entsprechenden Lehrgängen teilgenommen haben müssen.**

(4) **Bis zum 31. Mai 2014 besuchte Lehrgänge nach § 3 Absatz 1 Satz 2 Nummer 2 der Beförderungserlaubnisverordnung vom 10. September 1996 (BGBl. I S. 1411; 1997 I S. 2861) in der bis zum 1. Juni 2014 geltenden Fassung kann die Behörde als Lehrgänge im Sinne des § 4 Absatz 3 Satz 1 oder des § 5 Absatz 1 Satz 1 Nummer 2 gelten lassen.**

(5) **Die behördliche Anerkennung eines Lehrgangs nach § 3 Absatz 1 Satz 2 Nummer 2 der Beförderungserlaubnisverordnung vom 10. September 1996 (BGBl. I S. 1411; 1997 I S. 2861) in der bis zum 1. Juni 2014 geltenden Fassung gilt als Anerkennung eines Lehrgangs nach § 5 Absatz 1 Satz 1 Nummer 2 fort, sofern der Lehrgangsträger die Lehrgangsinhalte an die in der Anlage 1 genannten Inhalte anpasst und bis zum 30. September 2014 der zuständigen Behörde das überarbeitete Lehrgangsprogramm vorlegt.**

1 Zu den Übergangsregelungen des **§ 16 Abs. 1 bis 5 AbfAEV** siehe zu Absatz 1 → § 7 Rn. 12 und § 10 Rn. 9; zu Absatz 2 → § 4 Rn. 10; zu Absatz 3 → § 5 Rn. 3; zu Absatz 4 → § 4 Rn. 9 und § 5 Rn. 3; zu Absatz 5 → § 4 Rn. 9).

2 Zwei weitere Übergangsregelungen finden sich in **§ 72 Abs. 3 und 4 KrWG.** Danach gelten Transportgenehmigungen nach § 49 Abs. 1 KrW-/AbfG (→ Vorb Rn. 6), auch in Verbindung mit § 1 TgV (→ Vorb Rn. 9f.), und Genehmigungen für Vermittlungsgeschäfte nach § 50 Abs. 1 KrW-/AbfG bis zum Ende ihrer Befristung als Erlaubnisse nach § 54 Abs. 1 KrWG fort.

3 Die Übergangsregelung des **§ 72 Abs. 4 KrWG a. F.,** nach der die §§ 53 Abs. 1 bis 5 und 54 Abs. 1 bis 6 KrWG in Bezug auf Sammler und Beförderer, die Abfälle im Rahmen wirtschaftlicher Unternehmen sammeln oder befördern, erst zwei Jahre nach dem Inkrafttreten des Kreislaufwirtschaftsgesetzes am 1.6.2012 anzuwenden waren, hatte sich inzwischen durch Zeitablauf erledigt und wurde durch Gesetz vom 23.10.2020 mit Wirkung zum 29.10.2020 (BGBl. I S. 2232) aus dem KrWG entfernt.

Anlage 1

(zu § 4 Absatz 3 Satz 1 und Absatz 5, § 5 Absatz 1 Satz 1 Nummer 2 und Absatz 3 Satz 2 sowie zu § 16 Absatz 2 und 5) Lehrgangsinhalte

Die Lehrgänge sollen Grundkenntnisse über folgende Bereiche vermitteln:
1. das Kreislaufwirtschaftsgesetz, insbesondere
   a) den Anwendungsbereich,
   b) die wichtigsten Begriffsbestimmungen,
   c) die Abfallhierarchie,

d) die Grundpflichten (Vermeiden, Verwerten, Beseitigen),
e) die Getrennthaltungspflichten und Vermischungsverbote,
f) das Verhältnis des Abfallrechts zum Immissionsschutzrecht,
g) das Verhältnis des Abfallrechts zum Chemikalienrecht,
h) die Überlassungspflichten,
i) das Anzeigeverfahren für gemeinnützige und gewerbliche Sammlungen,
j) die Beauftragung Dritter,
k) die Register- und Nachweispflichten,
l) das Anzeige- und Erlaubnisverfahren für Sammler, Beförderer, Händler und Makler von Abfällen,
m) die Kennzeichnung von Fahrzeugen und
n) die Bußgeldvorschriften,

2. die auf Grund des Kreislaufwirtschaftsgesetzes ergangenen Rechtsverordnungen, insbesondere
   a) diese Verordnung,
   b) die Nachweisverordnung,
   c) die Entsorgungsfachbetriebeverordnung und
   d) die Abfallverzeichnis-Verordnung,
3. das Recht der Abfallverbringung,
4. Art und Beschaffenheit von gefährlichen Abfällen,
5. schädliche Umwelteinwirkungen und sonstige Gefahren, erhebliche Nachteile und erhebliche Belästigungen, die von Abfällen ausgehen können, und Maßnahmen zu ihrer Verhinderung oder Beseitigung,
6. sonstige Vorschriften des Umweltrechts, die im Zusammenhang mit der Sammlung, der Beförderung, dem Handeln oder dem Makeln von Abfällen von Bedeutung sind,
7. Bezüge zum Güterkraftverkehrs- und Gefahrgutrecht sowie
8. Vorschriften der betrieblichen Haftung.

Anlage 2

(zu § 7 Absatz 1 Satz 1 und Absatz 5, § 8 Absatz 1 Satz 1 Nummer 1 und § 16 Absatz 1 Satz 2) Vordruck für die Anzeige

(nicht abgedruckt)

Anlage 3

(zu § 9 Absatz 1, § 11 Absatz 1 Satz 1 Nummer 1 und § 16 Absatz 1 Satz 2) Vordruck für den Antrag auf Erlaubnis

(nicht abgedruckt)

Anlage 4

(zu § 10 Absatz 3 Satz 1) Vordruck für die Erlaubnis

(nicht abgedruckt)

6.60 Gesetz über das Inverkehrbringen, die Rücknahme und die hochwertige Verwertung von Verpackungen (Verpackungsgesetz – VerpackG)

Vom 5. Juli 2017 (BGBl. I S. 2234), zuletzt geändert durch Art. 1 G v. 27.1.2021 (BGBl. I S. 140)

Abschnitt 1. Allgemeine Vorschriften

§ 1 Abfallwirtschaftliche Ziele

(1) [1]**Dieses Gesetz legt Anforderungen an die Produktverantwortung nach § 23 des Kreislaufwirtschaftsgesetzes für Verpackungen fest. [2]Es bezweckt, die Auswirkungen von Verpackungsabfällen auf die Umwelt zu vermeiden oder zu verringern. [3]Um dieses Ziel zu erreichen, soll das Gesetz das Verhalten der Verpflichteten so regeln, dass Verpackungsabfälle vorrangig vermieden und darüber hinaus einer Vorbereitung zur Wiederverwendung oder dem Recycling zugeführt werden. [4]Dabei sollen die Marktteilnehmer vor unlauterem Wettbewerb geschützt werden.**

(2) **Durch eine gemeinsame haushaltsnahe Sammlung von Verpackungsabfällen und weiteren stoffgleichen Haushaltsabfällen sollen zusätzliche Wertstoffe für ein hochwertiges Recycling gewonnen werden.**

(3) [1]**Der Anteil der in Mehrweggetränkeverpackungen abgefüllten Getränke soll mit dem Ziel der Abfallvermeidung gestärkt und das Recycling von Getränkeverpackungen in geschlossenen Kreisläufen gefördert werden. [2]Zur Überprüfung der Wirksamkeit der in diesem Gesetz vorgesehenen Mehrwegförderung ermittelt das Bundesministerium für Umwelt, Naturschutz und nukleare Sicherheit jährlich den Anteil der in Mehrweggetränkeverpackungen abgefüllten Getränke und gibt die Ergebnisse bekannt. [3]Ziel ist es, einen Anteil von in Mehrweggetränkeverpackungen abgefüllten Getränken in Höhe von mindestens 70 Prozent zu erreichen.**

(4) [1]**Mit diesem Gesetz soll außerdem das Erreichen der europarechtlichen Zielvorgaben der Richtlinie 94/62/EG über Verpackungen und Verpackungsabfälle sichergestellt werden. [2]Danach sind von den im Geltungsbereich dieses Gesetzes anfallenden Verpackungsabfällen jährlich mindestens 65 Masseprozent zu verwerten und mindestens 55 Masseprozent zu recyceln. [3]Dabei muss das Recycling der einzelnen Verpackungsmaterialien mindestens für Holz 15, für Kunststoffe 22,5, für Metalle 50 und für Glas sowie Papier und Karton 60 Masseprozent erreichen, wobei bei Kunststoffen nur Material berücksichtigt wird, das durch Recycling wieder zu Kunststoff wird. [4]Bis spätestens 31. Dezember 2025 sind von den im Geltungsbereich dieses Gesetzes anfallenden Verpackungsabfällen jährlich mindestens 65 Masseprozent zu recyceln, bis spätestens 31. Dezember 2030 mindestens 70 Masseprozent. [5]Dabei muss das Recycling der einzelnen Verpackungsmaterialien bis spätestens 31. Dezember 2025 mindestens für Holz 25, für Aluminium und Kunststoffe 50, für Eisenmetalle und Glas 70 sowie für Papier und Karton 75 Masseprozent erreichen; bis spätestens 31. Dezember 2030 mindestens für Holz 30, für Kunststoffe 55, für Aluminium 60, für Glas 75, für Eisenmetalle 80 sowie für Papier und Karton 85 Masseprozent. [6]Zum Nachweis des Erreichens der Zielvorgaben nach den Sätzen 2 bis 5 führt die Bundesregierung die notwendigen Erhebungen durch und veranlasst die Information der Öffentlichkeit und der Marktteilnehmer.**

(Kommentierung folgt)

6.60 Gesetz über das Inverkehrbringen, die Rücknahme und die hochwertige Verwertung von Verpackungen (Verpackungsgesetz – VerpackG)

Vom 5. Juli 2017 (BGBl. I S. 2234), zuletzt geändert durch [illegible] 2021 (BGBl. I S. [illegible])

Abschnitt 1. Allgemeine Vorschriften

§ 1 Abfallwirtschaftliche Ziele

(1) [1] Dieses Gesetz legt Anforderungen an die Produktverantwortung nach § 23 des Kreislaufwirtschaftsgesetzes für Verpackungen fest. [2] Es bezweckt, die Auswirkungen von Verpackungsabfällen auf die Umwelt zu vermeiden oder zu verringern. [3] Um dieses Ziel zu erreichen, soll das Gesetz das Verhalten der Verpflichteten so regeln, dass Verpackungsabfälle vorrangig vermieden und darüber hinaus einer Vorbereitung zur Wiederverwendung oder dem Recycling zugeführt werden. [4] Dabei sollen die Marktbeteiligten vor unlauterem Wettbewerb geschützt werden.

(2) Durch eine gemeinsame haushaltsnahe Sammlung von Verpackungsabfällen und weiteren stoffgleichen Haushaltsabfällen sollen zusätzliche Wertstoffe für ein hochwertiges Recycling gewonnen werden.

(3) [1] Der Anteil der in Mehrweggetränkeverpackungen abgefüllten Getränke soll mit dem Ziel der Abfallvermeidung gestärkt und das Recycling von Getränkeverpackungen in geschlossenen Kreisläufen gefördert werden. [2] Zur Überprüfung der Wirksamkeit der in diesem Gesetz vorgesehenen Mehrwegförderung ermittelt das Bundesministerium für Umwelt, Naturschutz und nukleare Sicherheit jährlich den Anteil der in Mehrweggetränkeverpackungen abgefüllten Getränke und gibt die Ergebnisse bekannt. [3] Ziel ist es, einen Anteil von in Mehrweggetränkeverpackungen abgefüllten Getränken in Höhe von mindestens 70 Prozent zu erreichen.

(4) [1] Mit diesem Gesetz soll außerdem die Erreichung der europarechtlichen Zielvorgaben der Richtlinie 94/62/EG über Verpackungen und Verpackungsabfälle sichergestellt werden. [2] Danach sind von den im Geltungsbereich dieses Gesetzes anfallenden Verpackungsabfällen jährlich mindestens 65 Masseprozent zu verwerten und mindestens 55 Masseprozent zu recyceln. [3] Dabei muss das Recycling der einzelnen Verpackungsmaterialien mindestens für Holz 15, für Kunststoffe 22,5, für Metalle 50 und für Glas sowie Papier und Karton 60 Masseprozent erreichen, wobei für Kunststoffe nur Material berücksichtigt wird, das durch Recycling wieder zu Kunststoff wird. [4] Bis spätestens 31. Dezember 2025 sind von den im Geltungsbereich dieses Gesetzes anfallenden Verpackungsabfällen jährlich mindestens 65 Masseprozent zu recyceln, bis spätestens 31. Dezember 2030 mindestens 70 Masseprozent. [5] Dabei muss das Recycling der einzelnen Verpackungsmaterialien bis spätestens 31. Dezember 2025 mindestens für Holz 25, für Aluminium 50, für Eisenmetalle 70, für Glas 70, für Papier und Karton 75 und für Kunststoffe 50 Masseprozent und bis spätestens 31. Dezember 2030 mindestens für Holz 30, für Kunststoffe 55, für Aluminium 60, für Glas 75, für Eisenmetalle 80 sowie für Papier und Karton 85 Masseprozent betragen. [6] [illegible]

[illegible]

§ 3 Begriffsbestimmungen*

(1) **Verpackungen sind aus beliebigen Materialien hergestellte Erzeugnisse zur Aufnahme, zum Schutz, zur Handhabung, zur Lieferung oder zur Darbietung von Waren, die vom Rohstoff bis zum Verarbeitungserzeugnis reichen können, vom Hersteller an den Vertreiber oder Endverbraucher weitergegeben werden und**

1. typischerweise dem Endverbraucher als Verkaufseinheit aus Ware und Verpackung angeboten werden (Verkaufsverpackungen); als Verkaufsverpackungen gelten auch Verpackungen, die erst beim Letztvertreiber befüllt werden, um
   a) die Übergabe von Waren an den Endverbraucher zu ermöglichen oder zu unterstützen (Serviceverpackungen) oder
   b) den Versand von Waren an den Endverbraucher zu ermöglichen oder zu unterstützen (Versandverpackungen),

2. eine bestimmte Anzahl von Verkaufseinheiten nach Nummer 1 enthalten und typischerweise dem Endverbraucher zusammen mit den Verkaufseinheiten angeboten werden oder zur Bestückung der Verkaufsregale dienen (Umverpackungen) oder

3. die Handhabung und den Transport von Waren in einer Weise erleichtern, dass deren direkte Berührung sowie Transportschäden vermieden werden, und typischerweise nicht zur Weitergabe an den Endverbraucher bestimmt sind (Transportverpackungen); Container für den Straßen-, Schienen-, Schiffs- oder Lufttransport sind keine Transportverpackungen.

Die Begriffsbestimmung für Verpackungen wird durch die in der Anlage 1 genannten Kriterien ergänzt; die dort aufgeführten Gegenstände sind Beispiele für die Anwendung dieser Kriterien.

(2) **Getränkeverpackungen sind geschlossene oder überwiegend geschlossene Verkaufsverpackungen für flüssige Lebensmittel im Sinne von Artikel 2 der Verordnung (EG) Nr. 178/2002 des Europäischen Parlaments und des Rates vom 28. Januar 2002 zur Festlegung der allgemeinen Grundsätze und Anforderungen des Lebensmittelrechts, zur Errichtung der Europäischen Behörde für Lebensmittelsicherheit und zur Festlegung von Verfahren zur Lebensmittelsicherheit (ABl. L 31 vom 1.2.2002, S. 1), die zuletzt durch die Verordnung (EU) Nr. 652/2014 (ABl. L 189 vom 27.6.2014, S. 1) geändert worden ist, die zum Verzehr als Getränk bestimmt sind.**

(3) **Mehrwegverpackungen sind Verpackungen, die dazu bestimmt sind, nach dem Gebrauch mehrfach zum gleichen Zweck wiederverwendet zu werden und deren tatsächliche Rückgabe und Wiederverwendung durch eine ausreichende Logistik ermöglicht sowie durch geeignete Anreizsysteme, in der Regel durch ein Pfand, gefördert wird.**

(4) **Einwegverpackungen sind Verpackungen, die keine Mehrwegverpackungen sind.**

(5) **Verbundverpackungen sind Verpackungen aus unterschiedlichen, von Hand nicht trennbaren Materialarten, von denen keine einen Masseanteil von 95 Prozent überschreitet.**

(6) **Restentleerte Verpackungen sind Verpackungen, deren Inhalt bestimmungsgemäß ausgeschöpft worden ist.**

(7) **Schadstoffhaltige Füllgüter sind die in der Anlage 2 näher bestimmten Füllgüter.**

* Die Änderungen des § 3 VerpackG durch G v. 23.10.2020 (BGBl. I S. 2232) sind im Gesetzestext und in der Kommentierung noch nicht berücksichtigt. Eine Anpassung erfolgt mit einer der nächsten Ergänzungslieferungen.

(8) **Systembeteiligungspflichtige Verpackungen sind mit Ware befüllte Verkaufs- und Umverpackungen, die nach Gebrauch typischerweise beim privaten Endverbraucher als Abfall anfallen.**

(9) **Inverkehrbringen ist jede entgeltliche oder unentgeltliche Abgabe an Dritte im Geltungsbereich dieses Gesetzes mit dem Ziel des Vertriebs, des Verbrauchs oder der Verwendung. Nicht als Inverkehrbringen gilt die Abgabe von im Auftrag eines Dritten befüllten Verpackungen an diesen Dritten, wenn die Verpackung ausschließlich mit dem Namen oder der Marke des Dritten oder beidem gekennzeichnet ist.**

(10) **Endverbraucher ist derjenige, der die Ware in der an ihn gelieferten Form nicht mehr gewerbsmäßig in Verkehr bringt.**

(11) **Private Endverbraucher sind private Haushaltungen und diesen nach der Art der dort typischerweise anfallenden Verpackungsabfälle vergleichbare Anfallstellen. Vergleichbare Anfallstellen im Sinne von Satz 1 sind insbesondere Gaststätten, Hotels, Raststätten, Kantinen, Verwaltungen, Kasernen, Krankenhäuser, Bildungseinrichtungen, karitative Einrichtungen, Niederlassungen von Freiberuflern, typische Anfallstellen des Kulturbereichs wie Kinos, Opern und Museen, sowie des Freizeitbereichs wie Ferienanlagen, Freizeitparks und Sportstadien. Vergleichbare Anfallstellen im Sinne von Satz 1 sind außerdem landwirtschaftliche Betriebe und Handwerksbetriebe, deren Verpackungsabfälle mittels haushaltsüblicher Sammelgefäße sowohl für Papier, Pappe und Karton als auch für Kunststoff-, Metall- und Verbundverpackungen, jedoch maximal mit einem 1100-Liter-Umleerbehälter je Sammelgruppe, im haushaltsüblichen Abfuhrrhythmus entsorgt werden können.**

(12) **Vertreiber ist jeder, der, unabhängig von der Vertriebsmethode oder Handelsstufe, Verpackungen gewerbsmäßig in Verkehr bringt.**

(13) **Letztvertreiber ist derjenige Vertreiber, der Verpackungen an den Endverbraucher abgibt.**

(14) **Hersteller ist derjenige Vertreiber, der Verpackungen erstmals gewerbsmäßig in Verkehr bringt. Als Hersteller gilt auch derjenige, der Verpackungen gewerbsmäßig in den Geltungsbereich dieses Gesetzes einführt.**

(15) **Registrierter Sachverständiger ist, wer 1. nach § 36 der Gewerbeordnung öffentlich bestellt ist, 2. als Umweltgutachter oder Umweltgutachterorganisation auf Grund einer Zulassung nach den §§ 9 und 10 oder nach Maßgabe des § 18 des Umweltauditgesetzes in der Fassung der Bekanntmachung vom 4. September 2002 (BGBl. I S. 3490), das zuletzt durch Artikel 3 des Gesetzes vom 25. November 2015 (BGBl. I S. 2092) geändert worden ist, in der jeweils geltenden Fassung, in dem Bereich tätig werden darf, der näher bestimmt wird durch Anhang I Abschnitt E Abteilung 38 der Verordnung (EG) Nr. 1893/2006 des Europäischen Parlaments und des Rates vom 20. Dezember 2006 zur Aufstellung der statistischen Systematik der Wirtschaftszweige NACE Revision 2 und zur Änderung der Verordnung (EWG) Nr. 3037/90 des Rates sowie einiger Verordnungen der EG über bestimmte Bereiche der Statistik (ABl. L 393 vom 30.12.2006, S. 1), die zuletzt durch die Verordnung (EG) Nr. 295/2008 (ABl. L 97 vom 9.4.2008, S. 13) geändert worden ist, in der jeweils geltenden Fassung, 3. seine Befähigung durch eine Akkreditierung der nationalen Akkreditierungsstelle in einem allgemein anerkannten Verfahren hat feststellen lassen oder 4. in einem anderen Mitgliedstaat der Europäischen Union oder in einem anderen Vertragsstaat des Abkommens über den Europäischen Wirtschaftsraum niedergelassen ist und eine Tätigkeit im Inland nur vorübergehend und gelegentlich ausüben will und seine Berufsqualifikation vor Aufnahme der Tätigkeit entsprechend den §§ 13a und 13b der Gewerbeordnung hat nachprüfen lassen; Verfahren nach dieser Nummer können über eine einheitliche Stelle abgewickelt werden, und von der Zentralen Stelle in dem Prüferregister nach § 27 geführt wird.**

9.1 Gesetz zum Schutz vor schädlichen Bodenveränderungen und zur Sanierung von Altlasten (Bundes-Bodenschutzgesetz – BBodSchG)

Vom 17. März 1998

(BGBl. I S. 502), zuletzt geändert durch Art. 7 G v. 25.2.2021 (BGBl. I S. 306)

Erster Teil. Allgemeine Vorschriften

§ 1 Zweck und Grundsätze des Gesetzes

Zweck dieses Gesetzes ist es, nachhaltig die Funktionen des Bodens zu sichern oder wiederherzustellen. Hierzu sind schädliche Bodenveränderungen abzuwehren, der Boden und Altlasten sowie hierdurch verursachte Gewässerverunreinigungen zu sanieren und Vorsorge gegen nachteilige Einwirkungen auf den Boden zu treffen. Bei Einwirkungen auf den Boden sollen Beeinträchtigungen seiner natürlichen Funktionen sowie seiner Funktion als Archiv der Natur- und Kulturgeschichte so weit wie möglich vermieden werden.

Schrifttum: *Bender/Sparwasser/Engel,* Umweltrecht, 3. Aufl. 1995; *Erbguth/Stollmann,* Zum Stand des Bodenschutzrechts – dargestellt unter Berücksichtigung der Altlastenproblematik, NuR 1994, 319 ff.; *dies.,* Die Bodenschutz- und Altlastengesetze der Länder vor dem Hintergrund des Entwurfs eines Bundes-Bodenschutzgesetzes, UPR 1996, 281 ff.; *Fleury,* Zum Vorsorgeprinzip im Umweltrecht, 1994; *Heiermann,* Der Schutz des Bodens vor Schadstoffeintrag, 1992; *Kauch,* Bodenschutz aus bundesrechtlicher Sicht, 1993; *Kimminich/von Lersner/Storm,* Handwörterbuch des Umweltrechts, 2. Aufl. 1994; *Kloepfer,* Umweltrecht, 2. Aufl., 1998; *Kunig/Paetow/Versteyl,* Kreislaufwirtschafts- und Abfallgesetz, 1998; *Peine,* Risikoabschätzung im Bodenschutz, DVBl. 1998, 157 ff.; *ders.,* Die Bodenschutzkonzeption der Bundesregierungen, UPR 1997, 53 ff.; *Schlabach,* Bundesbodenschutzgesetz, UPR 1996, 1 ff.; *Schröder,* „Nachhaltigkeit" als Ziel und Maßgabe des deutschen Umweltrechts, WiVerw 1995, 65 ff.; *Spilok,* Bodenschutzgesetz Baden-Württemberg, 1992; *Storm,* Bodenschutzrecht, AgrarR 1983, 233 ff.; *Vierhaus,* Das Bundes-Bodenschutzgesetz, NJW 1998, 1262 ff.

Übersicht

A. Überblick

I. Zweck der Vorschrift

1 Wie mittlerweile kennzeichnend für jüngere umweltschutzbezogene Gesetze wird dem Regelungswerk zunächst eine Bestimmung über „Zweck und Grundsätze" des Gesetzes vorangestellt. Auf die Herbeiführung einer unmittelbaren Rechtsfolge ist eine derartige Norm nicht gerichtet. Vielmehr wird der vorangestellten Zweckbestimmung im allgemeinen eine Auslegungs-, eine ermessensleitende und eine Informationsfunktion zugesprochen (vgl. *Kunig,* in: Kunig/Paetow/Versteyl, KrW-/AbfG, § 1 Rn. 1 f.): Auslegungsfunktion insofern, als sie für alle weiteren Vorschriften des jeweiligen Gesetzes im Rahmen einer erforderlichen teleologischen Auslegung den objektiven Regelungswillen bereits vorgibt, ihn quasi „auf Vorrat" bereitstellt (vgl. BVerfGE 75, 329, 344; 49, 89, 138). Daneben dient sie als Richtlinie für die Ausübung des den Umweltbehörden eingeräumten Ermessens (vgl. *Bender/Sparwasser/Engel,* § 3 Rn. 72, § 8 Rn. 49, § 9 Rn. 46).

2 Darüber hinaus kommt der Zweckbestimmung eine informatorische Funktion zu, indem sie es nicht dabei belässt, die nachhaltige Sicherung und Wiederherstellung der Bodenfunktionen als Schutzziel herauszustellen, sondern auch über Satz 2 die dazu bereitgestellten Mittel vorgibt und auf diesem Weg neben der Gefahrenabwehr auch das Vorsorgeprinzip miteinbezieht.

3 Das auf diese Weise ausdrücklich in die Schutzzielbestimmung aufgenommene Vorsorgeprinzip ist seinerseits wieder für die Auslegung der Eingriffs- und Verordnungsermächtigungen des Gesetzes von Bedeutung. Denn nach dem Inhalt des Vorsorgeprinzips liegen die Voraussetzungen zur Vorsorge, die für den Erlass von Verboten und Beschränkungen gegeben sein müssen, unter denen, die zur Gefahrenabwehr erforderlich sind (*Kloepfer,* Umweltrecht, § 4 Rn. 12).

II. Entstehungsgeschichte

1. Umweltpolitische Entwicklung

4 Mit dem Erlass des Gesetzes zum Schutz des Bodens soll auch im normativen Bereich der Bedeutung des Umweltmediums Boden Rechnung getragen werden. Bislang waren lediglich Luft und Wasser durch medial ausgerichtete Gesetze rechtlichem Schutz unterworfen. Abgesehen von einigen Länderkonzeptionen jüngeren Datums (Gesetz zum Schutz des Bodens des Landes Baden-Württemberg v. 24.6.1991, GBl. S. 434, geändert durch Ges. v. 12.12.1994, Gbl. S. 653; Gesetz zur Vermeidung und Sanierung von Bodenverunreinigungen des Landes Berlin vom 10.10.1995 – BlnBodSchG – GVBl. S. 646; das Erste Gesetz zur Abfallwirtschaft und zum Bodenschutz im Freistaat Sachsen vom 12.8.1991 – SächsEGAB – GVBl. 1991, 306) beschränkte sich auf Bundesebene der Schutz des Bodens auf Regelungen, die auch oder sogar vorrangig anderen Schutzzwecken dienen (Gewässerschutz, Abfallrecht, Gefahrstoffrecht und Naturschutz, vgl. die umfassende Zusammenstellung bei *Kauch,* Bodenschutz aus bundesrechtlicher Sicht, S. 29 ff).

5 Zwar wurde der Schutz des Bodens als umweltpolitische Aufgabe nicht erst im Zuge der Waldschäden-Debatte der achtziger Jahre entdeckt, sondern war bereits im Umweltprogramm der Bundesregierung von 1971 (BT-Drs. 6/2710, S. 6) vorrangig vor den Schutzgütern Luft und Wasser festgeschrieben worden, in dem es hieß, „Umweltpolitik sei die Gesamtheit aller Maßnahmen, die notwendig" seien, „um **Boden,** Luft und Wasser, Pflanzen- und Tierwelt vor nachteiligen Wirkungen menschlicher Eingriffe zu schützen" (BT-Drs. 6/2710, S. 6).

6 Die eigentliche Hinwendung zum Bodenschutz in der nationalen Gesetzgebung erfolgte jedoch erst aufgrund der Bodenschutzkonzeption der Bundesregierung vom

§ 13 Sanierungsuntersuchungen und Sanierungsplanung[1]

(1) **Bei Altlasten, bei denen wegen der Verschiedenartigkeit der nach § 4 erforderlichen Maßnahmen ein abgestimmtes Vorgehen notwendig ist oder von denen auf Grund von Art, Ausbreitung oder Menge der Schadstoffe in besonderem Maße schädliche Bodenveränderungen oder sonstige Gefahren für den einzelnen oder die Allgemeinheit ausgehen, soll die zuständige Behörde von einem nach § 4 Abs. 3, 5 oder 6 zur Sanierung Verpflichteten die notwendigen Untersuchungen zur Entscheidung über Art und Umfang der erforderlichen Maßnahmen (Sanierungsuntersuchungen) sowie die Vorlage eines Sanierungsplanes verlangen, der insbesondere**

1. **eine Zusammenfassung der Gefährdungsabschätzung und der Sanierungsuntersuchungen,**
2. **Angaben über die bisherige und künftige Nutzung der zu sanierenden Grundstücke,**
3. **die Darstellung des Sanierungsziels und die hierzu erforderlichen Dekontaminations- Sicherungs-, Schutz-, Beschränkungs- und Eigenkontrollmaßnahmen sowie die zeitliche Durchführung dieser Maßnahmen**

enthält. Die Bundesregierung wird ermächtigt, nach Anhörung der beteiligten Kreise (§ 20) durch Rechtsverordnung mit Zustimmung des Bundesrates Vorschriften über die Anforderungen an Sanierungsuntersuchungen sowie den Inhalt von Sanierungsplänen zu erlassen.

(2) **Die zuständige Behörde kann verlangen, daß die Sanierungsuntersuchungen sowie der Sanierungsplan von einem Sachverständigen nach § 18 erstellt werden.**

(3) **Wer nach Absatz 1 einen Sanierungsplan vorzulegen hat, hat die nach § 12 Betroffenen frühzeitig, in geeigneter Weise und unaufgefordert über die geplanten Maßnahmen zu informieren. § 12 Satz 2 und 3 gilt entsprechend.**

(4) **Mit dem Sanierungsplan kann der Entwurf eines Sanierungsvertrages über die Ausführung des Planes vorgelegt werden, der die Einbeziehung Dritter vorsehen kann.**

(5) **Soweit entnommenes Bodenmaterial im Bereich der von der Altlastensanierung betroffenen Fläche wieder eingebracht werden soll, gilt § 28 Absatz 1 Satz 1 des Kreislaufwirtschaftsgesetzes nicht, wenn durch einen für verbindlich erklärten Sanierungsplan oder eine Anordnung zur Durchsetzung der Pflichten nach § 4 sichergestellt wird, daß das Wohl der Allgemeinheit nicht beeinträchtigt wird.**

(6) **Die zuständige Behörde kann den Plan, auch unter Abänderungen oder mit Nebenbestimmungen, für verbindlich erklären. Ein für verbindlich erklärter Plan schließt andere die Sanierung betreffende behördliche Entscheidungen mit Ausnahme von Zulassungsentscheidungen für Vorhaben, die nach § 1 in Verbindung mit der Anlage 5 des Gesetzes über die Umweltverträglichkeitsprüfung oder kraft Landesrecht einer Umweltverträglichkeitsprüfung unterliegen, mit ein, soweit sie im Einvernehmen mit der jeweils zuständigen Behörde erlassen und in dem für verbindlich erklärten Plan die miteingeschlossenen Entscheidungen aufgeführt werden.**

Schrifttum: *Diehr,* Der Sanierungsplan, UPR 1998, 128; *Dombert,* Die Bewertung von Altlasten nach dem neuen Bodenschutzrecht des Bundes, altlasten spektrum 1998, 86; *ders.,* Flächenrecycling: Juristische Anmerkung zu einem aktuellen Thema, altlasten spektrum 1998, 7; *Franzius/Wolff/Brandt,* Handbuch der Altlastensanierung, 2. Auflage, 1998; *Görtz,* Auswirkung des Bundes-Bodenschutz-

[1] Die Änderungen des § 13 BBodSchG durch G v. 24.2.2012 (BGBl. I S. 212), G v. 20.7.2017 (BGBl. I S. 2808) und G v. 25.2.2021 (BGBl. I S. 306) sind in der Kommentierung noch nicht berücksichtigt. Eine Anpassung erfolgt mit einer der nächsten Ergänzungslieferungen.

gesetzes auf die kommunale Altlastenbearbeitung, altlasten spektrum 1998, 103; *Holzwarth/Radtke/Hilger,* Bundes-Bodenschutzgesetz, 1998; *Isensee/Kirchhof,* Handbuch des Staatsrechts, Band III, 1988; *Kobes,* Das Bundes-Bodenschutzgesetz, NVwZ 1998, 786; *Kopp/Schenke,* VwGO, 11. Auflage, 1998; *Lorenz,* Der Wegfall der Geschäftsgrundlage beim verwaltungsrechtlichen Vertrag, DVBl. 1997, 865; *Machtolf/Barkowski/Günther,* Bürgerinformationen und -beteiligungen bei der Altlastensanierung, altlasten spektrum 1997, 26; *Maurer,* Allgemeines Verwaltungsrecht, 10. Auflage, 1995; *Müllmann,* Altlastensanierung und Kooperationsprinzip – der öffentlich-rechtliche Vertrag als Alternative zur Ordnungsverfügung, NVwZ 1994, 876; *Sanden/Schoeneck,* Bundes-Bodenschutzgesetz, 1998; *Sander/Tremmel/Troge,* Praxishandbuch Abfall/Altlasten, 1996; *Schoch/Schmidt-Aßmann/Pietzner,* Verwaltungsgerichtsordnung, 1998; *Spieth,* Öffentlich-rechtlicher Vertrag bei Altlasten, altlasten spektrum 1996, 163; *Stelkens/Bonk/Sachs,* Verwaltungsverfahrensgesetz, 5. Auflage, 1998; Umweltbundesamt – Hrsg. –, Umweltgesetzbuch: Besonderer Teil (UGB-BT), 1994; *Vierhaus,* Das Bundes-Bodenschutzgesetz, NJW 1998, 1262.

Übersicht

A. Allgemeines

I. Wesentlicher Inhalt der Vorschrift

1 § 13 enthält die Ermächtigungsgrundlagen zur Anordnung behördlicher Maßnahmen bei *„komplexen"* Altlastensanierungen (*Schoeneck,* in: *Sanden/Schoeneck,* BBodSchG, § 13, Rn. 1; Beispiele komplexer Altlastensanierungen s. bei *Franzius/Wolf/Brandt,* Handbuch der Altlastensanierung, Band 2, Abschnitt 9000). Neben der Befugnis zur Anordnung von Sanierungsuntersuchungen wird mit der Regelung in § 13

Gesetz über Naturschutz und Landschaftspflege (Bundesnaturschutzgesetz – BNatSchG)*

vom 29. Juli 2009 (BGBl. I S. 2542), zuletzt geändert durch G v. 25.2.2021 (BGBl. I S. 306)

Kapitel 1. Allgemeine Vorschriften

§ 1 Ziele des Naturschutzes und der Landschaftspflege

(1) Natur und Landschaft sind auf Grund ihres eigenen Wertes und als Grundlage für Leben und Gesundheit des Menschen auch in Verantwortung für die künftigen Generationen im besiedelten und unbesiedelten Bereich nach Maßgabe der nachfolgenden Absätze so zu schützen, dass

1. die biologische Vielfalt,

2. die Leistungs- und Funktionsfähigkeit des Naturhaushalts einschließlich der Regenerationsfähigkeit und nachhaltigen Nutzungsfähigkeit der Naturgüter sowie

3. die Vielfalt, Eigenart und Schönheit sowie der Erholungswert von Natur und Landschaft auf Dauer gesichert sind; der Schutz umfasst auch die Pflege, die Entwicklung und, soweit erforderlich, die Wiederherstellung von Natur und Landschaft (allgemeiner Grundsatz).

(2) Zur dauerhaften Sicherung der biologischen Vielfalt sind entsprechend dem jeweiligen Gefährdungsgrad insbesondere

1. lebensfähige Populationen wild lebender Tiere und Pflanzen einschließlich ihrer Lebensstätten zu erhalten und der Austausch zwischen den Populationen sowie Wanderungen und Wiederbesiedelungen zu ermöglichen,

2. Gefährdungen von natürlich vorkommenden Ökosystemen, Biotopen und Arten entgegenzuwirken,

3. Lebensgemeinschaften und Biotope mit ihren strukturellen und geografischen Eigenheiten in einer repräsentativen Verteilung zu erhalten; bestimmte Landschaftsteile sollen der natürlichen Dynamik überlassen bleiben.

(3) Zur dauerhaften Sicherung der Leistungs- und Funktionsfähigkeit des Naturhaushalts sind insbesondere

1. die räumlich abgrenzbaren Teile seines Wirkungsgefüges im Hinblick auf die prägenden biologischen Funktionen, Stoff- und Energieflüsse sowie landschaftlichen Strukturen zu schützen; Naturgüter, die sich nicht erneuern, sind sparsam und schonend zu nutzen; sich erneuernde Naturgüter dürfen nur so genutzt werden, dass sie auf Dauer zur Verfügung stehen,

2. Böden so zu erhalten, dass sie ihre Funktion im Naturhaushalt erfüllen können; nicht mehr genutzte versiegelte Flächen sind zu renaturieren, oder, soweit eine Entsiegelung nicht möglich oder nicht zumutbar ist, der natürlichen Entwicklung zu überlassen,

---

* Die Änderungen des BNatSchG durch Art. 1 Zweites ÄndG v. 4.3.2020 (BGBl. I S. 440), Art. 290 Elfte ZuständigkeitsanpassungsVO v. 19.6.2020 (BGBl. I S. 1328) und G v. 25.2.2021 (BGBl. I S. 306) sind im Gesetzestext und in den Kommentierungen noch nicht berücksichtigt. Eine Anpassung erfolgt mit einer der nächsten Ergänzungslieferungen.

3. Meeres- und Binnengewässer vor Beeinträchtigungen zu bewahren und ihre natürliche Selbstreinigungsfähigkeit und Dynamik zu erhalten; dies gilt insbesondere für natürliche und naturnahe Gewässer einschließlich ihrer Ufer, Auen und sonstigen Rückhalteflächen; Hochwasserschutz hat auch durch natürliche oder naturnahe Maßnahmen zu erfolgen; für den vorsorgenden Grundwasserschutz sowie für einen ausgeglichenen Niederschlags-Abflusshaushalt ist auch durch Maßnahmen des Naturschutzes und der Landschaftspflege Sorge zu tragen,

4. Luft und Klima auch durch Maßnahmen des Naturschutzes und der Landschaftspflege zu schützen; dies gilt insbesondere für Flächen mit günstiger lufthygienischer oder klimatischer Wirkung wie Frisch- und Kaltluftentstehungsgebiete oder Luftaustauschbahnen; dem Aufbau einer nachhaltigen Energieversorgung insbesondere durch zunehmende Nutzung erneuerbarer Energien kommt eine besondere Bedeutung zu,

5. wild lebende Tiere und Pflanzen, ihre Lebensgemeinschaften sowie ihre Biotope und Lebensstätten auch im Hinblick auf ihre jeweiligen Funktionen im Naturhaushalt zu erhalten,

6. der Entwicklung sich selbst regulierender Ökosysteme auf hierfür geeigneten Flächen Raum und Zeit zu geben.

(4) **Zur dauerhaften Sicherung der Vielfalt, Eigenart und Schönheit sowie des Erholungswertes von Natur und Landschaft sind insbesondere**

1. Naturlandschaften und historisch gewachsene Kulturlandschaften, auch mit ihren Kultur-, Bau- und Bodendenkmälern, vor Verunstaltung, Zersiedelung und sonstigen Beeinträchtigungen zu bewahren,

2. zum Zweck der Erholung in der freien Landschaft nach ihrer Beschaffenheit und Lage geeignete Flächen vor allem im besiedelten und siedlungsnahen Bereich zu schützen und zugänglich zu machen.

(5) **Großflächige, weitgehend unzerschnittene Landschaftsräume sind vor weiterer Zerschneidung zu bewahren. Die erneute Inanspruchnahme bereits bebauter Flächen sowie die Bebauung unbebauter Flächen im beplanten und unbeplanten Innenbereich, soweit sie nicht für Grünflächen vorgesehen sind, hat Vorrang vor der Inanspruchnahme von Freiflächen im Außenbereich. Verkehrswege, Energieleitungen und ähnliche Vorhaben sollen landschaftsgerecht geführt, gestaltet und so gebündelt werden, dass die Zerschneidung und die Inanspruchnahme der Landschaft sowie Beeinträchtigungen des Naturhaushalts vermieden oder so gering wie möglich gehalten werden. Beim Aufsuchen und bei der Gewinnung von Bodenschätzen, bei Abgrabungen und Aufschüttungen sind dauernde Schäden des Naturhaushalts und Zerstörungen wertvoller Landschaftsteile zu vermeiden; unvermeidbare Beeinträchtigungen von Natur und Landschaft sind insbesondere durch Förderung natürlicher Sukzession, Renaturierung, naturnahe Gestaltung, Wiedernutzbarmachung oder Rekultivierung auszugleichen oder zu mindern.**

(6) **Freiräume im besiedelten und siedlungsnahen Bereich einschließlich ihrer Bestandteile, wie Parkanlagen, großflächige Grünanlagen und Grünzüge, Wälder und Waldränder, Bäume und Gehölzstrukturen, Fluss- und Bachläufe mit ihren Uferzonen und Auenbereichen, stehende Gewässer, Naturerfahrungsräume sowie gartenbau- und landwirtschaftlich genutzte Flächen, sind zu erhalten und dort, wo sie nicht in ausreichendem Maße vorhanden sind, neu zu schaffen.**

Schrifttum: *Bayerische Akademie für Naturschutz und Landschaftspflege (ANL),* Laufener Seminarbeiträge, Wildnis – ein neues Leitbild!?, Laufen/Salzach 1997; *Berghoff/Steg,* Das neue Bundesnaturschutzgesetz und seine Auswirkungen auf die Naturschutzgesetz der Länder, NuR 2010, 17; *BMUB/BfN (Hrsg.),* Den Flüssen mehr Raum geben – Renaturierung von Auen in Deutschland,

Berlin/Bonn 2015; *Brinktrine,* in: Giesberts/Reinhardt (Hrsg.), BeckOK Umweltrecht, München 2. Aufl. 2018, BNatSchG § 1; *Ekardt/Wieding/Zorn,* Paris Agreement, Precautionary Principle and Human Rights: Zero Emissions in Two Decades?, Sustainability 2018, 10, 2812; *Gassner,* Die verfassungsrechtliche Profilierung des Schutzes der natürlichen Lebensgrundlagen, NVwZ 2020, 29; *Heß,* in: Giesberts/Reinhardt (Hrsg.), BeckOK Umweltrecht, München 2. Aufl. 2018, BNatSchG § 59; *Heß,* Aktivierung der Umweltverbandsklage, ZUR 2018, 686; *Huster/Rux,* in: Epping/Hillgruber (Hrsg.), BeckOK Grundgesetz, 46. Edition, München 2021, GG Art. 20a; *Hönies,* Zum Recht der historischen Kulturlandschaften, DÖV, 2010, 11; *Kerkmann* in: Schlacke (Hrsg.); Gemeinschaftskommentar zum Bundesnaturschutzgesetz, 2. Aufl. Köln 2017, § 1; *Kemper,* Inhalt und Probleme des neuen § 1 Abs. 4 Nr. 1 BNatSchG, NuR 2011, 340; *Koellner/Stefan/Wolf,* Zur Einführung des Begriffs der Ökosystemdienstleistung in das Bundesnaturschutzgesetz, ZUR 2018, 387; *Korn/Stadler/Stolpe,* BfN, Skripten 1, 2. Aufl., Bonn 1999; *Kotulla,* Umweltschutzgesetzgebungskompetenzen und „Föderalismusreform", NVwZ 2007, 489; *Lersner,* Zum Rechtsbegriff der Natur, NuR 1999, 61; *Kotzur,* Das Übereinkommen über die biologische Vielfalt und die Rechte indigener Völker, ZUR 2008, 255 *Louis,* Das neue Bundesnaturschutzgesetz, NuR 2010, 77; *Lütkes* in: Lütkes/Ewer (Hrsg.), Bundesnaturschutzgesetz Kommentar, 2. Aufl., München 2018, BNatSchG § 1; *Meßerschmidt,* in: Meßerschmidt, Bundesnaturschutzrecht, 96. Aktualisierung 2009, § 1; *Müller-Walter,* in: Lorz/Konrad/Mühlbauer/Mühlbauer/Müller-Walter/Stöckel, Naturschutzrecht, 3. Aufl. 2013, § 1; *Rehbinder,* Wege zu einem wirksamen Naturschutz – Aufgaben, Ziele und Instrumente des Naturschutzes, NuR 2001, 361; *Patzelt,* Die Dauer der naturschutzrechtlichen Unterhaltungsmaßnahmen bei Bebauungsplänen, ZUR 2020, 410; *Pretzsch/Klinger/Peters/Borwieck,* Städtische Naturerfahrungsräume als Kategorie des Bundesnaturschutzrechts in Recht und Praxis, NuR 2019, 367; *Sachverständigenrat für Umweltfragen* (SRU), Sondergutachten 2002, Für eine Stärkung und Neuorientierung des Naturschutzes; *SRU,* Umweltgutachten 2016, Impulse für eine integrative Umweltpolitik, 2016; *Uhle* in: Maunz/Dürig (Hrsg.), Grundgesetz Kommentar, 92. EL, München 2020, GG Art. 72; *Walz/Schauer,* Unzerschnittene Freiräume als Schutzgut? Landschaftszerschneidung in Deutschland mit besonderen Fokus auf Sachsen, S. 46–70, in: Siedentop/Egermann (Hrsg.), Freiraumschutz und Freiraumentwicklung durch Raumordnungsplanung, Hannover 2009; *Weishaupt/Ekardt/Garske/Stubenrauch/Wieding,* Land Use, Livestock, Quantity Governance, and Economic Instruments – Sustainability Beyond Big Livestock Herds and Fossil Fuels, Sustainability 2020, 12, 2053; *Wolf,* Völkerrechtliche Grundlagen des deutschen Naturschutzrechts, ZUR 2017, 3; *Wolf,* Wildnis: Ein neues Naturschutzziel?, NuR 2017, 366.

Übersicht

A. Allgemeines

I. Bedeutung der Vorschrift

1 § 1 formuliert als einleitende Vorschrift des BNatSchG die Ziele des Naturschutzes und der Landschaftspflege und des Bundesgesetzes. Während § 1 Abs. 1 die übergeordneten Ziele in Bezug auf die Schutzgüter des Naturschutzes und der Landschaftspflege und den Zweck des Gesetzes vorgibt (allgemeiner Grundsatz, vgl. → Rn. 7) werden diese im Rahmen der folgenden Abs. 2–6 und der darin enthaltenen Grundsätze näher konkretisiert.

2 Als **normative Zielbestimmung** ist § 1 den nachfolgenden speziellen Vorgaben des BNatSchG vorangestellt (Kapitel 1 – allgemeine Vorschiften) und hat in erster Linie Bedeutung für die Auslegung unbestimmter Rechtsbegriffe und Generalklauseln nachfolgender spezieller Regelungen. Daneben hat die Vorschrift eine wichtige Bedeutung für die Ausübung des Ermessens und als Gewichtungsvorgabe im Rahmen von Abwägungsentscheidungen und entfaltet eine Wirkung als Optimierungsgebot (BVerwG, NJW 1986, 82 (83); *Meßerschmidt* § 1 Rn. 6). Sie richtet sich daher an Behörden und sonstige Planungsträger und soll diese im Rahmen ihrer Zuständigkeiten binden. Die Zielbestimmung unterliegt dabei selbst einem **internen und externen Abwägungsvorbehalt** (vgl. § 2 Abs. 3 → Rn. 18; BT-Drs. 16/12274, 50).

3 Die Zielbestimmung stellt **unmittelbar geltendes Recht** dar (BT-Drs.16/12274, 40). Nach einhelliger Auffassung enthält § 1 damit keinen bloßen unverbindlichen Programmsatz (vgl. nur *Meßerschmidt* § 1 Rn. 2; *Brinktrine* in: Giesberts/Reinhardt Umweltrecht BNatSchG, § 1 Rn. 6). Nach ihrem rechtlichen Charakter als Zielbestimmung ist die Norm ohne Verbindung zu anderen Rechtsvorschriften des BNatSchG nicht vollzugsfähig. Erst aus dem Zusammenspiel mit anderen Einzelbestimmungen entfaltet sie aufgrund ihrer Funktion als Auslegungs- und Abwägungsleitvorgabe ihre Wirkung. § 1 entfaltet keine unmittelbare Rechtswirkung gegenüber jedermann und begründet auch keine Rechtsansprüche des Einzelnen (so schon zum § 1 Abs. 1 BNatSchG 1976: OVG Hamburg, RdL 1979, 167; auch zu einer landesrechtlichen Zielbestimmung: VGH Mannheim NVwZ-RR 1991, 544; *Meßerschmidt* § 1 Rn. 4; *Brinktrine* in: Giesberts/Reinhardt, Umweltrecht BNatSchG § 1 Rn. 8). Etwas anderes gilt jedoch für anerkannte Umwelt- und Naturschutzvereinigungen, die sich die „Rechte der Natur" zu eigen machen können und dementsprechend § 1 als natur- und umweltschützende Norm geltend machen können (§ 2 UmwRG; vgl. grundlegend zum Rechtsschutz BVerwG NVwZ 2014, 64; *Heß* ZUR 2018, 686 (687 f.); vgl. auch Vorkommentierung Landmann/Rohmer UmweltR/*Fellenberg/Schiller,* 93. EL August 2020 Rn. 10, UmwRG § 2 Rn. 10). Die praktische Bedeutung von § 1 in Rechtsschutzverfahren von Umweltvereinigungen mag sich aufgrund des Zielcharakters in Grenzen halten, kann aber in Verbindung zu anderen Normen durchaus Bedeutung erlangen. Spiegelbildlich zur fehlenden unmittelbaren Wirkung gegenüber dem Einzelnen sind § 1 auch keine unmittelbaren Verpflichtungen des Einzelnen zu entnehmen (*Meßerschmidt* § 1 Rn. 5; *Brinktrine* in:

Giesberts/Reinhardt, Umweltrecht BNatSchG, § 1 Rn. 8). Vielmehr richtet sich die Zielbestimmung an Behörden und Planungsträger im Rahmen ihrer Zuständigkeit und nicht an die Bürger und Bürgerinnen (siehe hingegen zur Jedermannsverpflichtung zur Beachtung der Ziele des Naturschutzes und der Landschaftspflege § 2). § 1 verleiht den öffentlichen Trägern auch keine Befugnisse, auf die sie bspw. behördliche Anordnungen stützen könnten (VGH Mannheim NVwZ-RR 1991, 544). Die Norm richtet sich als Aufgabenstellung an die öffentlichen Stellen, die Ziele des Naturschutzes und der Landschaftspflege bei der Anwendung der übrigen Normen des BNatSchG zu verfolgen und zum Maßstab ihres Wirkens zu machen und hat damit eine gewisse Appellfunktion (*Rehbinder* NuR 2001, 361 (363)).

4 Die praktische Bedeutung des § 1 könnte aufgrund der geringen bis fehlenden Resonanz in der Rechtsprechung zu der weder Befugnisse noch Verpflichtungen statuierenden Zielbestimmung als gering gedeutet werden. Dabei darf jedoch nicht verkannt werden, dass die in § 1 dargelegten Ziele und Grundsätze den gesetzgeberischen Willen direkt im Gesetz und nicht etwa allein in der Begründung wiedergeben und ihm damit deutlichen Ausdruck und ein besonderes Gewicht verleihen. Die der Zielbestimmung folgenden Einzelnormen des BNatSchG sind schon im Rahmen der teleologischen Auslegung und aufgrund des Grundsatzes der Widerspruchsfreiheit der Rechtsordnung daher nicht entgegen der Zielbestimmung auslegbar (BVerfGE 98, 106 (117f.); *Meßerschmidt* § 1 Rn. 7). Der Funktion als Auslegungshilfe bzw. Abwägungsdirektive (*Brinktrine* in: Giesberts/Reinhardt, Umweltrecht BNatSchG, § 1 Rn. 7) wird die Norm dadurch gerecht und entfaltet eine – wenn auch nicht zu überschätzende – Steuerungskraft. So sind die Ziele bspw. im Rahmen der Auslegung des Begriffs des Eingriffs in Natur und Landschaft (§ 14) (OVG Magdeburg NuR 2018 566 (569); VGH Mannheim NVwZ-RR 1991, 625 (626); *Meßerschmidt* § 14 Rn. 40) und als Ausgangspunkt der Festlegung der Landschaftsplanung (§ 9) von besonderer Relevanz. Daneben erlangt die Bestimmung praktische Bedeutung bei Schutzgebietsausweisungen (§§ 20f.), deren Unterschutzstellungskriterien durch Ziele des § 1 angereichert werden (BVerwG NVwZ-RR 1997, 92) und Ausdruck der Zielverwirklichung sind (VGH München Urt. v. 25.4.2018 – 14 N 14.878, BeckRS 2018, 15637 Rn. 43). Zu denken ist auch an die Anerkennung von Naturschutzvereinigungen (§ 63), die als Anerkenungsvoraussetzung ihren Aufgabenschwerpunkt in der Förderung der Ziele des Naturschutzes und der Landschaftspflege haben müssen. Für die Bestimmung der Aufgabenschwerpunkte kommt es (neben den Vereinssatzungen) auf die in § 1 genannten Ziele des Naturschutzes und der Landschaftspflege an (so wurde bspw. auf Grundlage der alten Rechtslage ein Verein zur Förderung der Gartenkultur vom VGH Kassel nicht als anerkannte Naturschutzvereinigung anerkannt, NVwZ 1988, 543).

II. Rechtsentwicklung

5 Das Naturschutzrecht kann auf eine lange Entstehungsgeschichte zurückblicken (vgl. nur Darstellung der Entwicklung des Naturschutzrechts bei *Meßerschmidt* Einführung Rn. 59ff.). Das BNatSchG als solches ist im Jahr 1976 eingeführt worden (BGBl. I 3573 (3574)). Schon in der Ursprungsfassung war eine im Vergleich zur heute geltenden Fassung wesentlich schlankere Zielbestimmung des Naturschutzes und der Landschaftspflege in § 1 BNatSchG aF enthalten und bildete grds. das Vorbild des § 1 Abs. 1. Die Erstfassung des § 1 aF sah in Abs. 2 noch ein Abwägungsgebot und in Abs. 3 eine Land- und Forstwirtschaftsklausel vor, die jedoch aus systematischen Gründen in der Folge aus der Zielbestimmung gestrichen bzw. nach hinten geschoben wurden. Die Regelungen haben

jedoch in abgewandelter Form in der gültigen Fassung weiterhin Bestand (vgl. bspw. § 5 und § 14 Abs. 2 für die Land- und Forstwirtschaftsklausel; § 2 Abs. 3 für das Abwägungsgebot).

6 Die heutige Fassung des § 1 löste die noch in der Vorgängerregelung enthaltene rahmenrechtliche Zielbestimmung im Rahmen der BNatSchG-Novelle 2010 ab und geht auf den Gesetzesentwurf der Fraktionen CDU/CSU und SPD zurück (BT-Drs. 16/12274, 39, 50). Im Rahmen der Novellierung wurde der bisherige § 1 a. F. zu § 1 Abs. 1 und die vormals in § 2 aF enthaltenen Grundsätze wurden der Zielbestimmung hinzugefügt. Nach Ansicht des Gesetzgebers unterscheiden sich Ziele und Grundsätze hinsichtlich ihres Rechtscharakters nicht, daher wäre eine gemeinsame Fassung in einer Zielbestimmung auch folgerichtig und die Norm stringenter gefasst (BT-Drs- 16/12274, 50). Im Vergleich zu der vorherigen Fassung wurde in Abs. 1 ein Hinweis auf die menschliche Gesundheit sowie die biologische Vielfalt als eigene Zielbestimmung in den Abs. 1 aufgenommen. Die biologische Vielfalt war durch die BNatSchG-Änderung 2002 (BGBl. I 1193) bereits in die Grundsätze des § 2 aF aufgenommen worden und entsprechend ihrer Bedeutung aufgrund der fachlichen und politischen Diskussion in die eigentliche Zielbestimmung (Abs. 1) integriert und herausgehoben (BT-Drs- 16/12274, 50). Im Vergleich zum Gesetzesentwurf wurden im Gesetzgebungsverfahren zwei Änderungen vorgenommen, die die Privilegierung der nachhaltigen Energieversorgung (§ 1 Abs. 3 Nr. 4) und den Vorrang der Innenentwicklung (§ 1 Abs. 5 Satz 2) (BT-Drs. 16/13430, 3; *Meßerschmidt* § 1 Rn. 19) betreffen. Im Rahmen der BNatSchG-Novelle 2017 hat § 1 keine Änderungen erfahren.

III. Verfassungsrechtlicher Kontext

7 Der Erlass des § 1 beruht auf der Gesetzgebungskompetenz des Bundes nach Art. 74 Abs. 1 Nr. 29 GG im Rahmen der konkurrierenden Gesetzgebung. Danach haben die Länder die Befugnis zur Gesetzgebung, solange und soweit der Bund von seiner Gesetzgebungszuständigkeit nicht Gebrauch gemacht hat. Der Bund hat von der mit der Föderalismusreform 2006 eröffneten Möglichkeit Gebrauch gemacht (vgl. hierzu nur *Kotulla* NVwZ 2007, 489 f.) und durch die BNatSchG-Novelle 2010 die auf die ehemalige Rahmengesetzgebungskompetenz gestützten Naturschutzrechtsregelungen abgelöst und sie umfassend in eigeneer Regie geregelt. Den Ländern verbleibt jedoch nach Art. 72 Abs. 3 Nr. 2 GG die Möglichkeit, von den Bundesregelungen abweichende Regelungen auf dem Gebiet des Naturschutzes und der Landschaftspflege zu treffen. Ausgenommen sind hiervon die **allgemeinen Grundsätze des Naturschutzes,** das Rechts des Artenschutzes oder des Meeresnaturschutzes (Art. 72 Abs. Nr. 1 GG). Als einen solchen Grundsatz des Naturschutzes hat der Gesetzgeber den Abs. 1 gekennzeichnet (siehe Klammerzusatz), so dass die Abweichungsgesetzgebung durch die Länder bezüglich der Zielbestimmung in § 1 Abs. 1 gesperrt ist und diese abweichungsfest ist (so auch *Kerkmann* in: GK-BNatschG § 1 Rn. 3; *Brinktrine* in: Giesberts/Reinhardt, Umweltrecht BNatSchG, § 1 Rn. 18; *Berghoff/Steg,* NuR 2010, 17 (20)). Wenngleich zutreffend darauf hingewiesen wird, dass das BVerfG die letztverbindliche Auslegungskompetenz des Verfassungsrechts für sich reklamiert (BVerfGE 98, 265 (319); *Louis* NuR 2010, 77 (78); Maunz/Dürig/*Uhle,* 92. EL August 2020, GG Art. 72 Rn. 246) und es sich bei dem Klammerzusatz nur um die Auffassung des Bundesgesetzgebers handelt (*Müller-Walter* in: LKMMWS § 1 Rn. 18), ist doch festzustellen, dass die in Abs. 1 genannten grundlegenden Ziele des Naturschutzes und der Landschaftspflege zum **abweichungsfesten Kern** als Grundsätze gehören (so auch *Kotulla,* NVwZ 2007 489 (492), denn sie sind als Prinzipien von grundlegender Bedeutung und abstrakt-generelle Vorgaben, die auf die Konkretisierung angelegt sind (Maunz/Dürig/*Uhle,* 92. EL August 2020, GG Art. 72 Rn. 250) Strittig ist, ob auch die Grundsätze der Abs. 2–6 zu den abweichungsfesten Grundsätzen des Naturschutzes gehören. Im überwiegenden Schrifttum wird dies aufgrund des lediglich mit dem Klammerzusatz versehenen Abs. 1 verneint (so *Kerkmann* in: GK-BNatschG § 1 Rn. 3; *Brinktrine* in: Giesberts/Reinhardt, Umweltrecht BNatSchG, § 1 Rn. 19; *Meßerschmidt* § 1 Rn. 14; a. A. *Kotulla,* NVwZ 2007, 489 (493)), dagegen ließe sich allerdings ins Feld führen, dass die ehemals in § 2 aF mit dem Titel „Grundsätze des Naturschutzes und der Landschaftspflege" versehenen Grundsätze schon begrifflich mit den allgemeinen (abweichungsfesten) Grundsätzen übereinstimmen. Nicht von der Hand zu weisen ist, dass der Gesetzgeber lediglich den Abs. 1 als einen solchen allgemeinen Grundsatz durch Klammerzusatz gekennzeichnet hat und dies mit der Erwägung begründet hat, dass Abs. 1 als Kern der Zielvorschrift eine bundeseinheitliche Ausrichtung der Bemühungen auf dem Gebiet des Naturschutzes und der Landschaftspflege gewährleisten solle (BT-Drs. 16/12274, 40, 50). Auch wenn es sich bei dem Klammerzusatz lediglich um eine deklaratorische Kennzeichnung des gesetzgeberischen Willens handelt, so gibt der Gesetzgeber damit jedoch auch zu erkennen, dass die Abs. 2–6 nicht zum abweichungsfesten Kern gehören sollen. Da die Grundsätze der Abs. 2–6 jedoch Konkretisierungen des Abs. 1 sind, ist richtigerweise davon auszugehen, dass von den Abs. 2 – 6 nur dann abgewichen werden kann, soweit der abweichungsfeste Kern des Abs. 1 hiervon nicht berührt ist (so Müller-Walter in: LKMMW § 1 Rn. 1). Ergänzende oder weitergehende, konkretisierende oder abweichende Regelungen sehen die Landesnaturschutzgesetze der Länder Bayern (Art. 1a und 2 BayNatSchG), Baden-Württemberg (§ 20 NatSchG BW), Bremen (§ 1 Abs. 2 BremNatSchG), Niedersachsen (§ 1a NAGBNatSchG), Rheinland-Pfalz (§ 1 Abs. 2 LNatSchG RP), Saarland (§ 1 SaarlNatSchG), Schleswig Holstein (§ 1 Abs. 2 LNAtSchG SH) undThüringen (§ 1 Abs. 4 ThürNatSchG) vor.

§ 1 steht zudem im Zusammenhang mit dem Verfassungsauftrag und der Staatszielbestimmung aus Art. 20a GG zum Schutz der natürlichen Lebensgrundlagen und Tiere auch in Verantwortung künftiger Generationen (vgl. Vorkommentierung Landmann/Rohmer UmweltR/*Gärditz,* 93. EL August 2020, GG Art. 20a Rn. 4). § 1 ist als **einfachgesetzliche Ausgestaltung** dieses verfassungsrechtlichen Auftrags insbesondere des Gesetzgebers anzusehen und ist in diesem Sinne auszulegen (*Brinktrine* in: Giesberts/Reinhardt, Umweltrecht BNatSchG, § 1 Rn. 21). Der Wortlaut des Abs. 1 lehnt sich dabei ausdrücklich auch an Art. 20a GG an und orientiert sich am darin enthaltenen **Umweltpflegeprinzip** (so Gesetzesbegründung zum BNatSchG 2002, BT-Drs. 14/6378, S. 28, 34). Umgekehrt ermöglicht § 1 Rückschlüsse auf die Bestimmung des Umfangs der Schutzgüter in Form der natürlichen Lebensgrundlagen, die sich nicht auf die natürlichen Ressourcen beschränken (*Gassner,* NVwZ 2020, 29 (30)). **8**

IV. Völker- und Unionsrecht

§ 1 hat keine direkten Bezüge zum oder Vorbilder im Völker- und Unionsrecht. **9**
Gleichwohl ist festzustellen, dass die vom Bundesgesetzgeber mit dem BNatSchG verfolgten Ziele des Naturschutzes und der Landschaftspflege auch der Verwirklichung der Ziele dienen sollen, denen sich die Bundesrepublik aufgrund **völkerrechtlicher Abkommen oder supranationaler Bindung** verpflichtet hat. Zugleich spiegeln sich darin die (identischen) Zielsetzungen des nationalen sowie inter- und supranationalen Rechts wider (so bspw. Erhaltung der biologischen Vielfalt). Zu nennen sind hier für die

internationalen Abkommen bspw.: Biodiversitätskonvention (CBD, 1992; vgl. insbesondere auch vor dem Hintergrund des Schutzes indigener Völker *Kotzur* ZUR 2008, 225 f.), Washingtoner Artenschutzübereinkommen (CITES 1973); Bonner Konvention (CMS, 1979), Ramsar-Konvention (1971), Welterbekonvention (1972), Berner Konvention (1979), Helsinki-Übereinkommen (1992), OSPAR-Übereinkommen (1992), Alpenkonvention (1991) sowie Klimaschutzabkommen wie das Pariser Klimaschutzabkommen (2015). Als Unionsrecht zu nennen sind hier insbesondere die FFH-RL (RL 92/42/EWG), die Vogelschutz-RL (RL 2009/147/EG) und die EG-Artenschutzverordnung (VO (EG) Nr. 338/97) (vgl. für eine Übersicht: *Korn/Stadler/Stolpe,* Bundesamt für Naturschutz, Skripten 1, 2. Aufl. 1999, vgl. auch *Wolf,* ZUR 2017, 3 ff.).

10 In Bezug auch die völkerrechtlichen Abkommen sind auch deren Bezüge untereinander und verstärkende Verpflichtungen für den Naturschutz bedeutsam. Besonders hervorzuheben ist die CBD, die – gemeinsam mit den sie konkretisierenden Aichi-Zielen von 2010 – die Vorstellung transportiert, dass der Verlust der Biodiversität vollständig gestoppt und möglichst sogar umgekehrt werden muss, eigentlich bereits bis 2020 (*Weishaupt/Ekardt/Garske/Stubenrauch/Wieding,* Sustainability 2020, 12, 2053). Zu berücksichtigen ist – hier und insgesamt – auch, dass verschiedene Umwelt- und Naturprobleme wie der Biodiversitätsverlust und der Klimawandel sich wechselseitig verstärken und überdies von ähnlichen Treibern ausgelöst werden, etwa durch eine übermäßige Tierhaltung, durch den Einsatz fossiler Brennstoffe in verschiedenen Sektoren und durch den Pestizideinsatz (*Weishaupt/Ekardt/Garske/Stubenrauch/Wieding,* Sustainability 2020, 12, 2053). Insofern verstärken sich z. B. die (jeweils rechtsverbindliche) CBD und das in Art. 2 Abs. 1 des Pariser Klima-Übereinkommens enthaltene Ziel, den Klimawandel auf 1,5 Grad gegenüber vorindustriellem Niveau zu begrenzen, gegenseitig.

V. Abgrenzung zu anderen Rechtsgebieten

11 Das Natur- und Landschaftspflegeschutzrecht im engeren Sinne ist eine **Querschnittsmaterie** und weist vielfältige Bezüge zu anderen (Fach-)Rechtsgebieten auf (*Müller-Walter* in: LKMMWS, § 1 Rn. 6). Zu nennen sind hier etwa Bau- und Bauplanungsrecht (BauGB), Bergrecht (BbergG), Wald- und Jagdrecht (BWaldG, BJagdG, Wasser- und Bodenschutzrecht (WHG, BBodSchG), Tierschutzrecht (TierSchG), Pflanzenschutzmittelrecht und Düngemittelrecht (PflSchG, DüV), Flurbereinigungsrecht (FlurbG), Chemikalienrecht (Chem), Strafrecht (StGB) sowie Gentechnikrecht (GenTG). Diese inhaltliche Nähe zeigt sich bereits durch die Verwendung identischer Begrifflichkeiten und sich überschneidende Schutzgüter im anderweitigen Fachrecht (vgl. bspw. § 1 und § 6 Abs. 1 Nr. 1 WHG). Aufgrund der Regelungsmaterie des BNatSchG ergeben sich häufig Bezüge, Überschneidungen aber auch konkurrierende Regelungen und Abgrenzungsprobleme. Das BNatSchG **kennt keine allgemeinen Kollisionsregelungen** und ist somit grds. neben dem anderweitigen Fachrecht anwendbar. Normenkollisionen sind daher im Wege der allg. Auslegungskriterien zu lösen oder diesen ist Rahmen der Abwägung, wenn die jeweilige Regelung dieser zugänglich ist, Rechnung zu tragen (*Müller-Walter* in: LKMMWS, § 1 Rn. 6). Dies gilt insbesondere im Verhältnis zum Wald- und Jagdrecht, die keinen generellen Vorrang kennen und neben den Regelungen des BNatSchG anzuwenden sind (VGH München Beschl. v. 17.8.2017 – 19 ZB 16.164, BeckRS 2017, 159500 Rn. 14; siehe auch Darstellung bei *Kerkmann* in: GK-BNatschG § 1 Rn. 4). Lediglich für die Eingriffs- und Ausgleichsregelung sieht das BNatSchG eine Kollisionsregelung mit Vorrang der Bauleitplanung nach dem BauGB vor (§ 18). Teilweise wird das Natur- und Landschaftspflegeschutzrecht durch Generalklauseln in anderweitiges Fachrecht einbezogen und erlangt auch dort seine Bedeutung (siehe bspw. § 12 Abs. 1 Nr. 2 WHG, § 68 Abs. 3 Nr. 2 WHG).

B. Ziele des Naturschutzes und der Landschaftspflege (Abs. 1)

12 § 1 Abs. 1 nennt die grundlegenden Ziele des Naturschutzes und der Landschaftspflege. Im Schrifttum wird hierbei in Schutzgüter, Schutzgründe, Handlungsformen und Schutzzieltrias unterteilt (so bspw. bei *Kerkmann* in: GK-BNatschG § 1 Rn. 5 ff.; *Meßerschmidt,* § 1 Rn. 22 ff.). Diese Einteilung wird hier übernommen.

I. Schutzgüter

13 Die Schutzgüter bzw. Schutzgegenstande in Form von Natur und Landschaft sind im BNatSchG nicht legaldefiniert. Sie werden insbesondere auch nicht im Rahmen der Begriffsdefinitionen des § 7 behandelt, aufgrund der darin enthaltenen Definition des Naturhaushalts lassen sich aber Rückschlüsse auf die Definition des Begriffs **Natur** ziehen. So wird die Auffassung vertreten, Natur sei „die nicht vom Menschen geschaffene, belebte und unbelebte Welt und die in ihr lebenden Lebewesen mit Ausnahme des Menschen" (so *Kerkmann* in: GK-BNatschG § 1 Rn. 5). Diese Begriffsdefinition ist hinsichtlich des Merkmals des ohne menschliches Zutun Geschaffenen zu eng, weil anderweitig eine Vielzahl der einzelnen und näheren Schutzgegenstände vom Begriff der Natur nicht erfasst wären. Zu denken wäre hier etwa an Streuobstwiesen und Magerrasen, stillgelegte Stollenbergwerke oder Steinbrüche und Baggerlöcher (OVG Lüneburg NuR 1990, 178), vom Menschen geschaffene oder veränderte Dünen oder auch der ganz überwiegende Teil der deutschen Wälder, die in ihrem Zustand auf das menschliche Einwirken zurückgehen. Abgrenzungsprobleme würden sich bei einer solchen engen Begriffsdefinition auch in Bezug auf Lebensstätten wild lebender Arten ergeben. So wäre bspw. die Fledermaus auf einem Dachstuhl geschützt, der Dachstuhl als Lebensstätte (§ 44 Abs. 1 Nr. 3 BNatSchG) jedoch nicht. Plädiert wird daher dafür, unter Natur den belebten und unbelebten Teil der Erdoberfläche samt der Güter Boden, Wasser, Luft, Klima und ihres Wirkungsgefüges und die darin lebenden Lebewesen mit Ausnahme des Menschen zu verstehen (so ähnlich: *v. Lersner,* NuR 1999, 61 (63)). Vom Begriff werden auch unter der Erdoberfläche liegende Erdschichten (Boden) erfasst, soweit sie mit anderen Schutzgütern in Verbindung stehen und für die Funktionsfähigkeit des Naturhaushalts eine Bedeutung aufweisen (bspw. Interaktion mit Grundwasser). Eine derartige Begriffsdefinition ist auch unter Rückgriff auf die Definition des Naturhaushalts (§ 7 Abs. 1 Nr. 2) und die Definition des Eingriffs in Natur und Landschaft (§ 14) sachgerecht, denn was zum Naturhaushalt gehört (Naturgüter) und einen Eingriff darstellt, muss auch unter den Begriff der Natur subsumiert werden. Der Begriff der Natur bleibt auch bei einer solchen Definition nur ein Teil des jüngeren aber weitergehenden Begriffs der Umwelt, denn die Umwelt umfasst bspw. auch den Menschen (*Meßerschmidt,* § 1 Rn. 25).

14 Unter dem Begriff der **Landschaft** wird ein als Einheit abgrenzbarer Teilraum oder Ausschnitt der Erdoberfläche verstanden, der durch seine Struktur (Landschaftsbild) und Funktion (Landschaftshaushalt) geprägt wird (*Meßerschmidt,* § 1 Rn. 27; *Kerkmann* in: GK-BNatschG § 1 Rn. 5). Der Begriff erfasst sowohl die vom Menschen unbeeinflussten (Naturlandschaften) als auch die veränderten Landschaften (Kulturlandschaften, vgl. zum Begriff *Kemper,* NuR 2011, 340 (341 f.)) (BVerwG NVwZ 1991, 364 (367); OVG Wei-

mar NuR 1998, 46). Grds. sieht Abs. 1 angesichts des klaren Wortlauts den Schutz des **besiedelten und unbesiedelten Bereichs** vor. Die Unterscheidung ist dabei nicht mit dem im Bauplanungsrecht verwendeten Begriffe der bebauten Ortsteile oder des Innenbereichs und Außenbereichs zu verwechseln und ist nicht deckungsgleich (Messerschmidt, § 1 Rn. 31).

II. Schutzgründe

15 § 1 Abs. 1 sieht vor, dass Natur und Landschaft auf Grund ihres eigenen Wertes als Grundlage für Leben und Gesundheit des Menschen auch in Verantwortung für die künftigen Generationen zu schützen sind. Während vor der Einführung des Zusatzes „aufgrund ihrers eigenen Wertes" um die Schutzgründe des BNatSchG noch ein Streit über die **ökozentrische oder anthropozentrische Ausrichtung** des Gesetzes herrschte (vgl. Darstellung der verschiedenen Begründungen zum Naturschutz: *SRU,* Sondergutachten 2002, BT-Drs. 14/9852, S. 16ff.), hat der Gesetzgeber diesen nunmehr durch eine pragmatische Beantwortung als **„sowohl-als-auch"** entschieden (so *Meßerschmidt,* § 1 Rn. 33). Danach sind Natur und Landschaft sowohl aufgrund ihres eigenen Wertes **(Ökozentrik)** als auch als Grundlage für Leben und Gesundheit des Menschen zu schützen **(Anthropozentrik).** Da der Naturschutz nach dem Willen des Gesetzgebers beiden Schutzgründen dienen soll, stehen diese auch gleichberechtigt nebeneinander (*Brinktrine* in: Giesberts/Reinhardt, Umweltrecht BNatSchG, § 1 Rn. 30; BT-Drs. 14/6378, S. 20). Gegen einen Vorrang des mit dem ursprünglichen BNatSchG verfolgten anthropozentrischen Ansatz spricht die Abkehr von dem alleinigen Ansatz durch die Einführung des sog. **„Eigenwertansatz"** (BT-Drs. 14/7490, S. 13), der einem modernen und zukunftsorientierten Naturschutzverständnis entsprechend sollte. Um das gleichwertige Verhältnis der beiden Schutzgründe zu gewährleisten, hat der Gesetzgeber neben dem Zusatz „aufgrund ihres eigenen Wertes" auch den Zusatz **„als Grundlage für Leben des Menschen"** weitgehend beibehalten (BT-Drs. 14/6878, S. 20). Der Schutz der Natur als Grundlage der menschlichen Existenz liegt dabei auf der Hand, denn diese ist für das menschliche Leben existenziell. Der Schutz der Natur und Landschaft als Grundlage für die Gesundheit des Menschen wurde erst später hinzugefügt, um zu verdeutlichen, dass Natur und Landschaft nicht nur unter dem Gesichtspunkt der Erholung eine Bedeutung für das physische, psychische und soziale Wohlbefinden des Menschen hat (BT-Drs. 16/12274, 50). Offen bleiben mag hier, ob anthropozentrischer und ökozentrischer Naturschutz bei einem hinreichend weiten Verständnis nicht ohnehin zum gleichen Ergebnis führen.

16 Ebenso wie der Schutzgrund der (natürlichen) Lebensgrundlagen lehnt sich die Formulierung „in Verantwortung für künftige Generationen" an den Verfassungsauftrag aus Art. 20a GG an (BT-Drs. 14/6378, S. 28). Während die sog. Nachweltverantwortung (so Meßerschmdit, § 1 Rn. 36) unterstreichen sollte, dass nicht die aktuellen Nutzungsinteressen im Vordergrund stehen (BT-Drs. 14/6378, S. 28), ist damit gleichzeitig eine nachhaltige Entwicklung verbunden. Gemeint ist hiermit eine Entwicklung, die die Bedürfnisse der Gegenwart befriedigt, ohne zu risikieren, dass künftige Generatuonen ihre eigenen Bedürfnisse nicht befriedigen können (so die grundlegende Begriffsdefinition der Brundtland-Kommission 1987). Bedeutung dürfte der Schutzgrund der nachhaltigen Entwicklung im Rahmen von Abwägungsentscheidungen erlangen, in dem langfristige Auswirkungen in die Abwägungsvorgänge eingestellt werden müssen (so auch zu Art. 20a GG *Huster/Rux* in BeckOK Grundgesetz, Epping/Hillgruber, Art. 20a Rn. 17).

III. Handlungsformen

In Abs. 1 werden vier Handlungsformen genannt, mit denen die Ziele des Naturschutzes und der Landschaftspflege verwirklicht werden sollen. Der Kanon der Handlungsformen umfasst dabei das **Schützen, die Pflege, die Entwicklung** und die **Wiederherstellung.** Der Gesetzgeber hat im Rahmen der BNatSchG-Novelle 2010 durch eine **Legaldefinition** in Abs. 1 HS 2 klargestellt, dass der Begriff des Schutzes als **Oberbegriff** für das gesamte Gesetz gilt und dort, wo die Begriffe „Schutz", „schützen", „Erhaltung" und „erhalten" Verwendung finden, die Pflege, die Entwicklung und soweit erforderlich, auch die Wiederherstellung von Natur und Landschaft gemeint ist (so BT-Drs. 16/12274, S. 50). Strittig ist, ob die Handlungsformen in einem Rangverhältnis oder gleichrangig nebeneinander stehen. So wird teilweise angenommen, dass die Trias der Handlungsformen in Form des Schützen, der Pflege und des Entwicklens und ausgenommen der Wiederherstellung gleichrangig nebeneinander stehen und in keinem Ausschlussverhätlnis zueinander stehen (so VGH Kassel NVwZ 1988, 543; *Kerkmann* in: GK-BNatschG § 1 Rn. 8). Andere Stimmen gehen davon aus, dass die Handlungsformen in einem Subsidiaritätsverhältnis zueinander stehen (so *Meßerschmidt,* § 1 Rn. 37). Bei genauerer Betrachtung ist festzustellen, dass die Handlungsformen zwar in ihrem rechtlichen Gehalt gleichrangig nebeneinander stehen, mit Blick auf ihren Handlungsansatz jedoch in einem Subsidiaritätsverhältnis stehen (so auch *Meßerschmidt,* § 1 Rn. 37). In der historischen Entwicklung des Naturschutzrechts stand die traditionelle Handlungsform in Form der Konservierung/Bewahrung (Schützen im engeren Sinne) im Mittelpunkt und wurde erst im Weiteren durch weitere Handlungsformen ergänzt (BT-Drs. 7/3879, S. 16). Die historische Entwicklung spricht daher für eine Priorisierung der Handlungsformen des Schützens. Zudem lässt sich ein Rangverhältnis mit Blick auf die konkreten Handlungsgegenstände aus sachlichen Erwägungen folgern. Dort wo der Schutz des Vorhandenen nicht ausreicht, ist dies zu pflegen oder zu entwickeln. Ein Altholzbestand wäre daher in erster Linie zu bewahren, soweit dieser in seiner flächenhaften Ausdehnung für den Weiterbestand nicht ausreicht, zu entwickeln. Mitunter kann in diesem speziellen Fall auch ein Pflegeverzicht zur Bewahrung des Bestands notwendig sein. Andererseits kann da, wo nichts mehr existent ist, auch nichts mehr geschützt werden, so dass hier die anderweitigen Handlungsformen zur Anwendung kommen. In der Praxis ist jedoch festzustellen, dass die Übergänge der einzelnen Handlungsformen fließend sind und auch keine überzogenen Anforderungen an das Subsidiaritätsverhältnis zu stellen sind. Einhellig wird davon ausgegangen, dass die Wiederherstellung aufgrund der Erforderlichkeitsklausel den anderweitigen Handlungsformen nachrangig ist (*Meßerschmidt,* § 1 Rn. 37; *Kerkmann* in: GK-BNatschG § 1 Rn. 8). **17**

1. Schützen. Die Handlungsform des Schützens umfasst im engeren Sinne die **aktive und passive Form der Erhaltung** des Natur- und **Landschaftsbestands in seiner gegenwärtigen Form** durch die Abwehr von störenden und nachteiligen Einwirkungen. Dies umfasst die Gefahrenabwehr und Risikovorsorge (dies folgt schon aus dem Schutzauftrag aus Art. 20a GG; BVerfG, NVwZ 2011, 94). Der Schutz kann sowohl die aktive Handlung (Ergreifen von Abwehrmaßnahmen) als auch die passive Duldung von natürlichen Prozessen (Prozessschutz) umfassen. Nicht einschränkungslos kann der Auffassung gefolgt werden, die nicht nur private und staatliche Handlungen als Gegenstand des Schutzes ansieht, sondern auch natürliche Prozesse wie Überschwemmungen und Unwettern zur Handlungsform zählt (so *Brinktrine* in: Giesberts/Reinhardt, Umweltrecht BNatSchG, § 1 Rn. 38 m. w. N.). Während durchaus auch natürliche Prozesse Gegen- **18**

stand des Schutzes sein können (so bspw. mit Blick auf Neophyten), ist bei den einzelnen Prozessen genau zu differenzieren und jedenfalls der Schutzgedanke nicht so zu überdehnen, dass die Natur vor der Natur zu schützen wäre. In diesem Sinne ist festzustellen, dass der Schutz von bestimmten Naturbestandteilen auf derartige natürliche Prozesse für den Fortbestand angewiesen ist (bspw. Auenwälder- und landschaften auf Überschwemmungen) und daher keinesfalls davor zu schützen ist.

19 **2. Pflege.** Im Gegensatz zum Schützen wird die Pflege durch das **Ergreifen aktiver Maßnahmen** charakterisiert. Erwägungsgrund der Pflege ist es, dass bestimmte Teile der Natur und Landschaft im Verlauf des Naturgeschehens ihren Fortbestand nicht selbst sichern können oder ihre Erscheinungsform dem Einfluss des Menschen zu verdanken haben und daher auf Pflegemaßnahmen angewiesen sind. Als Beispiele sind hier vor allem Offenlandbiotope wie Magerrasen und Mähwiesen zu nennen, aber auch andere Biotope wie Streuobstwiesen und Hutewälder. Die Pflege kann dabei in Form menschlicher Eingriffe (bspw. Verhinderung der Sukzession durch Rückschnitt) oder steuernde Bewirtschaftungsformen (Viehbeweidung) erfolgen. Nicht unbesehen dürfen Pflegebegriffe anderer Fachgebiete mit dem naturschutzrechtlichen Pflegebegriff gleichgesetzt werden bzw. sind mit diesem per se identisch (beispielsweise der Begriff der Jungbestandspflege aus der Forstwirtschaft, Unterhaltungspflege aus der Wasserwirtschaft). Hier muss unter Rückgriff auf die naturschutzrechtlichen Schutzziele genau differenziert werden, ob eine Pflege auch tatsächlich den Naturschutzzielen dient und daher unter den Begriff nach § 1 Abs. 1 HS. 2 fällt. In der Praxis werden im Rahmen der Eingriffsregelung die Begriffe der Unterhaltungs- und Entwicklungspflege verwendet (§ 15 Abs. 4; siehe hierzu auch *Patzelt,* ZUR 2020, 410), die den fließenden Übergang zur Entwicklung markieren.

20 **3. Entwicklung.** Die Handlungsform der Entwicklung beruht auf der Erwägung, dass der alleinige Schutz in Form der Konservierung bzw. Bewahrung vor schädlichen Einwirkungen in Technik- und Industriegesellschaft nicht mehr ausreichend ist, um den Schutz der natürlichen Lebensgrundlagen sicherzustellen (BT-Drs. 7/3879, 16). Dementsprechend ist es notwendig, neben der Bewahrung auch Natur- und Landschaftsbestandteile zu leistungsfähigen Bestandteilen des Naturhaushalts zu entwickeln und zu gestalten. Die Entwicklung baut dabei auf vorhandenen Potentialen auf, also auf etwas Bestehendem, das verbessert werden soll (*Kerkmann* in: GK-BNatschG § 1 Rn. 9). Sie kann sowohl qualitativ (Zustandsverbesserung) oder quantitativ erfolgen (vgl. für Ausprägung des Entwicklungsprinzips im Rahmen von Schutzgebieten BT-Drs. 14/6378, 51). Für eine Entwicklung kommt daher alles in Betracht, was Verbesserungspotential mit sich bringt. Praktische Bedeutung erlangt die Handlungsform des Entwickelns insbesondere im Rahmen von Schutzgebietsausweisungen, in denen bestimmte Gebiete erst zu hochwertigen Bestandteilen entwickelt werden sollen (siehe auch BVerwG, NVwZ-RR 1998, 225 (226); BVerwG, NuR 2018, 776; BVerwG, BeckRS 2018, 23643 Rn. 10ff.). Daneben erlangt das Entwicklungsprinzip auch Bedeutung im Rahmen des Biotopverbunds, soweit dabei auf vorhandene Potentiale aufgebaut wird (in Abgrenzung zur Wiederherstellung; § 21 Abs. 1, der die Entwicklung ausdrücklich nennt). Klassische Entwicklungsmaßnahmen stellen Renaturierungsmaßnahmen dar, mit denen ein vorhandenes Potential (naturfern) verbessert wird (zu naturnah).

21 **4. Wiederherstellung.** Der Gesetzgeber hat im Rahmen der BNatSchG-Novelle 2002 die bereits seit dem BNatSchG 1976 enthaltene Handlungsformentrias um den Begriff der Wiederherstellung ergänzt. Dies sollte nicht der Einführung eines neuen In-

struments, sondern zur Klarstellung dienen (BT-Drs. 14/6378, S. 34). Da das Entwicklungsprinzip an etwas Bestehendes mit Verbesserungspotential anknüpft, ist davon nicht die Wiederherstellung von etwas nicht mehr Existenten gedeckt. Die Wiederherstellung sollte daher den Fall abdecken, in dem etwas **nicht mehr Existentes wiederhergestellt** werden soll (BT-Drs. 14/6378, S. 34) und unterscheidet sich hiermit von der Entwicklung. Nach Auffassung des Gesetzgebers unterliegt die Wiederherstellung der **Erforderlichkeit** („soweit erforderlich"). Der Gesetzgeber wollte damit zu erkennen geben, dass im konkreten Einzelfall abgewogen werden muss, ob ein verloren gegangener Zustand im Hinblick auf die Naturschutzziele wiederhergestellt werden soll (BT-Drs. 14/6378, S. 34). Ungeachtet der sachlichen Erwägung, dass eine Wiederherstellung etwas verloren Gegangenes voraussetzt, ist bereits aus dem speziellen Erforderlichkeitsvorbehalt zu folgern, dass die Wiederherstellung den anderweitigen Handlungsformen nachrangig ist. Das BNatSchG knüpft an mehreren Stellen an den Begriff der Wiederherstellung an. So erlangt die Wiederherstellung bspw. im Rahmen der Eingriffsregelung (§ 15 Abs. 2; 17 Abs. 8), des Biotopverbundes (§ 21 Abs. 1) und im Rahmen der Ausweisung von Schutzgebieten (§ 22 Abs. 1) Bedeutung. Die Wiederherstellung ist dabei nicht auf die Wiederherstellung von Biotopen oder ganzen Landschaften (bspw. Bergbaufolgelandschaften) limitiert, sondern kann auch in der Wiederansiedelung (bis dato nicht mehr vorhandener) wild lebender Tierarten bestehen (bspw. Wiederansiedlung von Biber, Lux, Wiesent, Fischotter, Wolf usw; so auch *Brinktrine* in: Giesberts/Reinhardt, Umweltrecht BNatSchG, § 1 Rn. 45).

IV. Schutzzieltrias

22 Der Naturschutz und die Landschaftspflege verfolgen aus vorgenannten Schutzgründen und mit den Handlungsformen eine Schutzzieltrias in Form der dauerhaften Sicherung der biologischen Vielfalt (Nr. 1), der Leistungs- und Funktionsfähigkeit des Naturhaushalts (Nr. 2) und der Vielfalt, Eigenart und Schönheit sowie des Erholungswerts (Nr. 3). Die in § 1 Abs. 1 Nr. 1 – 3 genannten Schutzziele spiegeln **die drei basalen Zieldimensionen** in Form der **Diversitätssicherung,** der **Sicherung der materiell-physischen Funktion** und der **Sicherung der immateriellen Funktionen** des Naturschutzes und der Landschaftspflege wider (BT-Drs. 16/12274, S. 50). Sie stehen gleichrangig nebeneinander, sind miteinander verwoben und stehen unter einem internen und externen Abwägungsvorbehalt (BT-Drs. 16/12274, S. 50), wobei die Abwägungsklausel nunmehr nicht mehr in der Zielvorschrift selbst gefasst ist, sondern sich in § 2 Abs. 3 befindet.

23 **1. Biologische Vielfalt.** Obwohl die Schutzziele grds. gleichrangig nebeneinander stehen, hat der Gesetzgeber die herausgehobene Bedeutung der biologischen Viefalt durch eine Aufnahme des vormals nur in den Grundsätzen (§ 2 Abs. 1 Nr. 8 BNatSchG a. F.) enthaltenen Begriffs der biologischen Vielfalt gewürdigt. Der Begriff wird in § 7 Abs. 1 Nr. 1 als die Vielfalt der Tier- und Pflanzenarten einschließlich der innerartlichen Vielfalt sowie die Vielfalt an Formen von Lebensgemeinschaften und Biotopen **legaldefiniert.** Die Begriffsdefinition knüpft dabei an die Definition aus dem völkerrechtlichen Übereinkommen über die biologische Vielfalt (CBD) an („*the variability among living organisms from all sources including, inter alia, terrestrial, marine and other aquatic ecosystems and the ecological complexes of which they are part: this includes diversity within species, between species and of ecosystems*", Art. 2 CBD), das die Bundesrepublik 1993 ratifiziert hat (BGBl. 1993 II 1742). Die biologische Vielfalt umfasst daher mehr als die Vielfalt der Arten und be-

zieht die genetische und die Vielfalt der Lebensräume mit ein (vgl. Vorkommentierung Landmann/Rohmer UmweltR/*Gellermann*, 93. EL August 2020 Rn. 4, BNatSchG § 7 Rn. 4). Die biologische Vielfalt ist für den Erhalt der natürlichen Lebensgrundlagen von elementarer Bedeutung, jedoch allgemein aufgrund verschiedener Ökosystemstörungen im Rückgang befindlich (vgl. für unveränderte globale und nationale Situation schon *SRU*, Umweltgutachten 2004, Umweltpolitische Handlungsfähigkeit sichern, BT-Drs. 15/3600, Rz. 100 ff. Sie bildet somit den Ausgangspunkt der modernen Naturschutzpolitik aber auch des Naturschutzrechts (so auch der FFH-RL, deren Hauptziel die Förderung der Erhaltung der biologischen Vielfalt ist, vgl. Erwägungsgründe RL 92/43/EWG).

24 **2. Leistungs- und Funktionsfähigkeit des Naturhaushalts.** Die biologische Vielfalt ist trotz ihrer eigenständigen Nennung eng mit der zweiten Zieldimension in Form der Leistungs- und Funktionsfähigkeit des Naturhaushalts verbunden (OVG Magdeburg, NuR 2018, 566 (569)). Der Verlust an Artenvielfalt als Bestandteil der biologischen Vielfalt bewirkt auch eine Beeinträchtigung der Leistungs- und Funktionsfähigkeit des Naturhaushalts (BVerwG, NVwZ-RR 2019, 896 (897)). Der **Begriff des Naturhaushalts** erfährt dabei in 7 Abs. 1 Nr. 2 eine Legaldefinition, wonach unter dem Naturhaushaltsbegriff die Naturgüter Boden, Wasser, Luft, Klima, Tiere und Pflanzen sowie das Wirkungsgefüge zwischen diesen Naturgütern zu verstehen sind. Erfasst werden aufgrund des Wirkungsgefüges sowohl Biotope als auch Ökosysteme in der natürlichen und anthropogen beeinflussten Umwelt (BT-Drs. 16/12274, 50). Die **Leistungsfähigkeit** des Naturhaushalts meint das ökologische Funktionieren aller biotischen und abiotischen Faktoren des komplexen Naturhaushalts (OVG Münster, ZfBR 2000, 208 (209)). Darunter fallen auch Funktionen der einzelnen Naturgüter und deren Wechselwirkungen, wie etwa Puffer- und Filterfunktionen des Bodens, die Reinigungskraft des Wassers oder die Frischluft- und Kaltluftproduktion als Ergebnis der Wechselbeziehung zwischen Boden, Pflanzen und Wasser. Ein funktions- und leistungsfähiger Naturhaushalt im Sinne von intakten Ökosystemen bringt dem Menschen somit vielfältige Leistungen (Ökosystem(dienst)leistungen; zum Begriff siehe *Koellner/Stefan/Wolf*, ZUR 2018, 387 f.), auf die er angewiesen ist. Deutlich wird damit, dass es nicht um die dauerhafte Erhaltung irgendeines Naturhaushalts geht, sondern eines Naturhaushalt, der konkret diese Funktionen und Leistungen erfüllt bzw. erfüllen kann.

25 Mit Einführung des Begriffs der **Funktionsfähigkeit** sollte vor allem die Bedeutung der Erhaltung der Natur für künftige Generationen hervorgehoben werden (Nachweltverantwortung) (BT-Drs. 14/6378, 34). Obwohl diese Begründung mit Blick auf die Nutzung von zukünftigen Generationen eine anthropozentrisch zu interpretierende Funktionsfähigkeit vermuten ließe, wird zurecht darauf hingewiesen, dass aufgrund des Eigenwertansatzes die Funktionsfähigkeit auch unabhängig von zukünftigen Nutzungsinteressen zu verstehen ist bzw. zu schützen ist (so Meßerschmidt, § 1 Rn. 49; anders noch OVG Münster NVwZ-RR 1994, 260 (262)).

26 Leistungsfähigkeit und Funktionsfähigkeit stehen dabei in einem **Wechsel- und Abhängigkeitsverhältnis** (BT-Drs. 14/6378, 34) und bedingen einander. Die Zieldimension in Bezug auf einen leistungs- und funktionsfähigen Naturhaushalt ist aufgrund des weiten Begriffsverständnisses nicht auf die dauerhafte (zeitliche Komponente) Sicherung in naturschutzrechtlichen Schutzgebieten beschränkt, sondern es sollen nachteilige Einwirkungen bzw. Beeinträchtigungen auf die Schutzgüter und deren Wirkungsgefüge grds. überall vermieden werden (so auch *Müller-Walter* in: LKMMWS § 1 Rn. 39). Eine Beeinträchtigung erfahren die Leistungs- und Funktionsfähigkeit des Naturhaushalts und das von ihm umfasste Wirkungsgefüge der Naturgüter, wenn einzelne seiner Faktoren oder ihr ökologisches Zusammenwirken in einer Weise gestört werden, die sich nach

ökologischen Maßstäben als Verschlechterung darstellt (OVG Magdeburg NuR 2018, 566 (569). Die Begriffe der Leistungs- und Funktionsfähigkeit schließen vorhandene, zurzeit aber nicht aktualisierte Potenziale des Naturhaushalts mit ein (BVerwG NVwZ-RR 2019, 896 (897); BVerwG NVwZ 2005, 589).

Teilaspekte der Leistungs- und Funktionsfähigkeit stellen die **Regenerationsfähigkeit** 27
und die **nachhaltige Nutzungsfähigkeit** dar („einschließlich"). Sie bringen die **Nachweltverantwortung** zum Ausdruck und stellen auf die verantwortungsbewusste Nutzung von regenerierbaren und nicht regenerierbaren Naturgütern ab. Im Grundsatz soll der Naturhaushalt nicht über seine Regenerationsfähigkeit hinaus beansprucht werden. Die Nutzung der nicht regenerierbaren Naturgüter soll nur dann erfolgen, wenn dafür eine Notwendigkeit besteht und nur in solchem Maße, dass für zukünftige Generationen und den Naturhaushalt selbst derartige Naturgüter erhalten bleiben.

3. Vielfalt, Eigenart und Schönheit sowie Erholungswert. Während die erste 28
und zweite Zieldimension (Nr. 1 und Nr. 2) die Diversität und materiell-physische Funktionen sichern sollen, dient die dritte Zieldimension in § 1 Abs. 1 Nr. 3 in Form der Vielfalt, Eigenart und Schönheit sowie des Erholungswertes der Natur der dauerhaften Sicherung der immateriellen Funktionen des Naturschutzes und der Landschaftspflege (BT-Drs. 16/12274, S. 50). Aus der historischen Entwicklung des Naturschutzes und aus Akzeptanzerwägungen heraus bildet die Sicherung der immateriellen Funktionen ein wichtiges Ziel des Naturschutzes. Auch diese Zieldimension bzw. Seite des Naturschutzes im Zusammenhang mit dem Wahrnehmen und Erleben der Natur und Landschaft stellt daher einen wichtigen Gemeinwohlbelang dar (BVerwG, NVwZ 1985, 42 (43); *Kerkmann* in: GK-BNatschG § 1 Rn. 12). Seit jeher fühlen sich Menschen von Naturerscheinungen und Landschaften angezogen, diese Anziehung und die damit verbundene Erholungsfunktion machen einen nicht unwesentlichen Anteil der Schutzbestrebungen aus (vgl. Darstellung der verschiedenen Begründungen zum Naturschutz, insbesondere zum Erfahren des Naturschönen und zum Erleben, *SRU,* Sondergutachten 2002, BT-Drs. 14/9852, 17 ff.). In der Verfassung ist das Erleben und Wahrnehmen der Landschaft und von Naturerscheinungen sowie die Erholung grundrechtlich geschützt und es ist auch Gegenstand der speziellen naturschutzrechtlichen Vorschriften (§ 59 BNatSchG; BVerwG NVwZ 2018, 73 (76)). Gerade mit Blick auf die grundrechtliche Fundierung ist dem in § 1 Abs. 1 Nr. 3 enthaltenen Schutzziel eine hohe Bedeutung beizumessen.

Das Schutzziel der **Vielfalt** der Landschaft und Natur stellt auf die Reichhaltigkeit der 29
Formen der Landschaft und Naturelemente ab (*Müller-Walter* in: LKMMWS § 1 Rn. 41). In Ergänzung zur biologischen Vielfalt, die gesondert gefasst wurde, bezieht sich die Vielfalt in Nr. 3 auf die in erster Linie optische Wahrnehmbarkeit der verschiedenen Formen und Ausprägungen von Natur und Landschaft (VGH München NuR 2017, 859 (861)) und die landschafts- bzw. naturraumtypische Gestaltungsvielfalt (OVG Berlin-Brandenburg NVwZ-RR 2018, 517 (520)).

Die **Eigenart** beschreibt hingegen den (typischen) Charakter der jeweiligen Land- 30
schaft oder Naturelemente (VGH München NuR 2017, 859 (861)), die in der Praxis bspw. mit Biotoptypen oder Lebensraumtypen nach Anhang I FFH-RL umschrieben oder ermittelt werden können (so auch *Kerkmann* in: GK-BNatschG § 1 Rn. 12), wobei auch Nutzungen in die Betrachtung mit einzubeziehen sind. Eigenart darf dabei nicht auf Einzigartigkeit, Seltenheit oder Schönheit beschränkt werden, ästhetische Gesichtspunkte sind zwar für die Schönheit maßgeblich, jedoch nicht für die Eigenart (VGH München NuR 2017, 859 (861)). Vielmehr darf der Begriff aus seiner Entstehungsgeschichte heraus nicht derart restriktiv ausgelegt werden (dazu *Meßerschmidt,* § 1 Rn. 62), sondern erfasst auch Elemente, die gerade auch als nicht ansprechend empfunden werden

oder die eine Seltenheit aufweisen. Eigenart ist isoliert von Vielfalt und Seltenheit feststellbar und kann daher auch eigenständig die Unterschutzstellung von bestimmten Landschaftsteilen rechtfertigen (BVerwG, NVwZ 2019, 1047 (1049)).

31 Während Vielfalt und Eigenart wertneutral zu betrachten sind, knüpft der Begriff der **Schönheit** an ästhetische Gesichtspunkte an. Die Schönheit spiegelt die wertende Betrachtung der optischen Eindrücke durch jeden einzelnen Menschen wieder, ist somit äußerst subjektiv und divergiert abhängig vom Betrachter. Um die Justiziabilität des Begriffs zu gewährleisten, stellt die Rechtsprechung nicht auf das subjektive Empfinden des Einzelnen ab, sondern auf einen der Schönheit aufgeschlossenen Durchschnittsbetrachter ab (BVerwG NVwZ 1991, 364 (367); OVG Münster NVwZ-RR 1994, 260). In der Regel wird dies auf eine Schutzwürdigkeit besonders ansprechender und von einer Vielzahl der Betrachter als schön und besonders charakteristisch empfundenen Landschaften und Landschaftsbilder hinauslaufen. Mit Abstrichen bei der optischen Schönheit können jedoch auch solche Landschaften schutzwürdig sein, die in besiedelten Gebieten rar sind (bspw. freie Landschaft in Ballungsräumen, VGH Mannheim NVwZ 1992, 995 (997)).

32 Der in § 1 Abs. 1 Nr. 3 genannte **Erholungswert** ist Ausdruck des anthropozentrischen Ansatzes des Naturschutzes. Die Erholung wird dabei in § 7 Abs. 1 Nr. 3 als natur- und landschaftsverträgliches Natur- und Freizeiterleben einschließlich der natur- und landschaftsverträglichen Betätigung in der freien Landschaft legaldefiniert. Die mehrmalige Einschränkung der Erholung auf natur- und landschaftsverträgliche Betätigung und das Erfordernis der Nichtbeeinträchtigungen der Naturschutzziele deutet bereits an, dass die Erholungsbetätigung nicht vollumfänglich konfliktlos verläuft. Gleichwohl enthält das BNatSchG Regelungen, die der Sicherung der Erholung in Natur und Landschaft dienen (bspw. §§ 59, 62). Auch die Schutzgebietskategorien tragen der Erholung Rechnung. Besonders bedeutsame Gebiete für die Erholung aus Gründen eines besonderen Erholungswerts sollen als Landschaftsschutzgebiet gesichert werden (§ 26 Abs. 1 Nr. 3). Dies umfasst nicht nur Gebiete, in denen dem Erholungswert durch einen Aufenthalt in einer naturnahen Zone Rechnung getragen werden kann, sondern auch solche, in denen eine Blickbeziehung auf eine naturnahe Zone ermöglicht wird (BVerwG, NuR 2018, 487 (488); VGH Mannheim NVwZ 1992, 995 (997)).

C. Grundsätze des Naturschutzes und der Landschaftspflege (Abs. 2–6)

33 Die in Abs. 2–6 enthaltenen Vorgaben stellen **Konkretisierungen der Ziele** aus Abs. 1 dar (BT-Drs. 16/12274, 50). Den vormals in einer eigenständigen Regelung gefassten Grundsatzkatalog des Naturschutzes und der Landschaftspflege hat der Gesetzgeber in die Zielvorschrift mit eingefügt (BT-Drs. 16/12274, 40). Während sich der Konkretisierungscharakter der Abs. 2–3 bereits unmittelbar aus dem Wortlaut mit Bezugnahme auf die Ziele des Abs. 1 ergibt („insbesondere"), behandeln die Abs. 5 und 6 Querschnittsaspekte, die der Gesetzgeber keinem der Schutzziele in Abs. 1 Nr. 1–3 exklusiv zuordnen konnte und die daher gesondert gefasst wurden (BT-Drs. 16/12274, 50). Den Grundsätzen kommt eine Funktion als Maßstab und Auslegungshilfe bei der praktischen Anwendung der Vorschriften des BNatSchG zu. Zugleich bilden sie die Maßstäbe für die Abwägung von Naturschutzbelangen (BT-Drs. 14/6378, 35).

I. Dauerhafte Sicherung der biologischen Vielfalt (Abs. 2)

34 Als **Konkretisierung der Diversitätssicherung** benennt Abs. 2 in nicht abschließender Weise den Erhalt lebensfähiger Populationen (Nr. 1), das Entgegenwirken gegen

Gefährdungen von natürlich vorkommenden Ökosystemen, Biotopen und Arten (Nr. 2) sowie den Erhalt der Lebensgemeinschaften (Nr. 3).

Abs. 2 Nr. 1 verwendet die **Begriffe der Population, der Lebensstätte, des Biotops und der Arten,** die in § 7 legaldefiniert werden. Mit dem Zusatz auf die wildlebenden Arten soll die Einschränkung verbunden sein, dass Nutztiere und Nutzpflanzen nicht von der Regelung erfasst sind (*Kerkmann* in: GK-BNatschG § 1 Rn. 14), wobei diese Einschränkung zu pauschal ist, da auch Nutztiere oder Nutzpflanzen durchaus wildlebende Arten darstellen können (bspw. Pflanzenart Arnika). Der Schutz von lebensfähigen Populationen der Arten und deren Lebensstätten wird im Wesentlichen durch den Habitat- und (allgemeinen und besonderen) Artenschutz verwirklicht. Dass die Populationen lebensfähig sein sollen, setzt voraus, dass Individuen einer Art in einer bestimmten Menge (Populationsgröße) und Struktur (Alters – und Geschlechtsverteilung) und geografischen Verbreitung vorkommen, die den Erhalt einer Art und die Vielfalt auf Dauer sichern können (in Anlehnung an die Definition des günstigen Erhaltungszustands nach Art. 1 lit. i der FFH-RL). Unerlässlich sind dafür auch Austauschbeziehungen, die durch entsprechend zusammenhängende Biotope sichergestellt werden (Biotopverbund, § 21). Austauschbeziehungen werden daher in dem Grundsatz ausdrücklich samt Wanderungen und Wiederbesiedlungen angesprochen, dahinter verbirgt sich die anzustrebende Gewährleistung des Biotopverbunds. 35

Abs. 2 Nr. 2 erweitert den Grundsatz um die Abwehr von Gefährdungen von **natürlich vorkommenden Ökosystemen, Biotopen und Arten.** Inhaltlich dürfte zwar die Abwehr von Gefährdungen vom Grundsatz des Erhalts umfasst sein, allerdings verdeutlicht die Bezugnahme auf Ökosysteme und Biotope den medienübergreifenden (Wechselbeziehung der Naturgüter) Ansatz des Naturschutzes und den Grundgedanken, durch weitestgehend ungestörte Ökosysteme und Biotope auch die darin lebenden Arten zu erhalten. Soweit im Schrifttum vertreten wird, der Wortlaut mit Bezugnahme auf „natürliche" Ökosysteme etc lege nahe, dass der Schutzauftrag auf vollumfänglich ohne menschlichen Einfluss entstandene bzw. zu erhaltende Ökosysteme zu beschränken sei (so (*Kerkmann* in: GK-BNatschG § 1 Rn. 15), ist diese Verengung nicht sachgerecht. Dabei wird verkannt, dass der Anwendungsbereich des Grundsatzes leer liefe, weil es in Deutschland so gut wie keine Ökosysteme und Biotope gibt, die nicht dem menschlichen Einfluss unterliegen. Zu denken ist nur an mittelbare Einwirkungen durch die menschliche Tätigkeit in Form von veränderten Stoffkreisläufen oder veränderter Artenzusammensetzung, bspw. veränderten Stickstoffhaushalt oder Einwanderung von Neophyten. Hinzu kommen direkte Einwirkungen, wie die Steuerung der Naturraumausstattung (bspw. durch forstliche Betätigung im überwiegenden Teil der deutschen Wälder oder landwirtschaftliche Betätigung in Offenlandlebensräumen, vgl. zur Veranschaulichung *Jessel* ANL 1997, Laufener Seminarbeiträge 1997, 9 (12)). Eine derartige Verengung des Anwendungsbereichs hat auch keine Entsprechung in den spezielleren Vorschriften des BNatSchG gefunden, wie die Vorgabe über gesetzlich geschützte Biotope zeigt (§ 30), die sowohl natürliche als auch naturnahe Biotope umfasst (somit schon mehr als „natürliche" Biotope), ganz gleich welchen Ursprungs diese sind. Vom gesetzlichen Biotopschutz erfasst werden bspw. auch naturnahe Gräben, die ggf. jedoch durch Menschen angelegt wurden. Gegen eine solche lediglich am Wortlaut orientierte Auslegung spricht auch, dass der Gesetzgeber unter dem Begriff der Ökosysteme das Wirkungsgefüge aus Arten und Lebensgemeinschaften und ihrer belebten und anthropogenen Umwelt verstanden wissen wollte, somit anthropogene Veränderungen oder Einwirkungen selbst angenommen hat (BT-Drs. 16/122274, 50). Der Wortlaut „natürliche" Ökosysteme etc ist vielmehr dahingehend zu verstehen, dass es um eine klare Abgrenzung des Schutzauftrags gegenüber Ökosystemen oder Biotopen geht, die keine 36

Funktion für die bologische Vielfalt haben. Dementsprechend wäre bspw. der Biotoptyp „Straßen und Wege" (vgl. bspw. die Nennung in der Biotoptypenliste für Sachsen, Rote Liste Sachsen, S. 37) als offensichtlich für die dauerhafte Sicherung der biologischen Vielfalt ohne Bedeutung und dementsprechend auch nicht vom Schutzauftrag des § 1 Abs. 2 Nr. 2 erfasst.

37 Nr. 3 gibt zudem den Grundsatz vor, dass **Lebensgemeinschaften und Biotope mit ihren strukturellen und geografischen Eigenheiten in einer repräsentativen Verteilung** zu erhalten sind. Der Grundsatz geht einher mit der Sicherung des Teilaspekts der biologischen Vielfalt in Form der Vielfalt an Formen von Lebensgemeinschaften und Biotopen (vgl. → Rn. 23). Diese Vielfalt wird zum großen Teil durch unterschiedliche strukturelle und geografische Eigenarten geprägt bzw. generiert (bspw. durch unterschiedliche naturräumliche Gegebenheiten, wie in den Alpinen- oder Flachlandgebieten), die es zu erhalten gilt. Nr. 3 sieht zudem vor, dass bestimmte Landschaftsbestandteile auch der **natürlichen Dynamik** überlassen bleiben sollen. Die ungestörte Naturentwicklung (sog. **Wildnis- oder Prozessschutzgrundsatz**) ist im Hinblick auf die dauerhafte Biodiversitätsentwicklung ein integraler Bestandteil der Handlungsstrategie. So ist es u. a. zur Erfüllung der völkerrechtlichen Verpflichtungen erklärtes Ziel der Bundesregierung in Form der Nationalen Strategie zur biologischen Vielfalt (NBS), 2% der Landesfläche der natürlichen Entwicklung zu überlassen (BT-Drs. 16/7082, 22). Gleichwohl handelt es sich im Vergleich zum traditionellen Naturschutz um eine recht neue Disziplin bzw. ein neues Leitbild (vgl. hierzu grundlegen ANL, Laufener Seminarbeiträge 1/97, Wildnis – ein neues Leitbild!?; *SRU,* Umweltgutachten 2016, BT-Drs. 18/18500, 17 f.; *Wolf* NuR 2017, 366 f.). Verbunden ist damit die Duldung der natürlichen Entwicklung in Form des Prozessschutzes, um Arten und Lebensräumen Raum zu verschaffen, die in der vom Menschen beeinflussten Natur und Landschaft keine geeignete Lebensgrundlage mehr finden (*Wolf* NuR 2017, 366 (369)). Der Grundsatz ist damit in erster Linie ökozentrisch im Sinne des Eigenwertansatzes motiviert. Allerdings ist auch festzustellen, dass die Biodiversität, auf die der Wildnisgrundsatz abzielt, auch dem Erhalt der natürlichen Lebensgrundlagen dient. Zutreffend wird auch auf die Bedeutung von Wildnisgebieten für Umweltbildung und Naturerfahrung hingewiesen (*SRU,* Umweltgutachten 2016, BT-Drs. 18/18500, 192 ff.), womit der Wildnisgrundsatz ebenso eine anthropozentrische Begründung erfährt. Bereits der Wortlaut verdeutlicht, dass nicht sämtliche Landschaftsteile dem Prozessschutz zu unterstellen sind, sondern nur bestimmte. Der Prozessschutz ist damit nur ein Naturschutzziel unter mehreren und setzt dafür geeignete Flächen voraus (*Wolf* NuR 2017, 366 (368), die mangels vom Menschen unbeeinflusster Gebiete erst zu solchen entwickelt werden müssen.

II. Dauerhafte Sicherung der Leistungs- und Funktionsfähigkeit des Naturhaushalts (Abs. 3)

38 Abs. 3 sieht für das Ziel der dauerhaften Sicherung der Leistungs- und Funktionsfähigkeit des Naturhaushalts in den Nr. 1–6 Konkretisierungen vor. Danach sind zunächst die räumlich abgrenzbaren Teile des **Wirkungsgefüges** des Naturhaushalts auf die **prägenden biologischen Funktionen, Stoff- und Energieflüsse sowie landschaftliche Strukturen** zu schützen. Zudem sind Naturgüter, die nicht regenerierbar sind, sparsam und schonend zu nutzen und die regenerativen Naturgüter nur so, dass diese auf Dauer zur Verfügung stehen (Abs. 3 Nr. 1). Nr. 1 beschreibt damit, *was* von dem Naturhaushalt (Funktionen und Strukturen, Wechselbeziehungen) und darüber hinaus *wie* der Naturhaushalt allgemein im Sinne der nachhaltigen Ressourcennutzung zu sichern ist.

Dies umfasst ein Gebot zum sparsamen (hinsichtlich der Menge) aber auch zum schonenden Umgang (hinsichtlich der Nutzung).

§ 1 Abs. 3 Nr. 2 bezieht sich auf den **Erhalt der Böden** als Naturgüter mit besonde- **39**
rer Funktion für den Naturhaushalt (u. a. Lebensraum-, Filter-, Puffer-, Stoffumwandlungs- und Speicherfunktionen, vgl. BT-Drs. 16/12274, 50). Der naturschutzrechtliche Grundsatz des Bodenschutzes unterstützt damit das bodenschutzrechtliche Ziel der Vermeidung schädlicher Bodenveränderungen, wobei die bodenschutzrechtlichen und naturschutzrechtlichen Bestimmungen gleichrangig nebeneinander stehen und auch nebeneinander anzuwenden sind. Das naturschutzrechtliche Erhaltungsgebot der Böden verfolgt den Erhalt der Böden in seiner Funktion für den Naturhaushalt, das bodenschutzrechtliche Ziel verfolgt jedoch weitere Funktionen und geht darüber hinaus (bspw. mit Blick auf Archiv- und Nutzungsfunktion, § 2 Abs. 2 Nr. 2 und 3 BBodSchG). Angesichts des anhaltenden hohen Flächenverbrauchs (vgl. dazu *SRU,* Umweltgutachten 2016, BT-Drs. 18/18500, 153 f.) wird ein Entsiegelungsgebot bzw. Grundsatz der Renaturierung nicht mehr genutzter versiegelter Flächen statuiert, welchem in erster Linie auch in Anwendung der Eingriffsregelung Rechnung zu tragen ist (§ 15 Abs. 3 BNatSchG). Soweit dies unter Berücksichtigung der Verhältnismäßigkeit nicht möglich ist, sollen diese der natürlichen Entwicklung überlassen werden.

§ 1 Abs. 3 Nr. 3 zielt auf den **Schutz der Gewässer** und ihrer Funktionen für den **40**
Naturhaushalt. Danach sind Meeres- und Binnengewässer vor Beeinträchtigungen zu bewahren und ihre natürliche Selbstreinigungskraft und Dynamik zu erhalten. Selbstreinigungskraft und Dynamik bedingen sich dabei gegenseitig, da eine selbstreinigende Fähigkeit der Fließgewässer jedenfalls nicht ohne ein gewisses Maß an Dynamik feststellbar ist. Der Grundsatz umfasst zunächst ein Erhaltungs- und Entwicklungsgebot für alle bestehenden Gewässer, also für alle oberirdischen Gewässer wie bspw. die Nord- und Ostsee samt der ausschließlichen Wirtschaftszone (§ 56), Flüsse, Bäche und Seen, ebenso wie kleine Gräben und Tümpel, die nicht ganzjährig wasserführend sind (zum Begriff der oberirdischen Gewässer vgl. § 3 Nr. 1 WHG). Das Gebot ist nicht auf die Erhaltung im Sinne der Bewahrung beschränkt, sondern umfasst auch die Entwicklung der bestehenden Gewässer, weil der Gesetzgeber klargestellt hat, dass mit der Erhaltung auch die Entwicklung gemeint ist (BT-Drs. 16/12274, S. 50). Der Grundsatz wird auch durch den wasserrechtlichen Grundsatz über den Gewässerausbau flankiert, der vergleichbar auf den Schutz der natürlichen Rückhalteflächen und die Bewahrung der naturraumtypischen Lebensgemeinschaften abzielt (§ 67 Abs. 1 WHG). Der Schutz der Gewässer, insbesondere der natürlichen und naturnahen Gewässer einschließlich ihrer Ufer, Auen und sonstigen Rückhalteflächen (Retentionsgebiete) wird durch den Gesetzgeber dabei besonders herausgehoben und findet sich in zahlreichen speziellen Vorschriften des BNatSchG wieder (so bspw. §§ 21 Abs. 5, 30 Abs. 2, 57, 61). So unterliegen z. B. natürliche und naturnahe Fließgewässer samt ihrer Ufer, Moore, Sümpfe, Quellbereiche als auch Auenwälder, Boddengewässer und Meeresgewässer samt Küsten dem gesetzlichen Biotopschutz (§ 30 Abs. 2). Die gewässergeprägten oder wasserabhängigen Lebensräume stellen dabei Hotspots der Diversität dar (vgl. BT-Drs. 16/7082, 99; *BMUB,* Den Flüssen mehr Raum geben, 2015, S. 17) und haben haben aufgrund ihres verbindenden Charakters einen hohe Bedeutung für die großräumige Vernetzungsfunktion im Rahmen der Herstellung des Biotopverbunds (§ 21 Abs. 5). Natürlich ist ein Gewässer, das vom Menschen unverändert ist; ein naturnahes Gewässer ist gemeint, wenn es vom Menschen nicht wesentlich verändert worden ist (BT-Drs. 14/6378, 35). Aufgrund des Wortlauts („insbesondere") ist der Grundsatz jedoch nicht auf natürliche oder naturnahe Bestandsgewässer beschränkt. Die bloße Vermehrung, etwa bei der Gestaltung von Freizeitlandschaften (so bspw. Bergbaufolgelandschaften), wollte der Gesetzgeber mit dem Grundsatz nicht be-

zwecken (BT-Drs. 14/6378, 35). Abs. 3 Nr. 3, 3. HS hingegen trägt der wachsenden Erkenntnis Rechnung, dass Hochwasserschutz durch naturnahe und natürliche Maßnahmen (Auenschutz) im Gegensatz zu reinen technischen Hochwasserschutzmaßnahmen (bspw. durch Deichbau) sowohl kostengünstiger, vor allem aber im Hinblick auf Synergieeffekte mit den Naturschutzzielen vorteilhaft sein kann und sich damit auch Zielkonflikte mit dem Hochwasserschutz vermeiden lassen (vgl. *BMUB,* Den Flüssen mehr Raum geben, 2015, S. 17). Dementsprechend statuiert Abs. 3 Nr. 3, 3. HS ein Gebot zum ökologischen Hochwasserschutz, wobei dieser schon begrifflich nicht ausschließlich zu erfolgen hat („auch"). Abs. 3 Nr. 3, 4. HS enthält im Hinblick auf den Schutz grundwasserabhängiger Öksysteme und Biotope das Gebot (BT-Drs. 14/6378, 35), dem vorsorgenden Schutz des Grundwassers und einem ausgeglichenen Wasserhaushalt auch durch Maßnahmen des Naturschutzes Rechnung zu tragen, etwa durch dezentrale Versickerungssysteme des anfallenden Niederschlagswassers.

41 Abs. 3 Nr. 4 sieht Konkretisierungen der Funktions- und Leistungsfähigkeit des Naturhaushalts in Bezug auf die **Naturgüter Luft und Klima** vor. Diese sollen auch, das heißt neben der Anwendung des anderweitigen Fachrechts (so bspw. durch BImSchG, BauGB oder KSG), durch Maßnahmen des Naturschutzes und der Landschaftspflege geschützt werden. Der Gesetzgeber führt beispielhaft als Schutzgegenstände Flächen mit lufthygienischer oder klimatischer Wirkung wie Frisch- und Kaltluftentstehungsgebiete oder Lufttauschbahnen an, deren flächenhafte Ausprägungen in erster Linie durch die überörtliche Raumordnung und Landschaftplanung zu sichern und zu ermitteln sind. Die benannten Flächen können im Einzelfall bspw. Freiflächen in Form von Ackerflächen oder Wälder (Entstehungsgebiete) oder auch Wälle, Kuppen, Täler und Senken (Leitfunktion) darstellen. Sie haben aufgrund ihrer Funktionen in erster Linie eine hohe Bedeutung für das Lokalklima und die lokale Luftqualität. Dem Gesetzgeber ging es jedoch nicht nur um den Schutz des **Lokalklimas,** sondern aufgrund der akuten Bedrohung der basalen Schutzziele durch den globalen Klimawandel auch um den Schutz des **globalen Klimahaushalts** (BT-Drs. 14/6378, 35). Überschneidungen des globalen Klimaschutzes mit Maßnahmen des Naturschutzes und der Landschaftspflege ergeben sich hier etwa durch den Schutz (die Wiederherstellung, Entwicklung und Pflege einbegriffen) von Kohlendioxidspeichern wie Mooren oder Wäldern. Dem globalen Klimaschutz dient demnach auch der Abs. 3 Nr. 4, 3. HS, der die besondere Bedeutung der zunehmenden Nutzung der erneuerbaren Energien zum Zwecke einer nachhaltigen Energieversorgung als Beitrag zum Klimaschutz hervorhebt. Die Vorgabe ist als Ausdruck der umweltpolitischen Ziele zu verstehen und als Abwägungsbelang zu berücksichtigen. Mit den übrigen Belangen des Naturschutzes ist der Belang der erneuerbaren Energiennutzung dabei im Einzelfall nicht konfliktfrei, wie insbesondere die Windenergienutzung gegenüber dem Artenschutz, aber auch die Biomasseproduktion (Problem der Monokulturen) zeigt. Langfristig gesehen ist jedoch zu konstatieren, dass auch die Biodiversität durch einen ungebremst verlaufenden Klimawandel erheblich beeinträchtigt wird und nach Prognosen des IPCC zu einem Artensterben führen wird. Ein allgemeiner Vorrang des Belangs der erneuerbaren Energiennutzung gegenüber anderen Belangen des Naturschutzes ist mit Abs. 3 Nr. 4, 3. HS nach Ansicht der Rechtsprechung nicht verbunden, vielmehr kann der Belang der Funktions- und Leistungsfähigkeit des Naturhaushalts der Erneuerbaren Energiennutzung im Einzelfall entgegenstehen (vgl. auch VGH Mannheim, ZUR 2006, 264 (267)).

42 Abs. 3 Nr. 5 nimmt Bezug auf die bereits nach Abs. 2 zu erhaltenden, wild lebenden Tier- und Pflanzenarten sowie ihre Lebensgemeinschaften und Populationen und Biotope. Abs. 3 Nr. 5 stellt dabei keinen neuen Grundsatz auf, sondern akzentuiert die Schutzbedürftigkeit und macht hierbei deutlich, dass der **Arten- und Biotopschutz**

nicht nur für den Erhalt der Biodiversität (Abs. 2) erforderlich ist, sondern auch im Hinblick auf die jeweiligen Funktionen im Naturhaushalt.

Abs. 3 Nr. 6 nimmt wiederum Bezug auf den ebenfalls im Hinblick auf die Diversitätssicherung enthaltenen Grundsatz, wonach bestimmte Landschaftsbestandteile der natürlichen Dynamik zu überlassen sind. Nichts anderes verbirgt sich hinter dem Grundsatz, dass der Entwicklung sich **selbst regulierender Ökosysteme** auf hierfür geeigneten Flächen Raum und Zeit zu geben ist. Abs. 3 Nr. 6 gibt jedoch deutlich zu erkennen, dass der Gesetzgeber den Prozessschutz („selbstregulierende") auch im Hinblick auf den Naturhaushalt für erforderlich hält und mangels unberührter Gebiete die Entwicklung zu solchen unberührten und unbeeinflussten Gebieten für geboten hält. Zugleich sieht er auch hier das Erfordernis der Geeignetheit. Im Hinblick darauf ist festzustellen, dass sich insbesondere großflächige Nationalparke und Biosphärenreservate bzw. deren Kernzonen für den Prozessschutz eignen (*SRU,* Umweltgutachten 2016, BT-Drs. 18/18500, 191). Dies ergibt sich nunmehr auch aus § 24 Abs. 1 Nr. 3 und Abs. 2 Satz 1, die die natürliche Dynamik oder deren Entwicklung sowohl in der Schutzwürdigkeit als auch im Schutzziel eines Nationalparks nennen. Mitunter ist nicht ausgeschlossen, dass auch kleinteiligere Flächen, bspw. in Naturschutzgebieten, für den Prozessschutz in Frage kommen. Entscheidend wird neben der Eignung der Flächen insbesondere auch deren rechtliche Sicherung durch Unterschutzstellungsinstrumente sein. 43

III. Dauerhafte Sicherung der Vielfalt, Eigenart und Schönheit sowie des Erholungswertes (Abs. 4)

Abs. 4 sieht für die dauerhafte Sicherung des in § 1 Abs. 1 Nr. 3 enthaltenen Schutzziels zwei Konkretisierungen vor. Danach sind zunächst insbesondere **Naturlandschaften** und **historisch gewachsene Kulturlandschaften** vor Verunstaltungen, Zersiedlung und sonstigen Beeinträchtigungen zu schützen. Die Begriffe werden nicht legaldefiniert, es lässt sich jedoch auf die Begriffe aus der nationalen Strategie zur biologischen Vielfalt zurückgreifen (so auch Lütkes/Ewer/*Lütkes,* BNatSchG § 1 Rn. 60). Kulturlandschaften sind demnach die aufgrund der menschlichen Nutzung in historischer Zeit entstandenen und durch die Nutzungsformen geprägten Landschaften mit überwiegend anthropogenen Ökosystemen (vgl. BT-Drs. 16/7082, 98, siehe zur denkmalschutzrechtlichen Begriffsdefinition *Hönies,* DÖV, 2010, 11 (18)). Der im BNatSchG verwendete Begriff der historisch gewachsenen Kulturlandschaften lehnt sich begrifflich an den im ROG verwendeten Begriff der historisch geprägten und gewachsenen Kulturlandschaften an, übernimmt ihn jedoch nicht (vgl. § 2 Abs. 2 Nr. 5 ROG; *Kemper,* NuR 2011, 340 (341 f.)). Naturlandschaften sind hingegen von unmittelbaren menschlichen Aktivitäten unbeeinflusst gebliebene Landschaften, die lediglich auf dem Zusammenwirken der derzeit herrschenden naturbedingten ökologischen Faktoren beruhen sollen (vgl. BT-Drs. 16/7082, 99). Da hier für ein weites Verständnis der Natur plädiert wird, werden zumindest auch naturnahe und weitgehend (aber eben nicht ausschließlich) unbeeinflusste Landschaften unter den Begriff der Naturlandschaften gefasst (so auch *Müller-Walter* in: LKMMNS, Rn. 54). Andernfalls würden aufgrund der anthropogenen Beeinflussung der deutschen Landschaften nur solche unter den Schutzgrundsatz der Naturlandschaften fallen, die sich nach Abs. 2 Nr. 3 und Abs. 6 Nr. 6 erst zu solchen entwickeln sollen. Abs. 4 Nr. 1 unterscheidet damit klar zwischen den Kultur- und Naturlandschaften (kritisch dazu: *Kemper,* NuR 2011, 340 (341)), deren Unterschied in dem Grad der menschlichen Beeinflussung und Nutzung besteht. Die im Vergleich zur vormaligen Regelung des § 2 Abs. 1 Nr. 14 aF weggefallende Einschränkung der Kulturlandschaften auf solche „von besonderer Art" bewirkt die Klarstellung, dass der Schutz der historisch gewachsenen Kulturlandschaften nicht nur 44 ausnahmsweise, sondern grundsätzlich geboten ist (so *Kemper,* NuR 2011, 340 (343)). Der (Natur- und Kultur-)Landschaftsschutz ist daneben Gegenstand völkerrechtlicher Vereinbarungen (vgl. hier die Übersicht bei *Hönies,* DÖV 2010, 11 (13ff.)).

45 Der in Abs. 4 Nr. 1 enthaltene Grundsatz wirft erhebliche Fragen hinsichtlich der Abgrenzung zum **Denkmalschutz** auf. Dies gilt in erster Linie hinsichtlich der Gesetzgebungskompetenz, die nur im Bereich der Natur und Landschaftspflege der konkurrierenden Gesetzgebung dem Bund eröffnet ist, für das Denkmalschutzrecht jedoch den Ländern obliegt. Zugleich ergeben sich auch im Einzelfall Abgrenzungsprobleme, bspw. hinsichtlich des Umgebungsschutzes bzw. des landschaftsprägenden Eindrucks von Kulturdenkmälern. Der in Abs. 3 Nr. 1 enthaltene Grundsatz ist demnach in seiner Entstehungsgeschichte auch auf die Lösung der Abgrenzungsprobleme mit dem Denkmalschutz gerichtet zu verstehen (*Kemper,* NuR 2011, 340 (341), vgl. auch BT-Drs. 14/6378, 37). Bei der Nennung der Kultur-, Bau- und Bodendenkmäler, die allesamt Kultur- und nicht Naturdenkmäler darstellen und somit dem Landesdenkmalschutz unterfallen, ist die naturschutzrechtliche Regelung so zu verstehen, dass es in der Sache um den Umgebungsschutz dieser Kulturdenkmäler in Form des Kulturlandschaftsschutzes und damit um den Schutz nach dem Naturschutzrecht geht (BT-Drs. 14/6378, 37, *Meßerschmidt* § 1 Rn. 114; *Kemper,* NuR 2011, 340 (343)). Sind Kulturdenkmäler Teil der historisch gewachsenen Kulturlandschaft und stehen insbesondere in einer engen Beziehung zur Landschaft, sind sie nicht nur Gegenstand des Denkmalschutzrechts, sondern auch des Naturschutzrechts, wenn es um wichtige Flächen des Naturschutzes geht **(Umgebungsschutz)** (BT-Drs. 14/6378, 37; VG Hannover BeckRS 2020, 34940 Rn. 148 mwN). Das Anliegen des Schutzes der Kulturlandschaften äußert sich auch in den speziellen Vorschriften des BNatSchG, insbesondere zu den Schutzgebietskategorien, wie das Nationale Naturmonument (§ 24 Abs. 4 Nr. 1) und die Landschaftsschutzgebiete (§ 26 Abs. 2 Nr. 2), die auf die kulturhistorische Bedeutung der Landschaft abstellen.

46 Abs. 4 Nr. 2 dient der **Konkretisierung der Erholungsvorsorge.** In der Sache geht es um die Schaffung des Zugangs der Erholungssuchenden, die Bereitstellung von Erholungsflächen („zugänglich machen") und den Schutz der Gebiete (Erholungsqualität), die sich für die Erholung eignen. Der Grundsatz knüpft an den Begriff der freien Landschaft (zum Begriff: *Heß* in BeckOK UmweltR § 59 Rn. 4) an und setzt eine gewisse Eignung der Flächen für die Erholung voraus. Er bezieht sich daher von vornherein nicht darauf, jegliche Flächen für die Erholung zugänglich zu machen. Dem Gesetzgeber ging es darum, die naturverträgliche Erholung zu ermöglichen, die auch sportliche Betätigung erfassen kann, soweit sie keine Beeinträchtigung der Leistungs- und Funktionsfähigkeit des Naturhaushalts und des Landschaftsbildes hervorruft (vgl. Legaldefinition § 7 Nr. 3; BT-Drs. 14/6378, 36f.; vgl. auch → Rn. 32). Die Eignung der Flächen ist dabei auch auf die Verminderung des Erholungsdrucks der noch weitgehend unberührten Landschaft gerichtet, weswegen sich im besonderen Maße siedlungsnahe Bereiche für die Erholung eignen (Kurz- und Naherholung) (BT-Drs. 14/6378, 37). Ausdruck dieses Grundsatzes sind in erster Linie die speziellen Vorschriften des Kapitels 7 (§§ 59–62) über das Betretensrecht und die Bereitstellung von Gründstücken der öffentlichen Hand. Der Grundsatz wird zudem auch durch den in Abs. 6 enthaltenen Grundsatz über die Erhaltung und Schaffung von Naturerfahrungsräumen ergänzt und weist eine inhaltliche Nähe dazu auf.

IV. Unzerschnittenheit von Landschaftsräumen und Steuerung der Flächeninanspruchnahme (Abs. 5)

47 Abs. 5 sieht einen eigenständigen **Grundsatz für den Schutz der Landschaft** vor Zerschneidungswirkungen und hinsichtlich der Steuerung der Flächeninanspruchnahme vor. Der Grundsatz ist wenig strukturiert und zählt auch dem Freiraumschutz dienende Vorgaben auf, der jedoch erst in Abs. 6 behandelt wird. Abs. 5 Satz 1 sieht dabei allgemein das Ziel der Bewahrung der **weitgehend unzerschnittenen Landschaftsräume** vor, das wiederum für bestimmte Arten von Vorhaben in Satz 2 und 3 konkretisiert wird. Danach sollen zunächst großflächige, weitgehend unzerschnittene Landschaftsräume vor der weiteren Zerschneidung bewahrt werden. Der Begriff der großflächigen, weitgehend unzerschnittenen Landschaftsräume wird nicht legaldefiniert, weist aber eine inhaltliche Nähe zum Schutz des Freiraums nach § 2 Abs. 2 Nr. 2 ROG auf. Unter dem Begriff ist aus dem Zusammenspiel mit den in Satz 2 und 3 genannten Vorhaben davon auszugehen, dass es sich um Landschaftsräume handelt, die weitgehend (aber nicht ausschließlich) nicht von Verkehrs-, Siedlungs- und Energieinfrastruktur durchkreuzt werden. Das auf die Flächengröße bezogene Merkmal ist nicht als starre Größenordnung zu verstehen (so auch *Müller-Walter* in: LKMMWS § 1 Rn. 56), sondern ist im Einzelfall zu bestimmen und ergibt sich aus der Relation zum „zerschnittenen Raum". Klar ist jedoch, dass es sich dabei nicht um kleinteilige Landschaftsteile, sondern um Landschaftsräume handeln muss (damit nicht die einzelne unzerschnittene Wiese). Eine fachliche Begründung erfährt der Schutz der unzerschnittenen Landschaftsräume sowohl in der Bewahrung von Erholungsräumen aber verstärkt auch in Bezug auf die Bedeutung derartiger Räume als Lebens- und Wanderraum von Tier- und Pflanzenarten (Biotopverbund), insbesondere derjenigen mit großräumigen Ansprüchen (siehe dazu *Walz/Schauer* in: Siedentop/Egermann, Freiraumschutz und Freiraumentwicklung durch Raumordnungsplanung, S. 46f.).

Abs. 5 Satz 2 sieht für den Schutz des Außenbereichs, der im bauleitplanerischen Sinne **48**
zu verstehen ist, den Grundsatz bzw. Vorrang der sog. **Innenentwicklung** im Sinne der Nachverdichtung vor. Von diesem Vorrang der Innenentwicklung und damit der Inanspruchnahme der bebauten und unbebauten Flächen im Innenbereich ausgeschlossen sollen die Grünflächen sein, deren Erhalt auch im Innenbereich wichtig ist. Abs. 5 Satz 3 konkretisiert und benennt in nicht abschließender Weise Vorhaben, die als Hauptursache der Zerschneidungswirkung zu identifizieren sind (Verkehrswege, Energieleitungen und ähnliche Vorhaben). Für sie wird in erster Linie ein **Bündelungsgebot** statuiert, zugleich sollen diese so ausgeführt und gestaltet werden, dass die Inanspruchnahme der freien Landschaft möglichst vermieden wird **(Vermeidungs- und Minimierungsgebot).** Vorbehaltlich der Abwägung mit weiteren (naturschutzexternen) Belangen kommen hierbei für Energieleitungen etwa Erdverkabelungen oder Bündelungen mit Verkehrswegen in Frage. Abs. 5 Satz 4 statuiert speziell für den **Bergbau** den Grundsatz, dass dauerhafte Schädigungen des Naturhaushalts und vor allem Zerstörungen wertvoller Landschaftsbestanteile zu vermeiden (Vermeidungsgebot) sind. Da Bodenschätze teilweise auch in besonders für den Naturhaushalt relevanten Gebieten lagern (etwa Kies im Auenbereich), sind Konflikte vorprogrammiert. Der Gesetzgeber sieht daher für den Fall, dass Beeinträchtigungen nicht vermeidbar sind, vor, diese auszugleichen und zu minimieren (Minimierungs- und Kompensationsgebot). Der Gesetzgeber sieht für den Ausgleich bestimmte Kompensationsmaßnahmen vor, so bspw. die Förderung der natürlichen Sukzession, Renaturierung, naturnahe Gestaltung, Wiedernutzbarmachung oder Rekultivierung. Unter natürlicher Sukzession wird die zeitlich aufeinanderfolgende Ablösung einer Organismengesellschaft durch eine andere ohne weitere Einflussnahme des Menschen, also durch Lebenstätigkeit der Organismen selbst, verstanden (BT-Drs. 14/6378, 36). Dahinter verbirgt sich letztlich nichts anderes, als die Abbauflächen der natürlichen Entwicklung zu überlassen (bspw. in der Folge Verbuschung oder Flutung).

V. Freiraumschutz und -entwicklung (Abs. 6)

49 Abs. 6 sieht ein **allgemeines Erhaltungs- und Entwicklungsgebot** für dem Freiraumschutz dienende Flächen vor. Danach sind Freiräume im **besiedelten und siedlungsnahen Bereich** einschließlich ihrer Bestandteile und **Naturerfahrungsräume** zu erhalten und dort, wo diese nicht in ausreichendem Maße vorhanden sind, neu zu schaffen. Der Freiraumschutz dient dabei einer doppelten Funktion, nämlich der Biodiversitätssicherung und der Sicherung des Erholungswerts. Abs. 6 nennt in nicht abschließender Weise Beispiele für Freiraumbestandteile, die zu erhalten und ggf. neu zu schaffen sind. Darunter fallen Bestandteile des Naturhaushalts, die bereits in anderweitigen Grundsätzen in Bezug auf die Sicherung der biologischen Vielfalt angesprochen werden, bspw. Fluss- und Bachläufe und Auenbereiche. Hinzu kommen Bestandteile (Schutzgegenstände) die sich auch die Doppelfunktion hinsichtlich der Erholungsvorsorge und Diversitätssicherung eignen, wie bspw. Parkanlagen, Grünanlagen, Wälder und Waldränder sowie gartenbau- und landwirtschaftlich genutzte Flächen. Aufgrund der Erwähnung der weitreichenden Schutzgegenstände der Wälder und genutzten landwirtschaftlichen Flächen ist zu erkennen, dass es dem Gesetzgeber um einen weitreichenden Freiraumschutz vor der Zersiedelung ging. In Bezug auf die Funktion des Freiraumschutzes zur Erholungsvorsorge sind die weitreichenden Schutzgegenstände nur mit Blickbeziehungen zu erklären, da sich u. a. das Betretensrecht nur auf ungenutzte und damit gerade nicht auf genutzte landwirtschaftliche Flächen und private Gärten erstreckt (§ 59; vgl. auch *Heß* in BeckOK UmweltR § 59 Rn. 9). Diese Flächen haben jedoch auch eine Funktion für die Biodiversitätssicherung, auch wenn sie im innerstädtischen bzw. besiedelten Bereich liegen (Stadtnatur).

50 Der Gesetzgeber bezieht den Freiraumschutz in Abs. 6 anders als in Abs. 5 nicht auf den bauplanungsrechtlichen Innen- oder Außenbereich, sondern auf den besiedelten und siedlungsnahen Bereich. Die Begriffe knüpfen dabei an die im Abs. 1 verwendeten Begriffe des besiedelten und unbesiedelten Bereichs an. Inhaltlich ist daraus zu schlussfolgern, dass Abs. 5 den Schutz des Freiraums im Außenbereich verfolgt, während Abs. 6 den Freiraumschutz auch im besiedelten und siedlungsnahen Bereich sicherstellen soll, somit eher auf den Innenbereich sich bezieht, ohne dabei mit dem bauplanerischen Begriff deckungsgleich oder identisch zu sein (*Meßerschmidt,* § 1 Rn. 114). Der Gesetzgeber bringt den auf den Innenbereich bezogenen Freiraumschutz auch zum Ausdruck, in dem er im Rahmen der Gesetzesbegründung hervorhebt, dass der Freiraumschutz der bauleitplanerischen Innenentwicklung nach § 13a BauGB nicht entgegensteht (BT-Drs. 16/122274, 50). Bei genauerer Betrachtung ist zu konstatieren, dass bauleitplanerische Innenentwicklung und Nachverdichtung sich häufig, wenn etwa die Nachverdichtung auf innerstädtischen Brachen oder Grünflächen vorgesehen ist, in Konflikt mit dem Freiraumschutz setzen. Der gesetzgeberische Hinweis auf § 13a BauGB ist daher nur so zu verstehen, dass die Innenentwicklung grds. dem Freiraumraumschutz nicht entgegensteht, im Einzelfall aber durchaus der Freiraumschutz höher gewichtet werden kann und auch der Innenentwicklung entgegenstehen kann.

51 Im Rahmen der BNatSchG-Novelle 2010 wurde der Begriff der Naturerfahrungsräume eingeführt. Der Gesetzgeber versteht darunter Grundflächen mit einem hohen Erlebnispotenzial für die Erholung von Kindern und Jugendlichen, die diese aufgrund ihrer natürlichen Beschaffenheit und nicht ihrer Infrastrukturausstattung haben (BT-Drs. 16/122274, 50). Gemeint sind damit weitestgehend naturnahe Flächen ohne Infrastruktur, bspw. Spielplatzeinrichtungen, die vor allem Kindern und Jugendlichen ein selbstbestimmtes Naturerleben ermöglichen sollen (vgl. zum Konzept und Begriff *Pretzsch/Klin-*

ger/Peters/Borwieck NuR 2019, 367 (368) mit mwN auf landesrechtliche Definitionen). Hintergrund ist die Erhaltung und Schaffung siedlungsnaher naturnaher Flächen, um Kindern und Jugendlichen die spielerische Wahrnehmung der Natur auch in Ballungszentren und verdichteten Siedlungsgebieten etc. zu ermöglichen, in denen der überwiegende Teil der jüngeren Bevölkerung aufwächst (*Pretzsch/Klinger/Peters/Borwieck* NuR 2019, 367 (368)). Dies dient auch klar der nachhaltigen Natur- und Umweltbildung, auf die der Naturschutz hinsichtlich seiner Akzeptanz durch die Bevölkerung angewiesen ist. Naturerfahrungsräume sind daher auch als geeignete Mittel iSv § 2 Abs. 2 anzusehen.

§ 2 Verwirklichung der Ziele

(1) **Jeder soll nach seinen Möglichkeiten zur Verwirklichung der Ziele des Naturschutzes und der Landschaftspflege beitragen und sich so verhalten, dass Natur und Landschaft nicht mehr als nach den Umständen unvermeidbar beeinträchtigt werden.**

(2) **Die Behörden des Bundes und der Länder haben im Rahmen ihrer Zuständigkeit die Verwirklichung der Ziele des Naturschutzes und der Landschaftspflege zu unterstützen.**

(3) **Die Ziele des Naturschutzes und der Landschaftspflege sind zu verwirklichen, soweit es im Einzelfall möglich, erforderlich und unter Abwägung aller sich aus § 1 Absatz 1 ergebenden Anforderungen untereinander und gegen die sonstigen Anforderungen der Allgemeinheit an Natur und Landschaft angemessen ist.**

(4) **Bei der Bewirtschaftung von Grundflächen im Eigentum oder Besitz der öffentlichen Hand sollen die Ziele des Naturschutzes und der Landschaftspflege in besonderer Weise berücksichtigt werden.**

(5) **Die europäischen Bemühungen auf dem Gebiet des Naturschutzes und der Landschaftspflege werden insbesondere durch Aufbau und Schutz des Netzes „Natura 2000" unterstützt. Die internationalen Bemühungen auf dem Gebiet des Naturschutzes und der Landschaftspflege werden insbesondere durch den Schutz des Kultur- und Naturerbes im Sinne des Übereinkommens vom 16. November 1972 zum Schutz des Kultur- und Naturerbes der Welt (BGBl. 1977 II S. 213, 215) unterstützt.**

(6) **Das allgemeine Verständnis für die Ziele des Naturschutzes und der Landschaftspflege ist mit geeigneten Mitteln zu fördern. Erziehungs-, Bildungs- und Informationsträger klären auf allen Ebenen über die Bedeutung von Natur und Landschaft, über deren Bewirtschaftung und Nutzung sowie über die Aufgaben des Naturschutzes und der Landschaftspflege auf und wecken das Bewusstsein für einen verantwortungsvollen Umgang mit Natur und Landschaft.**

Schrifttum: *Brinktrine,* in: Giesberts/Reinhardt (Hrsg.), BeckOK Umweltrecht, München 2. Aufl. 2018, BNatSchG § 2; *Gellermann,* Naturschutzrecht nach der Novelle des Bundesnaturschutzgesetzes, NVwZ 2010, 73; *Gellermann,* Das modernisierte Naturschutzrecht – Anmerkungen zur Novelle des Bundesnaturschutzgesetzes, NVwZ 2002, 1025; *Kerkmann* in: Schlacke (Hrsg.); Gemeinschaftskommentar zum Bundesnaturschutzgesetz, 2. Aufl. Köln 2017, § 2; *Lütkes* in: Lütkes/Ewer (Hrsg.), Bundesnaturschutzgesetz Kommentar, 2. Aufl., München 2018, BNatSchG § 2; *Meßerschmidt,* in: Meßerschmidt, Bundesnaturschutzrecht, 96. Aktualisierung 2009, § 2; *Müller-Walter,* in: Lorz/Konrad/Mühlbauer/Mühlbauer/Müller-Walter/Stöckel, Naturschutzrecht, 3. Aufl. 2013, § 2; *Nettesheim* in: Maunz/Dürig, Grundgesetz Kommentar, 92. EL August 2020, GG Art. 59 Rn. 173.

Übersicht

A. Allgemeines

I. Inhalt und Bedeutung der Vorschrift

1 § 2 fasst eine Vielzahl an Regelungen unter der Bezeichnung „Verwirklichung der Ziele" zusammen. Die Vorschrift regelt grundsätzlich, von wem und wie die Ziele des Naturschutzes zu verwirklichen sind, ohne jedoch die Zuständigkeitsregeln für den Vollzug der speziellen Vorschriften vorwegzunehmen (§ 3).

Abs. 1 sieht eine Jedermannsverpflichtung vor, zur Verwirklichung der Ziele des § 1 beizutragen. Abs. 2 statuiert eine allgemeine Förderungsverpflichtung der Bundes- und Landesbehörden der Zielverwirklichung. Die zentrale Vorschrift über das Abwägungsgebot enthält Abs. 3. Dieser schreibt eine Abwägung der Ziele untereinander (interne) und gegenüber anderen Belangen vor (externe Abwägung), jedoch nur bezogen auf die in § 1 enthaltenen Ziele. Abs. 4 sieht eine besondere Berücksichtigungspflicht der Ziele bei der Bewirtschaftung von Flächen im Eigentum der öffentlichen Hand vor, die auf die Vorbildfunktion der öffentlichen Stellen gerichtet ist. Gegenstand des Abs. 5 ist die Unterstützung der Einhaltung inter- und supranationaler Verpflichtungen der Bundesrepublik durch die Verwirklichung der Ziele des Naturschutzes und der Landschaftspflege. Auf das allgemeine Verständnis der Naturschutzziele in der Bevölkerung zielen die Förderungsverpflichtung und der Bildungsauftrag in Abs. 6 ab.

II. Rechtsentwicklung

2 Im Rahmen der BNatSchG-Novelle konzipierte der Gesetzgeber den § 2, in dem vormals die Grundsätze des Naturschutzes und der Landschaftspflege enthalten waren (jetzt § 1 Abs. 2–6), neu und fasste die bereits anderer Stelle im BNatSchG aF enthaltenen Vorgaben unter der Überschrift „Verwirklichung der Ziele" zusammen (BT-Drs. 16/12274, 50). Die Jedermannsverpflichtung aus Abs. 1 war bereits in § 4 aF vorhanden, die Unterstützungsverpflichtung des Abs. 2 hingegen in § 6 Abs. 2 Satz 1 aF. Das Abwägungsgebot war im Wesentlichen in § 2 Abs. 1 aF enthalten. Bereits durch die BNatSchG-Novelle 2002 korrigierte der Gesetzgeber die als verfehlt kritisierte Stellung des Abwägungsgebotes in der Zielvorschrift des § 1 aF („sachlich unangemessen" und „fehl am Platze", so *Meßerschmidt,* § 2 Rn. 22). Die Berücksichtigungspflicht des Abs. 4 entspricht dem § 7 Satz 1 BNatSchG aF. Bereits im § 2 Abs. 1 Satz 1 aF war auch in Grundzügen die Unterstützungspflicht des heutigen Abs. 5 vorhanden. Der jetzige Abs. 6 Satz 1 entspricht nahezu wortgleich dem § 2 Abs. 1 Nr. 15 Satz 1 aF. Im Rahmen der BNatSchG-Novelle 2010 ist der ehemals in der Rahmengesetzgebung auf den Erlass von Landesregelungen gerichtete § 6 Abs. 3 Satz 3 aF in eine bundesrechtliche Vollregelung überführt und umgestaltet worden (Abs. 6 Satz 2). In diesem Zusammenhang neu

hinzugetreten ist der Aspekt der Bewirtschaftung und Nutzung von Natur und Landschaft im Rahmen des Bildungsauftrags aus Abs. 6 Satz 2 (siehe zu den Änderungen BT-Drs. 16/12274, 50).

III. Verfassungsrechtlicher Kontext

Bei § 2 handelt es sich nicht um einen abweichungsfesten Grundsatz des Naturschutzes iSd Klammerzusatzes von Art. 72 Abs. 3 Nr. 2 GG, so dass die Länder grundlegend abweichende Regelungen treffen können. Von dieser Befugnis haben verschiedene Länder durch den Erlass von Abweichungen oder Konkretisierungen und Ergänzungen Gebrauch gemacht. Abweichungen: Bayern (Art. 1 BayNatSchG), Baden-Württemberg (§ 2 NatSchG BW), Thüringen (§ 1 Abs. 2 ThürNatG). Konkretisierungen und Ergänzungen zu § 2: Bayern (Art. 1b BayNatSchG), Baden-Württemberg (§ 3 NatSchG BW), Berlin (§ 2 BerlNatSchG), Mecklenburg-Vorpommern (§ 1 Abs. 4 NatSchAG M-V), Nordrhein-Westfalen (§ 2 Abs. 7 LNatSchG NRW), Saarland (§ 3 SaarlNatSchG), Sachsen (§§ 1, 44 SächsNatSchG), Schleswig-Holstein (§ 56 LNatSchG SH), Thüringen (§§ 1 Abs. 1, 1 Abs. 5 ThürNatSchG). 3

Das Abwägungsgebot in Abs. 3 weist einen Bezug zu dem im Verfassungsrecht verankerten **rechtsstaatlichen Abwägungsgebot** des Art. 20 Abs. 3 GG auf und ist Ausfluss dessen (BT-Drs. 16/12274, 50). 4

B. Einzelerläuterungen

I. Jedermannsverpflichtung (Abs. 1)

Abs. 1 enthält die sog. **Jedermannsverpflichtung,** nach der jeder nach seinen Möglichkeiten zur Zielverwirklichung beitragen und sich so verhalten soll, dass die Schutzgüter nicht mehr als nach den Umständen vermeidbar beeinträchtigt werden. Die Jedermannspflicht stellt eine Verhaltensvorschrift dar, die mehr oder weniger anderweitigen Normen im Fachrecht ähnelt (bspw. § 5 Abs. 1 WHG, § 4 Abs. 1 BBodSchG). **Adressaten** der Jedermannsverpflichtung sind vornehmlich alle natürlichen Personen. Auch juristische Personen können Adressaten der Norm sein, soweit diese nach dem Wesen auf sie anwendbar ist (vergleichbar zur Geltung der Grundrechte nach Art. 19 Abs. 3 GG). Die Norm richtet sich auch an den Staat und die Staatsgewalten, die bereits im Rahmen des Verfassungsauftrags aus Art. 20a GG zum Schutz von Natur und Landschaft verpflichtet werden. In erster Linie richtet sich die Norm jedoch an die Bürger und Bürgerinnen, da der Naturschutz und die Landschaftspflege nicht allein eine staatliche, sondern auch eine **gesamtgesellschaftliche Aufgabe** ist. Ohne die gesellschaftliche Akzeptanz und das dafür erforderliche Verständnis in der Bevölkerung für die Ziele des Naturschutzes und der Landschaftspflege ist ein effektiver Schutz ausgeschlossen und nicht erreichbar (BT-Drs. 16/122274, 50). Vor diesem Hintergrund richtet sich der Gesetzgeber mit zwei Aufforderungen an die Privatpersonen: zum ersten einen aktiven Beitrag nach den persönlichen Möglichkeiten zur Zielverwirklichung zu leisten und diese zu fördern und zum anderen, durch das Verhalten Beeinträchtigungen von Natur und Landschaft möglichst zu vermeiden (BT-Drs. 16/122274, 50). Während Abs. 1, 1. HS ein allgemeines **Förderungsgebot** vorsieht, enthält Abs. 1, 2. HS ein **allgemeines Vermeidungsgebot** im Einzelfall, das auch als Sorgfalts- oder Rücksichtnahmegebot umschrieben werden könnte (BT-Drs. 14/6378, 39). 5

6 Der Soll-Vorschrift sind dabei schon begrifflich mehrere Relativierungen zu entnehmen. So soll jeder nur **„nach seinen Möglichkeiten"** aktiv zur Zielverwirklichung beitragen und zudem die Natur nicht **„mehr als nach den Umständen"** unvermeidbar beeinträchtigt werden. Mangels eindeutiger Aussagen in der Gesetzesbegründung bleibt unklar, was sich der Gesetzgeber darunter konkret vorgestellt hat. Es ist zu vermuten, dass es dem Gesetzgeber bei den Relativierungen darum ging, zum Ausdruck zu bringen, dass sich Beeinträchtigungen der Natur im Industrie- und Technikzeitalter nicht absolut verhindern lassen und das menschliche Verhalten zwangsweise mit Einwirkungen auf die Natur und Landschaft verbunden ist. Daher sollte jede Person im Rahmen ihrer individuellen Umstände und der sich daraus ergebenden **Zumutbarkeit** zum Naturschutz beitragen, insbesondere durch die Verhinderung von vermeidbaren Beeinträchtigungen. Vermeidbar ist eine Beeinträchtigung allgemein, wenn sie ohne vernünftigen Grund erfolgt und schonendere Alternativen gegeben sind.

7 Die Norm begründet **keine unmittelbar durchsetzbaren Handlungs- oder Unterlassungspflichten** der Adressaten, wovon der Gesetzgeber selbst ausgeht (BT-Drs. 16/12274, 50). Folglich ist ein Verstoß auch nicht bußgeld- oder strafbewehrt, der Tatbestand des § 2 Abs. 1 wird in den entsprechenden Vorschriften nicht genannt. Mangels durchsetzbarer Pflichten gibt Abs. 1 auch keine Eingriffsermächtigung zugunsten der zuständigen Naturschutzbehörden her. Ungeachtet dessen wäre sie auch nachrangig gegenüber den spezielleren Vorschriften des BNatSchG, die die allgemeine Jedermannsverpflichtung konkretisieren. Zu denken ist dabei insbesondere an die Eingriffsregelung (§ 15 Abs. 1) und den allgemeinen Artenschutz (§ 39). In der Konsequenz ist damit mit der überwiegenden Auffassung im Schrifttum davon auszugehen, dass die Jedermannsverpflichtung lediglich einen Appellcharakter hat (*Kerkmann* in: GK-BNatschG, § 2 Rn. 4; Meßerschmidt, § 2 Rn. 12; *Brinktrine* in Giesberts/Reinhardt, Umweltrecht BNatSchG § 2 Rn. 8; *Müller-Walter* in: LKMMWS, § 2 Rn. 2). Während teilweise der Regelungswert der Norm gänzlich in Abrede gestellt wird (so wohl *Brinktrine* in Giesberts/Reinhardt, Umweltrecht BNatSchG § 2 Rn. 8), wird zutreffend darauf hingewiesen, dass Abs. 1 als **allgemeiner Verhaltensmaßstab** für die Auslegung und Anwendung anderer Normen aber auch im Zusammenhang mit der Sozialbindung des Eigentums von Bedeutung sein kann, wovon auch der Gesetzgeber ausgegangen ist (BT-Drs. 16/12274, 50; *Kerkmann* in: GK-BNatschG § 2 Rn. 4). Eine solche Funktion der Norm ist nicht gänzlich von der Hand zu weisen (siehe für Beispiel Berücksichtigung bei Auslegung: VG Wiesbaden Urt. v. 14.9.2016 – 4 K 825/16, BeckRS 2016, 110783), von daher ist der Norm auch nicht jeglicher Regelungswert abzusprechen. Der Schwerpunkt der Bestimmung liegt aber sicher in ihrem appellhaften Charakter und der damit verbundenen Aussage, dass Naturschutz eben nicht nur Aufgabe des Staats und seiner Organe ist, sondern jeden Einzelnen angeht (so ähnlich Lütkes/Ewer/*Lütkes,* BNatSchG § 2 Rn. 7).

II. Unterstützungspflicht der Behörden (Abs. 2)

8 Abs. 2 statuiert eine Pflicht der Behörden zur Unterstützung der Zielverwirklichung im Rahmen ihrer Zuständigkeiten. **Adressaten** der Norm sind zunächst die Bundesbehörden, im Rahmen der BNatSchG-Novelle 2010 neu hinzugekommen sind auch die Landesbehörden (BT-Drs. 16/12274, 51). Der Begriff der Behörde ist nach der hM funktional zu verstehen (*Kerkmann* in: GK-BNatschG, § 2 Rn. 5; *Meßerschmidt,* § 2 Rn. 18; *Brinktrine* in Giesberts/Reinhardt Umweltrecht BNatSchG § 2 Rn. 16; *Müller-Walter* in: LKMMWS § 2 Rn. 5). Erfasst werden daher über § 4 Abs. 1 VwVfG und die

LandesVwVfG alle Stellen der öffentlichen Verwaltung einschließlich der juristischen Personen des öffentlichen Rechts und Privatrechts, soweit sie öffentliche Aufgaben wahrnehmen oder Dienstleistungen erbringen, die im Zusammenhang mit der Natur- und Landschaftspflege stehen (vgl. insoweit zur Vorgängervorschrift des § 6 aF: BT-Drs. 14/6378, 40, worin von sonstigen mit Verwaltungsaufgaben befassten Stellen die Rede ist). Wesentliches Abgrenzungskriterium ist daher das Merkmal der **Wahrnehmung öffentlicher Aufgaben.**

Nach dem Wortlaut des Abs. 2 sollen die Behörden im Rahmen ihrer Zuständigkeit die Zielverwirklichung unterstützen. Der Zusatz „im Rahmen ihrer Zuständigkeiten" ist dabei nicht so zu verstehen, dass allein die zuständigen Naturschutzbehörden zur Zielunterstützung verpflichtet wären oder jede andere öffentliche Stelle sich eine eigene Naturschutzkompetenz aufzubauen hätte (so auch *Kerkmann* in: GK-BNatschG, § 2 Rn. 5). Vielmehr sind die Naturschutzbehörden bereits nach § 3 zuständig und haben selbstverständlich auch die Ziele des § 1 Ziele im Rahmen ihrer Zuständigkeit zu verfolgen. Die Vorschrift hätte keinen eigenen Regelungsgehalt, würde sie sich nur auf die ohnehin für den Naturschutz zuständigen Stellen beschränken. Daher wird zu Recht eingewandt, dass sich die Vorschrift nur auf die öffentlichen Stellen bezieht, die nicht originär für den Naturschutz zuständig sind (so *Meßerschmidt,* § 2 Rn. 19; a. A. *Brinktrine* in Giesberts/Reinhardt Umweltrecht BNatSchG § 2 Rn. 17). Aus der Entstehungsgeschichte der Norm ist ersichtlich, dass es sich um eine **Querschnittsklausel** handeln sollte, wonach gerade die nicht originär mit dem Naturschutz betrauten Stellen die Naturschutzbehörden zu unterrichten sind und ihnen Gelegenheit zur Stellungnahme gegeben werden sollte (so § 6 Abs. 2 aF). Die Behördenverpflichtung aus Abs. 2 korrespondiert daher eng mit der Beteiligungspflicht aus § 3 Abs. 5 (*Meßerschmidt,* § 2 Rn. 20). 9

Inhalt der Pflicht aus Abs. 2 ist die Unterstützung der Zielverwirklichung. Das vermeidbare Beeinträchtigungen zu unterlassen sind, ergibt sich bereits aus Abs. 1. Die **Pflicht zur Unterstützung** geht darüber hinaus und ist auch mehr als nur eine Berücksichtigungs- oder Beachtenspflicht. Unterstützung fordert einen **aktiven Betrag zur Zielerreichung.** Da eine nicht mit dem Naturschutz betraute Stelle keine eigene Naturschutzkompetenz aufzubauen hat, ist die Unterstützung in erster Linie auf aktive Einbeziehung der zuständigen Naturschutzbehörden (die über § 3 Abs. 5 ohnehin gefordert ist) gerichtet, die über die Amtshilfe hinausgeht. Da die Unterstützung auf die Verwirklichung der Ziele des § 1 abzielt, kommt weiterhin in Betracht, dass öffentliche Stellen im Rahmen ihrer Entscheidungsgewalt („im Rahmen ihrer Zuständigkeit"), ihr Ermessen von der naturschutzrechtlichen Zielbestimmung leiten lassen oder andere fachrechtliche Regelungen naturschutzfreundlich anhand des § 1 auslegen (so auch *Meßerschmidt,* § 2 Rn. 20). 10

Bei der Behördenverpflichtung handelt sich um eine durchsetzbare Pflicht, die etwa im Rahmen der Rechts- und Fachaufsicht durchgesetzt werden kann (*Brinktrine* in Giesberts/Reinhardt Umweltrecht BNatSchG § 2 Rn. 17). Da das BNatSchG teilweise speziellere Vorschriften für Beteiligungen der Naturschutzbehörden vorsieht (bspw. § 17 Abs. 1) und auch die Koorperationsverpflichtung des § 3 Abs. 5 formell strengere Beteiligungsvorgaben statuiert, dürfte die Feststellung einer Verletzung der allgemeinen Unterstützungspflicht der Behörde eine Ausnahme bilden. 11

III. Abwägungsgebot (Abs. 3)

§ 1 Abs. 3 enthält das **Abwägungsgebot,** wonach die Ziele des Naturschutzes und der Landschaftspflege, soweit es im Einzelfall möglich, erforderlich und unter Abwägung 12 der Ziele untereinander und mit sonstigen Anforderungen der Allgemeinheit an Natur und Landschaft angemessen ist, zu verwirklichen sind. Als Abwägungsgebot ist der Anwendungsbereich des Abs. 3 nur dann eröffnet, wenn der zuständigen Behörde ein **Ermessens- und Gestaltungsspielraum** eingeräumt ist. Auf gebundene Entscheidungen findet das Abwägungsgebot daher von vornherein keine Anwendung.

13 Angesichts des Wortlauts ist das Abwägungsgebot auf die Ziele des § 1 Abs. 1 gerichtet (OVG Schleswig Urt. v. 30.7.2012 – 1 KN 1/12, BeckRS 2013, 57038 Rn. 36). Abs. 3 stellt damit keine Abwägungsformel dar, die für Fälle ohne Bezug zu den naturschutzfachlichen Zielen zur Anwendung kommen könnte (*Kerkmann* in: GK-BNatschG, § 2 Rn. 8). Gleichfalls ist das Abwägungsgebot schon vom Wortlaut her auf die Abwägung der Naturschutzziele mit den Belangen der Allgemeinheit beschränkt und erfasst demnach nicht die Abwägung mit privaten Belangen (*Kerkmann* in: GK-BNatschG, § 2 Rn. 8). Für diese Sichtweise lässt sich ins Feld führen, dass das naturschutzrechtliche Abwägungsgebot anders als das bauplanerische Abwägungsgebot des § 1 Abs. 7 BauGB vom Wortlaut her nicht die Abwägung (auch) der privaten Belange erfordert. Als **Ausfluss des rechtsstaatlichen Abwägungsgebot** aus Art. 20 Abs. 3 GG (BT-Drs. 16/12274, 51; BVerwG NJW 1982, 1473) wäre eine derartige Verengung auf die bloße Abwägung von Allgemeinwohlbelangen jedoch nicht gerechtfertigt und würde jedenfalls in den Fällen zu einer Schieflage führen, in denen der Entzug grundrechtsgeschützter Positionen in Rede steht. Es ist demnach dem Lösungsansatz zu folgen, der dem Wortlaut größtmögliche Bedeutung beimisst und zugleich seinen Ausgangspunkt im Verfassungsrecht hat (so *Meßerschmidt,* § 2 Rn. 39). Demnach ist das Abwägungsgebot nicht auf die Abwägung aller in Betracht kommenden Belange gerichtet, wie eine Planungsentscheidung. Grundsätzlich sind in erster Linie öffentliche Belange abzuwägen, private Belange sind ausnahmsweise dann zu berücksichtigen, wenn sie grundrechtlich geschützt sind und eine Abwägung verfassungsrechtlich geboten ist. Die Rechtsprechung trägt dem weitestgehend Rechnung und nimmt ein Abwägungserfordernis grundrechtlich geschützter Positionen schon aufgrund des Abwägungsgebots aus Art. 20 Abs. 3 GG an (BVerwG NVwZ 1988, 1020 (1021); BVerwG NVwZ 2004, 729 (731); VGH Mannheim Urt. v. 25.11.2020 – 5 S 748/18, BeckRS 2020, 37013 Rn. 29; OVG Magdeburg Urt. v. 21.11.2003 – 2 K 341/00, BeckRS 2003, 18294 Rn. 55; siehe auch Meßerschmidt, § 2 Rn. 38 mwN). Soweit dagegen auch angenommen wird, das naturschutzrechtliche Abwägungsgebot bedinge nicht die Abwägung privater grundrechtlich geschützter Belange, sondern ein derartiges Abwägungserfordernis privater grundrechtlich geschützter Belange könne sich nur – unabhängig – aus dem rechtsstaatlichen Abwägungsgebot (Art. 20 Abs. 3 GG) ergeben (so OVG Schleswig Urt. v. 30.7.2012 – 1 KN 1/12, BeckRS 2013, 57038 Rn. 35f.), wird dabei verkannt, dass Abs. 3 Ausfluss des Art. 20 Abs. 3 GG ist (BT-Drs. 16/12274, 51). Gegenüber Art. 20 Abs. 3 GG kann Abs. 3 daher hinsichtlich der abwägungsrelevanten Belange nicht zurückbleiben. Es verbleibt aber im Einzelfall bei der konkreten Prüfung, ob tatsächlich grundrechtlich geschützte Positionen von einer Entscheidung auf dem Gebiet des Naturschutzes überhaupt betroffen sind (offen gelassen: BVerwG Beschl. v. 4.3.2019 – 4 BN 15.19, BeckRS 2019, 4523 Rn. 6f.).

14 Abs. 3 nennt die maßgeblichen gesetzlichen Einschränkungen der Naturschutzziele in Form der Möglichkeit, Erforderlichkeit und Angemessenheit **(Verhältnismäßigkeitsgrundsatz)** sowie der Abwägung.

15 **1. Möglichkeit.** Die Zielverwirklichung muss zunächst **möglich** erscheinen. Negativ kann daher gefragt werden, unter welchen Umständen eine solche Zielverwirklichung unmöglich ist. Dabei wird zwischen der tatsächlichen Unmöglichkeit und der rechtlichen

Unmöglichkeit unterschieden (*Meßerschmidt,* § 2 Rn. 25). Die Ziele von Naturschutz und Landschaftsziele können demnach grundsätzlich in den Fällen nicht umgesetzt werden, die eine tatsächlich undurchführbare Handlung oder aber rechtlich nicht erlaubte Handlung erfordern würden.

2. Erforderlichkeit. Weiterhin muss die Umsetzung der Maßnahme **erforderlich** **16** sein. Nach der allgemeinen Definition muss innerhalb der Eingriffsverwaltung das mildeste unter allen gleich geeigneten Mitteln gewählt werden. Darüber hinaus wird gefordert, dass die Maßnahme vernünftigerweise geboten und zielführend sein muss, sowie nicht überflüssig sein darf. Die Erforderlichkeit ist dann zu verneinen, wenn die Mittelauswahl offensichtlich falsch ist und eindeutig feststeht, dass sich der Zweck mit einem milderen Mittel sachlich gleichwertig erreichen lässt (so OVG Saarlouis, Urt. v. 4.2.2020 – 2 C 273/18, juris Rn. 32).

3. Angemessenheit. Zudem führt Abs. 3 auch das Kriterium der Angemessenheit **17** auf, wonach die behördliche Entscheidung **angemessen** sein muss. Im Allgemeinen ist darunter die Verhältnismäßigkeit im engeren Sinne, folglich die Zweck-Mittel-Relation der jeweiligen Maßnahme zu verstehen (*Kerkmann* in: GK-BNatschG, § 2 Rn. 7). Die Zweck-Mittel-Relation ist dabei in erster Linie auf die Wirtschaftlichkeit fokussiert (BT-Drs. 14/6378, 35). Teilweise wird aufgrund der engen Überschneidung der Angemessenheitsprüfung mit dem Abwägungsgebot im engeren Sinne die Eigenständigkeit dieses Prüfungskriteriums abgelehnt (so *Meßerschmidt,* § 2 Rn. 25).

4. Abwägungsgebot. Das Abwägungsgebot enthält bei genauerer Betrachtung zwei **18** Abwägungsgegenstände: die **interne** und die **externe Abwägung** (*Gellermann* NVwZ 2010, 73 (75)). Die interne Abwägung bezieht sich auf die Abwägung der naturschutzrechtlichen Zielsetzungen des § 1 untereinander. Diese können mitunter im Einzelfall gegensätzlich und widersprüchlich sein, so dass es im Falle eines **Zielkonflikts** der Abwägung untereinander bedarf. Schon mit Blick auf die konkretisierenden Grundsätze des § 1 Abs. 2–5 wird deutlich, dass diese nicht widerspruchsfrei sind. Zu denken ist dabei bspw. an den Konflikt zwischen dem Primat der Innenentwicklung (§ 1 Abs. 5 Satz 2) und dem Schutz der Freiräume im besiedelten Bereich (§ 1 Abs. 5 Nr. 6 Satz 1) oder der Sicherung der biologischen Vielfalt (§ 1 Abs. 2) und der zunehmenden regenerativen Energiennutzung (§ 1 Abs. 3 Nr. 4) (Stichwort Vogelschutz vs. Windenergie) oder der Erholungsnutzung (§ 1 Abs. 3 Nr. 2). Keinem der naturschutzrechtlichen Ziele des § 1 Abs. 1 noch der konkretisierenden Grundsätze kommt dabei von vornherein ein Vorrang zu, sie stehen vorbehaltlich einer Abwägung im Einzelfall gleichrangig nebeneinander (*Kerkmann* in: GK-BNatschG, § 2 Rn. 8; Lütkes/Ewer/*Lütkes,* BNatSchG § 2 Rn. 11).

Die externe Abwägung bezieht sich auf die Abwägung der Naturschutzziele des § 1 mit anderen, naturschutzexternen Belangen bzw. Interessen. Auch hier sind Kollisionen die Regel, in der Praxis etwa die Kollisionen mit Infrastruktur- und Industrieprojekten und den dahinter stehenden Belangen, wie Arbeitsplatzschaffung oder verkehrliche Ziele (sozialökonomische Belange).

19 Interne und externe Ziel- und Interessenskonflikte sind im Einzelfall im Rahmen der Abwägung aufzulösen. Aus der Stellung des Abwägungsgebotes (nunmehr) in § 2 Abs. 3 hat der Gesetzgeber verdeutlicht, dass es sich um eine **Abwägung auf Ebene der Umsetzung** (Einzelfall) und nicht der Zielebene des § 1 handelt (*Gellermann* NVwZ 2002, 1025 (1027)). Das Gebot der gerechten Interessenabwägung bezieht sich dabei sowohl auf den Abwägungsvorgang als auch auf das Abwägungsergebnis (siehe grds. BVerwG

BVerwGE 41, 67 (71)). Das Abwägungsgebot wird nach der in der Rechtsprechung entwickelten Fehlerlehre dann verletzt (vgl. nur BVerwG VerwRspr 1970, 571 (576), wenn

- eine (sachgerechte) Abwägung überhaupt nicht stattgefunden hat (Abwägungsausfall),
- wenn die Abwägung Belange nicht eingestellt wurden, die nach Lage der Dinge in sie eingestellte hätten werden müssen (Abwägungsdefizit),
- die Bedeutung der betroffenen Belange verkannt wird (Abwägungsfehleinschätzung) oder
- der Ausgleich zwischen den berührten Belangen in einer Weise vorgenommen wird, der zur objektiven Gewichtung einzelner Belange außer Verhältnis steht (Abwägungsdisproportionalität).

Den Belangen des Naturschutzes und der Landschaftspflege ist in Abwägungsentscheidungen ein hohes Gewicht beizumessen, was bereits die verfassungsrechtliche Wertung des Art. 20a GG verdeutlicht. Über dieses besondere Gewicht der Naturschutzbelange wird dem Abs. 3 darüber hinaus die Funktion eines **Optimierungsgebots** zugeschrieben, wonach die Naturschutzbelange weitgehend zu beachten sind (so ausdrücklich zur Vorgängerregelung des § 1 Abs. 2 aF: BVerwG NJW 1986, 82 (83)) und einen relativen Vorrang gegenüber konkurrierenden Belangen genießen (*Meßerschmidt,* § 2 Rn. 37).

IV. Berücksichtigungspflicht bei Bewirtschaftung der Flächen der öffentlichen Hand (Abs. 4)

20 Abs. 4 statuiert eine Berücksichtigungspflicht der Ziele des § 1 bei der Bewirtschaftung der im Eigentum oder Besitz stehenden Flächen der öffentlichen Hand. Die Norm kennzeichnet die besondere Verantwortung der öffentlichen Stellen für die Verwirklichung der Naturschutzziele und hebt die **Vorbildwirkung** hervor (BT-Drs. 14/6378, 51). Die besondere Berücksichtigungspflicht ist vor dem Hintergrund des umfangreichen Grundbesitzes der öffentlichen Hand zu sehen, womit ein nicht unwesentlicher Teil der Landesfläche für die Verwirklichung der Naturschutzziele von besonderer Bedeutung ist.

21 Der Anwendungsbereich der Norm umfasst zunächst sämtliche Grundflächen in der Verfügungsgewalt der öffentlichen Hand. Hierunter fallen alle im Eigentum aber auch im Besitz stehenden Flächen. Unter den Begriff der öffentlichen Hand fallen juristische Personen des öffentlichen Rechts und ggf. des Privatrechts, sofern diese öffentliche Aufgaben wahrnehmen oder mehrheitlich juristische Personen des öffentlichen Rechts an ihnen beteiligt sind. Adressaten der Norm sind daher der Bund, die Länder und Kommunen, Staatsbetriebe und Stiftungen des öffentlichen Rechts. Ausgenommen sind hiervon Kirchen und Religionsgemeinschaften iSd Art. 140 GG i. V. m. Art 137 Abs. 5 und 7 WRV, die nicht als staatliche Einrichtungen zu verstehen sind (BT-Drs. 14/6378, 41).

22 Unter Grundflächen fallen alle Flächen der öffentlichen Hand unabhängig von ihrer ökologischen oder naturschutzfachlichen Wertigkeit. Eine Einschränkung auf wertvolle Grundflächen wie der vormalige § 7 aF enthält Abs. 4 nicht mehr. Damit verbunden ist der Wegfall der Einschränkung auf Flächen, die sich bspw. für die Unterschutzstellung anbieten (BT-Drs. 14/6378, 41). Demensprechend kommen alle Flächen für die Berücksichtigungspflicht in Frage, die in der **Verfügungsgewalt der öffentlichen Hand** stehen. Zu denken ist dabei in erster Linie an den Staats- und Körperschaftswald, Truppenübungsplätze der Bundeswehr, Flächen der Bahn, die Wasserstraßen und sonstigen

Gewässer im Eigentum der öffentlichen Hand. Der Begriff der Grundflächen ist eher auf den Grundbesitz zu verstehen, nicht auf die Verbindung mit dem (Unter-)Grund. Demnach zählen zu den Grundflächen auch Gewässer und Wasserflächen (a. A. *Kerkmann* in: GK-BNatschG, § 2 Rn. 10). Dafür spricht insbesondere der Umstand, dass der Gesetzgeber eine derartige Verengung selbst nicht vorgesehen hat, sondern zur Vorgängerregelung auch die Flächen von der Regelung umfasst wissen wollte, die sich für die Unterschutzstellung eignen oder vom gesetzlichen Biotopschutz umfasst sind (BT-Drs. 14/6378, 41). Hierzu gehören unzweifelhaft auch die Gewässer (vgl. nur § 30 Abs. 2 Nr. 1), wobei diese (Wasser-)Flächen auch einen nicht unwesentlichen Teil des Grundbesitzes der öffentlichen Hand ausmachen dürften und daher eine Verengung des Anwendungsbereichs große Flächen der öffentlichen Hand nicht erfasst würden.

Inhalt des Abs. 4 ist eine besondere **Berücksichtigungspflicht** bei der Bewirtschaf- **23**
tung der Flächen, die über die bloße Berücksichtigung hinausgeht. Damit einher geht ein **Optimierungsgebot,** wonach dort wo immer es möglich oder angemessen ist, die Ziele des Naturschutzes und der Landschaftspflege auf den Flächen der öffentlichen Hand vorrangig zu verfolgen sind (BT-Drs. 14/6378, 41). Dies schließt die Nutzung zu anderen Zwecke selbstverständlich nicht aus, was insbesondere die Vorgabe der Funktionssicherung zu anderen öffentlichen Zwecken (§ 4) verdeutlicht. Der allgemeine **Funktionsvorbehalt** ist der Norm damit immanent, ohne eine gesonderte Erwähnung zu finden (BT-Drs. 16/12274, 51, so auch *Kerkmann* in: GK-BNatschG, § 2 Rn. 12). Die besondere Berücksichtigungspflicht erfordert zunächst, dass die Belange des Naturschutzes in Form der Ziele bei der Nutzung und Bewirtschaftung ermittelt und berücksichtigt werden (BT-Drs. 14/6378, 41). Sind andere Belange an der Nutzung einer Fläche den Belangen des Naturschutzes nachrangig, soll diese zur Verwirklichung der Ziele des § 1 genutzt werden. Soweit eine Fläche eine Funktion für anderweitige Nutzungen inne hat, sind die Naturschutzziele dabei so weit wie möglich zu verfolgen und auf diese **Rücksicht** zu nehmen (BT-Drs. 14/6378, 41), ohne die Nutzung einzuschränken. Zugleich ist mit der Berücksichtigungspflicht ein **allgemeines Verschlechterungsverbot** verbunden, das unter dem Vorbehalt der Abwägung im Einzelfall steht und konkret in der Vermeidung von nachteiligen Veränderungen besteht, die keinen vernünftigen Grund haben (BT-Drs. 14/6378, 41). Dies ergibt sich bereits aus dem Zusammenspiel der Berücksichtigungsverpflichtung mit der Jedermannsverpflichtung aus Abs. 1 (→ Rn. 5). Die ausdrückliche Regelung eines allgemeinen Verschlechterungsverbots hielt der Gesetzgeber jedoch nicht (mehr) für erforderlich (BT-Drs. 16/12274, 51). Positive Handlungspflichten sollten nach Ansicht des Gesetzgebers nicht auferlegt werden und die Form des pflichtgemäßen Handelns dem jeweiligen Betroffenen überlassen bleiben (BT-Drs. 14/6378, 41). Da die Vorschrift jedoch von der Bewirtschaftung spricht, dürften aktive Maßnahmen nicht ausgeschlossen sein, um der Vorbildfunktion zu entsprechen. Der Gesetzgeber nennt als Beispiele der besonderen Berücksichtigungspflicht beispielhaft den Verzicht auf Einsatz von Pflanzenschutz- oder Düngemitteln und auf die Durchführung nachteiliger Maßnahmen (bauliche Maßnahmen) (BT-Drs. 14/6378, 41). In Betracht kommt ferner die Nutzungsruhe in Waldgebieten (VG Regensburg, NuR 2011, (451 (460)) und die Einrichtung von Wildnisgebieten auf ehemalig genutzten Flächen (bspw. Tagebauen und Militärgebieten). Auch die vorrangige Zurverfügungstellung von Flächen zum Zwecke des Naturschutzes und zur Vermeidung der Inanspruchnahme privaten Eigentums sowie von Interessenkollisionen (siehe zur Eingriffsregelung bzw. Durchführung von Kompensationsmaßnahmen: BVerwG NVwZ 1998, 504 (507)) dürfte von der besonderen Berücksichtigungspflicht umfasst sein. Speziell für die Erholungsnutzung sieht § 62 vor, dass die öffentliche Hand den Zugang zu ihren Grundstücken ermöglichen und diese insoweit zur Verfügung stellen soll.

V. Unterstützungsverpflichtung in Bezug auf Völker- und Unionsrecht (Abs. 5)

24 § 2 Abs. 5 sieht eine Unterstützungsverpflichtung für unionsrechtliche und völkerrechtliche Bemühungen auf dem Gebiet des Naturschutzes und der Landschaftspflege vor. Die Norm ist jedenfalls missverständlich oder gar unzutreffend, soweit dabei von Bemühungen und einer Unterstützung die Rede ist. Im Grunde genommen handelt es sich im rechtlichen Sinne nicht um Bemühungen, sondern um strikte Rechtsverpflichtungen der Bundesrepublik. An völkerrechtliche Verpflichtungen ist die Bundesrepublik bereits aufgrund des Prinzips der Vertragstreue gebunden (pacta sunt servanda). Der gebundene Staat ist verpflichtet, sein nationales Recht an das Völkerrecht anzupassen, gegenteilige Regelungen zu unterlassen und die ratifizierten Verträge einzuhalten (vgl. auch *Nettesheim* in: Maunz/Dürig, 92. EL August 2020, GG Art. 59 Rn. 173). Dies gilt umso mehr für das Unionsrecht, dass in Art. 288 AEUV die Verbindlichkeit der Rechtsakte der Union selbst regelt. Danach sind EU-Verordnungen verbindlich und gelten unmittelbar in den Mitgliedstaaten (Art. 288 Satz 1 AEUV). EU-Richtlinien sind hinsichtlich ihres Ziels verbindlich, die Wahl der Form und der Mittel bleibt den Mitgliedstaaten jedoch überlassen (Art. 288 Satz 2 AEUV), wobei die richtlinienkonforme Umsetzung und Anwendung ebenso eine Rechtspflicht darstellt und ggf. das Unionsrecht unmittelbar bei Umsetzungsdefiziten gilt. Insofern sind die Begriffe der Unterstützung und der Bemühungen unzutreffend, es handelt sich vielmehr um **Rechtspflichten und verbindliche Ziele,** die zwingend einzuhalten sind und eben nicht nur zu „unterstützen" sind. Dies bindet sowohl den Gesetzgeber hinsichtlich der völkerrechtlichen Umsetzung, die Verwaltung hinsichtlich des Vollzugs der Bestimmungen und die Rechtsprechung hinsichtlich der völkerrechts- und unionsfreundlichen Rechtsanwendung und -auslegung und der Sicherung der praktischen Wirksamkeit (effet utile). Die Staatsgewalten sind zugleich auch **Adressaten** der Norm.

25 Während sich die völkerrechtlichen und unionsrechtlichen Pflichten bereits aus diesem selbst ergeben, stellt sich berechtigterweise die Frage nach dem Sinn und der Rechtswirkung der Norm in § 2 Abs. 5. In der Literatur wird Abs. 5 weitgehend ein rein **appellativer Charakter ohne rechtliche Wirksamkeit** zugeschrieben und die Norm als teilweise als überflüssig angesehen (*Brinktrine* in Giesberts/Reinhardt Umweltrecht BNatSchG § 2 Rn. 34; *Müller-Walter* in: LKMMWS § 2 Rn. 15; a. A. *Meßerschmidt,* § 2 Rn. 53). Wenngleich diese Kritik aufgrund der genannten Erwägungen nicht ganz unberechtigt ist, kann der Norm dann eine eigenständige Bedeutung zugemessen werden, wenn die Unterstützungsverpflichtung so aufgefasst wird, dass über das (ohnehin) aufgrund der völker- und unionsrechtlichen Verpflichtungen geltende Maß nach dem Willen des Gesetzgebers hinaus gegangen wird und diese Pflichten übererfüllt werden sollen bzw. die **Übererfüllung** angestrebt werden soll (so auch *Meßerschmidt,* § 2 Rn. 53). Zugleich wird aus der Gesetzesbegründung zur Vorgängerregelung deutlich, dass Abs. 5 auch als **Aufforderung zur internationaler und gemeinschaftlicher Kooperation** zu verstehen ist und die Unterstützungspflicht nicht nur auf die Erfüllung der bestehenden vertraglichen Verpflichtungen gerichtet ist, sondern auch auf die Schließung neuer vertraglicher Vereinbarungen (BT-Drs. 16/122274, 51). Denn die Naturschutzziele lassen sich jedenfalls mit Blick auf grenzüberschreitende Gefährdungen nicht umfassend durch einzelne Staaten lösen, sondern nur in Kooperation. Allein bei einer solchen Auslegung hat die Norm eine eigenständige Bedeutung und einen rechtlichen Regelungsgehalt.

26 Abs. 5 nennt für die internationalen und unionsrechtlichen Verpflichtungen jeweils in **nicht abschließender Weise** ein Beispiel, wobei weitere Verpflichtungen bestehen und sich die Unterstützungspflicht jedenfalls nicht auf die zwei genannten Bespiele beschränkt (vgl. die ferner unter → § 1 Rn. 9 aufgeführten Verpflichtungen). Zum einen nennt Abs. 5 für die unionsrechtlichen Verpflichtungen den Aufbau des NATURA-2000-Netzes aus der entsprechenden Verpflichtung der FFH-RL (92/43/EWG). Von einer Übererfüllung der Verpflichtungen aus der FFH-RL ist die Bundesrepublik jedoch weit entfernt. Es mangelt(e) schon früh an der unionrechtskonformen Umsetzung, wie die Verurteilung der Bundesrepublik durch den EuGH wegen fehlerhafter Umsetzung gezeigt hat (EuGH ZUR 2006, 134 f.) und es ist nicht erkennbar, dass sich an diesem Zustand Entscheidendes geändert hätte. So zeigt das nunmehr erneut durch die EU-Kommission eingeleitete Vertragsverletzungsverfahren, welches insbesondere die rechtliche Sicherung der NATURA-2000-Gebiete aus der FFH-RL zum Gegenstand hat, deren Umsetzungsfrist schon über zehn Jahre abgelaufen ist (vgl. Pressemitteilung der EU-Kommission v. 12.2.2020), dass Deutschland im Aufbau des NATURA-2000-Netzes und insbesondere bei der Festlegung von konkreten Erhaltungszielen und hierauf aufbauenden Erhaltungsmaßnahmen alles andere als ein Vorbild ist. Die mit der Nennung des NATURA-2000-Netzes bezweckte **hervorgehobene Bedeutung** (BT-Drs. 16/122274, 51) ist jedenfalls unter dem fortwährenden Vorwurf der mangelnden Umsetzung auch als ein Appell des Bundesgesetzgebers an die Länder zu verstehen, die überwiegend für die rechtliche Sicherung und Ausweisung der NATURA-2000 zuständig sind. Rechtspolitisch mutet Abs. 5 vor dem Hintergrund der praktischen Umsetzungsdefizite insgesamt kurios an.

Als Beispiel völkerrechtlicher Verpflichtung nennt Abs. 5 zum zweiten das Übereinkommen zum Schutz des Kultur- und Naturerbes. Die Aufnahme des Übereinkommens in Abs. 5 ist als direkte Reaktion auf den Fall der Dresdener Waldschlösschenbrücke zu verstehen, der symbolhaft mit dem Umgang des UNESCO-Weltkulturerbes (aber auch für die mangelnde Umsetzung des Habitatschutzrechts: EuGH ZUR 2016, 156 f.; BVerwG NVwZ 2016, 1631) in Deutschland steht (so auch *Meßerschmidt,* § 2 Rn. 54). Der Gesetzgeber nennt in der Gesetzesbegründung weitere Welterbestätten neben dem Dresdener Elbtal (Grube Messel, Oberes Rheintal, Obergermanische Limes, Klosterinsel Reichenau, Gartenreich Dessau-Wörlitz, Muskauer Park, Schlösser und Gärten von Potsdam und Berlin, vgl. BT-Drs. 16/12274), wohl um deren Bedeutung (vorauseilend) zu untermauern. Inhaltlich ist der Schutz des Kultur- und Naturerbes bereits durch die Ziele des § 1 Abs. 4 Nr. 1 umfasst. **27**

VI. Förderungs- und Bildungsauftrag (Abs. 6)

§ 2 Abs. 6 sieht einen allgemeinen **Förderungs- und Bildungsauftrag** vor, wonach zunächst das allgemeine Verständnis für die Naturschutzziele mit geeigneten Mitteln zu fördern ist und zum anderen Erziehungs-, Bildungs- und Informationsträger auf allen Ebenen über die Bedeutung von Natur und Landschaft sowie über Bewirtschaftung, Nutzung und Aufgaben des Naturschutzes aufzuklären haben und ein Bewusstsein für den verantwortungsvollen Umgang wecken sollen. Die Norm ist vor dem Hintergrund der **Akzeptanzbildung und -förderung** für die Naturschutzziele innerhalb der Gesellschaft zu sehen, an der es oftmals hinsichtlich des Umgangs mit Naturgütern und hinsichtlich der Mittel (bspw. in Bezug auf Schutzgebietsausweisungen) mangelt. **28**

Die Norm richtet sich zunächst an alle öffentlichen Stellen sowie an alle Erziehungs-, Bildungs- und Informationsträger jeglicher Art (auf allen Ebenen), wobei die Verpflichtung jedoch auf die öffentlichen Stellen bezogen ist (*Meßerschmidt,* § 2 Rn. 58). Für private Erziehungs-, Bildungs- und Informationsträger verbleibt es lediglich bei einem Ap- **29** pell bzw. Aufruf, jedoch handelt es sich um keine (schon gar nicht durchsetzbare) Verpflichtung. In Frage kommen zunächst insbesondere alle Stellen der öffentlichen Verwaltung (insbesondere BMUB, BfN und Landesnaturschutzbehörden usw.), Bildungs- und Erziehungsstätten wie Kindertagesstätten, Schulen und Volkshochschulen sowie Medien aller Art (Verpflichtung insbesondere für die öffentlich-rechtlich organisierten Medienanstalten) sowie Naturschutzvereinigungen, die oftmals bereits von ihrem Selbstverständnis her einen Bildungsauftrag für sich in Anspruch bzw. als Aufgabenbereich wahrnehmen.

30 Die Wahl der Mittel bleibt dabei nach Abs. 6 offen, sie sollen lediglich geeignet sein. Die Palette der möglichen Mittel ist somit breit, wird sich insbesondere von finanziellen Mitteln (Förderung von Bildungseinrichtungen) über Publikationen, Datenbanken und Bibliotheken, Aufklärungsarbeit bis zur Ermöglichung von Naturerfahrungen erstrecken, um nur einige denkbare geeignete Mittel zu nennen. Von zentraler Bedeutung wird der barrierefreie Zugang zu naturschutzfachlichen Informationen als Grundlage für die Erziehungs- und Bildungsarbeit sein.

Ziel ist die Förderung eines **verantwortungsvollen (schonenden) Umgangs mit Natur und Landschaft.** Es ist offensichtlich, dass die Verwirklichung der Ziele des Naturschutzes jedenfalls nicht ohne die Bevölkerung möglich und auf die dem Naturschutz wohlgesonnene Bevölkerung angewiesen ist, sowohl hinsichtlich der Akzeptanz als auch im Verhalten. Der Gesetzgeber spricht dahingehend von einem pfleglichen Umgang mit der Natur (BT-Drs. 14/6378, 37).

31 Das BNatSchG sieht spezielle Vorgaben vor, die dem Bildungsauftrag dienen sollen oder Schnittmengen aufweisen (so bspw. das Ziel der Einrichtung von Naturparken oder Biosphärenreservate, (§ 24 Abs. 2 Satz 2, 25 Abs. 2) sowie Aufklärungsarbeit von Zoos (§ 42 Abs. 3 Nr. 6)).

§ 3 Zuständigkeiten, Aufgaben und Befugnisse, vertragliche Vereinbarungen, Zusammenarbeit der Behörden

(1) **Die für Naturschutz und Landschaftspflege zuständigen Behörden im Sinne dieses Gesetzes sind**

1. die nach Landesrecht für Naturschutz und Landschaftspflege zuständigen Behörden oder

2. das Bundesamt für Naturschutz, soweit ihm nach diesem Gesetz Zuständigkeiten zugewiesen werden.

(2) **Die für Naturschutz und Landschaftspflege zuständigen Behörden überwachen die Einhaltung der Vorschriften dieses Gesetzes und der auf Grund dieses Gesetzes erlassenen Vorschriften und treffen nach pflichtgemäßem Ermessen die im Einzelfall erforderlichen Maßnahmen, um deren Einhaltung sicherzustellen, soweit nichts anderes bestimmt ist.**

(3) **Bei Maßnahmen des Naturschutzes und der Landschaftspflege soll vorrangig geprüft werden, ob der Zweck mit angemessenem Aufwand auch durch vertragliche Vereinbarungen erreicht werden kann.**

(4) **Mit der Ausführung landschaftspflegerischer und -gestalterischer Maßnahmen sollen die zuständigen Behörden nach Möglichkeit land- und forstwirtschaftliche Betriebe, Vereinigungen, in denen Gemeinden oder Gemeindeverbände, Landwirte und Vereinigungen, die im Schwerpunkt die Ziele des Naturschutzes und der Landschaftspflege fördern, gleichberechtigt vertreten sind (Landschaftspflegeverbände), anerkannte Naturschutzvereinigungen oder Träger von Naturparken beauftragen. Hoheitliche Befugnisse können nicht übertragen werden.**

(5) **Die Behörden des Bundes und der Länder haben die für Naturschutz und Landschaftspflege zuständigen Behörden bereits bei der Vorbereitung aller öffentlichen Planungen und Maßnahmen, die die Belange des Naturschutzes und der Landschaftspflege berühren können, hierüber zu unterrichten und ihnen Gelegenheit zur Stellungnahme zu geben, soweit nicht eine weiter gehende Form der Beteiligung vorgesehen ist. Die Beteiligungspflicht nach Satz 1 gilt für die für Naturschutz und Landschaftspflege zuständigen Behörden entsprechend, soweit Planungen und Maßnahmen des Naturschutzes und der Landschaftspflege den Aufgabenbereich anderer Behörden berühren können.**

(6) **Die für Naturschutz und Landschaftspflege zuständigen Behörden gewährleisten einen frühzeitigen Austausch mit Betroffenen und der interessierten Öffentlichkeit über ihre Planungen und Maßnahmen.**

(7) **Aufgaben nach diesem Gesetz obliegen einer Gemeinde oder einem Gemeindeverband nur, wenn der Gemeinde oder dem Gemeindeverband die Aufgaben durch Landesrecht übertragen worden sind.**

Schrifttum: *Arzberger,* Das betrifft mich auch! Beteiligungserwartungen im Umweltbereich begegnen, ZfU 2019, 1; *Barner-Gaedicke,* Der Gefahrerforschungseingriff im Naturschutzrecht, NuR 2018, 663; *Berghoff/Steg,* Das neue Bundesnaturschutzgesetz und seine Auswirkungen auf die Naturschutzgesetze der Länder, NuR 2010, 17; *Erbguth,* Zur Kartierungspflicht von privaten Projektträgern im Zusammenhang mit dem Artenschutz, LKV 1997, 233; *Gassner,* Die naturschutzfachliche Einschätzungsprärogative, ein ungerechtfertigtes Vorrecht, DVBl. 2012, 1479; *Gellermann,* Artenschutz und Straßenplanung – Neues aus Leipzig, NuR 2009, 90; *Gellermann/Middecke,* Der Vertragsnaturschutz – Tatsächliche Gestaltung und rechtliche Grenzen –, NuR 1991, 457; *Kirchhof* in: Maunz/Dürig (Hrsg.), Grundgesetz Kommentar, 92. EL, München 2020, GG Art. 84; *Kloepfer,* Umweltrecht, 4. Aufl., München 2016, § 4 Rn. 129; *Lau,* Einwandern besonders geschützter Arten in den Gefahrenbereich von Vorhaben nach Bau und Inbetriebnahme, NuR 2018, 653; *Müller-*

Terpitz, Aus eins mach zwei – Zur Novellierung des Bundesnaturschutzgesetzes, NVwZ 1999, 26; *Niederstadt,* Die Ausweisung von Natura-2000-Gebieten unter Verzicht auf klassische Schutzgebietsverordnungen, NVwZ 2008, 126; *Ramsauer* in: Knopp/Ramsauer (Hrsg.), Verwaltungsverfahrensgesetz Kommentar, 18. Aufl., München 2017, § 40 Rn. 69; *Rehbinder,* Vertragsnaturschutz – Erscheinungsformen, Rechtsprobleme, ökologische Wirkungen, DVBl. 2000, 859; *Rehbinder,* Naturschutzrechtliche Probleme der Cross Compliance in FFH-Gebieten, ZUR 2008, 178 (180); *Schäfer/Keller* in: Düsing/Martinez (Hrsg.) Agrarrecht, 1. Aufl., München 2016, BNatSchG § 3; *Schmidt/Zschiesche,* Die Klagetätigkeit der Umweltschutzverbände im Zeitraum von 2013 bis 2016 – Empirische Untersuchung zu Anzahl und Erfolgsquoten von Verbandsklagen im Umweltrecht, 2018; *Schuhmacher,* Nachträgliche naturschutzrechtliche Betriebseinschränkungen für Windenergieanlagen – Anmerkungen zum Urteil des OVG Lüneburg vom 13.3.2019 – 12 LB 125/18, NuR 2019, 323; *SRU,* Umweltgutachten 2004, Umweltpolitische Handlungsfähigkeit sichern, 2004; *SRU,* Sondergutachten 2007, Umweltverwaltungen unter Reformdruck: Herausforderungen, Strategien, Perspektiven, 2007; *Suerbaum* in: Epping/Hillgruber (Hrsg.), BeckOK Grundgesetz, 46. Ed., München 2021, GG Art. 83.

Übersicht

A. Allgemeines

I. Inhalt und Bedeutung

1 § 3 fasst im Wesentlichen bereits im BNatSchG aF vorhandene Regelungen zusammen und ist neu strukturiert. § 3 bezieht sich auf die Tätigkeit der Naturschutzbehörden und regelt im Wesentlichen allgemein deren Zuständigkeit sowie Aufgaben und Befugnisse. Daneben werden allgemeine Regelungen für die Ausführung der Naturschutzmaßnahmen und die Art des Verwaltungshandels (Vertragsnaturschutz) vorgegeben. Zugleich enthält § 3 Vorgaben für die Informations- und Beteiligungspflicht der zuständigen Naturschutzbehörden und anderer Fachbehörden sowie zum frühzeitigen Aus-

tausch mit der Öffentlichkeit durch die Naturschutzbehörden. Zuletzt enthält § 3 auch eine Regelung über die Aufgaben der Kommunen im Bereich des Naturschutzes nach Maßgabe der Landesregelungen.

Die Vorschrift hat als grundlegende Vorschrift des Verwaltungshandelns auf dem Gebiet des Naturschutzes und der Landschaftspflege in der Praxis eine herausgehobene Bedeutung. Gerade die Generalklausel in Abs. 2 ist trotz ihrer Nachrangigkeit gegenüber anderen spezielleren Befugnisnormen im BNatSchG von zentraler Bedeutung und auch in der Praxis von besonderer Relevanz.

II. Rechtsentwicklung

§ 3 enthält im Wesentlichen Regelungen, die schon bisher im BNatSchG enthalten 2
waren, jedoch an anderer Stelle. Durch die Föderalismusreform 2006 konnte der Bund auch auf dem Gebiet des Naturschutzes Vollregelungen treffen, womit einige Änderungen verbunden waren. So wurde die in Abs. 1 enthaltene Definition der für Naturschutz und Landschaftspflege zuständigen Behörden neu gefasst (BT-Drs. 16/12274, 51), geht jedoch im Wesentlichen auf § 6 Abs. 1 aF zurück. Abs. 2 soll nach Ansicht des Gesetzgebers die ehemals vorhandene rahmenrechtliche Aufgabenzuweisung des § 6 Abs. 1 aF aufgreifen, hat aber im bisherigen Bundesrecht kein Vorbild (sondern im Landesrecht, § 54 BbgNatSchG, vgl. *Meßerschmidt* § 3 Rn. 7). Ergänzt wurde sie durch die Generalklausel (BT-Drs. 16/12274, 51). Ebenfalls auf eine ehemals vorhandene rahmenrechtliche Regelung (§ 8 aF) geht die vorrangige Prüfverpflichtung zugunsten des Vertragsnaturschutzes zurück. Bereits die Vorgängerregelung war ebenso wie der nunmehr geltende Abs. 3 im Gesetzgebungsverfahren stark umstritten und ist in seiner nunmehr milderen Prüfpflicht gegenüber dem ehemals angestrebten allgemeinen Vorrang des Vertragsnaturschutzes nur mit Blick auf die anhaltende Kritik im Gesetzgebungsverfahren zu erklären (ausführlich hierzu *Meßerschmidt* § 3 Rn. 13 f.). Ohne Entsprechung im bisherigen BNatSchG 2002 wurde der Abs. 4 auf Initiative des BT-Umweltausschusses eingeführt (BR-Drs. 594/09, 2). Abs. 5 Satz 1 geht nahezu wortgleich auf § 6 Abs. 2 Satz 2 aF zurück und hat den § 6 Abs. 3 Satz 1 aF durch eine bundesrechtliche Vollregelung abgelöst. Abs. 5 Satz 2 in Form der Beteiligungspflicht auf Seiten der Naturschutzbehörden wurde hingegen neu ergänzt. Die in Abs. 6 enthaltene frühzeitige Austauschverpflichtung geht in ihrem Grundgedanken auf § 2 Abs. 1 Nr. 15 Satz 2 aF zurück, beschränkt sich jedoch vom Wortlaut her nicht mehr auf den Austausch von Informationen (BT-Drs. 16/12274, 51). Ohne vorherige Entsprechung ist Abs. 7 vor dem Hintergrund der verfassungsrechtlichen Änderung des Art. 84 Abs. 1 Satz 7 GG eingeführt worden (BT-Drs. 16/12274, 51).

III. Verfassungsrechtlicher Kontext

§ 3 ist im Hinblick auf die Zuständigkeit vor dem Hintergrund des verfassungsrechtli- 3
chen Kontexts der **Ausführung der Bundesgesetze** zu sehen. Nach Art. 83 GG führen die Bundesländer die Bundesgesetze grundsätzlich als eigene Angelegenheiten aus, soweit nichts anderes bestimmt ist. Führen die Länder die Bundesgesetze als eigene Angelegenheit aus, regeln sie nach Art. 84 Abs. 1 Satz 1 GG auch die Einrichtung der Behörden und des Verwaltungsverfahrens. Dies gilt auch im Rahmen der Ausführung der Regelungen des BNatSchG, wonach die Länder verfassungsrechtlich zum Vollzug beauftragt sind (Art. 83 GG). § 3 Abs. 1 Nr. 1 ist vor diesem bereits verfassungsrechtlichen Hintergrund lediglich deklaratorischer Natur. Etwas anderes gilt nur für die bundesrechtlich geregelte Aufgabenzuweisung für das Bundesamt für Naturschutz (BfN), das eine

selbstständige Bundesbehörde gem. Art. 87 Abs. 3 GG darstellt. Ebenfalls vor dem verfassungsrechtlichen Hintergrund des Art. 84 Abs. 1 Satz 7 GG ist § 3 Abs. 7 zu sehen. Nach Art. 84 Abs. 1 Satz 7 GG dürfen durch Bundesgesetz den Gemeinden und Gemeindeverbänden keine Aufgaben übertragen werden, so dass § 3 Abs. 7 eine Aufgabenübertragung nur bei entsprechendem Landesrecht vorsieht (Durchgriffsverbot).

4 Bei § 3 handelt es sich **keinen abweichungsfesten Grundsatz,** sodass grundsätzlich Abweichungen der Länder möglich sind. Verschiedene Länder haben dabei von ihrem Abweichungsrecht Gebrauch gemacht, die sich vorrangig – aber nicht ausschließlich – auf die Regelungen über den Vertragsnaturschutz (Abs. 3) und die Beauftragung der Ausführung naturschutzrechtlicher Maßnahmen (Abs. 4) konzentrieren. Zudem finden sich in den Landesgesetzen Regelungen über die Zuständigkeit und den Vollzug, wozu die Länder bereits aufgrund Art. 84 Abs. 1 Satz 1 GG verpflichtet und berechtigt sind. Ebenfalls Gegenstand des Landesrecht ist die Aufgabenübertragung auf Gemeinden und Gemeindeverbände. Abweichungen: Baden-Württemberg (§ 4 NatSchG BW zu § 3 Abs. 2, § 65 NatSchG BW zu § 3 Abs. 4), Bayern (Art. 5 Abs. 2 BayNatSchG zu § 3 Abs. 4), Hessen (§ 3 Abs. 1 Satz 1 HAGBNatSchG zu § 3 Abs. 3), Thüringen (§ 2 Abs. 6 LNatSchG TH zu § 3 Abs. 3), Sachsen (§ 2a SächsNatSchG zu § 3 Abs. 3), Schleswig-Holstein (§ 2 Abs. 6 LNatSchG SH zu § 3 Abs. 3).

B. Einzelkommentierungen

I. Zuständige Naturschutzbehörden (Abs. 1)

5 § 3 Abs. 1 sieht eine **Definition der zuständigen Naturschutzbehörden** vor. Der **Begriff der Behörde** ist dabei iSd § 1 Abs. 4 VwVfG zu verstehen.

Nach Nr. 1 sind zunächst die nach Landesrecht bestimmten Behörden die zuständigen Behörden iSd § 3 Abs. 1. Der Regelung kommt aufgrund der bereits durch das Verfassungsrecht vorgegebenen Vollzugs-, Organisations- und Zuständigkeitsverteilung eine **deklaratorische Funktion** zu (Art. 83, 84 Abs. 1 Satz 1 GG, vgl. → Rn. 3). Welche Behörde im Einzelnen genau für den Vollzug der Regelungen zuständig ist, ergibt sich somit vorbehaltlich der Zuständigkeit aus § 3 Abs. 1 Nr. 2 aus dem Landesrecht. Es bleibt dabei den Ländern nach Art. 84 Abs. 1 Satz 1 GG überlassen, wie sie ihre Verwaltung organisieren und welcher Stelle der Vollzug der Bundesregelungen zugewiesen wird. Sie haben jedoch ihre Verwaltung nach Art, Umfang und Leistungsvermögen entsprechend den Anforderungen der sachgerechten Erledigung des Bundesrechts einzurichten (BeckOK GG/*Suerbaum,* 46. Ed. 15.2.2021, GG Art. 83 Rn. 25 mwN). In den einzelnen Bundesländer ist der Verwaltungsaufbau entweder zweistufig oder dreistufig aufgebaut, gegliedert in die oberste Ebene (Landesministerien), einer im dreistufigen Modell vorhandenen Mittelebene (Bezirksregierungen, Regierungspräsidien, Landesverwaltungsämter) sowie der unteren Ebene (untere Naturschutzbehörden der kommunalen Gebietskörperschaften) (siehe Beispiele der Landesregelungen bei *Krohn* in GK-BNatschG § 3 Rn. 3). Hinzu kommen Sonderbehörden, wie bspw. staatliche und Landesumweltämter und Landesbetriebe (vgl. SRU, Sondergutachten 2007, Umweltverwaltung unter Reformdruck: Herausforderungen, Strategien und Perspektiven, Rz. 119ff.). Die Kommunen nehmen den Naturschutz im Rahmen des übertragenen Wirkungskreises als Pflichtaufgaben nach Weisung oder als Auftragsangelegenheiten wahr, sofern dies das Landesrecht vorsieht (vgl. *SRU,* Sondergutachten 2007, Umweltverwaltung unter Reformdruck: Herausforderungen, Strategien und Perspektiven, Rz. 157).

6 Die **zweite Zuständigkeitszuweisung** ergibt sich aus § 3 Abs. 1 Nr. 2 an das BfN. Das BfN als selbständige (obere) Bundesbehörde iSd Art. 87 Abs. 3 GG erledigt u. a. die Verwaltungsaufgaben des Bundes auf dem Gebiet des Naturschutzes und betreibt zur Erfüllung seiner Aufgaben wissenschaftliche Forschung (vgl. Aufgaben nach § 2 BfNatSchG). § 3 Abs. 1 Nr. 2 sieht eine Zuständigkeit des BfN nur dann vor, soweit diesem Aufgaben im BNatSchG zugewiesen werden. Derartige Aufgaben und damit auch die Zuständigkeit werden dem BfN bspw. in den §§ 6 Abs. 5, 40 Abs. 2, 45 Abs. 7 und 8, § 58 Abs. 1 zugewiesen (BT-Drs. 16/12274, 51).

7 Die in § 3 Abs. 1 genannten Behörden werden allgemein **als Naturschutzbehörden** bezeichnet. Das BNatSchG kennt weitere speziellere Zuständigkeitsregelungen von Behörden, die über den Kreis der in § 3 Abs. 1 Nr. 1 und 2 benannten Behörden hinausgehen. So wird der Begriff der zuständigen Behörden ebenfalls in der Überschrift der §§ 48, 48a in verwendet. Es handelt sich jedoch nicht um die zuständigen Naturschutzbehörden iSd § 3 Abs. 1, sondern um eine dem § 3 Abs. 1 vorgehende speziellere Zuständigkeitsregelung. Ebenfalls nicht zuständige Behörden iSd § 3 Abs. 1 sind die Zollbehörden nach §§ 49 f.

II. Aufgaben und Befugnisse der zuständigen Behörden (Abs. 2)

8 § 3 Abs. 2 weist den in Abs. 1 genannten Naturschutzbehörden die Aufgabe der Überwachung zu und gewährt ihnen im Rahmen der Generalklausel Befugnisse **(Aufgabenzuweisungs- und Befugnisnorm).**

9 **1. Aufgabe der Überwachung der Einhaltung des Naturschutzrechts (Abs. 2, 1. HS).** Zunächst haben die Naturschutzbehörden nach Abs. 2, 1. HS die **Einhaltung** der Vorschriften des BNatSchG sowie der auf dessen Grundlage erlassenen Rechtsvorschriften zu überwachen. Die **Aufgabe der Überwachung** ist von herausgehobener Bedeutung für die Reduzierung bzw. Verhinderung des im Umwelt- und Naturschutzrecht allgemein verbreiteten Vollzugsdefizits (vgl. nur Erfolgsbilanz der Umweltverbandsklage als Beweis von Vollzugsdefiziten: Schmidt/Zschiesche, Die Klagetätigkeit der Umweltschutzverbände im Zeitraum von 2013 bis 2016 – Empirische Untersuchung zu Anzahl und Erfolgsquoten von Verbandsklagen im Umweltrecht, 2018, S. 20 ff.).

10 Hinsichtlich des Umfangs der Vorschriften, die es zu überwachen gilt, kommen selbstredend die Vorschriften des BNatSchG sowie der BArtSchV und anderer Rechtsverordnungen auf Grundlage des BNatSchG in Frage, wie etwa die Schutzgebietsverordnungen in der ausschließlichen Wirtschaftszone, für die dem Bund die Verwaltungskompetenz zukommt (Lütkes/Ewer/*Lütkes,* 2. Aufl. 2018, BNatSchG § 3 Rn. 8). Aus kompetenzrechtlichen Gründen hat sich die **Aufgabenzuweisung an die Länder** auf die bundesrechtlichen Regelungen und auf dessen Grundlage erlassenen Vorschriften zu beschränken. Die Ausführung von fortgeltendem oder künftig auf Grundlage des BNatSchG erlassenem Landesnaturschutzrecht obliegt ohnehin den Ländern (BT-Drs. 16/12274, 51). Landesrechtliche Vorschriften auf dem Gebiet des Naturschutzes, die weder auf Bundesrecht beruhen noch von diesem abweichen, sind damit vom Umfang der überwachungspflichtigen Normen zunächst nicht erfasst (VGH München ZUR 2021, 48 (50) Rn. 28); *Müller-Walter* in: LKMMWS § 3 Rn. 6). Dies gilt in der Regel für Rechtsverordnungen über Schutzgebiete, soweit diese ausschließlich aufgrund landesrechtlicher Regelungen erlassen worden sind. Für derartige Fälle sieht das Landesrecht jedoch überwiegend die entsprechende Anwendung des § 3 Abs. 2 für die landesrechtlichen Vorschriften vor, sodass die Überwachung der Einhaltung auch hier gewährleistet wird. Mit eingeschlossen

werden auch Verwaltungsakte und öffentlich-rechtliche Verträge, soweit sie auf Grundlage des Bundesrechts erlassen worden sind (so *Krohn* in GK-BNatschG § 3 Rn. 9). Weitergehend kommt auch die Überwachung der Einhaltung von zivilrechtlichen Verträgen auf dem Gebiet des Naturschutzes in Betracht, da § 3 Abs. 3 explizit auch den Vertragsnaturschutz als Handlungsform ansieht.

11 Anders als die Eingriffsermächtigung des § 3 Abs. 2, 2. HS handelt es sich bei der Überwachungsaufgabe aus § 3 Abs. 2, 1. HS um eine **Aufgabenzuweisungsnorm** und nicht um eine Befugnisnorm (BT-Drs. 16/12274, 51). Die **Überwachungstätigkeit** gewährt daher **keine Befugnis zum Eingriff** in die Rechte Dritter. Soweit für die Überwachungstätigkeit bspw. die Betretung privaten Eigentums erforderlich ist, braucht es daher eine spezialgesetzliche Befugnisnorm, die sich meist auf Grundlage von § 65 Abs. 3 im Landesrecht findet. Eine eigenständige Betretensbefugnisnorm sieht das BNatSchG bspw. in Bezug auf das Management der invasiven Arten vor (§ 52 Abs. 4).

12 Die **Überwachung** ist eine hoheitliche Tätigkeit, die allgemein auf die Kontrolle der Rechtskonformität von Verhalten und Anlagen anhand der naturschutzrechtlichen Vorschriften ausgerichtet ist. Die Überwachung erstreckt sich auf die Befolgung bzw. Einhaltung der Ge- und Verbote, der Verpflichtungen sowie den rechtmäßigen Vollzug von Verwaltungsentscheidungen. Gegenstand der Überwachung sind demnach nicht nur die ausdrücklichen Ge- und Verbote des BNatSchG und weiterer auf dessen Grundlage erlassener Rechtsvorschriften, sondern auch die Kontrolle über die Umsetzung der von den Naturschutzbehörden selbst getroffenen Entscheidungen. Auch die **Vollzugskontrolle** der naturschutzrechtlichen Vorschriften von anderweitigen fachrechtlichen Zulassungsentscheidungen ist grundsätzlich Gegenstand des Überwachungsauftrag der Naturschutzbehörden (a. A. *Krohn* in GK-BNatschG § 3 Rn. 10). Bspw. fällt darunter auch die Kontrolle der Durchführung von vorgezogenen Ausgleichsmaßnahmen im Rahmen des Artenschutzes oder auch die Einhaltung der artenschutzrechtlichen Verbote generell (OVG Bautzen Beschl. v. 5.2.2018 – 4 B 127/17, BeckRS 2018, 3691 Rn. 9; OVG Lüneburg Beschl. v. 25.7.2011 – 4 ME 175/11, BeckRS 2011, 52704; VG Kassel Beschl. v. 2.8.2018 – 2 L 1764/18, BeckRS 2018, 43711 Rn. 71). Die sachliche Zuständigkeit der Naturschutzbehörden nach Abs. 1 für die Vollzugkontrolle fällt diesen nach anderweitigen fachrechtlichen Zulassungsentscheidungen mit Konzentrationswirkung wieder zu (OVG Lüneburg ZfBR 2019, 493). Die Überwachung ist weiterhin nicht auf die Überwachung der Einhaltung materiellen Rechts beschränkt, da das BNatSchG auch in formeller Hinsicht Vorschriften kennt, deren Einhaltung zu überwachen ist (bspw. § 63 Abs. 1 und 2). Vorbehaltlich einer anderweitigen fachrechtlichen Zuständigkeit haben die Naturschutzbehörden auch die Einhaltung des formellen Naturschutzrechts zu überwachen.

13 Die Überwachung in Form der Vollzugskontrolle erstreckt sich zudem auf sämtliche **Adressaten** der jeweiligen Norm, somit zunächst grundlegend auf natürliche sowie juristische Personen. Auch Hoheitsträger können Gegenstand der Überwachung sein, soweit sie durch naturschutzrechtliche Norm verpflichtet werden und es sich nicht um die Naturschutzbehörden selbst handelt (*Krohn* in GK-BNatschG § 3 Rn. 10).

14 Die Aufgabenzuweisung für die Überwachung gilt nach § 3 Abs. 2, 3. HS nur, **soweit nichts anderes bestimmt** ist. Sieht das BNatSchG daher selbst anderweitige spezialgesetzliche Überwachungsregelungen vor, gehen sie dem § 3 Abs. 2 daher vor. Zu nennen sind hier etwa § 17 Abs. 1 iVm Abs. 7 Satz 1 sowie §§ 49, 51a (so auch *Krohn* in GK-BNatschG § 3 Rn. 10).

15 **2. Anordnungsbefugnis durch Generalklausel (Abs. 2 2. HS).** § 3 Abs. 2 2. HS beinhaltet eine an die **polizeiliche Generalklausel** angelehnte **Eingriffsermächtigung,** die grundsätzlich neben konkurrierende Eingriffsbefugnissen anderer Behörden

tritt und von den zuständigen Naturschutzbehörden in ihrer Eigenschaft als **Sonderordnungsbehörden** vollzogen wird (BVerwG, NVwZ 2017, 1634 (1636); VGH München, ZUR 2019, 238 (239)). Danach trifft die zuständige Naturschutzbehörde nach **pflichtgemäßem Ermessen die im Einzelfall erforderlichen Maßnahmen,** um die Einhaltung der Vorschriften des BNatSchG und auf dessen Grundlage erlassener Rechtsvorschriften sicherzustellen.

a) Auffangregelung. Als **Generalklausel** gehen der Vorschrift im Einzelfall speziellere Eingriffsbefugnisse des BNatSchG vor. Dies kommt bereits durch den Wortlaut „nichts anderes bestimmt ist" zum Ausdruck. Ob andere Eingriffsbefugnisnormen der Generalklausel vorgehen, kann nur im Einzelfall und unter entsprechender Auslegung bestimmt werden, die nachfolgenden Ausführungen sind daher allgemeiner Natur. In Betracht als speziellere Eingriffsbefugnisnorm kommt etwa § § 7 Abs. 2 Nr. 2 und 3 USchadG iVm § 19 Abs. 1 im Hinblick auf **Umweltschäden** durch Schädigungen von Arten und natürlichen Lebensräumen. Da das Tätigwerden bei Vermeidungs- und Sanierungspflichten nach den Regelungen des USchadG nicht im Ermessen der zuständigen Behörden steht und das USchadG grundsätzlich auch bei rechtmäßigem Verhalten anwendbar ist, sind die Regelungen des USchadG grundsätzlich als speziellere und umfassendere Regelungen gegenüber der naturschutzrechtlichen Generalklausel vorrangig (vgl. *Beckmann/Wittmann* in: Landmann/Rohmer, 54. EL August 2008, USchadG, § 1 Rn. 11 f.). Grundsätzlich können auch **speziellere Vorschriften des BNatSchG** der Generalklausel vorgehen. Zu denken ist hier etwa an die Anordnung nach § 40 Abs. 6, die Befugnis nach § 47 (vgl. auch *Krohn* in GK-BNatschG § 3 Rn. 14 mwH) oder die Anordnungsbefugnis nach § 34 Abs. 6 Satz 4 und 5. 16

Größte praktische Bedeutung wird der Überschneidung der Anwendungsbereiche der Generalklausel und der Anordnungsbefugnis aus § 17 Abs. 8 zukommen. Deren Verhältnis zueinander ist im Einzelfall zu bestimmen. Grundsätzlich wird von einem Nebeneinander der Vorschriften auszugehen sein. Die Anordnungsbefugnis nach § 17 Abs. 8 geht der Generalklausel in den Fällen vor, in denen ein naturschutzrechtlicher Eingriff iSd § 14 schon durchgeführt oder damit begonnen wurde und daher ein Sonderfall des Vollzugsdefizits geregelt wird (OVG Koblenz NVwZ-RR 2020, 431; VG Lüneburg Urt. v. 18.8.2017 – 2 A 144/16, BeckRS 2017, 122269 Rn. 20). Soweit es sich im Einzelfall nicht um einen Eingriff iSd § 14 sondern/oder um einen Verstoß gegen sonstige Bestimmungen des BNatSchG (bspw. Biotopschutz) handelt, oder es um die Abwendung eines noch nicht begonnenen Eingriffs iSd § 14 geht, kommt die Generalklausel (weiter) zum Tragen und ist anwendbar (BVerwG NVwZ-RR 2017, 187 (189); VGH München ZUR 2019, 238 (243)). In diesem Zusammenhang ist zu bedenken, dass die sachlichen Zuständigkeiten für die Anwendung der Generalklausel und Anordnungen nach § 17 Abs. 8 nicht in jedem Fall identisch sind und auseinanderfallen können, sodass die Naturschutzbehörden u. U. für die Anordnung nach § 17 Abs. 8 nicht zuständig sind, sondern die jeweilige Fachbehörde nach § 17 Abs. 1 (VGH Kassel NuR 2015, 791 (792)). 17

b) Einhaltung des Naturschutzrechts und Gefahrenabwehr. Nach Abs. 2, 2. HS. haben die Naturschutzbehörden die im Einzelfall erforderlichen Maßnahmen zu treffen, um die **Einhaltung** der Vorschriften des BNatSchG und auf der dessen Grundlage erlassenen Vorschriften sicherzustellen. Die Generalklausel kommt daher zunächst zur Verhütung und/oder **Unterbindung rechtswidriger Verhaltensweisen** zur Anwendung, des Weiteren ist die **Beseitigung** rechtswidriger Verhaltensweisen von der **Anordnungsbefugnis** umfasst (VGH München, ZUR 2019, 238 (239)). Die Einhaltung betrifft Pflichtverletzungen der Ge- und Verbote des BNatSchG oder der anderweitiger Pflichten (siehe zum Umfang der Vorschriften des BNatSchG und auf dessen Grundlage 18 erlassener Rechtsvorschriften → Rn. 10). Vorschriften des BNatSchG, die weder Ge- und Verbote und durchsetzbare Pflichten darstellen oder denen es an der erforderlichen Bestimmtheit fehlt (BVerwG NVwZ 1997, 292), sind davon ausgeschlossen. Hierzu zählen etwa die Jedermannsverpflichtung (§ 2 Abs. 1), die Ziele und Grundsätze des Naturschutzes und der Landschaftspflege (§ 1) oder die Bestimmungen über die gute fachliche Praxis (§ 5 Abs. 2, BVerwG NVwZ-RR 2017, 187 (188f.)). Insbesondere als Gegenstand einer Anordnung nach § 3 Abs. 2 kommen hingegen etwa die Verletzungen der artenschutzrechtlichen Zugriffsverbote des § 44 Abs. 1 (OVG Lüneburg ZUR 2016, 118), des habitatschutzrechtlichen Verschlechterungsverbots des § 34 Abs. 1 (BVerwG NVwZ 2017, 1634; OVG Lüneburg NuR 2018, 414; OVG Bautzen ZUR 2020, 612ff.)), der Verbote des gesetzlichen Biotopschutzes nach § 30 Abs. 2 (OVG Lüneburg NVwZ-RR 2016, 333; OVG Lüneburg NuR 2018, 124), der Ge- und Verbote in Schutzgebieten der §§ 23–29 iVm mit den Schutzgebietsverordnungen und der landesrechtliche Anwendungsbefehl für § 3 Abs. 2 (VGH Mannheim NuR 2020, 420; VGH München ZUR 2019, 238) als auch die Durchsetzung des Betretungsrechts des § 59 in Betracht (OVG Schleswig Beschl. v. 20.2.2015 – 1 LA 103/13, BeckRS 2015, 123419; OVG Berlin-Brandenburg Beschl. v. 27.1.2021 – OVG 11 S 76/20, BeckRS 2021, 966). Der Begriff der „Einhaltung der Vorschriften" ist dabei sowohl **handlungs- als auch zustandsbezogen** zu verstehen (VGH München Beschl. v. 9.8.2012 – 14 C 12.308, BeckRS 2012, 56489 Rn. 10).

19 Der **Anwendungsbereich** der sonderordnungsrechtlichen Generalklausel beschränkt sich jedoch nicht auf die Einhaltung der naturschutzrechtlichen Vorschriften, sondern erstreckt sich auch auf die **Gefahrenabwehr** von Schäden an Schutzgütern des Naturschutzes und der Landschaftspflege. Nach überwiegender Auffassung bedarf es für das Einschreiten auf Grundlage der Generalklausel einer **konkreten Gefahr,** die bei ungehindertem Geschehensablauf mit hinreichender Wahrscheinlichkeit in absehbarer Zeit zu einem Schaden oder einer Beeinträchtigung führt (OVG Bautzen Beschl. v. 5.2.2018 – 4 B 127/17, BeckRS 2018, 3691 Rn. 12 mVa *Krohn* in GK-BNatschG § 3 Rn. 21; *Brinktrine* in Giesberts/Reinhardt Umweltrecht BNatSchG § 3 Rn. 27; a.A. *Müller-Walter* in: LKMMWS § 3 Rn. 7, der auch eine abstrakte Gefahr als ausreichend ansieht). Besteht hingegen lediglich ein **Gefahrenverdacht,** also eine unklare Sachlage, die ebenso gefährlich wie ungefährlich sein kann, kann die Generalklausel die Naturschutzbehörden nicht zu Gefahrenabwehrmaßnahmen, sondern lediglich zu **Gefahrerforschungseingriffen** ermächtigen, die sich aus Verhältnismäßigkeitsgründen auf vorläufige Anordnungen zu beschränken haben (OVG Lüneburg NordÖR 2019, 306 (311); OVG Lüneburg Beschl. v. 2.2.2018 – 4 ME 204/17, BeckRS 2018, 3229 Rn. 5; OVG Lüneburg NVwZ-RR 2016, 217 Rn. 5; *Erbguth* LKV 1997, 233 (235), vgl. allgemein zur Gefahrenerforschung: *Barner-Gaedicke,* NuR 2018, 663ff.). Um den Bereich der Gefahrenerforschung handelt es sich jedoch nicht, wenn keine Zweifel hinsichtlich des Vorliegens einer Gefahr, sondern lediglich bezüglich deren Ausmaß bestehen.

20 **c) Reichweite und Form der Anordnungsbefugnis sowie nachträgliche Anordnungen.** Die Naturschutzbehörden haben im **Einzelfall die erforderlichen Maßnahmen zu treffen.** Die Tatbestandsvoraussetzungen ermächtigen daher nicht zum Erlass von Rechtsverordnungen, Allgemeinverfügungen iSd § § 35 Satz 2 VwVfG sind dagegen zulässig (*Krohn* in GK-BNatschG § 3 Rn. 22). Auf die Generalklausel des § 3 Abs. 2 können **Duldungs-, Unterlassungs-, Beseitigungs- und Wiederherstellungsanordnungen** gestützt werden, denn die Generalklausel umfasst aus Effektivitätsgründen auch die **Folgenbeseitigung** rechtswidriger Verhaltensweisen (VGH München ZUR 2019, 238 (239)). Auch **Feststellungen** können auf die Generalklausel gestützt

werden (OVG Schleswig Beschl. v. 20.2.2015 – 1 LA 103/13, BeckRS 2015, 123419 Rn. 5). Selbstverständlich können Anordnungen nach § 3 Abs. 2, 2. HS auch verschiedene Inhalte aufweisen.

Einen in der Praxis zunehmenden Fall der Anwendung der Generalklausel betrifft das **nachträgliche Einschreiten** im Zuge des Baus oder des Betriebs von Infrastruktur- und Energiegewinnungsanlagen wie bspw. Autobahnen oder Windenergieanlagen, bspw. in Form der zeitweiligen Abschaltung/Unterbindung der Nutzung oder der Einrichtung eines sog. Gondelmonitorings). Der Bau oder Betrieb derartiger Anlagen kann mitunter auch nach der Erteilung einer immissionsschutzrechtlichen Genehmigung oder eines Planfeststellungsbeschluss artenschutzrechtliche oder habitatschutzrechtliche Verbotstatbestände auslösen (Vogel- und Fledermausschlag), etwa durch das nachträgliche Einwandern geschützter Arten (vgl. dazu *Lau* NuR 2018, 653 ff.) oder den weiteren Erkenntnisgewinn der Naturschutzbehörden über Vorkommen und Aktionsradius von geschützten Arten. Insbesondere das OVG Lüneburg hat für das naturschutzrechtliche Einschreiten auf Grundlage von § 3 Abs. 2 weitreichende Einschränkungen formuliert. Das OVG Lüneburg beschränkt das naturschutzrechtliche Einschreiten zum einen auf Anordnungen, die sich nicht als (Teil-)Widerruf der immissionsschutzrechtlichen Genehmigung darstellen und somit nicht in der sachlichen Zuständigkeit der Immissionsschutzbehörden liegen würden, und zum anderen auf Anordnungen, die auf nachträglich eingetretenen Umständen beruhen (OVG Lüneburg Urt. v. 13.3.2019 – 12 LB 125/18, BeckRS 2019, 5386 Rn. 36; kritisch dazu *Schuhmacher* NuR 2019, 323 ff.). Während ersteres durchaus plausibel erscheint, ist mit dem OVG Lüneburg zu betonen, dass das naturschutzrechtliche Einschreiten nach einer anderweitigen behördlichen Zulassungsentscheidung auch mit Konzentrations- und Legalisierungswirkung nicht grundsätzlich ausgeschlossen ist (OVG Lüneburg Urt. v. 13.3.2019 – 12 LB 125/18, BeckRS 2019, 5386 Rn. 34), denn die Zuständigkeit der Naturschutzbehörden fällt diesen in ihrem sachlichen Aufgabenbereich nach der Zulassungsentscheidung wieder zu (OVG Lüneburg Urt. v. 13.3.2019 – 12 LB 125/18, BeckRS 2019, 5386 Rn. 35; VG Augsburg Urt. v. 17.12.2015 – 2 K 15.1343, BeckRS 2016, 41426 Rn. 32). Im Falle nicht zulassungsbedürftiger Anlagen wechselt die Zuständigkeit gleich von vornherein nicht (BVerwG NVwZ 1987, 130 (131); OVG Lüneburg Beschl. v. 2.2.2018 – 4 ME 204/17, BeckRS 2018, 3229 Rn. 7). Die zweite Einschränkung der nachträglich eingetretenen Umstände darf nicht zu dem Schluss führen, dass die Naturschutzbehörde vor nachträglich gewonnenen Erkenntnissen die Augen verschließen müsste, nur weil Fragen des Artenschutzes bereits in der Zulassungsentscheidung behandelt worden sind. Vielmehr wird zutreffend darauf hingewiesen, dass die Legalisierungswirkung einer Genehmigung sich auch nur auf die zum Entscheidungszeitpunkt maßgebliche Sach- und Rechtslage erstrecken kann (so *Schuhmacher* NuR 2019, 323 (324) mwN). Dementsprechend können auch nachträgliche Erkenntnisse in Form von Kartierungen oder Totfunden nachträglich eingetretene Umstände, damit der Anwendungsbereich des § 3 Abs. 2 nicht ungerechtfertigt verengt wird, zumal es sich bspw. bei den artenschutzrechtlichen Verboten um handlungsbezogene Verbote handelt. Mithin ist für das Einschreiten der Gefahrenabwehr nach einer immissionsschutzrechtlichen Genehmigung erforderlich, dass das Einschreiten auf einer ausreichenden Sachverhaltsermittlung im Wege des Amtsermittlungsgrundsatzes beruht (*Erbguth* LKV 1997, 233 (235)) und den anerkannten fachlichen Maßstäben im Naturschutzrecht genügt. Sind derartige Sachverhaltsermittlungen bezüglich des Vorliegens einer Gefahr nicht ausreichend, sind allenfalls Gefahrerforschungsmaßnahmen zulässig. 21

d) Ermessen und Einschätzungsprärogative. Die zuständige Naturschutzbehörde hat die erforderlichen Maßnahmen zur Sicherstellung der Einhaltung der Rechtsvor- 22 schriften im pflichtgemäßen Ermessen zu treffen, dies umfasst das **Entschließungs- und Auswahlermessen** (BVerwG, NVwZ 2017, 1634 (1636) Rn 24). **Ermessensfehler** sind nach der allgemeinen Fehlerlehre zu bestimmen (vgl. → § 2 Rn. 19) Das Ermessen soll grundsätzlich nicht intendiert oder gebunden sein (BVerwG NVwZ-RR 2017, 187 (190) Rn. 27; OVG Greifswald LKV 2004, 563 (566); *Krohn* in GK-BNatschG § 3 Rn. 24; a. A. VG Köln Urt. v. 17.12.2013 – 14 K 1733/12, BeckRS 2014, 46865). Allein aus der Verletzung von Naturschutzrecht soll bei einem Absehen des Einschreitens daher noch kein Ermessensfehler resultieren (BVerwG NVwZ 2017, 1634 (1637)). Mit Blick auf die Effektivität der Durchsetzung des Naturschutzes und der Funktion der Norm zur Minderung des Vollzugsdefizits im Bereich des Naturschutzes sollte zumindest das **Entschließungsermessen** in Fällen formeller und materieller Rechtswidrigkeit **regelmäßig intendiert sein** (für intendiertes Ermessen bei formeller Illegalität OVG Berlin Urt. v. 4.9.2001 – 2 B 12/98, BeckRS 2001, 30995280 Rn. 19), was jedenfalls beim Absehen vom Einschreiten einen erhöhten Begründungsaufwand auf Seiten der Naturschutzbehörde erfordert. Dies gilt insbesondere vor dem Hintergrund, dass bei der Ausübung des Ermessens die Ziele des § 1 als ermessenssteuernde Normen zu beachten sind (siehe → § Rn. 2 und 4), die bei Zuwiderhandlungen gegen das Naturschutzrecht regelmäßig beeinträchtigt werden dürften. Bei der Frage nach der Reduzierung des Entschließungsermessen dürfte auch der Umstand von Bedeutung sein, ob ein Schaden bereits eingetreten ist oder erst bevorsteht (offen gelassen VGH München ZUR 2021, 48 (51) Rn. 42).

23 Das BVerwG nimmt eine **Ermessensreduzierung** dann an, wenn ein besonders schwerwiegender Verstoß gegen das Naturschutzrecht in Rede steht (BVerwG NVwZ 2017, 1634 (1636)). Dabei gilt die Faustregel, dass das Einschreiten umso mehr geboten ist, je wertvoller, empfindlicher und knapper das betreffende Naturgut ist (BVerwG NVwZ 2017, 1634 (1636) mVa *Krohn* in GK-BNatschG § 3 Rn. 24). Als schwerwiegend und ermesseneinschränkend sind insbesondere Verstöße gegen unionsrechtliche Vorgaben auf dem Gebiet des Arten- und Habitatschutzes zu qualifizieren (BVerwG NVwZ 2017, 1634 (1636); OVG Bautzen Urt. v. 27.11.2018 – 4 A 688/17, BeckRS 2018, 37443 Rn. 19). Sind europarechtlich geschützte Arten oder Lebensräume betroffen, die für den Fortbestand eine besondere Bedeutung aufweisen, so wird das Ermessen in der Regel in Richtung des Einschreitens intendiert sein (so auch *Lau* NuR 2018, 653 (656 f.). Bei Verstößen gegen das Unionsrecht kommt hinzu, dass dem Handelnden jedenfalls aus der Rechtsverletzung kein Vorteil erwachsen darf. Wenngleich die unionsrechtlichen Vorgaben die Behörden und Gerichte zur Behebung von Verstößen verpflichten (EuGH NVwZ 2012, 553 (554 f.) mwN; BVerwG NVwZ 2017, 1634 (1637)) und somit ermessensleitend sind, können daneben auch rein nationale Naturschutzvorschriften eine Ermessensreduzierung erfordern. Dies ist bereits deshalb geboten, um eine Abwertung des rein nationalen Naturschutzrechts gegenüber dem Unionsrecht zu verhindern. Dementsprechend kann auch die Beeinträchtigung von rein national geschützten Arten oder Lebensräumen, die nicht von der FFH- oder Vogelschutzrichtlinie erfasst werden, einen schwerwiegenden Verstoß darstellen, insbesondere wenn die Art eine herausgehobene Bedeutung für die biologische Vielfalt (§ 1 Abs. 1 Nr. 1) hat. Dabei kommt es nach der oben genannten Faustregel insbesondere auf den Gefährdungsgrad, die Seltenheit und Schutzwürdigkeit an. Die **Schwere eines Verstoßes** ist damit in erster Linie vor dem Hintergrund der Bedeutung der betroffenen Naturgüter im Hinblick auf die Ziele des § 1 Abs. 1 zu ermitteln und zu bewerten. **Ermessenreduzierend** wirken sich zudem die **Gefahr der Wiederholung, Nachahmung oder Verstärkung der Beeinträchtigung** aus. Auch die Verschleppung von erforderlichen Verfahrensschritten kann sich ermessenreduzierend auswirken (BVerwG NVwZ 2017, 1634 (1637)), ggf.

sogar zu einer Pflicht verdichten (OVG Bautzen Urt. v. 27.11.2018 – 4 A 688/17, BeckRS 2018, 37443 Rn. 19).

Bei derartig schwerwiegenden Verstößen und besonderen Umständen kann sich **das Einschreiten auch zu einer Pflicht durch eine Ermessungsreduzierung auf Null verdichten** (BVerwG NVwZ 2017, 1634 (1637)). Sind bspw. durch die Nutzung rechtswidrig errichteter Anlagen weitere Beeinträchtigungen der Schutzgüter zu befürchten, ist das Ermessen grundsätzlich auf Null reduziert (BVerwG NVwZ 2017, 1634 (1637)). Etwas anderes soll sich nach dem BVerwG nur dann ergeben, wenn öffentliche Belange von erheblichem Gewicht der Nutzungsuntersagung entgegenstehen (BVerwG NVwZ 2017, 1634 (1637)). In die Ermessensausübung ist auch einzustellen, dass an der Nutzung rechtswidrig herbeigeführter Zustände regelmäßig kein öffentliches Interesse besteht. Eine Ermessenreduktion auf Null hinsichtlich des Entschließungsermessens kann sich auch im Hinblick auf rechtswidrig unterlassene Beteiligungsverfahren ergeben (OVG Schleswig Urt. v. 15.12.2011 – 1 LB 19/10, BeckRS 2012, 49886 Rn. 20). Daneben können Ermessensreduzierungen auf Null auch aus der Selbstbindung der Verwaltung oder aus dem Wegfall zulässiger Entscheidungsalternativen resultieren (vgl. *Ramsauer* in: Knopp/Ramsauer, 18. Aufl., VwVfG, § 40 Rn. 69). **24**

Die Naturschutzbehörde hat im Rahmen ihrer Ermessensausübung sämtliche Bestandteile des zu entscheidenden Sachverhalts, den sie im Rahmen der **Amtsermittlung aufzuklären** hat, zu **bewerten** und sodann alle entscheidungserheblichen Sachverhaltsbestandteile im Verhältnis zu **gewichten** und schließlich zu entscheiden. Der Behörde kommt dabei die Argumentationsobliegenheit zu, die nach ihrer Tiefe vom Einzelfall abhängig ist (VGH München ZUR 2021, 48 (51)). Die Ermessensausübung erfolgt auf der Grundlage der im Einzelfall vorzunehmenden **naturschutzfachlichen Bewertung** (OVG Lüneburg ZUR 2015, 555 (559) Rn. 54).

Mit der naturschutzfachlichen Bewertung soll nach ständiger Rechtsprechung des BVerwG eine **naturschutzfachliche Einschätzungsprärogative** einhergehen, die mit einer eingeschränkten gerichtlichen Kontrolldichte verbunden ist (vgl. nur BVerwG NVwZ 2009, 302 (308); BVerwG NVwZ 2013, 1411 (1413); kritisch: *Gellermann* NuR 2009, 90; *Gassner* DVBl. 2012, 1479; vgl. auch Vorkommentierung Landmann/Rohmer UmweltR/*Gellermann,* 93. EL August 2020, BNatSchG § 44 Rn. 23 ff.). Diese soll sich im Bereich des speziellen Artenschutzes sowohl auf die Bestandserfassungen als auch auf die Gefahrenbewertung beziehen und damit im Wesentlichen auch auf Sachverhaltsermittlungen, die sowohl die Behörden als auch die Gerichte von Amts wegen zu treffen haben (§ 86 Abs. 1 VwGO). Die Figur der naturschutzfachlichen Einschätzungsprärogative wirft Fragen zur verfassungsrechtlichen Bestimmtheit der Normen und zur Vereinbarkeit mit der Rechtsschutzgarantie auf (siehe Vorkommentierung Landmann/Rohmer UmweltR/*Gellermann,* 93. EL August 2020, BNatSchG § 44 Rn. 24). Voraussetzung für eine eingeschränkte gerichtliche Kontrolldichte ist es zunächst, dass eine den **wissenschaftlichen und den vorhandenen Kennnissen entsprechende Sachverhaltsermittlung** vorgenommen wird (OVG Lüneburg NVwZ-RR 2011, 597 (598); OVG Lüneburg NordÖR 2019, 306 (310)). Der Anwendungsbereich der Einschätzungsprärogative ist damit von vornherein begrenzt, wie es auch das BVerfG letztlich bestätigt hat, soweit es die „weitestmögliche Aufklärung" verlangt, das Fehlen von allgemein anerkannten Maßstäben und Methoden für die fachliche Beurteilung als Voraussetzung benennt und eine eingeschränkte Kontrolldichte nur für außerrechtliche Kriterien von vornherein annimmt (BVerfG NVwZ 2019, 52 (53)). Das BVerfG hat in seiner Entscheidung zur Einschätzungsprärogative keine vertiefte und abschließende Entscheidung über die verfassungsrechtliche Zulässigkeit getroffen, sondern lediglich geprüft, ob die Kontrolldichte im Bereich des Artenschutzes von vornherein und damit in grundsätzlicher **25**

Hinsicht der Rechtsschutzgarantie entgegensteht (so auch *Helmes* NVwZ 2019, 52 (57)), und dies im Ergebnis verneint. Zugleich hat das BVerfG sein Ergebnis mit Verweis auf den Wesentlichkeitsgrundsatz sogleich mit einem deutlichen Appell („verfassungsrechtliche Zweifel") hinsichtlich der Erforderlichkeit konkretisierender Maßstäbe in Richtung des Gesetzgebers versehen (BVerfG NVwZ 2019, 52 (54)). Im Ergebnis nimmt das BVerfG die eingeschränkte Kontrolldichte auch nicht aus Gründen der Einschätzungsprärogative an, sondern aus funktionellen Erwägungen (BVerfG NVwZ 2019, 52 (54)). Hinsichtlich des Kontrollmaßstabs soll sich die eingeschränkte Kontrolle bei mangelnden anerkannten fachlichen Maßstäben nicht grundlegend von der üblichen gerichtlichen Prüfung unterscheiden und sich auf eine Vertretbarkeits- bzw. Plausibilitätskontrolle beschränkt (BVerfG NVwZ 2019, 52 (55); BVerwG NVwZ 2009, 302 (308)). Die Verwaltungsgerichte halten die Einräumung einer behördlichen Einschätzungsprärogative neben Planfeststellungs- und Genehmigungsverfahren auch auf das Einschreiten nach § 3 Abs. 2 für übertragbar (OVG Lüneburg NordÖR 2019, 306 (310); VG Kassel Beschl. v. 2.8.2018 – 2 L 1764/18, BeckRS 2018, 43711 Rn. 80; VG Augsburg Urt. v. 17.12.2015 – 2 K 15.1343, BeckRS 2016, 41426 Rn. 27). Im Einzelfall sind Sachverhaltsermittlungen, die die Sachlage zum Zeitpunkt der Gefährdungslage nicht mehr abdecken, nicht mehr vertretbar und insofern nicht von der Einschätzungsprärogative gedeckt (OVG Lüneburg NordÖR 2019, 306 (311); VG Kassel Beschl. v. 2.8.2018 – 2 L 1764/18, BeckRS 2018, 43711 Rn. 95). Abzugrenzen hiervon sind Gefahrerforschungseingriffe, die der Sachverhaltsaufklärung vor Verwirklichung einer Gefahr dienen und für die insoweit auch die Einschätzungsprärogative keine Anwendung findet, soweit Erkenntnislücken erst noch geschlossen werden müssen (OVG Lüneburg NVwZ-RR 2016, 217 (218)).

26 Von der naturschutzfachlichen Bewertung einer Gefahrenlage oder eines Gefahrenverdachts ausgehend hat die Naturschutzbehörde im Einzelfall diejenigen Maßnahmen auszuwählen **(Auswahlermessen),** die aus naturschutzfachlicher Sicht **geeignet** und **erforderlich** sind, um Beeinträchtigungen oder Schäden zu unterbinden, zu beseitigen oder zu kompensieren. Die Maßnahme muss darüber hinaus den **Grundsatz der Verhältnismäßigkeit** wahren (siehe auch → § 2 Rn. 14–17), was § 3 Abs. 2, 2. HS bereits durch den Wortlaut zum Ausdruck bringt („erforderlich"). An der Geeignetheit fehlt es, wenn der verfolgte Zweck mit der Maßnahme nicht erreicht oder gefördert werden kann. Dies soll bspw. in Fällen gegeben sein, in denen nach Beseitigung von Lebensstätten die Anbringung von künstlichen Nisthilfen naturschutzfachlich keinen Erfolg verspricht oder diese sich auch ohne künstliche Nisthilfen wieder ansiedeln (so VG Ansbach NuR 2011, 70f.; *Krohn* in GK-BNatschG § 3 Rn. 35 mwN). Auch betriebsbedingte Einschränkungen ohne die Anwesenheit von geschützten Arten werden regelmäßig ungeeignet und unverhältnismäßig sein (OVG Bautzen Beschl. v. 5.2.2018 – 4 B 127/17, BeckRS 2018, 3691 Rn. 21). An der Erforderlichkeit fehlt es hingegen, wenn der verfolgte Zweck mit einem gleich geeigneten aber hinsichtlich der Eingriffsintensität milderen Mittel erreicht werden kann. An der Erforderlichkeit einer Beseitigungsverfügung wird es regelmäßig fehlen, wenn eine Anlage formell und materiell genehmigungsfähig ist und keine weiteren Beeinträchtigungen festzustellen sind (OVG Greifswald LKV 2004, 563 (566); so auch *Krohn* in GK-BNatschG § 3 Rn. 35). Dies gilt jedoch nicht hinsichtlich einer (Nutzungs-)Untersagungsverfügung bis zum Abschluss des erforderlichen Genehmigungsverfahrens, wenn weitere Beeinträchtigungen von der Nutzung einer formell und materiell rechtswidrig errichteten Anlage ausgehen (BVerwG NVwZ 2017, 1634 (1637)). Stellt sich eine Anlage oder Handlung von vornherein als nicht genehmigungsfähig dar, braucht für eine Beseitigungs- oder Untersagungsanordnung auch nicht bis zum Abschließen eines Genehmigungsverfahren gewartet werden. Gleiches gilt in Fällen, in denen das Genehmigungsverfahren verschleppt wird (BVerwG NVwZ 2017,

1634 (1637); OVG Bautzen Urt. v. 27.11.2018 – 4 A 688/17, BeckRS 2018, 37443 Rn. 20). In Fällen bloßer formeller Rechtswidrigkeit kommt aus Gründen der Verhältnismäßigkeit lediglich die Einstellung bzw. Untersagung einer Handlung oder Nutzung bis zum Abschluss eines Zulassungsverfahrens in Betracht (*Müller-Walter* in: LKMMWS § 3 Rn. 10). Erforderlich kann bspw. die Wiederherstellung eines gesetzlich geschützten Biotops (VGH Kassel NVwZ-RR 2016, 333 (335)), eine Untersagung eines Eingriffs bis zur Durchführung von Gefahrerforschungsmaßnahmen (OVG Lüneburg NVwZ-RR 2016, 217 (218 f.)) oder die zeitliche oder teilweise Einschränkung des Betriebs einer Anlage sein (VG Kassel Beschl. v. 2.8.2018 – 2 L 1764/18, BeckRS 2018, 43711 Rn. 114). Bei Untersagungsanordnungen sollte sich das Auswahlermessen aus Verhältnismäßigkeitsgründen auf zeitliche und räumliche Aspekte der (Nutzungs-)Untersagung erstrecken (BVerwG NVwZ 2017, 1634 (1637)).

Das Auswahlermessen richtet sich zugleich auf die **Störerauswahl.** Dies folgt bereits **27** aus dem Umstand, dass sich die Störerauswahl am **Grundsatz der Effektivität der Gefahrenabwehr** orientiert (*Müller-Walter* in: LKMMWS § 3 Rn. 10; *Krohn* in GK-BNatschG § 3 Rn. 32). Demnach kommt sowohl der **Zustands**- als auch der **Handlungsstörer** in Betracht, einen allgemeinen Vorrang des Handlungsstörers kennt auch das Naturschutzrecht nicht (VG Ansbach Urt. v. 17.6.2010 – 5 K 10.442, BeckRS 2011, 45744; für das Bodenschutzrecht: VGH München Beschl. v. 31.8.2006 – 22 CS 06.2055, BeckRS 2009, 40312; VG Lüneburg Urt. v. 18.8.2017 – 2 A 144/16, BeckRS 2017, 122269 Rn. 37). Im Einzelfall kann sich aus dem Grundsatz der Verhältnismäßigkeit die vorrangige Inanspruchnahme des Handlungsstörers ergeben, jedoch auch nur insoweit der verfolgte Zweck der effektiven und schnellen Gefahrenabwehr damit gleichwertig erreicht werden kann (was insbesondere Aspekte der finanziellen Leistungsfähigkeit der jeweiligen Störer umfasst) und dieser ermittelbar ist (VG Ansbach Urt. v. 17.6.2010 – 5 K 10.442, BeckRS 2011, 45744). Im Rahmen von Gefahrerforschungseingriffen richten sich die Maßnahmen gegen den **Verdachtsstörer** (siehe *Barner-Gaedicke* NuR 2018, 663 (667) mwN).

Für behördliche Entscheidungen nach § 3 Abs. 2 kann des Weiteren die **Anordnung des sofortigen Vollzugs** iSd § 80 Abs. 2 Nr. 4 VwGO erfolgen (*Krohn* in GK-BNatschG § 3 Rn. 40). Die Anordnung nach § 80 Abs. 2 Nr. 4 VwGO kann dann erfolgen, wenn durch ein Abwarten (weitere) irreparable Schäden an den Schutzgütern drohen. Die Anordnung des sofortigen Vollzugs kann etwa sowohl aus Gründen der baldmöglichen Wiederherstellung der Natur und Landschaft vorgenommen werden als auch zur Verhinderung einer unerwünschten Nachahmungswirkung bzw. negativen Vorbildwirkung (VGH Kassel NVwZ-RR 1993, 613; OVG Lüneburg NVwZ-RR 2007, 239 (241); OVG Lüneburg NVwZ-RR 2016, 333 (335)).

e) Anspruch auf Einschreiten. Ein **Anspruch auf Einschreiten** nach § 3 Abs. 2 **28** besteht in den Fällen, in denen die naturschutzrechtlichen Vorschriften, deren Einhaltung die Naturschutzbehörde zu überwachen hat, subjektive Rechte verleiht, auf die sich ein Antragsteller berufen kann. Zu denken ist hierbei etwa an das Betretungsrecht des § 59 BNatSchG (vgl. für die landesrechtliche Befugnisnorm: VG München Urt. v. 12.10.2017 – 11 K 16.1125, BeckRS 2017, 150875). Etwas anderes gilt für die nach § 3 UmwRG anerkannten Natur- und Umweltschutzvereinigungen, die grds. Verletzungen der öffentlich-rechtlichen Normen ohne die Geltendmachung von subjektiven Rechten rügen können (§ 64 Abs. 1 Nr. 1) (vgl. nur BVerwG NVwZ 2014, 64 (67 f.)). Der größte Anwendungsbereich des Anspruchs auf Einschreiten wird dementsprechend die anerkannten Naturschutzvereinigungen bzw. die Verbandsklagen betreffen. Die Geltendmachung von Ansprüchen auf Einschreiten zur Einhaltung und Durchsetzung des Naturschutzrechts durch Naturschutzverbände ist dabei zur Minderung des im Naturschutzrecht allgemein feststellbaren Vollzugsdefizits geboten. Die **Verbandsklage** nach dem § 1 Abs. Nr. 6 UmwRG für Überwachungs- und Aufsichtsmaßnahmen zur Umsetzung oder Durchführung von Umweltrecht umfasst dabei auch die Klage auf behördliches Einschreiten iSd § 3 Abs. 2 (BVerwG NVwZ 2017, 1634 (1635)). Um Ansprüche auf Einschreiten nach § 3 Abs. 2 wird es sich der Sache nach auch im Falle von Begehren einer einstweiligen Anordnung zur Einhaltung des Naturschutzrechts handeln, bspw. zur Einhaltung des Verschlechterungsverbots nach § 34 Abs. 1 (im Falle des Vollzugs eines Forstwirtschaftsplans: OVG Bautzen ZUR 2020, 612ff.).

29 Grds. besteht im Zusammenhang mit dem Einschreiten nach § 3 Abs. 2 ein Anspruch auf eine **ermessensfehlerfreie Entscheidung** (VG Frankfurt (Oder) Beschl. v. 21.7.2020 – 5 L 176/20, BeckRS 2020, 19917 Rn. 18; *Krohn* in GK-BNatschG § 3 Rn. 40 mwN). Soweit im Einzelfall nach Wahrung der Verhältnismäßigkeit eine Gefahrenabwehr nur durch eine bestimmte Maßnahme erfolgen kann bzw. diese sich aufdrängt, besteht ein Anspruch auf Einschreiten bei einer Ermessensreduktion auf Null hinsichtlich des Entschließungsermessens und ein Anspruch auf eine beantragte Maßnahme bei der Ermessensreduktion auf Null hinsichtlich des Auswahlermessens (vgl. für Ermessensreduktion auf Null und Anspruch auf Nutzungsuntersagung OVG Bautzen Urt. v. 27.11.2018 – 4 A 688/17, BeckRS 2018, 37443 Rn. 19).

III. Vorrangige Prüfung des Vertragsnaturschutzes (Abs. 3)

30 Nach § 3 Abs. 3 soll bei Maßnahmen des Naturschutzes und der Landschaftspflege vorrangig geprüft werden, ob der Zweck mit angemessenem Aufwand auch durch vertragliche Vereinbarungen erreicht werden kann. Wenngleich Abs. 3 im Wortlaut den Begriff nicht erwähnt, ist mit den vertraglichen Vereinbarungen der sog. **Vertragsnaturschutz** gemeint. Der Vertragsnaturschutz umfasst dabei auf freiwilliger Basis eingegangene vertragliche Verpflichtungen zwischen Behörden und privaten juristischen und natürlichen Personen zum Zwecke der Zielverwirklichung des § 1 Abs. 1, die meist aufgrund finanzieller Vorteile eingegangen werden. Er ist Ausdruck des umweltrechtlichen **Kooperationsprinzips** (vgl. dazu Kloepfer UmweltR, § 4 Grundprinzipien des Umweltrechts Rn. 129ff.) und stellt eine Ergänzung zu den Mitteln des Ordnungsrechts dar. Eine erste naturschutzrechtsspezifische Bundesregelung des Vertragsnaturschutzes fand sich im BNatSchG 1998, vertragliche Vereinbarungen waren jedoch bereits vorher möglich und gängige Praxis (vgl. eingehend zur Entstehungsgeschichte *Meßerschmidt,* § 3 Rn. 13–27). Vertragliche Vereinbarungen zum Zwecke des Naturschutzes sind in der Praxis in vielfacher Weise hinsichtlich der Handlungsformen und Inhalte denkbar. Hinsichtlich des Inhalts von vertraglichen Verpflichtungen kommen dabei bspw. die klassischen Nutzungsextensivierungen der Weide- und Grünlandbewirtschaftung, Blüh- und Brachestreifen, Mahd und Pflege, Überlassen der natürlichen Entwicklung, Anpflanzen von Gehölzen, Verzicht auf Pestizideinsatz, Wegeführungen für sportliche Betätigung oder gar Auswilderungen von Tierarten in Betracht (vgl. BGH Urt. v. 19.7.2019 – V ZR 177/17, BeckRS 2019, 22578 Rn. 33). In der Praxis zeugen bereits die unzähligen Förderprogramme, gerade auch im Bereich der Land-, Forst- und Fischereiwirtschaft in Form der Agrarumweltmaßnahmen, von der hohen Bedeutung des Vertragsnaturschutzes, die der Gesetzgeber mit § 3 Abs. 3 betonen wollte (BT-Drs. 16/12274, 52).

31 **1. Vorrangige Prüfpflicht.** Mit der Regelung in § 3 Abs. 3 ist eine **vorrangige Prüfpflicht** verbunden, **nicht ein allgemeiner Vorrang des Vertragsnaturschutzes**

vor dem Ordnungsrecht (so schon zur alten Rechtslage BVerwG NVwZ-RR 1998, 225 (226); ferner *Meßerschmidt* § 3 Rn. 27; *Müller-Walter* in: LKMMWS § 3 Rn. 14; *Krohn* in GK-BNatschG § 3 Rn. 49; Lütkes/Ewer/*Lütkes,* 2. Aufl. 2018, BNatSchG § 3 Rn. 10; *Berghoff/Steg* NuR 2010, 17 (20)). Weder gibt der Wortlaut der Regelung einen derartigen Vorrang des Vertragsnaturschutz her, soweit ausdrücklich von einer vorrangigen Prüfverpflichtung die Rede ist, noch spricht die Regelungshistorie für einen solchen Vorrang, da sich gesetzgeberische Vorstöße zu einer Vorrangregelung nicht durchsetzen konnten (vgl. auch *Meßerschmidt* § 3 Rn. 26 ff.; zu Vorgängerregelung *Müller-Terpitz* NVwZ 1999, 26 (31); *Proelß/Blanke Kießling* NVwZ 2010, 985 (986 ff.)). Hinzu kommt, dass der Einsatz des Vertragsnaturschutzes unter der **Einschränkung der Angemessenheit** hinsichtlich des Aufwands steht (§ 3 Abs. 3, 2. HS). Einen allgemeinen Vorrang des Vertragsnaturschutzes statuiert § 3 Abs. 3 demnach nicht. Aus sachlichen Erwägungen ist dieser ebenfalls nicht zu rechtfertigen (vgl. SRU, Sondergutachten 2007, Umweltverwaltungen unter Reformdruck: Herausforderungen, Strategien, Perspektiven, Rz. 316 f. mwN). Fraglich ist, ob sich im Einzelfall ein Vorrang des Vertragsnaturschutzes vor den Mitteln des Ordnungsrecht ergeben kann (dafür wohl *Müller-Walter* in: LKMMWS § 3 Rn. 14, der bei gleicher Wirksamkeit bereits aus Verhältnismäßigkeitserwägungen eine vertragliche Regelung als milderes Mittel gegenüber dem Ordnungsrecht ansieht). Dagegen spricht, dass der Behörde ein **weites Ermessen** bereits hinsichtlich der Prüfung („soll"), aber auch hinsichtlich des Einsatzes vertraglicher Vereinbarungen eingeräumt ist und unter der Einschränkung des angemessenen Aufwands steht (*Meßerschmidt* § 3 Rn. 27, 38). Ist mit dem Einsatz vertraglicher Vereinbarungen ein erhöhter Aufwand für die Verwaltung verbunden, muss der Vertragsnaturschutz vor den ordnungsrechtlichen Mitteln nicht ergriffen werden, auch wenn der Vertragsnaturschutz sich als gleich wirksam darstellt. Die Wahl des Ordnungsrechts hängt im Einzelfall auch nicht von erfolglosen Bemühungen um vertragliche Vereinbarungen ab.

Abs. 3 verpflichtet die Behörde daher regelmäßig nur dazu, vertragliche Vereinbarungen als Instrumente im Rahmen des Auswahlermessens zu berücksichtigen, die Möglichkeit der Zweckerreichung zu prüfen und die Vor- und Nachteile gegenüber ordnungsrechtlichen Mitteln herauszustellen (*Krohn* in GK-BNatschG § 3 Rn. 49; zu Vor- und Nachteilen des Vertragsnaturschutz allgemein schon *Gellermann/Middecke* NuR 1991, 457 (459 f.)). Die Prüfungsverpflichtung richtet sich in erster Linie an die zuständigen Naturschutzbehörden des Bundes und der Länder nach § 3 Abs. 1, darüber hinaus an sämtliche Behörden, die Maßnahmen des Naturschutzes und der Landschaftspflege auf Grundlage des BNatSchG durchführen. Maßnahmen des Naturschutzes und der Landschaftspflege iSd § 3 Abs. 3 sind alle Maßnahmen, die aufgrund von Normen aus dem Bereich des Naturschutzes und der Landschaftspflege getroffen werden, nicht jedoch Rechtsfolgen die von Gesetzes wegen eintreten oder auf anderen Rechtsgrundlagen außerhalb des Naturschutzes und der Landschaftspflege oder des BNatSchG beruhen (so *Müller-Walter* in: LKMMWS § 3 Rn. 16). **32**

Die Prüfpflicht des Abs. 3 **vermittelt keinen Drittschutz bzw. keinen Rechtsanspruch** auf Abschluss von vertraglichen Vereinbarungen (*Müller-Walter* in: LKMMWS § 3 Rn. 14; *Krohn* in GK-BNatschG § 3 Rn. 58; a. A. wohl *Rehbinder* DVBl. 2000, 859 (864)). Als Prüfpflicht ist die Norm auf die Berücksichtigung der Instrumente des Vertragsnaturschutzes gerichtet und nicht auf einen Anspruch des Einzelnen. **33**

2. Prüfkriterien und Ausschluss des Vertragsnaturschutzes. § 3 Abs. 3 gibt für die Prüfung des Vertragsnaturschutzes zwei Prüfkriterien vor, nach deren Erfüllung vertragliche Vereinbarungen überhaupt in Betracht kommen. Dies ist zum einen die **Eignung zur gleichwertigen Zweckerreichung** und die **Angemessenheit des Aufwands.** **34**

35 Eine vertragliche Regelung ist zur Zweckerreichung **ungeeignet,** wenn der Zweck gegenüber ordnungsrechtlichen Mitteln nicht gleichwertig oder gar nicht erreicht werden kann. Dies kann etwa der Fall sein, wenn ein Grundstückseigentümer zwar grds. offen gegenüber Belangen des Naturschutzes sind, aber bestimmte Bewirtschaftungs- und Pflegemaßnahmen ablehnen und somit nicht gleichwertig wie Ge- und Verbote zur Zweckerreichung geeignet sind (BVerwG NVwZ-RR 1998, 225 (226)). Auf Abstriche bei der Zweckverwirklichung muss sich die Behörde nicht einlassen (BVerwG NVwZ-RR 1998, 225 (226)).

Bei der Prüfung der gleichwertigen Zweckerreichung und der Vor- und Nachteile sind Kriterien hinsichtlich der Kooperationsbereitschaft, Leistungsfähigkeit und Zuverlässigkeit möglicher Vertragspartner einzubeziehen (*Krohn* in GK-BNatschG § 3 Rn. 54; Lütkes/Ewer/*Lütkes,* 2. Aufl. 2018, BNatSchG § 3 Rn. 14). Die Zweckerreichung ist des Weiteren auch nicht gleichwertig wirksam, wenn ein umfassender Schutz geboten ist und gegenüber jedermann wirksam sein muss oder hoheitliche Unterschutzstellungen geboten sind. Dies ist etwa mit Blick auf die unionsrechtliche Unterschutzstellungspflicht der Natura 2000-Gebiete anzunehmen (*Rehbinder* ZUR 2008, 178 (180); *Niederstadt* NVwZ 2008, 126 (133f.); *SRU,* Umweltgutachten 2004, Umweltpolitische Handlungsfähigkeit sichern, Rz. 165; Vorkommentierung Landmann/Rohmer UmweltR/*Gellermann,* 93. EL August 2020, BNatSchG § 32 Rn. 17; Düsing/Martinez/*Schäfer/Keller,* 1. Aufl. 2016, BNatSchG § 3 Rn. 4; *Krohn* in GK-BNatschG § 3 Rn. 59), für die der EuGH bloße vertragliche Vereinbarungen nicht als ausreichend angesehen hat (EuGH Urt. v. 6.3.2003 – C-240/00, BeckRS 2004, 75355, Rn. 21; EuGH Urt. v. 20.10.2005 – C-6/04, BeckRS 2005, 70813, Rn. 35f.). Auch für Kernflächen des Biotopverbunds nach § 21 Abs. 3 iVm Abs. 4 dürfte die alleinige Sicherung durch vertragliche Vereinbarungen nicht ausreichend sein. Ausgeschlossen ist hingegen nicht, dass hoheitliche Unterschutzstellungen durch vertragliche Vereinbarungen ergänzt werden. Mitunter kann eine derartige Koppelung ordnungs- und vertragsrechtlicher Mittel etwa zur Verbesserung der Umweltsituation erforderlich sein (vgl. *EU-Kommission,* Leitfaden Natura 2000-Gebietsmanagement, 2019, 23f.). Gerade diejenigen Fälle, in denen von Grundstückseigentümern bestimmte Handlungen aus Gründen des Naturschutzes erforderlich sind (bspw. Pflegemaßnahmen) und grds. keine entschädigungslos hinzunehmenden Inhalts- und Schrankenbestimmungen darstellen, sollten den Kernanwendungsbereich des Vertragsnaturschutzes darstellen, denn sie verheißen eine geeignete Zweckerreichung gegenüber dem Ordnungsrecht. Ungeeignet zur Zweckerreichung sind jedoch vertragliche Vereinbarungen mit denen gesetzliche Ge- und Verbote oder gesetzlich angeordnete Rechtsfolge umgangen werden. Derartige Verträge sind nach ihrem Inhalt unzulässig und damit ungeeignet (*Krohn* in GK-BNatschG § 3 Rn. 52). Der Vertragsnaturschutz scheidet auch in den Fällen aus, in denen dringender Handlungsbedarf, etwa im Rahmen der Gefahrenabwehr nach § 3 Abs. 2, besteht und nicht auf den Abschluss von vertraglichen Vereinbarungen gewartet werden kann. In Fällen der Gefahrenabwehr sind Instrumente des Vertragsnaturschutzes im Verhältnis zu ordnungsrechtlichen Mitteln nicht gleichwertig geeignet (*Meßerschmidt* § 3 Rn. 42; *Krohn* in GK-BNatschG § 3 Rn. 49).

36 Zum anderen muss der **Zweck mit angemessenem Aufwand erreichbar sein.** Die Einschränkung ist als besondere Ausgestaltung der Angemessenheitsprüfung (Zweck-Mittel-Relation) vom Gesetzgeber hervorgehoben und verdeutlicht schon, dass der Vertragsnaturschutz immer unter dem **Vorbehalt der Finanzierung** steht. Insbesondere aus diesem Grunde wurde im Übrigen ein allgemeiner Vorrang des Vertragsnaturschutzes abgelehnt (vgl. *Meßerschmidt* § 3 Rn. 19; *Müller-Terpitz* NVwZ 1999, 26 (31)). Das Prüfkriterium des angemessenen Aufwands ist auf den behördlichen Aufwand für den Abschluss vertraglicher Vereinbarungen in Verhältnis zu ordnungsrechtlichen Mitteln bezo-

gen. Stehen diese außer Verhältnis zueinander, ist die Behörde im Einzelfall schon von vornherein zum Einsatz des Vertragsnaturschutzes nicht angehalten. Diesbezüglich sind Kriterien im Hinblick auf die Anzahl möglicher Vertragspartner, die zeitlichen Erfordernisse (dauerhaft oder zeitweise), den Umfang möglicher Kontrollverpflichtungen, die zur Verfügung stehenden (begrenzten) finanziellen Mittel, der Aufwand für Vertragsabwicklung sowie die Intensität der Betroffenheit von Grundstückseigentümern und möglichen Dritten durch Naturschutzmaßnahmen mittels vertraglicher Vereinbarungen in den Blick zu nehmen (vgl. Lütkes/Ewer/*Lütkes,* 2. Aufl. 2018, BNatSchG § 3 Rn. 14; *Krohn* in GK-BNatschG § 3 Rn. 52). Vertragliche Vereinbarungen werden in der Regel nicht mit angemessenem Aufwand den Zweck gleichwertig erreichen können, wenn es sich um ein großflächiges Gebiet mit einer Vielzahl von potentiellen Vertragspartnern und möglicherweise divergierenden Interessen handelt und die Erfüllung vertraglicher Vereinbarungen an die Grenze der Praktikabilität und Effektivität stößt (so etwa OVG Münster, Beschl. v. 2.2.2005 – 11 D 68/02.AK –, Rn. 11, juris). In der Regel wird es an der Angemessenheit auch fehlen, wenn die Kosten der vertraglichen Vereinbarung den Beitrag zur Zielerreichung des § 1 Abs. 1 nicht rechtfertigen oder eine dauerhafte Sicherung erforderlich ist, die im Rahmen der vertraglichen Verhandlungen nicht herbeigeführt werden kann.

3. Handlungsformen des Vertragsnaturschutzes. § 3 Abs. 3 spricht lediglich von **37** **vertraglichen Vereinbarungen,** welche damit im Näheren gemeint sind, ergibt sich ohne Weiteres nicht. Aus dem Wortlaut ergibt sich jedoch bereits eine Abgrenzung zu den oftmals in der Praxis stattfindenden informellen Absprachen, die nicht unter die vertraglichen Vereinbarungen fallen (BVerwG NVwZ-RR 2019, 895 (989)). Die Vorgabe gewährt den Behörden ein Auswahlermessen hinsichtlich der Form der vertraglichen Vereinbarungen. In der Regel wird der Vertragsnaturschutz durch einen **öffentlich-rechtlichen Vertrag,** für den die §§ 54 ff. VwVfG und die VwVfG der Länder anzuwenden sind (*Gellermann/Middeke* NuR 1991, 457 (461); *Proelß/Blanke Kießling* NVwZ 2010, 985 ff.), verwirklicht (der jedoch grds. die Schriftform vorschreibt, § 57 VwVfG). Hauptanwendungsbereich ist dabei der Austauschvertrag iSv § 56 VwVfG (*Meßerschmidt,* § 3 Rn. 32).

Neben den vertraglichen Vereinbarungen auf öffentlich-rechtlicher Grundlage kom- **38** men auch **vertragliche Vereinbarungen auf dem Gebiet des Privatrechts** in Frage. Zu denken sind in erster Linie an klassische (Land-)Pachtverträge mit gewissen Bewirtschaftungsanforderungen oder -einschränkungen für die Pächter. Gleichfalls ist auch der umgekehrte Fall denkbar, in denen die öffentliche Hand Flächen aus Gründen des Naturschutzes pachtet, um Maßnahmen des Naturschutzes durchzuführen, die über die Duldungsverpflichtung des § 65 Abs. 1 hinausgehen. Weiter kommen Dienstbarkeiten, Nießbrauchrechte und Reallasten in Betracht, die hinsichtlich der für erforderlich gehaltenen Maßnahmen (aktives Tun oder Unterlassen) als rechtliches Instrument ausscheiden oder möglich sind. Nicht ausgeschlossen sind im Einzelfall auch Werk- und Dienstverträge für die Absicherung von Pflegemaßnahmen.

IV. Beauftragung von Betrieben, Vereinen und Verbänden (Abs. 4)

Nach § 3 Abs. 4 sollen mit der Ausführung landschaftspflegerischer und -gestalteri- **39** scher Maßnahmen nach Möglichkeit bestimmte Dritte beauftragt werden. Der Abs. 4 ist dabei im Gesetzgebungsverfahren auf Betreiben des BT-Umweltausschusses eingefügt worden und ist ebenso wie Abs. 3 Ausdruck des umweltrechtlichen **Kooperationsprin-**

zips (BT-Drs. 16/13430, S. 3; BR-Drs. 594/09, S. 2 Nr. 1; *Meßerschmidt* § 3 Rn. 53). Die Regelung richtet sich zunächst an die Naturschutzbehörden des Bundes und der Länder, die bei Beauftragungen nach Möglichkeit land- und forstwirtschaftliche Betriebe, Landschaftspflegeverbände, anerkannte Naturschutzvereinigungen oder Träger von Naturparken zu wählen haben. Der Gesetzgeber knüpft die **bevorzugte Beauftragung** dabei an die Vorstellung, dass die genannten Dritten eine besondere Sachkunde bzw. Kompetenz auf dem Gebiet des Naturschutzes und der Landschaftspflege aufweisen und zugleich für deren Zwecke akzeptanzbildend wirken können (vgl. BT-Drs. 16/13430, S. 16). Der Gesetzgeber will sie daher bevorzugt beauftragt wissen, um die Kooperation zu stärken und die Sachkompetenz für die Ziele des Naturschutzes und der Landschaftspflege zu nutzen.

40 Die Beauftragung soll dabei **„nach Möglichkeit"** erfolgen. Daraus ergibt sich zunächst, dass die **Aufzählung der möglichen Beauftragten nicht abschließend ist** (*Krohn* in GK-BNatschG § 3 Rn. 63; *Berghoff/Steg* NuR 2010, 17 (21)). Daneben verdeutlicht das Kriterium, dass die Möglichkeit der bevorzugten Beauftragung nur **im Einklang mit den vergaberechtlichen Vorschriften** besteht. Von einer Bevorzugung entgegen der vergaberechtlichen Vorschriften kann der Gesetzgeber nicht ausgegangen sein. Dementsprechend wird davon ausgegangen, dass eine bevorzugte Beauftragung eines in § 3 Abs. 4 Satz 1 genannten Dritten nur bei der Gleichwertigkeit eines Angebots im Vergabeverfahren in Betracht zu ziehen ist oder erfolgen sollte (so *Krohn* in GK-BNatschG § 3 Rn. 63). § 3 Abs. 4 Satz 2 stellt klar, dass **keine hoheitlichen Befugnisse übertragen** werden können.

V. Informations- und Beteiligungspflicht (Abs. 5)

41 § 3 Abs. 5 Satz 1 statuiert zunächst eine Pflicht der Bundes- und Landesbehörden zur Unterrichtung und Beteiligung der Naturschutzbehörden bei der Vorbereitung aller öffentlichen Planungen und Maßnahmen, die die Belange des Naturschutzes und der Landschaftspflege berühren können. Satz 1 richtet sich zunächst an alle Bundes- und Landesbehörden, die nicht originär mit dem Natur- und Landschaftsschutz befasst sind und ergänzt die Unterstützungspflicht aus § 2 Abs. 2. Um die **Integration der Belange** des Naturschutzes und der Landschaftspflege sicherzustellen, sollen diese die Naturschutzbehörden bei der Vorbereitung aller öffentlichen Planungen und Maßnahmen hierüber im ersten Schritt unterrichten **(Informationspflicht)** und sodann ihnen Gelegenheit zur Stellungnahme **(Beteiligungspflicht)** geben, sofern die Belange des Naturschutzes und der Landschaftspflege davon berührt werden. Um die Naturschutzbehörden nicht unsinnig und übermäßig zu belasten, sollen diese nur dann unterrichtet und beteiligt werden, wenn die Belange des Naturschutzes berührt werden. Planungen ohne Bezug zu den Belangen des Naturschutzes und der Landschaftspflege fallen daher nicht unter § 3 Abs. 5 Satz 1. Die Belange des Naturschutzes und der Landschaftspflege ergeben sich aus den Zielen und Grundsätzen des § 1. Stehen Planungen oder Maßnahmen in einem sachlichen Zusammenhang zu den Zielen des § 1 oder sind unmittelbare oder mittelbare Auswirkungen auf die Verwirklichung der Ziele des Abs. 1 zu konstatieren, werden die Belange des Naturschutzes und der Landschaftspflege berührt. Eine **Berührung** iSd § 3 Abs. 5 Satz 1 erfordert jedoch keine Beeinträchtigungen des Naturhaushaltes oder konkrete Eingriffe in diesen (Meßerschmidt § 3 Rn. 59). **Öffentliche Planungen** sind behördliche Entscheidungen zur Vorbereitung von Handlungen und weiteren Entscheidungen (Pläne und Programme), unabhängig davon ob sie lediglich behördeninternen oder außerverbindlichen Charakter aufweisen. Zu denken ist dabei bspw. an Planungen auf den Gebieten der

Energiewirtschaft (Energiebedarfs- und Leitungspläne), der Wasserwirtschaft (Bewirtschaftungspläne und Maßnahmenprogramme, Gewässerentwicklungskonzepte) oder der Bauleitplanung und Stadtentwicklung (Flächennutzungs- und Bebauungspläne, integrierte Stadtentwicklungskonzepte). **Maßnahmen** sind alle behördlichen Handlungen und Regelungen, wie Verwaltungsakte, Realakte oder Unterlassungen (*Meßerschmidt* § 3 Rn. 58).

Die Unterrichtung und Beteiligung muss dabei **frühzeitig** erfolgen, was bereits aus der Formulierung „Vorbereitung" deutlich wird. Frühzeitig meint dabei einen Zeitpunkt, zu dem alle Optionen noch offen sind. Anderweitig macht die Informations- und Beteiligungspflicht keinen Sinn, wenn die Naturschutzbehörden vor vollendete Tatsachen gestellt werden. Die Unterrichtung erfordert dabei mehr als nur die bloße Bekanntgabe von Informationen, ist jedoch nicht an eine bestimmte Form gebunden. Vielmehr ist es für die Unterrichtung erforderlich, dass die Naturschutzbehörde durch die Information in die Lage versetzt wird, dass eine fachliche Bewertung ihrerseits möglich ist (*Krohn* in GK-BNatschG § 3 Rn. 67). Des Weiteren ist ihr **Gelegenheit zur Stellungnahme** zu geben. Der Naturschutzbehörde ist dafür ein geeigneter Zeitraum für die Abgabe einzuräumen (*Meßerschmidt* § 3 Rn. 52), der sich nach dem Umfang der Beteiligungsunterlagen zu richten hat. Mit § 3 Abs. 5 Satz 1 ist keine Pflicht zur Abgabe einer Stellungnahme verbunden, den Naturschutzbehörden soll lediglich die Möglichkeit eingeräumt werden. 42

Die Behörde, die zur Stellungnahme auffordert, muss den Inhalt einer abgegebenen Stellungnahme bei ihrer Entscheidung berücksichtigen, sie ist dazu schon aufgrund der Berücksichtigungspflicht nach § 2 Abs. 2 angehalten. Ein Einverständniserfordernis mit den zuständigen Naturschutzbehörden oder ähnliches ist mit der Gelegenheit zur Stellungnahme jedoch nicht verbunden. § 3 Abs. 5 Satz 1, 3. HS stellt klar, dass anderweitige, über die Informations- und Beteiligungspflicht hinausgehende Beteiligungsvorgaben der Naturschutzbehörden der Regelung vorgehen („soweit nicht eine weitergehende Form der Beteiligung vorgesehen ist"). Eine derartige über § 3 Abs. 5 Satz 1 hinausgehende Beteiligungsform sieht etwa § 17 Abs. 1 vor. 43

§ 3 Abs. 5 Satz 2 sieht eine dem Satz 1 entsprechende Informations- und Beteiligungspflicht anderer Behörden durch die Naturschutzbehörden vor, soweit diese Planungen und Maßnahmen vornehmen oder durchführen wollen. 44

Die Informations- und Beteiligungspflicht ist mit den **aufsichtsrechtlichen Mitteln** durchsetzbar.

VI. Frühzeitiger Austausch mit der Öffentlichkeit (Abs. 6)

§ 3 Abs. 6 statuiert eine Pflicht der zuständigen Naturschutzbehörden zum frühzeitigen Austausch mit Betroffenen und der interessierten Öffentlichkeit über ihre Planungen und Maßnahmen. Die Norm ist vor dem Hintergrund der Bestrebungen des Gesetzgebers zur Schaffung von Transparenz und Akzeptanz (Stichwort „good bzw. participatory governance", vgl. auch *Arzberger* ZfU 2019, 1 ff.) auf dem Gebiet des Naturschutzes und der Landschaftspflege zu sehen (BT-Drs. 16/122274, 52; vgl. auch zur Vorgängerregelung BT-Drs. 14/6378, 37). Aus diesen Gründen haben die Naturschutzbehörden einen frühzeitigen Austausch bei ihren Planungen und Maßnahmen zu gewährleisten. Frühzeitig meint dabei einen Zeitpunkt, zu dem alle Optionen noch offen sind und eine effektive Beteiligung, mithin also Änderungen möglich sind. Ein Austausch ist dabei nicht mehr frühzeitig, wenn das Ergebnis schon feststeht oder die Entscheidung bereits getroffen wurde und der Austausch lediglich der Rechtskonformität, aber nicht dem Austausch als solchem dient. 45

46 Der Gesetzgeber verwendet dabei den wenig gebräuchlichen Begriff des **„Austauschs“,** der mit einer Rechtsunsicherheit verbunden ist (so *Meßerschmidt* § 3 Rn. 64). Anders als bspw. die Regelungen der frühzeitigen Öffentlichkeitsbeteiligung im Bauplanungsrecht (§ 3 Abs. 1 BauGB) verwendet § 3 Abs. 6 nicht den Begriff der Beteiligung und sieht auch keine bestimmte Form des „Austauschs“, bspw. in Form der Gelegenheit zur Stellungnahme, vor. Die Verwendung des Begriffs des „Austauschs“ ist dabei rechtspolitisch als verfehlt anzusehen, da es dem Gesetzgeber offensichtlich darum ging, zwar eine irgendwie geartete Beteiligung der Öffentlichkeit vorzusehen, keinesfalls jedoch klare Beteiligungsformen oder gar durchsetzbare Rechtspositionen zu schaffen (so auch ausdrücklich BT-Drs. 16/122274, 52), die ebenso der Transparenz, Akzeptanz und der Verbesserung der Qualität von Entscheidungen dienen könnten. Vor dem Hintergrund der internationalen Bestrebungen zum Zugang der Öffentlichkeit zu Informationen, Entscheidungsverfahren (und zu Gerichten) aus eben genau diesen Gründen (vgl. sog. Aarhus-Konvention und ihre Erwägungsgründe, BGBl. 2006 II, 1251 ff.), bleibt § 3 Abs. 6 dahinter zurück und scheint nicht recht auf der Höhe der Zeit und Diskussionen zu sein. Zwar darf nicht verkannt werden, dass auch gewisse formelle Partizipationsformen mit Hürden für die Öffentlichkeit verbunden sind (Abgabe von schriftlichen Stellungnahmen) und der eher auf informellen Partizipationsformen angelegte § 3 Abs. 5 eine Ergänzung zu den formellen Beteiligungsrechten darstellen kann, allerdings wird die Nachvollziehbarkeit der behördlichen Entscheidungen und Tätigkeiten im Rahmen der Kommunikationsprozesse auch dadurch eingeschränkt (bspw. hinsichtlich informeller Absprachen).

47 In erster Linie soll mit dem Austausch ein **Austausch der Informationen** bezweckt werden, sodann soll mit der Information eine Pflicht der Naturschutzbehörden korrespondieren, **Meinungsäußerungen** zu den beabsichtigten Maßnahmen und Planungen **entgegenzunehmen** (zur Vorgängerregelung BT-Drs. 14/6378, 37). Darüber hinaus dürfte der Austausch auch dazu dienen, frühzeitig Belange in Vorbereitung von Abwägungsentscheidungen zu ermitteln (so wohl auch OVG Schleswig Urt. v. 30.7.2012 – 1 KN 1/12, BeckRS 2013, 57038 Rn. 37). Mit dem Austausch ist daher ein **wechselseitiger Kommunikationsprozess** verbunden (*Krohn* in GK-BNatschG § 3 Rn. 72). Die Form überlässt der Gesetzgeber dabei den Naturschutzbehörden, die damit einen weiten Ermessensspielraum hinsichtlich ihrer Kommunikationsformen haben. Regelmäßig dürfte dem § 3 Abs. 6 in Form von Informationsveranstaltungen der Naturschutzbehörden Rechnung getragen werden (bspw. im Vorfeld oder als Auftakt eines Unterschutzstellungsverfahrens).

48 Den Austausch haben die Naturschutzbehörden mit den Betroffenen und der interessierten Öffentlichkeit zu gewährleisten. Aus dem Wortlaut „gewährleisten“ folgt, dass es sich um eine **Pflicht der Naturschutzbehörden zum Austausch** handelt, die auch eine gewisse Eignung der Form der Kommunikation zum Austausch voraussetzt. Eine bloße Informationsverbreitung dürfte dafür nicht geeignet sein, da es an der wechselseitigen Kommunikation fehlt.

Mit **Betroffenen** sind natürliche und juristische Personen gemeint, deren Rechtsposition von einer Planung oder Maßnahme berührt werden. Dies sind im Regelfall ua die Grundstückseigentümer. Auch anerkannte Naturschutzvereinigungen sind als Betroffene anzusehen, da sie sich die Rechte der Natur und Landschaft zu eigen machen können und deren Belange regelmäßig bei Maßnahmen auf dem Gebiet des Naturschutzes und der Landschaftspflege berührt werden. **Die interessierte Öffentlichkeit** stellen Personen und Vereinigungen dar, deren Rechtsposition zwar nicht berührt wird, die jedoch ein Interesse an Planungen und Maßnahmen des Naturschutzes und der Landschaftspflege haben. Dies können bspw. Bürgervereinigungen, wissenschaftliche Einrichtungen oder sonstige naturaffine Bürger und Bürgerinnen sein. Für die Bestimmungen des Begriffs der Planung und Maßnahme vgl. → Rn. 41. Die frühzeitige Pflicht zum Austausch besteht dabei nicht ausnahmslos. In Fällen dringenden Handlungsbedarfs, bspw. in Fällen der Gefahrenabwehr oder der einstweiligen Sicherstellung von künftigen Schutzgebieten (BT-Drs. 16/122274, 52) besteht sie nicht.

Nach dem ausdrücklichen gesetzgeberischen Willen soll die Norm **keine klagefähige Rechtsposition** begründen. Angesichts der mit dem frühzeitigen Austausch erhofften Ziele der Akzeptanz und Transparenz scheint die gesetzgeberische Position nicht konsequent, den Behörden zwar eine Pflicht zur Quasi-Beteiligung aufzuerlegen, die Durchsetzung durch die Begünstigten jedoch zu unterbinden. Angesichts des verbleibenden weiten Ermessenspielraums und der Formfreiheit ist die frühzeitige Austauschpflicht allerdings kaum justiziabel. Hinzu kommt, dass das BNatSchG auch formelle Beteiligungsrechte vorsieht, die im Einzelfall den frühzeitigen Austausch ersetzen können und die subjektive Rechte vermitteln (bspw. die Mitwirkungsrechte der Naturschutzverbände, § 63) . **49**

VII. Aufgabenübertragung an Gemeinden und -verbände (Abs. 7)

§ 3 Abs. 7 stellt eine einfachgesetzliche Klarstellung des verfassungsrechtlichen strikten Durchgriffsverbots des Bundes auf die Kommunen nach Art. 84 Abs. 1 Satz 7 GG dar, wonach den Kommunen oder deren Verbänden durch das Bundesrecht unmittelbar keine Aufgaben zugewiesen werden dürfen (vgl. dazu Maunz/Dürig/*F. Kirchhof,* 92. EL August 2020, GG Art. 84 Rn. 152). Das Durchgriffsverbot dient dabei (auch) dem Schutz der finanziellen Bewegungsfreiheit der Kommunen (Maunz/Dürig/*F. Kirchhof,* 92. EL August 2020, GG Art. 84 Rn. 155). Im Hinblick auf die Föderalismusreform 2006 hat der Bundesgesetzgeber das verfassungsrechtlich ohnehin vorgegebene Durchgriffsverbot im BNatSchG ausdrücklich aufgenommen (BT-Drs. 16/122274, 52). **50**

15. Gesetz zur Ausführung des Protokolls über Schadstofffreisetzungs- und -verbringungsregister vom 21. Mai 2003 sowie zur Durchführung der Verordnung (EG) Nr. 166/2006

Vom 6. Juni 2007

(BGBl. I S. 1002), geändert durch Art. 1 d. G v. 9.12.2020 (BGBl. I S. 2873)

Inhaltsübersicht[*]

Schrifttum *zum PRTR-Gesetz liegt bislang nicht vor.*

Übersicht

A. Allgemeines

I. Zweck des Gesetzes

Mit dem *Gesetz zur Ausführung des Protokolls über Schadstofffreisetzungs- und -verbringungsregister vom 21. Mai 2003 sowie zur Durchführung der Verordnung (EG) Nr. 166/* 1

[*] Die Änderungen durch das Erste Gesetz zur Änderung des Gesetzes zur Ausführung des Protokolls über Schadstofffreisetzungs- und -verbringungsregister vom 21. Mai 2013 sowie zur Durchführung der Verordnung (EG) Nr. 166/2006 vom 9. Dezember 2020 (BGBl. I S. 2873) sind in der Kommentierung noch nicht berücksichtigt. Eine Anpassung erfolgt mit einer der nächsten Ergänzungslieferungen.

2006 vorn 6. Juni 2007 (BGBl. I S. 1002) werden die rechtlichen Voraussetzungen zur Errichtung und Unterhaltung eines nationalen Schadstoffregisters sowie für die Erfüllung der Verpflichtung zur Teilnahme an einem europäischen Schadstoffregister geschaffen (die englische Bezeichnung des Registers lautet: ***Pollutant Release and Transfer Register, PRTR***). Bereits aus dem Titel des PRTR-Gesetzes lässt sich ablesen, dass der Bundesgesetzgeber seinen Blick in zwei Richtungen gelenkt hat: Es geht sowohl um die Ausführung eines Protokolls, das am 21. Mai 2003 anlässlich der 5. Ministerkonferenz „Umwelt und Europa" der Wirtschaftskommission der Vereinten Nationen für Europa (UNECE) in Kiew verabschiedet wurde (der Text ist abrufbar unter: *http://www.home.prtr.de/download/PRTR-Protokoll.pdf*). Zum anderen dient das Gesetz der Durchführung einer Verordnung der Europäischen Gemeinschaft vorn 18. Januar 2006 (*Verordnung (EG) Nr. 166/2006 über die Schaffung eines Europäischen Schadstofffreisetzungs- und -verbringungsregisters,* abgedruckt in Band IV, Teil III unter Nr. 1.6). Die Notwendigkeit zur Unterhaltung zweier Register ergibt sich daraus, dass Vertragspartner des Protokolls nicht nur die Bundesrepublik Deutschland, sondern auch die Europäische Gemeinschaft ist. Die Europäische Gemeinschaft hat ihre vertragliche Verpflichtung zur Errichtung eines europäischen Schadstoffregisters durch den Erlass der Verordnung Nr. 166/2006 erfüllt, die Bundesrepublik Deutschland erfüllt ihre Verpflichtung nunmehr durch den Erlass des PRTR-Gesetzes und die damit verbundene Errichtung eines nationalen Registers. Zugleich schafft das PRTR-Gesetz die notwendigen mitgliedstaatlichen begleitenden Regeln, um die unmittelbar geltende EG- Verordnung in Deutschland anwendbar zu machen.

2 Parallel zur Einführung des PRTR ist das vorherige gemeinschaftsrechtliche Instrument des Europäischen Emissionskatasters **(EPER)** abgeschafft worden und die entsprechenden Vorschriften sind aus der 11. BImSchV herausgenommen worden (vgl. dazu: Band II, 2.11, Vorb. Rdnrn. 3 f.). Auf der Grundlage der 11. BImSchV ist somit für das Berichtsjahr 2008 und danach für jedes vierte Kalenderjahr lediglich eine Emissionserklärung abzugeben. Von dieser Verpflichtung befreit das PRTR nicht.

II. Entstehungsgeschichte

3 Das PRTR-Gesetz kann auf mehr als lediglich eine parlamentarische Entstehungsgeschichte zurückblicken. Bedingt dadurch, dass es sowohl der Ausführung eines völkerrechtlichen Vertrags als auch der Durchführung einer Verordnung der EG dient, ist die Geschichte dieser Regelwerke zugleich auch die Geschichte des PRTR-Gesetzes.

4 **1. Das Protokoll über Schadstofffreisetzungs- und -verbringungsregister.** Den äußeren Rahmen für die Verabschiedung des Protokolls über Schadstofffreisetzungs- und -verbringungsregister lieferte die **5. Ministerkonferenz „Umwelt für Europa"** der Wirtschaftskommission der Vereinten Nationen (UN-ECE) vom 21. bis 23. Mai 2003 in Kiew. Diesen Rahmen nutzten die Vertragsparteien der **Aarhus-Konvention** *(Übereinkommen über den Zugang zu Informationen, die Öffentlichkeitsbeteiligung an Entscheidungsverfahren und den Zugang zu Gerichten in Umweltangelegenheiten vom 25. Juni 1998)* zu einem außerordentlichen Treffen am 21. Mai 2003, an dessen Ende das Protokoll angenommen wurde. Der völkerrechtliche Vertrag wurde in Kiew von 36 Staaten sowie der Europäischen Gemeinschaft unterzeichnet. Alle damals 15 Mitgliedstaaten der Europäischen Union haben den Vertrag gezeichnet. Von den im Jahr 2004 beigetretenen Staaten haben lediglich Malta und die Slowakei den Vertrag nicht

§ 2 Errichtung eines Schadstofffreisetzungs- und -verbringungsregisters

(1) **Das Umweltbundesamt errichtet und unterhält ein der Öffentlichkeit frei und unentgeltlich zugängliches, internetgestütztes Schadstofffreisetzungs- und -verbringungsregister (Register).**

(2) **Das Umweltbundesamt stellt in das Register die von den nach Landesrecht zuständigen Behörden übermittelten Informationen ein:**

1. über die Freisetzungen der in Artikel 5 Abs. 1 Buchstabe a der Verordnung (EG) Nr. 166/2006 genannten Schadstoffe, die von Betriebseinrichtungen mitgeteilt werden müssen, in denen eine oder mehrere Tätigkeiten ausgeübt werden,

2. über die Verbringung außerhalb des Standortes von in Artikel 5 Abs. 1 Buchstabe b der Verordnung (EG) Nr. 166/2006 genannten Abfällen und von in Artikel 5 Abs. 1 Buchstabe c der Verordnung (EG) Nr. 166/2006 genannten Schadstoffen in Abwasser, die von Betriebseinrichtungen mitgeteilt werden müssen, in denen eine oder mehrere der in Anhang I der Verordnung (EG) Nr. 166/2006 genannten Tätigkeiten ausgeübt werden,

3. den Namen des Eigentümers oder Betreibers der Betriebseinrichtung und gegebenenfalls der Muttergesellschaft, zu der Informationen nach Nummer 1, 2 oder 4 in das Register eingestellt werden,

4. über die Freisetzungen von Schadstoffen aus diffusen Quellen, die in angemessener räumlicher Detaillierung bei den zuständigen Bundes- und Landesbehörden vorhanden sind und deren Aufnahme in das Register praktikabel ist.

§ 5 Absatz 2 bis 4 bleibt unberührt. Das Umweltbundesamt gibt in dem Register an, welche Art von Information aus welchem Grund nach § 5 Absatz 2 und 3 nicht in das Register eingestellt wurde.

(3) **Das Umweltbundesamt stellt Informationen in zusammengefasster und nicht zusammengefasster Form in das Register ein, so dass Freisetzungen und Verbringungen nach dem Kalenderjahr und weiteren Merkmalen gesucht werden können, insbesondere nach,**

1. dem Namen der Betriebseinrichtung,

2. dem geographischen Standort der Betriebseinrichtung und dem Flusseinzugsgebiet,

3. der Tätigkeit, die in der Betriebseinrichtung ausgeübt wird,

4. dem Eigentümer oder Betreiber der Betriebseinrichtung und gegebenenfalls der Muttergesellschaft,

5. dem Schadstoff oder Abfall,

6. dem Umweltmedium, in das der Schadstoff freigesetzt wird,

7. der Verbringung außerhalb des Standortes von Abfällen, Abfällen zur Beseitigung und Abfällen zur Verwertung sowie gegebenenfalls dem Zielort der Verbringung der Abfälle,

8. der Verbringung außerhalb des Standortes von Schadstoffen im Abwasser sowie

9. der Freisetzung von Schadstoffen aus diffusen Quellen im Sinne von Absatz 2 Nr. 5.

(4) **Das Umweltbundesamt stellt die in Absatz 2 Satz 1 Nummer 1 bis 4 genannten Informationen jährlich und zwar spätestens 13 Monate nach Ende eines jeden Kalenderjahres, für das Informationen über die Freisetzung von Schadstoffen und die Verbringung von Abfällen und von Schadstoffen in Abwasser erfasst werden**

(Berichtsjahr), in das Register ein. Zehn Jahre nach der erstmaligen Einstellung der Informationen in der Register kann das Umweltbundesamt ihre Löschung vornehmen.

1 Eine zentrale Stellung im Gesetz hat § 2, der die Errichtung des nationalen Schadstoffregisters, seinen Inhalt, den Aufbau und die Veröffentlichungspflicht normiert. Zur Begründung des Entwurfs hat die Bundesregierung ausgeführt (BT-Drs. 16/3756, S. 12):

> „Absatz 1 sieht die Errichtung eines nationalen Schadstofffreisetzungs- und -verbringungsregisters in Übereinstimmung mit dem Protokoll über Schadstofffreisetzungs- und -verbringungsregister vor.
> Absatz 2 regelt, welche Informationen in das nationale Register eingestellt werden.
> Absatz 3 regelt den Aufbau des Registers.
> Absatz 4 regelt die für die Veröffentlichung von Informationen maßgebenden Zeiträume."

2 Der Gesetzgeber hat seine Absicht, durch die parallele Unterhaltung zweier Register keinen zusätzlichen Aufwand zu erzeugen, klar zum Ausdruck gebracht (vgl. die Begründung des Regierungsentwurfs, BT-Drs. 16/3756, S. 10). Aus diesem Grund entspricht die Regelung in § 2 Abs. 2 über den Inhalt des nationalen Registers im Wesentlichen dem Art. 3 der Verordnung (EG) Nr. 166/2006, der sich mit dem Inhalt des E-PRTR befasst und die Regelung in § 2 Abs. 3 über den Aufbau des nationalen Registers dem Art. 4 der Verordnung (EG) Nr. 166/2006, der sich mit dem Aufbau des E-PRTR befasst. Von größter Bedeutung sind dabei § 2 Abs. 2 Nr. 1 und 2 (Art. 3 lit. a) und b)), die die berichtspflichtigen Schadstofffreisetzungen und Abfallverbringungen zum Gegenstand haben. Sowohl das nationale als auch das europäische Register enthalten derartige Informationen nämlich nur, soweit die in Art. 5 Abs. 1 der Verordnung (EG) Nr. 166/2006 genannten Bedingungen erfüllt sind. Art. 5 der Verordnung (EG) Nr. 166/2006 beinhaltet die **materiellen Berichtspflichten** der Betreiber. Nach dessen Abs. 1 Satz 1 lit. a) sind Freisetzungen in Luft, Wasser und Boden durch die Betreiber zu berichten, sofern es sich um in Anhang II aufgeführte Schadstoffe handelt und die dort genannten nach Umweltmedien differenzierten Schwellenwerte überschritten sind. Dabei gilt es zu beachten, dass diese Schwellenwerte als **Summenwert** aller am Standort einer Betriebseinrichtung vorhandenen Quellen zu verstehen sind, was Art. 5 Abs. 1 Satz 4 der Verordnung (EG) Nr. 166/2006 ausdrücklich hervorhebt. Insofern erlangt der Begriff der Betriebseinrichtung besondere Bedeutung (vgl. oben § 1 Rdnr. 2). Im Hinblick auf Verbringungen von Abfall bestimmt Art. 5 Abs. 1 Satz 1 lit. b) der Verordnung (EG) Nr. 166/2006, dass die jährliche Fracht mehr als zwei Tonnen gefährlicher oder mehr als 2000 Tonnen nicht gefährlicher Abfälle betragen muss, bevor die Berichtspflicht einsetzt. Ähnlich wie bei Freisetzungen in Luft, Wasser und Boden ist die Berichtspflicht über behandlungsbedürftiges Abwasser vom Erreichen der in Anhang II der Verordnung (EG) Nr. 166/2006 genannten Schwellenwerte abhängig.

3 § 2 Abs. 3 macht dem Umweltbundesamt Vorgaben in Bezug auf **Abfragemöglichkeiten** der im Register enthaltenen Daten. Dadurch, dass Informationen auch in nicht zusammengefasster Form vorzuhalten sind, sind weitgehend individualisierte Abfragen möglich. Das bezieht sich nicht nur auf einzelne Schadstoffe oder Abfälle (§ 2 Abs. 3 Nr. 5), sondern auch auf den Betreiber einer Betriebseinrichtung (§ 2 Abs. 3 Nr. 4) und die dort ausgeübte Tätigkeit (§ 2 Abs. 3 Nr. 3).

(Fortsetzung nächste Seite)

§ 3 Erhebung der Informationen

(1) **Der Betreiber übermittelt die in Artikel 5 der Verordnung (EG) Nr. 166/2006 genannten Informationen unter Angabe seines Namens sowie des Namens des Eigentümers der Betriebseinrichtung (Bericht) zum ersten Mal für das Jahr 2019 elektronisch und nach dem Anhang zum Durchführungsbeschuss (EU) 2019/1714 der Kommission vom 23. September 2019 zur Festlegung, in welcher Form und mit welcher Häufigkeit die Mitgliedstaaten Daten für die Berichterstattung gemäß der Verordnung (EG) Nr. 166/2006 des Europäischen Parlaments und des Rates über die Schaffung eines Europäischen Schadstofffreisetzungs- und -verbringungsregisters und zur Änderung der Richtlinien 91/689/EWG und 96/61/EG des Rates zu übermitteln haben (ABl. L 267 vom 21.10.2019, S. 3) an die nach Landesrecht zuständige Behörde. Die nach Landesrecht zuständige Behörde kann vorschreiben, dass der Betreiber das von ihr festgelegte elektronische Format zu benutzen hat.**

(2) **Der Bericht ist bis zum 30. April des dem jeweiligen Berichtsjahr folgenden Jahres abzugeben. Die nach Landesrecht zuständige Behörde kann im Einzelfall auf Antrag des Betreibers die Frist bis zum 31. Mai des dem jeweiligen Berichtsjahr folgenden Jahres verlängern, wenn die spätere Abgabe die rechtzeitige Weiterleitung des Berichts an die Europäische Kommission nicht erschwert. Der Verlängerungsantrag muss spätestens bis zum 31. März des dem jeweiligen Berichtsjahr folgenden Jahres gestellt werden.**

§ 3 befasst sich mit der Berichterstattung durch die Betreiber von Betriebseinrichtun- **1**
gen im Sinne der Definition des Art. 2 Nr. 4 der Verordnung (EG) Nr. 166/2006 (abgedruckt in Band IV, Teil III, Nr. 1.6) an die nach Landesrecht zuständigen Behörden. Die materiell-rechtliche Pflicht zur Berichterstattung entstammt bereits Art. 5 der Verordnung (EG) Nr. 166/2006. Die Begründung zum Entwurf der Vorschrift lautet (BT-Drs. 16/3756, S. 12):

> „Absatz 1 konkretisiert die an die Betreiber gerichteten Betriebspflichten aus der EG-Verordnung, indem das erste Jahr, für die Betreiber Berichte erstellen müssen, sowie die elektronische Form und die Struktur der Berichte festgelegt wird. Die Struktur entspricht der Struktur, in der die Bundesrepublik Deutschland die Informationen aus den Berichten der Betreiber an die Europäische Kommission übermitteln muss. Die nach Landesrecht zuständige Behörde soll das festgelegte Format der elektronischen Form auf ihrer Internetseite zur Verfügung stellen.
>
> Absatz 2 regelt Frist für die Abgabe des Berichts der Betreiber. Er setzt damit die Vorgabe aus Artikel 7 Abs. 1 der Verordnung (EG) Nr. 166/2006 um."

Art. 7 Abs. 1 der Verordnung (EG) Nr. 166/2006 verlangt lediglich, dass eine Frist **2**
festgelegt wird, nicht aber deren Länge. Wesentlicher Bezugspunkt ist Art. 7 Abs. 2 lit. b) der Verordnung (EG) Nr. 166/2006, der die Mitgliedstaaten zur Übermittlung der nationalen Daten innerhalb von 15 Monaten nach Ende des jeweiligen Berichtsjahres verpflichtet. Die Frist für die Betreiber muss angemessen, d. h. erfüllbar sein, den zuständigen Behörden aber auch hinreichend Zeit belassen, um die berichteten Daten auf ihre Konformität mit den gemeinschaftsrechtlichen Vorgaben hinzu überprüfen, wobei insbesondere Geheimhaltungsinteressen der Betreiber zu prüfen sein dürften, vgl. § 5 Abs. 3. Dabei ist zu beachten, dass die Landesbehörden ihrerseits eine Datenübermittlung an das Umweltbundesamt in der Regel spätestens 12 Monate nach Ablauf des Berichtsjahres vorzunehmen haben, vgl. § 5 Abs. 1. Damit verbleiben den Landesbehörden sieben Monate zur Prüfung der Daten, was zu einer angemessenen Verteilung der Zeiträume zwischen Betreibern, Landesbehörden und Umweltbundesamt führt.

3 Im Hinblick auf die Berichtspflichten der Betreiber legt Art. 5 Abs. 1 der Verordnung (EG) Nr. 166/2006 fest, dass über Schadstoffe zu berichten ist, sofern der Schwellenwert, der in Anhang II der Verordnung festgelegt ist, überschritten wird. Schwellenwerte sind dabei jeweils für Freisetzungen in die Luft, in Gewässer und in den Boden gesondert festgelegt, so dass auch die Überschreitung der Werte jeweils für jedes Medium gesondert zu prüfen ist. Zu beachten ist jedoch, dass nach dem letzten Satz des Art. 5 Abs. 1 der Verordnung (EG) Nr. 166/2006 alle Freisetzungen aus sämtlichen in Anhang I genannten Quellen am Standort der Betriebseinrichtung umfasst sind. Maßgeblich für die Beurteilung, ob ein Schwellenwert überschritten ist, ist damit zum einen der gesamte Standort, an dem ein Betreiber Tätigkeiten nach Anhang I vornimmt, zum anderen jedoch keine Freisetzungen aus Quellen, die nicht in Anhang I aufgeführt sind, aber dennoch am Standort vorhanden sind. Nach Art. 5 Abs. 2 der Verordnung (EG) Nr. 166/2006 sind alle beabsichtigten, versehentlichen, routinemäßigen und nicht routinemäßigen Tätigkeiten zu berücksichtigen, sowohl im Hinblick auf die Überschreitung des Schwellenwertes als auch die Pflicht zum Bericht. Art. 5 Abs. 1 Satz 2 der Verordnung (EG) Nr. 166/2006 schreibt darüber hinaus vor, dass die weiteren Informationen über die Betriebseinrichtung entsprechend dem Anhang III mitzuteilen sind. Dabei handelt es sich um Angaben über den Standort der Betriebseinrichtung und die sie tragende Gesellschaft, aber auch über Produktionsvolumina, die Zahl der Anlagen und jährlichen Betriebsstunden sowie die Beschäftigtenzahl, wobei die zuletzt genannten Angaben fakultativ sind.

4 Erfüllt der Betreiber seine aus Art. 5 der Verordnung (EG) Nr. 166/2006 resultierenden Pflichten nicht, nicht richtig, nicht vollständig oder nicht rechtzeitig, so kann dies als Ordnungswidrigkeit nach § 7 Abs. 1 Nr. 1 verfolgt werden (vgl. dazu unten § 7 Rdnrn. 2 f.). Zur **Durchsetzung der Berichtspflichten** muss die nach Landesrecht zuständige Behörde zunächst einen die abstrakt-generelle Pflicht der EG-Verordnung konkretisierenden Verwaltungsakt erlassen. Das PRTR-Gesetz enthält zwar selbst keine Ermächtigung zum Erlass eines solchen Verwaltungsaktes. **Die Befugnis zum Erlass eines Verwaltungsaktes,** der dann auch Grundlage für Verwaltungsvollstreckungsmaßnahmen sein kann, folgt aus der unmittelbaren materiellen Verpflichtung aus Art. 5 der Verordnung (EG) Nr. 166/2006 sowie der aus Art. 10 EGV resultierenden Pflicht zur effektiven Durchführung des Gemeinschaftsrechts. Sollte das Bestehen einer Berichtspflicht im Hinblick auf einen Betreiber fraglich sein, so muss die zuständige Behörde dieser Frage zunächst durch den Erlass eines auf eine ordnungsrechtliche Ermächtigungsgrundlage gestützten Verwaltungsaktes nachgehen.

§ 5 Übermittlung der Informationen an das Umweltbundesamt; Einstellung in das Register

(1) **Die nach Landesrecht zuständigen Behörden übermitteln die Berichte der Betreiber elektronisch zur Einstellung in das Register und für die Zwecke des Artikels 7 Absatz 2 der Verordnung (EG) Nr. 166/2006 an das Umweltbundesamt. Die Übermittlung erfolgt vorbehaltlich der Absätze 2 und 3 und für**

1. die administrativen Informationen nach den Abschnitten 1 bis 4 des Anhangs des Durchführungsbeschlusses (EU) 2019/1741 bis zum 31. August des dem jeweiligen Berichtsjahr folgenden Jahren und

2. die thematischen Informationen nach den Abschnitten 5 bis 1 des Anhangs des Durchführungsbeschlusses (EU) 2019/1741 bis zum 31. Oktober des dem jeweiligen Berichtsjahr folgenden Jahres, wobei die Information nach Abschnitt 4.1 des Anhangs des Durchführungsbeschlusses (EU) 2019/1741 erneut beizufügen ist.

Für die Übermittlung ist das spätestens bis zum 1. Januar des auf das Berichtsjahr folgenden Jahres durch das Umweltbundesamt festgelegte elektronische Format zu verwenden.

(2) **Informationen, deren Bekanntgabe nachteilige Auswirkungen hätte auf**

1. die internationalen Beziehungen, die Verteidigung oder bedeutsame Schutzgüter der öffentlichen Sicherheit oder

2. die Durchführung eines laufenden Gerichtsverfahrens, den Anspruch einer Person auf ein faires Verfahren oder die Durchführung strafrechtlicher oder disziplinarrechtlicher Ermittlungen,

werden unter Angabe des jeweiligen Schutzgrundes an das Umweltbundesamt übermittelt. Das Umweltbundesamt stellt eine Information nach Satz 1 nur dann in das Register ein, wenn nach Feststellung der nach Landesrecht zuständigen Behörde das öffentliche Interesse an der Bekanntgabe überwiegt.

(3) **Soweit**

1. durch das Bekanntgeben der Informationen personenbezogene Daten offenbart,

2. Rechte am geistigen Eigentum, insbesondere Urheberrechte, durch das Zugänglichmachen der Informationen verletzt würden oder

3. durch das Bekanntgeben Betriebs- oder Geschäftsgeheimnisse zugänglich gemacht würden oder die Informationen dem Steuergeheimnis oder dem Statistikgeheimnis unterliegen,

werden diese Informationen unter Angabe des jeweiligen Schutzgrundes an das Umweltbundesamt übermittelt. Das Umweltbundesamt stellt eine Information nach Satz 1 nur dann in das Register ein, wenn

1. der Betroffene zugestimmt hat oder

2. das öffentliche Interesse an der Bekanntgabe der Information überwiegt und die in Satz 5 genannte Entscheidung bestandskräftig geworden ist.

Die Einstellung von Informationen über die Freisetzung von Schadstoffen darf nicht aus den in Satz 1 Nummer 1 und 3 genanntn Gründen unterbleiben. Die nach Landesrecht zuständige Behörde hat in der Regel von einer Betroffenheit im Sinne des Satzes 1 Nr. 3 auszugehen, soweit übermittelte Informationen als Betriebs- und Geschäftsgeheimnisse gekennzeichnet sind und die betroffene Person bei der Übermittlung der Informationen im Einzelnen dargelegt hat, warum diese als Betriebs- oder Geschäftsgeheimnis schützenswert sind. Steht das öffentliche Interesse an der Bekanntgabe einer Information nach Satz 1 dem Geheimhaltungsin-

teresse entgegen, ist die betroffene Person von der nach Landesrecht zuständigen Behörde vor der Entscheidung über die Einstellung der Information in das Register anzuhören. Die nach Landesrecht zuständige Behörde entscheidet, ob das öffentliche Interesse an der Bekanntgabe überwiegt. Die Entscheidung, das das öffentliche Interesse an der Bekanntgabe einer Information nach Satz 1 das Geheimhaltungsinterese überwiegt, wird der betroffenen Person bekannt gegeben. Bei der Übermittlung an das Umweltbundesamt gibt die nach Landesrecht zuständige Behörde an, hinsichtlich welcher Informationen das Geheimhaltungsinteresse das öffentliche Interesse an der Bekanntgabe überwiegt und bezeichnet die Gründe, weshalb das Umweltbundesamt diese Informationen nicht in das Register einstellen darf.

(4) **Liegt nach Absatz 2 oder 3 ein Grund für die Nichteinstellung einer Information in das Register vor, sind die hiervon nicht betroffenen Informationen in das Register einzustellen.**

(5) **Unter Berücksichtigung des Standes der Technik trifft das Umweltbundesamt geeignete technische und organisatorische Maßnahmen, um für die Informationen, die nach den Absätzen 2 und 3 nicht in das Register einzustellen sind, ein angemessenes Schutzniveau zu gewährleisten.**

(6) **Bei Betriebseinrichtungen im Geschäftsbereich des Bundesministeriums der Verteidigung und der in der Bundesrepublik Deutschland stationierten Truppen entscheidet das Bundesministerium der Verteidigung oder eine von ihm beauftragte Stelle über die Schutzbedürftigkeit nach Absatz 2 Nr. 1.**

1 § 5 befasst sich mit der Frage, welche Informationen, die die Betreiber an die zuständigen Länderbehörden übermittelt haben, an das Umweltbundesamt weiterzuleiten sind. Er dient dem **Schutz geheimhaltungsbedürftiger Daten** und regelt das Verfahren zur Klärung der Geheimhaltungsbedürftigkeit. Die Bundesregierung begründete ihren Entwurf, der im parlamentarischen Verfahren noch Änderungen erfahren hat, wie folgt (BT-Drs. 16/3756, S. 12):

„§ 5 regelt wann und welche Informationen von den zuständigen Landesbehörden an das Umweltbundesamt zur Veröffentlichung im nationalen Register bzw. zur Weiterübermittlung an die Europäische Kommission übermittelt werden. Die Ausnahmeregelungen lehnen sich an die durch Artikel 11 der EG-Verordnung in Bezug genommenen Vorschriften des Artikels 4 der Umweltinformationsrichtlinie 2003/4/EG und an deren nationale Umsetzung im Umweltinformationsgesetz an. Die Entscheidung über die Veröffentlichung von Informationen im nationalen Schadstofffreisetzungs- und -verbringungsregister bzw. über deren Weiterleitung an die Europäische Kommission zur Veröffentlichung im europäischen Schadstofffreisetzungs- und -verbringungsregister treffen die zuständigen Landesbehörden. Informationen, deren Veröffentlichung Individualrechtsgüter der Betroffenen beeinträchtigen kann, werden von den Behörden der Länder an das Umweltbundesamt erst weitergeleitet, nachdem die Entscheidung über die Veröffentlichung bestandskräftig geworden ist. Die Regelung in Absatz 6 bestimmt die Zuständigkeit entsprechend den üblichen Ausnahmeregelungen für den Verteidigungsbereich."

2 Auf Initiative des Bundesrates sind die Sätze 3 bis 6 des ursprünglichen Entwurfs zu § 5 Abs. 3 durch die Sätze 3 bis 5 ersetzt worden. Zur Begründung führt der Bundesrat in seiner Stellungnahme an (BT-Drs. 16/3156, S. 14):

„Satz 3 greift den Regelungsgehalt der Sätze 5 und 6 des Regierungsentwurfs auf und stellt klar, dass es Obliegenheit des Informationspflichtigen ist, seine nach der Verordnung (EG) Nr. 166/2006 der Behörde zu übermittelnden Informationen gegebenenfalls als Betriebs- und Geschäftsgeheimnisse zu kennzeichnen. Darüber hinaus ist er darlegungspflichtig, warum dieser Schutz der Informationen geboten ist. Unterbleibt diese Darlegung, können die Informationen an das Umweltbundesamt auch dann weitergegeben werden, wenn sie bei der Übermittlung als Betriebs- und Geschäftsgeheimnisse gekennzeichnet wurden.

Diese Regelung dient der Verwaltungsvereinfachung. Ohne Darlegungspflicht für die betroffene Person, warum Informationen als Betriebs- und Geschäftsgeheimnisse nicht für das Register übermittelt werden sollen, kann dies leichthin geltend gemacht werden und verwaltungsseitigen Prüf- und Verfahrensaufwand generieren, der vermeidbar ist.

Die Regelung führt zu keiner nennenswerten zusätzlichen Belastung der Wirtschaft, weil bei der Geltendmachung der Geheimhaltungsgründe nach Absatz 3 Satz 1 Nr. 1 bis 3 die Prüfung des öffentlichen Interesses an der Bekanntgabe für die Behörde obligatorisch ist und sie zum Zwecke dieser Prüfung eine entsprechende Begründung bei der betroffenen Person nachzufordern hätte.

Die Voranstellung der (abgeänderten) Regelung zu den Betriebs- und Geschäftsgeheimnissen nach Satz 3 (neu) vor den Regelungen zur Anhörung und Bekanntgabe der Entscheidung nach Satz 4 und 5 (neu) ist systematisch geboten. Sie stellt klar, dass diese Regelungen auch gelten, soweit Betriebs- und Geschäftsgeheimnisse geltend gemacht werden."

Mit § 5 Abs. 2 und 3 enthält das PRTR-Gesetz Regelungen über das Zurück- **3**
halten von Informationen, die inhaltlich im Wesentlichen mit den Ablehnungsgründen der §§ 8 und 9 des Umweltinformationsgesetzes übereinstimmen (vgl. dazu die Erläuterungen von *Reidt/Schiller* in Band III). § 5 Abs. 2 dient dem **Schutz öffentlicher**

(Fortsetzung nächstes Blatt)

§ 6 Übermittlung der Informationen an die Europäische Kommission

Zuständig für die Durchführung von Artikel 7 Abs. 2 der Verordnung (EG) Nr. 166/2006 ist das Umweltbundesamt. Bei der Übermittlung gibt das Umweltbundesamt an, welche Informationen durch die nach Landesrecht zuständige Behörde als vertraulich beschieden wurden, und bezeichnet die Gründe, weshalb die Kommission diese Informationen der Öffentlichkeit nicht zugänglich machen soll.

Art. 7 Abs. 2 der Verordnung (EG) Nr. 166/2006 legt den Mitgliedstaaten die Pflicht zur Berichterstattung an die Kommission auf. Dabei wird nicht nur die elektronische Form, sondern auch die Verwendung des in Anhang III zur Verordnung (EG) Nr. 166/2006 enthaltenen Formats vorgeschrieben. Darüber hinaus enthält Art. 7 Abs. 2 die zeitlichen Vorgaben für die Berichterstattung durch das Umweltbundesamt: Für das Berichtsjahr 2007 muss der Bericht bis zum 30. Juni 2009, für alle folgenden Berichtsjahre bis zum 31. März des dem Berichtsjahr folgenden Jahres bei der Kommission vorliegen.

§ 7 Bußgeldvorschriften

(1) **Ordnungswidrig handelt, wer gegen die Verordnung (EG) Nr. 166/2006 des Europäischen Parlaments udn des Rates vom 18. Januar 2006 über die Schaffung eines europäischen Schadstofffreisetzungs- und -verbringungsregisters und zur Änderung der Richtlinien 91/689/EWG und 96/61/EG des Rates (ABl. L 33 vom 4.2.2006, S. 1), die zuletzt durch die Verordnung (EU) 2019/1243 (ABl. L 198 vom 25.7.2019, S. 241) geändert worden ist, verstößt, indem er vorsätzlich fahrlässig**

1. **entgegen Artikel 5 Absatz 1 Unterabsatz 1 oder 2, jeweils in Verbindung mit § 3 Absatz 2 Satz 1, eine Mitteilung nicht, nicht richtig, nicht vollständig oder nicht rechtzeitig macht oder**
2. **entgegen Artikel 5 Absatz 5 Satz 1 eine dort genannte Aufzeichnung nicht oder nicht mindestens fünf Jahre verfügbar hält.**

(2) **Die Ordnungswidrigkeit kann mit einer Geldbuße bis zu zehntausend Euro geahndet werden.**

Den Entwurf zu § 7, der in unveränderter Form Gesetz geworden ist, hat die Bundes- **1** regierung wie folgt begründet (BT-Drs. 16/3756, S. 12f.):

„§ 7 enthält Bußgeldvorschriften für den Fall eines Verstoßes gegen die sich aus der Verordnung (EG) Nr. 166/2006 in Verbindung mit diesem Gesetz ergebende Pflicht, einen Bericht rechtzeitig, richtig und vollständig abzugeben sowie Daten nicht, nicht vollständig oder nicht ausreichend lang für die zuständigen Behörden verfügbar zu halten. § 7 enthält eine statische Verweisung auf die einschlägigen Bestimmungen der EG-Verordnung. Er setzt Artikel 20 Abs. 1 der EG-Verordnung um."

Der Tatbestand des § 7 Abs. 1 Nr. 1 knüpft an die Pflicht zur Berichterstattung durch **2** die Betreiber an die nach Landesrecht zuständige Behörde an (vgl. dazu oben § 3 Rdnr. 3). Diese Behörde ist somit auch für die Verfolgung der Ordnungswidrigkeiten zuständig, soweit eine entsprechende Zuständigkeitsregelung gemäß **§ 36 Abs. 1 Nr. 1 OWiG** getroffen wurde. Im Hinblick auf die Zuständigkeit gilt dies auch für den Tatbestand des § 7 Abs. 1 Nr. 2, der sich auf die **Aufbewahrungspflicht** gemäß Art. 5 Abs. 5 der Verordnung (EG) Nr. 166/2006 bezieht. Diese Pflicht besteht gegenüber den zuständigen nationalen Behörden. Damit sind nach der Systematik des PRTR-Gesetzes ausschließlich die nach Landesrecht zuständigen Behörden gemeint und nicht auch das Umweltbundesamt. Dies ergibt sich nicht zuletzt daraus, dass § 3, der sich mit der Erhebung der Informationen beim Betreiber durch die zuständigen Länderbehörden befasst, auf den gesamten Art. 5 der Verordnung (EG) Nr. 166/2006 und nicht nur auf einzelne Absätze bezieht.

Durch die ausdrückliche Nennung des § 3 Abs. 2 Satz 1 wird klargestellt, dass eine **3** verspätete Berichterstattung grundsätzlich den Tatbestand einer Ordnungswidrigkeit erfüllt. Dies gilt jedoch nicht, soweit die Verlängerung der Abgabefrist nach dem Verfahren des § 3 Abs. 2 Satz 2 und 3 erfolgt. Darüber hinaus ist für das erste Berichtsjahr (2007) die längere Frist aus § 8 Abs. 2 zu beachten.

§ 7 Bußgeldvorschriften

(1) Ordnungswidrig handelt, wer gegen die Verordnung (EG) Nr. 166/2006 des Europäischen Parlaments und des Rates vom 18. Januar 2006 über die Schaffung eines Europäischen Schadstofffreisetzungs- und -verbringungsregisters und zur Änderung der Richtlinien 91/689/EWG und 96/61/EG des Rates (ABl. L 33 vom 4.2.2006, S. 1), die zuletzt durch die Verordnung (EU) 2019/1243 (ABl. L 198 vom 25.7.2019, S. 241) geändert worden ist, verstößt, indem er vorsätzlich oder fahrlässig

1. entgegen Artikel 5 Absatz 1 Unterabsatz 1 oder 3, jeweils in Verbindung mit § 3 Absatz 2 Satz 1, eine Mitteilung nicht, nicht richtig, nicht vollständig oder nicht rechtzeitig macht oder
2. entgegen Artikel 5 Absatz 5 Satz 1 eine dort genannte Aufzeichnung nicht oder nicht mindestens fünf Jahre verfügbar hält.

(2) Die Ordnungswidrigkeit kann mit einer Geldbuße bis zu zehntausend Euro geahndet werden.

[illegible]

[illegible]

[illegible]

[illegible]

§ 8 Bestimmungen zum Verwaltungsverfahren

Von den in diesem Gesetz getroffenen Regelungen des Verwaltungsverfahrens kann nicht durch Landesrecht abgewichen werden.

(Kommentierung folgt)

§ 9 Übergangsvorschrift

Die Bußgeldvorschriften nach § 7 gelten ab dem Berichtsjahr 2020.

(Kommentierung folgt)

LANDMANN/ROHMER

UMWELTRECHT

BAND III

KOMMENTAR

Herausgegeben von

Prof. Dr. Martin Beckmann
Rechtsanwalt und Fachanwalt für Verwaltungsrecht, Honorarprofessor der Universität Münster

Prof. Dr. Dr. Wolfgang Durner LL. M.
Rheinische Friedrich-Wilhelms-Universität Bonn und Direktor des Instituts für das Recht der Wasser- und Entsorgungswirtschaft

Prof. Dr. Thomas Mann
Direktor des Instituts für Öffentliches Recht, Lehrstuhl für Verwaltungsrecht der Georg-August-Universität Göttingen

Prof. Dr. Marc Röckinghausen
Hochschule für Polizei und öffentliche Verwaltung NRW, Abteilung Gelsenkirchen, Fachbereich Allgemeine Verwaltung/ Rentenversicherung

Stand: 1. Mai 2021
(95. Ergänzungslieferung)

(Zum Bearbeitungsstand im Einzelnen siehe die Datumszeile am unteren Ende jeder Seite)

C.H.BECK

Dieses Titelblatt entstammt der 95. Ergänzungslieferung Mai 2021

(Anschluss an die 94. Ergänzungslieferung Dezember 2020)

ISBN 978 3 406 77919 0

Der Kommentar wurde von der 1. bis zur 50. Ergänzungslieferung von Prof. Dr. Klaus Hansmann und von der 51. bis zur 58. Ergänzungslieferung von Prof. Dr. Martin Beckmann herausgegeben.

Zitiervorschläge:

Beckmann in Landmann/Rohmer UmweltR KrWG § 17 Rn. 1
Landmann/Rohmer UmweltR/*Beckmann* KrWG § 17 Rn. 1

www.beck.de

Grundwerk ISBN 978 3 406 34327 8 ergänzt bis ISBN 978 3 406 77919 0

Wilhelmstraße 9, 80801 München
Satz und Druck: Druckerei C. H. Beck Nördlingen
(Adresse wie Verlag)

CO2 neutral
chbeck.de/nachhaltig

Gedruckt auf säurefreiem, alterungsbeständigem Papier
(hergestellt aus chlorfrei gebleichtem Zellstoff)

Inhaltsübersicht

Band I

A. Umweltverfassungsrecht

B. Umweltrecht Allgemeiner Teil

C. Umweltrecht Besonderer Teil

Band II

C. Umweltrecht Besonderer Teil

Band III

D. Umweltrecht Besonderer Teil

Übersicht

Band IV

D. Umweltrecht Besonderer Teil

2. Verordnungen zum Bundes-Immissionsschutzgesetz (BImSchV)
3. Verwaltungsvorschriften zum Bundes-Immissionsschutzgesetz (TA Luft, TA Lärm)
4. Hinweise und Empfehlungen der Bund/Länder-Arbeitsgemeinschaft für Immissionsschutz
5. Handel mit Emmissionsberechtigungen (TEHG, ZuV 2020)

Inhaltsverzeichnis (Band III)

D. Umweltrecht Besonderer Teil

1. Bundes-Immissionsschutzgesetz (BImSchG)

Kommentierung

Erster Teil. Allgemeine Vorschriften

Zweiter Teil. Errichtung und Betrieb von Anlagen

Erster Abschnitt. Genehmigungsbedürftige Anlagen

Zweiter Abschnitt. Nicht genehmigungsbedürftige Anlagen

Dritter Abschnitt. Ermittlung von Emissionen und Immissionen, sicherheitstechnische Prüfungen

Dritter Teil. Beschaffenheit von Anlagen, Stoffen, Erzeugnissen, Brennstoffen, Treibstoffen und Schmierstoffen; Treibhausgasminderung bei Kraftstoffen

Erster Abschnitt. Beschaffenheit von Anlagen, Stoffen, Erzeugnissen, Brennstoffen, Treibstoffen und Schmierstoffen

Zweiter Abschnitt. Treibhausgasminderung bei Kraftstoffen

Vierter Teil. Beschaffenheit und Betrieb von Fahrzeugen, Bau und Änderung von Straßen und Schienenwegen

Fünfter Teil. Überwachung und Verbesserung der Luftqualität, Luftreinhalteplanung

Sechster Teil. Lärmminderungsplanung

Siebenter Teil. Gemeinsame Vorschriften

Achter Teil. Schlussvorschriften

Bearbeiterverzeichnis (Band I–IV)

Prof. Dr. Martin Beckmann Rechtsanwalt in Münster	Vorb. Abfallrecht, §§ 1–2, 4–39, 41–57, 62–68, 70–72 KrWG § 15 UVPG, Umweltschadensgesetz (mit Wittmann)
Dr. Christian-Dietrich Bracher Rechtsanwalt in Bonn	§§ 41 bis 43 BImSchG, 16. und 24. BImSchV
Prof. Dr. Peter Bruckmann Landesamt für Natur, Umwelt und Verbraucherschutz Nordrhein-Westfalen, Essen	39. BImSchV (mit Strecker und Vogt), 43. BImSchV (mit van Endern und Vogt)
Prof. Dr. Pascale Cancik O. Professorin an der Universität Osnabrück	Vorb. §§ 47a ff. BImSchG, §§ 47a–47f BImSchG (§§ 47a–47c, 47e und 47f mit Hansmann)
Prof. Dr. Johannes Dietlein O. Professor an der Universität Düsseldorf	§§ 1, 2, Vorb. §§ 4–21, 4 bis 8, 9 bis 11, 16a, 19, 23a–23c und 25a BImSchG, 9. BImSchV
Dr. Robert Dix Syndikusrechtsanwalt der EWE AG, Oldenburg	§§ 29–32 UVPG
Prof. Dr. Matthias Dombert Rechtsanwalt in Potsdam	§§ 4–6, 8, 13, 14, 20, 24, 25 BBodSchG
Rolf-Dieter Dörr Ministerialrat a. D.	OberflächengewässerV (mit Walter)
Prof. Dr. Dr. Wolfgang Durner LL. M. O. Professor an der Universität Bonn	Umweltvölkerrecht, Vorb. §§ 27 ff. WHG, §§ 27–31, 34, 35, 82–85 WHG
Benedikt van Endern Ministerium für Umwelt, Landwirtschaft, Natur- und Verbraucherschutz des Landes Nordrhein-Westfalen	43. BImSchV (mit Bruckmann und Vogt)
Prof. Dr. Astrid Epiney LL. M. O. Professorin an der Université de Fribourg	Art. 191–193 AEUV
Prof. Dr. Wolfgang Ewer Rechtsanwalt in Kiel	Vorb. BBodSchG, §§ 9, 15, 16 BBodSchG
Prof. Dr. Kurt Faßbender O. Professor an der Universität Leipzig	§§ 1–5, 33, 36–38 WHG
Dr. Frank Fellenberg LL. M. Rechtsanwalt in Berlin	Fluglärmgesetz (mit Reidt und Schiller), Umweltrechtsbehelfsgesetz (mit Schiller)
Dr. Henrik Flatter Bundesamt für Naturschutz, Bonn	§§ 69–74 BNatSchG

Dr. Matthias Ganske Rechtsanwalt in Bonn	§§ 25, 26, 54–61 WHG
Prof. Dr. Klaus Ferdinand Gärditz O. Professor an der Universität Bonn	Art. 20a GG
Prof. Dr. Martin Gellermann Rechtsanwalt, apl. Professor an der Universität Osnabrück	Vorb. BNatSchG, §§ 4, 7–51, §§ 52–56, §§ 57–68 Vorb. §§ 37, 38, §§ 37–40, BNatSchG (§§ 41–43 mit Sanden)
Nela Gies Richterin am Verwaltungsgericht Gelsenkirchen	§§ 41, 42 WHG
Prof. Dr. Christoph Görisch Hochschule für Polizei und öffentliche Verwaltung NRW, Abteilung Münster	§§ 4–14 UAG
Dipl.-Met. Arno Graff Umweltbundesamt, Dessau	Nr. 5.5 TA Luft (mit Hansmann), Vorb. zu Anhang 3 der TA Luft
Moritz Grunow Rechtsanwalt in Düsseldorf	Vorb. AwSV, § 1 AwSV
Prof. Dr. Günter Hager † O. Professor an der Universität Freiburg	§§ 6, 7 UmweltHG (mit Rehbinder)
Prof. Dr. Klaus Hansmann Leitender Ministerialrat a. D.	§§ 17, 18, 20, 21, 26–37, 38–40, 44–47c, 47e, 47f, 52, 52b–58d, 59, 60, 62–72, 74 BImSchG (§§ 17, 18 mit Ohms, Vor § 26, §§ 26–31 mit Pabst, Vor § 38, §§ 38–40 mit Hofmann, §§ 20, 21, Vor 32, §§ 32–37, Vorb. §§ 44–47, §§ 45, 46, 46a, 47, 52, 52b, 62, 66 und 67 mit Röckinghausen, §§ 47a–47c, 47e und 47f mit Cancik), Vor § 53, §§ 53–58d mit Maciejewski, 14., 32. und 34. BImSchV, TA Lärm, TA Luft (ohne Vorb. zu Anhang 3), 4., 11., 20., 21., 25., 27., 28., 30. und 35. BImSchV (mit Röckinghausen), 2. BImSchV (mit Mahrwald und Röckinghausen), 5. BImSchV mit Maciejewski, 12. BImSchV (mit König), BzBlG, 1. DVO BzBlG
Dr. Felix Hardach Bundesministerium für Umwelt, Naturschutz und nukleare Sicherheit	§§ 1, 8, 11–13, 17, 20, 22, 23, 26 31, 32, 35 TEHG
Prof. Dr. Torsten Heilshorn Rechtsanwalt in Freiburg	Vor § 22 BImSchG, §§ 22–25 BImSchG (mit Sparwasser)
Dr. Franziska Heß Rechtsanwältin in Leipzig	§§ 1–3 BNatSchG (mit Wulff)

Michael Heugel Bundesministerium für Umwelt, Naturschutz und nukleare Sicherheit	§§ 5, 6 BNatSchG
Prof. Dr. Ekkehard Hofmann O. Professor an der Universität Trier	Vorb. § 38, §§ 38–40 BImSchG, §§ 16–18 UVPG
Dr. Frank Hofmann Bundesministerium für Umwelt, Naturschutz und nukleare Sicherheit	§ 23 WHG
Dr. Georg Hünnekens Rechtsanwalt in Münster	§§ 50–53 WHG, Vorb. §§ 64–66, §§ 64–66 WHG, Vorb. §§ 72–81 WHG, §§ 72–81 WHG
Georg Kahl † Ministerialrat a. D.	7. BImSchV
Lutz Keppner Bundesministerium für Umwelt, Naturschutz und nukleare Sicherheit	Grundwasserverordnung
Dr. Andreas Kersting Rechtsanwalt in Münster	§§ 58–61 KrWG
Dr. Heike Kieserling Deutsche Bahn AG	§§ 13, 14, 25–38 AwSV
Dr. Jens Martin König Hessisches Ministerium für Umwelt, Klimaschutz, Landwirtschaft und Verbraucherschutz	12. BImSchV (mit Hansmann)
Dr. Olaf Konzak Rechtsanwalt in Köln	§§ 2, 3 und 7 VerpackG (mit Körner)
Dr. Michael Körner, LL.M. Rechtsanwalt in Köln	§§ 2, 3 und 7 VerpackG (mit Konzak)
Dr. Philip Kubitza Richter auf Probe, Rheinland-Pfalz	§§ 100–102 WHG
Prof. Dr. Silke Ruth Laskowski O. Professorin an der Universität Kassel	§ 24 WHG, § 58e BImSchG mit der EMASPrivilegV
Prof. Dr. Joachim Lege O. Professor an der Universität Greifswald	§§ 96–99 WHG
Dr. Rasso Ludwig LL. M. Bayerisches Staatsministerium für Umwelt und Verbraucherschutz	§§ 19, 21–23, 26 BBodSchG
Prof. Dr. Karim Maciejewski Hochschule des Bundes für öffentliche Verwaltung	Vor § 53 BImSchG, §§ 53–58d BImSchG (mit Hansmann), 5. BImSchV (mit Hansmann)
Birgit Mahrwald Bundesministerium für Umwelt, Naturschutz und nukleare Sicherheit	2. BImSchV (mit Hansmann und Röckinghausen)

Bearbeiter	Bearbeiterverzeichnis (Band I–IV)
Prof. Dr. Thomas Mann O. Professor an der Universität Göttingen	§§ 8a, 12 BImSchG, Vorb. ElektroG, §§ 1, 2 ElektroG, §§ 1–14, 16–28, 30–46, 48–74 UVPG
Dr. Cedric Christian Meyer Rechtsanwalt in Köln	§§ 46–49, 62–63 WHG
Dr. Uwe Neuser Bundesministerium für Umwelt, Naturschutz und nukleare Sicherheit	§§ 2, 27, 33, 34 TEHG
Volkmar Nies Landwirtschaftsdirektor bei der Landwirtschaftskammer Rheinland	§§ 1, 2, 7, 17, 18 BBodSchG
Dr. Martin Ohms Rechtsanwalt in Berlin	§§ 17, 18 BImSchG (mit Hansmann), 13. BImSchV, 17. BImSchV (z. T. mit Sahm)
Prof. Dr. Heinz-Joachim Pabst Hochschule des Bundes für öffentliche Verwaltung	Vor § 26, §§ 26–31 BImSchG (mit Hansmann), § 61 BImSchG, 41. BImSchV
Dr. Kay Artur Pape Rechtsanwalt in Bonn	Vorb. WHG, §§ 6–22 WHG
Dr. Malte Petersen LL. M. Ministerium für Umwelt, Landwirtschaft, Natur- und Verbraucherschutz des Landes Nordrhein-Westfalen	§§ 89–95 WHG
Prof. Dr. Alexander Proelß O. Professor an der Universität Trier	§§ 43–45l WHG
Prof. Dr. Eckard Rehbinder Em. Professor an der Universität Frankfurt/Main	§ 14 BImSchG UmweltHG (§§ 6, 7 mit Hager)
Prof. Dr. Olaf Reidt Rechtsanwalt in Berlin	§ 16 BImSchG (mit Schiller), 18. BImSchV (mit Schiller), Fluglärmgesetz (mit Fellenberg und Schiller), Umweltinformationsgesetz (mit Schiller)
Dr. Christoph Riese Rechtsanwalt in Berlin	§§ 67–71, 86 WHG
Prof. Dr. Marc Röckinghausen Hochschule für Polizei und öffentliche Verwaltung NRW, Abteilung Gelsenkirchen	§§ 20, 21, Vor § 32, §§ 32–37, Vorb. §§ 44–47, §§ 45, 46, 46a, 47, 52, 52b, 62, 66, 67 BImSchG (mit Hansmann), §§ 37a bis 37f, 52a, 73 BImSchG, 1., 10., 26., 36., 37., 38., 42. BImSchV, 4., 11., 20., 21., 25., 27., 28., 30. und 35. BImSchV (mit Hansmann), 2. BImSchV (mit Hansmann und Mahrwald), Schadstofffreisetzungs- und Verbringungsregistergesetz
Christoph Sahm LL. M. E.ON Kernkraft GmbH	§§ 23–25, 27 der 17. BImSchV (mit Ohms)

Bearbeiter

Prof. Dr. Dr. Joachim Sanden † Behörde für Stadtentwicklung und Umwelt, Freie und Hansestadt Hamburg, zugl. Apl. Prof. an der Universität Lüneburg	§§ 41–43 (mit Gellermann)
Dr. Gernot Schiller Rechtsanwalt in Berlin	§ 16 BImSchG (mit Reidt), 18. BImSchV (mit Reidt), Fluglärmgesetz (mit Reidt und Fellenberg), Umweltinformationsgesetz (mit Reidt) Umweltrechtsbehelfsgesetz (mit Fellenberg), §§ 14a, 15 BImSchG
Prof. Dr. Marcus Schladebach, LL.M. O. Professor an der Universität Potsdam	§ 47 UVPG
Matthias Schleifenbaum, LL.M. Rechtsanwalt in Köln	Vorb. BattG, §§ 1–14, 16, 19–22 BattG
Prof. Dr. Hendrik Schoen Hochschule für Polizei und öffentliche Verwaltung NRW, Abteilung Münster	§ 50 BImSchG
Prof. Dr. Meinhard Schröder Em. Professor an der Universität Trier	EG-Abfallverbringungs-VO
Prof. Dr. Max-Jürgen Seibert Vorsitzender Richter am Oberverwaltungsgericht Münster	§ 13 BImSchG
Prof. Dr. Reinhard Sparwasser Rechtsanwalt in Freiburg	Vor § 22 BImSchG, §§ 22–25 BImSchG (mit Heilshorn)
Prof. Dr. Indra Spiecker genannt Döhmann, LL.M. O. Professorin an der Universität Frankfurt a. M.	UStatG
Prof. Dr. Peter-Tobias Stoll O. Professor an der Universität Göttingen	EG-Artenschutzverordnung
Silvia Strecker Ministerium für Umwelt, Landwirtschaft, Natur- und Verbraucherschutz des Landes Nordrhein-Westfalen	39. BImSchV (mit Bruckmann und Vogt)
Prof. Dr. Dr. Markus Thiel Deutsche Hochschule der Polizei, Münster	§§ 3, 48–48b BImSchG
Dr. Christian Tünnesen-Harmes Rechtsanwalt in Duisburg	AbfAEV
Dr. Klaus Vogt Landesamt für Natur, Umwelt und Verbraucherschutz Nordrhein-Westfalen	39. BImSchV (mit Bruckmann und Strecker), 43. BImSchV (mit Bruckmann und van Endern)
Anne-Barbara Walter Umweltbundesamt	OberflächengewässerV (mit Dörr)
Dr. Dirk Weinreich Bundesministerium für Umwelt, Naturschutz und nukleare Sicherheit	Vorb. TEHG, §§ 7, 19 TEHG

Bearbeiter

Dr. Armin von Weschpfennig Akademischer Rat, Universität Bonn	§§ 13a, 13b, 103–107 WHG
Dr. Antje Wittmann Rechtsanwältin in Münster	UmweltschadensG (zusammen mit Beckmann)
Frank Wolke Umweltbundesamt, Deutsche Emissionshandelsstelle	§§ 4, 18, 24 TEHG
Justus Wulff LL.M. Juristischer Mitarbeiter in der Kanzlei Baumann-Rechtsanwälte, Leipzig	§§ 1–3 BNatSchG (mit Heß)

1. Gesetz zum Schutz vor schädlichen Umwelteinwirkungen durch Luftverunreinigungen, Geräusche, Erschütterungen und ähnliche Vorgänge (Bundes-Immissionsschutzgesetz – BImSchG)

In der Fassung der Bekanntmachung vom 17. Mai 2013

(BGBl. I S.1274; 2021 I S. 123, geändert durch Art. 1 d. 11. BImSchG-ÄnderungsG v. 2.7.2013, BGBl. I S. 1943, berichtigt am 7.10.2013, BGBl. I S. 3753, geändert durch Art. 1 d. 12. BImSchG-ÄnderungsG v. 20.11.2014, BGBl. I S. 1740, durch Art. 76 d. 10. ZuständigkeitsanpassungsV v. 31.8.2015, BGBl. I S. 1474, durch Art. 3 d. G. v. 26.7.2016, BGBl. I S. 1839, durch Art. 1 d. G v. 30.11.2016, BGBl. I S. 2749, durch Art. 55 d. G. v. 29.3.2017, BGBl. I S. 626, durch Art. 3 d. G. v. 29.5.2017, BGBl. I S. 1298, durch Art. 3 d. G. v. 18.7.2017, BGBl. I S. 2771, durch Art. 1 d. 13. BImSchG-ÄnderungsG v. 8.4.2019, BGBl. I S. 432, durch Art. 103 d. 11. ZuständigkeitsanpassungsV v. 19.6.2020, BGBl. I S. 1328, durch Art. 3 d. InvestitionsbeschleunigungsG v. 3.12.2020, BGBl. I S. 2694, und durch Art. 2 d. G. v. 9.12.2020, BGBl. I S. 2873)

Inhaltsübersicht

Erster Teil. Allgemeine Vorschriften

§ 1 Zweck des Gesetzes. (1) Zweck dieses Gesetzes ist es, Menschen, Tiere und Pflanzen, den Boden, das Wasser, die Atmosphäre sowie Kultur- und sonstige Sachgüter vor schädlichen Umwelteinwirkungen zu schützen und dem Entstehen schädlicher Umwelteinwirkungen vorzubeugen.

(2) Soweit es sich um genehmigungsbedürftige Anlagen handelt, dient dieses Gesetz auch

– der integrierten Vermeidung und Verminderung schädlicher Umwelteinwirkungen durch Emissionen in Luft, Wasser und Boden unter Einbeziehung der Abfallwirtschaft, um ein hohes Schutzniveau für die Umwelt insgesamt zu erreichen, sowie
– dem Schutz und der Vorsorge gegen Gefahren, erhebliche Nachteile und erhebliche Belästigungen, die auf andere Weise herbeigeführt werden.

§ 2 Geltungsbereich. (1) Die Vorschriften dieses Gesetzes gelten für

1. die Errichtung und den Betrieb von Anlagen,
2. das Herstellen, Inverkehrbringen und Einführen von Anlagen, Brennstoffen und Treibstoffen, Stoffen und Erzeugnissen aus Stoffen nach Maßgabe der §§ 32 bis 37,
3. die Beschaffenheit, die Ausrüstung, den Betrieb und die Prüfung von Kraftfahrzeugen und ihren Anhängern und von Schienen-, Luft- und Wasserfahrzeugen sowie von Schwimmkörpern und schwimmenden Anlagen nach Maßgabe der §§ 38 bis 40 und
4. den Bau öffentlicher Straßen sowie von Eisenbahnen, Magnetschwebebahnen und Straßenbahnen nach Maßgabe der §§ 41 bis 43.

(2) [1]Die Vorschriften dieses Gesetzes gelten nicht für Flugplätze, soweit nicht die sich aus diesem Gesetz ergebenden Anforderungen für Betriebsbereiche oder der Sechste Teil betroffen sind, und für Anlagen, Geräte, Vorrichtungen sowie Kernbrennstoffe und sonstige radioaktive Stoffe, die den Vorschriften des Atomgesetzes oder einer hier nach erlassenen Rechtsverordnung unterliegen, soweit es sich um den Schutz vor den Gefahren der Kernenergie und der schädlichen Wirkung ionisierender Strahlen handelt. [2]Sie gelten ferner nicht, soweit sich aus wasserrechtlichen Vorschriften des Bundes und der Länder zum Schutz der Gewässer oder aus Vorschriften des Düngemittel- und Pflanzenschutzrechts etwas anderes ergibt.

(3) Die Vorschriften dieses Gesetzes über Abfälle gelten nicht für

1. Luftverunreinigungen,

2. Böden am Ursprungsort (Böden in situ) einschließlich nicht ausgehobener, kontaminierter Böden und Bauwerke, die dauerhaft mit dem Boden verbunden sind,
3. nicht kontaminiertes Bodenmaterial und andere natürlich vorkommende Materialien, die bei Bauarbeiten ausgehoben wurden, sofern sichergestellt ist, dass die Materialien in ihrem natürlichen Zustand an dem Ort, an dem sie ausgehoben wurden, für Bauzwecke verwendet werden.

§ 3 Begriffsbestimmungen. (1) Schädliche Umwelteinwirkungen im Sinne dieses Gesetzes sind Immissionen, die nach Art, Ausmaß oder Dauer geeignet sind, Gefahren, erhebliche Nachteile oder erhebliche Belästigungen für die Allgemeinheit oder die Nachbarschaft herbeizuführen.

(2) Immissionen im Sinne dieses Gesetzes sind auf Menschen, Tiere und Pflanzen, den Boden, das Wasser, die Atmosphäre sowie Kultur- und sonstige Sachgüter einwirkende Luftverunreinigungen, Geräusche, Erschütterungen, Licht, Wärme, Strahlen und ähnliche Umwelteinwirkungen.

(3) Emissionen im Sinne dieses Gesetzes sind die von einer Anlage ausgehenden Luftverunreinigungen, Geräusche, Erschütterungen, Licht, Wärme, Strahlen und ähnliche Erscheinungen.

(4) Luftverunreinigungen im Sinne dieses Gesetzes sind Veränderungen der natürlichen Zusammensetzung der Luft, insbesondere durch Rauch, Ruß, Staub, Gase, Aerosole, Dämpfe oder Geruchsstoffe.

(5) Anlagen im Sinne dieses Gesetzes sind

1. Betriebsstätten und sonstige ortsfeste Einrichtungen,
2. Maschinen, Geräte und sonstige ortsveränderliche technische Einrichtungen sowie Fahrzeuge, soweit sie nicht der Vorschrift des § 38 unterliegen, und
3. Grundstücke, auf denen Stoffe gelagert oder abgelagert oder Arbeiten durchgeführt werden, die Emissionen verursachen können, ausgenommen öffentliche Verkehrswege.

(5a) Ein Betriebsbereich ist der gesamte unter der Aufsicht eines Betreibers stehende Bereich, in dem gefährliche Stoffe im Sinne des Artikels 3 Nummer 10 der Richtlinie 2012/18/EU des Europäischen Parlaments und des Rates vom 4. Juli 2012 zur Beherrschung der Gefahren schwerer Unfälle mit gefährlichen Stoffen, zur Änderung und anschließenden Aufhebung der Richtlinie 96/82/EG des Rates (ABl. L 197 vom 24.7.2012, S. 1) in einer oder mehreren Anlagen einschließlich gemeinsamer oder verbundener Infrastrukturen oder Tätigkeiten auch bei Lagerung im Sinne des Artikels 3 Nummer 16 der Richtlinie in den in Artikel 3 Nummer 2 oder Nummer 3 der Richtlinie bezeichneten Mengen tatsächlich vorhanden oder vorgesehen sind oder vorhanden sein werden, soweit vernünftigerweise vorhersehbar ist, dass die genannten gefährlichen Stoffe bei außer Kontrolle geratenen Prozessen anfallen; ausgenommen sind die in Artikel 2 Absatz 2 der Richtlinie 2012/18/EU angeführten Einrichtungen, Gefahren und Tätigkeiten, es sei denn, es handelt sich um eine in Artikel 2 Absatz 2 Unterabsatz 2 der Richtlinie 2012/18/EU genannte Einrichtung, Gefahr oder Tätigkeit.

(5b) [1] Eine störfallrelevante Errichtung und ein Betrieb oder eine störfallrelevante Änderung einer Anlage oder eines Betriebsbereichs ist eine Errichtung und ein Betrieb einer Anlage, die Betriebsbereich oder Bestandteil eines Betriebsbereichs ist, oder eine Änderung einer Anlage oder eines Betriebsbereichs einschließlich der Änderung eines Lagers, eines Verfahrens oder der Art oder physikalischen Form oder der Mengen der gefährli-

von Emissionen von Treibhausgasen nur zulässig, um zur Erfüllung der Pflichten nach Absatz 1 Nummer 1 sicherzustellen, dass im Einwirkungsbereich der Anlage keine schädlichen Umwelteinwirkungen entstehen; dies gilt nur für Treibhausgase, die für die betreffende Tätigkeit nach Anhang 1 des Treibhausgas-Emissionshandelsgesetzes umfasst sind. [2]Bei diesen Anlagen dürfen zur Erfüllung der Pflicht zur effizienten Verwendung von Energie in Bezug auf die Emissionen von Kohlendioxid, die auf Verbrennungs- oder anderen Prozessen der Anlage beruhen, keine Anforderungen gestellt werden, die über die Pflichten hinausgehen, welche das Treibhausgas-Emissionshandelsgesetz begründet.

(3) Genehmigungsbedürftige Anlagen sind so einzurichten, zu betreiben und stillzulegen, daß auch nach einer Betriebseinstellung

1. von der Anlage oder dem Anlagengrundstück keine schädlichen Umwelteinwirkungen und sonstige Gefahren, erhebliche Nachteile und erhebliche Belästigungen für die Allgemeinheit und die Nachbarschaft hervorgerufen werden können,
2. vorhandene Abfälle ordnungsgemäß und schadlos verwertet oder ohne Beeinträchtigung des Wohls der Allgemeinheit beseitigt werden und
3. die Wiederherstellung eines ordnungsgemäßen Zustandes des Anlagengrundstücks gewährleistet ist.

(4) [1]Wurden nach dem 7. Januar 2013 auf Grund des Betriebs einer Anlage nach der Industrieemissions-Richtlinie erhebliche Bodenverschmutzungen oder erhebliche Grundwasserverschmutzungen durch relevante gefährliche Stoffe im Vergleich zu dem im Bericht über den Ausgangszustand angegebenen Zustand verursacht, so ist der Betreiber nach Einstellung des Betriebs der Anlage verpflichtet, soweit dies verhältnismäßig ist, Maßnahmen zur Beseitigung dieser Verschmutzung zu ergreifen, um das Anlagengrundstück in jenen Ausgangszustand zurückzuführen. [2]Die zuständige Behörde hat der Öffentlichkeit relevante Informationen zu diesen vom Betreiber getroffenen Maßnahmen zugänglich zu machen, und zwar auch über das Internet. [3]Soweit Informationen Geschäfts- oder Betriebsgeheimnisse enthalten, gilt § 10 Absatz 2 entsprechend.

§ 6 Genehmigungsvoraussetzungen. (1) Die Genehmigung ist zu erteilen, wenn

1. sichergestellt ist, daß die sich aus § 5 und einer auf Grund des § 7 erlassenen Rechtsverordnung ergebenden Pflichten erfüllt werden, und
2. andere öffentlich-rechtliche Vorschriften und Belange des Arbeitsschutzes der Errichtung und dem Betrieb der Anlage nicht entgegenstehen.

(2) Bei Anlagen, die unterschiedlichen Betriebsweisen dienen oder in denen unterschiedliche Stoffe eingesetzt werden (Mehrzweck- oder Vielstoffanlagen), ist die Genehmigung auf Antrag auf die unterschiedlichen Betriebsweisen und Stoffe zu erstrecken, wenn die Voraussetzungen nach Absatz 1 für alle erfaßten Betriebsweisen und Stoffe erfüllt sind.

(3) Eine beantragte Änderungsgenehmigung darf auch dann nicht versagt werden, wenn zwar nach ihrer Durchführung nicht alle Immissionswerte einer Verwaltungsvorschrift nach § 48 oder einer Rechtsverordnung nach § 48a eingehalten werden, wenn aber

1. der Immissionsbeitrag der Anlage unter Beachtung des § 17 Absatz 3a Satz 3 durch das Vorhaben deutlich und über das durch nachträgliche Anordnungen nach § 17 Absatz 1 durchsetzbare Maß reduziert wird,
2. weitere Maßnahmen zur Luftreinhaltung, insbesondere Maßnahmen, die über den Stand der Technik bei neu zu errichtenden Anlagen hinausgehen, durchgeführt werden,

3. der Antragsteller darüber hinaus einen Immissionsmanagementplan zur Verringerung seines Verursacheranteils vorlegt, um eine spätere Einhaltung der Anforderungen nach § 5 Absatz 1 Nummer 1 zu erreichen, und
4. die konkreten Umstände einen Widerruf der Genehmigung nicht erfordern.

§ 7 Rechtsverordnungen über Anforderungen an genehmigungsbedürftige Anlagen. (1) [1]Die Bundesregierung wird ermächtigt, nach Anhörung der beteiligten Kreise (§ 51) durch Rechtsverordnung mit Zustimmung des Bundesrates vorzuschreiben, dass die Errichtung, die Beschaffenheit, der Betrieb, der Zustand nach Betriebseinstellung und die betreibereigene Überwachung genehmigungsbedürftiger Anlagen zur Erfüllung der sich aus § 5 ergebenden Pflichten bestimmten Anforderungen genügen müssen, insbesondere, dass

1. die Anlagen bestimmten technischen Anforderungen entsprechen müssen,
2. die von Anlagen ausgehenden Emissionen bestimmte Grenzwerte nicht überschreiten dürfen oder Anlagen äquivalenten Parametern oder äquivalenten technischen Maßnahmen entsprechen müssen,

2a. der Einsatz von Energie bestimmten Anforderungen entsprechen muss,

3. die Betreiber von Anlagen Messungen von Emissionen und Immissionen nach in der Rechtsverordnung näher zu bestimmenden Verfahren vorzunehmen haben oder vornehmen lassen müssen,
4. die Betreiber von Anlagen bestimmte sicherheitstechnische Prüfungen sowie bestimmte Prüfungen von sicherheitstechnischen Unterlagen nach in der Rechtsverordnung näher zu bestimmenden Verfahren
   a) während der Errichtung oder sonst vor der Inbetriebnahme der Anlage,
   b) nach deren Inbetriebnahme oder einer Änderung im Sinne des § 15 oder des § 16,
   c) in regelmäßigen Abständen oder
   d) bei oder nach einer Betriebseinstellung

   durch einen Sachverständigen nach § 29a vornehmen lassen müssen, soweit solche Prüfungen nicht in Rechtsverordnungen nach § 34 des Produktsicherheitsgesetzes vorgeschrieben sind, und
5. die Rückführung in den Ausgangszustand nach § 5 Absatz 4 bestimmten Anforderungen entsprechen muss, insbesondere in Bezug auf den Ausgangszustandsbericht und die Feststellung der Erheblichkeit von Boden- und Grundwasserverschmutzungen.

[2]Bei der Festlegung der Anforderungen nach Satz 1 sind insbesondere mögliche Verlagerungen von nachteiligen Auswirkungen von einem Schutzgut auf ein anderes zu berücksichtigen; ein hohes Schutzniveau für die Umwelt insgesamt ist zu gewährleisten.

(1a) [1]Nach jeder Veröffentlichung einer BVT-Schlussfolgerung ist unverzüglich zu gewährleisten, dass für Anlagen nach der Industrieemissions-Richtlinie bei der Festlegung von Emissionsgrenzwerten nach Absatz 1 Satz 1 Nummer 2 die Emissionen unter normalen Betriebsbedingungen die in den BVT-Schlussfolgerungen genannten Emissionsbandbreiten nicht überschreiten. [2]Im Hinblick auf bestehende Anlagen ist

1. innerhalb eines Jahres nach Veröffentlichung von BVT-Schlussfolgerungen zur Haupttätigkeit eine Überprüfung und gegebenenfalls Anpassung der Rechtsverordnung vorzunehmen und

(Fortsetzung nächstes Blatt)

keit nur vorübergehend und gelegentlich im Inland ausüben wollen, soweit eine besondere Sachkunde im Bereich sicherheitstechnischer Prüfungen nachgewiesen wird. [3]Die zuständige Behörde ist befugt, Einzelheiten über Art und Umfang der sicherheitstechnischen Prüfungen sowie über die Vorlage des Prüfungsergebnisses vorzuschreiben.

(2) [1]Prüfungen können angeordnet werden

1. für einen Zeitpunkt während der Errichtung oder sonst vor der Inbetriebnahme der Anlage,
2. für einen Zeitpunkt nach deren Inbetriebnahme,
3. in regelmäßigen Abständen,
4. im Falle einer Betriebseinstellung oder
5. wenn Anhaltspunkte dafür bestehen, dass bestimmte sicherheitstechnische Anforderungen nicht erfüllt werden.

[2]Satz 1 gilt entsprechend bei einer Änderung im Sinne des § 15 oder des § 16.

(3) Der Betreiber hat die Ergebnisse der sicherheitstechnischen Prüfungen der zuständigen Behörde spätestens einen Monat nach Durchführung der Prüfungen vorzulegen; er hat diese Ergebnisse unverzüglich vorzulegen, sofern dies zur Abwehr gegenwärtiger Gefahren erforderlich ist.

§ 29b Bekanntgabe von Stellen und Sachverständigen. (1) Die Bekanntgabe von Stellen im Sinne von § 26, von Stellen im Sinne einer auf Grund dieses Gesetzes erlassenen Rechtsverordnung oder von Sachverständigen im Sinne von § 29a durch die zuständige Behörde eines Landes berechtigt die bekannt gegebenen Stellen und Sachverständigen, die in der Bekanntgabe festgelegten Ermittlungen oder Prüfungen auf Antrag eines Anlagenbetreibers durchzuführen.

(2) [1]Die Bekanntgabe setzt einen Antrag bei der zuständigen Behörde des Landes voraus. [2]Sie ist zu erteilen, wenn der Antragsteller oder die Antragstellerin über die erforderliche Fachkunde, Unabhängigkeit, Zuverlässigkeit und gerätetechnische Ausstattung verfügt sowie die für die Aufgabenerfüllung erforderlichen organisatorischen Anforderungen erfüllt. [3]Sachverständige im Sinne von § 29a müssen über eine Haftpflichtversicherung verfügen.

(3) [1]Die Bundesregierung wird ermächtigt, nach Anhörung der beteiligten Kreise (§ 51) durch Rechtsverordnung mit Zustimmung des Bundesrates Anforderungen an die Bekanntgabe von Stellen und Sachverständigen sowie an bekannt gegebene Stellen und Sachverständige zu regeln. [2]In der Rechtsverordnung nach Satz 1 können insbesondere

1. Anforderungen an die Gleichwertigkeit nicht inländischer Anerkennungen und Nachweise bestimmt werden,
2. Anforderungen an das Verfahren der Bekanntgabe und ihrer Aufhebung bestimmt werden,
3. Anforderungen an den Inhalt der Bekanntgabe bestimmt werden, insbesondere, dass sie mit Nebenbestimmungen versehen und für das gesamte Bundesgebiet erteilt werden kann,
4. Anforderungen an die Organisationsform der bekannt zu gebenden Stellen bestimmt werden,
5. Anforderungen an die Struktur bestimmt werden, die die Sachverständigen der Erfüllung ihrer Aufgaben zugrunde legen,

6. Anforderungen an die Fachkunde, Zuverlässigkeit, Unabhängigkeit und gerätetechnische Ausstattung der bekannt zu gebenden Stellen und Sachverständigen bestimmt werden,
7. Pflichten der bekannt gegebenen Stellen und Sachverständigen festgelegt werden.

§ 30 Kosten der Messungen und sicherheitstechnischen Prüfungen. [1]Die Kosten für die Ermittlungen der Emissionen und Immissionen sowie für die sicherheitstechnischen Prüfungen trägt der Betreiber der Anlage. [2]Bei nicht genehmigungsbedürftigen Anlagen trägt der Betreiber die Kosten für Ermittlungen nach § 26 oder § 29 Absatz 2 nur, wenn die Ermittlungen ergeben, dass

1. Auflagen oder Anordnungen nach den Vorschriften dieses Gesetzes oder der auf dieses Gesetz gestützten Rechtsverordnungen nicht erfüllt worden sind oder
2. Anordnungen oder Auflagen nach den Vorschriften dieses Gesetzes oder der auf dieses Gesetz gestützten Rechtsverordnungen geboten sind.

§ 31 Auskunftspflichten des Betreibers. (1) [1]Der Betreiber einer Anlage nach der Industrieemissions-Richtlinie hat nach Maßgabe der Nebenbestimmungen der Genehmigung oder auf Grund von Rechtsverordnungen der zuständigen Behörde jährlich Folgendes vorzulegen:

1. eine Zusammenfassung der Ergebnisse der Emissionsüberwachung,
2. sonstige Daten, die erforderlich sind; um die Einhaltung der Genehmigungsanforderungen gemäß § 6 Absatz 1 Nummer 1 zu überprüfen.

[2]Die Pflicht nach Satz 1 besteht nicht, soweit die erforderlichen Angaben der zuständigen Behörde bereits auf Grund anderer Vorschriften vorzulegen sind. [3]Wird in einer Rechtsverordnung nach § 7 ein Emissionsgrenzwert nach § 7 Absatz 1a, in einer Verwaltungsvorschrift nach § 48 ein Emissionswert nach § 48 Absatz 1a oder in einer Genehmigung nach § 12 Absatz 1 oder einer nachträglichen Anordnung nach § 17 Absatz 2a eine Emissionsbegrenzung nach § 12 Absatz 1a oder § 17 Absatz 2a oberhalb der in den BVT-Schlussfolgerungen genannten Emissionsbandbreiten bestimmt, so hat die Zusammenfassung nach Satz 1 Nummer 1 einen Vergleich mit den in den BVT-Schlussfolgerungen genannten Emissionsbandbreiten zu ermöglichen.

(2) [1]Der Betreiber einer Anlage nach der Industrieemissions-Richtlinie kann von der zuständigen Behörde verpflichtet werden, diejenigen Daten zu übermitteln, deren Übermittlung nach einem Durchführungsrechtsakt nach Artikel 72 Absatz 2 der Richtlinie 2010/75/EU vorgeschrieben ist und die zur Erfüllung der Berichtspflicht nach § 61 Absatz 1 erforderlich sind, soweit solche Daten nicht bereits auf Grund anderer Vorschriften bei der zuständigen Behörde vorhanden sind. [2]§ 3 Absatz 1 Satz 2 und § 5 Absatz 2 bis 6 des Gesetzes zur Ausführung des Protokolls über Schadstofffreisetzungs- und -verbringungsregister vom 21. Mai 2003 sowie zur Durchführung der Verordnung (EG) Nr. 166/2006 vom 6. Juni 2007 (BGBl. I S. 1002), das durch Artikel 1 des Gesetzes vom 9. Dezember 2020 (BGBl. I S. 2873) geändert worden ist, gelten entsprechend.

(2a) [1]Der Betreiber von Anlagen, die Betriebsbereich oder Bestandteil eines Betriebsbereichs sind, kann von der zuständigen Behörde verpflichtet werden, diejenigen Daten zu übermitteln, deren Übermittlung nach einem Durchführungsrechtsakt nach Artikel 21 Absatz 5 der Richtlinie 2012/18/EU vorgeschrieben ist und die zur Erfüllung der Berichtspflicht nach § 61 Absatz 2 erforderlich sind, soweit solche Daten nicht bereits auf Grund anderer Vorschriften bei der zuständigen Behörde vorhanden sind. [2]Absatz 2 Satz 2 gilt entsprechend.

diese deutlich sichtbar und leicht lesbar mit Angaben über bestimmte Eigenschaften kenntlich zu machen hat und

7. daß derjenige, der Stoffe oder Zusätze nach Absatz 1 Satz 1 gewerbsmäßig oder im Rahmen wirtschaftlicher Unternehmungen in den Verkehr bringt, den nach Nummer 6 Auszeichnungspflichtigen über bestimmte Eigenschaften zu unterrichten hat.

(3) [1]Die Bundesregierung wird ermächtigt, nach Anhörung der beteiligten Kreise (§ 51) durch Rechtsverordnung mit Zustimmung des Bundesrates vorzuschreiben, dass, wer gewerbsmäßig oder im Rahmen wirtschaftlicher Unternehmungen Treibstoffe in den Verkehr bringt, zur Vermeidung von Schäden an Fahrzeugen verpflichtet werden kann, auch Treibstoffe mit bestimmten Eigenschaften, insbesondere mit nicht zu überschreitenden Höchstgehalten an Sauerstoff und Biokraftstoff, in den Verkehr zu bringen. [2]In der Rechtsverordnung nach Satz 1 kann darüber hinaus die Unterrichtung der Verbraucher über biogene Anteile der Treibstoffe und den geeigneten Einsatz der verschiedenen Treibstoffmischungen geregelt werden; für die Regelung der Pflicht zur Unterrichtung gilt Absatz 2 Nummer 6 und 7 entsprechend.

(4) Die Bundesregierung wird ermächtigt, nach Anhörung der beteiligten Kreise (§ 51) durch Rechtsverordnung ohne Zustimmung des Bundesrates zu regeln, dass Unternehmen, die Treibstoffe in Verkehr bringen, jährlich folgende Daten der in der Rechtsverordnung zu bestimmenden Bundesbehörde vorzulegen haben:

a) die Gesamtmenge der jeweiligen Art von geliefertem Treibstoff unter Angabe des Erwerbsortes und des Ursprungs des Treibstoffs und

b) die Lebenszyklustreibhausgasemissionen pro Energieeinheit.

§ 35 Beschaffenheit von Stoffen und Erzeugnissen. (1) [1]Die Bundesregierung wird ermächtigt, nach Anhörung der beteiligten Kreise (§ 51) durch Rechtsverordnung mit Zustimmung des Bundesrates vorzuschreiben, daß bestimmte Stoffe oder Erzeugnisse aus Stoffen, die geeignet sind, bei ihrer bestimmungsgemäßen Verwendung oder bei der Verbrennung zum Zwecke der Beseitigung oder der Rückgewinnung einzelner Bestandteile schädliche Umwelteinwirkungen durch Luftverunreinigungen hervorzurufen, gewerbsmäßig oder im Rahmen wirtschaftlicher Unternehmungen nur hergestellt, eingeführt oder sonst in den Verkehr gebracht werden dürfen, wenn sie zum Schutz vor schädlichen Umwelteinwirkungen durch Luftverunreinigungen bestimmten Anforderungen an ihre Zusammensetzung und das Verfahren zu ihrer Herstellung genügen. [2]Die Ermächtigung des Satzes 1 erstreckt sich nicht auf Anlagen, Brennstoffe, Treibstoffe und Fahrzeuge.

(2) [1]Anforderungen nach Absatz 1 Satz 1 können unter Berücksichtigung der technischen Entwicklung auch für einen Zeitpunkt nach Inkrafttreten der Rechtsverordnung festgesetzt werden. [2]Wegen der Anforderungen nach Absatz 1 und Absatz 2 Satz 1 gilt § 7 Abs. 5 entsprechend.

(3) Soweit dies mit dem Schutz der Allgemeinheit vor schädlichen Umwelteinwirkungen durch Luftverunreinigungen vereinbar ist, kann in der Rechtsverordnung nach Absatz 1 an Stelle der Anforderungen über die Zusammensetzung und das Herstellungsverfahren vorgeschrieben werden, daß die Stoffe und Erzeugnisse deutlich sichtbar und leicht lesbar mit dem Hinweis zu kennzeichnen sind, daß bei ihrer bestimmungsgemäßen Verwendung oder bei ihrer Verbrennung schädliche Umwelteinwirkungen entstehen können oder daß bei einer bestimmten Verwendungsart schädliche Umwelteinwirkungen vermieden werden können.

§ 36 Ausfuhr. In den Rechtsverordnungen nach den §§ 32 bis 35 kann vorgeschrieben werden, daß die Vorschriften über das Herstellen, Einführen und das Inverkehrbringen nicht gelten für Anlagen, Stoffe, Erzeugnisse, Brennstoffe und Treibstoffe, die zur Lieferung in Gebiete außerhalb des Geltungsbereichs dieses Gesetzes bestimmt sind.

§ 37 Erfüllung von zwischenstaatlichen Vereinbarungen und Rechtsakten der Europäischen Gemeinschaften oder der Europäischen Union. Zur Erfüllung von Verpflichtungen aus zwischenstaatlichen Vereinbarungen oder von bindenden Rechtsakten der Europäischen Gemeinschaften oder der Europäischen Union kann die Bundesregierung zu dem in § 1 genannten Zweck durch Rechtsverordnung mit Zustimmung des Bundesrates bestimmen, daß Anlagen, Stoffe, Erzeugnisse, Brennstoffe oder Treibstoffe gewerbsmäßig oder im Rahmen wirtschaftlicher Unternehmungen nur in den Verkehr gebracht werden dürfen, wenn sie nach Maßgabe der §§ 32 bis 35 bestimmte Anforderungen erfüllen. [2]In einer Rechtsverordnung nach Satz 1, die der Erfüllung bindender Rechtsakte der Europäischen Gemeinschaften oder der Europäischen Union über Maßnahmen zur Bekämpfung der Emission von gasförmigen Schadstoffen und luftverunreinigenden Partikeln aus Verbrennungsmotoren für mobile Maschinen und Geräte dient, kann das Kraftfahrt-Bundesamt als Genehmigungsbehörde bestimmt und insoweit der Fachaufsicht des Bundesministeriums für Umwelt, Naturschutz und nukleare Sicherheit unterstellt werden.

Zweiter Abschnitt. Treibhausgasminderung bei Kraftstoffen

§ 37a Mindestanteil von Biokraftstoffen an der Gesamtmenge des in Verkehr gebrachten Kraftstoffs; Treibhausgasminderung. (1) [1]Wer gewerbsmäßig oder im Rahmen wirtschaftlicher Unternehmungen nach § 2 Absatz 1 Nummer 1 und 4 des Energiesteuergesetzes zu versteuernde Otto- oder Dieselkraftstoffe in Verkehr bringt, hat sicherzustellen, dass für die gesamte im Lauf eines Kalenderjahres (Verpflichtungsjahr) von ihm in Verkehr gebrachte Menge Kraftstoffs die Vorgaben der Absätze 3 und 4 eingehalten werden. [2]Kraftstoff gilt mit dem Entstehen der Energiesteuer nach § 8 Absatz 1, § 9 Absatz 1, § 9a Absatz 4, § 15 Absatz 1 oder Absatz 2, auch jeweils in Verbindung mit § 15 Absatz 4, § 19b Absatz 1, § 22 Absatz 1 oder § 23 Absatz 1 oder Absatz 2, § 38 Absatz 1, § 42 Absatz 1 oder § 43 Absatz 1 des Energiesteuergesetzes als in Verkehr gebracht. [3]Die Abgabe von fossilem Otto- und fossilem Dieselkraftstoff an die Bundeswehr zu Zwecken der Verteidigung oder der Erfüllung zwischenstaatlicher Verpflichtungen gilt nicht als Inverkehrbringen im Sinne der Sätze 1 und 2. [4]Dies gilt auch für den Erwerb von fossilem Otto- und fossilem Dieselkraftstoff durch die Bundeswehr zu einem in Satz 3 genannten Zweck. [5]Der Bundeswehr gleichgestellt sind auf Grund völkerrechtlicher Verträge in der Bundesrepublik Deutschland befindliche Truppen sowie Einrichtungen, die die Bundeswehr oder diese Truppen zur Erfüllung ihrer jeweiligen Aufgaben einsetzt oder einsetzen. [6]Die Abgabe von Kraftstoff im Eigentum des Erdölbevorratungsverbandes auf Grund einer Freigabe nach § 12 Absatz 1 des Erdölbevorratungsgesetzes durch den Erdölbevorratungsverband, Mitglieder des Erdölbevorratungsverbandes oder

(Fortsetzung nächste Seite)

(3) Der Betreiber kann dem Störfallbeauftragten für die Beseitigung und die Begrenzung der Auswirkungen von Störungen des bestimmungsgemäßen Betriebs, die zu Gefahren für die Allgemeinheit und die Nachbarschaft führen können oder bereits geführt haben, Entscheidungsbefugnisse übertragen.

§ 58d Verbot der Benachteiligung des Störfallbeauftragten, Kündigungsschutz. § 58 gilt für den Störfallbeauftragten entsprechend.

§ 58e Erleichterungen für auditierte Unternehmensstandorte. (1) Die Bundesregierung wird ermächtigt, zur Förderung der privaten Eigenverantwortung für EMAS-Standorte durch Rechtsverordnung mit Zustimmung des Bundesrates Erleichterungen zum Inhalt der Antragsunterlagen im Genehmigungsverfahren sowie überwachungsrechtliche Erleichterungen vorzusehen, soweit die entsprechenden Anforderungen der Verordnung (EG) Nr. 1221/2009 gleichwertig mit den Anforderungen sind, die zur Überwachung und zu den Antragsunterlagen nach diesem Gesetz oder nach den auf Grund dieses Gesetzes erlassenen Rechtsverordnungen vorgesehen sind oder soweit die Gleichwertigkeit durch die Rechtsverordnung nach dieser Vorschrift sichergestellt wird.

(2) Durch Rechtsverordnung nach Absatz 1 können weitere Voraussetzungen für die Inanspruchnahme und die Rücknahme von Erleichterungen oder die vollständige oder teilweise Aussetzung von Erleichterungen für Fälle festgelegt werden, in denen die Voraussetzungen für deren Gewährung nicht mehr vorliegen.

(3) [1]Durch Rechtsverordnung nach Absatz 1 können ordnungsrechtliche Erleichterungen gewährt werden, wenn der Umweltgutachter oder die Umweltgutachterorganisation die Einhaltung der Umweltvorschriften geprüft hat, keine Abweichungen festgestellt hat und dies in der Validierung bescheinigt. [2]Dabei können insbesondere Erleichterungen vorgesehen werden zu

1. Kalibrierungen, Ermittlungen, Prüfungen und Messungen,
2. Messberichten sowie sonstigen Berichten und Mitteilungen von Ermittlungsergebnissen,
3. Aufgaben des Immissionsschutz- und Störfallbeauftragten,
4. Mitteilungspflichten zur Betriebsorganisation und
5. der Häufigkeit der behördlichen Überwachung.

§ 59 Zuständigkeit bei Anlagen der Landesverteidigung. Die Bundesregierung wird ermächtigt, durch Rechtsverordnung mit Zustimmung des Bundesrates zu bestimmen, dass der Vollzug dieses Gesetzes und der auf dieses Gesetz gestützten Rechtsverordnungen bei Anlagen, die der Landesverteidigung dienen, Bundesbehörden obliegt.

§ 60 Ausnahmen für Anlagen der Landesverteidigung. (1) [1]Das Bundesministerium der Verteidigung kann für Anlagen nach § 3 Absatz 5 Nummer 1 und 3, die der Landesverteidigung dienen, in Einzelfällen, auch für bestimmte Arten von Anlagen, Ausnahmen von diesem Gesetz und von den auf dieses Gesetz gestützten Rechtsverordnungen zulassen, soweit dies zwingende Gründe der Verteidigung oder die Erfüllung zwischenstaatlicher Verpflichtungen erfordern. [2]Dabei ist der Schutz vor schädlichen Umwelteinwirkungen zu berücksichtigen.

(2) [1]Die Bundeswehr darf bei Anlagen nach § 3 Absatz 5 Nummer 2, die ihrer Bauart nach ausschließlich zur Verwendung in ihrem Bereich bestimmt sind, von den Vorschriften dieses Gesetzes und der auf dieses Gesetz gestützten Rechtsverordnungen abweichen, soweit dies zur Erfüllung ihrer besonderen Aufgaben zwingend erforderlich ist. [2]Die auf Grund völkerrechtlicher Verträge in der Bundesrepublik Deutschland stationierten Truppen dürfen bei Anlagen nach § 3 Absatz 5 Nummer 2, die zur Verwendung in deren

Bereich bestimmt sind, von den Vorschriften dieses Gesetzes und der auf dieses Gesetz gestützten Rechtsverordnungen abweichen, soweit dies zur Erfüllung ihrer besonderen Aufgaben zwingend erforderlich ist.

§ 61 Berichterstattung an die Europäische Kommission. (1) [1]Die Länder übermitteln dem Bundesministerium für Umwelt, Naturschutz und nukleare Sicherheit nach dessen Vorgaben Informationen über die Umsetzung der Richtlinie 2010/75/EU, insbesondere über repräsentative Daten über Emissionen und sonstige Arten von Umweltverschmutzung, über Emissionsgrenzwerte und darüber, inwieweit der Stand der Technik angewendet wird. [2]Die Länder stellen diese Informationen auf elektronischem Wege zur Verfügung. [3]Art und Form der von den Ländern zu übermittelnden Informationen sowie der Zeitpunkt ihrer Übermittlung richten sich nach den Anforderungen, die auf der Grundlage von Artikel 72 Absatz 2 der Richtlinie 2010/75/EU festgelegt werden. [4]§ 5 Absatz 1 Satz 2 und Absatz 2 bis 6 des Gesetzes zur Ausführung des Protokolls über Schadstofffreisetzungs- und -verbringungsregister vom 21. Mai 2003 sowie zur Durchführung der Verordnung (EG) Nr. 166/2006 vom 6. Juni 2007 (BGBl. I S. 1002), das durch Artikel 1 des Gesetzes vom 9. Dezember 2020 (BGBl. I S. 2873) geändert worden ist, gilt entsprechend.

(2) [1]Die Länder übermitteln dem Bundesministerium für Umwelt, Naturschutz und nukleare Sicherheit nach dessen Vorgaben Informationen über die Umsetzung der Richtlinie 2012/18/EU sowie über die unter diese Richtlinie fallenden Betriebsbereiche. [2]Art und Form der von den Ländern zu übermittelnden Informationen sowie der Zeitpunkt ihrer Übermittlung richten sich nach den Anforderungen, die auf der Grundlage von Artikel 21 Absatz 5 der Richtlinie 2012/18/EU festgelegt werden. [3]Absatz 1 Satz 2 und 4 gilt entsprechend.

§ 62 Ordnungswidrigkeiten. (1) Ordnungswidrig handelt, wer vorsätzlich oder fahrlässig

1. eine Anlage ohne die Genehmigung nach § 4 Absatz 1 errichtet,
2. einer auf Grund des § 7 erlassenen Rechtsverordnung oder auf Grund einer solchen Rechtsverordnung erlassenen vollziehbaren Anordnung zuwiderhandelt, soweit die Rechtsverordnung für einen bestimmten Tatbestand auf diese Bußgeldvorschrift verweist,
3. entgegen § 31 Absatz 1 Satz 1 eine dort genannte Zusammenfassung oder dort genannte Daten nicht, nicht richtig, nicht vollständig oder nicht rechtzeitig vorlegt,

3a. entgegen § 31 Absatz 5 Satz 1 eine Mitteilung nicht, nicht richtig, nicht vollständig oder nicht rechtzeitig macht,

4. die Lage, die Beschaffenheit oder den Betrieb einer genehmigungsbedürftigen Anlage ohne die Genehmigung nach § 16 Absatz 1 wesentlich ändert,

4a. ohne Genehmigung nach § 16a Satz 1 oder § 23b Absatz 1 Satz 1 eine dort genannte Anlage störfallrelevant ändert oder störfallrelevant errichtet,

5. einer vollziehbaren Anordnung nach § 17 Absatz 1 Satz 1 oder 2, jeweils auch in Verbindung mit Absatz 5, § 24 Satz 1, § 26, § 28 Satz 1 oder § 29 nicht, nicht richtig, nicht vollständig oder nicht rechtzeitig nachkommt,
6. eine Anlage entgegen einer vollziehbaren Untersagung nach § 25 Absatz 1 betreibt,
7. einer auf Grund der §§ 23, 32, 33 Absatz 1 Nummer 1 oder 2, §§ 34, 35, 37, 38 Absatz 2, § 39 oder § 48a Absatz 1 Satz 1 oder 2, Absatz 1a oder 3 erlassenen Rechtsverordnung oder einer auf Grund einer solchen Rechtsverordnung ergangenen vollziehbaren Anordnung zuwiderhandelt, soweit die Rechtsverordnung für einen bestimmten Tatbestand auf diese Bußgeldvorschrift verweist,

7a. entgegen § 38 Absatz 1 Satz 2 Kraftfahrzeuge und ihre Anhänger, die nicht zum Verkehr auf öffentlichen Straßen zugelassen sind, Schienen-, Luft- und Wasserfahrzeuge sowie Schwimmkörper und schwimmende Anlagen nicht so betreibt, dass vermeidbare Emissionen verhindert und unvermeidbare Emissionen auf ein Mindestmaß beschränkt bleiben oder

8. entgegen einer Rechtsverordnung nach § 49 Absatz 1 Nummer 2 oder einer auf Grund einer solchen Rechtsverordnung ergangenen vollziehbaren Anordnung eine ortsfeste Anlage errichtet, soweit die Rechtsverordnung für einen bestimmten Tatbestand auf diese Bußgeldvorschrift verweist,

9. entgegen § 37c Absatz 1 Satz 1 bis 3 der zuständigen Stelle die dort genannten Angaben nicht, nicht richtig, nicht vollständig oder nicht rechtzeitig mitteilt oder nicht oder nicht rechtzeitig eine Kopie des Vertrages mit dem Dritten vorlegt,

10. entgegen § 37c Absatz 1 Satz 4, auch in Verbindung mit Satz 5, oder Satz 6 der zuständigen Stelle die dort genannten Angaben nicht richtig mitteilt.

11. entgegen § 37f Absatz 1 Satz 1, auch in Verbindung mit einer Rechtsverordnung nach § 37d Absatz 2 Satz 1 Nummer 14, der zuständigen Stelle einen Bericht nicht, nicht richtig, nicht vollständig oder nicht rechtzeitig vorlegt.

(2) Ordnungswidrig handelt ferner, wer vorsätzlich oder fahrlässig

1. entgegen § 15 Absatz 1 oder 3 eine Anzeige nicht, nicht richtig, nicht vollständig oder nicht rechtzeitig macht,

1a. entgegen § 15 Absatz 2 Satz 2 eine Änderung vornimmt,

1b. entgegen § 23a Absatz 1 Satz 1 eine Anzeige nicht, nicht richtig, nicht vollständig oder nicht rechtzeitig macht,

2. entgegen § 27 Absatz 1 Satz 1 in Verbindung mit einer Rechtsverordnung nach Absatz 4 Satz 1 eine Emissionserklärung nicht, nicht richtig, nicht vollständig oder nicht rechtzeitig abgibt oder nicht, nicht richtig, nicht vollständig oder nicht rechtzeitig ergänzt,

3. entgegen § 31 Absatz 1 Satz 1 eine dort genannte Zusammenfassung oder dort genannte Daten nicht, nicht richtig, nicht vollständig oder nicht rechtzeitig vorlegt,

3a. entgegen § 31 Absatz 5 Satz 1 eine Mitteilung nicht, nicht richtig, nicht vollständig oder nicht rechtzeitig macht,

das Ergebnis der Ermittlungen nicht mitteilt oder die Aufzeichnungen der Meßgeräte nicht aufbewahrt,

4. entgegen § 52 Absatz 2 Satz 1, 3 oder 4, auch in Verbindung mit Absatz 3 Satz 1 oder Absatz 6 Satz 1 Auskünfte nicht, nicht richtig, nicht vollständig oder nicht rechtzeitig erteilt, eine Maßnahme nicht duldet, Unterlagen nicht vorlegt, beauftragte Personen nicht hinzuzieht oder einer dort sonst genannten Verpflichtung zuwiderhandelt,

5. entgegen § 52 Absatz 3 Satz 2 die Entnahme von Stichproben nicht gestattet,

6. eine Anzeige nach § 67 Absatz 2 Satz 1 nicht, nicht richtig, nicht vollständig oder nicht rechtzeitig erstattet oder

7. entgegen § 67 Absatz 2 Satz 2 Unterlagen nicht, nicht richtig, nicht vollständig oder nicht rechtzeitig vorlegt.

(3) [1] Ordnungswidrig handelt, wer vorsätzlich oder fahrlässig

1. einer unmittelbar geltenden Vorschrift in Rechtsakten der Europäischen Union zuwiderhandelt, die inhaltlich

   a) einem in Absatz 1 Nummer 1, 3, 4, 5, 6, 7a, 9 oder Nummer 10 oder

   b) einem in Absatz 2

bezeichneten Gebot oder Verbot entspricht, soweit eine Rechtsverordnung nach Satz 2 für einen bestimmten Tatbestand auf diese Bußgeldvorschrift verweist, oder

2. einer unmittelbar geltenden Vorschrift in Rechtsakten der Europäischen Union zuwiderhandelt, die inhaltlich einer Regelung entspricht, zu der die in Absatz 1 Nummer 2, 7 oder Nummer 8 genannten Vorschriften ermächtigen, soweit eine Rechtsverordnung nach Satz 2 für einen bestimmten Tatbestand auf diese Bußgeldvorschrift verweist.

[2] Das Bundesministerium für Umwelt, Naturschutz und nukleare Sicherheit wird ermächtigt, soweit dies zur Durchsetzung der Rechtsakte der Europäischen Union erforderlich ist, durch Rechtsverordnung mit Zustimmung des Bundesrates die Tatbestände zu bezeichnen, die als Ordnungswidrigkeit geahndet werden können.

(4) Die Ordnungswidrigkeit kann in den Fällen der Absätze 1 und 3 Nummer 1 Buchstabe a und Nummer 2 mit einer Geldbuße bis zu fünfzigtausend Euro und in den übrigen Fällen mit einer Geldbuße bis zu zehntausend Euro geahndet werden.

(5) Verwaltungsbehörde im Sinne des § 36 Absatz 1 Nummer 1 des Gesetzes über Ordnungswidrigkeiten ist in den Fällen des Absatzes 1 Nummer 9 bis 11 die zuständige Stelle.

§ 63 Entfall der aufschiebenden Wirkung. Widerspruch und Anfechtungsklage eines Dritten gegen die Zulassung einer Windenergieanlage an Land mit einer Gesamthöhe von mehr als 50 Metern haben keine aufschiebende Wirkung.

§§ 64 bis 65. (weggefallen)

Achter Teil. Schlussvorschriften

§ 66 Fortgeltung von Vorschriften. (1) (aufgehoben)

(2) Bis zum Inkrafttreten von entsprechenden Rechtsverordnungen oder allgemeinen Verwaltungsvorschriften nach diesem Gesetz ist die Allgemeine Verwaltungsvorschrift zum Schutz gegen Baulärm – Geräuschimmissionen – vom 19. August 1970 (Beilage zum BAnz. Nr. 160 vom 1. September 1970) maßgebend.

§ 67 Übergangsvorschrift. (1) Eine Genehmigung, die vor dem Inkrafttreten dieses Gesetzes nach § 16 oder § 25 Absatz 1 der Gewerbeordnung erteilt worden ist, gilt als Genehmigung nach diesem Gesetz fort.

(2) [1] Eine genehmigungsbedürftige Anlage, die bei Inkrafttreten der Verordnung nach § 4 Absatz 1 Satz 3 errichtet oder wesentlich geändert ist, oder mit deren Errichtung oder wesentlichen Änderung begonnen worden ist, muss innerhalb eines Zeitraums von drei Monaten nach Inkrafttreten der Verordnung der zuständigen Behörde angezeigt werden, sofern die Anlage nicht nach § 16 Absatz 1 oder § 25 Absatz 1 der Gewerbeordnung genehmigungsbedürftig war oder nach § 16 Absatz 4 der Gewerbeordnung angezeigt worden ist. [2] Der zuständigen Behörde sind innerhalb eines Zeitraums von zwei Monaten nach Erstattung der Anzeige Unterlagen gemäß § 10 Absatz 1 über Art, Lage, Umfang und Betriebsweise der Anlage im Zeitpunkt des Inkrafttretens der Verordnung nach § 4 Absatz 1 Satz 3 vorzulegen.

(3) Die Anzeigepflicht nach Absatz 2 gilt nicht für ortsveränderliche Anlagen, die im vereinfachten Verfahren (§ 19) genehmigt werden können.

§ 31 Auskunftspflichten des Betreibers

(1) **Der Betreiber einer Anlage nach der Industrieemissions-Richtlinie hat nach Maßgabe der Nebenbestimmungen der Genehmigung oder auf Grund von Rechtsverordnungen der zuständigen Behörde jährlich Folgendes vorzulegen:**

1. eine Zusammenfassung der Ergebnisse der Emissionsüberwachung,

2. sonstige Daten, die erforderlich sind, um die Einhaltung der Genehmigungsanforderungen gemäß § 6 Absatz 1 Nummer 1 zu überprüfen.

Die Pflicht nach Satz 1 besteht nicht, soweit die erforderlichen Angaben der zuständigen Behörde bereits auf Grund anderer Vorschriften vorzulegen sind. Wird in einer Rechtsverordnung nach § 7 ein Emissionsgrenzwert nach § 7 Absatz 1a, in einer Verwaltungsvorschrift nach § 48 ein Emissionswert nach § 48 Absatz 1a oder in einer Genehmigung nach § 12 Absatz 1 oder einer nachträglichen Anordnung nach § 17 Absatz 2a eine Emissionsbegrenzung nach § 12 Absatz 1a oder § 17 Absatz 2a oberhalb der in den BVT-Schlussfolgerungen genannten Emissionsbandbreiten bestimmt, so hat die Zusammenfassung nach Satz 1 Nummer 1 einen Vergleich mit den in den BVT-Schlussfolgerungen genannten Emissionsbandbreiten zu ermöglichen.

(2) **Der Betreiber einer Anlage nach der Industrieemissions-Richtlinie kann von der zuständigen Behörde verpflichtet werden, diejenigen Daten zu übermitteln, deren Übermittlung nach einem Durchführungsrechtsakt nach Artikel 72 Absatz 2 der Richtlinie 2010/75/EU vorgeschrieben ist und die zur Erfüllung der Berichtspflicht nach § 61 Absatz 1 erforderlich sind, soweit solche Daten nicht bereits auf Grund anderer Vorschriften bei der zuständigen Behörde vorhanden sind. § 3 Absatz 1 Satz 2 und § 5 Absatz 2 bis 6 des Gesetzes zur Ausführung des Protokolls über Schadstofffreisetzungs- und -verbringungsregister vom 21. Mai 2003 sowie zur Durchführung der Verordnung (EG) Nr. 166/2006 vom 6. Juni 2007 (BGBl. I S. 1002), das durch Artikel 1 des Gesetzes vom 9. Dezember 2020 (BGBl. I S. 2873) geändert worden ist, gelten entsprechend.**

(2a) **Der Betreiber von Anlagen, die Betriebsbereich oder Bestandteil eines Betriebsbereichs sind, kann von der zuständigen Behörde verpflichtet werden, diejenigen Daten zu übermitteln, deren Übermittlung nach einem Durchführungsrechtsakt nach Artikel 21 Absatz 5 der Richtlinie 2012/18/EU vorgeschrieben ist und die zur Erfüllung der Berichtspflicht nach § 61 Absatz 2 erforderlich sind, soweit solche Daten nicht bereits auf Grund anderer Vorschriften bei der zuständigen Behörde vorhanden sind. Absatz 2 Satz 2 gilt entsprechend.**

(3) **Wird bei einer Anlage nach der Industrieemissions-Richtlinie festgestellt, dass Anforderungen gemäß § 6 Absatz 1 Nummer 1 nicht eingehalten werden, hat der Betreiber dies der zuständigen Behörde unverzüglich mitzuteilen.**

(4) **Der Betreiber einer Anlage nach der Industrieemissions-Richtlinie hat bei allen Ereignissen mit schädlichen Umwelteinwirkungen die zuständige Behörde unverzüglich zu unterrichten, soweit er hierzu nicht bereits nach § 4 des Umweltschadensgesetzes oder nach § 19 der Störfall-Verordnung verpflichtet ist.**

(5) **Der Betreiber der Anlage hat das Ergebnis der auf Grund einer Anordnung nach § 26, § 28 oder § 29 getroffenen Ermittlungen der zuständigen Behörde auf Verlangen mitzuteilen und die Aufzeichnungen der Messgeräte nach § 29 fünf Jahre lang aufzubewahren. Die zuständige Behörde kann die Art der Übermittlung der Messergebnisse vorschreiben. Die Ergebnisse der Überwachung der Emissionen, die bei der Behörde vorliegen, sind für die Öffentlichkeit nach den Bestimmungen des Umweltinformationsgesetzes mit Ausnahme des § 12 zugänglich; für Landesbehörden gelten die landesrechtlichen Vorschriften.**

Schrifttum: Vgl. die Hinweise in der Vorbemerkung zu den §§ 26 bis 31a sowie, *Braunewell,* Die neue Richtlinie über Industrieemissionen, UPE 2011, 250; *Diehl,* Stärkung des europäischen Konzepts der „besten verfügbaren Technik" durch die Richtlinie über Industrieemissionen?, ZUR 2011, 59; *Keller,* Von der IVU-Richtlinie zur Richtlinie über Industrieemissionen, I+E 2011, 223; *Pfaff/Knopp/Peine,* Revision des Immissionsschutzrechts durch die Industrieemissionsrichtlinie, 2013; *Scheidler,* Die wichtigsten Änderungen im Immissionsschutzrecht nach Umsetzung, der Industrieemissions-Richtlinie, UPR 2013, 121.

Übersicht

A. Allgemeines

1 **1. Inhalt und Bedeutung der Vorschrift.** In § 31 waren bis 2013 wichtige Bestimmungen über Nebenpflichten bei Anordnungen nach §§ 26, 28 oder 29 (nicht

§ 37a Mindestanteil von Biokraftstoffen an der Gesamtmenge des in Verkehr gebrachten Kraftstoffs; Treibhausgasminderung

(1) **Wer gewerbsmäßig oder im Rahmen wirtschaftlicher Unternehmungen nach § 2 Absatz 1 Nummer 1 und 4 des Energiesteuergesetzes zu versteuernde Otto- oder Dieselkraftstoffe in Verkehr bringt, hat sicherzustellen, dass für die gesamte im Lauf eines Kalenderjahres (Verpflichtungsjahr) von ihm in Verkehr gebrachte Menge Kraftstoffs die Vorgaben der Absätze 3 und 4 eingehalten werden. Kraftstoff gilt mit dem Entstehen der Energiesteuer nach § 8 Absatz 1, § 9 Absatz 1, § 9a Absatz 4, § 15 Absatz 1 oder Absatz 2, auch jeweils in Verbindung mit § 15 Absatz 4, § 19b Absatz 1, § 22 Absatz 1 oder § 23 Absatz 1 oder Absatz 2, § 38 Absatz 1, § 42 Absatz 1 oder § 43 Absatz 1 des Energiesteuergesetzes als in Verkehr gebracht. Die Abgabe von fossilem Otto- und fossilem Dieselkraftstoff an die Bundeswehr zu Zwecken der Verteidigung oder der Erfüllung zwischenstaatlicher Verpflichtungen gilt nicht als Inverkehrbringen im Sinne der Sätze 1 und 2. Dies gilt auch für den Erwerb von fossilem Otto- und fossilem Dieselkraftstoff durch die Bundeswehr zu einem in Satz 3 genannten Zweck. Der Bundeswehr gleichgestellt sind auf Grund völkerrechtlicher Verträge in der Bundesrepublik Deutschland befindliche Truppen sowie Einrichtungen, die die Bundeswehr oder diese Truppen zur Erfüllung ihrer jeweiligen Aufgaben einsetzt oder einsetzen. Die Abgabe von Kraftstoff im Eigentum des Erdölbevorratungsverbandes auf Grund einer Freigabe nach § 12 Absatz 1 des Erdölbevorratungsgesetzes durch den Erdölbevorratungsverband, Mitglieder des Erdölbevorratungsverbandes oder Dritte sowie nachfolgende Abgaben gelten nicht als Inverkehrbringen im Sinne der Sätze 1 und 2. Dies gilt auch für die Abgabe von Kraftstoff in den in Satz 6 genannten Fällen im Rahmen von Delegationen nach § 7 Absatz 1 des Erdölbevorratungsgesetzes durch Mitglieder des Erdölbevorratungsverbandes oder Dritte sowie für nachfolgende Abgaben. Die Abgabe von Ausgleichsmengen an unterversorgte Unternehmen zum Versorgungsausgleich im Sinne von § 1 Absatz 1 der Mineralölausgleichs-Verordnung vom 13. Dezember 1985 (BGBl. I S. 2267), die zuletzt durch Artikel 5 Absatz 3 des Gesetzes vom 26. Juni 2013 (BGBl. I S. 1738) geändert worden ist, in der jeweils geltenden Fassung gilt nicht als Inverkehrbringen im Sinne der Sätze 1 und 2. Ein Inverkehrbringen im Sinne der Sätze 1 und 2 liegt ebenfalls nicht vor, wenn der Erdölbevorratungsverband Kraftstoff aus seinem Eigentum abgibt und dieser Abgabe keine Rücklieferung am Abgabeort gegenüber steht oder er dafür Mineralölprodukte erwirbt, die nicht unter die Vorschrift des Satzes 1 fallen. Satz 9 gilt auch für die nachfolgenden Abgaben des Kraftstoffs.**

(2) **Verpflichteter nach Absatz 1 Satz 1 und 2 ist der jeweilige Steuerschuldner im Sinne des Energiesteuergesetzes. Abweichend von Satz 1 ist in den Fällen des § 7 Absatz 4 Satz 1 des Energiesteuergesetzes der Dritte (Einlagerer) Verpflichteter. In den Fällen des § 22 Absatz 1 des Energiesteuergesetzes gilt allein derjenige als Verpflichteter im Sinne von Satz 1, der eine der dort jeweils genannten Handlungen zuerst vornimmt.**

(3) **Verpflichtete nach Absatz 1 Satz 1 und 2 in Verbindung mit Absatz 2 (Verpflichtete), die Dieselkraftstoff in Verkehr bringen, haben bis zum 31. Dezember 2014 einen Anteil Dieselkraftstoff ersetzenden Biokraftstoffs von mindestens 4,4 Prozent sicherzustellen. Verpflichtete, die Ottokraftstoff in Verkehr bringen, haben einen Anteil Ottokraftstoff ersetzenden Biokraftstoffs von mindestens 1,2 Prozent für das Jahr 2007, von mindestens 2 Prozent für das Jahr 2008 und von mindestens 2,8 Prozent jeweils für die Jahre 2009 bis 2014 sicherzustellen. Unbeschadet der Sätze 1 und 2 beträgt der Mindestanteil von Biokraftstoff an der Ge-**

samtmenge Otto- und Dieselkraftstoffs, die von Verpflichteten in Verkehr gebracht wird, im Jahr 2009 5,25 Prozent und in den Jahren 2010 bis 2014 jeweils 6,25 Prozent. Satz 3 gilt entsprechend für Verpflichtete, die ausschließlich Ottokraftstoff oder ausschließlich Dieselkraftstoff in Verkehr bringen. Die Mindestanteile von Biokraftstoff beziehen sich in den Fällen der Sätze 1, 2 und 4 jeweils auf den Energiegehalt der Menge fossilen Otto- oder fossilen Dieselkraftstoffs zuzüglich des Biokraftstoffanteils, in den Fällen des Satzes 3 auf den Energiegehalt der Menge fossilen Otto- oder fossilen Dieselkraftstoffs zuzüglich des Biokraftstoffanteils. Die Gesamtmengen nach Satz 5 sind um die Mengen zu berichtigen, für die eine Steuerentlastung nach § 46 Absatz 1 Satz 1 Nummer 1, 2 oder Nummer 6 des Energiesteuergesetzes gewährt wurde oder wird.

(4) **Verpflichtete haben ab dem Jahr 2015 sicherzustellen, dass die Treibhausgasemissionen der von ihnen in Verkehr gebrachten fossilen Otto- und fossilen Dieselkraftstoffe zuzüglich der Treibhausgasemissionen der von ihnen in Verkehr gebrachten Biokraftstoffe um einen festgelegten Prozentsatz gegenüber dem Referenzwert nach Satz 3 gemindert werden. Die Höhe des in Satz 1 genannten Prozentsatzes beträgt**

1. ab dem Jahr 2015 3,5 Prozent,

2. ab dem Jahr 2017 4 Prozent und

3. ab dem Jahr 2020 6 Prozent.

Der Referenzwert, gegenüber dem die Treibhausgasminderung zu erfolgen hat, berechnet sich durch Multiplikation des Basiswertes mit der vom Verpflichteten in Verkehr gebrachten energetischen Menge fossilen Otto- und fossilen Dieselkraftstoffs zuzüglich der vom Verpflichteten in Verkehr gebrachten energetischen Menge Biokraftstoffs. Der Basiswert beträgt 83,8 Kilogramm Kohlenstoffdioxid-Äquivalent pro Gigajoule. Die Treibhausgasemissionen von fossilen Otto- und fossilen Dieselkraftstoffen berechnen sich durch Multiplikation des Basiswertes mit der vom Verpflichteten in Verkehr gebrachten energetischen Menge fossilen Otto- und fossilen Dieselkraftstoffs. Die Treibhausgasemissionen von Biokraftstoffen berechnen sich durch Multiplikation der in den anerkannten Nachweisen nach § 14 der Biokraftstoff-Nachhaltigkeitsverordnung vom 30. September 2009 (BGBl. I S. 3182), die zuletzt durch Artikel 2 der Verordnung vom 26. November 2012 (BGBl. I S. 2363) geändert worden ist, in der jeweils geltenden Fassung ausgewiesenen Treibhausgasemissionen in Kilogramm Kohlenstoffdioxid-Äquivalent pro Gigajoule mit der vom Verpflichteten in Verkehr gebrachten energetischen Menge Biokraftstoffs. Biokraftstoffe werden wie fossile Otto- oder fossile Dieselkraftstoffe behandelt, sofern

1. für die Biokraftstoffe anerkannte Nachweise nach § 14 der Biokraftstoff-Nachhaltigkeitsverordnung nicht vorgelegt werden,

2. für die Biokraftstoffe anerkannte Nachweise nach § 14 der Biokraftstoff-Nachhaltigkeitsverordnung vorgelegt werden, die keine Treibhausgasemissionen ausweisen,

3. für die Biokraftstoffe anerkannte Nachweise nach § 14 der Biokraftstoff-Nachhaltigkeitsverordnung vorgelegt werden, die unwirksam im Sinne der Biokraftstoff-Nachhaltigkeitsverordnung sind und nicht anerkannt werden dürfen,

4. die Biokraftstoffe nach § 37b Absatz 8 Satz 1 von der Anrechenbarkeit ausgeschlossen sind oder

5. die Europäische Kommission nach Artikel 18 Absatz 8 der Richtlinie 2009/28/EG des Europäischen Parlaments und des Rates vom 23. April 2009 zur Förderung der Nutzung von Energie aus erneuerbaren Quellen und zur Änderung

§ 61 Berichterstattung an die Europäische Kommission

(1) **Die Länder übermitteln dem Bundesministerium für Umwelt, Naturschutz und nukleare Sicherheit nach dessen Vorgaben Informationen über die Umsetzung der Richtlinie 2010/75/EU, insbesondere über repräsentative Daten über Emissionen und sonstige Arten von Umweltverschmutzung, über Emissionsgrenzwerte und darüber, inwieweit der Stand der Technik angewendet wird. Die Länder stellen diese Informationen auf elektronischem Wege zur Verfügung. Art und Form der Von den Ländern zu übermittelnden Informationen sowie der Zeitpunkt ihrer Übermittlung richten sich nach den Anforderungen, die auf der Grundlage von Artikel 72 Absatz 2 der Richtlinie 2010/75/EU festgelegt werden. § 5 Absatz 1 Satz 2 und Absatz 2 bis 6 des Gesetzes zur Ausführung des Protokolls über Schadstofffreisetzungs- und -verbringungsregister vom 21. Mai 2003 sowie zur Durchführung der Verordnung (EG) Nr. 166/2006 vom 6. Juni 2007 (BGBl. I S. 1002), das durch Artikel 1 des Gesetzes vom 9. Dezember 2020 (BGBl. I S. 2873) geändert worden ist, gilt entsprechend.**

(2) **Die Länder übermitteln dem Bundesministerium für Umwelt, Naturschutz und nukleare Sicherheit nach dessen Vorgaben Informationen über die Umsetzung der Richtlinie 2012/18/EU sowie über die unter diese Richtlinie fallenden Betriebsbereiche. Art und Form der von den Ländern zu übermittelnden Informationen sowie der Zeitpunkt ihrer Übermittlung richten sich nach den Anforderungen, die auf der Grundlage von Artikel 21 Absatz 5 der Richtlinie 2012/18/EU festgelegt werden. Absatz 1 Satz 2 und 4 gilt entsprechend.**

Schrifttum: Vgl. die Hinweise in der Vorbemerkung zu den §§ 26 bis 31a, sowie Scheidler, Die wichtigsten Änderungen im Immissionsschutzrecht nach Umsetzung der Industrieemissions-Richtlinie, UPR 2013, 121 ff.

Übersicht

A. Allgemeines

1. Entstehungsgeschichte

1 § 61 war ursprünglich Gegenstand der Fassung des BImSchG bis zum 2.8.2001. In der damaligen Fassung beinhaltete die Norm eine Berichtspflicht der Bundesregierung

gegenüber dem Bundestag zum Stand schädlicher Umwelteinwirkungen und zur Umsetzung des BImSchG (kritisch insoweit *Waechter* ZG 1986, 84 ff.). Die Vorschrift lautete:

§ 61 Bericht der Bundesregierung. *Die Bundesregierung erstattet dem Deutschen Bundestag jeweils ein Jahr nach dem ersten Zusammentritt Bericht über*

1. *den Stand und die Entwicklung schädlicher Umwelteinwirkungen durch Luftverunreinigungen und Geräusche im Bundesgebiet während des Berichtszeitraums sowie über die voraussichtliche weitere Entwicklung,*
2. *die in Durchführung dieses Gesetzes getroffenen und beabsichtigten Maßnahmen,*
3. *die laufenden und die in Aussicht genommenen Forschungsvorhaben über die Wirkung von Luftverunreinigungen und Geräuschen,*
4. *die Entwicklung technischer Verfahren und Einrichtungen zur Verminderung schädlicher Umwelteinwirkungen durch Luftverunreinigungen und Geräusche und*
5. *die für die Forschung und Entwicklung nach den Nummern 3 und 4 aufgewendeten, insbesondere die von Bund und Ländern zu diesen Zwecken bereitgestellten Mittel.*

2 Aufgehoben wurde die Vorschrift mit Wirkung zum 3.8.2001 durch das Gesetz zur Umsetzung der UVP-Richtlinie, der IVU-Richtlinie und weiterer EG-Richtlinien zum Umweltschutz vom 27.7.2001 (BGBl. I, S. 1950). Die seit 1974 bestehende Berichtspflicht, die jeweils ein Jahr nach Beginn der Legislaturperiode vorgesehen war, war ursprünglich die vornehmliche Quelle für Informationen über den Vollzug des BImSchG; sie wurde seitens des Ausschusses für Umwelt, Naturschutz und Reaktorsicherheit insbesondere mit Blick auf die Verpflichtung der Bundesregierung zur Vorlage eines Umweltzustandsberichts gem. § 11 des Umweltinformationsgesetzes (UIG) als überflüssig angesehen (BT-Drs. 14/5750, S. 132; vgl. auch *Scheidler* in Feldhaus, BImSchG, § 61 Rn. 2).

3 § 61 ist in der Fassung des Gesetzes zur Umsetzung der Richtlinie über Industrieemissionen vom 8.4.2013 (BGBl. I, S. 734) am 2.5.2013 in Kraft getreten.

Mit Umsetzung der Richtlinie 2012/18/EU des Europäischen Parlaments und des Rates vom 4. Juli 2012 zur Beherrschung der Gefahren schwerer Unfälle mit gefährlichen Stoffen, zur Änderung und anschließenden Aufhebung der Richtlinie 96/82/EG des Rates (sog. Seveso III-Richtlinie – Seveso III-RL) ist der jetzige Absatz 2 eingefügt worden und der bisherige Text zu Absatz 1 geworden. In Kraft getreten ist das Gesetz am 1.12.2016.

2. Sinn und Zweck der Bestimmung

4 Mit der jetzigen Fassung der Vorschrift wird sichergestellt, dass die Berichtspflichten der Bundesrepublik gegenüber der europäischen Kommission, wie sie sich aus Art. 72 Abs. 1 der Richtlinie 2010/75/EU, der Industrieemissionsrichtlinie (IE-RL) und der Richtlinie 2012/18/EU (Seveso III-Richtlinie – Seveso III-RL) ergeben, erfüllt werden können.

5 Anders als die Normüberschrift dies vermuten lässt, regelt § 61 dabei vorrangig die Sammlung der durch den Bund an die Kommission zu übermittelnden Daten. Die Länder tragen die im Rahmen der Gesetzesausführung nach Art. 84 GG anfallenden Daten dem Bund zu. Die Datenübermittlung durch die Bundesrepublik an die europäische Kommission ist in Art. 72 Abs. 1, 2 IE-RL und Art. 21 Abs. 3 Seveso III-RL geregelt.

§ 63 Entfall der aufschiebenden Wirkung

(1) **Widerspruch und Anfechtungsklage eines Dritten gegen die Zulassung einer Windenergieanlage an Land mit einer Gesamthöhe von mehr als 50 Metern haben keine aufschiebende Wirkung.**

(Kommentierung folgt)

§ 64 Straftaten *(weggefallen)*

§ 65 Verletzung der Geheimhaltungspflicht *(weggefallen)*

In der ursprünglichen Fassung des Bundes-Immissionsschutzgesetzes enthielten die §§ 63 bis 65 Strafvorschriften.

§ 65, der die Verletzung der Geheimhaltungspflicht unter Strafe stellte, wurde bereits durch Gesetz vom 15. August 1974 (BGBl. I S. 1942) mit Wirkung vom 1. Januar 1975 aufgehoben. Entsprechende Straftatbestände enthalten die §§ 203 und 204 StGB.

Durch das Gesetz zur Bekämpfung der Umweltkriminalität (18. StrÄndG) vom 28. März 1980 (BGBl. I S. 373) ist der (29.) Abschnitt „Straftaten gegen die Umwelt" in das Strafgesetzbuch eingefügt worden. Dadurch sind die Straftatbestände der §§ 63 und 64 mit Wirkung vom 1. Juli 1980 ersetzt worden. Durch das zweite Gesetz zur Bekämpfung der Umweltkriminalität (31. StrÄndG – 2. UKG) vom 27. Juni 1994 (BGBl. I S. 1440) ist der 29. Abschnitt des StGB wesentlich geändert worden.

Mit Inkrafttreten des Gesetzes zur Beschleunigung von Investitionen vom 3. Dezember 2020 (BGBl. I S. 2694) am 10. Dezember 2020 hat § 63 einen neuen Wortlaut erhalten. Die Norm regelt nunmehr den Entfall der aufschiebenden Wirkung eines Rechtsbehelfs gegen eine Zulassungsentscheidung für Windenergieanlagen.

LANDMANN/ROHMER

UMWELTRECHT

BAND IV

KOMMENTAR

Herausgegeben von

Prof. Dr. Martin Beckmann
Rechtsanwalt und Fachanwalt für Verwaltungsrecht,
Honorarprofessor der Universität Münster

Prof. Dr. Dr. Wolfgang Durner LL. M.
Rheinische Friedrich-Wilhelms-Universität Bonn und Direktor des Instituts für das Recht der Wasser- und Entsorgungswirtschaft

Prof. Dr. Thomas Mann
Direktor des Instituts für Öffentliches Recht,
Lehrstuhl für Verwaltungsrecht der Georg-August-Universität Göttingen

Prof. Dr. Marc Röckinghausen
Hochschule für Polizei und öffentliche Verwaltung NRW, Abteilung Gelsenkirchen,
Fachbereich Allgemeine Verwaltung/Rentenversicherung

Stand: 1. Mai 2021
(95. Ergänzungslieferung)

(Zum Bearbeitungsstand im Einzelnen siehe die Datumszeile am unteren Ende jeder Seite)

C.H.BECK

Dieses Titelblatt entstammt der 95. Ergänzungslieferung Mai 2021

(Anschluss an die 94. Ergänzungslieferung Dezember 2020)

ISBN 978 3 406 77919 0

Der Kommentar wurde von der 1. bis zur 50. Ergänzungslieferung von Prof. Dr. Klaus Hansmann und von der 51. bis zur 58. Ergänzungslieferung von Prof. Dr. Martin Beckmann herausgegeben.

Zitiervorschläge:

Beckmann in Landmann/Rohmer UmweltR KrWG § 17 Rn. 1
Landmann/Rohmer UmweltR/*Beckmann* KrWG § 17 Rn. 1

www.beck.de

Grundwerk ISBN 978 3 406 34327 8 ergänzt bis ISBN 978 3 406 77919 0

Wilhelmstraße 9, 80801 München
Satz und Druck: Druckerei C. H. Beck Nördlingen
(Adresse wie Verlag)

CO2 neutral
chbeck.de/nachhaltig

Gedruckt auf säurefreiem, alterungsbeständigem Papier
(hergestellt aus chlorfrei gebleichtem Zellstoff)

Inhaltsübersicht

Band I

Band II

Band III

Übersicht

Band IV

Inhaltsverzeichnis (Band IV)

D. Umweltrecht Besonderer Teil

2. Verordnungen zum Bundes-Immissionsschutzgesetz (BImSchV)

Kommentierungen

Bearbeiterverzeichnis (Band I–IV)

Prof. Dr. Martin Beckmann Rechtsanwalt in Münster	Vorb. Abfallrecht, §§ 1–2, 4–39, 41–57, 62–68, 70–72 KrWG § 15 UVPG, Umweltschadensgesetz (mit Wittmann)
Dr. Christian-Dietrich Bracher Rechtsanwalt in Bonn	§§ 41 bis 43 BImSchG, 16. und 24. BImSchV
Prof. Dr. Peter Bruckmann Landesamt für Natur, Umwelt und Verbraucherschutz Nordrhein-Westfalen, Essen	39. BImSchV (mit Strecker und Vogt), 43. BImSchV (mit van Endern und Vogt)
Prof. Dr. Pascale Cancik O. Professorin an der Universität Osnabrück	Vorb. §§ 47a ff. BImSchG, §§ 47a–47f BImSchG (§§ 47a–47c, 47e und 47f mit Hansmann)
Prof. Dr. Johannes Dietlein O. Professor an der Universität Düsseldorf	§§ 1, 2, Vorb. §§ 4–21, 4 bis 8, 9 bis 11, 16a, 19, 23a–23c und 25a BImSchG, 9. BImSchV
Dr. Robert Dix Syndikusrechtsanwalt der EWE AG, Oldenburg	§§ 29–32 UVPG
Prof. Dr. Matthias Dombert Rechtsanwalt in Potsdam	§§ 4–6, 8, 13, 14, 20, 24, 25 BBodSchG
Rolf-Dieter Dörr Ministerialrat a. D.	OberflächengewässerV (mit Walter)
Prof. Dr. Dr. Wolfgang Durner LL. M. O. Professor an der Universität Bonn	Umweltvölkerrecht, Vorb. §§ 27 ff. WHG, §§ 27–31, 34, 35, 82–85 WHG
Benedikt van Endern Ministerium für Umwelt, Landwirtschaft, Natur- und Verbraucherschutz des Landes Nordrhein-Westfalen	43. BImSchV (mit Bruckmann und Vogt)
Prof. Dr. Astrid Epiney LL. M. O. Professorin an der Université de Fribourg	Art. 191–193 AEUV
Prof. Dr. Wolfgang Ewer Rechtsanwalt in Kiel	Vorb. BBodSchG, §§ 9, 15, 16 BBodSchG
Prof. Dr. Kurt Faßbender O. Professor an der Universität Leipzig	§§ 1–5, 33, 36–38 WHG
Dr. Frank Fellenberg LL. M. Rechtsanwalt in Berlin	Fluglärmgesetz (mit Reidt und Schiller), Umweltrechtsbehelfsgesetz (mit Schiller)
Dr. Henrik Flatter Bundesamt für Naturschutz, Bonn	§§ 69–74 BNatSchG

Dr. Matthias Ganske Rechtsanwalt in Bonn	§§ 25, 26, 54–61 WHG
Prof. Dr. Klaus Ferdinand Gärditz O. Professor an der Universität Bonn	Art. 20a GG
Prof. Dr. Martin Gellermann Rechtsanwalt, apl. Professor an der Universität Osnabrück	Vorb. BNatSchG, §§ 4, 7–51, §§ 52–56, §§ 57–68 Vorb. §§ 37, 38, §§ 37–40, BNatSchG (§§ 41–43 mit Sanden)
Nela Gies Richterin am Verwaltungsgericht Gelsenkirchen	§§ 41, 42 WHG
Prof. Dr. Christoph Görisch Hochschule für Polizei und öffentliche Verwaltung NRW, Abteilung Münster	§§ 4–14 UAG
Dipl.-Met. Arno Graff Umweltbundesamt, Dessau	Nr. 5.5 TA Luft (mit Hansmann), Vorb. zu Anhang 3 der TA Luft
Moritz Grunow Rechtsanwalt in Düsseldorf	Vorb. AwSV, § 1 AwSV
Prof. Dr. Günter Hager † O. Professor an der Universität Freiburg	§§ 6, 7 UmweltHG (mit Rehbinder)
Prof. Dr. Klaus Hansmann Leitender Ministerialrat a. D.	§§ 17, 18, 20, 21, 26–37, 38–40, 44–47c, 47e, 47f, 52, 52b–58d, 59, 60, 62–72, 74 BImSchG (§§ 17, 18 mit Ohms, Vor § 26, §§ 26–31 mit Pabst, Vor § 38, §§ 38–40 mit Hofmann, §§ 20, 21, Vor 32, §§ 32–37, Vorb. §§ 44–47, §§ 45, 46, 46a, 47, 52, 52b, 62, 66 und 67 mit Röckinghausen, §§ 47a–47c, 47e und 47f mit Cancik), Vor § 53, §§ 53–58d mit Maciejewski, 14., 32. und 34. BImSchV, TA Lärm, TA Luft (ohne Vorb. zu Anhang 3), 4., 11., 20., 21., 25., 27., 28., 30. und 35. BImSchV (mit Röckinghausen), 2. BImSchV (mit Mahrwald und Röckinghausen), 5. BImSchV mit Maciejewski, 12. BImSchV (mit König), BzBlG, 1. DVO BzBlG
Dr. Felix Hardach Bundesministerium für Umwelt, Naturschutz und nukleare Sicherheit	§§ 1, 8, 11–13, 17, 20, 22, 23, 26 31, 32, 35 TEHG
Prof. Dr. Torsten Heilshorn Rechtsanwalt in Freiburg	Vor § 22 BImSchG, §§ 22–25 BImSchG (mit Sparwasser)
Dr. Franziska Heß Rechtsanwältin in Leipzig	§§ 1–3 BNatSchG (mit Wulff)

Michael Heugel Bundesministerium für Umwelt, Naturschutz und nukleare Sicherheit	§§ 5, 6 BNatSchG
Prof. Dr. Ekkehard Hofmann O. Professor an der Universität Trier	Vorb. § 38, §§ 38–40 BImSchG, §§ 16–18 UVPG
Dr. Frank Hofmann Bundesministerium für Umwelt, Naturschutz und nukleare Sicherheit	§ 23 WHG
Dr. Georg Hünnekens Rechtsanwalt in Münster	§§ 50–53 WHG, Vorb. §§ 64–66, §§ 64–66 WHG, Vorb. §§ 72–81 WHG, §§ 72–81 WHG
Georg Kahl † Ministerialrat a. D.	7. BImSchV
Lutz Keppner Bundesministerium für Umwelt, Naturschutz und nukleare Sicherheit	Grundwasserverordnung
Dr. Andreas Kersting Rechtsanwalt in Münster	§§ 58–61 KrWG
Dr. Heike Kieserling Deutsche Bahn AG	§§ 13, 14, 25–38 AwSV
Dr. Jens Martin König Hessisches Ministerium für Umwelt, Klimaschutz, Landwirtschaft und Verbraucherschutz	12. BImSchV (mit Hansmann)
Dr. Olaf Konzak Rechtsanwalt in Köln	§§ 2, 3 und 7 VerpackG (mit Körner)
Dr. Michael Körner, LL.M. Rechtsanwalt in Köln	§§ 2, 3 und 7 VerpackG (mit Konzak)
Dr. Philip Kubitza Richter auf Probe, Rheinland-Pfalz	§§ 100–102 WHG
Prof. Dr. Silke Ruth Laskowski O. Professorin an der Universität Kassel	§ 24 WHG, § 58e BImSchG mit der EMASPrivilegV
Prof. Dr. Joachim Lege O. Professor an der Universität Greifswald	§§ 96–99 WHG
Dr. Rasso Ludwig LL. M. Bayerisches Staatsministerium für Umwelt und Verbraucherschutz	§§ 19, 21–23, 26 BBodSchG
Prof. Dr. Karim Maciejewski Hochschule des Bundes für öffentliche Verwaltung	Vor § 53 BImSchG, §§ 53–58d BImSchG (mit Hansmann), 5. BImSchV (mit Hansmann)
Birgit Mahrwald Bundesministerium für Umwelt, Naturschutz und nukleare Sicherheit	2. BImSchV (mit Hansmann und Röckinghausen)

Bearbeiter

Prof. Dr. Thomas Mann O. Professor an der Universität Göttingen	§§ 8a, 12 BImSchG, Vorb. ElektroG, §§ 1, 2 ElektroG, §§ 1–14, 16–28, 30–46, 48–74 UVPG
Dr. Cedric Christian Meyer Rechtsanwalt in Köln	§§ 46–49, 62–63 WHG
Dr. Uwe Neuser Bundesministerium für Umwelt, Naturschutz und nukleare Sicherheit	§§ 2, 27, 33, 34 TEHG
Volkmar Nies Landwirtschaftsdirektor bei der Landwirtschaftskammer Rheinland	§§ 1, 2, 7, 17, 18 BBodSchG
Dr. Martin Ohms Rechtsanwalt in Berlin	§§ 17, 18 BImSchG (mit Hansmann), 13. BImSchV, 17. BImSchV (z. T. mit Sahm)
Prof. Dr. Heinz-Joachim Pabst Hochschule des Bundes für öffentliche Verwaltung	Vor § 26, §§ 26–31 BImSchG (mit Hansmann), § 61 BImSchG, 41. BImSchV
Dr. Kay Artur Pape Rechtsanwalt in Bonn	Vorb. WHG, §§ 6–22 WHG
Dr. Malte Petersen LL. M. Ministerium für Umwelt, Landwirtschaft, Natur- und Verbraucherschutz des Landes Nordrhein-Westfalen	§§ 89–95 WHG
Prof. Dr. Alexander Proelß O. Professor an der Universität Trier	§§ 43–45l WHG
Prof. Dr. Eckard Rehbinder Em. Professor an der Universität Frankfurt/Main	§ 14 BImSchG UmweltHG (§§ 6, 7 mit Hager)
Prof. Dr. Olaf Reidt Rechtsanwalt in Berlin	§ 16 BImSchG (mit Schiller), 18. BImSchV (mit Schiller), Fluglärmgesetz (mit Fellenberg und Schiller), Umweltinformationsgesetz (mit Schiller)
Dr. Christoph Riese Rechtsanwalt in Berlin	§§ 67–71, 86 WHG
Prof. Dr. Marc Röckinghausen Hochschule für Polizei und öffentliche Verwaltung NRW, Abteilung Gelsenkirchen	§§ 20, 21, Vor § 32, §§ 32–37, Vorb. §§ 44–47, §§ 45, 46, 46a, 47, 52, 52b, 62, 66, 67 BImSchG (mit Hansmann), §§ 37a bis 37f, 52a, 73 BImSchG, 1., 10., 26., 36., 37., 38., 42. BImSchV, 4., 11., 20., 21., 25., 27., 28., 30. und 35. BImSchV (mit Hansmann), 2. BImSchV (mit Hansmann und Mahrwald), Schadstofffreisetzungs- und Verbringungsregistergesetz
Christoph Sahm LL. M. E.ON Kernkraft GmbH	§§ 23–25, 27 der 17. BImSchV (mit Ohms)

Prof. Dr. Dr. Joachim Sanden † Behörde für Stadtentwicklung und Umwelt, Freie und Hansestadt Hamburg, zugl. Apl. Prof. an der Universität Lüneburg	§§ 41–43 (mit Gellermann)
Dr. Gernot Schiller Rechtsanwalt in Berlin	§ 16 BImSchG (mit Reidt), 18. BImSchV (mit Reidt), Fluglärmgesetz (mit Reidt und Fellenberg), Umweltinformationsgesetz (mit Reidt) Umweltrechtsbehelfsgesetz (mit Fellenberg), §§ 14a, 15 BImSchG
Prof. Dr. Marcus Schladebach, LL.M. O. Professor an der Universität Potsdam	§ 47 UVPG
Matthias Schleifenbaum, LL.M. Rechtsanwalt in Köln	Vorb. BattG, §§ 1–14, 16, 19–22 BattG
Prof. Dr. Hendrik Schoen Hochschule für Polizei und öffentliche Verwaltung NRW, Abteilung Münster	§ 50 BImSchG
Prof. Dr. Meinhard Schröder Em. Professor an der Universität Trier	EG-Abfallverbringungs-VO
Prof. Dr. Max-Jürgen Seibert Vorsitzender Richter am Oberverwaltungsgericht Münster	§ 13 BImSchG
Prof. Dr. Reinhard Sparwasser Rechtsanwalt in Freiburg	Vor § 22 BImSchG, §§ 22–25 BImSchG (mit Heilshorn)
Prof. Dr. Indra Spiecker genannt Döhmann, LL.M. O. Professorin an der Universität Frankfurt a. M.	UStatG
Prof. Dr. Peter-Tobias Stoll O. Professor an der Universität Göttingen	EG-Artenschutzverordnung
Silvia Strecker Ministerium für Umwelt, Landwirtschaft, Natur- und Verbraucherschutz des Landes Nordrhein-Westfalen	39. BImSchV (mit Bruckmann und Vogt)
Prof. Dr. Dr. Markus Thiel Deutsche Hochschule der Polizei, Münster	§§ 3, 48–48b BImSchG
Dr. Christian Tünnesen-Harmes Rechtsanwalt in Duisburg	AbfAEV
Dr. Klaus Vogt Landesamt für Natur, Umwelt und Verbraucherschutz Nordrhein-Westfalen	39. BImSchV (mit Bruckmann und Strecker), 43. BImSchV (mit Bruckmann und van Endern)
Anne-Barbara Walter Umweltbundesamt	OberflächengewässerV (mit Dörr)
Dr. Dirk Weinreich Bundesministerium für Umwelt, Naturschutz und nukleare Sicherheit	Vorb. TEHG, §§ 7, 19 TEHG

Bearbeiter

Dr. Armin von Weschpfennig Akademischer Rat, Universität Bonn	§§ 13a, 13b, 103–107 WHG
Dr. Antje Wittmann Rechtsanwältin in Münster	UmweltschadensG (zusammen mit Beckmann)
Frank Wolke Umweltbundesamt, Deutsche Emissionshandelsstelle	§§ 4, 18, 24 TEHG
Justus Wulff LL.M. Juristischer Mitarbeiter in der Kanzlei Baumann-Rechtsanwälte, Leipzig	§§ 1–3 BNatSchG (mit Heß)

2.4 Vierte Verordnung zur Durchführung des Bundes-Immissionsschutzgesetzes (Verordnung über genehmigungsbedürftige Anlagen – 4. BImSchV)

In der Bekanntmachung vom 31. Mai 2017

(BGBl. I S. 1440, geändert durch VO v. 12. Januar 2021, BGBl. I S. 69)

Vorbemerkung

Schrifttum: *Birkl/Kandzia,* Beschleunigung von Genehmigungsverfahren, I+E 2011, 172 ff.; *Engelhardt,* Bundes-Immissionsschutzgesetz, 3. Auflage, 2. Bd., 1. Teilbd.; *Feldhaus,* Bundesimmissionsschutzrecht, 2. Aufl., Band 2 (Bearbeiter: *Ludwig*); *Hansmann,* Neue Durchführungsvorschriften zum Bundes-Immissionsschutzgesetz, NVwZ 88, 1000; *ders.,* Änderungen der Störfallverordnung und der Verordnung über genehmigungsbedürftige Anlagen, NVwZ 91, 1138; *Henkel,* Der Anlagenbegriff des Bundes-Immissionsschutzgesetzes; *Jarass,* Bundes-Immissionsschutzgesetz, 10. Auflage, § 4 Rn. 12 ff.; *ders.,* Der Umfang einer immissionsschutzrechtlich genehmigungsbedürftigen Anlage, NVwZ 95, 529 ff.; *ders.,* Die jüngsten Änderungen des Immissionsschutzrechts, NVwZ 86, 607 ff.; *ders.,* Immissionsschutzrechtlicher Anlagenbegriff und Reichweite der Genehmigungsbedürftigkeit, UPR 2011, 201 ff.; *Knäpple,* Gesetz zur Reduzierung und Beschleunigung von immissionsschutzrechtlichen Genehmigungsverfahren, Immissionsschutz 2008, 28 ff.; *Koch/Scheuing/Pache,* GK-BImSchG, § 4 Rdnrn. 29 ff. (Bearbeiterin: *Böhm*); *Kotulla,* Bundes-Immissionsschutzgesetz, Bd. 3 (Bearbeiter: *Rolfsen*); *Marburger,* Massenstromwerte und Anlagenbegriff der TA Luft, 1993; *Michler,* Die Änderung der 4. BImSchV und die Zulassung von Abfallverwertungsanlagen, NVwZ 97, 977 ff.; *Schink,* Reichweite des Begriffs der Wärme- und Energieerzeugungsanlagen in Nr. 1 der 4. BImSchV, I+E 2011, 104 ff. *ders.*, Der Vorhabenbegriff „integrierte chemische Anlagen" im Sinne des UVPG und der 4. BImSchV, I+E 2013, 64 ff.; *Sellner/Reidt/Ohms,* Immissionsschutzrecht und Industrieanlagen, 3. Auflage, 1. Teil, Rn. 43–52; *Ule/Laubinger/Repkewitz,* Bundes-Immissionsschutzgesetz, § 4 Rn. 68 ff. (Bearbeiter: *Dörr*); *Wustlich,* Die Änderungen im Genehmigungsverfahren für Windenergieanlagen, NVwZ 05, 996 ff.

Übersicht

A. Allgemeines

I. Bedeutung und Rechtsgrundlage der Verordnung

1 Nach § 4 Abs. 1 Satz 1 BImSchG bedürfen die Errichtung und der Betrieb von Anlagen, die auf Grund ihrer Beschaffenheit oder ihres Betriebs in besonderem Maße geeignet sind, schädliche Umwelteinwirkungen hervorzurufen oder in anderer Weise die Allgemeinheit oder die Nachbarschaft zu gefährden, erheblich zu benachteiligen oder erheblich zu belästigen, sowie ortsfeste Abfallentsorgungsanlagen zur Lagerung oder Behandlung von Abfällen einer Genehmigung. Welche Anlagen im Einzelnen genehmigungsbedürftig sind, ist nicht durch Prüfung der im konkreten Einzelfall zu erwartenden Auswirkungen festzustellen (vgl. BVerwG, Beschluss vom 7.12.1961, GewA 62, 33; *Dörr* in *Ule/Laubinger/Repkewitz,* Bundes-Immissionsschutzgesetz, § 4 Rn. B13; *Ludwig,* in: *Feldhaus,* Bundes-Immissionsschutzrecht, Band 1 Teil I, § 4 BImSchG Anm. 16, und Band 2 – *Ludwig* –, B 2.4, § 1 der 4. BImSchV Rn. 4; *Dietlein* → BImSchG § 4 Rn. 1; *Sellner/Reidt/Ohms,* Immissionsschutzrecht und Industrieanlagen, 1. Teil, Rn. 38). Vielmehr werden die genehmigungsbedürftigen Anlagen nach § 4 Abs. 1 Satz 3 BImSchG generell durch eine Rechtsverordnung der Bundesregierung festgelegt (vgl. *Dietlein* → BImSchG § 4 Rn. 7; *Jarass,* BImSchG § 4 Rn. 4 und 12ff.). Das gilt auch für die seit dem Inkrafttreten des Investitionserleichterungs- und Wohnbaulandgesetzes am 1.5.1993 in § 4 Abs. 1 Satz 1 BImSchG besonders erwähnten Abfallentsorgungsanlagen (vgl. *Jarass,* BImSchG § 4 Rn. 23; *Moormann* in UPR 93, 286). Auch diese sind nicht allein und unmittelbar auf Grund des Bundes-Immissionsschutzgesetzes genehmigungsbedürftig. Das ergibt sich aus der Systematik des § 4 Abs. 1 BImSchG und aus der Tatsache, dass durch Art. 9 des Investitionserleichterungs- und Wohnbaulandgesetzes (nur) bestimmte Anlagen (z.B. Kompostierungsanlagen erst ab einer bestimmten Durchsatzleistung) in den Anlagenkatalog der 4. BImSchV aufgenommen worden sind und dass dieser Katalog nach Art. 10 desselben Gesetzes durch Verordnung wieder geändert werden kann (vgl. dazu näher *Dietlein* → BImSchG § 4 Rn. 6). Deshalb gilt generell, dass die Vierte Verordnung zur Durchführung des Bundes-Immissionsschutzgesetzes (Verordnung über genehmigungsbedürftige Anlagen – 4. BImSchV) die Festlegung aller genehmigungsbedürftigen Anlagen nach dem Bundes-Immissionsschutzgesetz enthält.

2 Dass die genehmigungsbedürftigen Anlagen nicht im Bundes-Immissionsschutzgesetz selbst bestimmt werden, ist verfassungsrechtlich unbedenklich. Eine entsprechende detaillierte Regelung im Gesetz würde dieses starr und kasuistisch machen und die notwendige Anpassung an die raschem Fortschritt und Wandel unterworfene Naturwissenschaft und Technik erschweren (vgl. BVerfG, Beschluss vom 6.5.1987, GewA 87, 373, 374; *Dietlein* → BImSchG § 4 Rn. 10).

8.15 des Anhangs zur Verordnung (in Kraft ab 1. Februar 2007). Das Gesetz zur Reduzierung und Beschleunigung von immissionsschutzrechtlichen Genehmigungsverfahren vom 23. Oktober 2007 (BGBl. I S. 2470/2472) hat eine Reihe von Anlagen aus der Genehmigungsbedürftigkeit entlassen sowie zahlreiche Anlagen aus der Spalte 1 in Spalte 2 verschoben. Ziel der Änderung war es, das deutsche Anlagenzulassungsrecht auf das gemeinschaftsrechtlich gebotene Mindestmaß zu reduzieren. Die mit Art. 13 des Rechtsbereinigungsgesetzes Umwelt (BGBl. I S. 2723/2728) vorgenommenen Änderungen sind am 1. März 2010 in Kraft getreten. Sie betreffen die Ziffern 3.25, 5.1, 9.11, 10.15 und 10.22. Mit dem überwiegenden Teil dieser Änderungen wurden Korrekturen gegenüber dem Reduzierungs- und Beschleunigungsgesetz vorgenommen. Bei Gelegenheit der Umsetzung der Dienstleistungsrichtlinie im Bereich des Umweltrechts hat der Verordnungsgeber die Ziffer 5.1 erneut geändert. Nach wie vor im Bemühen um eine Anpassung an die VOC-Richtlinie wurde der zuvor eingeführte Begriff des „Dampfdrucks" durch den Begriff „Flüchtigkeit" ersetzt. Gemeinsam mit der Neufassung der Gefahrstoffverordnung wurden die Verweise in den Ziffern 9.7 und 9.13 an die neue Rechtslage angepasst. Eine Erweiterung oder Verkürzung des Genehmigungserfordernisses war damit nicht verbunden. Mit der Ablösung des Kreislaufwirtschafts- und Abfallgesetzes durch das Kreislaufwirtschaftsgesetz zum 1. Juni 2012 wurde die Verordnung wieder geändert. Während im Regierungsentwurf (BT-Drs. 17/6052) lediglich Anpassungen an die neue Begrifflichkeit ohne Erweiterung oder Reduzierung der Genehmigungsbedürftigkeit vorgesehen waren, ist im Rahmen der Ausschussberatungen im Bundestag eine Genehmigungspflicht für Anlagen zur Erzeugung und Aufbereitung von Biogas geschaffen worden, die von der jährlichen Kapazität abhängig ist (Ziffer 1.15). Mit Inkrafttreten des Gesetzes zur Demonstration der dauerhaften Speicherung von Kohlendioxid am 24. August 2012 ist zugleich auch die Genehmigungsbedürftigkeit von Anlagen zur Abscheidung von Kohlendioxid aus Spalte 1-Anlagen zum Zweck der dauerhaften Speicherung in Ziffer 10.2 wirksam geworden. Diese Folgeänderung war durch die Änderung der Richtlinie 2008/1/EG durch die Richtlinie 2009/31/EG (sog. CCS-Richtlinie) notwendig.

III. Die Verordnung vom 2.5.2013

Im Kontext der Umsetzung der Industrieemissions-Richtlinie 2010/75/EU wurde die 4. BImSchV erneut neugefasst. Am 25.5.2012 legte die Bundesregierung dem Bundesrat die *Verordnung zur Umsetzung der Richtlinie über Industrieemissionen, zur Änderung der Verordnung über Immissionsschutz- und Störfallbeauftragte und zum Erlass einer Bekanntgabeverordnung* (BR-Drs. 319/12) zur Zustimmung vor. Artikel 1 dieser Mantelverordnung beinhaltete die neu gestaltete 4. BImSchV. Unionsrechtlich erforderlich war die Neufassung nicht (vgl. BR-Drs. 319/12, S. 93), eine Änderung war aber allein deshalb notwendig, weil die besonderen Anforderungen der Industrieemissions-Richtlinie ausschließlich für Anlagen gelten sollen, die in Anhang I der Richtlinie aufgeführt sind. Analog zu der in § 3 Abs. 8 BImSchG aufgenommenen Definition für „Anlagen nach der Industrieemissions-Richtlinie" werden mit der Neufassung der 4. BImSchV im Anhang 1 diese Anlagen besonders gekennzeichnet. Mit dem Gesetz zur Umsetzung der Richtlinie über Industrieemissionen vom 8.4.2013 (BGBl. I S. 734) wurde § 4 Abs. 1 BImSchG um einen Satz 4 ergänzt, der diese besondere Kennzeichnung vorschreibt. Das alte Spaltensystem wurde dafür aufgegeben und durch ein der Anlage 1 zum UVPG entsprechendes neues Spaltensystem ersetzt: Spalte a enthält die Anlagenziffer; in Spalte b findet sich die Anlagenbeschreibung; Spalte c enthält entweder den Buchstaben „G" für ein Verfahren mit Öffentlichkeitsbeteiligung nach § 10 BImSchG oder den Buchstaben „V" für ein vereinfachtes Verfahren nach § 19 BImSchG; sofern es sich um eine Anlage nach der Industrieemissions-Richtlinie handelt, findet sich zusätzlich noch in Spalte d der Buchstabe „E". 15f

Über die geänderte Form hinaus waren auch inhaltliche Änderungen im Anlagenkatalog vorgenommen worden (vgl. dazu im Einzelnen die Erläuterungen zu Anhang 1). Die Ausschüsse des Bundesrates haben zu der Mantelverordnung Änderungen in erheblichem Umfang vorgeschlagen. Insgesamt gab es 101 Empfehlungen für Änderungen an den Bundesrat, wovon 30 auf die 4. BImSchV entfielen (vgl. BR-Drs. 319/1/12). Der Finanzausschuss hatte vorgeschlagen, eine Genehmigungsbedürftigkeit nur noch für Anlagen nach der Industrieemissions-Richtlinie vorzusehen. Das vereinfachte Verfahren war nicht mehr vorgesehen. Am 14.12.2012 stimmte der Bundesrat der Mantelverordnung zu (BR-Drs. 319/12 (Beschluss)). Der Änderungsantrag des Finanzausschusses fand zwar keine Mehrheit, dafür wurden fast alle übrigen Änderungen zur 4. BImSchV angenommen. Diese Änderungen wurden von der Bundesregierung übernommen und die Verordnung konnte am 2.5.2013 ausgefertigt und verkündet werden (BGBl. I S. 973). Gemäß Art. 11 der Mantelverordnung trat die neugefasste 4. BImSchV am selben Tage in Kraft. Zugleich trat die Vorgängerverordnung außer Kraft.

15g Eine erste Änderung erfolgte mit Inkrafttreten der *Verordnung zur Umsetzung von Artikel 14 der Richtlinie zur Energieeffizienz und zur Änderung weiterer umweltrechtlicher Vorschriften* vom 28. April 2015 (BGBl. I S. 670) am 1. Mai 2015. Wesentlicher Teil dieser Verordnung war der Erlass der KWK-Kosten-Nutzen-Vergleichs-Verordnung, mit dem die Verpflichtung zur Durchführung eines anlagenspezifischen Kosten-Nutzen-Vergleichs bezüglich hocheffizienter KWK, der Verwendung der Abwärme sowie der Anbindung an ein Fernwärme- oder Fernkältenetz umgesetzt wurde. Die Änderungen der 4. BImSchV stehen in keinem Zusammenhang mit dieser Pflicht, sondern dienen der Bereinigung von unbeabsichtigten Änderungen und Unklarheiten, die mit der Neufassung im Rahmen der Umsetzung der Industrieemissions-Richtlinie aufgetreten waren (vgl. BR-Drs. 538/14, S. 44). Auch die folgende Änderung der Verordnung diente – zumindest auch – dem Ziel einer weiteren Vervollständigung der Umsetzung der Industrieemissions-Richtlinie. Durch Art. 1 der *Verordnung zur Änderung der Verordnung über genehmigungsbedürftige Anlagen und zur Änderung der Verordnung über Emissionserklärungen* vom 9. Januar 2017 (BGBl. I S. 42), die am 14. Januar 2017 in Kraft trat, kam es zu einigen Änderungen in Anhang I, die das Verfahren nach § 10 BImSchG mit Öffentlichkeitsbeteiligung weiter auf die Anlagen beschränken soll, die Anlagen nach der Industrieemissions-Richtlinie sind. Des Weiteren erfolgten Änderungen in Nr. 10.22.1 des Anhangs I sowie in Anhang zwei mit dem Ziel der Anpassung an die Verordnung (EG) Nr. 1272/2008 über die Einstufung, Kennzeichnung und Verpackung von Stoffen und Gemischen (CLP-Verordnung). In der damit geschaffenen Fassung wurde die Verordnung am 31. Mai 2017 neu bekanntgemacht (BGBl. I S. 1440). Gegenüber dieser Bekanntmachung erfolgte mit Artikel 1 der *Ersten Verordnung zur Änderung der Verordnung über genehmigungsbedürftige Anlagen* vom 12. Januar 2021 (BGBl. I S. 69) eine weitere Ergänzung des Anhangs 1. Betroffen sind Anlagen zum Vulkanisieren von Natur- oder Synthesekautschuk (Nr. 10.7). Das Genehmigungserfordernis wurde erstreckt auf Anlagen, die halogenierte peroxidische Vernetzungsmittel einsetzen. Das Inkrafttreten dieser Änderung wurde auf den 1. April 2021 festgelegt.

D. Übereinstimmung mit der Ermächtigungsgrundlage

I. Eingangsformel

16 Die Verordnung zur Umsetzung der Richtlinie über Industrieemissionen, zur Änderung der Verordnung über Immissionsschutz- und Störfallbeauftragte und zum Erlass einer Bekanntgabeverordnung vom 2.5.2013 (BGBl. I S. 973) enthält folgende Präambel:

Nr.	Anlagenbeschreibung	Verfahrensart	Anlage gemäß Art. 10 der RL 2010/75/EU
a	b	c	d
10.	**Sonstige Anlagen**		
10.1	**Anlagen, in denen mit explosionsgefährlichen oder explosionsfähigen Stoffen im Sinne des Sprengstoffgesetzes umgegangen wird zur** **1. Herstellung, Bearbeitung oder Verarbeitung dieser Stoffe, zur Verwendung als Sprengstoffe, Zündstoffe, Treibstoffe, pyrotechnische Sätze oder zur Herstellung derselben, ausgenommen Anlagen im handwerklichen Umfang und zur Herstellung von Zündhölzern sowie ortsbewegliche Mischladegeräte, oder** **2. Wiedergewinnung oder Vernichtung dieser Stoffe;**	**G**	
10.2	**(nicht besetzt)**		
10.3	**Eigenständig betriebene Anlagen zur Behandlung der Abgase (Verminderung von Luftschadstoffen) aus nach den Nummern dieses Anhangs genehmigungsbedürftigen Anlagen,**		
10.3.1	**soweit in Spalte d mit dem Buchstaben E gekennzeichnet,**	**G**	**E**
10.3.2	**soweit in Spalte d mit dem Buchstaben E nicht gekennzeichnet und**		
10.3.2.1	**in Spalte c mit dem Buchstaben G gekennzeichnet,**	**G**	
10.3.2.2	**in Spalte c mit dem Buchstaben V gekennzeichnet;**	**V**	
10.4	**Eigenständig betriebene Anlagen zur Abscheidung von Kohlendioxid-Strömen aus nach den Nummern dieses Anhangs genehmigungsbedürftiger Anlagen zum Zwecke der dauerhaften geologischen Speicherung, soweit in Spalte d mit dem Buchstaben E gekennzeichnet;**	**G**	**E**
10.5	**(nicht besetzt)**		
10.6	**Anlagen zur Herstellung von Klebemitteln, ausgenommen Anlagen, die diese Mittel ausschließlich unter Verwendung von Wasser als Verdünnungsmittel herstellen, mit einer Kapazität von 1 Tonne oder mehr je Tag;**	**V**	
10.7	**Anlagen zum Vulkanisieren von Natur- oder Synthesekautschuk unter Verwendung von**		
10.7.1	**Schwefel oder Schwefelverbindungen mit einem Einsatz von**		
10.7.1.1	**25 Tonnen oder mehr Kautschuk je Stunde,**	**G**	
10.7.1.2	**weniger als 25 Tonnen Kautschuk je Stunde, ausgenommen Anlagen, in denen weniger als 50 Kilogramm Kautschuk je Stunde verarbeitet werden oder ausschließlich vorvulkanisierter Kautschuk eingesetzt wird,**	**V**	
10.7.2	**halogenierten Peroxiden mit einem Einsatz von**		
10.7.2.1	**25 Tonnen oder mehr Kautschuk je Stunde,**	**G**	
10.7.2.2	**weniger als 25 Tonnen Kautschuk je Stunde, ausgenommen Anlagen, in denen weniger als 30 Kilogramm Kautschuk je Stunde verarbeitet werden;**	**V**	

Nr.	Anlagenbeschreibung	Verfahrensart	Anlage gemäß Art. 10 der RL 2010/75/EU
a	b	c	d
10.8	Anlagen zur Herstellung von Bautenschutz-, Reinigungs- oder Holzschutzmitteln, soweit diese Produkte organische Lösungsmittel enthalten und von diesen 20 Tonnen oder mehr je Tag eingesetzt werden;	V	
10.9	Anlagen zur Herstellung von Holzschutzmitteln unter Verwendung von halogenierten aromatischen Kohlenwasserstoffen;	V	
10.10	Anlagen zur Vorbehandlung (Waschen, Bleichen, Mercerisieren) oder zum Färben von Fasern oder Textilien mit		
10.10.1	einer Verarbeitungskapazität von 10 Tonnen oder mehr Fasern oder Textilien je Tag,	G	E
10.10.2	einer Färbekapazität von 2 Tonnen bis weniger als 10 Tonnen Fasern oder Textilien je Tag bei Anlagen zum Färben von Fasern oder Textilien unter Verwendung von Färbebeschleunigern einschließlich der Spannrahmenanlagen, ausgenommen Anlagen, die unter erhöhtem Druck betrieben werden,	V	
10.10.3	einer Bleichkapazität von weniger als 10 Tonnen Fasern oder Textilien je Tag bei Anlagen zum Bleichen von Fasern oder Textilien unter Verwendung von Chlor oder Chlorverbindungen;	V	
10.11–10.14	(nicht besetzt)		
10.15	Prüfstände für oder mit		
10.15.1	Verbrennungsmotoren, ausgenommen 1. Rollenprüfstände, die in geschlossenen Räumen betrieben werden, und 2. Anlagen, in denen mit Katalysator oder Dieselrußfilter ausgerüstete Serienmotoren geprüft werden, mit einer Feuerungswärmeleistung von insgesamt 300 Kilowatt oder mehr,	V	
10.15.2	Gasturbinen oder Triebwerken mit einer Feuerungswärmeleistung von insgesamt		
10.15.2.1	200 Megawatt oder mehr,	G	
10.15.2.2	weniger als 200 Megawatt;	V	
10.16	Prüfstände für oder mit Luftschrauben;	V	
10.17	Renn- oder Teststrecken für Kraftfahrzeuge,		
10.17.1	als ständige Anlagen,	G	
10.17.2	zur Übung oder Ausübung des Motorsports an fünf Tagen oder mehr je Jahr, ausgenommen Anlagen mit Elektromotorfahrzeugen und Anlagen in geschlossenen Hallen sowie Modellsportanlagen;	V	
10.18	Schießstände für Handfeuerwaffen, ausgenommen solche in geschlossenen Räumen und solche für Schusswaffen bis zu einem Kaliber von 5,6 mm lfB (.22l.r.) für Munition mit Randfeuerzündung,	V	

Nr.	Anlagenbeschreibung	Verfahrensart	Anlage gemäß Art. 10 der RL 2010/75/EU
a	**b**	**c**	**d**
10.18	**wenn die Mündungsenergie der Geschosse höchstens 200 Joule (J) beträgt, (Kleinkaliberwafffen) und Schießplätze, ausgenommen solche für Kleinkaliberwaffen;**	**V**	
10.19	**(nicht besetzt)**		
10.20	**Anlagen zur Reinigung von Werkzeugen, Vorrichtungen oder sonstigen metallischen Gegenständen durch thermische Verfahren, soweit der Rauminhalt des Ofens 1 Kubikmeter oder mehr beträgt;**	**V**	

(Fortsetzung nächstes Blatt)

Zu Nr. 10.1

Die bisherige Nummer 10.1 wird unter Übernahme der Terminologie des Sprengstoffrechts zusammengefasst. Damit wird zugleich den UVP-rechtlichen Anforderungen Rechnung getragen, dass für diese Anlagen obligatorisch einer Umweltverträglichkeitsprüfung unterliegen und damit in einem Verfahren mit Öffentlichkeitsbeteiligung zu genehmigen sind.

Zu Nr. 10.3

Mit der neuen Nummer 10.3 wird sichergestellt, dass auch im Fall der Auslagerung bestimmter Anlagenteile oder Verfahrensschritte, insbesondere in Industrie- oder Gewerbeparks, die Betreiber der ausgelagerten Anlagenteile oder Verfahrensschritte im selben Umfang immissionsschutzrechtlichen Pflichten und Anforderungen unterliegen wie ohne eine solche Auslagerung. Die Regelung stellt zudem sicher, dass die ausgelagerten Anlagenteile oder Verfahrensschritte im selben Verfahren genehmigt werden wie die Anlage, der sie dienen.

Zu Nr. 10.4

Die neue Nummer 10.4 dient der Umsetzung von Nummer 6.9 des Anhangs I der Industrieemissionsrichtlinie.

Zu Nr. 10.6 und 10.8

Die bisherige Nummer 10.8 wird ohne inhaltliche Änderung systematisch auf die neuen Nummern 10.6 und 10.8 aufgeteilt.

Zu Nr. 10.22

Die Nummer 10.22 wird neugefasst; die Neufassung berücksichtigt die unterschiedliche Eignung von Anlagen, in denen Entgasungen vorgenommen werden, schädliche Umwelteinwirkungen hervorzurufen oder in anderer Weise die Allgemeinheit oder die Nachbarschaft zu gefährden, erheblich zu benachteiligen oder erheblich zu belästigen. Ausgehend von der Anzahl potentieller Anlagen, in denen Entgasungen vorzunehmen sind, und deren räumlicher Verteilung ist gerechtfertigt, diese Anlagenart von der Genehmigungsbedürftigkeit freizustellen, soweit Entgasungen in nur geringer Zahl erfolgen.

Gegenüber der ursprünglichen von der Bundesregierung beschlossenen Fassung gab es auf Initiative des Bundesrates noch Änderungen in den Nummern 10.3, 10.4 und 10.18. In Nummer 10.3 wurde der Begriff „Abluft" im Sinne einer einheitlichen Begrifflichkeit durch den Begriff „Abgase" ersetzt. In Nummer 10.4 wurden die Worte „zum Zwecke der dauerhaften geologischen Speicherung" eingefügt, um eine Ausweitung des Genehmigungserfordernisses über das von der Industrieemissions-Richtlinie zwingend gebotene Maß hinaus zu vermeiden. Die Änderung in Nummer 10.18 bewirkte die Freistellung vom Genehmigungserfordernis für Schießstände und Schießplätze für Kleinkaliberwaffen (vgl. BR-Drs. 319/12 (Beschluss), S. 21 f.).

Durch Art. 1 der Verordnung zur Änderung der Verordnung über genehmigungsbe- **13**
dürftige Anlagen und zur Änderung der Verordnung über Emissionserklärungen vom 9. Januar 2017 (BGBl. I S. 42) wurde **Nummer 10.22** ein weiteres Mal geändert. Auf den Maßgabenbeschluss des Bundesrates (BR-Drs. 476/16 (Beschluss), S. 5) wurde die chemikalienrechtliche Bezeichnung der Stoffe und Gemische an die Nomenklatur der CLP-Verordnung angepasst.

Einer Initiative des Landes Nordrhein-Westfalen folgend beschloss der Bundesrat, der **14**
Bundesregierung einen Antrag zur Änderung der 4. BImSchV vorzulegen (BR-Drs. 210/20 (B)). Mit der Änderung der Nummer 10.7 durch die Erste Verordnung zur Änderung der Verordnung über genehmigungsbedürftige Anlagen vom 12. Januar 2021 (BGBl. I S. 69) kam die Bundesregierung dieser Vorlage nach. Neu aufgenommen in den Kreis genehmigungsbedürftiger Anlagen wurden damit solche, bei denen statt Schwefel oder Schwefelverbindungen halogenierte Peroxide eingesetzt werden, um die dabei möglichen Emissionen an krebserzeugenden PCB und anderen halogenierten Biphenylen den Vorsorgeanforderungen der TA Luft unterwerfen zu können. Anders als beim Einsatz

von Schwefel oder Schwefelverbindungen liegt die untere Schwelle der Genehmigungspflicht nicht bei einer Verarbeitungskapazität von 50 Kilogramm Kautschuk je Stunde, sondern bei 30 Kilogramm.

Vierter Abschnitt. Genehmigungsverfahren nach § 23b des Bundes-Immissionsschutzgesetzes

§ 18 Genehmigungsverfahren nach § 23b des Bundes-Immissionsschutzgesetzes

(1) **Der Träger des Vorhabens hat dem Antrag nach § 23b Absatz 1 des Bundes-Immissionsschutzgesetzes alle Unterlagen beizufügen, die für die Prüfung der Genehmigungsvoraussetzungen erforderlich sind. Die zuständige Behörde teilt dem Antragsteller nach Eingang des Antrags und der Unterlagen unverzüglich mit, welche zusätzlichen Unterlagen sie für die Prüfung benötigt. Erfolgt die Antragstellung elektronisch, kann die zuständige Behörde Mehrfertigungen sowie die Übermittlung der dem Antrag beizufügenden Unterlagen auch in schriftlicher Form verlangen.**

(2) **Hat der Antragsteller den Antrag und die erforderlichen Unterlagen vollständig übermittelt, macht die zuständige Behörde das Vorhaben in ihrem amtlichen Veröffentlichungsblatt und außerdem entweder im Internet oder in örtlichen Tageszeitungen, die im Bereich des Standortes des Vorhabens verbreitet sind, öffentlich bekannt. In der Bekanntmachung ist die Öffentlichkeit über Folgendes zu informieren:**

1. über den Gegenstand des Vorhabens,

2. gegebenenfalls über die Feststellung der UVP-Pflicht des Vorhabens nach § 5 des Gesetzes über die Umweltverträglichkeitsprüfung sowie erforderlichenfalls Durchführung einer grenzüberschreitenden Beteiligung nach den §§ 55 und 56 des Gesetzes über die Umweltverträglichkeitsprüfung oder das Bestehen einer grenzüberschreitenden Informationspflicht des Betreibers nach § 11 Absatz 3 Satz 4,

3. über die für die Genehmigung zuständige Behörde, bei der der Antrag nebst Unterlagen zur Einsicht ausgelegt wird, sowie wo und wann Einsicht genommen werden kann,

4. darüber, dass Personen, deren Belange berührt sind, und Vereinigungen, welche die Anforderungen von § 3 Absatz 1 oder § 2 Absatz 2 des Umwelt-Rechtsbehelfsgesetzes erfüllen (betroffene Öffentlichkeit), Einwendungen bei einer in der Bekanntmachung bezeichneten Stelle innerhalb der Frist gemäß § 23b Absatz 2 Satz 3 des Bundes-Immissionsschutzgesetzes erheben können,

5. die Art möglicher Entscheidungen oder, soweit vorhanden, den Entscheidungsentwurf,

6. darüber, dass die Zustellung der Entscheidung über die Einwendungen durch öffentliche Bekanntmachung ersetzt werden kann, sowie

7. gegebenenfalls über weitere Einzelheiten des Verfahrens zur Unterrichtung der Öffentlichkeit und Anhörung der betroffenen Öffentlichkeit.

Weitere Informationen, die für die Entscheidung über die Genehmigung von Bedeutung sein können und die der zuständigen Behörde erst nach Beginn der Auslegung vorliegen, sind der Öffentlichkeit nach den Bestimmungen über den Zugang zu Umweltinformationen zugänglich zu machen. Besteht für das Vorhaben eine UVP-Pflicht, muss die Bekanntmachung darüber hinaus den Anforderungen des § 19 Absatz 1 des Gesetzes über die Umweltverträglichkeitsprüfung entsprechen.

(3) **Die Auslegung des Antrags und der Unterlagen nach § 23b Absatz 2 Satz 2 des Bundes-Immissionsschutzgesetzes erfolgt bei der Genehmigungsbehörde und, soweit erforderlich, bei einer geeigneten Stelle in der Nähe des Standortes des Vor-**

habens. Die Einwendungen können bei der Genehmigungsbehörde oder bei der Stelle erhoben werden, bei der Antrag und Unterlagen zur Einsicht ausliegen.

(4) **Der Genehmigungsbescheid ist schriftlich zu erlassen, schriftlich zu begründen und dem Antragsteller und den Personen, die Einwendungen erhoben haben, zuzustellen. In der Begründung sind die wesentlichen tatsächlichen und rechtlichen Gründe, die die Behörde zu ihrer Entscheidung bewogen haben, die Behandlung der Einwendungen sowie Angaben über das Verfahren zur Beteiligung der Öffentlichkeit aufzunehmen. Haben mehr als 50 Personen Einwendungen erhoben, kann die Zustellung durch die öffentliche Bekanntmachung nach Absatz 5 ersetzt werden.**

(5) **Der Genehmigungsbescheid ist öffentlich bekannt zu machen. Die öffentliche Bekanntmachung wird dadurch bewirkt, dass der verfügende Teil des Bescheids und die Rechtsbehelfsbelehrung in entsprechender Anwendung des Absatzes 2 Satz 1 bekannt gemacht werden; auf Auflagen ist hinzuweisen. Eine Ausfertigung des gesamten Genehmigungsbescheids ist vom Tage nach der Bekanntmachung an zwei Wochen zur Einsicht auszulegen. In der öffentlichen Bekanntmachung ist anzugeben, wo und wann der Bescheid und seine Begründung eingesehen und nach Satz 6 angefordert werden können. Mit dem Ende der Auslegungsfrist gilt der Bescheid auch Dritten gegenüber, die keine Einwendungen erhoben haben, als zugestellt; darauf ist in der Bekanntmachung hinzuweisen. Nach der öffentlichen Bekanntmachung können der Bescheid und seine Begründung bis zum Ablauf der Widerspruchsfrist von den Personen, die Einwendungen erhoben haben, schriftlich angefordert werden.**

(6) **Die Absätze 1 bis 5 gelten für Vorhaben nach § 23c Satz 1 des Bundes-Immissionsschutzgesetzes entsprechend, soweit § 57d des Bundesberggesetzes dies anordnet.**

Übersicht

A. Allgemeines

I. Zweck und Bedeutung der Vorschrift

1 § 18 ist eine zuletzt völlig neu gefasste, allein der Umsetzung der Seveso-III-Richtlinie 2012/18/EU geschuldete Vorschrift. Die Vorschrift bezieht sich auf § 23b BImSchG und regelt die Einzelheiten des dort normierten Verfahrens. Das in § 18 Schritt für Schritt ausformulierte „erstaunliche Institut" (*Jarass* NVwZ 2018 185, 190) des Genehmigungsverfahrens für nicht genehmigungsbedürftige Anlagen zählt gewiss zu den am meisten überschätzten Vorschriften der jüngsten Novelle der Störfallverordnung. Seine praktische

Bedeutung ist jedenfalls deutlich geringer als Umfang und Intensität der vorab geführten Debatte hatten vermuten lassen; selbst aus den großen Flächenländern wurden in den ersten Jahren nach Inkrafttreten der neuen Vorschrift nur vereinzelte Anwendungsfälle berichtet. Andererseits zählt § 18 gleichwohl zu den rechtssystematisch besonders hervorzuhebenden Vorschriften des neu gefassten Störfallrechts, die dem angemessenen Sicherheitsabstand einen erheblichen Bedeutungszuwachs, insbesondere eine auch verfahrensrechtliche Wirkung zukommen lassen (→ Vorb. Rn. 26).

II. Entstehungsgeschichte

§ 18 dient der Umsetzung von Artikel 15 der Seveso-III-Richtlinie 2012/18/EU, insbesondere setzt Abs. 3 die Vorgaben aus Art. 15 Abs. 2 der Richtlinie um, während Abs. 5 der Umsetzung des Art. 15 Abs. 4, 2. Halbsatz der Seveso-III-Richtlinie 2012/18/EU dient. Der Bundesrat hat Abs. 6, der im Entwurf der Bundesregierung noch alle Vorhaben im Sinne des § 23c BImSchG von der Anwendung der Abs. 1 bis 5 ausnahm, auf seinen heutigen Wortlaut reduziert. Danach gelten die Abs. 1 bis 5 für Vorhaben im Sinne des § 23c BImSchG entsprechend, soweit § 57d des Bundesberggesetzes dies anordnet. Von dieser Änderung abgesehen, ist es bei dem im ursprünglichen Regierungsentwurf vorgesehenen Wortlaut der Vorschrift geblieben. **2**

III. Anwendungsbereich

§ 18 konkretisiert das störfallrechtliche Genehmigungsverfahren nach § 23b BImSchG für immissionsschutzrechtlich nicht genehmigungsbedürftige Anlagen, die Betriebsbereich oder Bestandteil eines Betriebsbereichs sind und bei deren störfallrelevanter Errichtung oder störfallrelevanter Änderung der angemessene Sicherheitsabstand zu benachbarten Schutzobjekten nicht eingehalten wird. § 18 gilt damit ausschließlich für die „neue Kategorie der ‚störfallrechlich genehmigungsbedürftigen nicht genehmigungsbedürftigen Anlagen'". (*Hentschel/Roßnagel* in Führ GK-BImSchG 2. Aufl. 2019 § 23b Rn. 132) **3**

IV. Verwaltungsvorschriften und Anwendungshilfen

Verwaltungsvorschriften des Bundes zur Auslegung und Anwendung des § 18 gibt es nicht, bislang gibt es zu § 18 auch keine weiterführenden Dokumente der Kommission für Anlagensicherheit. Hingegen enthalten die Vollzugshinweise der Bund/Länder-Arbeitsgemeinschaft für Immissionsschutz („Vollzugsfragen zur Umsetzung der Seveso-III-RL im BImSchG und 12. BImSchV" mit Stand 11.4.2018) zumindest einige Hinweise zu häufigen Fragen aus der Vollzugspraxis (abrufbar unter www.lai-immissionsschutz.de, dort unter „Veröffentlichungen" zu „Anlagenbezogener Immissionsschutz/Störfallvorsorge"). **4**

B. Das störfallrechtliche Genehmigungsverfahren für nicht genehmigungsbedürftige Anlagen

I. Der Kern der Verfahrensregeln

§ 18 stellt reines Verfahrensrecht dar, wobei nicht verkannt werden darf, dass die Vorschrift nur zur Anwendung kommt, wenn bei Errichtung oder Änderung der zu betrach- **5** tenden Anlagen der angemessene Sicherheitsabstand zu benachbarten Schutzobjekten nicht eingehalten werden kann. § 18 koppelt die Nichteinhaltung des angemessenen Sicherheitsabstands verfahrensrechtlich mit der Öffentlichkeitsbeteiligung. Darin, diese gemäß den Vorgaben des Art. 15 der Seveso-III-Richtlinie 2012/18/EU sicherzustellen, ist der eigentliche Regelungszweck des störfallrechtlichen Genehmigungsverfahrens für nicht genehmigungsbedürftige Anlagen zu sehen. Die von Anfang an zu vernehmende Kritik an der verfahrensrechtlichen Kopplung von Abstandswahrung und Öffentlichkeitsbeteiligung blieb letztlich ungehört. (*Wasielewski* UPR 2017 1, 10)

II. Der Ablauf des Verfahrens im Einzelnen

6 Das störfallrechtliche Genehmigungsverfahren für nicht genehmigungsbedürftige Anlagen ist im Wesentlichen dem Verfahren für genehmigungsbedürftige Anlagen gemäß § 10 BImSchG und den Vorgaben der 9. BImSchV nachgebildet. Die Abläufe sind daher sehr ähnlich, aber – § 18 regelt ein Verfahren für nicht genehmigungsbedürftige Anlagen – nicht deckungsgleich.

7 Ähnlich der Regelung in § 10 Abs. 1 Satz 2 BImSchG verlangt Abs. 1 vom Antragsteller nach § 23b Abs. 1 BImSchG die Vorlage aller für die Prüfung des Antrags erforderlichen Unterlagen. Deren Vollständigkeit ist sodann von der Behörde unverzüglich zu prüfen, um nach eventuellen Nachforderungen, für die Abs. 1 Satz 2 im Unterschied zu § 10 Abs. 1 Satz 2 BImSchG keine Frist verlangt, das Vorhaben in ihrem amtlichen Veröffentlichungsblatt und außerdem entweder im Internet oder in örtlichen Tageszeitungen, die im Bereich des Standortes des Vorhabens verbreitet sind, öffentlich bekannt zu machen.

8 Die Beteiligung der Öffentlichkeit ist der eigentliche Grund des Verfahrens nach § 18; das Verfahren wurde letztlich geschaffen, um die von der Seveso-III-Richtlinie 2012/18/EU verlangte Öffentlichkeitsbeteiligung auch in den Fällen sicherzustellen, in denen das deutsche Recht kein geeignetes Trägerverfahren anzubieten hatte.

9 Entsprechend Art. 15 Abs. 2 der Seveso-III-Richtlinie 2012/18/EU geben Abs. 2 Nr. 1–7 im Einzelnen vor, welchen inhaltlichen Anforderungen die Bekanntmachung zu entsprechen hat. Im Einzelnen sind dies neben Angaben zum Gegenstand des Vorhabens und der für die Genehmigung zuständigen Behörde auch etwaige Feststellungen zur UVP-Pflicht und Informationen dazu, wo und wann Einsicht in den Antrag und die Unterlagen genommen werden kann. In der Bekanntmachung ist weiterhin darauf hinzuweisen, dass die betroffene Öffentlichkeit, also Personen, deren Belange berührt sind, sowie Vereinigungen, welche die Anforderungen von § 3 Abs. 1 oder § 2 Absatz 2 des Umwelt-Rechtsbehelfsgesetzes erfüllen, innerhalb der Frist aus § 23b Abs. 2 Satz 3 bei einer genau zu bezeichnenden Stelle Einwendungen erheben können.

10 Ein Erörterungstermin ist indes – dem Charakter eines Verfahrens für nicht genehmigungsbedürftige Anlagen entsprechend – nicht vorgesehen. Schließlich ist in der Bekanntmachung über die Art möglicher Entscheidungen oder auch den Entscheidungsentwurf selbst zu informieren, sodann – insofern wieder wortgleich zu § 10 Abs. 4 Nr. 4 BImSchG – auch darüber, dass die Zustellung der Entscheidung über die Einwendungen durch öffentliche Bekanntmachung ersetzt werden kann. Weitere Einzelheiten des Verfahrens zur Unterrichtung der Öffentlichkeit und Anhörung der betroffenen Öffentlichkeit sind gegebenenfalls zu ergänzen.

11 Abs. 3 regelt Einzelheiten der Auslegung von Antrag und Unterlagen bei der Genehmigungsbehörde und eventuell auch bei einer Stelle in der Nähe des betroffenen Standorts. Zudem gibt Abs. 3 vor, dass Einwendungen bei dieser Stelle sowie bei der Genehmigungsbehörde erhoben werden können.

In Umsetzung von Artikel 15 Abs. 4, 2. Halbsatz regelt Abs. 4 und daran anknüpfend Abs. 5 den Erlass des Genehmigungsbescheides, seine Zustellung an jene, die Einwendungen erhoben haben, sowie seine öffentliche Bekanntmachung und die daran anknüpfenden Rechtsfolgen. 12

III. Entsprechende Anwendung der Abs. 1–5

§ 23c BImSchG enthält für die Betriebsplanzulassung nach dem Bundesberggesetz von § 23b abweichende Sonderregeln. Abs. 1 bis 5 gelten, wie Abs. 6 ausdrücklich klarstellt, entsprechend für Vorhaben im Sinne des § 23c BImSchG, soweit § 57d des Bundesberggesetzes dies anordnet. 13

C. Verfahrensfehler und Rechtsschutz

Das störfallrechtliche Genehmigungsverfahren ist wie das Verfahren nach § 10 BImSchG ein Verfahren mit vielen Fehlerquellen. Der Rechtsschutz ist dementsprechend ausgestaltet, insoweit kann auf die Ausführungen zu § 23b BImSchG Bezug genommen werden. (→ BImSchG § 23b Rn. 87–91) 14

D. Ausblick

Für Anlagen, die in den Anwendungsbereich der Richtlinie (EU) 2018/2001 des Europäischen Parlaments und des Rates vom 11. Dezember 2018 zur Förderung der Nutzung von Energie aus erneuerbaren Quellen (RED II) fallen, soll, setzt die Bundesregierung ihre Vorstellungen wie geplant um, eine weitere Verfahrensvorschrift in die Störfallverordnung eingefügt werden. Im Entwurf der Bundesregierung ist dafür ein neuer § 18a vorgesehen, dessen Anwendungsbereich noch schmaler wäre als der des § 18. Die Vorschrift wäre letztlich vor allem unglücklicher Ausdruck der Entscheidung, ein eigenes störfallrechtliches Genehmigungsverfahren für nicht genehmigungsbedürftige Anlagen in das deutsche Störfallrecht aufzunehmen. 15

Dritter Teil.
Meldeverfahren, Schlussvorschriften

§ 19 Meldeverfahren

(1) **Der Betreiber hat der zuständigen Behörde unverzüglich den Eintritt eines Ereignisses, das die Kriterien des Anhangs VI Teil 1 erfüllt, mitzuteilen.**

(2) **Der Betreiber hat der zuständigen Behörde unverzüglich, spätestens innerhalb einer Woche nach Eintritt eines Ereignisses nach Absatz 1 eine ergänzende schriftliche oder elektronische Mitteilung vorzulegen, die mindestens die Angaben nach Anhang VI Teil 2 enthält. Er hat die Mitteilung bei Vorliegen neuer Erkenntnisse unverzüglich zu ergänzen oder zu berichtigen.**

(3) **Erhält die zuständige Behörde Kenntnis von einem Ereignis nach Anhang VI Teil 1 Ziffer I, hat sie**

1. **durch Vor-Ort-Besichtigungen, Untersuchungen oder andere geeignete Mittel die für eine vollständige Analyse der technischen, organisatorischen und managementspezifischen Gesichtspunkte dieses Ereignisses erforderlichen Informationen einzuholen,**
2. **geeignete Maßnahmen zu ergreifen, um sicherzustellen, dass der Betreiber alle erforderlichen Abhilfemaßnahmen trifft,**
3. **die von dem Störfall möglicherweise betroffenen Personen über diesen sowie gegebenenfalls über Maßnahmen zu unterrichten, die ergriffen wurden, um seine Auswirkungen zu mildern, und**
4. **Empfehlungen zu künftigen Verhinderungsmaßnahmen abzugeben, sobald die Analyse nach Nummer 1 vorliegt.**

Zur Erfüllung ihrer Verpflichtungen nach den Nummern 1, 2 und 4 kann die zuständige Behörde auch ein Gutachten vom Betreiber fordern.

(4) **Die zuständige Behörde hat dem Bundesministerium für Umwelt, Naturschutz und nukleare Sicherheit über die nach Landesrecht zuständige Behörde unverzüglich eine Kopie der Mitteilung nach Absatz 2 zuzuleiten. Das Bundesministerium für Umwelt, Naturschutz und nukleare Sicherheit unterrichtet die Europäische Kommission, wenn eines der Kriterien des Anhangs VI Teil 1 Ziffer I oder II erfüllt ist. Die Unterrichtung hat so bald wie möglich zu erfolgen, spätestens jedoch bis zum Ablauf eines Jahres nach dem Ereignis.**

(5) **Die zuständige Behörde teilt das Ergebnis der Analyse nach Absatz 3 Nummer 1 und die Empfehlungen nach Absatz 3 Nummer 4 dem Bundesministerium für Umwelt, Naturschutz und nukleare Sicherheit schriftlich oder elektronisch über die nach Landesrecht zuständige Behörde mit. Das Bundesministerium für Umwelt, Naturschutz und nukleare Sicherheit unterrichtet die Europäische Kommission so bald wie möglich, spätestens jedoch bis zum Ablauf eines Jahres nach dem Ereignis, über das Ergebnis der Analyse und die Empfehlungen. Die Informationen sind zu aktualisieren, sobald Ergebnisse weiterer Analysen und Empfehlungen verfügbar sind. Die Unterrichtung darf zurückgestellt werden, wenn der Abschluss gerichtlicher Verfahren durch eine solche Informationsübermittlung beeinträchtigt werden könnte.**

(6) **Der Betreiber hat die Beschäftigten oder deren Personalvertretung über eine Mitteilung nach Absatz 1 unverzüglich zu unterrichten und ihnen auf Verlangen eine Kopie der Mitteilung nach Absatz 2 zugänglich zu machen.**

Übersicht

A. Allgemeines

I. Zweck und Bedeutung der Vorschrift

1 Im Kern gilt noch heute, was die Bundesregierung schon 1980 in ihrer Begründung zur entsprechenden Vorschrift der ersten Störfall-Verordnung, dem damaligen § 11, ausgeführt hatte:

„Die unverzügliche Meldung eines Störfalls ist für eine erfolgreiche Gefahrenabwehr durch die zuständige Behörde unerlässlich. Sie soll durch die Meldung in die Lage versetzt werden, alle zur Bekämpfung des Störfalls erforderlichen Maßnahmen rechtzeitig vornehmen zu können.“ (BR-DrS. 108/80, S. 35)

2 Diesem Zweck dient die Vorschrift auch in ihrer heutigen Form, insbesondere die Vorgabe, welche weiteren Informationen Betreiber nach einem schweren Unfall zu erbringen haben. Über das Ereignis selbst muss der Betreiber im Übrigen nicht nur die zuständigen Behörden, sondern auch seine Beschäftigten oder deren Personalvertretung informieren. Für die Behörden ergeben sich, sobald die Information vorliegt, eigene Verpflichtungen dem Störfall nachzugehen, wobei die Behörde in bestimmten Fällen vom Betreiber in Auftrag zu gebende Gutachten anfordern kann. Die Behörde muss zudem die vom Störfall möglicherweise betroffenen Personen unterrichten und ist außerdem verpflichtet, das zuständige Bundesministerium zu informieren, welches wiederum die Europäische Kommission informieren muss. Wie in Erwägungsgrund 24 der Seveso-III-Richtlinie 2012/18/EU ausgeführt wird, dient auch die Information der Kommission

der Analyse der Gefahren schwerer Unfälle und damit letztlich ebenfalls dem schon 1980 von der Bundesregierung benannten Zweck (→ Rn. 1).

II. Entstehungsgeschichte

§ 19 knüpft – insbesondere mit den Abs. 1, 2 und 6 – an die Regelungen über Meldepflichten in der Störfall-Verordnung aus dem Jahre 1991 sowie an Regelungen aus der ersten Störfall-Verordnung aus dem Jahr 1980 an. Teils gilt dies auch für Abs. 3, der indes Anfang 2017 im Zuge der Umsetzung der Seveso-III-Richtlinie 2012/18/EU in Satz 1 Nr. 1 um den Begriff der Vor-Ort-Besichtigung, die neu gefasste Nr. 3 sowie um den vom Bundesrat eingebrachten Satz 2 ergänzt wurde. Zugleich wurden die Absätze 4 und 5 neu gefasst. Die Änderungen dienten der Umsetzung von Artikel 17 Buchstabe e sowie Artikel 18 Absatz 1 Buchstabe a bis e in Verbindung mit Absatz 2 der Richtlinie 2012/18/EU. Auf Verlangen des Bundesrates wurde Absatz 3 um Satz 2 ergänzt, so dass Behörden bei der Nachbereitung von Störfallereignissen zu bestimmten Fragen Gutachten vom Betreiber fordern können. 3

III. Anwendungsbereich

§ 19 gilt für alle von der Störfall-Verordnung erfassten Betriebsbereiche, also auch für solche, die nicht zu denen der oberen Klasse gehören. 4

IV. Verhältnis zu Meldepflichten nach anderen Rechtsvorschriften

Die Mitteilungspflichten aus § 19 stehen selbständig neben Meldepflichten aus anderen Rechtsvorschriften. In Betracht kommen in diesem Zusammenhang insbesondere Verpflichtungen zur Anzeige von Unfällen und Schadensfällen nach den Verordnungen für überwachungsbedürftige Anlagen gemäß § 34 des Produktsicherheitsgesetzes, nach § 19 der Betriebssicherheitsverordnung und nach den ordnungsbehördlichen (polizeirechtlichen) Schadensanzeige-Verordnungen der Länder. 5

B. Meldepflichtige Ereignisse

I. Überblick

Nach § 19 Abs. 1 hat der Betreiber der zuständigen Behörde alle Ereignisse zu melden, die die Kriterien des Anhangs VI Teil 1 erfüllen. Dieser Teil ist in drei Abschnitte aufgeteilt, wobei die ersten beiden Abschnitte dem Anhang VI der Seveso-III-Richtlinie 2012/18/EU nachgebildet sind, während der dritte Abschnitt die Regelung aus § 11 Abs. 1 Nr. 2 der Störfall-Verordnung in der Fassung von 1991 aufgreift. 6

II. Ereignisse nach Anhang VI Teil 1 Abschnitt I

Im Abschnitt I von Anhang VI Teil 1 werden vorwiegend Kriterien aufgeführt, durch die die einzelnen Elemente des Störfallbegriffs (§ 2 Nr. 7) konkretisiert werden. Bei Nr. 1 geht es um den Begriff des „größeren Ausmaßes“. Nrn. 2 und 3 konkretisieren die 7 einzelnen Merkmale des Begriffs der ernsten Gefahr nach § 2 Nr. 8. Auf Nr. 4 wird in § 2 Nr. 7 unmittelbar Bezug genommen. Nr. 5 setzt abweichend von der Definition des Störfalls in § 2 Nr. 7 lediglich einen durch einen gefährlichen Stoff (vgl. § 2 Rdnr. 6) verursachten Unfall mit Folgen (nicht notwendig mit dem Hervorrufen einer ernsten Gefahr!) in einem Nachbarland voraus.

8 Bereits an Nr. 5 wird deutlich, dass es in Abschnitt I nicht nur um die Meldung des Eintritts eines Störfalls, sondern auch um Betriebsstörungen mit geringeren Folgen geht. Für den Umfang der Meldepflichten ist insbesondere das Wort „oder" im Einleitungssatz des Abschnitts von Bedeutung. Danach werden die in Nr. 1 genannten Kriterien in den Fällen der Nrn. 2 bis 5 nicht vorausgesetzt. In Nrn. 3 und 4 wird nicht einmal darauf abgestellt, ob ein gefährlicher Stoff an der Schadensverursachung beteiligt war. In allen Fällen wird nur verlangt, dass eine Störung des bestimmungsgemäßen Betriebs (vgl. dazu § 2 Rdnrn. 15 f.) eingetreten ist und dass diese eine der in Abschnitt I genannten Folgen hervorgerufen hat (*Müggenborg* NVwZ 2000, 1096 (1103)). Anhand der Mitteilung des Betreibers sollen auch aus Ereignissen unterhalb des Störfalleintritts Erkenntnisse für die Verhinderung von Störfällen und für die Begrenzung ihrer Auswirkungen gewonnen werden.

III. Ereignisse nach Anhang VI Teil 1 Abschnitt II

9 In Abschnitt II des Anhangs VI Teil 1 wird noch stärker als in Abschnitt I zum Ausdruck gebracht, dass auch Ereignisse, die nicht zu einem Störfall geführt haben, nach § 19 Abs. 1 zu melden sind. In der Seveso-III-Richtlinie 2012/18/EU wird im dortigen Anhang VI in diesem Zusammenhang von „Unfällen oder ‚Beinaheunfällen'" gesprochen. Hier macht die Richtlinie die Mitteilung an die Kommission davon abhängig, ob die Mitgliedstaaten sie „aus technischer Sicht im Hinblick auf die Verhütung von Störfällen und die Begrenzung ihrer Folgen" für „besonders bedeutsam" halten. Der deutsche Verordnungsgeber hat sich nicht dazu geäußert, was er aus technischer Sicht für besonders bedeutsam hält, sondern die Beurteilung letztlich dem Betreiber überlassen. Dazu wird dieser jedoch nicht immer mit der erforderlichen Sicherheit in der Lage sein, und er sollte sich daher im Zweifel gehalten sehen, möglicherweise bedeutsame Ereignisse bei den zuständigen Behörden zu melden. Nur eine weitere Konkretisierung durch eine Verwaltungsvorschrift nach § 48 BImSchG könnte insoweit Klarheit schaffen. Beim Vorwurf von Verstößen gegen § 19 Abs. 1 i. V. m. Anhang VI Teil 1 Abschnitt II (vgl. § 21 Abs. 1 Nr. 15) muss die insoweit fehlende Konkretisierung berücksichtigt werden.

IV. Ereignisse nach Anhang VI Teil 1 Abschnitt III

10 Abschnitt III von Anhang VI Teil 1 ist europarechtlich nicht gefordert, er findet in Anhang VI der Seveso-III-Richtlinie 2012/18/EU jedenfalls keine Entsprechung. Der Verordnungsgeber griff hier die bewährte Regelung des § 11 Abs. 1 Nr. 2 der Störfall-Verordnung 1991 auf (so die amtliche Begründung, BR-Drs. 75/00, 82 zu Anhang VI). Er hat sie jedoch nicht vollständig übernommen. Anders als in der ursprünglichen Regelung wird nicht lediglich verlangt, dass gefährliche Stoffe bei einer möglichen Gefahrenverursachung beteiligt sind, sondern es wird ihre Freisetzung oder unerwünschte Reaktion vorausgesetzt.

11 Wie bisher kommt es darauf an, ob Schäden eingetreten sind oder Gefahren für die Allgemeinheit oder die Nachbarschaft nicht offensichtlich ausgeschlossen werden können. Die Schäden müssen – anders als nach § 11 Abs. 1 Nr. 2 Buchst. a der Störfall-

Verordnung 1991 – nicht außerhalb der Anlage eingetreten sein. Auf die Art und die Höhe des Schadens kommt es nicht an. Nach dem Sinn und Zweck der Bestimmung sind jedoch Bagatellfälle von der Meldepflicht ausgenommen. Sind (noch) keine Schäden eingetreten, ist darauf abzustellen, ob Gefahren (nicht nur ernste Gefahren!) für die Allgemeinheit und die Nachbarschaft offensichtlich ausgeschlossen werden können. Das ist nur der Fall, wenn nach den konkreten Umständen der Betriebsstörung ohne detaillierte weitere Untersuchungen festgestellt werden kann, dass es selbst bei einem Hinzutritt weiterer ungünstiger, nach menschlichem Ermessen aber nicht auszuschließender Umstände nicht zu einem Zustand kommen kann, bei dem Schäden an Leben oder Gesundheit eines Menschen oder an bedeutenden Sachwerten verursacht werden können.

C. Inhalt, Form und Zeitpunkt der Mitteilung

I. Sofortmeldung (Absatz 1)

Nach Absatz 1 ist jedes meldepflichtige Ereignis (→ Rn. 6 ff.) der nach dem jeweiligen **12** Landesrecht zuständigen Behörde unverzüglich, also ohne schuldhaftes Zögern (§ 121 BGB), mitzuteilen. Zum Inhalt und zur Form der Sofortmeldung enthält § 19 keine näheren Vorgaben. In der Regel dürfte nach wie vor eine fernmündliche Benachrichtigung zweckmäßig sein. Dabei sind Ort, Zeit und – soweit möglich – Art und Verlauf des Ereignisses anzugeben. In dem Dialog zwischen dem meldenden Betreiber oder der von ihm beauftragten Person und dem zuständigen Behördenangehörigen können dann am ehesten weitere Einzelheiten geklärt werden, deren Kenntnis zur wirksamen Bekämpfung der Gefahr oder zur Eindämmung des eingetretenen Schadens erforderlich ist.

II. Ergänzende schriftliche oder elektronische Mitteilung (Absatz 2)

Die durch Absatz 1 geforderte Sofortmeldung nach Eintritt eines meldepflichtigen Er- **13** eignisses reicht zur Erfüllung der Betreiberpflichten allein nicht aus. Die erste (in der Regel fernmündliche) Meldung ist unverzüglich, spätestens innerhalb einer Woche nach Eintritt des Ereignisses durch eine schriftliche oder elektronische Mitteilung zu ergänzen. Damit sollen eine genauere Untersuchung der Störfallursachen, die Festlegung geeigneter Abhilfemaßnahmen und eine Auswertung im Hinblick auf künftige Verhinderungsmaßnahmen ermöglicht werden, wie Abs. 3 erkennen lässt. Unverzüglich bedeutet auch in diesem Zusammenhang ohne schuldhaftes Zögern, die Meldung muss also erfolgen, sobald Erkenntnisse vorliegen, die zur Erreichung des Zwecks der Mitteilung geeignet sind. Inhaltlich geht es um die in Anhang VI Teil 2 genannten Angaben. Können diese noch nicht vollständig übermittelt werden, ist die Mitteilung gleichwohl der zuständigen Behörde zuzuleiten. Die Mitteilung muss dann bei Vorliegen neuer Erkenntnisse unverzüglich ergänzt oder berichtigt werden (Abs. 2 Satz 2). Weitergehende Angaben, als sie in Anhang VI Teil 2 gefordert sind, können jederzeit in die Mitteilung aufgenommen werden („mindestens").

Zweifelhaft ist, ob der Betreiber auch zur Mitteilung von Angaben verpflichtet ist, die **14** ihn selbst oder einen seiner Angehörigen der Gefahr strafgerichtlicher Verfolgung oder eines Verfahrens nach dem Gesetz über Ordnungswidrigkeiten aussetzen würde. In § 52 Abs. 5 BImSchG wird die dort geregelte Auskunftspflicht entsprechend eingeschränkt, worauf das Bundes-Immissionsschutzgesetz auch an anderer Stelle (§ 27 Abs. 1 Satz 2) ausdrücklich Bezug nimmt. Bei § 19 fehlt jedoch eine ausdrückliche Regelung. Vielmehr wird für den Verstoß gegen die Mitteilungspflicht generell ein Bußgeld angedroht (§ 21 Abs. 1 Nr. 15). Der Grund dürfte darin liegen, dass die Mitteilung der Gefahrenabwehr dient (→ Rn. 1). Dieser Zweck könnte nicht erreicht werden, wenn der Betreiber bei einer möglichen Straftat oder Ordnungswidrigkeit von der Mitteilung absehen dürfte. Zwar gibt es einen – letztlich aus Art. 2 Abs. 1 GG abzuleitenden – Rechtsgrundsatz, dass niemand zur Selbstbezichtigung verpflichtet ist („nemo tenetur se ipsum accusare"). Dieser Grundsatz gilt jedoch nicht uneingeschränkt (BVerfGE 56, 37, 48 ff.). Wenn den Mitteilungspflichtigen einerseits eine besondere Verantwortung bei der Auslösung des Informationsbedürfnisses trifft und wenn andererseits ein berechtigtes Interesse an der Information besteht, darf der Gesetz- oder Verordnungsgeber in Abwägung der Belange aller Beteiligten auch eine uneingeschränkte Mitteilungspflicht begründen. Das gilt insbesondere dann, wenn es – wie im vorliegenden Fall – um die Abwehr von Gefahren durch den Betriebsbereich oder die Anlage des Mitteilungspflichtigen geht. Eine (stillschweigende) Einschränkung des § 19 Abs. 1 und 2 durch § 52 Abs. 5 BImSchG kann deshalb nicht angenommen werden. Fraglich kann nur sein, ob der Inhalt der Mitteilung nach § 19 auch für ein Strafverfahren oder ein Ordnungswidrigkeitsverfahren gegen den Meldepflichtigen verwertet werden darf (verneinend BVerfGE 56, 37, 50 f.). Dies berührt jedoch nicht die Pflichten aus § 19.

III. Information der Beschäftigten (Absatz 6)

15 Anknüpfend an § 11 Abs. 4 der Störfall-Verordnung 1991 enthält Absatz 6 eine Regelung über die Pflicht des Betreibers, die Beschäftigten selbst oder deren Personalvertretung (Betriebsrat, u. U. auch Personalrat) über eine Sofortmeldung nach Absatz 1 unverzüglich zu unterrichten und ihnen auf Verlangen auch eine Kopie der schriftlichen Mitteilung nach Absatz 2 zur Verfügung zu stellen, entsprechendes gilt, wenn die Mitteilung in elektronischer Form erfolgt. Gegenüber dem Betriebsrat ergeben sich entsprechende Verpflichtungen bereits aus dem Betriebsverfassungsgesetz (*Kohte* BB 81, 1277 (1281)). Insoweit nennt Absatz 6 mit den Beschäftigten keine frei wählbare Alternative zur Personalvertretung. Die Beschäftigten werden in der Vorschrift nur genannt, weil nicht für alle von der Störfall-Verordnung erfassten Betriebsbereiche und Anlagen Personalvertretungen bestellt sind.

D. Behördenpflichten

I. Auswertung von meldepflichtigen Ereignissen (Absatz 3)

1. Betroffene Ereignisse

16 Absatz 3 verpflichtet die zuständigen Behörden, die bei ihnen vorliegenden Informationen über bestimmte meldepflichtige Ereignisse auszuwerten. Diese Pflicht wird durch die Kenntnis von einem Ereignis nach Anhang VI Teil I Abschnitt I ausgelöst. Dabei ist es gleichgültig, ob die Kenntnis durch eine Mitteilung nach Absatz 1 oder 2 oder auf andere Weise vermittelt worden ist. Bei Ereignissen im Sinne des Anhangs VI Teil 1 Abschnitt II oder III ist Absatz 3 nicht einschlägig. Das bedeutet jedoch nicht, dass dann keine Auswertung erfolgen sollte. Eine solche gehört unabhängig von der aus EU-rechtlichen Gründen geschaffenen ausdrücklichen Regelung in Absatz 3 zu einer ordnungsgemäßen Aufgabenwahrnehmung der zuständigen Behörden.

2. Aufgaben der zuständigen Behörde

17 Die zur Auswertung der meldepflichtigen Ereignisse wahrzunehmenden Aufgaben werden in Absatz 3 im Einzelnen beschrieben. Dazu gehört zunächst die Einholung umfassender Informationen zur vollständigen (sicherheitstechnischen) Analyse des Ereignisses, wobei insbesondere Vor-Ort-Besichtigungen zur Aufklärung des Ereignisses beitragen sollen (Nr. 1). Die dazu erforderlichen Befugnisse stehen den zuständigen Behörden nach § 52 Abs. 2 BImSchG und § 21 Abs. 4 ChemG zu. Eine weitere Möglichkeit zur genaueren Analyse des jeweiligen Ereignisses ergibt sich seit Umsetzung der Seveso-III-Richtlinie 2012/18/EU aus Abs. 3 Satz 2. Danach haben Behörden die Möglichkeit, ein Gutachten vom Betreiber zu fordern, welches der Analyse im Sinne der Nr. 1, aber auch zur Erfüllung der weiteren Verpflichtungen aus Nr. 2 und 4 dient. Nr. 2 verpflichtet die zuständigen Behörden, durch geeignete Maßnahmen sicherzustellen, dass der Betreiber alle erforderlichen Abhilfemaßnahmen trifft (Nr. 2). Als geeignete behördliche Maßnahmen kommen insbesondere Anordnungen nach §§ 17, 24 BImSchG oder nach § 23 ChemG in Betracht. Eine weitere, mit Umsetzung der Seveso-III-Richtlinie 2012/18/EU in die Verordnung aufgenommene Behördenpflicht ist die Unterrichtung aller möglicherweise betroffenen Personen über den Störfall sowie über Maßnahmen, die zur Milderung der Auswirkungen des Störfalls ergriffen wurden (Nr. 3). Diese Verpflichtung, die unmittelbar an die Leitgedanken des europäische Umweltinformationsrecht anschließt, wird, was Zeitpunkt und Umfang der Information angeht, nicht näher ausgeführt; die Behörden sollten ihr indes so schnell und umfassend wie möglich entsprechen, um dem Regelungsgedanken von Abs. 3 Nr. 3 bestmöglich zu entsprechen. Schließlich sollen die zuständigen Behörden Empfehlungen für die Zukunft abgeben (Nr. 4). Dabei geht es zunächst nur um die Feststellung, welche Maßnahmen nach Ansicht der Behörde zur Verbesserung der Anlagensicherheit zweckmäßig und geeignet sind. Der zuständigen Behörde steht es jedoch auch frei, die Maßnahmen gegenüber dem Betreiber nach §§ 17, 24 BImSchG oder nach § 23 ChemG verbindlich anzuordnen. Im Übrigen kann sie auch zur Erfüllung ihrer Verpflichtung aus Nr. 4 ein Gutachten vom Betreiber fordern.

II. Unterrichtungspflichten

1. Weiterleitung der schriftlichen oder elektronischen Mitteilungen (Absatz 4)

18 Absatz 4 dient der Erfüllung der Pflichten aus Art. 18 der Seveso-III-Richtlinie 2012/18/EU. Durch die unverzügliche Weitergabe einer Kopie der schriftlichen oder elektronischen Mitteilung nach Absatz 2 wird das Bundesumweltministerium in die Lage versetzt, der EU-Kommission die nach der Seveso-III-Richtlinie geforderten Informationen zu übermitteln. Obwohl die EU-rechtliche Verpflichtung sich nur auf Ereignisse bezieht, für die die Kriterien nach Anhang VI Teil 1 Abschnitt I oder II vorliegen, haben die zuständigen Behörden Kopien aller Mitteilungen nach Absatz 2 über die dafür zuständige Landesbehörde an das Bundesumweltministerium weiterzuleiten. Das Bundesumweltministerium ist wiederum verpflichtet, der Kommission die Information so bald wie möglich, spätestens aber ein Jahr nach Eintritt des Ereignisses vorzulegen. Abs. 4 stellt auf diese Weise die umfassende Information der verantwortlichen Stellen sicher.

2. Mitteilung der Auswertungsergebnisse (Absatz 5)

19 Absatz 5 ähnelt in Bedeutung und Struktur Absatz 4. Wie dort geht es um die Erfüllung der Pflichten aus Art. 18 der Seveso-III-Richtlinie 2012/18/EU, konkret um die

Weiterleitung der Analyse nach Abs. 3 Nr. 1 und um die Weiterleitung der Empfehlungen zu künftigen Veränderungsmaßnahmen (Abs. 3 Nr. 4). Diese Informationen müssen nun wiederum zunächst von der nach Landesrecht zuständigen Behörde an das Bundesumweltministerium und sodann so bald wie möglich, spätestens innerhalb eines Jahres nach dem Ereignis, an die EU-Kommission weitergeleitet werden. Absatz 5 bestimmt ausdrücklich, dass die Weiterleitung der Informationen von den Ländern an den Bund auch auf elektronischem Wege erfolgen kann.

E. Durchsetzung der Pflichten aus § 19

I. Verwaltungsrechtliche Maßnahmen

20 Kommt der Betreiber seinen Mitteilungspflichten aus Absatz 1 oder 2 nicht oder nicht rechtzeitig nach oder macht er unrichtige oder unvollständige Angaben, so kann die zuständige Überwachungsbehörde ihn im Rahmen ihrer Befugnisse aus § 52 Abs. 1 BImSchG durch unselbständige Verfügung zur Erfüllung seiner Verpflichtungen anhalten. Sind die Verfügungen vollziehbar, können sie aufgrund der Verwaltungsvollstreckungsgesetze der Länder mit den Mitteln des Verwaltungszwanges durchgesetzt werden.

II. Ahndung von Verstößen

21 Verstöße gegen die Mitteilungspflichten nach Absatz 1 oder Absatz 2 Satz 2 sind Ordnungswidrigkeiten im Sinne des § 62 Abs. 1 Nr. 2 BImSchG (§ 21 Abs. 1 Nr. 15 und 16) oder – bei nicht genehmigungsbedürftigen Anlagen, die Teil eines Betriebsbereichs sind, – im Sinne des § 62 Abs. 1 Nr. 7 BImSchG (§ 21 Abs. 2). Bei Vorsatz können sie mit einer Geldbuße bis zu 50 000 Euro geahndet werden.

§ 20 Übergangsvorschriften

(1) Der Betreiber eines Betriebsbereichs, der am 13. Januar 2017 unter den Anwendungsbereich dieser Verordnung fällt und dessen Einstufung als Betriebsbereich der oberen oder unteren Klasse sich ab dem 14. Januar 2017 nicht ändert, hat

1. der zuständigen Behörde die Angaben nach § 7 Absatz 1 bis zum Ablauf des 14. Juli 2017 schriftlich anzuzeigen, sofern der Betreiber der zuständigen Behörde die entsprechenden Angaben nicht bereits übermittelt hat,

2. das Konzept nach § 8 Absatz 1 Satz 1 unverzüglich, spätestens jedoch bis zum Ablauf des 14. Juli 2017, zu aktualisieren, soweit dies auf Grund der Anforderungen dieser Verordnung erforderlich ist.

(2) Sofern es sich in den Fällen des Absatzes 1 um einen Betriebsbereich der oberen Klasse handelt, hat der Betreiber zusätzlich

1. den Sicherheitsbericht nach § 9 Absatz 1 und 2 oder Absatz 3 bis zum Ablauf des 14. Juli 2017 zu aktualisieren und aktualisierte Teile der zuständigen Behörde bis zu diesem Zeitpunkt vorzulegen,

2. die internen Alarm- und Gefahrenabwehrpläne nach § 10 Absatz 1 Satz 1 Nummer 1 zu aktualisieren und den zuständigen Behörden nach § 10 Absatz 1 Satz 1 Nummer 2 unverzüglich, spätestens jedoch zum Ablauf des 14. Juli 2017 Informationen zu übermitteln, sofern nicht die bestehenden internen Alarm- und Gefahrenabwehrpläne sowie die Informationen nach § 10 Absatz 1 Satz 1 Nummer 2 unverändert geblieben sind und den Anforderungen dieser Verordnung entsprechen.

(3) Der Betreiber eines Betriebsbereichs, der ab dem 1. Juni 2015 aus anderen Gründen als Änderungen seiner Anlagen oder seiner Tätigkeiten, die eine Änderung ihres Inventars gefährlicher Stoffe zur Folge haben, unter den Anwendungsbereich der Richtlinie 2012/18/EU fällt oder eine Änderung seiner Einstufung als Betriebsbereich der unteren oder oberen Klasse erfährt, hat

1. der zuständigen Behörde die Angaben nach § 7 Absatz 1 innerhalb von drei Monaten nach dem Zeitpunkt, zu dem diese Verordnung für den betreffenden Betriebsbereich gilt, schriftlich anzuzeigen, sofern der Betreiber der zuständigen Behörde die entsprechenden Angaben nicht bereits übermittelt hat,

2. das Konzept nach § 8 Absatz 1 Satz 1 unverzüglich, spätestens jedoch bis zum Ablauf von sechs Monaten nach dem Zeitpunkt, zu dem diese Verordnung für den betreffenden Betriebsbereich gilt, auszuarbeiten und seine Umsetzung sicherzustellen.

In den Fällen des Satzes 1 gelten dessen Anforderungen abweichend von Absatz 1, wenn sie vor dem 13. Januar 2017 eintreten.

(4) Sofern es sich in den Fällen des Absatzes 3 um einen Betriebsbereich der oberen Klasse handelt, hat der Betreiber zusätzlich

1. den Sicherheitsbericht nach § 9 Absatz 1 und 2 unverzüglich, spätestens jedoch bis zum Ablauf eines Jahres nach dem Zeitpunkt, zu dem die Anforderungen an Betriebsbereiche der oberen Klasse für den betreffenden Betriebsbereich gelten, zu erstellen und der zuständigen Behörde vorzulegen, wobei § 9 Absatz 3 entsprechend gilt,

2. die Pflichten nach § 10 Absatz 1 Satz 1 unverzüglich, spätestens jedoch bis zum Ablauf eines Jahres nach dem Zeitpunkt, zu dem die Anforderungen an Betriebsbereiche der oberen Klasse für den betreffenden Betriebsbereich gelten, zu erfüllen, wobei § 10 Absatz 2 bis 4 entsprechend gilt.

Überblick

A. Allgemeines

I. Bedeutung der Vorschrift

1 § 20 hat kaum noch praktische Bedeutung, da die Novelle der Störfallverordnung, in deren Regelungsregime die Vorschrift überleiten soll, bereits mehrere Jahre zurückliegt. (→ Vorbemerkung Rn. 23) Abs. 1 enthält Übergangsregelungen für alle am Tag vor dem Inkrafttreten der Neuregelung, also am 13. Januar 2017, nach damaligem Recht erfassten Betriebsbereiche mit zusätzlichen Anforderungen für bestehende Betriebsbereiche der oberen Klasse in Abs. 2, sofern sich die Einstufung der Betriebsbereiche als solche der oberen oder unteren Klasse mit dem Inkrafttreten der Verordnung am 14. Januar 2017 nicht geändert hat. Die für die Betreiber dieser Betriebsbereiche einheitlich bis zum Ablauf des 14. Juli 2017 geltende Übergangsfrist zur Erfüllung der neuen Pflichten ist inzwischen abgelaufen. Aus eben diesem Grund haben auch die Absätze 3 und 4 der Vorschrift, welche für neu oder anders als zuvor erfasste Betriebsbereiche gelten, nur noch geringe Bedeutung. Stichtag war insoweit bereits der 1. Juni 2015, also der Tag, ab dem nach Artikel 31 Abs. 1 der Seveso-III-Richtlinie 2012/18/EU die Richtlinie von den Mitgliedsstaaten anzuwenden war. Für den begrenzten Kreis der Betriebsbereiche, die ab diesem Datum aus anderen Gründen als wegen einer Änderung ihrer Anlagen oder Tätigkeiten und der daraus resultierenden Änderung ihres Inventars gefährlicher Stoffe unter den Anwendungsbereich der Seveso-III-Richtlinie 2012/18/EU fallen oder eine Änderung ihrer Einstufung als Betriebsbereich der unteren oder oberen Klasse erfahren, geben die Absätze 3 und 4 Übergangsregeln vor, die entsprechenden Fristen sind ebenfalls inzwischen abgelaufen.

II. Entstehungsgeschichte

2 § 20 ist mit der Anfang 2017 in Kraft getretenen Novelle der Störfallverordnung insgesamt neu gefasst worden; die bis dahin an gleicher Stelle befindliche Übergangsvorschrift aus dem Jahr 2005 wurde vollständig überschrieben, um angemessene Übergangsfristen für die aus der Umsetzung der Seveso-III-Richtlinie 2012/18/EU resultierenden Pflichten zu schaffen. § 20 dient insofern der Umsetzung von Artikel 7 Absatz 2 Buchstabe b, Artikel 8 Absatz 2 Buchstabe b, Artikel 10 Absatz 3 Buchstabe b und c und Artikel 12 Absatz 2 Buchstabe b und c der Seveso-III-Richtlinie 2012/18/EU; die Vorschrift setzt die Übergangsfristen für die in Art. 3 Nr. 6 und 7 der Richtlinie definierten „bestehenden Betriebe" und „sonstigen Betriebe" um. Hatte die Bundesregierung zunächst unter Verweis auf die ohnehin verzögerte Umsetzung der Richtlinie in deutsches Recht eine einheitliche Übergangsfrist von nur drei Monaten vorgesehen, setzte der Bundesrat

schließlich einen sechsmonatigen Übergangszeitraum durch. Zur Begründung hieß es insbesondere, die Betreiber bedürften zur Anpassung und Aktualisierung von Unterlagen wie dem Sicherheitsbericht und zur Erstellung von Anzeigen in vielen Fällen externer Hilfe von Gutachtern und Dienstleistern, was mehr als die von der Bundesregierung vorgesehenen drei Monate Zeit benötige (Beschluss vom 25.11.2016, BR-Drs. 238/16 – Beschluss, S. 21).

B. Übergangsfrist zur Erfüllung neuer Pflichten

I. Betroffene Betriebsbereiche

Entgegen früherem Übergangsrecht können die Übergangsvorschriften nicht für Betriebsbereiche in Anspruch genommen werden, die zwar erst nach dem Inkrafttreten der Verordnung unter deren Anwendungsbereich fallen, bei denen dieses aber die Folge einer Entscheidung des Betreibers zur Änderung seines Inventars an gefährlichen Stoffe ist. Die Absätze 1 und 2 beziehen sich auf Betriebsbereiche, die schon vor der am 14. Januar 2017 in Kraft getretenen Novelle der Störfallverordnung von dieser erfasst wurden und deren rechtliche Einstufung sich seither nicht geändert hat. Absätze 3 und 4 beziehen sich auf alle am 1. Juni 2015 erstmals störfallrechtlich erfassten Betriebsbereiche sowie auf solche, deren Einstufung sich geändert hat, wobei sich die Neuerfassung oder Änderung der Einstufung aus rechtlichen Gründen ergeben muss und nicht aus tatsächlichen Änderungen der Anlage oder der dort ausgeführten Tätigkeiten, insbesondere nicht aus einer Änderung des Stoffinventars, folgen darf. (→ Rn. 1) **3**

II. Betroffene Pflichten

Die Übergangsregeln des § 20 gelten nicht pauschal für den gesamten Pflichtenkatalog der novellierten Störfallverordnung (*Wiese* I+E 2017, 8, 11), vielmehr sind die betroffenen Pflichten in den Absätzen 1 – 4 im Einzelnen aufgeführt (*Wehrens* I+E 2017,16 (22)). § 20 setzt insofern Artikel 7 Absatz 2 Buchstabe b, Artikel 8 Absatz 2 Buchstabe b, Artikel 10 Absatz 3 Buchstabe b und c und Artikel 12 Absatz 2 Buchstabe b und c der Seveso-III-Richtlinie 2012/18/EU um. Betroffen sind insbesondere die Anzeige nach § 7, die Vorlage des Konzepts zur Verhinderung von Störfällen nach § 8 und – bei Betriebsbereichen der oberen Klasse – die Vorlage des Sicherheitsberichts nach § 9 sowie die Übermittlung aktualisierter Alarm- und Gefahrenabwehrpläne nach § 10. Da die diesbezüglichen Übergangsfristen bereits abgelaufen sind, hat § 20 allerdings praktisch kaum noch Bedeutung. (→ Rn. 1) **4**

C. Verstöße gegen die Pflichten aus § 20

Hat der Betreiber seine Verpflichtungen aus den Absätzen 1 bis 4 nicht eingehalten, so kann die zuständige Überwachungsbehörde ihm durch eine unselbständige Verfügung oder durch eine Anordnung nach §§ 17 oder 24 BImSchG die Erfüllung der Pflichten aufgeben. Die entsprechenden Verwaltungsakte können nach Eintritt der Vollziehbarkeit mit den Mitteln des Verwaltungszwanges durchgesetzt werden. Bei Verstößen gegen § 20 Abs. 1 bis 5 liegen außerdem Ordnungswidrigkeiten nach § 21 Abs. 1 Nrn. 3 bis 5 sowie Nrn. 7 oder 8 vor. **5**

§ 21 Ordnungswidrigkeiten

(1) **Ordnungswidrig im Sinne des § 62 Abs. 1 Nr. 2 des Bundes-Immissionsschutzgesetzes handelt, wer vorsätzlich oder fahrlässig**

1. einer vollziehbaren Anordnung nach § 1 Abs. 2 zuwiderhandelt,

2. entgegen § 6 Absatz 3 eine Information nicht, nicht richtig, nicht vollständig oder nicht rechtzeitig liefert,

3. entgegen § 7 Absatz 1, 2 oder 3 oder § 20 Absatz 1 Nummer 1 oder Absatz 3 Nummer 1 eine Anzeige nicht, nicht richtig, nicht vollständig, nicht in der vorgeschriebenen Weise oder nicht rechtzeitig erstattet,

4. entgegen § 8 Absatz 3 oder § 20 Absatz 3 Satz 1 Nummer 2 die Umsetzung des Konzepts nicht sicherstellt,

5. entgegen § 8 Absatz 4, § 10 Absatz 4 Satz 3 oder § 20 Absatz 1 Nummer 2 ein Konzept oder einen Alarm- oder Gefahrenabwehrplan nicht, nicht richtig, nicht vollständig oder nicht rechtzeitig aktualisiert,

6. entgegen § 8a Absatz 1 Satz 1 oder § 11 Absatz 1 Satz 1 oder Absatz 5 Satz 1 eine Angabe oder einen Sicherheitsbericht nicht, nicht richtig, nicht vollständig oder nicht in der vorgeschriebenen Weise zugänglich macht,

7. entgegen § 9 Absatz 4 oder 5 Satz 3 oder § 20 Absatz 2 Nummer 1 oder Absatz 4 Nummer 1 oder § 19 Absatz 2 Satz 1 einen Sicherheitsbericht oder dessen aktualisierte Teile oder eine Mitteilung nicht, nicht richtig, nicht vollständig, nicht in der vorgeschriebenen Weise oder nicht rechtzeitig vorlegt,

8. entgegen § 10 Absatz 1 Satz 1, auch in Verbindung mit § 20 Absatz 2 Nummer 2 oder Absatz 4 Nummer 2, einen dort genannten Alarm- oder Gefahrenabwehrplan nicht, nicht richtig, nicht vollständig oder nicht rechtzeitig erstellt oder die erforderliche Information nicht, nicht richtig, nicht vollständig oder nicht rechtzeitig übermittelt,

9. entgegen § 10 Absatz 3 Satz 1 einen Beschäftigten nicht, nicht richtig, nicht vollständig oder nicht rechtzeitig unterrichtet oder nicht, nicht richtig, nicht vollständig oder nicht rechtzeitig anhört,

10. entgegen § 10 Absatz 3 Satz 2 einen Beschäftigten nicht, nicht richtig, nicht vollständig oder nicht rechtzeitig unterweist,

11. entgegen § 10 Absatz 4 Satz 1 einen Alarm- oder Gefahrenabwehrplan nicht, nicht richtig oder nicht rechtzeitig erprobt,

12. entgegen § 11 Absatz 3 Satz 1 eine Information nicht, nicht richtig, nicht vollständig, nicht in der vorgeschriebenen Weise oder nicht rechtzeitig gibt,

13. entgegen § 12 Absatz 1 Nummer 1 eine Verbindung nicht, nicht richtig oder nicht rechtzeitig einrichtet,

14. entgegen § 12 Absatz 2 Satz 2 eine Unterlage nicht oder nicht bis zur nächsten Vor-Ort-Besichtigung, jedoch mindestens fünf Jahre aufbewahrt,

15. entgegen § 19 Absatz 1 eine Mitteilung nicht, nicht richtig, nicht vollständig oder nicht rechtzeitig macht oder

16. entgegen § 19 Absatz 2 Satz 2 eine Mitteilung nicht, nicht richtig oder nicht rechtzeitig ergänzt oder nicht, nicht richtig oder nicht rechtzeitig berichtigt.

(2) **Ordnungswidrig im Sinne des § 62 Absatz 1 Nummer 7 des Bundes-Immissionsschutzgesetzes handelt, wer vorsätzlich oder fahrlässig eine in Absatz 1 bezeichnete Handlung in Bezug auf eine nicht genehmigungsbedürftige Anlage begeht, die Teil eines Betriebsbereichs ist.**

Überblick

A. Allgemeines

I. Bedeutung der Vorschrift

1 Nach § 62 Abs. 1 Nr. 2 BImSchG handelt ordnungswidrig, wer vorsätzlich oder fahrlässig einer aufgrund des § 7 BImSchG erlassenen Rechtsverordnung zuwiderhandelt, soweit die Rechtsverordnung für einen bestimmten Tatbestand auf diese Bußgeldvorschrift verweist. Entsprechendes gilt nach § 62 Abs. 1 Nr. 7 BImSchG in Bezug auf Rechtsverordnungen nach § 23 BImSchG. Für die auf §§ 7 und 23 BImSchG gestützte Störfall-Verordnung (→ Vorbemerkung Rn. 29 ff.) nimmt § 21 bei bestimmten Tatbeständen die notwendige Verweisung auf § 62 Abs. 1 Nr. 2 (Absatz 1) und § 62 Abs. 1 Nr. 7 BImSchG (Absatz 2) vor. Obwohl die Störfall-Verordnung auch auf § 19 ChemG gestützt ist, fehlt wie in der früheren Fassung der Verordnung ein Verweis auf § 26 Abs. 1 Nr. 8 ChemG. Schon in der Begründung zur ersten Störfall-Verordnung von 1980 hatte die Bundesregierung dazu ausgeführt, dass die Bußgeldandrohung nach dem Bundes-Immissionsschutzgesetz auch zur Sicherstellung der Anliegen des Arbeitsschutzes ausreiche (BR-Drs. 108/80, S. 37).

II. Entstehungsgeschichte

2 Die Vorschrift musste – ohne dass ihre Regelungsstruktur je verändert worden wäre – immer wieder an Änderungen der in Bezug genommenen Vorschriften angepasst werden, zuletzt mit der Verordnung vom 9. Januar 2017 (BGBl. I S. 47), die unter anderem den Regelungsgehalt des vormaligen Abs. 3 in den zuvor bereits entfallenen Abs. 2 übertrug. Dieser war mit der Verordnung vom 8. Juni 2005 (BGBl. I S. 1591) aufgehoben worden, ebenso der damalige Absatz 1 Nr. 2.

B. Die bußgeldbewehrten Tatbestände

3 § 21 bedroht nicht Verstöße gegen die allgemeinen Sicherheitspflichten nach §§ 3 bis 6 Abs. 1, sondern nur Zuwiderhandlungen gegen die in § 1 Abs. 2, § 6 Abs. 3, §§ 7 bis 12 und § 19 enthaltenen konkreten Pflichten mit einer Geldbuße. Bei Verstößen gegen die allgemeinen Sicherheitspflichten kommt eine Ordnungswidrigkeit nach § 62 Abs. 1 Nrn. 3 oder 5 BImSchG in Betracht, wenn die Sicherheitspflichten in einer Auflage zur Genehmigung oder in einer vollziehbaren Anordnung nach §§ 17 oder 24 BImSchG konkretisiert worden sind; bei einer Konkretisierung durch eine Anordnung nach § 23 ChemG kann eine Ordnungswidrigkeit nach § 26 Abs. 1 Nr. 10 ChemG vorliegen.

C. Höhe der Geldbuße

I. Der gesetzliche Bußgeldrahmen

Gemäß § 62 Abs. 3 BImSchG können Ordnungswidrigkeiten nach § 62 Abs. 1 BImSchG und damit auch die in § 21 genannten Ordnungswidrigkeiten bei vorsätzlichen Verstößen mit einer Geldbuße bis zu 50 000 Euro geahndet werden. Bei fahrlässigem Handeln kann die Geldbuße bis zu 25 000 Euro betragen (§ 17 Abs. 2 OWiG). Die Geldbuße soll in jedem Fall den Vorteil, den der Betreiber u. U. aus seiner Pflichtwidrigkeit gezogen hat, übersteigen (§ 17 Abs. 4 OWiG). 4

II. Bußgeldkatalog

Noch zur Störfall-Verordnung 1991 hatte die Umweltministerkonferenz einen Muster-Bußgeldkatalog zur Anwendung in den Ländern empfohlen, der seither aber nicht mehr erneuert worden ist und knapp dreißig Jahre später nicht mehr als Maßstab dienen kann. Auch die zwischenzeitlich von verschiedenen Ländern im Internet zur Verfügung gestellten Bußgeldkataloge (zum Beispiel stellt Baden-Württemberg auf der Website: um.baden-wuerttemberg.de/de/service/rechtsvorschriften/bussgeldkatalog/ einen bis 2025 geltenden Bußgeldkatalog zur Verfügung) können jenseits der jeweiligen Landesgrenze allenfalls als erste Annäherung an die im Einzelfall angemessene Höhe der Geldbuße verstanden werden. 5